제2판

노동조합 및 노동관계조정법 주해

III

노동법실무연구회

박영사

발 간 사(제2판)

대법원 노동법실무연구회 회원들의 헌신으로 초판이 발간된 지 벌써 7년이 지났습니다. 그동안 노동조합 및 노동관계조정법 주해는 실무가뿐만 아니라 학계의 필독서가 되었고 노동 현장에서도 권위 있는 해설서로 자리매김하였습니다.

초판이 발간된 후 법률 개정이 있었습니다. 헌법재판소가 노동조합 운영비 원조금지 규정에 대하여 헌법불합치 결정(2012헌바90)을 하고, 법인의 대리인 등에 대한 부당노동행위 양벌규정에 대하여 위헌 결정(2017헌가30)을 함에 따라 2020. 6. 9. 노동조합법의 개정이 이루어졌습니다. 국제노동기구(ILO)의 기본협약인 「결사의 자유에 관한 협약」의 비준을 추진하면서 2021. 1. 5. 근로자의 단결권 보장의 범위를 확대하는 방향으로 노동조합법이 개정되었습니다. 나아가 정부가 2021. 4. 20. 결사의 자유에 관한 ILO 기본협약(제87호 및 제98호 협약)에 대한 비준서를 기탁하였고, 해당 협약들은 2022. 4. 20. 발효하여 국내법적 효력을 가지게 되었습니다.

새로운 판례도 많이 축적되었습니다. 대법원 2015. 6. 25. 선고 2007두4995 전원합의체 판결은 취업활동을 위한 체류자격이 없는 외국인도 노동조합법상 근로자의 범위에 포함될 수 있다고 판시하였고, 대법원 2020. 8. 27. 선고 2016다248998 전원합의체 판결은 단체협약상 산재 유족 특별채용 조항이 채용의 자유를 과도하게 제한하거나 채용 기회의 공정성을 현저히 해하지 않는 한 유효하다고 판단하였습니다. 대법원 2020. 9. 3. 선고 2016두32992 전원합의체 판결은 고용노동부장관의 전국교직원노동조합에 대한 법외노조 통보처분 사건에서 법외노조 통보에 관한 시행령 규정이 무효라고 선언하였습니다. 그 밖에도 복수노동조합에 대한 교섭창구 단일화 절차에 관한 새로운 판시 등 집단적 노동관계에서 중요한 의미를 가지는 대법원 판결들이 있었습니다.

　　이번 제2판에서는 이러한 법률의 개정과 새로운 판례를 반영하고 노동환경을 둘러싼 새로운 논의를 정리하고자 하였습니다. 초판에서 집대성된 부분을 수정하는 한편, 집단적 노동관계에 관한 ILO 기본협약의 내용과 국내법적 적용, 집단적 노동관계법상 근로자·사용자에 관한 비교법적 고찰, 편의제공, 도산과 집단적 노동관계, 공무원직장협의회의 설립·운영에 관한 법률이라는 새로운 주제 5편을 추가하였습니다. 신규 주제에 대하여는 노동법실무연구회의 발표와 토론을 진행하고 기존 조문에 대하여는 초고 작성에 이어 더욱 치밀한 독회와 수정 과정을 거쳤습니다.

　　초판과 마찬가지로 이번에도 김지형 초대 회장님과 김선수 대법관께서 독회와 원고 작성 등 전반적인 작업을 이끌어 주셨고, 집필진과 편집위원인 권오성, 권창영, 김민기, 김영진, 김진석, 김진, 김희수, 도재형, 박가현, 성준규, 신권철, 여연심, 유동균, 이명철, 이병희, 임상민, 최은배 회원님은 헌신적인 노력을 더해 주셨습니다. 마은혁 편집위원회 간사님은 개정 작업의 기획과 세세한 집행까지 도맡아 주셨습니다. 이 분들의 헌신적인 노력이 없었다면 이 책이 나오기 어려웠을 것입니다. 노고에 깊이 감사드립니다. 아울러 초판에 이어 출판을 맡아준 박영사 관계자분들께도 감사의 말씀을 드립니다.

　　인간은 노동을 통해 자아를 실현하고 사회를 유지하며 역사를 발전시켜 왔습니다. 그러므로 인간의 역사는 곧 노동의 역사이기도 합니다. 이 책이 집단적 노동관계를 공정한 눈으로 바라볼 수 있게 하고 헌법이 보장하는 노동3권이 제대로 구현될 수 있도록 하는 데 조금이나마 보탬이 되기를 기원합니다.

　　감사합니다.

2023. 2.

공동편집대표

이 홍 구

제 2 판 펴냄에 붙여

추상과 구상. 신영복 선생은 "인간과 세계에 대한 올바른 인식을 키우는 것"이 공부라고 했습니다. 공부란 "문제"에 마주 서겠다는 의지입니다. 복잡한 문제에 직면하면 먼저 그 본질을 꿰뚫어 그 핵심을 추출해야 합니다. 이것이 "추상"입니다. 한편 문제는 해결되어야 하므로 어찌하든 구체적 해법을 찾아내야 합니다. 이것이 "구상"입니다. 이 두 가지는 함께 가야 합니다. 추상 없는 구상은 난삽하고, 구상 없는 추상은 공허합니다.

법의 문제. 법 문제에도 추상과 구상이 동시에 요구됩니다. 이론과 실무, 개념과 실용이 함께해야 합니다. 오늘날까지 미국을 대표하는 법사상은 프래그머티즘입니다. 이 법사상은 올리버 웬들 홈스, 벤자민 카도조, 로스코 파운드 등 지금도 미국 법조에서 존경을 한 몸에 받는 법률가들에 의해 정립되었습니다. 이 법사상이야말로 법의 문제에 접근하는 관점에서 추상과 구상을 같이 추구합니다. 홈스는 "법의 생명은 논리가 아니라 경험이다."라고 했지만, 이 말은 논리를 배제해야 한다는 의미가 아니라 논리와 더불어 경험이 소중하다는 점을 강조하기 위한 수사(修辭)로 이해합니다.

노동법의 추상과 구상. 노동법의 세계에서 추상은 노동헌법입니다. 이 주해서에서 다루는 노동법 문제의 추상은 헌법에 정한 "노동3권"입니다. "노동조합 및 노동관계조정법"을 비롯한 하위법령이 구상입니다. 안목을 국제기준으로 넓혀, ILO 협약들도 추상인 ILO 기본정신의 구상입니다. 이 구상 안에 이 주해서가 있다고 생각합니다. 집필진 모두는 초판에서 한 걸음 이상을 더 내딛는 공부를 가열하게 했고 그 결실을 이번 제2판에 쏟아냈습니다. 이들이 쓴 옥고에서, "보편적 명제들은 구체적 사례들을 결정짓지 않는다."라고 한 홈스의 말이나, "판결들은 묻는다고 원칙을 거저 보여주지 않고 천천히 고통스럽게 그 핵심을 드러낸다."라고 한 카도조의 말, "법의 역사는 법률가의 역사 그 자체"라고 한 파운드의 말이 겹쳐 읽히는 까닭이 무엇인지는 굳이 강조하지 않겠습니다.

오류의 역설. 법 문헌 저술에 관한 한, 법 주해서는 프래그머티즘을 구현하는 데 가장 유용한 방식이라고 여겼습니다. 2010년에 근로기준법 주해로 그 첫 삽을 뜬 데 이어, 2015년에 노동조합 및 노동관계조정법 주해까지 초판을 일구어냈습니다. 그리고 2020년에 근로기준법 주해 제2판을 펴냈고, 이제 노동조합 및 노동관계조정법 주해 제2판까지 내딛게 되었습니다. 편집대표로 참여하는 내내 이런 출판이 과연 실현될 수 있을지, 책을 내더라도 독자들의 호응을 얼마나 받을 수 있을지 의심하곤 했습니다. 그러나 그때마다 이런 조바심은 틀렸습니다. 역설적으로, 틀려서 오히려 기뻤습니다. 집필진 모두가 헌신적으로 원고를 작성했고, 편집위원들과 매서운 강독 순서를 거쳤으며, 이후 세밀한 교정 작업에 이르기까지 환상의 호흡을 맞추어 주었습니다. 이에 힘입어 앞선 세 번의 출판물에 대한 독자의 반응은 우리의 기대를 뛰어넘었습니다. 이번에도 발간의 과정은 같았고, 조바심이 없지 않은 것도 이전과 다를 바 없으나, 남은 기다림은 또 하나 오류의 역설입니다.

노동법의 진화. 역사학자 윌리 톰슨은 그의 저서 『노동, 성, 권력』에서 '노동의 역사는 인류의 역사와 정확히 일치한다'고 했습니다. 생각하면 너무나 뻔한 이 말이 새삼스럽게 다가오는 이유는 무엇일까요. 아무래도 노동의 문제가 독립된 법분야로 체계화된 것이 인류 탄생 이래 20만 년이라는 노동의 역사 중 겨우 최근 100년여에 지나지 않는 극히 짧은 순간에 지나지 않은 탓 아닐까 싶기도 합니다. 그러나 곰곰이 돌아보면 지금의 노동법은 20만 년 노동의 역사를 통틀어 꾸준히 진화해 왔다고 말하는 것이 옳을지 모릅니다. 『종의 기원』의 찰스 다윈은 "살아남는 종은 강한 종이 아니고 똑똑한 종도 아니다. 변화에 적응하는 종이다."라는 유명한 말을 남겼습니다. 『오래된 연장통』을 쓴 진화심리학자 전중환은 "인간의 마음은 … 오래된 연장통이다. 인간의 마음은 우리는 왜 태어났는가, 삶의 의미는 무엇인가, 신은 어떤 존재인가 같은 심오하고 추상적인 문제들을 잘 해결하게끔 설계되지 않았다. 인간의 마음은 어떤 배우자를 고를 것인가, 비바람을 어떻게 피할 것인가, 포식동물을 어떻게 피할 것인가 등 수백만 전 인류의 조상들에게 주어졌던 다수의 구체적이고 현실적인, 때로는 구차하기까지 한 문제들을 잘 해결하게끔 설계되었다."고 말합니다. 이러한 진화론이 노동법의 진화에도 그대로 적용될 수 있을 것입니다. 지금까지뿐만 아니라 미래에도 노동법은 노동의 문제를 해결하는 진화의 과정을 밟아가야 합니다. '법은 안정성을 필요로 하지만, 정지할 수 없다'고 한 프래그머티즘 법사상가들의 생각도 이와 다르지 않습니다. 이들이 말한 법이 사회적인 '갈등' 문제에 '조정'이라는 해결을 목표로 하는 것이라면, 그리고 법을 '사회의 이익을 전체적으로 형량'함으로써 '사회의 다양한 요구를 조화시키기 위한 공동의 도구'라고 보는 이들의 법사상에 동의한다면, 노동법의 미래 진화를 위한 또 하나의 오래된 연장통으로서 이 주해서가 갖는 의미는 더욱 각별할 것으로 생각합니다.

미약한 헌사. 이처럼 뜻깊은 주해서 발간에 정진해 준 집필진과 편집위원, 그리고 교정위원 모두에게는 어떠한 찬사를 드려도 부족합니다. 그 곁에서 김선수, 이흥구 두 분 대법관께서는 노동법실무연구회 회장으로서 아낌없는 관심과 조언, 애정과 지원을 보여주셨습니다. 한 분 한 분에게 다시금 경의를 표합니다. 특히 근로기준법 주해에 이어서 이번에도 편집 작업을 총괄해 준 마은혁 편집위원(간사)이 아니었으면 제2판이 언제쯤 빛을 보게 되었을지 가늠하기 어렵습니다. 이 주해서의 종이책 출간을 늘 도맡아준 박영사와 관계자 여러분에게도 감사의 말씀을 빼놓을 수 없습니다. 두말할 나위 없이 이 책의 진정한 주인공은 독자 여러분입니다. 이 책이 집필자와 독자 사이에 집단적 노동관계법의 진정한 의미에 대해 조금이라도 더 공감의 폭을 넓히는 소통의 창구가 된다면, 더 이상의 기쁨은 없을 것입니다.

개인적으로는 이 책이 나오기까지의 산고(産苦)를 지켜보는 것 외에 한 일이 거의 없지만, 그것만으로도 제겐 무척 소중한 시간이었음을 고백하는 것으로 모자란 소회의 말씀을 줄입니다.

감사합니다.

2023. 1.

공동편집대표

김 지 형

발 간 사(초판)

노동조합 및 노동관계조정법은 헌법에 의한 근로자의 단결권·단체교섭권 및 단체행동권을 보장하여 근로조건의 유지·개선과 근로자의 경제적·사회적 지위의 향상을 도모하고, 노동관계를 공정하게 조정하여 노동쟁의를 예방·해결함으로써 산업평화의 유지와 국민경제의 발전에 이바지함을 목적으로 하여 제정되었습니다.

그런데 과거 우리나라 노동계의 현실은 상호 존중과 협력보다는 대립과 갈등이 부각되는 노동관계가 주류를 이루고 있었음을 부정하기 어렵습니다. 그에 따라 노동조합 및 노동관계조정법이 정한 노동관계를 둘러싸고 다양한 이론적 분석이나 해석이 전개되었으며, 그 결과 체계적으로 쟁점이 정리되지 아니하고 적절한 균형점을 찾지 못하는 경우도 없지 않았습니다.

한편 2010년에 개정된 노동조합 및 노동관계조정법의 시행으로 노사를 둘러싼 환경은 큰 변화를 맞이하게 되었습니다. 노동조합 전임자에 대한 급여 지원의 금지와 근로시간 면제 제도의 도입, 복수 노동조합의 허용 등으로 노사 모두 종래의 노사관행에서 벗어날 수밖에 없게 되었습니다.

이에 개별적 근로관계에 관한 지침서라고 할 수 있는 근로기준법 주해를 발간하였던 노동법실무연구회의 회원들은 그 경험을 바탕으로, 집단적 노동관계 관련 업무를 담당하거나 그에 관하여 연구하는 법조인, 공무원, 인사·노무 담당자, 노동조합 실무자, 학자, 학생 등에게 노동조합 및 노동관계조정법에 관한 다양한 이론적·실무적 해석을 종합적으로 정리하여 제시함과 아울러 새로운 제도를 체계적으로 설명할 필요성이 있다는 데 공감하였습니다.

그리하여 이 책의 발간을 위한 새로운 여정이 시작되었고 그동안 많은 노력이 있었습니다. 2008. 5.경부터 2010. 7.경까지 분야별로 세미나를 실시하였고, 2010. 10.경부터 2011. 10.경까지 4개 분과로 나누어 분과별 강독회와 토론을 거

쳐 원고를 작성하는 작업을 하였으며, 2012. 5.경부터 2012. 12.경까지 편집위원
과 각 집필자가 최종 강독 및 원고 수정에 힘을 쏟았습니다. 이어 3차례 걸친
교정을 거쳐 마침내 이 책이 빛을 보게 되었습니다.

　　이러한 노작의 성과물인 이 책은 주석서라는 이름에 걸맞게 노동조합 및
노동관계조정법의 각 조문을 해설하는 체제를 기본으로 하면서, 부연 설명이 필
요한 부분에 관하여는 따로 항목을 만들어 그 내용을 보충하는 형식을 취하였
습니다.

　　아무쪼록 이 책이 부족하나마 집단적 노동관계에 관한 이론의 발전과 실무
의 정립에 길잡이가 되고, 나아가 독자들의 성원에 힘입어 그 내용이 계속 보완
될 수 있기를 기원합니다.

　　이 책이 발간되기까지 많은 분들이 도움을 주셨습니다. 노동법 분야의 권위
자이신 김지형 전임 대법관님께서는 세미나와 원고 수정에 이르기까지 전반적
인 작업 진행을 이끌어 주셨습니다. 강문대님, 구민경님, 권두섭님, 권영국님, 권
창영님, 김기덕님, 김민기님, 김선수님, 김성수님, 김성식님, 김원정님, 김진님,
김진석님, 김홍준님, 김희수님, 마은혁님, 민중기님, 박상훈님, 신권철님, 유승룡
님, 이명철님, 이병희님, 이상훈님, 이용구님, 이원재님, 이준상님, 이정한님, 정
재헌님, 정지원님, 정진경님, 조영선님, 최은배님은 바쁘신 가운데 원고를 작성
해 주셨습니다. 김민기님, 김진석님, 마은혁님, 권창영님은 마지막 교정을 위하
여 수고해 주셨습니다. 이분들과 지면 관계상 미처 소개하지 못한 편집위원회의
편집위원들 및 간사들에게 진심으로 감사드립니다.

　　끝으로 이 책의 출판을 맡아준 박영사와 관계자들에게도 고마움을 표하고
자 합니다.

　　감사합니다.

2015. 4. 1.

共同編輯代表

金 龍 德

책 펴냄에 즈음하여(초판)
― 문(門) 이야기 ―

세상을 마주한다는 것은 숱한 문(門) 앞에 서는 것과 다를 바 없다는 생각이 들곤 합니다. 웹툰 만화 '미생'의 윤태호 작가의 생각도 비슷한 것 같습니다. 바둑 입단에 실패하고 어렵게 회사에 입사한 장그래에게, 작가는 김 대리를 통해 이렇게 말합니다. "취직해보니까 말야, 성공이 아니고 문을 하나 연 느낌이더라고. 어쩌면 우린 성공과 실패가 아니라, 죽을 때까지 다가오는 문만 열어가며 살아가는 게 아닐까 싶어."

이탈리아의 현인 움베르토 에코(Umberto Eco)는 그의 장편소설 '장미의 이름'에서 독특하고 섬뜩한 소재로 '문'에 관한 이야기를 전해줍니다. 소설의 무대는 중세의 어느 수도원입니다. 수도원에는 깎아지른 절벽 위에 동서남북 4각의 탑루가 하늘높이 솟아 있고 그 탑루 안에는 장서관이 자리하고 있습니다. 장서관에는 엄청난 양의 서책이 보관되어 있습니다. 그러나 장서관은 사서 외에는 출입이 엄격히 금지되어 있습니다. 더구나 그 내부 구조는 교묘하게 미궁으로 설계되어 있습니다. 여러 장애물을 숨겨두고 수많은 방들로 나누어 놓아 누군가 몰래 침입해서 방문으로 들어가더라도 처음 들어온 출입구를 찾을 수 없도록 하였습니다. 더할 나위 없는 지식의 보고(寶庫)임에도 철저히 금단(禁斷)의 구역이 되고 있습니다. 소설 속 주인공은 어렵사리 이 장서관 서고의 문들을 하나하나 열고 들어가 숨겨진 비밀을 파헤칩니다. 하지만 이를 두려워한 어느 눈먼 늙은 수도사가 목숨을 내걸고 저항하는 바람에 장서관은 불길에 휩싸이고, 결국 모든 것은 재로 돌아가고 맙니다.

이 '장미의 이름'을 읽으면서 성경의 한 구절이 겹쳐 떠올랐습니다. 특히 법률가라면 한 번쯤 들어보았을 경구(警句)가 아닌가 싶습니다. 누가복음 11장 52절입니다. "화 있을진저, 너희 법률가여! 너희가 지식의 열쇠를 가져가고도,

너희도 들어가지 않고, 또 들어가고자 하는 자도 막았느니라 하시니라." 모름지기 법률가라면, 법률가들이 마주하는 세상의 문에 관해 어떠한 태도를 가져야 할지, 무겁게 고민하게 합니다.

세상의 문은 닫혀 있는 데서 시작합니다. 누군가 열어야 합니다. 열기 위해서는 두드리거나 열쇠가 있어야 합니다. 노동법도 우리가 사는 세상에 많은 문을 예비하고 있습니다. 문(門)은 곧 문(問)입니다. 문을 여는 일은 세상이 우리에게 던진 여러 질문에 답을 구하는 일입니다.

한 무리의 법률실무가들이 노동법이 예비한 문, 노동법이 던진 질문 앞에 마주섰습니다. 그리곤 문 하나하나를 두드려 구해낸 답을 모아보려 했습니다. 지식의 열쇠로 열어 누구든 들어가도록 하였습니다. 그렇게 해서 또 하나의 귀한 서책이 세상에 나왔습니다. 4년 전쯤에 나온 『근로기준법 주해』에 이어 노동조합 및 노동관계조정법의 문을 여는 주해서가 더해진 것입니다.

개인적으로 저에겐 이 주해서가 세상의 문을 열기까지 그 지난(至難)한 작업을 지켜볼 수 있는 인연과 행운이 주어졌습니다.

주해서를 싹 틔운 밀알은 노동법실무연구회 정기세미나에서의 발제와 토론이었습니다. 저는 당시 연구회 회장으로 밀알을 뿌리는 현장에 있었습니다.

그런 다음엔 밀알이 발아(發芽)하는 시간이 필요했습니다. 세미나에서 모아진 의견을 반영하여 발제 원고를 수정하는 과정이 그것이었습니다.

여기서 줄기가 나오고 이파리가 생겨났습니다. 수정한 원고는 다시 혹독한 강독(講讀)을 거쳤습니다. 쇠로 치자면 담금질입니다. 강독은 말이 강독이지 살 떨리는 청문절차를 방불케 하였습니다. 청문회는 집필자를 앞혀두고 5인의 청문위원이 진행하였습니다. 권창영 부장판사, 마은혁 부장판사, 신권철 교수, 최은배 변호사, 그리고 제가 그 악역을 맡았습니다.

이후 마무리를 위해 김민기 부장판사, 김진석 부장판사가 많은 애를 썼습니다. 집필진은 여러 차례 퇴고에 퇴고를 거듭했습니다. 그러면서 연한 줄기는 굵은 나무줄기로 커지고, 수많은 가지가 뻗어나갔으며, 무척 향기로운 꽃을 피워 열매를 맺었습니다. 이렇게 『노동조합 및 노동관계조정법 주해』는 우리에게 다가왔습니다.

노동법을 공부하면서 늘 '부족함'이 없지 않았습니다. 일종의 갈증입니다. 노동법에 갈증을 느끼는 것은 저만이 아니지 않을까 짐작했습니다. 노동법에 갈증이 날 때 누구라도 손을 뻗어 닿을 수 있는 거리에 주해서가 꽂혀 있다면 그 목마름을 훨씬 덜어줄 수 있지 않을까, 그런 기대를 오래 전부터 가졌습니다.

　　이제 근로기준법 주해서에 이어서 노동조합 및 노동관계조정법 주해서가 나와 노동법의 큰 틀에서 주해서가 채워졌습니다. 노동법 공부에 부족함을 많은 부분 메울 수 있게 된 것입니다. 이것이 제가 이 책의 펴냄을 반기는 가장 큰 이유일 것입니다.

　　그 동안 노동법을 공부하면서 '허허로움'도 없지 않았음을 털어놓지 않을 수 없습니다. 흔히들 '아는 만큼 보인다'고 합니다. 하지만 저와 노동법의 관계에서는 반드시 그렇지만도 않습니다. 노동법을 아는 만큼 더 보이는 것은 '아는 것보다 모르는 것이 훨씬 더 많다'는 낭패감입니다. 노동법을 하는 법률가라 하면서도 '우리의 노동법이 치열한 노동현장에서 온전히 살아 숨 쉴 수 있도록 무엇 하나 제대로 된 유익을 가져다주었는가'를 돌아보면 더욱 그러합니다.

　　우리 노동법의 진정한 본연(本然)은 노동3권의 헌법적 보장에 터 잡고 있습니다. 계보로 따지면 노동조합 및 노동관계조정법은 노동3권의 직계1촌 혈통을 타고 났다고 볼 것입니다. 이러한 본연과 계통의 실 끝을 놓치지 말아야 합니다. 그래야만 어렵사리 문 열고 들어간 서고에서 미궁에 빠지지 않고 제대로 된 지식을 만날 수 있다는 게 저의 짧은 생각입니다. 이 주해서에서 집필진이 활짝 열어 놓은 문 안에서 그러한 실 끝의 촉감을 느껴보시도록 권하고 싶습니다. 아마도 이러한 촉감과 촉감이 모여질 때 노동법은 더욱 살아있는 법으로 다시 태어날 수 있을 것입니다. 그러한 뜻에서 이 주해서가 가져다 줄 유익함은 두말할 필요가 없을 것입니다. 누군가 가질법한 허허로움도 사라질 수 있겠다는 희망을 가져봅니다. 이제 한 번쯤 이런 말을 건네 보고도 싶습니다. 노동3권과 노동조합 및 노동관계조정법의 넓은 세계에 함께 들어가 보시지 않겠습니까?

　　문 이야기로 시작했으니 문 이야기로 끝마칠까 합니다.

　　문에 관한 이야기로 앙드레 지드(Andre Gide)의 '좁은 문'을 빼놓을 수 없습니다. "좁은 문으로 들어가기를 힘쓰라. 멸망으로 인도하는 문은 크고 그 길이 넓어 들어가는 자가 많고, 생명으로 인도하는 문은 좁고 협착하여 찾는 이가 적음이니라." 이 성경 말씀만큼이나 지드의 '좁은 문'은 자기의 행복보다 더욱 성스러운 어떤 행복을 향하는 문을 말하고 있습니다.

　　이 주해서는 그 안에 수많은 문을 열어 놓았지만, 자신은 자신을 낳아주신

많은 분들과 함께 좁은 문으로 들어가기를 힘써 성스러운 생명을 얻게 되었다고 생각합니다.

　바라건대 이 주해서를 펼쳐드는 모든 분들이 이 성스러운 생명이 건네는 행복을 경험하면 좋겠습니다. 그러면 틀림없이 이 주해서도 커다란 행복을 누릴 것 같습니다. 이 주해서는 이미 우리에게 생명이 있는 하나의 생물(生物)이니까요.

　두루 감사합니다.

2015. 4. 1.

共同編輯代表

金　知　衡

편집위원회(제2판)

편집대표

김선수 [대법관]

김지형 [전 대법관, 변호사, 법무법인(유한) 지평]

이흥구 [대법관, 노동법실무연구회 회장]

편집위원

권오성 [성신여자대학교 법과대학 교수]

권창영 [변호사, 법무법인(유한) 지평]

김민기 [부산고등법원 고법판사]

김 진 [변호사, 법무법인 지향]

김진석 [서울고등법원 인천재판부 고법판사]

도재형 [이화여자대학교 법학전문대학원 교수]

신권철 [서울시립대학교 법학전문대학원 교수]

최은배 [중앙행정심판위원회 상임위원]

편집위원 겸 간사

김영진 [서울고등법원 고법판사]

김희수 [창원지방법원 부장판사]

마은혁 [서울북부지방법원 부장판사]

박가현 [대법원 재판연구관]

성준규 [인천지방법원 판사]

여연심 [변호사, 법무법인 지향]

유동균 [서울고등법원 고법판사]

이명철 [대법원 재판연구관]

이병희 [서울고등법원 고법판사]

임상민 [부산고등법원 고법판사]

(이상, 가나다 순)

집 필 자(제2판)

강동훈 [제주지방법원 판사]
강문대 [변호사, 법무법인 서교]
구민경 [창원지방법원 부장판사]
권두섭 [변호사, 민주노총 법률원]
권영국 [변호사, 해우법률사무소]
권영환 [변호사, 법무법인(유한) 지평]
권오성 [성신여자대학교 법과대학 교수]
권창영 [변호사, 법무법인(유한) 지평]
권혁중 [서울고등법원 부장판사]
김근홍 [대전고등법원 판사]
김기덕 [변호사, 법률사무소 새날]
김도형 [변호사, 법무법인(유한) 원]
김동현 [서울중앙지방법원 부장판사]
김민기 [부산고등법원 고법판사]
김선수 [대법관]
김선일 [변호사, 김·장 법률사무소]
김성수 [변호사, 법무법인(유한) 태평양]
김성식 [변호사, 법무법인(유한) 화우]
김영진 [서울고등법원 고법판사]
김원정 [변호사, 김·장 법률사무소]
김 진 [변호사, 법무법인 지향]
김진석 [서울고등법원 인천재판부 고법판사]
김태욱 [대법원 재판연구관]
김흥준 [서울고등법원 부장판사]
김희수 [창원지방법원 부장판사]
도재형 [이화여자대학교 법학전문대학원 교수]
마은혁 [서울북부지방법원 부장판사]

민중기 [변호사, 법률사무소 이작]

박가현 [대법원 재판연구관]

박귀천 [이화여자대학교 법학전문대학원 교수]

박상훈 [변호사, 법무법인(유한) 화우]

박은정 [인제대학교 사회과학대학 법학과 교수]

배진호 [서울북부지방법원 판사]

성준규 [인천지방법원 판사]

신권철 [서울시립대학교 법학전문대학원 교수]

유동균 [서울고등법원 고법판사]

유승룡 [변호사, 법무법인(유한) 화우]

이명철 [대법원 재판연구관]

이병희 [서울고등법원 고법판사]

이상훈 [변호사, 법무법인(유한) 광장]

이숙연 [특허법원 고법판사]

이용구 [변호사, 법무법인 화야]

이원재 [변호사, 법무법인(유한) 한결]

이정아 [수원지방법원 안양지원 판사]

이정한 [변호사, 법무법인(유한) 태평양]

이준상 [변호사, 법무법인(유한) 화우]

이혜영 [사법정책연구원 연구위원]

이효은 [서울남부지방법원 판사]

임상민 [부산고등법원 고법판사]

전윤구 [경기대학교 사회과학대학 법학과 교수]

정재헌 [변호사, 에스케이스퀘어 투자지원센터장]

정지원 [변호사, 법률사무소 정]

정지원 [창원지방법원 거창지원 판사]

정진경 [변호사, 법무법인 동진]

조영선 [변호사, 법무법인 동화]

진창수 [변호사, 법무법인(유한) 광장]

최은배 [중앙행정심판위원회 상임위원]

최정은 [서울대학교 법학전문대학원 임상부교수]
홍준호 [변호사, 김·장 법률사무소]

(이상, 가나다 순)

편집위원회(초판)

편집대표

김용덕 [대법관]

김지형 [전 대법관, 변호사, 법무법인(유한) 지평]

편집위원

권창영 [창원지방법원 부장판사]

김선수 [변호사, 법무법인 시민]

김원정 [변호사, 김·장 법률사무소]

김흥준 [인천지방법원 수석부장판사]

마은혁 [광주지방법원 부장판사]

민중기 [서울동부지방법원장]

박상훈 [변호사, 법무법인(유한) 화우]

신권철 [교수, 서울시립대학교]

최은배 [변호사, 법무법인 엘케이비앤파트너스]

간 사

김민기 [서울고등법원 고법판사]

김선일 [대법원 재판연구관]

김 진 [변호사, 법무법인 지향]

김진석 [서울고등법원 고법판사]

유지원 [대구지방법원 부장판사]

정재헌 [사법연수원 교수]

(이상, 가나다 순)

집 필 자(초판)

강문대 [변호사, 법률사무소 로그]

구민경 [인천지방법원 판사]

권두섭 [변호사, 민주노총 법률원]

권영국 [변호사, 해우 법률사무소]

권창영 [창원지방법원 부장판사]

김기덕 [변호사, 법률사무소 새날]

김민기 [서울고등법원 고법판사]

김선수 [변호사, 법무법인 시민]

김성수 [서울중앙지방법원 부장판사]

김성식 [변호사, 법무법인(유한) 화우]

김원정 [변호사, 김·장 법률사무소]

김 진 [변호사, 법무법인 지향]

김진석 [서울고등법원 고법판사]

김흥준 [인천지방법원 수석부장판사]

김희수 [인천지방법원 판사]

마은혁 [광주지방법원 부장판사]

민중기 [서울동부지방법원장]

박상훈 [변호사, 법무법인(유한) 화우]

신권철 [교수, 서울시립대학교]

유승룡 [변호사, 법무법인(유한) 화우]

이명철 [사법연수원 교수]

이병희 [대법원 재판연구관]

이상훈 [변호사, 법무법인(유한) 광장]

이원재 [변호사, 법무법인(유한) 한결]

이용구 [변호사, 법무법인 엘케이비앤파트너스]

이준상 [변호사, 법무법인(유한) 화우]

이정한 [변호사, 법무법인(유한) 태평양]

정재헌 [사법연수원 교수]

정지원 [서울중앙지방법원 판사]

정진경 [변호사, 법무법인 신촌]

조영선 [변호사, 법무법인 동화]

최은배 [변호사, 법무법인 엘케이비앤파트너스]

(이상, 가나다 순)

일러두기

이 책에 서술된 법률이론이나 견해는 집필자들이 소속된 기관의 공식 견해가 아님을 밝혀둔다.

1. 조   문

노조법 16조 1항 2호 ← 노동조합 및 노동관계조정법 제16조 제1항 제2호

노조법 29조의2 ← 노동조합 및 노동관계조정법 제29조의2

노조법 시행령 5조 1항 ← 노동조합 및 노동관계조정법 시행령 제5조 제1항

노조법 시행규칙 3조 2호 ← 노동조합 및 노동관계조정법 시행규칙 제3조 제2호

2. 법령약어

가. 법   률

건설근로자의 고용개선 등에 관한 법률	건설근로자법
고용보험법	고보법
고용상 연령차별금지 및 고령자고용촉진에 관한 법률	고령자고용법
고용정책 기본법	고기법
공무원의 노동조합 설립 및 운영 등에 관한 법률	공무원노조법
공무원직장협의회의 설립·운영에 관한 법률	공무원직협법
공인노무사법	노무사법
교원의 노동조합 설립 및 운영 등에 관한 법률	교원노조법
교육공무원법	교공법
국가공무원법	국공법
국민 평생 직업능력 개발법	평생직업능력법
국제노동기구헌장·협약·권고	ILO 헌장·협약·권고
근로기준법	근기법
근로자복지기본법	근복법

근로자참여 및 협력증진에 관한 법률	근로자참여법 또는 근참법
근로자퇴직급여 보장법	퇴직급여법
기간제 및 단시간근로자 보호 등에 관한 법률	기간제법
남녀고용평등과 일·가정 양립 지원에 관한 법률	남녀고용평등법
노동위원회법	노위법
노동조합 및 노동관계조정법	법 또는 노조법 또는 노동조합법
민사소송법	민소법
민사조정법	민조법
민사집행법	민집법
산업안전보건법	산안법
산업재해보상보험법	산재법 또는 산재보험법
어선원 및 어선 재해보상보험법	어선원재해보험법
외국인근로자의 고용 등에 관한 법률	외국인고용법
임금채권보장법	임보법
장애인고용촉진 및 직업재활법	장애인고용법
장애인차별금지 및 권리구제 등에 관한 법률	장애인차별금지법
지방공무원법	지공법
직업교육훈련 촉진법	직업교육훈련법
직업안정법	직안법
진폐의 예방과 진폐근로자의 보호 등에 관한 법률	진폐예방법
채무자 회생 및 파산에 관한 법률	채무자회생법
최저임금법	최임법 또는 최저임금법
파견근로자 보호 등에 관한 법률	파견법
행정소송법	행소법
행정심판법	행심법

나. 시행령, 시행규칙 또는 예규

노동조합 및 노동관계조정법 시행령	영 또는 노조법 시행령
노동조합 및 노동관계조정법 시행규칙	규칙 또는 노조법 시행규칙
노동위원회규칙	노위규칙

3. 문헌약어

국내교과서·주석서, 일본교과서·주석서 등을 아래와 같이 저자명만으로 또는
서명·서명약어만으로 인용한다. 여기에 기재되지 아니한 참고문헌은 각 조에
대한 해설 첫머리의 참고문헌 모음에 표시하고, 참고문헌 모음에서 밑줄을 긋고
굵은 글씨로 표시한 저자명만으로 또는 서명·서명약어만으로 인용한다.

가. 국내교과서·주석서

강희원, 노사관계법, 법영사(2012) → 강희원

권오성, 노동조합 및 노동관계조정법론, 청목출판사(2010) → 권오성

김수복, 노동법(개정증보판), 중앙경제(2004) → 김수복

김유성, 노동법Ⅱ-집단적 노사관계법, 법문사(2001) → 김유성

김유성, 노동법Ⅰ-개별적 근로관계법, 법문사(2005) → 김유성Ⅰ

김지형, 근로기준법 해설, 청림출판(2000) → 김지형

김치선, 노동법강의(제2전정보정판), 박영사(1990) → 김치선

김헌수, 노동조합 및 노동관계조정법(제4판), 법원사(2013) → 김헌수

김형배, 노동법(제27판), 박영사(2021) → 김형배

노동법실무연구회, 노동조합 및 노동관계조정법 주해 Ⅰ, 박영사(2015)
  → 노조법주해(초판) Ⅰ

노동법실무연구회, 노동조합 및 노동관계조정법 주해 Ⅱ, 박영사(2015)
  → 노조법주해(초판) Ⅱ

노동법실무연구회, 노동조합 및 노동관계조정법 주해 Ⅲ, 박영사(2015)
  → 노조법주해(초판) Ⅲ

노동법실무연구회, 근로기준법 주해 Ⅰ, 박영사(2010) → 근기법주해(초판) Ⅰ

노동법실무연구회, 근로기준법 주해 Ⅱ, 박영사(2010) → 근기법주해(초판) Ⅱ

노동법실무연구회, 근로기준법 주해 Ⅲ, 박영사(2010) → 근기법주해(초판) Ⅲ

노동법실무연구회, 근로기준법 주해(제2판) Ⅰ, 박영사(2020) → 근기법주해(2판) Ⅰ

노동법실무연구회, 근로기준법 주해(제2판) Ⅱ, 박영사(2020) → 근기법주해(2판) Ⅱ

노동법실무연구회, 근로기준법 주해(제2판) Ⅲ, 박영사(2020) → 근기법주해(2판) Ⅲ

민주사회를 위한 변호사모임 노동위원회, 변호사가 풀어주는 노동법Ⅰ― 근로기

준법(신판), 여림(2014) → 민변노동법Ⅰ

민주사회를 위한 변호사모임 노동위원회, 변호사가 풀어주는 노동법Ⅱ― 노동조합 및 노동관계조정법, 민주사회를 위한 변호사모임(2009) → 민변노동법Ⅱ

민주사회를 위한 변호사모임 노동위원회, 변호사가 풀어주는 비정규직법, 법문사(2018) → 민변비정규직법

박귀천・박은정・권오성, 노동법의 쟁점과 사례, 박영사(2021) → 박귀천・박은정・권오성

박상필, 한국노동법(전정판재판), 대왕사(1989) → 박상필

박홍규, 노동법론(제2판), 삼영사(1998) → 박홍규a

박홍규, 노동법2: 노동단체법(제2판), 삼영사(2002) → 박홍규b

사법연수원, 노동조합 및 노동관계조정법(2016) → 사법연수원a

사법연수원, 노동특수이론 및 업무상재해관련소송(2016) → 사법연수원b

사법연수원, 해고와 임금(2016) → 해고와 임금

신인령, 노동기본권 연구, 미래사(1985) → 신인령

심태식, 노동법개론, 법문사(1989) → 심태식

이병태, 최신 노동법(제9전정판), 중앙경제(2008) → 이병태

이상윤, 노동법(제17판), 법문사(2021) → 이상윤a

이상윤, 노동조합법, 박영사(1996) → 이상윤b

이상윤, 노사관계법(초판), 박영사(2005) → 이상윤c

이을형, 노동법, 대왕사(1993) → 이을형

이철수・김인재・강성태・김홍영・조용만, 로스쿨 노동법(제4판), 오래(2019) → 이철수 외 4명

이학춘・이상덕・이상국・고준기, 노동법(Ⅱ)―집단적 노사관계법(제3판), 대명출판사(2004) → 이학춘 외 3명

임종률, 노동법(제20판), 박영사(2022) → 임종률

조용만・김홍영, 로스쿨 노동법 해설(제4판), 오래(2019) → 조용만・김홍영

하갑래, 노동기본권과 노사관계법, 단국대학교 출판부(2007) → 하갑래a

하갑래, 집단적 노동관계법(전정 제7판), 중앙경제(2021) → 하갑래b

하병철, 노동조합법, 중앙경제(1994) → 하병철

한국노동법학회, 노동판례백선(제2판), 박영사(2021) → 노동판례백선

한용식, 개정 노동조합법, 홍익재(1988) → 한용식

홍영표, 노동법론, 법문사(1962) → 홍영표

나. 국외교과서 · 주석서

니시타니 사토시, 김진국 외 역, 일본노동조합법, 박영사(2009) → 니시타니 사토시

스게노 카즈오, 이정 역, 일본노동법(전면개정판), 법문사(2015) → 菅野(역)

이철수 편역, 노동법사전, 법문출판사(1990) → 노동법사전

片岡 曻, 송강직 역, 勞動法, 삼지원(1995) → 片岡 曻(역)

菅野和夫, 労働法(第12版), 弘文堂(2019) → 菅野

菅野和夫 · 安西 愈 · 野川 忍, 論点体系 判例労働法 1~4, 第一法規(2014, 2015) → 判例労働法 ○

名古道功 · 吉田美喜夫 · 根本到(編), 労働法 Ⅰ · 集団的労使関係法 · 雇用保障法, 法律文化社(2012) → 名古道功 등

東京大學労働法研究會, 注釋 労働組合法(上), 有斐閣(1983) → 注釋(上)

東京大學労働法研究會, 注釋 労働組合法(下), 有斐閣(1984) → 注釋(下)

萬井隆令 · 西谷 敏, 労働法1(第3版), 法律文化社(2006) → 萬井隆令 등

山口浩一郎, 労働組合法(第二版), 有斐閣(1990) → 山口浩一郎

西谷 敏, 労働組合法(第3版), 有斐閣(2012) → 西谷 敏a

西谷 敏, 労働法(第3版), 日本評論社(2020) → 西谷 敏b

西谷 敏 · 道幸哲也 · 中窪裕也, 新基本法コンメンタール, 労働組合法, 日本評論社(2011) → 新基本法コメ労組

石川吉右衛門, 労働組合法, 有斐閣(1978) → 石川

水町勇一郎, 詳解 労働法, 東京大學出版會(2019) → 水町

野川 忍, 労働法, 日本評論社(2018) → 野川

外尾健一, 労働団体法, 筑摩書房(1975) → 外尾健一

日本労働法學會編, 現代労働法講座 第1~15卷, 總合労働研究所(1981) → 現代講座 ○卷

日本労働法學會編, 講座21世紀の労働法 第1~8卷, 有斐閣(2000) → 21世紀講座 ○卷

日本労働法學會編, 講座労働法の再生 第1~6卷, 日本評論社(2017) → 再生講座 ○卷

林豊・山川隆一 編, 新・裁判實務大系 16・17 労働関係訴訟法[Ⅰ]・[Ⅱ], 靑林書
　院(2001) → 労働訴訟[Ⅰ]・[Ⅱ]

中山和久 外 六人, 注釋 労働組合法・労働関係調停法, 有斐閣(1989) → 中山和
　久 外 六人

靑木宗也 外 5人, 労働判例大系 第1~20卷, 労働旬報社(1993) → 判例大系

村中孝史, 荒木尙志, 労働判例百選(제9판), 有斐閣(2016) → 百選

土田道夫, 山川隆一, 労働法の爭点, 有斐閣(2014) → 爭点

下井隆史, 労使関係法, 有斐閣(1995) → 下井隆史a

下井隆史, 労働法(第三版), 有斐閣(2006) → 下井隆史b

荒木尙志, 労働法(제4판), 有斐閣(2020) → 荒木

厚生労働省労政擔當參事官室編, 労働組合法・労働関係調停法(労働法コンメンター
　ル①, 6訂新版), 労務行政(2015) → 日本労働省 注釋

4. 판례 인용례

아래와 같이 기재하고, 출처는 따로 표시하지 아니한다.

가. 법원 판례

대법원 판결 인용 시 → 대법원 1994. 9. 30. 선고 94다4042 판결[1]

대법원 전원합의체 판결 인용 시 → 대법원 1995. 12. 21. 선고 94다26721 전원
　합의체 판결

대법원 결정 인용 시 → 대법원 1995. 8. 29.자 95마546 결정

하급심 판결 인용 시 → 서울고법 1999. 11. 17. 선고 98노3478 판결

☞ 하급심 법원 이름은 '서울고등법원→서울고법', '서울중앙지방법원→서울중앙
　지법', '서울행정법원→서울행법', '제주지방법원→제주지법'과 같이 줄여 쓴다
　(법원명이 변경되거나 폐지된 경우에는 판결 선고・결정 고지 당시 법원명을 사용한다).

나. 헌법재판소 결정

헌법재판소 결정 인용 시 → 헌재 2010. 4. 29. 선고 2009헌바168 결정[2]

---

1) 사건명은 적지 않는다. 사건번호는 병합, 반소, 참가 사건 구분 없이 '2009다14352, 14353'
　과 같이 나열한다. 다만 사건번호가 3개 이상 연속된 경우에는 최초의 사건번호만 표기하고
　등을 말미에 첨가한다(예: 2012다123, 345, 678의 경우는 '2012다123 등'으로 표기한다).
2) 만일 소부에서 선고 없이 나온 결정이라면, '2009. ○. ○.자 2008헌바○ 결정'으로 표시한다.

차 례

노동조합 및 노동관계조정법 주해 Ⅲ

제 5 장 노동쟁의의 조정

제 1 절 통 칙

제 2 절 조 정

제 3 절 중 재

제 4 절 공익사업등의 조정에 관한 특칙

제 5 절 긴급조정

제 6 장 부당노동행위

제 7 장 보 칙

공무원의 노동조합 설립 및 운영 등에 관한 법률

공무원직장협의회의 설립 · 운영에 관한 법률

교원의 노동조합 설립 및 운영 등에 관한 법률

근로자참여 및 협력증진에 관한 법률

노동위원회법

제 4 절   노동조합의 해산

노동조합 및 노동관계조정법 주해 Ⅱ

제 5 장

노동쟁의의 조정

제5장 노동쟁의의 조정

제1절 통칙

제47조(자주적 조정의 노력)

이 장의 규정은 노동관계 당사자가 직접 노사협의 또는 단체교섭에 의하여 근로조건 기타 노동관계에 관한 사항을 정하거나 노동관계에 관한 주장의 불일치를 조정하고 이에 필요한 노력을 하는 것을 방해하지 아니한다.

제48조(당사자의 책무)

노동관계 당사자는 단체협약에 노동관계의 적정화를 위한 노사협의 기타 단체교섭의 절차와 방식을 규정하고 노동쟁의가 발생한 때에는 이를 자주적으로 해결하도록 노력하여야 한다.

제49조(국가등의 책무)

국가 및 지방자치단체는 노동관계 당사자간에 노동관계에 관한 주장이 일치하지 아니할 경우에 노동관계 당사자가 이를 자주적으로 조정할 수 있도록 조력함으로써 쟁의행위를 가능한 한 예방하고 노동쟁의의 신속·공정한 해결에 노력하여야 한다.

제50조(신속한 처리)

이 법에 의하여 노동관계의 조정을 할 경우에는 노동관계 당사자와 노동위원회 기타 관계기관은 사건을 신속히 처리하도록 노력하여야 한다.

제51조(공익사업등의 우선적 취급)

국가·지방자치단체·국공영기업체·방위산업체 및 공익사업에 있어서의 노동쟁의의 조정은 우선적으로 취급하고 신속히 처리하여야 한다.

[참고문헌]

고태관a, "노동분쟁의 조정절차", 노동법연구 6호, 서울대학교 노동법연구회(1997); 고태
관b, "노동쟁의의 사적조정사례 검토", 노동법연구 10호, 서울대학교 노동법연구회(2001);
김홍영, "공무원 노동관계에서 노동쟁의에 대한 조정", 노동법학 26호, 한국노동법학회
(2008); 노사관계제도선진화연구위원회, 노사관계법 제도 선진화 방안, 한국노동연구원
(2003. 11.); 도재형, "사적조정의 기법", 노동법연구 10호, 서울대학교 노동법연구회
(2001); 박호환, "한국노사분규의 특성과 사적조정·중재제도의 활성화 방안", 계간 노무
사 4호, 한국공인노무사회(2004. 6.); 손창희, "노동쟁의의 범위와 중재재정에 있어서의
위법·월권에 관한 소론", 법학논총 7집, 한양대학교 법학연구소(1990); 신홍, "노동쟁의
조정제도에 관한 연구", 노동법학 1호, 한국노동법학회(1987); 이상윤d, "노동쟁의조정제
도의 범위 및 구조에 관한 소고", 법학연구 6권, 연세대학교 법학연구소(1996); 임경탁a,
노동쟁의 공적조정과 사적조정 비교 연구 ―성과분석에 기초한 상호 관계설정 및 노
조법 등 관련제도 보완 중심으로―, 전북대학교 대학원 박사학위논문(2008); 임경탁b,
"사적조정 제도의 법률적 보완: 개정 노동조합 및 노동관계조정법 제52조를 중심으로",
법학연구 25집, 전북대학교 법학연구소(2007).

Ⅰ. 노동쟁의조정의 개념

1. 노동쟁의조정의 의의

가. 노동쟁의조정의 의의 및 취지

(1) 노동쟁의조정의 의의

노동쟁의의 조정(調整)이라 함은, 노동조합 등 근로자단체와 사용자 또는 사
용자단체, 즉 노동관계 당사자 사이에 노동관계에 관한 사항에 대하여 주장의
불일치가 있고 당사자 사이에 합의를 위한 노력을 계속하여도 더 이상 자주적
교섭에 의한 합의의 여지가 없는 분쟁상태(즉, 노동쟁의, 법 2조 5호)가 발생하였을
때, 이를 해결하기 위한 절차로서 노동관계 당사자 이외의 사인 또는 국가기관
등 제3자로 하여금 당사자 간의 주장을 조정할 수 있도록 하는 분쟁해결방식을
뜻한다.

(2) 노동쟁의조정의 취지

노동관계 당사자가 노동관계에 관한 사항을 자주적으로 결정하기 위하여 단체교섭 등을 통하여 협상하는 과정에서 서로 주장이 일치하지 아니하여 합의에 이르지 못하고 있는 경우 당사자는 그 주장을 관철할 목적으로 쟁의행위라는 투쟁적 수단을 이용할 수도 있다. 하지만 이와 같이 노동쟁의의 자주적 해결에만 의존할 경우 노사 당사자에게 큰 손실을 가져올 뿐만 아니라 일반 공중의 일상생활에 중대한 영향을 미치고 국민 경제에도 중대한 손실이 발생하는 경우가 있을 수 있으므로 이를 예방하고 조속히 해결하기 위하여 제3자의 개입에 의한 평화적·보조적인 분쟁해결방식으로 노동쟁의조정제도를 마련할 필요가 있다.[1]

나. 노동쟁의조정의 분류

(1) 서　　설

오늘날 세계 각국에서는 노동쟁의에 대한 분쟁해결방식으로 조정제도를 거의 예외 없이 두고 있으나, 이는 각국마다 다른 전통과 역사적 배경을 가지고 발전하여 왔으므로 통일된 유형의 노동쟁의조정제도를 제시하는 것은 불가능하다.[2] 하지만 노동쟁의조정은 크게 ① 조정의 대상이 되는 노동쟁의의 범위를 어디까지 인정할 것인가, ② 조정을 어떤 기관을 통해 행할 것인가, ③ 조정을 구체적으로 어떠한 방식에 의할 것인가, ④ 조정의 방법 및 절차를 법이 정한 바에 의하도록 할 것인가 아니면 당사자 간의 사적 합의 등에 의하여 정할 수도 있도록 할 것인가, ⑤ 조정의 개시 및 성립 여부를 당사자의 임의적인 결정에 맡길 것인가 아니면 강제적으로 개시되고 강행적인 구속력을 갖는 것으로 할 것인가 등을 기준으로 분류할 수 있다.

(2) 구체적 분류

노동쟁의조정제도의 위와 같은 분류에 대해 좀 더 구체적으로 살펴본다.[3]

㈎ 조정대상에 따른 분류

위 ①과 관련한 분류를 할 때 이익분쟁뿐만 아니라 권리분쟁까지 쟁의조정

---

1) 박홍규b, 430면.
2) 각국의 노동분쟁 해결제도와 관련한 간략한 고찰로는, 임종탁a, 56~84면.
3) 신홍, 102~103면; 이상윤d, 423~426면 각 참조.

의 대상이 되는 노동쟁의로 볼 것인지, 이익분쟁 중 어떠한 범위까지 쟁의조정의 대상으로 삼을 것인지가 문제된다(이익분쟁 및 권리분쟁 등 개념에 대한 자세한 논의는 법 2조 5호에 대한 해설 Ⅱ. 2. 참조).

　　㈏ 조정담당기관에 따른 분류

　　위 ②와 관련하여서는, 법원의 재판 절차 내에서 조정을 통해 분쟁을 해결하는 사법적 조정제도와 법원이 아닌 제3의 독립기관이나 행정부가 알선·조정·중재 등의 조정을 하는 비사법적 조정제도로 크게 구분할 수 있다. 전자는 이익분쟁보다는 권리분쟁이 그 대상이 되고 있으며, 후자는 주로 이익분쟁이 그 대상이 되고 있다.

　　㈐ 조정방식에 따른 분류

　　위 ③과 관련한 개략적인 분류로는, 제3자인 알선인이 분쟁의 당사자가 스스로 분쟁을 해결할 수 있도록 도움을 주는 알선(conciliation) 절차, 제3자인 조정자가 분쟁의 당사자들에게 분쟁에 대한 해결안을 제시하나 당사자들은 그 해결안에 구속당하지 아니하는 조정(mediation, 調停) 절차, 제3자로서 중재인이 그 분쟁에 대하여 당사자를 구속하는 최종 결정을 내림으로써 분쟁을 종결하는 중재(arbitration, 仲裁) 절차, 노사분쟁에 관한 사실 및 쟁점들을 명백히 조사·확정하고, 이 조사·확정된 사실 및 쟁점을 근거로 하여 당사자를 구속하지 아니하는 해결안을 제시하는 사실조사(fact-finding) 절차 등이 있다.

　　㈑ 조정제도의 법적 근거에 따른 분류

　　위 ④와 관련하여서는, 당사자들의 합의에 따라 자주적·임의적으로 설정되는 약정 조정제도(agreed procedures, 사적 조정제도)와 법률의 규정에 의하여 획일적으로 설정되는 법정 조정제도(statutory procedures, 공적 조정제도)로 분류할 수 있다. 노동쟁의조정제도의 목적을 단체교섭의 촉진으로 보고 있는 국가는 약정 조정제도에 비중을 두고 있으며, 반면에 산업평화 달성에 그 목적을 두고 있는 국가는 법정 조정제도에 비중을 두는 것이 일반적이다.

　　㈒ 조정 개시와 성립의 강제성 유무에 따른 분류

　　위 ⑤와 관련하여서는, 우선 절차 개시의 강제성 유무에 따라, 그 절차 개시 여부가 당사자의 자유로운 합의에 의하여 결정되는 임의조정제도(voluntary procedures)와 법률의 규정 또는 권한 있는 행정관청의 직권에 의하여 개시 여부가 강제적으로 결정되는 강제조정제도(mandatory procedures)로 나뉘는데, 알선·조정은 대체로 강제조정제도이고, 중재는 임의조정제도인 것이 원칙이다. 또한, 조정의 결과에 당사자가 구속되는지 여부에 따라, 제3자가 조정안을 제시하는 경우 당사자는 이를 의무적으로 수용하여 조정안에 구속되는 구속조정제도(binding procedures)와 당사자가 만족하지 아니하는 경우 조정안을 거부할 수 있고 따라서 이에 구속되지 아니하는 비구속조정제도(non-binding procedures)로 구분될 수 있는데, 일반적으로 임의조정제도는 구속조정제도, 강제조정제도는 비구속조정제도인 것이 원칙이다. 이는 당사자의 의사와 상관없이 개시되는 강제조정절차에서 그 조정안이 당사자를 구속하는 것은 노사자치의 원칙에 크게 위배되기 때문이다.

다. 노조법상 노동쟁의조정제도 개관

(1) 조정의 대상이 되는 '노동쟁의의 범위'

노조법은 노동쟁의의 개념을, "노동조합과 사용자 또는 사용자단체(이하 '노동관계 당사자'라 한다) 간에 임금·근로시간·복지·해고 기타 대우 등 근로조건의 결정에 관한 주장의 불일치로 인하여 발생한 분쟁상태를 말한다. 이 경우 주장의 불일치라 함은 당사자 간에 합의를 위한 노력을 계속하여도 더 이상 자주적 교섭에 의한 합의의 여지가 없는 경우를 말한다"라고 정의함으로써(법 2조 5호), 노동관계 당사자 사이에 근로조건의 결정에 관한 것으로서 더 이상 자주적 교섭에 의한 합의의 여지가 없을 정도로 그 주장의 불일치가 있는 분쟁상태로 정하고 있다. 그러나 그 구체적인 내용에 대하여는 위 법규정의 해석론 부분이 있으므로, 이에 관하여 자세한 것은 법 2조 5호에 대한 해설 참조.

(2) 조정기관

노조법은 비사법적 조정제도로 국가기관의 주관 아래 진행되는 조정(調停, 법 53조 내지 61조의2)과 중재(70조)를 채택하고 있다. 법정 조정(調停)과 중재의 절차 및 내용은 해당 부분 참조.

(3) 조정의 방법 및 절차

노조법은 법정 조정(調停) 또는 중재의 방식을 마련하

있으나(법 53조 내지 70조, 72조, 73조), 반드시 이에 따라야만 하는 것은 아니고 약정 조정제도 역시 인정하고 있다. 즉, 노동관계 당사자는 쌍방의 합의 또는 단체협약에 위 법정절차와 각각 다른 조정(調停) 또는 중재방법(이른바 사적 조정·중재)을 정하여 이에 의할 수 있고(법 52조) 법에 정한 조정·중재절차가 진행 중인 경우에도 이러한 사적 조정·중재절차를 밟을 수 있다(영 23조 2항). 자세한 내용은 법 52조에 대한 해설 참조.

　한편, 예외적으로 일정한 경우에는 반드시 법정절차에 의하도록 하고 있다. 사적 절차 또는 법정절차 등에 의한 조정절차를 밟아 쟁의행위로 나아갔으나 그 쟁의행위가 이른바 공익사업(법 71조 1항)에 관한 것이거나 그 규모가 크거나 그 성질이 특별한 것으로서 그 쟁의행위가 국민경제를 해하거나 국민의 일상생활을 위태롭게 할 위험이 현존하는 때에는 노조법이 정한 긴급조정(緊急調整)의 절차에 의한 조정·중재(법 76조 내지 80조)가 이뤄질 수 있다.

(4) 조정의 개시 및 효력의 임의성 또는 강제성 여부

㈎ 사적 조정·중재방법의 경우

　노동관계 당사자 쌍방의 합의 또는 단체협약에 정한 바에 따르게 될 것이나, 쟁의행위는 조정절차를 거치지 아니하면 이를 행할 수 없으므로(법 45조 2항) 법정 조정절차와 다른 사적 조정절차를 두고 있는 경우에도 그 개시 자체는 사실상 강제되는 셈이다.

㈏ 법정 조정절차의 경우

　먼저 조정(調停)은 노동관계 당사자 일방의 신청에 의하여 개시되고(법 53조) 이 지 이외의 국가기관 등 제3자에 의하여 강제로 개시되는 것은 아님이 원칙 므로 그 쟁의행위는 조정(調整)절차를 거치지 아니하면 이를 행할 수 없으 조정절차에의 범위 안에서 그 개시는 사실상 강제되어 있다. 다만, 긴급 다(법 76조). 조정(調停)은 고용노동부장관의 결정에 의하여 강제로 개시된 차에 의한 것이거 성립 여부는 일반적 절차에 의한 것이거나 긴급조정절 효력을 갖게 되는 관계 당사자가 수락한 때에 한하여 성립되어 그 로 정하고 있다(법 61조 1항).

---

4) 노조법 5장 2절, 3절의 또는 '법정 조정·중재절차'
　　　　　　　　　　　　　의미하는 것으로, 이하 '법정 조정(調整)절차'
　　　　　　　　　　　　　절차'라 한다.

한편, 중재는 일반적으로 관계 당사자 쌍방이 함께 신청하거나 관계 당사자 일방이 단체협약에 의하여 신청한 때 개시되고(법 62조 1호·2호) 당사자 이외의 국가기관 등 제3자에 의하여 강제로 개시되는 것은 아님이 원칙이다. 다만, 긴급조정절차에서 중앙노동위원회의 위원장이 중재회부결정을 한 때에는 그 결정에 따라 강제적으로 개시될 수 있다(법 79조). 중재의 개시사유가 어느 경우이거나 불문하고 중재기관이 중재재정을 하면 적법한 불복절차에 의하여 취소되지 않는 이상 중재의 효력이 발생하여 관계 당사자의 수락 여부에 관계없이 당사자를 강행적으로 구속한다.

2. 노동쟁의조정과 쟁의행위의 관계

가. 조정전치주의

노조법은 쟁의행위는 법에 정한 조정(調整)절차 또는 사적 조정(調整)절차를 거치지 아니하면 이를 행할 수 없다(법 45조)고 규정하여 법정 조정절차 또는 사적 조정절차의 개시를 사실상 강제하고 있는데, 이를 조정전치주의(調整前置主義)라고 한다. 조정전치주의의 취지, 조정전치절차를 거치지 아니한 쟁의행위의 정당성,5) 노동위원회의 행정지도와 조정전치주의6) 등에 대한 자세한 논의는 법 45조에 대한 해설 해당 부분 참조.

나. 조정절차 중 쟁의행위의 금지

쟁의행위에 앞서 조정절차를 거쳐야 한다고 하더라도 반드시 조정절차가

---

5) 대법원 2000. 10. 13. 선고 99도4812 판결 등(쟁의행위가 조정전치의 규정에 따른 절차를 거치지 아니하였다고 하여 무조건 정당성이 결여된 쟁의행위라고 볼 것이 아니고, 그 위반행위로 말미암아 사회 경제적 안정이나 사용자의 사업운영에 예기치 않은 혼란이나 손해를 끼치는 등 부당한 결과를 초래할 우려가 있는지의 여부 등 구체적 사정을 살펴서 그 정당성 유무를 가려 형사상 죄책 유무를 판단하여야 한다).

6) 대법원 2001. 6. 26. 선고 2000도2871 판결, 대법원 2003. 4. 25. 선고 2003도1378 판결, 대법원 2003. 12. 26. 선고 2001도1863 판결, 대법원 2008. 9. 11. 선고 2004도746 판결(노동조합이 노동위원회에 조정을 신청하여 노동위원회로부터 "본 조정신청 사건은 법상 '쟁의상태'라고 볼 수 없어 조정대상이 아니므로 조정신청 사건 중 임금협약에 관한 사항에 대하여는 계속적인 교섭을 통해 당사자간에 자주적인 노력으로 해결하고, 단체협약에 관한 사항은 노사협의 등을 통하여 해결할 것"을 권고받자 별도의 추가적인 교섭 노력 없이 쟁의행위에 돌입한 사건에서, 조정전치주의 위반이 문제되었다. 대법원은, "노동쟁의는 특별한 사정이 없는 한 그 절차에 있어 조정절차를 거쳐야 하지만, 노동조합이 노동위원회에 노동쟁의 조정신청을 하여 조정절차가 마쳐지거나 조정이 종료되지 아니한 채 조정기간이 끝나면 노동위원회의 조정결정이 없더라도 조정절차를 거친 것으로 보아야 한다"라고 판시하면서 조정전치주의 위반으로 인한 노조법위반죄에 대하여 무죄를 선고한 원심을 유지하였다).

종료되어야만 쟁의행위로 나아갈 수 있는 것은 아니다.

(1) 법정 조정(調整)절차를 거치는 경우

만약 노조법 54조의 규정에 의한 조정기간(調停期間) 내에 조정(調停)이 종료되지 아니하거나 노조법 63조의 규정에 의한 기간 내에 중재재정이 이루어지지 아니한 경우에는 이러한 조정·중재절차가 종료되지 아니하였다고 하더라도 쟁의행위를 행할 수 있다(법 45조 2항 단서). 노조법 54조에 정한 조정기간은 노조법 53조의 규정에 의한 조정의 신청이 있은 날부터 일반사업에 있어서는 10일, 공익사업에 있어서는 15일이고(1항), 관계 당사자의 합의에 의하여 일반사업에 있어서는 10일, 공익사업에 있어서는 15일 이내에서 연장할 수 있다(2항). 그리고 노조법 63조는 노동쟁의가 중재에 회부된 때에는 그날부터 15일간 쟁의행위를 할 수 없다고 규정하고 있다.

따라서 조정(調停)의 경우, 위 조정기간이 경과하기 전에 조정절차가 종료된 때에는 그때부터 즉시 쟁의행위를 행할 수 있고 위 조정기간이 경과할 때까지 조정절차가 종료하지 아니한 때에는 위 조정기간이 경과한 때부터 즉시 쟁의행위를 할 수 있다. 또한, 중재의 경우 중재회부일부터 15일이 경과한 때에는 그때부터 즉시 쟁의행위를 행할 수 있다. 그리고 위와 같은 쟁의행위 금지기간은 조정(調停)절차와 중재절차를 구분하여 별도로 기산되어 진행된다.

(2) 사적 조정절차를 거치는 경우

법 52조에 대한 해설 Ⅳ. 부분 참조.

다. 긴급조정과 쟁의행위의 금지

한편, 위와 같은 일반적인 조정(調整)절차를 거쳤으나 분쟁이 해결되지 않아 쟁의행위로 나아간 경우에도 노조법 76조 3항에 의한 고용노동부장관의 긴급조정(緊急調整)의 결정이 공표된 때에는 즉시 쟁의행위를 중지하여야 하며, 공표일부터 30일이 경과하지 아니하면 쟁의행위를 재개할 수 없다(법 77조).

Ⅱ. 노동쟁의조정의 원칙

1. 의   의

노동쟁의조정은 제3자의 조력을 통하여 노동관계 당사자의 양보와 이해를 촉진함으로써 쟁의행위의 예방 내지 조속한 해결을 도모하는 긍정적인 면이 있는 반면에, 조정전치주의 등 제도와 연계되어 근로자의 기본권 특히 단체행동권을 제한할 가능성이 있고, 또한 공적 조정절차에 의존해 노동관계 당사자의 자주적 문제해결 의욕을 감퇴시킴으로써 노사자치주의를 약화시킬 수 있는 등의 부정적인 면도 가지고 있다.[7) 그러므로 쟁의조정절차를 채택하고 이를 운영할 때에는 이러한 부정적 기능을 최소화하면서 동시에 쟁의조정의 효과를 충분히 발휘할 수 있도록 하여야 한다. 이에 따라 노조법은 아래와 같은 노동쟁의조정의 기본원칙을 천명하고 있다.

2. 노동쟁의조정의 기본원칙

가. 자주적 조정의 원칙

(1) 노사자치 원칙과 이에 근거한 자주적 조정 원칙

집단적 노동관계에서 가장 중시되어야 할 원칙이 노사자치의 원칙이고, 노동관계 당사자 사이에 일정한 문제에 대해 분쟁이 발생한 경우에도 노사가 자주적으로 해결하는 것이 가장 바람직하므로, 설령 자주적 해결이 곤란하거나 불가능하게 되어 노동쟁의조정이 개시되는 경우에도 그 조정기구나 조정절차는 노동관계 당사자의 자주적 해결을 촉진하여야 한다.

(2) 노조법 규정 내용

노조법 역시 노동관계 당사자는 노동쟁의가 발생한 때에 이를 자주적으로 해결하도록 노력하고(법 48조), 노조법은 이에 필요한 노력을 방해하지 않으며(법 47조), 국가와 지방자치단체는 노동쟁의를 자주적으로 해결하도록 조력하여야 한다(법 49조)고 정하여 위 원칙을 천명하고 있다. 나아가 구체적으로 조정의 주체로 공적 조정 이외에 사적 조정을 인정하고(법 52조), 조정의 개시에서는 임의조정을 원칙으로 하고 있으며, 조정안의 수락에서도 원칙적으로 임의적 효력을 인정하고 있다.

(3) 자주적 조정 원칙의 구체적 내용

이러한 자주적 조정의 원칙은 ① 단체행동권보장의 존중(쟁의조정절차는 헌법상 기본권인 단체행동권의 금지 내지 대체를 위한 것이 아니며 단체행동권의 보장을

---

7) 김유성, 399면.

전제로 하는 것이다8)), ② 단체교섭의 촉진(노동쟁의는 노동관계 당사자의 단체교섭에
의해 해결되는 것이 가장 바람직하므로, 쟁의조정에서도 이를 최우선적으로 고려하여야
한다9)), ③ 자주적 조정의 우선과 임의주의의 촉진(노동관계 당사자에 의해 설정·
주도되는 자주적 조정절차가 법정 조정절차에 우선하여야 하고, 법정 조정절차 역시 이
를 개시하고 그 결과를 수용할지 여부에서 당사자의 의사가 존중되어야 한다10))이라는
구체적 내용을 포함한다.11)

나. 신속 조정의 원칙

국가 및 지방자치단체는 노동쟁의의 신속한 해결에 노력하여야 하고(법 49
조), 노조법에 의하여 노동쟁의를 조정할 경우에는 노동관계 당사자와 노동위원
회 기타 관계기관은 사건을 신속히 처리하도록 하여야 한다(법 50조). 노동쟁의는
쟁의행위에 이르지 아니하고 해결되거나, 쟁의행위가 개시된 경우에도 가능한
한 단시일 내에 해결되는 것이 당사자 및 국민경제 차원에서도 바람직하므로
신속한 노동쟁의 조정을 당사자와 정부의 책무로 정하고 있다.

다. 공정 조정의 원칙

노조법에 의하여 노동관계를 조정할 경우에는 공정하게 처리하여야 한다.
노동쟁의는 당사자 간의 주장의 불일치로 인한 분쟁상태이므로, 그 분쟁상태가
공정하게 해결되는 것만이 분쟁상태를 종결시키는 첩경이 되고, 제도권 내 노사
관계를 정착시키는 디딤돌이 된다.12) 노조법은 1조에서 노동관계를 공정하게
조정하여 노동쟁의를 예방·해결함으로써 산업평화의 유지와 국민경제의 발전
에 이바지함을 목적으로 한다고 하여 공정 조정의 원칙을 밝히고 있고, 노조법
49조에서도 국가 및 지방자치단체에게 노동쟁의의 공정한 해결을 위한 노력 의

---

8) ILO 92호 '임의조정 및 임의중재에 관한 권고'(1951년) 7조는 '본 권고의 규정은 어떠한
방법으로도 단체행동권을 제한하는 것으로 해석하여서는 아니 된다'라고 정하고 있다.
9) ILO 154호 '단체교섭촉진에 관한 협약'(1981년) 5조 2항 (a)는 '노동쟁의를 해결하기 위한
기구나 절차는 단체교섭의 촉진에 기여하도록 입안되어야 한다'라는 원칙을 선언하고 있고,
8조는 '단체교섭을 촉진하기 위한 조치들은 단체교섭의 자유를 저해할 목적으로 입안되거나
또는 그러한 목적으로 적용되어서는 아니 된다'라고 규정하고 있다.
10) ILO 92호 '임의조정 및 임의중재에 관한 권고'(1951년)는 사용자와 근로자가 상호 노동쟁
의의 방지 및 해결에 도움이 되도록 국내사정에 적합한 임의조정제도를 이용할 수 있어야
하고(1조), 임의조정제도는 노사 공동참여를 기초로 구성될 경우 동수구성원리에 따라야 하
며(4조), 조정절차를 통해 도달된 결과는 모두 서면으로 작성되어야 하고 통상적으로 체결된
단체협약과 동등한 효력을 부여하여야 한다(5조)고 정하고 있다.
11) 김유성, 399~400면.
12) 이병태, 375면.

무를 부과하고 있다.

라. 공익 조정의 원칙

노동쟁의는 당사자뿐만 아니라 산업평화 및 국민경제의 발전 등 공익에도 영향을 미치고 있으므로, 노동쟁의조정과 관련하여서는 노동관계 당사자의 사적 이익뿐만 아니라 국가적 공적 이익의 적극적 달성을 위한 특별한 제도적 설계가 이루어져 있다. 즉, 노조법은 국가・지방자치단체・국공영기업체・방위산업체 및 공익사업에 있어서의 노동쟁의의 조정은 우선적으로 취급하고 신속히 처리하도록 하고 있고(법 51조), 조정기관의 구성에서 노사 대표 이외에 공익을 대표하는 공익위원을 참여토록 하며(법 55조 3항), 공익사업의 쟁의조정을 위해 노동위원회에 특별조정위원회를 두고(법 72조), 공익사업을 비롯한 국민경제에 중대한 영향을 미치는 사업에서는 긴급조정・중재제도를 두었다(법 76조, 79조).

[김 희 수]

제52조(사적 조정·중재)

　　① 제2절 및 제3절의 규정은 노동관계 당사자가 쌍방의 합의 또는 단체협약이 정하는 바에 따라 각각 다른 조정 또는 중재방법(이하 이 조에서 "사적조정등" 이라 한다)에 의하여 노동쟁의를 해결하는 것을 방해하지 아니한다.

　　② 노동관계 당사자는 제1항의 규정에 의하여 노동쟁의를 해결하기로 한 때에는 이를 노동위원회에 신고하여야 한다.

　　③ 제1항의 규정에 의하여 노동쟁의를 해결하기로 한 때에는 다음 각호의 규정이 적용된다.

　　1. 조정에 의하여 해결하기로 한 때에는 제45조 제2항 및 제54조의 규정. 이 경우 조정기간은 조정을 개시한 날부터 기산한다.

　　2. 중재에 의하여 해결하기로 한 때에는 제63조의 규정. 이 경우 쟁의행위의 금지기간은 중재를 개시한 날부터 기산한다.

　　④ 제1항의 규정에 의하여 조정 또는 중재가 이루어진 경우에 그 내용은 단체협약과 동일한 효력을 가진다.

　　⑤ 사적조정등을 수행하는 자는 「노동위원회법」 제8조 제2항 제2호 각 목의 자격을 가진 자로 한다. 이 경우 사적조정 등을 수행하는 자는 노동관계 당사자로부터 수수료, 수당 및 여비 등을 받을 수 있다.

〈세 목 차〉

※ 이 조에 관한 각주의 참고문헌은 제47조 내지 제51조 해설의 참고문헌을 가리킨다.

I. 사적 조정·중재의 의의, 연혁

원래 노동쟁의조정법은 노사분쟁에 대한 공적 조정절차만을 규정하고 있었으나, 1987. 11. 28. 노동쟁의조정법 개정 시 최초로 '임의조정'이라는 용어로 사적 조정·중재제도를 제도화하였고,[1] 이후 1997년 노조법 제정 당시 그 실질에 부합하는 '사적 조정·중재'라는 용어로 바꾸어 규정하게 되었다.[2]

현행 노조법은 5장 2절 및 3절의 각 규정에서 노동위원회에 의한 조정(調整)절차(공적 조정절차)를 정하고 있으나 반드시 이에 따라야만 하는 것은 아니고, 노동관계 당사자가 쌍방의 합의 또는 단체협약이 정하는 바에 따라 위 2절 및 3절의 규정과 다른 조정(調停) 또는 중재방법에 의하여 노동쟁의를 해결할 수 있도록 허용하고 있고(법 52조 1항), 이에 대해 일정한 법적 효력을 부여하고 있다.

이와 같이 사적 조정·중재가 허용됨에 따라, 노동관계 당사자는 조정(調整)의 방법을 조정(調停) 또는 중재 중 어느 하나 또는 그 전부에 의할 것인가 여부, 조정(調整)의 개시 사유를 어떻게 정할 것인가, 조정(調整)기관을 누구로 정할 것인가, 조정(調整)절차를 어떻게 정할 것인가 등에 관하여 임의로 정할 수 있다. 다만, 노동관계 당사자가 이와 같이 사적 조정·중재방법에 의하여 노동쟁의를 해결하기로 한 때에는 이를 노동위원회에 신고하여야 한다(법 52조 2항).

---

[1] 이 법 3장(알선), 4장(조정), 5장(중재)의 규정은 노동쟁의의 당사자가 쌍방의 합의 또는 단체협약이 정하는 바에 따라 각기 다른 알선, 조정 또는 중재방법에 의하여 노동쟁의를 해결하는 것을 방해하지 아니한다(5조의2 1항).

[2] 임의조정제도 시행 기간에는 주무기관인 노동위원회조차 처리건수를 파악하지 못하고 있었는바, 실적이 전무했던 것으로 추정할 수 있고, 노조법 제정 이후 2007년까지 사적 조정 건수는 22건(사적 조정을 받은 사업장으로부터 중앙노동위원회에 신고 접수된 통계)에 불과하다고 한다(임경탁a, 96면).

Ⅱ. 사적 조정 · 중재의 분류

사적 조정 · 중재는 앞서 본 바와 같이 근로조건에 대한 집단적 이익분쟁이 발생한 경우에 노사 당사자의 합의나 단체협약에 따라 이뤄지는 것이나(협의의 사적 조정 · 중재), 노사 당사자 간의 여러 분쟁을 공적 기관이 아닌 제3자가 담당하여 해결하는 광의의 의미로도 이해될 수 있다(광의의 사적 조정 · 중재).3)

즉, 노조법상의 '노동쟁의'를 대상으로 하는 사적 조정 · 중재(이하 '노조법상 사적 조정 · 중재'라 한다)뿐만 아니라 노조법상의 노동쟁의 대상사항이 아닌 사항에 관한 사적 조정 · 중재(이하 '비노조법상 사적 조정 · 중재'라 한다4)) 역시 개념 구성이 가능한 것으로 양자는 그 법적 성격, 효력 등이 상이할 수밖에 없다. 아래에서는 노조법상 사적 조정 · 중재를 전제로 우선 서술하고, 아래 Ⅷ.에서 비노조법상 사적 조정 · 중재에 대해서도 간략히 언급한다.

Ⅲ. 사적 조정 · 중재의 개시

1. 개시의 근거 등

사적 조정 · 중재는 단체협약 또는 노동관계 당사자 쌍방의 합의에 근거하여 개시된다. 사적 조정 · 중재에 관한 합의는 그 시기에 아무런 제한이 없으므로 법정 조정 · 중재절차가 진행 중이라고 하더라도 사적 조정 · 중재에 관한 합의에 따라 이를 진행시킬 수 있다(영 23조 2항). 사적 조정 · 중재 우선의 원칙에 의하여 법정 조정 · 중재절차는 일단 중지해야 할 것이라 생각한다.5)

2. 주장의 불일치 상태의 필요 여부

당사자 간에 주장의 불일치 상태가 발생하지 않은 경우에도 사적 조정 · 중재를 개시할 수 있는지가 문제된다. 당사자 간에 주장의 불일치 상태가 발생하지 않는 한 노조법상 사적 조정 · 중재를 개시할 수 없다고 하는 입장을 취하게 되면, 당사자 간 주장의 불일치 상태 없이 사적 조정 · 중재 절차가 이행된 경우

---

3) 박호환, 9면.
4) 고태관b, 55~56면의 개념 분류에 따른 것이다.
5) 김형배, 1453면.

이는 노조법상 사적 조정·중재에 해당하지 않으므로, 노동쟁의상태를 전제로 한 노조법상 조정(調整)을 다시 거쳐 쟁의행위로 나아가야 한다는 결과가 된다. 주장의 불일치 상태는 객관적이기보다는 다분히 노사의 교섭의지라는 주관적인 요소에 의하여 결정되는 점, 노사 쌍방이 제3자에게 조정을 신청할 정도라면 일단 당사자 간 교섭에 의한 자율적 해결이 어렵다는 점에 노사 쌍방이 동의한 것으로 볼 수 있는 점 등에 비추어 객관적으로 주장의 불일치 상태가 발생하지 않았다 하여도 노조법상 사적 조정·중재를 개시할 수 있다는 견해가 있다.[6] 물론 쌍방이 합의하여 사적 조정·중재를 신청한 경우라면 주장의 불일치 상태가 발생한 경우라고 사실상 추정할 여지가 있을 것이나, 단체협약에 근거하여 일방이 사적 조정·중재를 신청하는 경우라면 노조법상 규정에 맞게 주장의 불일치 상태가 발생한 경우에 노조법상 사적 조정·중재가 개시될 수 있다고 보는 것이 타당하다. '주장의 불일치 상태'의 의미에 관하여는 법 2조 5호 해설 Ⅲ. 3. 참조.

Ⅳ. 사적 조정·중재절차와 쟁의행위금지

1. 공적 조정·중재 절차 관련 규정의 적용

사적 조정·중재는 일정한 제한 하에서 당사자가 합의한 절차에 따라 노동쟁의를 해결하는 것이어서 공적 조정·중재를 갈음하는 성격을 가지고, 노조법 역시 이러한 성격에 근거하여 조정전치주의와 조정기간 및 중재기간 중 쟁의행위금지 규정 등이 사적 조정·중재에도 적용된다고 규정하고 있다(법 52조 3항).

따라서, 노동관계 당사자가 사적 조정(調停)에 의하여 노동쟁의를 해결하기로 한 때에는 그 사적 조정은 조정을 개시한 날부터 일반사업에 있어서는 10일, 공익사업에 있어서는 15일 이내에 종료하여야 하되, 다만 위 기간은 관계 당사자 간의 합의로 일반사업에서는 10일, 공익사업에서는 15일 이내에서 연장할 수 있고, 위 기간 동안에는 쟁의행위가 금지되지만, 만약 위 기간 내에 조정이 종료되지 아니한 때에는 쟁의행위를 개시할 수 있다(법 52조 3항 1호, 45조 2항, 54조). 또한, 노동관계 당사자가 사적 중재에 의하여 노동쟁의를 해결하기로 한 때에는, 사적 조정의 개시에 의한 쟁의행위 금지기간과는 별도로, 사적 중재를 개시

---

6) 고태관b, 57면.

한 날부터 15일간은 쟁의행위가 금지되지만, 만약 위 기간 내에 중재재정이 이루어지지 아니한 경우에는 쟁의행위를 개시할 수 있다(법 52조 3항 2호, 63조, 45조 2항). 물론 위 각 기간이 경과하기 전에 조정 또는 중재절차가 종료되면 그때부터 쟁의행위를 할 수 있다.

이와 관련해, 사적 조정기간을 노조법상 공적 조정기간보다 단기간으로 정한 경우 조정기간 동안 쟁의행위를 금지한 법의 취지를 고려할 때 일반사업은 10일, 공익사업은 15일까지로 자동적으로 연장되고, 이 기간 동안에는 쟁의행위를 할 수 없다고 보아야 한다는 견해가 있다.[7] 하지만 당사자가 자발적으로 조정기간을 짧게 정한 경우이고, 노조법 54조 1항은 조정기간을 제한함으로써 단체행동권의 장기적인 제한을 막기 위한 취지도 함께 가지는 점, 조정기간 만료 전 노사가 조정종결하기로 한 경우와 다르지 않은 점 등에 비추어 쟁의행위가 금지되는 조정기간이 위와 같이 자동적으로 연장된다고 볼 것은 아니다.

또한, 위 각 규정에 따르면 사적 조정의 경우에도 조정기간과 관련하여 일반사업은 20일, 공익사업은 30일을 초과할 수 없는 것으로 이해될 수 있으나, 사적 조정은 당사자 간의 합의로 분쟁을 해결하기 위한 것으로 조정기간이 길어진다 하여도 노사 쌍방에게 불이익한 면이 전혀 없는 점을 고려할 때 특별히 그 기간에 대하여 제한을 가할 필요가 없다는 견해가 있다.[8]

2. 노동위원회에 대한 신고 의무

노동관계 당사자가 사적 조정·중재에 의하여 노동쟁의를 해결하기로 하였을 때 이를 노동위원회에 신고하여야 하는데(법 52조 2항, 시행령 23조 1항), 이러한 신고를 하지 아니하고 사적 조정·중재를 개시하였을 경우 조정·중재기간은 후에 노동위원회에 신고한 때로부터 기산되는지가 문제된다.

사적 조정·중재절차에서도 노동위원회에 신고의무를 부과한 취지는 분쟁상태를 명확히 하여 노동쟁의의 발생과 그 해결에 대한 절차의 실효성과 객관성을 확보하려는 데 있는 것이므로 사적 조정·중재절차를 개시하기에 앞서 분쟁상태와 조정내용을 노동위원회에 신고하여야 하며, 신고 없이 절차가 개시된 경우에는 신고가 있은 날부터 조정·중재기간이 기산된다고 보아 쟁의행위 금

---

7) 고태관b, 61면.
8) 고태관b, 61면.

지기간도 그때부터 진행된다고 해석하는 견해9)가 있다. 그러나 조정 · 중재기간
을 설정하고 있는 것은 쟁의행위를 제한 · 금지하기 위한 것에 그 본래의 의미
가 있는 것이 아니고 어디까지나 조정 · 중재의 실효성을 확보하기 위한 것에
그 목적이 있으며, 노동관계 당사자로 하여금 사적 조정 · 중재를 노동위원회에
신고하도록 한 것은 행정기관인 노동위원회로 하여금 노동관계 당사자 간의 노
동쟁의의 자주적 해결방법에 대한 사실확인을 하고 이에 조력하는 등의 후견적
기능을 확보하기 위한 것에 그치는 것이지 이를 감독 · 개입하기 위한 것은 아
니라고 보아야 하며, 앞선 견해와 같이 해석하게 되면 노동관계 당사자가 신고
의무를 이행하지 않을 경우 쟁의행위는 계속 금지되는 불합리한 결과를 낳게
된다는 점을 고려하여 보면, 위와 같이 사적 조정 · 중재의 신고를 하지 않았다
고 하더라도 조정 · 중재기간의 기산점은 사적 조정 · 중재의 개시일부터 기산된
다고 보는 것이 타당하다.10)

3. 이익분쟁과 권리분쟁이 병존하는 경우의 문제

집단적 이익분쟁과 권리분쟁이 공존하는 경우 비록 노사간 쟁점이 집단적
권리분쟁에 집중되어 있다 하여도 집단적 이익분쟁을 사적 조정 · 중재의 대상
으로 포함하고 있다면 역시 노동위원회에 의한 공적 조정 · 중재를 대체할 수
있다.11)

4. 노조법 시행령 23조 2항 및 3항 관련 논의

노동관계 당사자는 공적 조정 · 중재절차가 진행 중인 경우에도 사적 조
정 · 중재에 관한 합의를 하여 그 절차를 밟을 수 있고(영 23조 2항), 반대로 사적
조정 · 중재에 의하여 노동쟁의를 해결하기로 하였다고 하더라도 그에 의하여
노동쟁의가 해결되지 아니한 경우에는 노동관계 당사자는 노조법에 정한 조
정 · 중재절차의 개시를 신청할 수 있다(영 23조 3항).

노조법 시행령 23조 2항의 경우와 관련하여, 공적 조정 · 중재절차가 진행
중 그 조정기간이나 중재기간이 경과하기 전에 사적 조정 · 중재절차를 밟게 되
는 때에는 조정 · 중재기간의 기산점과 관련하여 별도로 사적 조정이나 중재가

---

9) 김형배, 1455~1456면.
10) 사법연수원a, 315면.
11) 고태관b, 57면.

개시된 날부터 10일 또는 15일간의 조정·중재기간 동안 쟁의행위가 금지된다
는 견해12)와 먼저 개시된 공적 조정·중재 절차가 개시된 날부터 조정·중재기
간을 기산할 것이라는 견해13)가 대립된다. 그리고 노조법 시행령 23조 3항의 경
우와 관련하여, 사적 조정·중재절차가 진행되다가 노동쟁의가 해결되지 아니한
채 종료하여 노동관계 당사자가 노조법에 정한 조정·중재절차의 개시를 신청
한 때에는 별도로 그 조정 신청일부터 10일의 조정기간 또는 중재회부일부터
15일의 중재기간 동안 쟁의행위가 금지된다는 견해14)와 이 경우에도 쟁의행위
가 금지되는 조정·중재기간의 기산점은 사적 조정·중재의 개시일이 된다는
견해15)가 대립한다.

　　사적 조정·중재를 추가적으로 선택하는 것이 당사자의 의사와 다르게 오
히려 더 큰 단체행동권 제한으로 연결되는 것은 노조법이 예정한 모습으로 보
이지 않는 점, 노조법이 조정전치주의, 조정기간 및 중재기간 중 쟁의행위금지
와 관련하여 사적 조정·중재에 대해 공적 조정·중재와 동일한 규범적 지위를
부여하고 있는 점, 노동쟁의조정과 구분되는 단체행동권의 실질적 보장 필요성
등에 비추어 볼 때 각각 후자의 견해가 원칙적으로 타당해 보인다.

5. 쟁의행위 개시 이후 사적 조정·중재

　　노조법이 예정하고 있는 사적 조정·중재는 쟁의행위에 돌입하기 전에 행
해지는 사적 조정·중재이기 때문에 조정·중재 기간 동안 쟁의행위금지에 관
한 공적 조정·중재의 규정을 준용하고 있는 것인데, 이미 공적 조정·중재를
거쳐 쟁의행위에 돌입한 이후에도 집단적 이익분쟁에 대한 사적 조정·중재가
가능한지, 그 경우 성립된 조정서·중재서에 대하여도 단체협약과 동일한 효력
이 있는지가 문제될 수 있다. 생각건대, 쟁의행위에 돌입한 이후라도 당사자 간
자율적 해결을 위한 사적 조정·중재를 쟁의행위 돌입 이전과 달리 취급할 이
유가 없고, 쟁의행위 돌입 이후에도 당사자 간에 자율적 교섭을 통한 단체협약
체결 역시 가능한 것이므로, 공적 조정·중재를 거쳐 쟁의행위에 돌입한 이후라
도 집단적 이익분쟁에 대한 사적 조정·중재는 여전히 가능하다고 보아야 하고,

---

12) 사법연수원a, 315면.
13) 도재형, 14면.
14) 사법연수원a, 315~316면.
15) 도재형, 14면.

노조법 52조 4항의 (유추)적용을 통해 조정서·중재서에 대해 단체협약과 동일한 효력을 인정할 수 있을 것이다. 다만, 이 경우 쟁의행위금지기간에 대한 규정이 적용되지 않는 점에서 차이가 있다.[16)]

V. 사적 조정·중재의 효력

1. 효력의 내용

노동관계 당사자 사이에 집단적 이익분쟁에 해당하는 사항을 사적 조정·중재에 의하여 해결하기로 하는 합의에 따라 조정 또는 중재가 이루어진 경우에 그 내용은 단체협약과 동일한 효력을 가진다(법 52조 4항). 노사의 집단적 분쟁은 평화적 단체교섭의 실패로 발생한 것이므로, 이에 대한 해결이 단체협약의 성립으로 귀결되는 것은 이론상 당연한 일이다.[17)]

2. 노조법 60조, 61조의 유추 적용 가부

공적 조정(調停)에서 조정서의 해석 또는 이행방법에 관하여 관계 당사자 간에 의견의 불일치가 있는 경우 조정기관이 이에 대한 견해를 제시할 때까지 당해 조정안의 해석 또는 이행에 관하여 쟁의행위를 할 수 없으며, 조정기관이 제시한 해석 또는 이행방법에 관한 견해는 중재재정과 동일한 효력을 가진다는 노조법 60조 3항 내지 5항, 61조 3항의 규정이 사적 조정(調停)의 경우에 준용되지 않고 있는데 이를 유추 적용할 수 있는지가 문제된다. 노조법 60조, 61조는 성립된 조정서의 특별한 효력을 규정한 것으로 공적 조정을 행하는 공적 기관의 신뢰성을 바탕으로 한 것인 점, 위 규정들은 쟁의행위를 제한하고 중재재정과 동일한 효력을 부여함으로써 당사자의 권리를 특별히 제한하는 규정인 점, 준용 규정을 두지 않은 것은 사적 조정에는 이를 적용하지 않겠다는 입법적 판단으로 보이는 점 등에 비추어 유추 적용을 부정함이 타당하다.[18)]

---

16) 고태관b, 61면.
17) 김형배, 1455면.
18) 고태관b, 69면.

Ⅵ. 사적 조정·중재에 대한 불복 방법

1. 명문 규정의 흠결

집단적 이익분쟁에 관한 사항에 대하여 사적 조정·중재방법에 의하여 조정(調停)이 성립되거나 중재재정이 이루어진 경우 그에 대한 불복방법에 관하여는 아무런 명문의 규정이 없어 문제될 수 있다.

2. 관련 논의들

이에 관하여 사적 조정(調停)절차에서 조정(調停)이 성립되었으나 그것에 본질적이고 중요한 위법사유가 있을 경우에는 민사소송절차에서 그 무효확인의 청구를 할 수 있고, 사적 중재방법에 의하여 내려진 중재재정에 대하여는 중재법 36조의 규정에 의하여 중재판정 취소의 소를 제기하여 불복할 수 있다고 보는 견해가 있다.19) 하지만, ① 사적 조정(調停)이 성립된 경우 그 법적 성격은 관계 당사자 사이의 조정안 수락의 의사표시 합치에 의한 새로운 계약이 체결된 것과 다를 바 없으므로, 사적 조정인의 선정 또는 조정절차가 사적 조정에 관한 합의에 의하지 않았다거나, 사적 조정안에 대한 수락의 의사표시에 무효·취소사유가 있거나,20) 성립된 조정의 내용이 강행법규 등에 위반하여 무효인 때에는, 이와 관련된 민사소송의 절차에서 이러한 사유를 들어 그 성립의 효력을 부정할 수 있고, 또한 ② 사적 중재재정이 내려진 경우 이는 중재인으로 선정된 자의 중재재정이라는 사법상의 법률행위에 의하여 성립된 것이므로 그 중재인의 중재재정이라는 법률행위의 효력을 부정하는 구제절차를 통하여 불복하여야 할 것인데, 중재법은 권리분쟁에 관한 사항의 중재계약(중재법 3조 1호21) 참조)이 체결되었을 때 적용되는 것이고 이익분쟁에 관한 사항의 중재계약에는 그 적용이 없으므로, 이 경우 그 불복방법으로서 중재법의 규정을 직접 적용하여 중재판정

---

19) 고태관a, 401~402면.
20) 다만, 관계당사자의 조정안 수락의 의사표시는 실질적으로 민법상 화해계약 성립의 의사표시와 다를 바 없으므로 민법 733조가 준용된다고 보아 착오를 이유로 조정성립의 취소를 주장할 수는 없다고 보아야 한다.
21) '중재'라 함은 당사자 간의 합의로 '재산권상의 분쟁 및 당사자가 화해에 의하여 해결할 수 있는 비재산권상의 분쟁'을 '법원의 재판에 의하지 아니하고' 중재인의 판정에 의하여 해결하는 절차를 말한다.

취소의 소에 의할 수는 없고, 결국 사적 중재인의 선정 또는 중재절차가 사적
중재에 관한 합의에 의하지 않았다거나, 중재재정의 내용이 강행법규 등에 위반
하여 무효라는 등 중재재정의 성립에 하자가 있음을 내세워 민사소송절차에서
그 성립의 효력을 부정하는 구제수단을 취하여야 할 것이라는 견해가 있다.[22][23]
후자의 견해가 타당하다.[24]

Ⅶ. 사적 조정·중재를 수행하는 자의 지위 등

1. 사적 조정인·사적 중재인의 자격

사적 조정·중재를 수행하는 자는 노위법 8조 2항 2호 각 목의 자격(지방노
동위원회 조정담당 공익위원의 자격)을 가진 자이어야 한다(법 52조 5항 1문). 구체적
으로 노위법 8조 2항 2호가 한정하고 있는 자격은 공인된 대학에서 조교수 이
상으로 재직한 자, 판사·검사·군법무관·변호사 또는 공인노무사의 직에 3년
이상 재직한 자, 노동관계업무에 3년 이상 종사한 자로서 3급 또는 3급 상당 이
상의 공무원이나 고위공무원단에 속하는 공무원으로 재직한 자, 노동관계업무에
10년 이상 종사한 자로서 4급 또는 4급 상당 이상의 공무원으로 재직한 자, 기
타 노동관계업무에 10년 이상 종사한 자 또는 사회적 덕망이 있는 자로서 조정
담당 공익위원으로 적합하다고 인정되는 자이다.

2. 비용 수수의 문제

노조법은 2006. 12. 30. 개정 당시 사적 조정·중재와 관련하여 사적 조정
인, 사적 중재인이 노동관계 당사자로부터 수수료, 수당 및 여비 등을 받을 수
있다는 규정을 신설하였다(법 52조 5항 2문). 변호사법 109조는 변호사가 아니면서
금품 기타 이익을 받고 일반의 법률사건에 관하여 중재·화해 기타 법률사무를
취급하거나 알선하는 자를 처벌하도록 하고 있었고, 판례는 위 변호사법 규정
중 '기타 일반의 법률사건'이라 함은 법률상의 권리·의무에 관하여 다툼 또는

---

22) 사법연수원a, 328면.
23) 손창희, 30면도, 사적 중재재정은 행정처분이 아니므로 민사소송에서 그 효력을 다툴 수밖
  에 없다고 하는 등 같은 취지의 견해를 취하고 있다.
24) 중재법 36조가 정한 중재판정 취소의 소가 대상으로 삼는 중재판정은 법원의 확정판결과
  동일한 효력이 있는 것으로(같은 법 35조), 단체협약과 동일한 효력을 갖는 노조법상 사적
  중재재정과는 원칙적으로 구분된다.

의문이 있거나 '새로운 권리의무관계의 발생에 관한 사건 일반'을 말한다고 판
시함으로써[25] 변호사 아닌 자가 보수를 받고 행하는 (이익분쟁에 대한 조정·중재
라고 하더라도) 사적 조정·중재에 대해서는 변호사법위반의 문제가 있었다. 이
에 따라 사적 조정인·사적 중재인이 보수를 받고 사적 조정·중재를 할 경우
변호사법위반의 문제를 해결하기 위한 목적으로 위 조항이 신설된 것으로 보인
다.[26] 한편, 이러한 입법의 개선에도 불구하고 여전히 변호사법위반의 문제가
상존하고 있으므로 변호사법에 예외 규정을 둘 필요가 있다는 견해도 있으나,[27]
변호사법이 아닌 다른 법률에 의하여 비변호사에게 법률사건에 관한 법률사무
의 수행 및 보수 수령이 허용된 경우이므로 타당하다고 보기 어렵다.

Ⅷ. 비노조법상 사적 조정·중재의 법적 성격 및 규율

1. 노동쟁의 대상사항 이외의 사항에 대한 사적 조정·중재의 가능성

노조법 47조 규정 및 사적 자치의 원칙에 따라 노동관계 당사자는 언제든
지 노동쟁의의 대상 사항이 아닌 권리분쟁이나 근로조건과 무관한 사항에 대한
이익분쟁 등에 대해서도 사적 조정·중재를 통한 분쟁해결방법의 합의가 가능
하다.

2. 법적 성격

노동쟁의 대상성이 없는 사항에 대한 사적 조정·중재가 허용되는 경우라
고 하더라도, 이는 노조법에 규정한 사적 조정·중재의 성격을 갖는 것이 아니
다. 그에 따라 조정·중재가 이루어진 경우 민법상 화해계약이 성립된 것으로
볼 수 있거나, 경우에 따라 중재법이 정한 요건을 갖춘 중재계약에 따라 중재판
정이 이루어진 것으로 볼 수 있을 것이다. 실제로, 노동관계 당사자 간의 권리
분쟁[28]에 대한 사적 조정의 합의가 중재법상의 중재계약으로서 성립되었다고
볼 수 있다면, 중재의 대상이 된 권리분쟁의 해결은 중재법의 규정에 따라 당사

---

25) 대법원 2001. 11. 27. 선고 2000도513 판결.
26) 노사관계제도선진화연구위원회, 122~123면. 비용 수수를 명문화함으로써 사적 조정·중재
   의 활성화에도 기여할 것으로 보인다.
27) 임경탁b, 309~310면.
28) 노동관계 당사자 간의 권리분쟁에 관한 사항은 민조법에 따라 법원에 조정(調停)을 신청하
   여 해결할 수 있는 방법이 있음은 다른 사법상의 권리분쟁의 경우와 다를 바 없다.

자가 중재계약에서 선정한 중재인의 중재판정에 따라야 할 것이고(중재법 3조) 이
중재판정은 당사자 사이에서는 법원의 확정판결과 동일한 효력이 인정되는 등
(중재법 35조) 전혀 별개의 규율을 받는다.

　판례 중에는 노동관계 당사자 간의 권리분쟁에 관하여 사적 조정에 따른
합의가 이루어진 경우 민법상 화해계약이 성립된 것으로 본 사례가 있다.[29]

3. 법적 규율

　노동관계 당사자 간의 권리분쟁에 관한 사적 조정(調整)의 합의는 노조법상
의 규율대상인 사적 조정·중재의 합의와는 그 법적 성격이 전혀 다른 것이므
로, 집단적 이익분쟁에 대한 사적 조정·중재의 합의가 있는 경우에 고유하게
적용되는 노동위원회에 대한 신고의무나 쟁의행위금지 등에 관한 규정(법 52조 2
항·3항)이나 사적 조정·중재 합의에 의하여 조정 또는 중재가 이루어진 경우에
그 내용이 단체협약과 동일한 효력을 가진다는 규정(법 52조 4항) 등은 그 적용이
없다 할 것이다.

Ⅸ. 사적 조정·중재의 배제

　사적 조정·중재를 허용하는 노조법의 규정(법 52조)은 공무원 및 교원의 노
동쟁의에 대하여는 적용되지 않는다(공무원노조법 17조 3항; 교원노조법 14조 2항). 공무
원 및 교원 노동관계의 특수성을 고려한 것이라 생각한다. 이에 대해서는 비록
사인이라고 하더라도 공무원 노동관계의 분쟁의 해결에 도움이 될 수 있고, 노
사 당사자가 함께 그로부터 도움을 받기를 원해 합의하는 경우도 있는데 그러
한 사적 분쟁해결을 법적으로 효력이 없다거나 금지된다고 보는 것이 옳은지
의문이라는 비판이 있다.[30]

[김　희　수]

---

29) 대법원 1980. 12. 9. 선고 80다1616 판결(해외건설사업장에서 작업지시 거부 등을 이유로
　　해고를 당한 근로자 측과 사용자 사이에 해외주재 노무관의 조정으로 사용자가 근로자들에
　　게 30일분의 통상임금을 지급하고 귀국여비를 부담하기로 하여 분쟁을 종결하기로 약정하였
　　다면, 이는 구 노동쟁의조정법상의 알선이나 조정 또는 중재가 아니라 위 노무관이 개입하여
　　당사자 간에 화해계약이 성립된 것으로 보아야 한다고 판시하였다).
30) 김홍영, 92면.

제 2 절 조 정

〈세 목 차〉

[참고문헌]

강희원, "노조법상 「노동쟁의」와 「쟁의행위」 개념에 대한 헌법적 반성, 노동법학 53호, 한국노동법학회(2015. 3.); 고용노동부a, 1953~2008년 노동조합및노동관계조정법 변천사 (2008); 고용노동부b, 집단적 노사관계 업무매뉴얼(2016. 9.); 고태관, "노동분쟁의 조정절차", 노동법연구 6호, 서울대학교 노동법연구회(1997), 김선수, "노동쟁의조정신청에 대한 행정지도와 쟁의행위의 정당성", 노동법률 123호, 중앙경제(2001. 8.); 김형배a, "조정신청 후의 행정지도와 쟁의행위의 정당성", 조정과 심판 7호, 중앙노동위원회(2001); 김홍영, "노동위원회의 노동쟁의조정 대상의 확대", 노동법연구 19호, 서울대학교 노동법연구회 (2005); 김훈 외 5, 노동위원회와 노동분쟁해결시스템 개선방안 연구, 한국노동연구원

(2009); **박수근**, "조정절차와 쟁의행위의 정당성", 2001 노동판례비평, 민주사회를 위한 변호사모임(2002); **박재필**, "쟁의행위의 정당성의 요건과 노동위원회의 조정절차와 관련된 쟁의행위 정당성", 대법원판례해설 36호, 법원도서관(2001. 6.); **박태영·안성수**, "노동위원회 노동쟁의 조정의 성공영향요인에 관한 연구", 한국자치행정학보 34권 1호, 한국자치행정법학회(2020. 3.); **이상희**, "노동쟁의 조정대상 확대 논의 검토", 사회법연구 43권, 한국사회법학회(2021); **장영석**, 간접고용과 노동쟁의 조정의 쟁점, 노동법학 75호, 한국노동법학회(2020. 9.); **조윤희**, "노동위원회의 견해제시에 대한 불복사유", 서울행정법원 행정재판 실무편람 자료집 Ⅳ(2004); **중앙노동위원회**a, 조정업무 및 필수유지업무 매뉴얼(2018. 1.); **중앙노동위원회**b, 노동위원회 조정절차 안내(2020. 3.)

Ⅰ. 개 관

노동위원회에 의해 이루어지는 조정(調停, mediation)은 관계당사자의 의견을 들어 조정안을 작성하여 당사자의 수락을 권고하는 형태로, 노사의 자주적 해결을 중시하는 입장에서 당사자가 이를 수락하지 않는 경우 효력이 없다.

우리나라에서는 1997년까지 조정 외에도 '알선[1])'을 인정하고 당사자의 의사와 관계없이 개시되는 강제 조정·알선이 원칙이었으나, 1997년 노조법을 제정하면서 알선 제도를 폐지하고 조정 역시 임의조정 제도를 택하고, 다만 노조법 45조 2항에서 쟁의행위에 앞서 반드시 조정 절차를 거치게 하는 '조정전치주의'를 규정하고 있다.[2)]

현행 노조법 5장 2절은 조정의 개시(법 53조)와 기간(법 54조) 주장의 확인(법 55조)과 위원장(법 56조)과 단독조정(법 57조) 등 조정 주체에 ...자 쌍방 또는 일방의

---

1) "알선(구 노동쟁의조정법 18~21조)이란 노동쟁의가 발생... 아니라 그 위배는 처벌되므신청(임의알선)이나 직권에 의하여(강제알선) 노동위... 59면)"이라는 견해가 있으나, 알해결하는 조정제도로서 알선서에 단체협약의 ...에서는 '알선'이 그 방법이 구체적으로 로 헌법이 보장하는 단체교섭권을 침해하...어 있지 않다는 점에서 가장 느슨한 절선이 특별히 위헌인 것은 아니고 직권... ...(1963. 4. 7. 법률 1327호로 개정되기 전의 것) 여전히 조정과 구별되는 '알선' ...에 의하여 행정관청으로부터 사건의 이송을 받은 규정되어 있지 않고 해결안... 1963년 개정에서 "노동위원회는 노동관계 당사자의 차라고 한다. 니시타니 ... 직권으로 노동쟁의의 조정을 행한다"고 하였으며, 이른바 2) 고용노동부a, 141... ...안 쟁의행위를 할 수 없게 하였다. 19조 1항에서 "... 경우에 조... 쌍방 ...

(법 58조)과 출석금지(법 59조) 등 조정기일의 절차, 조정안 작성과 그 효력(법 60조, 61조, 61조의2)을 정하고 있다. 이 절의 내용만 보면 일반사업장에 관한 임의조정에 관해서만 정한 것처럼 보이지만, 공익사업의 조정기간에 관한 규정에는 공익사업에 대한 특별조정의 경우도 명시적으로 포함하고 있고 주장의 확인, 출석금지 등은 조정(調整) 절차의 통칙으로 중재위원회와 공익사업에도 두루 적용된다고 볼 수 있다.

Ⅱ. 노동쟁의 조정의 개시

제53조(조정의 개시)
① 노동위원회는 관계 당사자의 일방이 노동쟁의의 조정을 신청한 때에는 지체없이 조정을 개시하여야 하며 관계 당사자 쌍방은 이에 성실히 임하여야 한다.
② 노동위원회는 제1항의 규정에 따른 조정신청 전이라도 원활한 조정을 위하여 교섭을 주선하는 등 관계 당사자의 자주적인 분쟁 해결을 지원할 수 있다.

1. 당사자의 신청에 의한 개시의 원칙(1항)

조정은 관계 당사자 일방의 신청으로 개시되며 상대방은 이에 동의하지 않더라도 노동위원회의 조정 절차에 응해야 한다. 반면 노동위원회는 직권으로 조정을 시작할 수는 없다(후술하는 바와 같이 노조법 78조 긴급조정의 경우는 고용노동부장관의 ‘임의에 의하므로 예외에 해당한다).[3]

정절차를 거치고는 하지만 현행법에서 조정전치주의(법 45조) 규정을 두어 “조쟁의행위에 앞서 하면 이를 행할 수 없다”고 되어 있어 노동조합으로서는 들어간 노동조합으로 정신청을 해야 하고, 따라서 실질적으로 쟁의상태에 동위원회 통계에 의하면 청이 ‘임의적’이라고 보기는 어렵다.[4] 실제 노중앙노동위원회에 접수된 9 준으로 한 해 동안 12개 지방노동위원회와에 불과하고 나머지는 모두 노 청 건수 중 사용자가 신청한 것은 3건 것이었다.[5] 노동조합은 조정을

---

3) 임종률, 203면.
4) 김유성, 405면.
5) 중앙노동위원회 2022. 2. 28. 정보공개 자료

신청할 때 사전에 총회의 의결을 받을 필요는 없다.6)

노동쟁의 일방 당사자가 언제 신청할 수 있는지에 관해서 명시적 규정은 없지만 앞서 본 '노동쟁의' 개념에 비추어 볼 때 '교섭을 여러 차례 했음에도 불구하고 합의가 어려워 쟁의행위에 돌입할 수밖에 없다고 판단할 때'라고 보는 것이 일반적이다. 그러나 주장의 불일치나 교섭의 불가능성 등은 결국 어느 일방에 의해 판단되는 것이기 때문에 객관적으로 어느 정도에 달해야 조정을 신청할 수 있는지에 관해서는 판단하기 어렵고, 이를 당사자들이 조정의 기술로 활용하는 경우 조정이 지나치게 일찍 시작되거나 너무 늦어져 조정 성과가 떨어질 우려가 있다.7) 2006년 개정에서는 조정자가 조정시점을 선택할 수 있는 미국과 영국8)의 요소를 일부 도입하여 조정 전 지원(법 53조 2항)과 조정종료 후 조정(법 61조의2)에 관한 규정을 신설하기도 하였다. 조정자가 조정 사건의 성격을 미리 파악하고 협상의 흐름을 지켜보면서 조정에 착수함으로써 그 시기를 전략적으로 선택하여 성공 가능성을 높일 수 있기 위한 것이다.

한편 법문은 "관계 당사자 쌍방은 이에 성실히 임하여야 한다"고 하고 있는데, 이는 원만하고 평화적인 해결에 협력할 관계 당사자들의 일반적인 의무를 선언한 것일 뿐 구체적인 효과가 발생하는 법적 의무라고 보기는 어렵다.

2. 신청의 방법

노동쟁의 당사자 일방은 노동쟁의 조정신청서에 사업장 개요, 단체교섭 경위, 당사자 간 의견의 불일치사항 및 이에 대한 당사자의 주장내용을 기재하여 조정을 신청하여야 한다(규칙 14조). 신청서 양식은 시행규칙으로 정하고(별지 제10호 서식), 구비서류는 노동위원회 규칙(별지 제40호 서식)에 양식을 두고 있다.

방문을 통한 신청뿐 아니라 전자메일 또는 모사전송기(팩시밀리)에 의한 접수도 가능하고, 노동위원회 웹사이트의 '온라인 사건신청'으로도 가능하다. 신청서가 제출되면 담당조사관은 관할이 아닌 경우 해당 노동위원회로 사건을 이송

---

6) 임종률, 203면. 1997년 노조법 개정 시에 '노동쟁의에 관한 사항'이 총회 의결사항에서 삭제되었을 뿐 아니라(법 16조), 구법 아래에서도 '노동쟁의에 관한 사항'이 노동쟁의 발생신고(조정신청의 의미도 가지고 있었음)를 포함하지 않았기 때문이다. '노동쟁의에 관한 사항'을 근거로 노동쟁의의 신고가 총회 의결사항이 된다면 '단체협약에 관한 사항'을 근거로 단체협약의 체결을 총회 의결사항으로 보아야 한다.

7) 김훈 외 5, 10면.

8) 김훈 외 5, 10면.

하고 관계 당사자에게 통지해야 하며(노위규칙 32조), 관할사건인 경우에는 신청인에게 '사전조사 일정 등이 전화 또는 팩스로 안내될 수 있음을 알려준다.[9]

노위법 3조의 일반원칙에 따라, 지방노동위원회의 관할구역에서 발생하는 사건은 지방노동위원회가 관장하되 둘 이상의 관할구역에 걸친 사건은 중앙노동위원회가 담당하는 것이 원칙이나(노위법 3조 1항), 노위법 3조 4항은 "중앙노동위원회 위원장은 1항 2호에도 불구하고 효율적인 노동쟁의의 조정을 위하여 필요하다고 인정하는 경우에는 지방노동위원회를 지정하여 해당 사건을 처리하게 할 수 있다"고 정하고 있고(노위규칙 31조 1항도 같은 취지), 그에 따라 중앙노동위원회가 정한 「노동쟁의 조정사건 관장지침(2020. 3. 1.)」은 "① 근로자수 150인 미만 또는 조합원수 100인 미만 조정사건은 주된 사업장 소재지를 관할하는 지방노동위원회, ② 조합원이 특정 지역에 70% 이상 분포되어 있는 조정사건은 그 특정 지역을 관할하는 지방노동위원회가 관장한다"고 정하고 있다. 초기업별 노조의 조정사건에 대하여 어떤 노동위원회가 관할이 되는지에 관해서는 중앙노동위원회가 「산별노조 노동쟁의 조정사건 관장지정 지침(2005. 1.)」[10]에 의하

---

9) 중앙노동위원회a, 18면.
10) 이 지침에 의한 관할 노동위원회는 다음 표와 같다.

사업장 분포	노동조합 조직형태	조정사건 관장
1. 하나의 지노위 관할구역에 사업장 분포	1-1. 기업별 단위노동조합	사업장 소재지 관할 지방노동위원회
	1-2. 전국규모의 산업별 단위노동조합 지회·분회	사업장 소재지 관할 지방노동위원회
2. 2 이상의 지노위 관할구역에 사업장 분포	2-1. 전국규모의 산업별 단위노동조합 지회·분회	노동조합 소재지 관할 지방노동위원회
	2-2. 2 이상의 지노위의 관할구역의 사업장을 조직대상으로 하여 지부·분회를 설치하지 아니하고 단순히 조합원만 각 사업장에 분포되어 있는 노동조합	노동조합 및 주된 사업장 소재지 관할 지방노동위원회
	2-3. 전국규모의 산업별 단위노동조합에 가입되어 있으나 당해 사업장의 지부·분회가 하나의 지노위 관할 구역에만 있는 노동조합	해당 지방노동위원회
	2-4. 2 이상의 지노위 관할구역에 걸친 사업장을 조직 대상으로 하여 2 이상의 지노위 관할구역에 조직(지회·분회)이 있는 노동조합	중앙노동위원회
	2-5. 전국규모의 산업별 단위노동조합에 가입하여 2 이상의 지노위의 관할구역에 걸친 사업장에 지부·분회가 설치된 노동조합	중앙노동위원회

여 달리 정하여 지부·분회가 있고 그 노동조합 조직이 둘 이상의 지방노동위
원회 관할구역에 있을 경우에는 중앙노동위원회가, 지부·분회가 없는 경우에는
주된 사업장(노동조합 조직이 있는 곳) 소재지를 관할하는 지방노동위원회에서 조
정사건을 관장한다.

3. 조정신청에 대한 노동위원회의 심사권

조정신청이 있으면 노동위원회는 신청에 대한 심사를 실시하여, 기재사항
이 누락되었거나 명확하지 아니한 때 기간을 정하여 보정을 요구할 수 있다(노위
규칙 152조 6항).

신청이 형식적 요건을 갖추지 못한 경우와 달리, 조정신청서에 기재해야 하
는 사항 중 "당사자 간 의견의 불일치사항 및 이에 대한 당사자의 주장 내용"과
관련하여 당사자가 위 사항을 성실히 기재하였음에도 불구하고 노동위원회가
당사자 간 의견의 불일치사항이 조정대상이 아니라거나 주장의 불일치상태에
이르지 않았음을 이유로 조정신청 자체를 반려할 수 있는지가 문제된다.

노위법이나 노위규칙 어디에도 조정위원회 구성 전 단계인 신청 접수 단계
에서 이를 반려하거나 각하 등의 처분을 할 수 있다는 근거 규정을 두고 있지
않으므로, 이 단계에서 각하나 반려 등의 처분은 할 수 없다고 보아야 한다. 노
위규칙도 당사자적격이 없는 경우에 한하여 조정담당 공익위원 3인(공무원노동관
계조정위원회의 경우 공무원노동관계조정위원장이 지명하는 공무원노동관계조정위원 3
인)의 의견을 들어 조정을 개시하지 아니 할 수 있다고 하고(노위규칙 152조 7항[11]),
노동쟁의가 아니라고 하여 행정지도를 하는 경우는 '조정위원회 의결'이 있어야

3. 사용자를 달리 하는 다수 사업체	3-1. 전국규모의 산업별 단위노동조합(예: 보건의료산업노조, 전국금융산업노동조합에서 일괄 노동쟁의 조정 신청)	중앙노동위원회
	3-2. 전국규모의 산업별 연합노동조합(예: 화학섬유노련에서 2 이상의 지노위 관할구역에 걸친 다수 사업체와 집단교섭 실시하고 일괄하여 노동쟁의 조정신청)	중앙노동위원회

11) 그러나 엄밀히 말하면 이 조항이 말하는 '당사자적격'에 관한 문제는 노조법 5장 2절의 조
정의 대상이 되는지의 문제로서 노조법 시행령 24조 2항의 판단대상에 해당한다. 한편 중앙
노동위원회는 이 경우를 '조정 미개시'라고 부르면서 다음과 같은 '의견' 주문을 예시하고 있
다. "본 노동쟁의 조정신청사건은 노조법상 당사자 부적격으로 노동쟁의 조정의 대상이 되지
아니하므로, 조정을 개시하지 아니하고 그 사유를 신청인에게 통지하여야 할 것으로 판단된
다"(중앙노동위원회a, 95면).

한다고 한다(노위규칙 153조, 이 '행정지도'에 관해서는 후술한다).

4. 조정 전 지원

'조정 전 지원'에 관한 노조법 53조 2항은 일방 당사자의 신청이 없더라도 노동위원회가 분쟁 해결을 지원할 수 있다는 조항으로, 2006. 12. 30. 개정에서 신설된 규정이다. 이른바 「노사관계 법·제도 선진화방안」에서 논의한 결과를 바탕으로 노동위원회의 조정 기능을 활성화한다는 취지에서 도입되었으나 실효성은 아직 검증된 바 없고 사례 수나 통계도 집계되지 않고 있다.

노위규칙 171조는, "1. 노동관계당사자(교원노동관계당사자와 공무원노동관계당사자를 포함한다)의 쌍방이 조정 전 지원을 요청한 경우, 2. 당사자의 일방이 조정 전 지원을 요청하고 상대방이 이에 동의한 경우, 3. 기타 노동위원회 위원장이 조정 전 지원이 필요하다고 인정하여 당사자의 동의를 얻은 경우에 노동위원회 위원장이 조정 전 지원을 할 수 있다"고 정하고 있다. 조정 전 지원을 개시하기로 한 경우 노동위원회 위원장, 상임위원, 준상근조정위원[12] 중에서 담당 위원 1인(필요한 경우에는 담당 위원을 3인까지 지명할 수 있다)과 담당조사관을 지명하여 처리하게 하고, 이를 당사자에게 알려주어야 한다(노위규칙 172조). '지원'의 내용은 교섭 주선, 권고안 등 대안 제시, 기타 분쟁해결에 필요한 사항이다(노위규칙 173조).

5. 조정 신청의 취하

신청인은 조정이 종료되기 전까지 조정 신청 등의 전부나 일부를 취하할 수 있고(노위규칙 156조), 조정 신청을 전부 취하하고 다시 조정을 신청한 때에는 조정기간을 다시 기산한다.[13]

Ⅲ. 조정기간

제54조(조정기간)

① 조정은 제53조의 규정에 의한 조정의 신청이 있은 날부터 일반사업에 있어

---

12) 노위규칙 169, 170조 참조 — 중앙노동위원회 2020. 12. 18. 자 보도자료 「노동위원회 발전방안」에 따르면, 2020년 현재 전체 노동위원회의 준상근위원은 모두 83명(중노위6, 지노위77) 위촉되었고, 148건(중노위18, 지노위130) 활동 중이라고 한다.
13) 중앙노동위원회a, 57면.

서는 10일, 공익사업에 있어서는 15일 이내에 종료하여야 한다.

② 제1항의 규정에 의한 조정기간은 관계 당사자간의 합의로 일반사업에 있어서는 10일, 공익사업에 있어서는 15일 이내에서 연장할 수 있다.

1. 원   칙

조정기간은 일차적으로 노동위원회가 '조정활동'을 해야 하는 기간이고, 동시에 조정전치주의와 사이의 관계에서 쟁의행위를 개시할 수 있는 시점을 정하는 기준이 된다. 1996. 12. 31. 이전에는 아예 제목을 '냉각기간'이라고 하여 "쟁의행위는 … 신고가 노동위원회에 접수된 날로부터 … 경과하지 아니하면 이를 행할 수 없다"고 하였으나,[14] 1996년 노조법 제정 이후에는 쟁의행위와 조정을 분리하여 '조정전치주의'는 쟁의행위의 적법성에 관한 부분에서 따로 정하고, 기간은 '조정기간'으로 바꾸어 따로 정하였다. 조정 신청을 하지 않거나 조정기간 경과 전에 시작한 쟁의행위의 정당성에 관해서는 법 45조에 대한 해설 Ⅱ. 참조.

일반사업에서는 10일, 공익사업에서는 15일 이내에 종료하여야 하고, 위 조정기간 내에 조정이 종료되지 아니하는 경우에는 조정절차의 종료와 무관하게 쟁의행위를 할 수 있다. 이때 조정기간은 민법 157조의 초일 불산입 원칙에 따라 노동쟁의 조정신청서가 노동위원회에 접수된 다음 날부터 기산되며 조정기간의 말일에 관하여는 기간 말일이 토요일 또는 공휴일에 해당하는 때에는 그 다음날 만료한다는 민법 161조도 적용된다.[15] 이송된 사건의 처리기간은 노동위원회에 처음 조정 신청된 날부터 기산한다.[16]

종래에는 이 기간이 경과하면 더 이상의 조정활동을 할 수 없었으나 2006. 12. 30. 개정시 노조법 61조의2가 신설되어 종료 후에도 조정을 할 수 있게 되었다(후술).

---

14) '냉각기간'은 이전에는 일반사업에서는 20일, 공익사업에서는 30일이었으나 1987. 11. 28. 개정에서 각 10, 15일로 단축되었다.

15) 중앙노동위원회a, 15면. 다만 이러한 해석에 대해서는 민원사무처리에 관한 법률 6조 2항 "민원사무의 처리기간을 6일 이상으로 정한 경우에는 "일" 단위로 계산하고 첫날을 산입하되, 공휴일을 산입하지 아니한다"는 규정과의 문제가 제기될 수도 있다.

16) 중앙노동위원회b, 5면.

2. 기간의 연장

조정기간은 관계당사자 간의 합의로 일반사업에서는 10일, 공익사업에서는 15일 이내에서 연장할 수 있다(법 54조 2항). 실무상 조정기간 내에 조정이 성립될 가능성이 없는 경우에는 자율교섭을 통한 합의타결 또는 조정성립이 가능하도록 조정기간을 연장할 것을 조사관 또는 위원이 쌍방에게 권유하도록 되어 있지만,[17] 어디까지나 당사자 쌍방이 합의해야만 가능한 것이다.

연장기간 중에도 쟁의행위를 할 수 없다고 봄이 타당하다. 조정기간의 연장은 관계당사자 간의 합의로만 가능한 것인데 연장기간 중 쟁의행위를 행할 수 있다면 조정기간 연장의 의미가 전혀 없기 때문이다.

IV. 조정기관(조정담당자)

제55조(조정위원회의 구성)

① 노동쟁의의 조정을 위하여 노동위원회에 조정위원회를 둔다.

② 제1항의 규정에 의한 조정위원회는 조정위원 3인으로 구성한다.

③ 제2항의 규정에 의한 조정위원은 당해 노동위원회의 위원중에서 사용자를 대표하는 자, 근로자를 대표하는 자 및 공익을 대표하는 자 각 1인을 그 노동위원회의 위원장이 지명하되, 근로자를 대표하는 조정위원은 사용자가, 사용자를 대표하는 조정위원은 노동조합이 각각 추천하는 노동위원회의 위원중에서 지명하여야 한다. 다만, 조정위원회의 회의 3일전까지 관계 당사자가 추천하는 위원의 명단제출이 없을 때에는 당해 위원을 위원장이 따로 지명할 수 있다.

④ 노동위원회의 위원장은 근로자를 대표하는 위원 또는 사용자를 대표하는 위원의 불참 등으로 인하여 제3항의 규정에 따른 조정위원회의 구성이 어려운 경우 노동위원회의 공익을 대표하는 위원 중에서 3인을 조정위원으로 지명할 수 있다. 다만, 관계 당사자 쌍방의 합의로 선정한 노동위원회의 위원이 있는 경우에는 그 위원을 조정위원으로 지명한다.

제56조(조정위원회의 위원장)

① 조정위원회에 위원장을 둔다.

② 위원장은 공익을 대표하는 조정위원이 된다. 다만, 제55조 제4항의 규정에

---

17) 중앙노동위원회a, 56면.

따른 조정위원회의 위원장은 조정위원 중에서 호선한다.

제57조(단독조정)

① 노동위원회는 관계 당사자 쌍방의 신청이 있거나 관계 당사자 쌍방의 동의를 얻은 경우에는 조정위원회에 갈음하여 단독조정인에게 조정을 행하게 할 수 있다.

② 제1항의 규정에 의한 단독조정인은 당해 노동위원회의 위원중에서 관계 당사자의 쌍방의 합의로 선정된 자를 그 노동위원회의 위원장이 지명한다.

1. 조정위원회 구성의 원칙

노동쟁의 조정은 원칙적으로 3인으로 구성된 조정위원회가 담당하며, 조정위원에 관해서는 1980. 12. 31. 개정 이래 계속 당해 노동위원회 위원장이 사용자를 대표하는 자, 근로자를 대표하는 자 및 공익을 대표하는 자 각 1인을 지명하되, 근로자를 대표하는 조정위원은 사용자가, 사용자를 대표하는 조정위원은 노동조합이 각각 추천하는 노동위원회의 위원 중에서 지명하여야 하는 이른바 '교차지명' 방식을 취하고 있다(법 55조 3항 본문). 조정위원회에 대한 노사당사자의 신뢰를 높이고 보다 합리적이고 신속한 분쟁해결을 도모하기 위한 것이다.[18] 다만, 조정위원회 회의 3일전까지 관계 당사자가 추천하는 위원의 명단제출이 없을 때에는 당해 위원을 위원장이 따로 지명할 수 있다(법 55조 3항 단서).

근로자를 대표하는 위원 또는 사용자를 대표하는 위원의 불참 등으로 인하여 조정위원회 구성이 어려운 경우 노동위원회 공익을 대표하는 위원 중에서 3인을 조정위원으로 지명할 수 있으며, 관계 당사자 쌍방 합의로 선정한 노동위원회 위원이 있는 경우에는 그 위원을 조정위원으로 지명한다(법 55조 4항). 2006. 12. 30. 개정에서 신설되었다.

노동위원회는 신청서가 접수되면 담당 조사관은 당사자에게 조정위원 후보자명단을 통보하며(노위규칙 152조 1항) 조정위원회가 구성되면 다시 곧바로 당사자에게 알려주어야 한다(노위규칙 154조).

---

18) 김유성, 405면; 김형배, 1457면.

2. 조정위원회 위원장

조정위원회 위원장은 3인의 위원 중 공익위원이 되고, 노사위원이 불참하여 공익위원으로만 지명한 경우에는 조정위원 중에서 호선한다(법 56조 2항). 공익위원만으로 구성되는 중재위원회의 경우(법 65조 2항)와 같다.

3. 단독조정

관계 당사자 쌍방의 신청이 있거나 관계 당사자 쌍방의 동의를 얻은 경우에는 조정위원회에 갈음하여 단독조정인에게 조정을 행하게 할 수 있고(법 57조 1항), 이 단독조정인은 당해 노동위원회의 위원 중에서 관계 당사자 쌍방의 합의로 선정된 자를 그 노동위원회의 위원장이 지명한다(법 57조 2항). 간단한 노동쟁의의 경우 당사자의 합의를 통해 간이하고 신속하게 조정절차를 진행하기 위한 것19)으로 단독조정인의 조정절차는 조정위원회의 경우와 동일하다(노위규칙 155조 8항).

문언으로만 보면 이론상 당사자 쌍방 신청이 있거나 쌍방 동의를 얻어 단독조정인 조정을 신청하였지만 그 조정을 행할 단독조정인을 관계 당사자 쌍방이 합의하지 않은 경우가 생길 수 있겠으나, 이러한 경우에는 결국 단독조정에 대한 합의가 없었던 것이 되어 원칙으로 돌아가 조정위원회를 구성하여야 할 것이다.

V. 조정활동

조정위원회 또는 단독조정인의 활동은 분쟁 현황과 당사자들의 의견을 파악하기 위한 주장 확인, 조정안 작성, 수락된 조정안 유권해석 등으로 크게 구분된다.20) 조정절차는 원칙적으로 '조정회의'를 통해 노동위원회에서 진행되지만, 신속·공정한 해결을 위해 필요하다고 인정되는 경우 노동쟁의가 발생한 현지에서 조정절차 전부나 일부를 진행할 수 있다(노위규칙 155조 2항).

---

19) 이병태, 386면; 임종률, 205면.
20) 김형배, 1457면. 한편 김유성, 405면은 "조정위원회의 활동은 당사자의 의견을 들어 각자의 주장 내용과 쟁점을 명확히 하는 주장확인 활동과 조정안을 작성하고 이를 권고하는 본 활동, 그리고 노사당사자에 의해 수락된 조정안에 대한 유권적 해석을 행하는 활동으로 나뉜다"고 구분한다.

1. 주장의 확인

제58조(주장의 확인등)
　조정위원회 또는 단독조정인은 기일을 정하여 관계 당사자 쌍방을 출석하게 하여 주장의 요점을 확인하여야 한다.

　조정을 하기 위해서는 먼저 관계 당사자 쌍방을 출석하게 하여 주장의 요점을 확인하여야 한다(법 58조). 종전 "조정위원회는 기일을 정하여 관계당사자를 조정위원회에 출석하게 하여 그 의견을 들어야 한다"고 하고 있던 것을 1996. 12. 31. 노조법 제정 시 '관계 당사자 쌍방'과 '주장의 요점을 확인'하는 것으로 변경하여 구체화하였다.

　"기일을 정하여 … 출석하게 하여 … 확인하여야 한다"고 하므로, 반드시 사실 등 확인을 위한 조정회의를 1회 이상 가져야 한다. 조정회의 기일을 잡아 통보했는데도 불구하고 당사자가 정당한 이유 없이 조정회의에 불출석하였거나 불출석 이유를 불문하고 조정기간 내에 회의를 다시 개최할 시간적 여유가 없는 경우에, 노동위원회 실무는 먼저 당사자 간 합의로 조정기간을 연장하도록 권유하고, 조정기간 연장 권유에 불응 시 그 사안에 따라 ⅰ) 조정신청자의 상대방이 당해 조정사건과 관련하여 서면으로 자료를 제출한 후 정당한 이유 없이 조정회의에 출석하지 아니한 경우에는 이미 제출한 서면 자료에 기재된 사항을 불출석자의 진술로 채택할 수 있으며 이러한 서면이 없으면 출석한 상대방의 주장에 대한 반론권을 포기한 것으로 간주하여 처리하고, ⅱ) 조정신청자 또는 당사자 쌍방이 정당한 이유 없이 출석하지 아니하거나 불출석한 이유를 불문하고 당사자 간 기간연장에 합의가 없어 조정기간 내에 회의를 다시 개최할 시간적 여유가 없을 경우에는 당해(특별)조정위원장은 당사자가 당해 조정신청을 취하한 것으로 보고 있다.[21] 그러나 현행법 해석상으로는 취하로 간주할 법령상 근거가 없어 취하로 의제하기보다는 노조법 60조 2항에 따라 조정불성립으로 조정 종료를 결정하는 것이 자연스럽고, 입법론으로는 적어도 노위규칙에 취하 또는 취하 간주에 관한 규정을 두는 것이 필요하다.

　조정회의에서 확인하기 전에 필요하다고 인정할 경우 조정담당 공익위원이

---

21) 중앙노동위원회a, 41면.

나 담당조사관으로 하여금 구체적인 사실관계와 사건의 조정에 필요한 사항을 조사하게 할 수 있으며(노위규칙 155조 1항), 실무상 담당조사관이 조정위원 추천 공문을 보내면서 사업장 개요, 경영상황, 단체교섭 경위, 미합의 사항 등을 기재한 「사전조사 자료」를 제출하게 하고 쟁점서와 노사현황 자료 등을 구비하도록 하여 조사보고서를 작성한다.22)

2. 출석금지

제59조(출석금지)

　조정위원회의 위원장 또는 단독조정인은 관계 당사자와 참고인외의 자의 출석을 금할 수 있다.

　　조정위원회 위원장이나 단독조정인은 조정회의를 개최할 때 당사자와 참고인 이외의 자의 출석을 금할 수 있는데, 이는 조정과정에서 외부의 부당한 개입을 방지하고자 하는 취지이다. 종전에는 출석 금지 외에 '회의의 공정한 진행을 방해하는 자의 퇴장을 명할 수 있다'는 문언이 더 있었으나, 1996. 12. 31. 개정 시 지금과 같이 바뀌었다.23)

3. 조 정 안

제60조(조정안의 작성)

　① 조정위원회 또는 단독조정인은 조정안을 작성하여 이를 관계 당사자에게 제시하고 그 수락을 권고하는 동시에 그 조정안에 이유를 붙여 공표할 수 있으며, 필요한 때에는 신문 또는 방송에 보도등 협조를 요청할 수 있다.
　② 조정위원회 또는 단독조정인은 관계 당사자가 수락을 거부하여 더 이상 조정이 이루어질 여지가 없다고 판단되는 경우에는 조정의 종료를 결정하고 이를 관계 당사자 쌍방에 통보하여야 한다.
　③ 제1항의 규정에 의한 조정안이 관계 당사자의 쌍방에 의하여 수락된 후 그 해석 또는 이행방법에 관하여 관계 당사자간에 의견의 불일치가 있는 때에는 관계 당사자는 당해 조정위원회 또는 단독조정인에게 그 해석 또는 이행방법에 관한 명확한 견해의 제시를 요청하여야 한다.

---

22) 중앙노동위원회a, 159면.
23) 그럼에도 불구하고 "법문에는 정함이 없지만 회의의 공정한 진행을 방해하는 자의 퇴장을 명할 수 있다"는 견해로는, 이병태, 388면.

④ 조정위원회 또는 단독조정인은 제3항의 규정에 의한 요청을 받은 때에는 그 요청을 받은 날부터 7일 이내에 명확한 견해를 제시하여야 한다.

⑤ 제3항 및 제4항의 해석 또는 이행방법에 관한 견해가 제시될 때까지는 관계 당사자는 당해 조정안의 해석 또는 이행에 관하여 쟁의행위를 할 수 없다.

가. 조정안의 제시

조정위원회는 조정기간 내에 조정회의를 소집하고 조정안을 마련하여 당사자에게 제시하고 수락 여부를 확인하여야 한다(법 60조 1항, 노위규칙 155조 3항).

그 수락을 권고하는 동시에 그 조정안에 이유를 붙여 공표할 수 있으며, 필요한 때에는 신문 또는 방송에 보도 등 협조를 요청할 수 있다(법 60조 1항 후문). 조정안 자체를 당사자들이 수락하지 않으면 법률상 아무 구속력이 없기 때문에 이를 여론에 호소하여 노동쟁의를 해결하기 위한 것이다.[24]

나. 조정안 불수락 = 조정불성립(2항)

당사자 쌍방이 조정안을 수락하면 조정이 성립되지만(그 효력에 관해서는 후술하는 노조법 61조 해설 참조), 당사자 쌍방이나 일방이 조정안의 수락을 거부하거나 조정위원회가 조정기간 범위 내에서 지정한 날까지 수락의 의사표시가 없어 더 이상 조정이 이루어질 여지가 없다고 판단되는 경우에는 조정의 종료를 결정하고 이를 관계 당사자 쌍방에 서면으로 통보하여야 한다(법 60조 2항, 노위규칙 155조 5항에서는 '통지'로 표현). 이러한 결정이나 통보는 조정의 성패를 명확히 하기 위한 것이며,[25] 이로써 조정절차는 종료된다. 이때 조정절차는 종결되지만 노동쟁의는 해결되지 않았으므로 결국 단체교섭, 쟁의행위 또는 중재회부 등의 방법으로 그 해결을 시도하게 되며,[26] 후술하는 '사후 조정' 절차도 진행될 수 있다.

다. 조정안을 제시하지 않는 조정 종료

노조법이 '조정 종료'에 관하여 정하는 것은 60조 2항에 의한 "관계당사자가 수락을 거부하여 더 이상 조정이 이루어질 여지가 없다고 판단되는 경우"에 한정됨에도 불구하고, 아예 조정안을 제시하지 않고 조정을 종료하는 경우가 많다. 이른바 '행정지도'를 하면서 조정을 종료하는 경우와 '조정중지'가 그러한 경우이다.

---

24) 김형배, 1458면; 임종률, 206면.
25) 임종률, 206면.
26) 이병태, 389면.

(1) 행정지도[27]

노조법 시행령 24조 2항은 "(노동쟁의 조정) 신청을 받은 노동위원회는 그 신청내용이 노조법 5장 2절 또는 3절에 따른 조정 또는 중재의 대상이 아니라고 인정할 경우에는 그 사유와 다른 해결방법을 알려주어야 한다"고 정하고 있다. 1997. 3. 27. 개정에서 신설된 조항인데, 노동위원회는 이를 근거로 조정안을 제시하는 대신 행정지도를 하면서 조정을 종료하고 있다.

"법 5장 2절에 따른 조정 대상이 아니다"라는 것은 결국 노조법 2조 5호의 규정에 의한 노동쟁의가 아니라고 인정되는 경우를 말하는데(노위규칙 153조), 노동위원회는 이를 다시 ⅰ) 당사자 부적격 — 조정을 신청한 자 또는 그 상대방이 노조법 2조 5호의 노동관계 당사자가 아닌 경우, ⅱ) 근로조건의 결정에 관한 사항이 아닌 경우 — 관계 법령에 의거 노사협의회에서 협의·의결할 사항, 권리분쟁 사항 등 조정대상이 아닌 사항만을 대상으로 하여 조정 신청하는 경우, ⅲ) 교섭미진 — 조정 신청 당시 교섭의 미진, 당사자 일방의 교섭안 미제시, 교섭의 거부 또는 해태의 경우의 세 가지로 나누어, ⅰ)의 경우는 적격성 있는 당사자를 찾아 단체교섭을 하는 해결방법을 알려주고, ⅱ)의 경우는 당사자 간 자율해결, 노사협의회의 협의·의결, 민사소송 제기, 부당노동행위·부당해고 등 구제신청 등의 해결방법을 알려주며(다만, 조정 신청한 사항 중 적법한 조정대상이 아닌 사항이 일부 포함되어 있는 경우에는 조정대상을 중심으로 조정절차를 진행한다), ⅲ)에 대해서는 당사자에게 조정기간 내에 교섭안을 제시하도록 하여 조정을 추진하되 조정회의 개최 시까지 당해 교섭미진 상태가 계속되는 경우에는 당사자 간 자율교섭을 진행하도록 안내하는 방향으로 행정지도를 하고 있다.[28]

특히 'ⅲ) 교섭미진'의 경우 노동위원회는 조정 신청한 당사자에게 신청을 취하하고 추후 재신청하거나 당사자 쌍방에게 조정기간을 연장하도록 권고한 다음, 당사자가 이와 같은 권고에 불응하는 경우에는 사용자의 교섭거부·해태

---

27) 노위규칙 153조(행정지도) 노동위원회는 노동쟁의 조정신청이 노조법 2조 5호에 따른 노동쟁의가 아니라고 인정되는 경우 노조법 시행령 24조 2항, 교원노조법 시행령 6조 2항이나 공무원노조법 시행령 11조 2항의 취지에 따라 조정위원회·특별조정위원회, 교원노동관계조정위원회나 공무원노동관계조정위원회의 의결에 따라 행정지도를 할 수 있다.

28) 중앙노동위원회a, 55~56면; 중앙노동위원회b, 11면은 이에 더하여 ⅳ) 노조법에 의한 교섭창구 단일화 절차를 이행하지 않은 경우, ⅴ) 기타 노동쟁의가 아니라고 인정할 만한 명백한 사유가 있는 경우를 포함시킨다.

사유가 정당할 때는 행정지도를 하고, 교섭미진의 책임이 노동조합에 없다고 인정되는 경우에는 조정중지 또는 조정안을 제시할 수 있다고 한다.[29]

　　이러한 '행정지도'에 대하여는 ⅰ) 올바른 해결방법을 알려줌으로써 분쟁당사자들이 불필요한 분쟁을 합리적으로 종결시키면서 평화적 노사관계를 회복할 수 있도록 하는 행정지도는 노동위원회가 마땅히 해야 할 업무이지만, 현재 노동쟁의 정의 규정 해석이 지나치게 제한적일 뿐 아니라, 교섭미진에 대한 판단은 '최후수단의 원칙' 부합 여부를 사법적으로 보아야 하는데 이를 노동위원회가 하는 것이어서 부당하다고 보는 견해,[30] ⅱ) 노조법 시행령 규정 자체가 노조법에 근거규정이 없어 위임입법의 한계를 벗어나 그 효력을 인정하기 어렵고, 가사 그 효력을 인정한다고 하더라도 적어도 '교섭미진'을 이유로 하는 경우에는 노조법 시행령이 말하는 "조정대상에 해당하는지 여부"와도 무관하므로 법적 근거가 없는 것이라는 견해,[31] ⅲ) 모든 행정지도에 반드시 법적 근거가 필요한 것이 아니므로 그 자체로 위법하다고 할 수 없지만 노동위원회가 조정당사자에게 '조정대상이 아니라고 알려주는 행위'는 노동위원회가 당연히 해야 할 의무이고 '다른 해결방법을 알려주는 행위'는 본래 행할 필요는 없는 것이지만 노동행정의 특수성을 감안하여 행하는 적극적인 행정서비스이므로 행정지도의 성격은 많지 않고 행정정보의 제공에 불과하다는 견해,[32] ⅳ) 위 노조법 시행령 규정이 "… 다른 해결방법을 알려주어야 한다"고 하여 재량의 여지없는 의무조항으로 되어 있는 것이 노동위원회의 적극적 개입 가능성을 지나치게 제약하므로 위원회가 조정 노력을 기울일 수 있도록 재량 규정으로 개정되거나 그렇게 해석해야 한다는 견해[33] 등이 있다.

　　그러나 어떠한 견해도 조정전치주의와 사이의 관계에서 행정지도를 받고

---

29) 중앙노동위원회a, 85면. 2022. 2. 28. 중앙노동위원회 정보공개 자료(출처 : 노사마루 통계)에 따르면 2012~2021년에 이르는 10년 동안 지방노동위원회 · 중앙노동위원회가 쟁의조정사건을 '행정지도'로 종결한 것은 모두 268건인데, 그 사유는 127건이 '교섭미진'으로 가장 많고, 그 다음은 '당사자 부적격'으로 모두 61건이다. 한편, 2012~2015년 기간에는 행정지도 건수가 각각 38, 34, 45, 45건이었으나, 2016년 이후에는 14, 16, 17, 27, 14, 18건으로 크게 줄었다.

30) 김형배a, 22~29면. 반면 임종률, 238면도 "조정신청을 하였으나 행정지도의 대상이 된 경우에는 원칙적으로 조정을 거치지 않은 것으로 취급된다. 다만, 교섭미진을 이유로 행정지도를 받은 경우에는 조정을 거친 것으로 보아야 할 것이다"라고 하여 사유별로 구별하는 입장이다.

31) 김선수, 138면.

32) 박수근, 250~251면.

33) 김홍영, 35면.

기간 경과 후 돌입한 쟁의행위를 위법하게 보아서는 안 된다는 것에는 동의하고 있으며, 대법원도, 행정지도 자체의 적법성에 관한 것은 아니지만 "노동조합이 노동위원회에 노동쟁의 조정신청을 하여 조정절차나 조정기간이 끝난 경우, 노동위원회 조정결정이 없더라도 조정절차를 거친 것으로 볼 수 있다"고 하여 같은 입장이다.[34] 조정전치주의와 쟁의행위 정당성에 대해서는 법 45조에 대한 해설 Ⅱ. 참조.

　　이러한 판례에 따르면 행정지도 내용에 불구하고 조정절차와 조정기간이 경과하면 노동조합은 쟁의행위에 돌입할 수 있어 그 자체가 크게 문제되는 일은 없어야 하지만, 행정지도 중에서 '교섭대상(=근로조건 결정에 관한 사항)이 아니다'라는 것을 이유로 하는 경우, 이후 쟁의행위 정당성이 문제되었을 때 이를 '목적의 정당성'을 판단하는 근거가 되는 경우가 있다. 그러나 교섭대상이 아니라는 조정위원회의 판단은 어디까지나 하나의 견해 표명에 불과하므로, 그 행정지도를 받고 나서 돌입한 쟁의행위의 정당성을 판단할 때에는 법원이나 수사기관이 이에 기속되지 않는다.[35]

(2) 조정중지

　　서면 통보 내용이나 양식만 보아서는 '행정지도'와 엄격하게 구별되지는 않지만, 노조법 시행령 24조 2항에 해당하지 않는데도 조정을 하지 않는 경우가 있다. 노위규칙 155조 6항은 "조정위원회는 부득이한 사유로 조정을 계속할 수 없다고 인정되는 경우 조정안을 제시하지 아니하고 그 사유를 당사자에게 서면으로 통지하여야 한다"고 정하고 있고, 노동위원회 실무는 이를 '조정중지'라고 부르면서, ⅰ) 당사자가 조정안 제시를 원하지 않는 경우, ⅱ) 당사자 간의 주장이 너무 현격한 차이가 있고, 그 차이가 좁혀지지 아니하여 그 상황에서는 조정안을 제시하기가 불가능하거나 조정안을 제시하는 것이 앞으로 노사관계에 나

---

34) 대법원 2008. 9. 11. 선고 2004도746 판결(판시사항에서는 "… '조정대상이 아니므로 조정신청 사건 중 임금협약에 관한 사항에 대하여는 계속적인 교섭을 통해 당사자 간에 자주적인 노력으로 해결하고, 단체협약에 관한 사항은 노사협의 등을 통하여 해결할 것'을 권고받은 사실…"이라고 하고 있으나, 이 '권고'의 사실관계는 예의 '행정지도 결정'이다), 대법원 2001. 6. 26. 선고 2000도2871 판결, 대법원 2003. 12. 26. 선고 2001도1863 판결. 이 판결에 대한 평석은 박재필, 471면 이하 참조.

35) 행정지도와 조정중지가 '결정서'의 형태를 취한다는 점, 내용상으로도 조정을 신청하는 당사자의 요구에 대하여 이를 '거부'하는 것이거나 일정한 공권적 판단을 담고 있다는 점에서 노동위원회의 행정지도나 조정중지 '결정'이 항고소송의 대상이 된다는 논리도 성립할 수 있으나, 이에 대하여 법원에서 문제된 사례는 아직 없다.

쁜 영향을 미치게 될 것이 우려되는 경우에 한하여 예외적으로 행한다고 한다.[36) 조정중지를 결정·통보할 때에는 조정중지의 의미, 그 결정을 내리게 된 사유, 향후 노사가 자율교섭을 통해 합의를 이루도록 당부하는 사항 등을 명시한다.[37)

(3) 행정지도·조정중지 결정서

법령상 근거는 없지만 위와 같이 행정지도나 조정중지를 하는 경우에도 노동위원회는 조정안의 작성에 준하여 '결정서'를 작성하여 통보하도록 하고 있다.[38) 결정서에는 그러한 결정 요지 및 그 결정을 내리게 된 사유, 향후 노·사가 자율교섭을 통해 합의를 이루도록 당부하는 사항 등을 언급하고 그 결정서를 당사자에게 송달한다.[39)

---

36) 중앙노동위원회a, 55면; 중앙노동위원회b, 10면.
37) 고용노동부b, 402면.
38) 중앙노동위원회a, 57면.
39) 중앙노동위원회가 예시하는 결정서 주문의 예는 다음과 같다(중앙노동위원회a, 64~69면).
    [행정지도 — 노동쟁의가 아니라고 보는 경우] 1. 이 조정신청 사건은 노조법 2조 5호의 규정에 의한 "노동쟁의"라고 볼 수 없어 조정대상이 아니라고 인정한다. 2. 해고자 복직, 수당·여비 인상, 징계, 손해배상에 관한 사항은 2007. ○. ○. 및 2006. ○. ○. 합의한 내용에 따라 노사가 협의하여 원만한 해결방안을 모색할 것을 권고한다. 3. 근로조건의 결정에 관한 사항에 대하여는 2006. ○. ○. 우리 위원회의 사전조정시 노사가 합의한 교섭 주기와 별도로 노사가 합의한 단체교섭 진행 방식에 따라 노사가 적극적이고 성실한 교섭을 가질 것을 권고한다. **[행정지도 — 노동쟁의 당사자 적격이 없다고 보는 경우]** 1. 이 노동쟁의 조정신청사건은 노조법상 노동관계당사자 간의 노동쟁의라고 보기 어려워 우리 위원회의 조정대상이 아니라고 인정한다. 2. ○○노동조합은 노동관계법상 정당한 사용자 또는 사용자단체와 단체교섭을 진행하도록 권고한다. **[조정중지 — 현격한 견해 차이]** 1. 이 노동쟁의 조정신청 사건은 노·사 당사자 간 주장의 현격한 차이로 조정안을 제시하기 어려울 뿐만 아니라, 조정안 제시가 오히려 노사관계에 나쁜 영향을 미치게 될 우려가 있다고 판단되어 조정안을 제시하지 아니하고 조정을 종료한다. 2. 노사 당사자는 비록 법정 조정기간 내에 조정을 통한 합의에 이르지 못하였다 하더라도, 상호 신뢰와 협력을 바탕으로 자율적으로 교섭하거나 우리 위원회의 사후조정제도를 활용하여 본 노동쟁의를 원만하게 해결할 것을 권고한다. **[조정중지 — 당사자들이 조정안 제시를 원하지 않는 경우]** 1. 이 노동쟁의 조정신청 사건은 노·사 당사자 간 주장에 현격한 차이가 있고 당사자가 조정안의 제시를 원하지 않고 있어 조정안을 제시하지 아니하고 조정을 종료한다. 2. 노사 당사자는 비록 법정 조정기간 내에 조정을 통한 합의에 이르지 못하였다 하더라도, 상호 신뢰와 협력을 바탕으로 자율적으로 교섭하거나 우리 위원회의 사후 조정제도를 활용하여 본 노동쟁의를 원만히 해결할 것을 권고한다.

Ⅵ. (수락된) 조정의 효력

제61조(조정의 효력)

① 제60조 제1항의 규정에 의한 조정안이 관계 당사자에 의하여 수락된 때에는 조정위원 전원 또는 단독조정인은 조정서를 작성하고 관계 당사자와 함께 서명 또는 날인하여야 한다.

② 조정서의 내용은 단체협약과 동일한 효력을 가진다.

③ 제60조 제4항의 규정에 의하여 조정위원회 또는 단독조정인이 제시한 해석 또는 이행방법에 관한 견해는 중재재정과 동일한 효력을 가진다.

1. 요   건

당사자 쌍방이 조정기관이 제시한 조정안을 수락하는 경우, 조정기관은 조정서를 작성하고, 거기에 조정위원 전원 또는 단독조정인이 관계 당사자와 함께 서명 또는 날인함으로써 조정은 성립한다. 본문이 되는 조정 내용에는 통상 노동조합의 요구안을 중심으로 조정이 수락된 부분을 먼저 정리하고, 조정신청 사항 중 조정안 제시보다는 노사 자율해결이 바람직한 사항이 있을 경우에는 노사 협의를 통해 해결하라는 내용, 그리고 단체협약의 유효기간을 따로 정할 필요가 있을 때에는 그 유효기간을 명시한다.

2. 조정서 내용의 효력: "단체협약과 같은 효력"

당사자 쌍방이 수락하여 성립된 조정의 내용은 단체협약과 같은 효력을 갖는다. 규범적·채무적 효력을 가지며 일정한 요건을 갖춘 경우에는 일반적 구속력도 가진다.[40] 즉 조정서에서 정한 근로조건 기타 근로자의 대우에 관한 기준에 위반하는 취업규칙 또는 근로계약의 부분은 무효가 되고(법 33조 1항), 이렇게 무효가 된 부분은 조정서에 정한 기준에 의하며(2항), 이러한 '규범적' 효력이 인정되지 않는 나머지 부분은 다른 계약과 마찬가지로 '채무적'으로 당사자 사이의 권리의무관계를 정하게 된다. 또한 협약 당사자는 '실행의무(협약당사자가 이

---

40) 임종률, 206면.

를 준수할 협약준수의무와 각 당사자의 구성원들로 하여금 단체협약을 위반하지 않도록 노력할 영향의무)'를 부담하며, 그 유효기간 중에는 협약에서 정한 근로조건이나 기타 사항의 변경·개폐를 요구하는 쟁의행위를 할 수 없다는 '평화의무'를 부담한다.

조정서에 기재된 사항만 효력이 인정되고 조정 시 노사당사자 간 합의가 있었던 사항일지라도, 별도로 정함이 없는 한 조정서의 내용에 포함되지 않은 경우 그 사항에 관해서는 조정의 효력이 생기지 않는다.[41]

당사자 쌍방의 수락으로 조정이 성립된 이후 조정서 내용을 준수하지 않으면 1천만 원 이하의 벌금에 처한다(법 92조 3호).

3. 성립된 조정에 대한 불복

위와 같이 조정서 작성에 의한 조정성립에 대하여 불복이 허용되는지, 허용된다면 그 방법은 무엇인지에 관해 정하고 있는 명문의 규정은 없다. 조정기관의 구성이나 그 밖에 조정절차에 위법사유가 있다거나 조정안 수락의 의사표시의 부존재 또는 무효·취소 사유가 있다거나 수락된 조정안의 내용이 근기법 등 강행법규에 위반하는 경우 등이 문제될 수 있다.[42]

이에 관하여 조정의 성립에 본질적이고 중요한 위법사유가 있을 경우에 한하여 민사소송절차에서 조정성립의 무효확인 청구를 할 수 있다고 해석하는 견해가 있다.[43] 조정안을 관계당사자가 수락함으로써 조정은 성립되고 노동위원회의 조정서 작성은 단순히 사실확인 행위에 불과하고 독립된 행정처분의 성격을 갖지 않는다고 본다면 조정안 수락 의사표시의 부존재나 하자를 이유로 민사소송절차에서 조정성립의 효력을 부인할 수 있을 것이나, 조정의 성립은 적법하게 구성된 노동위원회가 조정활동에 따라 최종적으로 조정서를 작성함으로써 이루어지는 것으로서 관계 당사자가 조정안에 대하여 유효하게 수락한 것을 요건으로 하여 노동쟁의의 대상이 된 사항에 관한 권리관계를 확정시키는 행정처분의 성격을 갖는다고 볼 여지가 있으므로, 조정성립에 절차·내용상 위법사유가 있을 경우 노위법 26조, 27조 규정에 따라 중앙노동위원회에 재심을 신청하거나 행정소송을 제기하는 등의 불복방법을 취할 수 있다는 해석도 가능할 것

---

41) 이병태, 389면.
42) 사법연수원a, 345면.
43) 고태관, 388면.

이다.44)

4. 성립된 조정 내용에 대한 견해의 제시

가. 견해 제시 요청

조정안이 관계 당사자 쌍방에 의하여 수락된 후 그 해석 또는 이행방법에 관하여 관계 당사자 간에 의견의 불일치가 있는 경우에는 관계 당사자는 서면으로 당해 조정기관에게 그 해석 또는 이행방법에 관한 명확한 견해의 제시를 요청하여야 하고(법 60조 3항, 영 27조), 이러한 요청이 있을 때 노동위원회 위원장은 당해 조정안을 제시한 조정위원회나 단독조정인에게 지체 없이 그 사실을 통지하고 조정안의 해석이나 이행방법에 관한 견해를 제시하도록 해야 하며(노위규칙 157조 1항), 견해 제시 요청이 당사자 일방으로부터 제기된 경우 상대방에게도 그 사실을 통보하고 조정안에 대한 의견 제출을 요구해야 한다(노위규칙 157조 2항).

법문상으로는 '요청할 수 있다'가 아니라 "… 요청하여야 한다"로 되어 있으나, 이는 그러한 분쟁을 쟁의행위로 해결할 수 없다는 것을 의미할 뿐이며, 민사소송을 통한 해결을 금지하려 하는 것은 아니다.45) 또한 이와 같이 이미 성립한 조정 내용의 해석에 관한 요청은 집단적 권리분쟁의 성격이 강해, 노동위원회보다는 오히려 법원을 통한 해결이 더욱 적절하다고 볼 수도 있다.

실제 분쟁이 발생한 경우 통상 당사자 일방은 자신의 해석이 조정 내용에 비추어 논란의 여지가 있다고 주장하기보다 자신의 해석이 당연하다거나 이행의 조건이 완성되었다고 주장하며 '조정 내용대로 이행할 것'을 구할 것이고 반대로 상대방이 조정 내용은 그런 의미가 아니라며 다른 해석을 내세우거나 이행의 조건이 완성되지 않았다고 다투는 양상이 될 것인데, 노조법 60조 3항이 이 같은 다툼을 반드시 조정안의 해석으로만 해결하여야 한다는 취지는 아니므로, 성립된 조정서 내용을 다투는 소가 제기되면 재판을 통해 그 내용을 다툴 수 있다고 보아야 한다. 다만 소송 계속 중 일방 당사자가 조정위원회 또는 단

---

44) 사법연수원a, 345면. 다만 그렇다고 하더라도 근본적으로는 입법적인 해결이 요구된다고 한다.

45) 민변노동법 Ⅱ, 293면. 한편 임종률, 206면은 "조정담당자에게 견해제시를 '요청해야 한다'는 것은 그러한 분쟁을 쟁의행위로 해결할 수 없다는 것을 의미할 뿐이며, 민사소송을 통한 해결을 금지하려 하는 것은 아니다"고 하면서, "단체협약에 대하여는 노동위원회의 견해제시를 '요청할 수 있다'고 규정한 것(법 34조 1항)과 균형을 맞추어 개정할 필요가 있다"는 입법론을 제시하고 있다.

독조정인에게 견해 제시를 요청하고 사실심 변론 종결 전 그 견해가 제시된다면, 계속 중인 소송과 노조법 60조 3항의 견해 제시와 사이의 관계가 문제될 것이다. 아래에서 보는 바와 같이, 이때 제시된 견해는 중재재정의 효력을 가져 위법 또는 월권이 없으면 다툴 수 없으므로 사실상 법원은 이에 기속되겠지만, 다만 그 견해에 위법·월권이 있는 경우에는 그와 다른 판단도 가능하다고 하겠다.

나. 견해의 제시

조정기관은 그 요청을 받은 날로부터 7일[46] 이내에 명확한 견해를 제시하여야 하는데(법 60조 4항). 이때 노동위원회는 당사자, 주문(조정안의 해석이나 이행방법의 구체적 내용), 이유(인정사실과 법률상 근거)를 기재한 결정서를 당사자에게 교부하여야 한다(노위규칙 157조 3항).

다. 쟁의행위 금지

조정기관이 견해를 제시할 때까지 당해 조정안의 해석 또는 이행에 관하여 쟁의행위를 할 수 없는데(법 60조 5항), 조정안의 수락에 의하여 확보된 평화상태를 가능한 한 유지하고자 하는 취지이다.[47]

문제는 법문이 "견해를 제시할 때까지"라는 시적 범위를 정하고 있어 쟁의행위 금지가 어디까지 적용되는지 하는 것이다. 조정위원회나 단독조정인이 견해를 제시하면 "중재재정(=단체협약, 법 70조 1항)과 동일한 효력"을 가지게 되고 중재재정은 위법이나 월권에 의한 것이 아닌 이상 그 효력을 다툴 수 없게 되며(법 69조), 단체협약 해석이나 이행에 관한 분쟁(이른바 '권리분쟁')에 관하여 쟁의행위 목적이 될 수 없다는 해석론에 의하면, "견해를 제시한 이후"에도 쟁의행

---

46) 7일 이내에 견해제시를 하는 것은 쌍방 당사자의 주장을 조사하고 해당 조정위원회의 위원(비상근 위원)이 회의일정을 정하여 회의를 여는 절차를 고려하면 실현가능성이 희박하므로, 단체협약의 경우(법 34조 2항)처럼 30일로 개정하는 것이 바람직하다는 입법론이 있다. 임종률, 206면.

47) 박홍규b, 861면은 "단체협약의 체결 후 소위 해석쟁의가 금지되지 않는 것에 비하여 왜 단체협약과 동일한 효력을 가지는 조정안 수락의 경우에만 쟁의행위가 금지되어야 하는가에 관하여 당연한 의문이 제시될 수 있다. 이 규정은 1987년 개정 시에 신설된 것으로서 일본 노동관계조정법 26조 4항을 모방한 것이다. 일본의 경우에도 그 규정의 위배에 대하여 제재규정이 없고, 한국법에서도 마찬가지로 제재규정이 없어서 쟁의행위의 금지 규정에 있어서 유일한 비강제규정으로 이해된다. 그 규정을 위배한 쟁의행위가 행해진다고 해도 무방한 것이어서 이 조항을 단순한 정책적 성격의 훈시적인 것이라고 할 수 있으므로 위헌이라고 할 수는 없다"고 하나, 일반적인 해석은 아니다. 특히 노동쟁의 정의 규정이 바뀐 1997년 노조법 이후에는 더욱 그러하다.

위를 할 수 없을 것이다.

그러나 위 법문을 반대해석하거나, 조정의 해석이나 이행방법에 대한 의사
불일치가 있을 때에는 실질적으로 조정이 성립되지 않은 것으로 보아야 할 경
우가 있다는 점을 고려하면,[48] 적어도 기간 내에 의견이 제시되지 않아 기간이
경과된 때에는 조정 불성립을 전제로 쟁의행위를 할 수 있다고 보아야 한다.

라. 제시된 견해의 효력

노조법 60조 4항의 규정에 의하여 조정위원회 또는 단독조정인이 제시한
해석 또는 이행방법에 관한 견해는 중재재정과 동일한 효력을 갖는다. 단체협약
의 경우에는, 단체협약의 해석 또는 이행방법에 관하여 관계당사자 간에 의견의
불일치가 있는 때에는 당사자 쌍방 또는 단체협약이 정하는 바가 있어야만 견
해 제시를 요청할 수 있는 반면(법 34조 1항), 조정을 수락한 경우에는 공적 조정
기관이 개입되었다는 이유로 '일방'의 요청만으로 해석 또는 이행방법에 관한
견해를 요청할 수 있는 것이다. 그러나 이렇게 제시된 견해에 중재재정과 같은
강력한 효력(위법·월권이 없으면 다투지 못하고,[49] 쟁의행위도 할 수 없게 되는 것)을
인정하는 것은 단체협약의 경우와 균형이 맞지 않을 뿐 아니라 지나치게 쟁의
행위를 제한하게 될 것이어서, 이 규정 자체가 바람직한 것인지는 의문이다.[50]

마. 제시된 견해에 대한 불복

노조법 60조 4항의 규정에 의하여 조정위원회 또는 단독조정인이 제시한
해석 또는 이행방법에 관한 견해는 중재재정과 동일한 효력을 가지므로, 노조법
69조에서 정한 중재재정에 대한 불복방법으로 불복이 허용된다.[51]

---

48) 같은 규정을 두고 있는 일본 노동관계조정법 26조 4항은 "다만, 전항의 기간이 경과한 때
에는 그러하지 아니하다"는 단서를 두고 있다.
49) 조윤희, 414면.
50) 같은 '견해 제시' 조항을 두고 있는 일본 노동관계조정법 26조에는 조정위원회의 '견해 제
시'에 대하여 중재재정의 효력을 인정하는 규정이 없다.
51) 대법원 2022. 4. 14.자 2022두32597 판결(심리불속행)로 확정된 대전고법 2021. 12. 17. 선
고 2021누11010 판결은 조정안 견해 제시에 대한 불복으로 재심을 신청할 수 있음을 전제로
판단하였고, 조정 내용 관련 견해제시(법 60, 61조)에 관한 것이 아니라 단체협약 해석 관련
노동위원회의 의견제시(법 34조)에 관한 것이기는 하지만, 대법원 2005. 9. 9. 선고 2003두
896 판결은 "단체협약의 해석 또는 이행방법에 관하여 단체협약 당사자의 견해 제시의 요청
에 응하여 노동위원회가 제시한 견해는 중재재정과 동일한 효력을 가진다고 정하고 있으므
로, 단체협약의 해석 또는 이행방법에 관한 노동위원회의 제시 견해의 효력을 다투고자 할
때에는 노동위원회가 행한 중재재정의 효력을 다투는 절차를 정한 위 법 69조에 의하여야
할 것"이라고 하여 이러한 법리를 명시적으로 확인한 바 있다.

즉 지방노동위원회나 특별노동위원회가 제시한 견해에 대하여는 그것이 위법이거나 월권에 의한 것이라고 인정되는 경우에 중앙노동위원회에 재심을 신청할 수 있고, 그 재심결정에 대하여 불복이 있는 관계당사자는 행정소송을 제기하여 그 취소를 구할 수 있으며, 중앙노동위원회가 제시한 견해에 대하여는 곧바로 행정소송을 제기하여 그 취소를 구할 수 있다(법 69조). '위법 또는 월권'이라고 하여 불복사유의 범위가 매우 좁은 것처럼 보이지만, 단체협약 해석에 관한 판례를 원용하자면, 노동위원회가 조정서의 의미를 오해하여 그 해석 또는 이행방법에 관하여 잘못된 견해를 제시하였다면 이는 조정서 해석에 관한 법리를 오해한 위법을 범한 것으로 위 노조법 69조에서 정한 불복사유인 위법사유가 있는 경우에 해당된다고 하게 된다.[52]

노동위원회의 중재재정 또는 재심결정은 이러한 재심신청 또는 행정소송 제기에 의하여 그 효력이 정지되지는 않는다(법 70조 2항). 자세한 내용은 중재재정에 관한 부분에서 후술한다.

Ⅶ. 조정종료 후 조정(=사후조정)

제61조의2(조정종료 결정 후의 조정)
　① 노동위원회는 제60조 제2항의 규정에 따른 조정의 종료가 결정된 후에도 노동쟁의의 해결을 위하여 조정을 할 수 있다.
　② 제1항의 규정에 따른 조정에 관하여는 제55조 내지 제61조의 규정을 준용한다.

1. 의　　의

2006. 12. 30. 노조법을 개정하면서 신설한 규정으로, 노동위원회가 더 이상 조정이 이루어질 여지가 없다고 판단하여 일단 조정종료를 결정한 후에도 사후적으로 분쟁이 해결될 때까지 조정을 할 수 있다는 규정을 두었다. 이에 따라 쟁의행위 중에도 노동위원회는 조정을 시도할 수 있게 되었다. 이러한 사후조정 제도는 노동위원회의 분쟁조정기능을 강화하고자 하는 취지에서 마련된 것이라

---

52) 대법원 2005. 9. 9. 선고 2003두896 판결.

고 할 수 있다.

2. 요   건

법문상 사후조정은 "조정위원회가 제시한 조정안을 관계 당사자가 수락을 거부하여" 조정위원회가 조정불성립을 당사자에게 통보한 경우에 가능한 것으로 되어 있으나, 조정위원회가 조정안을 제시하기 전에 조정기간이 도과하여 조정이 종료된 경우에도 사후조정을 계속할 수 있다고 보아야 한다.

노동위원회는 관계 당사자 쌍방의 요청이나 동의가 있어야 개시할 수 있다고 하고 있으나(노위규칙 175조), 노동위원회가 조정 전후에 관계없이 분쟁해결의 행정적 서비스를 적극적으로 제공할 수 있도록 권한을 부여한 것이므로, 그 시작 요건에 따른 제한은 없고 노동위원회가 필요하다고 인정할 때에는 언제든지 직권으로 시작할 수 있다고 보는 것이 더 맞을 것이다.53) 담당자, 절차, 성립한 때의 효력 등에 관하여는 조정에 관한 조항이 준용되므로(법 61조의2 2항), 담당자는 조정위원회 또는 단독조정인이고 담당자가 조정안을 제시하고 당사자에게 그 수락을 권고하며 당사자 쌍방이 수락하는 경우에는 단체협약과 같은 효력을 가진다. 이 점에서 담당자에 관하여 제한이 없고, 담당자의 해결안 제시도 필요적이 아닌 '조정 전 지원'과 구별된다.54)

사후조정이 조정 종료 후 임의적으로 거치는 것이므로 조정전치주의를 정한 노조법 45조 2항에서는 "쟁의행위는 5장 2절 내지 4절의 규정에 의한 조정절차(법 61조의2의 규정에 따른 조정종료 결정 후의 조정절차를 제외한다)를 거치지 아니하면 이를 행할 수 없다…"고 하여, 쟁의행위 전 반드시 거쳐야 하는 조정절차에서 사후조정을 제외하고 있다.

[김   진]

---

53) 임종률, 207면.
54) 임종률, 207면.

제3절 중　　재

<〈세 목 차〉>

[참고문헌]
김선수, "노동쟁의중재재정취소소송이 법원에 계류 중 유효기간이 경과한 경우", 1997 노동판례비평, 민주사회를 위한 변호사모임(1998); **도재형**, "단체협약의 해석·이행방법에 관한 노동위원회의 제시 견해에 대한 불복방법 및 불복 사유", 조정과 심판 25호, 중앙노동위원회(2006. 3.); **손창희**, "노동쟁의의 범위와 중재재정에 있어서의 위법·월권에 관한 소론", 법학논총 7집, 한양대학교 법학연구소(1990. 9.); **전원열**, "중재재정의 불복사유인 '위법' 또는 '월권'의 의미", 대법원판례해설 68호, 법원도서관(2008. 1.); **조윤희**, "노동위원회의 견해제시에 대한 불복사유", 행정재판실무편람(Ⅳ), 서울행정법원(2004); **최홍엽**, "중재재정의 대상", 노동법학 13호, 한국노동법학회(2001); **중앙노동위원회**, 조정 및 필수유지업무 매뉴얼(2013. 7.)

Ⅰ. 노조법상 중재의 의의

노조법에서 규율하는 중재는 노동위원회 안에 설치된 중재위원회가 노동쟁의의 대상이 된 사항에 관하여 해결안(중재재정)을 작성하고 당사자는 그 해결안에 구속되는 노동쟁의의 조정방법을 말한다.

중재재정은 당사자의 수락과는 관계없이 법적으로 당사자를 구속하는 강행적 효력을 가진다는 점에서 당사자의 수락을 요구하는 조정과는 구별된다.

이와 같이 중재는 조정방법으로서는 가장 강력한 것이므로 국민의 생활을 위협하는 분쟁을 방지 내지 종결한다는 의미에서 그 의의가 인정될 수 있지만, 임금인상과 같은 이익분쟁의 해결방법으로서는 반드시 적절한 것이라고 할 수는 없다.[1] 실무상으로도 노조법상 중재제도는 거의 이용되지 않고 있다.[2]

이와 비교하여 중재법상 중재는 당사자 간의 합의로 재산권상의 분쟁 및 당사자가 화해에 의하여 해결할 수 있는 비재산권상의 분쟁을 법원의 재판에 의하지 아니하고 중재인의 판정에 의하여 해결하는 절차로서, 대심적 심리구조와 중재의 효력[3] 측면에서 노조법상 중재와 유사하나 합의에 의한 중재인 선정, 신중하고 충실한 심리 및 증거조사로 분쟁해결의 대안제도로 활발하게 이용되고 있다. 대표적인 중재원인 대한상사중재원의 경우만 하더라도 연간 500여 건 내외의 중재사건이 접수되고 있다.[4]

---

1) 김형배, 1459면.
2) 중앙노동위원회 홈페이지(http://www.nirc.go.kr/)에 게시된 연도별 전체 노동위원회 중재사건 접수현황 통계자료에 의하면, 2004년 21건, 2005년 19건, 2006년 12건, 2007년 8건 2008년 5건, 2009년 5건, 2010년 4건, 2011년에는 18건, 2012년 9건, 2013년 1건, 2014년 10건, 2015년 4건, 2016년 9건, 2017년 3건, 2018년 10건, 2019년 11건, 2020년 9건으로 이용률이 매우 저조하다. 일본의 경우에도 중재제도는 실무상 거의 이용되고 있지 않다고 한다(니시타니 사토시, 576면).
3) 노조법상 중재는 단체협약과 동일한 효력을 가지고(70조 1항), 중재법상 중재는 확정판결과 동일한 효력을 가진다(35조).
4) 대한상사중재원 홈페이지(http://www.kcab.or.kr)에 게시된 통계/학술자료 중 2021년 클레임 통계 참조.

Ⅱ. 중재의 개시

제62조(중재의 개시)
　　노동위원회는 다음 각 호의 어느 하나에 해당하는 때에는 중재를 행한다.
　　1. 관계 당사자의 쌍방이 함께 중재를 신청한 때
　　2. 관계 당사자의 일방이 단체협약에 의하여 중재를 신청한 때

　중재는 당사자 쌍방이 함께 중재를 신청한 때 또는 당사자의 일방이 단체협약에 의하여 중재를 신청한 때에 개시된다. 이 경우 '단체협약'은 일정한 요건 아래서는 중재를 신청해야 한다거나 일방이 중재를 신청할 수 있다는 취지의 협약조항을 말한다. '일방이 단체협약에 따라 중재를 신청한 때'에 시작하는 중재도 신청하지 않은 당사자의 의사에 반하여 강제로 시작하는 것은 아니므로 임의중재에 속한다. 중재는 일반사업이든 공익사업이든 관계없이 신청할 수 있다. 중재는 일반적으로 조정이 실패한 경우에 신청하지만 조정을 거치지 않고 신청할 수도 있다.5) 다만 노조법에 의하여 설립된 노동조합이 아니면 중재를 신청할 수 없다(법 7조 1항).

　관계 당사자는 사적 중재에 의하여 노동쟁의를 해결하기로 한 경우에는 관할 노동위원회에 신고하면 되나(영 23조 1항), 일반적인 중재를 신청할 경우에는 관할 노동위원회에 신청하여야 한다(영 24조 1항). 노동위원회는 위 신청사실을 행정관청에 지체 없이 통보하고(규칙 15조 2항), 지체 없이 서면으로 관계 당사자에게 각각 통보하여야 한다(영 25조).

　중재 신청 내용이 중재의 대상이 되는 노동쟁의6)에 해당하지 아니하는 것이라고 인정할 경우에는 노동위원회는 그 사유와 다른 해결방법을 알려주어야 한다(영 24조 2항).

　종래 필수공익사업에서는 당사자의 신청과 관계없이 개시되는 직권중재가 인정되었으나, 근로자의 단체행동권을 지나치게 제한한다는 비판이 제기되어 왔고, 다른 한편으로는 쟁의행위기간 중 필수유지업무제도의 도입으로 그 현실적

---

　5) 임종률, 208면.
　6) 노동쟁의의 개념에 관한 자세한 논의는 노조법 2조 5호에서 다루었으므로 여기서는 생략하기로 한다.

의미가 감소되었다는 판단 아래 2006년 12월 노조법 개정에서 직권중재는 폐지
되었다.

　　한편, 쟁의행위가 공익사업에 관한 것이거나 공익사업이 아니라도 쟁의행
위의 규모가 크거나 그 성질이 특별한 것으로서 현저히 국민경제를 해하거나
국민의 일상생활을 위태롭게 할 위험이 현존하는 때에는 고용노동부장관의 결
정에 의하여 긴급조정절차로 나아갈 수 있는데(법 76조), 이러한 긴급조정절차에
서 조정이 성립될 가망이 없다고 중앙노동위원회의 위원장이 인정한 경우에 공
익위원의 의견을 들어 중재회부결정을 함으로써 예외적으로 직권중재가 개시된
다(법 79조).[7]

Ⅲ. 중재시의 쟁의행위의 금지

제63조(중재시의 쟁의행위의 금지)
　　노동쟁의가 중재에 회부된 때에는 그 날부터 15일간은 쟁의행위를 할 수 없다.

　　노동쟁의가 중재에 회부되면 그 날부터 15일간은 쟁의행위를 할 수 없다.
이에 위반하여 쟁의행위를 한 자는 1년 이하의 징역 또는 1천만 원 이하의 벌
금에 처한다(법 91조). 물론 위 쟁의행위 금지기간 내에 중재재정이 이루어지지
않으면 쟁의행위를 할 수 있다(법 45조 2항 단서).

　　중재기간에 관해서는 법령에 명시되어 있지 않으나, 중재에 회부된 때에는
그 날부터 15일간 쟁의행위가 금지되어 있는 점과 중재재정이 당사자에게 구속
력이 있다는 점을 고려하면 중재재정은 이 기간 내에 이루어져야 할 것이다. 노
동위원회 실무도 중재에 회부된 날부터 15일 내에 중재를 종료하도록 하고 있
다.[8]

　　이러한 쟁의행위 금지기간이 경과된 후에도 중재재정을 할 수 있는지에 대
해서는 ① 중재는 조정(調停)과 달리 당사자의 수락없이 사안을 종국적으로 해
결하는 절차인 점, 쟁의행위 금지기간을 경과하지 않으면 노동조합이 쟁의행위
를 할 수 없는데 그 기간이 경과한 후에도 중재가 가능하다면 노동조합의 쟁의

---

7) 이에 관한 자세한 사항은 법 5장 5절 긴급조정에 대한 해설 부분을 참조.
8) 중앙노동위원회, 122면.

행위가 유명무실해져 단체행동권의 과도한 침해가 되는 점, 쟁의행위는 노동조
합이 사용자를 압박할 수 있는 유일한 수단임에도 사용자가 중재재정을 기다리
면서 교섭에 소극적으로 대응할 수 있는 점 등에 비추어 인정할 수 없다고 보
는 견해,9) ② 원칙적으로 쟁의행위 금지기간 내에 중재가 이루어져야 하지만
노동조합이 쟁의행위의 돌입을 유예하고 사용자와 교섭을 재개하여 타결의 전
망이 있다고 인정되는 등 특별한 사정이 있는 경우에는 예외적으로 중재재정을
할 수 있다는 견해10)가 있다. 중재기간에 관하여 법문에 별도로 명시한 바 없
고, 사안에 따라서는 그 내용을 파악하는 데 위 15일이 부족한 경우도 생길 수
있으며, 쟁의행위 금지기간이 경과되었다고 하여 노동쟁의상태가 계속 존재하는
한 분쟁을 종국적으로 해결하고자 하는 중재의 기능과 당사자 의사를 무시할
수 없으므로, 위 15일 경과 후 당사자 쌍방 또는 일방이 중재에 의한 해결을 원
하지 않는 등의 특별한 사정이 없는 한 중재재정을 허용하여야 할 것으로 본다.

Ⅳ. 중재위원회의 구성·위원장

제64조(중재위원회의 구성)
　　① 노동쟁의의 중재 또는 재심을 위하여 노동위원회에 중재위원회를 둔다.
　　② 제1항의 규정에 의한 중재위원회는 중재위원 3인으로 구성한다.
　　③ 제2항의 중재위원은 당해 노동위원회의 공익을 대표하는 위원중에서 관계
　　　당사자의 합의로 선정한 자에 대하여 그 노동위원회의 위원장이 지명한다. 다
　　　만, 관계 당사자간에 합의가 성립되지 아니한 경우에는 노동위원회의 공익을
　　　대표하는 위원중에서 지명한다.
제65조(중재위원회의 위원장)
　　① 중재위원회에 위원장을 둔다.
　　② 위원장은 중재위원중에서 호선한다.

　　노동위원회에 중재위원회를 두고 이로 하여금 중재를 담당하도록 한다. 노
동쟁의의 중재사건을 관장하는 노동위원회는 노위법의 규정에 따라 구체적으로
중앙노동위원회·지방노동위원회 및 특별노동위원회로 구분된다(노위법 2조 1항).

---

　　9) 민변노동법Ⅱ, 295면.
　10) 김형배, 1461면, 임종률, 209면.

노동위원회는 노동쟁의의 중재를 하게 된 경우에는 지체 없이 해당 사건의 중재를 위한 중재위원회를 구성하되(영 28조) 중재위원회는 3명으로 구성하며, 그 노동위원회의 공익위원 중에서 당사자의 합의11)로 선정한 자를 그 노동위원회의 위원장이 지명하되, 당사자의 합의가 성립되지 아니한 경우에는 공익위원 중에서 위원장이 지명한다. 한편 공익위원은 심판담당 공익위원, 차별시정담당 공익위원, 조정담당 공익위원으로 구분되는데(노위법 6조 6항), 조정담당 공익위원 중에서 지명한다(노위법 15조 5항).

공익위원만으로 구성케 한 것은 중재재정이 법률상 당사자들을 구속하기 때문에 이해관계의 중립을 지키기 위한 것이고, 공익위원 중에서도 당사자의 합의에 의하여 선정된 자를 임명하는 것은 관계 당사자의 의사를 최대한 반영하고자 하는 것이다.12)

조정의 경우와는 달리 단독중재인은 허용되지 않는다. 중재위원회의 위원장은 중재위원 중에서 호선한다.

회의는 전원 출석과 출석위원 과반수 찬성으로 의결한다(노위법 17조 2항).

V. 주장의 확인

제66조(주장의 확인등)
① 중재위원회는 기일을 정하여 관계 당사자 쌍방 또는 일방을 중재위원회에 출석하게 하여 주장의 요점을 확인하여야 한다.
② 관계 당사자가 지명한 노동위원회의 사용자를 대표하는 위원 또는 근로자를 대표하는 위원은 중재위원회의 동의를 얻어 그 회의에 출석하여 의견을 진술할 수 있다.

1. 주장요점확인

중재위원회는 기일을 정하여 당사자 쌍방 또는 일방을 중재위원회에 출석하게 하여 주장의 요점을 확인하여야 한다(법 66조 1항).

---

11) 당사자는 노동위원회 위원장으로부터 중재위원 합의 선정 요청을 받은 후 3일 이내에 합의된 공익위원 명단을 제출하여야 한다(노위규칙 161조 2항).
12) 김형배, 1460면.

구법13)은 당사자의 의견을 청취하는 절차를 마련하지 않고, 당사자가 지명
한 노동위원회의 노사대표위원을 통하여 간접적으로 의견을 진술할 수 있는 기
회를 부여하고 있을 뿐이었으나, 당사자가 수긍할 수 있는 공정한 중재재정을
내리기 위해서는 중재위원회가 직접 당사자의 의견과 자료를 제공받을 수 있는
기회가 입법적으로 마련되는 것이 바람직하므로, 현행법에서는 이 점을 감안하
여 당사자가 기일에 출석하여 요점을 확인하도록 하는 조항을 신설하였다.14) 다
만, 조정(調停)이 당사자 쌍방의 출석과 주장확인을 요구함에 비하여 중재는 당
사자 쌍방 또는 일방의 출석과 주장확인만으로도 가능하다. 이는 당사자 일방이
중재를 거부하여 기일에 출석하지 않음으로써 중재기간을 도과시키는 경우에
대비하기 위한 것이라고 말할 수 있다.15)

2. 의견 진술

당사자가 지명한 노동위원회의 사용자위원 또는 근로자위원은 중재위원회
의 동의를 얻어 그 회의에 출석하여 의견을 진술할 수 있다(법 66조 2항). 이와는
달리 조정의 경우에는 이러한 당사자위원의 의견 진술에 관한 규정이 없다. 또
한 심판위원회나 차별시정위원회의 경우에는 근로자위원 및 사용자위원 각 1인
이상의 의견을 듣도록 의무지우고 있는 것과도 구별된다(노위법 18조 2항).

Ⅵ. 출석금지

제67조(출석금지)

중재위원회의 위원장은 관계 당사자와 참고인외의 자의 회의출석을 금할 수
있다.

중재위원회의 위원장은 회의의 공정한 진행을 위하여 당사자와 참고인 이
외의 자의 회의출석을 금할 권한을 가진다.

---

13) 1996. 12. 31. 법률 5244호로 폐지되기 전의 구 노동쟁의조정법.
14) 김형배, 1461면.
15) 민변노동법Ⅱ, 299면.

Ⅶ. 중재재정

제68조(중재재정)
　① 중재재정은 서면으로 작성하여 이를 행하며 그 서면에는 효력발생 기일을 명시하여야 한다.
　② 제1항의 규정에 의한 중재재정의 해석 또는 이행방법에 관하여 관계 당사자간에 의견의 불일치가 있는 때에는 당해 중재위원회의 해석에 따르며 그 해석은 중재재정과 동일한 효력을 가진다.

1. 의　　의

　중재위원회는 당사자의 주장확인 등의 절차를 거쳐 노동쟁의의 대상으로 된 사항에 대하여 최종적으로 가장 적절하다고 판단되는 내용의 중재재정을 할 수 있다. 이 경우 중재재정의 내용을 어떻게 결정할 것인가는 전적으로 중재위원회의 자유로운 재량판단에 맡겨져 있으나, 중재위원회가 중재재정을 할 수 있는 사항은 노동쟁의의 범위에 해당하는 것에 한정되고, 이를 벗어나는 사항에 대하여 중재재정을 하는 것은 위법하거나 월권에 의한 것으로 인정되어 후술하는 바와 같이 당사자가 불복절차에서 불복사유로 삼을 수 있다.

2. 방　　식

　중재재정은 서면으로 작성하여야 하고, 효력발생기일을 명시하여야 한다.16) 명문의 규정은 없으나 조정서와의 균형상 중재위원회 위원 전원의 서명 또는 날인을 요한다고 보아야 할 것이다.17)
　중재재정서는 지체없이 당사자에게 송달되어야 한다(영 29조 1항).

3. 해석 또는 이행방법에 관한 의견 불일치

　중재재정이 내려진 후 그 해석 또는 이행방법에 관하여 당사자간에 의견의

---

16) 노동위원회 실무상 중재재정서에 기재하는 사항은 다음과 같다. ① 노동위원회명, 사건번호, 사건명, 당사자(노동조합과 사용자의 명칭 및 성명), ② 주문(중재재정의 중요내용을 기재하되, 마지막 조항에 효력발생기일을 반드시 명시) 및 이유(중재재정의 타당성을 설명하는 내용), ③ 작성일자, 중재위원회명, 중재위원성명 등(중앙노동위원회, 123면 참조).
17) 임종률, 209면.

불일치가 있는 때에는 당해 중재위원회는 그에 관한 해석을 하여야 하고 그 해석은 중재재정과 동일한 효력을 가진다(법 68조 2항). 중재재정의 해석에 관한 분쟁은 그 재정을 한 중재위원회가 내용을 누구보다도 정확하게 알고 있다는 점에서 그 중재위원회를 통한 해결의 길을 열어준 것이다. 중재위원회의 해석은 적어도 당사자 일방이 요청해야 할 수 있다고 보아야 한다.[18] 당사자의 중재재정 해석 요청은 당해 중재재정의 내용과 당사자의 의견 등을 기재한 서면으로 해야 한다(영 30조 2항).

법문에는 단체협약의 해석에 관한 분쟁 처리의 경우(법 34조) 및 조정서의 해석에 관한 분쟁처리의 경우(법 60조 3항 내지 5항)와는 달리 중재위원회의 해석을 받기 위한 절차에 관하여는 규정하지 않았으나, 중재는 조정과 마찬가지로 노동쟁의조정을 위한 제도이므로 조정서의 해석에 관한 분쟁 처리 규정(법 60조 3항 내지 5항)을 준용하는 것이 타당하다.[19] 따라서 중재위원회는 당사자로부터 신청을 받은 날부터 7일 이내에 해석하여야 한다.

중재재정의 해석은 이미 성립된 중재재정에 대해 당사자의 해석이 불일치하는 경우 중재재정의 의미를 명확히 해주는 것이므로 중재재정의 해석 과정에서 당사자의 의견은 참고적으로 고려하면 충분하고, 따라서 당사자의 의견이 오해되거나 왜곡될 정도로 그 주장을 펼칠 기회를 부여하지 아니하였다는 등의 특별한 사정이 없는 한 노조법 66조 1항에 규정된 바와 같이 당사자 쌍방 또는 일방을 중재위원회에 출석하게 하여 주장의 요점을 확인하는 절차를 거치지 않았거나 일방 당사자의 의견서를 상대방에게 송부하지 않았다는 점만으로는 그 중재재정의 해석 절차가 위법하다고 할 수는 없다.[20]

---

18) 임종률, 210면.

19) 노위규칙 161조 5항은 중재에 관하여 조정에 관한 아래 조항을 준용하고 있다.

157조(조정안에 대한 견해의 제시) 1항 내지 3항

① 당사자가 노조법 60조 3항에 따른 조정안의 해석이나 이행방법에 대한 견해의 제시를 요청한 경우 노동위원회위원장은 당해 조정안을 제시한 조정위원회나 단독조정인에게 지체 없이 그 사실을 통지하고 조정안의 해석이나 이행방법에 관한 견해를 제시하도록 하여야 한다.

② 1항에 따른 견해의 제시 요청이 관계당사자 일방으로부터 제기된 경우 노동위원회위원장은 다른 당사자에게 통지하여 조정안에 대한 의견 제출을 요구하여야 한다.

③ 조정위원회가 조정안에 대한 해석이나 이행방법에 관한 견해를 제시하는 경우 다음 각 호의 사항을 기재한 결정서를 당사자에게 교부하여야 한다.

1. 당사자

2. 주문(조정안의 해석이나 이행방법의 구체적 내용)

3. 이유(인정사실과 법률상 근거)

20) 대법원 2009. 8. 20. 선고 2008두8024 판결.

한편, 이러한 중재재정의 해석 또는 이행방법에 대한 중재위원회의 해석은 중재재정과 동일한 효력을 가지므로, 중재재정이 위법하거나 월권에 의한 경우에 한하여 불복할 수 있고 단순히 노사 어느 일방에게 불리한 내용이라는 사유만으로 불복할 수 없다는 법리는 중재재정의 해석에 관해서도 동일하게 적용된다.[21]

중재재정의 내용에 대한 해석방법으로는 중재재정서에 기재된 문언의 객관적 의미가 명확하게 드러나지 않는 경우에는 그 문언의 내용과 중재재정이 이루어지게 된 경위, 중재재정절차에서의 당사자의 주장, 그 조항에 의하여 달성하려고 하는 목적 등을 종합적으로 고찰하여 사회정의와 형평의 이념에 맞도록 논리와 경험의 법칙, 그리고 사회일반의 상식과 거래의 통념에 따라 합리적으로 해석하여야 한다.[22]

이러한 중재재정의 해석에 대한 불복절차와 관련하여서는 법문상 규정되어 있지 않으나, 절차의 성격이나 조문의 위치에 비추어 중재재정에 대한 불복절차를 규정한 노조법 69조에 따라야 할 것이다.[23]

Ⅷ. 중재재정에 대한 불복

제69조(중재재정등의 확정)
① 관계 당사자는 지방노동위원회 또는 특별노동위원회의 중재재정이 위법이거나 월권에 의한 것이라고 인정하는 경우에는 그 중재재정서의 송달을 받는 날부터 10일 이내에 중앙노동위원회에 그 재심을 신청할 수 있다.
② 관계 당사자는 중앙노동위원회의 중재재정이나 제1항의 규정에 의한 재심결정이 위법이거나 월권에 의한 것이라고 인정하는 경우에는 행정소송법 제20조의 규정에 불구하고 그 중재재정서 또는 재심결정서의 송달을 받은 날부터 15일 이내에 행정소송을 제기할 수 있다.
③ 제1항 및 제2항에 규정된 기간내에 재심을 신청하지 아니하거나 행정소송을 제기하지 아니한 때에는 그 중재재정 또는 재심결정은 확정된다.
④ 제3항의 규정에 의하여 중재재정이나 재심결정이 확정된 때에는 관계 당사자는 이에 따라야 한다.

---

21) 대법원 2009. 8. 20. 선고 2008두8024 판결.
22) 대법원 2009. 8. 20. 선고 2008두8024 판결, 대법원 2012. 9. 13 선고 2010다25230 판결.
23) 대법원 2005. 9. 9. 선고 2003두896 판결. 도재형, 72면.

1. 개   관

지방노동위원회 또는 특별노동위원회가 내린 중재재정에 대하여는 그 중재재정이 위법이거나 월권에 의한 것이라고 인정되는 경우에 당사자가 중앙노동위원회에 재심을 신청하여 불복할 수 있고, 그 재심결정에 불복이 있는 당사자는 행정소송을 제기하여 그 취소를 구할 수 있으며, 중앙노동위원회가 내린 중재재정에 대하여는 곧바로 행정소송을 제기하여 그 취소를 구할 수 있다(법 69조 1항, 2항). 다만, 이러한 재심신청 또는 행정소송의 제기에 의하여 그 중재재정의 강제적 효력이 정지되지 않는다(법 70조 2항).

중재재정 또는 중재재심결정에 대하여 위와 같은 불복절차를 거치지 않아 확정된 때에는 당사자는 이에 따라야 하고(법 69조 3항·4항), 이를 위반하면 2년 이하의 징역 또는 2천만 원 이하의 벌금에 처한다(법 90조).

한편, 노조법은 68조 1항의 규정에 의한 중재재정서, 즉 미확정 단계의 중재재정서의 내용을 준수하지 아니한 자에 대하여도 형사 처벌(1천만 원 이하의 벌금) 규정을 두고 있으나(법 92조 3호), 이와 같이 미확정 단계의 중재재정 위반에 대한 벌칙 규정과 관련하여서는, 헌법재판소가 1996. 12. 31.자로 폐지되기 전의 구 노동조합법 46조 전단에 규정된 미확정의 부당노동행위의 구제명령에 대한 벌칙을 위헌으로 보고,[24] 또 2001. 3. 28.자로 개정되기 전의 노조법 92조 1호에 규정된 단체협약 위반에 대한 벌칙규정을 위헌으로 본 점[25]과 균형상 그 효력이 의문시된다는 비판이 있다.[26]

2. 재심신청

당사자는 지방노동위원회 또는 특별노동위원회의 중재재정에 위법 또는 월권의 불복사유가 있다고 인정하는 경우에 그 중재재정서의 송달을 받은 날부터 10일 이내에 중앙노동위원회에 그 재심을 신청할 수 있다(법 69조 1항).

---

24) 헌재 1995. 3. 23. 선고 92헌가14 결정.
25) 헌재 1998. 3. 26. 선고 96헌가20 결정.
26) 임종률, 210면.

3. 행정소송

가. 행정소송의 대상 및 제소기간

(1) 중앙노동위원회의 재심결정

당사자는 중앙노동위원회가 행한 중재재정 재심결정이 위법이거나 월권에 의한 것이라고 인정하는 경우에는 그 재심결정서의 송달을 받은 날부터 15일 이내에 행정소송을 제기할 수 있다(법 69조 2항).

당사자는 원처분에 해당하는 지방노동위원회 또는 특별노동위원회의 중재재정을 대상으로 하지 않고 재결처분에 해당하는 중앙노동위원회의 재심결정에 대하여 그 취소를 구하는 행정소송을 제기하여야 한다.

제소기간은 행소법 20조[27])에 대한 특례로서, 재심결정서의 송달을 받은 날부터 15일 이내에 제기하도록 정함으로써 신속한 처리를 도모하고 있다.

(2) 중앙노동위원회의 중재재정

중앙노동위원회가 직접 내린 중재재정에 대하여는 다른 재결절차를 거치지 않고 곧바로 그 중재재정서의 송달을 받은 날부터 15일 이내에 그 중재재정의 취소를 구하는 행정소송을 제기할 수 있다(법 69조 2항).

나. 당사자 적격

중앙노동위원회의 중재재정이나 중재재심결정에 대하여 그 취소를 구하는 행정소송을 제기할 수 있는 원고적격을 가지는 당사자는 당해 중재절차나 중재재심절차의 당사자로 되었던 '노동조합'과 '사용자'라고 할 것이다.[28]) 여기서 노동조합이라 함은, 법에 의하여 설립된 노동조합이 아니면 노동쟁의의 조정을 신청할 수 없으므로(법 7조 1항), 이른바 노조법상의 노조만이 이에 해당한다.

위와 같이 중재재정이나 중재재심결정의 취소를 구하는 행정소송은 중앙노동위원회 위원장을 피고로 하여 제기한다(노위법 27조 1항 참조).

다. 소의 이익(소송계속 중 중재재정의 유효기간이 경과한 경우)

판례에 의하면, 중재재정 자체에 유효기간이 정하여져 있는 경우 그 중재재정은 유효기간의 경과로 효력이 상실되고, 이와 같이 중재재정이 실효된 이상

---

27) 행소법 20조 1항에 따르면 취소소송은 행정처분 등이 있음을 안 날부터 90일 이내에 제기하도록 되어 있다.

28) 대법원 1997. 6. 27. 선고 97누1273 판결.

그 기간의 경과 후에 그 중재재정이 외형상 잔존함으로 인하여 어떠한 법률상의 이익이 침해되고 있다고 볼 만한 특별한 사정이 없는 한 당사자는 그 중재재정의 취소를 구할 법률상의 이익이 없다고 한다.[29]

판례에 따르면, 중재재정의 유효기간이 경과하여 실효되었다고 하더라도 그 취소를 구할 법률상 이익이 있다고 볼 수 있는 경우로서, 중재재심결정 중 임금에 관한 부분은 그 유효기간이 경과하였다고 하더라도 만일 그 부분 중재재정이 취소되어 협약내용이 변경된다면 이미 경과한 중재재정의 유효기간에 대하여도 그 기간 중에 미지급된 임금차액을 사후에나마 더 청구할 수 있는 여지가 생길 수 있고, 이로 인한 근로자들의 이익은 단순한 사실상의 이익이 아니라 단체교섭권 등에 기한 법률상의 이익이라고 한다.[30]

아무튼 소송 계속 중에 중재재정의 유효기간이 경과하였다는 이유로 중재재정의 적법성 여부에 대하여 실질적인 판단도 받아보지 못하게 된다면 소송당사자로서는 재판을 받을 권리를 자신의 귀책사유 없이 박탈당하는 결과가 되므로, 법원으로서는 가능한 한 이러한 사태가 발생하지 않도록 중재재정의 유효기간 내에 판결을 선고함으로써 국민이 부당하게 재판을 받을 권리를 침해받지 않도록 하여야 할 것이다.[31]

4. 불복사유

가. 개   관

중재재정 또는 중재재심결정에 대하여 불복사유로 삼을 수 있는 것은 그 중재재정이나 중재재심결정이 '위법'이거나 '월권'에 의한 것이라고 인정되는 경우에 한한다(법 69조 1항·2항). 이는 노위법 26조 1항이 지방노동위원회의 처분에 대한 불복사유를 특별히 제한하고 있지 아니한 것과 달리 불복사유를 제한함으로써 노사분쟁의 신속한 해결을 촉진하기 위한 특별규정이다.[32] 따라서 중

---

29) 대법원 1996. 2. 23. 선고 94누9177 판결, 대법원 1997. 9. 30. 선고 97누676 판결, 대법원 1997. 11. 25. 선고 97누8762 판결, 대법원 1997. 12. 26. 선고 96누10669 판결.

30) 대법원 1992. 5. 12. 선고 91누10503 판결, 대법원 1997. 11. 25. 선고 97누8762 판결, 대법원 1997. 12. 26. 선고 96누10669 판결, 대법원 2015. 2. 26. 선고 2012두22003 판결.

31) 김선수, 365면.

32) 대법원 2005. 9. 9. 선고 2003두896 판결. 이와 같이 중재재정의 불복사유를 제한하는 취지에 대하여, 김형배 교수는 "중재재정의 실질적 내용의 타당성(이해관계조정의 타당성)에 대해서는 다시 문제삼지 못하도록 하여 분쟁을 조속히 종결하고자 하는데 그 취지가 있다"라고 하고(김형배, 1462면), 도재형 교수는 "그것이 신속한 분쟁해결을 위한 제도라는 점에 기인한

재재정의 내용이 노사 어느 일방에게 불리하다는 이유만으로 불복이 허용되지 않는다.33)

나. 위법한 경우

중재재정 등이 '위법'한 경우라 함은, 중재재정 등의 절차가 위법하거나 중재재정 등의 내용이 근기법 등 강행규정에 위반하는 경우를 말한다.34) 종전의 근로조건을 저하하는 내용이라는 것만으로는 위법에 해당되지 아니한다. 그 이유는 근로조건 저하의 중재재정이라도 그것이 확정되면 단체협약과 같은 효력을 가지고 근로자 과반수를 대표하는 노동조합이 동의하지 않아 종전의 취업규칙이 유효하게 변경되지 않더라도 단체협약(중재재정 포함)의 기준은 최저기준이자 최고기준으로서 규범적 효력을 가지므로 취업규칙보다 우선 적용되기 때문이다(다만 이와 달리 단체협약과 취업규칙 사이에도 유리 원칙이 적용된다는 반대견해도 있다).35)

판례 중에 중재재정 등의 내용이 위법하다고 본 사례로는, 근로자가 지급받는 각종 수당에 대하여 그것이 통상임금에 해당하는지 여부를 둘러싸고 다툼이 있는 경우에 이에 관하여 중재재정을 함으로써 성질상 통상임금에 포함되어야 할 수당이 통상임금에서 제외되는 결과를 초래하였다면 이는 근기법이 정한 기준에 달하지 못하는 근로조건을 정하는 것으로서 위법하여 무효라고 한 것,36) 이른바 탄력적 근로시간제를 채택하지 않은 사업장에서는 당사자간의 합의가 있다고 하더라도 특별한 사정이 없는 한 특정 주의 근로시간이 56시간을 초과할 수 없음에도 불구하고 근무시간에 관한 중재재정을 하면서 1일 16시간의 격일제 근로를 규정하여 특정 주의 근로시간을 64시간이 되도록 하였다면 근기법에 위반하여 위법하다고 한 것37) 등이 있다.

중재재정의 대상이 될 수 없는 사항에 대하여 중재재정이 이루어진 경우도

것이기도 하지만, 중재재정이 집단적 이익분쟁인 단체교섭제도를 대체하는 것이고, 따라서 집단적 노사관계질서를 형성하는 중재내용에 대한 사법적 개입은 자제되어야 한다는 특성이 있기 때문이다"라고 한다(도재형, 72면).

33) 대법원 1992. 7. 14. 선고 91누8944 판결, 대법원 2007. 4. 26. 선고 2005두12992 판결, 대법원 2009. 8. 20. 선고 2008두8024 판결.
34) 대법원 1992. 7. 14. 선고 91누8944 판결.
35) 임종률, 210면.
36) 대법원 1997. 6. 27. 선고 95누17380 판결.
37) 대법원 1997. 10. 10. 선고 97누4951 판결.

위법사유에 해당한다. 판례에 의하면, 근로조건 이외의 사항에 관한 노사간 의
견 불일치로 인한 분쟁상태는 노동쟁의에 해당하지 않는 것을 전제로, 노조전임
제, 근무시간 중의 노조활동, 시설편의제공에 관한 사항은 비록 단체협약에 규
정되어 있어도 근로조건이라고 볼 수 없으므로, 이 부분에 관하여 이루어진 중
재재정은 특별한 사정이 없는 한 위법하다고 보고 있다.[38]

　　이러한 판례의 태도에 대하여는, 중재재정은 단체협약과 동일한 효력을 가
지므로 단체협약에 규정할 수 있는 사항에 대하여 중재재정을 할 수 없다면 노
사간 규범공백의 상태를 초래하여 분쟁을 유발시킬 수 있는 점, 법상의 '노동쟁
의'란 개념을 위와 같이 제한적으로 해석하여 중재를 포기하는 것은 노동쟁의에
대한 유연한 대응과 자주적 해결 및 신속한 처리를 목적으로 하는 조정절차의
의의에 정면으로 반하는 점, 변론주의 원칙에 따라 당사자의 주장의 당부만을
심리하고 판단하는 판결과는 달리 중재는 당사자 쌍방의 양보와 타협을 본질로
하면서 판결의 종국적 해결기능을 가미한 제도라는 취지에 반하는 점, 공적 조
정의 대상인 노동쟁의는 집단적 이익분쟁을 의미한다고 보는 것이 입법취지에
합당한 점, 노조전임제 등 집단적 노동관계에 관한 사항도 근로조건과 밀접한
관계에 있어 단체교섭의 대상이 된다는 견해도 유력한데, 이러한 견해에 따르면
노조전임제 등에 관하여 이루어진 중재재정을 위법하다고 볼 수는 없는 점 등
에 비추어 집단적 이익분쟁에 관한 사항은 모두 중재의 대상이 되어야 한다는
비판이 있다.[39]

　　한편, 대법원은 근로조건 이외의 사항에 대하여도 중재재정을 할 수 있는
특별한 사정이 있는 경우로, 당사자 쌍방이 상호 합의하여 단체협약의 대상이
될 수 있는 사항에 대하여 중재를 해 줄 것을 신청한 경우이거나 이와 동일시
할 수 있는 사정이 있는 경우를 들고 있다. '중재를 해 줄 것을 신청한 경우와
동일시할 수 있는 사정' 여부를 판단할 때에는, 기존의 단체협약에 조합활동에
관한 사항이 포함되어 있었고, 임금 등 근로조건에 관한 사항과 함께 조합활동
에 관한 사항을 포함하여 교섭을 진행하여 왔으며, 중재절차에서 조합활동에 관
한 사항이 중재의 대상에서 제외되어야 한다는 의사를 밝힌 적이 없고 오히려
조합활동 중 일부 조항의 개정에 관하여 적극적으로 의사를 밝히고, 조합활동에

---

38) 대법원 1996. 2. 23. 선고 94누9177 판결, 대법원 1997. 10. 10. 선고 97누4951 판결.
39) 민변노동법 Ⅱ, 303면; 임종률, 142면.

관한 중재조항 중 사용자의 의사대로 기존의 단체협약의 내용이 유지된 부분에 대하여는 중재의 대상이 되지 않음을 들어 문제를 삼고 있지 아니한 사정을 고려하였다.[40] 다만, 노조법상 중재의 대상은 근로조건의 결정에 관한 주장의 불일치로 인하여 발생한 분쟁상태, 즉 노동쟁의에 관한 사항을 전제로 하고 있으므로, 위 대법원 판결에서 설시하고 있는 근로조건 이외의 사항에 대하여도 중재재정을 할 수 있는 특별한 사정도 그러한 노동쟁의와 연관되는 사정이 있어야 할 것이고, 그러한 사정이 전혀 없는 경우, 예를 들면 조합활동에 관한 사항만을 중재로 해 줄 것을 신청한 경우까지 일반적으로 확대 적용하기는 어려울 것으로 생각된다.

다. 월권에 의한 경우

중재재정 등이 '월권'에 의한 경우라 함은, 당사자 사이에 분쟁의 대상이 되어 있지 아니한 사항이나 정당한 이유 없이 당사자의 분쟁 범위를 벗어나는 부분에 대하여 중재재정이 이루어진 경우를 말한다.[41] 쌍방의 주장의 중간수준에서 재정하는 '절충식 중재'가 아니라 쌍방의 주장 중 어느 하나를 선택하는 '택일식 중재'라 하여 월권에 따른 것으로 볼 수 없다.[42] 반면에 쌍방의 주장을 벗어나는 경우 예컨대 임금인상안에 대하여 사용자는 5%, 노동조합은 8% 인상을 각 주장하였는데, 4% 인상으로 중재재정을 할 경우 월권이라고 볼 수 있다.[43]

중재재정이 월권에 의한 것이라고 본 사례로는, 당사자 사이에 이미 합의를 하여 분쟁의 대상이 되어 있지 않은 사항에 대하여 중재재정을 한 것은 월권이라고 본 것이 있다.[44]

라. 그 밖의 사유에 의한 불복 가능 여부

중재재정 등에 대한 불복은 위와 같이 중재재정 등이 위법하거나 월권에 의한 것이라고 인정되는 경우에 한하고, 중재재정이 단순히 어느 노사 일방에게 불리하여 부당하거나 불합리한 내용이라는 사유만으로는 불복이 허용되지 않는다는 것이 판례이다.[45] 이에 대하여는 중재재정의 내용이 중재재량권의 범위를

---

40) 대법원 2003. 7. 25. 선고 2001두4818 판결.
41) 대법원 1992. 7. 14. 선고 91누8944 판결.
42) 임종률, 210면.
43) 중앙노동위원회, 123면.
44) 대법원 1997. 6. 27. 선고 95누17380 판결.
45) 대법원 1992. 7. 14. 선고 91누8944 판결, 대법원 1994. 1. 11. 선고 93누11883 판결, 대법

현저하게 일탈하거나 남용하고 있다고 볼 수 있는 경우에는 위법한 월권에 해당하여 불복사유가 된다고 보아야 한다는 견해가 있다.[46]

판례에 의하면, ① 중재재정의 절차와 관련하여, 중앙노동위원회 위원장이 중재재심사건을 심리하면서 소송절차에 준하여 당사자들을 소환하지 아니하였다고 하더라도 그 절차에 위법이 있다고 할 수 없다고 하고,[47] ② 중재재정의 내용과 관련하여, 중재재정에서 근무형태를 변경하도록 정하면서 그로 말미암아 실제 근무시간이 단축되어 제수당지급액이 감소됨으로써 근로자들의 실수입이 감소되어 종전의 실질적인 임금수준을 유지할 필요가 있다고 하더라도 위 수당 감소에 대한 보전조치를 취하지 않았다는 것은 중재재정이 위법하다거나 월권에 의한 것이라고 볼 수 없다고 하고,[48] ③ "회사에 의하여 해고되었거나 불이익취급을 받은 조합원이 노동위원회에서 부당노동행위로 판정될 경우 회사는 해고기간중의 평균임금을 지급하고 원직에 즉시 복직시킨다"라고 중재재정한 것은 위법하거나 월권에 의한 것이 아니라고 하며,[49] ④ 중재재정의 대상이 될 수 없는 노조전임제에 관하여 중재재정을 한 위법이 있고 이로 인하여 임금인상에 관한 중재재정에 영향을 미쳤다고 하더라도 이로 인하여 임금인상에 관한 중재재정이 노사 어느 일방에게 불리하여 부당하거나 불합리한 것으로 될 뿐이고 위법이거나 월권에 의한 것으로 된다고는 할 수 없다고 하며,[50] ⑤ 중재재정의 대상이 되기는 하더라도 이를 노동위원회의 중재에 의한 해결방법이 적절하지 아니하다고 보아 그 분쟁사항에 대하여 노동위원회가 사법적 절차에 의하여 해결하라는 취지의 재정을 하는 것은 위법하거나 월권에 의한 것이 아니라고 한다.[51]

원 1997. 10. 10. 선고 97누4951 판결, 대법원 1997. 12. 26. 선고 96누10669 판결, 대법원 2007. 4. 26. 선고 2005두12992 판결.

46) 손창희, 30면; 조윤희, 417면.

47) 대법원 1997. 6. 27. 선고 95누17380 판결. 참고로 이 판결은 2007. 3 .1.자로 폐지되기 전의 구 노동쟁의조정법이 적용된 사안으로 당시에는 현행 노조법 66조 1항과 같은 조항이 없었다.

48) 대법원 1992. 7. 14. 선고 91누8944 판결.

49) 대법원 1997. 10. 10. 선고 97누4951 판결.

50) 대법원 1997. 12. 26. 선고 96누10669 판결.

51) 대법원 1994. 1. 11. 선고 93누1183 판결. 다만, 이 판결은 휴직 및 해고자의 복직요구에 관한 권리분쟁에 관한 것으로서, 구법하에서 이러한 권리분쟁도 노동쟁의에 포함된다고 본 것을 전제한 것이다.

5. 중재재정서의 경정

중재위원회 위원장은 중재재정서가 당사자에게 교부된 후 당사자 표시나 내용의 오기·누락 등 표현상의 잘못이 명백한 경우에는 당사자의 신청이나 직권으로 당해 중재위원회의 의결을 거쳐 이를 경정할 수 있다(노위규칙 161조 8항, 63조 1항). 중재위원회 위원장은 위와 같이 경정한 판정서를 지체 없이 당사자에게 송부하여야 한다(노위규칙 161조 8항, 63조 2항). 중재재정서의 경정은 재심신청기간, 행정소송 제기기간의 산정에 영향을 미치지 아니한다(노위규칙 161조 8항, 63조 3항).

6. 법령과 판례에 의한 노조법 69조 준용

교섭단위 분리 신청에 대한 노동위원회의 결정과 관련하여 노조법 29조의3 3항은 교섭단위 분리 신청에 대한 노동위원회의 결정에 불복할 경우 노조법 69조를 준용하도록 하고 있으므로, 교섭단위 분리 신청에 대한 노동위원회의 결정에 관하여는 단순히 어느 일방에게 불리한 내용이라는 사유만으로는 불복이 허용되지 않고, 그 절차가 위법하거나, 노조법 29조의3 2항이 정한 교섭단위 분리 결정의 요건에 관한 법리를 오해하여 교섭단위를 분리할 필요가 있다고 인정되는 경우인데도 그 신청을 기각하는 등 내용이 위법한 경우, 그 밖에 월권에 의한 것인 경우에 한하여 불복할 수 있다.[52]

그리고 단체협약의 해석 또는 이행방법에 관하여 단체협약 당사자의 견해 제시의 요청에 응하여 노동위원회가 제시한 견해는 중재재정과 동일한 효력을 가진다고 정하고 있으므로(노조법 34조 3항), 단체협약의 해석 또는 이행방법에 관한 노동위원회의 제시 견해의 효력을 다투고자 할 때에는 노동위원회가 행한 중재재정의 효력을 다투는 절차를 정한 노조법 69조에 의하여야 할 것이고, 노동위원회가 단체협약의 의미를 오해하여 그 해석 또는 이행방법에 관하여 잘못된 견해를 제시하였다면 이는 법률행위인 단체협약의 해석에 관한 법리를 오해한 위법을 범한 것으로 노조법 69조에서 정한 불복사유인 위법 사유가 있는 경우에 해당된다.[53]

---

52) 대법원 2018. 9. 13. 선고 2015두39361 판결.
53) 대법원 2005. 9. 9. 선고 2003두896 판결.

Ⅸ. 중재재정 등의 효력

제70조(중재재정 등의 효력)
　① 제68조 제1항의 규정에 따른 중재재정의 내용은 단체협약과 동일한 효력을 가진다.
　② 노동위원회의 중재재정 또는 재심결정은 제69조 제1항 및 제2항에 따른 중앙노동위원회에의 재심신청 또는 행정소송의 제기에 의하여 그 효력이 정지되지 아니한다.

1. 단체협약과 동일한 효력

　중재재정은 당사자의 의사와 관계없이 당사자가 이에 따라야 하는 강제적인 구속력을 가진다. 구체적으로 중재재정은 중재재정서가 당사자에게 도달되면 단체협약과 동일한 효력을 가진다. 따라서 중재재정의 내용에 대하여는 단체협약의 경우와 같이 이행의무와 평화의무가 발생한다. 당사자는 그 내용이 불만스럽더라도 이를 성실히 이행해야 하고, 그 변경을 목적으로 쟁의행위를 할 수 없다.

2. 중재재정의 유효기간

　중재재정의 유효기간에 관해서는 법문상 명시되어 있지 않으나, 중재재정은 단체협약과 동일한 효력을 가지므로 단체협약의 유효기간에 관한 규정(법 32조)을 준용하여 그 유효기간은 3년을 초과하여 정할 수 없고, 그 유효기간을 정하지 않은 때에는 3년으로 보아야 할 것이다. 대법원도 기간의 정함이 없는 중재재정의 유효기간은 단체협약의 그것과 동일하다고 하여 같은 입장이다.[54]

　중재재정 자체에 의하여 효력기간이 정하여져 있는 경우에 그 중재재정은 유효기간의 경과로 효력이 상실되고 노동관계 당사자는 그 중재재정의 취소를 구할 법률상의 이익이 없으나, 임금인상에 관한 중재재정이 취소되어 협약 내용이 변경된다면 이미 경과한 중재재정의 유효기간 중에 미지급된 임금차액이 있는 경우 이를 사후에나마 청구할 수 있는 여지가 있는 등의 특별한 사정이 있

---

54) 대법원 1992. 7. 14. 선고 91누8944 판결. 위 판결은 단체협약의 유효기간이 2년이던 구 노조법 시행 당시의 사안이나, 판결의 취지가 기한의 정함이 없는 중재재정의 유효기간은 단체협약의 그것과 동일하다는 것이므로 현행 노조법이 적용될 경우 유효기간은 3년이 된다.

다면, 이로 인한 근로자들의 이익은 단순한 사실상의 이익이 아니라 단체교섭권 등에 기한 법률상의 이익이라고 보아야 한다.55)

3. 중재재정의 효력정지

노동위원회의 중재재정 또는 중재재심결정은 중앙노동위원회에의 재심신청 또는 행정소송의 제기에 의하여 그 효력이 정지되지 않는다. 다만, 당사자가 중재재정 또는 중재재심결정의 취소를 구하는 행정소송을 제기하면서 중재재정 또는 중재재심결정으로 인하여 생길 회복하기 어려운 손해를 예방하기 위하여 긴급한 필요가 있다고 인정될 때에는, 행소법의 규정에 따라 당사자가 중재재정 또는 중재재심결정의 효력의 전부 또는 일부의 정지를 명하는 신청을 하여 그 효력을 정지시킬 수 있다(행소법 23조 2항).56)

[이 상 훈 · 진 창 수]

---

55) 대법원 1997. 12. 26. 선고 96누10669 판결, 대법원 2015. 2. 26. 선고 2012두22003 판결.
56) 이에 대하여 '노동위원회의 중재재정 또는 재심결정은 행정소송의 제기에 의하여 그 효력 이 정지되지 아니한다'는 문언의 문리해석에 충실하여 행소법상 집행정지신청을 불허하는 특 별규정으로 보아야 한다는 견해도 있다[대전고법 2021. 10. 29.자 2021아150 결정. 재항고하 였으나(대법원 2021무861) 2022. 2. 25. 심리불속행 기각되었다].

제4절 공익사업등의 조정에 관한 특칙

제71조(공익사업의 범위등)

① 이 법에서 "공익사업"이라 함은 공중의 일상생활과 밀접한 관련이 있거나 국민경제에 미치는 영향이 큰 사업으로서 다음 각호의 사업을 말한다.

1. 정기노선 여객운수사업 및 항공운수사업

2. 수도사업, 전기사업, 가스사업, 석유정제사업 및 석유공급사업

3. 공중위생사업, 의료사업 및 혈액공급사업

4. 은행 및 조폐사업

5. 방송 및 통신사업

② 이 법에서 "필수공익사업"이라 함은 제1항의 공익사업으로서 그 업무의 정지 또는 폐지가 공중의 일상생활을 현저히 위태롭게 하거나 국민경제를 현저히 저해하고 그 업무의 대체가 용이하지 아니한 다음 각호의 사업을 말한다.

1. 철도사업, 도시철도사업 및 항공운수사업

2. 수도사업, 전기사업, 가스사업, 석유정제사업 및 석유공급사업

3. 병원사업 및 혈액공급사업

4. 한국은행사업

5. 통신사업

제72조(특별조정위원회의 구성)

① 공익사업의 노동쟁의의 조정을 위하여 노동위원회에 특별조정위원회를 둔다.

② 제1항의 규정에 의한 특별조정위원회는 특별조정위원 3인으로 구성한다.

③ 제2항의 규정에 의한 특별조정위원은 그 노동위원회의 공익을 대표하는 위원중에서 노동조합과 사용자가 순차적으로 배제하고 남은 4인 내지 6인중에서 노동위원회의 위원장이 지명한다. 다만, 관계 당사자가 합의로 당해 노동위원회의 위원이 아닌 자를 추천하는 경우에는 그 추천된 자를 지명한다.

제73조(특별조정위원회의 위원장)

① 특별조정위원회에 위원장을 둔다.

② 위원장은 공익을 대표하는 노동위원회의 위원인 특별조정위원중에서 호선하고, 당해 노동위원회의 위원이 아닌 자만으로 구성된 경우에는 그중에서 호선

한다. 다만, 공익을 대표하는 위원인 특별조정위원이 1인인 경우에는 당해 위원
이 위원장이 된다.

제74조 삭제 〈2006. 12. 30.〉

제75조 삭제 〈2006. 12. 30.〉

〈세 목 차〉

[참고문헌]

<u>이승욱</u>, "직권중재제도의 법적 문제점과 개선방향", 노동정책연구 2권 4호, 한국노동연구
원(2002).

Ⅰ. 서   설

공중의 일상생활과 밀접한 관련이 있거나 국민경제에 미치는 영향이 큰 사
업은 쟁의행위로 인하여 그 정상적 운영이 저해되는 경우 공중의 일상생활을
위태롭게 하거나 국민경제를 저해하는 결과가 초래될 수 있다. 노조법은 이런
사업 중 일정한 사업을 공익사업으로 정하여, 그 조정절차에 대한 특별규정을
둠으로써 신속하고 효과적인 조정을 기하고 있다.

공익사업 중 공중의 일상생활과의 관련이나 국민경제에 미치는 영향이 현
저히 큰 필수공익사업에 대해서 법에 규정되어 있었던 직권중재 조항은 2006.
12. 30. 법 개정으로 폐지되었다. 현행법에서는 필수공익사업의 업무 중 필수유

지업무에 대해 쟁의행위를 제한하는 필수유지업무제도가 새로 도입되어 시행되고 있다.

Ⅱ. 공익사업의 의의

1. 공익사업의 정의

노조법 71조 1항은 "공익사업은 공중의 일상생활과 밀접한 관련이 있거나 국민경제에 미치는 영향이 큰 사업으로서 다음 각호의 사업을 말한다"고 규정하면서, ① 정기노선 여객운수사업 및 항공운수사업, ② 수도사업, 전기사업, 가스사업, 석유정제사업 및 석유공급사업, ③ 공중위생사업, 의료사업 및 혈액공급사업, ④ 은행 및 조폐사업, ⑤ 방송 및 통신사업의 5가지 사업을 열거하고 있다.[1]

'공중의 일상생활과 밀접한 관련이 있는 사업'은 공중의 일상생활에서 없어서는 안 될 사업 즉, 불특정 다수인이 일상생활을 하는데 필요불가결한 사업을 의미하고, '국민경제에 미치는 영향이 큰 사업'은 그 사업의 성질이나 규모에서 그 사업의 정지나 폐지가 수많은 다른 기업의 조업중단, 감산 내지는 수송난으로 국민경제를 위태롭게 할 우려가 있는 사업을 의미한다.[2]

2. 공익사업의 요건

공익사업으로 인정되려면, 공중의 일상생활과 밀접한 관련이 있거나 국민경제에 미치는 영향이 큰 사업이라는 실질적 요건과, 71조 1항 각호에 열거된 사업이라는 형식적 요건을 모두 갖추어야 한다. 공중의 일상생활과 밀접한 관련이 있거나 국민경제에 미치는 영향이 큰 사업이더라도 71조 1항 각호에 열거된 사업이 아니면 공익사업이 아니다. 또한 71조 1항 각호에 열거된 사업이더라도 공중의 일상생활과 밀접한 관련이 있거나 국민경제에 미치는 영향이 큰 사업이 아니면 공익사업이 아니다.[3]

---

1) 구 노동쟁의조정법 4조는 "이 법에서 공익사업이라 함은 다음의 사업으로서 공중의 일상생활에 없어서는 아니되거나 그 업무의 정지 또는 폐지가 국민경제를 현저히 위태롭게 하는 사업을 말한다"고 규정하면서, 1. 공중운수사업, 2. 수도·전기·가스 및 정유사업, 3. 공중위생 및 의료사업, 4. 은행사업, 5. 방송·통신사업을 열거하고 있었다.

2) 2003. 3. 31. 협력 68140-123.

3) 김형배, 1477면. 독일에서는 실질적 공익성의 기준을 생활필수적 생존배려(lebensnotbendige Daseinsvorsorge)에서 구하고 있다고 한다.

3. 공익사업의 구체적 범위

가. 정기노선 여객운수사업 및 항공운수사업

정기노선 여객운수사업은 일반공중의 수요에 따라 일정한 노선을 정기적으로 운행하는 운수사업으로, 철도, 도시철도, 시내버스, 시외버스, 고속버스, 마을버스,4) 정기 여객선5) 등의 운수사업이 이에 해당한다. 그러나 유람만을 목적으로 하는 경우, 사업장 등이 전적으로 업무상으로 운행하는 경우, 노선을 정하지 않거나 정기적이 아닌 운수사업의 경우 등은 정기노선 여객운수사업에 해당하지 않는다.6)

항공운수사업은 2006. 12. 30. 노조법 개정시 공익사업으로 추가되었다. 항공기 또는 우주선 등에 의하여 정기 또는 부정기로 여객 및 화물을 운송하는 사업을 의미하므로,7) 정기노선 여객운수사업과 달리 노선을 정하지 않거나 부정기로 운행하는 경우 또는 화물을 운송하는 경우도 이에 포함된다.

나. 수도사업, 전기사업, 가스사업, 석유정제사업 및 석유공급사업

수도사업은 수요자에게 생활용수 및 공업용수를 공급하기 위하여 취수, 집수, 정수하고 이를 배관시설에 의하여 급수하는 사업을 의미한다.8) 증기를 제조, 공급하는 사업은 이에 해당하지 않는다.9)

전기사업은 가정, 산업 및 상업사용자에게 전력을 공급하기 위하여 발전, 송·배전 및 판매하는 사업을 의미한다.10) 전기사업법에서 산업통상자원부 장관의 허가를 받아 영위하도록 한 발전사업, 송전사업, 배전사업, 전기판매사업을 영위하여 전력공급의 주체가 되는 것은 아니더라도 그 사업이 발전사업 등과 불가분적으로 결합되어 본질적인 요소를 구성하고 있는 경우도 포함된다.11) 따라서 전기의 정상적인 생산, 공급을 위해 발전설비의 예방점검 및 발전설비 고

---

4) 2001. 3. 31. 협력 68140-139.
5) 2003. 3. 31. 협력 68140-123.
6) 구 노동쟁의조정법에서는 공중운수사업을 공익사업으로 인정하였으므로, 일정한 노선을 운행하지 않는 택시운수사업도 공익사업에 해당하는 것으로 보았다. 1988. 1. 22. 노사 32281-1048.
7) 10차 한국표준산업분류(통계청 2017. 1. 13. 고시, 2017. 7. 1. 시행) 중분류 51.
8) 10차 한국표준산업분류 소분류 360.
9) 1998. 7. 23. 협력 68140-282, 1998. 10. 17. 협력 68140-381.
10) 10차 한국표준산업분류 소분류 351.
11) 서울행법 2001. 9. 13. 선고 2001구12870 판결.

장의 긴급복구 등을 주요사업으로 하고 있는 정비전문기술회사나 전력거래 시스템 관리 및 전력 계통 운영업무를 수행하는 사업체의 업무도 전기사업으로 공익사업에 해당한다.12) 그러나 주 사업이 전기설비에 대한 검사·점검업무, 전기안전에 대한 조사·연구·기술개발 업무인 전기안전공사는 공익사업에 해당하지 않는다.13)

가스사업은 석탄가스, 수성가스, 발생로 가스 등을 제조하거나 연료용 가스를 혼합하여 혼합가스를 제조하는 산업활동을 말한다. 연료용 가스를 배관시설에 의하여 가정, 산업 및 상업사용자에게 직접 공급하는 산업활동도 이에 포함된다.14) 직접 가스제조 및 공급사업을 수행하지 않더라도 가스제조 및 공급사업자의 가스제조설비, 가스공급설비 등에 대한 정비업무를 독점적으로 수행하고, 그 정비업무를 대체할 사업장이 존재하지 않으며, 이러한 정비업무가 가스제조 및 공급을 가능하게 하는 본질적 요소로서 그 업무의 중지나 폐지가 곧바로 가스공급 중단으로 이어질 위험이 있는 경우에는 그 정비사업도 가스사업으로서 공익사업에 해당한다고 볼 수 있다.15) 그러나 표준산업분류상 달리 분류되는 산업용 압축 또는 액화가스 제조,16) 차량용 가스충전소,17) 소매업자에 공급하는 가스충전소18) 사업 등은 이에 해당하지 않는다.

석유정제사업은 원유 및 역청물질을 정제 및 기타 처리하여 석유정제품 및 관련 제품을 제조하는 산업활동19)을 말하고, 석유공급사업은 차량, 송유관20) 등 운송수단을 이용하여 정제된 석유를 공급하는 사업을 의미한다.

다. 공중위생사업, 의료사업 및 혈액공급사업

공중위생사업은 일반 공중을 상대로 하여 쓰레기 수집 및 처리, 분뇨수거 및 처리, 하수시설운영 및 폐수처리 기타 살균 및 소독 등을 수행하는 산업활동을 말한다.21)

---

12) 2000. 2. 9. 협력 68140-38, 2001. 6. 7. 협력 68107-267.
13) 2000. 11. 15. 협력 68140-549.
14) 10차 한국표준산업분류 소분류 352.
15) 2006. 6. 16. 노사관계법제팀-1623.
16) 10차 한국표준산업분류 세세분류 20121, 소분류 201은 기초화학물질제조업.
17) 10차 한국표준산업분류 세세분류 47712, 소분류 477은 연료소매업.
18) 10차 한국표준산업분류 세세분류 46713, 소분류 467은 기타 전문도매업.
19) 10차 한국표준산업분류 세분류 1921.
20) 2001. 4. 25. 협력 68140-189.
21) 1988. 9. 5. 노사 32281-13533.

의료사업은 보건복지부장관의 면허를 받은 의사·치과의사·한의사·조산
사 및 간호사 등 의료인이 공중 또는 특정 다수인을 위하여 행하는 의료·조산
의 사업을 의미한다.22)

　2006. 12. 30. 노조법 개정 시 공익사업으로 추가된 혈액공급사업은 인체에
서 채혈한 혈액을 수혈 또는 혈액제제의 제조를 위하여 공급하는 사업을 의미
한다.23) 혈액관리법상 혈액공급을 포함한 혈액관리업무는 보건복지부장관의 허
가를 받은 혈액원 또는 보건복지부령이 정하는 혈액제제 제조업자가 아니면 행
하지 못한다.24)

라. 은행 및 조폐사업

　은행사업은 중앙은행인 한국은행과 시중은행, 지방은행, 외국은행 국내지점
등 일반은행, 특별법에 의하여 설립된 특수은행과 새마을금고법 6조에 의한 새
마을금고중앙회의 신용사업부문을 말한다. 새마을금고중앙회가 아닌 지역새마
을금고가 영위하고 있는 금융사업은 이에 해당하지 않는다.25) 보험사업자와 상
호저축은행업무 또는 신탁업무만을 경영하는 회사 역시 이에 해당하지 않는
다.26)

마. 방송 및 통신사업

　방송사업은 방송프로그램을 기획·편성 또는 제작하여 이를 공중(개별계약
에 의한 수신자를 포함)에게 전기통신설비에 의하여 송신하는 사업을 의미한다.27)

　통신사업은 일반대중이나 다른 사업체를 위하여 국·내외에 송달되는 우편
물을 수집 및 배달하는 우편사업과 전신·전화 및 기타 통신시설에 의하여 음
성 또는 비음성 전달요소를 전기식 또는 전자식 방법에 의하여 송달하는 전기
통신업을 말한다.28) 전기통신사업법은 '전기통신'을 "유선·무선·광선 또는 그
밖의 전자적 방식으로 부호·문언·음향 또는 영상을 송신하거나 수신하는 것

---

22) 의료법 2조, 3조.
23) 혈액관리법 2조 1호 및 2호.
24) 혈액관리법 6조 및 6조의2.
25) 대법원 2003. 12. 26. 선고 2003두8906 판결. 이 판결에서 은행사업으로 인정되었던 농업협
　　동조합중앙회, 수산업협동조합중앙회의 신용사업부문은 그 근거인 은행법 5조가 삭제되어 제
　　외된다.
26) 은행법 6조.
27) 방송법 2조 1호 내지 3호.
28) 10차 한국표준산업분류 중분류 61.

을 말한다"고 규정하고 있다.[29)

4. 공익사업에 관한 특칙

노조법은 공익사업의 조정에 관해서 다음과 같은 특칙을 두고 있다.

국가·지방자치단체·국공영기업체·방위산업체 및 공익사업에 있어서의 노동쟁의의 조정은 우선적으로 취급하고 신속히 처리하여야 한다.[30)

공익사업의 조정은 53조의 규정에 의한 조정의 신청이 있은 날부터 15일 이내에 종료하여야 하고, 이 조정기간은 관계 당사자간의 합의로 15일 이내에서 연장할 수 있다.[31) 이는 일반사업에서 조정기간과 그 연장기간이 각 10일 이내인 것과 다르다.

공익사업의 노동쟁의의 조정은 노동위원회에 특별조정위원회를 구성하여 담당토록 한다.[32)

공익사업에 관한 쟁의행위가 현저히 국민경제를 해하거나 국민의 일상생활을 위태롭게 할 위험이 현존하는 때에는 고용노동부장관이 긴급조정의 결정을 할 수 있다.[33)

Ⅲ. 필수공익사업

1. 필수공익사업의 의의

노조법 71조 2항은 "필수공익사업이라 함은 1항의 공익사업으로서 그 업무의 정지 또는 폐지가 공중의 일상생활을 현저히 위태롭게 하거나 국민경제를 현저히 저해하고 그 업무의 대체가 용이하지 아니한 다음 각호의 사업을 말한다"고 규정하면서, ① 철도사업, 도시철도사업 및 항공운수사업, ② 수도사업, 전기사업, 가스사업, 석유정제사업 및 석유공급사업, ③ 병원사업 및 혈액공급사업, ④ 한국은행사업, ⑤ 통신사업의 5가지 사업을 열거하고 있다.

'업무의 정지 또는 폐지가 공중의 일상생활을 현저히 위태롭게 하거나 국

---

29) 전기통신사업법 2조 1호.
30) 노조법 51조.
31) 노조법 54조.
32) 노조법 72조.
33) 노조법 76조 1항.

민경제를 현저히 저해'한다고 함은 그 사업이 정지 또는 폐지되면 공중의 정상
적인 일상생활이 불가능할 정도로 위태롭게 되거나, 그 사업의 성질이나 규모상
수많은 다른 기업의 조업중단, 감산 내지는 수송난으로 국민경제의 파탄을 가져
올 염려가 있는 것을 의미한다.³⁴⁾ '그 업무의 대체가 용이하지 아니'하다 함은
당해 사업의 성격이나 규모, 시장 점유율 등에 비추어 시장에서 대체하기 어렵
다는 것을 의미한다.

   필수공익사업으로 인정되기 위해서는 공익사업으로서 그 업무의 정지 또는
폐지가 공중의 일상생활을 현저히 위태롭게 하거나 국민경제를 현저히 저해하
고, 그 업무의 대체가 용이하지 아니하다는 실질적 요건과 71조 2항 각호에 열
거된 사업이라는 형식적 요건을 모두 갖추어야 한다.

2. 필수공익사업에 관한 특칙

   2006. 12. 30. 개정되기 전의 노조법은 필수공익사업에 대해서 특별조정위
원회가 조정이 성립될 가망이 없다고 인정한 경우에는 결정에 의하여 그 사건
의 중재회부를 당해 노동위원회에 권고할 수 있도록 하고, 그 권고가 있는 때에
는 노동위원회의 위원장이 공익위원의 의견을 들어 그 사건을 중재에 회부할
것인가의 여부를 결정하도록 하는 직권중재조항을 두고 있었는데,³⁵⁾ 이에 대해
서는 필수공익사업의 쟁의행위를 과도하게 제한하는 면이 있어 위헌논란이 그
치지 않았을 뿐만 아니라,³⁶⁾ ILO도 수차에 걸쳐 한국정부에 그 시정을 권고한

---

34) 이병태, 386면.
35) 노조법의 제정에 따라 폐지된 노동쟁의조정법(법률 제3967호) 30조 3항은 "공익사업에 있
    어서 노동위원회가 그 직권 또는 행정관청의 요구에 의하여 중재에 회부한다는 결정을 한
    때"를 중재의 개시 사유의 하나로 들어 공익사업 전반의 직권중재를 규정하고 있었다.
36) 헌재 2003. 5. 15. 선고 2001헌가31 결정에서 헌법재판소는 직권중재조항에 대한 위헌제청
    에 대하여 "이 사건 법률조항은 필수공익사업에서의 근로자의 단체행동권을 제한하고 있으
    나, 그 입법목적이 정당하고, 법상 규정한 기본권제한의 방법이 적절하며, 기본권 제한의 정
    도도 최소화하고 있을 뿐만 아니라 보호하고자 하는 공익과 제한되는 사익간의 균형도 유지
    하고 있으므로 헌법상 과잉금지의 원칙에 위배되지 아니한다"고 하여 합헌결정을 하였으나,
    이 결정에는 "이 사건 법률조항은 비록 입법목적은 정당하다고 할지라도, 구체적인 공익침해
    여부와 관계없이 획일적으로 필수공익사업 근로자의 단체행동권을 제한하면서 실효적인 대
    상조치를 제공하고 있지 않으며, 필수공익사업의 파업 시에 최소한의 필수서비스의 제공을
    의무화하거나 대체고용을 허용하는 방법으로 근로자의 단체행동권을 덜 침해하면서 입법목
    적을 달성할 수 있는 방법이 있음에도 불구하고 필수공익사업 근로자의 쟁의행위의 범위와
    태양과 관계없이 획일적으로 직권중재의 방법으로 모든 형태의 단체행동권의 행사를 사실상
    박탈하는 것이므로, 기본권제한의 최소침해의 원칙과 나아가 법익균형의 원칙에 어긋나는 것
    으로서 과잉금지원칙에 반한다"는 재판관 4인의 위헌의견이 있었다.

바 있었다.[37]

　　현행법은 기존의 필수공익사업에 항공운수사업과 혈액공급사업을 추가하고 필수공익사업에 대한 직권중재조항을 폐지하는 대신, 필수유지업무제도를 신설하여 필수공익사업의 업무 중 필수유지업무에 대한 쟁의행위의 제한,[38] 노동관계 당사자의 필수유지업무협정의 체결,[39] 필수유지업무협정이 체결되지 않았을 경우 노동위원회에 의한 필수유지업무 유지·운영 수준 등의 결정,[40] 필수유지업무 근무 근로자의 지명[41] 등에 관하여 규정하고 있다. 필수유지업무란 필수공익사업의 업무 중 그 업무가 정지되거나 폐지되는 경우 공중의 생명·건강 또는 신체의 안전이나 공중의 일상생활을 현저히 위태롭게 하는 업무로서 대통령령이 정하는 업무를 말하므로, 종래 사업 중심으로 이루어지던 필수공익사업의 쟁의행위 제한이 업무 중심으로 전환되어 국제기준에 좀 더 부합되게 되었다고 볼 수 있다.

　　한편 현행법은 필수공익사업에 대해서 쟁의행위기간 중 사용자의 채용제한 조항을 적용하지 않는다는 규정을 신설하여 필수공익사업의 사용자가 쟁의행위기간 중 당해 사업 또는 사업장 파업참가자의 100분의 50을 초과하지 않는 범위 안에서 채용 또는 대체하거나 도급 또는 하도급주는 것을 허용하고 있다.[42] 이에 관해서는 노조법 4장 쟁의행위 편에서 다룬다.

IV. 공익사업의 노동쟁의 조정

1. 특별조정위원회

　　공익사업의 노동쟁의에 대한 조정은 노동위원회에 3인의 특별조정위원으로 구성하는 특별조정위원회가 담당한다. 일반사업의 조정위원이 노동위원회의 사용자를 대표하는 위원, 근로자를 대표하는 위원, 공익을 대표하는 위원 중에서

---

37) ILO, 결사의 자유 위원회 327차 보고서, 2002 등. 이 보고서의 506항은 "앞의 중간 결론들에 비추어, 위원회는 이사회가 다음의 권고를 승인할 것을 요청한다"고 하면서 그 중 "(v) 쟁의권이 엄격한 의미의 필수사업에서만 제한될 수 있도록 노동조합 및 노동쟁의조정법 71조에 포함된 필수공익사업의 범위를 추가로 개정할 것"을 들고 있다.
38) 노조법 42조의2.
39) 노조법 42조의3.
40) 노조법 42조의4.
41) 노조법 42조의6.
42) 노조법 43조 3항·4항.

각 1인씩 지명되는 것과 달리[43] 특별조정위원은 그 노동위원회의 공익을 대표
하는 위원 중에서 노동조합과 사용자가 순차적으로 배제하고 남은 4인 내지 6
인 중에서 노동위원회의 위원장이 지명한다. 다만 관계 당사자가 합의로 당해
노동위원회의 위원이 아닌 자를 추천하는 경우에는 그 추천한 자를 지명한다.[44]
노조법이 정한 방식과 다르게 이루어진 특별위원회의 구성은 위법이므로, 그렇
게 구성된 특별조정위원회가 한 결정 역시 위법한 것이 된다.[45]

　　특별조정위원회에는 위원장을 둔다. 위원장은 공익을 대표하는 노동위원회
의 위원인 특별조정위원 중에서 호선하고, 당해 노동위원회의 위원이 아닌 자만
으로 구성된 경우에는 그 중에서 호선한다. 다만, 공익을 대표하는 위원인 특별
조정위원이 1인인 경우에는 당해 위원이 위원장이 된다.[46]

2. 특별조정의 절차와 효력

　　공익사업의 조정절차에 대해서는 그 조정기간을 15일 이내로 정하고 관계
당사자의 합의가 있을 경우 15일 이내에서 연장할 수 있도록 한 것[47] 외에는
노조법에 별도로 정한 바가 없으므로, 특별히 적용하기 어려운 경우를 제외하고
는 일반사업의 조정절차에 관한 규정을 적용한다.

---

43) 노조법 55조.
44) 노조법 72조.
45) 대법원 2005. 5. 12. 선고 2005도890 판결, 대법원 2005. 5. 12. 선고 2005도889 판결, 대법
　　원 2005. 6. 24. 선고 2005도825 판결 등은 "중앙노동위원회 위원장은 이 사건 노동조합이
　　배제한 공익위원을 포함하여 특별조정위원을 임명하였고, 이와 같이 구성된 특별조정위원회
　　의 중재회부권고결정에 따라 중앙노동위원회 위원장이 이 사건 중재회부결정을 한 것으로
　　보이는바, 그렇다면 이 사건 특별조정위원회의 구성 및 중재회부권고결정은 관련 법령의 규
　　정을 위반한 위법한 것이고, 이와 같은 하자 있는 절차에 기초한 이 사건 중재회부결정 역시
　　위법하다고 볼 여지가 있는 것이므로, 이러한 경우 원심으로서는 특별조정위원회의 구성 및
　　중재회부권고결정과 이를 절차적 요건으로 하고 있는 중앙노동위원회 위원장의 중재회부결
　　정이 적법하게 이루어진 것인지 여부를 먼저 살핀 다음 나아가 이 사건 노동조합의 쟁의행
　　위가 노조법위반죄로 처벌할 수 있는 것인지를 판단하였어야 함에도"라고 설시하여 특별조
　　정위원회 구성상의 하자가 있는 경우 중재회부권고결정이 위법하므로 쟁의행위 금지기간 중
　　에 행하여진 쟁의행위에 대해 형사처벌할 수 없다는 취지를 밝혔다. 한편 대법원 2007. 12.
　　13. 선고 2005도7517 판결에서는 "구 노조법(2006. 12. 30. 법률 8158호로 개정되기 전의 것)
　　72조에 정한 특별조정위원회의 구성에 관하여 당사자가 배제한 공익위원을 지명한 하자가
　　있다고 하더라도 그 당사자가 위 위원회의 조정절차에 참여하여 권고결정이 이루어지기 전
　　까지 이의를 제기하지 않았다면, 직권중재회부의 결정과정상의 하자가 그 절차의 공정성을
　　현저히 침해하였다고 볼 수 없다"고 하여 당사자의 이의가 없으면 특별조정위원회 구성이나
　　직권중재회부 권고결정의 하자가 치유될 수 있다는 취지로 판시하였다.
46) 노조법 73조.
47) 노조법 54조.

2006. 12. 30. 개정전의 노조법에는 필수공익사업에 있어서 조정이 성립될 가망이 없다고 인정한 경우, 특별조정위원회는 결정에 의하여 그 사건의 중재회부를 당해 노동위원회에 권고할 수 있고, 그러한 권고가 있는 경우 노동위원회의 위원장은 공익위원의 의견을 들어 그 사건을 중재에 회부할 것인가의 여부를 결정하도록 하는 직권중재조항이 있었으나 법 개정으로 폐지되었음은 전술한 바와 같다.

조정안이 성립한 경우 그 효력은 일반사업에 대한 조정과 동일하다.

[이　원　재]

제 5 절   긴급조정

제76조(긴급조정의 결정)

　① 고용노동부장관은 쟁의행위가 공익사업에 관한 것이거나 그 규모가 크거나
그 성질이 특별한 것으로서 현저히 국민경제를 해하거나 국민의 일상생활을 위
태롭게 할 위험이 현존하는 때에는 긴급조정의 결정을 할 수 있다.

　② 고용노동부장관은 긴급조정의 결정을 하고자 할 때에는 미리 중앙노동위원
회 위원장의 의견을 들어야 한다.

　③ 고용노동부장관은 제1항 및 제2항의 규정에 의하여 긴급조정을 결정한 때에
는 지체없이 그 이유를 붙여 이를 공표함과 동시에 중앙노동위원회와 관계 당
사자에게 각각 통고하여야 한다.

제77조(긴급조정시의 쟁의행위 중지)

　관계 당사자는 제76조 제3항의 규정에 의한 긴급조정의 결정이 공표된 때에는
즉시 쟁의행위를 중지하여야 하며, 공표일부터 30일이 경과하지 아니하면 쟁의
행위를 재개할 수 없다.

제78조(중앙노동위원회의 조정)

　중앙노동위원회는 제76조 제3항의 규정에 의한 통고를 받은 때에는 지체없이
조정을 개시하여야 한다.

제79조(중앙노동위원회의 중재회부 결정권)

　① 중앙노동위원회의 위원장은 제78조의 규정에 의한 조정이 성립될 가망이 없
다고 인정한 경우에는 공익위원의 의견을 들어 그 사건을 중재에 회부할 것인
가의 여부를 결정하여야 한다.

　② 제1항의 규정에 의한 결정은 제76조 제3항의 규정에 의한 통고를 받은 날
부터 15일 이내에 하여야 한다.

제80조(중앙노동위원회의 중재)

　중앙노동위원회는 당해 관계 당사자의 일방 또는 쌍방으로부터 중재신청이 있
거나 제79조의 규정에 의한 중재회부의 결정을 한 때에는 지체없이 중재를 행
하여야 한다.

〈세 목 차〉

I. 서　　설

　　노조법은 공중의 일상생활과 밀접한 관련이 있거나 국민경제에 미치는 영향이 큰 사업을 공익사업으로 지정하고, 그 업무의 정지 또는 폐지가 공중의 일상생활을 위태롭게 하거나 국민경제를 저해할 염려가 있는 공익사업을 필수공익사업으로 정하여 특별한 취급을 하는 제도를 두면서, 한편으로는 쟁의행위가 현저히 국민경제를 저해하거나 국민의 일상생활을 위태롭게 할 위험이 현존하는 때에는 고용노동부장관의 결정으로 일정기간 쟁의행위를 중지시키고, 긴급한 조정을 통해 쟁의를 해결하고자 하는 긴급조정제도를 두고 있다. 공익사업에 대한 특별취급 제도가 쟁의행위로 인한 국민경제의 저해나 공중의 일상생활의 위험에 대처하기 위한 사전적인 수단이라면, 긴급조정제도는 쟁의행위로 인하여 현존하는 국민경제의 현저한 저해나 공중의 일상생활의 현저한 위험에 대처하기 위한 사후적 수단이라 할 수 있다.

　　긴급조정제도는 현존하는 위험에 대처하기 위하여 쟁의행위를 일정기간 중지시킴은 물론 직권으로 중재에 회부함으로써 장래의 쟁의행위를 금지시킬 수도 있는 강력한 수단을 포함하고 있어, 자칫 대규모의 쟁의행위에 관하여 쟁의권을 심각하게 제한하는 결과를 초래할 우려가 있다. 따라서 긴급조정제도의 해석과 운용은 엄격하게 할 필요가 있다.[1]

---

1) 김형배, 1468면.

Ⅱ. 긴급조정의 요건

1. 실체적 요건

긴급조정의 결정은, ① 쟁의행위가 공익사업에 관한 것이거나 그 규모가 크거나 또는 그 성질이 특별한 것일 것, ② 쟁의행위가 현저히 국민경제를 해하거나 국민의 일상생활을 위태롭게 할 위험이 현존할 것이라는 두 가지 실체적 요건이 모두 갖추어졌을 때 할 수 있다.

여기서 '공익사업'은 노조법 71조 1항의 '공익사업'을 의미한다. 쟁의행위의 '규모가 크거나 또는 그 성질이 특별한 것'은 공익사업에 해당하지 않는 사업에 관한 쟁의행위이더라도 그 규모나 성질상 공익사업에 준할 정도로 공중의 일상생활과 밀접한 관련이 있거나 국민경제에 영향을 미치는 것을 의미한다. 위험이 '현존'한다 함은 쟁의행위로 인한 영향이 현실화하여 국민경제의 현저한 저해나 국민의 일상생활의 현저한 위험이 발생한 것을 의미한다.

2. 절차적 요건

고용노동부장관은 긴급조정의 결정을 하고자 할 때는 미리 중앙노동위원회 위원장의 의견을 들어야 한다. 이는 긴급조정의 절차적 요건이라 할 수 있다.

이때 고용노동부장관이 중앙노동위원회 위원장의 의견에 구속되는 것은 아니다.

3. 긴급조정의 결정에 대한 불복

현실적으로 긴급조정의 절차를 개시할 만한 실질적 요건이 구비되어 있지 않음에도 불구하고 고용노동부장관이 긴급조정의 결정을 내린 경우의 불복방법은 법에 따로 정해져 있지 않다. 긴급조정의 결정은 당사자의 쟁의행위를 금지시키는 등 단체행동권에 큰 영향을 미치는 점에서 처분성이 있다고 할 것이므로, 항고소송으로 이를 다툴 수 있다고 할 것이다. 긴급조정의 결정이 위법인 경우에는 이 결정에 반하여 쟁의행위를 했더라도 노조법 77조 위반의 쟁의행위라고 할 수 없다.[2]

---

2) 김형배, 1469면; 민변노동법Ⅱ, 314면.

Ⅲ. 쟁의행위의 중지

관계 당사자는 긴급조정의 결정이 공표된 때에는 즉시 쟁의행위를 중지하여야 하며, 공표일로부터 30일이 경과하지 아니하면 쟁의행위를 재개할 수 없다.3) 이에 위반하여 쟁의행위를 한 자는 2년 이하의 징역 또는 2천만 원 이하의 벌금에 처한다.4)

이와 관련하여 노조법 77조에서 정한 쟁의행위 중지는 공익사업이나 대규모적인 사업에서 쟁의행위에 따른 손실을 최소한도로 저지하려는 정책적 목적에서 비롯된 것이므로 위반행위의 위법성은 그 한도(벌칙)에서 인정될 뿐이고 쟁의행위의 정당성은 부정되지 않으며, 따라서 그 처벌로 인해 민·형사 면책이나 부당노동행위제도에 따른 보호는 배제되지 않는다는 견해5)가 있으나, 노조법 45조에 의한 통상적인 조정의 경우와 비교해 볼 때, 노조법 77조를 위반한 쟁의행위의 정당성이 부정되지 않는다고 볼 수 있는지는 의문이다.

Ⅳ. 긴급조정의 절차

고용노동부장관은 긴급조정을 결정한 때에는 지체없이 그 이유를 붙여 이를 공표함과 동시에 중앙노동위원회와 관계 당사자에게 각각 통고하여야 한다.6) 긴급조정 결정의 공표는 신문·라디오 기타 공중이 신속히 알 수 있는 방법으로 하여야 한다.7)

중앙노동위원회는 고용노동부장관으로부터 긴급조정 결정의 통고를 받은 때에는 지체없이 조정을 개시하여야 한다.8) 중앙노동위원회가 행하는 조정의 절차에 대해서는 노조법에 별도로 정하지 않고 있으나, 성질상 따르기 어려운 것을 제외하고는 공익사업의 특별조정절차에 준하여 노조법 5장 2절의 조정 절차에 의하면 될 것이다.

---

3) 노조법 77조.
4) 노조법 90조.
5) 이병태, 389면.
6) 노조법 76조 3항.
7) 노조법 시행령 32조.
8) 노조법 78조.

V. 중재회부

1. 중재회부의 결정

중앙노동위원회 위원장은 노조법 78조의 규정에 의한 조정이 성립될 가망이 없다고 인정한 경우에는 공익위원의 의견을 들어 그 사건을 중재에 회부할 것인지 여부를 결정하여야 한다. 중재회부 여부의 결정은 고용노동부장관으로부터 긴급조정 결정의 통고를 받은 날부터 15일 이내에 하여야 한다.9)

2. 중재의 개시와 중재절차

중앙노동위원회 위원장이 중재회부의 결정을 한 때에는 중앙노동위원회는 지체없이 중재를 행하여야 한다.10)

노조법 80조는 중앙노동위원회 위원장이 중재회부 결정을 한 때뿐만 아니라 당해 관계 당사자의 일방 또는 쌍방으로부터 중재신청이 있는 때도 중앙노동위원회가 중재를 행하여야 한다고 규정하고 있다. 이에 의하면 당사자의 일방의 중재신청이 있는 경우에도 중재가 개시되는데, 이는 관계 당사자 쌍방의 의사에 기하여 이루어지는 중재절차의 성질과는 맞지 않는 것이다. 이 조항의 '당사자의 일방으로부터 중재신청이 있는 때'는 노조법 62조 2호처럼 '당사자 일방이 단체협약에 의하여 중재신청을 한 때'로 법문을 개정하는 것이 타당하다고 생각한다.

노조법 80조의 규정에 의하여 중앙노동위원회가 행하는 중재의 절차에 대해서는 노조법에 별도로 정하지 않고 있으나, 성질상 따르기 어려운 것을 제외하고는 노조법 5장 3절의 중재절차에 의하면 될 것이다.11)

[이 원 재]

---

9) 노조법 79조.
10) 노조법 80조.
11) 이병태, 389면.

제 6 장

부당노동행위

제6장 부당노동행위

부당노동행위 전론(前論)

<세 목 차>

[참고문헌]

강성태a, "관리적 근로자의 부당노동행위 주체성", 노동법연구 2권 1호, 서울대학교 노동법연구회(1992); **강성태b**, "다면적 근로관계와 사업주책임", 노동법연구 7호, 서울대학교 노동법연구회(1998. 5.); **강성호**, 금융지주회사 설립에 따른 노동법적 제문제 연구, 고려대학교 노동대학원 석사학위논문(2010. 8.); **강희원**, 부당노동행위제도 입법론적 연구, 동림사(2005); **권영성**, 헌법학원론(개정판), 법문사(2010); **권혁**, "사용자 개념 확대론에 대한 재검토", 노동법논총 26집, 한국비교노동법학회(2012. 12.); **김미영**, "미국 연방노동관계법 부당노동행위 제도의 형성과 발전", 강원법학 38권, 강원대학교 비교법학연구소(2013. 2.); **김영문**, "사내하도급 근로자들의 원청기업에 대한 단체교섭 가부", 노동법학 36호, 한국노동법학회(2010) **김성호**, "노동법상 사용자 지위에 관한 소고", 법학논총 25권, 숭실대학교 법학연구소(2011. 2.); **김소영**, "불이익취급의 부당노동행위와 입증구조", 노동법논총 22집, 한국비교노동법학회(2011. 8.); **김유성b**, "사용자개념의 외부적 획정 — 부당노동행위의 주체를 중심으로—, 노동법에 있어서 권리와 책임"(김형배 교수 화갑기념 논문집), 박영사(1994); **김철수**, 헌법학신론(제21전정신판), 박영사(2013); **김태욱**, "인사고과와 부당노동행위", 2009 노동판례비평, 민주사회를 위한 변호사 모임(2010); **김홍영**, "개별교섭에서의 중립의무와 지배개입의 부당노동행위 대법원 2019. 4. 25. 선고 2017두33510 판결", 노동법학 71호, 한국노동법학회(2019. 9.); **노동부**, (1953~2008년) 노동조합 및 노동관계조정법 제·개정 변천사, 노동부(2008); **도재형**, "간접고용에서 부당노동행위 형사책임주체", 법학논총 28집 1호, 전남대학교 법률행정연구소(2008. 6.); **문무기 외 3명**, 부당노동행위제도 연구, 한국노동연구원(2005); **법원실무제요 민사집행[Ⅳ]** —보전처분—, 법원행정처(2014); **성낙인**, 헌법학(제21판), 법문사(2021); **박수근**, "부당노동행위구제절차에 있어 입증책임", 노동법학 17호, 한국노동법학회(2003. 12.); **박은정**, "영국의 부당노동행위제도", 노동법학 19호, 한국노동법학회(2004. 12.); **박종선·유각근**, "부당노동행위판정에 대한 한·일 비교연구 —중노위사례를 중심으로—", 과학기술법연구 22집 3호, 한남대학교 과학기술법연구원(2016); **방준식a**, "단체교섭 당사자로서의 사용자와 부당노동행위 주체로서의 사용자 —대상판례: 현대중공업 사건, 울산지방법원 2018. 4. 12 선고 2017가합20070 판결—", 노동법논총 46집, 한국비교노동법학회(2019. 8.); **방준식b**, "부당노동행위 구제제도의 실효성 확보를 위한 제언", 노동법포럼 28호, 노동법이론실무학회(2019. 11.); **우희숙**, "부당노동행위와 형법—불이익취급의 '이유로'에 관한 해석을 중심으로", 비교형사법연구 19권 1호, 한국비교형사법학회(2017. 4.); **윤애림a**, "간접고용에서 사용자책임의 확대", 노동법연구 14호, 서울대학교 노동법연구회(2003. 6.); **윤애림b**, "다면적 근로관계의 판단기준", 노동법학 49호, 한국노동법학회(2014. 3.); **이병한**, "지배·개입의 부당노동행위의 주체인 사용자 개념", 대법원판례해설 83호, 법원도서관(2010); **정인섭**, "부당노동행위와 노동관계", 노동법연구 22호, 서울대학교 노동법연구회(2007. 6.); **정종섭**, 헌법학원론(제9판), 박영사(2014); **조경배**, "부당노동행위의 주체로서 사용자 개념 —간접고용을 중심으로—", 노동법연구 11호, 서울대학교 노동법연구회(2001); **조규식**, "간접고용하의 부당노동행위 사례와 보호방안", 노동법논총 19집, 한국

비교노동법학회(2010. 8.); **한국경영자총협회**, 부당노동행위제도의 이해, 한국경영자총협회(2004); **한용식**, 부당노동행위론, 홍익재(1991); **허영**, 헌법이론과 헌법(신9판), 박영사(2021); **本多淳亮**, "不當勞働行爲論における勞働者と使用者の槪念", 季刊勞働法　148호(1988).

Ⅰ. 의　　　　의

　　헌법 33조 1항에서는 근로자에게 단결권·단체교섭권 및 단체행동권을 보장하고 있다. 근로자들의 단결권의 행사에 의하여 조직된 노동조합은 그 본질적인 성격에서 사용자로부터 독립된 존재이다. 사용자가 노동조합 운동이 시작된 이래 노동조합의 힘이 강화되는 것을 억제하려고 하는 것은 일반적인 현상이다.

　　사용자의 노동3권에 대한 침해에 대해서는 노동조합이 스스로 방위하여야 할 것이지만, 노동조합에 의한 자주적 방위가 어려운 경우에는 국가기관의 개입에 의하여 사용자의 침해행위를 배제할 것이 요청된다. 뿐만 아니라 노동3권에 의하여 보장된 질서가 객관적으로 준수되어야 할 국가적 차원의 질서라는 점을 고려할 때, 이에 대한 침해가 있는 경우에는 국가기관의 개입에 의한 유지·보호가 필요하다.[1]

　　이와 같은 취지에서 노조법 81조에서는 사용자의 부당노동행위를 열거하고, 노조법 82조 이하에서는 사용자의 부당노동행위가 현실적으로 행하여졌을 때, 이에 대한 구제방법을 규정하고 있다.[2]

　　부당노동행위란 노조법 81조에서 금지되는 행위를 말한다.[3] 근로자의 노동3권은 국가나 일반 사인에 의해서도 침해될 수 있지만, 현실적으로 가장 문제가 되는 것은 역시 사용자에 의한 침해이다. 이러한 점을 감안하여 노조법은 근로자 또는 노동조합의 노동3권 실현활동에 대한 사용자의 침해 내지 간섭행위를 금지하고 있는데, 이렇게 금지되는 사용자의 행위를 부당노동행위라고 한다.[4] 이 금지의 위반에 대하여 노조법은 82조 이하에서 노동위원회를 통한 특별한 구제절차와 형사처벌을 규정하고 있다. 부당노동행위제도는 노조법이 설정한 이

---

1) 김형배, 1473면.
2) 김헌수, 757면.
3) 문무기 외 3명, 4면.
4) 김유성, 311면.

금지규범과 그 위반의 구제 절차 및 처벌을 총칭한다.[5]

Ⅱ. 연   혁[6]

1. 부당노동행위제도의 창설

부당노동행위제도는 원래 미국에서 생성, 발전되었고, 그것이 각국으로 도입되어 그 나라의 실정에 맞게 변형되었다. 미국의 뒤를 이어 캐나다, 인도, 멕시코, 일본 등이 비슷한 제도를 도입하였으나 유럽 국가들에서는 찾아보기 힘들다. 영국에서는 1970년대 이후 오랜 자유방임주의의 전통을 대폭 수정해 왔다고 할 수 있지만, 여전히 이러한 문제에 대해서 일반적 규정은 만들어지지 않고 개별적으로 조합활동의 권리를 법으로 정하는 형태로 되어 있다. 그러나 부당노동행위제도가 규정되었다가 1974년 폐지된 영국의 노사관계법(Industrial Relation Act, 1971)은 1992년 제정된 노조법(Trade Union and Labor Relations Consolidation Act)상 단체협약의 효력과 단체교섭에 있어서의 사용자의 정보공개의무제도와 1999년 제정된 고용권법(Employment Rights Act)상의 부당해고제도와 자발적 노동조합승인을 원칙으로 하는 강제적 노동조합승인제도에서 명맥을 유지하고 있다.[7] 독일에서는 기본법 9조 3항에서 단결권 침해를 목적으로 하는 행위는 위법·무효라고 선언하고 그것을 바탕으로 사용자의 단결침해행위에 대해서는 노동법원에서 사법절차를 통하여 구제를 도모한다.[8]

미국의 부당노동행위제도는 미국이 1929년 발생한 대공황을 극복하는 과정에서 입법화되었는데, 기업이 근로자의 지위를 열악하게 유지하고 노동운동을 방해함으로써 이윤을 극대화하여 기업 간의 공정경쟁질서를 해치는 것을 행정기관인 전국노동관계위원회(NLRB)에 의해 구제하는 규정이 1935년 전국노동관계법(National Labor Relations Act, NLRA) 일명 와그너 법(Wagner Act)을 통하여 처음으로 도입되었다. 와그너 법은 사용자가 근로자의 단결권을 부인하거나 단체교섭절차의 승인을 거부하는 것은 파업과 노사관계상의 분쟁 또는 불안을 야기하게 된다는 인식을 전제로 제정된 법률이다. 근로자의 단결권과 단체교섭권을

---

5) 임종률, 282면.
6) 김유성, 305~307면; 노동부, 187면; 이상윤b, 480~481 · 487~490면.
7) 박은정, 424, 431면.
8) 니시타시 사토시, 167면.

보호하고 노사교섭력의 불평등을 시정함은 물론 노사대등원리의 실현을 꾀하여 각 주(州)간의 상업의 자유경제유통을 촉진시킬 목적으로 위 제도가 도입되었다.[9] 와그너 법에 규정된 최초의 부당노동행위제도는 사용자의 부당노동행위만을 금지하여 근로자의 노동3권을 보호하고자 하는 것에 주된 목적을 두었다.

1947년 태프트-하틀리 법(Taft-Hartley Act)에 의해 노동조합의 부당노동행위가 신설되었다. 이에 따라 부당노동행위제도는 그 본질이 근본적으로 전환되어, 노동조합의 노동3권 남용을 방지하여 사용자의 재산권을 보호함으로써 노동3권과 재산권의 조화·균형을 통한 노사 간의 대등한 지위를 확보하고자 하였다.

1959년에는 랜드럼-그리핀 법(Landrum-Griffin Act)을 통해 노동조합이 자신의 조합원에 대하여 부당노동행위를 하는 것을 제한하는 규정이 신설되었고 이로써 현재 미국의 부당노동행위제도의 기본 골격이 수립되었다.

노동관계법에서 부당노동행위제도를 규정하고 있는 나라는 일본, 인도, 캐나다, 오스트레일리아, 터키 등이며 헌법에 부당노동행위금지규정을 두고 있는 나라는 멕시코, 과테말라, 볼리비아 등이다. 또한 ILO도 결사의 자유 및 조합활동에 대한 적극적인 보호와 조성이 필요하다는 인식(ILO 87호 협약 11조)을 기초로 ILO협약 98호에서 회원국으로 하여금 부당노동행위제도를 정립하여 시행하도록 규정하고 있다.

2. 우리나라의 부당노동행위제도

일본은 1949년, 1952년 두 차례 노동조합법을 개정하면서 미국의 부당노동행위제도를 도입하였는데, 우리나라는 이를 수용하여 1953년 3월 처음으로 근로자의 단결권 등을 침해한 사용자의 행위와 단체교섭을 거부하는 사용자 또는 노동조합의 대표자에게 형벌을 부과하는 부당노동행위제도를 채택한 노동관계법을 제정·공포하였다. 그러나 당시의 부당노동행위제도는 현재와 같은 모습은 아니었다. 당시의 제도에서는 사용자의 부당노동행위에 대해서 노동위원회를 통한 구제절차를 두고 있지 않았고, 부당노동행위의 유형은 구 노동조합법과 구 노동쟁의조정법의 여러 조문에 산재되어 있었다. 즉 제정 노동조합법 10조 1항(1953. 3. 8. 법률 280호)에서는 근로자가 노동조합을 조직하거나 이에 가입하여 노동조합에 관한 직무를 수행하는 권리에 간섭 기타 영향을 주는 행위를, 2항에서

---

9) 하병철, 345면.

는 어느 노동조합의 일원이 됨을 저지 또는 장려할 목적으로 근로조건에 차별
을 두거나 또는 노동조합에 참가한 것을 이유로 해고 기타 근로자에게 불이익
을 주는 행위를 부당노동행위로 규정하고, 그 위반에 대하여 벌칙을 부과하였
다. 그리고 34조[10])에서는 사용자와 노동조합의 단체협약체결의 거부 또는 해태
를 금지하였으며, 현행 노조법 81조 5호에서 정하고 있는 이른바 보복적 불이익
취급의 금지는 제정 노동쟁의조정법(1953. 3. 8. 법률 279호) 10조에서 규정하고 있
었다. 당시의 부당노동행위제도에서 주목할 만한 것은 단체협약체결의 거부행위
를 사용자뿐만 아니라 노동조합에 대해서도 금지하였다는 점과 부당노동행위에
대해서는 벌칙만을 규정하고 있었다는 점이다. 그런데 노동조합에 대해서도 단
체협약체결의 거부행위를 금지하는 것에 대해서는 노동3권을 보장하고 있는 헌
법정신에 반한다는 비판이 많았다.[11])

　　우리나라는 1963년에 노동관계법을 전면개정하였는데, 구 노동조합법과 구
노동쟁의조정법에 산재해 있던 부당노동행위 규정을 구 노동조합법(1963. 4. 17. 법
률 1329호) 4장의 독립된 장으로 두어 구 노동조합법 39조[12]) 내지 44조에서 부당

---

10) 1953년 노동조합법 34조(협약체결에 관한 상호의무)
　　① 사용자 또는 그 단체는 전조에 규정하는 단체협약 대표자와의 성실한 단체협약 체결을
　정당한 이유 없이 거부 또는 해태할 수 없다.
　　② 노동조합 대표자는 사용자 또는 그 단체가 단체협약의 체결을 요구할 경우에는 정당한
　이유 없이 거부 또는 해태할 수 없다.
11) 김유성, 312면.
12) 1963년 노동조합법 39조(부당노동행위) 사용자는 다음 각호의 1에 해당하는 행위(이하 "부
　당노동행위"라고 한다)를 할 수 없다.
　1. 근로자가 노동조합에 가입 또는 가입하려고 하였거나 노동조합을 조직하려고 하였거나 기
　　타 노동조합의 업무를 위한 정당한 행위를 한 것을 이유로 그 근로자를 해고하거나 그 근
　　로자에게 불이익을 주는 행위
　2. 근로자가 어느 노동조합에 가입하지 아니할 것 또는 탈퇴할 것을 고용조건으로 하거나 특
　　정한 노동조합의 조합원이 될 것을 고용조건으로 하는 행위. 다만, 노동조합이 당해 사업
　　장에 종사하는 근로자의 3분의 2 이상을 대표하고 있을 때에는 근로자가 그 노동조합의
　　조합원이 될 것을 고용조건으로 하는 단체협약의 체결은 예외로 한다.
　3. 노동조합의 대표자 또는 노동조합으로부터 위임을 받은 자와의 단체협약 체결 기타의 단
　　체교섭을 정당한 이유 없이 거부하거나 해태하는 행위
　4. 근로자가 노동조합을 조직 또는 운영하는 것을 지배하거나 이에 개입하는 행위와 노동조
　　합의 운영비를 원조하는 행위. 다만, 근로자가 근로시간 중에 사용자와 협의 또는 교섭하
　　는 것을 사용자가 허용함은 무방하며, 또한 근로자의 후생자금 또는 경제상의 불행 기타
　　의 재액의 방지와 구제 등을 위한 기금의 기부와 최소한의 규모의 노동조합 사무소의 제
　　공은 예외로 한다.
　5. 근로자가 정당한 단체행위에 참가한 것을 이유로 하거나 또는 노동위원회에 대하여 사용
　　자가 이 조의 규정을 위반한 것을 신고하거나 그에 관한 증언을 하거나 기타 행정관청에
　　증거를 제출한 것을 이유로 그 근로자를 해고하거나 그 근로자에게 불이익을 주는 행위

노동행위의 종류, 구제신청 및 구제명령에 관한 규정을 정비하였다. 이 과정에서 구법상의 노동조합의 부당노동행위를 삭제하였으며, 과벌주의 대신에 노동위원회에 의한 행정적 구제, 즉 원상회복주의를 채택하였고, 노동위원회의 구제명령에 위반하는 경우에 한하여 벌칙을 부과하게 되었다.

1980년 국가보위비상대책위원회에서 노동관계법을 개정하면서 노동조합 형태를 기업별 노동조합으로 바꾸고 구 노동조합법 39조 2호 단서의 유니언 숍에 관한 사항을 삭제하였다. 이때는 노동조합의 세력을 약화시키는 방향으로 법 개정이 이루어졌다. 노동조합형태가 산업별 노동조합에서 기업별 노동조합으로 되었고, 노동조합 임원의 피선거자격을 제한하며, 조합비의 일정 비율을 복지후생사업에 사용하도록 의무화하였고, 단체협약의 변경 · 취소권을 신설하였으며, 기업 내에서 노동조합의 규모 확대 수단으로 활용될 수 있는 유니언 숍 규정을 삭제한 것이다.13)

사용자의 부당노동행위에 의해 노동조합 간부의 해고 등이 빈발하고 사용자가 노동위원회의 원상회복명령에 따르지 않는 경향이 강해짐에 따라 1986년에 구 노동조합법의 개정으로 기존의 원상회복주의에 과벌주의를 신설하여[구 노동조합법(1986. 12. 31. 법률 3925호) 46조의2] 양자를 병행하고 있다. 이는 1997. 3. 13. 법률 5310호로 제정된 현행 노조법에서도 마찬가지이다.

1987년 국회에서 구 노동조합법을 개정하면서 39조 2호에 단서를 신설하여 유니언 숍 조항을 두었으나 근로자가 노동조합에서 제명되더라도 사용자가 불이익처분을 할 수 없도록 하였다.

1997. 3. 13. 노조법 제정 시에 노조전임자에 대한 급여 지원을 부당노동행위로 추가하였고, 2006. 12. 30. 노조법 개정에서 유니언 숍 협정의 적용이 배제되는 사유로 기존의 제명 이외에 새로운 노동조합의 조직 · 가입을 추가하였다.14)

노조법 81조 4호(2010. 1. 1. 법률 제9930호로 개정된 것) 중 '노동조합의 운영비를 원조하는 행위'에 관한 부분에 관한 헌법재판소 2018. 5. 31. 선고 2012헌바90 헌법불합치 결정(위 법률조항은 2019. 12. 31.을 시한으로 개정될 때까지 계속 적용된다)으로 인해 2020. 6. 9. 81조 2항이 신설되었다. 그 내용은 81조 1항 4호 단서에 따른 '노동조합의 자주적 운영 또는 활동을 침해할 위험 여부'를 판단할

---

13) 김헌수, 760면.
14) 민변노동법Ⅱ, 317면.

때에는 운영비 원조의 목적과 경위(1호), 원조된 운영비 횟수와 기간(2호), 원조된
운영비 금액과 원조방법(3호), 원조된 운영비가 노동조합의 총수입에서 차지하는
비율(4호), 원조된 운영비의 관리방법 및 사용처 등(5호)의 각 사항을 고려하여야
한다는 것이다. 또한 2021. 1. 5. 노조전임자에 대한 근로시간 면제제도가 도입
됨으로써 81조 1항 4호의 부당노동행위의 유형(지배개입) 중 하나인 노조전임자
에게 급여를 지원하는 행위가 근로시간 면제한도를 초과하여 급여를 지급하는
행위로 개정되었다.

　　우리나라는 2021. 2. 26. 결사의 자유에 관한 국제노동기구(ILO) 핵심협약인
87호 「결사의 자유 및 단결권 보호에 관한 협약」,[15] 98호 「단결권 및 단체교섭
권 원칙의 적용에 관한 협약」[16] 등에 관한 비준 동의안이 국회 본회의를 통과
하였고, 정부는 국제노동기구(ILO)에 2021. 4. 20. 비준서를 기탁하였다. 기탁일
로부터 1년이 경과하면 해당 협약들은 국내법상 법적 효력을 갖게 된다.

---

15) 위 87호 협약의 주요 내용은 다음과 같다.
　　2조: 자유로이 단체를 설립하고 가입할 노사의 권리
　　근로자 및 사용자는 어떠한 차별도 없이 사전 인가를 받지 않고 스스로 선택하여 단체를 설
립하고 그 단체의 규약에 따를 것만을 조건으로 하여 그 단체에 가입할 수 있는 권리를 가진다.
　　3조: 자유로운 단체 운영 및 활동권
　　1. 근로자단체 및 사용자단체는 그들의 규약과 규칙을 작성하고, 완전히 자유롭게 대표자
　　를 선출하며, 운영 및 활동을 조직하고, 계획을 수립할 권리를 가진다.
　　2. 공공기관은 이 권리를 제한하거나 이 권리의 합법적인 행사를 방해하는 어떠한 간섭도
삼가야 한다.
　　4조: 단체의 해산 및 활동의 정지
　　근로자단체 및 사용자단체는 행정당국에 의하여 해산되거나 활동이 정지되어서는 안 된다.
16) 위 98호 협약의 주요 내용은 다음과 같다.
　　1조 반노조적 차별로부터 보호
　　1. 근로자는 고용과 관련된 반노조적 차별행위에 대하여 적절한 보호를 받아야 한다.
　　2. 이러한 보호는 다음 각호의 행위에 대하여 보다 특별히 적용되어야 한다.
　　　(가) 노동조합에 가입하지 않거나 노동조합으로부터 탈퇴할 것을 조건으로 한 근로자 고
　　　　용 행위
　　　(나) 노동조합원이라는 이유, 근로시간외 또는 사용자 동의하에 근로시간 내에 노동조합
　　　　활동에 참여하였다는 것을 이유로 근로자를 해고하거나 기타 불이익을 초래하는 행위
　　2조 개입행위에 대한 보호
　　1. 근로자단체 및 사용자단체는 그 설립, 운영 및 관리에 있어서 상호간 또는 상대의 대리
　　인이나 구성원의 모든 간섭 행위로부터 충분한 보호를 받아야 한다.
　　2. 특히, 근로자단체를 사용자 또는 사용자단체의 지배하에 둘 목적으로 사용자 또는 사용
　　자단체에 의하여 지배되는 근로자단체의 설립을 촉진하거나 근로자단체를 재정적 또는
　　다른 방식으로 지원하기 위한 행위는 이 조가 의미하는 간섭행위로 간주된다.

Ⅲ. 목   적

1. 학   설

가. 노동3권보장구체화설[17]

부당노동행위제도는 사용자가 노동3권을 침해하는 행위의 유형을 확인적으로 규정한 것이고, 헌법상 노동3권의 보장을 구체화하려는 데 그 목적이 있다고 설명한다. 즉, 부당노동행위제도를 헌법상 노동3권 보장의 직접적인 효과에 포함되어 있는 제도라고 이해한다.[18]

이 견해는 우리나라의 부당노동행위제도는 헌법상의 노동3권 보장의 구체화라는 규범적 성격이 강한 것이 특색인 반면에 미국에서는 노동기본권이 헌법상 보장되고 있지 아니하므로 미국의 부당노동행위제도는 그 본질상 노사간의 교섭력의 균형이라는 정책적 성격이 강하다는 것을 우리나라와 미국의 부당노동행위제도의 차이점으로 파악한다.[19]

나. 공정노사관계질서설[20]

부당노동행위제도는 헌법상의 노동3권의 보장을 실효성 있게 하기 위한 제도이기는 하지만 노동3권의 보장 그 자체를 목적으로 하는 것이 아니라 공정한 노사관계질서의 확보 내지 원활한 단체교섭관계의 실현을 본질적 목적으로 하는 것이며, 부당노동행위는 그러한 공정한 노사관계질서에 위반하는 행위의 유형이라고 설명한다.[21]

부당노동행위제도는 헌법 33조의 입법화 요청과 수권을 기초로 노조법을 통하여 입법정책적으로 창설된 것으로서, 노동3권의 침해와 관련하여 일정한 행

---

17) 김유성, 315면에서는 노동3권침해설로 소개되어 있다.

18) 김유성, 309면; 이상윤b, 492면

19) 이상윤b, 490면.

20) 김유성, 315면에서는 노동3권보장질서위반설로 소개되어 있고, 구체적으로 보아 다시 둘로 나뉜다고 설명되어 있다. 그 하나는 부당노동행위를 노동3권침해행위로 보면서도 특별한 구제제도가 설정되어 있음을 근거로 부당노동행위제도의 목적을 노동3권의 구체화와 함께 현재 또는 장래에 확립되어야 할 공정한 노사관계질서의 형성에 있다고 보는 견해이다. 다른 하나는 부당노동행위 자체를 노동3권에 대한 침해행위라는 시각에서가 아니라 노동3권이 보장하는 질서에 대한 침해행위로 파악하는 견해이다. 전자는 절충설로 분류됨이 타당한 것으로 보인다.

21) 김수복, 1107면; 김형배, 1474면(각주에서 공정노사관계질서설을 찬동하는 입장임을 표명하고 있다).

위를 부당노동행위로 규정하여 이를 배제·시정하면서 정상적인 노사관계를 회
복하는 것 내지 공정한 노사관계질서를 확립하는 것을 그 목적으로 한다고 보
는 것이다.

다. 절 충 설

부당노동행위 구제제도의 설정을 통하여 사용자에 의한 노동3권침해행위를
배제함과 동시에 공정한 노사관계질서를 확립하는 것을 목적으로 하고 있다는
견해이다.[22)]

2. 판   례

판례는 부당노동행위금지규정은 헌법이 규정하는 노동3권을 구체적으로 확
보하기 위한 것으로[23)], 구 노동조합법(1996. 12. 31. 법률 5244호 부칙 3조로 폐지되
기 전의 것)에 의한 부당노동행위 구제제도는 집단적 노사관계질서를 파괴하는
사용자의 행위를 예방·제거함으로써 근로자의 단결권·단체교섭권 및 단체행
동권을 확보하여 노사관계의 질서를 신속하게 정상화하고자 함에 그 목적이 있
음에 비하여, 구 근기법(1997. 3. 13. 법률 5309호로 제정되기 전의 것)에 의한 부당
해고 등 구제제도는 개별적 근로계약관계에 있어서 근로자에 대한 권리침해를
구제하기 위함에 그 목적이 있는 것으로, 이는 그 목적과 요건에 있어서 뿐만
아니라 그 구제명령의 내용 및 효력 등에 있어서도 서로 다른 별개의 제도라고
판시하였고,[24)] 불법행위를 구성하는 부당노동행위가 근로자의 노동3권을 본질
적으로 침해하고 노동조합법이 정한 집단적 노사관계질서를 파괴하는 것이라고
판시하여[25)] 절충설의 입장을 취하고 있다.

3. 검   토

부당노동행위제도의 목적에 대한 학설 중에서 단결권 침해설과 단체교섭권
침해설 등 노동3권 중 일부를 특정한 학설도 보인다.[26)] 그러나 부당노동행위 구

---

22) 김유성, 315면; 이상윤a, 931면; 하갑래b, 573면.
23) 대법원 1993. 12. 21. 선고 93다11463 판결.
24) 대법원 1998. 5. 8. 선고 97누7448 판결, 대법원 2010. 3. 25. 선고 2007두8881 판결, 대법
    원 2018. 12. 27. 선고 2017두37031 판결.
25) 대법원 2020. 12. 24. 선고 2017다51603 판결, 대법원 2020. 12. 24. 선고 2017다52118 판결.
26) 박홍규a, 868면은 부당노동행위의 목적에 대한 학설을 세 가지로 소개하고 있다. 첫째, 노
    동단체권보장설은 노조법의 부당노동행위는 헌법 33조가 보장하는 노동단체권의 침해행위이

제제도의 보호대상을 헌법상의 노동3권 중 단결권이나 단체교섭권의 어느 하나
에 한정하여 논의하는 것은 문제가 있으며 부당노동행위 구제제도의 보호대상
은 노동3권 전체로 보아야 한다.[27]

부당노동행위제도의 목적에 관한 기본권구체화설과 공정질서확보설의 대립
의 실익은 노동조합의 부당노동행위제도를 도입할 수 있는지 여부와 노동3권을
침해하는 부당노동행위의 종료 시 재발가능성이 있을 때 구제명령을 발령할 수
있는가이다. 부당노동행위가 노동3권을 침해하는 사용자로부터 노동3권을 보호
하기 위한 제도라고 생각하는 입장에서는 노동조합의 부당노동행위라는 개념
자체가 성립하지 않는다. 반면에 부당노동행위가 공정한 노사관계질서를 확보하
기 위한 제도라고 보는 입장에서는 노동조합의 부당노동행위 역시 부당노동행
위제도의 하나로 규율될 수 있다. 물론 전자의 입장에서도 경영계에서 주장하는
노동조합의 부당노동행위 예를 들어, 특정 노동조합 가입 강요, 위력을 사용한
파업참가 강요 등[28])을 부당노동행위제도가 아닌 노조법상의 다른 조항이나 제
도에 의해 금지하거나 일반 민사법으로 이를 규율할 수도 있다. 또한 부당노동
행위가 노동3권을 침해하는 사용자로부터 노동3권을 보호하기 위한 제도라고
생각하는 입장에서는 재발가능성이 있더라도 노동3권이 침해되지 않은 한 구제

고, 부당노동행위제도는 그 보장을 구체화한 제도라고 한다. 곧 부당노동행위제도를 헌법의
직접적인 효과로 본다. 둘째, 단체교섭보장설은 부당노동행위는 원활한 단체교섭을 방해하는
사용자의 행위를 유형화한 것이고, 부당노동행위 구제제도는 헌법 33조의 입법수권적 효과를
기초로 하여 노조법이 원활한 단체교섭관계의 실현을 위하여 특별히 정책적으로 창설한 것
이라고 본다. 셋째, 노사관계질서위반설은 부당노동행위 구제제도는 헌법상의 노동단체권의
보장을 직접적으로 실현하기 위한 제도가 아니라 단체교섭에 의하여 형성되어야 할 노사관
계의 질서를 보장하기 위한 제도라고 본다.
　　또한 니시타시 사토시, 171면; 菅野(역), 680면은 일본의 학설대립을 ① 헌법 28조의 단결
권 등 보장을 구체적으로 실현하기 위하여 마련된 제도(단결권보장설), ② 단결권 보장을 전
제로 공정한 노사관계질서의 실현을 도모하기 위한 제도 내지 직장에서 노사간 룰 위반행위
의 규제를 목적으로 하는 제도(공정노사관계질서설), ③ 헌법 28조에 기초를 두지만 노조법
이 원활한 단체교섭관계의 실현을 위하여 특별히 정책적으로 창설한 제도(단체교섭설) 등으
로 해석하는 견해가 대립하고 있다고 소개하고 있다.

27) 이상윤a, 931면.
28) 한국경영자총협회는 노조법 81조의2 노동조합의 부당노동행위 규정을 신설하여 이외에도
근로를 제공하지 않은 조합원에 대한 임금 지급 요구, 사용자단체의 결성 및 가입 강요, 정
당한 이유 없는 단체교섭 거부, 단체교섭을 거치지 않은 쟁의행위, 파업기간에 대한 임금지
급 요구, 명백히 위법한 쟁의행위나 폭력·파괴행위 근로자에 대한 민사·형사상 면책 강요,
사용자에게 결정권이 없는 사항의 관철이나 노동조합간 세력권 다툼을 목적으로 하는 쟁의
행위, 교섭능력이 현저히 취약한 기업에 대한 산업별 노동조합이나 지역별 노동조합의 전면
적인 쟁의행위, 사용자의 부당노동행위 강요를 부당노동행위로 규정하여야 한다고 주장하고
있다. 한국경영자총협회, 179~180면.

명령이 발해지지 않는 반면 부당노동행위가 공정한 노사관계질서를 확보하기 위한 제도라고 보는 입장에서는 재발가능성이 있으면 구제명령이 발해질 수 있는 근거가 있다고 여겨진다.

부당노동행위제도의 목적에 관한 견해 대립은 노조법상 부당노동행위제도의 행정적 구제제도와 노동3권 침해행위에 대한 사법적 구제제도의 관계를 어떻게 파악할 것인가와도 관련된다.[29] 부당노동행위제도의 목적을 기본권구체화로 볼 경우 부당노동행위금지규정 전반이 노동3권을 구체화하는 강행규정이고, 위 규정에 위반된 법률행위는 사법상으로도 그 효력이 없다. 노조법 81조 1항의 각 호는 행정구제를 위한 요건을 정한 규정에 그친다고 해석해서는 안되고, 노동3권을 구체적으로 보장하기 위한 사법적 강행규정의 성격도 가진다고 해석해야 한다는 것이다.

일본 최고재판소[30])는 일본 노조법 7조의 부당노동행위 금지 규정은 일본 헌법 28조에서 유래하고 노동자의 단결권, 단체행동권을 보장하기 위한 규정이기 때문에 이에 위반되는 해고 등의 법률행위는 무효라고 보았다. 또한 단체교섭권에 대해서는 일본 헌법 28조와 사이의 관련을 지적하면서 직접적으로는 일본 노조법 7조 2호를 근거로 사법상 효력(단체교섭을 요구할 수 있는 지위의 확인)을 인정하는 것이 판례의 입장이다. 일본 노조법 7조를 이와 같이 사법적 강행성을 가지는 규정이라고 해석하게 되면 여기에 위반하는 사실행위도 원칙적으로 불법행위법상 위법이 된다고 해석해야 한다.

그러나 부당노동행위제도의 목적을 공정질서의 확보라고 해석할 경우 노조법상 부당노동행위금지규정은 노동3권의 보장 위에서 노사관계의 장래적 정상화를 위하여 설정한 행정구제상의 규범으로 권리의 확정, 의무의 강제, 손해의 전보 등을 목적으로 하는 사법상 권리·의무에 관한 규범은 아니다. 따라서 노조법상의 부당노동행위금지규정에 위반하는 행위에 대하여 그 피해자인 근로자 또는 노동조합이 민사소송을 제기하여 그 무효 확인, 손해배상 또는 작위·부작위 명령 등을 청구하려면 부당노동행위금지규정과는 별도의 근거를 찾아야 하고, 헌법상의 노동3권 보장이나 노조법의 다른 규정들을 사법체계에 투영하여 사법상 권리·의무 관계의 근거를 찾아야 한다. 이러한 근거는 민법 103조의 사

---

29) 임종률, 284면.
30) 最高裁 1968. 4. 9. 判決(新光会事件 / 医療法人 新光会 事件, 民集 22권 4호 845면).

회질서 규정, 민법 750조의 불법행위규정과 노동조합의 요건(법 2조 4호), 노동조합의 대표자 등의 교섭권한(법 29조 1항, 2항), 사용자 측의 교섭의무(법 30조), 단체협약의 규범적 효력(법 33조) 등에 관한 규정에서 찾을 수 있다. 다만, 불이익취급 및 반조합계약의 금지는 헌법상 노동3권의 효과를 확인한 것으로 강행법규의 성격도 가지고, 행정구제의 근거규정이면서 또 사법상의 강행규정이기도 한 복합적 성격을 가진다고 보아야 한다.[31]

　우리 대법원은 부당노동행위금지규정은 헌법이 규정하는 노동3권을 구체적으로 확보하기 위한 것으로 이에 위반하는 행위에 대하여 처벌규정을 두고 있는 점, 부당노동행위에 대하여 신속한 권리구제를 받을 수 있도록 행정상의 구제절차까지 규정하고 있는 점에 비추어 이는 효력규정인 강행법규라고 풀이되므로, 위 규정에 위반된 법률행위는 사법상으로도 그 효력이 없고 근로자에 대한 불이익취급행위로서의 법률행위가 부당노동행위로서 무효라고 판결하였다.[32]

　기본권구체화설과 공정질서확보설 사이에는 '권리'에 기초를 둔 '관계'의 확립을 목표로 하는 부당노동행위제도를 이 중 어느 요소에 중점을 두고 이해할 것인가라는 상대적인 차이밖에 존재하지 않는다고 할 수도 있다. 그러나 '관계'나 '질서'에 중점을 두는 발상은 개개 노동자와 소수파 조합의 단결권을 경시하는 경향을 띠고 있다. 또한 헌법은 필요한 경우에 쟁의행위가 실시되는─그런 의미에서 대립적인─노사관계상을 전제로 하고 있음에도 불구하고, 현실 사회에서는 '공정' 내지 '정상'적 노사관계(질서)라는 말이 종종 쟁의행위를 하지 않는 노사관계라는 의미를 담아 사용되므로, 그러한 오해를 피하기 위해서도 노동기본권 보장에 중점을 두고 부당노동행위제도의 취지를 파악하는 것이 적절하다.[33]

　또한 헌법적 관점에서 노동3권을 사인간 직접 효력을 미치는 대표적인 기본권으로 보는 견해[34]에 따르면 독일기본법의 해석과 같이 주관적 사권인 노동3권을 침해하는 법률행위는 당연무효이다. 그리고 노동3권 역시 객관적 가치질서의

---

31) 부당노동행위는 노조법에 의하여 특별히 금지되는 것이므로 법원의 재판규범으로서 당연히 위법시되는 것이 아니고 별도로 논의되어야 한다는 견해도 있다(石川, 177면; 박홍규a, 869면에서 재인용).

32) 대법원 1993. 12. 21. 선고 93다11463 판결, 대법원 1995. 2. 3. 선고 94다17758 판결.

33) 니시타니 사토시, 172면.

34) 권영성, 331면; 김철수, 359면; 성낙인, 1019면.

구속효과로서 대사인효에서 간접적 효력을 가질 뿐이라는 견해35)에 따르면 민법이나 노조법의 규정을 통해 노동3권을 침해하는 법률행위의 효력이 결정된다.

그러나 위에서 살펴본 두 학설 사이의 구별의 실익과 차이점에도 불구하고 부당노동행위제도가 노동3권의 구체화인 동시에 공정한 노사관계질서를 회복하기 위한 제도라는 두 가지 목적이 모두 고려되어야 한다는 것은 분명하다.

Ⅳ. 주   체

1. 사 용 자

가. 부당노동행위금지명령의 수범자로서의 사용자

(1) 노조법상 사용자의 개념

부당노동행위제도는 노동3권 보장질서에 대한 사용자 측의 침해를 막기 위한 제도로, 여기서 말하는 부당노동행위란 근로자 또는 근로자단체가 헌법이 보장하고 있는 노동3권을 자주적으로 행사하지 못하도록 방해하거나 개입하는 사용자의 행위를 의미한다. 이러한 부당노동행위를 하지 않을 의무를 부담하는 주체는 노조법 81조가 "사용자는 …행위를 할 수 없다"라고 규정하고 있는 것에서 알 수 있듯이 사용자이다. 이 때의 사용자라 함은 노조법 2조 2호가 정의하고 있는 사용자, 즉 사업주, 사업의 경영담당자 또는 그 사업의 근로자에 관한 사항에 대하여 사업주를 위하여 행동하는 자를 말한다.

부당노동행위의 목적은 조합활동 등의 침해를 방지하여 노동3권을 보장하는 데에 있기 때문에 노조법 81조에서 말하는 사용자 개념은 근기법이 적용되는 개별적 근로관계의 사용자 개념보다 넓은 것으로 보아야 한다. 따라서 노동관계에서 부당노동행위책임을 인정하는 것이 필요할 정도로 근로자의 자주적 단결활동에 영향력 내지 지배력을 미칠 수 있는 지위에 있는 자는 부당노동행위의 주체인 사용자에 해당하는 것으로 넓게 해석하여야 한다. 부당노동행위의 부작위의무를 넓은 범위의 사용자에게 과하는 것은 오늘날의 경영조직의 원리상 고용주로서 사용자의 권한이 직제의 기구를 통하여 이른바 관리층에 의해서 널리 행사되고 있기 때문이다.36)

---

35) 정종섭, 346면; 허영, 414면.
36) 김형배, 1476면.

이와 관련하여 현실적으로 문제되는 것은 부당노동행위에 해당하는 행위를 대표이사나 인사부서장이 아닌 하위관리직이나 일반근로자가 행한 경우에 그를 사용자로 볼 수 있는가 하는 문제이다. 이 경우 그 자를 사용자로 볼 것인가의 여부는 그 자의 직위나 권한 및 직무내용 등에 따라 객관적으로 판단하여야 한다. 다만 그 자의 직위나 권한은 형식적인 명칭 등으로 결정할 것이 아니라 실질적으로 검토되어야 한다.[37]

사업주를 위하여 행동하는 자에는 인사·급여·노무관리 등에 관하여 사업주 또는 사업경영담당자의 명령·지휘권을 대행하는 자도 포함되며, 일반적으로 이사·부장 등 고위 직원을 말하나 낮은 직위의 직원일지라도 대행이 인정되는 경우에는 사용자에 포함된다. 관리직 근로자의 경우 직위나 권한 및 직무내용에 따라 실질적·객관적으로 판단해야 한다.[38]

대법원 판례는 사립대학교를 설치·운영하는 甲 학교법인이 직책상 노동조합에 참가할 수 없는 자라며 소속 직원 48명에게 전국대학노동조합 지부 탈퇴를 요구한 행위에 대하여, 전국대학노동조합이 부당노동행위 구제신청을 하였으나 중앙노동위원회가 이를 기각하는 재심판정을 한 사안에서, 직원 중 주임급 이하 직원 전부 또는 대부분이 조합원 자격이 없는 '항상 사용자의 이익을 대표하여 행동하는 자'에 해당한다며 이들에게 노동조합 탈퇴를 요구한 행위가 부당노동행위에 해당하지 않는다고 본 원심판결에 법리오해 등 위법이 있다고 보았는데, "노조법 2조 2호의 사용자에 해당하는 사업주, 사업의 경영담당자 또는 그 사업의 근로자에 관한 사항에 대하여 사업주를 위하여 행동하는 자와 노조법 2조 4호 단서 ㈎목의 항상 사용자의 이익을 대표하여 행동하는 자는 노동조합 참가가 금지되는데, 그 취지는 노동조합의 자주성을 확보하려는 데 있다. 여기서 '그 사업의 근로자에 관한 사항에 대하여 사업주를 위하여 행동하는 자'란 근로자의 인사, 급여, 후생, 노무관리 등 근로조건 결정 또는 업무상 명령이나 지휘·감독을 하는 등의 사항에 대하여 사업주로부터 일정한 권한과 책임을 부여받은 자를 말하고, '항상 사용자의 이익을 대표하여 행동하는 자'란 근로자에 대한 인사, 급여, 징계, 감사, 노무관리 등 근로관계 결정에 직접 참여하거나 사용자의 근로관계에 대한 계획과 방침에 관한 기밀사항 업무를 취급할 권한이

---

37) 민변노동법 II, 317~318면.
38) 강성태a, 251면.

있는 등과 같이 직무상 의무와 책임이 조합원으로서 의무와 책임에 직접적으로
저촉되는 위치에 있는 자를 의미한다. 따라서 이러한 자에 해당하는지는 일정한
직급이나 직책 등에 의하여 일률적으로 결정되어서는 안 되고, 업무 내용이 단
순히 보조적·조언적인 것에 불과하여 업무 수행과 조합원 활동 사이에 실질적
인 충돌이 발생할 여지가 없는 자도 여기에 해당하지 않는다.”고 설시하였다.39)

다만 법인의 대리인·사용인 기타의 종업원이 그 법인의 업무에 관하여 노
조법 81조 1호, 2호 단서 후단, 5호를 위반하여 부당노동행위를 한 때에는 그
법인에 대하여도 벌금형을 과하도록 한 노조법(1997. 3. 13. 법률 제5310호로 제정
된 것) 94조 중 법인의 대리인·사용인 기타의 종업원(이하 ‘종업원 등’이라 한다)
이 그 법인의 업무에 관하여 90조 가운데 81조 1호, 2호 단서 후단, 5호를 위반
한 경우’에 관한 부분은 종업원 등의 범죄행위에 관하여 비난할 근거가 되는 법
인의 의사결정 및 행위구조, 즉 종업원 등이 저지른 행위의 결과에 대한 법인의
독자적인 책임에 관하여 전혀 규정하지 않은 채, 단순히 법인이 고용한 종업원
등이 업무에 관하여 범죄행위를 하였다는 이유만으로 법인에 대하여 형벌을 부
과하도록 정하고 있는바, 이는 다른 사람의 범죄에 대하여 그 책임 유무를 묻지
않고 형사처벌하는 것이므로 헌법상 법치국가원리로부터 도출되는 책임주의원
칙에 위배된다.40)

그리고 부당해고나 부당노동행위에 대하여 지방노동위원회 또는 특별노동
위원회의 구제명령이 발하여진 경우 그 명령에 따라 이를 시정할 주체는 사업
주인 사용자가 되어야 한다. 그러므로 그 구제명령이 사업주인 사용자의 일부조
직이나 업무집행기관 또는 업무담당자에 대하여 행하여진 경우에는 사업주인
사용자에 대하여 행하여진 것으로 보아야 한다. 따라서 이에 대한 중앙노동위원
회에의 재심 신청이나 그 재심판정 취소소송 역시 당사자능력이 있는 당해 사
업주만이 원고적격자로서 소송을 제기할 수 있다.41)

한편 고용사업주가 사용사업주의 지배 하에 있는 형식상의 사용주일뿐이고
사용자로서 통상적인 의무와 책임을 부담할 능력이나 의사가 없는 위장근로계
약의 경우에는 사용사업주와 근로자간에 직접 근로계약관계가 성립하고 당연히
사용사업주는 부당노동행위의 주체인 사용자가 된다고 보아야 한다. 또한 위장

---

39) 대법원 2011. 9. 8. 선고 2008두13873 판결.
40) 헌재 2020. 4. 23. 선고 2019헌가25 결정.
41) 대법원 2006. 2. 24. 선고 2005두5673 판결.

도급이나 파견허용대상 업무 규정을 위반한 위법한 근로자공급의 경우에도 사용사업주는 사용자로서 부당노동행위책임을 진다.[42] 그리고 합법적인 근로자공급, 즉 근로자파견의 경우 파견근로관계의 본질상 사용사업주는 실질적인 사용종속관계의 실태에 따른 사용자책임을 파견사업주와 함께 진다는 견해가 있고, 이에 대하여 굳이 파견법의 제정과 연결하지 않더라도 해석론을 통해 중첩적인 사용자의 존재를 이끌어낼 수 있다는 견해가 있다.[43] 후자의 견해에 의하면, 근로계약상의 사용자 이외의 제3자도 원고용주의 근로자를 자기의 업무에 종사시키고, 그 근로자의 기본적 근로조건 중 일부에 관하여 현실적이고 구체적으로 지배·결정할 수 있는 지위에 있는 경우에는 그 한도 내에서 노조법 2조 2호 소정의 사용자에 해당한다.[44]

(2) 학설의 입장

부당노동행위의 주체로서 사용자 개념에 관한 학설로는 법인격 부인설, 지배력설, 대향관계설이 있다.

㈎ 법인격 부인설은 일본에서 개별적 근로관계에서의 사용자성 확대에서도 제시되었던 이론으로서, '법인격의 형해화' 또는 '법인격 남용'의 경우에는 형식적 고용계약의 당사자인 사업주가 아닌 배후의 제3자를 집단적 노사관계의 사용자로 인정하는 이론이다. 법인격 부인론은, 회사가 사원으로부터 독립된 실체를 갖지 못한 경우에 특정의 제3자와의 문제된 법률관계에 있어서만은 회사의 법인격을 부인하고, 배후에 있는 사원에게 책임을 인정하고자 하는 이론으로서 원래 상법에서 논의되어온 것으로 노동법과 관련하여 모회사와 자회사간의 경제적 동일체로서의 실질과 모회사의 자회사에 대한 지배관리의 현실 및 통일성을 이유로 모회사에 자회사 근로자에 대한 임금지급 책임 등을 인정하고자 한다. 법인격 부인이론에 의할 때, 일반적으로 법인격이 부인될 수 있는 경우로는 '법인격이 형해화 되는 경우' 또는 '법인격이 남용되는 경우'로 구분할 수 있고, '법인격이 형해화 되는 경우'라 함은, 형식상으로는 독립된 법인격을 보유하는 법인으로서의 외관은 있으나, 그 실질에 있어서는 그 배후에 있는 다른 자연인이나 다른 법인과 동일시 할 수 있는 경우를 의미하며, '법인격이 남용되는 경

---

42) 조경배, 62~65면.
43) 도재형, 533면.
44) 도재형, 537면.

우'라 함은, 법인격이 배후에 있는 자연인이나 다른 법인에 대한 법률의 적용이나 계약상의 구속을 회피하기 위한 수단으로 신의칙에 반하여 남용되는 경우를 의미한다. 일본에서 집단적 노사관계에 관한 사례로서는 자회사의 노동조합에 대한 모회사의 단체교섭 응낙의무를 인정한 덕도선정전기사건이 유일한데, 본 사안은 음향기기 제조회사인 선정전기의 자회사로 설립된 덕도선정전기가 해산결의를 통해 소속근로자 전원을 해고하자, 덕도선정전기의 근로자가 가입한 노동조합이 모회사인 선정전기를 상대로 단체교섭을 요청한 것에 대하여 선정전기가 이를 거부하였고, 이에 해고된 근로자들이 당해 해고가 부당노동행위에 기한 것이라고 하여 선정전기와 덕도선정전기를 상대로 지위보전 및 임금지급 가처분을 신청한 사건이다.45)

　　(나) 지배력설은 '근로계약의 유무에 관계없이 근로관계상의 제 이익에 대한 실질적인 영향력 내지 지배력을 가진 자 또는 사실상의 사용자로서 영향력과 지배력을 행사하는 자'를 부당노동행위의 사용자로 보아야 한다는 견해이다.46) 이 견해는 부당노동행위제도가 계약책임을 묻는 것이 목적이 아니고 단결권 침해라는 객관적 상태를 시정·회복하는 것을 정책적 목표로 하기 때문에 사용자로서의 권한을 실질적으로 행사할 수 있는 지위에 있는 자까지 널리 사용자로 인정하여야 한다고 주장한다. 일본 최고재판소는 朝日放送사건에서 "노조법 제7조의 사용자란 일반적으로 고용계약상의 고용주를 가리키지만 고용주 이외의 사업주라 하더라도 고용주로부터 근로자의 파견을 받아서 자기의 업무에 종사시키고 그의 근로조건에 대해서 고용주와 부분적이긴 하지만 동일시할 수 있을 정도로 현실적이고 구체적으로 지배·결정할 수 있는 지위에 있는 경우에는 그에 한하여 위 사업주는 동조의 사용자에 해당한다."47)고 판시하였는데, 위 판결을 노동계약기본설의 입장에 선 것으로 이해하는 견해도 있으나, 지배력설의 입장에 선 것으로 이해하는 견해가 다수설이다.

　　(다) 대향관계설48)은 헌법상 보장된 노동3권을 구체화한 집단적 노사관계법상의 사용자 개념의 정립이라는 관점에서 위 지배력설을 비판·발전시킨 이론이다. 대향관계설은 근로자의 자주적인 단결 목적과 관련하여 대향관계에 있는

---

　　45) 강성호, 23-24, 35면.
　　46) 김유성, 320면.
　　47) 最高裁 1995. 2. 28. 判決(朝一 这送 事件, 民集, 49권 2호, 559면).
　　48) 外尾建一, 203면 이하.

자를 부당노동행위의 사용자로 본다.[49]

　　이 입장은 지배력설에 대해 사용자의 지배력 내지 영향력이 미치는 근로관계상의 제 이익의 중점이 결국 인사와 근로조건에 놓여 있다는 점을 지적하고, 부당노동행위의 보호법익은 일반적인 근로자의 단결활동 그 자체이므로 부당노동행위 일반에서의 사용자 요건으로서의 인사와 근로조건 등에 지배력을 가진 자로 한정할 이유는 없으며, 오히려 '집단적 노사관계의 측면에서의 권리와 이익도 포함하는 지배력'의 개념이 요청된다고 주장한다.[50]

(3) 판례의 입장

　　대법원 판례는, "부당노동행위의 예방·제거는 노동위원회의 구제명령을 통해서 이루어지는 것이므로, 구제명령을 이행할 수 있는 법률적 또는 사실적인 권한이나 능력을 가지는 지위에 있는 한 그 한도 내에서는 부당노동행위의 주체로서 구제명령의 대상자인 사용자에 해당한다고 볼 수 있을 것이다. 지배·개입 주체로서의 사용자인지 여부도 당해 구제신청의 내용, 그 사용자가 근로관계에 관여하고 있는 구체적 형태, 근로관계에 미치는 실질적인 영향력 내지 지배력의 유무 및 행사의 정도 등을 종합하여 결정하여야 할 것이다. 근로자의 기본적인 노동조건 등에 관하여 그 근로자를 고용한 사업주로서의 권한과 책임을 일정 부분 담당하고 있다고 볼 정도로 실질적이고 구체적으로 지배·결정할 수 있는 지위에 있는 자가, 노동조합을 조직 또는 운영하는 것을 지배하거나 이에 개입하는 등으로 노조법 81조 4호에서 정한 행위를 하였다면, 그 시정을 명하는 구제명령을 이행하여야 할 사용자에 해당한다. 원청회사가 개별도급계약을 통하여 사내 하청업체 근로자들의 기본적인 노동조건 등에 관하여 고용사업주인 사내 하청업체의 권한과 책임을 일정 부분 담당하고 있다고 볼 정도로 실질적이면서 구체적으로 지배·결정할 수 있는 지위에 있고 사내 하청업체의 사업폐지를 유도하는 행위와 그로 인하여 사내 하청업체 노동조합의 활동을 위축시키거나 침해하는 지배·개입 행위를 하였다면, 원청회사는 노조법 81조 4호에서 정한 부당노동행위의 시정을 명하는 구제명령을 이행할 주체로서의 사용자에 해당한다."라고 설시하여 원청회사의 노조법상 사용자성을 인정한 바 있다.[51]

---

49) 本多淳亮, 21면, 조규식, 458면에서 재인용.
50) 윤애림, 153면, 조규식, 459면에서 재인용.
51) 대법원 2010. 3. 25. 선고 2007두8881 판결.

그러나 하청노동자에 대한 원청회사의 사용자성을 인정한 대법원 판결이 선고되었음에도 교섭요청에 응하는 원청업체 사용자를 찾아보기 어려운 추세[52]는 현재에도 여전히 계속되고 있는 현실이다. 대리점 택배기사들이 CJ 대한통운의 단체교섭 거부에 관하여 부당노동행위 구제신청을 한 사건에서 서울지방노동위원회는 피신청인과 대리점 택배기사와의 사이에 명시적·묵시적 근로계약관계가 형성되었다고 보기 어려우므로, 피신청인은 노조법 2조 2호에서 정한 사업주인 '사용자'에 해당하지 않아 당사자 적격이 없다고 판정하였으나[53], 중앙노동위원회는 피신청인은 노조법상 단체교섭 의무를 부담하는 사용자로 인정되므로 교섭요구 사실을 공고하지 않고 단체교섭 요구를 계속 거부하는 것은 단체교섭 거부의 부당노동행위에 해당한다고 판정하였다.[54] 중앙노동위원회는 위 판정에서 '근로자와 직접 계약을 체결한 원사업주뿐만 아니라, 원사업주가 아닌 사업주라 할지라도 원사업주 소속 근로자의 기본적인 노동조건 등에 관하여 일정 부분 실질적이고 구체적으로 지배, 결정할 수 있는 지위에 있는 자는 노조법상 단체교섭 의무를 부담하는 사용자로 인정된다. 대리점 택배기사의 원사업주는 아니지만, 노동조합이 요구한 6개 교섭의제에 대해 실질적이고 구체적인 지배, 결정권을 가지고 있는 피신청인은 노조법상 단체교섭 의무를 부담하는 사용자에 해당한다는 취지이다. 피신청인이 노조법상 사용자가 아니라는 이유로 노동조합의 교섭요구 사실을 공고하지 않고 단체교섭 요구를 계속 거부하고 있는 것은 단체교섭 거부의 부당노동행위에 해당한다.'고 보았다.[55]

(4) 검   토

위장폐업이나 불법파견의 경우 등도 법인격 남용 이론으로 설명할 수 있을 것이나, 이와 관련하여 위장해산의 경우에는 실질적 동일성의 법리를 활용하거나 노무도급사업이나 근로자파견사업 등에는 실질적 지휘감독관계의 존재를 영향력 내지 지배력의 징표를 정하는 구체적 기준으로 사용할 수 있을 것이다.[56]

---

52) 조규식, 442면.
53) 서울지방노동위원회 2020. 11. 30.자 2020부노92 판정.
54) 중앙노동위원회 2021. 6. 2.자 2021부노14 판정.
55) 그러나 부산고법 2018. 11. 14. 선고 2018나53149 판결은 위 중앙노동위원회의 재심판정과 달리, 부당노동행위의 주체인 사용자와 단체교섭의 주체인 사용자를 구분하여, 단체교섭의 주체인 사용자에 관하여는 지배력설 법리를 배척하였는데, 현재 대법원 2018다296229호로 상고심 계속 중이므로 그 추이를 지켜볼 필요가 있다.
56) 김유성b, 81면.

나. 부당노동행위 구제명령의 수범자로서의 사용자

(1) 사업주인 사용자에 국한된다는 견해

노동위원회는 부당노동행위가 성립한다고 판정한 때에 사용자에게 구제명령을 내리는데, 이 경우의 사용자가 부당노동행위 구제명령의 수범자인 사용자이다. 부당노동행위 구제명령의 수범자는 원칙적으로 사업주인 사용자에 국한된다는 견해가 있다.[57] 부당노동행위에 대한 원상회복은 현실적으로 사업주인 사용자에게 명령하는 것으로써 충분하다는 것이다. 사업주 자신이 부당노동행위를 한 경우 이를 즉시 시정하여 원상회복하여야 함은 물론 사업주가 아닌 사용자가 부당노동행위를 행한 경우에도 사업주는 이의 시정을 구체적으로 지시·명령하여야 한다.

(2) 부당노동행위의 주체인 사용자 개념 확장설

이에 대하여 부당노동행위 구제명령의 수범자인 사용자는 원칙적으로는 부당노동행위의 주체인 사용자[58]이나, 경우에 따라서는 부당노동행위의 주체가 아니더라도 구제명령의 내용을 실현하는 사실상의 권한을 가지는 자 역시 구제명령의 수범자가 될 수 있다는 견해가 있다. 예를 들면 합병이 예정되어 있는 회사, 영업양수를 한 회사, 사용자의 권한을 실질적으로 행사하는 모회사나 지배주주 등이 이에 해당한다.[59]

(3) 판례의 입장

우리 판례는 노조법 81조 4호는 근로자가 노동조합을 조직 또는 운영하는 것을 지배하거나 이에 개입하는 행위 등을 부당노동행위로 규정하고 있고, 이는 단결권을 침해하는 행위를 부당노동행위로서 배제·시정하여 정상적인 노사관계를 회복하는 것을 목적으로 하고 있으므로, 그 지배·개입 주체로서의 사용자인지 여부도 당해 구제신청의 내용, 그 사용자가 근로관계에 관여하고 있는 구체적 형태, 근로관계에 미치는 실질적인 영향력 내지 지배력의 유무 및 행사의 정도 등을 종합하여 결정하여야 할 것이어서 근로자의 기본적인 노동조건 등에 관하여 그 근로자를 고용한 사업주로서의 권한과 책임을 일정 부분 담당하고 있다고 볼 정도로 실질적이고 구체적으로 지배·결정할 수 있는 지위에 있는

---

57) 김형배, 1484면; 이상윤a, 933면; 임종률, 285면.
58) 이병한, 843면도 같은 입장을 전제하고 있다.
59) 민변노동법Ⅱ, 348면.

자가, 노동조합을 조직 또는 운영하는 것을 지배하거나 이에 개입하는 등으로 노조법 81조 4호 소정의 행위를 하였다면, 그 시정을 명하는 구제명령을 이행하여야 할 사용자에 해당한다고 판시하고 있다. 원청회사가 사내 하청업체 소속 근로자들의 기본적인 노동조건 등에 관하여 고용사업주인 사내 하청업체의 권한과 책임을 일정 부분 담당하고 있다고 볼 정도로 실질적·구체적으로 지배·결정할 수 있는 지위에 있고 사내 하청업체의 사업폐지를 유도하고 그로 인하여 사내 하청업체 노동조합의 활동을 위축시키거나 침해하는 지배·개입행위를 하였다면, 원청회사는 부당노동행위 구제명령의 대상인 사용자에 해당한다는 것이다.[60]

다. 노조법상 근로자와 부당노동행위의 주체로서의 사용자

(1) 노조법상 근로자 개념

노조법상 근로자는 타인과의 사용종속관계 하에서 노무에 종사하고 대가로 임금 기타 수입을 받아 생활하는 자를 말한다. 구체적으로 노조법상 근로자에 해당하는지는, 노무제공자의 소득이 특정 사업자에게 주로 의존하고 있는지, 노무를 제공 받는 특정 사업자가 보수를 비롯하여 노무제공자와 체결하는 계약 내용을 일방적으로 결정하는지, 노무제공자가 특정 사업자의 사업 수행에 필수적인 노무를 제공함으로써 특정 사업자의 사업을 통해서 시장에 접근하는지, 노무제공자와 특정 사업자의 법률관계가 상당한 정도로 지속적·전속적인지, 사용자와 노무제공자 사이에 어느 정도 지휘·감독관계가 존재하는지, 노무제공자가 특정 사업자로부터 받는 임금·급료 등 수입이 노무 제공의 대가인지 등을 종합적으로 고려하여 판단하여야 한다. 노조법은 개별적 근로관계를 규율하기 위해 제정된 근기법과 달리, 헌법에 의한 근로자의 노동3권 보장을 통해 근로조건의 유지·개선과 근로자의 경제적·사회적 지위 향상 등을 목적으로 제정되었다. 이러한 노조법의 입법 목적과 근로자에 대한 정의 규정 등을 고려하면, 노조법상 근로자에 해당하는지는 노무제공관계의 실질에 비추어 노동3권을 보장할 필요성이 있는지의 관점에서 판단하여야 하고, 반드시 근기법상 근로자에 한정된다고 할 것은 아니다.[61]

(2) 노조법상 근로자와 부당노동행위 주체로서의 사용자 개념

대법원 판례는, 골프장 캐디인 갑 등이 골프장을 운영하는 을 주식회사로부

---

60) 대법원 2010. 3. 25. 선고 2007두8881 판결, 대법원 2010. 3. 25. 선고 2007두9075 판결.
61) 대법원 2018. 6. 15. 선고 2014두12598, 12604 판결.

터 제명처분 등 징계를 받은 후 을 회사를 상대로 징계무효확인을 구한 사안에서, 갑 등은 임금을 목적으로 사용종속적인 관계에서 을 회사에 근로를 제공하는 근기법상 근로자에 해당한다고 볼 수 없으나, 노조법상 근로자성은 인정할 수 있다고 보았다. 근로자의 기본적인 노동조건 등에 관하여 근로자를 고용한 사업주로서 권한과 책임을 일정 부분 담당하고 있다고 볼 정도로 실질적이고 구체적으로 지배·결정할 수 있는 지위에 있는 자가, 노동조합을 조직 또는 운영하는 것을 지배하거나 이에 개입하는 등으로 노조법 81조 4호에서 정한 행위를 하였다면, 근기법에서 정한 의무를 부담하지는 않더라도 부당노동행위의 시정을 명하는 구제명령을 이행하여야 할 사용자에 해당한다는 것이다.[62]

라. 형벌부과대상자로서 사용자

노조법 90조는 "노조법 81조 1항의 규정에 위반한 자는 2년 이하의 징역 또는 2천만 원 이하의 벌금에 처한다"고 규정하고 있다. 따라서 부당노동행위를 행한 사용자는 형벌의 부과대상이 된다. 형벌부과대상자인 사용자는 부당노동행위 금지명령의 수범자와 일치하는 것이 원칙이나 반드시 일치하는 것은 아니다. 그 이유는 동일한 노조법 81조를 해석·적용하는 경우에도 이를 노조법 81조 내지 86조상의 부당노동행위 구제수단으로 적용하는 경우와 노조법 90조의 형벌부과에 적용하는 경우에는 그 해석·적용기준이 달라질 수 있기 때문이다. 즉, 전자의 경우에는 노사관행 등 노사제도의 전반적인 측면을 종합적으로 고려하여야 하는 반면, 후자의 경우에는 형법상의 엄격한 범죄구성요건을 충족시켜야 한다.[63]

부당노동행위의사와 관련하여, 사용자가 근로자를 해고함에 있어서 표면상의 해고사유와는 달리 실질적으로는 근로자가 노동조합업무를 위한 정당한 행위를 한 것을 이유로 해고한 것으로 인정되는 경우에는 부당노동행위가 성립한다고 보아야 한다. 한편 근로자의 노동조합업무를 위한 정당한 행위를 실질적인 해고사유로 한 것인지의 여부는 사용자측이 내세우는 해고사유와 근로자가 한 노동조합업무를 위한 정당한 행위의 내용, 해고를 한 시기, 사용자와 노동조합과의 관계, 동종의 사례에 있어서 조합원과 비조합원에 대한 제재의 불균형 여부, 징계절차의 준수 여부, 징계재량의 남용 여부 기타 부당노동행위의사의 존재를 추정할 수 있는 제반사정을 비교, 검토하여 종합적으로 판단하여야 한

---

62) 대법원 2014. 2. 13. 선고 2011다78804 판결.
63) 이상윤a, 934면.

다.64) 한편 노조법상 부당노동행위가 인정되기 위해서는 고의를 포함한 구성요
건해당성과 위법성 및 책임이 인정되어야 하는데 노조법이 규정한 사용자의 직
장폐쇄는 사용자와 근로자의 교섭태도 및 교섭과정, 근로자의 쟁의행위의 목적
과 방법 및 그로 인하여 사용자가 받는 타격의 정도 등 구체적인 사정에 비추
어 근로자의 쟁의행위에 대한 방어수단으로서 상당성이 있어야만 사용자의 정
당한 쟁의행위로 인정할 수 있고,65) 한편 근로자의 쟁의행위 등 구체적인 사정
에 비추어 직장폐쇄의 개시 자체는 정당하다고 할 수 있지만, 어느 시점 이후에
근로자가 쟁의행위를 중단하고 진정으로 업무에 복귀할 의사를 표시하였음에도
사용자가 직장폐쇄를 계속 유지하면서 근로자의 쟁의행위에 대한 방어적인 목
적에서 벗어나 적극적으로 노동조합의 조직력을 약화시키기 위한 목적 등을 갖
는 공격적 직장폐쇄의 성격으로 변질되었다고 볼 수 있는 경우에는, 그 이후의
직장폐쇄는 정당성을 상실한 것으로 보아야 하는바,66) 2007. 12. 28. 이후의 직
장폐쇄는 공소외 회사에 유리한 방향으로 협상을 이끌기 위한 목적에서 비롯된
공격적 직장폐쇄로서 방어수단을 넘어선 것이고, 피고인이 조합원들의 개별적
근로의사표명이 시작된 2007. 12. 28. 이후에도 계속하여 직장폐쇄를 유지한 것
은 노동조합의 운영에 지배·개입할 의사에 기한 부당노동행위에 해당한다고
판단하여, 그로 인한 노조법 위반의 공소사실을 유죄로 인정한 판결이 있다.67)

    한편, 공모공동정범이론을 적용하여 노조법 90조의 형벌부과대상 또한 부
당노동행위금지명령의 수범자나 부당노동행위 구제명령의 수범자인 사용자처럼
형벌부과대상인 사용자 또한 넓게 해석할 여지도 있다.

마. 사용자의 부당노동행위에 대한 사업주의 형사책임68)

    부당노동행위에 대한 처벌과 관련하여 사업주가 부당노동행위를 한 경우에
는 사업주만 처벌되지만, 사업주 이외의 사용자가 부당노동행위를 한 경우에는
사업주와 사업주 이외의 사용자가 같이 처벌된다. 이것은 양벌규정인 노조법 94
조에 의해 사업주가 자기 이외에 제3자에게 사용자의 권한을 일부 위임한 데
대한 감독책임을 묻는 것이라고 이해된다.69)

---

    64) 대법원 1994. 12. 23. 선고 94누3001 판결.
    65) 대법원 2003. 6. 13. 선고 2003두1097 판결 등 참조.
    66) 대법원 2016. 5. 24. 선고 2012다85335 판결 등 참조.
    67) 대법원 2017. 7. 11. 선고 2013도7896 판결.
    68) 김헌수, 646~647면.

　　사용사업주와 고용사업주가 노동조합의 설립 사실을 알고서 그 활동을 방해하기 위하여 함께 대책을 논의하여 위와 같은 행위를 하였다면, 사용사업주와 고용사업주는 공동정범의 예에 따라 처벌할 수 있다. 고용사업주는 노동조합원인 근로자를 해고할 의사가 없었는데, 사용사업주가 그 근로자의 조합활동을 혐오하여 고용사업주와 맺은 계약을 해지하고, 그로 인하여 사용사업주가 부득이하게 근로자를 해고하게 되었다면, 공동정범으로 의율할 수는 없다. 그 경우 고용사업주에게 부당노동행위의 고의를 인정할 수 없고 부당노동행위에 관한 형사책임을 물을 수 없기 때문이다. 그러나 이 때에도 사용사업주는 주관적 구성요건요소인 고의를 결여한 고용사업주를 이용하여 부당노동행위의 결과를 발생한 것이므로, 간접정범으로 처벌할 수 있다. 만약 사용사업주가 고용사업주를 교사하여 주도적으로 노동조합 활동을 하던 근로자를 해고하도록 하였다면, 고용사업주는 부당노동행위의 정범으로, 사용사업주는 그 교사범으로 처벌할 수 있다. 사용사업주가 고용사업주의 부당노동행위를 방조한 경우에는 방조범으로 처벌한다.70)

바. 사용자단체

　　사용자단체라 함은 노동관계에 관하여 그 구성원인 사용자에 대하여 조정 또는 규제할 수 있는 권한을 가진 사용자의 단체를 말한다(노조법 2조 3호). 노조법은 사용자단체도 성실교섭 의무를 가진다고 규정하고 있는데(노조법 30조 1, 2항), 사용자단체가 이를 위반하는 경우에 부당노동행위가 되지 않는다고 보는 것은 불합리하고, 노조법이 부당노동행위의 주체를 사용자로 규정한 것은 예시적 의미를 갖는 데 불과하다. 그동안 노동위원회71)와 법원72)도 사용자단체를 상대로 하는 부당노동행위 구제신청사건에서 사용자단체를 부당노동행위의 주체에서 배제하지 않은 것 같다. 다만 부당노동행위 처벌제도(노조법 90조)에서는 사용자 개념의 확장에 의하여 사용자단체를 사용자로 볼 수 있는 경우가 아닌 한, 죄형법정주의의 원칙상 명문의 규정이 없는 사용자단체의 교섭거부나 지배·개

---

69) 노조법 94조(양벌규정) 법인 또는 단체의 대표자, 법인·단체 또는 개인의 대리인·사용인 기타의 종업원이 그 법인·단체 또는 개인의 업무에 관하여 88조 내지 93조의 위반행위를 한 때에는 행위자를 벌하는 외에 그 법인·단체 또는 개인에 대하여도 각 해당 조의 벌금형을 과한다.

70) 도재형, 523면.

71) 중앙노동위원회 2017부노25 판정, 부산지노위 2015부노110 판정 등 참조.

72) 대법원 1992. 2. 25. 선고 90누9049 판결(수산업협동조합 사건) 등 참조.

입은 부당노동행위로 보기 곤란하다. 노조법 81조에서 부당노동행위의 주체에 사용자단체도 포함시켜 규정하는 보완입법이 필요하다고 생각한다.[73)

2. 노동조합

가. 부당노동행위 주체성 인정 여부

우리나라에서는 노동조합은 부당노동행위의 주체가 되지 아니한다. 부당노동행위제도는 헌법상 근로자에게 인정된 노동3권의 내용을 보호하기 위해 사용자에게 제한을 가하는 것이므로 사용자의 부당노동행위(노조법 81조) 외에 노동조합의 부당노동행위를 인정할 법적 근거가 없다.[74) 우리나라에서도 부당노동행위 구제제도를 처음 도입하였을 때에는 사용자뿐만 아니라 노동조합도 부당노동행위의 주체가 될 수 있었다. 그러나 이는 헌법상 근로자의 노동3권을 침해할 소지가 있다고 판단되어 근로자는 부당노동행위의 주체에서 제외되고 사용자만 부당노동행위의 주체가 되었다. 즉, 우리나라의 부당노동행위 구제제도는 헌법상 노동3권의 내용을 구체화한 것이므로 노동조합의 부당노동행위라는 개념은 존재하지 않는다. 다만 앞서 살펴본 공동정범, 교사범, 방조범의 성립요건에 따라서 노동조합도 사용자의 공범으로서 부당노동행위의 주체가 될 수 있고, 특히 복수노조 하에서 사용자가 중립의무를 위반하거나 교섭대표노조가 공정대표의무를 위반하는 경우 노조법 30조 2항, 81조 1항 3호의 해석상 노동조합 또한 정당한 이유없는 단체교섭 또는 단체협약체결의 거부 또는 해태 유형의 공범으로서 부당노동행위의 주체가 되는 것으로 해석할 수 있다.

이에 대하여 입법론적으로 다른 견해가 있는데 그 논거는 다음과 같다. 노동3권은 절대적 기본권이 아니며 내재적 한계를 갖고 있으므로 사용자의 재산권과 조화, 균형을 이루어 행사되어야 하며, 다른 근로자, 노동조합의 노동3권을 침해하거나 지배·개입하여서는 아니 된다. 노동3권이 내재적 한계를 일탈하여 행사되는 경우 입법정책상 이를 근로자의 부당노동행위로 볼 수도 있으므로 헌법상 노동3권이 보장된다고 하여 반드시 근로자의 부당노동행위가 부정되는 것은 아니다. 이러한 예로서 미국의 부당노동행위 구제제도를 들 수 있다. 우리나라에서 노동3권이 내재적 한계를 일탈하여 행사되는 경우 노동조합의 설립 불

---

73) 임종률, 287면.
74) 김형배, 1473면; 임종률, 283면.

가, 민사, 형사책임의 부과 및 관련 형벌에 의한 제재가 인정됨에 반하여, 미국에서는 이를 원상회복주의를 원칙으로 하는 단순한 부당노동행위로 취급함으로써 오히려 노동3권이 두텁게 보장된다고 볼 여지가 있다는 것이다.[75] 특히 복수노조가 인정되는 오늘날의 상황에서는 노조법상 부당노동행위제도도 변경되어야 하고, 노동조합의 부당노동행위를 인정해야 하며,[76] 교섭창구단일화제도에 의해서 소수노조가 교섭대표노조의 결정에 실질적으로 따를 수밖에 없다고 한다면, 교섭대표노조가 소수노조에 대한 부당노동행위의 주체가 될 수 있다고 보아야 한다는 견해가 제시되고 있다.[77]

나. 부당노동행위의 객체로서의 노동조합

부당노동행위의 객체는 근로자와 노동조합이다. 부당노동행위의 객체로서의 노동조합이 법내노조로 한정되는지 문제되는데, 이는 법외노조에 대한 사용자의 행위가 부당노동행위가 될 수 있는지, 이에 따라 처벌의 대상 또는 민사구제의 대상이 되는지와 관련하여 의미가 있다. 부당노동행위 금지 규정 중 노동3권 방해의 불이익취급, 반조합계약, 단체교섭거부, 운영비원조를 제외한 지배개입의 금지는 헌법상 노동3권 보장의 효과를 확인하는 성질의 것이므로, 법내노조로 한정되지 않고 노조법에 따라 설립되지 않은 이른바 '헌법상의 노조'도 포함된다고 보아야 한다. 그러나 나머지 금지 규정, 즉 운영비원조, 불이익취급 금지 등은 노조법이 창설한 규정이므로, 그 행위의 객체인 노조 또한 법내노조로 한정된다는 견해가 유력하다.[78]

V. 유   형

1. 유   형

노조법 81조 1항은 부당노동행위로 ① 노동조합의 조직·가입·활동에 대한 불이익취급(1호), ② 반조합계약[79]의 체결(2호), ③ 단체교섭의 거부 또는 해태

---

75) 이상윤a, 935면.
76) 방준식b, 86면.
77) 방준식a, 341면.
78) 임종률, 288면, 이상윤a, 935~936면.
79) 비열계약, 황견계약이라고도 칭하며, 근로자를 채용할 때 노동조합에 가입하지 않거나 노동조합에서 탈퇴할 것을 약속하게 하는 것을 의미한다.

(3호), ④ 노동조합의 조직·운영에 대한 지배·개입과 경비원조(4호), ⑤ 단체행
동 참가 기타 노동위원회와 관계되는 행위에 대한 불이익취급(5호) 등 5가지 유
형의 행위를 규정하고 있고, 노조법 82조 이하에서 그에 대한 구제절차를 마련
하고 있다.[80]

    부당노동행위의 다섯 가지 유형은 1953. 3. 8. 제정 노동조합법과 노동쟁의
조정법에 산재되어 있다가, 1963. 4. 17. 개정 노동조합법으로 통합되었다. 1980.
12. 31. 개정 노동조합법에서 유니언 숍 협정제도를 폐지하였으나, 1987. 11. 28.
개정 노동조합법에서 이를 환원하면서 제명된 근로자보호를 강화하고, 1996.
12. 26. 전문 개정 및 1997. 3. 13. 제정 노조법은 시행유예를 조건으로 노조전
임자에 대한 사용자의 급여지원을 부당노동행위로 명시하였으며, 2006. 12. 30.
개정 노조법은 유니언 숍 협정에서 불이익금지대상을 복수노조허용에 맞게 개
정하였고, 2010. 1. 1. 개정 노조법에서 노조전임자 임금지급금지제도를 시행하
도록 하면서 새로이 도입된 근로시간면제제도에 따라 활동하는 것을 지배·개
입 및 경비원조의 예외로 규정하게 되었다.[81]

    부당노동행위의 유형과 관련하여 노조법 81조 1항 각 호의 부당노동행위를
개인을 대상으로 하는 것(1·5호)과 노동조합을 대상으로 하는 것(3·4호)으로 분
류하는 견해,[82] 근로계약관계 내 권한을 이용한 행위(1·2·5호)와 그렇지 않은
행위(3·4호)로 분류하는 견해, 단결권에 관한 사용자의 부작위의무를 정하는 것
(1·2·4·5호)과 작위의무를 정한 것(3호)으로 분류하는 견해가 있다.[83]

    부당노동행위 유형의 법적 성질과 관련하여서는 예시설과 제한열거설[84]이
대립한다. 예시설에 의하면 노조법 81조 1항에 규정된 다섯 가지 유형의 부당노
동행위는 수많은 부당노동행위의 유형 중 대표적인 것만 열거한 것에 불과하므
로, 다섯 가지 이외에도 다른 형태의 부당노동행위가 존재할 수 있다고 한다.

---

80) 사법연수원a, 366면.
81) 하갑래b, 574~576면.
82) 다만, 불이익취급 및 반조합계약은 노동조합에도 직접 피해를 줄 수 있다는 점에서 단체에
   대한 부당노동행위의 성격도 아울러 가진다. 그런데 예컨대 법외조합이 구제신청을 할 수 없
   는(노조법 7조 1항) 부당노동행위는 단체에 대한 부당노동행위일 것이지만, 법외조합의 구성
   원이 구제신청을 할 수 있는(노조법 7조 2항 참조) 부당노동행위는 개인에 대한 부당노동행
   위이다. 따라서 부당노동행위의 유형을 이와 같이 개인에 대한 것과 노동조합에 대한 것으로
   구분하는 것도 의미가 있다.
83) 한용식, 32면.
84) 부산고법 2021. 5. 12. 선고 2018나53934 등 판결(심리불속행기각 확정).

국내 학설은 대부분 예시설을 취하고 있다. 제한열거설에 의하면 노조법 81조 1
항에 규정된 다섯 가지 형태의 행위만 부당노동행위에 해당되며 다른 사용자의
행위는 부당노동행위가 될 수 없다고 한다. 우리 노조법은 부당노동행위 구제제
도로 원상회복주의와 형벌주의를 동시에 채택하고 있는데, 예시설을 취할 경우
부당노동행위에 대한 노조법 90조에 정한 처벌규정에 죄형법정주의 원칙을 적
용할 수 없다는 문제점이 있다. 이에 따라 원상회복주의 하에서는 예시설이, 형
벌주의 하에서는 제한열거설이 이론상으로 타당하다는 견해가 있다.[85]

2. 각 호의 관계

가. 포괄규정설[86]

　　미국의 부당노동행위규정이 근로자의 단결권, 단체교섭권, 단체행동권에 대
한 간섭, 억압, 강제를 금한다는 포괄조항[87]을 설정하고 있는 데 비하여, 우리
노조법 81조는 통칙규정을 두고 있지 아니하므로, 노조법 81조 1항 4호에 대하
여 통칙적 지위를 부여할 필요가 있다는 견해이다. 지배·개입이라는 관념은 아
주 탄력적이고 포괄적인 관념[88]이기 때문에 차별대우에 포함되지 않는 경우에
도 지배·개입에 포함된다고 해석할 수 있고, 그렇게 해석하는 것이 헌법 33조
의 정신을 구체화한 부당노동행위의 본래 취지에 부합된다는 것이다. 이러한 입
장에서는 노조법 81조 1항 각 호(4호 제외)에 위반하는 행위는 동시에 4호에도 위
반되며, 다른 호에 해당하지 않는 행위일지라도 4호에 해당할 수 있다고 해석하

---

85) 이상윤a, 940면.
86) 심태식, 219면; 吾妻光俊, 勞働法槪論, 138면, 150면. 吾妻光俊은 일본 노조법 7조가 규정한
　　4종의 부당노동행위(1 내지 4호)에 대한 열거주의를 비판하며, 노조법 7조 3호의 '지배·개
　　입'은 헌법 28조에 위배되는 사용자의 행위를 포함하는 것으로 개괄조항으로서의 의미를 부
　　여해야 한다고 주장한다.
87) 사용자는 NLRA 7조에 의하여 근로자에게 보장되는 권리의 행사에 대하여 이를 간섭·제
　　한 또는 강제하여서는 아니된다[8조 (a)(1)]. NLRA 7조에서 보장되는 근로자의 권리라 함은
　　① 노동조합을 결성하고 이에 가입하거나 지원하는 권리, 근로자가 선출한 대표자를 통하여
　　단체교섭을 하는 권리 및 기타 단체교섭 또는 상호 부조·보호를 위하여 단체행동에 참여하
　　는 권리와 ② 이러한 활동에 참여하지 아니할 권리를 말한다.
88) 여기서 지배라 함은 노동조합을 사용자에게 종속시키거나 사용자의 의도대로 조종하는 것
　　을 말하며, 개입이란 노동조합이 어떠한 의사결정을 하거나 행동을 할 때 사용자의 의사를
　　반영시켜 그 결정이나 행동이 사용자의 의도대로 변경되도록 하는 것을 말한다. 그러나 법률
　　적 효과가 같으므로 이를 굳이 구별할 실익은 없다. 이러한 형태의 부당노동행위가 성립하는
　　데는 부당노동행위의사나 단결권행사가 영향을 받는 등의 결과가 발생할 필요는 없다는 것
　　이 통설의 입장이다. 사법연수원a, 375~376면.

여 다른 각 호의 간격을 메우는 역할을 4호에 부여한다.

나. 병렬열거설[89]

병렬열거설은 노조법 81조 1항 4호의 지배·개입에 관한 규정을 다른 규정과 구별하지 아니하고 노조법 81조 1항 각 호의 모든 규정을 단순히 병렬적 또는 열거적 규정으로 보되, 다만 4호가 다른 규정과 달리 그 지배·개입이라는 측면에서 다의적이라고 한다. 각 호는 대등한 의의를 가지고 병렬되어 있는 것으로 보아야 하므로, 신청된 행위가 어느 부당노동행위에 해당하는가 여부는 각 유형마다 판단되고 그 결과 둘 이상의 유형에 동시에 해당하는 부당노동행위도 존재한다는 것이다.

다. 절 충 설[90]

절충설은 노조법 81조 1항 4호를 포괄규정으로 보거나 병렬열거로 보거나 모두 부당노동행위의 구제범위를 넓게 하고자 한다는 점에서 커다란 차이점은 없다고 한다. 다만, 노동위원회가 각 유형을 형식적·피상적으로 준별함이 없이 상호 보완적으로 해석·적용하면서 사안의 내용에 적합하게 부당노동행위를 구성하고 이에 대한 적절한 구제를 내리는 것이 중요하다고 한다. 절충설을 취하고 있는 견해 중에는, 포괄규정설을 취하는 경우에도 노조법 81조 1항 4호는 통칙적 규정이 될 수 없다고 보는 견해[91]가 있다. 그 이유는 지배·개입행위가 노동3권의 행사 자체는 인정하되 이에 대한 사용자의 영향력을 행사하는 행위이므로 그 성질을 달리한다는 것이다. 굳이 통칙적 규정을 들자면 오히려 노조법 81조 1항 1호의 '기타 노동조합의 업무를 위한 정당한 행위'가 이에 해당된다고 보며, 노동위원회의 판정 및 법원의 판결도 81조 1항 1호를 폭넓게 해석하고 있다고 본다.[92]

라. 검   토

노조법 81조 1항 4호의 표현은 다른 호의 표현에 비하여 두드러지게 추상적이고 탄력적이며 포괄적이기 때문에 단결권 침해행위의 대부분이 4호 속에 포함된다고 해석할 수가 있다. 하지만 4호에 포괄조항의 의미를 특히 붙여야 할

---

89) 林信雄, 労働法, 273면 이하, 김형배, 1485면에서 재인용; 임종률, 289면.
90) 이상윤a, 941면.
91) 이상윤a, 941면.
92) 이상윤a, 941면.

이유는 없다. 미국의 경우는 헌법상 단결권의 보장이 없으므로 부당노동행위 규정 속에 포괄조항을 설정하여 보장될 단결권의 범위를 명백하게 할 필요가 있었지만 헌법 33조를 가진 우리나라의 경우는 그러한 필요성이 없으며 본래 포괄조항으로서 규정되지 않은 4호에 그와 같은 의미를 갖게 하는 것은 아무래도 해석상 무리가 있다. 4호를 일부러 포괄조항이라고 해석하지 않더라도 각 호 규정의 관계는 4호 그 자체의 해석에서도 결과적으로 도출될 수 있다. 노조법 81조 1항 4호를 포괄규정으로 보는 견해는 노조법 81조 1항이 헌법 33조의 규범 내용의 확인이며 노조법 81조 1항에 위반되는 법률행위가 당연히 무효라고 하는 입장을 취하고 있지 않다. 즉, 헌법 33조와 노조법 81조 1항의 직결성을 부인하기 때문에 이러한 점을 보완하는 수단으로 헌법 33조 이외에 노조법 81조 1항 4호에 부당노동행위의 전체를 걸머지는 포괄조항의 의미를 구하려고 하는 것이다. 따라서 이 문제의 근본은 헌법 33조와 노조법 81조 1항의 관계를 어떤 것으로 보느냐에 달려 있다. 양자의 직결성을 인정한다면 포괄조항 등의 논의를 굳이 끄집어낼 필요가 없으며 부당노동행위의 총괄적 판단기준으로서는 헌법 33조만으로 충분하다. 그리고 노조법 81조 1항은 헌법 33조가 보장하는 노동3권의 침해행위를 예시한 데 불과하다는 전제 하에서 각 호의 관계를 합리적으로 해석함으로써 타당한 결론을 얻을 수 있다.[93] 다만, 4호를 포괄규정으로까지 해석하지 않아도 1·2·3·5호와 동시에 4호가 인정된다고 해석한다면, 불이익취급을 받은 조합원이 그 후 조합원 자격을 상실한 경우에도 노동조합이 지배개입에 대해 구제를 받을 수 있다는 실익이 있다.[94]

Ⅵ. 부당노동행위의사(불이익취급)

1. 부당노동행위의사의 요부

가. 필요설(의사필요설)

불이익취급의 부당노동행위(노조법 81조 1항 1호 및 5호)의 성립요건으로 부당노동행위의사가 필요하다는 견해이다. 부당노동행위의사는 반조합적인 의도 내지 동기이고, 법문상 '이유로'의 해석을 반조합적 의욕 내지 동기라고 설명하는 견

---

93) 한용식, 33~34면.
94) 니시타시 사토시, 176면.

해이다.95) 또한 필요설을 취하면서 다만 부당노동행위 의사의 내용에 관해서는 이를 반조합적 의도 내지 동기라고 설명하는 것은 너무 막연하여, 예컨대 평소 노동조합을 혐오하던 사용자가 하는 불이익처분은 언제나 불이익취급의 부당노동행위가 된다고 오해할 여지가 있으므로 근로자가 정당한 단결활동 등의 행위를 했다는 사실의 인식(정당성 유무에 관한 판단의 착오는 문제되지 않음) 및 그 사실 때문에 그 근로자에게 불이익을 주려는 의욕을 부당노동행위 의사라고 보아야 할 것이라는 견해가 있다.96) 반조합적 의도 내지 동기는 간접사실(제반사정)로부터 인정되는 '추정의사'이다. 부당노동행위의사를 성립요건으로 하는 의사필요설은 불이익취급의 부당노동행위가 사용자의 의사, 즉 주관적 의사에 의해 행해지는 점을 중시하는 견해(의사필요설)이다. 의사필요설에서는 부당노동행위의사의 증명이 필요하다. 의사필요설은 부당노동행위의사의 존재를 부당노동행위의 성립요건으로 하지만, 그 증명에 관해서는 의사 그 자체가 아니라 외부에 나타난 객관적인 사실로부터 의사의 존재를 추정하게 된다. 처벌주의와 원상회복주의를 병행하고 있는 제도에서 부당노동행위의사는 고의와는 다른 것이지만 처벌의 전제로서 요구되고, 이는 형사법적 관점에서도, 구제명령을 발하는 행정법적 관점에서도 요구되는 것이다.

나. 불요설(객관적 인과관계설)

불이익취급의 성립에 부당노동행위 의사는 요하지 않는다고 하면서 근로자의 단결활동 등의 행위와 사용자의 불이익처분 사이에 객관적으로 인과관계가 인정되면 족하다는 견해이다.97) 법문상 '이유로'의 해석을 반조합적 의사가 제반사정을 종합적으로 검토하여 객관적으로 추정되면 족하다는 견해 또한 불요설, 객관적 인과관계설로 분류된다. 의사불요설은 부당노동행위제도는 장래의 노사관계의 안정을 도모하고자 하는 행정구제로서의 특질을 가진다는 점을 강조한다. 다시 말해서 부당노동행위제도는 사용자의 행위를 악하다는 전제에서 그 책임을 추급하는 제도가 아니라, 원만한 단체교섭의 실현을 위한 제도라는 점을 강조한다. 즉, 부당노동행위제도는 사용자의 반조합적 의사에 대한 규범의 확립을 목적으로 하는 것이므로 구체적인 반조합적 의사의 증명은 불필요하다

---

95) 박상필, 492면.
96) 임종률, 295면.
97) 김유성, 333면; 하갑래b, 598면; 이병태, 439면; 김형배, 1494면.

는 견해이다. 부당노동행위의사는 추정적 의사, 객관적으로 추정된 사용자의 의사이고, 행위는 인간의 의사지배의 결과이므로 행위 외에 의사에 관해서는 특별히 증명을 요하지 않기 때문이다. 따라서 불이익취급의 부당노동행위에는 객관적인 사실 외에 부당노동행위의사까지 필요하지는 않을 것이다. 그런 의미에서 단체교섭거부나 지배개입과 같은 객관적 사실행위의 경우에도 부당노동행위의사는 불필요하다고 본다.[98]

판례가 지배 개입의 부당노동행위 태양에 대해 일반적으로 지배 개입 의사가 인정되는 것을 요건으로 하여 부당노동행위 성립을 판단하여 왔으나, 지배 개입 의사라는 요건은 종종 부당노동행위 인정을 어렵게 하고 있으므로, 노동위원회를 통한 구제 여부는 사용자의 주관적 의도 유무가 아닌, 사용자의 행위가 노동3권을 침해하고 노사관계에 장애가 되므로 정상적인 노사관계 회복 필요성을 기준으로 판단하여야 한다는 견해가 유력하다. 노동위원회의 구제는 사용자에게 형사나 민사의 책임을 지우는 것이 아니라 행정적인 절차를 통해 사용자의 행위를 시정하려는 것이기 때문에 행위에 대해 노동조합과 노조원들이 어떻게 받아들이는가를 노사관계의 객관적인 시각에서 평가하여야 하고, 객관적인 태양을 중시하여야 한다는 것이다.[99]

또한 '이유로'를 부당노동행위 의사로 파악하는 것은 형법이론과의 조화에 따라 이를 객관적 구성요건으로 파악하고, 부당노동행위 의사를 주관적 구성요건(고의)으로 자리매김한 것인데, '이유로'의 구체적 내용은 전문적인 노동법에 종속되어야 한다는 지적이 있다.[100]

다. 판   례

(1) 증명책임

판례는 대체적으로 부당노동행위의 성립에 부당노동행위의사나 지배·개입 의사가 필요하다는 입장인 것으로 보인다.[101] 사용자의 행위가 노조법에서 정한 부당노동행위에 해당하는지는 사용자의 부당노동행위 의사의 존재 여부를 추정할 수 있는 모든 사정을 전체적으로 심리 검토하여 종합적으로 판단하여야 하고, 부당노동행위에 대한 증명책임은 이를 주장하는 근로자 또는 노동조합에 있

---

98) 방준식b, 81~82면.
99) 김홍영, 347면.
100) 우희숙, 132면.
101) 대법원 2014. 2. 13. 선고 2011다78804 판결, 대법원 2015. 1. 29. 선고 2012다68057 판결 등.

다. 그러므로 필요한 심리를 다하였어도 사용자에게 부당노동행위 의사가 존재하였는지 여부가 분명하지 아니하여 그 존재 여부를 확정할 수 없는 경우에는 그로 인한 위험이나 불이익은 그것을 주장한 근로자 또는 노동조합이 부담할 수밖에 없다.102)

(2) 판단기준

부당노동행위의 성립 여부에 대해서는 제반 사정을 종합하여 판단하여야 한다.103) 근로자에 대한 인사고과가 상여금의 지급기준이 되는 사업장에서 사용자가 특정 노동조합의 조합원이라는 이유로 다른 노동조합의 조합원 또는 비조합원보다 불리하게 인사고과를 하여 상여금을 적게 지급하는 불이익을 주었다면 그러한 사용자의 행위도 부당노동행위에 해당할 수 있다. 이 경우 사용자의 행위가 부당노동행위에 해당하는지 여부는, 특정 노동조합의 조합원 집단과 다른 노동조합의 조합원 또는 비조합원 집단을 전체적으로 비교하여 양 집단이 서로 동질의 균등한 근로자 집단임에도 불구하고 인사고과에 양 집단 사이에 통계적으로 유의미한 격차가 있었는지, 인사고과의 그러한 격차가 특정 노동조합의 조합원임을 이유로 불이익취급을 하려는 사용자의 반조합적 의사에 기인한다고 볼 수 있는 객관적인 사정이 있었는지, 인사고과에서의 그러한 차별이 없었더라도 동등한 수준의 상여금이 지급되었을 것은 아닌지 등을 심리하여 판단하여야 한다.104)

(3) 결과 발생의 요부

사용자는 노조법 29조의2 1항이 정하는 바에 따라 교섭창구를 단일화하지 않고 복수의 노동조합과 개별적으로 교섭을 진행하여 체결 시기와 내용 등을 달리하는 복수의 단체협약을 체결할 수 있다. 한편 노조법 81조 1항 4호는 근로자가 노동조합을 조직 또는 운영하는 것을 지배하거나 이에 개입하는 행위 등을 사용자의 부당노동행위의 한 유형으로 규정하고 있다. 이는 단결권을 침해하는 행위를 배제·시정함으로써 정상적인 노사관계를 회복하려는 데에 취지가 있다. 이러한 부당노동행위 금지 규정과 취지를 고려하면, 노조법 29조의2 1항

---

102) 부산고법(창원) 2021. 2. 18. 선고 2020나12373 판결(심리불속행으로 기각 확정), 대법원 2007. 11. 15. 선고 2005두4120 판결, 대법원 2018. 6. 15. 선고 2014두12598, 12604 판결 등 참조.
103) 대법원 1992. 1. 21. 선고 91누5204 판결.
104) 대법원 2018. 12. 27. 선고 2017두37031 판결 등 참조.

단서에 따라 개별 교섭 절차가 진행되던 중에 사용자가 특정 노동조합과 체결한 단체협약의 내용에 따라 해당 노동조합의 조합원에게만 금품을 지급한 경우, 사용자의 이러한 금품 지급 행위가 다른 노동조합의 조직이나 운영을 지배하거나 이에 개입하는 의사에 따른 것이라면 부당노동행위에 해당할 수 있다. 이 경우 사용자의 행위가 부당노동행위에 해당하는지는 금품을 지급하게 된 배경과 명목, 금품 지급에 부가된 조건, 지급된 금품의 액수, 금품 지급의 시기나 방법, 다른 노동조합과의 교섭 경위와 내용, 다른 노동조합의 조직이나 운영에 미치거나 미칠 수 있는 영향 등을 종합적으로 고려하여 판단하여야 한다. 다만 그 지배·개입으로서의 부당노동행위의 성립에 반드시 근로자의 단결권의 침해라는 결과의 발생까지 요하는 것은 아니다.105)

2. 부당노동행위의사의 판단

가. 판단의 주체

우리나라와는 달리 미국의 경우 1심에서 전국노동관계위원회가 부당노동행위 구제에 관한 독점적 관할을 가지고 있고,106) 일본의 경우 부당노동행위 사건은 노동위원회에서, 부당해고 사건은 재판소(법원)에서만 전속적으로 다루고 있다.107) 미국이 단체교섭과 부당노동행위를 연방법으로 창설하여 1심 판단에서 경찰과 사법부의 관할을 배제하고 전국노동관계위원회에서 조사와 판단의 독점적 관할권을 맡게 한 것은 노동관계의 공법적 성격을 명확히 하고, 노동법의 원리를 충실히 반영하지 못하는 사법원리의 적용을 배제할 목적이었다.108)

나. 직권주의와 증명책임

노동위원회는 변론주의를 취하고 있는 법원의 민사절차와는 달리 직권으로 부당노동행위와 관련하여 사실관계를 확인하는 등 그 사무집행을 위하여 필요하다고 인정할 때에는 근로자, 노동조합, 사용자, 사용자단체, 그 밖의 관계인에 대하여 출석·보고·진술 또는 필요한 서류의 제출을 요구하거나 위원장 또는 부문별 위원회의 위원장이 지명한 위원 또는 조사관으로 하여금 사업 또는 사업장의 업무상황, 서류, 그 밖의 물건을 조사하게 할 수 있고(노위법 23조), 부당노

---

105) 대법원 2019. 4. 25. 선고 2017두33510 판결.
106) 김미영, 253면.
107) 박종선·유각근, 125면.
108) 김미영, 253면.

동행위 구제신청을 다투는 절차인 법원의 행정소송절차 또한 법원이 필요하다고 인정할 때에는 직권으로 증거조사를 할 수 있고, 당사자가 주장하지 아니한 사실에 대하여도 판단할 수 있는 직권심리주의(행소법 26조)를 취하고 있다.

실무상 직권주의를 취하고 있는 노동위원회와 행정소송실무가 민사법정의 변론주의처럼 운용되고 있는 문제가 지적되곤 한다. 부당노동행위 성립에서 사용자의 반조합적 의욕이나 동기를 요건으로 하기보다는 법문에 충실하여 객관적 인과관계로서 '이유'가 인정된다면 성립요건으로서 충분하다고 보고, 사실상 증명책임을 전환하거나 완화하는 것 역시 필요한 요청인 것으로 해석된다.

다. 대량관찰방식

부당노동행위의사와 그 증명책임과 관련하여 판례와 노동위원회가 대안으로 제시하는 것 중의 하나가 대량관찰방식이다. 대법원은 "사용자가 근로자에 대하여 노동조합의 조합원이라는 이유로 비조합원보다 불리하게 인사고과를 하고 그 인사고과가 경영상 이유에 의한 해고 대상자 선정기준이 됨에 따라 그 조합원인 근로자가 해고되기에 이르렀다고 하여 그러한 사용자의 행위를 부당노동행위라고 주장하는 경우, 그것이 부당노동행위에 해당하는지 여부는, 조합원 집단과 비조합원 집단을 전체적으로 비교하여 두 집단이 서로 동질의 균등한 근로자 집단임에도 인사고과에서 두 집단 사이에 통계적으로 유의미한 격차가 있었는지, 인사고과에서 그러한 격차가 노동조합의 조합원임을 이유로 하여 비조합원에 비하여 불이익취급을 하려는 사용자의 반조합적 의사에 기인하는 것, 즉 사용자의 부당노동행위 의사의 존재를 추정할 수 있는 객관적인 사정이 있었는지, 인사고과에서의 그러한 차별이 없었더라면 해고 대상자 선정기준에 의할 때 해고대상자로 선정되지 않았을 것인지 등을 심리하여 판단하여야 한다."고 판시한 바 있다.[109]

대량관찰방식이란 이미 1980년대에 일본 노동위원회 사정(査定)차별사건에서 근로자 측의 증명책임을 경감하고 노사관계의 실태에 적합한 해결을 위하여 채택한 증명방식으로서 조합원과 비조합원 또는 노동조합 상호간을 전체적으로 비교한 다음 그 집단 사이에 현저한 격차가 있는 경우에는 그러한 이유에 대하여 사용자가 반증을 하지 못하는 한 이를 부당노동행위로 간주하는 증명방식이다.[110]

---

109) 대법원 2009. 3. 26. 선고 2007두25695 판결.
110) 김소영, 94~95면.

이와 같은 상황에서 위 판결이 대량관찰방식(조합원 집단과 비조합원 집단을 통계적으로 비교하는 방식)에 의한 통계적 분석결과를 인과관계(노동조합 조합원이라는 이유로 불리하게 인사고과가 되었는지)의 판단기준으로 제시한 것은 큰 의미가 있다. 향후 '경영상 해고와 부당노동행위'가 교차되는 사례에서 대상판결이 제시한 기준은 부당노동행위사실의 주장 및 증명책임에 소송기술상 활용될 수 있다.111)

그런데 위 판결은 일본 노동위원회의 대량관찰방식을 제시하였음에도 불구하고 해고 근로자 이외의 근로자들의 인사고과 자료가 제출되지 않아 불이익취급의 존재 여부에 대하여 실제 심리를 하지 못하였다. 일본 노동위원회의 경우에도 사용자가 사정자료를 제출하지 않은 상태에서 어떻게 차별문제를 해결할 것이냐의 관점에서 대량관찰방식이라는 증명기법을 확립해왔는데, 위 판결은 그와 유사한 법리를 설시한 것이라 여겨진다.112)

이후 판례는 특정 노동조합 근로자들에 대한 특정기간 동안의 성과평가 결과가 조합원 집단과 그 밖의 근로자 집단이 전체적으로 보아 생산직 직원으로서 서로 동질의 균등한 집단임에도 두 집단 사이에 통계적으로 현격한 격차가 있었던 사안에서 부당노동행위에 관한 주장 및 증명책임이 주장하는 자에게 있다고 설시하면서도 노동조합의 태업과 사용자의 직장폐쇄로 인한 노사관계 악화를 전후로 하여 악화 이전에는 사용자의 반조합적 의사가 발현되지 않았을 것으로 보이나, 악화 이후에는 사용자가 관련자료가 유실되어 존재하지 않는다고 주장하면서 성과평가가 공정하고 객관적으로 이루어졌음을 증명하는 아무런 자료를 제출하지 못한 이상 그러한 격차가 특정 노동조합원임을 이유로 하여 그 밖의 근로자들에 비하여 불이익취급을 하려는 회사의 반조합적 의사에 기인한 것으로서 회사의 부당노동행위 의사가 추정된다고 보았다. 이에 따라 위 판례는 위와 같은 차별이 없었더라면 조합원들이 성과평가에서 더 높은 등급을 부여받았을 것으로 보이므로, 특별한 사정이 없는 한 회사가 변경 후 단체협약에 따라 성과평가에서 전반적으로 낮은 등급을 부여받은 조합원 근로자들에게 특별성과상여금을 적게 지급한 것은 부당노동행위에 해당한다고 설시하여113) 사실상 대량관찰방식에 의해 부당노동행위로 인한 손해배상청구를 일부 인용하

---

111) 김소영, 108면.
112) 김태욱, 138면, 김소영, 108면에서 재인용.
113) 대구고법 2019. 11. 8. 선고 2014나2465 판결.

였다.

라. 손해배상의 한계와 가능성

미국의 경우 부당노동행위와 불법행위 제도의 상호배제관계를 법률이 명시하지 않았기 때문에 기존 불법행위 법리가 부당노동행위 제도에 유입되는 것을 막지 못하였고, 미국 연방대법원 판례가 1954년 부당노동행위로 인한 손해배상에 관해 불법행위법리를 적용한 이래 현재 전국노동관계법은 사용자의 부당노동행위에 관해 근로자의 원직복직과 소급임금지급만을 구제수단으로 명시하고 있어 노동조합의 부당노동행위로 인해 발생한 손해를 사용자가 구제받을 수단이 전국노동관계법에는 없어 불법행위로 인한 손해배상제도가 노동관계에서 노동조합과 근로자에게 불평등한 결과를 초래하고 있다는 지적이 있다.114) 사용자의 부당노동행위를 이유로 노동조합과 근로자도 불법행위에 기한 손해배상을 일반법원에 청구할 수는 있으나 발생한 손해의 범위가 사용자에 비해서 매우 좁을 수밖에 없다는 것이다. 위법한 방법으로 진행된 피켓과 파업으로 인해 사용자에게 발생한 영업 손해와 사용자의 지배개입 등과 같은 행위로 노동조합과 근로자에게 발생한 손해가 같을 수 없고, 결국 각 부당노동행위의 성격이 다른 것을 고려하지 않으면, 보상적 손해배상에서 큰 격차가 생기며, 이는 징벌적 손해배상에도 영향을 준다. 사용자의 부당노동행위는 대부분 형사법과 주의 다른 강행법률을 위반하는 유형이 아닌 반면에 노동조합의 부당노동행위는 대부분 주의 형사법과 강행법률에 반하기 때문에 노동조합의 부당노동행위에 섞여 있는 물리적 행위, 위협, 유인 등에 대해서 법원은 더 엄격하게 판단하는 경향이 있다는 것이다.115)

이러한 문제점은 미국과 부당노동행위의 관할과 주체를 달리 규율하고 있는 우리 법제에서도 형사법적 관점에서 공통되는 측면이 있다. 우리나라의 경우 민사법원의 변론주의와 증명책임의 법리가 부당노동행위제도의 인정에 있어 걸림돌이 된다는 지적이 있는 반면 부당노동행위로 인한 노동조합이나 조합원인 근로자들의 비재산적 손해를 인정하는 판례의 법리를 통해 조합원이라는 이유로 한 불이익취급이 근로자의 정신적 피해가 초래될 수 있는 상황의 경우 정신상의 불이익 피해까지도 부당노동행위로 광범위하게 인정하는 것이 바람직하고,

---

114) 김미영, 253면.
115) 김미영, 269~270면.

불이익취급은 조합 활동에 대한 불안감 조성 및 심리적 위축, 조합 탈퇴 및 소극적 조합 활동을 초래하여 조직이 침체·약화된다는 노동조합의 속성과 노사관계 일반 현실에 비추어 볼 때 지배개입으로까지 인정될 수 있다는 비판이 수용되고 있다.

Ⅶ. 효　　력

1. 민사적 구제절차

부당노동행위의 사법상 효력에 따른 민사적 구제는 노조법상 부당노동행위의 행정적 구제와는 별도의 절차로서 독자성을 가진다. 부당노동행위 구제제도는 공법상의 권리구제절차로서 사용자와 근로자 사이의 부당노동행위 구제제도와 별도로 민사소송에 의하여 해고 등의 불이익처분이 부당노동행위에 해당함을 이유로 그 사법상 효력을 다툼으로써 권리구제를 구할 수 있다.[116]

부당노동행위 구제제도가 부당노동행위에 의하여 침해된 노동3권의 회복을 주된 목적으로 하고 있는 것에 반하여, 민사적 구제는 사용자와 근로자간의 부당노동행위에 대한 구체적인 권리·의무관계의 확정을 주된 목적으로 하고 있다. 따라서 노동위원회에 의한 행정적 구제조치는 원상회복으로, 민사적 구제조치는 불법행위에 의한 손해배상청구 및 법적 지위의 확인 등으로 나타난다.[117]

가. 해고무효확인 등(1호, 5호)

노조법의 부당노동행위금지규정은 헌법이 규정하는 노동3권을 구체적으로 확보하기 위한 것으로 이에 위반하는 행위에 대하여 처벌규정을 두고 있는 한편 부당노동행위에 대하여 신속한 권리구제를 받을 수 있도록 행정상의 구제절차까지 규정하고 있는 점에 비추어 이는 효력규정인 강행법규라고 풀이되므로 위 규정에 위반된 법률행위는 사법상으로도 그 효력이 없고, 근로자에 대한 불이익취급행위로서의 법률행위가 부당노동행위로서 무효인 이상 그것이 근기법 27조(현행 23조) 소정의 정당한 이유가 있는지 여부는 더 나아가 판단할 필요가 없다. 사용자가 강행규정인 노조법 소정의 불이익취급금지규정을 위반하여 근로자를 부당하게 해고하거나 불이익처분을 함으로써 당해 해고 등이 무효인 경우

---

116) 대법원 1996. 4. 23. 선고 95다53102 판결.
117) 이상윤a, 984면.

에 있어서 사용자가 그러한 불이익처분을 함에 있어서 내세우는 사유가 표면상
의 사유에 불과하고 실질적으로는 근로자가 정당한 노동조합활동을 한 것을 이
유로 근로자를 사업장에서 배제하려는 의도하에 일부러 어떤 표면상의 해고사
유 등을 내세워 징계라는 수단을 동원하여 해고 등의 불이익처분이 이루어진
경우처럼 그러한 징계권의 남용이 우리의 건전한 사회통념이나 사회상규상 도
저히 용인될 수 없음이 분명한 경우에 있어서는 그 해고 등 불이익처분의 효력
이 부정되는 데 그치는 것이 아니라 위법하게 상대방에게 정신적 고통을 가하는
것이 되어 근로자에 대한 관계에서 불법행위를 구성할 수 있다.118)

나. 부당이득반환(4호)

대법원은, 부당노동행위금지규정은 헌법이 규정하는 노동3권을 구체적으로
확보하기 위한 것으로 이에 위반하는 행위에 대하여 처벌규정을 두고 있는 한
편, 부당노동행위에 대하여 신속한 권리구제를 받을 수 있도록 행정상의 구제절
차까지 규정하고 있는 점에 비추어 이는 효력규정인 강행법규라고 풀이되므로,
위 규정에 위반된 법률행위는 사법상으로도 그 효력이 없고 근로자에 대한 불
이익취급행위로서의 법률행위가 부당노동행위로서 무효라고 판시한 바 있다.119)

노조법 81조 1항 4호는, 사용자는 최소한의 규모의 노동조합사무소의 제공
을 제외하고 노동조합의 운영비를 원조하는 행위 즉, 부당노동행위를 할 수 없
다는 취지로 규정하고 있다. 위와 같이 사용자의 노동조합 운영비에 대한 원조
행위를 금지하는 입법 목적은 노동조합이 사용자에게 경제적으로 의존하거나
'어용화'되는 것을 막고 노동조합의 자주성을 확보하는 데에 있다고 할 것인바,
회사가 노조의 사무비품, 보조비를 매월 일정액 지급한 경우와 같이, 최소한의
규모의 노동조합사무소의 제공을 벗어나서 주기적이나 고정적으로 이루어지는
사용자의 노동조합 운영비에 대한 원조 행위는 노동조합의 전임자에게 급여를
지원하는 행위와 마찬가지로 노동조합의 자주성을 잃게 할 위험성을 지닌 것으
로서 노조법 81조 1항 4호가 금지하는 부당노동행위라고 해석되고, 다만 노동조
합이 사용자로부터 제공받는 최소한의 규모의 노동조합사무소와 함께 통상 비
치되어야 할 책상, 의자, 전기시설 등의 비품과 시설을 제공받는 것은 노동조합
의 자주성을 침해할 현저한 위험성이 없다고 보이므로 부당노동행위에서 제외

---

118) 대법원 1993. 12. 21. 선고 93다11463 판결, 대법원 2012. 2. 9. 선고 2011다20034 판결.
119) 대법원 1993. 12. 21. 선고 93다11463 판결, 대법원 1995. 2. 3. 선고 94다17758 판결.

된다.120)

사용자가 노조 측에게 상당한 기간에 걸쳐 정기적으로 현금이나 현물을 지급 또는 교부하고 사용료를 대납하는 방식으로 노동조합의 운영비를 지원한 것은 노동조합의 자주성을 잃게 할 위험성을 지닌 것으로 노조법 81조 4호가 금지하는 부당노동행위에 해당한다. 복사기, 인쇄기, 신문, 복사용지, 갱지가 노동조합사무소에 반드시 필요한 물품이라고 보기 어렵고, 위 물품 등의 사용료 및 현물 지원이 수년간에 걸쳐 정기적으로 이루어진 점을 감안하면, 위 사용료 및 현물 지원은 최소한의 경비원조에 해당하는 것으로 보기 어렵다. 한편 사용자는 노동조합의 운영비를 원조하는 부당노동행위를 할 수 없으므로, 사용자가 노동조합에게 노동조합 운영비를 지원한 행위는 강행법규에 위반되어 무효이고,121) 노동조합이 사용자의 위와 같은 지원행위로 얻은 상당액은 부당이득에 해당하므로, 노동조합은 특별한 사정이 없는 한 사용자에게 부당이득금을 반환할 의무가 있다.122)

다. 손해배상

(1) 불법행위의 성립(민법 750조, 751조)

㈎ 부당노동행위별 불법행위의 성부

① 노조법 81조 1항 4호에서 정한 부당노동행위가 있었다고 하여 바로 위법한 행위로 평가되어 불법행위의 요건을 충족하는 것은 아니다. 부당노동행위가 원인과 목적, 과정과 행위 태양, 그로 인한 결과 등에 비추어 건전한 사회통념이나 사회상규상 용인될 수 없음이 분명한 경우, 이는 노동조합의 단결권을 침해하거나 조합원에게 정신적 고통을 가하는 것으로 평가되어 불법행위의 요건을 충족한다.123) 다시 말해 사용자가 노동조합의 조직 또는 운영에 지배·개입하는 행위가 건전한 사회통념이나 사회상규상 용인될 수 없는 정도에 이른 부당노동행위로 인정되는 경우 그 지배개입행위는 헌법이 보장하고 있는 노동조합의 단결권을 침해하는 위법한 행위로 평가되어 노동조합에 대한 불법행위 및

---

120) 대법원 2016. 1. 28. 선고 2012두12457 판결 등 참조.
121) 대법원 2016. 1. 28. 선고 2014다78362 판결 등 참조.
122) 대전지법 천안지원 2017. 1. 13. 선고 2016가합100112 판결, 대전고법 2017. 11. 16. 선고 2017나10747 판결.
123) 서울고법 2017. 10. 20. 선고 2017나9383 판결, 대법원 2011. 1. 27. 2010다13794 판결의 취지 참조.

가 되고, 사용자는 이로 인한 노동조합의 비재산적 손해에 대하여 위자료 배상
책임을 부담한다.[124)]

　　종단 및 재단이 노동조합에 대하여 반복적으로 표명한 입장의 주된 취지가,
노동조합을 부인하는 태도를 명백히 함과 동시에 조합활동이 계속되는 경우 조
합원인 근로자의 신분에 불이익이 발생할 수도 있다는 신분상의 불안감을 느끼
게 하여 조합활동을 위축시킴으로써 조합의 조직과 활동에 영향을 미치고자 하
는 의도임이 인정되는 경우 종단 및 재단 측은 노동조합의 조계종 지부 설립과
그 활동에 대하여 유감을 표하는 것을 넘어서, 조합원인 근로자로 하여금 위
노동조합 활동을 계속하면 징계 등 신분상 불이익을 입을 수도 있다는 불안감
을 갖도록 하였으므로, 위 입장 표명행위는 노조법 81조 1항 4호에서 정한 지배
개입의 부당노동행위에 해당하고, 이는 노동조합에 대한 관계에서 건전한 사회
통념이나 사회상규상 용인될 수 없는 불법행위를 구성한다고 할 것이므로, 종단
및 재단은 노동조합에 대하여 위와 같은 부당노동행위로 인하여 노동조합이 입
은 손해를 배상할 의무가 있다.[125)]

　　② 단체교섭 거부 또한 마찬가지이다. 노조법 81조 1항 3호는 "사용자가
노동조합의 대표자 또는 노동조합으로부터 위임을 받은 자와의 단체협약 체결
기타의 단체교섭을 정당한 이유 없이 거부하거나 해태할 수 없다"라고 규정하
고 있는바, 단체교섭에 대한 사용자의 거부나 해태에 정당한 이유가 있는지 여
부는 노동조합 측의 교섭권자, 노동조합 측이 요구하는 교섭시간, 교섭장소, 교
섭사항 및 그의 교섭태도 등을 종합하여 사회통념상 사용자에게 단체교섭의무
의 이행을 기대하는 것이 어렵다고 인정되는지 여부에 따라 판단하여야 한
다.[126)] 또한 사용자가 노동조합과의 단체교섭을 정당한 이유 없이 거부하였다고
하여 그 단체교섭 거부행위가 바로 위법한 행위로 평가되어 불법행위의 요건을
충족하게 되는 것은 아니지만, 단체교섭 거부행위의 원인과 목적, 그 과정과 행
위태양, 그로 인한 결과 등에 비추어 건전한 사회통념이나 사회상규상 용인될
수 없는 정도에 이른 경우에 그 단체교섭 거부행위는 부당노동행위로서 단체교
섭권을 침해하는 위법한 행위로 평가되어 불법행위가 된다.[127)]

---

124) 대법원 2020. 12. 24. 선고 2017다51603 판결, 대법원 2020. 12. 24. 선고 2017다52118 판결.
125) 서울중앙지법 2020. 6. 5. 선고 2019가합532743 판결.
126) 대법원 2006. 2. 24. 선고 2005도8606 판결, 대법원 2009. 12. 10. 선고 2009도8239 판결 등
　　참조.

③ 사용자 측이 노동조합법상 노동자에 해당하는지 여부와는 무관하게 노동조합의 존재와 활동 그 자체를 부정하려는 의사로 계약 해지를 한 경우 위와 같이 노조 탈퇴를 종용하고, 단체협약을 거부한 행위는 노조법 81조 1항 1, 3, 4호에 해당하는 부당노동행위이자 우리의 건전한 사회통념이나 사회상규상 용인될 수 없는 것으로서 위법성을 띤다.[128]

④ 하나의 사업장 내 병존하고 있는 복수 노조가 교섭창구 단일화 절차를 거치지 아니하고 각자 사용자와 개별교섭을 하는 경우, 각 노조는 헌법상 보장되는 노동3권에 근거하여 고유의 단체교섭권 및 단체협약체결권을 가진다(노조법 29조 1항). 따라서 사용자로서는 어느 노조에 대해서도 성실히 단체교섭을 하여야 할 의무가 있고 개별교섭 과정에서 각 조합에 대해 중립적 태도를 유지하면서 각 조합의 단체교섭권 및 단체협약체결권을 평등하게 존중하여야 하는 중립유지의무를 부담한다. 그러나 사용자의 중립유지의무가 복수 노조를 절대적으로 평등하게 대우할 의무를 의미하는 것은 아니다. 예컨대, 병존하는 복수 노조가 그 조직규모 내지 교섭력에 큰 차이가 있는 경우, 사용자가 각 조합과의 개별교섭과정에서 상대방의 조직규모 내지 교섭력을 고려하여 합목적적으로 다른 입장을 취한다 하여 이를 중립유지의무 위반행위라고 단정할 수는 없다. 조직규모 내지 교섭력의 관점에서 상대적으로 열세인 소수 노조가 다수 노조에 비하여 결과적으로 불리한 내용의 단체협약을 체결하게 되고, 이에 따라 소수 노조의 조합원들이 대거 탈퇴하는 등 소수 노조의 조직이 약화되더라도 이는 원칙적으로 소수 노조 스스로의 의사결정에 따른 협약자치가 이루어진 결과로 볼 수 있을 뿐이다. 그렇게 보지 않을 경우, 사용자가 교섭력이 미약한 노조에 대해서도, 교섭력이 강력한 노조와의 교섭과정에서 자신의 입장을 최대한 양보하여 제시한 교섭안과 동일하거나 적어도 비슷한 내용의 교섭안을 제시하지 않으면 중립의무위반이 된다는 결과가 되는데, 이는 부당하다. 다만, 사용자의 교섭의 자유에도 일정한 한계는 있다. 사용자가 특정 노조가 견지해온 종래의 노선이나 성격·성향 등을 이유로 해당 노조에 대하여 불호(不好) 내지 혐오의 의도를 가지고, 해당 노조와의 단체교섭 자체에 응하지 아니하거나, 단체교섭의 진행방식—

---

127) 대법원 2006. 10. 26. 선고 2004다11070 판결, 대법원 2011. 1. 27. 선고 2010다13794 판결, 창원지방법원 2009. 5. 19. 선고 2008가단51925 판결, 서울중앙지법 2017. 6. 21. 선고 2016가단5233951 판결.
128) 서울중앙지법 2020. 10. 16. 선고 2019가합518907 판결.

시간 · 장소 · 횟수 · 참석인원 등—에 불합리한 차별을 두거나, 해당 노조의 조직력을 약화시키는 결과가 초래되는 차별적인 교섭안을 제시하는 등의 태도를 취하였다고 인정될 경우, 이는 중립유지의무 위반행위로 평가될 수 있을 뿐 아니라, 해당 노조 및 소속 조합원들에 대하여 부당노동행위 내지 불법행위를 구성할 수 있다. 통상의 경우 사용자가 복수 노조를 상대로 쟁의행위를 하지 않을 것 혹은 하지 않은 것을 조건으로 금원의 지급을 약속하거나 이를 실제로 지급하는 행위는 실질적인 관점에서 집단적 자치의 일방 당사자(사용자)가 상대방(노조들)의 각 의사결정과정에 부당한 영향을 미쳐 헌법상 보장된 단체행동권을 제약하는 행위라고 평가될 수 있다. 사용자가 '제2 노조의 조합원들 및 사무직 직원 등에게 무분규 격려금 명목으로 550만 원을 지급하였으면서도, 제1 노조에 소속된 조합원들에게는 이 사건 파업을 하였다는 이유로 이 부분 금원을 지급하지 아니하고 있는 행위'는, 사용자의 중립유지의무를 위반한 행위로서 부당노동행위 내지 불법행위에 해당한다고 봄이 타당하다.129)

(나) 공동불법행위

① 사용자는 근로자가 노동조합을 조직 또는 운영하는 것을 지배하거나 이에 개입하는 행위, 즉 부당노동행위를 하여서는 아니 되고(노조법 81조 1항 4호), 이때 사용자라 함은 사업주, 사업의 경영담당자 또는 그 사업의 근로자에 관한 사항에 대하여 사업주를 위하여 행동하는 자를 말하며(노조법 2조 2호), 불법행위의 방조자는 공동행위자로 보아 공동불법행위 책임을 지는 것이고(민법 760조 3항), 방조라 함은 불법행위를 용이하게 하는 직접 · 간접의 모든 행위를 가리킨다.130)

② 회사와 대표이사가 산업별노조 산하 노동조합원들이 조직변경안에 찬성하도록 여론을 조성하고, 조합원들의 성향을 분석하여 조직변경안에 반대하는 성향의 조합원들을 설득하며, 조직변경에 반대하는 조합원들이 투표에 불참하도록 유도하는 등 조직변경안이 가결되도록 계획을 수립하여 추진하고, 조직변경안이 부결되자 산업노조에 대항하여 기업별 노동조합을 설립하려는 추진위원회 구성원들을 독려하고 지원하는 한편, 회사 직원들에게 산업노조에서 탈퇴하지 아니할 경우 불리한 인사조치를 받을 수 있다는 분위기를 형성하는 등으로 조

---

129) 대전지법 2015. 9. 2. 선고 2014가합102474 판결(대전고법 2016. 8. 18. 선고 2015나 13940 판결로 항소기각 후 상고심에서 소취하로 종결되었다).
130) 대법원 2014. 4. 10. 선고 2011다72011, 72028 판결 참조.

합원들이 산업노조를 탈퇴하도록 설득·회유·종용하였으며, 위와 같은 회사와 대표이사 및 임직원들의 행위가 산업노조 산하 노동조합원 수의 감소에 영향을 미친 사안에서 회사 노무관리자들이 회사와 대표이사를 위하여 위와 같은 상황을 분석하고 대책을 수립하여 이를 문서화하고 직접 실행하였으며, 위에 관한 보고를 받고 지시·감독하는 역할을 한 경우 위와 같은 회사와 대표이사의 행위는 산업노조의 조직 또는 운영에 지배·개입하는 행위로서 헌법상 보장되는 근로자의 단결권을 침해하는 행위이자 노조법 81조 4호에서 금지하는 부당노동행위이므로 불법행위에 해당하고, 노무관리 담당자들의 조력행위는 회사와 대표이사의 불법행위를 용이하게 하는 방조행위로서 공동불법행위를 구성하므로, 회사와 대표이사, 노무관리 담당자들은 민법 760조 1항, 3항에 따라 위와 같은 불법행위로 인하여 산업노조가 입은 손해를 공동하여 배상할 책임이 있다.131)

③ 회사에 복수의 노조가 있는 경우 사용자의 부당노동행위, 타 노조의 공정대표의무위반은 모두 노조법을 위반한 위법행위로서 고의 또는 과실이 인정되는 등 요건에 해당하는 경우 불법행위를 구성할 수 있다. 노조법에 따라 교섭창구 단일화 절차를 진행하여 교섭대표노동조합으로 정해진 타 노조가 회사와 함께 임금협약 체결을 위한 교섭을 하였으나, 그 과정에서 단체교섭 진행 상황 등에 관하여 노동조합과 협의하거나 노동조합에게 설명하지 않았고, 다음 해에도 단체협약 및 임금협약 체결을 위한 교섭을 하였는데, 노동조합이 수차례에 걸쳐 단체교섭 진행 상황 등을 알려달라는 요청하였음에도, 노동조합으로부터 의견을 수렴하거나 노동조합에게 진행 상황 등을 설명하지 않은 경우 회사와 타 노조는 모두 노동조합에게 불법행위로 인한 손해를 배상할 책임이 있다.132)

(다) 고의·과실(귀책사유)

사용자가 불이익취급 금지규정(노조법 81조 1항 1호)을 위반하여 보임 내지 승급, 인사평가를 함에 있어 내세우는 사유(=인사권자인 사용자의 권한 내지 상당한 재량)는 표면적인 것에 불과하고 실질적으로는 해당 근로자가 특정 노조 소속인 것을 이유로 사업장에서 배제하려는 의도 하에 일부러 인사평가 결과를 내세워 승급 내지 보임에 있어 차별적으로 취급한 것이어서 그러한 인사권의 남용이

---

131) 서울고법 2016. 1. 8. 선고 2014나54801 판결(대법원 2016다7289 심리불속행 기각).
132) 서울남부지법 2019. 11. 5. 선고 2018가단251558 판결(같은 법원 2020. 12. 3. 선고 2019나65598 판결로 항소기각, 대법원 2020다300350 판결로 심리불속행 기각).

우리의 건전한 사회통념이나 사회상규상 도저히 용인될 수 없음이 분명한 경우,[133] 회사의 위와 같은 차별적 내지 불이익 취급행위는 노동조합에게는 조합원의 감소(탈퇴), 단결력(결속력)의 저하, 대내적·대외적 평가 저하와 같은 무형의 손해(비재산적 손해)를 가하는 것이 되고, 법인이나 단체는 하나의 추상적 실체로서 비록 정신적 고통을 느낄 능력이 없다고 하더라도, 그의 명예나 신용 등이 침해된 경우에는 그로 인한 비재산적 손해가 배상되어야 한다.[134] 또한 위와 같은 차별적 내지 불이익 취급행위는 나머지 조합원들에게는 정신적 고통을 가하는 것이 되어 불법행위를 구성한다고 할 것인바, 피고의 귀책사유는 부당노동행위로 인정되는 이상 사실상 추정된다 할 것이다.[135]

㈎ **채무불이행책임**(민법 390조)

하급심 판례[136] 중에는 사용자 회사 소속 캐디들이 전국여성노동조합 분회를 설립한 후 사용자가 개최한 간담회에 캐디들이 불참하거나 간담회가 무산되자 노동조합 간부와 조합원 등에게 무기한 출입제한처분을 하는 등 부당노동행위[137]를 한 사용자에 대해 채무불이행책임도 인정한 것이 있다. 위 판례는 사용자와 조합원들 사이에는 사용자가 조합원들이 골프장에 자유롭게 출입하면서 순번에 따라 내장객들에게 용역을 제공하고 봉사료를 수령하는 것을 허용함과 아울러 이에 필요한 장비를 제공하고, 조합원들은 내장객들이 사용자의 골프장 운영방침에 따르도록 유도하고 경기 속도를 조절하는 등의 용역을 제공함으로써 골프장 운영 및 이용이 원활하게 이루어질 수 있도록 사용자에게 협조할 의무를 부담하는 무명계약인 중개·도급·위임에 유사한 '계속적 용역제공계약'이 체결되었다고 보았다. 위 판례는, '조합원들이 경기보조원으로 하여금 간담회에

---

133) 대법원 1993. 12. 21. 선고 93다11463 판결 등 참조.
134) 대법원 1996. 4. 12. 선고 93다40614, 40621 판결, 대법원 2010. 1. 28. 선고 2009다73974 판결 등 참조.
135) 부산지법 동부지원 2020. 10. 13. 선고 2018가단208576 판결, 대법원 1993. 12. 21. 선고 93다11463 판결 등 참조.
136) 대구고법 2015. 5. 21. 선고 2009나564 판결(대법원 2015다38101 판결로 심리불속행 기각). 위 판례는 출입제한처분은 실질적으로는 조합원들의 노조 결성 및 활동에 대하여 불이익을 주기 위한 것으로 부당노동행위에 해당하며, 이는 조합원들의 골프장 출입을 제한함으로써 내장객들에게 경기보조용역 등을 제공하고 캐디 피 상당의 돈을 지급받을 권리를 침해한 행위로서 사회통념이나 사회상규상 용인될 수 없는 '불법행위'에도 해당한다고 판단하였다.
137) 사용자는 출입제한처분 후 조합원들에게 노동조합과 상록회(캐디들 일부가 구성한 자치회)에 복수가입을 할 수 없도록 하는 서약서 작성을 강요하면서, 조합원들 일부에 대하여만 출입제한처분을 해제하고 다른 조합원들에 대하여는 출입제한처분을 해제하지 아니하였다.

불참하도록 선동하여 사용자의 업무를 방해하였다'는 것만으로는 조합원들이
위 중개·도급·위임에 유사한 계속적 용역제공계약상 의무를 불이행하였다고
보기 어려운 상황임에도 불구하고, 사용자는 조합원들에게 그러한 사유를 충분
히 고지하지 아니한 채 출입제한처분을 하고, 그 후에 이루어진 합의도 불이행
하였으므로, 사용자는 조합원들과의 위 계약상의 채무불이행에 따른 손해배상책
임도 부담한다고 판시하였다.[138]

(마) 손   해

① 회   복

사후 단체협약이 체결되었다는 사정만으로 단체교섭 거부행위로 인하여 노
동조합 및 조합원들이 입은 비재산적 손해 또는 정신적 손해가 회복된다고 보
기는 어렵다.[139]

② 노동조합의 손해

㉠ 노동조합으로서는 사용자의 단체교섭 거부행위가 불법행위에 이를 경우
그 조직 및 운영의 자주성이나 명예와 신용 등을 침해받는 손해를 입었다고 할
것이므로, 사용자는 특별한 사정이 없는 한 노동조합에게 위와 같은 손해를 배
상할 책임이 있다.[140]

㉡ 산업별 노동조합의 경우, 구성원이자 하부조직이었던 지회의 탈퇴로 조
합원 수가 줄고 조합비 수입이 감소되는 손해를 입었다. 또한, 다양한 사업장에
종사하는 다양한 조합원을 구성원 또는 조직으로 하는 산업별 노동조합의 특성
상, 하부조직의 탈퇴로 인하여 노동조합 내 결속력의 저하, 대외적·대내적 평
가의 저하와 같은 무형의 손해를 입었다고 보아야 한다. 이와 같은 점에서, 산
업별 노동조합의 경우 지회와 별도로 손해를 입었다고 보아야 한다.[141]

③ 조합원의 손해

㉠ 조합원들이 자신들의 의지와 관계없는 조직형태 변경으로 산업별 노조
조합원으로서 종전과 같이 다수의 조합원을 둔 단결된 형태의 노동조합 활동을
할 수 없게 되고, 특히 나머지 조합원들이 지회 집행부였거나 적극적으로 노동
조합 활동에 참여하였던 조합원이었던 점에서 입었을 정신적 고통이 적지 않았

---

138) 대구고법 2015. 5. 21. 선고 2009나564 판결.
139) 서울중앙지법 2018. 1. 19. 선고 2017나45324 판결.
140) 서울중앙지법 2017. 6. 21. 선고 2016가단5233951 판결.
141) 서울고법 2017. 10. 20. 선고 2017나9376 판결, 서울고법 2017. 10. 20. 선고 2017나9383 판결.

을 것으로 보인다. 해고의 정당성 여부와는 별도로 사용자의 조합원들에 대한 해고처분은 일련의 부당노동행위 과정에서 순수하지 않은 목적하에 이루어졌고 또 사용자가 조직형태 변경을 위하여 이를 이용한 측면을 부인하기 어려운 점에서, 해고처분으로 생존권을 위협받았던 조합원들이 적지 않은 정신적 고통을 받았음은 경험칙상 명백하다.142)

　　ⓒ 근로자 개인들에게도 고유의 손해가 인정된다. 노조법상 단체교섭권은 노동조합에게 있으나(노조법 29조), 이는 근로자의 근로조건의 유지·개선 등을 위하여는 집단적으로 교섭하는 것이 유리한 점을 고려하여 노동조합으로 하여금 단체교섭을 하도록 하는 것으로서 일종의 수단적인 측면에서 그 실현을 위한 권한을 부여한 것으로 보이고, 권리의 원천은 위 헌법 규정에서 정한 바와 같이 근로자에게 있다고 할 것이다. 노조법이 사용자의 지배·개입을 부당노동행위로서 금지한 것은 노동조합의 자주성 및 조직력을 보호함으로써 근로자의 단결권을 실효적으로 보장하고 이를 통해 근로조건의 유지·개선을 도모하기 위한 것이다. 따라서 사용자가 노동조합과의 단체교섭을 정당한 이유 없이 거부·해태함으로써 근로조건의 유지·개선 등을 위한 단체교섭 내지 단체협약 체결이 지연되거나 노동조합의 조직이나 운영을 지배하거나 이에 개입하여 근로자의 단결권이 침해되고, 그에 따라 근로조건의 유지·개선 등을 위한 노동조합의 기능이 약화된다면 그로 인한 피해는 역시 근로자에게 실질적·종국적으로 귀속되게 된다. 따라서 이러한 경우 특별한 사정이 없는 한 근로자는 그로 인하여 정신적 고통을 입게 된다고 봄이 타당하며 그로 인한 정신적 고통을 겪게 되는 근로자들에게도 고유의 위자료청구권을 인정할 수 있다고 할 것이다. 비록 단체교섭의 부당한 거부·해태나 지배·개입의 부당노동행위에 관하여 노동조합이 사용자에 대하여 손해배상을 청구할 수 있다고 하더라도 실질적·종국적 피해자인 근로자들도 마찬가지로 손해배상을 청구하여 손해를 배상받을 필요가 있다고 할 것이고, 특히 노동조합은 근로자들과 구별되는 독립된 법인격과 경제적 이해관계를 가진 법인이어서 노동조합이 손해배상금을 지급받은 것을 조합원들이 지급받은 것과 동일시 할 수 없는 점, 노동조합이 구성원들 사이의 의견 차이로 손해배상을 청구하지 않는 경우에도 근로자들의 손해를 구제할 기회를 부여하는 것이 헌법 및 노조법이 단체교섭 및 부당노동행위에 관한 규정을 통하

---

142) 서울고법 2017. 10. 20. 선고 2017나9383 판결.

여 근로자들의 권익을 보호하고자 하는 취지에 부합한다고 할 것인 점 등에 비추어 보아도 근로자들의 고유한 손해배상 청구권을 인정함이 타당하다.[143]

④ **손해를 안 날**(민법 766조 1항)

㉠ 사용자가 교섭창구단일화 과정에서 특정 노조를 배제하고 단체교섭을 진행하여 단체협약의 내용에서도 특정 노조를 제외한 경우 단체협약의 각 조항이 단순히 추상적, 선언적 규정에 그친다고 볼 수 없고 이는 교섭창구 단일화 절차, 노동조합활동 등에서 합리적인 이유 없이 특정 노조를 차별하는 조항으로 공정대표의무에 위반되는 규정이라고 보는 것이 타당하므로, 사용자 회사의 주장과 같이 위 조항과 관련하여 특정 노조의 손해가 구체적으로 현실화되지 않았다고 하더라도 그 차별적인 내용의 존재만으로 특정 노조의 교섭력 내지 단결력을 약화시킬 수 있다는 점에서 원고에게 비재산적 손해가 발생하였다고 충분히 인정할 수 있다. 위 사안에서 손해배상청구권의 소멸시효의 기산점으로서 '손해를 안 날'은 '단체협약 체결일'로 봄이 타당하다.[144]

㉡ 노조탈퇴 및 제2노조 가입권유 등의 부당노동행위로 노조 및 근로자들이 정상적인 회사생활을 영위할 수 없었고, 그 과정에서 자신들이 근로조건이 약화될지 모른다는 정신적 고통과 불안에 시달렸을 것이 충분히 인정되므로, 이와 같은 단결권 침해 및 약화는 재산적 손해의 배상만으로는 전보될 수 없는 무형의 또는 정신적 손해로서 비재산적 손해에 해당한다. 따라서 위와 같은 일련의 행위에 공모 또는 가담한 피고들은 민법 760조에 따라 공동하여 위 노조와 근로자들에게 부당노동행위의 불법행위에 따라 위 원고들이 입은 정신적 손해를 배상할 책임이 있다. 위 사안에서 시효의 기산점으로서 노조 및 근로자들이 손해 및 가해자를 안 날은 가해자들이 부당노동행위를 이유로 노조법위반으로 기소된 시점이다.[145]

㉢ 대법원은 구(舊)회사를 실질적으로 운영하는 사주가 쟁의행위로서 정당성을 결여한 직장폐쇄를 감행하여 전 직원을 퇴직처리한 다음 구회사를 폐업하고 신설회사를 설립하는 위장폐업의 방법으로 근로자들을 부당해고하자 근로자들이 그로 인한 정신적 고통을 이유로 위자료를 청구한 사안에서, 위장폐업의

---

143) 서울중앙지법 2017. 6. 21. 선고 2016가단5233951 판결.
144) 서울남부지법 2020. 12. 3. 선고 2019나66598 판결.
145) 대전지법 천안지원 2020. 5. 15. 선고 2016가합101719 판결, 대전고법 2020. 11. 12. 선고 2020나12491 판결.

경우 구회사와 신설회사는 형식적으로는 법인격을 전혀 달리하므로 신설회사의
설립만으로 근로자들이 위 두 회사가 실질적으로 동일한 회사로서 구회사의 폐
업과 신설회사의 설립 등 일련의 행위가 위장폐업으로 불법행위를 구성한다는
사실을 알 수 있다고 단정하기 어려운데도, 신설회사가 설립된 시점에 근로자들
이 위 사주의 위법행위로 인한 위자료 상당의 손해 및 가해자를 알았다고 단정
하여 위자료청구권이 민법 766조 1항에서 3년으로 정한 단기소멸시효기간의 경
과로 소멸하였다고 본 원심판단을 파기하였다.146)

  (ㅂㅏ) 상당인과관계
  ㉠ 사용자 측의 주도로 노동조합의 조직형태가 변경된 경우 조직형태 변경
결의가 노동조합의 자주성·민주성을 갖추지 못한 중대한 하자가 있었던 것으
로는 평가할 수 없어 무효가 아니라는 판결이 확정되었다 하여도 사용자 측의
일련의 개입이 노동조합 형태 변경의 계기가 되거나 이로 인해 조직형태 변경
이 쉽게 이루어진 경우 조직형태 변경결의가 무효인 경우에 한하여 노동조합에
게 손해가 발생하였다거나 노동조합의 손해와 사용자 측의 불법행위 사이에 상
당인과관계가 인정되는 것은 아니다. 또한 불법행위와는 제도의 취지가 다르지
만, 노조법 81조 4호에서 정한 부당노동행위가 성립하기 위해서는 반드시 '근로
자의 단결권 침해'라는 결과 발생이 필요한 것도 아니다(대법원 1997. 5. 7. 선고
96누2057 판결 참조). 설사 사용자 측의 불법행위가 조직형태 변경에 영향을 미쳤
다고 보기 어렵더라도 사용자 측이 근로자의 노동3권을 침해하거나 제한하기
위하여 계속해서 부당노동행위를 하는 것은 그 자체만으로 노동조합의 단결력
저하나 순수성을 중요한 덕목으로 삼는 노동조합의 대외적·대내적 평가를 떨
어뜨릴 수 있다. 다양한 이해관계를 가진 조합원이나 지회 등을 구성원으로 하
는 노동조합으로서는 경우에 따라 외부의 개입이나 간섭으로 쉽게 단결력이 저
하되거나 조합원의 동요가 있고, 사용자 측이 지속적으로 노동조합 조직형태 변
경을 꾀하고 노동조합 활동에 개입한 부당노동행위의 내용과 태양 등에 비추어
볼 때 더욱 그렇다. 우리 헌법과 노조법은 '근로자가 외부, 특히 사용자의 지
배·개입 없이 자주적으로 노동조합을 결성하고, 자율적으로 노동조합을 운영하
는 것'을 강력히 보장하고 있다. 그러나 사용자 측의 지속적인 불법행위는 '조

---

146) 대법원 2011. 3. 10. 선고 2010다13282 판결.

합원이 노동조합의 일상적 운영이나 중요 의사결정 과정에 참여하여 자신의 의사를 실현하면서도, 다른 한편으로는 사용자의 의도를 살필 수밖에 없도록' 만들었다. 사용자들의 지속적인 부당노동행위는 종국적으로 조합원으로 하여금 '스스로 선택한 노동조합의 성격을 변경할지를 결정하도록 하는 단계까지' 이끌었다. 따라서 '조직형태 변경결의에 무효사유가 없다는 이유'만으로 그 과정에서 이루어진 사용자 측 행위의 불법성과 이미 발생한 노동조합의 손해가 없어지는 것은 아니다. 최종 의사결정에 법률적 흠이 없다고 하여, 의사결정 이전 과정에서 저질러진 불법행위가 정당화될 수는 없기 때문이다. '조직형태 변경결의를 무효로 보지 않으면서도 사용자 측에 대해 불법행위책임을 인정하는 것'은 이와 같은 이유 때문이다.147)

위 사건은 ILO 결사의 자유 위원회로부터도 사용자 측의 반노조 차별, 괴롭힘, 노조활동에 대한 고용주의 간섭행위 등을 통한 산별노조 탈퇴 강요, 어용노조 설립에 관하여 '정부조사의 범위와 결과 및 부과된 제재에 대해 보고할 것', '사용자와 컨설팅업체에 의해 저질러졌다고 주장되는 부당노동행위 관련된 사법절차의 결과 제공', '신청인 측 주장에 대한 철저한 조사 촉구', '증명될 경우 적절한 구제 보장, 추가 진행상황에 대한 정보 제출', '정부는 노조의 업무에 대해 개입하거나 언급하지 않도록 보장할 것'을 내용으로 하는 권고를 받은 바 있다.148)

ⓒ 한편, 채무불이행이나 불법행위 등으로 인하여 손해를 입은 채권자 또는 피해자 등이 동일한 원인에 의하여 이익을 얻은 경우에는 공평의 관념상 그 이익은 손해배상액을 산정함에 있어서 공제되어야 한다. 이와 같이 손해배상액의 산정에 손익상계가 허용되기 위해서는 손해배상책임의 원인이 되는 행위로 인하여 피해자가 새로운 이득을 얻었고, 그 이득과 손해배상책임의 원인인 행위 사이에 상당인과관계가 있어야 한다.149)

---

147) 서울고법 2017. 10. 20. 선고 2017나9376 판결, 같은 취지 대법원 2020. 12. 24. 선고 2017다52118 판결, 서울고법 2017. 10. 20. 선고 2017나9383 판결.
148) ILO Compilation 2018. 3. 384번째 권고 3227호 사건 (2016. 9. 진정)
149) 대법원 2017. 3. 22. 선고 2015다232859 판결.

(2) 손해배상 액수의 산정

(개) 재산적 손해

① 차 액 설

㉠ 사용자의 조합원인 근로자들에 대한 해고, 계약해지 등의 부당노동행위로 인한 재산상 손해는 해고나 계약해지가 없었더라면 향유하거나 취득할 수 있었던 수입 상당액이다.[150)

㉡ 조합원인 근로자들에 대한 차별적 평가로 인한 특별성과상여금에 관한 손해는 사용자의 조합원인 근로자들에 대한 부당노동행위가 없었더라면 받았을 평가등급을 기초로 하여 기지급받은 특별성과상여금을 공제하여 산정한다.[151)

㉢ 불법행위 또는 채무불이행으로 말미암은 재산상 손해는 위법한 가해행위로 인하여 발생한 재산상 불이익, 즉 그 위법행위가 없었더라면 존재하였을 재산상태와 그 불법행위가 가해진 현재의 재산상태의 차이를 말하는 것이다. 채무불이행 또는 불법행위로 인한 손해배상청구소송에 있어 재산적 손해의 발생사실이 인정되고 그의 최대한도인 액수도 일응 드러났으나 구체적인 손해의 액수를 증명하는 것이 사안의 성질상 곤란한 경우, 법원은 증거조사의 결과와 변론 전체의 취지에 의하여 밝혀진 당사자들 사이의 관계, 채무불이행과 그로 인한 재산적 손해가 발생하게 된 경위, 손해의 성격, 손해가 발생한 이후의 제반 정황 등의 관련된 모든 간접사실들을 종합하여 상당인과관계 있는 손해의 범위인 액수를 판단할 수 있다. 사용자가 노조 간부와 조합원들에게 한 골프장 출입제한처분을 부당노동행위로 인정한 사안에서, 법원은 불법행위 및 채무불이행책임을 인정한 다음 노조법상 근로자들인 캐디들에게 출입제한처분의 부당노동행위를 한 경우 이로 인한 재산상 손해는 그 처분이 없었더라면 향유하거나 취득할 수 있었던 캐디 피 상당액이라고 판시하였다. 다만 일실수입 범위는 해당 골프장을 대체할 다른 직장을 구하기에 충분하다고 보이는 6개월 정도 기간으로 제한하였다.[152)

② 배상액 산정기준으로서의 재취업 또는 재취업가능성

㉠ 손익상계로 충분하다는 견해

조합원인 근로자들이 재취업을 하였는지, 재취업이 용이한지 여부 등은 개

---

150) 서울중앙지법 2020. 10. 16. 선고 2019가합518907 판결.
151) 대구고법 2019. 11. 8. 선고 2014나2465 판결.
152) 대구고법 2015. 5. 21. 선고 2009나564 판결.

인의 능력 등에 따른 우연한 사정에 불과하므로 이와 같은 사정은 일실수입 손해의 배상기간을 제한할 합리적인 근거가 될 수 없다. 나아가 이와 같은 사정을 근거로 일실수입 손해의 배상기간을 제한한다면 부당노동행위로 인하여 피해를 입은 노조법상 근로자의 손해를 충분히 배상하지 못하게 될 위험이 있다. 다만 조합원인 근로자들이 해고나 계약 해지 이후에 다른 업무를 수행하여 소득을 올린 부분은 손익상계로서 고려하면 충분하다. 일실수입 범위의 종기로서의 복직일은 업무를 수행할 수 있는 상태가 갖추어진 때를 의미한다. 해고나 계약 해지의 사법상 효력이 없는 이상, 조합원인 근로자들과 사용자 사이에 체결된 계약은 유효하게 존속한다고 보아야 한다.[153]

ⓒ 제한의 기준으로서 고려해야 한다는 견해

사용자의 캐디들에 대한 골프장 출입제한처분의 부당노동행위로 인한 재산상 손해는 사용자와 캐디들의 계약 내용, 캐디들이 제공하는 경기보조용역의 대체가능성, 난이도, 그 처분에 이르게 된 경위, 기타 이후 캐디들의 재취업 유무 및 그 가능성, 재취업까지의 기간, 재취업처의 고용계속가능성 등을 고려하여 캐디들이 다른 직장을 구하기에 충분하다고 보이는 6개월 정도 기간의 원고들의 임금 상당액으로 제한하는 것이 합리적이다(서울고법 2014. 9. 24. 선고 2013나 20917 판결 참조). 출입제한처분된 캐디들도 경기보조원들이 간담회에 불참하도록 선동하고, 천막농성을 하는 등으로 인해 사용자의 영업에 상당한 지장을 초래한 사실을 인정할 수 있고, 이러한 과실도 사용자의 출장제한처분으로 인한 손해 발생 및 확대의 한 원인이 되었으므로, 사용자가 배상하여야 할 손해액을 정함에 있어 이를 참작하여야 한다는 것이다.[154]

③ 소득기준

㉠ 조합원인 근로자들의 판매수당 등 소득이 매월 판매실적에 따라 격차가 발생할 경우 일실수입 산정의 기준이 되는 월 소득은 해고나 계약해지가 있기 직전 1년 동안의 월 평균 소득을 기준으로 계산함이 합리적이다.[155]

㉡ 임금구조기본통계조사보고서상 임금은 월급여액과 연간특별급여액으로 구성되어 있어 월급여액에 연간특별급여액을 12개월로 균등하게 나눈 금액을 합산한 금액이 위 조사보고서상의 월 임금 총액이 되는 것이다. 위 조사보고서

---

153) 서울중앙지법 2020. 10. 16. 선고 2019가합518907 판결.
154) 대구고법 2015. 5. 21. 선고 2009나564 판결.
155) 대법원 2009. 12. 24. 선고 2008다3640 판결.

상 통계소득에 의하여 평균임금을 산정할 경우에는 특별한 사정이 없는 한 그 통계자료에 나타난 소득, 즉 월급여액과 연간특별급여액이 모두 반영된 통계소 득을 기준으로 하여야 할 것이다.156)

④ 선택적 청구

사용자가 근로자들에게 어떠한 해고사유도 존재하지 아니함에도 노동조합 활동을 혐오한 나머지, 경영상 어려움 등 명목상 이유를 내세워 사업 자체를 폐 지하고 근로자들을 해고함으로써 일거에 노동조합을 와해시키고 조합원 전원을 사업장에서 몰아내고는 다시 기업재개, 개인기업으로의 이행, 신설회사 설립 등 다양한 방법으로 종전 회사와 다를 바 없는 회사를 통하여 여전히 예전의 기업 활동을 계속하는 것은 우리의 건전한 사회통념이나 사회상규상 용인될 수 없는 행위이므로, 이러한 위장폐업에 의한 부당해고는 근로자에 대한 관계에서 불법 행위를 구성한다. 따라서 근로자들로서는 위장폐업에 의한 부당해고가 무효임을 이유로 민법 538조 1항에 따라 구회사 내지는 그와 실질적으로 동일성을 유지 하고 있는 신설회사에 대하여 계속 근로하였을 경우 그 반대급부로 받을 수 있 는 임금의 지급을 구할 수 있음은 물론이고, 아울러 위장폐업에 의한 부당해고 가 불법행위에 해당함을 이유로 손해배상을 구할 수 있으며, 그 중 어느 쪽의 청구권이라도 선택적으로 행사할 수 있다.157)

⑷ 비재산적 손해(민법 750조 1항)

① 정신적 손해의 인정

㉠ 사용자가 노동조합의 조직 또는 운영에 지배·개입하는 행위가 건전한 사회통념이나 사회상규상 용인될 수 없는 정도에 이른 부당노동행위로 인정되 는 경우 그 지배·개입행위는 헌법이 보장하고 있는 노동조합의 단결권을 침해 하는 위법한 행위로 평가되어 노동조합에 대한 불법행위가 되고,158) 사용자는 이로 인한 노동조합의 비재산적 손해에 대하여 위자료 배상책임을 부담한다.159)

㉡ 우리 법원은 조합원인 근로자들이 사용자의 부당노동행위로 계약해지를 당한 경우 위법한 부당노동행위로 인하여 단결권과 단체교섭권을 침해받았고, 정신적 고통이 발생하였음을 추인할 수 있으므로, 계약해지로 인한 재산적 손해

---

156) 대법원 2011. 11. 24. 선고 2009두10895 판결.
157) 대법원 2011. 3. 10. 선고 2010다13282 판결.
158) 대법원 2006. 10. 26. 선고 2004다11070 판결.
159) 대법원 2020. 12. 24. 선고 2017다51603 판결, 대법원 2020. 12. 24. 선고 2017다52118 판결.

와는 별도로 발생한 단결권과 단체교섭권 침해로 인하여 입은 정신적 고통은 계약해지로 인한 재산적 손해의 배상이 이루어진다고 하더라도 회복될 수 없고, 사용자 역시 이와 같은 사정을 충분히 알 수 있었던 것으로 보이므로 사용자에게 조합원인 근로자들이 계약해지로 인해 입은 정신적 고통으로 인한 손해를 배상할 의무가 있다고 판단하여 근로자 개인의 해고 등에 있어서의 손해배상과 달리 부당노동행위로 인한 손해배상에 있어 단결권과 단체교섭권 침해로 인한 정신적 고통에 대한 위자료를 인정하고 있다.160)

ⓒ 노동조합은 회사 및 임직원들의 노조탈퇴 강요 및 정리해고, 노동조합 소속 근로자들에 대한 낮은 근무평가 등으로 인하여 조합원의 수가 줄고 조직 및 운영의 자주성을 침해받는 등 무형의 손해를 입었다. 노동조합 소속 근로자들은 회사 및 임직원들의 노조탈퇴 강요 및 정리해고로 인하여 종전과 같이 다수의 조합원을 둔 노동조합에서 활동할 수 없게 되고, 직접 해고된 근로자들의 경우 노동조합 지회 소속 조합원임을 이유로 해고되어 생존권을 위협받음으로써 정신적 고통을 받고, 직접 해고되지 않은 근로자들의 경우 인사상 불이익한 조치를 받을지 모른다는 정신적 고통을 받았을 것임은 경험칙상 명백하다.161)

ⓓ 위장폐업에 의한 부당해고는 사회통념이나 사회상규상 용인될 수 없는 것이어서 불법행위를 구성하므로, 사용자는 그로 인하여 근로자들이 입게 된 정신적 고통에 대한 위자료를 배상할 책임이 있다.162)

② 위자료의 액수

㉠ 손해배상의 범위는 차별적 취급의 경위, 수단과 방법, 불이익취급이 이루어진 기간, 노조 및 노조 소속 근로자들이 입은 피해의 정도, 그 밖에 이 사건 변론에 나타난 제반 사정을 종합하여 정함이 타당하다.

㉡ 불법행위로 입은 비재산적 손해에 대한 위자료 액수는 사실심법원이 여러 사정을 참작하여 그 직권에 속하는 재량에 의하여 이를 확정할 수 있는바,163) 노동3권의 큰 헌법적 의미는 근로자단체라는 사회적 반대세력의 창출을 가능하게 함으로써 노사관계에서 사회적 균형을 이루게 하고 이를 통하여 근로조건에 관한 노사 간의 실질적인 자치를 보장하려는 데 있다. 근로자는 노동조합과 같

---

160) 서울중앙지법 2020. 10. 16. 선고 2019가합518907 판결.
161) 서울중앙지법 2019. 5. 16. 선고 2017가합571652 판결.
162) 대법원 2011. 3. 10. 선고 2010다13282 판결.
163) 대법원 2018. 7. 26. 선고 2016다205908 판결.

은 근로자단체의 결성을 통하여 집단으로 사용자에 대항함으로써 사용자와 대
등한 세력을 이루어 근로조건 형성에 영향을 미칠 기회를 가지게 된다.164) 헌법
33조 1항은 근로자 개인의 단결권만이 아니라 단체 자체의 단결권도 보장하는
것으로 보아야 한다.165)

    판례는, 사용자 측이 처음부터 근로자에 의해 자주적·민주적으로 이루어
져야 할 '노동조합의 조직형태 변경'을 노무 관련 전문회사에서 '임시총회소집
및 임시총회 소집권자 지명요청', '조직형태 변경 및 노조설립 총회 회의록',
'호소문', '노동조합 규약' 등에 관한 구체적인 계획이나 방법에 관한 정보를 주
기적으로 제공받는 등 주도면밀하게 직접 관여하여 이를 실행하였고 그 대가로
거액을 지급하고, 노동조합에 적대적인 단체의 결성을 유도하거나 그 단체와 우
호적인 관계를 형성하면서 이들에게 조직형태 변경에 필요한 편의를 제공하였
으며, 이로 인해 사용자 측의 행위가 조직형태 변경에 어느 정도 영향을 미친
경우 사용자 측의 행위는 '사회적 균형' 또는 '실질적으로 대등한 교섭주체의
지위 확보'를 위해 인정된 근로자의 노동3권을 본질적으로 침해하는 것일 뿐만
아니라 노조법에서 정한 집단적 노사관계질서를 파괴한 점에서 불법의 정도가
가볍지 않다고 보았고, 사용자 측이 위와 같은 일련의 과정에서 노무관련 전문
회사에서 자문을 받아 노동조합 집행부와 일부 조합원에게 중징계처분을 한 경
우 생존권을 위협받았던 해당 조합원이 입었을 정신적 고통도 참작할 필요가
있다고 판시하였다. 다만 위 판례는 노동조합이 쟁의행위 대상이 될 수 없는 사
항을 이유로 노조법이 정한 사전절차를 거치지 않고, 불법파업 등을 행한 점,
조직형태 변경결의에 관한 조합원의 찬성률, 조직형태 변경으로 조합원이 입게
된 피해의 정도, 노동조합 탈퇴로 인한 조합원 수와 조합비 수입의 감소 정도,
노무 관련 전문회사가 관련 증거를 인멸하는 바람에, 진상규명에 차질이 생겼던
것으로 보이는 점 등도 참작하여 위자료 액수를 정한다고 판시하였다. 위 두 사
건에서, 사용자, 노조파괴 컨설팅사 등은 공동하여 손해배상금 또는 위자료로
노조에게는 3000만 원, 노조 간부들에게는 각 500만 원을 지급하라는 판결이
선고되어 확정되었다.166)

---

164) 헌재 1998. 2. 27. 선고 94헌바13 결정.
165) 헌재 1999. 11. 25. 선고 95헌마154 결정.
166) 서울고법 2017. 10. 20. 선고 2017나9376 판결, 같은 취지 서울고법 2017. 10. 20. 선고
    2017나9383 판결.

ⓒ 사용자는 강행규정인 노조법 81조 1항을 위반한 부당노동행위로 여성노조 조합원들에 대하여 제재사유가 없음에도 골프장에서 배제시키려는 의도 하에 출입제한처분을 하였고, 그 처분이 위법하다. 사용자는 조합원들이 위 중개·도급·위임에 유사한 계속적 용역제공계약상 의무를 불이행하였다고 보기도 어려운 상황임에도 사유를 충분히 고지하지 아니한 채 출입제한처분을 하고 그 후에 이루어진 이 사건 합의도 불이행하였다. 그 결과 조합원들은 유일한 생계 수단으로 삼은 캐디 피를 받지 못하게 되었으며, 특히 위 출입제한처분은 기한을 정하지 않고 사실상 사용자가 요구하는 조건을 받아들일 때까지 경기보조원의 출장 기회를 박탈함으로써 조합원들이 극심한 정신적 고통을 겪었음은 경험칙상 명백하므로 사용자는 조합원들에게 위자료로서 상당한 금액을 지급해야 한다. 이 사안에서 캐디별로 500만 원의 위자료가 인정되었다.167)

라. 가 처 분

단체교섭거부에 대한 사법적 구제로서 노동조합은 사용자나 사용자단체를 상대로 단체교섭 의무의 이행을 구하는 청구를 하거나 단체교섭청구권을 피보전권리로 하여 단체교섭에 응하라거나 단체교섭을 거부해서는 안된다는 단체교섭응낙가처분을 신청할 수도 있다.168)

또한 대법원은 사용자가 노동조합과의 단체교섭을 정당한 이유 없이 거부하였다고 하여 그 단체교섭 거부행위가 바로 위법한 행위로 평가되어 불법행위의 요건을 충족하게 되는 것은 아니지만, 그 단체교섭 거부행위가 그 원인과 목적, 그 과정과 행위태양, 그로 인한 결과 등에 비추어 건전한 사회통념이나 사회상규상 용인될 수 없는 정도에 이른 것으로 인정되는 경우에는 그 단체교섭 거부행위는 부당노동행위로서 단체교섭권을 침해하는 위법한 행위로 평가되어 불법행위의 요건을 충족하게 되는바, 사용자가 노동조합과의 단체교섭을 정당한 이유 없이 거부하다가 법원으로부터 노동조합과의 단체교섭을 거부하여서는 아니 된다는 취지의 집행력 있는 판결이나 가처분 결정을 받고서도 이를 위반하여 노동조합과의 단체교섭을 거부하였다면, 그 단체교섭 거부행위는 건전한 사회통념이나 사회상규상 용인될 수 없는 정도에 이른 행위로서 헌법이 보장하고 있는 노동조합의 단체교섭권을 침해하는 위법한 행위이므로, 그 단체교섭 거부

167) 대구고법 2015. 5. 21. 선고 2009나564 판결.
168) 대법원 2012. 8. 17. 선고 2010다52010 판결. 법원실무제요 민사집행 [Ⅳ], 470면.

행위는 노동조합에 대하여 불법행위를 구성한다고 판시한 바 있다.169)

대법원은, 사용자가 정당한 이유 없이 노동조합의 단체교섭 요구를 계속 거부하는 경우 이는 특별한 사정이 없는 한 그 노동조합과 소속 조합원들에게 현저한 손해를 발생시킨다고 추인함이 상당하다는 취지의 판단을 한 바 있다.170)

2. 형사적 구제절차

부당노동행위금지규정에 위반하면 2년 이하의 징역 또는 2천만 원 이하의 벌금에 처한다(법 90조). 사용자가 부당노동행위를 하더라도 구제명령이 확정된 후에 이를 이행하기만 하면 아무런 제재를 받지 않게 된다면, 부당노동행위가 반복될 우려가 있다는 점을 고려하여 구제주의를 보완하기 위한 규정이다. 또한 반의사불벌죄로 하는 구법상의 규정이 삭제되었으므로 피해자의 명시적 의사에 반하여 처벌할 수도 있다. 처벌대상은 부당노동행위 금지 규정에 위반한 자, 즉 부당노동행위의 현실적 행위를 한 자이다. 따라서 일반적으로 사업주가 아니라 현실적 행위자인 경영담당자 또는 관리자가 처벌되지만, 이와 병행하여 양벌규정에 따라 그 사업주에게도 벌금형을 과한다(법 94조).171) 다만 법인의 대리인·사용인 기타의 종업원이 그 법인의 업무에 관하여 노조법 81조 1호, 2호 단서 후단, 5호를 위반하여 부당노동행위를 한 때에는 그 법인에 대하여도 벌금형을 과하도록 한 노조법(1997. 3. 13. 법률 제5310호로 제정된 것) 94조 중 법인의 대리인·사용인 기타의 종업원(이하 '종업원 등'이라 한다)이 그 법인의 업무에 관하여 90조 가운데 81조 1호, 2호 단서 후단, 5호를 위반한 경우'에 관한 부분은 종업원 등의 범죄행위에 관하여 비난할 근거가 되는 법인의 의사결정 및 행위구조, 즉 종업원 등이 저지른 행위의 결과에 대한 법인의 독자적인 책임에 관하여 전혀 규정하지 않은 채, 단순히 법인이 고용한 종업원 등이 업무에 관하여 범죄행위를 하였다는 이유만으로 법인에 대하여 형벌을 부과하도록 정하고 있는바, 이는 다른 사람의 범죄에 대하여 그 책임 유무를 묻지 않고 형사처벌하는 것이므로 헌법상 법치국가원리로부터 도출되는 책임주의원칙에 위배된다.172)

---

169) 대법원 2006. 10. 26. 선고 2004다11070 판결.
170) 대법원 2013. 12. 13.자 2011마1193 결정, 광주고법 2011. 12. 29.자 (전주)2011라37 결정.
171) 임종률, 331면.
172) 헌재 2020. 4. 23. 선고 2019헌가25 결정.

3. 행정상 구제절차

부당노동행위로 권리를 침해당한 근로자나 노동조합은 노동위원회에 구제를 신청할 수 있다(법 82조 1항). 구제신청을 할 수 있는 노동조합은 법내조합으로 한정된다(법 7조 1항). 그러나 근로자 개인이 신청하는 경우에는 그 소속 노동조합이 노조법상의 노동조합이든 노조법상의 노조가 아닌 헌법상의 근로자단결체이든 관계없다(법 7조 2항).[173] 부당노동행위의 유형 중 단체교섭거부(법 81조 1항 3호) 및 지배·개입(법 81조 4호)은 노동조합이라는 단체에 대한 부당노동행위이고, 불이익취급(법 81조 1항 1호) 및 반조합계약(법 81조 1항 2호)은 근로자 개인에 대한 부당노동행위이다. 불이익취급 및 반조합계약은 노동조합에도 직접 피해를 줄 수 있다는 점에서 단체에 대한 부당노동행위의 성격도 아울러 가진다.[174] 지방노동위원회 또는 특별노동위원회의 구제명령이나 기각결정에 불복하는 당사자는 구제명령서나 기각결정서를 송달받은 날부터 10일 이내에 중앙노동위원회에 재심을 신청할 수 있다(법 85조 1항). 중앙노동위원회의 재심판정에 대하여 당사자는 재심판정서의 송달을 받은 날부터 15일 이내에 행정소송을 제기할 수 있다(법 85조 2항). 행정소송의 피고는 재심판정을 한 중앙노동위원회의 위원장이 된다(노위법 27조 1항; 행소법 13조). 행정소송의 제소기간 15일은 불변기간으로 한다(노위법 27조 3항). 사용자가 재심판정에 대하여 행정소송을 제기한 경우에 관할법원은 중앙노동위원회의 신청에 의하여 결정으로써 판결이 확정될 때까지 중앙노동위원회 구제명령의 전부 또는 일부를 이행하도록 명할 수 있다(법 85조 5항 전단). 재심판정은 행정소송의 제기로 그 효력이 정지되지는 않으므로(법 86조), 사용자는 행정소송을 제기한 경우에도 재심의 구제명령을 이행해야 한다. 그러나 미확정의 구제명령 불이행을 처벌할 수는 없기 때문에, 실제로는 사용자의 이행을 확보하기 곤란하다.[175]

근로자가 사용자의 부당노동행위로 인하여 해고를 당한 경우, 민사소송으로 해고의 무효확인 및 임금의 지급을 청구할 수 있으나 부당노동행위에 대한 신속한 권리구제를 위하여 마련된 구 근기법(2007. 4. 11. 법률 8372호로 전부 개정되기 전의 것) 33조와 노조법 82조 내지 86조(85조 5항 제외)의 행정상 구제절차를 이용하여 노동위원회에 구제신청을 한 후 노동위원회의 구제명령 또는 기각결

---

173) 임종률, 311면.
174) 임종률, 310면.
175) 김형배, 1547면; 임종률, 325면; 하갑래b, 651면.

정에 대하여 행정소송에서 다투는 방법으로 임금청구권 등 부당노동행위로 침
해된 권리의 회복을 구할 수도 있다. 따라서 근로자가 위 관계 법령에 따른 구
제신청을 한 후 이에 관한 행정소송에서 권리관계를 다투는 것은 권리자가 재
판상 권리를 주장하여 권리 위에 잠자는 것이 아님을 표명하는 것으로서 소멸
시효 중단사유인 '재판상 청구'에 해당한다.176)

[이 숙 연·정 지 원(변호사)]

---

176) 대법원 2012. 2. 9. 선고 2011다20034 판결.

제81조(부당노동행위)

① 사용자는 다음 각 호의 어느 하나에 해당하는 행위(이하 "부당노동행위"라
한다)를 할 수 없다.

1. 근로자가 노동조합에 가입 또는 가입하려고 하였거나 노동조합을 조직하려
고 하였거나 기타 노동조합의 업무를 위한 정당한 행위를 한 것을 이유로
그 근로자를 해고하거나 그 근로자에게 불이익을 주는 행위

2. 3. 4. (해당부분 참조)

5. 근로자가 정당한 단체행위에 참가한 것을 이유로 하거나 또는 노동위원회에
대하여 사용자가 이 조의 규정에 위반한 것을 신고하거나 그에 관한 증언을
하거나 기타 행정관청에 증거를 제출한 것을 이유로 그 근로자를 해고하거
나 그 근로자에게 불이익을 주는 행위

〈세 목 차〉

[참고문헌]

강용현, "입사 시 포괄적 동의를 받은 경우 개별적 동의 없이 한 전보 인사 명령의 정당
성 여부", 대법원판례해설 20호, 법원행정처(1994. 5.); **강희원**, "대법원 노동 판례에 나타
나 있는 용어 사용의 문제: 쟁의행위의 '정당성' 또는 '정당한' 쟁의행위라는 용어를 중

심으로", 판례연구 12집, 서울지방변호사회(1999. 1.); **곽현수**, "유인물 배포행위의 조합행
위 및 정당성 여부", 대법원판례해설 16호, 법원행정처(1992. 10.); **권창영**, "선장의 직무
명령과 선원 쟁의행위의 정당성", 인권과 정의 339호, 대한변호사협회(2004. 11.); **김기덕**,
"쟁의행위에 대한 형사면책 법리의 재구성과 업무방해죄", 노동과 법 3호 쟁의행위와 형
사책임, 금속법률원(2002. 9.); **김용일**, "근로자에 대한 승진과 불이익취급", 대법원판례해
설 18호, 법원행정처(1992. 10. 27.); **김인재**, "노동조합 내부 관계의 법리", 노동법학 7호,
한국노동법학회(1997. 12.); **김지형**, "헌법상 기본권과 노동법: 개별적 노동관계에 있어서
의 논의를 중심으로", 재판자료 76집 헌법문제와 재판(중), 법원도서관(1997. 6.); **김진**,
"정리해고 철회를 목적으로 하는 쟁의행위의 정당성", 2002 노동판례비평, 민주사회를
위한 변호사모임(2003); **김치중**, "노동위원회의 처분에 대한 쟁송에 있어서의 소송법적
제문제: 구제절차를 중심으로", 특별법연구 5권, 박영사(1997. 6.); **김태욱**, "인사고과와
부당노동행위", 2008 노동판례비평, 민주사회를 위한 변호사모임(2009); **김형진**, "정당화
사유와 부당노동행위 의사의 경합에 관한 몇 가지 문제", 대법원판례해설 26호, 법원도
서관(1996. 12.); **김홍영**, "노동위원회의 판정에 대한 사법심사", 노동법의 쟁점과 과제:
김유성 교수 화갑기념, 법문사(2000. 12.); **민중기**, "사적인 보증과 해고사유", 대법원판례
해설 38호, 법원도서관(2002. 6.); **박상훈a**, "부당노동행위 의사(意思)와 해고이유의 경
합", 1997 노동판례비평, 민주사회를 위한 변호사모임(1998); **박상훈b**, "부당노동행위 의
사와 해고사유의 경합", 노동법의 쟁점과 과제—김유성 교수 화갑기념, 법문사(2000.
12.); **박상훈c**, 불이익취급과 그 구제, 서울대학교 대학원 석사학위논문(1990); **박상훈d**,
"불이익취급의 요건으로서 노조활동 및 그 정당성(상)", 법조 410호, 법조협회(1990. 11.);
박상훈e, "승진과 부당노동행위", 법조 532호, 법조협회(2001. 1.); **박상훈f**, "해고사유의
경합에 관한 최근 판례의 경향", 조정과 심판 22호, 중앙노동위원회(2005. 7.); **박상훈g**,
"불이익취급의 요건으로서의 노조활동 및 그 정당성", 노동법연구 1권 1호, 서울대학교
노동법연구회(1991); **박수근**, "부당노동행위에서의 노동조합의 업무를 위한 정당한 행
위", 1999 노동판례비평, 민주사회를 위한 변호사모임(2000); **박재필**, "쟁의행위의 목적
및 절차의 정당성", 안암법학 14호, 안암법학회(2002. 4.); **박형준**, "사용자의 부당노동행
위 판단방법", 조세 259호, 조세통람사(2009. 12.); **석호철**, "부당노동행위의 성립요건",
인권과 정의 185호, 대한변호사협회(1992. 1.); **송강직**, "노동조합의 언론의 자유", 노동법
연구 13호, 서울대학교 노동법연구회(2002. 12.); **신쌍식**, "조합원 개인의 자발적 행위가
정당한 조합활동에 해당되는지 여부", 노사정보 10호, 산업노동연구원(1992. 2.); **신인령a**,
노동법 판례연구, 이화여자대학교 출판부(1995); **오정근**, 이론과 실제 노동법, 중앙경제
(1992); **오창수**, "학력사칭을 이유로 한 징계해고의 효력", 인권과 정의 156호, 대한변호
사협회(1989. 8.); **윤성천**, "노조전임자 급여 지급 문제에 대한 입법론적 검토", 노동법학
11호, 한국노동법학회(2000. 12.); **이경운**, "공무원 전보발령의 처분성", 행정판례연구 IV,
박영사(1999. 8.); **이광택**, "노조전임자에 대한 급여 지급이 부당노동행위인가", 노동법률

3호, 중앙경제(1991. 8.); **이병한**, "사용자가 근로자에 대하여 노동조합의 조합원이라는 이유로 불리하게 인사고과를 하고 그 인사고과가 경영상 이유에 의한 해고 대상자 선정 기준이 되어 그 근로자가 해고되었다고 주장하는 경우, 사용자의 행위가 부당노동행위에 해당하는지 여부의 판단 방법 ―통계적 입증방법의 가능성―", 대법원판례해설 79호, 법원도서관(2009); **이상덕**, "노조업무복 착용행위의 정당한 조합활동 여부", 노동법률 64호, 중앙경제(1996. 9.); **이승길**, "관리직 노동조합의 법적 문제에 관한 소고", 노동법의 쟁점 과 과제― 김유성 교수 화갑 기념, 법문사(2000. 12.); **이승재**, "대기발령의 법적 성격", 노동법률 143호, 중앙경제(2003. 4.); **이우진**, "전직의 개념과 정당성", 대구법학 5호, 대 구대학교 법과대학 법학연구소(2002. 8.); **이우태**, "노동조합의 홍보활동과 한계", 노동법 률 90호, 중앙경제(1998. 11.); **이전오**, "학력사칭을 이유로 한 징계해고의 요건(상)(하), 법률신문 1858호·1859호, 법률신문사(1989. 7.); **이흥재**, "대법원의 근로관계 인식에 대 한 조명― 민주헌정 이후 시민법적 인식으로의 '회귀' 및 '지속'의 평가", 법학 124호, 서 울대학교 법학연구소(2002. 9.); **임종률**, "부당노동행위 제도의 소고", 법학의 현대적 제 문제: 덕암 김병대교수 화갑기념 논문집, 대흥기획(1998. 2.); **장우건**, "근로자에 대한 징 계해고가 부당노동행위가 되기 위한 요건, 대법원판례해설 11호, 법원행정처(1990. 7.); **정인섭**, "부당해고 구제명령이 내려진 경우 부당노동행위 구제이익의 존부", 노동법률 86호, 중앙경제(1998. 7.); **정진경**, "경영사항의 단체교섭대상성", 사법논집 39집, 법원도 서관(2004. 12.); **조건주**, "학력 또는 경력을 사칭한 경우 징계해고의 정당성", 민사판례 연구 25권, 박영사(2003. 2.); **조원철**, "경력사칭해고", 판례연구 3집, 대구지방법원 판례 연구회(1992. 12.); **최누림**, "근로자의 인사이동에 대한 법률상 쟁점의 개관", 인권과 정 의 370호, 대한변호사협회(2007. 6.); **최홍엽a**, "노동조합 전임제도에 관한 연구", 노동법 연구 2권 1호, 서울대학교 노동법연구회(1992. 6.); **최홍엽b**, "개정 노동법상 노조전임자 의 지위", 노동법연구 7호, 서울대학교 노동법연구회(1998. 5.); **최홍엽c**, "노조전임자 관 련 판례", 1997 노동판례비평, 민주사회를 위한 변호사모임(1998); **한울노동문제연구소**, "전직처분과 부당노동행위", 노사정보 178호, 산업노동연구원(1999. 5.); **홍성무**, "부당노 동행위의 입증과 인정: 노동조합법 제39조 제1호 소정 불이익취급을 중심으로", 사법연 구자료 18집, 법원행정처(1991. 5.); **籾井常喜**, "原因の競合 ― 共榮工業等事件", 勞働判例 百選(第5版)(1989); **外尾健一a** 編, 團結權侵害とその救濟, 有斐閣(1985); **Ira L. Gottlieb**, "NLRB decision runs over worker's rights", Ira L. Gottlieb, "NLRB, decision runs over worker's rights", Aug. 6, 2020 <www.dailyjournal.com/ mcle/ 742-nlrb-decision-runs-over-workers-rights (최종방문 2022. 10. 6.); **Robert A. Gorman**, Basic Text on Labor Law ― Unionization and Collective Bargaining, West publishing co.(1976).

Ⅰ. 불이익취급의 개념

노조법 81조 1항 1호, 5호에서 규정한 불이익취급은 근로자가 정당한 노동조합 활동을 한 것을 이유로 사용자가 근로자에게 한 불이익처분을 의미한다. 그 개념을 분석해 보면 3가지 요건을 도출해 낼 수 있다.[1)]

부당노동행위가 성립하기 위해서는 근로자가 "노동조합의 업무를 위한 정당한 행위"를 하고, 회사가 이를 이유로 근로자를 해고한 경우라야 할 것이고 같은 사실의 주장 및 입증책임은 부당노동행위임을 주장하는 근로자에게 있다고 할 것이다.

첫째, 근로자의 정당한 노동조합 활동이다. 1호의 노동조합 가입 또는 가입 시도, 노동조합 조직, 기타 노동조합의 업무를 위한 정당한 행위와 5호의 정당한 단체행동(단체행위)[2)] 참가, 노동조합 또는 노동위원회에 대한 자료제출 등의 활동은 넓은 의미로 보아 모두 노동조합 활동이라고 할 수 있다. 다음에서 보는 셋째 요건을 인과관계의 문제로 기술하는 노동법 교과서에서는 첫째 요건을 '불이익취급의 원인'이라고 표현하고 있으나, 이는 뒤에서 보는 것처럼 정확한 표현이라고 보기 어렵다.[3)] 근로자의 정당한 노동조합 활동을 불이익취급의 원인이라고 볼 수는 없기 때문이다.[4)] 노동조합 활동을 사용자가 불이익처분의 '이유'로 삼았는지, 사용자의 그와 같은 처분이 정당한지의 문제이다. 따라서 단순히 근로자의 정당한 노동조합 활동을 불이익취급의 제1요건이라고 분석하기로

---

1) 대법원 1991. 7. 26. 선고 91누2557 판결에서는 불이익취급이 성립하기 위해서는 근로자가 노동조합의 업무를 위한 정당한 행위를 하고, 회사가 이를 이유로 근로자를 해고한 경우라야 하며, 이에 관한 주장 및 증명책임은 부당노동행위임을 주장하는 근로자에게 있다고 보았다. 여기에는 불이익취급의 3가지 요건과 주장 및 증명책임이 모두 명시되어 있다.

2) 노조법 81조 1항 5호에서는 '단체행위'라는 표현을 사용하고 있다. 원래 구 노동조합법 (1963. 4. 17. 법률 1329호로 제정되었다가 1996. 12. 31. 법률 5244호로 폐지되기 전의 것) 39조 5호에서는 '단체행동'으로 되어 있었는데, 구 노조법(1996. 12. 31. 법률 5244호로 제정되었다가 1997. 3. 13. 법률 5306호로 바로 폐지된 것) 81조 5호, 현행 노조법(2021. 1. 5. 법률 제17864호로 개정된 것) 81조 1항 5호에서는 특별한 이유 없이 '단체행위'라는 용어가 계속 사용되고 있다.

3) Ⅱ. 3. '부당노동행위 의사' 부분 참조.

4) 어떤 원인이 있으면 그에 따른 결과가 있게 되는데, 노동조합 활동이 있었다고 하여 반드시 사용자의 불이익처분이 따르는 것이 아니고, 어떤 특정 사용자가 근로자의 노동조합 활동을 불이익처분의 이유로 삼았을 때 비로소 불이익취급의 문제가 발생하게 된다. 따라서 노동조합 활동을 불이익취급의 원인이라고 하는 것은 정확한 표현이라고 보기 어렵다.

한다.

둘째, 사용자의 불이익처분이다. 해고 등 경제적 불이익이 가장 대표적이지만, 정신적 불이익(생활상의 불이익), 조합활동상의 불이익 등 여러 가지 불이익처분이 있다.

셋째, 사용자가 근로자의 정당한 노동조합 활동을 불이익처분의 '이유'로 삼아야 한다. 첫째와 둘째 요건을 연결해 주는 요건이다. 이 요건을 인과관계의 문제로 다루는 것은 정확한 분석이라고 보기 어렵다. 이 문제는 '부당노동행위 의사(意思)' 또는 '처분이유'의 문제로 다루어야 한다.

일반적으로 민사소송에서 부당노동행위에 대한 증명책임은 이를 주장하는 근로자 또는 노동조합에 있으므로, 필요한 심리를 다하였어도 사용자에게 부당노동행위 의사가 존재하였는지 여부가 분명하지 않아서 그 존재 여부를 확정할 수 없는 경우에는 그로 인한 위험이나 불이익은 그것을 주장한 근로자 또는 노동조합이 부담할 수밖에 없다.5) 중앙노동위원회의 재심판정에 대한 행정소송에서 근로자가 원고인 경우에는 부당노동행위임을 주장하는 근로자가 증명책임을 진다. 사용자가 원고로 행정소송을 제기한 후 부당노동행위가 아니라는 주장을 하면 부당노동행위에 해당한다는 증명책임은 피고 중앙노동위원회 위원장이 부담하게 된다. 형사소송에서는 부당노동행위에 해당한다고 하면서 기소를 한 검사가 부당노동행위에 대한 주장과 증명책임을 진다.

나아가 부당노동행위 중 불이익취급의 경우를 명시하면서 근로자 측에 증명책임이 있다고 한 판결 등6)이 있고, 지배·개입의 경우 근로자 또는 노동조합이 증명책임을 진다고 한 판결7)이 있다.

5) 대법원 2007. 11. 15. 선고 2005두4120 판결, 대법원 2011. 7. 28. 선고 2009두9574 판결, 대법원 2013. 2. 14. 선고 2010두24777 판결, 대법원 2014. 2. 13. 선고 2011다78804 판결, 대법원 2018. 6. 15. 선고 2014두12598, 12604 판결 등.
6) 대법원 1991. 7. 26. 선고 91누2557 판결, 대법원 1996. 9. 10. 선고 95누16738 판결, 대법원 1999. 9. 3. 선고 99두2086 판결, 대법원 2018. 12. 27. 선고 2017두37031 판결, 대법원 2018. 12. 27. 선고 2017두47311 판결, 대법원 2018. 12. 27. 선고 47328 판결 등.
7) 대법원 2015. 1. 29. 선고 2012다68057 판결.

Ⅱ. 불이익취급의 요건

1. 정당한 노동조합 활동

가. 기존 노조 가입, 새로운 노조 조직

근로자가 기존의 노동조합에 가입 또는 가입하려고 하거나 새로운 노동조합을 조직하려고 하는 행위이다.

먼저 새로운 노동조합을 설립하려는 행위로 판례에 나타난 사례를 구체적으로 살펴보면, 발기인이 된 근로자들이 노동조합의 설립 총회를 개최하여 임원들을 선임하고 규약을 제정한 후 설립신고서를 제출한 다음, 출퇴근시간이나 휴식시간 또는 야간을 이용하여 시내버스 승강장, 탈의실, 식당, 면회실, 기숙사 등지에서 근로자들에게 노동조합의 의의와 필요성 등을 설명하고 가입원서와 노동조합 설립 등에 관한 안내장을 배부하면서 노동조합에 가입하도록 권유한 행위8)는 전형적인 노동조합의 설립행위에 해당된다. 이 사례의 경우 근로자들은 근로시간 이외의 시간과 휴게시간을 이용하여 단결권을 행사하였는데, 그 과정에서 회사의 허가 없이 유인물을 배포한 것은 정당성을 인정하는 데 장애가 되지 않았다.

다음으로 기존 노동조합에 가입하려고 한 사례를 보면, 탄광사업을 하는 회사의 단체협약에 일정한 직급 이하의 광원들만 노동조합에 가입할 수 있고 감독직 및 사무직원들은 노동조합에 가입할 수 없도록 규정하고 있는 경우에, 경영난을 이유로 비조합원인 종업원에 대하여 조합원인 종업원에 비해 임금인상 등에서 불이익한 대우를 함에 따라 비조합원들 90여 명이 직원협의회를 결성한 후 노동조합 가입 희망의 뜻을 노동조합 측에 전달하여 협조를 요청하는 한편, 노동부장관에 대한 질의회신을 통해 기존 노동조합과 협의하여 규약을 개정하면 그 가입이 가능하다는 회답을 얻고는 노동조합 측으로부터 직장협의회 회원들이 노동조합에 가입할 수 있도록 규약을 개정하는 등의 절차를 진행 중에 있다는 회신을 받은 행위9)는 노동조합에 가입하려고 한 행위로 평가될 수 있다.

---

8) 대법원 1990. 10. 23. 선고 88누7729 판결. 이 판결과 관련된 문헌으로는, 김치중, 524~526면; 석호철, 8~26면 등 참조.

9) 대법원 1991. 12. 10. 선고 91누3789 판결. 이 판결과 관련된 문헌으로는, 강용현, 359~377면; 이승길, 267~298면; 이우진, 297~326면 등 참조.

나. 조합원의 자발적 행위

노동조합의 명시적인 결의나 구체적인 지시가 없이 조합원이 자발적으로 행동한 경우에 이를 정당한 노동조합 활동으로 볼 수 있는지에 관해서는 판례가 많이 나와 있다. 판례는 노동조합의 묵시적인 수권 또는 승인을 요건으로 하고 있다.

예를 들어, '취업규칙과 노사협의에 의하여 지급하도록 정해진 목욕권과 예비군 훈련기간의 수당을 지급하지 않는다고 노동부에 진정한 행위'에 대하여, 노동조합의 목적인 근로조건의 유지 개선, 기타 근로자의 경제적 지위 향상을 도모하기 위한 행위로서 노동조합의 묵시적 승인 내지 수권을 얻은 행위이므로 노동조합의 업무를 위한 정당한 행위로 본 사례가 있다.[10] 한편, 이 사건에서는 조합원이 조합 대의원으로 출마한 행위도 문제가 되었는데, 이는 조합활동에 해당함이 분명하다고 보았다.

나아가 "조합원이 조합의 결의나 조합의 구체적인 지시에 따라서 한 노동조합의 조직적인 활동 그 자체가 아닐지라도 그 행위의 성질상 노동조합의 활동으로 볼 수 있거나, 노동조합의 묵시적인 수권 혹은 승인을 받았다고 볼 수 있을 때"에는 노동조합의 업무를 위한 행위로 보고 있다.[11] 위와 같이 판례는 노동조합의 묵시적인 수권 혹은 승인 외에도 "행위의 성질상 노동조합의 활동으로 볼 수 있는 경우"를 노동조합의 업무를 위한 행위로 추가하고 있어서 주목된다. "행위의 성질"을 중시하면 노동조합의 묵시적 수권 혹인 승인이 없더라도 정당한 노동조합 활동으로 볼 수 있는 여지가 있다.

이에 반하여 회사 통합 노동조합장으로 취임한 사람에 대하여 적법한 조합장 선거가 없었다는 이유로 신임 조합장을 선출하자는 내용의 진정서를 조합원들에게 배포한 행위, 회사 운전기사들에게 회사에서 운전기사들의 사납금을 교육시간에 해당하는 금액만큼 감해 주지 않으면 승무하지 말자고 제의한 행위, 회사가 자신에게 배차중지를 하는 것은 부당하다는 내용의 호소문 100여 장을 회사 근로자에게 배포한 행위에 대하여, "노동조합의 결의를 거쳤다거나 구체적

---

10) 대법원 1990. 8. 10. 선고 89누8217 판결. 이 판결과 관련된 문헌으로는, 곽현수, 525~534면; 김홍영, 581~596면; 임정평, 1109~1126면 등 참조.

11) 대법원 1991. 11. 12. 선고 91누4164 판결. 이 판결과 관련된 문헌으로는, 김지형, 657~750면; 박수근, 243~259면; 송강직, 379~414면; 이우태, 50~53면 등 참조. 같은 취지로 대법원 1999. 11. 9. 선고 99두4273 판결, 대법원 2011. 2. 24. 선고 2008다29123 판결 참조.

인 지시에 의한 조합의사에 따른 것이 아닌 조합원으로서의 자발적 활동에 불과한 것이며, 그 행위의 성질상으로도 노동조합의 활동으로 볼 수 있거나 노동조합의 묵시적인 수권 혹은 승인을 받았다고 인정할 자료가 없다"는 이유로 정당한 노동조합 활동이라고 볼 수 없다고 한 사례가 있다.[12] 증거에 의해서 노동조합의 묵시적인 수권 혹은 승인을 받은 일이 없다고 한 부분은 수긍할 수 있으나, "행위의 성질"을 기준으로 보더라도 노동조합의 활동으로 볼 수 없다고 한 부분은 비판의 여지가 있다. 헌법이 보장한 노동3권의 주체는 노동조합뿐 아니라 근로자 개인도 포함되는데, 조합원인 근로자 개인이 행사하는 노동3권도 그 정당성이 인정되면 널리 '노동조합의 업무를 위한 정당한 행위'로 볼 수 있을 것이다. 위 사례에서 진정서나 호소문을 조합원이나 근로자에게 배포한 행위는 정당한 단결권 행사, 승무 거부에 관한 제안은 노동조합이 주체가 되는 정당한 단체행동을 견인하기 위한 활동으로 각각 볼 수 있으므로, 행위의 성질을 기준으로 한 정당한 노동조합활동이라고 인정할 수도 있다.

또한, "노동조합과 회사 사이에 임금인상에 관한 협의가 이루어졌음에도 불구하고 이에 불만을 품은 원고가 다른 수십 명의 근로자와 함께 임금의 보다 많은 인상 등을 요구하며 농성한 행위"에 대하여 "노동조합의 결의나 구체적인 지시에 의한 것이 아니라 조합원으로서의 자발적인 활동에 불과하며 또한 그 행위의 성질상으로도 노동조합의 활동으로 볼 수 있다거나 노동조합의 묵시적인 수권 혹은 승인을 받았다고 인정할 만한 자료도 없어 노동조합의 활동이라고 할 수 없으므로 원고의 위 행위를 노동조합의 업무를 위한 정당한 행위 또는 정당한 활동이라고 보기 어렵다"고 함으로써 '행위의 성질'을 매우 좁게 해석한 사례도 있다.[13] 하지만 '행위의 성질'을 너무 좁게 해석하면 조합원들의 의사를 제대로 대변하지 않는 이른바 어용노조가 있는 경우에 이를 민주적 노동조합으로 변화시키려는 활동을 위축시킬 우려가 있다. 따라서 위 사례에서도 조합원인 근로자들의 농성행위는 노동조합의 단체행동을 견인하기 위한 활동으로 보아 널리 노동조합활동으로 볼 수 있다.

---

12) 대법원 1989. 4. 25. 선고 88누1950 판결. 이 판결에 대한 평석으로는, 장우건, 465~475면 참조. 이 판결과 관련된 문헌으로는, 박상훈d, 18~30면; 홍성무, 381~407면 등 참조.
13) 대법원 1991. 9. 24. 선고 91누124 판결. 이 판결에 대한 평석으로는, 신쌍식, 14~17면 참조.

다. 취업시간 중 조합활동

취업시간 내의 노동조합 활동은 사용자의 업무지휘권과 관련되어 원칙적으로 허용되지 않는다. 그러나 노조법 81조 1항 4호 단서 전단에 따라 "근로자가 근로시간 중에 24조 2항에 따른 활동을 하는 것을 사용자가 허용"하는 것은 무방하다. 노조법 24조 2항에 따른 활동은 "사용자와의 협의·교섭, 고충처리, 산업안전 활동 등" 노조법과 다른 법률에서 정하는 업무와 "건전한 노사관계 발전을 위한 노동조합의 유지·관리업무"를 말한다.

한편, 근기법 54조 2항에서는 "휴게시간은 근로자가 자유롭게 이용할 수 있다"라고 하여 휴게시간 자유이용의 원칙을 천명하였다. 이에 따라 대법원은 휴게시간 중 유인물을 배포한 사건에서 "취업시간 아닌 주간의 휴게시간 중의 배포는 다른 근로자의 취업에 나쁜 영향을 미치거나 휴게시간의 자유로운 이용을 방해하거나 구체적으로 직장질서를 문란하게 하는 것이 아닌 한 허가를 얻지 아니하였다는 이유만으로 정당성을 잃는다고 할 수 없다"라고 판단하였다.[14] 유인물을 배포하는 근로자가 자신의 휴게시간을 자유롭게 이용하여 조합활동을 할 수 있다는 점과 작업 중인 다른 근로자들의 작업을 방해하지 말고 휴식 중인 다른 근로자들의 휴게시간 자유이용을 방해하거나 직장질서를 문란하게 하지 말아야 한다는 점, 이 양자를 모두 고려하여 조화롭게 해석하면서 유인물 배포를 위해 회사의 허가를 받을 필요가 없다는 점까지 명백히 하였다.

휴게시간이 아닌 근무시간 중에 유인물을 배포하거나 인터넷 등을 이용하여 조합활동을 하는 것은 허용되지 않지만, 노사 간 합의에 의해 일정한 조합원이나 근로자가 근무시간 중에 단체교섭이나 노사협의를 하는 것은 허용된다.

라. 리본착용과 사복 근무

회사의 취업규칙이나 사용자의 지시에 따라 근무복을 착용하도록 되어 있는 경우도 있고, 리본 등을 착용하고 근무하지 못하도록 되어 있는 경우도 있다. 이와 같은 규정이나 지시가 있는 경우에 근로자가 이를 어기면 규정 위반 또는 지시 위반에 해당되지만, 노사관계의 동적(動的)인 장에서는 구체적인 사정을 종합하여 정당성 여부에 관한 판단을 할 필요가 있다. 반면, 취업규칙이나 사용자의 지시가 없는 상황에서는 규정 위반 또는 지시 위반에는 해당되지 않

---

14) 대법원 1991. 11. 12. 선고 91누4164 판결.

지만, 이 경우에도 근로관계의 성격상 리본 등의 착용이 허용되는지 여부를 일률적으로 판단해서는 안 되고 역시 구체적인 사정을 종합하여 판단할 필요가 있다.

환경미화원들로 이루어진 노동조합의 조합원들이 쟁의기간 중 외부 용역업체에 의한 고용형태를 국회에 의한 직접 고용의 형태로 환원해 달라는 의미로 '고용직 환원'이라는 리본을 착용한 사건에서, 대법원은 리본착용에 대하여 "대외적 활동이거나 쟁의행위의 부차적 목적에 지나지 않으며, 쟁의행위의 직접적이고 주된 목적은 아니라고 보아야 하므로, 이 때문에 쟁의행위가 부당한 것으로 된다고 할 수 없다"라고 보았다.15) 이 사건에서는 노동조합이 회사에 대하여 임금인상 등 근로조건의 개선을 위한 요구를 계속하였고, 또 그에 관하여 노사 간에 진지한 교섭을 장기간에 걸쳐 벌여 온 점 등을 고려하였다. 이 사건에서 대법원이 펼친 논리는 그 후 "쟁의행위에서 추구되는 목적이 여러 가지이고 그 중 일부가 정당하지 못한 경우에는 주된 목적 내지 진정한 목적의 당부에 의하여 그 쟁의행위 목적의 당부를 판단하여야 하므로 부당한 요구사항을 뺐더라면 쟁의행위를 하지 않았을 것이라고 인정되는 경우에만 그 쟁의행위 전체가 정당성을 가지지 못한다"라는 법리로 발전하였다.16)

한편, 사복 근무(私服 勤務)와 관련하여, 대법원은 "병원에 근무하는 직원인 노동조합원들이 병원의 승인 없이 조합원들로 하여금 모든 직원이 착용하도록 되어 있는 위생복 위에 구호가 적힌 주황색 셔츠를 근무 중에도 착용"한 사건에서, 병원의 환자들에게 불안감을 주는 등 병원 내의 정숙과 안정을 해치는 행위라고 평가하여, 병원의 인사규정에서 정한 '직원이 법령 및 제 규정에 위배하였을 때' 등에 해당되어 징계사유에 해당한다고 보았다.17)

우리나라에서도 방송사, 은행, 지하철 노동조합 등이 리본착용, 사복 근무 등의 노동조합 활동을 활발하게 전개하고 있다. 현재 대법원 판례가 인정하는

---

15) 대법원 1992. 1. 21. 선고 91누5204 판결. 이 판결과 관련된 문헌으로는, 강희원, 461~486면; 김기덕, 195~258면; 김진, 148~175면; 박상훈e, 175~199면; 박재필, 133~164면; 정진경, 237~332면 등 참조.

16) 대법원 2001. 6. 26. 선고 2000도2871 판결, 대법원 2002. 2. 26. 선고 99도5380 판결, 대법원 2003. 12. 11. 선고 2001도3429 판결, 대법원 2003. 12. 26. 선고 2001도1863 판결, 대법원 2003. 12. 26. 선고 2001도3380 판결, 대법원 2005. 4. 29. 선고 2004두10852 판결 등.

17) 대법원 1996. 4. 23. 선고 95누6151 판결. 이 판결에 대한 평석으로는, 김형진, 251~268면; 이상덕, 14~19면 등 참조. 이 판결과 관련된 문헌으로는, 박상훈a, 311~340면; 정인섭, 13~17면 등 참조.

정당성의 범위는 매우 좁은 편이다. 그런데 리본이나 완장, 머리띠 등의 착용, 또는 제복을 착용하는 직장의 사복 근무가 사용자의 의무 위반(예컨대, 임금체불, 단체협약 위반 등)에 대한 항의수단으로 이루어진 경우에는, 노사관계가 동적인 대항관계의 장에서 이루어지는 점을 고려하여 허용의 폭을 넓힐 필요가 있다. 일본의 예들[18]을 참고로 구체적인 기준을 살펴보면, 리본 착용의 경우 크기, 색채, 표현내용 및 착용 목적 등을, 사복 근무의 경우 식별 가능성, 착용 목적, 업종 및 근무 장소 등을 함께 고려하여 종합적으로 판단할 수 있다.

마. 유인물 배포

단체협약에 유인물 배포를 위한 허가제를 규정하고 있는 경우가 있다. 하지만 허가제 규정으로 말미암아 노동조합의 업무를 위한 정당한 행위까지 금지시킬 수는 없으므로, 유인물 배포행위의 정당성은 허가가 있었는지 여부만 가지고 판단할 것은 아니고, 그 유인물의 내용이나 배포방법 등 여러 사정을 고려하여 판단해야 한다.[19] 따라서 허가 없는 유인물 배포도 경우에 따라 정당성이 인정될 수 있다.

유인물 배포의 정당성 인정기준에 관하여 대법원은 "구체적 사건에 있어서 노사 쌍방의 태도, 사용자가 할 불이익취급의 태양, 정도 등을 종합하여 사회통념에 따라 판단"해야 한다는 전제 아래 "유인물의 내용, 매수, 배포의 시기, 대상, 방법, 이로 인한 기업이나 업무에 미친 영향 등"을 일반적 기준으로 제시하였다.[20]

---

18) 일본의 예에 관하여는 박상훈g, 243~246면 참조. 日本 名高屋高裁 1969. 1. 31. 判決(中日放送 不當解雇 事件, 判例 労働法 5), 3539~3540의 1 이하에서는, 방송사의 특수성을 고려하여 '리본착용'까지는 허용하고 '붉은 머리띠'는 허용되지 않는다고 보았다. 日本 札幌高裁 1973. 5. 2. 判決(國労靑函地 事件)[峯村光郎 編, 不當労働行爲, 綜合労働硏究所(1978), 179~182면에서 재인용]은 국철(國鐵)이라는 공기업에 관한 사건인데, 1심에서는 복장규정이 요구하는 취지, 즉 공정 중립과 품위유지, 직원식별과 불쾌감 제거, 주의력 집중으로 인한 안전도모 등의 취지에 비추어 리본착용이 복장규정에 위반되지 않는다고 보았으나, 항소심에서는 직무전념의무에 위반할 우려가 있고 공연한 오해와 혼란을 일으킬 우려가 있다고 보아 리본착용이 허용되지 않는다고 보았다.

19) 대법원 1991. 11. 12. 선고 91누4164 판결 등.

20) 대법원 1992. 3. 13. 선고 91누5020 판결. 이 판결에 대한 관련문헌으로는, 송강직, 379~414면 참조. 대법원 1996. 9. 24. 선고 95다11504 판결, 대법원 1997. 12. 23. 선고 96누11778 판결, 대법원 1998. 5. 22. 선고 98다2365 판결, 대법원 2000. 6. 23. 선고 98다54960 판결. 대법원 98다54960 판결에 대한 평석으로는, 박상훈f, 42~55면, 이승재, 76~80면 등 참조. 이 판결과 관련된 문헌으로는, 민중기, 567~588면 참조.

바. 홈페이지 게재

근로자가 인터넷 신문에 게재된 기사를 그대로 복사하여 개인 홈페이지 등에 게시한 행위가 노동조합의 정당한 활동범위에 속하는지 여부가 문제된 사건에서, 대법원은 "기사 내용에 일부 과장되거나 왜곡된 표현의 사용으로 회사의 명예 등이 훼손되거나 그러한 염려가 있다고 하더라도, 기본적으로는 근로자 갑이 속한 노조원들의 단결을 도모하여 근로조건의 향상과 복지 증진 등을 도모하기 위한 것이고 기사 내용도 전체적으로는 진실한 것이라 할 수 있으므로, 갑의 위 신문기사 게시행위는 노동조합의 업무를 위한 정당한 활동범위에 속한다"라고 보았다.[21)]

사. 현장순회

노조법 4조, 형법 20조에 의하면, 노동조합이 그 목적을 달성하기 위하여 한 정당한 행위는 민형사상 면책이 된다. 이와 관련하여 2021. 1. 5. 신설된 노조법 5조 2항에서 규정한 비종사근로자의 사업장 출입의 정당성 요건이 주목을 받고 있다. 노조법 5조 2항에서는 종사근로자(사업 또는 사업장에 종사하는 근로자)가 아닌 노동조합의 조합원은 사용자의 효율적인 사업 운영에 지장을 주지 아니하는 범위에서 사업 또는 사업장 내에서 노동조합 활동을 할 수 있도록 규정하고 있다.

대법원은 노동조합 간부인 비종사근로자가 산업안전보건법 위반 사실의 증거수집 등을 할 목적으로 공장에 출입한 경우, 종전에도 같은 목적으로 현장순회를 해 왔던 점, 공장의 시설이나 설비를 작동시키지 않은 채 단지 그 상태를 눈으로 살펴보았을 뿐이고 그 시간도 30분에서 40분 정도에 그친 점, 현장순회 과정에서 회사 측을 폭행·협박하거나 강제적인 물리력을 행사한 일이 없는 점, 근무 중인 근로자들의 업무를 방해하거나 소란을 피운 사실도 없는 점 등에 비추어 볼 때, 회사 측의 시설관리권의 본질적인 부분을 침해하였다고 볼 수 없다고 판단하였다.[22)] 현장순회가 취업시간 중의 활동이었음에도 '정당한 조합활동'이라고 본 것이다.

---

21) 대법원 2011. 2. 24. 선고 2008다29123 판결. 같은 취지로 대법원 2017. 8. 18. 선고 2017다227325 판결 참조.
22) 대법원 2020. 7. 29. 선고 2017도2478 판결. 대법원 2020. 3. 26. 선고 2018두49574 판결도 현장순회로 인해 안전상의 위험이 초래되었다고 단정하기 어렵다는 이유로 현장순회 제한조치가 시설관리권에 바탕을 둔 합리적인 규율 내지 제한이라 볼 수 없다고 판단하였다.

아. 정당한 단체행위 참가, 신고, 증언, 증거제출 등

노조법 81조 1항 5호에서 규정하는 내용들이다. 근로자가 단체행동을 하는 것도 정당한 조합활동의 한 유형이고, 단체행동의 정당성이 인정되어야 한다. 일반적으로 쟁의행위는 주체·목적·절차·수단의 점에서 정당성이 있어야 정당한 쟁의행위로 인정된다. 근로자가 노동위원회에 사용자의 부당노동행위를 신고하거나 그에 관한 증언을 하거나 기타 행정관청에 증거를 제출하는 것도 사용자에 의해 침해된 노동3권을 노동위원회나 행정관청을 통해 다시 회복하려는 행위이므로 넓은 의미에서 정당한 조합활동에 해당한다.23) 이 조항은 조합활동과 직접적인 이해관계가 없는 일반 근로자들도 사용자의 보복 등에 대한 불안감에서 벗어나 자유롭게 증언 등을 할 수 있도록 함으로써 부당노동행위 구제제도의 기능을 원활하게 확보하려는 데에도 그 부차적 목적이 있다.24)

부당노동행위의 성립을 인정한 사례로는 "노조전임자 등에 대하여 그들의 쟁의행위 등 정당한 조합활동을 혐오한 나머지 조합활동을 곤란하게 할 목적으로 원직복귀명령을 하였다면 이는 사용자의 고유인사권에 기한 정당한 조치라볼 수 없고 부당노동행위에 해당한다"25)라고 본 대법원 판결이 있다. 이 판결에서는 불이익취급 및 지배·개입의 부당노동행위를 모두 인정하였다.

부당노동행위의 성립을 부정한 사례로는 "단체협약이 체결된 직후부터 비상대책위원회를 구성하여 뚜렷한 무효사유를 내세우지도 아니한 채 단체협약의 전면무효화를 주장하면서 행한 쟁의행위가 노동조합 활동으로서의 정당성을 갖추지 못하였다"26)라고 본 대법원 판결이 있다.

2. 사용자의 불이익처분

불이익취급이 성립하기 위해서는 사용자의 불이익처분이 있어야 한다. 일반적으로는 불이익처분인지 여부가 명확하지만, 때로는 사용자의 처분이 불이익처분인지 여부에 관하여 다투는 경우도 있다. 어떤 처분이 불이익처분인지 여부를 판단할 때 가장 중요한 것은 부당노동행위제도의 보호법익인 '노동3권'의 침해가 있었는지 하는 점이다. 다른 근로자들에게 "노동조합 활동을 하면 저런 식

---

23) 김유성, 318면.
24) 김유성, 318면.
25) 대법원 1991. 5. 28. 선고 90누6392 판결.
26) 대법원 1992. 9. 1. 선고 92누7733 판결.

으로 되는구나" 하는 인식을 심어주면 불이익처분이라고 할 수 있다. 또한 불이익처분은 상대적인 개념으로 다른 근로자와 비교하고, 선례나 다른 시기와 비교하여 판단해야 한다.

여기에서는 불이익처분을 경제적 불이익, 정신적 불이익, 조합활동상 불이익으로 3분하였다. 고찰의 각도를 바꾸어 근로계약상 지위에 관한 불이익 내지 신분상 불이익이라는 개념을 도입할 수도 있겠지만, 여기에서는 불이익의 목적이 경제적인지, 정신적인지, 또는 조합활동의 방해에 있는지 등에 따라 3분하기로 한다.

가. 경제적 불이익

해고 등의 경제적 불이익처분은 불이익처분의 가장 전형적인 예이다. 근로자가 사직서를 내거나 또는 근로계약을 합의 해지한 경우에도 그것이 강요에 의한 경우에는 불이익처분이 된다. 정년 이후의 계속 근무를 묵인하다가 뒤늦게 정년을 이유로 '강제퇴직' 시키는 경우에도 불이익처분이 된다. 영업양도가 이루어진 경우 일부 근로자의 고용 인수를 거부하면 역시 불이익처분이 된다. 이른바 위장해산 내지 위장폐업을 하고서 근로자 전원을 해고한 뒤 일부 근로자만을 재고용하는 경우 등도 불이익처분에 해당된다. 지위강등, 승진탈락, 휴직 이후의 복직거부 등도 물론 불이익처분이 된다. 휴직, 직위해제[27]나 정직, 출근정지, 감봉 등의 징계처분, 그리고 임금 차별, 상여금 차별, 대출금, 장학금, 복리후생시설 이용에 관한 차별 등도 모두 불이익처분에 해당된다.

대법원 판례들을 살펴보면, 신문사에서 근로자가 노동조합을 조직하여 조합장 또는 간부로서 활동하였고 해고처분이 있기 전날 단체교섭을 요구하였으나 회사가 이를 거부한 후 근로자를 해고한 경우에 부당노동행위로 인정한 사례가 있다.[28] "본사에서 멀리 떨어진 출장소에 전근발령을 하여 원고가 각종 수당을 지급받지 못하게 됨으로써 실수입액이 200,000원 가량 감소된 점"을 들어 경제적 불이익처분으로 본 경우도 있다.[29] 영업양도와 관련하여 대법원은 "근로자가 영업양도일 이전에 정당한 이유 없이 해고된 경우 양도인과 근로자 사이

---

27) 대법원 2010. 7. 29. 선고 2007두18406 판결에서는 직위해제로 말미암아 승진·승급에 제한을 받고 보수가 감액되는 등의 인사상·급여상 불이익을 입게 되는 경우에는 구제신청의 이익이 있다고 보았다.

28) 대법원 2000. 4. 11. 선고 99두2963 판결.

29) 대법원 1991. 12. 10. 선고 91누3789 판결.

의 근로관계는 여전히 유효하고, 해고 이후 영업 전부의 양도가 이루어진 경우라면 해고된 근로자로서는 양도인과의 사이에서 원직 복직도 사실상 불가능하게 되므로, 영업양도 계약에 따라 영업 전부를 동일성을 유지하면서 이전받는 양수인으로서는 양도인으로부터 정당한 이유 없이 해고된 근로자와의 근로관계를 원칙적으로 승계한다. 영업 전부의 양도가 이루어진 경우 영업양도 당사자 사이에 정당한 이유 없이 해고된 근로자를 승계의 대상에서 제외하기로 하는 특약이 있는 경우에는 그에 따라 근로관계의 승계가 이루어지지 않을 수 있으나, 그러한 특약은 실질적으로 또 다른 해고나 다름이 없으므로, 근로기준법 제23조 제1항에서 정한 정당한 이유가 있어야 유효하고, 영업양도 그 자체만으로 정당한 이유를 인정할 수 없다"[30]라고 보았다. 학습지 교사에 대한 위탁사업계약의 해지를 불이익처분으로 보고 부당노동행위의 성립 여부에 관하여 판단한 사례(재능교육 사건)도 있다.[31] 그리고 대법원은 "일반적으로 근로자가 연장 또는 휴일근로를 희망할 경우 회사에서 반드시 이를 허가하여야 할 의무는 없지만, 특정 근로자가 파업에 참가하였거나 노조활동에 적극적이라는 이유로 해당 근로자에게 연장근로 등을 거부하는 것은 해당 근로자에게 경제적 내지 업무상의 불이익을 주는 행위로서 부당노동행위에 해당할 수 있다."[32]라고 보았다.

대법원은 상여금 차별과 관련하여 "근로자에 대한 인사고과가 상여금의 지급기준이 되는 사업장에서 사용자가 특정 노동조합의 조합원이라는 이유로 다른 노동조합의 조합원 또는 비조합원보다 불리하게 인사고과를 하여 상여금을 적게 지급하는 불이익을 주었다면 그러한 사용자의 행위도 부당노동행위에 해당할 수 있다. 이 경우 사용자의 행위가 부당노동행위에 해당하는지 여부는, 특정 노동조합의 조합원 집단과 다른 노동조합의 조합원 또는 비조합원 집단을 전체적으로 비교하여 양 집단이 서로 동질의 균등한 근로자 집단임에도 불구하고 인사고과에 양 집단 사이에 통계적으로 유의미한 격차가 있었는지, 인사고과의 그러한 격차가 특정 노동조합의 조합원임을 이유로 불이익취급을 하려는 사용자의 반조합적 의사에 기인한다고 볼 수 있는 객관적인 사정이 있었는지, 인사고과에서의 그러한 차별이 없었더라도 동등한 수준의 상여금이 지급되었을

---

30) 대법원 2020. 11. 5. 선고 2018두54705 판결.
31) 대법원 2018. 6. 15. 선고 2014두12598 판결.
32) 대법원 2006. 9. 8. 선고 2006도388 판결.

것은 아닌지 등을 심리하여 판단하여야 한다"라는 기준을 제시하였다.33) 이러한
기준은 종전에 인사고과의 차별에 관한 기준을 제시한 대법원 판결34)의 선례를
참조한 것이다.

한편, 조합원과 비조합원 사이의 승진의 차별과 관련하여, 업무능력, 근무
성적, 상위직에 대한 적격성 등에 따라 승진이 이루어지는 이른바 능력주의 승
진제도하에서, 대법원은 조합원과 비조합원의 전체적 비교를 통해 승진 격차가
있다는 것만으로는 부족하다고 하면서, 당해 조합원과 비교대상인 비조합원 사
이에 업무능력, 근무성적, 상위직에 대한 적격성 등의 점에서 차이가 없어야 한
다는 것을 전제조건으로 승진 차별이 있을 것을 요구하고 있다.35)

상여금 차별에 관한 대법원 2017두37031 판결에서는 통계적 입증방법에 따
라 조합원과 비조합원 사이의 차별을 인정하였으나, 승진 차별에 관한 대법원
96누10188 판결에서는 조합원과 비조합원의 전체적 비교를 통한 승진 격차만으
로는 차별을 인정하기에 부족하다고 보았다. 위 대법원 판결들에 모순이 있다고
볼 수도 있지만, 대법원 2017두37031 판결에서 '통계적 유의미성'을 요구하는
것으로 보아 대법원 96누10188 판결의 사례에서는 통계적 유의미성이 있는 차
별은 존재하지 않았던 것으로 볼 수도 있다. 조합원의 승진 누락에 관한 다른
사례를 보면, "당해 조합원이 비교대상으로 된 비조합원과의 사이에 업무능력,
근무성적, 상위직에 대한 적격성 등에 있어 차이가 없어야 하므로, 노조원과 비
노조원을 비교하여 볼 때 결과적으로 승진에 있어 격차가 발생하였다고 하더라
도" 그로써 곧 불이익취급의 부당노동행위가 있었다고 단정할 수 없다고 전제
한 후, 당해 조합원의 영업사원 승격기준에 따른 근무실적보다 못한 비조합원이

---

33) 대법원 2018. 12. 27. 선고 2017두37031 판결.
34) 대법원 2009. 3. 26. 선고 2007두25695 판결. 이 판결에서는 "사용자가 근로자에 대하여 노
동조합의 조합원이라는 이유로 비조합원보다 불리하게 인사고과를 하고 그 인사고과가 경영
상 이유에 의한 해고 대상자 선정기준이 됨에 따라 그 조합원인 근로자가 해고되기에 이르
렀다고 하여 그러한 사용자의 행위를 부당노동행위라고 주장하는 경우, 그것이 부당노동행위
에 해당하는지 여부는, 조합원 집단과 비조합원 집단을 전체적으로 비교하여 두 집단이 서로
동질의 균등한 근로자 집단임에도 인사고과에서 두 집단 사이에 통계적으로 유의미한 격차
가 있었는지, 인사고과에서 그러한 격차가 노동조합의 조합원임을 이유로 하여 비조합원에
비하여 불이익취급을 하려는 사용자의 반조합적 의사에 기인하는 것, 즉 사용자의 부당노동
행위 의사의 존재를 추정할 수 있는 객관적인 사정이 있었는지, 인사고과에서의 그러한 차별
이 없었더라면 해고 대상자 선정기준에 의할 때 해고대상자로 선정되지 않았을 것인지 등을
심리하여 판단하여야 한다"라고 보았다.
35) 대법원 1998. 2. 10. 선고 96누10188 판결.

승격대상에 포함되었다고 볼 증거가 없다고 보아 부당노동행위를 부정한 대법원 판결36)이 있다. 이 판결에서도 '통계적 유의미성'이 있는 차별에 관한 증거가 없다는 점이 중시된 것으로 볼 수 있다.

　불리한 인사고과로 인한 해고와 관련하여, 사용자가 근로자에 대하여 노동조합의 조합원이라는 이유로 비조합원보다 불리하게 인사고과를 하고 그 인사고과가 경영상 이유에 의한 해고 대상자 선정기준이 됨에 따라 그 조합원인 근로자가 해고되기에 이르렀다고 하여 그러한 사용자의 행위를 부당노동행위라고 주장하는 경우, 대법원은 "조합원 집단과 비조합원 집단을 전체적으로 비교하여 두 집단이 서로 동질의 균등한 근로자 집단임에도 인사고과에서 두 집단 사이에 통계적으로 유의미한 격차가 있었는지, 인사고과에서 그러한 격차가 노동조합의 조합원임을 이유로 하여 비조합원에 비하여 불이익취급을 하려는 사용자의 반조합적 의사에 기인하는 것, 즉 사용자의 부당노동행위 의사의 존재를 추정할 수 있는 객관적인 사정이 있었는지, 인사고과에서 그러한 차별이 없었더라면 해고 대상자 선정기준에 의할 때 해고대상자로 선정되지 않았을 것인지 등을 심리하여 판단하여야 한다"라는 기준을 제시하였다.37) 이 판결은 처음으로 '통계적 유의미성'을 중시하는 기준을 제시하였다.

　사용자가 노조전임자를 승진에서 누락시킨 행위와 관련하여, 대법원은 자동차판매업 등을 영위하는 회사가 2006년도 승격인사를 실시하면서 노조전임자 등은 근로제공의무가 면제되어 영업활동을 하지 않았는데도 노조전임자들에 대한 승격기준을 별도로 정하지 않은 채 다른 영업사원과 동일하게 판매실적에 따른 승격기준만을 적용하여 승격대상에 포함시키지 않은 경우에, "노조전임자로 활동하였다는 이유만으로 승격가능성을 사실상 배제한 것으로 부당노동행위에 해당한다"라고 판단하였다.38)

나. 정신적 불이익

　정신적 불이익 또는 생활상의 불이익처분도 있다. 대표적인 예가 시말서 제출인데, 대법원은 시말서 제출에 관하여 "취업규칙에서 사용자가 사고나 비위행위 등을 저지른 근로자에게 시말서를 제출하도록 명령할 수 있다고 규정하는

36) 대법원 2011. 7. 28. 선고 2009두9574 판결.
37) 대법원 2009. 3. 26. 선고 2007두25695 판결. 이 판결에 대한 평석으로는, 김태욱, 115~138면; 박형준, 138~144면; 이병한, 677~691면 참조.
38) 대법원 2011. 7. 28. 선고 2009두9574 판결.

경우, 그 시말서가 단순히 사건의 경위를 보고하는 데 그치지 않고 더 나아가 근로관계에서 발생한 사고 등에 관하여 자신의 잘못을 반성하고 사죄한다는 내용이 포함된 사죄문 또는 반성문을 의미하는 것이라면, 이는 헌법이 보장하는 내심의 윤리적 판단에 대한 강제로서 양심의 자유를 침해하는 것이므로, 그러한 취업규칙 규정은 헌법에 위반되어 근기법 96조 1항에 따라 효력이 없고, 그에 근거한 사용자의 시말서 제출명령은 업무상 정당한 명령으로 볼 수 없다"고 보았다.39) 따라서 근로자의 정당한 조합활동을 이유로 사용자가 근로자에게 "자신의 잘못을 반성하고 사죄한다는 내용이 포함된 사죄문 또는 반성문"을 의미하는 시말서 제출을 명령하는 것은 그 자체로 업무상 정당한 명령이라고 볼 수 없고, 정신적 불이익을 가하는 불이익취급에 해당된다. 나아가 정당한 조합활동을 이유로 단순히 사건의 경위를 보고하는 내용의 시말서를 제출하도록 하는 것도 정신적 불이익 취급에 해당한다고 볼 수 있다. 사용자가 조합활동의 내용을 캐내기 위한 목적을 가지고 시말서를 제출하도록 하는 것은 지배·개입으로 볼 여지도 있다.

그 밖에 장기간 현장 근로만 해온 근로자를 본부의 사무직으로 발령하는 경우, 장기간 출근정지나 대기발령을 내리거나 일거리를 주지 않으면서 책상까지 치워버리는 경우, 부부 중 한 사람을 멀리 떨어진 곳으로 전근시키는 경우 등도 여기에 해당된다. 물론 출근정지나 대기발령으로 인하여 인사상 불이익이 생기고 경제적 불이익도 있다면 경제적 불이익 및 정신적 불이익이 함께 존재하는 것으로 볼 수도 있다.

대법원은 "경북 영일군 흥해읍에 있는 본부에 근무하면서 1988. 11.경 노동조합이 설립될 무렵 발기인으로 참여한 이래 평조합원으로 활동한 근로자"에 대하여 "1990. 8. 29. 숙직근무 중 근무지를 이탈하였다가 적발되었음을 이유로 1990. 9. 8. 포항출장소로 전보시켰다가 1991. 2. 28. 정기순환보직 인사 시에 다시 본부 사업과로 전보시킨 다음, 1991. 5.경 농림수산부장관으로부터 농지개량

---

39) 대법원 2010. 1. 14. 선고 2009두6605 판결, 대법원 2014. 6. 26. 선고 2014두35799 판결. 다만, 대법원은 사용자가 근로자에게 사건의 경위를 보고하는 내용의 시말서의 제출을 명령하였는데 근로자가 이를 거부한 경우에 관하여, "취업규칙 등에 징계처분을 당한 근로자는 시말서를 제출하도록 규정되어 있는 경우 징계처분에 따른 시말서의 불제출은 그 자체가 사용자의 업무상 정당한 명령을 거부한 것으로 징계사유가 될 수 있으므로 시말서 제출을 통보받은 근로자들이 기한 내에 시말서를 제출하지 않은 것은 징계사유가 된다"고 보았다(대법원 1991. 12. 24. 선고 90다12991 판결).

조합 직원의 조합간 인사교류명령권한을 위임받은 경상북도지사에게 건의하여 1991. 5. 13. 경상북도지사의 인사교류명령에 따라 1991. 5. 17. 의성 농지개량조합으로 전출명령"을 한 것을 정신적 불이익 또는 생활상 불이익처분으로 보았다.40) 짧은 기간 동안에 생활근거지에서 멀리 떨어진 곳으로 수차례 전근명령을 한 점이 불이익처분으로 평가된 것이다.

전직명령이 불이익처분에 해당하는지 여부에 관하여 대법원 판례가 제시한 일반적인 기준을 보면, "전보처분 등의 업무상의 필요성과 전보 등에 따른 근로자의 생활상의 불이익을 비교·교량"해야 하며, 업무상의 필요에 의한 전보 등에 따른 생활상의 불이익이 근로자가 통상 감수해야 할 정도를 현저하게 벗어난 것이 아니라면 이는 정당한 인사권의 범위 내에 속하는 것으로서 권리남용에 해당하지 않는다는 것이다.41) 즉, 생활상의 불이익과 업무상 필요성을 비교·교량해야 한다는 점을 명확히 하고 있다.

다. 조합활동상 불이익

불이익처분인지 여부가 가장 문제가 되는 것이 조합활동상 불이익이다.

(1) 전보명령

먼저 전보명령과 조합활동상 불이익에 관하여 대법원은, 회사의 생산 공장에는 미싱공만 하여도 670여 명이 배치되어 있는데 반하여 내수사업부에는 기능직 사원이 2, 3명밖에 배치되지 아니하여 독자적인 노동조합 활동은 사실상 불가능하고, 내수사업부는 생산 공장과도 상당히 멀리 떨어져 있어 생산부 조합원들과의 교류도 여의치 않은 사례에서, "전보발령은 회사가 근로자들의 권익옹호를 위한 활동에 열성적인 근로자의 노동조합 가입 및 그 가입 후의 적극적인 노동조합 활동을 우려한 나머지 이를 사전에 봉쇄하고자 소속 근로자들의 주된 노동조합 활동 장소가 될 수밖에 없는 생산 공장으로부터 근로자를 격리하여 노동조합 활동에의 참여를 사실상 불가능하게 하려는 의도에서 내수사업부의 결원충원의 필요를 표면적인 사유로 하여 이를 행한 것"이라고 함으로써, 전보

---

40) 대법원 1993. 2. 23. 선고 92누11121 판결. 이 판결에 관련된 문헌으로는, 강용현, 359~377면; 이경운, 277~295면 등 참조.

41) 대법원 1996. 12. 20. 선고 95누18345 판결. 이 판결에 대한 평석으로는, 한울노동문제연구소, 39~50면 참조. 대법원 1997. 3. 28. 선고 96누4220 판결, 대법원 1999. 3. 26. 선고 98두4672 판결, 대법원 2000. 6. 23. 선고 98다54960 판결.

명령이 조합활동상의 불이익에 해당된다고 하여 불이익취급을 인정하였다.42)

(2) 승   진

때로는 승진을 시키는 것이 조합활동상 불이익으로 평가되는 경우가 있다. 근로계약상 근로의 장소가 국회현장으로 되어 있는 미화원인 근로자를 다른 곳으로 전직명령을 하면서 승진시킨 처분에 관하여, 대법원은 근로자의 의사에 반한 인사권의 남용이라는 점, 전직명령이 이루어진 시기와 그 경과 등에 비추어 그 전직명령은 정당한 인사권의 행사라기보다는 불이익취급에 해당한다고 보았다.43) 전직명령이 승진에 해당되어 경제적으로는 이익이 되더라도 조합활동상 불이익이 있으면 사용자의 의도 및 근로자의 의사와 전직명령의 시기 및 경과 등을 종합적으로 고려하여 불이익처분으로 볼 수 있다는 것이다. 그리고 근로자의 노동조합 활동을 이유로 한 불이익처분으로서 부당노동행위에 해당하는 경우에는 전직명령 거부를 이유로 한 해고도 정당성을 갖지 못한다고 보았다.

유사한 사례로 대법원은 해고가 승진 및 배치전환에 따른 무단결근 등을 그 해고사유로 삼고 있어서 승진 및 배치전환의 부당노동행위 해당 여부가 위 해고의 사유와도 직접 관련을 갖고 있다면, 승진 및 배치전환에 대한 구제의 이익이 있다고 전제한 후, "사용자가 근로자의 노동조합 활동을 혐오하거나 노동조합 활동을 방해하려는 의사로 노동조합의 간부이거나 노동조합 활동에 적극적으로 관여하는 근로자를 승진시켜 조합원 자격을 잃게 한 경우에는 노동조합 활동을 하는 근로자에게 불이익을 주는 행위로서 부당노동행위가 성립될 수 있다"고 하여,44) 승진이 때로 불이익처분으로 될 수 있음을 명확히 하였다. 한편, 승진이 때로 부당노동행위에 해당될 수 있다는 법리를 전개하면서 사용자의 부당노동행위 의사 유무는 "승진의 시기와 조합활동과의 관련성, 업무상 필요성, 능력의 적격성과 인선의 합리성 등의 유무와 근로자의 승진이 조합활동에 미치는 영향 등 여러 사정을 고려하여 판단해야 한다"라는 전제 아래, 근로자가 승진거부의사를 표명했음에도 정기승진 인사의 일환으로 승진 대상자에 대한 합리적 사정을 거쳐 회사의 인사질서와 입사동기생 간의 형평을 고려하여 행한

---

42) 대법원 1992. 11. 13. 선고 92누9425 판결. 이 판결을 포함하여 인사이동과 부당노동행위에 관한 대법원 판례들을 소개한 논문으로는 최누림, 57~76면 참조.
43) 대법원 1992. 1. 21. 선고 91누5204 판결.
44) 대법원 1998. 12. 23. 선고 97누18035 판결. 이 판결에 대한 평석으로는, 박상훈e, 175~199 면 참조.

경우에는 부당노동행위에 해당되지 않는다고 본 사례도 있다.[45]

(3) 원직복직 명령

노조전임자에 대한 원직복직 명령에 대하여, 대법원은 "부당노동행위제도
의 목적은 근로자의 단결권 등 노동3권의 보장에 있으므로 노동조합업무의 전
임자나 노조간부 등의 조합활동상의 불이익도 불이익취급의 한 유형에 해당한
다"라고 전제한 후, 노조전임자 등에 대하여 그들의 쟁의행위 등 정당한 조합활
동을 혐오한 나머지 조합활동을 곤란하게 할 목적으로 원직복직 명령을 한 경
우에는 불이익취급에 해당할 뿐 아니라 지배·개입에도 해당한다고 보았다.[46]
다만, 단체협약이 유효기간의 만료로 효력이 상실되었고, 단체협약상 노조대표
의 전임규정이 새로운 단체협약 체결 시까지 효력을 지속시키기로 약정한 규범
적 부분도 아닌 경우, 그 단체협약에 따라 노동조합 업무만을 전담하던 노조전
임자는 사용자의 원직복직 명령에 응해야 한다는 전제 아래, 그 원직복직 명령
에 불응한 행위는 취업규칙이 정한 정당한 해고사유에 해당하고 불이익취급에
해당하지 않는다고 본 사례도 있다.[47] 즉, 노조전임자에 대한 정당한 원직복직
명령의 경우에는 달리 본 것이다.

(4) 불이익 대우의 고지

대법원은 회사 대표이사가 노동조합 위원장, 부위원장 및 조합원에게 해고
또는 불이익한 대우를 하겠다는 의사표시를 하였으나 이를 현실화하지 않은 경
우에는 노조법 81조 1항 1호에서 정한 부당노동행위에 해당하지 않는다고 보았
다.[48] 사용자의 위와 같은 행위가 지배·개입에 해당될 여지는 있지만, 불이익
처분의 실행에 이르지 않는 한 위 1호의 불이익취급은 성립되지 않기 때문에
형사상 무죄로 볼 수 있다는 것이다. 그런데 경제적 불이익처분은 실행의 착수
가 없었다고 볼 수 있더라도, 불이익 대우의 고지에 따라 조합에서 탈퇴한 경우
에는 조합활동상 불이익처분이 존재한다고 볼 여지가 있다.

---

45) 대법원 1992. 10. 27. 선고 92누9418 판결. 이 판결에 대한 평석으로는, 김용일, 737~744면
    참조.
46) 대법원 1991. 5. 28. 선고 90누6392 판결. 이 판결에 대한 평석으로는, 이광택, 14~19면 참
    조. 관련 문헌으로는, 김인재, 113~140면; 윤성천, 183~206면; 이홍재, 205~228면; 최홍엽a,
    131~160면; 최홍엽b, 231~258면 등 참조.
47) 대법원 1997. 6. 13. 선고 96누17738 판결. 이 판결에 대한 평석으로는, 최홍엽c, 286~310
    면 참조.
48) 대법원 2004. 8. 30. 선고 2004도3891 판결.

3. 부당노동행위 의사(意思)

사용자의 불이익처분이 근로자의 정당한 노동조합 활동을 '이유로' 행하여져야 불이익취급이 성립된다. 이 요건을 부당노동행위 의사라고 부를 수 있다. 용어와 관련하여 이 요건을 인과관계라고 부르는 경우가 많이 있는데 이는 매우 부정확한 용어이다. 민사법에서 인과관계라는 용어는 "채무자 A의 채무불이행으로 인하여(원인), 채권자 B가 손해를 입는 '결과'가 발생하였다"는 의미로 사용된다. 만일 A가 채무를 이행하지 않아서 B가 A를 때렸다면, A의 채무불이행은 B의 폭행의 원인이 아니라 이유 내지 동기가 된다. 즉, 원인은 객관적 인과관계와 관련된 것이고, 이유 내지 동기는 사용자의 주관적인 의사와 관련된 것이다. 불이익취급의 제3요건은 인과관계의 문제가 아니라 처분이유의 문제이고, "사용자가 처분이유로 삼았다"는 말은 사용자에게 "부당노동행위 의사가 있었다"라는 말로 바꿀 수 있다. 따라서 제3요건은 인과관계가 아니라 부당노동행위 의사가 된다.

그런데 사용자들은 실제로는 노동조합 활동을 혐오하여 불이익 처분을 하는 경우에도 대부분 표면상으로는 다른 이유, 예컨대, 업무명령위반, 기업질서문란, 경력사칭, 경영해고 등의 이유를 내세우고 있다. 사용자의 부당노동행위 의사는 내심의 의사이기 때문에 근로자가 이를 직접 증명하는 것은 매우 곤란하다. 따라서 사용자의 부당노동행위 의사는 불이익처분 당시의 객관적·외형적 사정들을 모두 종합하여 간접적으로 판단할 수밖에 없다. 일반적으로 고려되는 요소들을 살펴보면, 사용자가 내세우는 처분사유와 근로자가 한 정당한 조합활동의 내용, 처분의 대상자, 사용자와 노동조합과의 관계, 처분의 시기 및 경위, 처분의 불균형 여부, 처분의 절차, 처분 이후 조합활동 상황의 쇠퇴 내지 약화 여부 등이 있다. 이를 증명책임의 관점에서 보면, 근로자로서는 간접사실들을 증명함으로써 주요사실인 사용자의 부당노동행위 의사를 증명하는 것이다. 즉, 이러이러한 간접사실들이 있으면 통상 부당노동행위 의사가 있었다고 볼 수 있다는 경험칙에 의하여 주요사실이 추정된다.

사용자는 그의 부당노동행위 의사가 추정되면 그 추정을 깨뜨리지 못하는 한 소송에서 지게 된다. 사용자의 입장에서는 그 추정을 깨뜨리기 위하여 주로 해고에 정당한 이유가 있었다고 주장한다. 예컨대, 업무명령위반, 기업질서문란,

경력사칭, 경영해고 등의 사유가 그것이다. 그런데 사용자가 주장하는 해고사유를 구성하는 사실관계가 전혀 증명되지 않는 경우, 예컨대 경영해고를 주장하였으나 그 요건의 하나인 긴박한 경영상의 필요성이 인정되지 않는 경우에 사용자는 부당노동행위 의사의 추정에서 벗어날 수 없다. 이러한 경우에 후술하는 처분이유의 경합은 존재하지 않고, 다만 사용자의 부당노동행위 의사가 있었다는 근로자의 주장과 해고의 정당한 이유가 있었다는 사용자의 주장 사이의 대립이 있을 뿐이다. 이러한 주장의 대립과 다음에서 보는 처분이유의 경합은 이를 구분하여야 한다.[49]

가. 부당노동행위 의사의 추정

부당노동행위 의사의 추정에 관한 판례는 매우 많다. 약간씩 표현상 차이가 있지만 공통적인 내용은 다음과 같다.

"사용자가 근로자를 해고할 때 근로자의 노동조합업무를 위한 정당한 행위를 그 실질적인 이유로 삼았으면서도 표면적으로는 다른 해고사유를 들어 해고한 경우에는 부당노동행위로 보아야 하고, 근로자의 노동조합업무를 위한 정당한 행위를 실질적인 해고사유로 한 것인지의 여부는 사용자 측이 내세우는 해고사유와 근로자가 한 노동조합업무를 위한 정당한 행위의 내용, 징계해고를 한 시기, 회사와 노동조합과의 관계, 동종의 사례에서 조합원과 비조합원에 대한 제재의 불균형 여부,[50] 기타 부당노동행위 의사의 존재를 추정할 수 있는 제반 사정[51]을 비교 검토하여 종합적으로 판단하여야 한다"라는 것이다.[52] 판례상 나타나는 부당노동행위 의사의 추정에 관한 전형적 문구이다. 때로는 "종래 관행에 부합하는지 여부"도 고려하고 있다.[53]

나아가 "징계양정이 부당하다거나 그 징계절차가 단체협약에 정해진 규정에 위반한다는 등의 사정은 회사의 부당노동행위 의사를 판단하는 하나의 자료

---

49) 한용식, 202~203면.
50) 대법원 1991. 4. 23. 선고 90누7685 판결에서는 "동종의 사례에서 조합원과 비조합원에 대한 제재의 불균형 여부"를 명시적으로 들지는 않고 있으나, "기타 제반 사정"에 포함된 것으로 볼 수 있다.
51) 대법원 1991. 2. 22. 선고 90누6132 판결에서는 "처분 후 다른 노동조합원의 탈퇴 등 노동조합 활동의 쇠퇴 내지 약화 여부"도 "기타 제반 사정"의 하나로 명시하고 있다.
52) 대법원 1995. 3. 14. 선고 94누5496 판결, 대법원 1995. 4. 28. 선고 94누11583 판결, 대법원 1998. 12. 23. 선고 97누18035 판결.
53) 대법원 1999. 11. 9. 선고 99두4273 판결, 대법원 2000. 4. 11. 선고 99두2963 판결, 대법원 2006. 9. 8. 선고 2006도388 판결 등.

가 된다"라고 함으로써 부당노동행위 의사의 추정을 가능하게 하는 간접사실의
범위를 다소 넓히고 있는 경우도 있다.54) 하지만 징계양정이나 징계절차의 문제
는 징계 자체의 정당성 판단의 자료로 삼을 뿐 부당노동행위 의사를 판단하는
자료로 삼지 않는 것이 일반적이다. 다만, 통상은 경징계 사유인데 조합의 임
원이라는 이유로 중징계를 하였다면 부당노동행위 의사의 판단자료로 삼을 수
있다.

　　불이익취급이 해고의 형태가 아니라 전출명령의 형태로 이루어지는 경우에
는, "전출명령이 부당노동행위에 해당되는지 여부는 전출명령의 동기, 목적, 전
출명령에 대한 업무상의 필요성이나 합리성의 존부, 전출에 따른 근로자의 생활
상의 불이익과의 비교·교량, 전출명령의 시기, 사용자와 노동조합과의 관계, 전
출명령을 하기에까지 이른 과정이나 사용자가 취한 절차, 그 밖에 전출명령 당
시의 외형적·객관적인 사정에 의하여 추정되는 부당노동행위 의사의 존재 유
무 등을 종합적으로 검토하여 판단하여야 한다"라고 함으로써 표현을 수정하고
있으나,55) 부당노동행위 의사가 추정될 수 있음은 마찬가지이다.

나. 처분이유의 경합에 관한 학설

　　사용자의 부당노동행위 의사도 추정되고, 사용자가 주장하는 해고사유의
정당성도 인정되는 경우에 부당노동행위가 성립하는가. 만일 부당노동행위가 성
립한다면 어떠한 경우에 성립하는가. 이 쟁점은 흔히 '인과관계의 경합'이라는
주제 아래 다루어진다. 그러나 부당노동행위 의사라는 요건을 인과관계라고 표
현하는 것이 부정확한 것처럼, 이 문제를 인과관계의 경합이라고 표현하는 것은
역시 부정확하다. 이 쟁점은 '처분이유의 경합'이라고 표현하는 것이 올바르
다.56) 처분이유의 경합을 증명책임의 관점에서 보면, 어떠한 경우에 부당노동행
위 의사의 추정이 깨진다고 볼 것인가라는 문제가 된다. 처분이유가 경합하는
경우 부당노동행위가 성립하는가에 관한 학설은 네 가지로 나뉜다.

　　첫째, 처분의 정당한 이유가 있는 한, 사용자에게 부당노동행위 의사가 있
다고 하더라도 부당노동행위는 성립하지 않는다는 부당노동행위 부정설이다.57)

---

54) 대법원 1992. 2. 28. 선고 91누9572 판결.
55) 대법원 1993. 2. 23. 선고 92누11121 판결, 대법원 1995. 11. 7. 선고 95누9792 판결.
56) 박상훈c, 40면 이하 참조.
57) 홍영표, 262면. 한편, 뒤에서 보는 것처럼 대법원 판례를 부당노동행위 부정설(이른바 정당
　　사유설)로 파악하는 견해도 있다.

둘째, 정당한 노동조합 활동과 사용자가 내세우는 처분이유 중 어느 것이 결정적 이유가 되었는가에 따라서 부당노동행위의 성립 여부를 판단하는 결정적 이유설이다.[58]

셋째, 정당한 노동조합 활동이 없었더라면 불이익처분이 없었을 것이라는 관계가 인정되면 부당노동행위가 성립된다고 보는 상당이유설이다.[59]

넷째, 사용자의 부당노동행위 의사가 있으면 설사 사용자의 정당한 처분이유가 있었다고 하더라도 부당노동행위가 성립된다는 부당노동행위 긍정설이다.[60]

---

58) 오정근, 122면. 그 근거를 특별히 밝히지 않고 있는데, '결정적 원인'과 '상당인과관계'를 혼용함으로써 '결정적 이유'와 '상당이유'를 유사한 것으로 보고 있다. 하병철, 382면에서는 특별히 이론적 근거를 밝히지 않았지만 노동위원회의 부당노동행위 판정절차 중 결정적 동기를 중시하고 있는 사례를 소개함으로써 결정적 이유설에 공감을 표시하고 있다.

59) 김유성, 335면. 부당노동행위제도의 취지에 맞는다는 이유로 상당이유설을 지지하고 있다.
박상필, 489면. 부당노동행위의 성격으로 보아 이 설에 의하여 제도를 운영하는 것이 타당하다고 하고 있다.
박홍규a, 1139면. 간접사실에 의하여 우월한 이유를 판단한다면 결정적 이유설도 이 설과 실제 운영상 차이가 없다고 보고 있다.
이병태, 418면. 다른 학설들을 비판한 후 이 설이 타당하다고 서술하고 있다.
하갑래b, 597면. 조합활동이 없다면 사용자가 그러한 처분을 내리지 않을 것으로 인정되면 부당노동행위가 인정된다고 보았다.
한용식, 206면. 이 설이 다른 쪽의 사실관계를 불문에 붙일 수 있는 상당성을 전제로 하므로 타당하고, 우리나라와 같이 노사간의 우열(힘의 불균형)이 극심하고 기업단위의 조합형태를 취하는 나라에서는 형평의 정신으로 보더라도 이 설이 타당하다고 한다.
임종률, 296, 297면에서는 이 설이 주장하는 결론에는 이의가 없다고 하면서, 제반 사정을 종합하여 부당노동행위 의사가 있다고 추정되는 경우에 이 추정은 불이익처분의 정당화이유가 없거나 불충분하면(허위이거나 불합리한 경우) 완전하게 되지만, 정당화이유가 충분히 인정되면 번복될 것이라는 점을 덧붙이고 있다. 결국 불이익처분의 정당화이유가 충분한 경우에 한하여 상당이유가 부정될 수 있다는 취지로 이해할 수 있다.
한편, 이 설을 취하는 학자들은 대부분 학설의 명칭을 '상당인과관계설'이라고 부르고 있는데, 처분이유를 인과관계라고 표현하는 것이 부정확한 것과 마찬가지로 '상당인과관계설'이라는 명칭 역시 정확한 것은 아니다. 노동조합 활동이 불이익처분의 '상당한 이유'가 될 것을 요구한다는 점에서 '상당이유설'이라는 명칭이 적절하다고 본다.

60) 김치선, 380면; 심태식, 214면. 모두 특별한 근거를 밝히지는 않고 있으며, 심태식 교수는 이 설의 명칭을 '인과관계설'이라고 부르고 있다.
신인령a, 218~219면. 동기의 경합 문제를 반조합의사의 존부에 관한 법관의 심증형성과정의 문제로 보고, 간접사실에 의하여 부당노동행위 의사의 존재가 추정되는 경우, 정당사유를 주장하여 법관의 심증을 혼란시키려는 사용자의 노력이 실패하면 부당노동행위를 인정하여야 한다는 취지로 서술하면서, 일본의 籾井常喜, "原因の競合 — 共榮工業等事件", 勞働判例百選(第5版), 1989, 139면에서 "그것은 요증사실인 부당노동행위 의사의 존재에 관한 플러스·마이너스의 간접적 증거사실의 '경합'에 지나지 않으므로, 이를 종합하여 진상에 다가가는 추리작업을 매개로 심증형성을 통한 부당노동행위 의사 존부의 추정적 사실인정이야말로 법관에게 맡겨진 일이다. 그러므로 '동기의 경합' 문제에서 요구되는 것은 진상에 다가설 수

다. 경합 문제에 관한 미국판례의 내용

원래 미국의 전국노동관계위원회(NLRB)는 1970년대까지 근로자의 단결활동을 부분적(in part) 동기로 삼고 있는 해고도 위법이라고 하는 'in part' test를 기준으로 삼았다.61) 이 기준은 사용자가 내세우는 해고의 정당이유가 존재한다고 하더라도 단결활동을 부분적 동기로 삼고 있기만 하면 부당노동행위의 성립을 인정한다는 점에서 부당노동행위 긍정설과 유사하다.

한편, 노동위원회의 이 기준에 대하여 비판적인 연방 항소심들에서는 사용자의 위법한 동기가 처분의 지배적인 동기일 것을 요구하는 'dominant motive' test를 기준으로 채택하였다.62) 이는 결정적 이유설과 유사하다.

그러자 노동위원회는 "당해 근로자의 조합활동이 없었더라면(but for the union activities of the employee), 다른 취급이 행하여졌을 것"이라는 'but for' test를 제2기준으로 내놓았다. 이는 상당이유설과 유사하다.

이러한 혼란은 노동위원회가 1980년대에 마련한 기준인 Wright Line test가 연방대법원에 의하여 받아들여짐으로써 해소되었다.63) 노동위원회의 이 기준과 유사한 학설은 우리나라에서 주장되지 않고 있는데, 굳이 말한다면 상당이유설을 부당노동행위 긍정설에 가깝게 수정한 견해라고 볼 수 있다.64) Wright Line test는 근로자 측에서 단결활동이 사용자의 해고동기 중 하나임을 추인할 수 있는 일응의 증명(a prima facie showing)을 하면, 단결활동이 없었더라도 동일한 처분이 내려졌을 것이라는 점을 증명할 책임은 사용자에게 이전된다는 기준이다.65)

있는 노사관계의 현실에 대한 통찰력이기 때문에 그것은 해석론의 문제는 아니다"라고 서술한 부분을 인용하고 있다.

61) 外尾健一a, 178면.

62) 外尾健一a, 180면.

63) Ira L. Gottlieb, "NLRB decision runs over worker's rights", Aug. 6, 2020 <www.dailyjournal. com/mcle/742-nlrb-decision-runs-over-workers-rights (최종방문 2022. 10. 6.)에서는 General Motors LLC and Charles Robinson 사건{369 NLRB No. 127(July 21, 2020)}에 관하여 평석하면서, Wright Line test와 관련하여 동기의 경합(mixed-motive) 사례에서 "부당노동행위에 관한 증명책임을 전환하여 section 7 활동(노동조합활동)이 없었더라도 사용자가 동일한 조치를 취했을 것임을 증명해야 한다"는 내용의 251 NLRB 1083(1980) 결정이 662 F.2d 899(1st Cir. 1981)로 집행되고 455 U. S. 989(1982)로 사건이송명령(certiorari)이 불허되었고, NLRB v. Transportation Management Corp., 462 U. S. 393 (1983)에 의해 승인된 것으로 정리하였다.

64) 박상훈c, 43면 참조.

65) 外尾健一a, 190~208면 참조. 여기에서 일응(一應)의 증명(a prima facie showing)이란 간접사실 중 일부에 의하여 주요사실이 일응 추정되는 정도의 증명을 말하는 것으로 사실상 추정보다는 약한 것으로 보인다.

위와 같이 미국 판례의 이론은 그 내용이 일본과 우리나라의 학설에 그대로 수용되어 있는데, 다만 미국에서는 부당노동행위 부정설과 유사한 견해는 보이지 않는다는 점을 주목할 필요가 있다. 또한 증명책임을 전환하여 "단결활동이 없었더라도 동일한 처분을 하였을 것"이라는 점을 사용자가 증명하도록 하는 Wright Line test는 사용자의 내심의 의사를 가장 잘 아는 사용자에게 이를 스스로 증명하도록 하였다는 점에서 상당히 주목할 만하다.

라. 경합 문제에 관한 대법원 판례의 경향

처분이유의 경합에 관한 대법원의 새로운 경향을 최초로 명제화한 판결은 이른바 '새한운수 판결'66)이다. 물론 그 이전에도 "적법한 징계해고사유가 있어 징계해고 한 이상 사용자가 근로자의 노동조합 활동을 못마땅하게 여긴 흔적이 있다 하여 그 사유만으로 징계해고가 징계권남용에 의한 부당노동행위에 해당한다고 할 수 없다"67)라거나, "징계해고에 근로자의 노동조합 활동을 배제하려는 의도가 추정된다고 하여도 징계해고 요건사실이 명백히 인정되어 더 이상 고용관계를 계속시킬 수 없다고 보아서 해고한 이상 반노동조합의 의사가 추정된다는 것만으로 위 해고처분이 위법하다고 볼 수는 없다"68)라고 한 판결들이 있었다. 그러나 처분이유의 경합에 관한 명제를 최초로 종합적으로 정리한 판결은 위 새한운수 판결이라고 볼 수 있다.

새한운수 판결의 내용을 보면 "사용자가 근로자를 해고할 때, 표면상의 해고사유와는 달리 실질적으로는 근로자가 노동조합업무를 위한 정당한 행위를 한 것을 이유로 해고한 것으로 인정되는 경우에는 부당노동행위라고 보아야 할 것이고, 근로자의 노동조합업무를 위한 정당한 행위를 실질적인 해고사유로 한 것인지의 여부는 사용자 측이 내세우는 해고사유와 근로자가 한 노동조합업무를 위한 정당한 행위의 내용, 해고를 한 시기, 사용자와 노동조합과의 관계, 동종의 사례에서 조합원과 비조합원에 대한 제재의 불균형 여부, 징계절차의 준수 여부, 징계재량의 남용 여부 기타 부당노동행위 의사의 존재를 추정할 수 있는 여러 사정 등을 비교, 검토하여 판단하여야 하고, 적법한 징계해고사유가 있어 징계해고한 이상 사용자가 근로자의 노동조합 활동을 못마땅하게 여긴 흔적이

---

66) 대법원 1994. 12. 23. 선고 94누3001 판결.
67) 대법원 1988. 2. 9. 선고 87누818 판결. 이 판결에 관련된 문헌으로는, 박상훈a, 311~340면; 박상훈b, 547~560면; 오창수, 94~109면; 조건주, 361~387면; 조원철, 280~302면 등 참조.
68) 대법원 1989. 3. 14. 선고 87다카3196 판결. 이 판결에 대한 평석으로는, 이전오, 11면 참조.

있다 하여 그 사유만으로 징계해고가 징계권 남용에 의한 부당노동행위에 해당한다고 단정할 것도 아니다"라는 것이다.

마. 3가지 명제
새한운수 판결의 내용을 명제로 정리하면 다음과 같다.

① 제1명제: 표면상의 해고사유와는 달리 실질적으로 근로자의 정당한 노동조합 활동을 이유로 한 해고는 부당노동행위이다.

② 제2명제: 노동조합 활동을 실질적 해고사유로 삼았는지 여부는 사용자 측의 해고사유와 부당노동행위 의사의 존재를 추정할 수 있는 여러 사정을 비교, 검토하여 판단한다.

③ 제3명제: 적법한 해고사유가 있는 경우에는 사용자가 조합활동을 못마땅하게 여긴 흔적이 있다고 하더라도 부당노동행위에 해당하지 않는다.

새한운수 판결 이후에 처분이유의 경합에 관한 대법원 판결들을 새한운수 판결과 비교하면, 특히 제2명제와 제3명제의 관계에 관하여 표현상의 차이가 눈에 띈다. 원래 새한운수 판결에서는 제2명제와 제3명제가 "그리고"라는 순접 접속사로 연결되어 있었다.

그런데 금촌의료원 판결[69]에서는 제2명제가 생략되어 있고 제1명제와 제3명제가 "그러나"라는 역접 접속사로 직접 연결되어 있다. 상호운수 판결[70]과 풍남여객 판결[71]에서도 제2명제와 제3명제는 "그러나"로 연결되어 있다. 다시 승마육운 판결[72]에서는 제2명제와 제3명제가 "그리고"로 이어지고, 김포농협 판결[73]에서는 제2명제와 제3명제가 "…이며, 특히"로 연결된다. 그러다가 홍익회 판결[74]과 진화기계 판결[75]에서는 제3명제만 독자적으로 출현하고 있다.

이러한 표현의 차이는 사소한 차이라고 볼 수도 있지만 처분이유의 경합에 관한 대법원 판례의 혼선에서 비롯된 것으로 볼 여지도 있다. 각 판결마다 강조점이 다르다고 볼 수 있는 것이다.

---

69) 대법원 1996. 4. 23. 선고 95누6151 판결.
70) 대법원 1996. 5. 31. 선고 95누2487 판결.
71) 대법원 1997. 7. 8. 선고 96누6431 판결.
72) 대법원 1996. 7. 30. 선고 96누587 판결.
73) 대법원 1997. 3. 28. 선고 96누4220 판결.
74) 대법원 1997. 6. 24. 선고 96누16063 판결.
75) 대법원 1997. 12. 26. 선고 97누11126 판결.

바. 대법원 판례가 정당사유설을 취하고 있다고 보는 견해에 대한 검토

대법원 판례가 여러 학설 중 어느 학설을 취했는지에 관해서는 본격적인 논의가 전개되지 않고 있지만, 대법원 판례 해설에서는 대법원이 부당노동행위 부정설에 가까운 이른바 정당사유설을 취하고 있다고 분석하고 있다. 이 견해는 주류적 판례들의 표현 중 "실질적"이라는 것을 "참된 이유, 진정한 이유, 본질적인 이유"라고 풀이하고, "표면적"이라는 것을 "진정한 것이 아닌 단순한 구실에 불과하거나 형식적인 것" 혹은 "내세우는 사유가 정당한 해고사유가 될 수 없음에도 이에 가탁(假託)하거나 이를 핑계 삼아 구실로 내세우는 것"이라고 풀이한 후, 정당사유설과 동일한 입장에서 처분의 정당한 사유가 있다고 인정되면 사용자가 내세우는 처분사유가 정당한 사유가 될 수 없음에도 단순히 표면적으로 내세우는 구실이나 핑계라고 할 수는 없다고 보고, 이는 결국 사용자의 부당노동행위의 의사의 추정은 부정되어 부당노동행위를 인정하지 않은 것이라고 보고 있다.76) 그리고 일부 판결77)에서 "결정적인 이유"라는 표현을 사용하고 있기는 하나, 이는 해고의 정당한 이유가 없는 사례에 관한 것이므로, 이 판결이 주류적 판례와 달리 결정적 이유설의 입장을 취한 것으로 보는 것은 오해라고 주장한다.

이 견해는 대법원 판례들을 치밀하게 분석하여 설득력 있는 논리를 제공하고 있으므로 주목할 만한 가치가 충분히 있다. 그러나 이 견해는 대법원이 사용자 측의 해고사유와 부당노동행위 의사의 존재를 추정할 수 있는 여러 사정을 종합적으로 비교·검토하여 판단한다는 점을 간과하였다. 만일 대법원이 이른바 정당사유설(부당노동행위 부정설)을 취한다면, 사용자 측이 내세우는 해고사유가 정당한지 여부만 검토하면 될 것이지, 그것과 부당노동행위 의사를 비교·검토할 필요가 없는 것이다.

이를 증명책임의 관점에서 보면 좀 더 명확해진다. 근로자는 부당노동행위의 요건사실 중의 하나로 부당노동행위 의사를 증명하기 위하여 근로자가 한 노동조합업무를 위한 정당한 행위, 해고시기, 사용자와 노동조합의 관계, 동종의 사례에서 조합원과 비조합원에 대한 제재의 불균형 등 사용자의 부당노동행위

---

76) 김형진, 257~258면. 하갑래b, 597면에서는 대법원 판례의 태도를 부정설과 결정적 이유설을 지지하는 것으로 분석하였다.

77) 대법원 1991. 2. 22. 선고 90누6132 판결 등.

의사의 존재를 추정할 수 있는 여러 사정, 즉 간접사실을 증명하여야 한다. 근로자가 위 간접사실의 증명에 실패하면 더 나아갈 필요 없이 부당노동행위는 부정된다. 사용자는 물론 이 단계부터 부당노동행위 의사를 부인하면서 해고의 정당이유가 있다고 주장할 수 있지만, 증명책임은 여전히 근로자에게 있다. 일단 근로자가 이와 같은 간접사실의 증명에 성공하면 사용자의 부당노동행위 의사는 추정되므로, 사용자로서는 이 추정을 깨뜨려야만 승소할 수 있다. 사용자가 이 추정을 깨뜨리기 위하여 해고의 정당한 이유를 증명하는 것은 간접반증(間接反證)에 해당된다. 사용자가 해고의 정당한 이유를 증명하는 데에 실패하면 이 추정은 깨지지 않고 그대로 사용자의 부당노동행위 의사의 존재가 추정된다.

부당노동행위 사건에서 사용자가 해고의 정당한 이유를 증명할 때에는 근기법상 해고 무효 확인 사건과 다소 다른 점이 있다. 부당노동행위 사건에서는 근기법 사건과 달리 사용자의 부당노동행위 의사가 추정되는 단계에서 해고의 정당이유에 관한 주장·증명이 행하여지는 것이다. 사용자의 부당노동행위 의사가 추정되지 않는다면 해고의 정당사유에 관한 사용자 측의 주장·증명을 기다릴 필요 없이 근로자의 청구는 그대로 기각될 것이므로 여기에서는 논외로 한다. 사용자의 부당노동행위 의사가 추정되는 단계에서는 해고의 정당이유에 관한 주장·증명은 그 추정을 깨뜨리기 위하여 필요하다. 따라서 해고의 정당성은 그 자체의 절대적 기준에 의해 심사되는 것이 아니라, 부당노동행위 의사의 존재를 추정할 수 있는 여러 사정과 비교·검토를 한다는 상대적 기준에 의해 심사되고, 비교·검토의 목적은 과연 부당노동행위 의사의 추정을 깨뜨릴 수 있는가 하는 데에 있다. 이러한 비교·검토의 과정은 바로 해고의 결정적 이유를 찾아가는 과정이라고 할 수 있고, 판례에서 실질적 이유라고 표현하고 있는 것은 바로 결정적 이유와 같은 의미라고 볼 수 있다. 즉, 대법원은 결정적 이유설을 취하고 있다고 보아야 한다.

사. 분석의 틀

어떤 해고가 부당노동행위에 해당한다는 근로자의 주장이 인정되는 과정을 논리적 순서대로 보기로 한다.

⑺ 근로자가 사용자의 해고사실을 증명한다.

⑻ 근로자가 정당한 노동조합 활동 사실을 증명한다.

㈐ 근로자는 사용자의 부당노동행위 의사를 직접 증명할 수 없으므로 그 존재를 추정할 수 있는 모든 사정을 증명하여 부당노동행위 의사가 추정되도록 한다.

㈑ 사용자는 근로자가 ㈎㈏㈐를 모두 증명했을 때에만 증명의 부담을 안게 된다. 근로자가 어느 하나라도 증명에 실패하면 근로자는 패소하게 된다. 근로자가 ㈎㈏㈐를 모두 증명했을 때 사용자는 해고의 정당한 이유를 주장하고 그 주장을 뒷받침하는 사실관계를 증명할 필요가 있다. 이 과정에서 궁극적으로 해고의 정당한 이유가 있는지에 관한 판단은 유보된다. 사용자는 자신이 주장하는 사실관계가 아예 허위로 밝혀지는 등 예외적인 경우(즉, 주장의 대립만 있는 경우)에만 부당노동행위 의사가 추정되는 불이익을 받게 된다.

㈒ 궁극적으로는 부당노동행위 의사와 해고의 정당이유 사이에서 어느 것이 실질적 내지 결정적 이유인가에 따라 판가름 난다. 부당노동행위 의사가 승리하면 해고의 정당이유라고 주장되는 것은 표면적 이유로 전락한다. 해고의 정당이유가 승리하면 부당노동행위 의사의 추정은 깨진다. 다른 말로 하면 부당노동행위 의사가 추정된다고 하더라도 부당노동행위에 해당되지 않는 것이다.

위와 같은 논리적 과정을 토대로 새한운수 판결의 세 가지 명제를 다음과 같이 아무런 모순 없이 설명할 수 있다.

"표면상의 해고사유와는 달리 실질적으로 근로자의 정당한 노동조합 활동을 이유로 한 해고는 부당노동행위"라는 제1명제는 근로자가 승리하는,[78] 즉 근로자의 주장이 인정되는 경우[79]를 표현하고 있다.

"적법한 해고사유가 있는 경우에는 사용자가 조합활동을 못마땅하게 여긴 흔적이 있다고 하더라도 부당노동행위에 해당하지 아니한다"는 제3명제는 사용자가 승리하는, 즉 사용자의 주장이 인정되는 경우를 표현하는 내용이다.

근로자와 사용자 중 누가 승리할 것인지, 즉 누구의 주장이 인정될 것인지에 관한 기준을 객관적으로 가장 잘 설명하고 있는 것은 제2명제, 즉 "노동조합 활동을 실질적 해고사유로 삼았는지 여부는 사용자 측의 해고사유와 부당노동

---

78) 법원의 절차에서 근로자가 '승소하는' 경우뿐 아니라 노동위원회의 구제절차에서 구제명령이 내려지거나 사용자의 재심신청이 기각되는 경우 등을 통틀어 '승리하는' 경우라고 표현하였다.

79) 노동위원회에서 근로자의 구제신청이 받아들여지는 경우와 법원에서 승소하는 경우를 모두 포함한다.

행위 의사의 존재를 추정할 수 있는 여러 사정을 비교·검토하여 판단한다"는
것이다. 그리고 언제나 중심에는 제2명제가 자리 잡고 있다. 즉, 제1명제나 제3
명제는 제2명제의 다른 표현이라고 할 수 있다. 만일 제1명제나 제3명제가 독자
적으로 출현하더라도 그 배경에는 언제나 제2명제가 있다. 이와 같은 제2명제는
해고사유와 부당노동행위 의사를 비교한다는 점에서 결정적 이유설을 취한 것
으로 볼 수 있다. 순수이론적 측면에서만 보면 해고의 정당이유와 부당노동행위
의사가 각각 50%씩 존재하는 경우도 상정할 수 있지만, 실제의 현실 속에서는
법관이 그 중 어느 하나의 사유를 결정적 이유로 보아 부당노동행위의 성립 여
부를 판단해야 한다.

　　실제로 대법원 판례 중에는 "여러 사정 등에 비추어 볼 때 결국 근로자의
노동조합 활동을 혐오한 데서 나온 부당노동행위 의사가 결정적 원인이 되었
다",80) "이와 같은 징계사유가 위 해고의 결정적 동기가 된 것이 아니라 소외인
의 노동조합 활동을 혐오하여 위와 같은 소외인의 잘못을 핑계 삼아 해고하였
다"81)는 표현을 사용한 사례들이 있는데, 이는 결정적 이유설을 명시적으로 취
한 것으로 볼 수 있다.82)

Ⅲ. 불이익취급의 효과

1. 민사적 효과

　　부당노동행위 제도는 강행법규에 해당되어 부당노동행위에 의한 해고는 사
법상 무효이다.83) 대법원은 사용자가 강행규정인 불이익취급 금지 규정을 위반
하여 근로자를 부당하게 해고하거나 불이익처분을 한 경우에 우선 당해 해고
등이 무효라고 전제한 후, 나아가 "사용자가 그러한 불이익처분을 함에 있어서
내세우는 사유가 표면상의 사유에 불과하고 실질적으로는 근로자가 정당한 노
동조합활동을 한 것을 이유로 근로자를 사업장에서 배제하려는 의도하에 일부
러 어떤 표면상의 해고사유 등을 내세워 징계라는 수단을 동원하여 해고 등의

---

80) 대법원 1991. 2. 22. 선고 90누6132 판결.
81) 대법원 1991. 4. 23. 선고 90누7685 판결.
82) 대법원 판례의 입장을 결정적 동기설로 해석하는 견해로는 김유성, 335면; 김헌수,
　　669~670면 등 참조. 여기에서 '결정적 동기설'은 '결정적 이유설'과 동일한 것으로 볼 수 있다.
83) 대법원 1993. 12. 21. 선고 93다11463 판결, 대법원 1995. 2. 3. 선고 94다17758 판결.

불이익처분이 이루어진 경우처럼, 그러한 징계권 남용이 우리의 건전한 사회통념이나 사회상규상 도저히 용인될 수 없음이 분명한 경우에는 그 해고 등 불이익처분의 효력이 부정되는 데 그치는 것이 아니라 위법하게 상대에게 정신적 고통을 가하는 것이 되어 근로자에 대한 관계에서 불법행위를 구성할 수 있다"라고 하여 위자료 청구권도 인정하였다.84) 해고와 유사한 제명으로 말미암은 정신적 고통과 관련하여, 협동조합에서 불법 제명된 조합원이 비록 경제기획원장관의 시정명령의 확정에 의하여 조합원의 지위를 회복하게 되었다고 하더라도, 사회적 사실로서의 제명이 소급적으로 소멸하거나 해소되는 것은 아니므로, 이 사장의 위 불법행위로 인한 정신적 고통의 손해가 완전히 치유되는 것이라고는 할 수 없다는 법리를 제시한 대법원 판결85)도 있다.

다만, 불법행위를 인정하기 위한 '과실'과 관련하여 대법원이 매우 엄격한 기준을 적용하고 있는 점에 유의하여 불법행위의 성립 여부를 판단할 필요가 있다. 징계위원회를 거친 징계해고의 경우, 대법원은 "근로자에 대한 징계의 양정이 결과적으로 재량권을 일탈·남용한 것이라고 인정되어 징계처분이 징계권의 남용 등으로 무효라고 판단된다고 하더라도, 그것이 법률전문가가 아닌 징계위원들이 징계의 경중에 관한 관련 법령의 해석을 잘못한 데 불과한 경우에는 그 징계의 양정을 잘못한 징계위원들에게 불법행위책임을 물을 수 있는 과실이 있다고 할 수는 없다"86)라고 보았다. 사립학교 교원에 대한 징계가 사립학교법과 재단법인 정관에서 정한 절차에 따라 징계위원들의 자율적인 판단에 따라 행하여진 경우, 그 징계양정이 결과적으로 재량권 일탈로 인정된다고 하여도, 이는 법률전문가가 아닌 징계위원들이 징계의 경중에 관한 관련법령의 해석을 잘못한 데 불과하다는 이유로 징계의 양정을 잘못한 징계위원들에게 불법행위책임을 물을 수 있는 과실을 인정할 수 없다고 본 사례87)도 있다.

마찬가지로 근로자에 대한 해고 등의 '불이익처분'을 할 당시의 객관적인 사정이나 근로자의 비위행위 등의 정도, 근로자에 대하여 불이익처분을 하게 된 경위 등에 비추어 사용자가 근로자의 비위행위 등이 취업규칙이나 단체협약 소

---

84) 대법원 1993. 12. 21. 선고 93다11463 판결. 대법원 1993. 10. 12. 선고 92다4586 판결, 대법원 1994. 2. 8. 선고 92다893 판결도 불법행위를 인정하였다.
85) 대법원 1997. 9. 5. 선고 96다30298 판결.
86) 대법원 1996. 4. 23. 선고 95다6823 판결.
87) 대법원 1995. 2. 14. 선고 94다22125 판결.

정의 근로자에 대한 해고 등의 불이익처분 사유에 해당한다고 판단한 것이 무리가 아니었다고 인정되고, 아울러 적법한 절차 등을 거쳐서 당해 불이익처분을 한 것이라면 사용자로서는 근로자에 대하여 해고 등의 불이익처분을 할 때 기울여야 할 주의의무를 다한 것으로 볼 수도 있다. 따라서 비록 당해 해고 등의 불이익처분이 사후에 법원에 의하여 무효라고 판단되었다고 하더라도 거기에 불법행위책임을 물을 만한 고의·과실이 있다고 할 수 없는 경우에 해당하는 것은 아닌지 신중하게 판단할 필요가 있다.

2. 형사책임

노조법 81조 1항에 위반한 자는 2년 이하의 징역 또는 2천만 원 이하의 벌금에 처한다(법 90조).

[박 상 훈]

제81조(부당노동행위)

① 사용자는 다음 각 호의 어느 하나에 해당하는 행위(이하 "부당노동행위"라 한다)를 할 수 없다.

2. 근로자가 어느 노동조합에 가입하지 아니할 것 또는 탈퇴할 것을 고용조건으로 하거나 특정한 노동조합의 조합원이 될 것을 고용조건으로 하는 행위. 다만, 노동조합이 당해 사업장에 종사하는 근로자의 3분의 2 이상을 대표하고 있을 때에는 근로자가 그 노동조합의 조합원이 될 것을 고용조건으로 하는 단체협약의 체결은 예외로 하며, 이 경우 사용자는 근로자가 그 노동조합에서 제명된 것 또는 그 노동조합을 탈퇴하여 새로 노동조합을 조직하거나 다른 노동조합에 가입한 것을 이유로 근로자에게 신분상 불이익한 행위를 할 수 없다.[1]

〈세 목 차〉

---

[1] 이는 2006. 12. 30. 법률 8158호로 개정된 부칙 1조에 의하여 2010. 1. 1.부터 시행될 예정이었다가 2010. 1. 1. 법률 9930호로 위 부칙이 개정되어 2011. 7. 1.부터 시행된 것으로, 개정 전에 "근로자가 어느 노동조합에 가입하지 아니할 것 또는 탈퇴할 것을 고용조건으로 하거나 특정한 노동조합의 조합원이 될 것을 고용조건으로 하는 행위. 다만, 노동조합이 당해 사업장에 종사하는 근로자의 3분의 2 이상을 대표하고 있을 때에는 근로자가 그 노동조합의 조합원이 될 것을 고용조건으로 하는 단체협약의 체결은 예외로 하며, 이 경우 사용자는 근로자가 당해 노동조합에서 제명된 것을 이유로 신분상 불이익한 행위를 할 수 없다"라고 규정되어 있던 것을 복수노조가 허용되는 시기에 맞추어 단서 부분을 개정한 것이다. 노조법 81조 1항은 4호에 대한 헌법불합치 결정 등으로 위 조항이 2020. 6. 9. 법률 제17432호로 개정되고 2항이 신설되었으나, 2호는 그대로 유지되었다.

[참고문헌]

강성태, "유니언 숍(union shop) 협정과 노동조합가입", 2004 노동판례비평, 민주사회를 위한 변호사모임(2005. 8.); 강희원a, "유니온샵협정과 근로자의 소극적 단결권", 경희법학 39권 1호, 경희법학연구소(2004. 6.); 강희원b, "현행 노조법 81조 1항 2호 단서의 해석문제", 노동법학 28호, 한국노동법학회(2018. 12.).; 강희원c, "노동조합의 조직강제와 근로자의 개인적 자유", 변호사 35집, 서울지방변호사회(2005); 권영성, 개정판 헌법학원론(2006년판), 법문사(2006); 김린, "유니온 숍 협정의 효력 제한", 노동리뷰 179호, 한국노동연구원(2020); 김민기, "노동위원회의 구제명령에 대한 사법심사법리에 관한 연구, 부당노동행위 재심판정 취소소송을 중심으로", 재판자료 118집: 노동법 실무연구, 법원도서관(2009); 김우수, "노동조합및노동관계조정법 81조 1항 2호 단서 위헌소원, 유니언 샵(Union Shop) 협정을 통한 노동조합 조직강제와 기본권 충돌의 문제", 헌법재판소 결정해설집, 헌법재판소(2006. 11.); 김철수, 헌법학신론(제18전정신판), 박영사(2008); 김헌수, 노동조합 및 노동관계조정법(제4판), 법원사(2013); 김홍영, "사용자가 유니언 샵 협정에 따른 해고를 거부한 경우 지배개입의 성립 여부", 노동법연구 8호, 서울대학교 노동법연구회(1999. 6.); 박종희a, "유니온 숍과 노조탈퇴자에 대한 사용자의 해고의무", 노동판례평석집 Ⅲ, 한국경영자총협회(1999. 2.); 박종희b, "복수노조 설립 금지 하에서 유니온 숍 협정의 효력 ― 대법원 2002. 10. 25. 선고 2000다23815 판결; 부산고법 2000. 4. 12. 선고 99나7794 판결, 부산지법 1999. 7. 7. 선고 98가합15852 판결 ―", 고려법학 40호, 고려대학교 법학연구원(2003. 6.); 송강직a, 단결권, 삼지원(1992); 송강직b, "유니온 숍 협정의 효력과 부당노동행위", 1998 노동판례비평, 민주사회를 위한 변호사모임(1999. 8.); 송강직c, "단결강제제도의 법적 쟁점과 과제", 노동법연구 16호, 서울대학교 노동법연구회(2004. 6.); 양성필, "단결선택권과 단결하지 아니할 자유를 고려한 단결강제 제도의 모색", 노동법학 73호, 한국노동법학회(2020); 유성재, "유니언 숍(Union Shop) 협정과 소극적 단결권", 중앙법학 5집 1호, 중앙법학회(2003. 7.); 유승관, "유니언 숍(Union Shop) 협정과 복수노조금지와의 관계", 재판실무연구 2008, 광주지방법원(2009); 이승욱, "노조법상 유니언 숍 제도(단결강제제도)의 위헌 여부", 헌법실무연구 4권, 헌법실무연구회(2003. 12.); 임상민a, "유니언 숍 협정과 부당해고, 부당노동행위-대법원 2019. 11. 28. 선고 2019두47377 판결을 중심으로", 노동법포럼 31호, 노동법이론실무학회(2020. 11.); 임상민b, "유니온 숍 협정과 부당해고", 대법원판례해설 121호, 법원도서관(2020); 조성혜, "노조의 존립·자주성의 보호와 그 모순", 노동법학 22호, 한국노동법학회(2006. 6.); 최영진, "복수노조하의 부당노동행위 판단기준에 관한 연구", 법학연구 20집 3호, 경상대학교 법학연구소(2012); 최윤희, "에이전시 숍 법리와 우리 노동법에의 도입검토", 일감법학 26호, 건국대학교 법학연구소(2013); 하갑래c, 집단적 노동관계법(개정4판), 중앙경제(2016); 한수웅, 헌법학, 법문사(2011); 허영, 한국헌법론(전정4판), 박영사(2008); Hanson · Jackson · Miller, The Closed Shop(A Comparative Study in Public Policy and Trade Union Security in Britain, the USA and West Germany), Gower(1982).

I. 반조합계약의 의의

1. 반조합계약의 의의

노조법 81조 1항 2호 본문은 '근로자가 어느 노동조합에 가입하지 아니할 것 또는 탈퇴할 것을 고용조건으로 하거나 특정한 노동조합의 조합원이 될 것을 고용조건으로 하는 행위'를 부당노동행위로 규정하여 이를 금지하고 있다. 노조의 불가입이나 그로부터 탈퇴 또는 특정한 노조 가입 등을 고용조건으로 하는 계약을 반조합계약[1]이라고 하며, 황견계약(yellow dog contract),[2] 비열계약,[3] 조건부계약,[4] 불공정고용계약[5] 또는 단결자유제한계약[6]이라고도 한다. 이하에서는 가장 일반적인 용어인 '반조합계약'으로 칭하기로 한다.

---

1) 헌재 2005. 11. 24. 선고 2002헌바95 등 결정, 대법원 2002. 10. 25.자 2000카기183 결정. 김유성, 335면; 박홍규b, 464면; 임종률, 297~299면. 임종률 교수는 종래 반조합계약을 '진정 반조합계약'과 '부진정 반조합계약'으로 구분하다가[임종률, 노동법(제12판), 박영사(2014), 279~281면], 최근에는 이를 '단결방해의 반조합계약'과 '단결강제의 반조합계약'으로 구분하고 있는바, 후자의 용어가 더 적절해 보인다.
2) 김치선, 380면; 김헌수, 1006면; 박상필, 489면; 이상윤a, 950면.
3) 김형배, 1498면.
4) 이병태, 419면.
5) 하갑래c, 583~584면. 미국 노동법에서 사용되는 'unfair labor practices'의 충실한 번역이기는 하나, 미국에서는 초기에 근로자들의 단결권 행사를 공정거래 위반행위의 측면에서 접근하였고 전국노동관계법(NLRA)이 노동조합도 부당노동행위의 주체로 인정하고 있는 점, 우리 법률상 '공정'의 개념 등에 비추어 보면, '불공정고용계약'이라는 용어는 우리 노조법상의 '부당노동행위'와는 다소 조화되지 않는 면이 있다.
6) 강희원b, 303면. 강희원 교수는 yellow dog contract에 담긴 노동자 비하와 비열계약이라는 의역에 가미된 비난이나 도덕적 또는 윤리적 판단을 지양하고, 노조법 81조 1항 2호 본문의 취지를 살려서 '단결권제한계약' 또는 '단결자유제한계약'이라고 번역·조어하는 것을 제안하고 있다.

반조합계약은 개별 근로자를 대상으로 조합활동을 이유로 일정한 불이익을
준다는 점에서 불이익취급(노조법 81조 1항 1호)의 특수한 형태로 볼 수도 있지만,
불이익취급이 기존의 조합활동을 이유로 한 행위인 반면, 반조합계약은 향후 조
합가입 내지 활동 여부를 채용 내지 고용 계속의 조건으로 하는 행위라는 점에
서 차이가 있다.[7] 또한 반조합계약은 불이익취급의 경우와 달리 근로자가 반조
합계약을 위반한 것에 대하여 사용자가 해고 등의 불이익취급을 할 것을 요건
으로 하지 아니하고, 단지 반조합계약을 체결한 사실만으로 부당노동행위가 성
립한다.[8] 반조합계약은 강행규정인 노조법 81조 1항 2호에 위배되는 것으로 사
법상 당연 무효이다.[9]

2. 노조법 81조 1항 2호 본문 및 단서의 구조

노조법 81조 1항 2호는 반조합계약을 부당노동행위로 규정하는 본문(전단의
단결방해 금지 및 후단의 제한적 조직강제 금지) 및 본문 후단에 대한 단서로 제한
적 조직강제가 허용되는 예외를 규정한 단서 전문(前文)과 그 예외의 한계를 열
거한 단서 후문(後文)으로 구성되어 있다.

구분		노조법 81조 1항 2호	비 고
본문	근로자가	어느 노동조합에 가입하지 아니할 것 또는 탈퇴할 것을 고용조건으로 하거나	단결 방해 금지
		특정한 노동조합의 조합원이 될 것을 고용조건으로 하는 행위.	제한적 조직강제의 원칙적 금지
단서	전문	다만, 노동조합이 당해 사업장에 종사하는 근로자의 3분의 2 이상을 대표하고 있을 때에는 근로자가 그 노동조합의 조합원이 될 것을 고용조건으로 하는 단체협약의 체결은 예외로 하며,	제한적 조직강제의 예외적 허용
	후문	이 경우 사용자는 근로자가 그 노동조합에서 제명된 것 또는 그 노동조합을 탈퇴하여 새로 노동조합을 조직하거나 다른 노동조합에 가입한 것을 이유로 근로자에게 신분상 불이익한 행위를 할 수 없다.	예외적 허용 시의 한계

2호 본문 전단과 같이 사용자가 어느 노동조합에 가입하지 아니할 것 또는

---

7) 김유성, 336면.
8) 이상윤a, 950면.
9) 이상윤a, 950면.

탈퇴할 것을 고용조건으로 하는 것뿐 아니라, 2호 본문 후단, 즉 사용자가 특정의 노동조합에 가입하도록 근로자를 강제하는 것 역시 근로자의 단결선택의 자유를 침해할 뿐만 아니라 노동조합에 대한 불개입의 원칙에 반하므로, 근로계약 및 단체협약 등에 의해 근로자의 단결자유를 제한하는 것은 명백히 부당노동행위에 해당한다. 2호 본문은 사용자에 의한 기본권 침해의 우려가 있는 위 각 반조합계약을 부당노동행위로 규정하여 이를 원칙적으로 금지함으로써 근로자를 보호하고 있다.

　　한편, 2호 단서 전문은 2호 본문 후단의 제한적 조직강제의 반조합계약 금지 원칙에 대한 예외적 허용요건으로, '노동조합이 당해 사업장에 종사하는 근로자의 3분의 2 이상을 대표하고 있을 때' 그 노동조합(이하 '지배적 노동조합10)'이라 한다)과 사용자가 '근로자가 그 노동조합의 조합원이 될 것을 고용조건으로 하는 단체협약, 즉 유니언 숍(union shop) 협정을 체결'한 경우를 규정하고 있다. 이처럼 일정한 경우 사용자에 대한 금지를 해제하는 예외를 인정함으로써, 예외적으로 근로자의 단결선택의 자유에 대한 제한을 허용 내지 용인하고 있다. 노조법 81조 1항 2호 단서는 유니언 숍 협정의 실정법적 근거규정으로서 지배적 노동조합과 사용자 사이의 유니언 숍 협정 등 단체협약을 매개로 조직강제와 관련하여 독자적인 의미를 가지며, 일정한 형태의 조직강제가 형식적으로 국가의 보호대상에서 제외되는 데에 그치는 것이 아니라 실질적으로 근로자의 기본권을 제한하게 된다는 견해11)가 있다. 위 견해는 노조법이 81조 1항 2호 단서의 유니언 숍 협정에 따른 조직강제로부터 근로자를 보호하지 않음으로써 결과적으로 근로자 개인의 소극적 단결권 등 기본권을 제한한다는 취지로 이해된다. 노조법 81조 1항 2호 단서 전문은 단결자유제한계약을 체결한 사용자에 대해 부당노동행위 면책을 일응 추정하는 규정으로 이해하는 견해12)도 있다.

　　2호 단서 후문은, 2호 단서 전문에 따라 지배적 노동조합과 사이에 유니언 숍 협정이 유효하게 체결되어 있는 예외적인 경우에도 '사용자는 근로자가 그 노동조합에서 제명된 것 또는 그 노동조합을 탈퇴하여 새로 노동조합을 조직하

---

10) '지배적 노동조합'이라는 용어는 서울행법 2018. 11. 29. 선고 2018구합69318 판결에서 '당해 사업장에 종사하는 근로자의 2/3 이상을 대표하는 노동조합'을 지칭하는 용어로 사용되기 시작하여, 그 항소심인 서울고법 2019. 6. 13. 선고 2019누30302 판결과 상고심인 대법원 2019. 11. 28. 선고 2019두47377 판결에서 사용된 용어로, 이하 이를 그대로 사용하기로 한다.

11) 김우수, 661~662면.

12) 강희원b, 331~332면.

거나 다른 노동조합에 가입한 것을 이유로 근로자에게 신분상 불이익한 행위를
할 수 없다'고 규정하고 있다. 이처럼 2호 단서 후문은 2호 단서 전문에 따른
유니언 숍 협정이 유효하게 존속하고 있고 이에 기해 단결강제의 반조합계약이
체결된 경우에도, 유니언 숍 협정 및 반조합계약의 효력의 한계를 정하고 있다.

II. 반조합계약의 내용 및 유형

1. 단결방해의 반조합계약[13]

노조법 81조 1항 2호 본문 전단은 근로자에 대하여 노동조합에의 불가입이
나 탈퇴를 고용조건으로 하는 행위를 금지하고 있다. 기업별 노조의 경우 고용
전의 미취업자는 조합원이 될 수 없으므로 조합에서의 탈퇴를 고용조건으로 하
는 경우는 거의 없을 것이나, 산업별 노조 또는 지역별 노조의 경우 조합탈퇴를
고용조건으로 하는 행위가 부당노동행위로서 금지된다.[14]

단결방해의 반조합계약 금지의 본래 취지는 향후의 조합활동에 대한 사전
억제 내지 제한을 제거하기 위한 것이라는 점에서 법문에 규정된 내용은 예시
적인 것으로 보아야 하고, 그와 유사한 기능을 수행하는 약정도 반조합계약이
된다.[15] 노동조합 불가입이나 탈퇴 이외에도 '조합을 결성하지 않는 것', '조합
에 가입하여도 조합활동을 일체 하지 않는 것' 내지는 '노동조합에 가입은 하더
라도 적극적인 활동을 하지 않는 것' 등을 고용조건으로 하는 행위도 반조합계
약에 포함된다고 봄이 타당하다.[16] 나아가 소속 노동조합의 특정 상급 연합단체
에의 가입이나 탈퇴를 조건으로 하는 것도 역시 금지된다고 보아야 할 것이다.

노동조합에 가입하지 않을 것을 '고용조건'으로 한다는 것은 채용조건뿐만
아니라 근로자로 된 후의 고용계속의 조건으로도 약정하는 것을 포함한다. 그러

---

13) 임종률, 297~299면. 임종률 교수는 사용자가 근로자에 대하여 '어느 노동조합에 가입하지
   않을 것 또는 탈퇴할 것을 고용조건으로 하는 행위'를 '단결방해의 반조합계약', '특정한 노
   동조합의 조합원이 될 것을 고용조건으로 하는 행위'를 '단결강제의 반조합계약'으로 구분하
   고 있는바, 이하에서는 이와 같은 구분에 따르기로 한다.
14) 이상윤a, 951면.
15) 김유성, 336면.
16) 김유성, 337면; 김형배, 1499면; 임종률 298면. 다만, 임종률 교수는 이러한 경우는 명문의
   규정이 없으므로, 부당노동행위 처벌제도(노조법 90조)에 있어서는 죄형법정주의의 원칙상
   처벌대상으로서의 부당노동행위로 보기는 곤란하다고 보고 있다. 반면, 반조합계약을 금지하
   는 취지에 따라 그 내용을 해석으로 보충하는 것이 죄형법정주의의 원칙에 반한다고 보이지
   는 않는다는 반론이 있다[노조법 주해(초판) III, 56면].

므로 쟁의 타결 시에 조합탈퇴·조합불가입 등을 고용계속의 조건으로 하는 것
이나 임시직 등에서 향후 조합활동의 금지를 고용계약 갱신의 조건으로 하는
것도 반조합계약에 해당한다.[17]

　　한편, '고용조건'으로 한다는 것을 고용 또는 계속고용의 조건으로 하는 것
에 한정하고, 승급·승진 등 일정한 대우의 조건으로 하는 것은 제외하여야 한
다는 견해[18]도 있으나, 반조합계약의 취지에 비춰 보면 승진이나 임금 면에서
혜택을 주는 것을 조건으로 노동조합 탈퇴나 그 불가입을 약정하는 것 또한 금
지된다고 해석함이 타당하다. 따라서 반조합계약은 채용이나 고용계속 등 고용
자체뿐만 아니라 임금·승진 등의 근로조건 기타 근로자의 대우에 관한 고용상
의 여러 이익을 조건으로 하는 것도 포함된다.[19]

2. 단결강제(혹은 조직강제)의 반조합계약[20]

　　노조법 81조 1항 2호 본문 후단은 원칙적으로 근로자에 대하여 특정한 노
동조합의 조합원이 될 것을 고용조건으로 하는 행위, 즉 제한적 조직강제를 원
칙적으로 금지하고 있다. 사용자가 특정 조합에의 가입을 강요하거나, 복수 노
조 중 자주적인 조합을 약화시키고 어용조합을 확장하는 것은 조합의 단결권을
침해하는 부당노동행위에 해당[21]할 뿐만 아니라 개별 근로자의 노조에 가입하
지 아니할 자유 내지 노조 선택의 자유를 침해하기 때문이다.

　　그러나 노조법 81조 1항 2호 단서는 일정한 요건을 구비한 경우에는 유니
언 숍 협정의 효력을 예외적으로 인정하고 있다. 본래 유니언 숍 제도는 특정
조합 가입을 조건으로 근로자를 채용하고 이를 위반하는 근로자는 해고하는 것
을 원칙으로 하나, 우리나라의 경우 조합원이 제명되거나 탈퇴하는 경우 사용자
가 이들을 해고할 수 없도록 하는 변형된 유니언 숍 제도를 두고 있다. 노조법
81조 1항 2호 단서에 의하여 허용되는 유니언 숍의 요건은 이하 Ⅳ. 5항에서 보
는 바와 같다.

　　특정한 노조 가입을 '고용조건'으로 한다는 것은, 단결방해의 반조합계약에

---

17) 김유성, 337면.
18) 임종률, 노동법(제12판), 박영사(2014), 72·280면. 다만, 임종률, 76, 298면에서는 이러한
　　주장을 발견할 수 없는바, 임종률 교수는 더 이상 종전의 견해를 유지하지 않는 것으로 보인다.
19) 김유성, 337면.
20) 임종률, 298~299면.
21) 이상윤a, 951면.

서 본 바와 같이 채용조건뿐만 아니라 근로자로 된 후의 고용계속의 조건으로 약정하는 것을 포함하며,[22] 고용 자체뿐만 아니라 임금·승진 등의 근로조건 기타 근로자의 대우에 관한 고용상의 여러 이익을 조건으로 하는 것도 포함된다고 보는 것이 타당하다.[23]

Ⅲ. 반조합계약의 효력 및 구제

1. 반조합계약의 효력

반조합계약은 강행규정인 노조법 81조 1항 2호에 위배되는 것으로서 사법상 당연 무효이다.[24] 다만, 반조합계약의 약정 부분만이 무효이고 근로계약 전체가 무효로 되는 것은 아니며,[25] 비록 반조합계약을 계기로 노동조합에 가입하였다고 하더라도 근로자들 스스로 노동조합에 가입하려는 의사를 가지고 있었다면 이로써 노동조합의 가입계약은 유효하게 성립된 것으로 보아야 한다.[26]

2. 반조합계약에 대한 구제

반조합계약에 의하여 권리를 침해당한 근로자는 노동위원회에 대한 부당노동행위 구제신청(노조법 82조)을 통해 행정적 구제절차를 밟을 수 있다. 노동위원회는 반조합계약 중 노동조합에의 불가입, 탈퇴 또는 가입 등을 고용조건으로 한 부분을 파기하라는 구제명령을 할 수 있다.[27] 반조합계약을 거부함으로써 채용되지 않은 것이 명확한 경우에는 당해 근로자의 채용을 명할 수 있다는 견해[28]도 있다. 지방노동위원회의 구제신청 기각결정에 대해서는 중앙노동위원회에 대한 재심신청이, 중앙노동위원회의 재심판정에 대하여는 그 취소를 구하는

---

22) 김유성, 337면.

23) 김유성, 337면.

24) 대법원 1989. 1. 17. 선고 87다카2646 판결, 대법원 1993. 12. 21. 선고 93다11463 판결.

25) 김형배, 1499면.

26) 대법원 2004. 11. 12. 선고 2003다264 판결. 위 판결은 노동조합의 조합원 수가 근로자의 3분의 2 이상을 대표하고 있지 못함에도 불구하고 노동조합이 노사협의회를 통해 유니언 숍 협정을 체결한 것에 대하여 이를 부당노동행위로서 무효라고 판단한 다음, 그럼에도 유니언 숍 협정을 계기로 근로자들이 급여에서 노동조합비를 공제하는 것에 동의하는 방식으로 노동조합에의 가입에 대한 청약의 의사표시를 하였다면 적법하게 조합원의 자격을 취득하였다고 본 것이다. 이 판결에 대한 평석으로는 강성태, 171~189면.

27) 김민기, 444면; 김유성, 378면.

28) 片岡曻, 勞動法, 삼지원(1995), 312면; 김민기, 444면에서 재인용.

행정소송이 가능함은 물론이다.

　반조합계약에 의해 신분상 불이익 조치를 당한 근로자는 그 조치의 무효확인 및 불이익 조치로 인하여 지급받지 못한 임금(차액)청구 등 민사소송을 통하여 사법적 구제를 받을 수 있다. 유니언 숍 협정을 이유로 사용자가 지배적 노동조합에 가입하지 않거나 이를 탈퇴한 근로자를 해고한 경우, 해당 근로자는 노동조합을 상대로 조합원지위 확인을 구하지 않고 바로 사용자에 대하여 해고무효확인의 소를 제기할 수 있다. 이는 해고된 근로자가 노동조합을 상대로 조합원지위 확인을 구하는 소를 제기하여 승소한다고 하더라도 바로 해고의 효력이 부정되는 것은 아니라는 점에서 당연하다.[29]

Ⅳ. 유니언 숍(union shop)[30] 협정

1. 조직강제와 숍 협정의 의의

　조직강제(compulsory membership, Organisationszwang)란 조합원 지위를 고용의 조건으로 하도록 함으로써 비조직근로자에 대하여 조합원자격의 취득 및 유지를 강제하는 단체협약상의 제도를 의미한다.[31] 이러한 조직강제는 조합원자격을 근로자의 채용 및 계속 고용의 조건으로 하는 단체협약상의 숍(shop) 조항을 통하여 이루어지는데,[32] 특히 사용자가 단체협약을 통하여 노동조합에 가입하지 않은 자나 노동조합에서 탈퇴 또는 제명에 의해 조합원자격을 상실한 자를 해고하기로 하는 규정을 '유니언 숍 협정'이라 한다.

　조직강제 조항으로서 숍(shop) 형태는 유니언 숍 협정 이외에도 노동조합의 조합원만 채용하고 노동조합에서 탈퇴하거나 제명된 자를 해고하기로 하는 것으로서 취업단계부터 조합원이 될 것을 강제하는 클로즈드 숍(closed shop), 가입 여부는 자유에 맡기되 탈퇴하거나 제명된 자를 해고하기로 하는 조합원자격유지(maintenance of membership) 조항, 비조합원에게는 단체협약상의 혜택을 주지

29) 대법원 1995. 2. 28. 선고 94다15363 판결.
30) union shop의 용어와 관련하여 학자들에 따라 유니온과 유니언, 숍 및 샵의 결합에 따라 4가지의 용어로 쓰이고 있고, 헌재 2005. 11. 24. 선고 2002헌바95 등 결정은 '유니언 샵'으로 쓰고 있는 반면에 대법원 판결에서는 '유니언 숍'의 용어를 사용하고 있다. 이하에서는 대법원 판결의 예 및 국립국어원의 외래어표기법 규정 용례에 따라 '유니언 숍'이라 칭하기로 한다.
31) 김유성, 28면; 이승욱, 307면.
32) 김유성, 28면.

않거나 조합원을 유리하게 대우하기로 하는 조합원우대(preferential shop) 조항 및 조합가입의 의사가 없는 근로자에게 조합가입이 강제되지는 않지만 조합가입에 대신하여 조합비 내지 소정의 연대금을 노동조합에 납부하도록 하고, 이를 납부하지 않는 자를 해고하거나 그러한 자에게 단체협약상의 혜택을 주지 않기로 하는 연대금(agency shop) 조항 등이 있다.[33] 이에 비하여 오픈 숍(open shop)은 노동조합의 조합원인지 여부가 채용 내지 고용계속의 조건으로 되지 않으므로 조직강제 조항에 해당하지 않는다.

노조법 81조 1항 2호 단서 전문은 위와 같은 조직강제 조항 중 유니언 숍 협정을 규정하고 있는데,[34] 이러한 유니언 숍 협정이 근로자의 단결하지 아니할 자유 및 단결선택의 자유를 침해하는 것으로서 헌법에 위반되는 것인지에 관해서는 아래 4.항에서 살펴보기로 한다.

조직강제 및 유니언 숍 협정의 정당성에 대한 근거로는, ① 노동조합 조직 강제의 필요성, ② 무임승차의 방지 등을 들고 있다. 노동조합이 단체교섭 및 단체행동에 의하여 획득한 근로조건은 일반적 구속력에 의하여 비조합원도 실질적으로 그 이익을 향유하는데(노조법 35조), 비조합원이 아무런 희생과 비용을 부담하지 않고 이익만을 향유하도록 하는 것은 일종의 무임승차(free riding)로서 일반적인 정의관념에 반한다는 것이다.[35]

2. 각국의 입법례

가. 미　국

미국은 19세기 초까지도 근로자의 단결권 행사를 사용자에 대한 강요 및 담합에 의한 독점금지법 위반행위로 보았으며 노동가처분(Labor Injunction)을 통해 근로자의 단결권 행사를 금지하였었다.[36] 그러나 1932년 제정된 노리스 라

---

33) 이상윤a, 578~579면; 임종률, 76면.
34) 노조법 81조 1항 2호 단서가 노동조합으로부터 제명당하는 경우나 새로운 노동조합을 조직하거나 다른 노동조합에 가입하기 위하여 기존의 노동조합을 탈퇴하는 경우에는 신분상 불이익한 행위를 할 수 없도록 정하고 있다는 점에서 전형적인 유니언 숍 협정에는 해당하지 않는다. 따라서 이하에서 해고 등 신분상 불이익한 행위를 논하는 경우는 근로자가 기존의 노동조합에서 임의로 탈퇴한 후 다른 노동조합에도 가입하지 않는 때로 한정된다. 한편, 노조법 81조 1항 2호 단서는 교원노조 및 공무원노조에게는 적용되지 않는다(교원노조법 14조 2항, 공무원노조법 17조 3항).
35) 임상민b, 479~480면.
36) 유성재, 24면; 위 논문에 따르면, 미국 연방 헌법에는 단결권에 관한 명문의 규정은 없으

구아디아 법(Norris-La Guardia Act/Anti-Injunction Act)은 클로즈드 숍, 유니언 숍 협정 등을 요구하는 쟁의행위를 연방법원의 금지명령(injunction) 대상에서 제외하였다.[37]

　　1935년에 제정된 와그너법(Wagner Act, 1935/National Labor Relations Act[38])은 근로자의 단결권을 입법적으로 보장하였다. 동법은 Section 8(a)(3) 단서에서 교섭단위에 속한 근로자의 과반수를 대표하는 노동조합과 체결한 클로즈드 숍 및 유니언 숍 협정의 적법성을 인정함으로써 노동조합에 의한 조직강제를 허용하였다.[39]

　　이후 1947년 태프트 하틀리법(Taft-Hartley Act, 1947/Labor Management Relations Act[40])은 클로즈드 숍 협정의 체결을 금지하고, 유니언 숍 협정에 대해서는 더욱 강화된 요건, 즉, ① 당해 노동조합이 교섭단위에 속하는 근로자의 과반수 이상을 대표하고 있어야 하고, ② 근로자가 입사 후 노동조합에 가입하여야 하는 기간을 30일보다 길게 보장하여야 하며, ③ 노동조합에서 제명된 것을 이유로 근로자에게 불이익한 처분을 할 수 없다(다만, 근로자가 조합비의 납부와 같은 통상적인 의무를 이행하지 않아 제명된 경우는 제외)는 요건 하에 효력을 인정하고 있다.[41] 판례[42]는 근로자가 조합에 비용을 지급할 의무를 고용조건으로 하지만, 조합에 가입할지 여부는 선택할 수 있도록 하는 이른바 에이전시 숍 협정은 조합가입강제로 인한 부당노동행위를 구성하지 않는바, 유니언 숍을 금지

나, 법원은 수정헌법 1조 및 14조를 근거로 근로자의 단결권 및 단체교섭권을 헌법상의 권리로 인정하고 있다. 수정헌법 1조는 집회의 자유를 14조는 주의 입법권에 관한 사항을 규정하고 있어 법원은 집회의 자유로부터 결사의 자유 및 단결권을 도출하고 있으며, 주의 입법권에 관한 조항으로부터 주법 상의 단결권을 도출하고 있다.

37) 29 U.S. Code § 101, Hanson · Jackson · Miller, 115면

38) 미국 민주당 상원의원이던 와그너의 이름을 딴 와그너법의 정식 명칭은 전국노동관계법(National Labor Relations Act)이며, 이 법은 뉴딜정책의 일환으로 1935년 제정되었으며, 미국 연방법전의 Title 29. Labor - Chapter 7 Labor Management Relations - Subchapter Ⅱ National Labor Relations 파트의 §151~169에 편제되어 있다.

39) 송강직a, 3면; 유성재, 24면.

40) 태프트 하틀리법의 정식 명칭은 노사관계법(Labor Management Relations Act)으로, 2차 대전 종전 후 불황기에 대규모 파업 등을 겪으면서 노사간 균형을 회복시키고자 마련되었다. 이 법은 1935년 전국노동관계법을 수정하여, 노동조합에 의한 부당노동행위를 금지하는 규정을 신설하고 클로즈드 숍을 금지하였다. 또한 각 주에 대해 유니언 숍 등 조직강제를 금지하는 노동권법(right-to-work law)의 입법권을 부여하였으며 연방공무원과 정부기업 종업원의 파업을 금지하는 조항을 두는 등 와그너법에 의해 확대된 단결권 등에 중대한 수정을 가하게 되었다.

41) 강희원b, 347면; 유성재, 25면.

42) NLRB v. General Motors. 373 U.S. 734(1963).

하는 주라고 하더라도 사용자가 에이전시 숍 협정에 관한 노동조합의 단체교섭 요구를 거부하면 부당노동행위를 구성한다.”라고 보았다. 위 조항은 유니언 숍 협정을 금지하는 주(州)법(유니언 숍을 금지하는 주법을 ‘right-to-work law’라고 칭하기도 한다)이 있으면 그 주법이 우선하도록 규정하고 있다. 미국 내 다수 주의 노동법이 유니언 숍 등을 금지하고 있는데,[43] 2022년 기준 28개의 주가 유니언 숍을 금지하는 주헌법 또는 주법을 가지고 있다.[44]

나. 일   본

일본에서는 제2차 세계대전 패전 후 기업별 노동조합들이 우후죽순처럼 생겨나 그중 상당수가 결성과 동시에 유니언 숍 협정을 포함하는 단체협약을 체결하는 등 유니언 숍 제도가 다수의 민간기업 노조에서 유지되고 있다. 유니언 숍에 대해 일본의 구 노동조합법에 아무런 규정이 없었으나, 학설과 판례[45]의 대세는 그 유효성을 인정하여 왔다.[46]

일본 헌법 28조는 근로자의 단결권 및 단체행동권을 보장하고 있다.[47] 1949년 개정된 노동조합법 7조(부당노동행위) 1호 본문에는 특정 노동조합 가입을 고용조건으로 하는 행위를 금지한다는 명문의 규정은 없다. 반면, 위 1호 단서에 “노동조합이 특정한 공장 사업장에 고용된 근로자의 과반수를 대표하는 경우에 그 근로자가 그 노동조합의 조합원일 것을 고용조건으로 하는 단체협약을 체결하는 것을 방해하는 것은 아니다.”라는 규정을 두고 있다. 이처럼 명문상 특정 노동조합 가입강제에 대해서는 정함이 없으나, 조합선택의 자유가 단결권의 내용인 이상 이를 조건으로 하는 것은 반조합계약(황견계약)으로서 금지대상이 된다고 해석된다.[48]

일본의 통설은 유니언 숍을 원칙적으로 유효하다고 해석하고 있는바, 근로

---

43) 임상민b, 480~481면.

44) <https://www.nrtw.org/right-to-work-states/>

45) 클로즈드 숍 조항의 유효성에 관한 판례이기는 하나, 일본 최고재판소는 1949년 대빈(大濱) 탄광 사건에서 숍 조항에 의한 사용자의 해고의무를 인정함으로써 숍 조항의 효력을 인정하였다. 다만 그러한 경우에도 해고 및 불이익 취급이 모두 구 노동관계조정법 제40조(노동쟁의조정 중 불이익취급 금지 조항)를 위반하지 않는 것으로 단정할 수는 없다고 판시한 바 있다. 最高裁 1949. 4. 23. 判決(労働組合法違反 労働関係調整法違反 被告事件, 刑集 3권 5호, 592면)

46) 강성태c, 106~107면.

47) 일본 헙법 28조 근로자의 단결할 권리 및 단체교섭 기타 당체행동을 할 권리는 이를 보장한다.

48) 現代講座 7권, 251면(蔦川忠久 집필 부분).

자의 자유와 권리는 단결을 통해 비로소 실현될 수 있고 일본 헌법 28조가 결
사의 자유와 별도로 단결권을 명시한 것은 적극적 단결권이 소극적 단결권에
우선함을 인정한 것이므로 전자의 실현을 위해서는 후자가 제한될 수 있기 때
문에 조직강제는 허용될 수 있다는 것이다. 이에 대해 근로자로 하여금 어떠한
노동조합이건 가입을 강제하는 것, 즉 일반적 조직강제는 유효하지만, 특정 노
동조합에 대한 가입을 강제하는 제한적 조직강제는 위법·무효라거나, 근로자의
소극적 단결권을 현저히 침해하는 경우에는 무효라는 소수설이 있다.[49]

　　일본 최고재판소 판례[50]는 '유니언 숍 협정은 근로자가 노동조합의 조합원
자격을 취득하지 않거나 이를 상실한 경우, 사용자로 하여금 당해 근로자와의
고용 관계를 종료하게 함으로써 간접적으로 노동조합 조직의 확대 강화를 도모
하려 하는 것이나, 다른 한편 근로자에게는 스스로의 단결권을 행사하기 위해
노동조합을 선택할 자유가 있고, 유니언 숍 협정을 체결하고 있는 노동조합(이
하 '체결조합'이라 함)의 단결권과 마찬가지로 동협정을 체결하고 있지 아니한 다
른 노동조합의 단결권도 동등하게 존중되어야 하므로, 유니언 숍 협정으로 근로
자에 대하여 해고의 위협 하에 특정 노동조합 가입을 강제하는 것이 근로자의
노동조합 선택의 자유 및 다른 노동조합의 단결권을 침해하는 경우에는 허용되
어서는 아니된다'고 보았다. 위 판례는 이에 따라 '유니언 숍 협정 중 체결 조
합 이외의 다른 노동조합에 가입하고 있는 자 및 체결조합에서 탈퇴 또는 제명
되어 다른 노동조합에 가입하거나 이를 신설한 자에 관하여 사용자의 해고의무
를 정하는 부분은 일본 민법 90조[51]에 따라 무효라고 해석하여야 한다(일본 헌
법 28조 참조)'고 판시하였다.

　　다. 독　　일
　　독일 기본법 9조 3항은 "근로조건과 경제조건의 유지·개선을 위하여 단체
를 결성할 권리는 누구에게나 그리고 모든 직업에 보장된다. 이 권리를 제한하
거나 방해하려는 협정은 무효이며, 이를 목적으로 하는 조치는 위법이다."라고
규정하여, 단결권을 보장하고 있다. 독일의 다수설은 위 조항이 '소극적 단결권'
까지 보장하는 것으로 보는 데 반하여, 소수설은 '인격의 자유로운 발현권(Freie

---

49) 유성재, 23~24면.
50) 最高裁 1989. 12. 14. 判決(民集 43권 12호, 2051면).
51) 일본 민법 90조 (공서양속) 공공의 질서 또는 선량한 풍속에 반하는 법률행위는 무효로 한다.
　　우리 민법 103조에 상응하는 규정이다.

Entfaltung der Personlichkeit, 독일 기본법 2조 1항)' 내지 '결사의 자유'에서 소극적 단결권의 근거를 찾고 있다.[52]

독일 연방노동법원은 1967년 판결에서, 소극적 단결권은 독일 기본법 2조 1항의 '인격의 자유로운 발현권'이 아닌 독일 기본법 9조 3항에서 도출되며, 따라서 소극적 단결권과 적극적 단결권을 동등하게 보호되어야 한다고 판시하였으며, 클로즈드 숍과 같은 모든 형태의 조직강제를 소극적 단결권의 침해로 허용하지 않고 있다.[53] 독일 연방헌법재판소 역시 1979년의 공동결정법(Mit-bestimmungsgesetz)의 위헌 여부에 관한 판결에서 소극적 단결권을 인정하고 그 근거를 독일 기본법 9조 3항에 두었다.[54]

라. 영   국

영국은 제2차 세계대전 이후에도 장기간 숍 협정의 효력을 승인하여 왔으나, 1960년대 이후 노동조합의 과도한 활동과 정부의 새로운 고용정책 전개에 따라, 1971년 노사관계법은 노동조합에 가입하지 않을 자유를 일반적으로 선언하는 동시에 협의의 클로즈드 숍을 금지하고, 엄격한 요건 하에 유니언 숍과 에이전시 숍(agency shop)을 허용하였다.[55] 한편, 1974년에 제정되어 1976년에 개정된 노동조합 및 노사관계법(Trade Union and Labour Relations Act, TULRA)은 다시 클로즈드 숍을 용인하였다. 유럽인권위원회는 1979년 위 개정법상의 클로즈드 숍 조항이 '근로자가 자신의 이익을 옹호하기 위해서 새로운 노동조합을 결성하거나 기존 노동조합에 가입하는 권리를 침해하는 것이므로 유럽인권규약에 반한다.'는 결정을 내렸고, 이러한 입장은 1981년 유럽인권재판소에서도 유지되었다.[56]

---

52) 유성재, 19~20면.
53) BAGE(GS) 20, 175, 유성재, 18~20면에서 재인용.
54) 김우수, 658면; 유성재, 19면.
55) 강희원c, 105면.
56) TULRA의 개정된 클로즈드 숍 조항이 이미 고용되어 있으나 조합 가입을 희망하지 않는 근로자 보호 장치를 전혀 두고 있지 않음에 따라 British Rail에서 해고된 근로자들이 유럽인권위원회에 제소한 사건에서 위 위원회는 14:3으로 위 조항이 유럽인권규약 11조 등에 반한다고 결정하였다. 유럽인권규약 11조는 '자신의 이익을 보호하기 위하여 노동조합을 결성하고 가입할 권리를 포함한 결사의 자유'를 보호하고 있는데, 위 조항으로부터 '노동조합에 가입하지 아니할 자유' 또한 도출된다고 본 것이다. 유럽인권위원회의 결정에 대해 영국 정부가 우호적 해결(friendly settlement)를 거부함으로써, 위 사건은 유럽인권재판소로 가게 되었고 위 재판소는 18:3으로 위 근로자들에 대한 해고는 유럽인권규약 11조에 위반된다고 판결하였다. Hanson · Jackson · Miller, 99~102면.

　　1978년 고용보호(통합)법[Employment Protection (Consolidation) Act 1978]에 대한 1980년 및 1982년 개정에 의해, 근로자는 일반적으로 비조합원이라는 이유로 해고 기타 불이익을 받지 않을 권리를 가진다는 것이 명확하게 되었고, 양심 또는 개인의 확신에 따라 조합 가입을 거부하는 근로자나 협정 체결 당시 이미 고용되어 있던 비조합원 등은 가입강제로부터 제외되고 있다. 이처럼 전통적으로 숍 제도를 방임하여 왔던 영국에서도 '실질상 소극적 단결권의 보장에 거의 가까운 법 상태'가 형성되고 있다.[57]

마. 프 랑 스

　　프랑스의 노동법전(Code du Travail) L. 412-2조는 노동조합에 가입하거나 가입하지 않는 것을 이유로 해고할 수 없도록 하는 등 개별 근로자의 노동조합에 가입하지 않을 자유(소극적 단결권)가 철저히 보장되고 있으며[58], 이에 따라 유니언 숍 협정과 같은 조직강제에 대하여 부정적이며 금지되어 있다고 할 수 있다.[59]

바. ILO 조약

　　1949년 제정된 ILO 98호 협약, '단결권 및 단체교섭권에 관한 협약'(CO98, Right to Organize and to Collective Bargaining Convention) 1조(Article 1) 1항은 근로자는 고용과 관련하여 반노조 차별행위로부터 적정한 보호를 받아야 한다고 규정하고 있고, 2항(a)는 그러한 보호는 '노동조합에 가입하지 아니하거나 노동조합으로부터 탈퇴할 것을 고용조건으로 하는 행위'에도 적용된다고 규정하고 있다.[60]

　　위 협약에는 클로즈드 숍 또는 유니언 숍 협정의 효력에 관하여는 명문의 규정이 없다. 총회위원회는 이 조약의 기초과정에서의 보고서 중 "이 문제는 각국의 관행에 좇아서 규제하여야 할 것으로서 98호 협약이 조합보장조치를 승인한 것이라든지 또는 금지한 것이라든지 하는 것으로 해석하여서는 아니된다."라고 밝히고 있는바,[61] 조직강제의 허용 여부나 효력에 관하여는 각국의 관행에

---

57) 강희원c, 105~106면; 송강직a, 2~7면; Hanson · Jackson · Miller, 99~102면.

58) 유성재, 25~26면.

59) 송강직a, 2~3면.

60) ILO 공식 웹사이트, <https://www.ilo.org/dyn/normlex/en/f?p=NORMLEXPUB:12100:0::NO:: P12100_ILO_CODE:C098> (최종방문: 2022. 1. 2.).

61) 32회기 총회의사록(1949), 468면, 吾鄕眞一 역(花見 忠 감수) 「國際勞働基準 ILO」, 三省堂 (1985), 120면, 송강직a, 5면에서 재인용.

맡기고 있다고 봄이 타당하다.

3. 우리나라의 입법 연혁

1953. 3. 8. 법률 280호로 제정된 노동조합법 10조 2호는 "어느 노동조합의 일원이 됨을 저지 또는 장려할 목적으로 근로조건에 차별을 두거나 또는 노동조합에 참가한 이유로써 해고 기타 근로자에게 불이익을 주는 행위"를 부당노동행위로서 금지하였고, 별도로 유니언 숍 협정에 관한 규정을 두지 않았다. 그런데 1963. 4. 17. 법률 1329호로 전문 개정된 노동조합법 39조 2호는 현행 노조법 81조 1항 2호 본문과 단서 전단의 내용과 같은 형태로 노동조합에서 제명된 경우에까지 적용이 되는 완전한 형태의 유니언 숍 제도를 도입하였다. 한편, 1963년 개정 노동조합법은 위와 같은 유니언 숍을 인정함과 아울러 3조 5호 단서에서 "조직이 기존 노동조합의 정상적인 운영을 방해하는 것을 목적으로 하는 경우"를 노동조합의 정의에서 부정하는 방법으로 복수노조 금지조항을 신설함으로써 기존의 노동조합으로 하여금 사업장 내에서 독점적인 지위를 갖도록 보장하였다.

그 후, 제5공화국 하에서 1980. 12. 31. 법률 3350호로 개정된 노동조합법 39조 2호는 단서를 삭제하여 유니언 숍 협정을 다시 부당노동행위로 보게 되었다. 그러다가 1987년의 민주화와 노동운동의 분위기 속에 개정된 노동조합법 (1987. 11. 28. 법률 3966호로 개정된 것) 39조 2호 단서는 유니언 숍 협정의 근거 규정을 부활시키되, 다만 노동조합에서 제명된 근로자에게 신분상 불이익한 행위를 할 수 없도록 하였다.[62]

위와 같은 입법의 연혁에서 알 수 있듯이 우리나라의 유니언 숍 제도는 복수노조 금지와 연계되어 근로자의 단결하지 아니할 자유와 단결선택권 모두를 제한하는 기능을 수행하여 왔다.

1997. 3. 13. 종래의 노동조합법 및 노동쟁의조정법이 폐지되고 노조법(노동조합 및 노동관계조정법)이 제정되면서, 종전의 복수노조 금지 조항이 사라지고 부칙에서 정한 복수노조 설립 허용 유예기간[63] 등의 경과로 2011. 7. 1.부터 기

---

62) 위 개정 노동조합법은 유니언 숍 협정을 재차 도입하면서 한편으로 3조 단서 5호의 규정도 개정하여 조직이 기존 노동조합과 조직대상을 같이 하는 경우까지 복수노조금지의 범위를 확대하였다.

63) 1997. 3. 13. 노조법 제정 당시 유예기간을 2001. 12. 31.로 정했던 부칙 5조 1항은 2001.

업별 복수노조가 허용되었다. 이러한 과정과 맞물려, 노조법 81조 1항 2호 단서역시 '근로자가 새로 노동조합을 조직하거나 다른 노동조합에 가입한 것을 이유'로도 근로자에게 신분상 불이익한 행위를 할 수 없도록 개정됨으로써 유니언숍 협정이 갖는 근로자의 단결선택권 침해 문제는 입법적으로 해결되었다.

4. 유니언 숍 협정의 유효성

가. 문제의 소재

유니언 숍 협정은 해고를 수단으로 근로자들의 노동조합 가입을 강제한다는 점에서 다른 어떤 조직강제 조항보다 노동조합 조직의 확대와 유지에 효과가 있음은 의문의 여지가 없다. 그러나 유니언 숍 협정은 개별 근로자의 노동조합에 가입하지 않거나 노동조합에서 임의로 탈퇴할 수 있는 자유, 소위 소극적단결권을 박탈할 뿐만 아니라 복수노조가 병존하는 상황에서는 단결선택권을침해할 여지가 있다.

(1) 근로자의 소극적 단결권과 노동조합의 적극적 단결권의 충돌

노동조합의 조직강제는 그것이 일반적 조직강제이든 제한적 조직강제이든근로자의 단결하지 아니할 자유를 제한할 여지가 있는데, 노조법 81조 1항 2호단서는 지배적 노동조합의 경우 일정한 형태의 조직강제를 용인하고 있으므로여기서 근로자의 단결하지 아니할 자유와 노동조합의 적극적 단결권(조직강제권)이 충돌하는 상황이 생긴다.[64]

헌법 33조의 단결권 보장의 내용에 소극적 단결권, 즉 단결하지 아니할 권리가포함되느냐에 대하여 학설의 대립이 있다. 우리나라의 경우 이를 부정하는 견해[65]가 다수설이며, 헌법재판소의 태도[66]도 마찬가지이다.

---

3. 28. 개정에서 다시 유예기간을 2009. 12. 31.까지로 연장하였다가 2010. 1. 1. 개정으로 삭제되었으나, 2010. 1. 1. 개정 부칙 7조는 신규 복수노조 설립 유예기간을 다시 2011. 6. 30.까지로 연장하였다.

64) 김우수, 669~670면.

65) 김형배, 144~145면; 임종률, 27면, 김형배 교수는 근로자 개인의 소극적 단결권이 적극적단결권과의 관계에서 조화된다든가 제도화되어 적극적 단결권과 동등하게 보호될 수는 없고, 노동조합의 집단적 단결권 및 단결권의 적절한 행사를 위하여 어느 정도의 단결강제가 용인되지 않을 수 없으나, 단결권의 기초에 결사의 자유가 깔려 있고 개인의 자기결정의 이념이헌법의 기본원리(10조)임을 고려하면 단결하지 않을 자유를 전면적으로 부인할 수 없다는 견해를 취한다.

66) 헌재 1998. 10. 29. 선고 97헌마345 결정, 헌재 2005. 11. 24. 선고 2002헌바95, 96, 2003헌바9(병합) 결정 등 참조.

다수설과 판례는 단결하지 아니할 자유의 근거를 헌법 10조의 행복추구권에서 파생되는 일반적 행동의 자유 또는 21조 1항의 결사의 자유에서 찾고 있다.67) 소극적 단결권을 부정하는 견해도 조직강제가 인정되는 범위에 대하여는, ① 일반적 조직강제허용설과 ② 제한적 조직강제허용설로 나뉜다. ①은 근로자의 단결선택권이 보장되어야 하므로 근로자에게 단결을 강제하는 경우에도 여러 노동조합 중 어느 한 노동조합에 가입하는 것이 강제될 수 있을 뿐 특정 노동조합에의 가입을 강제할 수는 없으며, 이는 헌법에 의하여 보장된 근로자의 적극적 단결권을 침해한다고 본다.68) ②는 노동조합의 조직 및 단체교섭력의 강화를 위하여 개별 근로자의 단결선택의 자유는 어느 정도 조정되어야 하므로 근로자로 하여금 특정 노동조합에서의 가입을 강제하는 것도 허용된다는 견해이다.69)

반면 단결권에 소극적 단결권이 포함된 것으로 인정하는 견해70)는, 그 논거로 ㉮ 단결권을 자유권적 기본권으로 보는 이상 소극적으로 단결을 강제당하지 않을 권리가 포함되는 것이 자연스럽고, ㉯ 적극적 단결권은 진정한 단결의사를 토대로 하여야 실효성이 있는데 진정한 단결의사는 소극적 단결권의 보장 없이는 확보할 수 없으며, ㉰ 조직강제의 역사나 세계적 추세를 보더라도 노동조합이 제도적으로 안정화된 후에는 대체로 조직강제를 위한 각종 숍을 금지하는 방향으로 입법이나 판례가 이루어져 왔다는 점을 들고 있다.71)

(2) 근로자의 단결선택권과 노동조합의 집단적 단결권의 충돌

노조법 81조 1항 2호 단서는 지배적 노동조합에의 가입을 강제하는 단체협약 체결을 용인하고 있으므로, 근로자의 개인적 단결권(단결선택권)과 노동조합의 집단적 단결권(조직강제권)이 서로 충돌한다.72)

하나의 사업장에 복수의 노조가 병존하는 경우에 지배적 노동조합과 사용자 사이의 유니언 숍 협정은 근로자의 단결선택의 자유를 구속할 뿐만 아니라

---

67) 유승관, 9면.
68) 김형배, 151~152면.
69) 김유성, 30면.
70) 강성태, 183~186면; 유성재, 28~30면; 임상민a, 124~125면. 독일의 통설, 판례의 태도도 이와 같으며, 우리 헌법학계에서는 오히려 소극적 단결권을 단결권의 내용으로 보는 견해가 유력하다.
71) 임상민a, 124~125면.
72) 김우수, 675-676면.

나아가서는 그것이 사용자에 의한 노동조합의 어용화의 계기가 될 수 있다는 비판[73]이 있다.

(3) 지배적 노동조합과 소수 노동조합 사이의 차별

노조법 81조 1항 2호 단서는 지배적 노동조합의 경우에 유니언 숍 협정 등 단체협약을 매개로 하여 그 조직의 유지·강화를 용이하게 하는 반면 그렇지 못한 노동조합(소수노조)의 경우에는 같은 방식에 의한 조직강제가 허용되지 않아 사실상 조직의 유지·강화에 차별이 생기게 되는바,[74] 소수노조에 대한 평등권 침해 여부가 문제될 수 있다.

나. 유니언 숍 협정의 효력에 관한 학설

(1) 무 효 설

유니언 숍 협정의 효력과 관련해서는 먼저 헌법 33조 1항에서 정한 단결권에는 단결에 가입할 적극적 단결권뿐만 아니라 단결에 가입하지 않을 소극적 단결권도 포함되어 있다고 보는 학설[75]에 따라 유니언 숍 협정이 헌법에 위반되어 무효라는 견해[76]와 노조 가입이 강제되는 일반적 조직강제를 넘어 특정 노동조합 가입을 강제하는 제한적 조직강제는 적극적 단결권의 하나인 단결선택권을 침해하는 것으로서 무효라는 견해[77]가 있다.

---

73) 최영진, 405면.
74) 김우수, 682-683면.
75) 유성재, 26면; 이상윤a, 64면; 한수웅, 961면; 허영, 509~510면.
76) 김철수, 758면; 박홍규b, 58면; 유성재, 31~33면. 김철수 교수는 노동조합에 가입하지 않을 권리, 즉 소극적 단결권을 헌법 33조 1항이 아닌 일반적 행동자유권이나 결사의 자유에서 찾으면서도 근로자 개인의 자기결정권을 중시하는 입장에서 유니언 숍 협정의 효력을 부정적으로 보고 있다. 이에 비해 박홍규 교수는 헌법 33조 1항의 단결권에는 소극적 단결권도 포함된다고 하면서도 노조법 81조 1항 2호 단서는 일반적 조직강제나 제한적 조직강제를 문제삼는 것이 아니라 단순히 유니언 숍 협정에 의해 해고를 인정하지 않는 것에 불과하므로 소극적 단결권을 침해하는 것으로 볼 수 없다고 한다.
77) 김치선, 152~153면(이러한 취지에서 노조법 81조 1항 2호 단서 규정은 유니언 숍 협정 등을 당연히 부당노동행위로 보지는 않으며 또 그것에 대한 구제도 하지 않겠다는 것에 불과한 것이라고 보고 있다); 박상필, 102~104면, 491~492면(박상필 교수는 유니언 숍 협정이 체결되어 있는 경우에는 근로자가 자기가 원하는 어느 적당한 조합이 아니라 협정 당사자인 특정 조합에 강제적으로 가입하여 조합원으로서의 신분을 유지하지 않으면 안된다고 하는 것은 단결권에 내포되어 있는 단결선택의 권리를 침해하는 것이므로 결과적으로 단결권에 대한 침해라고 해석함과 아울러 개정 전 노조법 81조 1항 2호 단서와 같이 근로자가 제명된 경우에는 해고 기타 일체의 불이익 대우를 할 수 없도록 한 변칙 유니언 숍 협정도 위헌적인 조항이라고 보고 있다).

(2) 유 효 설

우리나라의 다수 견해는 헌법 33조 1항의 단결권은 적극적 단결권만을 의
미하고 단결하지 않을 소극적 단결권까지 보장하는 것은 아니라거나, 또는 단결
하지 아니할 자유는 일반적 행동의 자유 내지 헌법에서 열거되지 아니한 자유
에서 근거하여 인정되는 것인데, 이를 적극적 단결권과 동등한 가치를 가지는
것으로 보기 어렵다고 하여 유니언 숍 협정의 유효성을 인정하고 있다.78)

다. 판   례

(1) 2006년 법 개정 전

복수노조가 허용되기 전 시행되던 구 노조법(2006. 12. 30. 법률 제8158호로
개정되기 전의 것, 이하 이 글 안에서는 이와 같다.) 81조 1항 2호 단서는 "다만, 노
동조합이 당해 사업장에 종사하는 근로자의 3분의 2 이상을 대표하고 있을 때
에는 근로자가 그 노동조합의 조합원이 될 것을 고용조건으로 하는 단체협약의
체결은 예외로 하며, 이 경우 사용자는 근로자가 당해 노동조합에서 제명된 것
을 이유로 신분상 불이익한 행위를 할 수 없다."라고 규정하고 있었다(2호 본문
및 단서 전문은 현행 노조법 81조 1항 2호와 동일하다).

대법원은 구 노조법 81조 1항 2호 단서에 대하여 노동조합의 조직 유지와
강화에 기여하는 측면을 고려하여 일정한 요건 하에서 체결된 유니언 숍 협정
의 효력을 인정하는 것으로서 헌법상의 근로자의 단결권을 침해하는 조항으로
볼 수 없다고 판시하였다.79)

헌법재판소 전원재판부 결정(2002헌바95 등)80)에서 다수의견은 "헌법 33조 1

---

78) 권영성, 672면; 김유성, 29면; 이승욱, 343면; 임종률, 80면. 이승욱 교수는 일반적 행동의
    자유로서 소극적 단결 자유는 가치적으로 적극적 단결권 내지 단결강제에 우선하지는 않지
    만, 양 기본권이 충돌할 경우에는 소극적 단결 자유의 본질적 내용을 박탈하여서는 아니 된
    다고 주장한다.
79) 대법원 2002. 10. 25.자 2000카기183 결정.
80) 헌재 2005. 11. 24. 선고 2002헌바95, 96, 2003헌바9 전원재판부 결정. 위 사건의 청구인들
    은 A사의 택시운전기사로 입사한 근로자들이고, 소속 근로자들 대부분이 가입한 부산지역택
    시노조는 A사가 소속된 부산광역시 택시운송사업조합과 사이에 단체협약을 체결하면서 유니
    언 숍 협정을 체결하였다. 그 후 청구인들이 부산지역택시노조를 탈퇴하여 조직대상을 같이
    하는 지역별·업종별 단위노동조합인 부산민주택시노조에 가입하자, 사용자는 유니언 숍 협
    정에 따라 청구인들을 해고하였다. 이에 청구인들은 해고무효확인소송을 제기하고 소송 계속
    중 재판의 전제가 되는 노조법 81조 1항 2호 단서에 대하여 위헌법률심판제청신청을 하였으
    나, 당해소송에서 모두 패소하고 위헌제청신청마저 기각 당하게 되자 위 헌법소원심판을 청
    구하였다. 김우수, 652면에서 인용.

항에서 규정된 단결권은 단결할 자유만을 가리킬 뿐이고 단결하지 아니할 자유 이른바 소극적 단결권은 이에 포함되지 않는 것이 헌재의 선례(헌재 1999. 11. 25. 선고 98헌마141 결정[81])이며, 노조법 81조 1항 2호 단서가 단체협약을 매개로 하여 특정 노동조합에의 가입을 강제함으로써 근로자의 단결선택권과 노동조합의 집단적 단결권(조직강제권)이 충돌하는 측면이 있으나, 이러한 조직강제를 적법·유효하게 할 수 있는 노동조합의 범위를 엄격하게 제한하고 지배적 노동조합의 권한남용으로부터 개별근로자를 보호하기 위한 규정을 두고 있는 등 전체적으로 상충되는 두 기본권 사이에 합리적인 조화를 이루고 있고 그 제한에 있어서도 적정한 비례관계를 유지하고 있으며, 근로자의 단결선택권의 본질적인 내용을 침해하는 것으로도 볼 수 없으므로, 근로자의 단결권을 보장한 헌법 33조 1항에 위반되지 않는다."라는 등의 이유로 노조법 81조 1항 2호 단서가 헌법에 위반되지 않는다고 판단하였다.

한편, 위 헌재 결정 중 소수의견은 "개개의 근로자는 단결권을 행사하지 아니할 자유도 헌법상 보장되며, 특정의 노동조합에 가입하지 않거나 탈퇴하였다는 이유로 근로자를 해고하는 것은 근로자의 생존권 보장과 지위향상을 보장하고자 하는 헌법 33조 1항의 취지에 정면으로 반하며, 지배적 노동조합이 근로자를 제명한 경우에는 해고할 수 없도록 하였지만, 노동조합이 조합원인 근로자를 제명하는 것도 노동조합의 결정에 맡겨져 있는 것이므로, 그러한 예외규정에 의하여 해당 근로자의 단결하지 아니할 자유에 대한 제한과 생존권에 대한 위협이 완화되거나 정당화된다고 보기 어렵다."라는 이유로 노조법 81조 1항 2호 단서는 위헌이라는 취지의 반대의견을 제시하였다.

(2) 2006년 법 개정 후

복수노조 허용에 따라 노조법 81조 1항 2호 단서 후문은 "이 경우 사용자는 근로자가 그 노동조합에서 제명된 것 또는 그 노동조합을 탈퇴하여 새로 노동조합을 조직하거나 다른 노동조합에 가입한 것을 이유로 근로자에게 신분상

---

81) 위 결정에서 헌법재판소는 "노동조합과 각종 단체의 헌법상 차이는, 결사의 자유의 경우 단체를 결성하는 자유, 단체에 가입하는 자유뿐만 아니라 단체를 결성하지 아니할 자유, 단체에의 참가를 강제당하지 아니할 자유, 단체를 탈퇴할 자유를 포함하는 데 반하여, 근로자의 단결권은 단결할 자유만을 가리킬 뿐이다. 따라서 노동조합의 경우 사용자와의 교섭력을 확보하기 위하여 사실상 어느 정도의 조직강제 내지 단결강제를 수반하게 되는 것"이라고 하였다.

불이익한 행위를 할 수 없다."와 같이 밑줄 친 부분을 추가하는 것으로 개정되었다.

헌재 2002헌바95 결정의 취지를 감안하면, 개정된 조항은 복수노조 체제 하에서 유니언 숍 제도를 지배적 노동조합의 집단적 단결권과 근로자의 단결선 택권을 조화시키는 방향으로 수정되어 헌법에 합치된다고 볼 수 있다.[82]

대법원 2019. 11. 28. 선고 2019두47377 판결은 개정된 조항이 적용된 최초의 판결로, 헌법, 노조법, 근기법의 관련 규정과 복수 노조 시대로의 패러다임 전환을 감안하여, "근로자에게는 가입할 노동조합을 스스로 선택할 자유가 헌법상 기본권으로 보장되고, 나아가 유니언 숍 협정이 체결되었더라도 지배적 노동조합이 가진 단결권과 마찬가지로 유니언 숍 협정을 체결하지 않은 다른 노동조합의 단결권도 동등하게 존중되어야 하며, 유니언 숍 협정이 가진 목적의 정당성을 인정하더라도, 지배적 노동조합이 체결한 유니언 숍 협정은 사용자를 매개로 한 해고의 위협을 통해 지배적 노동조합에 가입하도록 강제한다는 점에서 허용 범위가 제한적일 수밖에 없다."라고 판단하였다. 이에 따라 "유니언 숍 협정의 효력은 근로자의 노동조합 선택의 자유 및 지배적 노동조합이 아닌 노동조합의 단결권이 영향을 받지 아니하는 근로자, 즉 어느 노동조합에도 가입하지 아니한 근로자에게만 미친다. 따라서 신규로 입사한 근로자가 노동조합 선택의 자유를 행사하여 지배적 노동조합이 아닌 노동조합에 이미 가입한 경우에는 유니언 숍 협정의 효력이 해당 근로자에게까지 미친다고 볼 수 없고, 비록 지배적 노동조합에 대한 가입 및 탈퇴 절차를 별도로 경유하지 아니하였더라도 사용자가 유니언 숍 협정을 들어 신규 입사 근로자를 해고하는 것은 정당한 이유가 없는 해고로서 무효로 보아야 한다."라고 판시하였다.

라. 검 토

소극적 단결권은 근로자 개인이 노동조합의 단결 강요로부터 자기를 방어할 수 있도록 하는 의미를 가지므로, 노동조합의 지위가 개인의 자유를 압도할 정도로 확립되어 있는 경우에만 노동조합에 대한 방어권으로서 법적 가치를 승인받을 수 있기에, 노동조합의 법적·실제적 지위가 불안정하고 확립되어 있지 않은 경우에는 개별 근로자의 단결하지 않을 권리에 대한 요청은 그만큼 적어

---

82) 양성필, 142면.

지게 된다.[83]

　　현행 노조법 81조 1항 2호 단서는 기업별 차원에서 복수노조가 허용되는 것에 맞추어 개별 근로자가 유니언 숍 협정을 체결한 노동조합을 탈퇴하여 새로 노동조합을 조직하거나 다른 노동조합에 가입한 것에 대하여 신분상 불이익한 행위를 할 수 없도록 정하는 등 근로자의 단결선택권을 어느 정도 보장하고 있으며, 또한 노동조합의 조직강제권이 이른바 자유권을 수정하는 의미의 생존권(사회권)적 성격을 함께 가지는 점을 고려할 때[84] 노조법 81조 1항 2호 단서에 기한 유니언 숍 협정은 어느 노동조합에도 가입하지 아니할 자유의 본질적인 내용을 침해하는 것이라고는 보기 어려우므로, 현행 노조법 81조 1항 2호 단서에 기한 유니언 숍 협정의 효력은 긍정되어야 할 것이다.

5. 유니언 숍 협정의 요건 및 효과

가. 유니언 숍 협정의 요건

(1) 유니언 숍 협정 체결주체가 되는 노동조합

　　유니언 숍 협정을 체결할 수 있는 노동조합은 당해 사업장에 종사하는 근로자의 3분의 2 이상을 대표하는 노동조합이어야 한다.

㈎ 노동조합의 조직형태

　　유니언 '숍(shop)'이라는 표현이 말해 주듯이, 원래 유니언 숍 제도는 직장 즉 사업장(shop)을 단위로 하므로 노동조합의 조직형태도 당연히 기업별 조직인 것을 전제로 하고, 노조법 81조 1항 2호 단서 및 그 문언('당해 사업장')도 입법연혁적으로는 기업별 노조를 전제로 했다고 볼 수 있다.[85][86]

　　그러나 현행 노조법에서 노동조합의 조직형태는 근로자들의 선택에 맡겨져 있으며(노조법 5조), 규범적으로 기업별 노조와 직종별·산업별 노조를 차별할 근거가 없으므로, 당해 사업장 근로자의 3분의 2 이상이 가입하고 있는 노동조합이라면, 그 조직형태에 상관없이 유니언 숍 협정을 체결할 수 있는 당사자가 될 수 있다고 보는 것이 타당하다.[87]

---

83) 이승욱, 317면.
84) 헌재 2005. 11. 24. 선고 2002헌바95, 96, 2003헌바9 전원재판부 결정.
85) 강희원b, 328면.
86) 노조법주해(초판) Ⅲ, 62면.
87) 강희원b, 328~329면; 이상윤a, 951면.

노동조합의 연합단체도 유니언 숍 협정을 체결할 수 있는가에 대하여는, 조합원은 개인 근로자로 보아야 하므로 단위 노동조합을 구성원으로 하는 연합단체의 노동조합은 이에 해당되지 않는다는 견해88)와 노조법 2조 4호89)가 연합단체를 노동조합으로 정의하고 있으므로 노동조합의 연합단체도 유니언 숍 협정을 체결할 수 있다는 견해90)가 있다. 생각건대, 유니언 숍 협정은 '당해 사업장'에 종사하는 '근로자' 3분의 2 이상을 대표하고 있을 것을 요하는바, 노동조합의 연합단체가 이러한 요건을 갖추는 경우를 상정하기 어려우므로 노동조합의 연합단체는 이에 해당하지 않는다고 봄이 타당하다.

㈏ '당해 사업장'의 의미

'당해 사업장'이란 노동조합의 조직대상으로 된 사업장을 의미하는 것으로, 노동조합의 조직대상이 기업별로 되어 있고 그 기업에 복수의 사업장이 있는 경우 해당 노동조합이 근로자 3분의 2 이상을 대표하는지를 판단하는 모집단을 전체 사업장으로 볼 것인지, 개별 사업장으로 볼 것인지가 문제된다.

노조법 81조 1항 2호 단서 전문에 충실히 해석하여 각 사업장 별로 해당 노동조합이 3분의 2 이상의 근로자를 대표하는지 여부를 판단하여야 한다는 견해91)가 있으나, 해당 기업의 복수의 사업장 전체가 당해 사업장이 되며 해당 노동조합이 복수의 사업장 전체 근로자의 3분의 2 이상을 대표하는지를 기준으로 한다는 견해92)가 타당해 보인다.

㈐ 당해 사업장에 종사하는 '근로자'

여기서 '근로자'는 당해 사업장에 취업하고 있는 전체 근로자가 아니라, 동종의 근로자, 즉 해당 노동조합의 조합원자격을 가진 근로자만을 의미하며,93)

---

88) 이병태, 420면; 이상윤a, 951면.
89) 노동조합 및 노동관계조정법 제2조(정의) 이 법에서 사용하는 용어의 정의는 다음과 같다.
    4. "노동조합"이라 함은 근로자가 주체가 되어 자주적으로 단결하여 근로조건의 유지·개
      선 기타 근로자의 경제적·사회적 지위의 향상을 도모함을 목적으로 조직하는 단체
      또는 그 연합단체를 말한다. (단서 생략)
90) 강희원b, 329면.
91) 강희원b, 330~331면; 임종률, 77면.
92) 김유성, 341면; 김형배, 1500면.
93) 김유성, 341면; 김형배, 1500면; 이병태, 420면; 임종률, 77면, 이와 관련하여 노조법 81조
    1항 2호 단서에서 35조와 같이 동종의 근로자라는 표현을 사용하고 있지 않으므로 노동조합
    의 조직대상으로 정한 근로자를 넘어 그 사업장의 모든 근로자를 의미한다는 주장도 있을
    수 있지만, 유니언 숍 제도가 노동조합에 대한 다수의 근로자 가입을 전제로 조직강제로서
    허용되고 있는 것이라는 점을 고려할 때 근로자의 개념에서 노동조합의 조직대상이 아닌 자

직종별 노동조합의 경우 직종이 다른 근로자는 비록 당해 사업장에 취업하고 있을지라도 3분의 2의 계산에 포함되지 않는다.94) 또한, '근로자'는 사업장에 종사하는 근로자, 즉 취업자만으로 해석하여야 하고, 해고자·실업자 등 미취업자는 제외된다고 봄이 타당하다.95)

㈑ 당해 사업장에 종사하는 근로자의 '3분의 2 이상을 대표하는 때'

근로자의 3분의 2 이상을 대표하여야 한다는 요건에 관하여 판례96)는 노동조합이 당해 사업장에 종사하는 근로자의 3분의 2 이상을 대표하고 있지 아니함에도 불구하고 근로자가 그 노동조합의 조합원이 될 것을 고용조건으로 하는 단체협약을 체결하는 것은 허용되지 아니한다고 하여 이를 유니언 숍 협정의 성립요건으로 파악하고 있다.97)

또한, 위 요건은 단체협약 체결 시뿐만 아니라 계속적으로 갖추어야 그 효력이 유지되는 '효력(유지)요건'으로 보아야 한다. 따라서 협정 체결 시에는 지배적 노동조합이었더라도 신규 근로자가 일시에 다수 입사하여 다른 노조를 결성·가입하거나 조합원이 대량으로 탈퇴한 결과 근로자의 3분의 2 이상을 대표하지 못하게 된 경우 유니언 숍 협정은 더 이상 효력이 없으며 탈퇴자를 해고할 수 없다는 견해98)가 다수이다. 이에 대하여, 위 요건은 유니언 숍 협정을 체결할 당시에 갖추는 것으로 족하고, 체결 이후 노동조합 조직대상의 변경 또는 동종 근로자의 증가나 조합원의 탈퇴 등으로 3분의 2이상을 대표하지 못하게

를 포함시키는 것은 적절하지 않다.

94) 다만, 이 경우에는 유니언 숍 협정의 효력도 그 노동조합의 직종에 종사하는 근로자에 한정될 것이다(김유성, 341면).

95) 이상윤a, 951면.

96) 대법원 1997. 4. 11. 선고 96누3005 판결, 대법원 2004. 11. 12. 선고 2003다264 판결. 96누3005 판결은 노동조합이 지배적 노동조합의 요건을 갖추지 못했음에도 유니언 숍의 단체협약을 체결하는 것은 노조법에 위반되어 허용되지 아니하므로 그에 대한 관할 행정청의 시정명령은 정당하다고 판시하였다.

97) 3분의 2 이상의 요건에 관하여, 송강직 교수는 사용자가 3분의 2 이상을 대표하는 노동조합과 유니언 숍 협정을 체결하는 경우 당해 유니언 숍 협정에 의거한 사용자의 고용조건이 당연히 부당노동행위로는 되지 않는다고 하는 추정 기준에 불과하므로, 3분의 2 이상의 요건을 충족하지 못한 노동조합과의 유니언 숍 협정 체결이 당연히 부당노동행위로 되는 것은 아니라고 하고(송강직c, 79~80면), 박홍규 교수는 사용자가 미조직의 다수자에 의한 노조 결성을 저해할 의도가 없고, 수동적으로 소수 노조와 유니언 숍 협정을 체결했음이 입증되는 경우, 그 체결을 부당노동행위로 보는 것에 대해서는 의문이 있다고 한다(박홍규b, 465면).

98) 김헌수, 1010면; 이병태, 420면; 이상윤a, 952면; 임상민b, 501면; 행정해석(노조 01254-714, 1993. 6. 22.).

되더라도 유니언 숍 조항에 영향을 주지 않는다는 반론99)이 있으나, 이미 지배
적 노동조합의 지위를 상실한 상태에서 종전의 유니언 숍 협정에 의한 신분상
불이익 조치를 정당화하기는 어렵다. 대법원도 다수설과 같은 견해로, '유니언
숍 협정은 관련 근로자에게 미치는 해고 등 신분상 불이익에 대한 정당성을 뒷
받침할 정도의 충분한 지배적 조직에 의하여 행하여져야 하므로, 그 체결 당사
자인 노동조합이 체결 당시는 물론이고 그 후에도 계속하여 노조법 81조 1항 2
호 단서 소정의 당해 사업장에 종사하는 근로자의 3분의 2 이상을 대표하고 있
는 경우에 한하여, 부당노동행위에 해당하지 아니하고 유효하게 적용될 수 있
다'고 판시하였다.100)

한편, 조합원의 수가 근로자의 3분의 2 미만인 상태에서 유니언 숍 협정을
체결하였다면, 이후 3분의 2 이상이 되었다 하더라도 그 유니언 숍 협정은 효력
이 발생한다고 보기 어렵다고 할 것이다.101)

(2) 유니언 숍 협정을 '단체협약으로 체결'할 것

사용자와 당해 사업장 소속 근로자의 3분의 2 이상을 대표하는 노동조합
사이에 해당 노동조합의 조합원이 될 것을 고용조건으로 두도록 하는 내용의
단체협약이 체결되어야 한다.

유니언 숍 협정은 노동조합의 조직강화를 위하여 근로자의 노동조합 가입
을 강제하는 단체협약상의 조항이고, 법문의 규정도 단체협약의 체결에 의하도
록 되어 있으므로 사용자의 일방적인 취업규칙 등에 의한 것은 인정되지 아니
한다.102)

---

99) 임종률, 78면.

100) 대법원 2012. 1. 12.자 2011마646 결정(사용자가 지배적 노동조합과의 유니언 숍 협정을 이
유로 소수노조의 단체교섭에 불응하자 소수노조가 단체교섭응낙가처분 신청을 한 사건에서
법원은 조합원들이 지배적 노동조합을 탈퇴하여 소수노조에 가입함으로써 조합원 3분의 2
이상을 대표하지 못하게 된 시점 이후에는 유니언 숍 협정의 효력이 유지될 수 없다고 판시
하였다). 대법원 2002. 10. 25. 선고 2000다23815 판결(위 판결은 근로자들이 지배적 노동조
합을 탈퇴할 무렵에 그 노동조합이 근로자의 3분의 2 이상을 대표하고 있는지를 유니언 숍
협정의 유효요건임을 전제로 판시하고 있는 점에 비추어 위와 같은 입장으로 보인다).

101) 김헌수, 1010면.

102) 대법원 1989. 1. 17. 선고 87다카2646 판결. 위 판결은 노동조합 규약 및 취업규칙의 규정
에 의하여, 회사의 종업원이 노동조합 상벌위원회로부터 정권이나 제명처분을 당하여 노동조
합으로부터 해고 요청이 있을 때에는 회사가 그 종업원을 해고할 수 있도록 하는 것은 비록
노동조합의 미가입자나 탈퇴자는 제외하였지만 노동조합으로부터 제명된 자에 대하여 그 제
명사실만을 이유로 해고할 수 있도록 되어 있는 만큼 결국 노동조합의 조합원이 될 것을 고
용조건으로 하는 것이 되고 이는 노동조합법[구 노동조합법(1987. 11. 28. 법률 제3966호로

나. 유니언 숍 협정의 효과

(1) 사용자의 해고 등 신분상 불이익한 조치의무

㈎ 개　　관

유니언 숍 협정의 규정은 "회사는 종업원이 노동조합 가입을 거부하거나 탈퇴할 때는 즉시 해고하여야 한다."로 정해지는 것이 일반적이다. 근로자가 노동조합으로부터 제명당하거나 자진 탈퇴하더라도 아무런 불이익을 받지 않는다면 유니언 숍 협정은 유명무실하게 된다. 따라서 본래의 유니언 숍 협정 하에서는 조합원 자격을 상실한 자에 대하여 사용자가 해고・전직 등 신분상의 불이익을 주도록 하는 것이 원칙이다.[103] 따라서 이러한 유니언 숍 협정이 단체협약으로 유효하게 체결된 상태에서 근로자가 단체협약에서 정한 기간 내에 노동조합에 가입하지 않거나 노동조합에서 탈퇴한 경우, 사용자는 특별한 사정이 없는 한 그 근로자를 해고할 의무를 부담하게 된다.

㈏ 신분상 불이익한 행위

노조법 81조 1항 2호 단서 후문의 '신분상 불이익한 행위'는 가장 강력한 신분상 불이익 조치인 해고에 국한된다고 보는 견해[104]가 있다. 신분상 불이익의 가장 극명한 사례는 해고와 관련된 사안이며, 대법원의 명시적 판단이 나온 판례도 해고에 관한 것들이다.[105]

그러나 '신분상 불이익한 행위'는 해고에 국한되지 않으며 유니언 숍 협정의 구체적인 내용에 따라 근로계약 갱신거절, 해고, 휴직, 전직, 전적, 승진제한 등 다양한 불이익 처분들을 예상한 것이라는 견해[106]가 설득력이 있다. 하급심 판결[107] 중에는, 해당 택시운수회사 소속 운전기사 전원이 가입한 노동조합에

개정되기 전의 것) 39조 2호]에서 금지하고 있는 행위를 용인하는 셈이 되어 부당하다고 하였다.

103) 이상윤a, 953면.

104) 김유성, 노동법Ⅱ, 법문사, 341면.

105) 대법원 1995. 2. 28. 선고 94다15363 판결, 대법원 1996. 10. 29. 선고 96다28899 판결, 대법원 2002. 10. 25. 선고 2000다23815 판결.

106) 강희원b, 317~318면.

107) 서울지법 동부지원 2003. 8. 12. 선고 2002가단8873 판결[항소심인 서울지법 2004. 1. 14. 선고 2003나45327 판결(항소기각)에 쌍방이 상고하지 않음으로써 확정되었다]. 위 판결은 위와 같은 사용자의 배차변경조치는, 단체협약에 의한 노조의 요구에 따른 불가피한 조치였다는 사정만으로 적법하다거나 위법성이 조각된다고 볼 수 없으며, 사용자가 부당노동행위를 한다는 인식도 추정되므로, 노조법 81조 1항 2호 단서 후단의 부당노동행위에 해당한다고 보았다.

서 제명된 근로자108)에 대하여 유니언 숍 협정에 기한 노조의 요구에 따른 사
용자의 '배차변경조치(고정승무를 배제하고 보조기사로 변경한 조치)'가 노조법 81
조 1항 2호 단서에서 규정한 신분상 불이익한 행위에 해당한다고 인정한 것이
있다.

'신분상 불이익한 행위'를 할 수 있는 기한에 관해 현행 노조법은 아무런
규정을 두고 있지 않다. 입법론적으로 사용자가 조속한 기간 내에 불이익처분을
하지 않으면 실효하도록 하는 것이 근로관계의 안정에 기여한다는 견해109)가
타당하다. 하급심 판결110) 중에는 '근로자가 지배적 노동조합에서 탈퇴할 경우
30일 이내에 해직하여야 한다'는 유니언 숍 협정에도 불구하고 탈퇴일부터 6개
월 여가 지난 후 해당 근로자를 해고한 사안에서, 위 30일의 기한은 유니언 숍
협정의 실효성을 확보하기 위하여 신속하게 해당 조합원을 해고하여야 할 의무
를 부과하고 있는 것으로, 조직강제를 통해 사측과의 교섭력을 제고하려는 유니
언 숍 협정의 취지에 비추어 보면, 그 기간이 지나면 사용자가 해당 조합원을
해고할 수 없다는 것으로 해석되지는 아니한다고 하여 해고가 정당하다고 본
것이 있다.

이에 대하여 노조법 81조 1항 2호 단서는 소극적으로, 사용자가 이러한 유
니언 숍 협정을 체결하더라도 이를 부당노동행위로서 논하지 않겠다는 데에 그
취지가 있다고 하면서 사용자의 해고의무를 부정111)하거나, 사용자의 해고의무
가 유니언 숍 협정에 따라 당연히 발생하는 것이 아니라 단체협약에서 불이익
처분에 관한 명문의 규정이 있는 경우에 한하여 근로자에 대한 불이익처분을
내릴 수 있다는 학설112)이 있다.

---

108) 해당 노조는 근로자가 노조위원장 선출절차에 문제를 제기하는 발언을 하였다는 이유로
     제명처분을 하였다.
109) 강희원b, 318~319면.
110) 창원지법 진주지원 2013. 5. 8. 선고 2012가합2357 판결[부산고법(창원) 2014. 3. 14. 선고
     2013나1719 판결로 항소기각 후 확정됨], 위 사안에서는 해당 근로자가 사용자로부터 지배적
     노동조합 탈퇴 시 해고된다는 점을 고지받고 수차례 노조 재가입을 권유받았으나 지배적 노
     조 재가입은 물론 소수노조에도 가입하지 아니하였었다.
111) 김형배, 1499~1500면[다만, 김형배 교수 또한 조합을 임의로 탈퇴한 근로자에 대한 사용자
     의 해고의무를 단체협약 내에 직접 규정한 경우에 한해서만 그 단체협약에 기하여 근로자를
     해고할 수 있다고 보아야 한다고 하는데(위 1500면의 각주 1), 이는 결과적으로 아래 이병태
     교수와 같은 견해로 보인다].
112) 이병태, 421면; 행정해석(노사관계법제과-88, 2008. 8. 18.)도 단체협약에 유니언 숍 조항을
     두고 있으나 미가입 또는 임의 탈퇴 시 해고의무에 관한 명시적인 규정을 두고 있지 아니한
     경우, 동 규정의 취지가 사용자로 하여금 임의 탈퇴자에 대하여 해고의무를 부여한 것인지

그러나 유니언 숍 협정은 사용자에게 노동조합과의 관계에서 임의로 노동조합에 가입하지 않거나 탈퇴한 근로자를 해고시킬 의무를 발생시키는 것으로서, 이에 따른 사용자의 해고는 유효하다고 보는 것이 다수설[113]과 판례[114]의 입장이다. 이러한 다수설과 판례는 노조법 81조 1항 2호 단서를 조직강제의 한 유형으로서 유니언 숍 협정의 본래의 모습을 염두에 두고 사용자의 해고의무를 긍정하고 있는 것으로 보인다. 나아가 대법원 판례[115]는 단체협약에 유니언 숍 협정에 따라 근로자가 노동조합의 조합원이어야만 된다는 규정이 있는 경우에는 다른 명문의 규정이 없더라도 사용자는 노동조합에서 탈퇴한 근로자를 해고할 의무가 있다고 한다.[116]

다만 해고가 형식상은 유니언 숍 협정에 기하여 행하여졌다고 하더라도 실질상은 노동조합의 단결권의 보호와 하등의 관계가 없다는 등의 특별한 사정이 있다면 그 해고는 해고권의 남용으로서 무효라고 볼 여지가 있다.[117]

㈐ 신분상 불이익한 조치의무의 대상 및 그 한계

유니언 숍 협정의 효력은 근로자의 노동조합 선택의 자유 및 지배적 노동조합이 아닌 노동조합의 단결권이 영향을 받지 아니하는 근로자, 즉 어느 노동조합에도 가입하지 아니한 근로자에게만 미친다. 유니언 숍 협정 체결 당시 근로자가 이미 다른 노동조합의 조합원인 경우에는 이들 소수조합원의 단결권 보장을 위해 유니언 숍 협정이 적용되지 않는다.[118]

노조법 81조 1항 2호 단서 후문은, 사용자가 신분상 불이익한 행위를 할 수 없는 경우로서, 지배적 노동조합으로부터의, ① 제명, ② 탈퇴 및 새 노동조합 조직, ③ 탈퇴 및 다른 노동조합 가입의 경우를 들고 있다. 위 ②, ③의 경우는 복수노조 체제에 맞춰 2006년 노조법 개정으로 추가되었다.

형식적으로는 노동조합 미가입이나 탈퇴로 보이더라도 그 실질이 제명에

여부에 관해 노사간 이견이 있어왔고, 탈퇴자를 해고하는 관행도 형성되어 있지 않다면, 해고의무가 당연히 발생하지는 않는 것으로 해석하고 있다.
113) 김유성, 341면; 송강직a, 263면; 임종률, 81~82면.
114) 대법원 1996. 10. 29. 선고 96다28899 판결, 대법원 1998. 3. 24. 선고 96누16070 판결, 대구고법 2011. 11. 11. 선고 2011나3177 판결(대법원 2012. 3. 29.자 2011다106914 판결로 심리불속행기각 확정). 위 창원지법 진주지원 2013. 5. 8. 선고 2012가합2357 판결.
115) 대법원 1998. 3. 24. 선고 96누16070 판결.
116) 김홍영, 404면.
117) 창원지법 진주지원 2013. 5. 8. 선고 2012가합2357 판결.
118) 이상윤a, 952면.

해당하는 등의 사정이 있다면, 유니언 숍 협정에 기한 신분상 불이익 행위는 허용되지 아니한다. 지배적 노동조합은 가입을 원하는 근로자에게 제명에 해당하는 사유가 있다는 등의 특단의 사정이 없는 한 그 가입에 대하여 승인을 거부할 수 없고,119) 노동조합을 탈퇴한 근로자들이 탈퇴의사를 철회하고 노동조합에 다시 가입하기 위한 노력을 하였음에도 불구하고 이를 받아들이지 않고 회사에 대하여 해고를 요구하여 회사로 하여금 위 근로자들을 해고하게 한 것은 노동조합 자체가 단결권의 정신을 저버리고 실질상 제명과 같은 효과를 발생시킨 것으로서 위법할 뿐만 아니라 유니언 숍 협정에 기한 해고의 목적 범위를 일탈한 것이어서 무효에 해당한다.120)

노동조합의 조직과 가입에 어느 정도의 시간이 소요되는 점에 비추어 보면, 지배적 노동조합으로부터의 탈퇴 즉시 새로운 노동조합을 구성하거나 다른 노동조합에 가입할 것을 기대하기는 어렵다. 따라서 새로운 노동조합을 조직하거나 다른 노동조합에 가입할 의사만 있는 것으로 충분한지, 노동조합결성과정이나 가입절차 중 구체적으로 어느 시점을 기준으로 새로운 노동조합을 조직하거나 다른 노동조합에 가입한 것으로 볼 것인지도 향후 중요한 문제로 대두될 수 있다.121)

노조법 81조 1항 2호 단서 후문은 ④ 입사 후 상당한 기간(또는 단체협약이나 근로계약에 적시된 기한)이 경과하였음에도 지배적 노동조합에 가입하지 않거나, ⑤ 지배적 노동조합으로부터 임의로 탈퇴하고 그로부터 (새로운 노동조합 구성이나 다른 노동조합 가입에 필요한) 상당한 기간이 지났으나 어떤 노동조합에도 소속되지 않는 상태에 있는 경우, 사용자는 유니언 숍 협정에서 정한 대로 해당 근로자에게 신분상 불이익 행위를 할 수 있다고 해석할 수 있다.

한편, 노조법 81조 1항 2호 단서 후문의 문언에 바로 해당되지 않는 경우, 즉 유니언 숍 협정이 체결되어 있는 사업장의 신규 근로자가 지배적 노동조합

---

119) 대법원 1996. 10. 29. 선고 96다28899 판결. 위 판결은 노동조합 측에서 근로자의 조합 가입을 거부하게 되면 이는 곧바로 해고로 직결될 수 있으므로, 조합 가입에 조합원의 사전 동의를 받아야 한다거나 탈퇴 조합원이 재가입하려면 대의원대회와 조합원총회에서 각 3분의 2 이상의 찬성을 얻어야만 된다는 조합 가입에 관한 제약은 그 자체가 위법 부당하고, 특별한 사정이 없는 경우에까지 그와 같은 제약을 가하는 것은 기존 조합원으로서의 권리남용 내지 신의칙 위반에 해당된다고 하였다.
120) 대법원 1995. 2. 28. 선고 94다15363 판결, 대법원 1996. 10. 29. 선고 96다28899 판결.
121) 강희원b, 321면.

에 가입하지 않고 바로 소수노조에 가입한 경우에도, 위 ③의 경우와 마찬가지로 유니온 숍 협정은 그 근로자에게 효력을 미칠 수 없고, 따라서 사용자는 유니언 숍 협정을 들어 그 근로자를 해고할 수 없다.[122]

(2) 판　　례

복수노조가 금지되고 노조법 81조 1항 2호 단서에 위 ②, ③의 경우도 신설되지 않았던 시기의 판례[123]는 "단체협약에 유니언 숍 협정에 따라 근로자는 노동조합의 조합원이어야만 된다는 규정이 있는 경우에는 다른 명문의 규정이 없더라도 사용자는 노동조합에서 탈퇴한 근로자를 해고할 의무가 있다."라고 인정하면서도, "단체협약상의 유니언 숍 협정에 의하여 사용자가 노동조합을 탈퇴한 근로자를 해고할 의무는 단체협약상의 채무일 뿐이고, 이러한 채무의 불이행 자체가 바로 노동조합에 대한 지배·개입의 부당노동행위에 해당한다고 단정할 수 없다."라고 보았다.

복수노조 허용으로 위 노조법 81조 1항 2호 단서에 위 ②, ③의 경우가 추가된 후 유니언 숍 협정이 있는 운수회사에 신규 입사한 근로자들이 지배적 노동조합에의 가입 및 탈퇴 절차를 거치지 않은 채 바로 소수노조에 가입한 사안(2019두47377)에서 대법원은, "헌법 33조 1항, 11조 1항, 32조 1항 전문, 노조법 5조 본문, 81조 1항 2호, 근기법 23조 1항 등 관련 법령의 문언과 취지 등을 함께 고려하면, 근로자의 노동조합 선택의 자유 및 지배적 노동조합이 아닌 노동조합의 단결권이 침해되는 경우에까지 지배적 노동조합이 사용자와 체결한 유니언 숍 협정의 효력을 그대로 인정할 수는 없고, 유니언 숍 협정의 효력은 근로자의 노동조합 선택의 자유 및 지배적 노동조합이 아닌 노동조합의 단결권이 영향을 받지 아니하는 근로자, 즉 어느 노동조합에도 가입하지 아니한 근로자에게만 미친다."라고 판시하였다.[124]

---

122) 대법원 2019. 11. 28. 선고 2019두47377 판결.

123) 대법원 1998. 3. 24. 선고 96누16070 판결.

124) 대법원 2019. 11. 28. 선고 2019두47377 판결. 사업장의 유일한 노동조합이던 A노조는 2016. 3. 11. 사용자(위 사건 원고)와 사이에 '제3조에 규정한 자(승무원직 근로자 이외의 근로자)를 제외하고는 채용과 동시에 자동으로 조합원이 되고, 사용자는 조합원에 한하여 근무시킨다. 사용자는 노동조합에 가입하지 않은 근로자를 면직시켜야 한다'는 유니언 숍 협정을 포함한 단체협약을 체결하였다. 한편, 전국 단위 산업별 노동조합이 2017. 12. 9. 사업장에 지회(B노조)를 설치함으로써 사업장에는 복수의 노동조합이 존재하게 되었는데, A노조는 여전히 지배적 노동조합의 지위를 유지하고 있다. 이 사건 근로자들은 2017. 8. 26. 입사한 후 A노조에 대한 가입, 탈퇴 절차 없이 B노조에 가입하였다. 사용자는 2017. 12. 26. 유니언 숍

대법원 2019두47377판결은 신규로 입사한 근로자가 노동조합 선택의 자유를 행사하여 지배적 노동조합이 아닌 노동조합에 가입한 경우를 '지배적 노동조합을 탈퇴하여 다른 노동조합에 가입한 경우'(위 ③의 경우)에 포섭된다고 해석함으로써 유니언 숍 협정의 효력이 해당 근로자에게까지 미친다고 볼 수 없고, 비록 지배적 노동조합에 대한 가입 및 탈퇴 절차를 별도로 경유하지 아니하였더라도 사용자가 유니언 숍 협정을 들어 신규 입사 근로자를 해고하는 것은 정당한 이유가 없는 해고로서 무효로 보아야 한다고 판단하였다. 이는 유니언 숍 협정의 정당성을 인정한다 하더라도, 그 효력은 어느 노동조합에도 가입하지 아니한 근로자에게만 미친다는 점을 분명히 밝히는 한편, 근로자의 노동조합 선택의 자유(적극적 단결권), 다른 노동조합의 단결권이 동등하게 존중되어야 한다는 것으로서 헌법과 노동조합법이 지향하는 복수노조 체제에 부합한다.[125] 만일 신규 입사 근로자가 곧바로 지배적 노동조합이 아닌 노동조합에 가입한 경우에 지배적 노동조합 가입 및 탈퇴 절차가 없었음을 이유로 81조 1항 2호 단서 후문의 적용을 배제한다면, 마찬가지로 유니언 숍 협정 체결 당시 지배적 노동조합이 아닌 노동조합에 가입하고 있던 조합원들도 지배적 노동조합 가입 및 탈퇴 절차를 거치지 않았다는 이유로 81조 1항 2호 단서 후문의 적용을 배제하여야 하는데 이는 81조 1항 2호 단서 후문의 입법취지에 반하며 근로자 및 지배적 노동조합이 아닌 노동조합의 단결권을 본질적으로 침해하게 되어 불합리하다.

대법원 2019두47377판결에 의하여, 복수노조 체제 하에서의 유니언 숍 협정은, '제한적 조직강제' 즉 그 협정을 체결한 지배적 노동조합에의 조직강제가 아니라 다른 노동조합 역시 원용할 수 있는 '일반적 조직강제'로서의 의미를 지니게 되었다는 견해[126]가 있다. 그러나 위 판례의 취지는 노조법 81조 1항 2호 단서 전문의 요건을 충족하는 경우 제한적 조직강제가 허용되나, 이미 다른 조합에 가입해 있는 근로자에 대하여는 단결선택의 자유를 존중하겠다는 것으로 해석하면 족할 뿐, 유니언 숍 협정에 일반적 조직강제의 의미를 부여한 것으로까지 보기는 어렵다고 할 것이다. 한편, 유니언 숍 협정이 유효하여 사용자에게

협정에 따라 위 근로자들에게 면직을 통보하였다. 노동위원회가 위 근로자들의 부당해고구제신청을 인용하자 사용자가 이에 불복하여 행정소송을 제기하였다.
125) 임상민b, 509면.
126) 노동판례백선, 405면.

해고의무가 있더라도 이는 단체협약에 기한 지배적 노동조합에 대한 채무일 뿐이므로. 그 채무의 이행이라는 이유만으로 지배적 노동조합의 조합원이 아닌 근로자에 대한 해고가 당연히 정당하다고 볼 수는 없고, 개별 근로자에 대한 해고에는 근기법 23조 1항이 적용되므로, 유니온 숍 협정에 기한 해고의 경우에도 근기법 23조 1항이 정하는 정당성 요건을 심사하는 것이 필요하다 할 것이며, 위 판례는 유니언 숍 협정의 효력을 제한하는 근거로 근기법 23조 1항도 들고 있다는 점에서 그러한 취지를 간접적으로 보여 주고 있다는 견해[127)는 설득력이 있다.

다. 유니언 숍 협정의 적용 범위

(1) 신규 채용 근로자

유니언 숍 협정에 따라 신규 채용 근로자는 입사한 때부터 일정한 기간 내에 당해 노동조합의 조합원이 되어야 고용이 유지된다. 그런데 유니언 숍 협정에서 "신규 채용 근로자는 입사와 동시에 자동으로 조합원이 된다"는 취지의 '자동가입 규정'을 두고 있을 경우, 신규 채용된 근로자가 입사와 동시에 자동적으로 조합원이 되는지 아니면 이 경우에도 별도의 노동조합 가입 절차를 거쳐야 하는지 문제가 될 수 있다.

노동조합 가입행위는 원칙적으로 근로자의 청약과 조합의 승낙이라는 의사의 합치에 의하여 성립하는 계약이므로,[128) 단체협약 중의 위와 같은 규정만으로 지배적 노동조합의 조합원으로 간주된다고 보기는 어렵다.[129) 다만 청약의 의사표시는 묵시적으로도 가능하므로 신입 근로자가 급여에서 노동조합비를 공제하는 것에 동의하고 노동조합이 이를 수령하였다면 근로자와 노동조합 사이에 노동조합의 가입계약이 성립하고 이로써 조합원의 자격을 적법하게 취득하였다고 볼 수 있다.

(2) 기존 미조직 근로자

유니언 숍 협정이 체결되기 이전에 취업한 기존의 비조합원에게도 유니언

---

127) 임상민a, 138면.
128) 대법원 2004. 11. 12. 선고 2003다264 판결.
129) 행정해석도 유니언 숍 협정이 체결되어 있는 사업장이라도 신규로 입사한 근로자가 노동조합에 가입하지 않는 한 당해 근로자의 의사에 반하여 조합비를 징수할 수는 없고(노조 68107-547, 2001. 5. 12.), 또 신규 근로자가 별도의 노조가입 절차 없이 입사와 동시에 조합원 신분을 취득하는 의미는 아니라고 보고 있다(노조 68107-1199, 2001. 11. 2.).

숍 협정이 적용되는지에 관해서는 학설상 견해가 나뉘고 있다. 사용자와 아무 조건 없이 이미 유효한 근로계약관계를 가지고 있는 근로자에게 노조에 가입하지 않으면 해고된다는 불리한 조건을 노조와 사용자가 약정하는 것은 제3자에게 불리한 계약으로서 효력이 없으므로 유니언 숍 협정 체결 이전에 취업한 근로자에게는 노동조합의 가입을 강제할 수 없다는 견해130)가 타당하다. 이에 대하여 유니언 숍 협정은 단체협약의 유효기간 동안 조합원 자격을 가지는 근로자 전체에 효력이 미치므로 그 체결 이전의 입사자에게도 적용된다고 보는 반론131)이 있다.

복수의 회사가 합병하는 경우 합병회사의 노동조합이 유니언 숍의 조직형태를 취하고 있었다고 하더라도 합병 후 피합병회사의 근로자들까지 아우른 노동조합과 합병회사 사이의 새로운 합의나 단체협약이 체결될 때까지는 피합병회사의 근로자들이 자동적으로 합병회사의 노동조합의 조합원으로 되는 것은 아니므로,132) 기존 합병회사와 노동조합 사이의 유니언 숍 협정이 바로 피합병회사의 근로자들에게 미치는 것은 아니다.

(3) 소수노조 가입 근로자

유니언 숍 협정은 그 체결 당시 이미 다른 노동조합에 가입한 근로자에게는 적용되지 않는다. 이는 다른 노동조합 및 그 조합원들의 단결권을 침해할 수 없다는 점에서 당연하다고 할 것이다.133) 문제는 유니언 숍 협정을 체결하고 있는 지배적 노동조합을 탈퇴하여 이미 조직되어 있는 다른 노동조합에 가입하거나 새로운 노동조합을 조직하려고 하는 근로자에게 당해 유니언 숍 협정이 적용되는지 여부이다. 기업별 차원에서 복수노조 설립이 금지되고 있을 때에는 위와 같은 문제가 발생할 여지가 없겠으나, 지역별·업종별 형태의 초기업적 노동조합이 병존하거나 기업별로도 복수노조가 설립될 경우 유니언 숍 협정이 소수노동조합이나 그 조합원들에게 효력을 미칠 것인지 검토할 필요가 있다.

복수 노조가 허용되기 전의 대법원 판례134)는 "유니언 숍 협정이 체결된

---

130) 김형배, 1503~1504면. 행정해석도 유니언 숍 협약 체결 이전에 취업한 근로자에게는 노조 가입을 강제할 수 없는 것으로 보거나(노조 01254-16377, 1989. 11. 17.), 유니언 숍 협정은 그 체결 이전의 근로자에게는 적용되지 않는 것(노조 01254-359, 1995. 3. 31.)으로 해석하고 있다.

131) 임종률, 80~81면.

132) 대법원 2004. 5. 14. 선고 2002다23185, 23192 판결.

133) 이상윤a, 952면; 임종률, 80면.

134) 대법원 2002. 10. 25. 선고 2000다23815 판결.

노동조합을 탈퇴하여 조직대상을 같이 하면서 독립된 단체교섭권을 가지는 다른 노동조합에 가입하는 경우, 이를 허용한다면 사실상 회사 내에는 단체교섭권을 가지는 노동조합이 복수로 존재하게 되어 유니언 숍 협정의 근본이 와해되어 유명무실한 것이 되어 버리는 결과가 된다.”라고 하면서 이와 같은 경우에도 유니언 숍 협정이 적용된다고 하였다. 위 대법원 판결에 대해서는 많은 비판이 있어 왔고,135) 위 판결에서도 독립된 단체교섭권을 가지는 복수노조가 전면적으로 허용되는 때부터는 해석을 달리할 여지도 있음을 지적하였다.

2006. 12. 30. 법률 8158호로 개정된 노조법 81조 1항 2호 단서 후문은 노동조합을 탈퇴하면서 새로 노동조합을 조직하거나 다른 노동조합에 가입하는 것을 이유로 근로자에게 신분상 불이익한 행위를 할 수 없도록 규정함으로써 위와 같은 해석상의 문제를 입법적으로 해결하였다.

라. 유니언 숍 협정에 따른 사용자의 해고의무 위반 및 부당노동행위 해당 여부

유효한 유니언 숍 협정 하에서 사용자는 임의로 노동조합에 가입하지 않거나 노동조합에서 탈퇴한 근로자를 해고할 의무가 있다는 것이 다수설과 판례의 입장이다. 그럼에도 사용자가 유니언 숍 협정에 위반하여 노동조합에 가입하지 않거나 탈퇴한 근로자에 대하여 해고를 하지 않은 경우, 노동조합을 위한 단체협약의 이행 확보방안이 있는지는 의문이다. 판례136)도 단체협약상의 유니언 숍 협정에 의하여 사용자가 노동조합을 탈퇴한 근로자를 해고할 의무는 단체협약상의 채무일 뿐이고, 이러한 채무를 불이행하여 탈퇴한 근로자에 대하여 해고조치를 취하지 아니한 것 자체가 바로 지배·개입의 부당노동행위에 해당한다고 단정할 수 없다고 함으로써 실질적으로 사용자가 유니언 숍 협정에 위반하여 노동조합에 가입하지 않거나 탈퇴한 근로자를 해고하지 아니하여도 특별한 법적 책임을 묻기가 어렵게 하고 있다.

노동조합으로서는 사용자의 단체협약 위반으로 인한 재산적·정신적 손해

135) 박종희b, 241~ 259면; 이승욱, 307~344면.
136) 대법원 1998. 3. 24. 선고 96누16070 판결. 이 판결에 대한 관련 문헌으로는 김홍영, 394~419면; 박종희a, 79~86면(박종희 교수는 위 평석에서 탈퇴근로자에 대한 사용자의 해고의무 자체를 인정할 수 없다고 한다); 송강직b, 214~245면; 조성혜, 387~418면(조성혜 교수도 탈퇴자에 대해 해고 의무를 부과하는 것은 제명자와 사이의 관계에서 형평에 맞지 않는다고 한다).

의 배상을 구할 수도 있겠지만, 그 손해액의 산정이 쉽지 않을 것이며, 사용자를 상대로 직접 해고의 의사표시를 구하는 소송137)도 그 인용 여부를 떠나 신속한 해결을 요하는 사안의 성격상 실효성도 적을 것이다. 나아가 유니언 숍 협정의 이행을 쟁의행위를 통해 확보하고자 하는 것도 단체협약의 해석 내지 이행에 관한 분쟁이 정당한 쟁의행위의 대상이 될 수 있는지에 관하여 논란이 있는 만큼 쉽지 않다.138)

유니언 숍 협정과 같은 단체협약의 단결강제 조항이 그 자체가 노사 간의 합의에 의해 일정 내용의 단결권을 보장하는 것이라는 점에서 이를 위반하는 경우 특별히 사용자가 해고를 거부할 만한 사정이 있음을 소명하지 못하는 한 부당노동행위에 해당한다고 보거나,139) 최소한 사용자가 유니언 숍 협정상의 해고의무를 이행하지 않음으로써 조합원의 탈퇴가 이어졌다는 등의 사정이 인정될 경우에는 적극적으로 부당노동행위의 성립을 인정하는 것이 타당하다는 견해140)가 있다.

복수노조 체제 하에서는 특정 노조가 유니언 숍 협정 체결의 전제인 사업장 내 노동조합 가입률 3분의 2 요건을 충족하기가 쉽지 않고, 유니언 숍 협정이 개별근로자의 권리를 침해할 수 있다는 우려로 그 입지가 상당히 좁혀진 현실 하에서, 현행 노조법상 노조보호규정으로서의 유니언 숍 협정은 그 실효성이 크지 않다.

---

137) 노동조합이 직접 사용자를 상대로 유니언 숍 협정에 위반한 근로자에 대한 해고의 의사표시를 하라고 청구하여 승소한 다음 민집법 263조의 의사표시 의무의 집행 방법으로 사용자의 해고 의사를 진술한 것으로 볼 수 있는지는 해고의 절차 등을 고려할 때 의문이다. 이에 비해 노동조합으로서는 사용자에게 해당 근로자에 대한 해고절차를 이행하라는 소를 제기하고, 이에 대한 판결을 민집법 261조에서 정한 간접강제의 방법으로 집행할 수도 있을 것이라는 견해가 있을 수 있는데, 현행 유니언 숍 협정에 기한 해고의무를 인정한다면 이 주장이 설득력이 있을 것으로 보인다.

138) 이와 관련하여 유니언 숍 협정에 기한 해고의무를 불이행한 사용자에 대하여 노조법 92조 2호 다목의 사용자가 단체협약의 내용 중 징계 및 해고의 사유와 중요한 절차에 관한 사항을 위반한 경우 처벌할 수 있도록 한 규정의 적용 여부가 문제될 수 있는데, 위 규정의 취지가 근로자를 사용자의 징계 내지 해고로부터 보호하려는 데에 있다고 본다면 유니언 숍 협정에 기한 해고의무에 대해서까지 이를 적용하는 것은 무리라 할 것이다.

139) 김홍영, 406~407면.

140) 송강직b, 242면; 물론 이 경우 부당노동행위는 노조법 81조 1항 2호와 더불어 4호의 규정이 중첩적으로 적용될 것으로 본다.

6. 유니언 숍 협정의 종료

유니언 숍 협정은 협정에서 정한 유효기간의 만료 또는 기존의 협정을 무
효화시키는 새로운 단체협약의 체결 등으로 종료된다. 이처럼 유니언 숍 협정이
종료되더라도 그 협정에 기하여 기존에 발생한 사용자의 의무가 당연히 소멸한
다고는 할 수 없다.

유니언 숍 협정에 기해 당해 노동조합에 가입할 것을 고용조건으로 하여
근로계약을 체결한 경우, 특단의 사정이 없는 한 유니언 숍 협정의 효력이 소멸
한 후에도 사용자는 당해 노동조합에 대해 기존의 유니언 숍 협정에 기하여 그
노동조합의 조합원자격이 고용조건으로 되었던 노조미가입자 및 노조탈퇴자에
게 신분상 불이익한 처분을 해야 할 의무를 부담한다고 할 것이다.[141]

7. 복수 노동조합과 유니언 숍 협정

복수 노동조합이 있는 사업장에서 교섭대표 노동조합을 결성하여 단체협약
을 체결하면서 교섭대표 노동조합이 자기 노동조합의 조합원이 전체 근로자의
3분의 2 이상이 된다는 이유로 유니언 숍 협정을 단체협약에 포함시키는 것은
소수노조에 불이익을 주는 것으로서 공정대표 의무에 위반된다. 반면, 사용자나
노동조합의 반대로 교섭대표 노동조합이 결정되지 아니하여 사용자가 각 노동
조합과 개별적으로 단체교섭을 하는 경우 지배적 노동조합은 사용자와의 단체
협약에 유니언 숍 협정을 포함시킬 수 있으며, 이는 공정대표 의무위반은 되지
않는다.[142]

다만 두 경우 모두 사용자가 노조법 81조 1항 2호 단서 후문의 한계를 넘
어 신규 입사 근로자에게 노동조합 선택의 시간을 주지 않고 유니언 숍 협정을
체결한 지배적 노동조합에의 가입을 강제하거나 다른 노동조합의 조직이나 가
입을 막고, 이에 응하지 않을 경우 불이익을 준다면 이는 부당노동행위에 해당
될 소지가 있다.[143]

---

141) 강희원b, 341면.
142) 김헌수, 1015~1016면.
143) 김헌수, 1016면.

8. 입 법 론

복수노조 체제로 인해 개정된 현행 노조법 81조 1항 2호 단서에서 정한 유니언 숍 협정은 노조보호규정으로서의 실효성이 크지 않다. 이에 현재의 조항에 대한 개정론으로 두 가지 입장이 있다.

하나는 에이전시 숍 협정을 대안으로 제시하며, 단체협약 체결의 혜택을 입는 근로자에게 노조에의 가입을 강제하지 않으면서도 일정한 비용을 부담하게 하자는 견해[144]이다. 이는 소극적 단결권 침해를 최소화하면서도 무임승차를 방지하기 위한 것으로서 합리성이 있으나, 조합원으로서의 권리는 인정하지 않으면서 조합비 지급의무를 부여하는 것으로 근로자에게 더 불이익할 수 있다는 비판[145]이 있다.

다른 하나는 유니언 숍 협정의 효력 요건을 완화하여, '당해 사업장 근로자 3분의 2 이상이 <u>어느 노동조합에라도</u> 가입되어 있는 경우' 또는 단체협약 효력 확장에 관한 노조법 35, 36조를 참고하여 '일정 수 이상의 근로자가 해당 단체협약의 적용을 받게 되는 경우' 등과 같이 문턱을 낮추자는 견해[146]이다. 이에 대해서는 조직강제 자체를 확대하는 방향으로 개정될 여지가 있다는 반론이 있을 수 있다.[147]

V. 벌 칙

노조법 90조는 반조합계약 등 노조법 81조 1항에서 정한 부당노동행위에 대하여 2년 이하의 징역 또는 2천만 원 이하의 벌금에 처하도록 규정하고 있다. 형사처벌의 대상은 현실적으로 반조합계약의 부당노동행위를 한 자이지만, 사업주 또한 노조법 94조의 양벌규정에 의하여 벌금형의 처벌을 받게 된다. 노동조합도 노조법 81조 1항 2호 단서 전문의 요건에 해당하지 아니함에도 사용자와 사이에 노동조합 가입을 고용조건으로 할 것을 공모하고 실행행위를 분담하였다면 공범으로 인정될 여지가 있다.

---

144) 양성필, 152~153면; 최윤희, 496면.
145) 임상민a, 136~137면.
146) 김린, 85면.
147) 임상민a, 136~137면.

노동조합이 당해 사업장에 종사하는 근로자의 3분의 2 이상을 대표하지 못함에도 불구하고 노동조합의 요구로 유니언 숍 협정을 내용으로 하는 단체협약이 체결된 경우, 그 유니언 숍 협정이 무효로 되는 것을 넘어 사용자에게 반조합계약으로 인한 부당노동행위 벌칙 규정이 적용되는가. 사용자에게 반조합계약의 의도가 없는 경우에까지 처벌할 수는 없다는 점에서 유니언 숍 협정이 체결된 구체적인 경위 등의 여러 사정을 고려하여 반조합계약에 해당하는지 여부를 정하여야 할 것이다.

[김 성 식·이 숙 연]

제81조(부당노동행위)

　　사용자는 다음 각 호의 어느 하나에 해당하는 행위(이하 "부당노동행위"라 한
　　다)를 할 수 없다.

　3. 노동조합의 대표자 또는 노동조합으로부터 위임을 받은 자와의 단체협약체
　　　결 기타의 단체교섭을 정당한 이유없이 거부하거나 해태하는 행위

〈세 목 차〉

[참고문헌]

강주리, "다면적 노무제공관계에서 단체교섭 응낙의무자 ―일본법의 논의를 중심으로―", 서울법학 29권 4호, 서울시립대학교 법학연구소(2022); **권창영**, 단체교섭거부에 대한 사법적 구제, 서울대학교 대학원 석사학위논문(2001); **김홍영ㆍ강주리**, "택배회사를 대리점 택배기사에 대해 단체교섭의무를 지는 사용자로 인정한 중앙노동위원회 판정의 의미", 노동법연구 51호, 서울대학교 노동법연구회(2021); **박지순ㆍ추장철**, "복수노조 병존과 부당노동행위 ―단체교섭에 따른 차별적 처우와 사용자의 중립의무를 중심으로―", 노동법논총 50호, 한국비교노동법학회(2020); **송강직**, "단체교섭거부와 형사책임 법리에 대한 고찰", 강원법학 59권, 강원대학교 비교법학연구소(2020. 2.); **이동원**, "단체교섭거부의 정당한 이유", 민사재판의 제문제 15권, 한국사법행정학회(2006. 12.); **이명웅**, "노동조합 및 노동관계조정법 제81조 제3호 위헌소원: 부당노동행위(단체교섭 거부) 사건", 헌법재판소 결정해설집 2002, 헌법재판소(2003); **이정우**, "노조법상 사용자 개념 판단 방식에 대한 비판적인 고찰 ―중노위 판정 검토를 중심으로―", 노동법포럼 36호, 노동법이론실무학회(2022); **임동환ㆍ이승길**, "원ㆍ하청 관계에서 원청의 단체교섭 의무", 노동법논총 55호, 한국비교노동법학회(2022); **전별**, "노동조합법상 원청기업의 사용자성에 대한 연구", 사회법연구 47호, 한국사회법학회(2022); **光岡正博**, 團體交涉權の硏究, 法律文化社(1982); **山口俊夫**, "不當勞働行爲の成立と私法上の問題", 現代講座 7, 日本勞働法學會(1982); **三枝信義**, "團體交涉拒否及び支配介入に關する救濟", 實務 民事訴訟法講座 9, 日本評論社(1978).

I. 의   의

사용자의 단체교섭거부에 대하여 근로자는 자력구제로서 쟁의행위를 하거나,[1] 부당노동행위구제제도를 이용하거나, 민사소송제도를 이용하여 단체교섭의무이행·손해배상을 구할 수 있다. 노조법 81조 1항 3호는 사용자의 부당한 단체교섭거부를 부당노동행위로 규정하고 있다.

II. 합헌 여부

헌법재판소는 단체교섭거부를 부당노동행위로 규정한 노조법 81조 3호의 위헌여부가 문제된 사안에서 "이 사건 법률 조항은 헌법상 보장된 단체교섭권을 실효성 있게 하기 위한 것으로서 정당한 입법목적을 가지고 있다. 입법자는 이 사건 조항으로써 사용자에게 성실한 태도로 단체교섭 및 단체협약체결에 임하도록 하는 수단을 택한 것인데, 이는 위와 같은 입법목적의 달성에 적합한 것이다. 한편 이 사건 조항은 사용자로 하여금 단체교섭 및 단체협약체결을 일방적으로 강요하는 것은 아니며 '정당한 이유 없이 거부하거나 해태'하지 말 것을 규정한 것일 뿐이고, 어차피 노사간에는 단체협약을 체결할 의무가 헌법에 의하여 주어져 있는 것이므로, 이 사건 조항이 기본권 제한에 있어서 최소침해성의 원칙에 위배된 것이라고 단정할 수 없다. 또한 이 사건 조항은 노동관계 당사자가 대립의 관계로 나아가지 않고 대등한 교섭주체의 관계로서 분쟁을 평화적으로 해결하게 함으로써 근로자의 이익과 지위의 향상을 도모하고 헌법상의 노동3권 보장 취지를 구현한다는 공익을 위한 것인데 비해, 이로 인해 제한되는 사용자의 자유는 단지 정당한 이유 없는 불성실한 단체교섭 내지 단체협약체결의 거부 금지라는 합리적으로 제한된 범위 내의 기본권 제한에 그치고 있으므로, 법익 간의 균형성이 위배된 것이 아니다. 따라서 이 사건 조항이 비례의 원칙에 위배하여 청구인의 계약의 자유, 기업활동의 자유, 집회의 자유를 침해한 것이라 볼 수 없다. 이 사건 법률 조항은 사용자만의 단체협약체결 기타의 단체교섭

---

[1] 사용자 측이 정당한 이유없이 근로자의 단체협약 체결요구를 거부하거나 해태한 경우에 노조법 82조의 규정에 의한 구제신청을 하지 아니하고 노동쟁의의 방법을 택하였다고 하여 노조법을 위반한 것이라고 할 수 없다(대법원 1991. 5. 14. 선고 90누4006 판결 참조).

거부 혹은 해태를 금지하고 있지만, 헌법이 근로자에게 단체교섭권 등 노동3권을 보장하고 있고 그러한 권리가 사용자의 불성실한 단체교섭 태도로 인하여 약화되는 것을 방지하기 위한 것이므로 그 차별이 자의적인 것이라거나 비합리적인 것이라 단정할 수 없다"라고 판시하여, 위 규정이 합헌이라고 결정하였다.[2]

Ⅲ. 요건사실 및 증명책임

1. 요건사실

사용자가 ① 정당한 이유없이 단체교섭을 거부 또는 해태하거나 ② 단체교섭이 타결되었음에도 정당한 이유없이 단체협약의 체결을 거부하는 경우에 부당노동행위가 성립한다. 또한 하나의 사업 또는 사업장 내에 복수노동조합이 존재하는 경우 교섭대표노동조합을 정하는 교섭창구 단일화 절차는 단체교섭에 나아가기 위한 필수적인 절차에 해당하고, 교섭창구 단일화 절차는 노동조합의 사용자에 대한 단체교섭 요구로부터 시작하게 되므로 복수노동조합이 존재하는 사업 또는 사업장의 사용자가 교섭대표노동조합과의 단체협약체결 또는 단체교섭을 거부하거나 해태하는 행위뿐 아니라 교섭대표노동조합을 정하기 위한 교섭창구 단일화 절차를 거부하거나 해태하는 행위 역시 노조법 81조 1항 3호의 기타의 단체교섭을 거부하거나 해태하는 것으로서 부당노동행위에 해당한다.[3]

사용자의 단체교섭 의무는 단체교섭에 성의를 가지고 임할 의무를 의미하는 것이지, 단체협약을 체결할 의무까지 포함하는 것은 아니므로 단체교섭 결과 타협점에 이르지 못하여 단체협약이 체결되지 못한 경우에는 부당노동행위에 해당하지 않는다.[4] 사용자가 아무런 이유 없이 단체교섭을 거부 또는 해태하는 경우는 물론이고, 사용자가 단체교섭을 거부할 정당한 이유가 있다거나 단체교섭에 성실히 응하였다고 믿었더라도 객관적으로 정당한 이유가 없고 불성실한 단체교섭으로 판정되는 경우에도 성립하고, 한편 정당한 이유인지의 여부는 노동조합 측의 교섭권자, 노동조합 측이 요구하는 교섭시간, 교섭장소, 교섭사항

2) 헌재 2002. 12. 18. 선고 2002헌바12 결정. 이에 대한 평석은 이명웅, 751~776면.
3) 서울행법 2013. 7. 17. 선고 2013구합50678 판결, 서울고법 2013. 12. 12. 선고 2013누46237 판결(항소기각), 대법원 2014. 3. 27.자 2014두35034 판결(심리불속행 기각).
4) 사법연수원a, 372면. 당사자가 성의 있는 교섭을 계속하였음에도 단체교섭이 교착상태에 빠져 교섭의 진전이 더 이상 기대될 수 없는 상황이라면 사용자가 단체교섭을 거부하더라도 그 거부에 정당한 이유가 있다(대법원 2006. 2. 24. 선고 2005도8606 판결).

및 그의 교섭태도 등을 종합하여 사회통념상 사용자에게 단체교섭 의무의 이행을 기대하는 것이 어렵다고 인정되는지 여부에 따라 판단한다.[5]

　　단체교섭 거부라는 부당노동행위의 주체인 사용자의 범위에 관하여, 근로계약기본설에 따라 근로계약관계가 있는 자에 한정해야 한다는 견해(한정설)와 지배·개입과 마찬가지로 근로계약관계가 없더라도 지배력설 등에 따라 사용자의 범위가 확장된다는 견해(확장설)가 대립한다. 하급심 판결도 갈리는데, 부산고법 2018. 11. 14. 선고 2018나53149 판결(대법원 2018다296229호로 상고심 계속 중), 광주지법 2020. 12. 23.자 2020카합50814 결정 등은 한정설을 취하고 있고, 서울서부지법 2019. 11. 21. 선고 2019노778 판결(대법원 2019도18524호로 상고심 계속 중)은 확장설을 취하고 있다. 최근 택배회사가 택배대리점 택배기사를 조합원으로 한 노동조합의 단체교섭요구를 거부한 것을 부당노동행위로 판단한 중노위 2021. 6. 2. 판정 중앙 2021부노14 재심판정도 확장설을 취하고 있다. 이에 대하여 학계에서는 다양한 논쟁이 진행 중인바, 향후 대법원의 입장이 매우 주목된다.

　　단체교섭거부, 해태, 단체협약의 체결거부의 정당성 여부에 관한 구체적인 판단은 법 30조 해설 부분 참조. 단체교섭의무를 부담하는 사용자의 범위에 대한 자세한 내용은 법 2조 2호에 대한 해설 참조.

2. 증명책임

　　단체교섭거부가 부당노동행위에 해당한다는 것에 관한 증명책임은 부당노동행위의 일반적인 증명책임과 동일하게 신청인인 노동조합이 부담한다.[6] 따라서 노동조합은 사용자의 단체교섭거부에 정당한 이유가 없다는 사실에 대한 증명책임을 부담한다. 사용자의 행위가 노조법에 정한 부당노동행위에 해당하는지 여부는 사용자의 부당노동행위 의사의 존재 여부를 추정할 수 있는 모든 사정을 전체적으로 심리·검토하여 종합적으로 판단하여야 하고, 부당노동행위에 대한 증명책임은 이를 주장하는 근로자 또는 노동조합에게 있으므로, 필요한 심리를 다하였어도 사용자에게 부당노동행위 의사가 존재하였는지 여부가 분명하지

---

5) 대법원 1998. 5. 22. 선고 97누8076 판결, 대법원 2006. 2. 24. 선고 2005도8606 판결, 대법원 2009. 12. 10. 선고 2009도8239 판결, 대법원 2010. 4. 29. 선고 2007두11542 판결, 대법원 2010. 11. 11. 선고 2009도4558 판결.
6) 대법원 1996. 9. 10. 선고 95누16738 판결.

아니하여 그 존재 여부를 확정할 수 없는 경우에는 그로 인한 위험이나 불이익
은 그것을 주장한 근로자 또는 노동조합이 부담할 수밖에 없다.[7]

Ⅳ. 소의 이익

특정사항에 관한 단체교섭의 거부를 이유로 한 부당노동행위구제신청에 대
한 각하결정의 취소를 구하는 소송 중 그에 관한 단체교섭이 타결된 경우에는
그 구제신청은 이미 목적을 달성한 경우로서 위 결정의 취소를 구하는 소송은
소의 이익이 없어 부적법하다.[8]

[권 창 영]

---

7) 대법원 2007. 11. 15. 선고 2005두4120 판결.
8) 대법원 1995. 4. 7. 선고 94누3209 판결.

제81조(부당노동행위)

① 사용자는 다음 각 호의 어느 하나에 해당하는 행위(이하 "부당노동행위"라 한다)를 할 수 없다.

4. 근로자가 노동조합을 조직 또는 운영하는 것을 지배하거나 이에 개입하는 행위와 근로시간 면제한도를 초과하여 급여를 지급하거나 노동조합의 운영비를 원조하는 행위. 다만, 근로자가 근로시간 중에 제24조 제2항에 따른 활동을 하는 것을 사용자가 허용함은 무방하며, 또한 근로자의 후생자금 또는 경제상의 불행 그 밖에 재해의 방지와 구제 등을 위한 기금의 기부와 최소한의 규모의 노동조합사무소의 제공 및 그 밖에 이에 준하여 노동조합의 자주적인 운영 또는 활동을 침해할 위험이 없는 범위에서의 운영비 원조행위는 예외로 한다.

② 제1항 제4호 단서에 따른 "노동조합의 자주적 운영 또는 활동을 침해할 위험" 여부를 판단할 때에는 다음 각 호의 사항을 고려하여야 한다.

1. 운영비 원조의 목적과 경위
2. 원조된 운영비 횟수와 기간
3. 원조된 운영비 금액과 원조방법
4. 원조된 운영비가 노동조합의 총수입에서 차지하는 비율
5. 원조된 운영비의 관리방법 및 사용처 등

〈세 목 차〉

228　　　　　　　　　　　제 6 장　부당노동행위

[참고문헌]

강선희, "단체협약 시정명령제도의 운용실태와 한계", 노동법학 42호, 한국노동법학회(2012); **강성태**, "조합비(일부) 인도 거부와 부당노동행위(지배·개입)", 노동법학 35호, 한국노동법학회(2010); **권오성**a, 노동리뷰 109호, 한국노동연구원(2014); **권오성**b, "근로시간면제자에 대한 급여 지급이 부당노동행위에 해당하기 위한 기준", 노동판례리뷰 2017, 한국노동연구원(2018); **김홍영**a, "사용자가 유니언 샵 협정에 따른 해고를 거부한 경우 지배·개입의 성립 여부", 노동법연구 8호, 서울대학교 노동법연구회(1999); **김홍영**b, "이메일 발송을 지배·개입의 부당노동행위로 인정", 노동판례리뷰 2012, 한국노동연구원(2013); **김홍영**c, "부당노동행위 인정요건과 판단", 노동법학 57호, 한국노동법학회(2016); **김홍영**d, "개별교섭에서의 중립의무와 지배·개입의 부당노동행위", 노동법학 71호, 한국노동법학회(2019); **노상헌**, "근로시간면제자에 대한 과다급여 지급은 부당노동행위이다", 노동판례리뷰 2017, 한국노동연구원(2018); **도재형**, "노조 운영비 원조 행위의 부당노동행위성 판단 기준", 노동판례리뷰 2015, 한국노동연구원(2016); **문무기 외 3명**, 부당노동행위제도 연구, 한국노동연구원(2005); **박수근**a, "부당노동행위구제절차에 있어 입증책임", 노동법학 17호, 한국노동법학회(2003); **박수근**b, "근로시간면제 기준을 초과한 급여지급과 부당노동행위", 노동판례리뷰 2012, 한국노동연구원(2013); **박은정·박귀천·권오성**, "ILO 기본협약 비준을 위한 2020년 정부 노조법 개정안 분석과 평가", 노동법학 76호, 한국노동법학회(2020); **박제성**, "부당노동행위에 의하여 설립된 노동조합의 법적 지위", 노동리뷰 139호, 한국노동연구원(2016); **변성영·임종률**, "지배·개입 금지규정의 성격 및 위헌 여부", 성균관법학 20권 1호, 성균관대학교 법학연구소(2008); **송강직**, "유니온 샵 협정의 효력과 부당노동행위", 1998 노동판례비평, 민주사회를 위한 변호사모임(1999); **양현**, "지배·개입 성립요건에 관한 고찰 — 행정구제대상이 되는 지배·개입을 중심으로", 민주법학 73호, 민주사회를 위한 변호사모임(2020); **연제정**, "사용자의 언론행위가 노조의 조직이나 운영을 지배 또는 개입하려는 의사가 있었다면 부당노동행위에 해당된다", 월간 노동 383호, 한국산업훈련협회(2007. 1.); **이미선**, "노동조합 가입이 제한되는 근로자의 범위", 노동법실무연구 1권: 김지형 대법관 퇴임기념 1권, 노동법실무연구회(2011년); **이범주**, "지배·개입과 경비원조", 재판자료 40집 근로관계소송상의 제문제(하), 법원행정처(1987); **이병한**, "지배·개입의 부당노동행위의 주체인 사용자 개념", 대법원판례해설 83호, 법원도서관(2010); **이승길**, "복수노조 시대의 노동법상 부당노동행위제도의 현황과 과제", 노동법논총 32권, 한국비교노동법학회(2014); **조용만**, "2021년 개

정 노동조합 및 노동관계조정법의 쟁점과 과제", 법학논총 69호, 국민대학교 법학연구소 (2021); **奧野壽**, "使用者の言論の自由と支配介入", ジュリスト(2004. 12.): 労働法の争点, 有斐閣(2004); **ILO**, Freedom of Association, Digest of decisions and principles of the Freedom of Association Committee of the Governing Body of the ILO(2006).

I. 의   의

노조법 81조 1항 4호 본문은 부당노동행위의 한 유형으로 "근로자가 노동조합을 조직 또는 운영하는 것을 지배하거나 이에 개입하는 행위와 근로시간 면제한도를 초과하여 급여를 지급하거나 노동조합의 운영비를 원조하는 행위"를 들고 있다. 이를 통상 지배·개입과 운영비 원조(경비원조)[1]라고 하는데, 노조법이 부당노동행위로서 금지하는 이유는 근로자의 단결권 행사와 그 결과인 노동조합의 조직·운영에 대하여 사용자의 개입·간섭·조종·방해를 일절 배제함으로써 노동조합의 자주성·독립성과 조직력을 확보·유지하기 위한 데 있다.

다만 노조법 81조 1항 4호 단서는 금지되는 운영비 원조의 예외로서, 근로자가 근로시간 면제(Time-off)제도에 따라 활동하는 것(노조법 24조 4항)을 사용자가 허용하는 것은 무방하고, 근로자의 후생자금 또는 경제상의 불행 그 밖에 재해의 방지와 구제 등을 위한 기금의 기부와 최소한의 규모의 노동조합사무소 제공 등 노동조합의 자주적인 운영 또는 활동을 침해할 위험이 없는 범위의 운영비 원조행위를 인정하고 있다.

II. 지배·개입(협의의 지배·개입)

1. 의   의

노조법 81조 1항 4호 본문 전단은 사용자의 지배·개입행위로부터 보호되는 단결활동으로 "근로자가 노동조합을 조직 또는 운영하는 것"을 들고 있다. 여기서 노동조합의 '조직'에는 조직을 위한 준비행위가 포함되고, 노동조합의 '운영'에는 노동조합의 회의나 선거 등 내부적 관리뿐만 아니라 단체교섭이나

---

1) 국내 노동법 교과서를 비롯한 문헌에서 '경비원조'라는 용어를 사용하여 설명하는 것을 볼 수 있으나, 이하에서는 법문에 충실하게 '운영비 원조'라고 한다.

쟁의행위 등 대외적 활동이 포함된다. 결국 사용자의 지배·개입행위로부터 보호되는 노동조합의 조직·운영은 근로자 개인의 단결권뿐만 아니라 단결체 자체의 단결권을 기초로 한 단결활동 전반을 의미한다.

　금지되는 사용자의 행위로서 '지배'는 노동조합의 의사결정을 좌우할 정도의 간섭·방해를 말하고, '개입'이란 이러한 정도에 이르지는 아니하나 노동조합의 의사결정이나 행동을 사용자의 의도대로 변경시키려 하는 것을 말한다. 결국 '지배'는 사용자의 '개입' 의도가 전면적으로 성공하여 노동조합의 자주성·독립성이 상실된 상태를 가리키는 것으로서 지배와 개입은 정도의 차이에 불과하다. 따라서 약한 정도의 간섭인 개입이 부당노동행위로서 규율되는 이상 지배와 개입 사이의 경계를 명확히 할 실익은 없다.2)

　지배·개입의 부당노동행위가 성립하기 위하여 노동조합의 자주성이나 조직력이 침해되는 결과가 현실적으로 발생해야 하는 것은 아니다(통설, 판례).3)

2. 지배·개입의 두 가지 성격

　주지하다시피 우리 노조법상의 부당노동행위 제도는 미국의 전국노동관계법(National Labor Relations Act, NLRA4))에서 비롯된 것이다. 우리 노조법 81조 1항 4호 본문 전단 역시 문언상으로는 NLRA §8(a)(2)5)와 거의 동일하다.

　그런데 미국 NLRA에서 사용자의 부당노동행위를 규정한 §8(a)에는 우리의 지배·개입 조항에 문언상 대응하는 (2)항 외에도 (1)항으로 사용자는 "근로자가 §7에서 보장된 권리(단결권, 단체행동권)를 행사하는 데 개입하거나 억제하거나 강제해서는 안 된다"6)라는 규정을 따로 두고 있다. 즉, 사용자가 근로자의 노동조합 활동에 직접 개입하여 방해하는 것은 (1)항에서 규율하고, (2)항은 사용자가 자신에게 우호적인 또는 덜 적대적(전투적)인 노동조합을 조장(助長)함으

---

2) 김유성, 352면; 이병태, 426면; 이상윤a, 941면; 임종률 301면; 사법연수원a, 376면. 다만 지배·개입의 구체적인 모습에 따라 부당노동행위 구제명령의 내용이 달라진다는 점에서 노동위원회의 실무상 '지배'와 '개입'이 구별된다(김형배, 1511면).
3) 김형배, 1511면; 박상필, 498면; 임종률, 301면; 대법원 1997. 5. 7. 선고 96누2057 판결, 대법원 2006. 9. 8. 선고 2006도388 판결 등.
4) 1935년 이른바 Wagner Act로 제정되었다가 1947년 Taft-Hartley Act로 수정되었다.
5) (2) to dominate or interfere with the formation or administration of any labor organization or contribute financial or other support to it. (후략)
6) (1) to interfere with, restrain, or coerce employees in the exercise of the rights guaranteed in section 7.

로써 근로자의 자주적인 단결권 행사를 간접적으로 방해하는 것을 규율하는 형식을 갖고 있다.

하지만 우리 노조법 81조는 NLRA §8(a)(1)에 해당하는 조문을 따로 두고 있지 않아서, 학설이나 판례 모두 우리 노조법 81조 1항 4호 본문의 지배·개입에 NLRA §8(a)(1)의 취지도 포함되는 것으로 폭넓게 보고 있다.[7] 다시 말하면 사용자가 노동조합의 조직·활동에 직접 관여하여 이를 방해하는 경우나 어용노조를 지원함으로써 근로자의 자주적 단결권 행사를 간접적으로 방해하는 경우 모두 81조 1항 4호 본문의 지배·개입에 해당하는 것으로 이해한다. 81조 1항 4호 본문의 지배·개입을 설명하면서 드는 사례나 판례에서 문제된 사안에서는 사용자가 노동조합의 조직·활동에 직접 관여하여 이를 방해하는 경우가 많지만 사용자가 어용노조를 설립하거나 이를 지원하는 것을 문제삼는 경우도 있다.[8]

그런데 위 2가지 형태의 지배·개입은 이에 관한 사용자의 의도가 다르기 때문에 단결권에 대한 침해의 양상이 다르며, 이에 따라 구제의 방식도 달라야 한다. 즉, 전자의 직접적 방해의 경우에는 지배·개입의 대상이 된 노동조합이 사용자의 방해를 배제하고자 하는 것이 구제의 형태가 될 것이고, 후자의 간접적 방해의 경우에는 지배·개입의 대상이 된 노동조합이 아닌, 이와 경쟁하는 다른 노동조합이나 위 노동조합에서 배제되거나 이탈한 근로자들이 지배·개입의 대상이 된 노동조합에 대한 사용자의 지배·개입·지원을 단절시키거나 단체교섭의 상대방이 될 수 없도록 함으로써 스스로 자주적 단결의 주체로서 다수 근로자들을 대표할 수 있도록 하는 것이 구제의 내용이 된다.[9]

---

7) 김유성, 352면; 민변노동법Ⅱ, 341면; 이상윤a, 941면.

8) 노동조합의 설립 자체를 지배·개입의 부당노동행위에 해당한다고 볼 여지가 있는 사례로, 대법원 2016. 3. 24. 선고 2013두12331 판결 참조. 위 사안은 조합원들에 대한 해고 등 징계처분의 효력이 문제된 것으로, 대법원은 해당 징계처분이 원고들의 노동조합 활동을 이유로 한 것인지, 지배·개입의 부당노동행위에 해당하는지에 관한 원심의 심리미진을 이유로 파기하였다. 위 판결에 관하여 부당노동행위에 의하여 설립된 노동조합은 노동조합으로서의 법적 지위가 부정된다는 측면에서 평석한 문헌으로 박제성, 198~200면. 대법원 2021. 2. 25. 선고 2017다51610 판결은 노동조합의 조직이나 운영을 지배하거나 개입하려는 사용자의 부당노동행위에 의해 노동조합이 설립된 것에 불과한 경우 등과 같이 해당 노동조합이 노조법 2조 4호가 규정한 실질적 요건(자주성 등)을 갖추지 못하였다면 특별한 사정이 없는 한 이러한 노동조합의 설립은 무효라고 하여 위 평석과 같은 입장에 서 있다.

9) 대법원 2021. 2. 25. 선고 2017다51610 판결에 따르면, 사용자의 지배·개입 부당노동행위에 의해 노동조합이 설립된 경우 단체교섭의 주체가 되고자 하는 노동조합으로서는 다른 노동조합을 상대로 해당 노동조합이 설립될 당시부터 주체성과 자주성 등의 실질적 요건을 흠

노조법 81조 1항 4호 본문에 위와 같이 서로 다른 2가지 측면이 있음을 이해하는 것은 위 조항이 지배·개입의 한 형태로 예시하고 있는 운영비 원조와 관련하여 특히 중요하다. 노조법 81조 1항 4호 본문이 드는 운영비 원조는 위 2가지 측면 중 후자인 간접적 방해의 한 예시일 뿐, 전자의 직접적 방해와는 성격이 다르기 때문이다. 이러한 차이를 염두에 두지 않으면 사용자의 노동조합에 대한 직접적 방해인 지배·개입을 차단해야 한다는 점에 관한 의문이 있을 수 없는 당위와 그렇다고 하여 왜 사용자의 노동조합에 대한 운영비 원조 등 지원을 일률적으로 금지해야 하는지에 관한 의문 사이의 혼란을 극복하기 어렵다.

즉, 후자의 간접적 방해는 그 지원행위 자체가 당연히 부당노동행위가 되는 것이 아니라, 그러한 사용자의 지원을 통해 노동조합이 자주성을 상실함으로써 근로자들의 단결에 대한 침해의 결과가 발생하거나 그 위험이 있는 때에야 부당노동행위로서 실질적 의미를 갖게 되고,[10] 이에 대한 구제의 필요성도 위와 같이 어용화된 노동조합에 반대하거나 거기에서 이탈한 근로자들이 별도의 자주적 단결을 모색할 때에 비로소 제기된다. 따라서 후자의 간접적 방해와 관련하여서는 전자의 직접적 방해와 같은 절대적 금지의 기준이 아니라 구체적 상황과 맥락에 따른 상대적 금지의 기준이 적용되어야 한다. 헌재 2018. 5. 31. 선고 2012헌바90 헌법불합치 결정 이후 2020. 6. 9. 법률 제17432호로 개정된 노조법 81조 1항 4호 단서는 이러한 기준에 입각하여 "노동조합의 자주적인 운영 또는 활동을 침해할 위험이 없는 범위에서의 운영비 원조행위"를 부당노동행위의 예외로 추가하였고, 이를 판단하는 구체적 기준에 관한 2항을 신설하여, 운영비 원조의 목적과 경위, 원조된 운영비 횟수와 기간, 원조된 운영비 금액과 원조방법, 원조된 운영비가 노동조합의 총수입에서 차지하는 비율, 원조된 운영비의 관리방법 및 사용처 등을 고려하여 노동조합의 자주적 운영 또는 활동을 침해할 위험이 있는지 여부를 판단하도록 입법하였다.

결하였음을 들어 그 설립무효의 확인을 구하거나 노동조합으로서의 법적 지위가 부존재한다는 확인을 구하는 소를 제기할 수 있다.

10) 단결권 및 단체교섭권에 관한 ILO 98호 협약 2조 2항도 지배·개입의 한 형태인 원조와 관련하여 "사용자나 사용자단체가 노동자 조직을 자신의 통제 하에 둘 목적으로 노동자 조직을 재정적 또는 그 밖의 수단으로 지원하는 것(to support workers' organisations by financial or other means, with the object of placing such organisations under the control of employers or employers' organisations)"이라고 정의하고 있다.

3. 다른 부당노동행위 행위유형과의 관계

노조법 81조 1항 4호 본문이 규율하는 지배·개입의 방법으로 나머지 각 호의 행위가 이용될 수 있다. 특히 1호의 불이익취급은 지배·개입의 대표적 방식이기도 하다.[11]

이와 관련하여 미국 NLRA §8(a)(1)를 전체 부당노동행위를 포괄하는 통칙 규정으로 이해하면서 그 내용을 담고 있는 우리 노조법 81조 1항 4호에 나머지 각 호의 부당노동행위까지 포괄하는 통칙적 지위를 부여하여야 한다는 견해가 있다.[12] 그러나 81조 1항 4호 본문의 지배·개입의 적용 영역과 행위태양이 매우 포괄적이어서 나머지 각 호의 부당노동행위와 중첩되는 경우가 많다고 하더라도, 이를 통칙적 규정으로 이해하고 나머지 각 호는 4호를 구체화한 개별 행위태양의 한 형태로 이해하는 것은 조문 체계상 어색하고, 그렇게 보아야 할 실익도 없다. 81조 1항의 부당노동행위 유형은 대등한 의의를 가지고 병렬되어 있는 것으로 보아야 할 것이다.[13]

4. 지배·개입의 주체

지배·개입의 주체는 다른 부당노동행위와 마찬가지로 원칙적으로 노조법 2조 2호에서 말하는 사용자이다. 즉, "사업주, 사업의 경영담당자 또는 그 사업의 근로자에 관한 사항에 대하여 사업주를 위하여 행동하는 자"가 지배·개입의 주체가 된다. '사업의 경영담당자'란 사업경영 일반에 관하여 책임을 지는 사람으로서 사업주로부터 사업경영의 전부 또는 일부에 대하여 포괄적인 위임을 받고 대외적으로 사업을 대표하거나 대리하는 사람을 말하고, '그 사업의 근로자에 관한 사항에 대하여 사업주를 위하여 행동하는 자'는 근로자의 인사, 급여, 후생, 노무관리 등 근로조건의 결정 또는 업무상의 명령이나 지휘·감독을 하는 등의 사항에 대하여 사업주로부터 일정한 권한과 책임을 부여받은 사람을

---

11) 다만 1호는 이미 발생한 불이익의 제거라는 과거지향적 성격이 강한 반면, 4호는 그러한 불이익의 제거를 통해 노동조합의 단결권을 유지·확보한다는 미래지향적 성격이 강하고, 그에 따라 구제명령의 구체적 내용에서도 차이가 있을 수 있다.

12) 심태식, 219면. 니시타니 사토시, 355면.

13) 김유성, 355면; 이범주, 551면. 임종률, 289면(부당노동행위 유형에 따라 구제의 내용이 한정되어 있는 것은 아니므로, 노동위원회는 각 유형을 준별하지 않고 상호보완적으로 활용하여 사안의 내용이나 성격에 따라 적절한 구성과 구제명령을 할 수 있다).

말한다.14)

나아가 노동조합을 구성하는 근로자와 직접 근로계약관계에 있지 않다고 하더라도 근로자의 기본적인 근로조건 등에 관하여 그 근로자를 고용한 사업주로서의 권한과 책임을 일정 부분 담당하고 있다고 볼 정도로 실질적이고 구체적으로 지배·결정할 수 있는 지위에 있는 자라면 지배·개입의 주체가 될 수 있다.15) 이와 관련하여 대법원 2010. 3. 25. 선고 2007두8881 판결은 "원청회사가 개별도급계약을 통하여 사내 하청업체 근로자들의 기본적인 노동조건 등에 관하여 고용사업주인 사내 하청업체의 권한과 책임을 일정 부분 담당하고 있다고 볼 정도로 실질적이면서 구체적으로 지배·결정할 수 있는 지위에 있고 사내 하청업체의 사업폐지를 유도하는 행위와 그로 인하여 사내 하청업체 노동조합의 활동을 위축시키거나 침해하는 지배·개입 행위를 하였다면, 원청회사는 노조법 81조 4호에서 정한 부당노동행위의 시정을 명하는 구제명령을 이행할 주체로서의 사용자에 해당한다"고 판단한 바 있다.16) 대법원 2021. 2. 4. 선고 2020도11559 판결은 위 판결 법리를 전제로, 삼성전자서비스가 노동조합을 와해시키기 위하여 한 협력업체 폐업 유도 내지 지시 등 일련의 행위를 지배·개입의 부당노동행위로 인정하고 관여자들에 대한 형사 책임을 인정한 원심을 그대로 확정하였다.

5. 지배·개입의 의사

가. 견해의 대립

부당노동행위로서 지배·개입의 성립에 사용자의 지배·개입 의사가 필요한지, 지배·개입 의사의 내용이 무엇인지를 둘러싸고 논란이 있다. 앞서 불이익취급의 부당노동행위 성립에 부당노동행위 의사가 필요한지에 관한 논란과 맥락이 유사하다.17)

---

14) 대법원 2022. 5. 12. 선고 2017두54005 판결. '그 사업의 근로자에 관한 사항에 대하여 사업주를 위하여 행동하는 사람'이 그 권한과 책임의 범위 내에서 사업주를 위하여 한 행위가 노동조합의 조직이나 운영 및 활동을 지배하거나 이에 개입하는 의사로 한 것으로 부당노동행위가 되는 경우 이러한 행위는 사업주의 부당노동행위로도 인정할 수 있다. 다만 사업주가 그 선임 및 업무수행상 감독에 상당한 주의를 하였음에도 부당노동행위가 행해진 경우와 같은 특별한 사정이 있는 경우에는 그러하지 않을 수 있다. 이때 특별한 사정에 대한 주장·증명책임은 사업주에게 있다.

15) 김유성, 320면; 김형배, 1477~1484면; 임종률 285~287면.

16) 위 판결에 대한 평석으로는 이병한, 827~861면.

의사불요설(意思不要說)은 지배·개입을 부당노동행위로서 규율하는 것은 노동3권에 대한 침해의 배제가 목적이므로 객관적으로 지배·개입에 해당하는 사실이 인정된다면 사용자의 의사를 따로 물을 필요가 없이 부당노동행위가 성립한다는 견해이다.[18]

이에 반해 의사필요설(意思必要說)은 지배·개입을 포함한 부당노동행위는 일반적으로 사용자의 부당노동행위 의사를 필요로 하고, 다만 지배·개입의 경우 행위 그 자체에서 이미 부당노동행위 의사를 추단할 수 있거나 노동위원회가 전문적 경험·능력에 기하여 여러 사정을 종합하여 추정하는 것도 허용된다는 견해이다.[19] 의사필요설을 주장하는 학자들이라도 사용자가 반조합적 행위를 인식하는 것으로 족하고 사용자에게 반조합적 의도나 동기까지 있어야 하는 것은 아니라고 한다.[20][21]

한편 지배·개입의 구체적 태양에 따라 부당노동행위의 성립 여부를 달리 판단해야 한다는 전제 하에, 노동조합을 조직 또는 운영하는 것을 지배하거나 이에 개입하는 행위는 법률에 의하여 직접 금지되는 것이므로 사용자의 반조합적 의사 내지 동기는 더 이상 물을 필요가 없을 것이지만, 기업 내에서의 조합 활동으로 인하여 단결권과 사용자의 시설관리권·업무지시권이 충돌하는 경우에는 객관적 법익형량을 하면서 사용자의 반조합적 의도를 고려하지 않을 수 없을 것이고, 사용자의 행위가 그 객관적 행태의 성격상 노동조합을 회유하거나 약화시킬 목적을 가진 것으로 평가될 때에는 제반 사정을 종합적으로 고려하여

---

17) 불이익취급 부당노동행위 규정(81조 1항 1호)에서 말하는 "~을 이유로 하여" 또는 "~한 것을 이유로"라는 법문언의 해석에 관하여 학설은 반조합적 의욕 내지 동기라는 부당노동행위 의사가 있어야 한다는 견해(박상필, 492면; 박홍규, 460면; 임종률 295면)와, 근로자의 단결활동 등의 행위와 사용자의 불이익처분 사이에 객관적 인과관계가 인정되면 부당노동행위가 성립하고 사용자의 내심의 의도 등 주관적 요소를 요하지 않는다는 견해(김유성, 333면; 이병태, 439면; 이상윤, 860면)로 대립한다. 우리 판례는 불이익취급의 부당노동행위의 성립요건으로서 부당노동행위 의사(사용자의 반조합적 의도 내지 동기)가 필요하다는 입장이다.

18) 김유성, 353면; 이병태, 427면; 이상윤a, 944면.

19) 이범주, 556면; 임종률, 304면. 서울행법 2008. 6. 24. 선고 2007구합31669 판결은 "부당노동행위 의사는 사용자의 내심의 의사에 속하고, 또 그것이 당사자가 아닌 참가인들로서는 그에 관한 직접적인 증거가 수중에 있을 수 없거나 그 증거의 확보가 극히 어렵다는 사정을 종합해 보면, 그와 같은 의사의 존재는 사용자의 노동조합에 대한 언동이나 태도 등 기타 부당노동행위 의사의 존재를 추정할 수 있는 여러 사정 등을 비교·검토하여 판단하여야" 한다고 전제한 후 부당노동행위 의사의 존재를 인정하였다.

20) 임종률 305면.

21) 이를 지적하며 학설 간 실질적 차이를 찾기 어렵다는 견해로 이병태, 427면; 이범주, 555면.

반조합적 의사를 판정하여야 하는데 특히 사용자 측에서 반조합적 의사의 부존재 또는 해당 행위의 정당성을 뒷받침할 수 있는 증명을 하지 않는 경우에는 지배·개입의 성립을 인정해도 좋을 것이라는 견해도 있다.[22]

나. 판례의 태도

우리 대법원 판례는 '지배·개입의 의사가 필요하다'는 입장이다.

대법원 1997. 5. 7. 선고 96누2057 판결에서 조합장의 노동조합 활동을 방해하려는 의도에서 이루어진 행위라면 이로 인하여 근로자의 단결권 침해라는 결과가 발생하지 아니하였다고 하더라도 지배·개입으로서의 부당노동행위에 해당한다고 판시하였고,[23] 대법원 1998. 3. 24. 선고 96누16070 판결에서는 반대로 사용자에게 지배·개입의 의사가 없으면 유니언 숍 약정에 위반하였더라도 부당노동행위가 성립하지 않는다고 판시하였다.[24]

대법원은 여기에서 더 나아가 지배·개입이 문제된 사안은 아니지만 2007. 11. 15. 선고 2005두4120 판결에서 "사용자의 행위가 부당노동행위에 해당하는지 여부는 사용자의 부당노동행위 의사의 존재 여부를 추정할 수 있는 모든 사정을 전체적으로 심리 검토하여 종합적으로 판단하여야 하고, 부당노동행위에 대한 증명책임은 이를 주장하는 근로자 또는 노동조합에게 있으므로, 필요한 심리를 다하였어도 사용자에게 부당노동행위 의사가 존재하였는지 여부가 분명하지 아니하여 그 존재 여부를 확정할 수 없는 경우에는 그로 인한 위험이나 불이익은 그것을 주장한 근로자 또는 노동조합이 부담할 수밖에 없다"라고 판시하였고, 대법원 2019. 4. 25. 선고 2017두33510 판결에서는 복수의 노동조합이 있는 경우에 특정 노동조합과의 단체협약에 따라 사용자가 금품을 지급한 행위가 지배·개입에 해당하는지 문제된 사안에서, "다른 노동조합의 조직이나 운영을 지배하거나 이에 개입하는 의사에 따른 것이라면 부당노동행위에 해당할 수 있다"는 전제하에 특정 노동조합의 조합원들에게만 무쟁의 타결 격려금을 지급한 행위가 다른 노동조합의 단체교섭을 방해하기 위한 의도로 행하여진 것으로 지배·개입의 부당노동행위에 해당한다고 판시하여 부당노동행위 의사가 필요함을 재확인하고 있다.[25] 하급심에서도 근로자 또는 노동조합이 부당노동행위

---

22) 김형배, 1525~1526면.
23) 대법원 1998. 5. 22. 선고 97누8076 판결, 대법원 2006. 9. 8. 선고 2006도388 판결도 같은 취지.
24) 이에 대한 평석으로는 김홍영a, 394~419면; 송강직, 214~245면.
25) 반면에 지배·개입 의사의 존부가 아니라 객관적으로 사용자의 행위가 정상적인 노사관계

의사의 증명에 실패하였다고 하여 지배·개입을 부정하는 사례를 종종 찾아볼 수 있다.[26] 이는 결국 "지배·개입의 의사는 필요하나 결과의 발생은 필요하지 않다"라는 수긍할 수 있는 수준의 논리가 "결과가 발생하였더라도 지배·개입의 의사가 증명되지 않으면 부당노동행위는 성립하지 않는다"는 전도된 논리에까지 이른 셈이다.

한편 지배·개입 의사의 내용에 관하여 판례의 설시는 일관되지 않고 사용자의 구체적인 행위에 따라서 예컨대 '조합활동을 곤란하게 할 목적',[27] '노동조합 활동을 방해하려는 의도',[28] '단결활동의 자주성을 저해하거나 거기에 영향을 미치려고 한 것',[29] '조합원 개개인의 판단과 행동, 노동조합의 운영에까지 영향을 미치려는 시도',[30] '노동조합 활동을 지배·개입하려는 부당노동행위 의사'[31] 등으로 그 표현을 달리하고 있다. 종합하자면 대법원은 지배·개입 의사의 내용을 '단결활동에 영향을 미치려는 사용자의 주관적인 의도, 목적 또는 의욕'으로 보고 있다고 이해할 수 있다.[32] 다만 운영비 원조에 관한 부당노동행위 의사는 운영비 원조의 예외적 허용 사유가 아님을 인식하면서도 전임자 급여 지원 및 운영비 원조 행위를 하는 것 자체로 인정할 수 있고 지배·개입의 적극적·구체적인 의도나 동기까지 필요한 것은 아니라고 한다.[33]

에 장애가 되는지 여부에 따라 부당노동행위에 해당하는지 여부를 판단하여야 한다는 입장에서 위 판결을 비판하는 평석으로 김홍영d, 345~348면.

26) 이메일을 이용한 노동조합 활동과 관련한 사용자의 부당노동행위 해당 여부가 문제된 사례로, 서울행법 2019. 4. 25. 선고 2018구합63334 판결은 객관적으로 지배·개입 행위에 해당하나 부당노동행위 의사가 없다는 이유로 부당노동행위 성립을 부정하였고, 서울고법 2019. 11. 1. 선고 2019누46734 판결로 항소기각 및 대법원 2020. 2. 27.자 2019두59448 심리불속행 기각 판결로 그대로 확정되었다. 서울행법 2020. 4. 9. 선고 2019구합72584 판결도 회사 내부 전산망을 통해 발송한 노동조합 가입 홍보 이메일을 회수하도록 요구한 사용자의 행위가 시설관리권 범위 내에 있다고 보아 부당노동행위 성립을 부정하였다. 서울고법 2021. 1. 13. 선고 2020누40015 판결로 항소기각 및 미상고로 확정되었다.

27) 대법원 1991. 5. 28. 선고 90누6392 판결.

28) 대법원 1997. 5. 7. 선고 96누2057 판결.

29) 대법원 1998. 3. 24. 선고 96누16070 판결. 이 판결에서 대법원이 사용자의 선의에 기초하여 지배·개입 의사를 부정한 것을 근거로 지배·개입 의사를 '노동조합에 대한 혐오'라는 도덕적인 의미의 '악의'로 오해하고 있다는 견해가 있다(김홍영a, 410면).

30) 대법원 2006. 9. 8. 선고 2006도388 판결.

31) 대법원 2014. 2. 13. 선고 2011다78804 판결.

32) 양현, 261면.

33) 대법원 2016. 4. 28. 선고 2014두11137 판결.

다. 일본의 논의

우리와 유사한 규정을 두고 있는 일본 노조법상 불이익취급 부당노동행위(일본 노조법 7조 1호, 4호)의 경우 그 문언("故をもって", "理由として")상 사용자의 부당노동행위 의사를 부당노동행위 성립요건으로 보는 것이 다수설과 판례이지만, 해당 문언이 없는 지배·개입 부당노동행위(일본 노조법 7조 3호)의 성립에는 사용자의 부당노동행위 의사가 필요하지 않다는 것이 최고재판소의 입장이다.[34] 일본에서의 다수설에 따르면 지배·개입으로 평가되는 행위를 하겠다는 의사(인식 또는 의욕)가 아니라 구체적 행위(반조합적 행위)에 대한 주체적 행위의사가 부당노동행위의 성립요건이라고 한다.[35] 학설 중에는 근로자의 단결권의 행사나 노동조합 내부의 운영에 대한 사용자의 관여는 절대적으로 허용될 수 없으므로 이에 관한 지배·개입이 있으면 사용자의 반조합의사의 존부에 관계없이 곧바로 지배·개입의 부당노동행위가 성립한다고 보아야 하는 반면, 근로자의 단결권과 사용자의 시설관리권·업무명령권이 중첩되는 영역에서는 사용자의 주관적 의도도 감안되어야 하되 객관적으로 노동조합의 약체화를 초래할 행위에 해당하는 경우 사용자 측에서 지배·개입 의사의 부존재 내지는 당해 행위를 떠받치는 정당한 동기를 증명하지 못하면 부당노동행위의 성립을 인정하여야 한다는 절충설적 견해[36]도 있다.

라. 검   토

다음과 같은 이유로 의사불요설이 타당하다. 우리 노조법이 부당노동행위에 대하여 구제명령을 거치지 않고 바로 형사처벌의 대상으로 삼는 이른바 처벌주의 혹은 직벌주의 체계를 갖고 있고, 고의범을 전제로 한 형벌을 규정하고 있지만,[37] 노조법 81조 1항의 부당노동행위에 관한 요건을 반드시 노조법 90조

---

34) 니시타니 사토시, 235면에 의하면 일본 최고재판소는 山岡內燃機 사건 판결(1954. 5. 28. 民集 8권 5호, 990면)에서 "객관적으로 … 조합의 운영에 대하여 영향을 미친 사실이 있는 이상 비록 발언자에게 이 점에 관한 주관적 인식 내지 목적이 없었다고 하더라도 여전히 노동조합법 7조 3호에서 말하는 조합의 운영에 대한 개입이 있었던 것으로 해석함이 상당"하다고 판시하여 의사불요설을 택하고 있다고 볼 수 있고, 이후 하급심 판결도 대체로 사용자의 지배·개입 의사를 요구하지 않거나 그 의의를 한정적으로 해석하고 있다고 한다.

35) 김형배 1511면.

36) 니시타니 사토시, 235~237면.

37) 노조법 90조(벌칙) "…81조 1항의 규정에 위반한 자는 2년 이하의 징역 또는 2천만 원 이하의 벌금에 처한다."

의 벌칙 조항의 전제가 되는 구성요건 즉 형사처벌과 관련한 구성요건적 고의
로 이해하는 것은 부당노동행위제도의 본뜻과 맞지 않다. 부당노동행위제도는
헌법상 보장된 노동3권을 구체적으로 확보하기 위한 수단의 성격을 갖고, 1987
년 노조법 개정시 처벌주의를 부활시킨 것도 구제명령을 통한 원상회복주의에
병행하여 노동3권의 보호를 강화하기 위한 취지이지, 탄력적 구제명령을 통한
노동3권의 실질적 보장이라는 원상회복주의의 장점을 배제하려는 의도를 담고
있었다고 보기 어렵기 때문이다. 의무 위반에 대하여 행정법상 시정을 명하는
것과 형사처벌하는 것은 엄밀하게 말하여 별개의 문제이므로[38] 구제명령을 발
령하는 단계에서 형법적 고의에 상응하는 주관적 구성요건으로서 지배·개입
의사를 요구하는 것은 법체계에도 맞지 않다. 게다가 형사절차에서 주관적 구성
요건(고의)의 입증책임은 검사가 부담하는 반면, 행정상 구제절차에서 사용자의
지배·개입에 관한 인식 또는 의욕과 같은 주관적 요소의 증명책임에 관하여는
논란이 있다. 판례는 노동조합과 근로자측이 부당노동행위 의사에 관한 증명책
임을 부담한다는 입장이지만,[39] 사용자가 부당노동행위 의사를 증명하는 것으
로 전환해야 한다는 견해가 있고,[40] 현행 법령의 해석에 의해 증명책임의 전환

---

38) 불이익처분의 부당노동행위(81조 1호)와 관련하여 대법원 2008. 9. 25. 선고 2006도7233 판
결은 다음과 같이 판시하여 이를 명확히 한 바 있다. "근로자에 대하여 불이익처분을 할 수
있는 사유가 존재하고 당시 사정으로 보아 사용자가 당해 불이익처분을 할 만한 정당한 이
유가 있다고 판단한 것이 무리가 아니었다고 인정되는 경우에는 설사 그 불이익처분이 사법
절차에서 정당한 이유가 없는 것으로 인정되어 무효로 된다고 하더라도 그와 같은 사유만으
로 곧바로 구 근로기준법(2007. 1. 26. 법률 제8293호로 개정되기 전의 것) 110조, 30조 1항
에 의한 형사처벌의 대상이 된다고 할 수는 없고, 여기에서 나아가 그와 같은 불이익처분이
그 내용에 있어 그 권한을 남용하거나 또는 그 범위를 벗어난 것으로 인정되고 또 이것이
사회통념상 가벌성이 있는 것으로 평가되는 경우에 한하여 형사처벌의 대상이 된다. 사용자
가 근로자에 대하여 해고 등 불이익처분을 하면서 표면상 내세우는 불이익처분 사유와는 달
리 실질적으로는 근로자의 정당한 노동조합활동을 이유로 불이익처분을 한 것으로 인정되는
경우에는 구 노동조합 및 노동관계조정법(2006. 12. 30. 법률 제8158호로 개정되기 전의 것)
81조 1호가 정한 부당노동행위라고 보아야 할 것이지만, 불이익처분을 할 당시 실제로 그 처
분사유가 존재하였고 당시 사정으로 보아 사용자가 당해 불이익처분을 할 만한 정당한 이유
가 있다고 판단한 것이 무리가 아니었다고 인정되는 경우에는 그 불이익처분이 같은 법 90
조, 81조 1호의 형사처벌 대상이 되는 부당노동행위에 해당한다고 단정하기는 어렵다."
39) 대법원 2011. 7. 28. 선고 2009두9574 판결 등. 다만 조합원에 대한 차별적 취급에 관하여
대량관찰방식에 의한 부당노동행위 성립을 인정하여 증명책임을 완화한 사례가 있다(대법원
2009. 3. 26. 선고 2007두25695 판결, 대법원 2018. 12. 27. 선고 2017두37031 판결).
40) 김홍영c 116면; 문무기 외 3명, 144면; 박수근a, 285면; 이승길, 215면. 노무관리 증거의 편
중 등 노동관계사건의 특수성에 비추어 보면, 당사자주의가 지배하는 민사일반에서의 증명책
임에 관한 원리를 부당노동행위제도의 근간인 노동위원회 구제신청사건에도 그대로 적용할
경우 노사 당사자 사이에 실질적인 불평등이 초래될 수밖에 없고, 노동위원회의 존재 취지에

이 가능하다고 보는 견해도 있다.[41] 이와 관련한 법제화 시도도 찾아볼 수 있다.[42] 유사한 맥락에서 사용자의 부당노동행위 의사를 민사상 불법행위 성립요건(고의)에 상응한다고 볼 수도 없다. 부당노동행위제도는 민사법에서와 같이 발생된 손해의 배상을 목적으로 하는 것이 아니기 때문이다.

따라서 지배·개입 등 부당노동행위의 성립 여부를 따질 때 본질적인 것은 사용자에 대한 비난·징벌·손해배상 등 책임의 귀속을 위한 부당노동행위 의사의 존재라기보다 사용자의 어떠한 행위로 인하여 노동3권이 침해되거나 위협을 받을 가능성이 있는지, 그에 대한 시정의 필요성이 있는지 여부와 같은 객관적 상황이라고 보는 것이 타당하다. 요컨대, 부당노동행위의 성립에 필요한 것은 사용자의 구체적인 행위가 근로자나 노동조합에 미치는 객관적 영향(단결권 침해의 결과나 위험)이다. 사용자의 행위가 노동조합에 미치는 부정적 영향에 대한 인식이나 의욕이라는 주관적·심정적 요소는 그것이 지배·개입의 부당노동행위의 성립을 좌우하는 결정적 요건이 될 수 없다.

위와 같은 견해가 부당노동행위의 성립에 단결권 침해의 결과를 요하지 않는다는 판례 및 통설의 견해와 배치되는 것이 아닌가라는 의문이 들 수 있다. 그러나 판례나 학설에서 단결권 침해의 결과를 요건으로 하지 않는다는 것은 사용자의 지배·개입을 통해 노동조합의 자율성·독립성이 실제로 침해된 구체적 결과까지 요구하지 않는다는 의미이지, 이에 대한 위험조차도 필요 없다는 의미는 아니다. 노동3권에 대한 침해가능성이 전혀 없는 행위를 구제대상으로 삼을 필요나 이익은 없기 때문이다.[43]

따라서 객관적으로 지배·개입에 해당한다고 볼 만한 사용자의 행위가 있고, 이로 인한 노동조합의 자율성·독립성에 대한 침해가능성을 배제할 수 없다면 사용자의 구체적인 지배·개입 의사가 존재하였는지를 따로 묻거나 그 증명

도 반하게 된다는 점을 든다. 부당노동행위 의사를 부당노동행위 성립요건으로 본다 하더라도 노동3권 침해행위가 발생한 경우 부당노동행위로 추정하되 사용자가 정당한 행위였다는 점을 입증하면 그 추정에서 벗어나는 방식으로 증명책임을 전환하여야 한다.

41) 박수근a, 288면.

42) 국가인권위원회는 2022. 6. 14. 부당노동행위의 증명책임을 사용자가 부담하도록 하는 법률 개정안[2021년 3월 이수진 더불어민주당 의원(비례)이 대표발의한 '노동조합 및 노동관계조정법 일부개정법률안']을 신속하게 추진할 것을 국회의장과 고용노동부장관에게 권고한 바 있다.

43) 김유성, 353면도 현실적 결과의 발생 여부는 지배·개입의 성립 여부와 상관이 없으며, 그러한 우려가 있는 행위도 지배·개입이 된다고 설명하고 있다. 김형배, 1511면도 같은 취지.

을 요구할 필요 없이 그에 대한 적절한 구제를 명할 수 있다고 보아야 한다.[44]

6. 지배·개입의 형태

사용자가 노동조합의 조직·운영에 개입하는 형태는 매우 다양하다. 이는 지배·개입의 대상인 '근로자가 노동조합을 조직 또는 운영하는 행위'의 범위를 노동조합의 결성과 노동조합원의 모집, 노동조합의 내부 운영에 관한 사항에 한정하지 않고, 노동조합의 활동 전반으로 넓게 이해하는 것과 관련된다. 따라서 단체교섭, 쟁의행위, 고충처리 등 사용자를 상대로 하는 활동은 물론, 조합원을 위한 복리공제활동, 문화활동 등 노동조합의 목적을 달성하기 위한 여러 활동이 모두 지배·개입의 대상이 될 수 있다.

한편, 지배·개입이라는 용어는 그 자체가 구체적으로 특정된 어떠한 행위를 가리킨다기보다 노동조합의 의사결정·활동을 제약하거나 이에 지장을 초래할 위험이 있는 사용자의 모든 행위를 포괄하는 불확정개념으로서 성격을 갖고 있어 그 구체적 행위 양상은 실로 다양하다.[45]

아래에서는 이처럼 다양한 지배·개입의 행위를 그 대상이 되는 노동조합의 활동 영역과 관련지어 유형별로 살펴보고, 이어서 반대편인 사용자의 언론의 자유와 시설관리권의 시각에서 지배·개입에 해당하지 않는 사용자의 활동 영역을 살펴보기로 한다.

다만, 앞서 언급한 대로 부당노동행위를 구성하는 지배·개입에는 두 가지 모습이 있는데, 지금까지 논의되거나 문제되는 대부분의 사례들은 사용자가 노동조합의 활동을 간섭·통제·억제하기 위하여 직접 개입하는 경우에 관한 것이므로 이에 해당하는 여러 태양들을 우선 살펴보고, 어용노조 등을 조장함으로써 간접적으로 근로자의 단결권 등을 침해하는 형태의 지배·개입에 대해서는 다음 항의 운영비 원조와 함께 살펴보기로 한다.

---

44) 김홍영c, 108~110면도 같은 취지.
45) 변성영·임종률, 465~490면은 우리 학설과 판례가 지배·개입의 대상을 노동조합 활동 전반으로 넓게 이해하고 나아가 지배·개입이라는 용어 자체도 포괄적으로 해석함으로써 이에 대한 형사처벌이 헌법이 요구하는 죄형법정주의의 원칙에 반할 여지가 있게 되었다는 의문을 제기하면서, 부당노동행위 규정의 탄력적 적용을 위해서는 처벌주의를 폐지하는 방향의 입법적 모색이 필요하다고 주장하고 있다.

가. 노동조합의 조직에 대한 개입

노동조합의 결성에 대한 사용자의 개입·억제는 가장 원초적이고 본래적인 지배·개입의 양상이라고 말할 수 있다. 노조 결성에 대한 비난 또는 결성 포기의 설득, 회유 또는 강요나 협박,46) 노조 결성의 중심인물에 대한 해고·전근 그 밖의 불이익취급,47) 노동조합 창립총회의 감시·방해48) 등 다양한 형태의 부당노동행위를 상정할 수 있다. 불이익취급에 해당하지 않는 승진·영전이나 배치전환 등 인사조치도 맥락에 따라 지배·개입을 구성할 수 있다.49) 원청이 실질적인 영향력 내지 지배력을 바탕으로 하청업체를 폐업하도록 하거나 도급계약 내지 용역계약을 중도 해지하는 등의 방법으로 하청업체 소속 근로자의 노조 결성을 저지하거나 방해하는 행위50)도 이에 해당할 수 있다.

노동조합이 결성된 이후 여기에 가입하지 않거나 탈퇴할 것을 권고·요구하거나 불이익의 위협 등으로 압박하는 행위,51) 특정 직급·보직의 근로자를 노동조합원에서 배제할 것을 요구함으로써 노동조합이 자율적으로 정할 조합원의

---

46) 대법원 1998. 5. 22. 선고 97누8076 판결(전쟁기념사업회 회장이 위 사업회의 성질상 태어나지 말아야 할 노동조합이 생겼으며, 전 직원으로부터 사표를 받고 공개채용으로 다시 충원해야 하는 일이 없기 바란다는 취지로 발언한 사례).

47) 대법원 2016. 3. 24. 선고 2013두12331 판결(산업별 노동조합 지회와 사용자의 관계가 악화되어 있던 상태에서 사용자가 노동조합의 무력화 또는 기업별 노동조합으로의 조직형태 변경을 목표로 하는 것으로 볼 수 있는 컨설팅 계약을 노무법인과 체결하였고, 실제로 노동조합의 조직형태 변경이 이루어진 직후 기존 노조 조합원들에 대한 징계처분을 한 사례), 서울행법 2002. 4. 11. 선고 2001구25456 판결(조합원이라는 이유로 부당하게 승진인사에서 탈락시키는 등 불이익을 가하고, 간부급 직원을 통해 승진 등을 빌미로 노조 탈퇴를 종용하였으며, 관행에 반하여 노조전임자에게 출근시간을 준수할 것을 강요하는 등의 행위가 지배·개입으로서 부당노동행위에 해당한다고 본 사례).

48) 회사의 휴일에 조합결성대회가 예정되어 있음을 알면서 휴일근로를 지시하여 대회 개최를 방해하는 경우 지배·개입이 문제될 수 있다.

49) ILO, para. 864.

50) 대법원 2021. 2. 4. 선고 2020도11559 판결은 삼성전자서비스가 일부 협력업체의 폐업을 유도·지시한 것이 지배·개입의 부당노동행위에 해당한다고 본 사례이다. 반면에 서울행법 2017. 6. 16. 선고 2016구합62436 판결은 원청회사의 도급계약 중도해지가 부당노동행위에 해당하지 않는다고 본 사례로서, 항소심인 서울고법 2018. 4. 18. 선고 2017누60170 판결로 항소기각되었고, 대법원 2018두44661호로 상고심 계속중이다.

51) 서울행법 2002. 7. 11. 선고 2001구52243 판결(소속 근로자들이 노동조합 지부에 가입한 직후 전 직원을 소집하여 노동조합 탈퇴원서를 작성하도록 설득한 사례). 반면 대법원 2000. 4. 7. 선고 99두3256 판결은 병원의 총무과장이 조합 탈퇴를 원하는 조합원들의 조합비 공제와 관련된 문의에 대해 동일한 답변을 하는 번거로움을 피하기 위하여 조합 탈퇴에 관한 절차를 안내하는 문건을 게시하였다고 하여 병원 측에서 조합원들에게 조합 탈퇴를 강요하거나 종용했다고 보기 어렵다고 보았다.

범위 설정에 개입하는 행위52)는 노동조합의 조직에 대한 지배ㆍ개입이 될 수 있다.

나. 복수의 노동조합 사이의 차별

어느 사용자에 대응하는 복수의 노동조합이 존재할 경우 사용자는 단결의 자유를 존중하여야 할 일반적 의무로부터 복수 노동조합에 대하여 평등하게 처우하여야 한다는 원칙이 도출되고, 이에 위반하는 사용자의 차별적 행위나 처우도 지배ㆍ개입의 한 형태로 이해되므로 사용자는 그러한 차별적 처우로 의심받을 만한 행위를 하여서는 아니 된다.53) 교섭창구를 단일화하지 않고 복수의 노동조합과 개별적으로 교섭 절차를 진행하면서 기존 노조와 체결된 단체협약보다 불리한 내용의 단체협약안을 제시하는 경우,54) 사용자가 특정 노동조합과 체결한 단체협약의 내용에 따라 해당 노동조합의 조합원에게만 금품을 지급하는 경우55) 지배ㆍ개입의 부당노동행위에 해당할 수 있다.

다. 노동조합의 내부 운영에 대한 개입

노동조합의 회의나 모임, 결의에 대한 방해ㆍ감시, 임원 선거56)나 자금 조달,57) 상급 단체의 선택, 내부 통제권의 행사 등 노동조합의 내부 운영에 대한

---

52) 대법원 2011. 9. 8. 선고 2008두13873 판결은 사립학교를 설치ㆍ운영하는 학교법인이 소속 직원 일부에 대하여 직책상 노동조합에 참가할 수 없는 사람들이라는 이유로 조합 탈퇴를 요구한 사안에서 주임급 이하 직원들이 인사, 노무, 예산, 경리 등의 업무를 담당한다고 하여 항상 사용자의 이익을 대표하여 행동하는 자에 해당한다고 볼 수 없을 뿐만 아니라, 나아가 이러한 조합원 가입 자격 유무에 관한 사정만으로 부당노동행위 의사의 유무를 단정할 것이 아니라고 하여 경우에 따라서는 조합원 가입 자격 없는 근로자에 대한 사용자의 조합 탈퇴의 요구도 부당노동행위가 될 수 있음을 지적하였다(이 판례의 해설로 이미선, 905면 이하 참조). 회사가 단체교섭 과정에서 교섭위원에 포함된 '과장급' 직원의 조합원 자격을 다툰 행위가 지배ㆍ개입에 해당된다고 본 하급심 판결로는 서울행법 2008. 9. 2. 선고 2007구합 30710 판결(항소심인 서울고법 2008누27997호로 계속중이던 2009. 2. 27. 항소취하).

53) 김유성, 354면; 니시타니 사토시, 241면; ILO, para. 859.

54) 대법원 2018. 9. 13. 선고 2016도2446 판결.

55) 대법원 2019. 4. 25. 선고 2017두33510 판결. 다만, 부당노동행위에 해당하는지는 금품을 지급하게 된 배경과 명목, 금품 지급에 부가된 조건, 지급된 금품의 액수, 금품 지급의 시기나 방법, 다른 노동조합과의 교섭 경위와 내용, 다른 노동조합의 조직이나 운영에 미치거나 미칠 수 있는 영향 등을 종합적으로 고려하여 판단하여야 한다.

56) 대법원 1992. 6. 23. 선고 92누3496 판결(노동조합규약 등에서 대의원입후보 등록서류로서 재직증명서를 요구하고 있는데 회사가 일부 근로자들에게 재직증명서의 발급을 거절한 사례).

57) 대법원 2006. 9. 8. 선고 2006도388 판결(회사의 조합비에 대한 가압류로 인해 경제적인 어려움을 겪고 있던 지회가 이를 극복하기 위한 방안으로 채권을 발행하기로 하자, 사용자 측에서 2회에 걸쳐 지회의 채권발행을 중단할 것을 촉구하고, 업무에 지장을 초래하는 채권발행이나 근무시간 중의 채권발행에 대하여 엄중 조치하겠다는 내용의 공문을 발송한 사실이

간섭이나 방해, 단체협약이나 취업규칙, 노동관행 등을 통하여 제공되던 각종 편의(조합비 일괄공제, 회의실, 게시판 사용의 허용 등)의 일방적 중지,58) 조합 분열 시도, 조합 임원 등에 대한 미행, 조합 내지 조합원에 대한 정보수집59) 등이 이에 해당한다고 볼 수 있다.

라. 노동조합의 활동에 대한 개입

우선 사용자가 노동조합이 행하는 단체교섭이나 쟁의행위에 관여하여 노동조합의 의도를 좌절시키거나 사용자의 의도에 맞게 조종하려는 시도가 이에 해당한다.60) 쟁의행위 찬반투표에 개입하는 행위,61) 쟁의행위를 이유로 개별 조합원에게 불이익을 가하는 행위,62) 선제적·공격적 직장폐쇄,63) 위장폐업64) 등을

노동조합의 운영에 개입한 경우로 본 사례).

58) 대법원 1997. 5. 7. 선고 96누2057 판결(회사가 해고를 다투는 조합장의 조합장 복귀 통지문을 반려하고 조합장이 아닌 다른 조합원 명의로 조합비 등의 일괄공제 요구를 할 것을 요청한 사례), 서울행법 2009. 12. 17. 선고 2009구합21123 판결[일부 조합원이 회사에 대하여 조합비 공제금지 요청을 하자 해당 조합원의 노동조합 탈퇴 여부나 그 진의 여부를 확인하지 아니한 채 곧바로 해당 조합원의 조합비를 공제·인도하지 아니한 행위가 다른 여러 사정과 결합하여 지배·개입에 해당한다고 본 사례(위 판결에 대한 비판적 소개로는 강성태, 374~377면)].

59) 일본 최고재판소는 오리엔탈모터 사건에서 "사용자가 개개 노동자의 조합원 여부를 알고자 하였다는 것만으로는 곧바로 지배·개입에 해당하는 것은 아니다"라고 판시하였으나(니시타니 사토시, 238면), 이러한 조합원 여부 확인행위는 지배·개입의 준비행위로 볼 수 있고 이후의 추가 정황과 결합하여 지배·개입을 구성할 여지가 있을 것이다. ILO 결사의 자유위원회도 이러한 확인행위가 시민적 자유로서 프라이버시의 권리에 대한 침해일 뿐만 아니라 블랙리스트 작성을 통한 결사의 자유 침해 우려가 있고, 그 자체로서 지배·개입에 해당할 수 있다는 점을 분명히 하였다(ILO, para. 175~177, 803, 866). 한편 서울행법 2013. 7. 13. 선고 2012구합41929 판결은 합리적인 이유로 노동조합 가입 여부를 별도로 확인할 필요가 있어 노동조합 재가입자에 대해 추가로 조합비공제요청을 거부한 것이 지배·개입의 부당노동행위라고 볼 수 없다고 하였다.

60) 대법원 1991. 12. 10. 선고 91누636 판결(회사의 대표이사나 전무가 조합의 일부 조합원들을 개별적으로 만나거나 조합의 결의에 불만을 품은 일부 조합원들을 모아서, 조합 운영위원회의 결의에 의해 시행하고 있는 준법운행에 참여하게 된 경위를 묻고, 준법운행에 반대해 종전과 같은 방식으로 근무할 것을 종용하는 등의 행위를 하고, 그 결과로 조합원들 중의 일부가 조합의 준법운행을 반대하고 종전과 같은 방식으로 근무할 것을 결의하는 등의 행위를 하게 되었다면, 회사가 이와 같이 조합의 준법운행에 대항해 한 행위는 부당노동행위에 해당한다고 본 사례).

61) 서울행법 2011. 9. 22. 선고 2011구합16384 판결[쟁의행위 찬반투표를 앞두고 병원장이 병원 운영과 이용객에 미칠 영향 등을 고려하여 파업 찬성에 신중할 것을 강조하는 취지의 이메일을 발송한 행위가 지배·개입의 부당노동행위에 해당한다고 본 사례. 서울고법 2012. 6. 13. 선고 2011누38553 판결로 항소기각 및 미상고 확정됨(위 판결에 대한 소개로는 김홍영a, 410면 이하)].

62) 대법원 1991. 5. 28. 선고 90누6392 판결(쟁의행위 직후 노조전임자에 대하여 업무복귀 명령을 하고, 쟁의행위 기간 중 발생한 여러 문제에 대하여 쌍방이 책임을 묻지 않기로 합의하

실행에 옮김으로써 쟁의행위를 좌절시키려고 하는 시도 등도 이에 해당할 수
있다.

또한, 사용자가 단체교섭이나 쟁의행위와 같이 노동조합과 사용자 사이의
관계에서 직접 문제되는 행위가 아닌 노동조합의 다른 대외적 활동을 문제삼아
조합활동에 간섭·방해하는 경우에도 지배·개입이 성립할 수 있다.[65]

조합활동을 이유로 한 손해배상청구 역시 소송행위가 불법행위로 인정되는
일반적 법리[66]에 따라 위법성이 인정될 경우 부당노동행위로서 지배·개입에
해당될 여지가 있다.[67]

한편, 노동조합의 대사용자 활동에 대하여는 일정한 정도 이에 대응하는 사
용자의 언론의 자유(일반적 행동의 자유 포함)가 허용되므로 '금지되는 부당노동
행위로서 지배·개입'과 '허용되는 사용자의 의사표현 내지 행위' 사이의 경계
가 문제된다.

마. 사용자의 언론의 자유[68]

노동조합의 조직·운영에 관한 사용자의 지배·개입이 금지된다고 하여 사
용자가 노사관계에 관하여 아무런 의견 표명이나 대응도 할 수 없다고 볼 수는
없다. 이러한 사용자의 대응은 일정한 한도 내에서 헌법상 기본권인 언론의 자
유의 일환으로 보호되어야 한다.

고도 노조 간부를 해고한 경우, 이는 조합활동에 대한 보복행위인 동시에 지배·개입에도 해
당한다고 본 사례).

63) 임종률, 306면; 니시타니 사토시, 242면. 직장폐쇄에 이르지 않더라도 노동조합의 적법한
쟁의행위를 이유로 조합사무실을 폐쇄하는 것 역시 지배·개입에 해당한다(ILO, para. 856).
대법원 2016. 3. 10. 선고 2013도7186 판결은 사용자가 직장폐쇄를 단행하면서 노조사무실
출입을 통제하고, 조합원들을 선별하여 복귀시킨 후 휴대전화를 수거하며 여성 등 일부를 제
외한 대부분의 복귀 조합원들을 회사 내에 숙식하도록 함으로써 외부와 접촉을 차단한 것이
노동조합 조직의 와해를 유도한 것으로서 지배·개입의 부당노동행위에 해당한다고 보았다.

64) 임종률, 306면.

65) 서울행법 2005. 9. 15. 선고 2005구합7570 판결은 학교법인인 사용자가 그 예산상 비위를
고발한 조합원들을 상대로 질문서에 대한 답변을 요구하고 이에 응하지 않을 경우 무고로
조치하겠다고 위협하여 일부 조합원들이 탈퇴에 이른 사안에서 지배·개입의 부당노동행위
를 인정하였다.

66) 소의 제기가 상대방에 대하여 위법한 행위가 되는 것은 당해 소송에 있어서 제소자가 주
장한 권리 또는 법률관계가 사실적·법률적 근거가 없고, 제소자가 그와 같은 점을 알았거나
통상인이라면 그 점을 용이하게 알 수 있었음에도 소를 제기하는 등 소의 제기가 재판제도
의 취지와 목적에 비추어 현저하게 상당성을 잃었다고 인정되는 경우에 한한다(대법원 1999.
4. 13. 선고 98다52513 판결, 대법원 2002. 5. 31. 선고 2001다64486 판결 등).

67) 니시타니 사토시, 242면.

68) 일본의 학설·판례를 정리한 것으로는 奧野壽, 60~61면.

미국의 경우 1947년 Taft-Hartley Act를 통해 NLRA §8(c)[69]가 삽입됨으로써 보복·폭력의 위협 또는 이익의 제공을 포함하지 않는 사용자의 발언은 어떠한 경우에도 부당노동행위를 구성하지 않는다고 명시되었다. 그러나 이는 수정헌법 1조에 따른 표현의 자유를 절대적 자유로까지 이해하는 미국의 고유한 법정서를 배경으로 하는 것으로서 미국과 달리 노동3권이 헌법상 보장되고 부당노동행위제도 역시 이를 보호하기 위한 장치로 이해되는 우리나라에서 그대로 채용하기는 어렵다고 생각된다.

즉, 헌법상 보장된 언론의 자유는 마찬가지로 헌법에서 보장하는 노동3권과의 관계에서 상당한 제약을 받을 수밖에 없고, 더욱이 노사관계에서 사용자의 언론이라는 것은 사상의 자유시장에서 어느 한 개인이나 단체가 행사하는 발언권과는 달리 노사관계 내 우월적 지위를 전제로 하는 것이기 때문에 통상의 언론의 자유와 동일한 평면에서 평가할 수 없다. 이러한 취지에서 노동관계에서 사용자의 언론의 자유를 직접적으로 제약하는 구체적 입법이 바로 노조법 81조 1항 4호의 지배·개입금지 조항이라고 말할 수도 있다.

그러므로 보복·폭력의 위협 또는 이익의 제공을 포함하지 않는 사용자의 발언이라고 할지라도 노동조합의 단결권 침해의 결과나 위험을 야기하는 경우에는 지배·개입의 부당노동행위에 해당할 수 있다고 보아야 한다.[70]

이러한 관점에서 대법원 2013. 1. 10. 선고 2011도15497 판결의 판시는 다소 우려스러운 점이 있다. 즉, 대법원은 위 판결을 통해 "사용자가 노동조합의 활동에 대하여 단순히 비판적 견해를 표명하거나 근로자를 상대로 집단적인 설명회 등을 개최하여 회사의 경영상황 및 정책방향 등 입장을 설명하고 이해를 구하는 행위 또는 비록 파업이 예정된 상황이라 하더라도 그 파업의 정당성과 적법성 여부 및 파업이 회사나 근로자에 미치는 영향 등을 설명하는 행위는 거기에 징계 등 불이익의 위협 또는 이익제공의 약속 등이 포함되어 있거나 다른 지배·개입의 정황 등 노동조합의 자주성을 해칠 수 있는 요소가 연관되어 있

---

69) (c) The expressing of any views, argument, or opinion, or the dissemination thereof, whether in written, printed, graphic, or visual form, shall not constitute or be evidence of an unfair labor practice under any of the provisions of this subchapter, if such expression contains no threat of reprisal or force or promise of benefit.

70) 김유성, 357면; 김형배, 1520면; 이병태, 426~427면; 임종률, 301면. 다만 김형배, 1520면은 사용자의 우월적 지위를 배경으로 지배·개입의 의도를 가지고 행하여진 것이면 부당노동행위가 성립한다고 한다.

지 않는 한, 사용자에게 노동조합의 조직이나 운영 및 활동을 지배하거나 이에 개입하는 의사가 있다고 가볍게 단정할 것은 아니라 할 것이다"라고 판시하였는데,[71] 비록 '다른 지배·개입의 정황 등 노동조합의 자주성을 해칠 수 있는 요소가 연관되어 있지 않는 한'이라는 조건을 달아 탄력적 적용가능성을 열어두고 있다고는 하나, 위 판시의 의도가 사용자의 반조합적 발언에 대한 부당노동행위 적용가능성을 제한하는 데 있음은 분명해 보이기 때문이다.

한편 대법원은 위 판결에 앞서 1998. 5. 22. 선고 97누8076 판결[72]에서 "사용자가 연설, 사내방송, 게시문, 서한 등을 통하여 의견을 표명할 수 있는 언론의 자유를 가지고 있음은 당연하나, 그것이 행하여진 상황, 장소, 그 내용, 방법, 노동조합의 운영이나 활동에 미친 영향 등을 종합하여 노동조합의 조직이나 운영을 지배하거나 이에 개입하는 의사가 인정되는 경우에는 구 노동조합법(1996. 12. 31. 법률 5244호 부칙 3조로 폐지되기 전의 것) 39조 4호에 정한 부당노동행위가 성립한다"라고 판시한 바 있는데, 이러한 판시 역시 사용자의 의견 표명이 지배·개입에 해당하는지 여부를 판단할 때에는 그 표명한 의견의 내용[73]과 함께 의견 표명이 이루어진 상황,[74] 장소, 방법 등을 종합적으로 고려하여야 한다는 점에서는 수긍할 수 있지만, 대법원이 부당노동행위로서 지배·개입의 성립 여부의 최종 판단기준을 객관적인 단결권 침해의 결과나 위험으로 보지 않고 사용자의 주관적인 부당노동행위 의사의 존부로 파악하고, 나아가 이에 대한 근로자나 노동조합 측의 적극적인 증명을 요구함으로써 현실적으로 발생한 단결권 침해의 결과나 위험까지도 도외시하고 지배·개입에 대한 구제를 포기하고 있

---

71) 한국철도공사 측이 철도파업 직전에 근로자를 상대로 위 파업과 관련한 순회설명회를 개최하려 하자 피고인들이 이를 저지한 행위가 업무방해죄에 해당하는지 여부가 문제된 사안에서, 위 순회설명회에서 발언하고자 하는 내용은 파업이 예정된 상황에서 한국철도공사의 전반적 현황과 파업이 회사에 미치는 영향을 설명하면서 파업 참여에 신중할 것을 호소·설득하는 등 사용자 입장에서 노동조합이 예정한 파업방침에 대하여 비판적 견해를 표명한 것이므로 사용자 측에 허용된 언론의 자유의 범위를 벗어난 것이라고 단정하기는 어렵다고 하면서, 위 설명회가 부당노동행위에 해당하여 업무방해죄에서 말하는 '업무'로 볼 수 없다고 본 원심을 파기하였다.

72) 대법원 2006. 9. 8. 선고 2006도388 판결도 같은 취지.

73) 순수한 노동조합 내부 운영에 관한 언급은 지배·개입에 해당할 여지가 크다(김유성, 358면; 이상윤a, 942~943면; 임종률, 302면; 니시타니 사토시, 236면).

74) 일본 최고재판소는 新宿郵便局 사건(1983. 12. 20. 判例時報 1102호, 140면)에서 "노사 간에 대립을 보이고 있는 것과 같은 시기에 사용자 또는 그 이익을 대표하는 자가 노동자와 개별적으로 접촉하여 노사관계상의 구체적 문제에 관하여 발언하는 것은 일반적으로 말해 공정을 결여한 것이라는 비난을 면할 수 없다"고 판시한 바 있다.

다는 비판을 면하기는 어렵다.75)

특히 문제되는 것은 사용자가 노동조합의 활동에 대해 불법성을 지적하며 조합원들에게 참여하지 말 것을 독려하는 경우인데, 이에 대하여 단순히 불법파업 등에 참여하지 말 것을 호소·설득하는 것은 부당노동행위에 해당하지 않는다고 보는 견해도 있으나,76) 노동조합 활동, 특히 쟁의행위에 대한 불법성의 규정은 우리 현실상 그 자체로서 형사고발이나 개별 조합원들에 대한 손해배상청구의 위협을 내포·암시하는 것으로서 실제적인 단결권 침해의 결과나 위험을 낳게 됨을 부인하기 어렵다.77) 따라서 이러한 사용자의 위협적 언동에 대해서까지 헌법상 언론의 자유를 들어 지배·개입의 성립을 부정하는 것은 타당하지 않으나,78) 단순히 회사의 경영상황, 사용자의 입장 등에 대한 노동조합의 주장에 대해 사실관계를 해명하거나 반론을 제기하는 정도까지 부당노동행위로 보기는 어려울 것이다.

한편, 종업원 교육과정에서 노동조합의 존재나 활동에 대하여 비판하는 내용의 교육이 이루어지는 경우도 있는데, 이 역시 단순히 언론의 자유에 속한다고 하여 소극적으로 방임할 것이 아니라 그 내용과 상황 등을 종합적으로 살펴 단결권 침해의 결과나 위험을 배제할 수 없다고 평가되는 경우라면 부당노동행위로서 지배·개입에 해당한다고 보아 필요한 구제조치를 명함이 타당할 것이다.79)

75) 이러한 대법원의 태도를 배경으로 서울고법 2008. 8. 14. 선고 2006누18364 판결에서는 사용자의 명시적 반조합적 편견의 표현마저도 종교적·개인적 신념일 뿐 지배·개입의 의사는 아니라고 용인하고 있다.
76) 연제정, 72면.
77) ILO 결사의 자유 위원회는 공무원들의 쟁의행위에 대하여 일방 당사자에 불과한 행정부가 그 쟁의행위의 불법성을 규정할 권한이 없음을 여러 차례 확인한 바 있는데(ILO, para. 628~631), 사용자가 사인(私人)인 경우에도 사용자가 사법적 판단을 거치지 않고 스스로 노동조합의 쟁의행위가 불법이라고 선언하고 정부가 이에 동조하여 경찰력 등을 동원하는 것은 그 자체로서 결사의 자유에 대한 중대한 위협이 된다고 볼 수 있다.
78) 서울행법 2003. 12. 9. 선고 2003구합27020 판결은 사업부서 직원을 타부서로 발령한 것이 강제 구조조정인지 여부, 이를 이유로 노조에서 파업할 경우 합법인지 여부, 노조 간부의 비리로 인해 노조활동이 와해된 실례 등에 관하여 노무담당자와 노동관계법 전문가의 대화내용이나 의견을 게재하는 형식으로 조합원들에게 알린 것이 사용자의 언론의 자유에 속하며 지배·개입에 해당하지 않는다고 판단한 바 있는 반면, 서울행법 2011. 9. 22. 선고 2011구합16384 판결은 병원장이 쟁의행위 찬반투표에 영향을 미칠 목적으로 쟁의행위의 부정적 효과를 강조하고 그 투표 결과를 자신에 대한 신임과 결부시키는 내용의 이메일을 발송한 행위가 지배·개입의 부당노동행위에 해당한다고 보았다(이 판결에 대한 소개로는 김홍영b, 370~372면).
79) 이병태, 427면.

바. 사업장의 시설사용에 관한 제한

사용자는 사업장 전반에 대한 시설관리권을 갖고 있고 노동조합의 편의에 이를 당연히 제공하여야 할 의무는 지지 않는다. 다만 노사 간에 체결된 단체협약이나 사업장 내의 취업규칙, 노동관행 등으로 일정한 시설이 조합활동에 제공되어 온 경우 사용자가 합리적 이유 없이 이를 일방적으로 폐지하면 조합활동에 대한 지배·개입이 성립할 수 있다.[80]

이러한 단체협약이나, 취업규칙, 노동관행 등이 존재하지 않는 경우에도 노동조합의 시설 사용이 사용자의 업무수행에 특별한 지장을 초래하지 않고 노동조합의 운영을 위한 활동에 필수적인 경우에는 사용자가 노동조합의 사용을 수인(受忍)하여야 할 의무가 있고, 사용자가 이를 저지할 경우에는 지배·개입에 해당한다는 견해가 있으나,[81] 사용자의 원칙적·일반적인 시설관리권을 인정하는 이상 수인의무를 내세워 사용자의 동의나 승낙 없는 노동조합의 시설사용을 정당화하기는 어렵다. 다만, 노동조합이 사용자의 시설관리권을 인정하는 전제 하에 사용자에 의한 일정한 규율이나 제약의 가능성을 수긍하면서 그에 따라 용인되는 범위 내에서 시설을 사용하고자 그 동의나 승낙을 구함에도 사용자가 합리적 이유 없이 무조건 이를 거절한다면, 이는 정당한 노동조합의 활동을 방해하거나 이에 지장을 초래하기 위한 행위로서 지배·개입을 구성한다고 볼 수 있을 것이다.[82][83] 특히 해당 사업장에 직접 소속하지 않는 상급 산별노조의 간

---

80) 대법원 2008. 10. 9. 선고 2007두15506 판결은 사용자가 기업별 노동조합의 설립이 같은 사업장에 설치된 산업별 노동조합 지부의 유효한 조직형태 변경 결의에 따른 것이라고 오인하였다고 하더라도 사용자가 산업별 노동조합의 지부에게 제공하던 사무실을 폐쇄하는 등 편의시설의 제공을 일방적으로 거절한 것은 산업별 노동조합의 운영에 개입하는 부당노동행위에 해당한다고 판시하였다. 반면에 대법원 2014. 2. 27. 선고 2011다109531 판결은 한국철도공사와 전국철도노동조합이 체결한 단체협약에 '공사는 조합활동을 위한 사무실을 제공한다'라고 규정하고 있는데, 노동조합이 공사를 상대로 조합 사무실의 전기요금 지급을 구한 사안에서 단체협약상 '사무실 제공' 의무에 전기요금의 지급은 포함되지 않는 것으로 해석되고, 전기요금 지원 관행이 규범적 사실로 명확히 승인되었거나 규범의식에 의하여 지지되고 있었다고 보기 어렵다는 이유로 조합 사무실의 전기요금 납부를 중단한 한국철도공사의 조치가 부당노동행위에 해당하지 않는다는 취지로 판단하였다[이에 대한 비판적 평석으로 권오성a, 82-85면].

81) 김유성, 355면.

82) 니시타니 사토시, 320면은 사용자의 시설관리권의 남용이라는 측면에서 접근하고 있으나, 권리남용 이론은 권리 있는 자가 스스로의 이익 없이 오로지 타인에게 해를 끼칠 목적으로 그러한 권리를 행사한다는 강한 악의를 요구하기 때문에 노동조합 활동에 대한 실질적 보호를 제공하지 못할 위험이 크다. 한편, 일본의 하급심 판결은 사용자가 노동조합이 부착한 유인물을 임의로 철거한 행위가 시설관리권의 남용으로서 지배·개입에 해당하는지 여부를 판

부들이라도 정당한 조합활동을 위하여 사업장에 출입하는 것은 그 사업장의 효
율적인 사업 운영에 지장을 주지 아니하는 범위에서 허용되어야 하므로(법 5조 2
항) 이를 일률적으로 금지하는 것 역시 지배·개입에 해당할 수 있다.[84]

사. 단체협약의 해지

단체협약이 유효기간의 만료로 종료된 경우 그 갱신 여부는 원칙적으로 당
사자의 자유이고, 자동연장조항(법 32조 3항 단서)에 따른 효력의 존속을 저지하기

단할 때 그 유인물의 내용이 진실한지 또는 진실하다고 믿을 만한 상당한 이유가 있는지를
중요한 판단자료로 삼고 있다[JR東海ビラ撤去救濟命令取消訴訟, 判例タイムズ 1244호(2007),
169~170면].

83) 대법원 2020. 9. 3. 선고 2015도1927 판결은 사내하도급 관계의 수급인 소속 근로자의 단
체행동권 행사에 대하여 도급인의 일정한 수인의무를 인정하는 전제 하에 수급인 소속 근로
자들이 수급인을 상대로 쟁의조정 절차를 거쳐 파업을 하면서 도급인의 사업장을 집회·시
위의 장소로 사용한 행위가 사회상규에 위배되지 않는 행위라고 보았다. 해당 사안은 수급인
소속 근로자들의 행위가 업무방해죄에 해당하는지가 문제된 사건이지만, 직접 근로계약관계
에 있는 사용자인 수급인과 원청인 도급인의 행위가 근로자의 정당한 노동조합 활동을 방해
하거나 지장을 초래하는 행위로서 지배·개입을 구성하는지 여부의 문제에도 유사한 법리적
접근이 가능할 것이다.

84) ILO, para. 1105. 서울행법 2013. 10. 10. 선고 2012구합21062 판결은 휴직자와 해고자로서
지위를 다투고 있는 근로자가 사업장에 출입하여 유인물 배포 등 노동조합 홍보 활동을 한
것이 정당한 노동조합활동의 범위 내에 있으므로 이를 방해·제지한 사용자의 행위가 지
배·개입의 부당노동행위에 해당한다고 보았다. 위 판결은 서울고법 2015. 2. 4. 선고 2013누
29966 판결로 항소기각, 대법원 2016. 12. 29. 선고 2015두1175 판결로 상고기각 되었다. 한
편, 대법원 2020. 7. 29. 선고 2017도2478 판결은 산업별 노동조합 간부가 소속 지회 사업장
에 들어가 조합활동을 한 행위에 대해 건조물침입으로 기소된 사안에서, 조합활동의 정당성
판단에 관한 주체, 목적, 시기, 수단·방법 측면의 일반적 요건 중 시기·수단·방법 등에 관
한 요건을 갖추었는지 여부를 판단할 때에는 조합활동의 필요성과 긴급성, 조합활동으로 행
해진 개별 행위의 경위와 구체적 태양, 사용자의 노무지휘권·시설관리권 등의 침해 여부와
정도, 그 밖에 근로관계의 여러 사정을 종합하여 충돌되는 가치를 객관적으로 비교·형량하
여 실질적인 관점에서 판단하여야 한다고 판시한 다음, 피고인들의 조합활동으로 말미암아
기업운영이나 업무수행, 시설관리 등에 실질적으로 지장이 초래되었다고 볼 수 없다는 취지
에서 정당행위라고 판단한 원심을 수긍하였다. 형사 사건이기는 하나, 상급단체 간부의 사업
장 출입과 관련한 기준을 제시한 선례로 볼 수 있다. 같은 취지에서 대법원 2020. 9. 3. 선고
2015도15618 판결은 단체교섭 권한을 위임받은 교섭위원이 노조사무실을 방문하려고 하자
교섭 당일이 아니라는 이유로 출입을 거부당한 사안에서, 해당 교섭위원은 단체교섭의 개최
여부 및 그 후속조치 등과 관련한 준비 내지 방어를 위하여 노조사무실을 방문할 만한 충분
한 이유가 있어 정당한 노조활동의 범위 내로서 사업장 출입이 허용되어야 하므로, 그에게
출입에 관한 부당한 의사가 있었다거나 회사의 업무운영과 시설관리에 실질적 지장이 초래
된다는 등의 사정이 없는 이상 사용자측의 출입거부 행위는 지배·개입의 부당노동행위에
해당한다고 본 원심이 정당하다고 하였다. 위 판결 이후 2021. 1. 5. 개정된 노조법은 5조 2
항으로 "사업 또는 사업장에 종사하는 근로자가 아닌 노동조합의 조합원은 사용자의 효율적
인 사업 운영에 지장을 주지 아니하는 범위에서 사업 또는 사업장 내에서 노동조합 활동을
할 수 있다."는 규정을 신설하였다.

위한 해지도 마찬가지라고 할 것이나, 일본의 하급심에서는 사용자에 의한 협약의 해지나 갱신 거부가 노조의 약체화를 의도하고 이루어진 경우 지배·개입의 부당노동행위가 성립할 수 있다고 본 사례도 있다.[85]

시설 제공 외 운영비 원조나 노조전임제도 등이 단체협약에 근거를 두고 있는 경우 그 폐지를 통한 노조의 약체화를 시도하기 위하여 단체협약을 해지하는 것이 지배·개입의 부당노동행위가 될 수 있는지도 이러한 관점에서 문제될 수 있다.

Ⅲ. 근로시간 면제한도 초과 급여 지급 및 노동조합의 운영비 원조

1. 의   의

노조법 81조 1항 4호 본문은 '근로시간 면제한도를 초과하여 급여를 지급하거나 노동조합의 운영비를 원조하는 행위'를 지배·개입의 한 태양으로 명시하면서, 그 단서에서 허용되는 원조행위로 '근로자가 근로시간 중에 24조 2항에 따른 활동을 하는 것을 사용자가 허용하는 것', '근로자의 후생자금 또는 경제상의 불행 그 밖에 재해의 방지와 구제 등을 위한 기금의 기부', '최소한의 규모의 노동조합사무소의 제공', '그 밖에 이에 준하여 노동조합의 자주적인 운영 또는 활동을 침해할 위험이 없는 범위에서의 운영비 원조행위'를 열거하고 있다.

과거 노조전임자에 대한 임금 지급을 지배·개입의 한 형태인 운영비 원조에 포함되는 것으로 볼 것인지에 관하여 논란이 있었는데,[86] 1997년 노조법 개정 당시 24조 2항에서 노조전임자에 대한 급여 지급을 금지하면서 81조 4호에서도 부당노동행위의 한 태양으로 명시하였다.[87] 다만, 그 적용은 여러 차례의 부칙 개정을 거쳐 2010. 6. 30.까지 유예되어 오다가 2010. 1. 1. 법률 9930호 개정으로 노조법 24조 4항이 신설되면서 2010. 7. 1.부터 근로시간 면제(Time-off)

---

85) 니시타니 사토시, 242면.
86) 대법원 1991. 5. 28. 선고 90누6392 판결은 이를 부정한 사례이다.
87) 노동조합및노동관계조정법(1997. 3. 13. 법률 5310호로 제정 및 시행된 것)
   24조(노동조합의 전임자) ② 1항의 규정에 의하여 노동조합의 업무에만 종사하는 자(이하 "전임자"라 한다)는 그 전임기간동안 사용자로부터 어떠한 급여도 지급받아서는 아니된다.
   81조(부당노동행위)
   4. 근로자가 노동조합을 조직 또는 운영하는 것을 지배하거나 이에 개입하는 행위와 노동조합의 전임자에게 급여를 지원하거나 노동조합의 운영비를 원조하는 행위. (단서 생략)

제도가 도입되었다.[88] 하지만 노조전임자에 대한 임금 지급을 금지하는 규정(구 노조법 24조 2항)과 노조전임자에 대한 급여 지원을 부당노동행위로 금지하는 규정 (구 노조법 81조 4호)은 존치하였다. 헌법재판소는 노조전임자 급여 지급금지조항에 대하여 합헌으로 판단한 바 있다.[89]

이후 우리나라가 국제노동기구(ILO)의 결사의 자유에 관한 87호 및 98호 협약 비준을 추진하는 과정에서 개정된 노조법(2021. 1. 5. 법률 17864호로 개정된 것) 은 오랜 기간 논란이 되었던 노조전임자에 대한 급여 지급금지 규정을 삭제하고, 근로시간 면제 한도 내에서 급여를 지급할 수 있음을 명확히 하였으며(24조), 부당노동행위로 명시하던 노조전임자에 대한 급여 지원 부분을 삭제하는 대신 근로시간 면제한도를 초과한 급여 지원을 금지되는 부당노동행위로 대체하였다 (81조 1항 4호 본문).

2. 부당노동행위 판단 기준

일반적으로 사용자의 노동조합에 대한 원조·지원이 지배·개입의 한 형태로 금지되는 이유는 노동조합이 사용자로부터 그 운영에 필요한 경비를 지원받게 되면 노조의 자주성이 상실 내지 저해되거나 그럴 우려가 있기 때문이라고 이해되고 있는데, 더 구체적으로 사용자의 원조와 노동조합의 자주성 상실 내지 저해 사이의 관계를 이해하는 데는 2가지 견해가 있어 왔다. 형식설은 사용자의 원조행위는 그 자체로서 노동조합의 자주성 상실 내지 저해의 위험을 내포하고 있기 때문에 실제 그러한 결과에 이르렀는지를 묻지 않고 일률적으로 부당노동 행위로서 금지되어야 한다는 견해이다.[90] 이에 반하여 실질설은 형식적으로 사용자에 의한 운영비 원조 등이 있더라도 이로써 노조의 자주성이 상실 내지 저해되거나 그럴 우려가 현저하지 않으면 부당노동행위로서 지배·개입에 해당하지 않는다는 견해이다.[91]

---

88) 노동조합 및 노동관계조정법(2010. 1. 1. 법률 9930호로 개정 및 시행된 것)
    24조(노동조합의 전임자) ④ 2항에도 불구하고 단체협약으로 정하거나 사용자가 동의하는 경우에는 사업 또는 사업장별로 조합원 수 등을 고려하여 24조의2에 따라 결정된 근로시간 면제 한도(이하 "근로시간 면제 한도"라 한다)를 초과하지 아니하는 범위에서 근로자는 임금 의 손실 없이 사용자와의 협의·교섭, 고충처리, 산업안전 활동 등 이 법 또는 다른 법률에 서 정하는 업무와 건전한 노사관계 발전을 위한 노동조합의 유지·관리업무를 할 수 있다 (2010년 7월 1일부터 시행. 부칙 1조)
89) 헌재 2014. 5. 29. 선고 2010헌마606 결정, 헌재 2018. 5. 31. 선고 2012헌바90 결정.
90) 김형배, 1524면.

양론이 가능하지만, ① 앞서 언급한 것처럼 본 조항의 연혁적 취지가 사용자가 특정 노동조합에 대한 원조를 통해 이를 통제함으로써 다른 자주적·독립적 단결체의 형성과 그 활동을 간접적으로 방해하는 것을 막기 위한 데 있었던 점, ② 이에 따라 미국 NLRA §8(a)(2)의 해석에서도 운영비 원조는 노동조합의 자주성·독립성이 의심받는 중요한 징표가 되기는 하지만 그것만으로 이를 단정하지 않는 점, ③ 사용자의 운영비 원조로 인하여 노동조합의 운영에 사용자의 개입을 불러올 잠재적 위험성이 존재한다고 하더라도 이러한 위험이나 결과가 전혀 현실화되지 않은 상태, 즉 노동조합이나 근로자 누구도 구제의 필요성을 느끼지도, 제기하지도 않는 상태에서 국가가 먼저 나서서 이를 제재하거나 교정하려 하는 것은 이치에 닿지 않는다는 점 등을 감안하면 실질설이 타당하다.

하지만 형식설을 입법화한 것으로 볼 수 있는 구 노조법(2010. 1. 1. 법률 9930호로 개정되어, 2020. 6. 9. 법률 17432호로 개정되기 전의 것) 81조 4호가 시행된 이후 행정기관은 운영비 원조의 내용을 포함하고 있는 단체협약들에 대하여 광범위하게 시정명령을 내렸고,[92] 대법원 2016. 1. 28. 선고 2012두12457 판결 등 다수의 판결[93]에서 형식설에 입각하여 구 노조법 81조 4호 단서에서 정한 예외[94]를 벗어나는 운영비 원조는 노동조합 전임자에게 급여를 지원하는 행위[95]

---

91) 김유성, 355면; 이범주, 570면; 이병태, 430면; 이상윤a, 942면; 민변노동법Ⅱ, 345면; 니시타니 사토시, 243면. 구 노조법 39조 4호의 해석에 관한 대법원 1991. 5. 28. 선고 90누6392 판결도 같은 견해를 취하고 있었고, 특히 노조전임자에 대한 급여지급이 조합의 적극적인 요구 내지는 투쟁결과로 얻어진 것이라면 그 급여지급으로 인하여 조합의 자주성이 저해될 위험은 거의 없다고 보았다.

92) 단체협약에 대한 시정명령의 제도적 문제점에 관하여는 강선희, 35~69면(특히 시설·편의 제공 및 운영비 원조와 관련된 하급심 판례의 경향과 문제점에 관한 부분은 60~67면).

93) 대법원 2017. 1. 12. 선고 2011두13392 판결에서는 같은 취지의 판시를 볼 수 있고, 대법원 2016. 1. 28. 선고 2012두15821 판결, 대법원 2016. 4. 29. 선고 2014두15092 판결에서는 법리 판시 없이 시정명령이 적법하다고 판단한 원심을 수긍하여 같은 결론에 이르고 있다. 노동조합 간부 숙소 용도의 부동산과 조합 활동의 편의를 위한 업무용 자동차 제공이 금지되는 운영비 원조로서 무효임을 전제로 사용자의 부동산인도 청구를 인용한 울산지법 2013. 2. 20. 선고 2012가단7327 판결도 같은 맥락의 판결례이다(울산지법 2013. 8. 28. 선고 2013나1419 판결로 항소기각, 대법원 2016. 1. 28.자 2013다72046 판결로 심리불속행 기각 확정).

94) 2020. 6. 9. 법률 17432호로 개정되기 전의 구 노조법 81조 4호 단서는 부당노동행위의 예외로 '근로자가 근로시간중에 24조 4항(근로시간 면제)에 따른 활동을 하는 것을 사용자가 허용하는 것', '근로자의 후생자금 또는 경제상의 불행 기타 재액의 방지와 구제 등을 위한 기금의 기부와 최소한의 규모의 노동조합사무소의 제공'만을 규정하였을 뿐이고, '그 밖에 이에 준하여 노동조합의 자주적인 운영 또는 활동을 침해할 위험이 없는 범위에서의 운영비 원조행위'는 예외로 명시되어 있지 않았다.

95) 2021. 1. 5. 법률 17864호로 개정되기 전의 구 노조법 24조 2항은 노동조합 전임자에 대한 급여 지급을 금지하는 규정을 두고 있었다.

와 마찬가지로 노동조합의 자주성을 잃게 할 위험성을 지닌 것으로서 금지되는 부당노동행위라고 해석되고, 비록 운영비 원조가 노동조합의 적극적인 요구 내지 투쟁으로 얻어진 결과라 하더라도 달리 볼 것은 아니라고 하였다.96) 또한 근로시간 면제자에 대하여 급여를 지급하는 행위는 그 자체로는 부당노동행위가 되는 것은 아니지만 지급하는 급여는 근로제공의무가 면제되는 근로시간에 상응한 것이어야 하므로 단체협약 등 노사 간 합의에 의한 경우라도 과다한 급여를 지급하는 행위는 운영비 원조의 부당노동행위가 될 수 있다고 보았다. 즉 대법원 2016. 4. 15. 선고 2013두11789 판결, 대법원 2016. 4. 28. 선고 2014두11137 판결,97) 대법원 2018. 5. 15. 선고 2018두33050 판결98) 등 일련의 판결에서 근로시간 면제자에 지급된 급여를 동일 또는 유사 직급·호봉의 일반 근로자의 통상 근로시간과 근로조건 등을 기준으로 받을 수 있는 급여 수준이나 지급기준과 비교한 뒤 사회통념상 수긍할 만한 합리적인 범위를 초과할 정도로 과다한지 등의 사정에 따라 부당노동행위 성립 여부를 판단하여야 한다고 하였다.

　　그런데 위와 같은 견해의 대립과 논란은 헌재 2018. 5. 31. 선고 2012헌바90 결정 및 후속 입법으로 일단락되었다. 헌법재판소는 구 노조법상 운영비 원조 금지조항이 노동조합의 자주성을 저해하거나 저해할 위험이 현저하지 않은 운영비 원조까지 금지하는 결과 단체교섭권을 과도하게 침해하여 헌법에 위반된다고 판단하고 2019. 12. 31.을 시한으로 입법자의 개선입법이 이루어질 때까지 잠정적으로 적용하는 헌법불합치 결정을 하였다.99) 이는 운영비 원조 금지의

---

96) 이와 같이 노동조합의 자주성을 잃게 할 위험성이 현저한지 여부를 판단하지 아니한 채 부당노동행위의 성립을 인정하는 판례의 해석론(형식설)에 관하여 구 노조법 81조 4호의 문언과 입법연혁에 비추어 볼 때 마냥 비판만 할 수는 없지만 단체협약상 의무를 면제하는 입법이 이루어지고 이로써 노조활동이 약화되는 결과가 초래되는 데 우려를 표하는 입장으로 도재형, 180면.

97) 이에 대한 평석으로 박수근b 464면.

98) 이 판결에 대한 분석으로 노상헌, 197~200면; 권오성b, 201~207면. 대법원은 면제근로시간이 동일 호봉 근로자들이 제공하는 근로시간보다 많고 지급받은 급여 및 상여의 합계액이 평균급여 및 상여의 합계액을 초과한 사안에서 부당노동행위에 해당하는 것으로 보아 다소 엄격한 태도를 보이고 있다고 평가된다.

99) 헌법재판소는 운영비 원조 금지조항은 사용자로부터 노동조합의 자주성을 확보하여 궁극적으로 근로3권의 실질적인 행사를 보장하기 위한 것으로서 그 입법목적이 정당하나, 운영비 원조 행위가 노동조합의 자주성을 저해할 위험이 없는 경우에는 이를 금지하더라도 위와 같은 입법목적의 달성에 아무런 도움이 되지 않음에도 운영비 원조금지조항은 단서에서 정한 두 가지 예외를 제외한 일체의 운영비 원조 행위를 금지함으로써 노동조합의 자주성을 저해할 위험이 없는 경우까지 금지하고 있으므로, 입법목적 달성을 위한 적합한 수단이라고 볼 수 없고, 사용자의 노동조합에 대한 운영비 원조에 관한 사항은 대등한 지위에 있는 노사가

입법목적이 조합의 자주성을 확보하는 데에 있으므로 전임자에 대한 급여 지급으로 인하여 조합의 자주성을 잃을 위험성이 현저하게 없는 한 부당노동행위가 성립되지 않는다고 봄이 상당하고, 특히 그 급여 지급이 조합의 적극적인 요구 내지는 투쟁 결과로 얻어진 것이라면 그 급여 지급으로 인하여 조합의 자주성이 저해될 위험은 거의 없으므로 부당노동행위에 해당하지 않는다는 대법원 1991. 5. 28. 선고 90누6392 판결을 수용한 것으로서 일응 실질설의 입장을 받아들인 결정으로 이해된다. 헌법불합치 결정의 취지를 반영하여 개정된 노조법(2020. 6. 9. 법률 제17432호로 개정 및 시행된 것) 81조 1항 4호 단서는 "그 밖에 이에 준하여 노동조합의 자주적인 운영 또는 활동을 침해할 위험이 없는 범위에서의 운영비 원조행위"를 부당노동행위의 예외 사유로 추가하고, 2항을 신설하여 '노동조합의 자주적 운영 또는 활동을 침해할 위험'을 판단하는데 고려할 요소를 명시하기에 이르렀다. 이로써 사용자의 운영비 원조가 부당노동행위에 해당하는지 판단하는 기준에 관하여 실질설이 입법으로 명시되었다고 할 수 있다.

3. 노조전임자 급여 지급 금지의 폐지

구 노조법 24조 2항에 따르면 노조전임자에 대한 급여 지급은 그 자체로 금지될 뿐만 아니라 이를 위반하는 사용자의 행위는 부당노동행위에 해당하여 형사처벌의 대상도 되었다.[100] 이는 형식상으로는 노조전임자에 대한 임금을 지급하는 사용자를 규제하는 것이지만, 그 실질적인 목적은 사용자의 처벌에 있다기보다 노조전임자에 대한 임금지급을 위법행위로 명시함으로써 사용자로 하여금 임금지급 거절의 이유로 삼을 수 있게 하고, 이를 단체교섭의 대상이나 쟁의행위의 목적에서 제외하여 단결권을 약화하는데 본래의 입법목적이 있다고 볼 수 있었다. 그런데 노동3권의 보호를 위해 마련된 부당노동행위제도를 끌어들여 이를 포장하는 것은 법체계상 맞지 않을 뿐만 아니라, 노사의 자율적인 단체교섭에 맡길 사항에 대하여 국가가 형벌권을 동원하여 개입하는 것으로서, 입법의 배경으로 내세운 국제적 노동기준에도 맞지 않았다.[101] 그럼에도 행정기관은 운

자율적으로 협의하여 정하는 것이 근로3권을 보장하는 취지에 가장 부합하므로, 운영비 원조행위에 대한 제한은 실질적으로 노동조합의 자주성이 저해되었거나 저해될 위험이 현저한 경우에 한하여 이루어져야 한다는 이유를 들었다.

100) 2011. 3. 4. 자동차부품업체인 주식회사 만도의 대표이사와 노경협력실장에게 노조법위반 혐의로 각각 벌금 1,500만 원과 1,000만 원의 약식명령이 발령되었는데(수원지법 평택지원 2011고약447호), 피고인들이 불복하지 않아 그대로 확정되었다.

영비 원조에서와 마찬가지로 부당노동행위에 대한 구제신청이나 형사고발도 없
는 상태에서 노조전임자에 대한 임금지급을 규정한 단체협약들에 대하여 일률
적으로 시정명령을 발함으로써 행정적 절차를 통해 노사관계에 선제적으로 개
입하였고, 법원은 이러한 시정명령의 적법성을 대체로 긍정하는 판결을 하였다.
헌법재판소도 노조전임자 급여 지급 금지 등에 관한 노조법 조항들이 단체교섭
권 등을 침해하지 않는다고 판단하였고,102) 이를 전제로 노조전임자 급여 지원
행위와 노동조합 운영비 원조 행위는 단체교섭권 침해 여부 판단을 동일하게
할 수 없다고 하였다.103)

　　노조전임자에 대한 임금 지급을 금지하던 구 노조법 24조 2항은 2021. 1.
5. 법률 17864호로 개정된 노조법에서 삭제되었고, 근로시간 면제 제도에 관한
내용으로 대체됨으로써 규율 내용에 다소 변화를 맞이하였다. 지배·개입 유형
의 부당노동행위로 구 노조법 81조 4호에 명시되었던 "노동조합의 전임자에게
급여를 지원하는 행위"도 현행 노조법 81조 1항 4호에서 "근로시간 면제한도를
초과하여 급여를 지급하는 행위"로 개정되었다.

4. 근로시간 면제한도 초과 급여 지급

　　사용자는 근로시간 면제(Time-off) 제도에 따라 근로시간 면제자에게 급여를
지급할 수 있다(법 24조 1항, 2항). 과거의 노동조합 전임자에 해당하는 근로시간
면제자에 대한 급여 지급도 그 자체로서 부당노동행위가 되는 것은 아니다. 하
지만 근로시간 면제한도를 초과하여 급여를 지급하는 경우에는 부당노동행위에
해당할 수 있다(법 81조 1항 4호 본문 후단). 게다가 근로시간 면제한도를 초과하는
내용을 정한 단체협약 또는 사용자의 동의는 그 부분에 한하여 무효가 된다(법

---

101) ILO 결사의 자유 위원회는 노조 전임자에 대한 급여 지급은 입법적 개입의 대상이 아니며
　　당사자의 자유롭고 임의적인 교섭에 맡겨야 한다고 지적하면서 한국 정부에 노조 전임자 급
　　여 지급 금지를 폐지할 것을 여러 차례 권고해 왔다. 327차 보고서(2002)에서는 "노조 전임
　　자 임금은 입법사항이 아닌 만큼 노사가 결정하도록 해야 한다"고 지적하였고(para. 487,
　　504, Case No. 1865), 363차 보고서(2012)에서는 근로시간 면제 제도의 도입에도 불구하고 여
　　전히 처벌 대상이 되는 노조 전임자 급여 금지를 유지하고 있는 점, 근로시간 면제자가 수행
　　할 수 있는 활동의 유형에 대한 입법적 개입이 있는 점 등에 대해 유감과 우려를 표명하였
　　다. 또한 382차 보고서(2017)에서는 노조 전임자에 대한 급여지급 금지를 폐지하고 그에 관
　　한 단체협약의 체결을 이유로 처벌하지 말 것, 노조 전임자에게 급여를 지급하도록 규정한
　　단체협약에 대한 시정명령을 하지 말 것을 권고한 바 있다.
102) 헌재 2014. 5. 29. 선고 2010헌마606 결정.
103) 헌재 2018. 5. 31. 선고 2012헌바90 결정.

24조 4항). 이는 2021. 1. 5. 법률 17864호로 개정된 노조법 규정들이다.

　이와 같은 법개정에 대하여는 사용자의 원조가 부당노동행위에 해당하는지를 판단하는 기준에 관한 상반된 견해에 입각하여 다음과 같은 비판이 제기된다. 형식설은 이러한 법개정이 노동조합의 자주성 확보와 사용자에 의한 부당노동행위 근절을 위하여 오랜 기간의 노사협의를 통해 이루어 놓은 역사적 성과를 충분한 사전 검토와 논의 없이 서둘러 걷어낸 것으로서 노동법사(勞動法史)의 관점에서나 노동조합의 자존심 유지라는 차원에서 사회적 지지를 받기 어렵다고 비판한다.104) 반면에 실질설은 근로시간 면제한도를 초과하는 내용의 노사합의를 무효로 하고 근로시간 면제한도를 초과하는 사용자의 급여지급을 부당노동행위로 금지·처벌하는 것은 강력한 입법적 관여이고 국가의 개입을 더 강화하는 것이므로 국제노동기준에 따른 자유롭고 자발적인 교섭원칙 및 법적 불개입 원칙에 반한다고 비판한다.105) 노동조합의 자주성을 침해하는 사용자의 지배·개입에 관한 증거가 없음에도 근로시간 면제한도를 초과하는 급여 지급이라고 해서 부당노동행위로 금지·처벌할 수 있게 하는 입법 규정은 노사자치 및 교섭의 자유를 과도하게 침해할 우려가 있으므로 그 적용에 신중할 필요가 있다는 지적도 있다.106)

　전국적 차원의 노사 대표가 근로시간 면제한도의 결정에 참여할 수 있으므로107) 한도를 초과하는 개별 사업장 차원에서의 노사합의의 효력을 인정하지 않더라도 넓은 의미에서의 자율적인 교섭원칙에 반한다고 단정하기는 어렵지만,108) '단체협약이 헌법과 이를 구체화한 법률에 따라 부분사회 내에서 자치규범으로서의 역할을 하는 것에 주목하면' 단체협약에 기초하여 지급한 급여가 근

---

104) 김형배, 1510면, 1524~1526면. 이 견해는 형식설에 입각한 종전 대법원 판례(대법원 2016. 4. 28. 선고 2014두11137 판결 등)를 지지하면서, 나아가 노조간부에 대한 근로시간 면제한도 초과 지급과 노동조합의 자주성을 침해하는 운영비 지원은 2021년의 법개정 이전과는 달리 그 자체로서 부당노동행위 의사가 불필요한 것으로 해석할 수 없게 되었으므로 지배·개입의 적극적·구체적 의도나 동기를 문제삼지 않을 수 없다고 한다.

105) 박은정·박귀천·권오성, 31~32면.

106) 조용만, 310면.

107) 근로시간면제심의위원회는 근로자를 대표하는 위원과 사용자를 대표하는 위원 및 공익을 대표하는 위원 각 5명씩으로 구성하는데, 근로자 대표 위원은 전국적 규모의 노동단체가 추천하고, 사용자 대표 위원은 전국적 규모의 경영자단체가 추천한다(24조의2 1항, 5항).

108) ILO의 1971년 근로자대표에 관한 권고(143호) 10조에 따르면 근로자대표가 사업장에서 임금 및 부가급부의 손실 없이 자신의 대표 임무를 수행하는데 필요한 근로시간 면제가 제공되어야 하나, 근로자대표에 제공되는 근로시간 면제에 대한 합리적 한도를 설정할 수 있다고 한다(조용만, 310면).

로시간 면제한도를 초과하였다고 하여 곧바로 법원이 부당노동행위(지배·개입) 규정을 근거로 단체협약의 내용을 통제하는 등 후견적 개입에 나서는 것은 되도록 자제될 필요가 있다.[109)]

5. 예외 사유[110)]

노조법 81조 1항 4호 단서는 허용되는 원조행위로 '근로자가 근로시간 중에 24조 2항에 따른 활동을 하는 것을 사용자가 허용하는 것', '근로자의 후생자금 또는 경제상의 불행 그 밖에 재해의 방지와 구제 등을 위한 기금의 기부', '최소한의 규모의 노동조합사무소의 제공', '그 밖에 이에 준하여 노동조합의 자주적인 운영 또는 활동을 침해할 위험이 없는 범위에서의 운영비 원조행위'를 명시하여 부당노동행위에서 제외하고 있다.

가. 근로시간 면제자 규정에 따른 급여 지급

'근로자가 근로시간 중에 근로시간 면제자에 관한 규정에 따른 활동을 하는 것을 사용자가 허용하는 것'은 무방하다. 근로시간 면제자가 소정의 근로시간 면제한도 안에서 소정의 대상 업무를 수행하고, 이에 대하여 사용자가 근로계약에 따른 근로제공을 한 것으로 보아 급여를 지급하는 것은 노동조합의 자주적 운영을 저해하지 않는다는 점에서 부당노동행위의 예외로 한 것이다.

나. 후생자금 등의 기부

근로자의 후생자금 또는 경제상의 불행이나 그 밖에 재해의 방지와 구제 등을 위한 기금은 노동조합의 운영비라 보기 어렵고, 이러한 자금이나 기금을 기부한다 하여 노동조합의 자주적 운영에 영향을 미치지 않는다는 점에서 예외로 규정한 것이다.[111)]

---

109) 단체협약상 산재 유가족 특별채용 조항이 민법 103조(공서양속) 위배로 무효인지 여부에 관한 대법원 2020. 8. 27. 선고 2016다248998 전원합의체 판결의 다수의견에 대한 보충의견 (김선수 대법관, 김상환 대법관) 참조.

110) 임종률, 308~309면; 하갑래, 586~588면.

111) 사용자가 복지공제조합 시설을 매점, 분식점, 서점 등의 용도로 노동조합에 임대·운영하게 한 행위에 대하여, 노동조합이 그 수익금의 대부분을 노동조합 후생자금으로 사용한 사정 등을 들어 부당노동행위에서 제외되는 후생자금 기부로 본 사례로, 부산고법 2021. 5. 12. 선고 2018나53934 판결(심불기각 확정)이 있다.

다. 노동조합 사무소 제공

노동조합 사무소를 사용자가 제공하는 것은 운영비 원조에 해당하지만 사무소가 노동조합의 자주적 운영을 저해하지 않을 정도로 '최소한의 규모'인 경우는 예외로 하였다.

라. 자주성 침해 없는 운영비 원조

앞의 세 가지 예외에 해당하지 않는 그 밖의 운영비(광열비, 사무용품비 등) 원조라도 최소한 규모의 사무소 제공의 경우에 준하여 노동조합의 자주적인 운영 또는 활동을 침해할 위험이 없는 정도이면 부당노동행위로 보지 않도록 한 것이다.

'노동조합의 자주적 운영 또는 활동을 침해할 위험'이 있는지 여부를 판단할 때에는 운영비 원조의 목적과 경위, 원조된 운영비 횟수와 기간, 원조된 운영비 금액과 원조방법, 원조된 운영비가 노동조합의 총수입에서 차지하는 비율, 원조된 운영비의 관리방법 및 사용처 등을 고려해야 한다(법 81조 2항). 고용노동부가 마련한 2020. 6. 22. 「노조법 개정에 따른 부당노동행위 처리 가이드라인」에 따르면 다음과 같은 기준에 따라 '노동조합의 자주적 운영 또는 활동을 침해할 위험'이 있는지 판단한다.

(1) 운영비 원조의 목적과 경위

사용자가 선제적이고 적극적으로 운영비를 원조하는 경우에는 자주성 침해의 위험이 크다. 노동조합이 단체교섭에서 운영비 원조를 요구한 경우에도 그목적, 수용 과정 등을 확인하여 자주성 침해 여부를 개별적이고 구체적으로 판단한다.

(2) 지원된 운영비의 성격 및 내용

노조사무실 운영에 필요한 전기·수도·통신료 등의 비용이나 복사용지·컴퓨터·정수기 등의 비품은 상대적으로 자주성 침해 위험이 낮지만, 노조간부 등의 휴대전화 통신료는 이와 성격이 달라 지원 인원이나 금액 등을 고려하여 자주성 침해 위험을 판단한다. 워크숍·체육행사 등 노조행사비나 출장·해외연수 등 조합활동비는 지원의 필요성이 인정되고 지원금이 과다하지 않은지를 고려한다.

(3) 기간·금액 등 운영비 지급 관행

지원 기간이 길거나 지원 금액이 클수록 상대적으로 자주성 침해 위험이 높다.

(4) 노조재정 중 운영비 지원액 비중

운영비 지원액 규모가 노조재정에서 차지하는 비중이 지나치게 크면 자주성 침해 위험이 높다. 다만 다른 사정을 종합적으로 고려하므로 이 기준만을 활용하여 운영비 원조가 노조재정의 몇 퍼센트를 차지하면 자주성이 침해된다는 도식적 접근은 지양한다.

(5) 지원된 운영비의 관리방법 및 사용처

사용처를 정하지 않거나 비공개로 운영비를 지원함으로써 지출내역이 관리·공개되지 않고 일부 임원에 의해 임의로 사용될 가능성이 있는 경우에는 자주성 침해의 위험이 상대적으로 높다. 원조의 목적에 맞게 지출되지 않았음이 확인되었는데도 계속 지원한 경우도 마찬가지이다.

[김 성 수·최 정 은]

부당노동행위의 행정적 구제 전론(前論)

[참고문헌]
강성태, "노동조합법상 근로자를 판단하는 판례의 기준", 노동법학 72호, 한국노동법학회(2019. 12.); 강성태·김홍영·조용만·최석환(이하 **강성태 외 3인**), 외국의 부당노동행위 직권조사 실태 및 입증책임 연구, 중앙노동위원회(2016); **강주리**, "부당노동행위 구제명령의 상대방으로서 사용자", 노동법학 83호, 한국노동법학회(2022. 9.); **강지성**, "부당해고 구제절차에서의 구제이익 ―구제이익 소멸의 판단 기준, 소의 이익과의 관계를 중심으로―", 사법논집 72집, 사법발전재단(2021); **고용노동부a**, 2011년판 고용노동백서(2011); **고용노동부b**, 2022년판 고용노동백서(2022); **곽상호**, "구제이익의 취급", 재판자료 117집 행정재판실무연구Ⅴ, 법원도서관(2016); **구미영**, "원청업체의 단체교섭 응낙의무와 교섭대상 사항 ―대전지방법원 2012. 3. 15.자 2011카합1209 결정", 노동법학 43호, 한국노동법학회(2012. 9.); **권오성a**, "하청노조의 단체교섭에 관한 쟁점", 노동법률 361호, 중앙경제(2021. 6.); **권오성b**, "단체교섭권 서설", 노동법률 371호, 중앙경제(2022. 4.); **권창영a**, 근

로기준법상 이행강제금제도에 관한 연구, 서울대학교 대학원 박사학위논문(2008); **권창영 b**, "개정된 부당해고 구제제도가 임금지급·근로자지위보전가처분에 미치는 영향", 재판자료 117집 민사집행법 실무연구 Ⅱ, 법원도서관(2009); **권창영c**, "선원노동위원회의 권한", 해양한국 2015년 8월호, 한국해사문제연구소(2015); **권창영d**, 선원법해설(제3판), 법문사(2022); **권혁**, "실질적 지배력을 가지는 원청의 노조법 상 지위", 노동법논총 51집, 한국비교노동법학회(2021. 4.); **김동인**, 선원법(제2판), 법률문화원(2007); **김기선**, "특정 노조 조합원을 이유로 한 성과상여금 차등 부당노동행위의 입증방법—대법원 2018. 12. 27. 선고 2017두47311 판결—", 노동판례리뷰 2019, 한국노동연구원(2020); **김동욱**, "선원의 근로관계, 관할 위반에 관한 노동위원회의 처리방법", 노동법률 259호, 중앙경제 (2012. 12.); **김동현·이혜영**, 결사의 자유에 관한 국제노동기구(ILO) 기본협약 비준과 노동법의 쟁점, 사법정책연구원(2022); **김민기a**, "부당노동행위 구제절차와 구제이익", 노동법의 쟁점과 과제 — 김유성 교수 화갑 기념 논문집, 법문사(2000); **김민기b**, "노동위원회의 구제명령에 대한 사법심사 법리에 관한 연구: 부당노동행위 재심판정 취소소송을 중심으로", 재판자료 118집 노동법 실무연구, 법원도서관(2009); 김상원·이시윤·박우동·이재성(편집대표), 주석 신민사소송법(Ⅰ), 한국사법행정학회(2003)(이하 **주석 신민사소송법Ⅰ**); 민일영(편집대표), 주석 민사소송법 Ⅲ, 한국사법행정학회(2018)(이하 **주석 민사소송법 Ⅲ**); **김선수**, "노사갈등의 현황과 쟁점", 전환기의 노사관계와 노동법, 한국노동법학회(1998. 11.); **김영문**, "원청의 하청기업 노무제공자 노동조합에 대한 단체교섭의무—씨제이대한통운 사건에 대한 중앙노동위원회의 결정을 중심으로—", 노동법논총 55집, 한국비교노동법학회(2022. 8.); **김유나**, "인사고과를 통한 불이익취급의 부당노동행위 증명방법과 문제점", 사회법연구 42호, 한국사회법학회(2020. 1.); **김종기**, "중앙노동위원회의 재심판정에 대한 집행정지 신청의 적법성", 행정재판실무편람: 자료집, 서울행정법원 (2001); **김치선**, "개정노동조합법(1963년 4월 17일자 개정) 비판 성장이냐 후퇴냐", 법학 5권 12호, 서울대학교 법학연구소(1963); **김치선 외 5인**, 노동법학, 법조사(1959); **김치중**, "노동위원회의 처분에 대한 쟁송에 있어서의 소송법적 제문제 —구제절차를 중심으로—", 특별법연구 5권, 박영사(1997. 6.); **김홍영a**, 부당노동행위 구제의 실효성 확보, 서울대학교 대학원 박사학위논문(1999); **김홍영b**, "노동분쟁에 대한 노동위원회의 역할과 개선과제", 노동법학 21호, 한국노동법학회(2005); **김홍영c**, "노동위원회의 판정에 대한 사법심사", 노동법의 쟁점과 과제 — 김유성 교수 화갑 기념 논문집, 법문사(2000); **김홍영d**, "노동위원회 구제명령 내용의 적절성 및 구제명령의 이행확보", 조정과 심판 2호, 중앙노동위원회(2000); **김홍영e**, "부당노동행위 인정요건과 판단", 노동법학 57호, 한국노동법학회 (2016. 3.); **김홍영f**, "개별교섭에서의 중립의무와 지배 개입의 부당노동행위—대법원 2019. 4. 25. 선고 2017두33510 판결", 노동법학 71호, 한국노동법학회(2019. 9.); 김홍영·권오성·김린·노호창·방강수(이하 **김홍영 외 4인**), 노동분쟁에서 당사자 적격의 판단기준에 관한 연구, 중앙노동위원회(2020); **김희성a**, "부당노동행위구제신청에 관한 연구", 동아법학 64호, 동아대학교 출판부(2014); **김희성b**, "부당노동행위 처벌규정의 헌법상 과잉금지의 원칙 위배 여부", 강원법학 58권, 강원대학교 비교법학연구소(2019. 8.); **김희성c**, "원청은 하청노동조합의 단체교섭의 상대방으로서 사용자인가?—택배노동조합 사건에 대한 중앙노동위원회 판정을 중심으로—", 노동법포럼 34호, 노동법이론실무학회 (2021. 11.); **김희성·도규엽**, "노동조합법상 부당노동행위죄 조항의 위헌성 여부", 사회법연구 38호, 한국사회법학회(2019); **김희성·최홍기**, "부당노동행위 처벌조항의 입법사 및 비교법적 고찰—부당노동행위 처벌조항의 한계 및 문제점을 중심으로—", 노동법논총 49집, 한국비교노동법학회(2019); **김희성·한광수**, "교섭창구단일화를 통한 단체교섭에서 사용자의 의무와 의무위반의 부당노동행위성—대상판결 : 대법원 2021. 8. 19. 선고 2019다200386[1]) 판결—", 사회법연구 45호, 한국사회법학회(2021); 노사관계제도선진화연구위원회(이하 **노사관계위원회**), 노사관계법·제도 선진화 방안(2003); **류문호**, "노동조합법상 사용자 개념의 이원성—단체교섭 당사자와 부당노동행위(지배·개입) 주체의 해석", 노동정책연구 14권 2호, 한국노동연구원(2014. 6.); 문무기·김홍영·송강직·박은정 (이하 **문무기 외 3인**), 부당노동행위제도 연구, 한국노동연구원(2004); **민중기**, "노동관계 행정소송", 행정소송의 이론과 실무, 사법연구지원재단(2008); **박귀천**, "방송연기자 노동조합 사건으로 본 대법원 노조법상 근로자성 판단기준과 경향", 노동법률 331호, 중앙경제(2018. 12.); **박상훈**, "부당노동행위의사와 해고사유의 경합", 노동법의 쟁점과 과제—김유성 교수 화갑 기념 논문집, 법문사(2000); **박수근a**, "부당노동행위 구제절차에 있어 입증책임", 노동법학 17호, 한국노동법학회(2003); **박수근b**, "화해와 구제신청 취하의 해석과 제도적 개선", 조정과 심판 21호, 중앙노동위원회(2005); **박은규**, "사용자의 부작위가 부당노동행위로 성립하기 위한 요건—부당노동행위 행정적 구제절차의 요건을 중심으로—", 노동법학 77호, 한국노동법학회(2021. 3.); **박은정a**, "해고무효확인청구소송에서 패소한 근로자에게 부당노동행위 구제절차를 유지할 이익은 존재하는가?", 노동법학 43호, 한국노동법학회(2012. 10.); **박은정b**, "미국·일본·한국 노동위원회제도에 대한 연혁적 고찰", 노동법학 61호, 한국노동법학회(2017. 3.); **박은정·권오성**, "부당해고구제신청의 구제이익과 소의 이익—대법원 2020. 2. 20. 선고 2019두52386 전원합의체 판결", 법학논집 24권 3호, 이화여자대학교 법학연구소(2020. 3.); **박지순a**, "단체교섭의 당사자로서 사용자개념", 노동법논총 51집, 한국비교노동법학회(2021. 4.); **박지순b**, "교섭창구 단일화 절차에서 사용자의 중립유지의무와 부당노동행위에 대한 최근 대법원 판례", 노동법률 366호, 중앙경제(2021. 11.); **박지순·추장철**, "복수노조 병존과 부당노동행위 —단체교섭에 따른 차별적 처우와 사용자의 중립의무를 중심으로", 노동법논총 50집, 한국비교노동법학회(2020. 12.); **박진환a**, "사용자 중 부당노동행위 구제신청의 피신청인적격성의 범위", 저스티스 157호, 한국법학원(2016); **박진환b**, "순수한 노동조합 및 노동관계조

---

1) 문헌의 표제에는 사건번호가 2019다200836으로 기재되어 있으나, 2019다200386의 오기이다.

정법상 근로자에 관한 부당노동행위 구제명령 중 수입상당액 지급명령의 가부 및 그 범위", 사법 51호, 사법발전재단(2020); **박호환**, "노동위원회 화해제도의 성공요인", 분쟁해결연구 13권 3호, 단국대학교 분쟁해결연구센터(2015); **방강수a**, "부당노동행위의사와 증명책임", 인권법의 이론과 실제 16호, 한양대학교 공익소수자인권센터(2018. 6.); **방강수b**, "단일화교섭에서 중립유지의무와 부당노동행위—대법원 2021. 8. 19. 선고 2019다200386[2] 판결", 노동법률 365호, 중앙경제(2021. 10.); **방준식a**, "사용자의 개념정립과 그 확장범위에 관한 법적 연구", 노동법포럼 10호, 노동법이론실무학회(2013. 4.); **방준식b**, "단체교섭 당사자로서의 사용자와 부당노동행위 주체로서의 사용자—대상판례: 현대중공업 사건, 울산지방법원 2018. 4. 12. 선고 2017가합20070 판결—", 노동법논총 46집, 한국비교노동법학회(2019. 8.); **방준식c**, "부당노동행위 구제제도의 실효성 확보를 위한 제언", 노동법포럼 28호, 노동법이론실무학회(2019. 11.); **법원실무제요(행정)**, 법원행정처(2016); **변성영·임종률**, "지배·개입 금지규정의 성격 및 위헌 여부", 성균관법학 20권 1호, 성균관대학교 법학연구소(2008); **심재진**, "근로관계 종료에 따른 부당해고 등 구제신청 구제이익과 재심판정취소소송 소의 이익: 대법원 판례법리의 분석과 평가", 노동법연구 32호, 서울대학교 노동법연구회(2012); **양정인**, "부당노동행위 불이익취급의 입증책임 완화에 대한 제논의", 판례연구 34집 1권, 서울지방변호사회(2021); **양현a**, "지배·개입 성립요건에 관한 고찰—행정구제대상이 되는 지배·개입을 중심으로—", 민주법학 73호, 민주주의법학연구회(2020. 1.); **양현b**, "부당노동행위제도 개선방안과 부당노동행위 성립요건에 관한 소고", 일감법학 50호, 건국대학교 법학연구소(2021. 12.); **오정근a**, "부당노동행위제도론 —현행제도는 원상회복주의로 개정되어야 한다—", 법조 6권 5·6호, 법조협회(1957. 6.); **오정근b**, "노동법의 제도와 운영상의 문제점", 법정 14권 6·7·8·9호, 법정사(1959. 9.); **유성재**, "구직자와 특수형태근로종사자의 노조법상 근로자성", 법조 716호, 법조협회(2016. 5.); **윤성천**, "부당노동행위에 대한 행정적 구제와 처벌주의의 병과", 노동법학 창간호, 한국노동법학회(1987); **윤애림a**, 다면적 근로관계에서의 사용자의 책임, 서울대학교 대학원 박사학위논문(2003); **윤애림b**, "특수형태노무제공자 고용보험 적용의 쟁점 —기업의 경계변화에 조응하는 종속노동의 보호라는 관점에서—", 노동법학 70호, 한국노동법학회(2019. 6.); **윤애림c**, "헌법이 보장하는 단체교섭권 실현을 위한 '사용자' 찾기", 노동법연구 53호, 서울대학교 노동법연구회(2022); **이광선**, "원청을 교섭상대방으로 인정한 중노위 결정의 문제점", 노동법률 363호, 중앙경제(2021. 8.); **이동락**, "부당노동행위구제절차", 재판자료 40집 근로관계소송상의 제문제(하), 법원행정처(1987); **의무상**, "노동위원회화해에 대한 소송법적 검토", 법조 70권 5호, 법조협회(2021); **이병한a**, "지배·개입의 부당노동행위의 주체인 사용자 개념", 대법원판례해설 83호, 법원도서관(2010); **이병한b**, "조합원이라는 이유로 불리하게 인사고과를 하고 그 인사고과가 경영상 이유에 의한 해고 대상자 선정기준이 되어 그 근로자가 해고되었다고 주장하는 경우, 사

---

2) 문헌의 표제에는 사건번호가 2019다200368로 기재되어 있으나, 2019다200386의 오기이다.

용자의 행위가 부당노동행위에 해당하는지 여부의 판단방법 — 통계적 입증방법의 가능성", 대법원판례해설 79호, 법원도서관(2009); **이병희**, "부당해고등 구제 재심판정에 대한 취소소송이 가지는 행정쟁송으로서의 보편성과 노동쟁송으로서의 특수성 —법원의 심판범위, 구제이익/소의 이익, 임금 상당액 지급명령의 독자성을 중심으로—", 사법논집 67집, 법원도서관(2018); **이승욱**, "다면적 노무제공관계에서 부분적·중첩적 사용자성 —중앙노동위원회 결정의 의의와 과제—", 노동법학 80호, 한국노동법학회(2021. 12.); **이승재**, "부당해고구제신청의 구제이익과 취소소송의 소의 이익", 노동법률 133호, 중앙경제(2002. 6.); **이시윤**, 신민사소송법(제15판), 박영사(2021); **이원두**, "부당노동행위 유형별 사용자의 개념—사용자 개념의 외부적 확대를 중심으로", 노동법포럼 7호, 노동법이론실무학회(2011. 10.); **이원재**, "부당노동행위 양벌규정과 책임주의 원칙", 노동법률 350호, 중앙경제(2020. 7.); **이원희**, "부당노동행위 또는 부당해고 등에 대한 구제내용 심사에 있어서 노동위원회의 판단범위", 1999 노동판례비평, 민주사회를 위한 변호사모임(2000); **이영면**, "노동위원회 사건 분쟁유형과 변화 분석 연구", 2021년도 한국노동법학회 추계학술대회 자료집(노동심판제도의 개혁과 과제), 한국노동법학회(2021); **이윤정**, "부당해고 구제명령의 성격과 재심판정취소소송에서의 소의 이익—대법원 2020. 2. 20. 선고 2019두52386 전원합의체 판결", 행정판례연구 26-2집, 박영사(2021); **이재목**, "부당노동행위에 있어 지배·개입 의사에 관한 일고", 법학연구 28권 2호, 충북대학교 법학연구소(2017. 12.); 이종훈·안문희·서용성·김성화(이하 **이종훈 외 3인**), 노동쟁송절차의 개선에 관한 연구, 사법정책연구원(2019); **이호준**, 부당노동행위제도에 관한 연구, 전남대학교 대학원 박사학위논문(1980); **임동환·이승길**, "원·하청 관계에서 원청의 단체교섭 의무", 노동법논총 55집, 한국비교노동법학회(2022. 8.); **임상민**, "학습지교사의 근로자성", 노동법실무연구 2권, 사법발전재단(2020); **장영석**, "정년 도래, 근로계약기간 만료 등 이후에 부당정직 등 구제신청과 구제이익", 노동리뷰 198호, 한국노동연구원(2021. 9.); **장진영**, "노동관계법상 사용자 처벌규정에 대해 — 부당노동행위를 중심으로", 노동법률 346호, 중앙경제(2020. 3.); 정동윤·유병현·김경욱(이하 **정동윤 외 2인**), 민사소송법(제9판), 법문사(2022); **정선주**, "가처분절차에서 소명", 민사소송: 한국민사소송법학회지 13권 2호, 한국사법행정학회(2009); **정우철**, "부당해고 등 구제신청 사건에서 구제이익의 인정 범위 — 소의 이익, 구제이익 및 신청인적격의 준별에 기초하여", 대법원 노동법실무연구회 지정토론문(2022. 4. 5.); **정인섭**, "부당해고 구제명령이 내려진 경우 부당노동행위 구제이익의 존부", 노동법률 86호, 중앙경제(1998. 7.); **조경배**, "직접고용의 원칙과 파견근로", 민주법학 19호, 민주주의법학연구회(2001); **조규식**, "간접고용하의 부당노동행위 사례와 보호방안", 노동법논총 10집, 한국비교노동법학회(2010. 8.); **조성관**, "복수노조 하의 부당노동행위 유형과 개선방안에 관한 연구", 아주법학 8권 1호, 아주대학교 법학연구소(2014); **조한중**, "부당노동행위 구제명령 중 일부의 취소를 구하는 소의 취급", 대법원판례해설 23호, 법원도서관(1995); 중앙노동위원회, 심판업무처리요령(2007. 3)(이하 **중노위 심판요**

령); 중앙노동위원회, 2006년도 노동위원회 연보(2007. 6.)(이하 **중노위 2006 연보**); 중앙
노동위원회, 집단노동분쟁 사건처리 참고자료(2015. 3.)(이하 **중노위 집단분쟁 처리자료**);
중앙노동위원회, 화해업무 매뉴얼(2019. 12.)(이하 **중노위 화해매뉴얼**); 중앙노동위원회,
위원용 심판업무 매뉴얼(2016. 3.)[이하 **중노위 심판매뉴얼(2016)**]; 중앙노동위원회, 2018
노동위원회 통계연보(2019. 4.)(이하 **중노위 2018 연보**); 중앙노동위원회, 노동위원회 소
식지(홈페이지용) 2020년 1월호(이하 **중노위 2020. 1. 소식지**); 중앙노동위원회, 노동위원
회 소식지(홈페이지용) 2022년 1월호(이하 **중노위 2022. 1. 소식지**); 중앙노동위원회, 심
판업무 매뉴얼(2022. 5.)(이하 **중노위 심판매뉴얼**); 중앙노동위원회, 2021 노동위원회 통
계연보(2022. 7.)(이하 **중노위 2021 연보**); **진창수**, "방송연기자도 노동조합법상의 노동자
인가", 법률신문 4650호, 법률신문사(2018. 11. 8.); **하명호**, "국가가 사용자인 경우 노동
위원회 구제절차에서 당사자 문제", 저스티스 109호, 한국법학원(2009. 2.); **행정재판실무
편람 1권**, 서울행정법원(2001); **홍성무**, "부당노동행위의 입증과 인정", 사법연구자료 18
집, 법원행정처(1991); **今井功**, 救濟命令等の取消訴訟の處理に關する硏究, 日本司法硏修
所(2009); 高嶋久則 外 三人編, 不當勞働行爲審査手續, 靑林書院(1986)(이하 **日本 審査手
續**); **南博方·高橋滋編**, 條解 行政事件訴訟法, 弘文堂(2006). **外尾健一編**, 不當勞働行爲の
法理, 有斐閣(1985); **道幸哲也a**, 不當勞働行爲の行政救濟法理, 信山社(1998); **道幸哲也b**,
不當勞働行爲救濟の法理論, 有斐閣(1988); **塚本重賴**, 不當勞働行爲の認定基準, 總合勞働
硏究所(1989); **古西信夫編**, 不當勞働行爲の判例と實務, ありえす書房(1992).

Ⅰ. 행정적 구제절차의 도입과 변천[3]

1. 1953년 구 노동조합법의 제정과 처벌주의 채택

부당노동행위 제도는 1953. 3. 8. 구 노동조합법이 제정될 당시부터 도입되
었으나 현행 제도와는 큰 차이가 있었다. 즉, 부당노동행위의 유형을 노동조합
법과 노동쟁의조정법의 개별 조항에 분산하여 규정하고, 부당노동행위에 대해서
는 형사처벌이 이루어지도록 벌칙 조항을 둠으로써 이른바 처벌주의를 채택하였
다. 또한, 단체협약 체결 거부 및 해태와 관련해서는 사용자뿐만 아니라 노동조
합의 대표자도 수규자로 설정하고 그 위반에 대해서는 벌칙 조항이 적용되었다.

이처럼 부당노동행위에 대하여 노동위원회를 통한 행정적 구제절차를 두지
않고 처벌주의로 일관하는 것에 관하여는 당시에도 적지 않은 비판이 있었으며,[4]

---

3) 자세한 내용은 김희성·최홍기, 135~150면 참조.
4) 오정근b, 40면에서는 처벌주의만으로 침해된 단결권이 유효하게 회복되는 것이 아니므로

노동조합에 대해서까지 단체협약 체결 거부 및 해태를 금지하고 위반 시 처벌을 하는 것은 노동3권을 보장하고 있는 헌법정신에 반한다는 지적이 있었다.[5] 이러한 문제 제기의 영향을 받아 부당노동행위 및 그 구제절차의 개선은 이후 법 개정의 중요한 의제가 되었다.[6]

2. 1963년 구 노동조합법의 전면개정과 원상회복주의 전환

1963. 4. 17. 법률 1329호로 구 노동조합법이 전면 개정되면서 제정 노동조합법 및 제정 노동쟁의조정법에 분산되어 있던 부당노동행위 관련 조항들은 구 노동조합법에 '부당노동행위'라는 표제로 통합 규정되었다(39조).[7] 또한, 사용자의 부당노동행위로 인하여 그 권리를 침해당한 근로자 또는 노동조합은 노동위원회에 구제를 신청하여 구제명령을 받을 수 있는 행정적 구제절차가 도입되었고(40조 이하), 이러한 기본적인 틀은 현행법에 이르기까지 거의 그대로 유지되고 있다.[8]

이로써 부당노동행위 구제가 처벌주의에서 전문적 행정기관인 노동위원회의 구제명령을 통한 원상회복주의(행정구제주의)로 전환되었고,[9] 부당노동행위 자체를 처벌하는 조항은 삭제되었다. 다만, 노동위원회 구제명령의 실효성을 확보하기 위하여 구제명령을 위반한 사용자에 대하여 벌칙(2년 이하의 징역 또는 10만 원 이하의 벌금)을 부과하도록 하였다(46조).

사실상 노동자들의 권리는 그대로 침해되기 쉽고, 현실적으로는 노사간의 반목을 초래하게 되며, 실제 부당노동행위를 이유로 형사 고발된 예가 극히 적다는 점에서 처벌주의의 무능무력함이 여실히 증명된다고 지적한다.

5) 김치선 외 5인, 212면; 오정근a, 7면.

6) 김희성·최홍기, 143면.

7) 김치선, 110면에서는 이러한 개정이 관계 당사자들의 편의상으로 보나 체계상으로 보나 성장된 점이라고 평가하고 있다. 한편, 기존에 부당노동행위로 규정한 지배개입, 불이익취급, 단체교섭 거부 및 해태 등의 내용을 보다 구체화하고, 일본의 노동조합법과 같이 반조합계약, 운영비 원조 금지 등을 새로이 부당노동행위로 추가하는 개정도 이루어졌다.

8) 이후 1963. 12. 7. 법률 1481호로 구 노동조합법이 개정되면서 구제신청기간이 6월에서 3월로 단축되었다.

9) 김치선, 111~112면에서는 구법에서는 부당노동행위에 대한 구제책이 막연하여 실질적 효과를 기대하지 못하였던 차에 위와 같이 노동위원회의 구제명령제도를 설정한 것은 일보 진전이라고 평가하면서도, 특히 해고(불이익취급)의 경우 원상회복으로 재취업되었다 하더라도 그 취업이 지속되기는 심히 곤란할 것이라는 점을 예로 들면서 오히려 처벌주의를 통하여 과중한 처벌을 규정함으로써 사용자의 부당노동행위(부당해고)를 사전에 방지하는 편이 더욱 실효적이라는 견해를 제시하고 있다.

3. 1986년 구 노동조합법의 개정과 원상회복주의 · 처벌주의 병용

1986. 12. 31. 법률 3925호로 구 노동조합법이 개정되면서 피해자의 명시적인 의사가 있을 때에는 부당노동행위를 한 자를 처벌하는 조항10) 및 부당노동행위 행위자 외에 그 소속 법인 등을 처벌하는 양벌규정11)이 신설되었다. 그 결과 부당노동행위 구제절차는 원상회복주의를 원칙으로 하면서도 이를 보완하는 처벌주의가 부활하여 양자가 병존하게 되었다(병용주의).

사용자의 부당노동행위에 대하여 형사처벌이 가능하도록 다시 법이 개정된 것은 1980년대에 들어오면서 부당노동행위가 급증하였고, 행정적 구제만으로는 이러한 상황에 효과적으로 대처할 수 없다고 인식하였기 때문이다. 즉, 1986년 구 노동조합법의 개정은 사후적인 행정적 구제 일변도만으로는 급증하는 각종 부당노동행위를 예방·억제할 수 없다고 보고, 처벌주의를 병용하여 행정적 구제의 기능상 한계점을 보완함으로써 부당노동행위 구제제도의 목적을 보다 효과적으로 실현하기 위한 입법조치로서 의미가 있다.12)

4. 1997년 노조법 제정과 병용주의 보완

1997. 3. 13. 법률 5310호로 제정13)된 노조법은 원상회복주의 및 처벌주의14)의 병용을 그대로 유지하되, 아래와 같은 몇 가지 제도적 보완을 하였다.

즉, 확정된 구제명령을 위반한 자에 대하여만 처벌하는 것으로 벌칙 조항을 개정하는(89조 2호) 한편, 긴급이행명령 제도를 신설하여 사용자가 행정소송을 제기한 경우 관할법원의 결정으로 판결이 확정될 때까지 구제명령의 전부 또는

---

10) 46조의2(벌칙) 39조(부당노동행위)의 규정에 위반한 자는 1년 이하의 징역 또는 1,500만 원 이하의 벌금에 처한다. 다만, 피해자의 명시한 의사에 반하여 논할 수 없다.

11) 50조(양벌규정) ① 법인의 대표자 또는 법인이나 개인의 대리인·사용인 기타의 종업원이 그 법인 또는 개인의 업무에 관하여 45조의2 내지 47조의 위반행위를 한 때에는 행위자를 처벌하는 외에 그 법인 또는 개인에 대하여도 각 해당 조의 벌금형을 과한다.

12) 윤성천, 127~128면.

13) 종전의 노동조합법과 노동쟁의조정법을 통합한 법률로서, 신규 제정의 형식을 취하였으며 그 명칭을 노동조합 및 노동관계조정법으로 하였다.

14) 90조(벌칙) 81조(부당노동행위)의 규정에 위반한 자는 2년 이하의 징역 또는 2천만 원 이하의 벌금에 처한다.

94조(양벌규정) 법인 또는 단체의 대표자, 법인·단체 또는 개인의 대리인·사용인 기타의 종업원이 그 법인·단체 또는 개인의 업무에 관하여 88조 내지 93조의 위반행위를 한 때에는 행위자를 벌하는 외에 그 법인·단체 또는 개인에 대하여도 각 해당 조의 벌금형을 과한다.

일부를 이행하도록 명할 수 있도록 하고(85조 5항), 이러한 법원의 이행명령을 위반한 경우에 과태료를 부과할 수 있도록 하여(95조) 노동위원회의 구제절차를 통한 권리구제의 실효성을 확보하고자 하였다.[15]

한편, 부당노동행위죄에 대하여 '피해자의 명시적 의사'의 요건을 삭제하여 (90조) 피해자의 의사에 관계없이 부당노동행위를 한 자를 처벌할 수 있도록 하였고, 처벌의 내용 또한 강화되었다.[16]

위와 같은 체계는 그 후 수차의 법 개정 과정에서도 큰 변화 없이 현행법에까지 이르고 있다.[17]

Ⅱ. 행정적 구제절차의 제도적 취지·특색·개요

1. 제도적 취지

부당노동행위 구제제도를 둔 목적은 집단적 노동관계 질서를 파괴하는 사용자의 행위를 예방하고 제거함으로써 근로자의 단결권·단체교섭권·단체행동

---

15) 이는 1997년 제정 전 노조법 46조(노동위원회 구제명령 위반 시의 벌칙 조항)에 대하여 '구제명령의 확정여부를 불문하고 처벌하는 것은 적법절차의 원리와 과잉제한금지의 원칙에 저촉'되어 위헌이라는 헌재 1995. 3. 23. 선고 92헌가14 결정이 내려짐에 따라 노동위원회의 구제명령이 확정될 때까지 사용자의 이행을 담보할 필요가 있어 신설한 조항이다. 김희성·최홍기, 150면.

16) 1997년 제정 전 노조법에서는 1년 이하의 징역 또는 1,500만 원 이하의 벌금에 처하고 반의사불벌죄였으나(46조의2), 1997년 제정 노조법에서는 2년 이하의 징역 또는 2천만 원 이하의 벌금에 처하며 피해자의 의사를 묻지 아니하고 처벌이 가능하도록 하였다(90조).

17) 양벌규정인 1997년 제정 노조법 94조에 대하여, 헌법재판소는 2019. 4. 11. '법인의 대리인·사용인 기타의 종업원이 그 법인의 업무에 관하여 90조의 위반행위를 한 때에는 그 법인에 대하여도 해당 조의 벌금형을 과한다'는 부분 가운데 81조 4호 본문 전단에 관한 부분은 다른 사람의 범죄에 대해 그 책임 유무를 묻지 않고 형사처벌하는 것이어서 책임주의 원칙에 위반된다는 이유로 헌법에 위반된다고 결정하였고(2017헌가30 결정), 이어 2020. 4. 23. '법인의 대리인·사용인 기타의 종업원이 그 법인의 업무에 관하여 90조 가운데 81조 1호, 2호 단서 후단, 5호를 위반한 경우'에 관한 부분 역시 책임주의 원칙에 위반된다는 이유로 헌법에 위반된다고 결정하였다(2019헌가25 결정). 이에 따라 2020. 6. 9. 법률 17432호로 노조법이 개정되어 94조 단서에 '다만, 법인·단체 또는 개인이 그 위반행위를 방지하기 위하여 해당 업무에 관하여 상당한 주의와 감독을 게을리하지 아니한 경우에는 그러하지 아니하다'는 내용의 면책 조항이 신설되었다. 이에 대하여 이원재, 107면에서는 노동현장에서 부당노동행위는 개인의 일탈행위라기보다는 법인의 이익을 위해 이루어지므로 헌법재판소의 위 위헌결정은 노사관계 현실을 도외시한 결정이라고 비판하는 노동계의 입장을 소개하면서, 노동계의 우려대로 부당노동행위 금지 조항의 실효성이 훼손되거나 노동3권이 위축되는 결과가 되지 않도록 면책 조항을 엄격하게 해석함으로써 사용자(법인·단체 또는 개인) 스스로 그 대표자나 대리인·사용인 기타 종업원의 부당노동행위에 대한 주의와 감독을 다하도록 할 필요가 있음을 지적한다.

권을 확보하여 노사관계의 질서를 신속하게 정상화하고자 하는 데에 있다.[18]

사법적 구제절차는 소송의 복잡성, 신속성·탄력성의 결여, 과다한 비용부담 등의 문제가 있을 뿐만 아니라 기본적으로 당해 권리의무의 유무와 범위를 확정하는 데 주안점을 두고 있어 노사관계의 유동적 특성을 반영한 합목적적 구제를 기대하기 곤란하므로 부당노동행위 구제제도의 목적을 실현하기 위한 구제절차로는 적절하지 않은 측면이 있다.

위와 같은 사법적 구제절차의 문제점과 한계를 인식하고 독립적·전문적 행정기관인 노동위원회로 하여금 간이·신속하고 경제적인 절차를 통해 유동적 노사관계를 고려한 유연하고 탄력적인 구제를 함으로써 부당노동행위 구제제도의 실효성을 확보하고자 별도의 행정적 구제절차를 마련한 것으로 볼 수 있다.[19]

행정적 구제는 '원상회복주의'를 원칙으로 하는 구제명령을 통하여 이루어지고, 여기서 원상회복의 의미는 사용자의 행위를 부당노동행위 이전으로 환원시키는 것만이 아니라 근로자의 침해된 노동3권을 부당노동행위 이전으로 회복시키는 것을 포함한다.[20]

이에 따라 행정적 구제절차는 전문적인 행정기관인 노동위원회가 직권으로 사실 조사와 심문을 할 수 있으며, 폭넓은 재량권을 가지고 개개의 사안에 따른 적절한 시정조치(구제명령)를 명하는 권한을 행사하는 등 사법적 구제절차와는 여러 면에서 다른 특성을 지닌다.

2. 구제절차의 특색

가. 원상회복주의와 처벌주의 병용

현행 노조법의 부당노동행위 구제제도는 노동위원회의 구제명령을 통한 원상회복을 기본으로 하면서도(원상회복주의), 부당노동행위를 예방·억제하는 효과를 도모하고자 부당노동행위를 한 자를 직접 처벌할 수 있도록 하여(처벌주의), 원상회복주의와 처벌주의를 병용하고 있다. 이러한 점에서 원상회복주의를 취하는 미국·일본의 구제절차와는 다르다.[21]

---

18) 김유성, 315~316면; 김형배, 1474면; 대법원 1998. 5. 8. 선고 97누7448 판결, 대법원 2018. 12. 27. 선고 2017두37031 판결, 대법원 2018. 12. 27. 선고 2017두47311 판결.
19) 김민기c, 40면 이하; 김유성, 362면; 김형배, 1528면; 김홍영a, 118면 이하.
20) 김유성, 367면.
21) 일본의 경우 다이쇼 시대의 노동조합법안에 존재했던 처벌주의를 계승하여 1945년 제정 노조법에서도 처벌주의를 취한 바 있었으나, 1949년 노조법의 전면 개정 시에 처벌주의에서

현행 노조법에서 처벌주의를 유지하고 있는 것에 대하여는 다수의 비판적 견해들이 존재한다. 우선 법리적으로 부당노동행위 처벌 조항은 그 구성요건인 노조법 81조 1항의 부당노동행위 규정 중 '노동조합의 업무를 위한 정당한 행위', '근로자에게 불이익을 주는', '정당한 이유 없이', '해태' 등의 부분이 죄형법정주의의 명확성 원칙에 위반될 우려가 있다는 점,22) 노조법 81조 1항에는 그 목적과 취지 및 영향을 달리 하는 5가지 유형의 부당노동행위가 규정되어 있음에도 일률적으로 동일한 형벌을 부과하고 있다는 점에서 평등원칙 및 비례원칙에 위배된다는 점,23) 행정적·사법적 구제절차를 통해 부당노동행위를 금지하는 입법 목적을 충분히 달성할 수 있는지에 대한 확인 내지 검증 없이 사용자만을 처벌 대상으로 삼고, 징역형까지 규정하여 사용자의 신체의 자유를 지나치게 침해하는 것은 과잉금지원칙의 침해 최소성 요청에 반한다는 점,24) 확정된 부당노동행위 구제명령을 이행하지 않을 경우 노조법 89조와 90조의 형사처벌이 모두 가능하게 되는데 이는 이중처벌금지의 원칙에 위반된 것으로 평가할 여지가 있는 점,25) 제도 운용의 현실에서도 처벌주의로 인하여 노동위원회가 부당노동행위 판정에 엄격한 태도를 취하게 되는 점,26) 2007년 부당해고에 대한 처벌 조항을 삭제한 후 특별히 부당해고가 급증하지는 않은 사실에 비추어 보

노동위원회에 의한 원상회복주의로 전환하였다(김희성b, 119면). 일본의 부당노동행위 처벌 조항과 관련된 입법연혁을 자세하게 다루고 있는 글로는 김희성·최홍기, 119~135면. 미국의 경우 1935년 전국노동관계법(National Labor Relations Act, 일명 Wagner법)에서 사용자의 부당노동행위제도를 도입하였는데, 위 법은 형사법이 아니고 전적으로 구제절차 및 그 내용에 관하여 규정하고 있다는 점에서 미국 역시 전국노동관계위원회(National Labor Relations Board, 이하 'NLRB'로 약칭한다)의 구제명령을 통한 원상회복주의를 채택하고 있다고 할 수 있다(김희성·최홍기, 121~122면; 노사관계위원회, 14면).

22) 문무기 외 3인, 211~212면. 사용자의 정당한 이유 없는 단체교섭의 거부 및 해태 등의 행위를 부당노동행위로 규정한 조항이 계약의 자유, 기업활동의 자유 등을 침해하지 않는다고 판단한 헌재 2002. 12. 18. 선고 2002헌바12 결정에서 재판관 주선회는 별개의견으로 합헌 결정에는 동의하지만 심판 대상으로 위 부당노동행위를 처벌하는 조항까지 포함시켜야 하며, 이 경우 해당 형사처벌 조항은 위헌이라는 의견을 개진하였고, 그 근거 중의 하나로 구성요건이 매우 애매하고 추상적이며, 어떠한 경우가 '정당한 이유'에 해당되는지 쉽게 예견이 불가능하고, 법집행자의 자의를 초래할 위험성이 있는 점, 단체교섭과 같은 특정한 유형의 행위에 관련하여서는 어떤 행위가 '해태' 즉 '게을리 하다'에 해당하는지 모호하다는 점을 들었다. 한편, 노조법 81조 1항 4호의 '지배·개입' 부분도 죄형법정주의의 명확성 원칙에 위반될 우려가 있다는 주장으로는 변성영·임종률, 473~487면.

23) 김희성b, 125면.

24) 김희성b, 117면.

25) 김희성·도규엽, 201~202면.

26) 방준식c, 76면. 김희성·최홍기, 162면에서는 이로써 병용주의의 효과를 기대한 목적과는 달리 노동위원회를 통한 원상회복주의의 기능마저 침해될 가능성이 존재한다고 한다.

면 처벌주의가 강조하는 일반예방적 효과는 노사관계에서 항상 관철되는 것이 아니라는 점,[27] 부당노동행위에 대한 처벌 조항이 삭제되더라도 과징금, 과태료 처분, 금전보상 내지 이행강제금 제도의 도입, 손해배상금의 증액 등과 같은 보완적 조치로 대응할 수 있는 점[28] 등을 근거로 한다.

그러나 앞서 본 부당노동행위 구제제도의 변천 경과와 우리나라 노사관계의 현실 등을 종합하면, 현행법이 원상회복주의와 처벌주의를 병용하는 것은 사후적인 구제조치(원상회복)만으로는 부당노동행위에 대한 실질적인 구제와 예방이 곤란하다는 판단 하에 보다 실효적인 방향으로 부당노동행위 구제절차를 설계하고자 한 입법자의 결단이라고 볼 수 있다.[29] 원상회복주의만을 취할 경우 부당노동행위 그 자체에 대해서는 아무런 처벌도 따르지 않기 때문에 사용자의 입장에서는 부당노동행위에 대한 규범의식을 결하기 쉽고, 상습적이거나 악의적으로 행하여지는 각종 부당노동행위에 대해서는 거의 대처할 수 없게 된다.[30] 부당노동행위 처벌 조항을 둘러싼 죄형법정주의 등과 관련된 논의 역시 현행 규정에 대하여 구성요건을 좀 더 명확히 하는 방법, 부당노동행위 유형 중 형사처벌의 대상을 제한하여 적정성을 도모하는 방법, 형벌의 종류와 형량을 부당노동행위 유형별로 개별화하는 방법 등을 통하여 보완이 가능하다.[31] 이행강제금이나 과태료 등 비형벌적 제재와 형사처벌과의 근본적 차이를 고려하면 비형벌적 제재만으로 부당노동행위에 대하여 사전예방 내지 억제적 기능을 다할 수 있을지는 의문이다. 나아가 부당노동행위 처벌 조항으로 인하여 노동위원회가 경직된 태도를 취하여 부당노위원회 구제에 소극적이라는 취지의 주장은 이를 실증할만한 객관적 자료가 부족하다. 부당노동행위 처벌 조항을 삭제하고 원상회복주의만으로 전환하여야 한다는 주장에는 찬성하기 어렵다. 이와 관련하여 헌법재판소는 2022. 5. 26. 선고 2019헌바341 결정에서 지배·개입의 부당노동행위 및 노조전임자에 대한 급여지원행위를 처벌하는 조항인 노조법 90조가 입법자의 입법재량을 현저히 벗어났다거나 과잉금지원칙에 위배된다고 볼 수 없어 헌법에 위반하지 않는다고 판단하였다.[32]

---

27) 방준식c, 77면.
28) 방준식c, 79~80면; 김희성b, 117면.
29) 장진영, 57면. 처벌주의를 비판하는 입장에서도 부당노동행위에 대하여 형사처벌을 선택한 입법자의 의도 자체를 부적합하다거나 부당하다고 보고 있지는 않다(김희성b, 109면).
30) 윤성천, 142면.
31) 장진영, 56면. 노사관계위원회, 16면.

한편, 현행 노조법상의 원상회복주의와 처벌주의의 관계에 관하여, 부당노동행위 구제제도의 근간은 노동위원회의 판정과 구제명령에 의하여 이루어지는 것이라는 점, 노동위원회에 의하여 부당노동행위가 성립되지 않는다고 판정되었음에도 불구하고 타 기관(검찰, 법원 등)에 의하여 처벌이 과해지게 된다면 이는 노동위원회의 전속관할에 속하는 부당노동행위 판정 권한과 모순된다는 점 등을 근거로, 노조법 90조의 규정에 의한 처벌은 먼저 노동위원회에 의한 부당노동행위가 성립한다는 판정을 전제로 내지는 그러한 판정이 있는 경우에 한하여 형벌이 부과될 수 있다고 보는 견해가 있다.[33] 그러나 양 절차는 독자적인 것으로 반드시 노동위원회에 의한 구제절차가 선행되거나 그렇게 되어야만 하는 것은 아니고, 당사자의 신고 내지 고발에 의해 형사절차만이 진행되는 경우도 있을 수 있으므로, 위 견해와 같이 노동위원회의 판정을 전제로 비로소 형사처벌이 가능하다고 일반화하기는 어렵다. 또한, 노동위원회가 부당노동행위가 성립한다는 판정을 하였더라도 범죄의 성부에 엄격한 증명을 요하는 형사법의 영역에서 검찰 내지 법원이 노동위원회의 판단에 기속된다고 보기도 어렵다. 다만, 노동위원회는 전문적 행정기관이자 준사법기관으로서 상당한 조사와 심문 등을 거쳐 부당노동행위의 성립 여부를 판단하므로, 형사절차를 담당하는 검찰이나 법원도 노동위원회의 판단을 최대한 존중하여야 할 것이다.

나. 노동위원회를 통한 구제

준사법적 행정기관인 노동위원회가 설치되어 구제절차를 관장·처리하고 있다. 이러한 점에서 미국·일본의 제도와 같으나, 노동위원회에 의한 구제와는 별도로 법원에 의한 사법적 구제(부당노동행위에 대한 민사소송 등의 제기)가 가능하다는 점에서 미국의 법제와 다르다.[34]

---

32) 헌법재판소는 위 2019헌바341 결정의 근거로 노동위원회의 구제명령은 사후적인 원상회복을 목적으로 하므로 부당노동행위를 예방하는 수단으로는 불완전한 점, 원상회복주의를 취할 경우 사용자가 구제명령을 충실히 이행하는 한 부당노동행위를 하였다는 사실에 대하여는 아무런 불이익을 받지 아니하여 사용자가 원하는 경우에 언제든지 부당노동행위를 다시 행할 여지가 있고, 특히 사용자가 노동조합에 대하여 지배·개입함으로써 노동조합에 미치는 부정적 영향은 단순히 금전으로 환산하여 배상하는 것만으로는 완전한 원상회복이 곤란할 가능성이 큰 점, 부당노동행위를 사전에 예방하고자 하는 취지, 부당노동행위가 노동조합의 조직과 활동 및 근로자의 노동3권에 미치는 악영향 등을 고려할 때 형사처벌보다 경한 과태료 처분 등으로 입법 목적을 충분히 달성할 수 있다고 단정하기 어렵다는 점 등을 들었다.

33) 김형배, 1530면; 이상윤a, 967면.

34) 미국은 부당노동행위 사건의 조사·심문과 구제를 NLRB의 전속관할로 하고 있어 NLRB에 부당노동행위 구제를 신청(charge)할 수 있을 뿐이며, 법원은 NLRB의 결정에 대한 사후

다. 당사자주의와 직권주의의 병존

부당노동행위 구제절차는 근로자나 노동조합의 신청에 의하여 개시되고(법 82조), 신청을 취하하면 절차가 종료된다(노위규칙 75조 1항). 또한 준사법기관인 노동위원회가 노사 당사자 쌍방이 참여한 심문회의에서 당사자가 주장하는 사실관계에 대하여 당사자가 제출한 증거를 중심으로 증거조사를 하고, 이를 바탕으로 판정을 한다는 점에서 부당노동행위 구제절차는 민사소송과 유사한 당사자주의적 요소를 가지고 있다.

다른 한편, 평화적·안정적 노사관계의 신속한 회복(탄력적이고 간이·신속한 구제)이라는 공익 목적을 달성하기 위하여 전문적 행정기관인 노동위원회로 하여금 부당노동행위 구제절차를 담당하도록 하고, 노동위원회의 주도로 조사와 심문이 이루어지며, 노동위원회에 직권으로 증거를 수집할 수 있는 강제적인 조사권이 부여되어 있는(노위법 23조, 31조) 등 부당노동행위 구제절차는 여러 면에서 직권주의적 요소도 가지고 있다.

라. 2심급과 재결주의

노동위원회의 구제절차는 2심제(二審制)로서 지방노동위원회의 판정에 대하여 중앙노동위원회에 재심을 신청할 수 있다.

지방노동위원회의 초심판정에 대하여 바로 행정소송을 제기할 수 없고,[35] 중앙노동위원회의 재심을 거친 다음 재심판정에 대하여 행정소송을 제기하여야 한다(재결주의, 법 85조 2항).[36]

심사에만 관여할 수 있다(이동락, 151~152, 155면). 즉, 미국은 부당노동행위 분쟁에 관하여 주법원의 관할을 배제하고 있고, NLRB의 결정에 불복하는 경우 연방항소법원에 제소할 수 있다(김홍영e, 82~83면).

[35] 일본도 노동위원회에 의한 구제절차가 지방노동위원회와 중앙노동위원회의 2심급으로 이루어져 있으나, 지방노동위원회의 결정에 불복하는 경우에는 중앙노동위원회에 재심을 청구하는 것과 행정소송을 제기하는 것 중 선택할 수 있다는 점에서 우리나라와 다르다. 일본의 부당노동행위 심사 및 구제절차에 관하여는 이종훈 외 3인, 64~65면 참조.

[36] 행소법은 임의적 전치주의를 채택하고 있으며(18조 1항 본문, 38조 2항), 행정심판 재결을 행정처분과 함께 항고소송의 대상으로 명시하고 있고(2조 1항 1호, 3조), 원처분과 함께 재결에 대하여도 항고소송을 제기할 수 있도록 하되, 재결에 대하여는 재결 자체에 고유한 위법이 있음을 원인으로 하는 경우에 한하도록 함으로써 원칙적으로 원처분주의를 채택하고 있다(19조 단서, 38조). 위와 같은 행소법 체계에 비추어 지방노동위원회의 결정에 대하여 반드시 중앙노동위원회의 재심을 거쳐야만 행정소송을 제기할 수 있는 것인지 여부가 문제되고, 이를 긍정하는 견해(김선수, 57면)와 부정하는 견해(권창영a, 142면 이하)가 있으나, 노조법 85조 2항은 일본의 경우와 달리 행정소송의 대상을 중앙노동위원회의 재심판정으로 한정하고 있으므로, 적어도 우리나라 부당노동행위 구제절차에서는 재결주의를 채택하고 있다고 보

3. 절차의 개요

부당노동행위의 행정적 구제절차는 초심절차(지방노동위원회, 다만 특정 사항에 관하여는 특별노동위원회)와 재심절차(중앙노동위원회), 그리고 행정소송으로 대별할 수 있다.

초심과 재심의 절차는 구제신청 또는 재심신청, 조사, 심문, 합의(판정회의의 토론과 의결), 판정의 순서로 진행된다.[37]

노조법 81~85조는 구제절차의 대강만을 정하고 있고, 심사(조사와 심문)의 세부적인 절차와 내용은 노위규칙[38]에서 정하고 있다(법 83조 4항; 노위규칙 33조 이하).

행정소송에 관하여는 제소기간 및 구제명령의 이행명령에 대하여만 노조법에 규정되어 있을 뿐이고(85조 2항, 5항), 나머지 사항은 행소법이 정한 바에 따른다.

4. 심사의 원칙

부당노동행위 구제절차의 개시, 심사, 판정에서 노동위원회가 어느 정도의 주도권과 재량권을 갖는가에 따라 심사의 원칙 및 방향이 정하여지므로 이에 대하여 살펴본다.

가. 신청주의

부당노동행위 구제절차는 근로자나 노동조합의 신청으로 개시되고(법 82조 1항), 노동위원회가 직권으로 부당노동행위에 대한 조사 내지 심문을 개시하거나 구제명령을 할 수는 없다.[39] 또한, 구제신청인이 신청을 취하하면 처음부터 사건이 계속되지 않은 것으로 되어 사건이 종결된다(노위규칙 75조 1항). 이처럼 구제절차의 개시 및 유지가 구제신청인의 의사에 맡겨져 있다.

이러한 신청주의의 귀결로서 노동위원회의 조사 내지 심문의 대상은 신청인이 주장하는 부당노동행위를 구성하는 구체적 사실로 한정되고, 노동위원회는 근로자나 노동조합이 구제를 신청한 범위 안에서 판정할 수 있으며(노위규칙 58

아야 할 것이다.

37) 신청의 취하, 화해 등으로 구제절차가 중간에 종료될 수 있다.

38) 노위규칙은 2007. 5. 29. 노위규칙 19호로 전부개정되었으며, 이후 7차례의 개정을 거쳐 2022. 4. 29. 현행 노위규칙(28호)으로 개정되어 2022. 5. 19.부터 시행 중이다. 특히 2007. 5. 29. 노위규칙 전부개정의 배경과 방향에 관한 자세한 내용은 중노위 심판요령, 7면 이하 참조.

39) 김희성a, 66면.

조), 신청하지 아니한 부당노동행위에 관하여 구제명령을 발할 수는 없다.

나. 대심주의(對審主義)

노동위원회는 신청인(근로자 또는 노동조합)과 피신청인(사용자)을 대립하는 당사자로 하여 심사절차를 진행한다. 노동위원회의 주도로 심사절차(조사와 심문)가 진행되지만, 신청인과 피신청인은 당사자로서 부당노동행위를 구성하는 구체적 사실을 주장하고 증거를 제출하여야 할 책임을 부담한다(법 83조 3항; 노위규칙 43조).

다. 당사자주의와 직권주의

앞서 본 바와 같이 부당노동행위 구제절차에는 당사자주의적 요소와 직권주의적 요소가 모두 반영되어 있다. 당사자주의와 직권주의 중 어느 것을 구제절차의 기본 원칙으로 볼 것인지는 심사의 양대 축인 조사와 심문의 관계를 어떻게 설정하느냐에 영향을 미친다. 직권주의를 강조하는 입장에 서면, 조사절차에서 노동위원회의 쟁점 정리와 직권에 의한 사실관계 규명이 구제절차의 중요한 과정으로 부각된다. 이에 반하여 당사자주의를 강조하는 견해에 따르면 주장과 증명은 심문절차를 통하여 이루어져야 하고 조사절차는 심문절차가 신속·적정하게 진행될 수 있도록 하는 준비절차 내지 보조절차의 기능에 그친다.

노조법 83조는 노동위원회의 구제신청에 따른 심사절차(필요한 조사와 심문) 개시의무(1항)와 함께 심문 과정에서 당사자의 신청 내지 직권으로 증인을 출석하게 하여 필요한 사항을 질문할 수 있고(2항), 심문을 함에 있어서는 당사자에게 증거의 제출과 증인에 대한 반대심문을 할 수 있는 충분한 기회를 부여하여야 한다(3항)고 규정하여 구제절차의 당사자주의적 요소와 직권주의적 요소를 모두 포함하고 있으며, 그 세부적인 사항은 노위규칙에 일임하고 있어(4항) 노조법이 당사자주의와 직권주의 가운데 무엇을 기본으로 하는지는 명백하지 않다.

그러나 노위법과 노위규칙에서는 직권주의의 전형이라 할 수 있는 직권조사와 관련하여 상당히 구체적인 규정을 두고 있고, 그 개정 경과를 살펴보면 구제절차에서 직권주의적 요소가 점차 강화되고 있는 추세였음을 알 수 있다.

즉, 노위법 23조는 노동위원회의 직권조사의 방법으로 출석·보고·진술 또는 필요한 서류의 제출 요구, 사업 또는 사업장의 업무상황, 서류 그 밖의 물건의 조사 등을 규정하고 있고, 2007. 1. 26. 노위법 개정 당시 조사관 제도를

신설하여(14조의3) 조사관으로 하여금 심판위원회 위원장 또는 주심위원의 지휘
를 받아 필요한 조사를 하고 심판위원회에 출석하여 의견을 진술할 수 있도록
하여 조사절차의 실효성을 확보하였다.

  또한, 노위규칙은 2007. 5. 29. 전부개정 이전에는 구제절차와 관련한 규정
이 25개의 조문에 불과하였고, 실무상 당사자의 주장·증명을 위주로 심사가 진
행되는 등 사실상 당사자주의적으로 절차가 진행되었으나, 위 전부개정으로 구
제절차와 관련한 규정이 67개 조문(노위규칙 제5장 심판사건 처리 33조 내지 99조)으로
늘어나면서 노위규칙 43조 내지 50조에서 심문회의 이전의 사건조사와 관련한
규정을 마련하였고, 특히 직권조사의 방법에 관하여 46조에서 ① 증거자료가 필
요하다고 판단하는 경우 당사자에게 관련 자료의 제출을 요구하고, ② 당사자의
주장이 일치하지 아니하는 때에는 당사자와 증인 또는 참고인을 출석시켜 조사
하며(진술서를 작성·제출하는 것으로 대신할 수 있다), ③ 사실관계 확인을 위하여
사업장 등을 방문하여 업무현황, 서류 그 밖에 물건을 조사할 수 있음을 규정하
였다.

5. 직권주의(직권조사) 강화의 필요성

  뒤에서 보는 바와 같이 그동안 노동위원회 구제절차에서 부당노동행위가
인정되어 구제명령이 내려진 경우는 최대 15%를 상회하는 정도에 그친다. 이처
럼 부당노동행위 인정률이 저조한 가장 큰 이유는 신청인인 근로자나 노동조합
이 부당노동행위의 성립을 증명하기 어렵기 때문이다. 부당해고 등 구제신청과
부당노동행위 구제신청이 병합된 사건에서 부당해고 등이 인정되는 경우에도
부당노동행위는 인정되지 않는 사례도 많이 발생한다.[40]

  부당노동행위 사건은 사실관계가 복잡한 경우가 많고, 부당노동행위의 존
부 및 사용자의 부당노동행위 의사에 관한 증명이 쉽지 않으며, 이를 증명할 수
있는 증거도 사용자의 지배영역 내에 있는 경우가 대부분이다. 따라서 특히 부
당노동행위 사건의 경우 노동위원회는 보다 적극적인 직권주의를 취하여 당사
자가 제출한 증거 외에도 직권조사, 현장조사 등을 통해 사건의 실체를 파악할
필요가 있다.[41] 또한 사업장 단위에서 복수의 노동조합이 허용된 이후 조합 간

---

40) 강성태 외 3인, 4~6면.
41) 강성태 외 3인, 1, 7면. 미국에서는 현장법무관(field attorney) 또는 현장조사관(field
   examiner)이 NLRB 지역사무소장(Region Director)의 지휘 하에 부당노동행위와 관련된 당사

차별, 공정대표의무 위반 등이 혼재된 지배·개입의 부당노동행위가 증가하고 있고, 이러한 유형의 사건은 노사관계의 집단적 특성으로 말미암아 사실관계가 한층 복잡하다는 점에서 노동위원회의 직권조사가 더욱 우선적으로 이루어져야 한다.42)

한편, 노동위원회로 하여금 부당노동행위 구제절차를 담당하도록 한 것은 전문적인 행정기관의 신속하고도 적정한 구제를 통하여 구제의 실효성을 확보하려는 데 있는 만큼 그 심사절차는 신속하게 이루어져야 한다.43)

현재 지방노동위원회나 중앙노동위원회는 원칙적으로 구제신청서나 재심신청서를 접수한 때부터 3개월 이내에 판정한다는 방침을 마련하고 있다.44) 노동위원회의 부당노동행위 구제신청 사건의 평균 처리기간을 살펴보면, 1980년대에는 약 25일로 사건의 처리가 비교적 신속하게 이루어졌는데,45) 2006년 무렵에는 약 103일이며, 150일을 초과한 사건도 전체 처리사건의 20%(291/1351건)를 넘어서는 등 사건처리가 장기화되었고,46) 그 원인으로는 사건 수의 증가, 사안의 복잡화, 조사절차의 형해화(形骸化) 내지 민사소송화, 공익위원의 비상근, 당사자와 대리인의 비협조 등이 지적되었으며, 이를 해결하기 위해서는 노동위원회가 사무국 강화를 통하여 심사절차를 주도(직권주의적 요소의 강화)할 필요가 있다는 견해가 제시되었다.47) 2007. 1. 26. 노위법 개정으로 심사절차의 신속·적정을 도모하는 여러 조치들이 마련되었는데, 먼저 노동위원회의 위원 정원을 확대하는 한편, 공익위원을 부문별 위원회별로 세분화하여 위촉함으로써 전문화를 꾀하고(6조), 조사관 제도를 신설하여(14조의3) 조사절차의 실효성을 확보하였으며, 그 외에도 단독심판 제도(15조의2), 주심위원 제도(16조의2) 등을 신설하였다.

자와 접촉하고 사건의 실체에 대해 조사하며 사정 청취를 하는 등의 업무를 담당하고 있으며 이에 대해 자세한 업무매뉴얼이 규정되어 있다. 일본에서는 부당노동행위 사건의 사무국 조사를 통해(노동위원회규칙 41조의2) 당사자를 개별 방문하여 사건의 경과, 배경사정, 노사관행, 과거의 분쟁 개요, 병존 조합의 개요 등에 대해 사정 청취를 할 수 있도록 하고 있다. 미국 및 일본의 부당노동행위 직권조사의 실태에 관한 자세한 내용은 강성태 외 3인, 25~92면 참조.

42) 김홍영e, 104~105면.
43) 구제절차의 신속성 확보방안에 관한 자세한 내용은 김홍영a, 125면 이하 참조.
44) 접수일부터 판정회의까지 60일, 판정회의부터 판정서 송달까지 30일(중노위 심판매뉴얼, 13면).
45) 이동락, 166면.
46) 중노위 2006 연보, 51면.
47) 중노위 심판요령, 6면; 김홍영a, 125면 이하.

이어 2007. 5. 29. 전부개정된 노위규칙(19호)은 심사절차에서 위원, 조사관, 관계 당사자의 역할과 준수해야 할 사항, 단독심판 제도 등에 관하여 상세하게 규정하고, 직권주의적 요소(조사관에 의한 조사의 중시 등)를 대폭 강화하는 한편, 사건의 간이·신속한 처리를 위한 규정을 신설하거나 보완하였다.

이후 노동위원회의 부당노동행위 구제신청 사건의 평균 처리기간은 점차 단축되어 2015년에는 77일, 2017년에는 73일, 2020년에는 80일로 대부분의 사건이 3개월 이내에 처리되고 있는데,[48] 이는 위와 같이 직권주의적 요소를 강화하는 규정을 포함하여 심사절차의 신속·적정을 도모하는 여러 조치들을 시행한 노력이 결실을 이룬 결과라고 평가할 수 있다.

특히 부당노동행위 사건에서는 사용자의 의도적이고 계획적인 증거 은닉이 이루어질 가능성이 높다. 따라서 부당노동행위에 대한 조사는 구제신청이 있으면 지체 없이 신속하게 이루어져야 하고, 증거의 확보 및 사건의 실체적 진실 파악을 위해 조사관에 의한 즉각적인 현장조사가 실시되어야 한다.[49] 이처럼 직권조사의 강화는 부당노동행위 구제절차의 신속성을 도모하는 데도 주효하다.

Ⅲ. 부당노동행위 구제신청 사건의 접수·처리 현황

1. 초　　　심

가. 접수·처리 건수

2019년도에는 노동위원회에 1,342건의 구제신청이 접수되고, 1,129건이 처리되었으며, 2021년도에는 노동위원회에 1,270건의 구제신청이 접수되고, 1,082건이 처리되었다. 2011년 이후 처리된 사건은 연간 900~1,200건가량이다.[50]

나. 사건 접수의 추이와 내역[51]

1980년대 말 정치·사회 전반의 민주화 바람과 더불어 노동조합운동이 활발하던 시기인 1988년 접수 건수가 전년보다 3배 이상 증가하고, 다음 해인

---

48) 이영면, 7면에서 재인용.
49) 강성태 외 3인, 105, 108면.
50) 고용노동부b, 661면.
51) 중노위 2006 연보, 57면에서 1972년부터 2006년까지, 고용노동부a, 613면에서 2007년부터 2009년까지, 고용노동부b, 661면에서 2010년부터 2021년까지 각 연도별 부당노동행위 사건 유형별 신청(접수) 건수를 확인할 수 있다. 이하 같다.

1989년 접수 건수가 1,721건으로 1972년 이후 최고점을 기록하였다.

그 이후 접수 건수가 계속 감소하다가 1998년 이후 점차 증가하여 2001년 1,502건에 이르렀다. 2003년에 접어들면서 접수 건수가 급격히 감소하였고, 그 이후 2006년까지 1,000건 전후를 유지하다가 2009년에 1,429건, 2010년도에 2,324건으로 접수 사건이 급증하였고, 2011년도에는 1,598건, 2014년에는 1,226건, 2019년에는 1,342건, 2021년에는 1,270건으로 다소 감소하였다.

1972년 이후 접수된 사건을 유형별로 나누어 보면 다음과 같다.

(1) 1호 불이익취급 사건

이와 관련한 사건이 전체 접수 사건의 약 80~90%로 대부분을 차지한다. 2011년도 접수된 1,598건 가운데 1,321건(82.66%), 2014년도에 접수된 1,226건 가운데 1,075건(87.68%), 2021년도에 접수된 1,270건 가운데 1,170건(92.1%)이 1호 사건이다.

(2) 2호 반조합계약 사건

10건 남짓 접수되다가 2006년에 34건으로 급격히 증가하였지만 이후 감소하여 2011년에는 4건, 2015년에는 8건, 2017년에는 6건이 접수되었다가 2018년에는 18건으로 증가하였고, 2019년에는 52건으로 급격히 증가하였고, 2021년에는 다시 2건으로 감소하였다.

(3) 3호 단체교섭 거부·해태 사건

1988년 노동조합운동이 활발하던 시기에는 이와 관련한 사건이 380건에 이르렀으나 이후 감소하여 2000년 이후에는 50~100건가량을 유지하고 있다. 2011년에는 78건, 2015년에는 65건, 2018년에는 117건이 접수되었고, 2019년에는 223건으로 증가하였으며, 2021년에는 다시 감소하여 35건이 접수되었다.

(4) 4호 지배개입 사건

2006년까지는 3호 사건과 접수 건수 및 증감 추이가 비슷하였으나 이후 2009년 196건, 2010년 360건으로 급증하였다가, 2011년에는 124건으로 감소하였고, 이후 2014년에는 110건, 2017년에는 104건, 2019년에는 134건이 접수되었으며, 2021년에는 57건으로 감소하였다.

(5) 5호 불이익취급 사건

노동조합운동이 활발하던 1980년대 말에는 59건에 이른 적도 있으나 이후 감소하여 2010년에는 3건이 접수되는데 그쳤고, 2011년에는 71건, 2012년에는 92건으로 다시 증가하였으며, 2015년에는 24건, 2018년에는 12건, 2019년에는 10건, 2021년에는 6건이 접수되었다.

다. 처리내역

2018년도에 지방노동위원회에서 처리된 679건[52] 가운데 신청의 전부 또는 일부가 인용된 사건은 82건(12.07%)이고, 282건(41.53%)이 기각되었으며, 14건 (2.06%)이 각하되었고, 231건(34.02%)은 취하되었으며, 70건(10.3%)이 화해로 종결되었다.[53] 2021년도에 지방노동위원회에서 처리된 776건 가운데 신청의 전부 또는 일부가 인용된 사건은 45건(5.8%)이고, 376건(48.45%)이 기각되었으며, 42건 (5.41%)이 각하되었고, 245건(31.57%)은 취하되었으며, 68건(8.76%)이 화해로 종결되었다.[54]

2. 재　심

가. 처리 건수

2014년에는 206건, 2016년에는 264건, 2018년에는 180건이 처리되었고,[55] 2021년도에는 306건이 처리되었다.[56]

나. 처리내역

2018년도에 중앙노동위원회에서 처리된 180건 가운데 신청의 전부 또는 일부가 인용된 사건은 29건(16.11%)이고, 101건(56.11%)이 기각되었으며, 5건(2.78%)이 각하되었고, 28건(15.56%)은 취하되었으며, 17건(9.44%)이 화해로 종결되었다.[57] 2021년도에 중앙노동위원회에서 처리된 306건 가운데 신청의 전부 또는 일부가 인용된 사건은 41건(13.4%)이고, 196건(64.05%)이 기각되었으며, 16건(5.22%)

52) 2020년도 노동위원회 전체 처리건수 중 지방노동위원회 초심판정에 대하여 중앙노동위원회에 재심을 신청하여 중앙노동위원회에서 처리된 사건수를 제외한 것이다. 이하 같다.
53) 중노위 2018 연보, 19면.
54) 중노위 2021 연보, 32면.
55) 중노위 2018 연보, 19면.
56) 중노위 2021 연보, 32면.
57) 중노위 2018 연보, 19면.

이 각하되었고, 41건(13.4%)은 취하되었으며, 12건(3.92%)이 화해로 종결되었다.58)

3. 행정소송

가. 행정소송의 제기

2019년도에 중앙노동위원회 재심판정 등 소송대상 1,746건 중 659건에 대하여 행정소송이 제기되었고(소송제기율 36.8%), 위 659건 중 부당노동행위 사건이 56건(8.8%), 부당해고 및 부당노동행위 병합 사건이 21건(3.3%)이다.59)

2021년도에 중앙노동위원회 재심판정 등 소송대상 1,789건 중 567건에 대하여 행정소송이 제기되었고(소송제기율 31.7%), 위 567건 중 부당노동행위 사건이 24건(4.2%), 부당해고 및 부당노동행위 병합 사건이 31건(5.5%)이다.60)

나. 행정소송의 결과

2019년도에 65건의 부당노동행위와 관련한 행정소송 사건61)이 처리되었는데, 이 가운데 중앙노동위원회가 승소한 사건은 36건이고, 패소한 사건은 5건이다.62) 2021년도에 32건의 부당노동행위와 관련한 행정소송 사건63)이 처리되었는데, 이 가운데 중앙노동위원회가 승소한 사건은 21건이고, 패소한 사건은 3건이다.64)

Ⅳ. 부당노동행위 신고(형사) 사건의 접수 · 처리 현황65)

2014년~2021년 지방고용노동관서에 부당노동행위로 신고된 사건은 571~1,051건이다. 2021년에 신고된 사건은 763건으로 2020년(816건)과 비교하여 6.5% 감소하였다.

2021년도에 위 신고사건 중 701건이 처리되었는데, 그 가운데 89건(12.6%)

58) 중노위 2021 연보, 32면.
59) 중노위 2020. 1. 소식지, 19면.
60) 중노위 2022. 1. 소식지, 3면.
61) 그중 부당노동행위 사건은 48건이고, 나머지 17건은 부당해고 및 부당노동행위 병합 사건이다.
62) 중노위 2020. 1. 소식지, 19면.
63) 그중 부당노동행위 사건은 12건이고, 나머지 20건은 부당해고 및 부당노동행위 병합 사건이다.
64) 중노위 2022. 1. 소식지, 3면.
65) 고용노동부b, 660면.

은 부당노동행위로 인정하여 기소의견으로 검찰에 송치하고, 340건(48.5%)은 부당노동행위가 인정되지 않는다고 판단하여 불기소의견으로 검찰에 송치하였으며, 나머지 272건(38.8%)은 당사자의 합의 등으로 종결되었다.

[민 중 기 · 김 민 기]

제82조(구제신청)

　① 사용자의 부당노동행위로 인하여 그 권리를 침해당한 근로자 또는 노동조합
은 노동위원회에 그 구제를 신청할 수 있다.

　② 제1항의 규정에 의한 구제의 신청은 부당노동행위가 있은 날(계속하는 행위
는 그 종료일)부터 3월 이내에 이를 행하여야 한다.

〈세 목 차〉

Ⅰ. 개   론

부당노동행위 구제절차는 사용자의 부당노동행위로 인하여 권리를 침해당하였다고 주장하는 근로자 또는 노동조합이 구제신청을 함으로써 개시된다(본조 1항).[1]

이러한 신청에 따라 노동위원회는 신청인(근로자 또는 노동조합)과 피신청인(사용자)을 대립하는 당사자로 하여 심사절차를 진행한다.[2]

※ 이 조에 관한 각주의 참고문헌은 '부당노동행위의 행정적 구제 전론(前論)' 해설의 참고문헌을 가리킨다.

1) 사건이 접수되면, 기관명칭(약칭, 지방노동위원회 명칭에서 지역명을 표시하는 앞의 두 글자만 기재하고, 재심사건의 기관 명칭은 '중앙'으로 기재), 접수연도, 사건유형(약칭), 일련번호(접수순) 순서로 표기하는 방법으로 사건번호를 부여하고, 사업체명, 사건유형 순서로 표기하는 방법으로 사건명칭을 부여한다(예: 서울2022부노100 내지는 중앙2022부노101 주식회사 ○○ 부당노동행위 구제신청). 이후 즉시 담당 조사관을 지정하는데 중앙노동위원회는 조사관 지정에 있어 임의성을 배제함으로써 사건 처리의 공정성을 확보하기 위하여 2013. 1. 14. 부터 '심판사건 접수 및 조사관 지정에 관한 지침'을 시행하고 있다. 담당 조사관은 관할의 적정성 여부(이송 및 관장지정의 필요성), 구제신청서에 노위규칙 39조에서 규정하는 기재사항의 누락 또는 불명확한 기재내용이 있는지 여부 등을 검토한 후 당사자에게 사건접수 알림 및 심판사건 진행안내를 하는 것을 시작으로 조사에 착수하게 된다. 자세한 내용은 중노위 심판매뉴얼, 13~37면 참조.

2) 미국 NLRB를 구성하는 주요 기관은 심판위원회(Board)와 사무총장(General Counsel), 행정법판사(Administrative Law Judge), 지역사무소장(Region Director)으로, 심판위원회와 사무총장은 원칙적으로 대등한 지위에 있다. 사무총장은 심판위원회의 지휘와 감독을 받지 않는 독립기관으로서 부당노동행위 구제신청에 대한 조사 권한을 가지고 있으며, 필요한 경우 특정한

부당노동행위 구제신청에 대한 수리·불수리의 문제는 발생하지 않는다. 노동위원회는 당해 사건이 그 관할에 속하지 않거나 신청에 각하사유가 있는 경우에도 이를 이유로 신청서의 접수를 거부할 수는 없고, 사건을 접수한 다음 이를 이송하거나 각하할 수 있을 뿐이다.

노사관계의 신속한 안정과 노동위원회의 사건 부담 완화 등을 위하여 구제신청기간이 부당노동행위가 있은 날부터 3개월로 제한된다.

Ⅱ. 당 사 자

1. 신청인(신청인적격)

사용자의 부당노동행위로 인하여 그 권리를 침해당한 근로자 또는 노동조합은 노동위원회에 그 구제를 신청할 수 있다(본조 1항).[3]

다만, 근로자와 노동조합은 노동위원회에 부당노동행위 구제를 신청할 수 있는 자격을 갖추어야 하는데, 이를 '신청인적격'이라 한다. 특히 신청인이 근로자인 경우에는 노조법상 근로자에 해당하는지 여부가, 노동조합인 경우에는 노

행위를 중지하거나 이행할 것을 명하는 결정(injunction)을 할 수 있다. 부당노동행위에 해당한다고 판단하여 사건을 심판위원회에 제소할지 여부에 관한 최종적인 판단은 사무총장의 권한이자 재량사항이다. 미국의 부당노동행위 심사절차는 당사자의 신청(charge)에 의하여 조사절차가 개시되고, 조사 결과 부당노동행위가 성립한다고 판단한 사무총장의 청구(complaint)에 의하여 행정법판사가 주관하는 심문절차가 진행되며, 사무총장과 사용자가 쌍방 대립하는 당사자로서 위 심문절차에 참여한다. 미국의 부당노동행위 구제절차가 우리나라의 그것과 다른 점을 개괄하면 다음과 같다. ① 부당노동행위 구제는 NLRB의 전속관할에 속하고 사법적 구제절차가 허용되지 않는다. ② 신청인의 자격에 제한이 없어 부당노동행위의 피해자에 한정되지 않고 누구라도 신청할 수 있다. ③ 조사절차에만 신청주의가 적용된다. ④ 지역사무소장은 조사절차에서 화해권고 등으로 사건을 처리할 수 있고 이에 따라 상당수의 구제신청이 취하되며, 신청을 각하할 수도 있는데 이에 대하여는 사무총장에게 항고가 가능하다. ⑤ 심문절차는 변론, 심리, 증거 제출 및 증인 채택 등에 있어서 민사소송법과 유사한 행정소송법이 적용되며, 사실관계에 다툼이 없고 사무총장의 청구가 이유 있으면 약식결정을 할 수 있다. ⑥ 행정법판사는 심문종결 후에 심판위원회에 보고서(구제명령, 기각결정 등의 권고를 포함한다)를 제출하고, 이 보고서는 당사자에게도 교부되며, 당사자의 이의가 없으면 위 보고서는 자동적으로 심판위원회의 최종결정 또는 명령의 효력을 가진다. ⑦ 당사자가 위 보고서에 이의하는 경우 심판위원회의 심사·결정이 이루어지며, 당사자는 심판위원회의 결정에 대하여 연방항소법원에 제소하는 방법으로 불복할 수 있다(강성태 외 3인, 25~36면; 이종훈 외 3인, 52~54면; 日本 審査手續, 43면 이하; 注釋(下), 951면 이하 참조).

3) 일본도 구제신청권자에 관한 명문의 규정이 없다. 이를 이유로 제3자도 아무런 제한 없이 구제신청을 할 수 있다는 견해도 있으나, 일반적으로 당사자주의 원칙에 근거하여 사용자의 행위로 직접·간접으로 권리 또는 이익을 침해당한 자, 즉 구제에 대하여 정당한 이해관계를 갖는 자만이 신청인 적격을 갖는다고 본다. 자세한 내용은 日本 審査手續, 59면 이하 참조.

조법상 노동조합, 소위 '법내노조'에 해당하는지 여부가 문제된다.

신청인적격을 갖춘 근로자와 노동조합은 부당노동행위의 상대방 또는 이해관계인으로서 독자적인 신청권을 갖는다. 이때 부당노동행위의 상대방이 아닌 이해관계인의 신청권도 독자적인 것으로 구제신청권을 대위 또는 대리하여 행사하는 것이 아니다.[4]

단일한 부당노동행위에 대하여 근로자와 노동조합에 중첩적으로 신청권을 인정하더라도 부당노동행위 구제신청의 관할이 부당노동행위가 발생한 사업장의 소재지를 관할하는 지방노동위원회에 속하고,[5] 구제신청 기간이 3개월에 불과하기 때문에 별개의 사건으로 진행되어 상반된 결론에 이르는 경우는 거의 예상하기 어렵다.

가. 근 로 자

(1) 노조법상 근로자

노조법 2조 1호는 "근로자"를 직업의 종류를 불문하고 임금·급료 기타 이에 준하는 수입에 의하여 생활하는 자를 말한다고 정의하고 있다.[6]

위 정의규정의 해석, 판단 기준, 근기법상 근로자 개념과의 구별 등의 논의는 특히 이른바 특고, 특수고용직, 특수형태노무제공자, 특수형태근로종사자[7] 등의 용어로 불리는 노무제공자가 노조법상 근로자인지 아니면 진정한 자영업자로서 노조법의 보호대상에서 제외되는지를 획정하기에 매우 중요한 의미가 있다. 부당노동행위 구제절차에서도 구제신청을 한 근로자가 노조법상 근로자에 해당되지 않는다고 판단되면 신청인적격이 부정되고, 이 경우 노동위원회는 구제신청을 기각[8]하고 있다.

---

4) 대법원 1979. 2. 13. 선고 78다2275 판결, 대법원 2008. 9. 11. 선고 2007두19249 판결 등.

5) 관련 사건으로 병합하거나 병행하여 심리·판정하여야 할 것이다.

6) 이에 관한 상세한 논의는 노조법 2조 1호 해설 참조.

7) 2007. 12. 14. 법률 8694호로 산재보험법 전부개정 당시 특수형태근로종사자에 대한 특례규정(125조)이 신설되면서 실정법에 '특수형태근로종사자'라는 용어로 그 개념이 처음 명문화되었고, 이후 2019. 1. 15. 법률 16272호로 전부개정된 산안법에서도 위 특수형태근로종사자 개념을 차용하고 있다(77조). 산재보험법의 위 특수형태근로종사자의 개념은 상당 부분 판례에서 근기법상 근로자 여부를 판단하는 지표에 해당하는 점, 산재보험법 시행령에서 법 규정을 보다 제한적으로 해석하고 있을 뿐만 아니라 직종을 한정하는 열거적 규정 방식을 택하고 있다는 점 등에서 보호의 범위를 지나치게 제한하는 문제가 있다고 지적하는 견해로는 윤애림b, 295~300면 참조.

8) 종래 노동위원회는 구제신청인의 신청인적격이 인정되지 않으면 구제신청을 각하하는 것으로 처리해 왔으나, 2021. 10. 7. 노위규칙 25호로 노위규칙이 개정되어 위 개정 전 노위규

대법원은 특히 학습지교사가 노조법상 근로자에 해당한다고 판단한 대법원 2018. 6. 15. 선고 2014두12598, 12604 판결에서 '노조법상 근로자는 타인과의 사용종속관계하에서 노무에 종사하고 대가로 임금 기타 수입을 받아 생활하는 자를 말하고, 개별적 근로관계를 규율하기 위해 제정된 근기법과 달리, 헌법에 의한 근로자의 노동3권 보장을 통해 근로조건의 유지·개선과 근로자의 경제 적·사회적 지위 향상 등을 목적으로 제정된 노조법의 입법 목적과 근로자에 대한 정의 규정 등을 고려하면, 노조법상 근로자에 해당하는지는 노무제공관계 의 실질에 비추어 노동3권을 보장할 필요성이 있는지의 관점에서 판단하여야 하며, 반드시 근기법상 근로자에 한정된다고 할 것은 아니다'라고 판시하여 노 조법상 근로자 개념은 근기법상 근로자 개념과 준별되는 독자적인 것임을 분명 히 하고, 구체적으로 노조법상 근로자에 해당하는지는 '노무제공자의 소득이 특 정 사업자에게 주로 의존하고 있는지, 노무를 제공 받는 특정 사업자가 보수를 비롯하여 노무제공자와 체결하는 계약 내용을 일방적으로 결정하는지, 노무제공 자가 특정 사업자의 사업 수행에 필수적인 노무를 제공함으로써 특정 사업자의 사업을 통해서 시장에 접근하는지, 노무제공자와 특정 사업자의 법률관계가 상 당한 정도로 지속적·전속적인지, 사용자와 노무제공자 사이에 어느 정도 지 휘·감독관계가 존재하는지, 노무제공자가 특정 사업자로부터 받는 임금·급료 등 수입이 노무 제공의 대가인지 등을 종합적으로 고려하여 판단하여야 한다'고 하여 기존의 판례와는 대비되는 새로운 판단 기준과 방법을 제시하였다.9)

칙 60조 1항 3호에서 각하사유로 규정되어 있던 '당사자적격이 없는 경우'가 삭제되면서, 이 후 구제신청을 기각하는 것으로 변경하였다(중노위 심판매뉴얼, 56면).

9) 기존에 대법원이 근기법상 근로자 개념과 구별하여 노조법상 근로자에 해당함을 인정한 사례는 ① 골프장 캐디에 관한 대법원 1993. 5. 25. 선고 90누1731 판결 및 대법원 2014. 2. 13. 선고 2011다78804 판결, ② 일시적으로 실업 상태에 있거나 구직 중인 자에 관한 대법원 2004. 2. 27. 선고 2001두8568 판결, ③ 출입국관리법위반으로 체류자격(취업자격)이 없는 외 국인근로자에 관한 대법원 2015. 6. 25. 선고 2007두4995 전원합의체 판결뿐이다(위 학습지교 사에 관한 대법원 2018. 6. 15. 선고 2014두12598, 12604 판결이 선고되기 전까지 노조법상 근로자성을 판단한 판례의 흐름을 첫째, 위 ①의 1993년 골프장 캐디 판결 이전, 둘째, 1993 년 골프장캐디 판결 이후부터 위 ②의 2004년 실업자 등 판결까지, 셋째, 2004년 실업자 등 판결 이후 위 2018년 학습지교사 판결까지의 세 시기로 구분하여 자세히 분석하고 있는 글 로는 강성태, 84~92면 참조). 위 판례들은 노조법상 근로자성 판단 기준이 근기법상 근로자 성 판단 기준보다 확장된다는 취지를 판시한 점에서는 긍정적으로 평가할 수 있으나, 그 판 단 기준이 무엇이 다른지 모호할 뿐만 아니라 그 내용 또한 양자를 구별하는 취지에 부합하 지 않아 적절하지 못하다는 지적이 있었는데(임상민, 383~386면; ① 판결은 사실상 근기법상 근로자성과 노조법상 근로자성을 동일한 기준에 의하여 판단하고 있으며, ② 판결은 그 판시 내용 자체에서 초기업별 노동조합에만 적용됨을 분명히 하고 있다는 한계가 있다는 비판으

대법원은 이후 방송연기자,[10] 철도매점 운영자,[11] 자동차판매 대리점 카마스터[12] 등을 노조법상 근로자에 해당한다고 판단한 일련의 판결 선고를 통하여 위 판단 기준과 방법을 더욱 발전시켰다.[13] 즉, 대법원 2018. 10. 12. 선고 2015 두38092 판결에서는 '방송연기자 중에는 ○○방송공사에 전속된 것으로 보기 어렵거나 그 소득이 ○○방송공사로부터 받는 출연료에 주로 의존하고 있다고 단정하기 어려운 경우도 있을 수 있으나, 방송연기자와 ○○방송공사 사이의 노무제공관계의 실질에 비추어 보면, 방송연기자로 하여금 노동조합을 통해 방송사업자와 대등한 위치에서 노무제공조건 등을 교섭할 수 있도록 할 필요성이 크므로, 전속성과 소득 의존성이 강하지 아니한 측면이 있다 하더라도 이를 들어 방송연기자가 노조법상 근로자임을 부정할 것은 아니'라고 하였고, 대법원 2019. 6. 13. 선고 2019두33712 판결에서는 '카마스터들이 다른 회사 자동차도 판매하는 등 독립사업자의 성격을 가지고 있더라도, ○○과 경제적·조직적 종속관계가 있는 이상, 카마스터들에게 대등한 지위에서 노무제공계약의 내용을 결정할 수 있도록 노동3권을 보장할 필요가 있다'고 하였는데, 이러한 판시들은 위 대법원 2014두12598, 12604 판결에서 제시한 판단 기준들을 유연하게 적용한 것으로서[14] 반드시 그 전부를 충족하여야만 노조법상 근로자로 인정되는 것이 아니라 그중 일부는 충족하였다고 보기 어렵더라도 노동3권의 보장 필요성이라는 관점에서 종합적으로 검토하여 노조법상 근로자성을 판단하여야 한다는 법리를 명확히 한 것이라 할 수 있다.[15]

로는 유성재, 232~236면), 위 2018년 학습지교사 판결에서 비로소 노조법상 근로자성을 판단함에 있어 핵심적이고 특유한 표지로서 '경제적·조직적 종속관계' 내지 '경제적 의존성'이 제시되었다고 할 수 있다(다만, 위 2018년 학습지교사 판결을 포함하여 이후 선고된 일련의 판결들에서 대법원이 '사용종속관계'라는 용어를 사용하는 것에 대하여 처음부터 그 의미를 분명히 할 수 있도록 '경제적·조직적 종속관계'라고 표현하는 것이 더 바람직하다는 의견을 제시하는 글로는 강성태, 107면).

10) 대법원 2018. 10. 12. 선고 2015두38092 판결.
11) 대법원 2019. 2. 14. 선고 2016두41361 판결.
12) 대법원 2019. 6. 13. 선고 2019두33712 판결.
13) 김홍영 외 4인, 10면은 위 일련의 대법원 판결에 의해 지지 및 강화됨으로써 2018년 학습지교사 판결이 견고한 판례로 빠르게 안착되었다고 평가한다.
14) 강성태, 106면은 새로운 판례 기준의 가장 큰 특징 중 하나를 '요소 적용의 유연성'이라고 본다.
15) 진창수, 11면. 나아가 박귀천, 144면은 '전속성이 약하거나 비전속적인 다양한 특고종사자에 대해서도 유연하게 적용되어 이들의 노동조합 조직의 길을 열 수 있지 않겠는가라는 기대를 갖게 한다는 점'에서 특히 의의가 있다고 평가하고 있다.

이로써 대법원은 특수형태근로종사자의 확산을 비롯한 급격한 노무제공방식의 변화를 적극적으로 수용하여 근기법상 근로자 개념과는 뚜렷하게 구별되는 독자적인 노조법상 근로자 개념을 확립하였으며,16) 그 결과 종래 근기법상 근로자로 인정받지 못하였던 특수형태근로종사자의 경우도 노조법상 근로자로서 노동3권을 실질적으로 행사할 수 있는 계기를 마련하였다고 평가할 수 있다.

부당노동행위 구제를 신청한 근로자가 노조법상 근로자에 해당하는지가 문제되는 사안에서는, 위와 같은 최근 대법원 판례의 경향을 염두에 두고 노동3권 보장의 필요성이라는 관점에서 위 판례에서 제시하는 기준들을 유연하게 적용하여 신청인적격의 구비 여부를 판단하여야 할 것이다.

(2) 유형별 검토

(가) 불이익취급 내지 반조합계약(법 81조 1항 1호 · 2호 · 5호)의 경우

사용자의 위와 같은 부당노동행위로 말미암아 권리를 침해당한 근로자는 노동위원회에 구제를 신청할 수 있다.17)

(나) 단체교섭 거부(법 81조 1항 3호)의 경우

이에 관하여는 첫째, 단체교섭의 주체는 노동조합이고 그 조합원이 아니므로 근로자 개인에게는 구제신청권이 없다는 견해,18) 둘째, 노동조합 임원(간부)에게는 인정해도 무방할 것이라는 견해,19) 셋째, 해당 부당노동행위 배제에 관하여 이해관계를 가진 자는 모두 신청인이 될 수 있다고 해석하여 노동조합 임원이나 조합원인 근로자 개인도 신청인이 될 수 있다는 견해20)가 있다.

예컨대 근로자의 해고 등을 대상으로 한 단체교섭이 거부된 경우에는 그러한 사항과 이해관계가 있는 근로자 개인의 부당노동행위 구제신청을 인정하여야 할 필요가 있다. 따라서 사용자의 단체교섭 거부에 대하여 근로자 개인의 구제신청권을 배제하지 않는 세 번째 견해가 타당하다.

---

16) 이승욱, 112면.

17) 다만, 노조법 81조 1호 및 5호에 따른 행위로 교원이 해고나 그 밖의 불이익을 받은 것을 이유로 해당 교원 또는 노동조합이 노동위원회에 부당노동행위 구제를 신청한 경우에는 교원소청심사위원회에 소청심사를 청구할 수 없다(교원노조법 13조).

18) 김유성, 356면; 임종률, 311면. 단체교섭 거부에 대해서 근로자 개인에게 구제신청자격을 인정하는 것은 의미가 없다고 보는 김희성a, 75면도 같은 취지이다.

19) 김헌수, 1094면.

20) 김형배, 1532~1533면; 이상윤a, 970면; 하갑래 595면.

㈐ 지배·개입(법 81조 1항 4호)의 경우

지배·개입의 부당노동행위에 대하여는 근로자 개인도 신청인이 될 수 있다는 것이 학설의 주류적 견해이다.[21]

사용자의 지배·개입행위가 개개 근로자에 대한 불이익취급의 형태로 나타날 수 있다는 점,[22] 이러한 경우 외에도 근로자 개인 역시 사용자의 지배·개입행위로 피해를 입을 수 있는 점,[23] 노동조합이 어용화되어 지배·개입에 대하여 다툴 의사가 없는 경우나 노동조합의 자주성을 회복하기 위한 개별 조합원의 활동에 사용자가 간섭하는 경우 등에는 조합원 개인이 자신의 단결권 침해를 제거하기 위해 구제신청을 할 필요가 있다는 점[24] 등을 근거로 든다. 특히 노동조합의 결성에 대한 지배·개입행위로 인하여 조합결성이 이루어지지 않은 경우 그에 참여한 근로자는 구제신청인이 될 수 있다.[25]

나. 노동조합

(1) 노조법상 노동조합

노조법 7조 1항은 "이 법에 의하여 설립된 노동조합이 아니면 노동위원회에 부당노동행위의 구제를 신청할 수 없다."라고 규정하고 있고, 이때 '이 법에 의하여 설립된 노동조합'이란 노조법 2조 4호 본문 및 단서에서 정한 실질적 요건 및 노조법 10조 1항, 12조에서 정한 형식적 요건을 모두 갖춘 근로자단체(이를 일반적으로 '노조법상의 노동조합' 내지는 '법내노조'라 한다)를 의미한다.[26]

---

21) 김유성, 356면; 김헌수, 1084면; 김형배, 1533면; 임종률, 311면; 이상윤a, 970면; 하갑래, 595면. 일본의 학설은 긍정설과 부정설, 그리고 사용자에 의한 압력으로 노동조합의 신청을 기대할 수 없는 상황에 있는 등 근로자 개인의 신청을 인정하지 않으면 부당노동행위 제도의 목적을 달성할 수 없거나 그에 준하는 경우에 한하여 예외적으로 인정하여야 한다는 제한설이 대립하고 있는데, 일본 최고재판소는 '노동위원회의 부당노동행위 구제제도는 근로자의 단결권과 단체행동권의 보호를 목적으로 이러한 권리를 침해하는 사용자의 일정한 행위를 부당노동행위로 금지한 노조법 규정의 실효성을 담보하기 위해 마련된 것'이라는 점을 근거로, '사용자의 지배·개입 부당노동행위를 이유로 구제신청을 하는 것에 대해서는 해당 노동조합 외에 그 조합원도 신청인적격을 가진다고 해석하는 것이 상당하다'라고 판시하여 긍정설의 입장을 취하고 있다(最高裁 平成16年7月12日 第二小法廷判決 平成15年第 109号, 甲野太郎対京都府地方労働委員会, 不当労働行為棄却取消請求上告事件). 일본의 학설 및 위 최고재판결에 관한 자세한 내용으로는 김희성a, 69~75면 참조.
22) 김헌수, 1084면.
23) 임종률, 311면.
24) 김유성, 356면; 김형배, 1533면.
25) 김유성, 356면; 김형배, 1533면.
26) 노조법 2조 4호 본문에서 정한 적극적 요건을 충족하여야 하고, 같은 호 단서에서 정한 소

   그런데 노조법 7조 2항은 '1항의 규정은 81조 1항 1호, 2호 및 5호의 규정
에 의한 근로자의 보호를 부인하는 취지로 해석되어서는 아니 된다'라고 규정하
고 있으므로, 위 규정에 의하여 노조법이 정한 실질적 요건은 갖추었으나 형식적
요건을 갖추지 못한 근로자단체(이를 일반적으로 '법외노조' 내지 '법외의 노동조
합'²⁷⁾이라 한다)도 사용자가 노동조합의 조직과 가입 또는 노동조합의 정당한 활
동을 한 것(법 81조 1항 1호) 또는 행정관청에 사용자의 부당노동행위에 관한 신
고·증언한 것 등을 이유로 근로자에게 불이익 처분을 한 경우(법 81조 1항 5호),
근로자에 대하여 특정한 노동조합의 가입을 강제하거나 가입을 방해한 경우(법 81
조 1항 2호) 노동위원회에 부당노동행위 구제신청을 할 수 있는지가 문제된다. 학설
은 이 경우 법외의 노동조합도 구제신청이 가능하다고 보는 견해²⁸⁾와 법외의 노
동조합 소속 근로자만이 개인 명의로 구제신청을 할 수 있다는 견해²⁹⁾가 대립하
고 있고, 판례 중에는 '노조법 81조 1항에서 규정하고 있는 부당노동행위의 유형
중 1호, 2호, 5호의 경우에는 법외 노동조합의 경우 그 소속 근로자가 직접 구제신
청을 할 수 있지만(7조 2항), 3호, 4호의 경우에는 법내(노조법상) 노동조합과 그 소
속 근로자만이 구제신청권을 가진다'라고 하여 후자의 견해를 취한 예가 있다.³⁰⁾
   노조법 7조 1항은 부당노동행위 구제신청을 할 수 있는 노동조합의 범위를
제한한 규정이고, 7조 2항은 위 1항의 제한에도 불구하고 부당노동행위 구제에
있어 근로자의 보호가 이루어져야 한다는 취지에서 마련된 규정으로 그 문언상
으로도 '노동조합'과 '근로자'로 대비되는 점, 앞서 본 바와 같이 노동조합의 구
제신청권은 독자적인 것이어서 근로자의 구제신청권을 대위 또는 대리하여 행
사하는 것이 아닌 점, 노동조합에게 구제신청권을 인정하는 이유는 노동조합의
단결권 또는 그 지위 및 기능의 보호·유지에 있는 점 등에 비추어 보면, 노조
법 7조 2항은 7조 1항의 규정에 의해 법외의 노동조합은 부당노동행위 구제신

   극적·결격 요건에 해당하지 않아야 하며, 노조법 10조 1항에 따라 관할 행정관청에 설립신
   고서를 제출하고 12조에 의하여 그 행정관청으로부터 신고증을 교부받아야 한다. 판례도 실
   질적 요건과 형식적 요건을 모두 구비한 경우에만 노조법상의 노동조합이라고 본다(대법원
   1979. 12. 11. 선고 76누189 판결, 대법원 1990. 10. 23. 선고 89누3243 판결, 대법원 1996. 6.
   28. 선고 93도855 판결 등 참조).
  27) 헌재 2008. 7. 31. 선고 2004헌바9 결정.
  28) 김헌수, 1095면; 김형배, 1085면; 김희성a, 77면; 방준식c, 68면; 이상윤a, 969면.
  29) 김유성, 355면; 임종률, 311면; 하갑래, 595면; 사법연수원a, 380면.
  30) 서울고법 2002. 5. 16. 선고 2014누9860 판결(대법원 2002. 10. 11.자 2002두5535 판결로
   심리불속행 기각되어 확정되었다).

청을 할 수 없지만, 적어도 그 소속 근로자에 대하여 노조법 81조 1항 1호, 2호, 5호에 해당하는 부당노동행위가 행해진 경우에는 법외의 노동조합 소속 근로자라는 이유만으로 7조 1항을 적용하여 근로자의 보호를 부인해서는 아니 되고, 이때 법외의 노동조합 소속 근로자 개인은 노동위원회에 부당노동행위 구제신청을 할 수 있음을 규정한 것이라고 해석된다. 결국 노조법에서 정한 실질적·형식적 요건을 모두 갖춘 노조법상 노동조합만이 부당노동행위 구제신청을 할 수 있고, 법외의 노동조합은 부당노동행위의 유형을 불문하고 구제신청을 할 수 없다고 보는 것이 현행법의 해석론으로는 부득이하다.

그러나 법외의 노동조합도 자주성과 민주성을 갖춘 이상[31] 모든 유형의 부당노동행위에 대한 구제신청을 통해 보호받아야 마땅하고, 법외의 노동조합을 노동위원회에 의한 부당노동행위 구제절차에서 배제하여야 할 이유가 없다. 향후 입법 개정을 통해 노조법 7조 1항은 삭제되어야 할 것이다.[32]

(2) 구체적 검토

㈎ 노동조합

노동조합은 사용자의 부당노동행위에 대하여 근로자 개인의 구제신청권과는 별개의 독자적인 구제신청권을 가진다.[33] 복수노조 하에서는 사용자가 공정대표의무(법 29조의4 1항) 또는 중립유지의무(법 29조의2 1항 단서)를 위반하여[34] 어느

---

31) 이러한 자격요건은 구제신청 시가 아니라 판정 시까지 갖추면 된다. 注釋(下), 965면.

32) 방준식c, 68~69면. 임종률, 69면에서는 노조법 7조 1항이 일본 노조법의 규정을 모방하였으나 노동조합의 설립신고제도와 조응하지 않음을 지적한다. 즉, 일본은 노동조합의 자유설립제도 하에서 자주성과 민주성 자격을 인정받지 못한 노동조합은 노동위원회 절차에 참여할 수 없도록 하고 있는 반면, 우리나라의 경우에는 설립신고제도를 채택하고 있기 때문에 노조법 7조 1항이 법외의 노동조합에 대한 불이익을 명시한 규정이 되는 등의 문제가 발생한다는 것이다. 따라서 설립신고제도를 폐지하거나 이를 존치한다면 노조법 7조 1항을 삭제함이 바람직하다는 견해를 피력하고 있다.

33) 대법원 1979. 2. 13. 선고 78다2275 판결, 대법원 2008. 9. 11. 선고 2007두19249 판결.

34) 노조법은 복수노조 하의 단체교섭 방식에 관하여 교섭창구 단일화 절차를 통하여 선정한 교섭대표노동조합과 교섭하는 방식(법 29조의2 1항 본문)과 사용자의 동의하에 개별교섭하는 방식(법 29조의2 1항 단서)을 모두 인정하고 있다. 각 교섭의 방식에 따라 사용자가 부담하는 조합간 차별금지 의무의 성격 및 내용도 달라지는데, 사용자는 교섭창구 단일화 절차를 거친 교섭대표노동조합과의 단체교섭에서는 교섭창구 단일화 절차에 참여한 노동조합 또는 그 조합원 간에 합리적 이유 없이 차별을 하여서는 아니 되는 '공정대표의무'를 부담하고(법 29조의4 1항), 개별교섭에서는 각 그 고유의 단체교섭권, 단체협약 체결권을 가지는 모든 노동조합을 차별적으로 대우해서는 아니 되는 '중립유지의무'를 부담한다(법 29조의2 2항). 2021. 1. 5. 법률 17864호로 개정된 현행 법은 위 29조의2 2항을 신설하여 개별교섭 단계의 중립유지의무를 명시함으로써 교섭창구 단일화 절차를 거친 교섭 단계에서 인정되는 공정대표의무와는 구분되는 것임을 명확히 하였다(박지순b, 48면).

노동조합을 우대하거나 반대로 어느 노동조합에게만 불이익을 주는 등 조합간
차별적 처우를 한 경우 불이익취급 내지 지배·개입의 부당노동행위가 성립할
수 있고,35) 그로 인하여 권리를 침해당한 노동조합은 부당노동행위 구제신청을
할 수 있다.36)

　　불이익취급, 반조합계약은 그 행위의 직접 상대방인 조합원의 권리를 침해
함과 동시에 노동조합의 권리를 침해하는 것이므로, 그 조합원이 속한 노동조합
도 자신의 명의로 부당노동행위 구제를 신청할 수 있다.37) 노동조합의 결성을
이유로 한 불이익취급 등의 부당노동행위에 대하여는 후에 설립된 노동조합도
독자적인 구제신청권을 가진다.38) 또한, 노조법 5조는 근로자의 노동조합 가입

　35) 대법원 2019. 4. 25. 선고 2017두33510 판결은 개별교섭 절차가 진행되던 중에 사용자가
　　　특정 노동조합과 체결한 단체협약의 내용에 따라 해당 노동조합의 조합원에게만 금품(무쟁의
　　　격려 타결금)을 지급한 경우, 사용자의 이러한 금품 지급 행위가 다른 노동조합의 조직이나
　　　운영을 지배하거나 이에 개입하는 의사에 따른 것이라면 부당노동행위에 해당할 수 있다고
　　　판시하였다. 이에 대하여는 대법원이 비록 사용자의 중립유지의무를 명시적으로 언급하고 있
　　　지 않지만 병존하는 복수노조 간 개별교섭을 원칙으로 하는 일본에서 최고재판소가 취하는
　　　입장과 마찬가지로 기본적으로는 개별교섭 상황에서 단체협약의 내용에 차이가 발생하여 다
　　　른 근로조건이 성립하는 것도 얼마든지 가능하다고 보면서도 지배·개입 등 예외적인 사정
　　　이 있는 경우 부당노동행위를 인정하는 취지로 보인다고 평가하는 견해가 있다(박지순·추장
　　　철, 136면). 한편, 위 사례와 같은 개별교섭이 아닌, 교섭대표 단일화 절차를 통한 교섭이 이
　　　루어진 사안에서 대법원 2021. 8. 19. 선고 2019다200386 판결은, 구체적 이유는 제시하지 않
　　　은 채 '사용자가 교섭대표노동조합과 교섭하면서 다른 노동조합의 약체화를 꾀하기 위하여
　　　해당 노동조합의 입장에서 받아들이기 어려운 전제조건(무쟁의 장려금 지급 조건을 계속 중
　　　인 통상임금 소송 취하와 결부시키는 조항)을 제안·고수한 것은 중립유지의무 위반으로서
　　　해당 노동조합에 대한 불이익취급 및 지배·개입의 부당노동행위가 성립한다'라고 판단한 원
　　　심판결[부산고법(창원) 2018. 12. 13. 선고 (창원)2018나11667 판결]을 수긍하였다. 이에 대하
　　　여는 교섭 방식에 따라 사용자가 부담하는 공정대표의무와 중립유지의무의 내용이 다름에도
　　　이를 준별하지 않고 있는 점, 교섭창구 단일화 절차를 통한 교섭에서는 교섭대표노동조합이
　　　그 절차에 참여한 모든 노동조합을 대표하여 사용자와 교섭하므로 사용자가 다른 노동조합
　　　에 직접 전제조건을 제안·고수하는 경우를 상정할 수 없는 점, 교섭창구 단일화 절차를 통
　　　한 교섭에서 전제조건의 차별을 들어 중립유지의무를 위반하였다고 보게 되면 협약자치를
　　　침해하고 교섭대표노동조합의 대표권을 형해화하여 교섭창구 단일화 제도의 법 취지가 몰각
　　　될 우려가 있다는 점 등을 문제로 지적하는 견해가 있다(박지순b, 48~49면; 김희성·한광수,
　　　607~611면). 반면, 방강수b, 111면은 사용자는 헌법에서 도출되는 노동조합 간 평등취급의무
　　　를 부담하므로 위 대법원 2019다200386 판결에서 중립유지의무 위반 여부를 언급하지 않은
　　　채 곧바로 부당노동행위를 인정한 것이 문제되지 않는다고 본다.
　36) 복수노조 하의 부당노동행위를 신규 노동조합 설립에 지배·개입하는 행위, 특정 노동조합
　　　에 대한 지원행위, 단체교섭 지연 및 해태 행위, 편의제공 등의 차별행위, 특정 노동조합에
　　　대한 간접적 차별행위 등의 유형으로 설명하는 글로는 조성관, 201~206면 참조.
　37) 방준식c, 69면은 복수노조 하에서 그 권리를 침해당한 근로자가 속하지 않은 노동조합은
　　　구제 신청권자가 될 수 없다고 본다. 직·간접적으로 권리를 침해당하지 않은 노동조합은 신
　　　청권자가 될 수 없다는 점을 근거로 든다.
　38) 대법원 1991. 1. 25. 선고 90누4952 판결.

의 자유를 보장하고 있으며, 노조법 81조 1항 1호에서 사용자가 노동조합에 가입하려고 한 근로자에게 불이익을 주는 행위도 부당노동행위로 금지하고 있는 점에 비추어 보면, 노동조합은 그 소속 조합원으로 가입하려고 하는 근로자에 대하여 사용자의 부당노동행위가 있는 경우에도 자신의 명의로 부당노동행위 구제신청을 할 수 있다.[39] 이러한 법리는 복수노조 하에서 다른 노동조합에 가입하려고 하거나 다른 노동조합과 연대하려고 하는 노동조합에 대하여 사용자의 부당노동행위가 있는 경우에도 적용된다. 따라서 특정 노동조합에 가입하려고 하거나 특정 노동조합과 연대하려고 하는 노동조합에 대한 부당노동행위로 인하여 특정 노동조합의 권리가 침해당할 수 있는 경우에는 그 특정 노동조합이 부당노동행위의 직접 상대방이 아닌 경우에도 자신의 명의로 부당노동행위에 대한 구제신청을 할 수 있다.[40]

노동조합의 구제신청권은 독자적인 권한이므로 불이익취급을 받은 근로자가 노동조합을 탈퇴하였거나 조합원 자격을 상실한 경우 및 불이익취급을 당한 조합원이 그 불이익을 수인하거나(구제이익의 포기) 구제신청에 반대하는 경우 등에도 노동조합은 구제신청을 할 수 있다[41]. 다만, 노동조합이 조합원의 의사에 반하는 내용의 구제명령을 구할 수는 없으므로, 이때 구제명령의 내용은 노동조합의 침해된 권리를 회복시키는 것(예컨대 단결권 침해를 예방하는 조치를 구하는 구제명령)에 한정될 것이다.[42]

(나) 연합단체

연합단체가 독자적으로 단체교섭의 주체가 될 수 있는지에 관하여는 견해의 대립이 있다.[43] 이를 부인하고 다만 연합단체의 구성원인 단위노동조합이 연합단체에 조합원을 위하여 교섭할 권한을 위임해야 교섭권한이 생긴다는 견해,[44] 연합단체는 당연히 교섭의 당사자가 된다는 견해,[45] 연합단체가 소속 단위노동조합에 대하여 단체교섭에 관한 통제력을 확보하고 있는 경우에 한하여

---

39) 김유성, 355면; 대법원 2008. 9. 11. 선고 2007두19249 판결.
40) 대법원 2022. 5. 12. 선고 2017두54005 판결.
41) 김유성, 356면; 이상윤a, 970면; 하갑래, 595면.
42) 김유성, 356면; 김형배, 1533면.
43) 자세한 내용은 노조법 29조 해설 참조.
44) 김형배, 1196면
45) 임종율, 123면; 이상윤a, 681면은 '상부단체는 하부노조에 대한 통제력 유무에 불구하고 단체교섭의 주체가 될 수 있다'고 한다.

예외적으로 단체교섭의 당사자가 될 수 있다는 견해46) 등이다. 어떠한 견해를
취하느냐에 따라 그 범위는 달라지나, 연합단체의 단체교섭 당사자성이 인정되
는 사안에서는 연합단체는 사용자의 단체교섭 거부 및 해태에 대하여 부당노동
행위 구제신청을 할 수 있다.

　　연합단체가 단위노동조합 내지 그 조합원에 대한 사용자의 불이익취급, 지
배・개입의 부당노동행위에 대하여 구제신청을 할 수 있는지에 관하여는 이를
긍정하는 견해47)와 부정하는 견해48)가 있다. 연합단체는 그 구성원인 단위노동
조합을 대상으로 이루어진 부당노동행위에 이해관계를 가지므로 이를 긍정하여
야 할 것이다. 같은 이유에서 단위노동조합에 대한 사용자의 단체교섭 거부에
관하여 연합단체도 구제신청을 할 수 있다고 보아야 한다.

　　㈐ 지부・분회

　　노조법 7조 1항은 "이 법에 의하여 설립된 노동조합이 아니면 노동위원회
에 부당노동행위의 구제를 신청할 수 없다."라고 규정하고 있고, 이때 '이 법에
의하여 설립된 노동조합'이란 노조법상 노동조합을 의미한다. 따라서 단위노동
조합의 내부조직에 불과한 지부・분회 등은 부당노동행위 구제신청을 할 수 없
다. 다만, 지부・분회로서 노조법 시행령 7조에 따라 설립신고를 한 경우 또는
명칭은 지부・분회이지만 단위노동조합 형태로 설립되어 설립신고를 하고 활동
중인 노동조합은 부당노동행위 구제신청의 신청인적격이 인정된다.49)

　　한편, 초기업별 단위노조의 하부조직에 대하여 대법원은 '노동조합의 하부
단체인 분회나 지부가 독자적인 규약 및 집행기관을 가지고 독립된 조직체로서
활동을 하는 경우 당해 조직이나 그 조합원에 고유한 사항에 대하여는 독자적
으로 단체교섭하고 단체협약을 체결할 수 있고, 이는 그 분회나 지부가 노조법
시행령 7조의 규정에 따라 그 설립신고를 하였는지 여부에 영향받지 아니한다'
라고 판시하여 실질적인 요건을 갖춘 초기업별 노동조합의 지부・분회를 단체
교섭의 당사자로 인정하고 있다.50) 그러나 앞서 본 바와 같이 현행법의 해석론

---

46) 김유성, 128면; 박홍규a, 233면.
47) 注釋(下), 965면; 日本 審査手續, 45면.
48) 김헌수, 1084면.
49) 노동위원회 실무도 지부・지회에 대하여 위와 같은 기준으로 신청인적격 여부를 판단하고
　　있다(중노위 심판매뉴얼, 56~57면).
50) 대법원 2001. 2. 23. 선고 2000도4299 판결, 대법원 2002. 7. 26. 선고 2001두5361 판결 등
　　참조.

으로는 법외의 노동조합은 부당노동행위 구제신청을 할 수 없다고 보아야 하고, 그렇다면 위 판례는 사용자의 단체교섭 거부에 대하여 비록 노동위원회에 부당노동행위 구제신청을 할 수는 없으나 정당한 주체로서 쟁의행위를 할 수 있다는 의미로 이해할 수 있다.[51]

(라) 조합이 분할·분열된 경우

노동조합이 규약이 정한 절차에 따라 복수의 조합으로 분할되거나 조합원의 집단적 탈퇴로 사실상 분열된 경우에는 당해 부당노동행위에 대하여 구제이익을 가지는 조합이 구제신청권을 가진다. 구제신청 이후에 분할·분열된 경우에는 구제이익을 가지는 조합이 신청인의 지위를 승계한다.[52]

2. 신청의 상대방(피신청인적격)

가. 논의의 두 지점

부당노동행위 구제신청의 상대방, 피신청인은 '사용자'이다.[53] 노조법 2조 2호는 '사용자'를 '사업주, 사업의 경영담당자 또는 그 사업의 근로자에 관한 사항에 대하여 사업주를 위하여 행동하는 자'라고 정의하고 있다.[54]

부당노동행위 구제절차에서 피신청인이 될 수 있는 자격, 즉 피신청인적격이 있는 사용자를 구체적으로 확정하는 핵심적 기준은 구제명령의 이행가능성이다.[55] 즉 구제명령의 상대방은 구제명령의 내용이나 그 이행 방법, 구제명령을 실효적으로 이행할 수 있는 법률적 또는 사실적인 권한이나 능력을 가지는지 여부 등을 고려하여 결정하여야 한다.[56]

구제명령의 피신청인적격을 둘러싼 논의는 크게 두 가지 국면에서 이루어지고 있다.

---

51) 하갑래, 596면.
52) 日本 審査手續, 53면.
53) 부당노동행위 구제절차에서 근로자 또는 노동조합이 신청인이라는 점에 대해서는 노조법에 명시적으로 규정되어 있다(법 82조 1항, 84조 2항). 이와 달리 피신청인에 관하여는 노조법에 명시적으로 규정되어 있지 않지만, 노동위원회는 부당노동행위가 성립한다고 판정하면 사용자에게 구제명령을 발하고(법 84조 1, 2항), 노동위원회의 판단에 관계 당사자가 불복할 수 있다고 규정하고 있는 점(법 85조 2항)에 비추어 보면, 피신청인은 사용자라고 봄이 타당하고, 이와 같이 보는 데는 이견이 없다.
54) 사업주, 사업의 경영담당자, 그 사업의 근로자에 관한 사항에 대하여 사업주를 위하여 행동하는 자의 구체적 범위에 관한 상세한 논의는 노조법 2조 2호 해설 참조.
55) 김홍영 외 4인, 138면.
56) 대법원 2010. 3. 24. 선고 2007두8881 판결, 대법원 2022. 5. 12. 선고 2017두54005 판결.

첫째, 구제명령의 이행의무자와 부당노동행위 금지의무자가 동일한지 여부
에 관한 논의이다. 부당노동행위 구제절차에서 피신청인인 사용자는, 노동위원
회가 부당노동행위에 해당한다고 판정하여 구제명령을 발하였을 경우 이에 따
라야 하는 자, 즉 구제명령의 이행의무자라 할 수 있다. 그런데 부당노동행위를
하여서는 아니 되는 의무자 역시 '사용자'이다(법 81조 1항). 이때 구제명령의 이
행의무자와 부당노동행위 금지의무자가 동일한지 여부가 문제된다. 이를 구별하
는 견해는 구제명령의 이행의무자가 사업주에 한정됨을 전제로 하고 있기 때문
에, 논의의 실익은 노조법 2조 2호에서 정의한 사용자 중 부당노동행위 구제신
청의 피신청인이 될 수 있는 자의 범위를 정함에 있다.

둘째, 이른바 사용자 개념의 외부적 확장에 관한 논의이다. 이른바 간접고
용이 확대됨에 따라 예컨대 사내하도급, 근로자 파견 등의 관계에서 실제 노무
를 공급하는 근로자와 직접 근로계약관계를 맺고 있지 않은 원청회사, 사용사업
주 등도 부당노동행위의 금지의무자이자 구제명령의 이행의무자로서 부당노동
행위 구제신청의 상대방인 사용자에 해당된다고 볼 수 있는지 여부가 문제된다.
이 논의는 간접고용 관계에서 노무를 제공하는 근로자 또는 그들로 조직된 노
동조합의 노동3권을 실질적으로 보장할 수 있는 법리를 모색한다는 측면에서
중요한 의미를 가진다.

나. 구제명령의 이행의무자가 '사업주'로 한정되는지 여부

(1) 학   설

구제명령의 이행의무자와 부당노동행위 금지의무자를 구별하는 한정설(구별
필요설)을 취하는 견해에서는 법적 당사자와 현실의 행위자를 다르다고 보아 부
당노동행위 구제절차의 피신청인은 법적 당사자로서 사업주(개인사업체의 경우는
사업주 개인, 법인의 경우는 법인 그 자체)만을 의미한다고 본다.[57] 노조법상 사용
자의 개념 정의에도 불구하고 피신청인적격은 부당노동행위 구제제도의 취지에
부합되게 좁게 해석되어야 하며, 이는 사업의 경영담당자나 그 사업의 근로자에
관한 사항에 대하여 사업주를 위하여 행동하는 자의 행위는 사업주의 의사를
실현하는 것에 불과하고 그들의 행위는 사업주의 행위로서 의미를 가지는 것일
뿐이며, 노동위원회의 구제명령은 현실적으로 부당노동행위를 한 중간책임자가

---

57) 김형배, 1533면.

아니라 정상적인 노사관계를 회복하기 위한 전권을 가진 사업주에 의해서만 실현될 수 있고, 부당노동행위에 대한 원상회복은 사업주에게 명령하는 것으로 충분하기 때문이라고 한다.[58]

원칙적으로는 사업주인 사용자만을 의미하나, 지점장, 영업소장, 공장장 등과 같이 당해 사업장의 소관사항을 처리할 권한이 있는 경우에는 피신청인이 될 수 있다거나[59] 공장장, 지국장 등이 고용주로부터 포괄적인 위임을 받아 근로자의 채용·해고 등에 관한 결정을 독자적으로 행할 수 있는 경우에는 불이익취급의 피신청인이 될 수 있다는 견해[60]도 구제명령의 이행의무자와 부당노동행위 금지의무자를 구별하는 입장이라 할 수 있다.

반면, 일치설(구별불요설)을 취하는 견해에서는 양자의 범위는 일치하며, 사업주 외 사업주의 경영담당자 등 개인에게도 피신청인적격을 인정하여야 한다고 본다.[61] 그 근거로는 노조법상 사용자라는 개념을 원용함에 있어 그 범위를 제한하는 규정이 없는 점,[62] 부당노동행위 구제명령은 부당노동행위 금지의무의 존재를 전제로 하므로, 노동위원회는 금지의무의 수규자에게 구제명령을 발할 수 있다고 보는 것이 논리적으로 자연스러운 점, 노조법은 부당노동행위에 대하여 처벌규정을 마련하고 있는데 법인의 경우 사업주가 아니라 현실적 행위자인 사업의 경영담당자나 그 사업의 근로자에 관한 사항에 대하여 사업주를 위하여 행동하는 자도 형사처벌이 되는 점, 부당노동행위 구제절차는 사법상 권리관계의 회복뿐만 아니라 반조합적 침해행위를 배제하고 그 재발을 방지하여 집단적 노사관계질서의 신속한 회복을 목적으로 하는데 현실적 행위자를 피신

---

58) 김홍영 외 4인, 149면; 류문호, 14면; 이상윤a, 971면; 하갑래, 596면; 특히 하명호, 274~275면에서는 법률적인 의무와 권한이 없는 자에게 구제명령을 발령하는 것은 실효성이 없을 뿐만 아니라 사업주가 구제명령을 받은 담당임직원을 교체하는 방식으로 구제명령을 무력화시킬 수 있으므로 이러한 불합리와 비효율성을 제거할 필요가 있음을 지적한다.

59) 김유성, 337면.

60) 김헌수, 1085면.

61) 박상필, 505면; 박진환a, 302~307, 314~327면; 심태식, 224면.

62) 일본은 노조법 27조에서 사용자의 부당노동행위를 규정하고 있다. 그런데 동법은 우리나라의 노조법 2조와 달리 사용자에 대한 정의규정을 두고 있지 않다. 그 때문에 사업경영 담당자, 그 사업의 근로자에 관한 사항에 대하여 사업주를 위하여 행동하는 자에 대해서도 사용자성을 인정할 수 있는가를 두고 논란이 있다. 이는 엄밀히 말하면 부당노동행위 주체로서의 사용자의 범위를 어떻게 해석할 것인지에 관한 문제이지 구제신청의 상대방으로서 피신청인적격의 문제가 아니다. 박진환a, 334면에서는 이러한 논의의 전제를 간과한 채 만연히 일본의 이론에 집착한 나머지 우리 노조법상 부당노동행위 구제신청 사건에서의 피신청인을 오로지 법률상 당사자인 사업주로 한정하여 해석하는 것은 문제라고 지적한다.

청인으로 하여 그에게 부작위명령 등을 발하는 방법으로 부당노동행위 구제의
실효성을 확보할 필요가 있는 점, 사업주의 경영담당자 등의 지배·개입행위가
사실행위로 이루어진 경우 사업주를 상대로 그 행위 자체를 중단·제거 내지
취소하는 것이 부자연스럽고 오히려 현실적 행위자를 피신청인으로 하는 것이
더 효과적이라는 점 등을 들고 있다.63)

　　　노조법 2조에서 사용자의 개념에 관하여 명확히 규정하고 있고, 법문상 피
신청인적격을 사업주로 한정할 근거가 없는 점, 노동위원회의 구제명령은 부당
노동행위 금지의무의 존재를 전제로 하므로 양자가 일치하는 것이 보다 논리적
인 점, 부당노동행위의 태양에 따라, 특히 사업의 경영담당자 내지 그 사업의
근로자에 관한 사항에 대하여 사업주를 위하여 행동하는 자의 지배·개입 부당
노동행위에 관하여는 현실적 행위자를 피신청인으로 하여 구제명령을 발하는
것이 부당노동행위 제도의 실효성을 확보할 수 있는 점 등에 비추어 볼 때, 일
치설(구별불요설)에 따라 부당노동행위 구제 피신청인은 부당노동행위 금지의무
자와 그 범주가 동일하여 사업주뿐만 아니라 사업의 경영담당자나 그 사업의
근로자에 관한 사항에 대하여 사업주를 위하여 행동하는 자도 구제절차의 피신
청인이 되는 것으로 해석함이 타당하다.64)

(2) 판례 및 노동위원회 실무

　　　대법원 2022. 5. 12. 선고 2017두54005 판결은 '부당노동행위 구제신청과
구제명령의 상대방인 사용자에는 노조법 2조 2호에서 정한 사업주, 사업의 경영
담당자 또는 그 사업의 근로자에 관한 사항에 대하여 사업주를 위하여 행동하
는 사람이 모두 포함된다고 해석함이 타당하다'라고 하여 일치설(구별불요설)을
취함을 명백히 하면서,65) 부당노동행위 구제신청과 구제명령의 상대방인 사용

---

63) 박진환a, 302~307, 314~327면. 이와 관련하여 강주리, 199면에서는 현실적 행위자만을 피신
　　청인으로 할 경우 구제명령 발령 이후에 행위자가 퇴직해버리면 구제명령이 실질적으로 이
　　행되기 어렵다는 점을 지적하면서, 실제 행위자뿐만 아니라 사업주의 피신청인적격도 인정하
　　여 부당노동행위 구제제도의 실효성을 확보할 필요가 있다고 한다.
64) 노조법주해(초판)Ⅲ, 120~121면에서는 사용자는 노동위원회의 구제명령에 따라 이를 시정
　　할 수 있는 지위에 있어야 하므로 부당노동행위 금지의무자인 사용자와 그 외연을 언제나
　　같이 한다고 할 수 없다는 점을 들어 원칙적으로 사업주인 사용자에게 피신청인적격이 있다
　　고 하여 한정설(구별필요설)을 취하였으나, 개정판에서 그 견해를 변경한다.
65) 대법원 2006. 2. 24. 선고 2005두5673 판결은, "부당노동행위에 대하여 지방노동위원회 또는
　　특별노동위원회의 구제명령이 발하여진 경우 그 명령에 따라 이를 시정할 주체는 사업주인
　　사용자가 되어야 한다. 그러므로 그 구제명령이 사업주인 사용자의 일부조직이나 업무집행기

자의 범위는 노조법 81조, 82조, 84조의 조문 체계 및 규정의 문언 등에 비추어 노조법 81조에서 정한 부당노동행위 금지의무자인 사용자의 범위와 같다고 해석하는 것이 논리적으로 일관되는 점, 노조법이 그 준수의무자로서의 사용자를 사업주에 한정하지 아니하고 사업의 경영담당자 또는 그 사업의 근로자에 관한 사항에 대하여 사업주를 위하여 행동하는 자로 확대한 이유는 노동현장에서 노조법의 각 조항에 대한 실효성을 확보하기 위한 정책적 배려에 있다고 볼 수 있는데, 부당노동행위 구제신청에서 피신청인적격의 존부를 판단할 때도 이와 같은 정책적 배려의 취지를 충분히 고려할 필요가 있는 점, 부당노동행위 구제 제도의 목적에 비추어 구제명령의 방법과 내용은 유연하고 탄력적일 필요가 있으므로, 구제명령을 발령할 상대방도 구제명령의 내용이나 그 이행 방법, 구제 명령을 실효적으로 이행할 수 있는 법률적 또는 사실적인 권한이나 능력을 가지는지 여부 등을 고려하여 결정하여야 하고, 그 상대방이 사업주인 사용자에 한정된다고 볼 수 없는 점 등을 근거로 들고 있다.

위 대법원 2017두54005 판결은 앞서 본 바와 같이 구제명령 이행의무자인 사용자의 범위에 관하여 학설의 대립이 있던 상황에서 사업주는 물론 사업의 경영담당자 또는 그 사업의 근로자에 관한 사항에 대하여 사업주를 위하여 행동하는 자도 이에 포함됨을 명확히 하였을 뿐만 아니라 그와 같이 판단한 근거를 상세히 제시하였다는 데 의의가 있다.[66]

관 또는 업무담당자에 대하여 행하여진 경우에는 사업주인 사용자에 대하여 행하여진 것으로 보아야 한다. 따라서 이에 대한 중앙노동위원회에의 재심 신청이나 그 재심판정 취소소송 역시 당사자능력이 있는 당해 사업주만이 원고적격자로서 소송을 제기할 수 있다."고 판단한 바 있다. 위 판시를 들어 판례가 한정설(구별필요설)을 취하는 것으로 보기도 하나(하명호, 274면; 노조법주해(초판)Ⅲ, 121~122면), 위 판결은 위 사건의 원고 중 1인인 복지관이 사단법인 ○○연합회가 운영하는 복지시설로 위 연합회의 하부조직에 불과하여 당사자능력이 없다는 내용의 판시이기 때문에 피신청인적격 문제와는 사안을 달리 한다(같은 취지를 판시한 대법원 1999. 4. 9. 선고 97누19731 판결 역시 ○○대학교 총장은 당사자능력이 없는 기관에 불과하여 이를 피신청인으로 한 재심판정의 취소를 구하면서 사용자인 ○○대학교 기성회로 당사자표시정정이 가능하다고 본 것이어서 피신청인적격의 문제를 다루며 한정설의 입장을 취한 판례라고 보기 어렵다). 나아가 지점·공장 등 역시 그 자체가 독립한 법인격을 갖추지 못하는 한, 피신청인적격 이전에 당사자능력이 없어 피신청인으로 삼을 수 없다. 반면, '사업주, 사업의 경영담당자 또는 근로자에 관한 사항에 대하여 사업주를 위하여 행위하는 자'는 자연인인 이상 그 자체로 당사자능력이 있다(박진환a, 328~329면).

66) 강주리, 196~197면은 위 대법원 2017두54005 판결 중 '구제명령을 발령할 상대방도 구제명령의 내용이나 그 이행 방법, 구제명령을 실효적으로 이행할 수 있는 법률적 또는 사실적인 권한이나 능력을 가지는지 여부 등을 고려하여 결정하여야 한다'라는 판시 부분을 들어, 이는 근로계약상 사용자 개념과는 구별되는 부당노동행위 제도상의 사용자 개념을 재확인한

한편, 노동위원회의 실무는 종래 한정설(구별필요설)을 취하였다가 위 대법원 2017두54005 판결 선고 이후 일치설(구별불요설)을 취하는 것으로 입장을 변경하였다.[67]

다. 사용자 개념의 외부적 확장[68]

(1) 개   관

㈎ 논의의 필요성

간접고용은 기업의 필요에 의하여 타인의 노무를 사용 또는 이용하지만 노무제공자와 직접 근로계약을 체결하지 않고 제3자(원사업주)에게 고용된 근로자를 사용 또는 이용하는 고용형태[69]로서, 법률에 근거한 근로자공급, 근로자파견, 도급의 법형식을 가장한 위장도급(불법파견), 적법한 도급계약에 의한 진정도급(사내하청 포함) 등으로 유형화할 수 있는데, 전형적인 양면적 고용관계와는 달리 간접고용 근로자, 고용사업주(원사업주), 사용사업주의 삼면관계 혹은 그 이상의 다면적 법률관계를 형성하며, 근로계약관계와 사용종속관계가 분리·중층화된 특징이 있다.[70]

간접고용은 고용과 사용이 분리되는 특성상 현실적으로 노동법상 많은 문제를 야기하고 있다.[71] 도급계약의 갱신거절 내지 해지, 계약단가의 인하, 계약조건의 변경 등을 통해 노동법상 해고제한 법리나 각종 규제를 쉽게 회피할 수

것으로서 대법원 2010. 3. 24. 선고 2007두8881 판결의 법리가 사용자 개념의 외부적 확장의 국면뿐만 아니라 사용자의 내부적 확장의 국면에서도 적용되어야 함을 명확히 한 것이라고 평가한다. 위 대법원 2007두8881 판결의 사안 및 의의에 관하여는 후술하는 '사용자 개념의 외부적 확장'에 관한 논의에서 다룬다.

67) 중노위 심판매뉴얼(2016), 34~35면에서는 부당노동행위 구제신청의 피신청인적격과 관련하여 원칙적으로 노동조합원인 근로자와 근로계약관계에 있거나 노동조합과 단체교섭의무가 있는 사업주를 말하고, 사업의 경영담당자 또는 그 사업의 근로자에 관한 사항에 대하여 사업주를 위하여 행위하는 자는 피신청인에 해당하지 않는다고 설명하였으나, 2022년 5월 발간된 중노위 심판매뉴얼, 60면에서는 '부당노동행위 구제신청사건의 경우 사업주뿐만 아니라 노조법 2조 2호 소정의 사업의 경영담당자 또는 그 사업의 근로자에 관한 사항에 대하여 사업주를 위하여 행동하는 자 또한 구제명령 수규자로서 피신청인적격이 인정될 수 있음'이라고 설명하고, 이어 61~62면에서 위 대법원 2017두54005 판결을 소개하고 있다.

68) 이에 관한 보다 상세한 논의는 노조법 2조 2호 해설 참조.

69) 조경배, 35면. 중노위 2021. 6. 2.자 중앙2021부노14 판정에서는 도급, 위임 등 계약 형식을 불문하고 직접 근로계약 내지 사용종속적 노무제공계약을 체결한 당사자 외에 제3자 사이에서 노무제공이 이루어지고 있는 관계를 '다면적 노무제공관계'라고 한다.

70) 김홍영 외 4인, 37면; 조규식, 441면.

71) 간접고용의 문제점 및 부당노동행위 사례에 관한 보다 상세한 내용은 조규식, 443~445, 448~453면 참조.

있으며, 특히 부당노동행위 제도와 관련하여 원청업체가 하청업체 소속 근로자의 근로조건, 노동조합의 결성, 조합활동 등에 실질적인 지배력이나 영향력 등을 행사하고 있음에도 근로계약상 상대방이 아니라는 이유로 책임을 면하거나 원청업체에 단체교섭의무를 부담시킬 법률적 근거가 명확하지 않아 결과적으로 하청업체 근로자와 노동조합은 노동3권을 행사하는 데 심각한 제약을 받고 있다.[72]

이러한 배경 하에 부당노동행위 금지의무자이자 구제신청의 상대방인 사용자의 범위를 직접 근로계약을 체결하지 않은 외부의 자, 즉 실제 노무제공을 받는 자로 확대하는 법리가 모색되기 시작하였고, 이를 통상 '사용자 개념의 외부적 확장'이라 한다.

(나) 논의의 범위

노조법 2조 2호의 사용자 개념을 어떻게 이해할 것인가와 관련하여, 학설은 근로계약설(묵시적, 실질적, 사실상 근로계약의 존재를 요구하는 견해를 포함한다), 법인격부인설, 실질적 지배력설, 대향관계설 등으로 나눌 수 있다.[73] 그런데 근로계약설이나 법인격부인설은 근로계약의 당사자를 확정하는 것과 다를 바 없어 결국 사용자 개념의 외부적 확장을 인정하는 견해는 실질적 지배력설과 대향관계설이라 할 수 있다.

한편, 부당노동행위 유형 중 불이익취급 및 반조합계약은 그 태양 및 구제명령의 내용, 이행가능성 등에 비추어 볼 때 통상 근로계약의 당사자인 사용자가 구제신청의 상대방이 되므로, 사용자 개념의 외부적 확장 문제가 본격적으로 다루어지는 영역은 아니다. 지배·개입의 경우는 대법원이 2010. 3. 25. 선고 2007두8881 판결에서 '근로자의 기본적인 노동조건 등에 관하여 그 근로자를 고용한 사업주로서의 권한과 책임을 일정 부분 담당하고 있다고 볼 정도로 실질적이고 구체적으로 지배·결정할 수 있는 지위에 있는 자가 지배·개입의 부당노동행위를 하였다면, 그 시정을 명하는 구제명령을 이행하여야 할 사용자에 해당한다'라고 판시하여 실질적 지배력설을 취하면서 어느 정도 논의가 정리되

---

72) 윤애림a, 11면에서는 "간접고용 노동자들이 노조를 결성하면, 원청은 조합원들에 대한 징계와 해고, 노조 탈퇴 강요, 조합원이 속한 하청업체와의 계약해지, 하청업체 폐업이라는 일련의 부당노동행위 '공식'을 주도하였다. 간접고용 노동자들이 원청을 상대로 이러한 문제의 해결이나 노동조건 개선을 요구하면, 원청은 자신들은 노동법상 사용자가 아니라고 법제도 뒤로 숨을 수 있었다."라고 하여 간접고용이 부당노동행위 제도의 전반에 초래하는 문제를 단적으로 표현하고 있다.

73) 자세한 내용은 법 2조 2호 해설 참조.

었다고 할 수 있다. 따라서 현재 사용자 개념의 외부적 확장에 관한 논의는 단체교섭 거부의 부당노동행위 사건과 관련하여 집중되고 있다.

(2) 부당노동행위 유형별 검토

㈎ 불이익취급

노조법 81조 1항 1호 및 5호는 근로자의 노동조합 가입, 조직, 활동, 부당노동행위의 신고, 증언 등을 이유로 근로자를 해고하거나 불이익을 주는 행위(불이익취급)를 부당노동행위로 금지하고 있으며, 이로 인한 침해를 원상회복하기 위한 전형적인 구제명령은 원직복직명령이나 징계처분 취소명령, 임금상당액 지급명령 등이다. 이와 같은 불이익취급의 태양 및 그에 대응하는 구제명령의 내용 등을 고려하면, 불이익취급의 부당노동행위 사건에서 구제신청의 상대방인 사용자는 근로자에게 해고 등 불이익을 가할 수 있고 역으로 구제명령의 이행을 통해 불이익을 제거하고 원상으로 회복할 수 있는 지위와 권한을 가진 자로서, 통상은 근로자와 근로계약관계를 맺고 있는 사업주가 이에 해당할 것이다.74) 이때 근로계약관계의 존부는 구체적인 사실관계를 기초로 검토되어야 하나, 적어도 명시적이거나 묵시적인 근로계약관계의 존재를 요건으로 한다.

판례도 (근로계약관계의 존재가 인정되지 않는) 원청사업주는 불이익취급의 부당노동행위 주체인 사용자에 해당하지 않는다고 본다. 즉 대법원 2010. 3. 25. 선고 2007두9136 판결은, '근로자와 사이에 계약당사자로서 근로계약을 체결한 원고용주는 협력업체이지 원청이 아니라는 점을 지적하고, 계약관계가 없는 원청이 실질적인 근로계약 당사자로 인정되기 위해서는 묵시적 근로관계가 성립되어 있다고 평가할 수 있어야 한다는 법리를 바탕으로 원청을 불이익취급의 부당노동행위 주체인 사용자로 볼 수 없다'는 원심의 판단75)을 수긍한 바 있다. 특히 위 대법원 2007두9136 판결은 지배·개입의 부당노동행위 사건에서 실질적 지배력설을 취한 위 대법원 2010. 3. 15. 선고 2007두8881 판결과 같은 날 선고된 것으로 동일한 노사관계 당사자들 사이에서 부당노동행위의 유형만이 달리 문제된 사안이어서 주목된다.

물론 근로자와 근로계약관계가 없는 원청사업주의 관여나 압력 등에 의해

---

74) 김홍영 외 4인, 164~165면; 이원두, 291면.
75) 서울고법 2007. 4. 11. 선고 2006누14065 판결, 다만, 위 판결은 판결이유에서 제1심인 서울행법 2006. 5. 16. 선고 2005구합12206 판결의 내용 중 일부 사실관계를 수정한 외에는 민소법 420조 본문에 따라 제1심판결의 내용을 사실상 그대로 인용하였다.

불이익취급이 행해지는 경우가 있을 수 있으나, 원청사업주에게 원직복직명령을 하더라도 이행이 가능한지는 의문이므로 이때는 지배·개입의 부당노동행위로 포섭하여 적절한 구제방법을 도모하여야 할 것이다.[76]

(나) 반조합계약

반조합계약은 근로자가 어느 노동조합에 가입하지 않거나 탈퇴하거나 특정 노동조합의 조합원이 될 것을 고용조건으로 하는 것이다(법 81조 1항 2호). 이는 결국 근로계약 체결의 문제이므로, 반조합계약의 부당노동행위 사건에서 구제신청의 상대방은 근로계약의 일방 당사자인 사용자가 되는 경우가 대부분이다.

원청사용자가 하청기업에 대하여 하청근로자와 반조합계약을 체결하도록 실질적 지배력 내지 영향력을 행사할 수도 있으나, 이 경우에는 지배·개입의 부당노동행위로 포섭하여 적절한 구제방법을 도모하여야 할 것이다.[77]

결국 불이익취급 및 반조합계약의 경우에는 구제신청의 상대방인 사용자의 개념 및 그 범위가 가장 엄격한 해석을 통해 결정되고 있다고 할 수 있다.[78]

(다) 지배·개입

대법원 2010. 3. 25. 선고 2007두8881 판결은, 원청업체가 사내 하청업체들의 폐업을 유도하는 등의 방법으로 사내 하청업체의 노동조합 활동을 방해한 사례에서 '부당노동행위의 예방·제거는 노동위원회의 구제명령을 통해서 이루어지는 것이므로, 구제명령을 이행할 수 있는 법률적 또는 사실적인 권한이나 능력을 가지는 지위에 있는 한 그 한도 내에서는 부당노동행위의 주체로서 구제명령의 대상자인 사용자에 해당하며, 근로자의 기본적인 노동조건 등에 관하여 그 근로자를 고용한 사업주로서의 권한과 책임을 일정 부분 담당하고 있다고 볼 정도로 실질적이고 구체적으로 지배·결정할 수 있는 지위에 있는 자가, 노동조합을 조직 또는 운영하는 것을 지배하거나 이에 개입하는 등으로 부당노동행위(법 81조 1항 4호)를 하였다면, 그 시정을 명하는 구제명령을 이행하여야 할 사용자에 해당한다'라고 판시한 후 원청업체의 위와 같은 행위를 지배·개입의 부당노동행위로 인정하였다.[79] 위 판결은 이른바 '실질적 지배력설'을 취한 것

---

76) 김홍영 외 4인, 165면도 실질적 지배력설을 원용하여 원청에게 불이익취급의 부당노동행위에 대한 책임을 묻는 것은 적절치 않거나 굳이 그렇게 해야 할 당위성에는 의문이 있다고 한다.

77) 김홍영 외 4인, 165면.

78) 이원두, 292면.

으로, 다면적 노무제공관계에 대한 인식을 바탕으로 근로계약관계를 전제로 하
지 않는 노조법의 사용자 개념 및 범위를 본격적으로 다룬 판결로 평가된다.[80]

　　지배·개입의 부당노동행위에 대한 구제명령은 그에 해당하는 행위를 하여
서는 아니 된다는 내용의 부작위명령이나 공고문 게시명령, 그리고 반조합행위
를 반복할 우려가 현존하는 경우 장래에 대한 부작위명령 등이 가능하다. 이러
한 구제명령은 근로계약관계가 없는 사용자도 충분히 이행 가능한 것이다. 위
대법원 2007두8881 판결 역시 당해 사안에서 중앙노동위원회가 원청업체에 발
한 "실질적인 영향력과 지배력을 행사하여 사업폐지를 유도하는 행위와 이로
인하여 노동조합의 활동을 위축시키거나 침해하는 행위를 하여서는 아니 된다."
라는 내용의 구제명령을 위법하지 않다고 보았다.

　　㈑ 단체교섭 거부
　　① 판　　례
　　대법원은 1986. 12. 23. 선고 85누856 판결, 1993. 11. 23. 선고 92누13011
판결, 1995. 12. 22. 선고 95누3565 판결, 1997. 9. 5. 선고 97누3644 판결, 2008.
9. 11. 선고 2006다40935 판결 등 일련의 판결들을 통해 단체교섭의 상대방인
사용자는 '근로자와의 사이에 사용종속관계가 있는 자, 즉 근로자와의 사이에
그를 지휘·감독하면서 그로부터 근로를 제공받고 그 대가로서 임금을 지급받
을 것을 목적으로 하는 명시적이거나 묵시적인 근로계약관계를 맺고 있는 자'를
의미한다고 판시하였다.

　　그런데 위 판결들은 모두 실질적 지배력설을 취한 대법원 2010. 3. 25. 선
고 2007두8881 판결 이전에 선고된 것이었기에 위 대법원 2007두8881 판결의
선고를 계기로 그 판시 법리가 단체교섭 거부의 부당노동행위 사건에도 적용되
어, 근로자의 기본적인 노동조건 등에 관하여 실질적이고 구체적으로 지배·결
정할 수 있는 지위에 있는 자가 단체교섭에 응할 의무를 부담하는지, 단체교섭
요구를 거부할 경우 부당노동행위 구제신청의 상대방이 될 수 있는지가, 특히

---

79) 이후 대법원 2021. 2. 4. 선고 2020도1159 판결은 위 대법원 2007두8881 판결을 인용하면
　　서 실질적 지배력설에 의거하여 근로계약관계가 없어도 원청업체인 ○○전자가 ○○전자협력
　　업체 수리기사 등에 대하여 지배·개입의 부당노동행위 주체인 사용자에 해당한다고 인정하
　　였다.
80) 윤애림c, 82~85면. 이병한a, 860면은 직접고용 시대에 정착된 노조법상의 사용자론을 간접
　　고용 시대에도 계속 유지하기는 어렵다고 보아 새로운 해석론을 제시한 판례라고 평가한다.

원하청 관계를 둘러싸고 문제되고 있다.

　이에 관한 하급심의 입장은 나뉘고 있다. 대전지법 2011. 10. 6.자 2011카합 782 결정은 ○○공사 청소용역업체 소속 근로자들로 조직된 노동조합이 ○○공사를 상대로 단체교섭을 요구하였으나 거부당하자 단체교섭응낙가처분을 신청한 사건에서 위 대법원 2007두8881 판결의 법리를 기초로 '단체교섭의 당사자로서의 사용자라 함은 근로계약관계의 당사자로서의 사용자에 한정하지 않고 비록 근로계약관계의 당사자가 아니라고 하더라도 단체교섭의 대상이 되는 근로조건에 관한 사항의 전부 또는 일부에 관하여 그 근로자를 고용한 사업주로서의 권한과 책임을 일정 부분 담당하고 있다고 볼 정도로 실질적이고 구체적으로 지배·결정할 수 있는 지위에 있으면 단체교섭의 당사자로서의 사용자에 해당한다'고 전제하고 사실인정을 거쳐 가처분 신청을 일부 인용하였다.[81]

　한편, 중앙노동위원회는 2021. 6. 2.자 중앙2021부노14 판정에서 택배회사인 ○○회사는 집배대리점과 위수탁계약을 맺은 특수형태근로종사자인 택배기사들로 조직된 노동조합에 대해 노조법상 단체교섭의무를 부담하는 사용자에 해당한다고 보아 위 ○○회사가 노동조합의 단체교섭 요구를 거부한 것을 부당노동행위로 인정하였는데,[82] 위 ○○회사가 이에 불복하여 제기한 취소소송에

---

81) 위 가처분결정의 이의사건에서 대전지법 2012. 3. 15.자 2011카합1209 결정은 '근로계약상 사용자 이외의 사업주도 근로계약상의 사용자와 직접 근로계약관계를 맺고 있는 근로자를 자기의 업무에 종사시키고, 그 근로자의 기본적인 노동조건 등에 관하여 근로계약상의 사용자와 같이 볼 수 있을 정도로 현실적이고 구체적으로 지배, 결정할 수 있는 지위에 있는 경우에는 그 한도 내에서 단체교섭의무가 있는 사용자에 해당한다'라고 하여 같은 취지의 법리를 설시하였으나, 다만 제1심 가처분결정 이후 종래 청소용역업체와 체결한 용역계약이 기간 만료되었고 새로운 용역업체와 체결한 용역계약에서 ○○공사 소속 관리자의 권한 규정을 삭제하여 용역업체 근로자들에게 직접 지시할 법적 근거가 없어졌다는 등의 사정을 들어 ○○공사의 사용자성을 부정하고 제1심 결정을 취소하였다. 이에 노동조합이 대전고법 2012라 42호로 항고하였다가 2013. 1. 12. 항고를 취하함으로써 위 이의사건의 결정이 확정되었다. 구미영, 308면은 위 대전지법 2011카합1209 결정에서 사용자의 권한과 책임을 설시함에 있어 대법원 2007두8881 판결이나 제1심 결정과는 달리 '부분적으로'라는 표현을 하지 않고 있는 점에 주목하며, 이러한 해석은 실질적 지배력설의 본래 입장조차 축소 적용하여 부분적, 중첩적 사용자 개념을 사실상 부인하는 방향으로 이어질 수 있다는 우려를 표시한다.

82) 위 판정은 노동3권을 보장한 헌법 33조 1항의 규정 및 그 규범적 의미, 노조법의 입법취지, 실질적 지배력설을 취한 대법원 2007두8881 판결의 법리, 노조법상 근로자의 범위를 확대해 온 일련의 대법원 판결의 법리, 노동3권의 실현이라는 관점에서 노조법상 사용자의 범위를 해석·적용해야 할 당위성, 다면적 노무제공관계 하에서의 단체교섭권 보장의 필요성 등을 종합적으로 검토한 다음, '노조법상 단체교섭의무를 부담하는 사용자에 해당하는지는 헌법상 기본권인 단체교섭권을 구체적으로 실현하는 관점에서 노무제공관계의 실질에 비추어 단체교섭의 대상인 노동조건 등을 지배·결정하는 자가 누구인지를 기준으로 판단하여야 한다. 따라서 노조법상 노동조합의 단체교섭 요구에 응낙할 의무와 이와 관련한 단체교섭 거

서 서울행법 2023. 1. 12. 선고 2021구합71748 판결은, 위 대법원 2007두8881 판결을 인용하면서 '노조법 81조 1항 3호(단체교섭 거부의 부당노동행위)의 사용자에는 같은 항 4호(지배·개입의 부당노동행위)의 사용자와 마찬가지로 근로자와의 사이에 사용종속관계가 있는 자뿐만 아니라 기본적인 노동조건 등에 관하여 그 근로자를 고용한 사업주로서의 권한과 책임을 일정 부분 담당하고 있다고 볼 정도로 실질적이고 구체적으로 지배·결정할 수 있는 지위에 있는 자도 포함된다'라고 판단하여 중앙노동위원회의 위 재심판정을 적법하다고 인정하고 위 ○○ 회사의 청구를 기각하였다. 나아가 그 구체적인 근거로 계층적, 다면적, 복합적 노무관계가 확산됨에 따라 해당 근로자의 근로조건에 대한 지배·결정권도 다면적으로 분화하고, 다층적 사업주 간의 종속성의 정도에 따라 근로조건에 대하여 온전히 책임을 져야 할 원사업주임에도 근로조건 일부에 대하여만 권한과 책임을 갖게 되는 문제가 발생하는 상황에서 지배력이나 결정권을 갖지 못하는 근로조건에 대하여 원사업주에게만 단체교섭의무를 부담시킬 경우 근로자의 노동3권[83]은 보호받지 못하고 형해화되는 점, 원청 사업주의 복합적 노무관계의 형성이라는 경영상 방침이나 사업구조의 설계에 의해 헌법상 기본권인 노동3권

부·해태의 부당노동행위 금지의무의 수규자인 사용자는 기본적으로 노무제공자와 근로계약 내지 사용종속적인 노무제공계약을 체결한 원사업주라 할 것이나, 원사업주 이외의 사업주라 할지라도 원사업주 소속 근로자의 기본적인 노동조건 등에 관하여 일정 부분 실질적이고 구체적으로 지배·결정할 수 있는 지위에 있는 자는 그 법률적 또는 사실적인 권한과 책임의 한도 내에서 노조법상 단체교섭 의무를 부담하는 사용자로 인정된다'라는 결론에 이르고 있다. 또한, 위 판정은 원사업주 이외의 사업주가 원사업주 소속 근로자의 기본적인 노동조건 형성, 사업장의 유해·위험요소 관리, 작업배치나 업무방법의 기준 설정 등에 대해 일정한 지배력·결정권 등을 보유·행사하는 경우, 그 범위 내에서 노조법상 '부분적인 사용자 책임'을 원사업주와 '중첩적으로 분담'하여야 한다고 판단하였다. 나아가 위 판정은 구체적으로 ○○회사가 노조법상 단체교섭의무를 부담하는 사용자에 해당하는지는 노동조합의 각 교섭요구 의제에 대해 실질적이고 구체적으로 지배·결정할 수 있는 지위에 있는지를 기준으로 하되, 이에 더해 대리점 택배기사의 노무가 ○○회사의 사업 수행에 필수적이고 그 사업체계에 편입되어 있는지 여부, 대리점 택배기사의 노동조건 등을 단체교섭에 의해 집단적으로 결정하여야 할 필요성과 타당성 등을 종합적으로 고려하여 판단하여야 한다는 기준을 제시하였고, 이에 비추어 노동조합이 요구한 6개의 교섭의제 중 ㉮ 서브터미널에서 택배기사의 배송상품 인수시간 단축, ㉯ 서브터미널에서 택배기사의 집화상품 인도시간 단축, ㉰ 택배기사 1인당 1주차장 보장 등 서브터미널의 작업환경 개선에 관한 3개의 의제는 ○○회사가 압도적인 지배력, 영향력을 행사하고 있다는 점을 인정하였고, ㉱ 주5일제 및 휴일·휴가 실시, ㉲ 수수료 인상 등 급지체계 개편, ㉳ 사고부책 개선 등 3개의 의제는 ○○회사와 대리점주가 중첩적으로 지배력, 영향력을 가진다고 하여 ○○회사의 부분적 지배력, 영향력을 인정하였다.

83) 위 서울행법 2021구합71748 판결은 '근로3권'이라고 표현하고 있으나, 이 부분 서술의 용어상 통일을 위해 '노동3권'이라 기재한다. 이하 같다.

의 효력이 일부 중단되는 것과 같은 부당한 결과가 초래되는 원인과 책임은 원청 사업주에게 있으므로, 부당노동행위의 사용자를 해석함에 있어 기본권 침해적 상황을 초래한 자가 누구인지도 고려하여 해석함이 타당한 점, 다층적으로 형성된 노무관계에서 노조법상 사용자를 근로계약관계에 따른 사용종속적 지위에 있는 사용주로만 한정하는 명시적인 규정이 없을 뿐만 아니라 하청 근로자의 단체교섭권, 단체행동권 등의 상대방으로서의 사업주 범위를 근로계약관계로만 한정해야 할 필요성과 정당성을 인정할 만한 사정을 발견하기 어려운 점, 원청 사업주의 우월적 지위를 고려하면 하청 근로자의 근로조건에 대한 지배·결정의 범위는 원청 사업주의 의사결정에 따라 좌우될 수밖에 없고 그에 따라 사실상 하청 근로자의 노동3권 행사 범위나 제한의 정도도 좌우되는데 이러한 제한은 오히려 법률유보원칙, 과잉금지원칙 등의 기본권 제한의 헌법상 원칙들을 위반할 소지가 큰 점, 노조법상 '사용자' 개념의 해석 문제는 단결권과 관련한 지배·개입 행위에 한정되는 문제가 아니라 단체교섭권, 단체행동권 등 전반적인 노동3권의 보장과 유기적으로 연결되어 있고, 이를 통한 노조법의 입법 목적 실현과도 직접적으로 관련되어 있는 점, 노조법 81조 1항에서 부당노동행위의 유형별로 사용자의 개념을 달리 규정하고 있지 않은 점, 동일한 법령에서의 용어는 법령에 다른 규정이 있는 등 특별한 사정이 없는 한 동일하게 해석·적용되어야 하는 점, 노조법은 노동조합에 가입한 근로자와 사용자 사이에 반드시 직접적인 근로계약관계가 존재하는 경우에 한하여 단체교섭과 단체협약 체결이 가능함을 전제로 하고 있지 않으며, 노동3권은 법률이 없더라도 헌법의 규정만으로 직접 법규범으로서 효력을 발휘할 수 있는 구체적 권리이므로,[84] 교섭창구 단일화 절차에 포섭될 수 있는지에 따라 노조법상 사용자의 개념이 달라진다고 해석하는 것은 본말이 전도된 것인 점 등을 들고 있다.

　　반면, 울산지법 2008. 4. 12. 선고 2017가합20070 판결은, 전국 단위 산업별 노동조합인 전국○○노조가 원청업체인 ○○회사를 상대로 위 노조 산하 사내 하청지회 소속 근로자들의 노동조건과 관련한 단체교섭의 이행을 청구한 사건에서 '원청업체가 사내 하청업체 소속 근로자들과의 관계에서 단체교섭의무가

---

84) 대법원은 2020. 9. 3. 선고 2016두32992 전원합의체 판결에서 '노동3권은 법률의 제정이라는 국가의 개입을 통하여 비로소 실현될 수 있는 권리가 아니라, 법률이 없더라도 헌법의 규정만으로 직접 법규범으로서 효력을 발휘할 수 있는 구체적 권리라고 보아야 한다'라고 판시하여 노동3권의 구체적이고 직접적인 규범력을 인정한 바 있다.

있는 사용자에 해당하는지는 사내 하청업체 소속 근로자들과 사이에 적어도 묵시적 근로계약관계가 성립되어 있다고 평가할 수 있을 정도로 사용종속관계가 있는지 여부에 따라 결정된다'고 판단하였고, 그 근거로 단체교섭 제도와 부당노동행위 제도는 그 목적과 기능을 달리하는 점, 지배·개입은 사실행위로서 명시적·묵시적 근로계약관계에 있는 사용자에 의해서만 발생할 수 있는 성격의 행위가 아닌 반면, 단체교섭 제도는 단체협약을 통해 근로계약의 내용을 집단적으로 형성·변경할 수 있는 기능과 가능성을 본질로 하므로 근로자와 사용자 사이의 개별 근로계약관계의 존재 여부와 밀접한 관련성을 가질 수밖에 없는 점 등을 근거로 들고 있다. 위 판결은 특히 '원청업체가 제3자로서 사내 하청업체 소속 근로자에 대하여 노동3권을 침해하는 사실적인 지배·개입행위를 할 수 있는 지위에 있다는 사정만으로 단체교섭을 포함한 집단적 노동관계 일반에 있어 원청업체의 사용자성이 당연히 인정된다고 볼 수는 없다'고 하여 실질적 지배력설을 취한 대법원 2007두8881 판결이 단체교섭 거부의 부당노동행위 사건에서는 적용되지 않음을 분명히 하였다. 위 판결은 이러한 판단을 기초로 사실인정을 통해 ○○회사와 그 사내 하청업체 소속 근로자들 사이의 묵시적 근로계약관계를 인정하기 어렵다고 보아 전국○○노조의 청구를 기각하였으며, 이에 전국○○노조가 항소하였으나 항소심인 부산고법 2018. 11. 14. 선고 2018나53149 판결은 일부 추가 판단을 더한 것 외에는 민소법 420조 본문에 따라 위 제1심판결을 인용하여 항소를 기각하였다. 위 사건은 현재 대법원 2018다296229호로 상고심 계속 중이다.

　② 중앙노동위원회의 판정례

　　중앙노동위원회는 위 2021. 6. 2.자 중앙2021부노14 판정에 이어 원청업체인 ○○회사가 전국○○노조로부터 산하 ○○지회 소속인 위 회사 사내하청업체의 비정규직 근로자들의 노동조건과 관련하여 단체교섭을 할 것을 요구받았으나 이를 거부한 사건에서, 2022. 3. 24.자 중앙2021부노268 판정에서 재차 위와 같은 법리와 판단 기준을 확인하고, 전국○○노조가 단체교섭을 요구한 ㉮ 산업안전보건, ㉯ 차별시정, ㉰ 불법파견 해소, ㉱ 자회사 전환 관련 등 4개의 교섭의제 중 산업안전보건 의제에 대하여는 ○○회사가 사내하청 근로자들의 작업내용과 작업환경에 대해 상당한 정도의 지배·결정력을 보유·행사해 왔으므로 노조법상 사용자의 지위에 있다고 판단하여 이에 한하여 단체교섭 거부의

부당노동행위를 인정하였다.[85]

③ 학　　설

특히 원하청 관계에서 원청업체를 하청업체 노동조합에 대하여 단체교섭의무를 부담하는 사용자로 인정할 수 있는지 여부와 관련하여, 학설은 ㉮ 단체교섭 거부의 부당노동행위는 위 대법원 2007두8881 판결의 법리와 구별하여 달리보아야 하며, 하청업체 노동조합이 원청업체에 단체교섭을 요구할 수 있으려면 원청업체와 하청업체의 근로자 사이에 명시적·묵시적 근로계약관계가 있어야한다는 견해와 ㉯ 단체교섭 거부의 부당노동행위 사건 역시 위 대법원 2007두8881 판결의 법리가 동일하게 적용되어 근로계약관계가 없더라도 원청업체가하청업체 근로자들의 근로조건에 대하여 실질적으로 지배·결정할 수 있는 지위에 있으면 원청업체는 하청업체 노동조합의 단체교섭 요구에 응하여야 한다는 견해로 나뉜다. 전자의 견해는 '구별설' 내지 '근로계약관계필요설',[86] 후자의 견해는 '동일설' 내지 '근로계약관계불요설'로 부를 수 있다.

근로계약관계필요설(구별설)은, 단체교섭의 당사자이자 단체교섭 거부의 부당노동행위 주체인 사용자는 근로자에 대하여 근로계약관계에 있는 자이거나 형식적으로는 제3자이나 실질적으로는 근로계약관계의 당사자로 인정될 수 있는 자[87]로 한정된다고 본다. 헌법 33조는 '근로조건 향상'을 위해 노동3권을 보장하고 있고, 이는 협약자치에 기초한 단체교섭 및 단체협약을 통해 실현되는데 단체협약은 근로계약의 내용인 근로조건을 대상으로 그 규범적 효력이 미치는 점,[88] 단체교섭 제도의 본질은 교섭의 결과물인 단체협약을 통해 개별적 근로계

---

85) 원청업체인 ○○회사가 이에 불복, 행정소송을 제기하여 현재 서울행법 2022구합69230호로 제1심 계속 중이다.

86) 다만, 구별설을 취하는 견해도 대체로 지배·개입의 부당노동행위는 근로계약관계에 직접 영향을 미치는 것이 아니고 주로 사실행위로 이루어지기 때문에 근로계약관계를 맺고 있지 않은 제3자에 의해서도 발생할 수 있다는 등의 이유로 위 대법원 2007두8881 판결의 법리가 적용될 수 있음을 수긍한다(권혁, 100면; 김영문, 267면; 박지순a, 142면; 임동환·이승길, 117면). 반면, 김희성c, 73~74면은 부당노동행위를 형사처벌하는 우리나라 법제 하에서 단체교섭의 당사자인 사용자를 제3자인 원청업체까지 확대하는 경우는 물론 지배·개입의 부당노동행위 주체인 사용자에 원청업체를 포함시키는 것도 모두 유추에 해당하여 죄형법정주의에 위반된다고 본다.

87) 박지순a, 138~141면에서는 근로계약관계와 실질적으로 동일시할 수 있는 관계로 직업안정법에 의한 근로자공급, 파견법상 근로자파견, 묵시적 근로계약관계가 성립하는 사내하도급, 그 실질은 파견으로 평가될 수 있는 사내하도급(불법파견), 자회사가 형해화되어 묵시적 근로계약관계가 성립하는 모자회사를 들고 있다.

88) 김희성c, 60~61면; 박지순a, 134~137면.

약의 내용을 집단적으로 형성·개선하는 데 있으므로 단체교섭의 당사자 사이
에서는 일정한 근로계약관계가 있을 것이 필요한 점[89] 단체교섭에 임하는 사용
자는 교섭요구사항에 대하여 단지 영향력을 가지고 있는 것만으로는 부족하고
처분에 관한 결정권이 있어야 하는 점,[90] 입법사적 연혁에 비추어 볼 때 노조법
상 사용자 개념은 제정 노조법 이래 현행법에 이르기까지 노동력 이용자인 사
용자와 노동력 제공자인 근로자 사이의 2자(양면적) 고용관계를 기초로 하고 있
고,[91] 근로계약상의 사용자를 전제로 노조법상 사용자성을 판단하는 것이 노동
법의 통일적 체계라는 관점에서 전통적으로 유지되어 온 견해이므로,[92] 노조법
상 사용자 개념을 정책적 목표만으로 임의로 확장할 수 없으며 이는 어디까지
나 입법의 과제라는 점[93] 등을 근거로 한다.

　　또한, 이 견해에서는, 근로계약관계가 아닌 지배력 또는 영향력이라는 사실
적인 요소를 기초로 판단하는 지배력설은 그 이론적 토대 및 판단 기준이 불명
확하거나 지나치게 개방적이어서 법적 안정성을 침해할 가능성이 높고,[94] 제3자
인 원청업체가 단체교섭의 당사자로서 개입하는 경우 하청업체의 노사간 대등성
원칙이 침해될 우려가 있으며, 단체교섭에 따른 제반 의무를 부담해야 하는 계약
당사자는 하청업체임에도 불구하고 제3자에 불과한 원청업체가 하청업체에 법적
의무를 부담시키는 결과가 되어 부당하다고 한다.[95] 뿐만 아니라 하청업체의 노
동조합이 원청업체의 노동조합과 교섭창구 단일화 절차를 거치지 않고 원청업체
와 직접 교섭이 가능하다고 보게 되면 하청업체가 운영하는 사업 또는 사업장을
넘어서 교섭단위를 설정하는 것이 되어 현행 노조법에 위반된다고 한다.[96]

---

89) 김희성c, 68~69면.
90) 권혁, 95면.
91) 김영문, 261~262면.
92) 박지순a, 133면.
93) 박지순a, 142면. 김영문, 261~262면에서는 노조법상 사용자 개념을 확대하고자 하는 법 개
　　정 노력이 여러 차례 실패로 돌아간 사실을 지적하며, 실패한 입법을 법원의 판결이나 노동
　　위원회의 판정을 통해 실제 사건에 적용하는 것은 타당하지 않고, 이러한 점에서 중앙노동위
　　원회의 위 중앙2021부노14 판정은 노동자보호의 입법정책을 수행한 것으로서 일종의 법률초
　　월적 법형성이라고 비판한다.
94) 박지순a, 142면.
95) 권혁, 102~103면. 같은 취지에서 임동환·이승길, 125면은 원청업체가 단체교섭 당사자로
　　서 참여해 하청업체 노동조합의 요구를 타결하면, 하청업체로서는 소속 근로자의 근로조건에
　　관하여 전혀 결정권을 행사하지 못한 채 원청업체가 결정한 단체협약 사항을 그저 이행해야
　　하는 의무만 지는 결과가 되어 하청업체의 경영주체성을 침해하는 결과가 된다고 한다.
96) 임동환·이승길, 121~123면. 이광선, 46면도 현행 교섭창구 단일화 절차는 원청업체의 사

　　근로계약관계불요설(동일설)은, 부당노동행위 제도의 취지는 헌법이 규정한 노동3권을 구체적으로 확보하고 집단적 노사관계의 질서를 정상화하려는 데 있고, 이는 단결권과 관련된 지배·개입의 부당노동행위뿐만 아니라 단체교섭권과 관련된 단체교섭 거부의 부당노동행위에도 마찬가지로 인정되어야 하며, 노조법 81조 1항은 "사용자는 다음 각 호의 어느 하나에 해당하는 행위를 할 수 없다." 라고 규정하여 조문 구조상 동일한 사용자 개념을 전제하고 있으므로, 위 대법원 2007두8881 판결의 법리는 단체교섭 거부의 부당노동행위의 사용자에 해당하는지 여부를 판단함에 있어서도 적용되어야 한다고 본다.[97] 또한, 대법원은 노조법상 근로자 개념을 파악함에 있어 근로계약의 체결이나 근로계약의 존재를 전제로 하지 않고 계약의 형태와 관계없이 사용종속관계에 있는지를 중시하고 있는데, 이처럼 노조법상 근로자 개념의 외연이 확대되면 그 상대방인 사용자 개념의 외연도 그에 조응하여 확대될 수밖에 없고, 그 과정에서 노무제공의 주체와 상대방 사이의 법률관계가 반드시 근로계약에 근거하여야 할 필연성은 없다고 한다.[98] 무엇보다 근로계약관계불요설은 하청업체 근로자 내지 노동조합의 노동3권을 실질적으로 보장할 필요성이 있음을 강조한다. 원청업체가 하청업체 근로자들의 기본적인 근로조건, 사업장의 유해·위험요소 관리, 작업배치나 업무방법의 기준 등을 일정 부분 지배·결정하고 있음에도 불구하고, 단체교섭의 상대방인 사용자를 개별적 근로관계법상 사용자와 동일시하여 명시적이든 묵시적이든 근로계약관계가 존재할 것을 요구하게 되면 하청업체 근로자와 노동조합의 노동3권이 사실상 무력화되는 결과를 초래하며, 이러한 문제를 해결하기 위해서는 하청업체 노동조합이 원청업체에 직접 단체교섭을 요구할 수 있도록 허용하고, 이를 통하여 하청업체 근로자들의 고용 안정과 근로조건 개선을 도모할 필요성이 있다는 것이다.[99]

────────────

용자성 인정과 양립할 수 없기 때문에 관련 노조법을 전면개정하여야 한다고 주장한다.

97) 김홍영·강주리, 395~396면. 윤애림c, 84~85면은 위 대법원 2007두8881 판결은 헌법과 노조법의 목적에 비추어 부당노동행위의 주체인 사용자를 어떻게 보아야 하는지를 먼저 설시한 후에, 해당 사건에서 특히 쟁점으로 제기된 지배·개입의 부당노동행위 주체인 사용자에 해당하는지를 판단하는 논리적 구조를 취하고 있으므로, 이를 지배·개입의 부당노동행위 사건에 한정된 법리라고 보기 어렵고, 오히려 위 대법원 2007두8881 판결은 부당노동행위 주체인 사용자성을 판단함에 있어서는 계약상 또는 법상 사용자책임을 부담하는 자에 한정할 것이 아니라 단결권·단체교섭권·단체행동권을 침해할 사실적 권한이나 능력을 가지는 지위에 있는 자도 포함된다는 점을 분명히 하고 있다고 본다.

98) 이승욱, 114~115면.

99) 권오성a, 51~52면; 윤애림c, 105면.

④ 검　　토

단체교섭의 상대방인 사용자는 근로자와 명시적·묵시적 근로계약관계를 맺고 있는 자임을 요한다고 판시한 대법원 1986. 12. 23. 선고 85누856 판결, 대법원 1993. 11. 23. 선고 92누13011 판결, 대법원 1995. 12. 22. 선고 95누3565 판결, 대법원 1997. 9. 5. 선고 97누3644 판결, 대법원 2008. 9. 11. 선고 2006다40935 판결 등은 앞서 본 바와 같이 실질적 지배력설을 취한 위 대법원 2007두8881 판결 이전에 선고된 판례일 뿐만 아니라 그 사안을 보더라도 대법원 2006다40935 판결을 제외한 나머지 사건은 모두 항운노조와 관련된 사건들로서 항운노조로부터 그 조합원을 공급받아 업무를 수행하는 회사는 항운노조 조합원과 명시적 내지 묵시적 근로계약관계를 맺고 있지 않다는 이유로 단체교섭의무가 없다고 판단한 것이다. 항운노조는 근로자공급 사업을 수행하였고, 근로자의 채용·징계·해고, 사업장 배치, 작업수행에 대한 지휘·감독, 임금의 결정·지급 등 노동조건 전반을 지배한 반면, 항운노조 조합원들의 노무를 제공받은 사업주들은 항운노조로부터 근로자를 공급받을 것인지 여부만 결정해 왔기에 사업주들을 단체교섭의 상대방인 사용자로 보기 어렵다는 결론에 이른 것으로 볼 수 있다. 또한, 위 대법원 2006다40935 판결은 국가의 행정관청이 사법상 근로계약을 체결하였더라도 이는 사무처리에 지나지 않고 그 권리·의무는 행정주체인 국가에 귀속된다는 이유로 행정관청이 아닌 국가가 사용자의 지위에 있다고 판단한 사안이다. 그렇다면 현재 논의하고 있는 다면적 노무제공관계, 특히 원하청 관계에서 원청업체를 하청업체 노동조합의 단체교섭 요구에 응할 의무가 있는 사용자로 인정할 수 있는지 여부에 관하여 위 대법원 판결들의 판시내용(명시적·묵시적 근로계약관계의 필요)이 일반적으로 적용된다고 단정하기는 어렵고, 아직 이 문제에 관한 대법원의 입장은 확립되어 있지 않다고 보는 것이 정확하다.[100]

대법원은 위 2007두8881 판결에서 "부당노동행위의 예방·제거는 노동위원회의 구제명령을 통해서 이루어지는 것이므로, 구제명령을 이행할 수 있는 법률적 또는 사실적인 권한이나 능력을 가지는 지위에 있는 한 그 한도 내에서는

---

[100] 윤애림c, 77~82면. 따라서 위 중노위 2021. 6. 2.자 중앙2021부노14 판정이 확립된 대법원의 입장에 반한다는 비판(김영문, 241면)은 다면적 노무제공관계의 구조와 실태, 사안의 개별성 내지 특수성을 간과한 것으로서 받아들이기 어렵다.

부당노동행위의 주체로서 구제명령의 대상자인 사용자에 해당한다."라고 판시하였다. 대법원은 일반적·추상적인 사용자 개념으로부터 부당노동행위의 주체인 사용자성을 판단하는 기준을 도출한 것이 아니라, 구제신청의 피신청인인 사용자가 구제명령을 이행할 수 있는 법률적 또는 사실적 권한이나 능력을 보유하였는지 즉, 부당노동행위 제도의 취지 및 목적의 실현을 주된 판단 기준으로 삼고 있다. 이는 노조법상 근로자 개념에 관한 대법원 판결들과도 그 맥을 같이한다. 앞서 본 바와 같이 대법원은 학습지교사, 방송연기자, 자동차판매 대리점 카마스터 등을 노조법상 근로자로 인정하면서, '노조법상 근로자에 해당하는지는 노무제공관계의 실질에 비추어 노동3권을 보장할 필요성이 있는지의 관점에서 판단하여야 한다'라고 판시하였다. 대법원은 노조법상 근로자성 여부를 판단하는 기준 역시 일반적·추상적인 근로자 개념으로부터 도출한 것이 아니라, 노동3권을 보장할 필요성을 주된 판단 기준으로 삼고 있다. 이러한 대법원의 판단 기준은, 원청업체를 단체교섭의 당사자이자 단체교섭 거부의 부당노동행위 주체인 사용자로 볼 수 있는지 여부를 판단함에 있어서도 가장 주된 판단 기준으로 적용되어야 한다. 즉, 부당노동행위 제도의 취지 및 목적, 이를 실현하기 위해 원청업체가 단체교섭에 응할 수 있는 법률적 또는 사실적 권한이나 능력을 보유하고 있는지 여부, 하청업체 근로자 및 노동조합의 노동3권 보장의 필요성 등이 그것이다.

  근로계약관계필요설은 단체교섭 제도의 본질이나 전통적인 노조법상 사용자 개념에서 필연적으로 근로계약관계가 전제되므로, 단체교섭 거부의 부당노동행위 사건에서는 달리 보아야 한다고 주장하나, 이는 일반적·추상적 기준을 고수하는 것에 불과할 뿐만 아니라 단체교섭이 반드시 근로계약에 국한된 사항만을 대상으로 하는 것은 아니다.101) 또한, 노조법은 사용자를 '사업주, 사업의 경영담당자 또는 그 사업의 근로자에 관한 사항에 대하여 사업주를 위하여 행동하는 자'(2조 2호)라고 정의하고 있을 뿐, 근로계약관계가 전제된 2면적 고용관계로 한정하여 규정하고 있지 아니하므로, 그 해석과 판례 법리를 통해 노조법상 사용자 개념의 외부적 확장이 가능하다. 이를 입법의 영역이라고 보는 데는 찬성하기 어렵다. 다면적 노무제공관계는 이제 예외가 아니라 고용관계 전반에 걸쳐 확산되어 이미 하나의 질서로 자리 잡았다고 할 수 있다. 그리고 그와 같은

---

101) 이에 관한 상세한 논의는 법 2조 2호 해설 참조.

관계 속에서 노무를 제공하는 근로자와 노동조합의 노동3권 보장의 필요성이 어느 때보다도 절실히 요청되는 상황이다. 근로계약관계필요설은 이러한 현실에 직면하여 노동법이 어떻게 이를 규율할 것인지에 관하여 침묵하고 있는 것은 아닌지 우려된다.

단체교섭권을 둘러싼 규범 환경 또한 최근 상당히 변화, 진전되었다.[102] 첫째, 대법원 2020. 9. 3. 선고 2016두32992 전원합의체 판결이다. 대법원은 위 판결에서 노동3권이란 법률의 제정이라는 국가의 개입을 통하여 비로소 실현될 수 있는 권리가 아니라, 법률이 없더라도 헌법의 규정만으로 직접 법규범으로서 효력을 발휘할 수 있는 구체적 권리라고 판시하였다. 둘째, 국제노동기준에 부합하는 법해석의 필요성이다. 우리나라는 2021. 4. 20. ILO의 '결사의 자유 및 단결권 보장 협약'(87호 협약), '단결권과 단체교섭권 협약'(98호 협약)을 비준하였다. 그 결과 위 각 협약은 국내법 체계로 편입되었는데, 국제노동기준은 단체교섭권의 주체 및 그 상대방을 근로계약관계의 당사자로 한정하고 있지 않다.[103] 이와 같이 변화된 규범 환경은 헌법 및 국제노동기준을 통해 보장된 단체교섭권이 노조법상의 규정(사용자 개념, 단체교섭 단일화 절차 등)이나 단체교섭 내지 단체협약 제도 등을 이유로 제한될 수 없음을 보여주는 것이다.

앞서 본 바와 같이 단체교섭 거부의 부당노동행위 사건에서는 실질적 지배력설을 취한 대법원 2007두8881 판결이 적용되지 않는다는 점을 분명히 한 부산고법 2018나53149 판결이 현재 상고심 계속 중이다(대법원 2018다296229호). 한편, 중앙노동위원회 2021. 6. 2.자 중앙2021부노14 판정 등이 위 부산고법 2018나53149 판결과 다른 견해를 취하면서 이를 둘러싼 학계의 논의가 한층 심화되던 차에 위 중앙2021부노14 판정을 적법하다고 판단한 서울행법 2021구합71748 판결이 최근 선고되었다. 위와 같이 하급심의 입장이 나뉘고 있는 상황에서 향후 대법원의 판단이 매우 주목된다.

3. 당사자 지위의 변동과 승계

가. 의　　의

노위법 15조의3(2015. 1. 20. 법률 13044호로 개정 시 신설된 조항이다)은 노동위

---

102) 권오성b, 102～103면.
103) 자세한 내용은 윤애림c, 98～104면. ILO 87호, 98호 협약의 내용 및 단체교섭권과 관련한 쟁점에 관하여는 김동현 · 이혜영, 76～140, 327～370면 참조.

원회의 사건 처리와 관련하여 당사자의 지위 승계에 관하여는 행심법 16조를 준용하도록 규정하고 있다.

구제절차의 계속 중에 근로자 개인의 사망, 노동조합의 합병·분할·조직 변경, 사용자 회사의 합병 등으로 당사자의 지위가 변동되면 당사자적격이 종전 당사자로부터 그 지위를 승계한 자로 이전한다.

구제신청기간이 단기이고, 노사관계의 실질을 반영한 구제가 요청되는 등의 사정을 고려하여 노위규칙은 민소법상 당연승계가 인정되는 경우뿐만 아니라 사업인수의 경우에도 당사자의 지위승계를 인정하고 있다(34조 2항). 이러한 취지는 노동조합의 해산에 의한 소멸, 회사의 위장해산과 신회사의 설립 등의 경우에도 적용되어야 할 것이다.[104]

나. 승계원인
(1) 신 청 인
㈎ 근로자 개인의 사망

신청인인 근로자가 사망한 경우 종전에는 지위승계에 관한 규정이 없어 해석론으로 그에 따른 승계 여부 및 범위를 해결하였으나,[105] 노위법 15조의3, 행심법 16조 1항에 의해 상속인이나 그 밖에 법령에 따라 신청의 대상에 관계되는 권리나 이익을 승계한 자가 신청인의 지위를 승계할 수 있다.[106]

불이익취급으로 인한 구제신청은 당해 근로자의 권리구제 뿐만 아니라 침해된 단결권의 회복을 위한 것이므로, 사망한 근로자가 속한 노동조합도 행심법 16조 1항에서 규정하고 있는, 신청의 대상에 관계되는 권리나 이익을 승계한 자로 보아야 할 것이다.

다만, 상속인이나 노동조합이 사망한 근로자의 신청인 지위를 승계한다 하더라도 원직 복직은 불가능하고, 소급임금의 지급(back pay)도 그 사망 시까지로

---

104) 일본 노동위원회는 구제의 실효성을 확보할 필요가 있는 경우 당사자 기타 관계자의 신청 또는 직권으로 당사자를 추가할 수 있다(일본 노위규칙 34조의2). 자세한 내용은 日本 審査 手續, 75면 이하 참조.
105) 근로자가 사망한 경우 원상회복이 불가능하므로 신청인의 지위승계는 문제가 될 수 없다는 견해(김헌수, 1095면; 김희성a, 78면), 사망한 근로자가 속한 노동조합의 승계는 인정되나, 근로자의 지위는 일신전속적인 권리이고, 그 지위에서 비롯되는 구제신청권은 사망으로 근로관계가 종료됨에 따라 소멸하고 상속될 수 없으므로 상속인의 승계는 부정하는 견해[노조법 주해(초판)Ⅲ, 125면] 등이 있었다.
106) 중노위 심판매뉴얼, 91면.

한정하여 상속인에게 지급을 명하여야 할 것이다.107)

㈏ 노동조합의 합병 · 조직변경 · 해산

노동조합이 부당노동행위 구제신청 후 합병이나 조직형태의 변경이 있는 경우에는 합병 후 설립 또는 존속되는 노동조합이나 조직형태를 변경한 후의 노동조합이 그 지위를 승계한다(노위규칙 34조 1항).

노동조합이 해산하여 소멸한 경우 그 상부단체나 소속 조합원인 근로자가 해산된 노동조합의 지위를 승계할 수 있는지에 관하여는 견해가 나뉠 수 있다. 부당노동행위 구제제도의 목적을 고려할 때 그 승계를 긍정하여야 할 것이다.108)

노동조합이 분열한 경우, 원칙적으로 신 노동조합은 모두 신청을 승계할 수 있지만, 그 가운데 한 노동조합만이 구 노동조합과 동일성이 인정되는 경우나 당해 부당노동행위에 관하여 구제이익을 갖는 경우에는 그 노동조합만이 신청인의 지위를 승계한다.109)

(2) 피신청인

구제신청이 제기된 후 피신청인 회사가 합병 · 흡수된 경우, 합병 후 신설 또는 존속하는 회사가 그 권리의무를 포괄승계하므로 피신청인의 지위를 당연히 승계한다.

사업양도의 경우에는 당사자의 지위가 포괄승계되지 않으나, 사업의 동일성이 유지되고 구제절차의 경제성 및 실효성 확보를 위하여 사업인수인의 지위 승계를 인정한다(노위규칙 34조 2항).

구제절차가 진행 중 피신청인 회사가 해산하고 새로운 회사를 설립한 경우(이른바 위장해산)에도 사업양도와 같이 지위 승계를 긍정하여야 할 것이다.110)

채무자회생법에 따른 채무자 회생절차나 파산절차가 개시된 경우111)에는

107) 注釋(下), 968면 이하(일본 후생노동성과 중노위가 취하는 입장).

108) 일본의 경우 상부단체[神奈川地労委 1975. 12. 5. 命令(昭和無線工業 事件), 三重地労委 1979. 5. 21. 命令(松陸交通 事件)]와 소속 조합원 개인[中労委 1952. 1. 23. 命令(一畑電鐵 事件)]의 승계를 인정하였다. 日本 審査手續, 52면에서 재인용.

109) 注釋(下), 968면; 日本 審査手續, 53면.

110) 注釋(下), 969면. 일본 노동위원회는 이 문제를 당사자 추가로 해결하고 있다. 법인이 해산하여 등기를 완료하면 피신청인 지위의 승계 문제는 발생하지 않는다고 보는 견해로는 김헌수, 1096면.

111) 채무자에 대하여 회생절차가 개시되거나 파산이 선고되면, 채무자의 재산에 관한 소송절차(행정청에 계속된 사건도 준용됨)는 중단되고, 관리인이 이를 수계하게 된다(채무자회생법 59

관리인이나 파산관재인이 그 지위를 승계한다(노위규칙 34조 2항).112)

다. 승계의 절차

당사자의 지위를 승계한 자는 노동위원회에 서면으로 그 사실을 통지하여야 한다(노위규칙 34조 3항). 이러한 승계인의 통지가 없는 경우에는 절차의 신속·원활한 진행을 위해 상대방 당사자도 수계신청을 할 수 있도록 하여야 할 것이다(민소법 241조 유추).

라. 승계의 효과와 구제절차의 중단

신 당사자는 구 당사자의 지위를 그대로 승계하고, 따라서 종전 신청의 효과, 심사 등의 결과는 그대로 신 당사자에게 효력이 미친다.

당사자 지위의 승계사유가 발생한 경우 그 승계 시까지 구제절차를 중단하여야 한다는 규정은 없지만, 새로운 당사자가 절차에 관여할 기회를 실질적으로 보장하기 위하여 그가 심사에 관여할 수 있을 때까지 구제절차를 중단하여야 할 것이다. 다만 대리인이 선임된 경우(노위규칙 36조)는 구제절차가 중단되지 않는다(민소법 238조 참조).

4. 당사자의 정정과 경정

가. 당사자 표시의 정정

신청인이 자신 또는 피신청인의 표시를 잘못하였을 경우 그 동일성이 유지되는 범위 내에서 구제절차 계속 중에 이를 바로잡는 것은 표시의 정정으로서 허용된다. 예를 들어 진정한 당사자는 회사인데 대표이사 개인을 당사자로 표시한 경우,113) 당사자 표시에 오기가 있는 경우, 주소에 오류가 있는 경우 등이 이에 해당한다.

조, 347조; 민소법 239조).

112) 사용자에 대하여 회생절차가 개시되거나 파산이 선고되면 사용자(채무자)는 재산의 관리처분권을 상실하고, 이러한 권한은 관리인이나 파산관재인에게 전속하게 되므로(채무자회생법 56조 1항, 384조), 사용자의 대표이사가 아니라 관리인이나 파산관재인이 근로관계상 사용자의 지위에 있게 되고(대법원 2001. 1. 19. 선고 99다72422 판결), 따라서 관리인 등이 중단된 부당노동행위 구제절차를 수계하여야 한다.

113) 대법원 1997. 6. 27. 선고 97누5725 판결, 대법원 1999. 4. 9. 선고 97누19731 판결.

나. 당사자 경정

(1) 신 청 인

구제신청서에 표시된 당사자의 동일성 범위를 넘는 임의적인 신청인 변경
은 허용되지 않는 것이 원칙이다.114) 그러나 실제 신청인의 변경과 그 표시정정
의 한계가 언제나 분명한 것은 아니다. 여러 근로자가 하나의 사건으로 구제신
청을 한 후에 착오로 일부 근로자들이 누락되었다는 사유로 신청인의 추가를
요구하는 경우에는 당사자의 표시정정에 해당하지 아니하므로 허용될 수 없다.
이때 누락된 나머지 근로자들은 별도의 구제신청을 하여야 할 것이다.115)

그러나 신청취지 및 신청원인에는 신청인으로서 구제신청을 하였음이 명백
하고 단지 신청인란에만 표시를 빠뜨린 경우에는 그 정정의 방법으로서 신청인
의 추가를 인정할 수 있다.

(2) 피신청인

㈎ 요　　　건

노위법이나 노위규칙 등에서 피신청인의 경정을 허용하는 명문의 규정을
두고 있지는 않다. 그러나 분쟁의 일회적 해결 및 심판 경제 등에 비추어 볼
때, 신청취지나 신청원인의 기재 내용으로 보아 신청인이 법적 평가를 잘못하여
피신청인의 지정을 그르치거나 법인격 유무에 관하여 착오를 일으켜 피신청인
지정을 잘못 지정한 경우 등과 같이 피신청인을 잘못 지정하였음이 명백한 경
우에는, 피청구인의 경정을 인정하는 행심법 17조 또는 피고의 경정을 허용하는
민소법 260조 및 행소법 14조를 준용 내지 유추 적용하여 그 경정을 허용하여
야 할 것이다.116)

언제까지 피신청인 경정이 가능한지에 관하여 노동위원회는 심문회의 종료
시까지 할 수 있으나 신속한 절차의 진행을 위하여 심문회의 개최 전까지 하는
것이 바람직하다고 보고 있으나,117) 구제절차는 행정심판의 일환으로서 이루어
지고 구제신청에서는 신청기간의 제한 등으로 말미암아 피신청인 경정의 필요
성이 민사소송에 비하여 크므로 심문회의 종료 후는 물론 나아가 행정소송의

---

114) 대법원 1995. 12. 5. 선고 95누1484 판결, 대법원 1996. 3. 22. 선고 94다61243 판결.
115) 중노위 심판매뉴얼, 91면.
116) 대법원 1997. 10. 17.자 97마1632 결정 참조. 노동위원회의 실무도 위와 같이 운용하고 있
　　다(중노위 심판매뉴얼, 90면).
117) 중노위 심판매뉴얼, 91면.

사실심 변론종결 시(항소심)까지 허용되어야 할 것이다.[118]

피신청인이 답변서를 제출하는 등으로 절차에 개입한 후에는 그 동의를 받아야 할 것이다(민소법 260조 1항 후단 참조).

(나) 절　　차

피신청인 경정은 신청인의 신청으로 이루어지고, 신청은 구술[119] 또는 서면으로 가능하다.

노동위원회는 피신청인 경정의 요건을 갖추었느냐를 심리하여 그 요건이 인정되면 경정을 허가하고, 그렇지 않으면 신청을 각하하여야 한다.

피신청인이 경정되면 경정된 피신청인에 대하여 새로운 구제신청이 제기된 것과 같다. 따라서 노동위원회는 피신청인의 경정 후에도 여전히 관할권이 있으면 경정된 피신청인에게 신청서 부본 등을 송달하고 답변서의 제출을 요구하여야 하고, 피신청인의 경정으로 관할이 달라지면 관할 노동위원회로 사건을 이송하여야 한다.

(다) 경정의 효과

피신청인이 경정되더라도 경정된 피신청인에 대한 구제신청은 당초 구제신청서가 접수된 때에 제기한 것으로 보아야 한다(행소법 14조 4항 준용 내지 유추적용). 피신청인이 경정되면, 종전 피신청인에 대한 구제신청은 취하된 것으로 간주된다(행소법 14조 5항; 민소법 261조 4항 참조).

새로운 피신청인이 종전 피신청인의 행위에 구속될 이유가 없으므로 종전의 주장과 증명에 대하여는 당사자의 원용이 필요하다. 다만, 신·구 피신청인이 실질적으로 동일한 때는 원용이 필요 없다.

5. 선정대표자·대리인

노위법 15조의3은 노동위원회의 사건 처리와 관련하여 선정대표자, 대리인의 선임에 관하여는 행심법 15조, 18조를 준용하고, 대리의 흠과 추인, 대리의 범위에 관하여는 민소법 60조 및 90조를 준용하도록 규정하고 있으며, 노위규칙은 35 내지 38조에서 선정대표자와 대리인에 관하여 규정하고 있다.

---

118) 대법원 2006. 2. 23.자 2005부4 결정. 가사소송에서도 사실심 변론종결 전까지 피고경정이 허용된다(가사소송법 15조 1항).
119) 법원실무제요(행정), 78면.

가. 선정대표자

사건의 당사자가 여러 명인 경우에는 3인 이내의 대표자를 선정할 수 있으며, 노동위원회에 대표자 선정서를 제출하는 방식으로 이루어진다(노위규칙 35조 1항). 노동위원회는 필요하다고 인정할 때에는 당사자에게 대표자의 선정을 권고할 수 있다(같은 조 2항).

선정대표자는 당해 심판사건 처리에 관한 일체의 행위를 할 수 있지만, 구제신청을 취하하는 경우에는 나머지 당사자들의 동의서를 붙인 취하서를 제출하여야 한다(같은 조 3항). 화해절차에서 화해가 성립하면 사건이 종결되므로 선정대표자가 화해안을 수락하거나 화해 조건을 합의할 경우에는 구제신청의 취하와 마찬가지로 나머지 당사자들의 특별 수권이 있어야 할 것이다.

선정자들은 심판절차의 당사자 지위에서 벗어나므로 선정대표자를 통해 당해 사건에 관한 행위를 할 수 있을 뿐이다(같은 조 4항). 선정대표자가 선정자들의 의사에 반하는 행위를 하는 등으로 선정자들이 그 독주를 견제할 필요가 있는 때에는 선정대표자를 해임하거나 변경할 수 있으며, 이 경우 그 사실을 지체 없이 노동위원회에 통지하여야 한다(같은 조 5항).

나. 대 리 인

당사자는 다음 각 호에 해당하는 사람을 대리인으로 선임할 수 있다(노위규칙 36조 1항).

- 당사자가 근로자인 경우 그 근로자의 배우자, 근로자 또는 배우자의 사촌 이내 혈족(1호)

- 당사자가 노동조합인 경우 그 조합의 임원이나 조합원(2호)

- 당사자가 사용자나 사용자단체인 경우 그 사업의 임원이나 직원(3호)

- 변호사, 공인노무사와 다른 법률에 따라 심판사건을 대리할 수 있는 자(4호)[120]

- 그 이외의 자로서 노동위원회 위원장의 승인을 받은 자(5호)

당사자는 위임사실과 범위 등을 직접 또는 대리인을 통하여 서면으로 증명하여야 하며 대리권을 수여 받은 자는 지체 없이 대리인 선임신고서를 노동위

---

120) 일본에서는 변호사를 포함한 모든 사람이 심판위원회 위원장의 허가를 받아야 대리인이 될 수 있다(일본 노위규칙 33조 2항).

원회에 제출하여야 한다(노위규칙 36조 2항).

당사자가 대리인 선임을 철회하거나 대리인을 변경한 경우 그 사실을 노동위원회에 서면으로 통보한 이후에 그 효력이 발생한다(노위규칙 36조 3항).

대리인은 당사자를 위하여 심판 사건에 관한 사실 관계와 주장, 노동위원회에서 송달한 문서의 수령 등 일체의 행위를 할 수 있다(노위규칙 37조 1항). 다만, 신청의 취하·화해, 재심의 신청·취하 또는 화해, 대리인의 선임과 같은 사항에 대하여는 특별한 권한을 따로 받아야 한다(노위규칙 37조 2항).

대리권에 흠이 있는 대리인의 행위에 대하여 대리권을 수여한 당사자가 추인한 경우에는 대리권의 흠이 없어진다(노위규칙 38조).

Ⅲ. 관   할

1. 개   요

부당노동행위 구제절차는 지방노동위원회가 초심으로서 사건을 관장하고, 중앙노동위원회가 재심을 담당하는 2심제를 채택하고 있다(노위법 3조).

초심을 담당하는 지방노동위원회가 지역별로 설치되어 있어[121] 어느 지방노동위원회에 구제신청을 하여야 하는지와 사건의 이송 등이 문제된다. 지방노동위원회 내에서도 사건의 신속하고 탄력적인 처리를 위하여 심판위원회가 처리할 사건과 심판담당 공익위원 1인이 처리하는 단독심판 사건을 구분하고 있다.

특정한 사항을 관장하기 위하여 중앙행정기관의 장 소속하에 특별노동위원회를 설치할 수 있고(노위법 2조 3항, 3조 3항), 현재 해양수산부 장관 소속하에 선원노동위원회가 설치되어 있다(선원법 4조 1항).

그런데 선원 노동관계에서 비롯된 부당노동행위 구제신청이나 노동쟁의 조정 등에 관한 사항이 선원노동위원회의 관장 사항인지에 관하여 논란이 되고 있다. 선원노동위원회는 선원법과 노위법 등에서 정한 소관 사무에 대하여만 권한을 행사할 수 있는데(선원법 4조 2항; 노위법 3조 3항), 선원법에는 부당해고 등의 구제신청(선원법 34조), 재해보상의 신청(선원법 94조 이하) 등 선원의 개별적 근로관계에서 비롯된 사항만을 선원노동위원회의 권한으로 규정하고 있을 뿐이므로,

---

121) 지방노동위원회는 서울특별시와 광역시, 각도에 설치되어 있고, 다만 광주광역시는 전남지방노동위원회가, 대전광역시는 충남지방노동위원회가, 울산광역시는 부산지방노동위원회가, 대구광역시는 경북지방노동위원회가 관할한다(노위법 시행령 2조 별표1).

선원들의 부당노동행위 구제나 노동쟁의에 관한 조정 등에 대하여는 선원노동
위원회가 이를 처리할 수 없고 해당 지역을 관할하는 지방노동위원회의 권한사
항으로 보아야 할 것이다.[122) 따라서 선원 등이 선원노동위원회에 부당노동행위
구제신청을 한 경우, 선원노동위원회는 사건을 관할 지방노동위원회에 이송하여
야 한다.[123)

2. 사물관할

가. 위원회 심판사건

원칙적으로 노동위원회의 부문별 위원회 가운데 심판위원회가 부당노동행
위 구제절차를 담당한다. 심판위원회는 심판담당 공익위원 3인[124)으로 구성한다

---

122) 김동인, 829면; 권창영c, 174면. 판례도 같은 입장으로 이해할 수 있다. 선원법의 적용을
받는 선원들(예인선의 선장) 및 노동조합이 지방노동위원회에 부당해고 및 부당노동행위 구
제를 신청하자, 그 초심 및 재심에서 위 선장들은 근기법의 적용을 받는 근로자에 해당하지
않아 근기법에 따른 부당해고 구제신청의 적격이 없다는 이유로 구제신청을 각하하고, 부당
노동행위 구제신청은 이를 인정할 증거가 부족하다는 이유로 기각한 사안에서, 서울고법
2010. 7. 22. 선고 2009누31832 판결은 부당해고 구제신청에 관하여는 관할 선원노동위원회
로 사건을 이송하여야 한다는 이유로 재심판정이 위법하다고 판단하였고, 이에 반하여 부당
노동행위 구제신청에 대하여는 지방노동위원회에 관할권이 있음을 전제로 재심판정을 적법
하다고 판단하였다. 이에 대하여 원고들 및 참가인 회사가 대법원 2010두18215호로 상고하였
으나 2012. 10. 11. 상고 기각되어 확정되었다. 다만, 김동인, 830~831면에서는 이처럼 선원노
동위원회가 노조법상의 권한사항을 심사할 수 없는 현행 입법체계 하에서는, 선원 노사관계
의 특수성이 반영되지 않을 우려가 있고, 같은 사안이 부당해고 및 부당노동행위에 해당함을
이유로 구제신청을 하는 경우 부당해고의 구제는 선원노동위원회가, 부당노동행위의 구제는
지방노동위원회가 각기 관장하여 처리하게 됨에 따라 선원 보호에 미흡하고 경우에 따라서
는 상이한 결론에 이를 수도 있는 등의 문제점이 있다는 점을 지적하며, 선원노동위원회의
권한을 확대시키는 것이 바람직하다고 한다.
123) 위 대법원 2012. 10. 11. 선고 2010두18215 판결은 지방노동위원회가 선원법의 적용을 받
는 선원의 부당해고 구제신청을 접수한 경우에는 노위법 25조, 노위규칙 32조 1항, 5항에 따
라 선원노동위원회로 사건을 이송하여야 한다고 판시하고 있다. 부당노동행위 구제신청에 관
하여도 마찬가지로 관할 위반의 경우 이송으로 처리하여야 할 것이다. 위 대법원 2010두
18215 판결에 관하여, 이송된 사건은 처음부터 이송을 받은 노동위원회에 접수된 것으로 간
주되므로, 선원의 절차적 권리(특히 제척기간 준수 여부)가 적절하게 보호될 수 있다는 점에
서 커다란 의의가 있다고 평가한 견해로는 권창영b, 127면. 한편, 김동욱, 77면에서는 지방노
동위원회에서 관할을 위반해 본안판단을 한 경우 중앙노동위원회도 재심절차를 통해 본안판
단을 했다면 지방노동위원회의 관할 위반의 위법은 치유되었다고 해석하여야 한다는 견해를
취하고 있다. 중앙노동위원회는 지방노동위원회와 선원노동위원회 모두에 대해 재심을 담당
하므로, 이 경우 본안판단이 동일함에도 관할 위반이라는 이유만으로 지방노동위원회의 결정
을 위법하다고 판단하게 되면 분쟁의 일회적 해결에도 반하고, 특히 지방노동위원회가 근로
자를 구제하는 내용의 판단을 한 경우에는 구제를 받은 당사자의 법적 지위를 침해할 수도
있다는 점을 근거로 든다.
124) 노동위원회 위원장이나 상임위원 1명을 포함하여야 한다. 다만 노동위원회 위원장이나 상

(노위법 15조 3항; 노위규칙 16조 19호).

나. 단독 심판사건[125]

구제신청이 신청기간을 넘기는 등 신청요건을 명백하게 갖추지 못한 경우[126] 및 당사자 쌍방의 신청이 있거나 동의를 얻은 경우[127] 노동위원회 위원장은 심판담당 공익위원 1인(단독심판위원)을 지명하여 처리하게 할 수 있다(노위법 15조의2; 노위규칙 67조 1항).[128]

당사자 쌍방이 합의하여 추천한 공익위원이 있는 경우에는 그 공익위원을 단독심판위원으로 지명한다(노위규칙 67조 2항).

노동위원회는 노동위원회 위원장이나 그가 지명하는 상임위원을 단독심판위원으로 하여 단독심판회의를 상시적으로 운영할 수 있다(노위규칙 67조 4항).

3. 토지관할(사건의 관장)

가. 원 칙

지방노동위원회는 당해 관할 구역에서 발생하는 부당노동행위 사건을 관장한다.[129] 다만, 2 이상의 관할구역에 걸친 사건은 주된 사업장의 소재지를 관할하는 지방노동위원회에서 그 사건을 관장한다(노위법 3조 2항; 노위규칙 30조 2항 1호).

어느 곳이 부당노동행위가 발생한 사업장인가는 개별 사안에서 행위자와

임위원의 업무가 과도하여 정상적인 업무수행이 곤란하게 되는 등 부득이한 사유가 있는 경우에는 노동위원회 위원장이나 상임위원을 제외하고 심판위원회를 구성할 수 있다(노위규칙 44조 3항). 그리고 심판담당 공익위원에게 사건이 과도하게 집중되는 등 부득이한 사유가 있는 경우에는 차별시정담당 공익위원이나 조정담당 공익위원 중에서 위원을 지명할 수 있다(노위규칙 44조 2항 단서).

125) 2007. 1. 26. 법률 8296호로 노위법이 개정될 당시 15조의2(단독심판 등)를 신설하여 경미사건 등은 단독심판위원에 의하여 신속하게 처리할 수 있게끔 하였다.

126) 노위규칙 67조 1항. 노위규칙 60조의 각하사유 중 아래의 1·2·5·7호에 해당하는 사건이 이에 해당한다.
  1. 관계 법령의 규정에 따른 신청기간을 지나서 신청한 경우
  2. 41조에 따른 보정요구를 2회 이상 하였음에도 보정을 하지 아니한 경우
  5. 같은 당사자가 같은 취지의 구제 신청을 거듭하여 제기하거나 같은 당사자가 같은 취지의 확정된 판정(노위법 16조의3에 따른 화해조서를 포함한다)이 있음에도 구제 신청을 제기한 경우나 판정이 있은 후 신청을 취하하였다가 다시 제기한 경우
  7. 신청인이 2회 이상 심문회의 출석에 불응하거나 주소불명이나 소재불명으로 2회 이상 출석통지서가 반송되거나 그 밖의 사유로 신청 의사를 포기한 것으로 인정될 경우.

127) 단독심판 신청·동의서(노위규칙 별지 18호 서식)를 작성하여 신청하거나 동의하여야 한다.

128) 조사관은 당사자 사이에 화해가 진행되어온 사건일 때에는 화해추진 경과 보고서(노위규칙 별지 19호서식)를 단독심판위원에게 제출하여야 한다(노위규칙 67조 3항).

129) 지방노동위원회의 명칭·위치 및 관할구역에 관하여는 노위법 시행령 별표1 참조.

상대방이 근무하는 곳, 행위가 이루어진 곳과 효과가 발생한 곳 등을 종합적으로 고려하여 판단하여야 한다.130) 노조법 81조 1항은 '사용자는 …행위를 할 수 없다'고 규정하여 부당노동행위를 하지 않아야 할 부작위의무를 사용자에게 부과하고 있으므로 사용자의 이러한 부작위의무 위반행위, 즉 근로자와 노동조합의 노동3권 실현행위를 방해 내지 침해하는 행위가 이루어진 사업장이 부당노동행위가 발생한 사업장이다. 따라서 여러 사업장으로 구성된 기업에서 부당노동행위가 발생한 경우 실제 부당노동행위가 발생한 사업장을 관할하는 지방노동위원회가 당해 사건을 관장한다.

2 이상의 관할구역에 걸친 부당노동행위 사건에 있어서 '주된 사업장의 소재지'는 해당 부당노동행위 등이 있었던 당시의 노동조합 소재지 또는 근로자 근무지이고, 부당노동행위 등이 연속된 경우에는 마지막 행위가 있었던 당시의 노동조합 소재지 또는 근로자 근무지이다. 다만, 사업 또는 사업장에 노동조합의 지부·지회·분회 등 하부기관이 있는 경우에는 해당 하부기관 소재지를 기준으로 결정한다(노위규칙 30조 3항 2호).131)

나. 지정관할(사건관장의 지정)

(1) 지정의 원인과 절차

주된 사업장을 정하기 어렵거나 주된 사업장의 소재지를 관할하는 지방노동위원회에서 처리하기 곤란한 사정이 있는 경우 중앙노동위원회 위원장은 직권으로 또는 관계 당사자나 지방노동위원회 위원장의 신청에 따라 지방노동위원회를 지정하여 당해 사건을 처리하게 할 수 있다(노위법 3조 5항, 노위규칙 31조 2항).

또한, 중앙노동위원회 위원장은 효율적인 (심판)사건의 처리를 위하여 필요하다고 인정하는 때에는 직권이나 지방노동위원회 위원장의 신청에 따라 지방노동위원회를 따로 지정하여 당해 사건을 처리하게 할 수 있다(노위규칙 31조 1항).132)

---

130) 김유성, 358면. 서울 본사에서 노동조합 활동을 이유로 지방 공장에 근무하는 근로자를 해고한 경우, 본사와 지방 공장이 모두 부당노동행위가 발생한 사업장이 되는지 또는 노동조합 활동과 해고의 효력이 발생한 지방 공장만이 부당노동행위가 발생한 것으로 볼 것인지 다툼의 여지가 있다.
131) 불이익처분의 부당노동행위의 경우, 당해 노동조합의 소재지와 근로자 근무지가 다른 경우에는 근로자 근무지를 관할하는 지방노동위원회에서 관장한다(중노위 심판매뉴얼, 21면).
132) 노위법 3조 5항은 효율적인 노동쟁의 조정을 위하여 필요하다고 인정하는 경우 관장의 지정이 가능함을 규정하고 있을 뿐인데, 노위규칙 31조 1항은 이를 심판사건 등의 처리의 경우에도 확대하여 규정하고 있다. 이 부분은 중앙노동위원회의 규칙제정권의 한계를 넘어선 것이라는 비판이 있을 수 있으므로, 노위법 3조 5항을 개정하여 '심판사건 등의 처리'를 추가

이 경우에는 관계 당사자에게 신청권이 없고, 따라서 관계 당사자의 지정 신청은 중앙노동위원회 위원장의 지정 결정을 촉구하는 의미가 있을 뿐이다.

위에서 본 경우에는 해당하지 않으나 부당노동행위가 발생한 사업장이 어느 곳인지 불명확하거나 어느 지방노동위원회의 관할구역에 속하는지 불분명한 경우 등과 같이 관할에 의심이 있는 경우에도 노위법 3조 5항을 유추적용하여 중앙노동위원회 위원장이 직권으로 또는 관계 당사자나 지방노동위원회 위원장의 신청에 따라 관할을 지정할 수 있다.

구제신청이 이루어진 후 지정신청이 있을 경우 사건이 계속된 지방노동위원회는 긴급한 필요가 있는 행위를 하는 경우가 아니라면 그에 관한 중앙노동위원회 위원장의 결정이 있을 때까지 조사와 심문 절차를 정지하여야 한다(민사소송규칙 9조 참조).

(2) 지정의 효과

관장 지정의 효과에 대하여는 노위법 및 노위규칙에서 별도의 규정을 두고 있지 않으나, 근로자 등이 구제신청을 제기(접수)한 지방노동위원회와 사건을 관장하도록 지정된 지방노동위원회가 다른 경우에는 지정된 지방노동위원회로 하여금 당해 사건을 처리할 수 있도록 사건을 지정된 지방노동위원회에 이송하여야 할 것이므로, 아래에서 보는 바와 같은 사건의 이송에 관한 노위법 및 노위규칙의 규정에 따른다.

한편, 노위규칙 32조 1항 단서, 32조 4항은 사건을 이송해야 할 지방노동위원회가 2 이상인 때에는 중앙노동위원회에 관장 지정을 신청하여야 하고, 그 결과 관장을 지정받은 지방노동위원회는 이에 따라야 한다고 규정하고 있는데, 이에 비추어 보면 중앙노동위원회의 관장 지정은 일반적으로 관계 지방노동위원회를 기속한다고 봄이 타당하다. 중앙노동위원회의 관장 지정에 대하여 당사자가 불복할 수 있는지가 문제될 수 있으나, 노위법과 노위규칙에 불복 절차가 규정되어 있지 않고, 현행 행정적 구제절차에서 중앙노동위원회 결정의 당부를 판단할 상급기관을 상정하기 어려운 이상, 불복할 수 없다고 보아야 한다.

하는 것이 바람직하다.

4. 사건의 이송

가. 이송의 원인과 절차

노동위원회는 접수된 사건이 다른 노동위원회 관할인 때에는 즉시 당해 사건과 일체의 서류를 관할 노동위원회로 이송하여야 한다. 다만, 이송해야 할 지방노동위원회가 2 이상인 때에는 중앙노동위원회에 관장 지정을 신청하여야 하고(노위규칙 32조 1항),[133] 그 결과 관장을 지정받은 지방노동위원회는 이에 따라야 한다(노위규칙 32조 4항).

노동위원회는 조사나 심문을 개시한 후 관할이 잘못된 것으로 판명되었을 때에는 즉시 심사를 중지하고 사건의 이송 또는 관장의 지정 절차를 취하여야 한다(노위규칙 32조 3항).[134]

사건을 이송할 때에는 그 사실을 지체 없이 관계 당사자에게 통지하여야 한다(노위규칙 32조 2항).

나. 이송의 효과

이송된 사건은 처음부터 이송을 받은 노동위원회에 접수된 것으로 본다(노위규칙 32조 5항). 따라서 당초 구제신청이 신청기간 내에 행하여진 경우에는 이송된 사건에 대하여 신청기간 도과를 이유로 각하할 수 없다.

노동위원회의 이송 결정에 대하여도 노위법과 노위규칙에 당사자의 불복절차가 규정되어 있지 않다. 이에 불복하는 당사자로서는 이송을 받은 노동위원회에 재이송을 촉구하거나 노위규칙 31조 2항을 유추하여 중앙노동위원회에 관장의 지정을 신청하여 이를 바로잡을 수 있는 방법을 생각해볼 수 있다.

---

133) 문언상으로는 '신청하여야 한다'라고 규정하고 있으나, 이송해야 할 지방노동위원회가 2 이상인 경우 해당 지방노동위원회에 각각 이송할 수도 있고, 중앙노동위원회에 관장 지정을 신청할 수도 있는 것으로 처리하고 있다(중노위 심판매뉴얼, 27면).

134) 심문회의 도중 관할이 잘못되었음이 판명된 경우에도 당사자가 합의로 그 위원회에서 처리하기를 원하면 당해 심판위원회가 처리할 수 있다(중노위 심판요령, 18면). 이는 각 지방노동위원회의 관할이 토지관할로서 전속관할이 아니라는 전제에 선 것으로 보인다.

Ⅳ. 구제신청 절차

1. 신청의 방식

부당노동행위 구제신청은 일정한 서식의 신청서를 관할 노동위원회에 제출하는 방식으로 이루어져야 한다(노위규칙 39조). 종전 노위규칙은 구술신청을 인정하였으나, 2007. 5. 29. 노위규칙 전부개정 시 관련 규정을 삭제하여 서면에 의한 신청만을 허용하고 있다(書面主義).

2. 신청의 대상

노동위원회에 구제를 신청할 수 있는 부당노동행위는 노동3권에 부정적 영향을 미치는 행위라면 그것이 법률행위이든 사실행위이든 그 명칭이나 법적 성격이 무엇인지 불문하고 구제신청의 대상으로 할 수 있다.

그러나 불이익취급의 부당노동행위의 경우, 구제의 대상이 되는 불이익처분 등은 확정적으로 근로관계에 부정적 영향을 미치는 것이라야 하고,[135] 부수적이거나 잠정적인 조치는 이에 해당하지 않는다. 따라서 불이익처분의 집행으로서 이루어진 결과(예컨대 감봉처분에 따라 실제 급여가 삭감되는 것),[136] 구제명령의 불이행이나 잠정적 이행 후 취소,[137] 징계재심 결과의 통보 등은 본래의 처분과 독립한 별개의 구제대상으로 삼을 수 없다.

3. 신청서의 기재사항

부당노동행위 구제신청서(노위규칙 별지 9호의3서식)에는 다음의 사항을 기재하고 신청인이 서명 또는 기명날인하여야 한다(노위규칙 39조).

---

135) 당연퇴직, 직권면직, 직위해제, 대기발령, 승진과 승급의 유보, 본채용의 거절, 전보, 사직서 수리, 기간제 근로자의 갱신거절 등 근로관계에 영향을 미치는 모든 인사조치에 대하여 구제를 신청할 수 있다(대법원 2006. 2. 24. 선고 2005두14226 판결 등).
136) 서울행법 2006. 12. 19. 선고 2006구합33644 판결(항소 부제기로 확정).
137) 서울행법 2008. 5. 15. 선고 2007구합38998 판결(사용자가 노동위원회의 원직 복직 명령에 따라서 근로자를 복직시켰다가 재심판정 취소소송을 제기하고 복직을 취소하자, 근로자가 복직 취소에 대하여 다시 구제신청을 한 사안, 항소기각으로 확정됨). 복직은 잠정적인 지위회복에 불과하고 그 취소는 기존의 해고를 초과하는 독립적인 불이익처분이라 할 수 없으므로 복직 취소에 대하여 별도의 구제신청을 할 수 없다.

가. 당사자의 표시

(1) 신 청 인

구제신청을 한 근로자 또는 노동조합을 표시한다. 그 특정을 위하여 근로자 개인의 성명과 주소를 기재하고, 노동조합은 그 명칭, 대표자의 성명과 사무소의 소재지를 기재한다(노위규칙 39조 1호).

(2) 피신청인

구제신청의 상대방인 사용자를 표시한다. 사용자는 대부분 사업주이겠지만, 사안에 따라 사업의 경영담당자 또는 그 사업의 근로자에 관한 사항에 대하여 사업주를 위하여 행동하는 사람이 될 수 있으므로(대법원 2022. 5. 12. 선고 2017두54005 판결 참조), 피신청인이 어느 유형의 사용자에 속하는지를 구별하여 기재함이 바람직하다.[138] 사용자가 개인인 경우에는 성명·주소를 기재하고, 법인인 경우에는 그 명칭, 대표자의 성명, 소재지를 기재한다. 근로자가 본점이나 본사에 소속되어 있지 아니한 경우에는 근로자가 소속되어 있는 사업장의 명칭·주소·대표자 성명 등도 함께 기재한다(노위규칙 39조 2호). 또한, 부당노동행위가 있었던 당시의 사업장과 법인 본사가 다른 경우에는 부당노동행위가 있었던 사업장의 명칭, 대표자의 성명, 소재지를 구별하여 기재한다(노위규칙 별지 9호의3서식).

나. 신청취지

근로자나 노동조합이 구제받고자 하는 사항을 신청취지로 기재한다(노위규칙 39조 3호).[139] 신청취지는 반드시 구체적으로 명시할 필요가 없고 노동위원회가 이에 구속되는 것도 아니지만,[140] 신청인이 어떠한 구제를 원하고 있는지 알 수

---

138) 노위규칙 별지 9호의3서식에서는 '사업주'를 표시하게 되어 있으나, '사용자'를 표시하도록 하되 그 지위를 구분하여 기재할 수 있도록 서식의 수정이 필요하다.

139) 2012. 7. 4 노위규칙 21호로 개정되기 전의 구 노위규칙 39조(구제신청서의 기재사항) 3호는 '부당노동행위를 구성하는 구체적인 사실(근로자나 노동조합이 구제받고자 하는 사항)'이라고 규정하여 본문과 괄호 안의 내용이 다르고 또 모순되었다. 구제신청서 서식(노위규칙 별지 9호의3서식)에 신청취지, 신청이유 순으로 나열된 점에 비추어 체계상 괄호 안의 기재는 신청취지를 의미하는 것으로 이해되었고, 위 2012. 7. 4. 개정으로 본문을 삭제하고 괄호 안의 내용만 남겨 두는 것으로 바로잡았다.

140) 대법원 1999. 5. 11. 선고 98두9233 판결은 "청구할 구제의 내용에 관하여 민사소송의 청구취지처럼 엄격하게 해석할 것은 아니고 신청의 전취지로 보아 어떠한 구제를 구하고 있는지를 알 수 있을 정도면 되는 것으로서, 노동위원회는 재량에 의하여 신청하고 있는 구체적 사실에 대응하여 적절·타당하다고 인정하는 구제를 명할 수 있는 것이므로, 구제신청서에 구제의 내용이 구체적으로 특정되어 있지 않다고 하더라도 해당 법규에 정하여진 부당노동행위 또는 정당한 이유가 없는 해고·휴직·정직·전직·감봉 기타 징벌 등을 구성하는 구체

있을 정도는 기재하여야 한다.

신청취지는 노동위원회가 부당노동행위 성립을 인정한 다음, 그에 상응하여 명하게 될 구제의 내용을 정할 때 재량의 범위를 한정하는 역할을 하게 된다. 따라서 신청취지가 불분명한 경우에 노동위원회는 석명권을 행사하여 이를 명확하게 할 필요가 있다.

그리고 구제의 내용이 법령상이나 사실상 실현할 수 없음이 명백한 경우에 그 구제신청은 각하된다(노위규칙 60조 1항 6호).

법원의 판례와 노동위원회의 판정례가 상당한 정도로 집적되어 부당노동행위 유형에 따른 구제방법(구제명령의 유형과 내용)이 어느 정도 정형화되었으므로 이를 참고하여 신청취지를 기재한다. 예비적 또는 선택적으로 신청취지를 기재할 수도 있다.

하나의 부당노동행위를 구성하는 사실에 대응하여 수 개의 구제방법을 구하는 경우가 있고,[141] 그 반대로 수 개의 부당노동행위에 대하여 하나의 구제방법만을 신청하는 경우도 있다.[142]

다. 신청이유

부당노동행위의 경위와 부당노동행위에 해당하는 이유를 신청이유에 기재한다. 신청인이 주장하는 부당노동행위의 구체적 내용은 심사 과정에서 밝혀질 것이므로 이를 세세히 적을 필요는 없지만, 단순히 부당노동행위가 있었다고 기재하는 것만으로는 부족하고, 노조법 81조 1항 각 호 중 어느 부당노동행위가 있었는지를 육하원칙에 따라 구체적이고 간결하게 기재하여야 한다. 특히 신청인이 주장하는 부당노동행위가 발생한 날(예컨대 불이익취급의 경우 불이익처분일, 계속하는 행위의 경우 그 종료일)을 특정하여야 할 것이다. 이를 기준으로 구제신청기간의 준수 여부를 판단하게 된다.

신청이유는 신청취지와 더불어 심사와 판정의 범위를 정하는 역할을 하므로, 사용자가 동종 또는 유사한 내용의 부당노동행위를 반복한 경우에는 수 개의 부당노동행위 중 어느 것을 구제신청의 대상으로 하는지를 명확하게 구분하

적인 사실을 주장하고 있다면 그에 대한 구제도 신청하고 있는 것으로 보아야 한다."라고 판시하여, 민사소송의 소 제기 방식과 달리 구제신청서의 형식과 내용을 완화하여 해석한다.

141) 예를 들면, 해고라는 하나의 불이익처분에서 해고철회, 원직 복직과 소급임금의 지급을 구하는 경우이다.

142) 예를 들면, 수개의 지배·개입 행위에 대하여 하나의 구제명령을 구하는 경우이다.

여 기재할 필요가 있다.

라. 신청 일자

신청일은 구제신청서가 노동위원회에 제출된 날이고, 이를 기준으로 신청기간의 준수 여부를 판단하게 된다.

4. 신청서의 보정

노동위원회 위원장은 부당노동행위 구제신청서에 기재하여야 할 사항이 일부 누락되었거나 기재 내용이 명확하지 아니한 때에는 기간을 정하여 보정을 요구할 수 있다(노위규칙 41조). 신청인이 보정요구에 응하지 아니한 경우 재차 보정요구를 하여야 하고, 심판위원회는 위와 같이 노위규칙 41조에 따른 보정요구를 2회 이상 하였음에도 보정을 하지 아니한 경우 구제신청을 각하한다(노위규칙 60조 1항 2호).

그러나 경미한 사항의 흠결을 보정하지 않은 경우에는 구제신청을 각하할 수 없다고 보아야 하고, 보정하지 않으면 신청을 각하할 수밖에 없는 기재사항의 흠결은 구제절차를 진행할 수 없는 정도의 중요한 사항에 관한 것이어야 한다.

5. 신청취지의 추가·변경

신청인은 부당노동행위 구제신청 후 누락된 신청취지를 추가하고자 하거나 징계처분(불이익취급) 변경 등으로 신청취지를 변경하고자 하는 경우에는 새로운 구제신청을 하는 대신 노동위원회의 승인을 얻어 신청취지를 추가·변경할 수 있다(노위규칙 42조 1항).

신청취지의 추가·변경은 당초의 신청취지와 관련이 있거나 신청취지의 근본적인 성격이 바뀌지 않는 범위 내에서(동일성의 유지) 할 수 있고, 구제절차를 현저히 지연시키는 경우 심판위원회는 이를 승인하지 않을 수 있다. 추가·변경하는 신청취지가 동일성의 범위를 벗어나는 경우에는 별건의 구제신청으로 보아 접수한 다음에, 기존 사건과 병합하여 처리하여야 할 것이다(노위규칙 48조 1항 1호).

노동위원회는 신청취지의 추가·변경을 승인한 때에는 지체 없이 그 사실을 상대방에게 서면으로 통지하여야 한다(노위규칙 42조 2항).

재심절차에서도 노위규칙 42조의 적용을 배제할 이유가 없으므로 신청취지의 추가·변경이 허용된다.[143) 다만 재심절차에서는 재심신청인이 초심결정을 불복한 범위 내에서만 신청취지를 추가·변경할 수 있다.

V. 구제신청기간

구제신청은 부당노동행위가 있은 날(계속하는 행위는 그 종료일)부터 3월 이 내에 하여야 한다(본조 2항).[144)

1. 입법 취지와 법적 성격

부당노동행위 구제의 신청기간을 제한하는 취지는, 시간의 경과에 따라 사실관계의 증명이 곤란하고 구제명령의 실효성이 떨어질 뿐만 아니라 오히려 뒤늦은 구제명령으로 인하여 노사관계의 안정이 저해될 우려가 있으므로 이를 방지하고, 신속·간이한 행정적 구제절차로서의 기능을 확보하는 한편 노동위원회의 사건 부담도 줄이려는 정책적 고려 등이 반영된 것이다.[145)

구제신청기간은 제척기간이므로 그 기간이 경과하면 그로써 행정적 권리구제를 신청할 권리는 소멸한다. 따라서 신청인이 책임질 수 없는 사유로 기간을 준수하지 못하였다는 등 그 기간을 해태함에 정당한 사유가 있다고 하여도 결론을 달리할 수 없으며, 정당한 사유가 있는 경우에는 행심법 27조 3항 본문의 행정심판청구기간이 경과하여도 행정심판청구를 제기할 수 있다는 같은 항 단서는, 행정청의 위법 또는 부당한 처분 등을 다투는 행정심판절차가 아니라 단지 행정처분인 노동위원회의 구제명령을 구하는 행위에 불과한 부당노동행위

---

143) 중노위 2005. 5. 4.자 중앙2004부노163, 부해611 판정. 초심에서 부당해고와 부당노동행위를 모두 인정하였고, 사용자가 이에 불복하여 재심을 제기하면서 신청취지에 부당노동행위 구제명령의 취소 신청을 누락한 사실을 발견하고 이후 신청취지 추가를 신청하였는데, 중앙노동위원회는 이를 승인하였다.

144) 일본은 1년으로 규정되어 있다(노동조합법 27조 2항). 미국에서는 6개월이고, 신청기간에 관한 쟁점은 다음의 2가지이다. 첫째는 '계속하는 행위'에 관한 문제로서 위법한 조합보장 조항이나 '사용자 위원회(Employee Committee)'에 대한 회사의 지배개입 사안을 중심으로 논의되고 있다. 둘째는 신청 6개월 이전의 행위를 부당노동행위 인정의 증명자료로 사용할 수 있느냐의 문제인데, 법원은 그러한 자료를 행위 배경의 증거(Back Ground Evidence)로서 사용될 수 없다고 하며, NLRB도 같은 견해를 취한다. 자세한 내용은 이호준, 284면 이하 참조.

145) 김유성, 358면; 김형배, 1534~1535면; 하갑래, 597면, 대법원 1996. 8. 23. 선고 95누11238 판결.

구제신청에는 적용되지 아니한다.[146]

2. 신청기간의 기산점

가. 부당노동행위가 있은 날(계속하는 행위의 종료일)

부당노동행위 구제신청 사건의 심사대상은 그 대상이 된 부당노동행위를 구성하는 구체적 사실에 한정되므로, 구제신청기간은 근로자가 부당노동행위라고 주장하는 구체적 사실이 발생한 날(다만 계속하는 행위인 경우에는 그 종료일)부터 기산된다.[147]

이때 '계속하는 행위'란 1개의 행위가 바로 완결되지 않고 일정 기간 계속되는 경우뿐만 아니라 수 개의 행위라도 각 행위 사이에 부당노동행위 의사의 단일성, 행위의 동일성·동종성, 시간적 연속성이 인정되는 경우도 포함한다.[148] 예를 들면 예고 있는 해고 또는 직장폐쇄 등은 그 행위가 완결되지 않고 일정 기간 계속되는 1개의 행위로 볼 수 있고,[149] 사용자가 조합원에 대하여 차별적 심사로 하위의 인사고과를 부여한 후 승격 누락 및 차별적 임금 지급행위 또는 정당한 평가에 따른 임금과의 차액을 지급하지 아니한 행위는 수 개의 행위 사이에 동일성·동종성, 시간적 연속성이 인정되는 경우로 볼 수 있다.[150]

그러나 무기정직이나 대기발령 등과 같이 그 행위로 인한 상태 또는 효과가 지속되는 것에 불과할 뿐이라면, 그 행위 자체로 완결된다.[151]

한편, 사용자가 근로자 또는 노동조합의 정당한 요구에 응하지 않거나 상호 합의한 내용을 이행하지 않는 등 사용자의 부당노동행위가 부작위의 형태로 나타나는 경우에는 구제신청기간의 기산점을 특정하기 곤란하다. 부작위에 의한

---

146) 대법원 1996. 8. 23. 선고 95누11238 판결, 대법원 1997. 2. 14. 선고 96누5926 판결.
147) 대법원 1996. 8. 23. 선고 95누11238 판결.
148) 대법원 2014. 5. 29. 선고 2011두24040 판결.
149) 김형배, 1535면.
150) 대전지법 2022. 2. 15. 선고 2020구합104971, 104993(병합) 판결(대전고법 2022누10724호로 항소심 계속 중). 일본 노동위원회의 경우 초기에는 인사평정에 의한 승진·승급의 발령은 일회적인 행위이고, 이러한 행위와 그 결과로서 잔존하는 임금 지급행위를 구별하여야 한다는 입장이 주류를 이루었으나, 최근에는 양자를 기본계획과 그 실행행위라는 불가분의 관계로 파악하거나 승진·승급을 시키지 아니하고 그에 따라 차액분의 임금을 지급하지 아니하는 부작위(차별 미시정)가 지속되는 것으로 파악하여 이를 하나의 계속하는 부당노동행위로 보는 견해가 유력하다. 자세한 내용은 注釋(下), 975면 이하; 日本 審査手續, 107면 이하 참조.
151) 대법원 1993. 2. 23. 선고 92누15406 판결(무기정직 사안), 서울고법 2008. 12. 23. 선고 2008누18467 판결(대기발령 사안, 상고 부제기로 확정).

부당노동행위가 성립하기 위해서는 사용자가 상당한 기간이 경과하도록 의무를 이행하지 않을 것이 요구되는데, 이때 상당한 기간을 어느 정도의 기간으로 볼 것인지 미리 구체적으로 정하기 어렵기 때문이다. 이때 구제신청기간의 기산점을 막연히 '상당한 기간이 경과한 날'로 보게 되면 그 불확정성으로 혼란이 초래될 수 있고, 노동위원회의 판단 여하에 따라 제척기간의 도과를 이유로 구제를 받지 못할 우려가 있는 점, 부작위가 지속되는 한 계속하여 새로운 부작위가 발생한다고 볼 수 있는 점, 사용자가 작위의무를 이행한 시점에 비로소 계속되는 부작위가 종료되는 점 등을 고려할 때, 부작위에 의한 부당노동행위의 경우는 부작위가 계속되는 한 근로자 또는 노동조합이 언제든지 그에 대한 구제신청을 할 수 있다고 보아야 한다.152)

나. 부당노동행위 유형별 검토

(1) 불이익취급

불이익취급이 해고인 경우에는 근기법 27조에 따라 근로자가 받은 해고통지서에 기재된 해고일이고, 다만 해고통지서에 기재된 해고일이 해고통지서를 받은 날보다 이전인 때에는 해고통지서를 받은 날(노위규칙 40조 1호)이다. 그 외에 사직서 수리, 기간제 근로계약의 기간만료, 정년퇴직 처리 등이 불이익취급인 해고라고 주장하는 경우는 그에 의하여 근로관계가 종료되는 날부터 기산하여야 한다.

해고 이외의 불이익취급은 근로자가 그 불이익취급에 관한 통지(구술통지를 포함한다)를 받은 날이고, 통지가 없었던 경우에는 해당 불이익취급이 있었음을 안 날(노위규칙 40조 2호)이다.153)

다만, 해고 등의 불이익취급이 일정한 기간이 경과한 후에 그 효력을 발생하는 경우 구제신청기간은 그 효력발생일부터 기산하여야 한다.154)

또한, 취업규칙 등에서 징계처분에 대한 재심절차를 규정하고 있다 하여도 징계처분은 재심절차에서 취소·변경되지 않는 한 원래의 처분 시부터 효력이 발생하므로 구제신청기간은 원칙적으로 원래의 징계처분(불이익취급)이 있은 날

---

152) 박은규, 109~110면.
153) 무기정직의 처분은 그 처분과 동시에 처분행위가 종료되는 것이지 그 정직 기간 내내 처분행위가 계속되는 것은 아니므로 구제신청기간도 그 처분일부터 기산한다(대법원 1993. 3. 23. 선고 92누15406 판결).
154) 대법원 2002. 6. 14. 선고 2001두11076 판결.

부터 기산한다.155)

(2) 반조합계약

특정 노동조합에 가입하는 것이나 그 노동조합의 불가입·탈퇴를 고용조건으로 하는 계약(반조합계약)이 체결된 날부터 신청기간을 기산하여야 한다.

(3) 지배·개입

사용자가 지속적으로 노동조합의 조직 또는 운영에 개입하거나 운영비를 원조하는 행위를 한 경우 및 노동조합 가입을 하지 못하도록 방해하거나 노동조합 탈퇴를 권유한 경우에는 그러한 행위가 끝난 날부터 신청기간을 기산한다.156)

(4) 단체교섭 거부의 경우

사용자가 노동조합의 단체교섭 요구를 명시적으로 거부하는 의사표시를 한 경우에는 단체교섭 거부의 의사표시가 노동조합에 도달한 날, 사용자가 단체교섭 거부의 의사표시 없이 노동조합이 요구한 단체교섭일에 교섭에 임하지 아니한 경우에는 노동조합이 요구한 단체교섭일부터 신청기간을 기산하여야 한다.157) 노동조합이 지속적으로 단체교섭을 요구하였는데 사용자가 이를 거부한 경우에는 앞서 부작위에 의한 부당노동행위의 구제신청기간에서 검토한 바와 같이 사용자의 거부가 계속되는 한 언제든지 구제신청을 할 수 있다.

Ⅵ. 구제신청의 취하

1. 의　　의

구제신청의 취하는 노동위원회에 대하여 신청의 전부 또는 일부를 철회하는 의사표시이다. 노조법에는 이에 관한 규정이 없지만, 부당노동행위 구제절차가 신청에 의하여 개시되는 이상(당사자주의적 성격), 신청인이 구제신청을 취하

---

155) 대법원 1993. 5. 11. 선고 91누11698 판결. 노위규칙 40조 4호는 징계의 재심절차를 거친 경우에 관하여, 원칙적으로 원처분일을 구제신청기간의 기산일로 보되, 징계의 재심절차에서 원처분이 취소되고 새로운 징계처분을 한 때(가목), 징계의 재심절차에서 원처분이 변경된 때(나목), 단체협약이나 취업규칙 등에서 재심청구시 재심이 결정될 때까지 원처분의 효력이 정지되도록 규정한 경우(다목)에는 예외적으로 재심처분일이 기산일에 해당한다고 규정하고 있다.

156) 김유성, 359면; 중노위 심판매뉴얼, 47면.

157) 중노위 심판매뉴얼, 47면.

할 수 있음은 당연하고 취하의 사유도 묻지 않는다. 같은 전제에서 노위규칙 75조도 신청 취하의 시기와 절차를 규정하고 있다.

2. 취하의 시기와 요건

신청인은 판정서가 도달되기 전까지 신청의 전부 또는 일부를 취하할 수 있다(노위규칙 75조 1항).

민사소송에서 소 취하는 판결의 확정 시까지 가능하나, 구제절차에서는 판정서[158] 도달 시까지 구제신청을 취하할 수 있다.[159]

민사소송에서 소 취하는 상대방이 준비서면을 제출하거나 변론준비기일에서 진술하거나 변론을 한 뒤에는 상대방의 동의를 받아야 효력을 갖는데, 구제신청의 취하에는 피신청인의 동의가 필요 없다.[160]

3. 취하 절차

신청의 취하는 서면에 의하는 것이 원칙이나(노위규칙 75조 1항), 조사·심문 등의 심사절차 내에서는 신청인이 구술로 취하할 수 있다(민소법 266조 3항 참조).[161]

노동위원회 위원장은 취하서가 접수되면 당해 사건을 종결하고 그 사실을 당사자 쌍방에게 서면으로 통지하여야 한다(노위규칙 75조 2항).

4. 취하의 효과

취하된 신청에 대하여는 처음부터 사건이 계속되지 않은 것으로 본다. 따라서 취하된 신청을 다시 신청하는 것이 가능하지만, 이는 새로운 신청으로서 신청기간을 준수하여야 하고, 판정이 있은 후 구제신청을 취하하였다가 다시 제기

---

158) 판정이 있은 후에 다시 구제신청을 제기하는 경우 각하사유(노위규칙 60조 5호)에 해당하는 점에 비추어 볼 때 여기서 판정서라 함은 재심판정서를 의미한다 할 것이다.

159) 노동위원회는 당사자의 편의를 위하여 판정회의 후 그 의결 결과를 전화, 모사전송, 전자우편 등으로 당사자에게 알려주어야 하는데(노위규칙 28조), 실무상 구제신청이 기각되는 근로자가 불리한 내용의 판정서가 관련 민사소송의 증거자료로 제출되는 것을 막을 의도로 판정서가 송달되기 전에 구제신청을 취하하는 경우가 있으므로 판정회의 결과통지 이후 신청취하에는 상대방의 동의를 받도록 하는 내용의 입법이 필요하다.

160) 注釋(下), 978면

161) 중노위 심판매뉴얼, 235면에는 '취하서는 반드시 서면으로 제출하여야 하며, 그 명칭이나 형식이 정해져 있지 않아 취하 취지를 포함하면 된다'라고 설명하여 구술에 의한 취하를 인정하지 않고 있으나, 이를 제한하는 명문의 규정이 없는 점, 민사소송에서도 구술에 의한 소 취하를 인정하는 점에 비추어 의문이다.

한 경우에는 그러한 재신청은 각하된다(노위규칙 60조 1항 5호).

신청의 취하를 취소하는 것은 일반적으로 소송행위의 취소가 제한되는 것
과 같이 특별한 사정이 없는 한162) 허용되지 않는다.

Ⅷ. 구제신청의 각하

1. 의   의

구제신청이 부당노동행위의 성립 여부(실체)를 판단함에 필요한 전제조건을
충족하지 못한 경우 그 구제신청을 배척하는 결정이 구제신청의 각하이다.

심판위원회는 신청요건을 갖추지 못하였거나 구제절차를 유지할 필요나 이
익이 없다고 인정되는 경우 등에 구제신청을 각하하는 결정을 하게 된다(노위규
칙 60조 1항).163)

2. 각하사유

구제신청의 각하사유는 다음과 같다(노위규칙 60조 1항).164)

가. 신청기간을 지나서 신청한 경우(1호)

신청기간165)이 도과하면 구제신청권이 소멸하고, 신청기간 경과 후의 구제
신청은 부적법하므로 각하되어야 한다. 계속하는 행위의 경우 그 종료일부터 신
청기간을 기산하므로 계속하는 행위인지 및 그 종료일이 언제인지에 관한 충분
한 심사가 이루어져야 한다.

나. 보정요구를 2회 이상 하였음에도 보정을 하지 아니한 경우(2호)

노동위원회 위원장은 신청서의 기재 사항이 일부 누락되거나 기재 내용이

---

162) 대법원 1985. 9. 24. 선고 82다카312 등 판결(형사책임이 수반되는 타인의 강요와 폭행에
    의하여 이루어진 소 취하의 약정과 소 취하서의 제출은 무효이다. 그러나 사기나 착오를 이
    유로 한 소 취하의 취소는 허용될 수 없다).
163) 노위규칙 60조 1항 1·2·5·7호의 각하사유에 해당하는 경우에는 단독심판위원으로 하여
    금 처리하게 할 수 있다(노위규칙 67조 1항).
164) 2021. 10. 7. 노위규칙 26호로 개정 시 종전에 노위규칙 60조 1항에서 각하사유로 규정되
    어 있던 당사자적격이 없는 경우(3호), 구제신청의 내용이 노동위원회의 구제명령의 대상이
    아닌 경우(4호), 신청이익이 없는 경우(6호 후단)가 각하 사유에서 삭제되었다. 각하 사유를
    축소하여 판정의 신뢰성과 일관성을 확보하기 위함이다(법제처 제공 개정이유 참조).
165) 부당노동행위가 있은 날부터 3개월 이내(본조 2항).

명확하지 아니한 때에 기간을 정하여 보정을 요구할 수 있고(노위규칙 41조), 신청인이 이러한 보정요구를 2회 이상 받고도 불응하는 경우 구제신청은 각하된다.

본호는 신청서의 기재사항 가운데 심사의 실질적인 진행을 곤란하게 하는 중요한 사항의 흠결이 있는 경우에 그 보정을 명하였음에도 불응하는 경우를 말한다.[166]

다. 중복신청, 재신청 등의 경우(5호)

같은 당사자가 같은 취지의 구제신청을 거듭하여 제기하거나 같은 당사자가 같은 취지의 확정된 판정(법 16조의3에 따른 화해조서를 포함한다)이 있음에도 구제신청을 제기한 경우나 판정이 있은 후 신청을 취하하였다가 다시 제기한 경우이다.

동일한 구제신청을 반복한 경우(중복신청), 후에 제기한 구제신청은 부적법하므로 각하되어야 한다.

구제명령은 그 발령 시부터 효력이 발생하고, 초심의 기각결정[167] 또는 재심판정이 확정된 경우 당사자는 이에 따라야 하며(법 85조 4항), 화해조서는 민사소송법에 따른 확정판결과 같은 효력을 가지므로(노위법 16조의3 5항) 그 이후 같은 당사자 사이에 같은 취지의 구제신청은 일사부재리의 원칙이나 기판력에 반하는 것으로서 허용될 수 없다.

각하 판정이 확정된 경우가 본호에 해당하는지는 명백하지 않다. 법률에는 신청의 각하에 관하여 아무런 언급이 없으나 구제신청을 배척한다는 의미에서 기각결정에 포함되므로 본호에 해당한다고 볼 여지가 있다. 그러나 구제신청의 각하는 신청요건 등의 흠결로 인한 것이므로 확정된 각하 판정에 일사부재리의 효력을 인정하기 곤란한 점, 구제신청이 각하되면 그 신청은 처음부터 계속하지 않은 것으로 되는 점, 본항의 각하사유 가운데 보정요구에 2회 이상 불응하거나(2호) 심문기일에 2회 이상 불출석하여(7호) 구제신청이 각하된 경우에는 재신청을 금지할 아무런 이유와 필요가 없는 점 등에 비추어 본호에는 각하 판정이 포함되지 않는다고 해석함이 상당하다. 다만, 구제신청기간이 3월로 정해져 있어 그 기간을 준수할 가능성이 거의 없으므로 논의의 실익은 크지 않다.

---

166) 日本 審査手續, 119면.
167) 구제명령은 판정서 정본이 당사자에게 교부된 때로부터 효력이 발생하고, 취소되지 않는 한 당사자는 이에 따라야 한다(법 84조 3항).

판정이 있은 후 구제신청을 취하하였다가 다시 제기한 경우에도 본호에 의하여 신청이 각하된다.

라. 신청하는 구제의 내용이 법령상·사실상 실현할 수 없음이 명백한 경우(6호)

신청하는 구제의 내용이 법령상이나 사실상 실현할 수 없음이 명백한 경우 구제신청이 각하된다.

여기서 법령상 실현할 수 없는 경우라 함은 강행법규에 반하는 신청, 사법기관만이 할 수 있는 사법판단이나 처분을 구하는 신청,[168] 다른 행정기관의 권한에 속하는 처분을 구하는 신청[169] 등을 말한다. 사실상 실현할 수 없는 경우라 함은 원직 복직을 신청하였는데 회사가 해산하였고 업무가 재개될 가능성도 없는 경우 등이다.[170]

신청의 이익(구제이익)이 없는 경우 구제신청을 각하하여야 하는지에 관하여는 학설과 노동위원회의 견해가 나뉘었는데,[171] 2007. 5. 29. 전부개정된 노위규칙(제19호)에서 본호의 각하사유로 추가되었다가 2021. 10. 7. 개정 당시 삭제되었다.

마. 신청 의사를 포기한 것으로 간주되는 경우(7호)

신청인이 2회 이상 심문회의 출석에 불응하거나 주소불명 또는 소재불명으로 2회 이상 출석통지서가 반송되거나 그 밖의 사유로 신청 의사를 포기한 것으로 인정될 경우에는 신청이 각하된다.[172]

그 밖의 사유로 신청 의사를 포기한 것으로 인정될 경우라 함은 여러 사정에 비추어 신청인이 구제절차를 유지할 의사가 없다는 점이 명백히 추인되는 경우를 뜻한다.[173]

---

168) 부당노동행위를 실행한 자에 대한 직무집행정지, 손해배상 청구를 하는 경우가 이에 해당한다.

169) 예를 들면, 근기법위반의 판단이나 시정을 구하는 경우이다.

170) 대법원 1990. 2. 27. 선고 89누6501 판결.

171) 김형배, 968면; 日本 審査手續, 126면. 근래 일본 노동위원회는 대부분 기각하고 있다고 한다.

172) 노동위원회는 이에 따라 상당수의 구제신청을 각하하고 있으며, 대법원 1990. 2. 27. 선고 89누7337 판결은 노위규칙이 노위법의 위임규정에 근거하여 그 범위 내에서 제정된 것이고, 구제신청을 한 신청인이 그의 책임 없는 사유로 심문기일에 출석하지 못한 경우가 아닌 한, 노동위원회는 신청을 각하할 수 있다고 판시하여 이를 정당한 각하사유로 인정하였다.

173) 日本 審査手續, 125면.

Ⅷ. 화　해

1. 개　론

가. 관련 규정

2007. 1. 26. 노위법(법률 8296호)의 개정 이전에도 구제신청 사건에서 노위규칙에 따라 당사자 합의를 통한 화해가 이루어졌으나,[174] 별도의 법적 근거가 없어 화해의 성립 시 그 효력에 관하여 논란이 되었다.[175]

이러한 법적 문제를 해결하고 관계 당사자 쌍방의 합의를 통한 자율적인 분쟁해결을 촉진함으로써 신속한 권리구제를 도모할 목적으로 위 2007. 1. 26. 개정 시 노위법 16조의3(화해의 권고 등)이 신설되었다.

이에 따라 노동위원회는 구제절차에서 관계 당사자의 신청 또는 직권에 의하여 화해를 권고하거나 화해안을 제시할 수 있고(노위법 16조의3 1항), 관계 당사자가 화해안을 수락하여 화해조서를 작성한 경우에는 화해조서에 민소법에 따른 재판상 화해의 효력이 인정된다(노위법 16조의3 5항).

화해의 방법, 화해조서의 작성 등에 관하여 필요한 사항은 중앙노동위원회가 따로 정하도록 하였고(노위법 16조의3 6항), 이에 따라 노위규칙 68조 이하에서 화해의 신청 내지 권고, 화해조서의 작성 등 세부적인 사항을 규정하고 있다.

나. 화해의 현황

노동위원회가 2019년도에 처리한 1,129건의 사건 중 화해로 종결된 사건은 83건(7.3%)이고, 취하로 종결된 사건은 276건(24.4%)이며,[176] 2021년도에 처리한 1,082건의 사건 중 화해로 종결된 사건은 80건(7.4%)이고, 취하로 종결된 사건은 286건(26.4%)이다.[177]

취하된 사건의 대부분도 노동위원회가 관여하여 당사자 사이에 화해나 합의가 이루어진 다음에 취하하는 경우이므로 부당노동행위 사건의 약 32%(≒ 화해 7.3% + 취하 24.4%) 내지 33%(≒ 화해 7.4% + 취하 26.4%)가 노사의 교섭에 의하여 자주적으로 해결되었다고 할 수 있다.[178]

---

174) 2007. 5. 29. 전부개정되기 전의 노위규칙 28조.
175) 김홍영b, 125면.
176) 중노위 2020. 1. 소식지, 18면.
177) 중노위 2022. 1. 소식지, 2면.

다. 화해의 기능

노동분쟁을 해결할 때에는 노사가 자주적으로 해결하는 것이 매우 중요하다. 화해를 통하여 노사 간의 대립을 해소하고 원활한 노사관계를 회복할 수 있으며, 당사자의 자율적 이행을 통해 근로자의 침해된 권리가 신속하게 회복될 수 있다. 노사관계의 계속성, 상호신뢰관계의 중요성 등에 비추어 노사가 자율적으로 상호 양보하여 화해에 이름으로써 노동분쟁을 궁극적으로 해결하고 또 다른 분쟁의 발생을 예방할 수 있다.179) 특히 노동위원회의 구제절차에는 근로자위원과 사용자위원이 참여하는데, 이들은 각자 노동조합과 회사에서 장기간 분쟁조정, 갈등관리, 인사노무 업무 등을 담당해 온 전문가들이므로, 이들이 화해에 적극적으로 나서면 화해성공률이 높아질 뿐만 아니라 분쟁의 실질적인 종결을 꾀할 수 있다.180)

2. 화해절차

가. 절차의 개시

노동위원회는 판정이 있기 전까지 관계 당사자의 신청 또는 직권에 의하여 화해절차를 개시할 수 있다(노위법 16조의3 1항).

당사자는 화해를 원하는 경우에 화해신청서(노위규칙 별지20호서식)를 작성하여 제출할 수 있고, 심문회의에서는 구술로도 화해를 신청할 수 있다(노위규칙 68조).

노동위원회는 사건이 접수되면 당사자에게 '사건접수 알림'이라는 제목의 공문을 송부하는데, 위 공문의 본문에 화해절차를 언급하고, 화해제도 운영 안내문과 화해신청서 양식을 함께 보낸다.181)

나. 단계별 화해절차의 진행

(1) 조사과정 중 화해

실무상 주로 조사관이 주도하여 조사과정에서 당사자의 화해 의사를 확인

---

178) 김홍영b, 121면; 박수근b, 18면.
179) 박수근b, 17면; 日本 審査手續, 231면. 과거 일본에서는 부당노동행위 구제제도의 목적과 기능(구제명령을 통한 단결권침해의 제거와 권리구제)에 비추어 부당노동행위의 성부를 애매하게 처리하는 화해는 문제가 있다는 등의 비판론이 있었으나 현재의 다수설은 화해제도를 지지하고 있다.
180) 박호환, 165면.
181) 중노위 화해매뉴얼, 30면.

한다. 당사자 간에 화해 조건 등에 관하여 어느 정도 의견 접근이 이루어지면, 노동위원회 위원장은 당사자 쌍방의 신청 내지 동의를 얻어 심판담당 공익위원 1명을 단독심판위원으로 지명하여 단독심판회의에서 화해 사건을 처리하게 할 수 있고(노위규칙 67조 1항),[182] 이때 조사관은 화해추진 경과 보고서를 단독심판위원에게 제출하여야 한다(노위규칙 67조 3항).

조사과정에서 화해가 불성립한 경우에는 조사관은 조사보고서 작성 등 심문회의를 준비하게 되는데, 이때 조사관은 조사과정에서의 화해 추진 경위와 당사자의 입장 등을 조사보고서에 반영하여 심판위원들에게 보고한다.[183]

(2) 심문회의 중 화해

당해 심판위원회 의장은 화해가능성이 높은 사건으로 판단되는 경우 심문회의 개최 10분 전 또는 심문회의를 정회하고 화해검토회의를 개최할 수 있다. 위 회의에는 조사관을 참여시켜 경과를 보고하게 하고, 심판위원들은 적절한 화해안을 구상하며 근로자위원과 사용자위원의 역할 등을 논의한다.[184]

심문회의 중 화해가 성립하지 않은 경우 심문회의를 속개한다.

(3) 심문회의 이후 화해

심문회의 중 화해가 이루어지지 않은 경우라도 화해의 필요성이 크거나 화해 가능성이 있는 사건[185]에는 의장이 판정을 유보하고 통상 7일 정도의 화해 권고기간을 부여할 수 있다.[186]

조사관은 심문회의 종료 후 즉시 화해 권고기간 부여 공문을 작성하여 당사자에게 송부한다.[187]

---

182) 실무상 당사자로부터 노위규칙 67조 1항에 따른 단독심판 신청·동의서 외에 노위규칙 68조에서 규정한 화해신청서도 제출하도록 하고 있다. 중노위 화해매뉴얼, 31면.
183) 노위규칙 50조 2항 5호는 조사보고서 본문에 '그 밖의 직권조사결과' 중 하나로 '조사과정에서 화해가 추진되어 온 경우 화해 추진 경위와 당사자의 입장'을 기재하도록 하고 있다.
184) 중노위 화해매뉴얼, 33면.
185) 중노위 화해매뉴얼, 38면에서는 화해 권고기간의 부여가 필요한 사건 유형으로 ① 다른 조건은 접근이 되었으나 화해 금액에서 약간의 차이가 있는 경우 등 당사자가 최종 결정을 하는데 좀 더 시간이 필요한 경우, ② 근로자 측이나 사용자 측에서 대리인만 참석하여 의사결정권자의 판단이 필요한 경우, ③ 외국계 기업으로 모회사 또는 지역본부의 승인에 시간이 필요한 경우, ④ 화해 조건에 대한 쟁점이 많아 심문회의 시간 내 화해가 어려운 경우를 제시하고 있다.
186) 사후에 화해 권고기간을 추가로 부여한다는 의미에서 이를 '사후화해제도'라고 명명하는 글로는 박호환, 166면.
187) 중노위 화해매뉴얼, 37면.

화해가 성립되지 않는 경우에는 지체 없이 판정회의를 개최하여야 한다. 다만, 실무상 동일 심판위원회의 추가소집이 현실적으로 어려운 경우, 심문회의 당일 화해권고와 판정회의의 병행이 가능하다(화해조건부 판정).[188]

심문회의 이후 화해 권고기간 중 당사자 사이에 화해 의사가 확인되면, 앞서 조사과정 중 화해에서 본 바와 같이 단독심판회의를 개최하여 화해조서를 작성하고 사건을 종료한다.[189]

다. 화해안의 작성

심판위원회나 단독심판위원은 당사자 사이에 화해 조건에 대한 상당한 의견 접근이 이루어지는 등으로 화해가능성이 있는 경우 화해안을 작성하게 된다. 화해안을 작성함에 있어서는 관계 당사자의 의견을 충분히 들어야 하고(노위법 16조의3 2항), 화해신청서와 당사자의 화해 조건 등을 충분히 검토하여야 하며, 그 취지와 내용을 당사자에게 충분히 설명하여야 한다(노위규칙 70조 1항).

그리고 심판위원회나 단독심판위원은 필요하다고 인정되는 경우 화해회의를 별도로 개최할 수 있다(노위규칙 70조 2항).

라. 화해조서의 작성과 송부

심판위원회나 단독심판위원은 관계 당사자가 화해안을 수락하거나 화해조건에 합의한 때에는 화해조서를 작성하여야 한다(노위법 16조의3 3항, 노위규칙 71조 1항). 노위규칙 71조 1항에 따른 별지 22호서식에 의하면 화해조서에는 사건번호, 당사자 표시, 화해조항을 기재하도록 되어 있으나, 이에 더하여 신청취지와 신청이유를 기재함으로써 화해의 효력이 미치는 객관적 범위를 분명히 할 필요가 있다.

화해조서에는 관계 당사자와 화해에 관여한 심판위원 전원이 서명 또는 날인하여야 하고(노위법 16조의3 4항), 이로써 화해가 성립하며, 화해가 성립한 후 당사자는 이를 번복할 수 없다(노위규칙 71조 2항).

노동위원회 위원장은 화해가 성립된 날부터 5일 이내에 화해조서 정본을 배달증명우편으로 당사자에게 송부하여야 하고(노위규칙 72조), 화해조서를 송달받은 당사자가 화해조서 송달증명서 발급을 신청하면 이를 발급하여야 한다(노위규칙 73조).

---

188) 중노위 화해매뉴얼, 38~39면.
189) 중노위 화해매뉴얼, 40면.

3. 화해조서의 효력

가. 법적 성격

위와 같이 작성된 화해조서는 민소법에 따른 재판상 화해의 효력을 갖는다 (노위법 16조의3 5항). 재판상 화해는 소가 제기되기 전에 지방법원 단독판사에게 신청하여 하는 제소전 화해(민소법 385조 내지 389조, 법원조직법 7조 4항)와 소송이 법원에 계속되어 있는 동안 소송물인 권리 또는 법률관계에 관하여 당사자 상호간 양보를 통하여 분쟁을 종결하는 당사자의 진술인 소송상 화해(민소법 220조)를 포함하는 개념이다. 노동위원회 화해는 구제신청 후 판정이 있기 전까지 이루어지는 점에 비추어 볼 때 재판상 화해 중 소송상 화해의 법적 성격을 가진다.190)

따라서 노동위원회에서 화해가 성립하여 화해조서가 작성되면 구제절차는 종료하게 되고, 그 조서는 확정판결과 동일한 효력을 갖는다(민소법 220조).191)

나. 노동위원회 화해의 효력을 다투는 절차

노위법은 노동위원회 화해의 효력을 다투는 절차에 관하여 규정하고 있지 않으므로 소송상 화해의 효력을 다투는 절차를 유추하여 해석을 통하여 인정하는 수밖에 없다.

1961. 9. 1. 법률 706호로 민사소송법이 개정된 이래 일관되게 소송상 화해에 대하여 무제한 기판력설을 취하고 있는 대법원 판례에 의하면 노동위원회 화해에 관하여도 재심의 소에 준하여(준재심) 그 취소·변경을 구할 수 있을 뿐이고, 그 외 노동위원회에 심판절차의 속행을 구하는 취지의 기일지정신청을 하거나 별소로 법원에 화해무효 확인의 소 등을 제기하는 것은 허용되지 않을 것이다.192) 다만, 노동위원회 화해에 준재심 사유가 있는 경우에도 소송상 화해에

---

190) 이무상, 132면.
191) 이에 대하여 노동위원회는 법원이 아닌 행정기관이고, 법관과 노동위원회 심판위원은 법적 전문성, 경험 등에서 차이가 있기 때문에 노동위원회 화해를 소송상 화해와 동일하게 취급하여 기판력을 인정하는 것은 국민의 재판청구권을 기본권으로 보장하고 있는 헌법 이념에 비추어 볼 때 문제의 소지가 있다고 보는 견해로는 이무상, 145~146, 160면.
192) 대법원 1962. 2. 15. 선고 4292민상914 판결, 대법원 1970. 7. 24. 선고 70다969 판결, 대법원 1977. 1. 11. 선고 76다333 판결, 대법원 1990. 3. 17.자 90그3 결정, 대법원 1987. 10. 13. 선고 86다카2275 판결, 대법원 1995. 5. 12. 선고 94다25216 판결, 대법원 1995. 12. 5. 선고 94다59028 판결 등 참조. 이에 대하여 이무상, 148~149면에서는 제한적 기판력설의 입장을 취하면서 노동위원회 화해의 효력을 다투는 절차로서 당사자의 선택 하에 1심 법원에 노동위원회 화해가 무효임을 주장하며 화해의 대상이 되었던 내용과 동일한 내용의 민사소송을 제기하는 방법, 노동위원회에 심판절차의 속행을 구하는 방법(기일지정신청), 준재심을 제기

대한 준재심 절차를 준용하여 법원에 준재심의 소를 제기할 것인지, 노동위원회
에 재심으로서 다시 구제신청을 하는 것이 가능하다고 볼 것인지 문제될 수 있
다. 노동위원회 화해에 준재심 사유가 있는 경우의 구체적 처리 절차에 대한 입
법적 보완이 필요하다.[193]

다. 화해조서에 의한 강제집행

당사자는 화해조서를 집행권원으로 하여 강제집행을 할 수 있다(민집법 56조
5호). 노동위원회 화해조서에 대한 집행문 부여절차에 관하여는 '각종 분쟁 조정
위원회 등의 조정조서 등에 대한 집행문 부여에 관한 규칙'에서 구체적으로 정
하고 있다.[194]

이처럼 화해조서에 확정판결과 같은 효력을 인정하여 집행권원으로 인정하
는 것은 공적 기관인 노동위원회의 관여로 화해가 성립되었고, 노동위원회가 화
해 내용의 적정성에 관한 판단을 거쳐 화해조서를 작성하였음을 근거로 한다.
화해조서의 구성이나 문안이 상이 또는 불분명하거나 누락되는 경우 종국적인
분쟁해결을 저해할 수 있으므로 화해조서는 반드시 체계적이고 명확하게 작성
하여야 하고,[195] 특히 사용자에게 의무를 부과하는 부분은 사용자가 어떠한 내
용의 조치를 하여야 하는지를 명확히 기재하여 그 해석이나 집행에 의문이 없
도록 하여야 한다.[196]

하는 방법이 모두 가능하다고 본다.

193) 이무상, 149면에서는 현행법의 해석상으로는 노동위원회 판정절차가 제소에 대한 선결절차
가 아니라는 점을 들어 어느 절차에 의할 것인지는 당사자에게 선택권이 있다고 본다.

194) 위 규칙에 의하면, 집행문부여신청 사건은 그 조서를 작성한 노동위원회의 소재지를 관할
하는 지방법원(그 소재지가 지방법원 지원의 관할구역에 속하는 경우에는 그 지방법원의 본
원을 말한다)의 관할로 하고(제3조), 화해조서에 표시된 채권자는 상대방에 대한 강제집행을
실시하기 위하여 관할 지방법원에 조서의 정본을 제출하여 집행문부여의 신청을 할 수 있으
며(제4조), 관할 지방법원의 법원사무관, 법원주사 또는 법원주사보는 집행문부여신청의 대상
이 된 조서를 작성한 노동위원회에 그 조서의 등본의 송부를 촉탁한 후(제6조), 신청인이 제
출한 조서의 정본과 노동위원회로부터 송부받은 조서의 등본을 대조하여 일치함을 확인한
후 집행문을 부여하여야 한다(제7조). 이와 관련하여 노동위원회 화해는 화해조항을 법원이
아닌 노동위원회가 작성하기 때문에 집행 단계에서 현실적으로 문제가 발생할 소지가 크다
는 점을 지적하며 집행문부여 절차에서 법관 또는 사법보좌관이 화해조서의 집행력에 대하
여 검토할 수 있도록 위 규칙을 개정하여야 한다는 견해로는 이무상, 150~151면.

195) 중노위 화해매뉴얼, 47면.

196) 통상 노동위원회 화해조서에서는 원직복직 조항 내지는 근로관계 종료 확인 조항, 금전 지
급 조항, 관련 사건의 취하, 부제소 특약 등이 포함된다(중노위 화해매뉴얼, 54면). 금전 지급
조항은 지급액과 지급기일, 지연이자율 등이 명확히 특정되어야 하며, 현재 실무상 화해조서
에 신청취지와 신청원인을 기재하고 있지 않은 만큼 화해조항에 당해 금전의 명목이 임금인
지, 합의금인지 여부를 기재하는 것이 바람직하며(이무상, 156면), 향후 세금과 관련하여 분

4. 재심절차 중 화해

재심절차에서 화해가 성립하여 화해조서가 작성되면 이로써 재심절차가 종료되고 그 조서가 재판상 화해로서 확정판결과 동일한 효력을 갖게 되며, 그에 따라 초심판정(구제명령)도 효력을 잃는다.[197]

[민 중 기·김 민 기]

쟁이 일어나지 않도록 당사자 간 합의 하에 세전기준, 실수령금액 등을 명시할 필요가 있다(중노위 화해매뉴얼, 53면). 부당해고 구제신청 사건에서 화해가 성립하여 분쟁조정금으로 월급여 기준 6개월분(세전 금액)을 지급하기로 한 사안에서 대법원 2018. 7. 20. 선고 2016다17729 판결은 위 분쟁조정금은 구제신청과 관련한 분쟁을 신속하고 원만히 해결할 수 있도록 협조하여 준 데 대한 사례의 뜻에서 화해금을 지급한 것으로 봄이 타당하므로 소득세법 21조 1항 17호에서 기타소득으로 정한 사례금에 해당한다고 판시하였다.

197) 상소심에서 소송상 화해가 성립하면 하급심 판결은 그 효력을 잃는 것(주석 민사소송법 Ⅲ, 511면)과 같은 취지이다.

제83조(조사등)

① 노동위원회는 제82조의 규정에 의한 구제신청을 받은 때에는 지체없이 필요한 조사와 관계 당사자의 심문을 하여야 한다.

② 노동위원회는 제1항의 규정에 의한 심문을 할 때에는 관계 당사자의 신청에 의하거나 그 직권으로 증인을 출석하게 하여 필요한 사항을 질문할 수 있다.

③ 노동위원회는 제1항의 규정에 의한 심문을 함에 있어서는 관계 당사자에 대하여 증거의 제출과 증인에 대한 반대심문을 할 수 있는 충분한 기회를 주어야 한다.

④ 제1항의 규정에 의한 노동위원회의 조사와 심문에 관한 절차는 중앙노동위원회가 따로 정하는 바에 의한다.

〈세 목 차〉

※ 이 조에 관한 각주의 참고문헌은 '부당노동행위의 행정적 구제 전론(前論)' 해설의 참고문헌을 가리킨다.

Ⅰ. 개 관

노동위원회가 구제신청을 받은 때에는 지체 없이 필요한 조사와 관계 당사자의 심문을 하여야 한다(본조 1항). 조사와 심문의 절차를 합하여 심사라고 한다.

심사절차는 구제신청에 따라 개시되고, 신청인과 피신청인을 대립하는 당사자로 하여 진행된다.

본조는 부당노동행위 구제절차에 관하여 절차의 신속과 당사자의 충분한 공격·방어의 기회보장이라는 기본이념을 설정하고, 이를 실현하기 위한 조사와 심문의 절차는 중앙노동위원회가 정하는 노위규칙에 위임하고 있다(본조 4항).

조사는 2007. 1. 26. 노위법 개정을 통하여 신설된 조사관(14조의3)이 노동위원회 위원장, 해당 심판위원회 위원장 또는 주심위원의 지휘를 받아 행하게 되고, 조사관은 사실 조사 등을 통하여 쟁점이 정리되고 증인심문을 제외한 관련 자료가 수집되면 조사를 종결한 다음, 조사보고서를 작성하여 이를 기록과 함께 당해 심판위원회 위원에게 송부한다.

심문은 당사자 쌍방이 출석한 가운데 심판위원회 위원장이 진행하고, 당사자와 증인심문, 기타 증거조사를 거쳐 사건이 판정할 수 있을 정도로 성숙한 때에 심문을 종결하게 된다.

Ⅱ. 심사의 준비와 사건의 분리·병합

1. 심판위원회의 구성과 위원의 제척·기피·회피

가. 심판위원회의 구성

구제신청서가 접수되면 노동위원회 위원장은 사건 처리를 담당할 심판위원회를 지체 없이 구성하여야 하고(노위규칙 44조), 심판위원회 위원장은 심판위원회의 원활한 운영을 위하여 필요하다고 인정하는 경우에 주심위원을 지명하여 사건의 처리를 주관하게 할 수 있다(노위법 16조의2).

나. 위원의 제척 · 기피 · 회피

노동위원회는 노사 갈등의 장에서 준사법적 업무를 담당하고 있는 만큼 그 위원의 공정한 업무처리가 매우 중요하다. 이러한 요청에 부응하기 위하여 노위법은 위원의 제척 · 기피 · 회피 제도를 두고 있다(노위법 21조).

노동위원회 위원장은 사건이 접수되는 즉시 사건 당사자에게 제척 · 기피 신청을 할 수 있음을 알려주어야 한다(노위법 21조 5항).

(1) 제   척

⑺ 사   유

위원이 다음 각 호의 사유에 해당하는 경우에는 당해 사건에 관한 직무집행에서 제척된다(노위법 21조 1항).[1]

- 위원 또는 위원의 배우자이거나 배우자였던 사람이 해당 사건의 당사자가 되거나 해당 사건의 당사자와 공동권리자 또는 공동의무자의 관계에 있는 경우(1호)

- 위원이 해당 사건의 당사자와 친족이거나 친족이었던 경우(2호)

- 위원이 해당 사건에 관하여 진술이나 감정을 한 경우(3호)

- 위원이 당사자의 대리인으로서 업무에 관여하거나 관여하였던 경우(4호)

- 위원이 속한 법인, 단체 또는 법률사무소가 해당 사건에 관하여 당사자의 대리인으로서 관여하거나 관여하였던 경우(4의2호)

- 위원 또는 위원이 속한 법인, 단체 또는 법률사무소가 해당 사건의 원인이 된 처분 또는 부작위에 관여한 경우(5호)

⑴ 결   정

노동위원회 위원장은 위원에게 제척 사유가 있는 때에는 당사자의 신청[2]

---

1) 2007. 1. 27. 법률 13904호로 노위법 개정 시 4의2호가 신설되고 5호의 내용이 추가되었다. 위 개정 전에는 노동위원회 위원의 제척 · 기피 등의 요건으로 위원이 당사자의 대리인으로서 업무에 관여하거나 관여하였던 경우를 규정하였을 뿐 위원이 속한 법인, 단체 등이 당사자의 대리인으로 해당 사건에 관여하는 경우 등에 대해서는 규정하고 있지 않아 이해관계가 있을 수 있는 사건에 관여하게 될 우려가 있었다. 이에 위 개정을 통해 노동위원회의 공정한 직무집행을 위하여 위원의 제척 · 기피 등의 요건을 강화한 것이다(법제처 제공, 노위법 개정 이유 참조).

2) 심문일정 통지서를 받은 날부터 5일 이내에 신청하여야 한다(노위규칙 22조 4항).

또는 직권으로 제척의 결정을 하여야 하고(노위법 21조 2항),[3] 그 위원을 제척하여야 한다(노위규칙 22조 5항).

제척사유가 있는 위원은 법률상 당연히 당해 사건에 관하여 직무집행을 할 수 없고, 이러한 제척의 효과는 제척의 결정 여부와 관계없이 당연히 발생하므로 제척의 결정은 확인적 효력을 가질 뿐이다.[4]

제척의 사유가 있는 위원이 관여한 심사와 판정은 위법하다. 따라서 이러한 사유가 지방노동위원회의 초심 판정에 있다면 재심을 청구할 수 있고, 중앙노동위원회의 재심 판정에 있다면 행정소송을 제기할 수 있다.[5]

(2) 기   피

당사자는 공정한 심의·의결을 기대하기 어려운 위원이 있는 경우에 그 사유를 적어 노동위원회 위원장에게 심문일정 통지서를 받은 날부터 5일 내에 서면으로 기피신청을 할 수 있다(노위법 21조 3항, 노위규칙 22조 4항).

노동위원회 위원장은 기피신청이 이유 있다고 인정되는 경우 기피의 결정을 하여야 하고(노위법 21조 4항), 그 위원을 교체하여야 한다(노위규칙 22조 5항).

(3) 회   피

위원은 제척 또는 기피 사유가 있을 때에는 스스로 그 사건에 관한 직무집행에서 회피할 수 있다. 이 경우 해당 위원은 노동위원회 위원장에게 그 사유를 소명하여야 한다(노위법 21조 5항).

2. 조사관의 지정

구제신청서가 접수되면 노동위원회 위원장은 지체 없이 담당 조사관을 지정하여야 한다(노위규칙 45조).

중앙노동위원회는 조사관 지정에 임의성을 배제함으로써 사건 처리의 공정성을 확보하기 위하여 2013. 1. 14.부터 '심판사건 접수 및 조사관 지정에 관한 지침'을 시행하고 있고, 지방노동위원회로 하여금 위 지침을 참고하여 자체 실정에 맞게 시행하도록 하고 있다. 위 지침에 의하면, 담당 조사관은 사전에 정

---

3) 노동위원회는 제척의 신청이 있으면 그 결정이 있을 때까지 심사절차를 정지하여야 한다 (민소법 48조 참조).
4) 주석 신민사소송법Ⅰ, 253면.
5) 대법원 2010. 5. 13. 선고 2009다102254 판결 참조.

해진 '조사관 사건배정 순서'에 따라 차례로 배정하는 것을 원칙으로 한다. 다만, 다수인 관련사건, 사회적 관심이 집중된 사건 등의 처리를 위해 필요한 경우, 동일 지역 또는 동일 사업장에서 발생한 다수 사건의 처리를 위해 전담조사팀을 구성하거나 전담조사관을 지명하여 운영할 필요성이 있는 경우 등에는 조사관 사건배정 순서에 따르지 않고 조사관을 지정하거나 이미 지정된 조사관을 변경할 수 있다.6)

3. 사건의 분리·병합

노동위원회는 심사의 효율적인 진행을 위하여 한 사람이 신청한 여러 개의 사건, 여러 사람이 신청한 같은 사건, 그 밖에 노동위원회가 필요하다고 인정한 사건에 대하여 노동위원회 위원장의 결정으로 사건을 분리하거나 병합하여 처리할 수 있다(노위규칙 48조 1항).

특히 부당노동행위 구제신청에서 병합이 필요한 경우로는 동일 당사자 사이의 복수의 구제신청, 동일 부당노동행위에 관한 복수의 구제신청, 상호 관련한 부당노동행위에 관한 복수의 구제신청 등을 예상할 수 있다. 분리가 필요한 경우로는 하나의 사건으로 복수의 구제신청을 하였는데 그 가운데 일부를 신속히 처리할 필요가 있다고 인정되는 경우(예컨대 단체교섭 거부)에 노동위원회는 이를 분리한 다음, 다른 구제신청에 우선하여 심사·처리할 수 있다.

사건의 분리·병합은 심사지휘권 행사로서 직권으로 행하는 노동위원회 위원장의 재량적 처분(결정)이므로, 이러한 결정에 대하여 당사자는 불복할 수 없다.

노동위원회는 사건을 분리하거나 병합한 경우에는 그 사실을 당사자 등에게 지체 없이 서면으로 통지하여야 한다(노위규칙 48조 2항).

Ⅲ. 조 사

1. 개 설

가. 의 의

조사는 쟁점을 정리하고 사실관계를 확인하기 위한 자료를 수집하는 등으

---

6) 중노위 심판매뉴얼, 18~20면.

로 심문을 준비하는 절차이고,[7] 심문과 달리 공개할 필요가 없다.

조사는 민사소송의 준비절차와 유사한 성격을 갖지만, 직권으로 사실을 조사하고 증거를 수집하여야 하는 점에서 민사소송과는 다른 특성을 지니고 있다.

조사절차는 노위규칙 43조 이하에서 규정하고 있다.

나. 조사의 주체와 절차

조사는 노동위원회 위원장, 해당 심판위원회 위원장 또는 주심위원의 지휘 하에(노위법 14조의3 3항) 담당 조사관의 주도로 진행된다(노위규칙 45조 이하).

다. 조사의 대상과 범위

조사의 대상과 범위에 대하여 노동관계 법령이나 노위규칙에 명시된 바는 없으나, 노위법 23조(위원회의 조사권 등) 및 14조의3(조사관)의 내용 및 취지에 비추어 볼 때 구제신청 취지의 범위 내에서 필요하다고 판단하는 사항을 조사할 수 있다.[8]

관할의 유무, 구제신청기간의 준수 여부 등 본안 판단 전에 명백하게 하여야 할 사항이나 각하사유의 존부를 조사할 수 있음은 물론이고(노위규칙 45조 3항), 사실관계 확인 등 사건의 실체에 관한 증거조사도 가능하다.[9] 특히 부당노동행위 사건의 경우 노동위원회의 직권조사가 더욱 강화될 필요가 있음은 앞서 본 바와 같다. 구제절차의 신속과 적정을 위하여 조사관제도가 마련된 점에 비추어 조사관에 의한 적극적인 조사가 요청되고, 노동위원회에서도 부당노동행위 사건의 경우 사건조사 단계에서 조사관이 확인·조사하여야 할 '부당노동행위 의사를 추정하는데 검토하여야 하는 제반 사항' 및 '부당노동행위 유형별 착안 사항'을 마련하여 실질적이고 충실한 조사를 도모하고 있다.[10]

---

7) 注釋(下), 141면.

8) 중노위 심판매뉴얼, 70면.

9) 일본의 경우, 사실 조사의 대상과 범위와 관련하여 ① 조사절차에서는 당사자적격 유무, 신청기간 준수 여부, 관할권 유무 등 본안전에 명백하게 하여야 할 사항이나 각하사유에 대하여만 조사할 수 있고 부당노동행위의 성부 등 실체에 관한 증거조사는 심문절차에서 행하여야 한다는 견해, ② 부당노동행위의 성부 등 실체에 관한 증거조사도 가능하다는 견해로 나뉘고, 실무상으로도 조사절차에서 쟁점이나 증거의 정리에 그치는 곳, 참고인 조사 등을 행하여 이를 심사절차의 판단자료로 제공하는 곳 등 지방노동위원회에 따라 독자적으로 운영하고 있다고 한다. 자세한 내용은 注釋(下), 990면; 日本 審査手續, 141면 참조.

10) 중노위 집단분쟁 처리자료, 12~14면, 31~33면. 중앙노동위원회에서 이러한 자료를 마련한 것에 대하여 진일보하였다고 평가하면서도 사례를 통해 구체적인 기준을 제시하는 보완이 필요하다고 지적하는 견해로는 김홍영e, 117면. 더 나아가 강성태 외 3인, 93면에서는 부당노동행위 유형에 따라 조사관이 직권으로 조사하여야 할 사항에 관하여 미국과 같은 상세한

2. 조사의 준비

가. 사건진행 안내와 답변서 제출 요구

노동위원회는 구제신청을 받은 때에는 지체 없이 필요한 조사를 하여야 하고(법 83조 1항), 노동위원회 위원장은 관계 당사자에게 이유서·답변서 제출 방법, 위원의 제척·기피, 단독심판과 화해 절차 등 심판사건의 진행에 관한 사항을 안내하여야 한다. 담당 조사관은 당해 사건의 신청인이 제출한 구제신청서 및 이유서를 상대방 당사자에게 송달하고 이에 대한 답변서를 제출하도록 요구하여야 한다(노위규칙 45조 1항, 2항).

나. 신청요건의 검토

조사관은 사실조사에 착수하기 전에 당해 사건이 구제신청 절차를 유지할 수 있는 요건을 갖추었는지 살펴보아야 한다(노위규칙 45조 1항). 즉 신청기간 도과, 구제신청의 중복제기, 확정판정의 존재, 구제내용의 실현 가능성 등을 검토하고, 미비하다고 판단되는 경우에는 당사자의 주장이 없더라도 직권으로 그러한 요건의 구비 여부를 조사하여야 하며, 그 결과 당해 구제신청이 명백히 각하사유(노위규칙 60조 1항)에 해당된다고 판단하는 때에는 조사를 중단하고 심판위원회에 보고하여야 한다(노위규칙 45조 3항).

다. 쟁점 정리와 조사계획의 수립

신청인이 제출한 신청서와 피신청인이 제출한 답변서 및 이에 첨부된 증거자료[11]를 검토하여 쟁점을 추출·정리하고, 향후 조사를 할 때 확인하여야 할 사항을 정리하고 적정한 조사방법을 강구하여야 한다. 특히 증거조사의 효율을 높이려면 조사의 목적과 일정을 정하는 등으로 개별조사계획을 수립하는 것이 바람직하다(행정조사기본법 16조).

체크리스트 모델을 개발하여 활용할 필요가 있음을 제안한다. NLRB에서 활용하고 있는 체크리스트는 강성태 외 3인, 55~68면에 그 전문이 소개되어 있다.

11) 신청인이 제출한 증거는 노 제○호증 등으로, 피신청인이 제출한 증거는 사 제○호증 등으로, 조사관이 수집한 증거는 노위 제○호증 등으로 증거번호를 부여한다. 증명자료의 번호 부여를 포함한 사건기록 관리 요령의 자세한 내용은 중노위 심판매뉴얼, 85~57면 참조.

3. 조사의 방법과 실시

가. 개   요

노동위원회는 조사를 함에 있어서 당사자에게 주장의 기회를 충분히 부여하여야 하고, 사실조사와 증거자료의 확보 등을 통하여 진실을 규명하도록 노력하여야 한다(노위규칙 43조).

사실조사의 방법에 관하여 노위법 23조 1항은 당사자 및 관계인에 대한 출석·보고·진술 또는 서류 제출 요구를, 노위규칙 46조는 당사자에 대한 자료제출 요구(1항), 당사자와 증인 또는 참고인에 대한 출석 조사(2항), 사업장 방문을 통한 서류·물건 등의 조사(3항)를 규정하고 있으나, 이는 예시적 규정으로보아야 하고, 노동위원회는 행정조사기본법에 근거하여 해당 사건의 심사를 위하여 필요하다고 인정하는 적정한 조사 방법을 활용할 수 있다.12)

위와 같은 출석·진술·보고·자료제출 요구나 현장조사를 실시하는 경우에는 각 그 요구서나 현장출입조사서를 조사 개시 7일 전까지 조사대상자에게서면으로 통지하여야 한다. 다만, 미리 통지하는 때에는 증거인멸 등으로 조사의 목적을 달성할 수 없다고 판단되거나 조사대상자의 자발적인 협조를 얻어실시하는 경우에는 조사의 개시와 동시에 요구서 등을 제시하거나 조사의 목적등을 조사대상자에게 구두로 통지할 수 있다(행정조사기본법 17조 1항).13)

이러한 사실 조사의 실효성 확보를 위하여 조사의 거부·기피·방해 등의행위를 한 자는 500만 원 이하의 벌금에 처한다(노위법 31조).14)

나. 자료 제출 요구 및 협조 요청

노동위원회는 구제신청 사건에 대한 증거자료가 필요하다고 판단하는 경우당사자에게 관련 자료의 제출을 요구할 수 있고(노위규칙 46조 1항), 사실관계 확인

---

12) 행정조사기본법은 행정조사에 관한 기본원칙과 행정조사의 방법 및 절차 등을 상세히 규정하고 있고, 이때 '행정조사'란 행정기관이 정책을 결정하거나 직무를 수행하는 데 필요한 정보나 자료를 수집하기 위하여 현장조사·문서열람·시료채취 등을 하거나 조사대상자에게 보고요구·자료제출요구 및 출석·진술요구를 행하는 활동을 말한다(행정조사기본법 2조 1호).
13) 중노위 심판매뉴얼, 71면.
14) 강성태 외 3인, 93면에서는 위와 같은 제재조치는 형사처벌의 위하에 그치고 노동위원회가 직접 제재를 가하는 것이 아니어서 충분하지 못하므로 실효성 있는 다양한 제재방안을 고안할 필요가 있다고 지적하며, 특히 사용자가 조사에 적극적으로 협조하지 않는 경우에는 그에 따른 불이익을 주는 기준(예컨대 부당노동행위 의사의 추정 등)을 마련할 필요가 있다고 제안한다.

에 필요한 경우 당사자 이외의 관계인에 대하여도 출석·보고·진술 또는 서류
의 제출을 요구할 수 있으며(노위법 23조 1항), 필요한 경우 관계 행정기관에 협조
를 요청할 수 있으며, 협조를 요청받은 관계 행정기관은 특별한 사유가 없으면
이에 따라야 한다(노위법 22조 1항).

조사관의 제출 요구에 따라 노사 당사자가 제출한 자료의 경우 그 부본을
상대방에게 지체 없이 송달하여야 한다(노위규칙 46조 5항). 이는 방어권 보장 및
증거 편재의 완화를 위한 조치이다.[15]

다. 당사자 등의 조사

노동위원회는 당사자의 주장이 일치하지 아니하는 때에는 당사자와 증인
또는 참고인을 출석시켜 조사할 수 있고, 진술서를 작성·제출하는 것으로 그
조사를 대신할 수 있다(노위규칙 46조 2항). 이 경우에는 조사대상자에게 출석일시
와 장소, 출석요구의 취지, 출석하여 진술하여야 하는 내용 등을 기재한 출석요
구서를 발송하여야 한다(행정조사기본법 9조).

출석조사 방법은 사건의 내용, 당사자의 수 등에 따라 달리할 수 있으나,
일반적으로 조사관이 당사자 또는 관계인을 출석시켜 신청요건 및 당사자의 주
장이 불일치하는 사항 등에 대하여 심문을 하고 그 결과를 문답형태의 진술조
서로 작성하는 방식, 당사자 및 관계인의 진술 요지만을 기재하는 방식, 양 당
사자의 대질조사를 통해 주장이 서로 다른 부분에 대하여 쟁점사항별로 주장요
지를 정리하여 진술조서를 작성하는 방식 등이 활용되고 있다.[16]

라. 사업장 등 방문 조사

위원이나 조사관은 사실관계 확인을 위하여 사업장 등을 방문하여 업무현
황, 서류 그 밖의 물건을 조사할 수 있다(노위법 23조 1항; 노위규칙 46조 3항). 이 경
우 조사관은 그 권한을 증명하는 증표를 관계인에게 제시하여야 한다(노위규칙 46
조 3항).[17]

사업장의 폐업 여부, 사업자 소재불명, 증명자료 제출 미흡 및 서면 또는
출석조사만으로 사실관계 판단이 어려운 경우 등에는 조사관이 현지출장 조사

---

15) 중노위 심판매뉴얼, 70면.
16) 자세한 내용 및 구체적 작성례는 중노위 심판매뉴얼, 72~74면.
17) 강성태 외 3인, 112면에서는 현장조사의 실효성 확보를 위하여 조사관에게 고용노동부의
    근로감독관과 같이 사법경찰권을 부여하거나 혹은 방문조사권을 부여하는 등의 내용으로 관
    련 법령을 개정할 것을 제안한다.

를 실시하는 것이 바람직하다. 조사관은 현지출장 조사를 실시한 경우 조사목적, 조사내용 등을 기재한 현지출장 보고서를 작성하고, 현지조사를 통해 확보한 자료는 노위 제○호증으로 하여 기록에 첨부한다.[18]

4. 조사보고서

가. 작성 시기와 방법

조사관이 사실조사를 완료하였을 때에는 조사보고서를 작성하여야 하고,[19] 조사보고서를 작성함에 있어서 사실관계와 쟁점사항별 당사자의 주장 등을 객관적이고 공정하게 기재하여야 한다(노위규칙 49조).

나. 기재 내용

표지에는 사건번호와 사건명, 당사자(대리인이 있을 경우 대리인 표시), 신청취지, 신청일이 기재된다(노위규칙 50조 1항).

본문에는 당사자, 신청에 이른 경위, 당사자 주장의 요지, 사건의 경위를 포함한 사건 개요, 주요 쟁점사항별 당사자 주장과 조사결과, 그 밖의 직권조사결과(조사과정에서 화해가 추진되어 온 경우 화해 추진 경위와 당사자의 입장 등), 참고자료(비슷한 사안에 관한 판정·판결) 등이 포함되어야 한다(노위규칙 50조 2항). 특히 신청요건(노위규칙 60조 1항)은 직권조사사항에 해당하므로 당사자가 이에 대하여 아무런 주장을 하지 않더라도 조사관이 이를 조사하여 그 결과를 반드시 기재하여야 한다.[20]

다만, 구제신청기간이 지난 경우 등과 같이 각하 사유가 명백하고 이에 대하여 당사자의 이의가 없는 경우에는 주장의 요지, 주요 쟁점사항별 당사자 주장과 조사결과의 기재를 생략할 수 있다(노위규칙 50조 3항).

다. 기   능

조사의 목적은 당사자의 주장을 정리하여 쟁점을 확인하고, 당사자가 제출한 증거를 정리하며, 그밖에 조사를 통하여 사실관계를 규명함으로써 심문을 준비하는 데 있고, 조사보고서는 위와 같이 확인하고 조사한 사항을 종합적으로

---

18) 중노위 심판매뉴얼, 80면.
19) 조사보고서의 체계는 노위규칙 별지 10호, 10의2호 서식에서 정하고 있다. 양 서식의 내용은 구제신청인(근로자인지 노동조합인지) 기재 부분 외에는 거의 차이가 없다.
20) 중노위 심판매뉴얼, 131면.

정리한 서면이다.

　　조사보고서는 심문회의 개최 7일 전에 사건기록 일체와 함께 심판위원들에게 송부되어야 하고(노위규칙 54조 1항), 이를 통하여 심판위원들은 사건의 경위와 쟁점사항을 정확히 이해하고 효율적인 심문과 정확한 판정을 할 수 있게 된다.

5. 조사자료의 열람과 교부

　　조사관은 조사 과정에서 확보한 자료에 대하여 당사자의 요구가 있는 경우 노동위원회의 결정으로 이를 열람하도록 하거나 그 사본을 교부할 수 있다(노위규칙 47조).

Ⅳ. 심　　문

1. 개　　론

　　심문은 조사된 자료를 토대로 당사자를 심문하고 증거를 조사하는 등으로 부당노동행위를 구성하는 사실의 존부를 판정하기 위한 자료를 수집하고 심증을 형성하는 절차이다.

가. 필수적 심문주의

(1) 원　　칙

　　조사가 종료되면 신청요건 등이 갖추어지지 않아 각하되어야 할 사건이 아닌 한 반드시 심문을 거쳐야 하며(법 83조 1항, 84조 1항), 조사를 끝낸 것만으로는 구제명령을 내릴 수 없다.[21] 따라서 심문절차를 거치지 않고 이루어진 판정은 위법하다. 이러한 절차적 위법이 판정의 취소사유에 해당하는지에 관하여는 견해가 나뉜다.[22]

(2) 예　　외

　　노동위원회는 다음 각 호의 경우에는 심문회의를 생략하고 판정회의를 개최할 수 있다. 다만 아래 2호의 경우에는 심문회의를 생략하지 아니하고 다음

---

21) 김형배, 1537면.
22) 일본 하급심 판결은 취소사유에 해당한다고 보나, 일부 학자들은 구제명령이 행정처분이므로 이러한 절차적 하자가 있다고 하여 바로 위법하다고 볼 수는 없다고 주장한다. 자세한 내용은 注釋(下), 991면 참조.

심문회의의 일정을 정할 수 있다(노위규칙 57조 1항).

- 구제신청사건이 노위규칙 60조 1항 1호, 2호, 5호, 7호에서 규정한 각하 사유에 해당하는 경우(1호)

- 당사자 쌍방이 모두 정당한 이유없이 심문회의에 참석하지 않은 경우(2호)

- 당사자 일방 또는 쌍방이 재난 및 안전관리 기본법 3조 1호에 따른 재난으로 인해 심문회의에 참석하거나 11조의2에 따른 원격영상회의에 참석하는 것이 어려운 경우로서 당사자 쌍방이 심문회의 생략에 동의하는 경우(3호)

- 재난 및 안전관리 기본법 시행령 13조에 따른 '대규모 재난'이 선포된 경우로서 당사자 쌍방이 심문회의 생략에 동의하는 경우(4호)

위 1, 3, 4호의 경우 노동위원회는 판정회의 개최일 10일 전(3호 또는 4호에 따른 사유로서 긴급하다고 인정되는 경우는 판정회의 개최 전일)까지 당사자에게 이 사실을 서면 또는 전자시스템으로 알려야 하며, 당사자는 당해 판정회의 개최 전일까지 서면으로 의견을 제출할 수 있다(같은 조 2항).

나. 대심 및 공개의 원칙

심문회의는 당사자 쌍방이 참석한 가운데 진행한다(노위규칙 54조 2항). 심문회의는 공개함을 원칙으로 하나, 해당 회의에서 공개하지 아니하기로 의결하면 공개하지 아니할 수 있다(노위법 19조).

다. 심문절차의 진행

심문절차는 조사절차와 마찬가지로 노위규칙이 정하는 바에 의한다(법 83조 4항, 노위규칙 51조 이하).

심판위원회 위원장이 심문회의를 주재하여 진행한다(노위규칙 55조). 노동위원회 위원장이나 심판위원회 위원장은 재난 및 안전관리 기본법에 따른 재난의 예방 등 안전을 위해 회의 참석인원을 제한할 수 있다(노위규칙 27조 3항). 위원장은 회의장의 질서유지에 필요한 조치를 할 수 있고(노위법 20조; 노위규칙 27조 1항), 회의의 공정한 진행과 질서유지를 위해 폭언·소란 등으로 회의질서를 문란하게 하는 행위(노위규칙 27조 2항 1호), 위원장의 허가 없이 녹음, 녹화, 촬영, 중계방송 등을 하는 행위(2호), 기타 회의의 질서유지를 문란하게 하거나 위원장의 지시에 따르지 아니하는 행위(3호)를 한 사람에 대하여 이를 제지하거나 퇴장을 명할 수 있으며, 이에 불응한 자에게 심판위원회의 결정에 따라 과태료를 부과·

징수할 수 있다(노위법 33조; 노위규칙 27조 3항).

2. 심문회의 개최 준비와 연기

가. 개최 시기와 심문기일 등의 결정

노동위원회는 사건 접수일부터 60일 이내에 심문회의를 개최하여야 한다. 다만, 노위규칙 53조에 따른 연기신청 등이 있거나 다수인 사건 등 조사에 상당 기간이 필요한 경우에는 노동위원회 위원장이나 당해 심판위원회 위원장의 승인을 얻어 그 기간을 연장할 수 있다(노위규칙 51조).

한편, 노위규칙 51조에 따른 심문회의 개최 횟수에 제한이 없으므로 다수인 사건 등 추가적인 조사가 필요하거나 쟁점이 복잡한 사건들에 대해서는 1차 심문회의 개최 이후 추가적인 심문회의를 개최할 수 있다.23)

나. 회의소집 통보와 자료 송부

조사관은 심문회의 개최일 7일 전까지 당해 심판위원회의 위원들에게 조사보고서 및 사건기록 일체를 송부하여야 하고(노위규칙 54조 1항), 회의 개최일 7일 전까지 회의일시와 장소를 해당 위원에게 서면으로 통지하여야 한다(노위규칙 21조 1항, 16조 19호).

조사관은 조사보고서 작성 이후 심문회의 개최일 이전에 당사자가 추가자료를 제출하는 경우 신속하게 상대방 및 심판위원들에게 송부하고, 문자나 전화 등을 통해 송부사실을 통지하여 확인이 누락되지 않도록 유의하여야 하며, 심문회의 개최일에 회의 직전 또는 회의 중 추가자료를 제출하는 경우에는 먼저 상대방에게 전달하여 상대방이 동의할 경우 증거로 채택한다. 상대방이 증거채택에 동의하지 않는 경우에는 당해 심판위원회 위원장이 제출된 자료가 판정 결과에 중대한 영향을 미칠 수 있는지 등을 판단하여 증거채택 여부를 결정한다.24)

다. 심문일정의 통지

심문회의 일정이 정해지면 당사자에게 심문일정 통지서를 심문회의 개최일 7일 전까지 송부하여야 하고, 그 통지서에는 사건명, 관할 심판위원회, 당사자, 심문일시와 장소, 당사자가 출석하여야 한다는 뜻을 기재하여야 한다. 심문일정

---

23) 중노위 심판매뉴얼, 134면.
24) 중노위 심판매뉴얼, 156면.

을 통지받은 당사자는 심문회의 개최 전까지 심문회의 참석자 명단을 노동위원
회에 제출하여야 한다(노위규칙 52조).

라. 심문회의의 연기

(1) 연기신청

심문일정을 통지받은 당사자는 아래와 같은 사유가 있는 경우 심문회의 개
최 3일 전까지(다만, 6호~8호의 경우 심문회의 개최 전까지) 심문회의 연기신청서를
제출하여 심문회의 연기를 신청할 수 있다(노위규칙 53조 1항).

- 노동조합선거 출마자로서 선거일이 심문회의 당일인 경우(1호)
- 사용자의 주주총회일이 심문회의 당일인 경우(2호)
- 당해 구제신청사건과 같은 원인에 따른 소송의 재판기일이 심문회의 당
일인 경우(3호)
- 당사자나 대리인이 수행하는 심판사건의 심문회의가 같은 날 다른 노동
위원회에서 개최 예정인 경우(4호)
- 당사자나 대리인이 해외 출장 중인 경우(5호)
- 중대한 신병치료 중으로 거동이 불편하거나 상해, 급성질병 등이 발생한
경우(6호)
- 형사소송법에 따라 체포·구속된 경우(7호)
- 본인이나 배우자의 직계존·비속과 형제자매의 사망으로 장례 기간 중인
경우(8호)
- 당사자가 합의하여 심문회의의 연기를 신청한 경우(9호)
- 그 밖에 이에 준하는 사유(10호)

(2) 연기신청에 따른 처리

노위규칙 53조 1항 1~9호의 사유로 연기신청을 한 경우 심문회의는 당연히
연기된다(당연 연기사유).[25] 같은 항 10호의 사유로 한 연기신청은 심판위원회 위
원장의 승인을 얻어야 하고(같은 조 2항), 노동위원회 위원장은 그 승인 여부를 당
사자에게 알려주어야 한다(같은 조 3항).

---

25) 2021. 10. 7. 노위규칙 25호로 노위규칙이 개정되면서 9호의 연기신청에 대한 심판위원회
    위원장의 승인요건이 삭제되었다. 이는 효율적인 심문회의 연기 처리 및 노사 당사자의 편의
    제고를 도모하기 위함이다(법제처 제공 개정이유 참조).

(3) 직권 연기

노동위원회 위원장은 당해 심판위원회 위원이 질병, 부상 등 부득이한 사정으로 회의참석이 불가능하고 그 직무를 대행할 다른 위원을 지명할 수 없는 사정이 있는 경우에는 직권으로 심문회의일을 연기할 수 있다(노위규칙 53조 4항). 또한, 중앙노동위원회 위원장은 재난 및 안전관리 기본법에 따른 재난 등 필요하다고 판단하는 경우 직권으로 심문회의일을 연기할 수 있는데 이 경우 지방노동위원회 위원장은 중앙노동위원회 위원장의 승인을 얻어 심문회의일을 연기할 수 있다(노위규칙 53조 5항). 노동위원회 위원장은 심문회의일이 직권 연기되면 그 사실과 사유를 당사자에게 알려주어야 한다(노위규칙 53조 6항).

3. 심문준비회의 개최

가. 도입 취지

중앙노동위원회는 2022. 1. 3.부터 노동위원회의 심문·판정에 대한 공정성과 전문성을 높이기 위해 심문회의 진행에 앞서 심판위원, 근로자위원, 사용자위원이 사건의 주요 쟁점과 심문회의 운영 방식 등에 대해 사전 논의하는 절차로서 심문준비회의를 도입하여 운영하고 있다.

나. 구체적 진행 방식[26]

심문준비회의는 해당 사건 담당 공익위원, 근로자위원, 사용자위원 전원의 참석을 원칙으로 하되, 위원 중 일부가 부득이한 사유로 참석이 어려운 경우 해당 위원을 제외하고 회의를 진행할 수 있고, 심문회의 당일 첫 번째 심문회의 시작 30분 전에 개의한다.

심문준비회의는 당해 심판위원회 담당 사건의 주심 공익위원이 주관하며, 사건의 주요 쟁점, 심문회의 운영방식(심문시간·대상·내용·방법 등), 화해가능성 등에 대해 논의하되, 그 과정에서 사건의 결론에 관해서까지 언급하지 않도록 유의하여야 한다.

4. 심문회의 진행

심문회의는 일반적으로 ① 심판위원회 위원장의 위원회 성원 여부와 당사

---

26) 중노위 심판매뉴얼, 160~161면.

자 출석의 확인 및 개의선언, ② 담당 조사관의 회의진행 유의사항 낭독 및 조사결과 보고, ③ 당사자의 심문과 진술, ④ 증거조사, ⑤ 당사자의 최종 진술, ⑥ 심문종결의 순으로 진행된다.

가. 위원의 참석

심문회의는 공익위원 3인이 모두 참석하여야 개의할 수 있다(노위법 17조 2항). 노동위원회 위원장은 근로자위원·사용자위원 각 1인을 심문회의에 참여하게 하여야 한다. 다만, 단독심판위원이 처리하는 사건이나 근로자위원·사용자위원이 정당한 이유 없이 참여하지 아니한 경우에는 그러하지 아니하다(노위규칙 54조 5항).

나. 당사자와 이해관계인의 출석

심문회의는 당사자 쌍방이 참석한 가운데 진행한다. 다만, 당사자 일방이 정당한 이유 없이 참석하지 아니한 경우에는 일방 당사자만을 상대로 심문회의를 진행할 수 있다(노위규칙 54조 2항).[27]

대표자가 선정된 경우 선정자들은 그 대표자를 통해 당해 사건에 관한 행위를 할 수 있으므로(노위규칙 35조 4항) 선정대표자가 당사자로서 심문회의에 참석하여야 한다. 선정자 기타 이해관계인들은 참고인으로서 심문회의 개최 전에 당해 심판위원회 위원장의 승인을 얻어 심문회의에 참석할 수 있다(노위규칙 54조 3항). 그 밖에 심문회의의 참관을 희망하는 자가 있는 경우에 당해 심판위원회 위원장은 재난의 예방 등 안전확보, 개인정보 보호 필요성 등을 고려하여 심문회의 참가를 제한할 수 있다(노위규칙 54조 4항).

신청인이 2회 이상 심문회의 출석에 불응하는 경우에는 신청의사를 포기한 것으로 간주되어 구제신청이 각하된다(노위규칙 60조 1항 7호).

다. 당사자 심문과 진술

노동위원회는 구제신청의 관계 당사자를 심문하여야 한다(본조 1항). 당사자에 대한 심문은 공익위원, 근로자위원, 사용자위원 순서로 하고, 공익위원 중 주심으로 지명된 위원이 있는 경우에는 주심위원이 먼저 심문한다.[28]

---

27) 실무상 당사자가 정당한 사유 없이 불출석한 경우에는 1회 불참의 경우에도 신청인·피신청인 구별 없이 궐석한 상태에서 심문을 진행하는 것을 원칙으로 한다. 중노위 심판매뉴얼, 145면.
28) 중노위 심판매뉴얼, 134면.

　　주로 근로자나 노동조합에게는 부당노동행위 성립과 관련된 사항을, 사용
자에게는 사용자의 행위가 부당노동행위 의사와 무관한 정상적인 업무를 위한
행위였는지 여부를 심문하게 될 것이나, 사용자의 행위가 노조법에서 정한 부당
노동행위에 해당하는지 여부는 사용자의 부당노동행위 의사의 존재 여부를 추
정할 수 있는 모든 사정을 전체적으로 심리·검토하여 종합적으로 판단하여야
하므로,29) 근로자나 노동조합이 부당노동행위임을 주장하는 사항, 부당노동행위
관련 사실관계에 다툼이 있는 사항 등에 대한 심문이 누락되지 않도록 유의하
여야 한다.30)

　　당사자는 위원의 심문사항에 대하여 성실하게 답변하여야 하며, 심문사항
이외의 진술을 하고자 할 때에는 심판위원회 위원장의 승인을 얻어야 한다(노위
규칙 55조 3항). 위원장은 당사자·대리인 기타 참고인이 이미 이루어진 진술을 반
복하거나 쟁점과 관련이 없는 사항을 진술하는 등 적당하지 않다고 인정할 때
에는 심문지휘권 행사로서 그 진술을 제한할 수 있다.

　　이러한 심문과 진술을 통하여 당사자는 조사절차에서 정리된 쟁점과 확인
된 사실관계에 관하여 견해를 표시하고, 그 주장을 뒷받침하는 증거를 설명함과
아울러 자신이 희망하는 사건의 해결방안 등을 제시할 수 있다.

라. 증거조사

(1) 증거방법과 그 제출시기

　　당사자는 자신의 주장을 증거에 의하여 증명할 필요가 있다. 노위규칙에는
당사자와 증인의 심문에 관한 규정만을 두고 있으며(55조, 56조), 그 밖에 증거조
사의 방법이나 범위에 관한 규정이 없다. 그러나 심사절차에서 이루어지는 증거
조사 방법에는 제한이 없다고 해석되고, 따라서 필요하다면 노동위원회는 직권
으로 또는 당사자의 신청에 따라 서증조사·검증·감정 등의 증거조사를 할 수
있고,31) 이때 경우에 따라서는 1차 심문회의에 이어 추가적인 심문회의를 개최
할 수 있다.

　　심문기일에서 시행하는 일반적인 증거조사는 인증(당사자와 증인의 심문)과
서증조사이다.

---

29) 대법원 2007. 11. 15. 선고 2005두4120 판결.
30) 중노위 심판매뉴얼, 134면.
31) 注釋(下), 994면; 日本 審査手續, 153면.

당사자는 심문종결 시까지 수시로 증거를 제출할 수 있지만, 앞서 본 바와 같이 실무상 심문회의 개최일에 회의 직전 또는 회의 중 추가자료를 제출하는 경우에는 상대방의 동의나 심판위원회 위원장의 결정이 있는 경우에 한하여 증거로 채택하고 있다.

심문기일에서 원활하고도 집중적인 심리가 가능하려면 당사자의 주장과 쟁점이 정리되는 조사절차 단계에서 관련 서증 등이 모두 제출되고 증인신청도 이루어져야 한다.

(2) 증인심문

(가) 증인신청과 채부 결정

증인심문은 당사자의 신청 또는 직권 지정에 의하여 행하여질 수 있다(노위규칙 56조 1항, 2항). 당사자는 심문회의 개최일 5일 전까지 증인신청서와 증인심문사항을 제출함으로써 증인을 신청할 수 있다(노위규칙 56조 1항). 노동위원회 위원장은 당사자가 제출한 증인심문사항이 사건의 쟁점과 무관하거나 관련성이 낮다고 판단될 경우 기간을 정하여 증인심문사항의 보정을 요구할 수 있다(노위규칙 56조 4항). 노동위원회 위원장은 당사자가 신청한 증인의 채택 여부나 직권에 의한 증인 지정 여부를 결정하고, 심문회의 개최일 2일 전까지 그 결과를 증인신청 당사자와 채택된 증인 내지 지정된 증인에게 통지하여야 한다(노위규칙 56조 4항).

증인신청 당사자는 채택된 증인과 함께 심문회의에 출석하여야 한다(노위규칙 56조 6항). 이와 같이 당사자에게 자신이 신청하여 채택된 증인을 출석시킬 의무를 부과하고 있다. 그 증인이 정당한 사유 없이 불출석한 경우 심판위원회는 심문절차 지휘권의 행사로서 그 채택결정을 취소할 수 있다. 그러나 신청한 당사자에게 적대적인 증인이 불출석한 경우에는 적절한 소환방법을 다시 찾아야 하고 바로 채택결정을 취소하는 것은 바람직하지 않다.

심판위원회 위원장은 당사자나 증인의 심문 과정에서 드러난 의문점을 확인하거나 대질의 필요성이 인정되고 또한 당해 증인이 출석한 경우에는 직권으로 재정증인을 채택할 수도 있다.

(나) 증인의 소환

증인신청 당사자는 채택된 증인과 함께 심문회의에 출석하여야 하므로(노위규칙 56조 6항), 증인의 소환은 주로 직권으로 증인을 지정한 경우에 문제된다. 증인의 소환에 관하여 명시적인 규정은 없으나, 증인심문 일시와 장소 등을 기재한 출석요구서(소환장)를 송달하거나(행정조사기본법 9조 1항) 노위규칙 56조 4항에서 노동위원회 위원장은 직권으로 지정한 증인에게 심문회의 개최일 2일 전까지 증인 지정의 결과를 통지하여야 한다고 규정하고 있으므로, 이때 증인심문의 일시와 장소 등을 함께 통지하는 등의 방법으로 증인을 소환하여야 한다.[32]

증인으로 소환된 자가 불응한 경우 이를 강제하거나 제재하는 규정이 없어[33] 입법상 보완이 필요하다.

㈐ 증인심문의 방식

증인심문 방식에는 당사자 주도의 교호 심문방식과 위원회 주도의 직권 심문방식이 있는데, 노위규칙 56조의3에서는 신청에 의해 채택된 증인심문과 직권으로 지정한 증인심문의 방식을 구별하여 달리 규정하고 있다.

즉, 신청에 의해 채택된 증인의 경우 증인신청을 한 당사자의 주심문, 상대방의 반대심문 순서로 진행하되(노위규칙 56조의3 1항), 심문에 참여한 위원은 위 순서에도 불구하고 사건의 쟁점과 관련된 범위 내에서 언제든지 심문할 수 있다(노위규칙 56조의3 2항). 직권으로 지정한 증인의 경우 심문에 참여한 위원의 심문, 당사자의 심문 순서로 진행한다(노위규칙 56조의3 4항). 심판위원회 위원장은 당사자의 심문이 중복되거나 쟁점과의 관련성이 낮을 때, 그 밖에 필요한 사정이 있는 때에는 당사자의 심문을 제한할 수 있다(노위규칙 56조의3 5항).

사실조사의 과정에서 당사자나 참고인을 출석시켜 조사하는 대신에 그 진술서의 작성·제출로 조사를 대신할 수 있는 것과 같이(노위규칙 46조 2항 후문), 증인심문에서도 증인의 진술서를 서증으로 제출하고 주심문에서는 그 진정성립과 쟁점에 관한 사실을 간략히 확인하고 반대심문으로 넘어감으로써 신속한 심문절차의 진행을 도모할 수 있다.

(3) 서증조사 등

서증조사의 방법을 정한 규정이 없으므로 심판위원회가 적정하다고 판단하는 방법으로 당사자가 제출한 증거를 조사하여야 한다.

---

32) 행정조사기본법 9조 1항.
33) 노위법 23조(위원회의 조사권 등)와 31조(벌칙)는 노동위원회의 보고 요구·서류제출 요구·조사에 관한 규정이어서 이를 증인의 소환 등에 적용하기는 어려워 보인다.

일응 민사소송에서 정한 방법을 준용하거나 유추 적용하여야 할 것이지만, 심문절차가 행정절차의 일종인 점에 비추어 민사소송과 같은 엄격한 증거조사 방식보다는 완화된 방법으로 그리고 탄력적으로 운용할 수 있다.

일반적으로 당사자가 서증의 신청과 더불어 이를 제출하고 증거에 관한 설명을 하여야 한다. 서증의 진정성립에 관하여 언제나 상대방이 인부를 하여야 하는 것은 아니지만, 상대방이 이를 다투는 경우에는 신청한 당사자가 그 성립의 진정을 증명하여야 하고 필요한 경우에는 원본도 제시하여야 한다.

많은 서증을 제출하는 경우 심판위원회 위원장은 증명취지와 증명사항을 설명하는 증거설명서의 제출을 요구할 수 있다.

부당노동행위 구제절차에서 부당노동행위 성립에 관한 증명책임은 일차적으로 근로자나 노동조합에게 있지만, 노동사건의 특성상 관련 증거자료의 대부분을 사용자가 보유하고 있음에도 노사 쌍방의 첨예한 이해대립과 반목으로 관련 자료의 제출을 기피하는 경우가 적지 않다. 이러한 경우 노동위원회는 사용자에게 필요한 자료의 임의제출을 요구하고, 이에 불응할 경우에는 노위법 23조에서 규정한 조사 권한으로 관련 자료의 제출을 명하여야 한다.

마. 최종진술

심판위원회 위원장은 심문을 종결하고자 할 때에는 당사자가 최종진술을 할 기회를 주어야 한다(노위규칙 55조 4항).

최종진술은 당사자가 심문종결에 이르기까지의 주장과 증거조사 결과를 종합·정리하여 진술하는 것이고(整理 辯論), 이를 통하여 심판위원들로 하여금 자신에게 유리한 심증을 형성하도록 하는 기회를 갖게 된다.

최종진술은 심문회의에서 심문종결에 즈음하여 구술로 하는 것이 원칙이지만, 서면(최종진술서)의 제출로 갈음할 수 있고 최종진술을 생략할 수도 있다.

바. 심문의 종결과 재개

심판위원회는 심문의 결과, 사건이 판정하기에 충분할 정도로 성숙하였다고 여기는 때에 심문을 종결하게 된다. 심문의 종결은 보통 증인심문과 당사자의 최종진술 다음에 바로 이루어지지만, 화해권고를 위하여 일정 기간 보류하는 것도 가능하다(노위규칙 69조).

심문이 종결된 다음에는 원칙적으로 새로운 주장과 증거를 제출할 수 없으

나, 심판위원회는 심문회의에서의 새로운 주장에 대한 사실 확인이나 증거의 보
완이 필요하다고 판단되거나 화해를 위한 회의 진행으로 추가적인 사실확인 등
이 필요한 경우에는 추후에 심문회의나 판정회의를 재개할 수 있다(노위규칙 59조
3항). 당사자는 판정에 영향을 미칠 중요한 사실이 발생하거나 중요한 증거가 새
로이 발견된 경우 심판위원회의 직권 발동을 촉구하는 의미에서 종결한 심문의
재개를 신청할 수 있다.

사. 회의록의 작성

노동위원회 위원장은 담당직원으로 하여금 심문회의의 경과와 내용을 기재
한 회의록(일종의 심문조서)을 작성하여 보고하도록 하여야 한다(노위규칙 26조 1항).
의결사항 등 중요한 사항을 제외한 내용은 녹음으로 기록을 대신할 수 있다(노위
규칙 26조 2항).[34]

회의록에는 민사소송의 변론조서와 유사하게 사건번호와 사건명, 당사자의
표시, 심문기일과 장소, 출석한 위원, 당사자·대리인·참고인·증인의 표시, 공
개 여부, 위원의 심문 내용, 당사자와 증인의 진술 등이 포함되어야 한다(민소법
153조, 154조 참조).

[민 중 기·김 민 기]

---

34) 당사자가 재심신청 또는 행정소송을 제기하면서 심문회의 내용에 대하여 정보공개를 요구
   하는 경우가 많으므로, 심문회의 내용을 녹음하는 경우 미리 디지털 전자녹음장치의 정상 작
   동 여부를 항상 점검하여야 한다(중노위 심판매뉴얼, 168면).

제84조(구제명령)

① 노동위원회는 제83조의 규정에 의한 심문을 종료하고 부당노동행위가 성립한다고 판정한 때에는 사용자에게 구제명령을 발하여야 하며, 부당노동행위가 성립되지 아니한다고 판정한 때에는 그 구제신청을 기각하는 결정을 하여야 한다.
② 제1항의 규정에 의한 판정·명령 및 결정은 서면으로 하되, 이를 당해 사용자와 신청인에게 각각 교부하여야 한다.
③ 관계 당사자는 제1항의 규정에 의한 명령이 있을 때에는 이에 따라야 한다.

〈세 목 차〉

※ 이 조에 관한 각주의 참고문헌은 '부당노동행위의 행정적 구제 전론(前論)' 해설의 참고문헌을 가리킨다.

I. 개   설

노동위원회는 심문이 종결되면 사실을 인정하고, 인정된 사실에 터 잡아 구제신청의 전부 또는 일부를 인용하여 구제명령을 발하거나 이를 기각하는 결정을 하여야 한다(본조 1항).

이러한 사실인정, 구제신청의 인용 여부에 관한 판단과 구제명령의 내용에 관한 결정은 심판위원회의 판정회의(合議)를 통하여 이루어진다(노위규칙 59조 1항).

노동위원회는 판정회의 결과에 따라 판정서를 작성하고, 그 정본을 당사자에게 교부(송부)하여야 하며(본조 2항, 노위규칙 62조), 이로써 구제명령의 효력이 발생한다(본조 3항).

II. 판정회의(合議)

1. 노사 위원의 의견진술

판정회의에 앞서 심판위원회 위원장은 심문회의에 참석한 근로자위원과 사용자위원에게 당해 사건에 관한 의견(사실관계 및 법적 견해)을 진술할 기회를 주어야 한다(노위규칙 59조 2항).

노사위원의 의견진술은 구술방식으로 하는 것이 보통이나 의견서를 제출하는 방식으로 할 수도 있다. 노사위원에게 판정회의 참석을 통지하였으나 이에 불응하는 경우에는 그 의견을 들을 필요 없이 판정회의를 진행할 수 있다. 참여 노사위원은 의견을 진술한 후 퇴장하여야 하고 합의에 참여할 수 없다.

참여 노사위원에게 의견 진술의 기회를 부여하지 않고 이루어진 결정은 노동위원회의 구성 원칙 등에 비추어 바람직하지 않고 또 절차규정을 위반한 하자라고 할 수 있지만, 합의와 판정이 공익위원으로 구성된 심판위원회의 전권에 속하는 점 등을 고려할 때 판정을 취소할 정도의 중대한 하자라고 보기는 어렵다.[1]

---

1) 日本 審査手續, 188면.

2. 판정회의(合議)

가. 개   요

판정회의는 공익위원 3인 전원의 출석으로 개의하고, 과반수 찬성으로 의결한다(노위법 17조 2항).

판정회의는 심판위원회 위원장의 주재로 비공개 진행되며 ① 사실인정, ② 법률의 적용을 둘러싼 공익위원들의 의견 개진과 토론을 거쳐 ③ 주문을 확정하는 의결을 하게 된다. 이 과정에서 조사관은 심판위원회 위원장의 지시에 따라 관련 판정이나 판례 등을 제출할 수 있으며, 필요한 경우 심판위원회 위원장의 승인을 얻어 의견을 진술할 수 있다(노위법 14조의 3 1항).[2]

나. 사실인정

판정은 법규를 대전제로 하고 구체적 사실을 소전제로 하는 삼단논법에 의하여 행하여진다. 그러므로 판정을 하기 위해서는 적용할 법규의 해석과 함께 그 적용 대상인 사실관계의 확정이 필요하다. 그런데 실제 사건에서는 법규의 해석·적용보다는 사실관계의 존부가 주로 다투어지고, 그 결과에 따라 구제신청의 인용 여부가 좌우되는 것이 대부분이다. 이러한 점에서 쟁점 사실(부당노동행위를 구성하는 사실)의 인정 여부는 합의의 가장 중요한 부분이라 할 수 있다.

사실관계에 관하여 당사자 사이에 다툼이 없으면 이를 그대로 판정의 기초로 삼으면 되나, 그렇지 못한 경우에는 심판위원회가 그 존재 여부를 확정하여야 한다. 사실관계의 확정은 객관성·합리성을 갖추어야 하며, 객관성·합리성을 확보하기 위해서는 증거를 토대로 사실을 확정하여야 한다.[3]

다만, 앞서 본 바와 같이 노동위원회의 증거조사는 노위규칙에서 당사자와 증인의 심문에 관한 규정(55조, 56조) 외에 그 밖의 증거조사의 방법이나 범위에 관하여 규정하고 있지 않고, 심판위원회가 적정하다고 판단하는 방법으로 당사자가 제출한 증거를 조사하는 등 민사소송과 같은 엄격한 증명이 아니라 그보다 완화된 자유로운 증명에 따른다.[4] 나아가 공익위원들은 동일한 사안에 관한

---

2) 중노위 심판매뉴얼, 164면.
3) 정동윤 외 2인, 535면.
4) 엄격한 증명과 자유로운 증명은 증거조사의 절차에 따른 구별로서, 엄격한 증명은 법률에서 정한 증거방법에 대하여 법률이 정한 증거조사의 절차에 따라 행하는 증명이다. 즉, 민사소송법 289조 이하에 규정된 증거방법의 조사절차에 따른 증명을 말한다. 반면, 자유로운 증

법원의 사실인정에 기속되지 않고 이와 달리 판단할 수 있다. 그러나 국가기관
사이의 판단이 서로 다르면 국민의 신뢰에 문제가 발생할 수 있고, 노동위원회
의 판정이 결국 행정소송으로 이어지는 점을 고려할 때, 양자의 사실인정은 일
치하는 것이 바람직하다.

(1) 부당노동행위 사실의 증명

부당노동행위로 주장된 사실이 존재하는 것으로 인정하기 위해서 판정을
하는 공익위원들이 어느 정도의 심증을 가져야만 하는지가 문제될 수 있다.

구 노위규칙(2007. 5. 29. 노위규칙 19호로 전부개정되기 전의 것) 21조 1항은
"구제신청서를 접수한 위원장은 지체 없이 당해 사건의 처리를 담당할 심사관
을 지정하고, 신청인에게 신청이유를 소명하기 위한 증거의 제출을 요구하며 피
신청인에 대하여는 신청서의 부본을 송부하여 그에 대한 답변서 및 그 이유의
소명을 위한 증거의 제출을 요구하여야 한다. 다만, 답변서 및 그 이유소명을
위한 증거는 각각 2부를 제출토록 해야 한다."라고 규정하였고, 이와 같이 구
노위규칙에서 '소명'이라는 용어를 사용하고 있는 점에 더하여 노동위원회는 행
정기관이고, 심사의 목표가 신속한 처리에 있다는 점 등을 근거로, 노동위원회
에 의한 구제절차에서는 부당노동행위의 성립 여부에 관하여 증명까지는 필요
없고 공익위원으로 하여금 확실하다고 하는 일응의 심증을 갖게 하는 '소명'을
하면 족하다고 보는 견해(소명설)가 있다.5)

일반적으로 민사소송에서 소명이라 함은 재판의 기초가 되는 사실의 존부
에 관하여 법관이 일단 확실할 것이라는 추측을 얻은 상태 또는 그와 같은 상
태에 이르도록 증거를 제출하는 당사자의 노력을 말한다.6) 이는 요증사실의 존
부에 관하여 법관이 확신을 얻은 상태를 의미하는 '증명' 보다는 낮은 정도의
개연성으로 사실 인정을 하도록 하는 것이다.7)

명은 증거방법과 증거조사의 절차에 관하여 법률의 규정에 구속되지 아니하고 행하는 증명
이다. 다만, 엄격한 증명은 물론 자유로운 증명 역시 증명이기 때문에 이를 통한 심증은 확
신의 정도에 이르러야 하며, 이 점에서 일단 확실한 것이라는 추측으로 만족하는 소명과는
구별된다(정동윤 외 2인, 539면).

5) 홍성무, 399~400면. 한편, 노조법주해(초판)Ⅲ, 177면에서는 김유성, 365면도 '소명설'을 취
하는 견해로 소개하고 있으나, 해당 부분(김유성, 364~365면)에서는 노동위원회에서는 자유로
운 증명이 가능하다는 것을 설명하고 있을 뿐이고, 증명도에 관하여는 언급이 없어 이를 소
명설을 취하는 견해라고 보기는 어렵다.

6) 이시윤, 481면.

7) 이시윤, 480~481면.

소명은 원칙적으로 법령에 명문의 규정이 있는 경우에 허용되며,8) 주로 신속을 요하거나 부수적인 절차에서 적용되는데,9) 대표적으로 법관의 기피사유에 관한 민소법 44조 2항, 보조참가의 사유에 관한 민소법 73조, 보전처분에 관한 민집법 279조 2항 등을 들 수 있다. 그러나 통상의 본안절차에서는 반드시 증명이 요구된다.10) 한편, 소명은 민소법에서 허용하고 있는 모든 증거방법을 사용할 수 있으나, 즉시 조사할 수 있는 증거에 의하여야 한다(민소법 299조 1항)는 제한이 있다(예컨대 재정증인, 소지하고 있는 문서, 현장사진이나 동영상 등).

사용자의 행위가 부당노동행위에 해당하는지 여부는 그 자체로 본안에 관한 판단이므로, 통상의 본안절차와 마찬가지로 그에 대한 입증은 '증명'에 의하여야 한다. 노동위원회의 구제절차를 법관에 대한 기피나 보조참가 등과 같이 본안에 부수하는 절차로 볼 수 없고, 절차의 신속성이 장점으로 거론되기는 하나 이는 어디까지나 사법적 구제절차와 비교하여 상대적으로 신속한 처리가 가능함을 강조하는 것이지, 절차의 신속성을 본질적 특징으로 하는 보전소송의 경우와 그 증명의 정도를 같이 볼 수는 없다. 비록 위 구 노위규칙에서 소명이란 용어를 사용한 바 있으나, 즉시 조사할 수 있는 증거라고 보기 어려운 사실조사, 조사관에 의한 당사자 또는 증인에 대한 진술조서의 작성(21조 3항, 4항) 등을 함께 규정하고 있었던 점에 비추어 보면, 당시에도 '소명'의 의미는 오히려 증명에 가깝고, 다만 민소법에서 일반적으로 이루어지는 증거조사 방법 등 절차규정 등이 적용되지 않고 간이한 방식의 증거조사를 통한 자유로운 증명이 가능하다는 취지에서 '소명'이라는 표현을 쓴 것으로 해석할 수 있다. 나아가 노위규칙은 2007. 5. 29. 노위규칙 19호로 전부 개정되면서 더 이상 '소명'이라는 용어를 사용하지 않으며,11) 이로써 앞서 본 '소명설'의 유력한 법령상 근거는

---

8) 이시윤, 481면; 정동윤 외 2명, 538면; 정선주, 232면.

9) 정선주, 232면.

10) 이시윤, 481면. 헌법재판소는 2006. 6. 29. 선고 2005헌마165 등 결정에서, 언론중재 및 피해구제 등에 관한 법률(2005. 1. 27. 법률 제7370호로 제정된 것) 26조 6항 본문 전단은 정정보도청구의 소를 민집법상의 가처분절차에 의하여 재판하도록 규정하고 있고, 그 결과 청구원인을 구성하는 사실의 인정을 '증명' 대신 '소명'으로 할 수 있게 되었으나, 정정보도청구의 소는 통상의 가처분과는 달리 그 자체가 본안소송이므로 승패의 관건인 "사실적 주장에 관한 언론보도가 진실하지 아니함"이라는 사실의 입증에 대하여, 통상의 본안절차에서 반드시 요구하고 있는 증명을 배제하고 그 대신 간이한 소명으로 이를 대체하는 것은 소송을 당한 언론사의 방어권을 심각하게 제약하므로 공정한 재판을 받을 권리를 침해한다고 판단하여 위 법조항을 위헌으로 판단하였다.

11) 2007. 5. 29. 노위규칙 19호로 전부개정된 노위규칙은, 개정 전 구 노위규칙 위 21조 1항의

사라진 셈이고, 위와 같이 노위규칙이 개정된 후에도 소명설을 주장하는 견해는
찾기 어렵다.

노동위원회는 '준사법적' 행정기관으로, 부당노동행위 성립 여부에 관한 노
동위원회의 판단은 향후 관련 민사소송은 물론 부당노동행위의 형사처벌에도
상당한 영향을 미치지 않을 수 없다. 또한, 구제절차에서 이루어지는 주장과 증
명이 노사 당사자의 주도로 이루어지고(당사자주의), 노동위원회의 판정에 대하
여 불복하여 행정소송이 제기되었을 경우 법원이 당사자에게 부당노동행위의
성립 여부에 관한 주장·증명을 요구하는 점을 더하여 보더라도, 노동위원회 구
제절차에서 부당노동행위가 인정되려면 소명으로는 부족하고 공익위원으로 하
여금 부당노동행위 사실을 확신하도록 하는 증명에 이르러야 한다(증명설).

(2) 부당노동행위의 증명책임과 그 완화에 관한 논의

(개) 증명책임의 의의

증명책임이란, 증명을 요하는 사실의 존부가 확정되지 않을 때에 당해 사실
이 존재하지 않는 것으로 취급되는 판단을 받게 되는 당사자 일방의 위험 또는
불이익을 말한다. 증명책임은 심리의 최종 단계에 이르러도 사실 주장이 진실인
지 아닌지에 대하여 확신이 서지 않을 때에, 즉 증명이 되지 않을 때 누가 불이
익을 부담하느냐의 문제이기 때문에 그 전에 이미 사실관계의 존부에 대하여
확신을 갖게 되면 증명책임은 문제되지 않는다.[12)]

(내) 부당노동행위의 증명책임에 관한 판례 및 학설

대법원은 일관하여 부당노동행위에 대한 증명책임은 이를 주장하는 근로자
또는 노동조합에게 있고, 따라서 필요한 심리를 다하였어도 사용자에게 부당노
동행위 의사가 존재하였는지 여부가 분명하지 아니하여 그 존재 여부를 확정할
수 없는 경우에는 그로 인한 위험이나 불이익은 그것을 주장한 근로자 또는 노

내용을 45조 1항(노동위원회위원장은 구제신청서가 접수된 후 지체 없이 조사관을 지정하고
관계 당사자에게 이유서·답변서 제출 방법, 위원의 제척·기피, 단독심판과 화해 절차 등
심판사건의 진행에 관한 사항을 안내하여야 한다), 45조 2항(조사관은 당해 사건의 신청인이
제출한 구제신청서 및 이유서를 상대방 당사자에게 송달하고 이에 대한 답변서를 제출하도
록 요구하여야 한다), 46조 1항(노동위원회는 구제신청사건에 대한 증거자료가 필요하다고
판단하는 경우 당사자에게 관련 자료의 제출을 요구할 수 있다)으로 분산하여 규정하였고,
이는 현행 노위규칙에 이르기까지 그대로 유지되고 있다.
12) 이시윤, 541~542면.

동조합이 부담할 수밖에 없다고 보고 있다.[13]

　이에 대하여 학설의 다수는, 당사자주의가 지배하는 민사 일반에 관한 증명 책임에 관한 원리를 그대로 적용할 경우 노동3권 침해행위로 금지되는 영역과 사용자의 정당한 노무관리 영역이 혼재되어 있고, 사용자에게 증거가 편중되어 있는 노동관계 사건의 특수성에 비추어 양 당사자 사이에 실질적인 불평등이 초래될 수 있는 점,[14] 사용자의 내심의 의사(부당노동행위 의사)는 사용자 자신이 증명하도록 하는 것이 증거에 대한 거리상 증명책임을 공평하게 분배하는 것인 점,[15] 부당노동행위 의사를 입증하기란 사실상 매우 어렵고, 이는 부당노동행위 인정률이 10% 전후로 낮게 나타나는 주요한 원인이 되고 있는 점[16] 등을 근거 로 노동3권 침해행위가 발생한 경우 부당노동행위로 추정하되 사용자가 정당한 행위였다는 점(부당노동행위 의사가 없었다는 점)을 증명하면 그 추정에서 벗어나 는 방식[17] 등으로 증명책임을 완화(경감 내지 전환)하여야 한다고 주장하며,[18] 입 법론으로 부당노동행위와 관련한 분쟁에 있어서 증명책임은 사용자가 부담한다 는 규정을 신설할 필요성을 제기하는 견해도 있다.[19]

　부당노동행위 제도는 헌법상 기본권인 노동3권을 보장하는데 그 목적이 있 는 점, 현행 근기법에서 부당해고의 증명책임에 관한 규정을 두고 있지 않지만 해고의 정당성에 대한 증명책임을 사용자가 부담하는 것으로 판례 및 해석이 정립되어 있는 점,[20] 부당노동행위를 증명할 수 있는 인사자료 등 주요 증거들 이 사용자에게 편중되어 있고, 이를 심판과정에 현출하는 데 사용자의 협조를

13) 대법원 2007. 11. 15. 선고 2005두4120 판결, 대법원 2011. 7. 28. 선고 2009두9574 판결, 대법원 2018. 6. 15. 선고 2014두12598, 12604 판결 등.
14) 박수근a, 286~287면.
15) 박상훈, 559면.
16) 김유나, 165~166면; 김홍영e, 105~106면.
17) 양현b, 172면.
18) 박상훈, 559~560면; 박수근a, 285~289면; 방강수, 19면; 방준식c, 83면; 양정인, 192면; 양현 b, 172~173면 등. 미국에서는 NLRB가 적극적으로 부당노동행위의 존재에 관해 조사하고 증 명하며, 신청인 또는 NLRB가 일응의 증명을 하면 부당노동행위가 성립하지 않음을 사용자 가 증명해야 하는 증명책임의 전환 법리가 적용되고, 연방대법원이 이를 승인하여 유지되고 있다. 자세한 내용은 박수근a, 275면 이하 참조.
19) 김유나, 189면. 21대 국회에서는 '부당노동행위와 관련한 분쟁에서 입증책임은 사용자가 부담한다'는 내용의 노조법 81조 3항을 신설하는 노조법 일부개정법률안(이수진의원 대표발 의, 2021. 3. 4. 의안번호 8510호)이 발의되어 현재 계류 중이기도 하다.
20) 대법원 1999. 4. 27. 선고 99두202 판결, 대법원 2002. 7. 9. 선고 2000두9373 판결, 대법원 2017. 6. 29. 선고 2016두52194 판결, 대법원 2020. 8. 20. 선고 2018두34480 판결 등.

기대하기 어려운 점 등을 고려하면, 증명책임의 완화를 주장하는 학설의 위 견해는 타당하다고 본다.

⑶ 증명책임의 완화를 시사하는 판례

증명책임의 경감(배분) 내지 전환은 법령상 이에 관한 특별규정이 있거나[21] 공해소송, 의료소송 등에서 판례를 통해 인정되어 왔다.[22] 부당노동행위 사건에서는 아직 대법원이 명시적으로 증명책임의 경감 내지 전환을 판시한 바는 없으나, 이를 시사하는 것으로 해석할 수 있는 판례들이 있다. 이른바 '대량관찰방식'에 의한 부당노동행위의 증명 및 간접사실의 증명을 통한 부당노동행위 의사의 추정에 관한 판례들이 그것이다. 그러나 아직 일반화된 판례 법리로 전개되고 있다고는 보기 어려운 이상, 노동위원회의 권한이나 행정소송으로 귀결되는 부당노동행위 쟁송의 구조 등에 비추어 노동위원회가 심사절차에서 독자적으로 부당노동행위의 증명책임을 경감 내지 전환하는 데는 한계가 있을 수밖에 없다.[23] 이러한 사정이 반영된 것인지 노동위원회 실무에서는 앞서 본 바와 같이 부당노동행위 사건에서 직권조사를 강화하거나 또는 매뉴얼을 통하여 부당노동행위 의사를 추정할 수 있는 기준을 제시함으로써 근로자나 노동조합이 부당노동행위를 증명함에 있어 당면하게 되는 어려움을 다소나마 덜어주고 있다.[24]

① 이른바 대량관찰방식에 의한 부당노동행위의 증명

대법원은 2018. 12. 27. 선고 2017두47311 판결에서, 불이익취급의 부당노

---

21) 동물의 점유자에게 무과실의 증명책임이 있음을 규정한 민법 759조 1항, 제조업자에게 면책사유의 증명책임을 지운 제조물 책임법 4조 1항, 차별과 관련한 분쟁에서 입증책임은 사용자에게 있음을 규정한 남녀고용평등법 30조, 기간제법 9조 4항, 차별행위가 있었다는 사실은 차별행위를 당하였다고 주장하는 자가, 차별행위가 장애를 이유로 한 차별이 아니라거나 정당한 사유가 있었다는 점은 차별행위를 당하였다고 주장하는 자의 상대방이 입증하여야 한다고 하여 증명책임의 배분을 규정한 장애인차별금지법 47조 등.

22) 공해소송의 경우 대법원 2016. 12. 29. 선고 2014다67720 판결, 대법원 2019. 11. 28. 선고 2016다233538, 233545 판결 등. 의료소송의 경우 대법원 2012. 5. 9. 선고 2010다57787 판결, 대법원 2019. 2. 14. 선고 2017다203763 판결 등 참조.

23) 노조법주해(초판)Ⅲ, 176면에서는 심판위원회가 증명의 난이도, 당사자 사이의 형평 등을 고려하여 구제제도의 취지에 반하지 않는 범위 안에서 신청인의 증명책임을 경감하거나 증명책임 내지 증명의 부담을 사용자에게 전환할 수 있다고 하였으나, 개정판에서 그 견해를 변경한다.

24) 중노위 집단분쟁 처리자료, 12~14면. 다만, 매뉴얼의 내용은 대법원 2000. 4. 11. 선고 99두2963 판결 등에서 들고 있는, 부당노동행위 의사를 추정하는 제반 사정들과 대동소이하다. 이에 대한 보완의 필요성을 지적하면서 그 내용을 보다 구체화하고 보충한 글로는 김홍영e, 118~129면.

동행위가 성립하기 위해서는 근로자가 노동조합의 업무를 위한 정당한 행위를 하고 사용자가 이를 이유로 근로자에 대하여 해고 등의 불이익을 주는 차별적 취급행위를 한 경우라야 하며, 그 사실의 주장 및 증명책임은 부당노동행위임을 주장하는 측에 있다고 하면서도, 사용자가 특정 노동조합의 조합원이라는 이유로 다른 노동조합의 조합원 또는 비조합원보다 불리하게 인사고과를 하여 상여금을 적게 지급하는 불이익을 준 행위가 부당노동행위에 해당하는지 여부는, 특정 노동조합의 조합원 집단과 다른 노동조합의 조합원 또는 비조합원 집단을 전체적으로 비교하여 양 집단이 서로 동질의 균등한 근로자 집단임에도 불구하고 인사고과에 양 집단 사이에 통계적으로 유의미한 격차가 있었는지, 인사고과의 그러한 격차가 특정 노동조합의 조합원임을 이유로 불이익취급을 하려는 사용자의 반조합적 의사에 기인한다고 볼 수 있는 객관적인 사정이 있었는지, 인사고과에서의 그러한 차별이 없었더라도 동등한 수준의 상여금이 지급되었을 것은 아닌지 등을 심리하여 판단하여야 한다고 판시한 바 있다.[25]

이에 따르면, 부당노동행위의 성립을 주장하는 측에서 ㉮ 특정 집단과 나머지 일반 근로자를 전체적으로 비교하여 통계적으로 유의미한 격차가 있는지, ㉯ 그 격차가 사용자의 차별적 의사에 기인한 것인지를 증명할 것이 요구된다. 그리고 ㉮와 ㉯를 증명하면 인사고과 및 그로 인한 임금 및 상여금의 차등 지급은 위법·부당한 것으로 일응 추정되고, 사용자로서는 ㉰ 특정 집단에 속한 근로자 개개인에 대한 인사평가의 결과는 반조합적 의사에 기인한 것이 아니라 객관적이고 공정한 평가기준에 따른 것임을 증명함으로써 그 추정의 효과를 복멸시키는 것이 필요하다.[26] 위 대법원 2017두47311 판결은 부당노동행위 사실에 대한 증명을 사용자에게 전환시킨 것은 아니지만, 대량관찰방식을 활용함으

---

25) 같은 취지의 판결로는 대법원 2009. 3. 26. 선고 2007두25695 판결, 대법원 2018. 12. 27. 선고 2017두37031 판결.
26) 김기선, 194면. 위 대법원 2017두47311 판결의 제1심인 서울행법 2016. 9. 1. 선고 2015구합82259 판결(항소심인 서울고법 2017. 4. 27. 선고 2016누67303 판결은 일부 수정 부분을 제외하고는 제1심판결의 이유를 그대로 인용하였다)은 "노동조합에 가입하거나 조합 활동을 하였다는 이유로 사용자가 불이익을 주는 차별적 취급행위를 하였다는 사실은 이를 주장하는 측에 주장 및 증명책임이 있으나, 성과평가와 같이 사용자 일방만이 그 정보를 갖고 있는 정보의 비대칭 상황에서 동질의 균등한 근로자 집단으로 비교대상인 양 집단 사이에 통계적으로 유의미한 격차가 있다는 것이 증명된 이상 성과평가가 정당하며 다른 집단과의 차이는 합리적 평가에 따른 것이라는 점에 관한 자료를 제출할 책임은 사용자에게 있다고 보아야 한다."라고 판시하고 있는데, 이는 정당한 성과평가임을 사용자 측에서 증명하지 못한 경우 증명 부족의 불이익을 사용자에게 귀속시킨 것으로 볼 수 있다.

로써 근로자나 노동조합이 차별적인 불이익취급의 존재 사실을 증명한 경우에
는 정당한 인사재량권의 행사였다는 점에 대해 사용자에게 반증의 부담을 지운
것으로, 결과적으로 근로자 측의 부당노동행위에 대한 증명책임을 실질적으로
완화시키는 효과를 가져왔다는 점에서 의미가 있다.27)

　② 간접사실의 증명을 통한 부당노동행위 의사의 추정

　대법원은 부당노동행위를 인정하려면 사용자의 부당노동행위 의사가 필요
하다고 보고 있고, 부당노동행위 의사의 존재 여부를 확정할 수 없는 경우에는
그로 인한 위험이나 불이익은 그것을 주장한 근로자 또는 노동조합이 부담할
수밖에 없다고 하면서도, 다만 부당노동행위 의사는 사용자의 내심의 의사에 속
하므로 그와 같은 의사의 존재는 사용자가 내세우는 해고사유와 근로자가 한
노동조합 업무를 위한 정당한 행위의 내용, 징계해고를 한 시기, 사용자와 노동
조합과의 관계, 동종 사례에서 조합원과 비조합원에 대한 제재가 균형을 이루었
는지 여부, 종래의 관행에 부합하는지 여부, 사용자의 노동조합에 대한 언동이
나 태도, 처분 후 다른 조합원이 탈퇴하는 등 노동조합 활동이 쇠퇴하거나 약화
되었는지 여부 등 기타 부당노동행위 의사의 존재를 추정할 수 있는 여러 사정
등을 비교 검토하여 판단하여야 한다고 판시하고 있다.28)

---

27) 양정인, 196~197면; 양현b, 173면. 같은 취지의 대법원 2009. 3. 26. 선고 2007두25695 판결
　에 대하여 이병한b, 687면에서는 "노조 측이 통계적 입증 등에 의하여 외형적 차별의 입증
　(증명)에 성공한 경우 사용자는 차별에 대한 합리적인 이유를 입증하여야 하므로 입증책임이
　전환된다. 결국 노조측이 사용자의 노조에 대한 태도, 인사고과 사정시기의 노사관계 등 인
　사고과가 불공정하게 행해졌다는 것을 추정할 수 있는 외형적 사실의 입증을 하게 되면 부
　당노동행위에 대한 일응의 추정이 성립하여 사용자가 차별에 합리적 이유가 존재한다는 사
　실을 입증하여야 하므로 사실상 입증책임이 전환된다."라고 설명하고 있다. 방준식c, 82~83면
　에서도 대량관찰방식을 활용하는 경우 사실상 증명책임의 전환을 꾀할 수 있다고 본다.
28) 불이익취급의 부당노동행위에 관한 사례인 대법원 1999. 9. 3. 선고 99두2086 판결, 대법원
　2000. 4. 11. 선고 99두2963 판결 등. 한편, 지배·개입의 부당노동행위와 관련하여, 대법원
　2006. 9. 8. 선고 2006도388 판결은 사용자가 연설, 사내방송, 게시문, 서한 등을 통하여 표명
　한 의견의 내용과 함께 그것이 행하여진 상황, 시점, 장소, 방법 및 노동조합의 운영이나 활
　동에 미치거나 미칠 수 있는 영향 등을 종합하여 사용자의 지배·개입의 의사가 인정되는지
　를 판단하여야 한다고 판시하였고, 대법원 2019. 4. 25. 선고 2017두33510 판결은 사용자의
　금품 지급 행위가 지배·개입의 의사에 따른 것이라면 부당노동행위에 해당할 수 있고, 이
　경우 사용자의 행위가 부당노동행위에 해당하는지 여부는 금품을 지급하게 된 배경과 명목,
　금품 지급에 부가된 조건, 지급된 금품의 액수, 금품 지급의 시기나 방법, 다른 노동조합과의
　교섭 경위와 내용, 다른 노동조합의 조직이나 운영에 미치거나 미칠 수 있는 영향 등을 종합
　적으로 고려하여 판단하여야 한다고 판시한 바 있다. 이에 관하여는 판례가 제시하는 판단
　요소들은 지배·개입의 의사가 있는지에 대한 판단 기준이 아니라 지배·개입의 부당노동행
　위에 해당하는지에 관한 것이므로, 지배·개입의 부당노동행위 성립을 인정하는 데 있어 굳
　이 지배·개입의 의사를 요건화할 필요가 없다고 보는 견해로는 김홍영f, 348면. 양현a, 278

판례가 부당노동행위의 성립요건으로 부당노동행위 의사를 요구하는 것 자체에 대하여 학계의 다수는 비판적이나, 대법원의 위와 같은 판시 내용은 적어도 사용자의 부당노동행위 의사에 대한 근로자 또는 노동조합의 증명 부담을 완화시키는 측면이 있다. 즉, 내심의 의사에 대한 직접증명이 사실상 불가능한 현실을 고려하여 근로자 또는 노동조합으로 하여금 부당노동행위 의사를 추단할 수 있는 외형적·객관적 사실들을 간접사실로서 증명할 수 있도록 하여, 이른바 증명책임의 경감 법리로서 '일응의 추정'을 통해 증명을 용이하게 하는 것이다.[29)]

다. 법률의 적용

인정된 사실이 부당노동행위에 해당하는지는 신청인의 주장과 무관하게 심판위원회가 독자적으로 판단하여야 한다.

심판위원회는 부당노동행위가 인정되는 경우 그 구제내용에 관하여 폭넓은 재량권을 갖지만, 부당노동행위의 성부 자체에는 그러한 재량권이 없고 관련 증거에 의하여 그 성부를 판단하여야 한다.

라. 주문의 확정

인정된 사실에 법률을 적용한 결과, 부당노동행위가 성립하는 경우에는 구제신청을 인용하고, 반대의 경우는 구제신청을 기각하게 된다.

이러한 결론이 주문의 내용으로 되고, 부당노동행위가 인정되는 경우에는 구체적인 구제방법(구제명령)도 주문의 내용으로 결정하여야 한다.

3. 판정회의 후의 절차

가. 회의록의 작성과 보고

조사관은 의장 호선 및 주심위원 지명 결과, 회의 공개 여부, 근로자위원과 사용자위원의 의견, 토의내용 요지, 의결사항 등을 기재한 회의록을 작성하여야 한다(노위규칙 61조 1항).

주심위원은 당해 사건에 대한 판단요지를 작성하여야 하고, 주심위원이 지명되지 않거나 특별한 사정이 있는 경우에는 다른 심판위원이 작성할 수 있다

면도 판례의 설시 내용상 지배·개입의사를 추론하는 징표라고 볼 수도 있으나, 지배·개입의 부당노동행위를 인정함에 있어 고려하여야 할 구체적인 행위양태에 해당한다고 설명한다.
29) 이재목, 155~157면.

(같은 조 2항).30) 판단요지는 가급적 쟁점사항별로 작성하며, 주심위원 또는 공익
위원이 구술하는 내용을 조사관이 기재하고 주심위원 또는 공익위원이 이를 확
인·서명하는 방법으로도 할 수 있다.31)

심판사건에 참여한 공익위원은 그 의결사항에 대한 회의록에 서명이나 날
인하여야 하고, 조사관은 작성한 회의록에 판단요지를 첨부하여 노동위원회 위
원장에게 보고하여야 한다(같은 조 3항, 4항).

나. 의결결과의 통지

노동위원회는 심판위원회의 의결 결과를 지체 없이 당사자에게 서면으로
송달하여야 한다(노위규칙 28조 본문).32) 다만, 당사자의 편의를 위하여 의결일 다
음날(다음날이 휴무일인 경우 의결일 다음 첫 번째 근무일)까지 전화, 모사전송, 전자
우편 등 당사자가 알 수 있는 방법으로 알려주어야 한다(노위규칙 28조 단서).33) 이
는 당사자에게 노동위원회의 의결 결과를 조기에 알려주는 편의를 제공하는 것
에 불과하고,34) 판정의 효력은 판정서가 당사자에게 교부된 때부터 발생한다(법
84조 2항, 3항).

Ⅲ. 판정(判定)

1. 판정의 의의와 법적 성격

판정은 노동위원회가 구제신청 사건을 종국적으로 해결하기 위하여 부당노
동행위의 인정 여부와 그 인정에 따른 구제명령의 내용에 관한 판단을 외부에
표시하는 결정이다. 판정이 내려지면 구제신청 사건은 종결되므로(노위규칙 74조 1
항) 판정은 종국적 결정이다.

노동위원회의 판정은 ① 부당노동행위가 성립하는지에 관한 판단과 ② 이
를 인정할 경우 그 시정조치로서 구제명령을 발하는 부분으로 대별할 수 있다.

---

30) 중노위 심판요령, 103면.
31) 중노위 심판매뉴얼, 166면.
32) 노동위원회는 처분 결과를 당사자에게 서면으로 송달하여야 하며, 처분의 효력은 명령서·
    결정서 또는 재심판정서를 송달받은 날부터 발생한다(노위법 17조의2 2항).
33) 조사관은 판정결과 알림 시 판단이유의 언급을 지양하고, 인정·기각·각하 등 의결 결과
    만을 간단하게 통보하며, 구체적인 이유는 판정서를 참조할 것을 안내한다(중노위 심판매뉴
    얼, 170면).
34) 권창영a, 60면.

여기서 ① 부분은 행정청인 노동위원회가 부당노동행위에 해당하는지(특정한 사실 또는 법률관계)를 공적으로 확정하는 행위라는 점에서 강학상 확인행위(確認行爲)라 할 수 있고, ② 부분은 사용자에게 일정한 작위(원직 복직, 소급임금 지급, 단체교섭 이행, 공고문 게시 등) 내지 부작위(경비지원 금지, 유인물배포의 방해 금지 등) 의무를 명하는 하명(下命)의 성질(形成的 效力)을 갖는 행정처분에 해당한다.

2. 판정의 형식(종류)

노동위원회는 구제신청이 신청요건을 갖추지 못하였으면 신청을 각하하고, 구제신청의 전부 또는 일부가 이유 있다고 판정하는 때에는 그 전부 또는 일부에 관하여 구제명령을 발하며, 구제신청의 전부 또는 일부가 이유 없다고 판정하는 때에는 그 전부 또는 일부에 관하여 기각하는 결정을 하여야 한다(본조 1항, 노위규칙 60조 1항, 2항).

3. 판정서 작성

노동위원회는 판정회의 의결(합의)을 통하여 결정한 사실인정 및 판정을 토대로 다음의 사항이 포함된 판정서를 작성하여야 한다(노위규칙 62조 1항, 2항).

가. 사 건 명

사건 접수 시의 사건번호 및 명칭과 동일한 요령으로 기재한다. 즉 지역, 사건번호, 사업체 명칭, 주된 신청취지 순서로 기재한다(예: 서울2022부노123 주식회사 ○○ 부당노동행위 구제신청 사건). 지역은 지방노동위원회 명칭 중 지역을 나타내는 두 글자를 기재하고, 이는 사건검색 및 업무분석의 편의를 위함이다.

나. 당 사 자

신청인, 피신청인과 그 대리인을 표시한다.

다. 판 정 일

최종적으로 판정을 확정한 판정회의일을 기재한다.

라. 주   문

주문에는 구제신청의 전부 또는 일부를 인용하는 취지(판단 부분) 및 그 이행방법의 구체적 내용(의무부과 부분), 또는 구제신청의 전부 또는 일부를 기각하거나 각하하는 내용이 담긴다.

예를 들면, 구제신청을 인용하는 경우 "이 사건 사용자가 2023. 1. 1. 이 사건 근로자에 대하여 한 해고는 불이익취급의 부당노동행위임을 인정한다. 이 사건 사용자는 이 사건 근로자를 즉시 원직에 복직시키고, 해고기간 동안 근로하였다면 받을 수 있었던 임금 상당액을 지급하고, 재발방지를 약속하는 내용의 공고문을 사내게시판에 게시하라."라는 내용이, 구제신청을 기각(각하)하는 경우에는 "이 사건 근로자(또는 노동조합)의 구제신청을 기각(각하)한다."라는 내용이 주문에 표시된다.

주문은 판정서의 결론 부분이므로 간결하고 명확하게 작성되어야 하고, 특히 구제명령 부분은 사용자가 어떠한 내용의 시정조치를 하여야 하는지를 명확히 기재하여 그 해석이나 집행에 의문이 없도록 하여야 한다.

하나의 부당노동행위에 관하여 여러 구제방법을 구하는 사건에서 그 일부의 구제방법만을 인용하는 경우 노동위원회 실무에서는 일부 기각의 주문을 기재한다.[35]

마. 신청취지

신청취지는 신청인이 구제신청을 통해 구하는 내용으로 심판대상을 특정하는 매우 중요한 기재사항이므로, 구제신청서상 신청취지를 그대로 기재함을 원칙으로 하되, 그 취지가 부정확 또는 불명확한 경우에는 신청인에게 보정을 명하거나 이유서 등에 나타난 신청인의 의사를 반영하여 정확하게 정리하여 기재할 필요가 있다.[36]

바. 이　유

이유에는 당사자, 신청에 이르게 된 경위, 당사자의 주장 요지, 인정사실, 관련 법령 및 규정, 판단, 결론이 포함된다.[37]

---

35) 전북지노위 2017. 4. 17.자 2017부노4자 판정은, 자동차 판매영업사원은 노조법상 근로자에 해당하며, 노동조합 활동을 이유로 한 계약해지 등은 불이익 취급 및 지배·개입의 부당노동행위에 해당한다고 인정하고, '이 사건 사용자는 이 판정서를 송달받은 날부터 즉시 이 사건 근로자들에 대한 자동차판매용역계약 해지를 취소하고 원직에 복직시켜라'는 내용의 구제명령을 발하였으나, 그 외 근로자와 노동조합이 신청한 '이 사건 사용자는 원직 복직시까지 계약해지로 인해 이 사건 근로자들이 입은 경제적 불이익 등을 금원으로 환산하여 지급하라'는 내용의 구제방법은 받아들이지 않으면서 '이 사건 근로자들 및 이 사건 노동조합의 나머지 구제신청은 기각한다'라는 주문을 기재하였다.
36) 중노위 심판매뉴얼, 185면.

이유는 노동위원회가 어떠한 사실상 및 법률상 근거로 주문과 같은 결정에 이르렀는가를 밝히는 부분이다. 구제신청의 인용 여부는 노동위원회가 부당노동행위의 성립을 인정하는지에 귀착되므로 결국 판정이유는 노동위원회의 부당노동행위의 성부에 관한 판단을 기재하는 것이다. 부당노동행위는 사실행위이므로 그 사실인정의 과정(간접사실에 기초한 주요사실의 인정)이 논리적으로 그리고 일목요연하게 설시되어야 한다.

결론 부분에는 주문과 같이 판정하는 취지와 근거법령(법 84조, 노위법 26조 등)을 기재한다.

사. 위원회 명칭과 심판위원

해당 심판위원회와 심판위원의 성명을 기재한다. 그 성명 옆에 해당 위원이 서명·날인하여 원본을 작성한다.

4. 사건의 종결 및 판정서의 교부

판정이 이루어지면, 노동위원회는 심판사건을 종결하고(노위규칙 74조 1항), 노동위원회는 30일 이내에 판정서를 당사자에게 서면으로 통보(교부)하여야 한다(본조 2항, 법 74조 2항).[38] 위 통보에는 판정결과에 불복하면 재심신청이나 행정소송을 제기할 수 있다는 내용이 포함되어야 한다(노위규칙 74조 3항).

일반적으로는 우편으로 판정서를 송달하고, 당사자에게 직접 교부할 수도 있으나, 전자시스템을 통하여 송달할 수는 없다(노위규칙 28조의 1항 단서). 한편, 당사자의 주소가 분명하지 아니하거나 등기우편 등으로 송달한 결과 송달을 받아야 할 자가 없는 것으로 확인되어 반송되는 경우 등에는 공시송달의 방법으로 송달할 수 있다(노위법 17조의3 1항). 공시송달은 노동위원회가 송달할 서류를 보관하고 그 사유와 내용 등을 해당 노동위원회의 게시판이나 인터넷 홈페이지에 게시하는 방법으로 하며, 게시한 날부터 14일이 지난 때에 효력이 발생한다(노위규칙 195조 2항, 3항).

---

37) 중노위 심판매뉴얼, 186면.
38) 2012. 7. 4 노위규칙 21호로 개정되기 전 노위규칙 76조에서 노동위원회 위원장은 사건을 종결한 때에는 당해 사건을 관할하는 지방노동관서의 장에게 그 결과를 통보하도록 하였으나, 위 개정 시에 삭제되었다.

5. 판정서의 경정

노동위원회 위원장은 판정서가 당사자에게 교부된 후 당사자 표시나 내용의 오기, 누락 등 표현상의 잘못이 명백한 경우에는 사건 당사자의 신청이나 직권으로 심판위원회의 의결39)을 거쳐 이를 경정할 수 있다(노위규칙 63조 1항).

판정(구제명령)은 판정서가 당사자에게 통보(교부)된 날부터 구속력이 발생하므로 판정서 경정은 판정서 작성 과정에서 빚어진 표현상의 잘못에 국한되고, 그 내용을 추가·보완하는 등으로 내용을 변경하는 것은 허용될 수 없다.40)

노동위원회 위원장은 판정서가 경정된 경우 경정결정서를 작성하여 지체 없이 당사자에게 송부하여야 한다(노위규칙 63조 2항).

판정서 경정은 구제명령 이행기간, 재심신청기간, 행정소송 제기기간의 산정에 영향을 미치지 아니한다(노위규칙 63조 3항).

Ⅳ. 구제명령

1. 구제명령의 의의

노동위원회는 심문절차를 종료하고 부당노동행위가 성립한다고 판정한 때에는 사용자에게 구제명령을 발하여야 한다(법 84조 1항). 노동위원회가 부당노동행위가 성립한다고 하면서도 사용자에게 아무런 구제명령을 발하지 않는 경우에는 실질적으로 근로관계에 아무런 변동을 가져오지 않아 결국 이는 구제신청을 기각하는 취지의 판정에 해당하고, 이러한 판정은 노조법 84조 1항에 반하므로 위법하다.41)

그런데 노조법이나 노위법 등은 부당노동행위가 인정되는 경우 노동위원회

---

39) 2012. 7. 4 노위규칙 21호로 본항이 개정되기 전에는 '당해' 심판위원회의 의결을 거치도록 하였으나 개정 시 '당해'가 삭제되어 다른 심판위원회의 의결을 통하여서도 판정서의 경정이 가능하게 되었다. 표현상 잘못이 명백한 경우에 한하여 판정서 경정이 허용되므로 굳이 당해 심판위원회의 의결을 거칠 필요가 없고, 이로써 신속한 경정이 가능하게 되었다.

40) 중노위 심판매뉴얼, 198면. 이러한 점에서 '경정'보다는 '정정'이라는 표현이 적절하다.

41) 대법원 2004. 2. 27. 선고 2003두902 판결. 중앙노동위원회의 재심판정에 위와 같은 위법이 있었던 사안이다. 다만, 위 대법원 2003두902 판결은 이 경우 재심판정이 취소되어야 할 사유에 해당한다고까지 보고 있지는 않고, 근로자가 위와 같은 재심판정의 잘못을 들어 소로서 취소를 구하는 경우에도 법원으로서는 궁극적으로 근로자가 부당노동행위라고 주장하는 구체적 사실에 대하여 그것이 부당노동행위에 해당하는지 여부를 심리하여 재심판정의 위법 여부를 판단하여야 할 것이라고 한다.

가 어떠한 내용의 구제명령을 하여야 되는지에 관하여는 특별히 정하고 있지
않다. 부당노동행위 구제제도는 집단적 노사관계 질서를 파괴하는 사용자의 행
위를 예방·제거함으로써 근로자의 단결권·단체교섭권 및 단체행동권을 확보
하여 노사관계의 질서를 신속하게 정상화하고자 함에 그 목적이 있으므로,[42] 구
제명령은 이러한 목적의 실현에 부합하는 내용과 방식에 의한 것이어야 한다.

　구제명령은 부당노동행위로 인한 노동3권의 침해를 '제거'하고 부당노동행
위가 없었던 상태로 '정상화'하는 원상회복 조치를 원칙으로 하고, 여기서 원상
회복의 의미는 사용자의 행위를 부당노동행위 이전으로 환원시키는 것만이 아
니라 근로자나 노동조합의 침해된 노동3권을 부당노동행위 이전으로 회복시켜
확보하는 것을 포함한다.[43] 예컨대 근로자 개인에 대한 해고가 불이익취급의 부
당노동행위로 인정되는 경우, 그에 대한 구제명령은 근로자를 복직시키고 해고
기간 중의 경제적 손실을 전보하는 데 그치지 않고, 근로자 및 그가 속해 있는
노동조합의 제반 활동상의 불이익까지 원상으로 복구하는 것이 되어야 한다. 또
한, 노사관계는 유동적으로 부단히 생성·발전하는 관계이며 사용자의 부당노동
행위는 장래에 걸쳐 계속 반복하여 행하여질 가능성도 많기 때문에, 구제명령은
침해상태에 있던 과거의 정적인 법률관계의 시정뿐만 아니라 장래의 변화까지
염두에 두고 어떻게 하면 노동3권이 실질적으로 보장된 노사관계를 이룰 수 있
을 것인가의 관점에 입각하여 부당노동행위를 '예방'하는 것이어야 한다.[44]

2. 구제명령의 내용과 한계

가. 노동위원회의 재량권

　현실적으로 발생하는 부당노동행위의 유형은 다양하고, 노사관계의 변화에
따라 그 영향도 다각적이어서 그에 대응하는 부당노동행위 구제의 방법과 내용
도 유연하고 탄력적일 필요가 있다. 노조법 84조 1항에서 구제명령의 유형 및
내용에 관하여 특별히 정하고 있지 않은 것은 노동위원회가 전문적·합목적적
판단에 따라 개개 부당노동행위 사건에 적절한 구제조치를 할 수 있도록 하려
는 것이다.[45] 따라서 노동위원회는 구제신청의 취지, 부당노동행위의 태양과 이

---

42) 대법원 1998. 5. 8. 선고 97누7448 판결.
43) 김유성, 367면; 注釋(下), 1005면.
44) 박진환b, 213~214면; 대법원 2010. 3. 25. 선고 2007두8881 판결.
45) 대법원 2010. 3. 25. 선고 2007두8881 판결.

로 인한 노동3권의 침해 정도, 부당노동행위 발생 전후의 노사관계 등을 종합적
으로 고려하여 적절하고도 구체적인 시정조치를 명할 수 있다. 즉, 노동위원회
는 부당노동행위의 성립을 인정하는 경우 어떠한 구제명령을 내릴 것인지 관하
여 재량권을 가진다.

　　이처럼 노동위원회의 재량권을 인정하는 것은 사용자의 다양한 부당노동행
위에 대하여 미리 그 시정조치의 내용을 구체적으로 특정하는 것은 불가능하거
나 부적당하므로 노동관계에 관하여 전문적 지식과 경험을 가진 노동위원회로
하여금 그 재량으로 개개의 사안에 적합한 시정조치를 결정하게 함이 적절하다
는 노동정책적 판단에 근거한 것이다.46) 대법원도 '노동위원회는 재량에 의하여
신청하고 있는 구체적 사실에 대응하여 적절·타당하다고 인정하는 구제를 명
할 수 있다'고 하여 노동위원회의 재량권을 인정하고 있다.47)

　　한편, 노동위원회의 재량권은 부당해고 등 구제사건의 경우보다 부당노동
행위 구제사건에서 그 폭이 더 넓다고 할 수 있다. 부당노동행위의 경우 그에
따라 침해되는 노동3권은 정량화할 수 없기에 어느 정도 또는 어떠한 방법으로
구제명령을 하여야 침해된 권리가 완전히 원상으로 회복될 수 있는지 계측하기
어려울 뿐만 아니라 부당노동행위 구제제도의 목적에 비추어 볼 때 노동위원회
는 공정한 집단적 노사관계 질서를 유지·회복하고, 장래의 부당노동행위를 예
방하기 위해 보다 더 탄력적이고 정책적인 관점에서 구제명령을 할 수 있기 때
문이다.48)

　　나. 한　　계

　　앞서 본 바와 같이 노동위원회는 구제명령의 유형 및 내용 등을 정하는 데
광범위한 재량권을 갖지만, 이 경우에도 그 재량권이 무제한적으로 인정될 수는
없고, 구제신청의 내용, 부당노동행위 구제제도의 본래 취지와 목적, 구제명령이
행정처분으로서 가지는 성격, 재량권 남용의 법리 등에 기인한 일정한 제약이
따른다.49)

---

46) 김유성, 367면.
47) 대법원 1999. 5. 11. 선고 98두9233 판결.
48) 박진환b, 237~238면.
49) 김민기b, 439면.

(1) 구제신청과 관련하여

노동위원회는 구제신청의 취지에 엄격히 구속되지는 않지만,[50] 구제절차가 신청에 기초하여 개시되고 진행되는 점 등에 비추어 신청취지에 반할 수 없고, 신청한 구체적 사실을 벗어나 신청하지도 않은 사실을 부당노동행위로 인정하여 구제명령을 발할 수는 없다(신청에 대응한 제약).

또한, 구제명령은 구제신청의 상대방인 사용자에게 발해지는 것이므로 사용자로 지정되는 사람이 이행할 수 있는 것이어야 한다.[51]

(2) 부당노동행위 구제제도의 목적과 관련하여

노동위원회는 부당노동행위로 침해된 노동관계를 회복하고 재발을 방지하는 것 이상으로 사용자에게 의무를 부과하거나 불필요한 내용의 구제명령을 발할 수 없다.[52] 어느 정도의 구제가 적절하고 타당한지는 무엇보다 그 구제명령의 내용이 부당노동행위로 인한 부정적인 영향(침해)을 적절히 제거하여 구제하는 것인지 여부를 기준으로 하되,[53] 그밖에 부당노동행위의 태양, 성질, 근로자나 노동조합이 입은 피해의 정도, 종래 노사관계의 추이, 이후의 전망 등 여러 사정들을 종합적으로 고려하여 판단하여야 한다.[54]

(3) 노동위원회의 권한과 관련하여

노동위원회는 부당노동행위의 성립 여부 및 구제방법을 결정할 권한만을

---

50) 노동위원회에 의한 부당노동행위 구제절차의 경우 민사소송절차에서 요구되는 당사자처분권주의가 원칙적으로 적용되지 않는다(이원희, 237면). 대법원 1999. 5. 11. 선고 98두9233 판결도 구제신청서에 기재하도록 되어 있는 '청구할 구제의 내용'을 민사소송의 청구취지처럼 엄격하게 해석할 것은 아니라고 한다.

51) 김홍영 외 4인, 139면. 중앙노동위원회는 원청업체가 하청업체에 노동조합이 설립되자 도급계약기간이 남아 있음에도 불구하고 도급계약을 해지한 행위를 지배·개입의 부당노동행위로 인정하면서, 하청업체 근로자들에 대한 생활안정 및 재취업 등 지원대책을 마련하라는 내용의 구제명령을 내렸다(중노위 2016. 3. 25.자 중앙2015부해1303/부노250 병합 판정). 이에 대한 행정소송에서 서울행법 2017. 6. 16. 선고 2016구합62436 판결은 생활안정 및 재취업은 각 근로자들마다 일률적으로 적용될 수도 없고 내용도 불명확하여 사용자가 이행가능한 구제명령으로 볼 수 없다는 이유로 위법한 구제명령이라고 판단하였다. 근로자 측에서 서울고법 2017누60170호로 항소하였으나 2018. 4. 18. 항소기각되었고, 현재 대법원 2018두44661호로 상고심 계속 중이다.

52) 대법원 1976. 2. 11.자 75마496 결정, 대법원 1996. 4. 23. 선고 95다53102 판결. 구제명령은 사용자에게 이에 복종하여야 할 공법상의 의무를 부담시킬 뿐, 직접 노사간의 사법상 법률관계를 발생 또는 변경시키는 것은 아니다.

53) 김홍영d, 4면.

54) 김유성, 368면.

가지는 행정기관이므로 법원이나 다른 행정기관의 권한에 속하는 사항을 판단
하거나 시정을 명할 수 없다. 따라서 사용자의 행위가 사법상 무효인지에 대하
여 판정할 수 없다.55)

(4) 행정처분으로서 가지는 성격과 관련하여

구제명령은 부당노동행위를 시정하기 위한 행정상의 조치(下命)이므로 행정
처분으로서 적법성은 물론, 법치행정의 원리와 법체계적 통일성을 갖추어야 한
다.56) 따라서 그 내용이 명확하고 실현 가능하여야 하며, 사용자의 기본권을 침
해거나(예를 들면 후술하는 사과문 게시명령) 강행법규(예컨대 근로기준법)에 저촉되
지 않아야 한다.57)

(5) 영업의 자유와 관련하여

구제명령은 사용자의 기업활동을 일정 정도 제한하는 결과를 수반할 수밖
에 없지만, 그러한 제한이 언제나 아무런 제약 없이 가능한 것은 아니고 영업의
자유의 근간을 훼손하지 않는 범위 내에서 이루어져야 한다. 예컨대, 사업을 계
속할 것인가 폐업할 것인가는 영업의 자유의 기본이므로, 위장폐업이나 반조합
적 의도의 폐업이 아닌 한, 경제적 이유 또는 일신상의 이유 등으로 폐업한 사
용자에게 사업재개를 명할 수는 없다.58)

3. 구제명령의 유형

노동위원회는 부당노동행위가 성립한다고 판정하는 경우 사용자의 행위가
부당노동행위임을 인정하는 내용의 주문59)과 함께 원상회복조치(침해의 제거 및

---

55) 注釋(下), 1007면.
56) 박진환b, 239~240면.
57) 임종률, 317면; 注釋(下), 1008면.
58) 사업재개명령에 관한 자세한 논의는 김홍영d, 12~14면.
59) 예컨대 '이 사건 사용자가 2016. 11. 9. 이 사건 근로자에게 행한 정직 1개월의 징계는 부
    당징계임을 인정한다'(중노위 2017. 7. 12.자 중앙2017부해439/부노71 병합 판정), '이 사건
    사용자가 이 사건 노동조합의 단체교섭을 거부한 행위는 단체교섭 거부의 부당노동행위임을
    인정한다'(중노위 2014. 12. 29.자 중앙2014부노161 판정), '이 사건 사용자가 이 사건 노동조
    합 집행부의 경영센터 로비 출입을 금지하고 ○○방송노보 배포를 방해한 행위는 지배·개
    입의 부당노동행위임을 인정한다'(중노위 2017. 3. 17.자 중앙2016부노252, 25 병합 판정). 한
    편, 구제명령의 유형을 인정형, 명령형, 게시형의 범주로 나눈 뒤, 인정형의 예시로 위와 같
    은 주문 내용을 들고 있는 견해가 있으나(방준식c, 70~72면), 이는 노동위원회가 당해 사건에
    서 부당노동행위에 해당하는지를 공적으로 확정한 부분이어서 사용자에게 발령하는 구제명
    령으로 볼 수 없다.

예방)를 위한 구제명령을 발한다.

구제명령은 크게 작위명령과 부작위명령으로 구분할 수 있다. 작위명령은 사용자에게 일정한 행위를 명하는 것으로 신청인의 신청취지에 따라 부당노동행위 유형별로 매우 다양한 형태로 가능하며, 부작위명령은 사용자의 부당노동행위를 중지시키거나 금지하는 것을 내용으로 한다.[60]

이하 노동위원회 판정례를 중심으로 부당노동행위 유형에 따라 비교적 정형화된 작위명령과 부작위명령을 살펴보되, 노동위원회가 모든 유형의 부당노동행위 사건에서 거의 대부분 발하고 있는 공고문 게시명령(작위명령의 일종)에 관하여는 별도의 항목으로 검토한다.

가. 작위명령

(1) 원직복직 내지 징계처분 취소 명령 및 임금상당액 지급명령

불이익취급의 부당노동행위가 해고, 전보 등 원직의 배제 내지 변동을 수반한 경우 통상 그 원상회복을 위해 당해 근로자를 원직에 복직시키라는 구제명령이 내려진다. 반조합계약의 부당노동행위의 경우 반조합계약은 사법상 당연무효이나 근로계약 전체가 무효가 되는 것은 아니므로, 반조합계약을 근거로 한 해고에 대해서는 불이익취급인 해고와 마찬가지로 취급하여 원직복직명령을 한다.[61] 지배·개입의 부당노동행위가 조합원에 대한 차별적인 해고나 배치전환 등을 통해 이루어진 경우에도 같다. 과거에는 해고 등 불이익처분의 취소와 더불어 원직복직을 명하였으나 근래에는 원직복직만을 명하는 구제명령이 대부분이다.[62]

불이익취급 내지 지배·개입의 부당노동행위로 정직·강등·감봉 등의 징계처분이 있었던 경우에는 그 처분을 취소하라는 구제명령이 전형적이다.

한편, 위와 같이 해고, 전보, 징계처분 등의 형태로 이루어진 부당노동행위에서는 근로자에게 그에 따른 금전적인 손해가 수반되고, 그 원상회복으로 앞서 본 원직복직명령과 함께 해고, 전보나 징계처분 등이 없었더라면 받을 수 있었

---

60) 김홍영 외 4인, 141면.
61) 김유성, 370면; 하갑래, 601면에서는 반조합계약의 경우 고용조건으로 된 조합 불가입, 조합탈퇴, 특정조합 가입을 정한 근로계약서 등의 파기를 명할 수 있다고 한다.
62) 중노위 심판요령, 109면. 불이익취급의 부당노동행위인 해고는 사법상 무효인데 법률적으로 무효인 행위에 대하여 취소하라는 명령은 그 자체로 부적절한 면이 있고, 이행명령의 내용으로서도 불분명한 면이 있기 때문이다(박진환b, 262면).

던 임금상당액을 지급하라는 구제명령이 함께 내려지는 것이 일반적이다.

관련 노동위원회 판정례로는, 사용자가 정당한 노동조합 활동을 이유로 근로자들을 징계하거나 해고한 행위를 불이익취급의 부당노동행위로 인정하면서 '이 사건 사용자는 이 판정서를 수령한 날로부터 30일 이내에 이 사건 근로자1을 원직에 복직시키고 해고기간 동안 정상적으로 근무하였더라면 받을 수 있었던 임금상당액을 지급하고, 이 사건 근로자2에 대한 강등을 취소하고, 강등처분을 받지 않았더라면 받을 수 있었던 임금상당액을 지급하라'고 명한 사례가 대표적이다.63) 그밖에 자동차 판매원인 근로자가 당직근무 중 대리점 내방고객에게 차량을 판매하고 지급받는 판매수수료는 근로자의 수입에 결정적인 영향을 미침에도 사용자가 근로자를 당직에서 배제한 행위를 불이익취급의 부당노동행위로 인정하면서 '이 사건 사용자는 이 판정서를 송달받은 날로부터 30일 이내에 이 사건 근로자를 당직근무에 복귀시키라'고 명한 사례,64) 정당한 노동조합 활동을 이유로 한 견책 처분이 불이익 취급 및 지배·개입의 부당노동행위임을 인정하면서 '이 사건 사용자는 이 판정서를 송달받은 날부터 30일 이내에 이 사건 근로자들에게 행한 견책 처분을 취소하라'고 명한 사례65)가 있다.

(2) 인사고과 차별에 따른 승진·승급 등의 불이익에 대한 시정명령

사용자가 인사고과, 근무평정 등을 함에 있어 조합원이라는 이유로 차별을 하여 승진·승급 등에서 탈락시키거나 성과상여금 등을 차등 지급한 행위가 불이익취급 내지 지배·개입의 부당노동행위로 인정되는 경우, 그에 대한 구제명령으로는 승진·승급명령, 재사정(再査定)명령, 성과상여금 등의 차액지급명령 등이 있을 수 있다.

노동위원회가 직접 승진·승급명령을 할 수 있는지에 관하여, 통설은 연공·연금·학력 등 객관적 기준에 따라 기계적으로 승진·승급이 이루어지는 경우에는 가능하나, 관리직 등 주요한 직책으로의 승진이 사용자의 경영관리적 의사결정에 의하여 이루어지는 때에는 승진명령을 내릴 수 없다고 보고 있다.66) 차별적 인사고과의 시정과 관련하여서는 모든 근로자의 평균 사정점수를 기준으로 시정을 명하는 방법, 조합원을 제외한 근로자의 사정점수를 기준으로 시정

---

63) 중노위 2015. 10. 12.자 중앙2015부해690, 741/부노132, 134, 141, 142 병합 판정.
64) 중노위 2018. 9. 28.자 중앙2018부노88 판정.
65) 중노위 2017. 9. 4.자 중앙2017부해656/부노115 병합 판정.
66) 김형배, 1541면; 임종률, 319면.

을 명하는 방법, 동등 조건에 있는 근로자의 평균액이나 평균점수를 기준으로 시정을 명하는 방법, 조합원 이외 근로자의 평균을 기준으로 하여 재사정을 명하는 방법 등이 제시되나,[67] 아래에서 보는 바와 같이 노동위원회는 '정당한' 성과평가를 재실시하라거나 '인사규정에 따라' 승진심사를 재실시하라고 명할 뿐 구체적인 평가방법을 특정하지는 않고 있다.

관련 노동위원회 판정례로는, 사용자가 특정 노동조합의 조합원이라는 이유로 다른 노동조합의 조합원 또는 비조합원보다 불리하게 인사고과를 하여 상여금을 적게 지급한 행위가 불이익취급의 부당노동행위에 해당한다고 인정하면서 '이 사건 사용자는 성과상여금을 차별지급한 것을 취소하고, 정당한 성과평가를 재실시하여, 이 사건 근로자들에게 성과상여금 차액분을 지급하라'고 명한 사례[68]가 있다. 이에 대하여 사용자는 행정소송을 통하여 위 구제명령이 불명확하고 사실상 실현이 불가능하여 위법하다는 취지로 다투었으나, 대법원 2018. 12. 27. 선고 2017두37031 판결은 노동위원회가 구제명령에 관한 재량권 내에서 발할 수 있는 적법한 것이라고 판단하였다.[69] 그 밖에 근로자들에 대한 승진누락이 불이익취급 및 지배·개입의 부당노동행위로 인정된 사안에서 '이 사건 사용자는 근로자들에 대한 승진심사를 인사규정에 따라 재실시하고 그 결과에 따라 승진기회를 부여하라'고 명한 사례[70]가 있다.

(3) 임금, 수당, 현물 등의 지급명령

조합원에게만 차별적으로 임금이나 수당, 상여금, 현물 등을 지급하지 않은 경우에 그 지급을 명할 수 있다.[71]

관련 노동위원회 판정례로는, 조합원이 지부총회에 참석한 것을 인정하지 않고 그에 상응하는 임금을 지급하지 않은 행위를 불이익취급의 부당노동행위로 판정하면서 '이 사건 사용자는 이 판정서를 송달받은 날부터 30일 이내에 노동조합의 지부 총회에 참석한 조합원들에게 공제하였던 임금을 지급하라'고 명한 사례[72]가 있다.

---

67) 자세한 내용은 日本 審査手續, 210면 이하.
68) 중노위 2015. 5. 4.자 중앙2015부노5, 6 병합 판정.
69) 이에 대하여 양정인, 199~200면에서는 '정당한 성과평가의 재실시'라는 문구는 극히 주관적이어서 추후 구제명령에서 이러한 표현의 사용은 자제함이 타당하다고 지적한다.
70) 중노위 2022. 11. 25.자 중앙2022부해1317/부노160 병합 판정.
71) 注釋(下), 1013면.
72) 중노위 2014. 10. 27.자 2014부노118 판정.

(4) 단체교섭요구 응낙명령 내지 교섭요구 사실의 공고 게시명령

단체교섭 거부의 부당노동행위 사건에서 노동위원회 실무는 일반적으로 '이 사건 사용자는 이 사건 노동조합의 단체교섭 요구에 성실히 응하라'는 구제명령을 발한다.[73] 앞서 본 중노위 2021. 6. 2.자 중앙2021부노14 판정은 택배회사인 ○○회사가 집배대리점과 위수탁계약을 맺은 택배기사들로 조직된 노동조합의 단체교섭 요구를 거부한 것을 부당노동행위로 인정하면서 '이 사건 사용자는 노사의 자율적 선택에 따라 단독 내지 대리점주와 공동으로 이 사건 노동조합과의 단체교섭에 성실히 응하라'고 명하였으며, 중노위 2022. 3. 24.자 중앙2021부노268 판정은 원청업체인 ○○회사가 전국○○노조로부터 산하 ○○지회 소속인 위 회사 사내하청업체의 비정규직 근로자들의 노동조건과 관련하여 단체교섭을 할 것을 요구받았으나 이를 거부한 것과 관련하여, '이 사건 사용자는 이 사건 판정서를 송달받은 날부터 7일간 이 사건 노동조합의 교섭요구 사실의 공고를 게시하고 이 사건 노동조합의 단체교섭 요구에 성실히 응하여야 한다'라고 명하였다.

단순히 '단체교섭에 응하라'고 명하는 것은 행정처분 내용의 명확성 요건에 비추어 다소 문제가 있을 수 있지만, 판정이유 중 단체교섭의 상대방, 내용과 시기 등을 특정할 수 있는 내용이 있다면 위법하다고 볼 것은 아니다.

(5) 이른바 특수형태근로종사자 중 노조법상 근로자성이 인정된 근로자에 대한 부당노동행위 구제명령에 관한 논의

앞서 본 바와 같이 대법원 2018. 6. 15. 선고 2014두12598, 12604 판결은 학습지교사를 노조법상 근로자로 인정하고, 이들에 대한 사용자의 위탁사업 계약해지는 노동조합 가입을 이유로 한 불이익취급 내지 지배·개입의 부당노동행위로 인정된다고 판단하였다. 위 대법원 판결의 파기환송심인 서울고법 2018. 10. 25. 선고 2018누137 판결도 동일한 취지로 판단하였고, 위 판결은 상고 없이 확정되었다.

이후 중앙노동위원회는 2019. 5. 21. 위 확정판결에 따른 재처분 판정을 하였는데,[74] 그 과정에서 적절한 구제명령의 내용, 특히 계약해지 취소 및 수입상

---

73) 중노위 2016. 2. 5.자 중앙2015부노221 판정; 중노위 2015. 3. 23.자 중앙2014부노210, 212 병합 판정.

74) 중앙노동위원회는 재심판정을 취소하는 법원의 판결이 확정된 때에는 심판위원회의 의결

당액 지급명령이 가능한지에 관하여, 이를 부정하는 견해(1설), 원상회복(계약해지 취소)명령만이 가능하다는 견해(2설), 원상회복과 수입상당액 지급명령이 모두 가능하다는 견해(3설) 등이 분분하였다.[75] 중앙노동위원회는 3설을 취하여 '이 사건 사용자는 이 사건 판정서를 송달받은 날부터 30일 이내에 이 사건 근로자들에 대한 각 위탁사업 계약 해지를 취소하고, 위탁사업 계약이 해지되지 않았더라면 계약 내용에 따라 받을 수 있었던 수입상당액을 지급하라'는 구제명령을 하였다.

　　위 사안에서 학습지교사들은 사용자로부터 학습지회원에 대한 관리·교육, 기존 회원의 유지, 회원모집 등 사실상 자신이 제공한 노무에 대한 대가 명목으로 수수료를 받아 왔다. 따라서 사용자의 부당노동행위로 인하여 노동3권이 침해된 것 외에도 위탁사업 계약 해지 및 그로 인하여 수수료를 전혀 지급받지 못하는 경제적 불이익을 입게 되었으므로, 이에 대한 원상회복을 구체적으로 명하는 적극적인 구제명령으로서 위탁사업 계약 해지 취소 및 수입상당액의 지급 명령이 필요하다.[76] 중앙노동위원회의 위 재처분 판정은 타당하다.

(6) 손해배상명령

　　사용자의 부당노동행위로 인하여 근로자나 노동조합이 금전적 손해를 입게 된 경우[77] 노동위원회가 손해배상명령을 발할 수 있는지에 관하여 학설의 다수는 이를 긍정한다.[78] 이 때 손해배상은 근로자나 노동조합이 입은 손해를 원상

을 거쳐 해당 사건을 재처분하여야 한다(노위규칙 99조 1항).
75) 자세한 내용은 박진환b, 217~223면. 이 글에서는 이른바 특수형태근로종사자 중 근기법상 근로자에는 해당하지 않고 노조법상 근로자성만을 갖춘 학습지교사 등을 '순수한 노조법상 근로자'라고 칭한다.
76) 박진환b, 242~243면. 박진환b, 245~246면에서는 위 수수료 청구권은 단순한 기대수익을 넘어서는 것으로서 법률의 규정에 의해 인정된 재산권의 한 내용으로 보아야 하며, 고정급이 없다거나 가변성이 크다는 사정만으로 구제명령의 대상에서 제외할 것은 아니고, 해당 근로자의 과거 전 기간의 수입 평균 혹은 과거 1년의 수입 평균을 지표로 사용하거나 계약해지 기간 동안 다른 근로자들의 수입 평균을 지표로 사용하는 등의 방법으로 가정적 산정이 가능하다고 한다. 다만, 박진환b, 262~263면에서는 해고 등 불이익처분의 경우 과거 불이익처분의 취소와 함께 원직복직을 명하였으나 현재는 원직복직만을 명하는 것이 대부분인 점 등에 비추어, 위 사례에서도 원직복직명령을 하거나 원직복직명령이 근기법상 근로자를 전제로 한 것이어서 부적절하다면 그에 대응하여 노조법상 근로자와의 계약유지명령 등을 하는 것을 고려할 수 있다고 한다.
77) 예컨대 사용자의 부당노동행위로 인하여 조합원이 감소함에 따라 조합비의 징수액이 감소되었다거나 사용자의 부당노동행위에 대항하기 위하여 조합의 비용이 지출되는 경우 등(이상윤a, 976면).
78) 김유성, 368면; 양현b, 178면; 이상윤a, 976면; 하갑래, 600면.

회복시키는 명령의 성격을 가지며,79) 충분히 효과적인 구제수단이 될 수 있다고
한다.80) 반면, 이를 부정하는 견해는 구제명령은 노동3권에 대한 침해를 배제하
여 노사관계를 정상적인 상태로 회복시키는 데 있으므로 부당노동행위로 인하
여 입은 물질적·정신적 손해배상의 당부는 노동위원회에서 판단할 사항이 아
니고 민사소송을 통해 해결하여야 한다는 점을 근거로 든다.81)

노동위원회 판정례 중에는 앞서 본 전북지노위 2017. 4. 17.자 2017부노4
판정에서, 근로자와 노동조합이 신청한 '이 사건 사용자는 원직 복직시까지 계
약해지로 인해 이 사건 근로자들이 입은 경제적 불이익 등을 금원으로 환산하
여 지급하라'는 내용의 구제신청을 기각한 사례가 있다.

(7) 기타 작위명령

아래에서 보는 작위명령 외에도 부당노동행위 유형과 내용에 따라 사안별
로 그에 대응하는 다양한 내용의 작위명령이 가능하다.

(가) 기업시설 제공명령

노동조합이 단체협약이나 노사합의 등에 따라 정당하게 기업의 시설을 이
용하는 경우에 이를 방해하거나 저지하는 지배·개입의 부당노동행위 사건에서
는 사용자에게 당해 조합활동을 위해 필요한 시기 동안 기업시설을 이용할 수
있도록 제공하라는 기업시설제공 명령을 내릴 수 있다.82)

(나) 재계약, 고용 등 명령

계약직 근로자의 재계약 거부, 위장해산 등이 불이익취급으로서 실질적인
해고에 해당하는 경우에는 재계약 내지 신 회사로 고용을 명할 수 있다.83)

(다) 자료 제공명령

사용자가 단체교섭에 관련된 정보를 제공하지 않아 성실교섭의무를 위반한
것으로 인정되는 경우에는 해당 자료의 제공을 명하는 구제명령을 발할 수 있
다. 제공되어야 할 정보를 노동조합이 요구하는 형태로 제공하기 어려운 경우에

---

79) 이상윤a, 976면.
80) 양현b, 178면. 나아가 양현b, 179면에서는 징벌적 손해배상의 도입도 적극적으로 고려할
    필요가 있다고 한다.
81) 김헌수, 1116면.
82) 김홍영a, 164면 이하.
83) 日本 審査手續, 209~210면.

는 노동위원회가 적절한 형태로 제공할 것을 명할 수 있다.[84]

나. 부작위명령

(1) 의의와 필요성

부작위명령은 사용자의 부당노동행위를 중지시키거나 금지하는 내용의 명령을 말한다. 부작위명령은 주로 지배・개입의 부당노동행위 사건에 적합하다. 대부분의 지배・개입행위는 반조합적 발언 등과 같은 사실행위이므로 이를 취소하거나 제거하여 원상회복하는 것은 거의 불가능하거나 무의미하다. 따라서 이러한 경우의 구제방법으로는 사용자에게 지배・개입에 해당하는 행위를 하여서는 아니 된다는 내용의 부작위명령을 하는 것이 적절하다.[85]

구제명령의 발령 단계에서도 부당노동행위가 계속되고 있으면 이를 중지시키는 부작위명령이 필요하다. 장래에도 동종 또는 유사한 부당노동행위가 반복될 우려가 있는 경우에는 그러한 행위를 장래에까지 금지하는 부작위명령이 요구된다.[86] 이러한 필요성이 있는 한, 부작위명령은 지배・개입 외 다른 유형의 부당노동행위 사건에서도 가능하다.[87]

대법원은 현실적으로 발생하는 부당노동행위의 유형은 다양하고 노사관계의 변화에 따라 그 영향도 다각적이어서 그에 대응하는 부당노동행위 구제의 방법과 내용도 유연하고 탄력적일 필요가 있는 점에 비추어, 사용자의 지배・개입행위가 사실행위로 이루어진 경우 그 행위 자체를 제거 내지 취소하여 원상회복하는 것이 곤란하며 또한 사용자의 행위가 장래에 걸쳐 계속 반복하여 행하여질 가능성이 많기 때문에 사용자의 지배・개입에 해당하는 행위를 금지하

---

84) 김유성, 370면.

85) 김유성, 372면.

86) 김유성, 372~373면 이하; 注釋(下), 1017면.

87) 미국에서는 ① 모든 구제명령에 '당해 부당노동행위를 중지할 것(to cease and desist from such unfair labor practice)'을 요구하는 부작위명령을 포함하고, ② 사용자가 '유사하거나 관련된 방식으로(in any like or related manner)' 법(NLRA)을 위반하지 말 것을 요구하는 포괄적인 내용(catch-all provision)을 담는 경우도 있으며, ③ 사용자에게 법(NLRA)을 위반하는 경향이 있는 경우나 광범위하거나 중대하게 위반행위를 한 경우에는 사용자에게 '다른 어떠한 방식으로도(in any other manner)' 법(NLRA)을 위반하지 말라는 추상적 부작위명령을 발한다. 일본에서도 예를 들면, '신청인 조합의 조합활동에 관하여 정당한 이유 없이 조합기관의 구성원인 종업원을 해고하는 등 징계에 처하거나 기타 불이익한 취급을 해서는 아니 된다', '조합의 운영에 지배・개입하거나 조합활동을 한 것을 이유로 조합원에 대해 불이익취급을 해서는 아니 된다', '사용자는 A조합이 신청하는 단체교섭에 관해 금후 B조합과 사이에 존재하는 단체협약을 이유로 이것을 거부하여서는 아니 된다' 등과 같은 내용의 부작위명령을 발하고 있다. 자세한 내용은 김홍영a, 142면 이하 참조.

는 부작위명령은 적절한 구제방법이 될 수 있다고 하면서, 중앙노동위원회가 지배·개입의 부당노동행위에 대하여 사용자에게 발한, "실질적인 영향력과 지배력을 행사하여 사업폐지를 유도하는 행위와 이로 인하여 노동조합의 활동을 위축시키거나 침해하는 행위를 하여서는 아니 된다."라는 구제명령을 적법하다고 판단하였다.[88)]

　　노동위원회 실무에서도 사안에 따라 다양한 내용의 부작위명령이 내려지고 있다. 파업과 직장폐쇄 등 노사갈등이 계속된 상황에서 노동조합 핵심 간부를 포함한 일부 조합원을 일괄적으로 해고한 것을 불이익취급 및 지배·개입의 부당노동행위로 인정하면서 '이 사건 사용자는 이 사건 노동조합의 활동을 위축 또는 약화시키는 행위를 중지하라'고 명한 사례,[89)] 합리적인 이유 없이 노동조합 간 배차시간 및 근로시간을 다르게 하는 것은 불이익취급 및 지배·개입의 부당노동행위에 해당한다고 인정하면서, '이 사건 사용자는 즉시 위 행위 및 유사한 방식의 행위를 중지하고, 이 사건 노동조합 조합원들의 배차시간과 근로시간에 대하여 이 사건 교섭대표노동조합 조합원들과 차별이 발생하지 않도록 하라'고 명한 사례,[90)] 근로시간 면제자라는 이유로 고용승계를 거부한 것은 부당노동행위에 해당한다고 인정하면서, '이 사건 사용자는 즉시 그리고 향후에도 노동조합 활동을 이유로 해고 등 불이익한 처분을 하는 것을 중지하고, 이 사건과 동일·유사한 방식의 행위가 재발되지 않도록 하라'고 명한 사례[91)] 등이 있다.

(2) 추상적 부작위명령

　　추상적 부작위명령이란 금지대상이 되는 행위를 구체적으로 특정하지 않고, 광범위한 행위를 일반적·포괄적으로 금지하는 명령을 뜻한다. 예컨대 '노동조합의 조직 또는 운영을 지배하거나 이에 개입하는 일체의 행위를 하여서는 아니 된다' 또는 '정당한 이유 없이 조합원 등을 해고 등의 징계에 처하거나 기타 불이익취급을 하여서는 아니 된다' 등과 같은 내용의 부작위명령이다. 이러한 포괄적·추상적 부작위명령이 가능한지에 관하여는 부정하는 견해가 다수이다. 특정 사건을 전제로 하는 구제명령으로서의 적격성을 결하고, 당해 부당노동행위를 사실상 시정함으로써 노사관계의 정상화를 도모하는 구제명령의 실제

---

88) 대법원 2010. 3. 25. 선고 2007두8881 판결.
89) 중노위 2015. 9. 14.자 중앙2015부해588/부노111 병합 판정.
90) 중노위 2020. 4. 16.자 중앙2020부노26 판정.
91) 중노위 2017. 1. 9.자 중앙2016부해982/부노177 병합 판정.

적 목적을 일탈하여 장래에 대하여 이러한 유형에 속하는 모든 행위에 대하여 제재를 가하는 일반법규를 설정하는 것과 다를 바 없으며, 노동위원회가 객관적이고 일반적 효력을 갖는 처벌규정을 입법하는 것과 같은 결과가 되어 위법하거나 허용될 수 없다고 한다.[92]

구제명령은 가능한 한 구체적인 것이 바람직하지만, 부당노동행위가 종료되었다 하더라도 장래에 반복될 위험성이 매우 큰 경우에는 이를 예방할 필요성이 있고, 위에서 예로 든 바와 같이 추상적 부작위명령의 내용은 대부분 부당노동행위를 금지하는 노조법의 규정과 대동소이하여 이로써 노동위원회가 일반법규를 설정하거나 처벌규정을 입법한 것이라고까지 보기는 어렵다. 구제명령 자체에 구체적 행위를 특정하지 않았더라도 판정이유를 통해 그 내용이 특정될 수 있거나 장래에 향하여 당해 사건과 동종·유사한 유형의 부당노동행위를 금지하는 추상적 부작위명령도 가능하다.[93]

다. 공고문 게시명령

공고문 게시명령이란 특정 장소에 특정 내용의 공고문을 게시하도록 명하는 구제명령이다.

노동위원회 실무는 모든 유형의 부당노동행위 사건에서 공고문 게시명령을 발하고 있고, 이때 공고문의 내용은 물론 통상 공고문의 크기, 형태, 게시방법, 게시기간 및 게시장소 등도 함께 주문에서 결정한다. 공고문의 내용은 주로 노동위원회로부터 부당노동행위를 인정하는 판정을 받았다는 사실을 기재하거나 판정의 주문 내용을 그대로 기재하며, 사안에 따라 앞으로 동종·유사행위를 반복하지 않겠다는 내용이 포함될 수 있다. 공고문과 함께 판정문 자체도 게시할 것을 명한 예도 많다.

관련 노동위원회 판정례로는 '이 사건 사용자는 이 판정서를 송달받은 날부터 10일 이내에 아래 내용의 공고문을 사업장 내 게시판에 10일간 게시하라'고 명한 사례,[94] '이 사건 판정문을 송달받은 날부터 10일 이내에 아래 내용의 공고문과 이 사건 판정문을 학교 내부 전산망(인트라넷)을 포함한 학내 게시판 등 이 사건 대학교의 교직원이 쉽게 볼 수 있는 공개된 장소에 15일 동안 게시

---

92) 김헌수, 1115~1116면; 김형배, 1541면; 이상윤, 976면.
93) 김유성, 373면. 김홍영a, 142면 이하.
94) 중노위 2018. 9. 28.자 중앙2018부노88 판정.

(등록)하라'고 명한 사례,95) '이 사건 사용자는 이 판정서를 송달받을 날부터 즉시 아래 내용의 공고문[용지: 전지(78.8㎝ × 109㎝), 글자: 제목(3.0㎝ × 4.5㎝), 내용(2.5㎝ × 3.5㎝), 공표자(3.0㎝ × 4.5㎝)]과 이 사건 판정서를 이 사건 사용자의 근로자들이 쉽게 볼 수 있는 공개된 사내 게시판에 15일간 게시하라'고 명한 사례96) 등이 있다.

공고문의 내용을 정하는 것은 노동위원회의 재량권 범위 내에 속하는 것이지만, 공고문의 내용 중에 사과문구를 포함하거나 사과문 게시를 명하는 것은 양심의 자유와 관련하여 허용되기 어렵다.97)

4. 구제명령의 효력

가. 공 정 력

구제명령은 판정서가 당사자에게 교부된 날부터 효력이 발생하고, 관계 당사자는 이에 따라야 한다(본조 2항, 3항). 구제명령은 행정처분이므로 사용자는 그 명령을 이행하여야 할 공법상 의무를 부담한다.

사용자가 재심을 청구하거나 행정소송을 제기하여도 구제명령을 이행하여야 할 공법상 의무가 소멸하지 않고, 구제명령이 실효되는 것은 중앙노동위원회가 재심판정으로 이를 취소하거나 변경한 경우 및 행정소송에서 이를 취소하는 판결이 확정된 경우에 한한다.

나. 미확정 구제명령의 집행 가능성

구제명령에 의하여 사용자는 공법상 그에 따를 의무를 부담할 뿐이고 민사상 의무를 부담하는 것이 아니므로 민사집행 절차에 의하여 그 의무의 이행을 강제할 수 없다.

그리고 노조법 84조 3항은 "관계 당사자는 1항의 규정에 의한 명령이 있을

---

95) 중노위 2015. 9. 14.자 중앙2015부해598/부노111 병합 판정.
96) 중노위 2015. 3. 9.자 중앙2016부노254, 255/2017부노4, 5 병합 판정.
97) 김유성, 371면. 헌법재판소는 사과문 게시에 관하여 그에 의한 기본권 제한에 있어서 그 선택된 수단이 목적에 적합하지 않을 뿐만 아니라 그 정도 또한 과잉하여 비례의 원칙이 정한 한계를 벗어난 것으로 헌법 37조 2항에 의하여 정당화할 수 없는 것으로서 헌법 19조(양심의 자유)에 위반되는 동시에 헌법상 보장되는 인격권 침해에 이르게 된다고 본다(헌재 1991. 4. 1. 선고 89헌마160 결정, 헌재 2002. 1. 31. 선고 2001헌바43 결정). 서울행법 2008. 7. 8. 선고 2007구합29499 판결도 중앙노동위원회의 사과문 게시명령은 그 명령을 발할 법령상의 근거가 없을 뿐만 아니라 헌법상 자유를 침해한다는 이유로 사과문 게시명령을 취소한 바 있다.

때에는 이에 따라야 한다."라고만 규정하고 있을 뿐, 확정되지 아니한 구제명령을 임의 이행하지 아니한 경우에 이를 강제하거나 제재하는 규정이 없고, 단지 사용자가 행정소송을 제기한 경우에 관할법원이 중앙노동위원회의 신청으로 판결이 확정될 때까지 구제명령의 전부 또는 일부의 이행을 명할 수 있고, 이 명령을 위반한 자에 대하여 행정질서벌인 과태료를 부과할 수 있을 뿐이다(법 85조 5항, 95조).

대체적 작위명령을 내용으로 하는 구제명령에 대하여는 행정대집행이 가능하다. 그러나 원직복직 등의 시정조치는 사용자만이 행할 수 있는 비대체적 작위의무이므로 행정대집행이 불가능하다. 공고문 게시명령의 경우 행정대집행이 가능한가에 관하여는 견해가 나뉜다.[98]

금전급부를 내용으로 하는 구제명령에 대하여도 국세징수법이 노조법에 준용되지 않아 이를 강제하거나 집행할 방법이 없다.

V. 구제이익

1. 서   론

가. 구제이익의 개념

구제이익이란 부당노동행위 구제신청인인 근로자나 노동조합이 노동위원회의 구제명령으로 구제를 받기 위하여 가져야 하는 이익으로, '구제신청의 당부에 관하여 노동위원회의 공권적 판단을 구할 수 있는 구체적 이익이나 필요(권리보호의 필요성)'[99] 내지는 '구제명령을 받을 법률상 혹은 사실상 이익'[100]을 뜻한다. 판례는 이를 '구제명령을 발할 이익',[101] '구제절차를 유지할 필요',[102] '구제명령을 얻을 이익'[103] 등이라 한다.

노조법과 노위법은 구제이익에 관한 명시적 규정을 두고 있지 않고(부당해고 등 구제절차를 규정한 근기법도 마찬가지이다), 다만 노위규칙 60조 1항 6호에서 '신청하는 구제의 내용이 법령상이나 사실상 실현할 수 없음이 명백한 경우'에

---

98) 日本 審査手續, 200면.
99) 김민기a, 562~563면; 박은정·권오성, 361면.
100) 심재진, 67면.
101) 대법원 1987. 3. 10. 선고 84누218 판결.
102) 대법원 1992. 7. 28. 선고 92누6099 판결.
103) 대법원 2020. 2. 20. 선고 2019두52386 전원합의체 판결.

는 구제신청을 각하하도록 규정하고 있을 뿐이다. 이처럼 구제이익에 관한 법령
상의 직접적인 근거 규정은 없으나, 노동위원회가 구제명령을 발하기 위해서는
구제이익이 있어야 한다고 보는 데는 학설상 별다른 이견이 없고,[104] 판례 또한
같은 입장이다.

나. 법적 성격

구제이익은 민사소송이나 행정소송에서 논하는 소의 이익의 개념을 부당노
동행위 구제절차에 이입한 것으로서 민사소송의 소송요건에 대응하는 신청요건
이라 할 수 있다.[105] 이에 대하여 구제이익이란 사용자에게 공법상 의무를 부과
하는 구제명령을 함에 있어 '사용자가 이를 이행할 수 있는 지위에 있을 것'을
요구하는 것으로서 '하명'의 행정처분이 충족해야 할 기본적인 요건이자 국민에
게 의무를 부과하는 내용의 행정처분에 당연히 내재된 요건으로서 대등한 처분
발령요건(처분요건) 중 하나라고 설명하는 견해[106]가 있다. 이 견해는 구제이익
을 소의 이익과는 구별되는 독자적 개념으로 보고 있는데, 이러한 논의의 의의
및 실익 등에 관하여는 후술한다.

다. 논의의 지형 변화

부당노동행위 구제신청에서 구제이익과 관련한 쟁점들을 검토함에 있어서
는 대법원 2020. 2. 20. 선고 2019두52386 전원합의체 판결에 의한 판례 변경에
유의할 필요가 있다. 그동안 구제이익(내지 소의 이익)과 관련하여 가장 논쟁이
되었던 문제는, 임금상당액 지급명령의 독자성, 즉 구제신청 후 사직, 정년 도
래, 근로계약기간 만료 등의 사정변경으로 근로자가 원직에 복직하는 것이 불가
능하여 원직복직명령을 구할 구제이익이 소멸하면 임금상당액 지급명령의 구제
이익도 소멸하여 구제신청 전부에 대한 구제이익이 인정되지 않는지 여부에 관
한 것이었다. 이는 주로 부당해고 등 구제신청 사건에서 논의되었으나, 부당노
동행위 중 불이익취급에 대한 구제신청 사건에서도 같은 문제가 제기될 수 있
다. 종래 대법원은 이러한 경우 임금상당액 지급명령의 구제이익을 부정해 왔으
나 위 대법원 2019두52386 전원합의체 판결을 통해 "근로자가 부당해고 구제신

---

104) 후술하는, 구제이익을 처분발령요건으로 설명하는 견해도 구제이익의 개념 자체를 부정하
    거나 이를 무용하다고 보는 것은 아니고, 구제이익의 법적 성격 및 그 취급에 관한 의견을
    달리하는 것이다.
105) 김민기a, 563면; 김치중, 535면.
106) 이병희, 432~433면; 곽상호, 46~47면.

청을 하여 해고의 효력을 다투던 중 정년에 이르거나 근로계약기간이 만료하는 등의 사유로 원직에 복직하는 것이 불가능하게 된 경우에도 해고기간 중의 임금상당액을 지급받을 필요가 있다면 임금상당액 지급의 구제명령을 받을 이익이 유지되므로 구제신청을 기각한 중앙노동위원회의 재심판정을 다툴 소의 이익이 있다고 보아야 한다."라고 하여 그 견해를 변경하였고,[107] 이로써 구제이익의 인정 여부 및 그 범위와 관련한 그간의 논의는 물론, 위와 같은 사정변경이 발생한 시점, 즉 재심판정 전후의 시기에 따라 구제이익을 어떻게 취급해야 하는지에 관한 논의 또한, 임금상당액 지급명령이 문제된 사례에서는 각하 판정내지 소 각하 판결을 할 것인지 여부가 더 이상 문제되지 않고 본안의 심사 내지 심리에 나아가게 된다는 점에서, 상당 부분 정리되었다고 할 수 있다. 다만, 위 대법원 2019두52386 전원합의체 판결은 임금상당액 지급명령의 소의 이익이 소멸되는 것으로 본 종전 판결들을 위 전원합의체 판결과 배치되는 범위 내에서 변경하였을 뿐이므로, 임금상당액 지급명령이 문제되지 않는 구제이익 관련 사례(예컨대 원직복직과 더불어 해고기간 중 임금도 모두 지급한 완전한 의미에서의 원상회복이 이루어지는 경우, 단체교섭이 타결된 경우 등)나 구제이익에 관한 일반론 등에는 종전의 판례법리가 여전히 유효하다고 볼 수 있다. 따라서 구제이익과 관련하여 이하 인용하는, 위 대법원 2019두52386 전원합의체 판결 이전에 선고된 판례들은 이 점에 유의하여 구제이익 일반에 관한 부분과 종래 임금상당액 지급명령의 구제이익을 부정함으로써 판단에 이르게 된 부분을 가려 그 내용을 살펴야 할 것이다.

2. 구제이익 판단의 기준시점 및 판정 형식

가. 구제이익 판단의 기준시점

행정처분은 그 근거 법령이 개정된 경우에도 경과 규정에서 달리 정함이 없는 한 처분 당시 시행되는 개정 법령과 그에서 정한 기준에 의하는 것이 원

---

107) 위 대법원 2019두52386 전원합의체 판결의 취지는 근기법의 개정으로 이어졌다. 2021. 5. 18. 법률 18176호로 개정된 현행 근기법은 30조 4항을 신설하여 "노동위원회는 근로계약기간의 만료, 정년의 도래 등으로 근로자가 원직복직(해고 이외의 경우는 원상회복을 말한다)이 불가능한 경우에도 제1항에 따른 구제명령이나 기각결정을 하여야 한다. 이 경우 노동위원회는 부당해고등이 성립한다고 판정하면 근로자가 해고기간 동안 근로를 제공하였더라면 받을 수 있었던 임금 상당액에 해당하는 금품(해고 이외의 경우에는 원상회복에 준하는 금품을 말한다)을 사업주가 근로자에게 지급하도록 명할 수 있다."라고 규정하였다.

칙이고,108) 행정처분이 위법한지도 처분 시를 기준으로 판단하여야 한다.109)

노동위원회에 의한 부당노동행위 구제절차에서 처분 시라 함은 사용자가 부당노동행위를 한 때가 아니라 노동위원회가 구제명령을 발하거나 구제신청 기각의 판정을 한 때이므로 노동위원회는 구제명령 여부의 판정 시를 기준으로 구제이익의 존부를 판단하여야 한다. 판례도 구제이익은 '구제명령을 할 당시를 기준으로 판단'하여야 한다고 보고 있다.110) 즉, 초심절차에서 구제명령을 발할 때에는 초심판정 당시 구제이익이 있어야 하고, 재심절차에서 비로소 구제명령을 발할 때에는 재심판정 당시 구제이익이 있어야 한다.111)

나. 구제이익이 인정되지 않는 경우 노동위원회의 판정 형식

구제이익은 신청요건이므로 구제이익이 인정되지 않는 경우 노동위원회는 구제신청을 각하하는 것이 타당하다.112) 초심판정 이후 재심절차 중에 구제이익이 소멸한 경우에도 중앙노동위원회는 지방노동위원회가 구제신청을 인용한 사

---

108) 대법원 1999. 5. 14. 선고 98다14030 판결, 대법원 2000. 3. 10. 선고 97누13818 판결.

109) 대법원 2002. 10. 25. 선고 2002두4464 판결.

110) 대법원 2004. 1. 15. 선고 2003두11247 판결.

111) 이병희, 435, 440~441면에서는 임금상당액 지급명령과 관련하여 예외적으로 ① 노동위원회가 정당한 이유 없이 심리를 지연하여 그 사이에 구제이익이 소멸한 경우나 ② 부당해고를 정당한 해고로 잘못 판단하여 그 불복절차 중 구제이익이 소멸한 경우에는 달리 볼 수 있음을 제시한다. 즉, ①의 경우는 다른 행정처분에서와 마찬가지로 '신청을 받은 행정청이 정당한 이유 없이 처리를 늦춘 경우' 등에 한하여 제한적으로 구제하는 판례 법리(대법원 2005. 7. 29. 선고 2003두3550 판결)에 따라 해결할 수 있고, ②의 경우는 부당해고등 구제 쟁송은 사인 간의 분쟁을 대상으로 할 뿐만 아니라 이 경우 구제를 긍정하더라도 법질서나 공익을 해치는 측면은 거의 없다는 점 등을 이유로 든다. 다만, 위 견해는 위 대법원 2019두52386 전원합의체 판결이 선고되기 전에 특히 ②의 경우 임금상당액 지급명령의 독자성에 관한 견해 대립을 차치하고 해석론을 통하여 임금상당액 지급명령이 가능하다는 점을 피력한 것이어서, 위 대법원 2019두52386 전원합의체 판결을 통해 임금상당액 지급명령의 구제이익이 인정된 이상 이제는 위와 같은 예외적 경우를 상정하지 않더라도 상당 부분 문제가 해결될 것으로 보인다.

112) 구제이익을 처분요건으로 설명하는 견해에 따르면, 이는 본안요건에 해당하므로 구제이익이 인정되지 않는 경우 노동위원회는 구제신청을 기각하여야 하는 것으로 보게 될 것이다. 다만, 위 견해를 취하고 있는, 이병희, 433면에서는 기판력이 인정되지 않는 노동위원회 판정에는 기각과 각하를 구분할 아무런 실익이 없다고 지적할 뿐 구제이익이 인정되지 않는 경우 노동위원회의 판정 형식에 관하여 언급하고 있지 않으며, 곽상호, 52면에서는 초심판정 시 구제이익이 없는 경우 구제명령을 발할 수 없으므로 지방노동위원회는 노위규칙 60조 1항 6호에 따라 구제신청을 각하하여야 하고, 초심판정 이후 구제이익이 소멸하였는데 초심이 구제신청을 기각한 경우에는 구제이익에 대응하여 재심신청의 이익이 없는 것으로 보아 재심신청을 각하하는 것이 바람직하다고 한다. 이에 비추어 보면 구제이익을 처분요건으로 이해하는 견해는, 결국 구제이익과 소의 이익의 관계를 재정립하는 것에 논의의 초점을 두고 있는 것으로 보인다.

건이든 기각한 사건이든 초심판정을 취소하고 구제이익의 소멸을 이유로 구제신청을 각하하여야 한다.113)

　　종래 노동위원회 실무 역시 구제이익이 인정되지 않는 경우 구제신청을 각하해 왔다. 그런데 2021. 10. 7. 노위규칙 26호로 노위규칙이 개정되면서 60조 1항 6호의 '신청하는 구제의 내용이 법령상이나 사실상 실현할 수 없거나 신청의 이익이 없음이 명백한 경우' 중 '신청의 이익' 부분이 삭제되자 중앙노동위원회는 위 노위규칙 60조 1항 6호의 개정이 앞서 본 대법원 2019두52386 전원합의체 판결의 취지를 반영한 것임을 이유로 조사 및 심리결과 구제신청의 이익이 없는 경우 각하 판정이 아니라 기각 판정을 하는 것으로 설명하고 있다.114) 그러나 위 판결은 임금상당액 지급명령의 구제이익을 인정함으로써 구제이익이 인정되는 범위를 확대한 것이지 구제이익의 개념이나 법적 성격을 달리 본 것은 아니다. 또한, 위와 같이 개정된 노위규칙 60조 1항 6호는 '신청하는 구제의

---

113) 이에 대하여 곽상호, 47~48면은 초심에서 구제명령을 발한 이후 구제이익이 소멸한 경우에는 재심판정 시가 아니라 초심 구제명령 시를 기준으로 구제이익의 존부를 판단하여야 한다고 보며, 그 근거로 노위규칙 94조 2항에서 "중앙노동위원회는 초심의 구제명령이 적합하지 않다고 판단하는 경우에는 그 내용을 변경할 수 있다"라고 규정하고 있고, 이는 중앙노동위원회가 사정변경에 따라 유효한 부분(예컨대 해고 다음날부터 복직명령의 이행이 가능하였던 구제이익 소멸사유 발생 시까지의 임금상당액 지급명령)만 남도록 초심 구제명령을 수정할 수 있다는 의미로 새길 수 있는 점, 부당해고 등 구제신청 사건에서 인정되는 초심 금전보상명령이 있는 경우 이후 구제이익 소멸사유가 발생하였다고 하더라도 중앙노동위원회가 초심 금전보상명령을 유지할 필요가 있는 점, 초심 구제명령은 행정처분으로, 재심판정은 특수한 행정심판으로 이해되고 있는데 행정심판에 있어서 행정처분의 위법·부당 여부는 원칙적으로 처분 시를 기준으로 판단해야 하는 점 등을 근거로 든다. 그러나 구제이익은 구제명령을 유지할 필요라는 관점에서 검토되어야 하므로, 대법원 2019두52386 전원합의체 판결의 선고로 임금상당액 지급명령의 구제이익이 인정된 이상, 그 밖에 구제이익의 소멸사유가 발생하는 경우 재심절차에서 초심의 구제명령 일부를 유지하는 내용으로 구제명령을 변경할 실익이 있는 사안을 상정하기 어렵다. 또한, 재심절차는 행정쟁송의 일종이기는 하나 그 상대방을 지방노동위원회로 하지 않고 초심 관계 당사자의 다른 일방으로 하며, 재심절차에서도 행정처분인 구제명령을 발하는 등 일반 행정심판절차와는 상이하다. 따라서 초심에서 구제명령이 발령된 경우와 구제신청이 기각된 경우를 구별하여 구제이익의 존부를 판단하는 시점을 전자는 초심판정 시, 후자는 재심판정 시로 달리 볼 필요가 있는지 의문이다. 한편, 대법원 2019두52386 전원합의체 판결의 선고 이후에는 초심에서 부당해고를 인정하고 원직복직 및 임금상당액 지급명령을 하였으나 초심판정 이후 재심판정 이전에 계약기간 종료, 사업장 폐쇄 등으로 인하여 원직복직이 불가능한 경우, 중앙노동위원회는 사용자의 재심신청을 기각하고 구제명령의 내용을 변경하고 있어(중노위 심판매뉴얼, 347면) 위 견해와 같은 결론을 취하게 되었으나, 이는 재심절차에서 초심판정의 결과에 따라 구제이익의 존부를 판단하는 시점을 달리한 결과라기보다는 위 대법원 2019두52386 전원합의체 판결로 임금상당액 지급명령의 구제이익이 인정되었기 때문이다.

114) 중노위 심판매뉴얼, 68면.

내용이 법령상이나 사실상 실현할 수 없음이 명백한 경우'를 여전히 판정의 각
하사유로 규정하고 있고, 이는 바로 구제이익이 없는 경우를 의미한다. 한편, 중
앙노동위원회는 위 노위규칙 개정 후에도 법인격(사용자)이 소멸한 경우는 임금
상당액 지급명령을 이행할 당사자가 없어 구제의 내용을 사실상 실현할 수 없
으므로 각하 요건이라고 보고 있는데,115) 그렇다면 구제이익이 없는 경우 기각
판정을 한다는 위 설명과는 다소 모순된다고 볼 여지가 있다. 이러한 점들을 종
합하면, 중앙노동위원회가 구제신청의 이익이 없는 경우 기각 판정을 하여야 한
다고 설명하고는 있지만, 이는 임금상당액 지급명령이 문제되는 사안에서 대법
원 2019두52386 전원합의체 판결의 결론에 따라 종래와 같이 각하 판정을 해서
는 안 되고 본안 심리로 나아가 구제명령을 발하거나 구제신청을 기각하여야
한다는 것을 강조하는 취지이지, 구제이익이 인정되지 않는 경우 일률적으로 구
제신청을 기각하여야 한다는 입장을 취한 것은 아니라고 이해할 수 있다. 비록
노동위원회의 판정은 기판력이 발생하지 않으므로 그 형식이 각하이든 기각이
든 큰 의미는 없으나,116) 중앙노동위원회의 위 설명은 실무상 혼선을 초래할 우
려가 있으므로 향후 구제이익이 없는 경우의 판정 형식에 관한 노동위원회의
입장을 좀 더 명확히 할 필요가 있다.

3. 소의 이익과의 관계

가. 소의 이익의 개념

행소법 12조는 "취소소송은 처분등의 취소를 구할 법률상 이익이 있는 자
가 제기할 수 있다. 처분등의 효과가 기간의 경과, 처분등의 집행 그 밖의 사유
로 인하여 소멸된 뒤에도 그 처분등의 취소로 인하여 회복되는 법률상 이익이
있는 자의 경우에는 또한 같다."라고 규정하고 있으며, 위 조항의 후문이 협의
의 '소의 이익'에 관한 규정이다.

판례는 이와 관련하여 행정처분의 취소를 구하는 소는 위법한 처분에 의하
여 발생한 위법상태를 배제하여 원상으로 회복시키고 그 처분으로 침해받거나
방해받은 권리와 이익을 보호, 구제하고자 하는 소송이므로, 그 위법한 행정처
분을 취소하더라도 원상회복이 불가능한 경우,117) 행정처분에 의한 집행이 완료

---

115) 중노위 심판매뉴얼, 68면.
116) 이병희, 433면.
117) 대법원 1987. 2. 24. 선고 86나676 판결, 대법원 1994. 1. 14. 선고 93누20481 판결 등.

된 경우,118) 행정처분이 철회된 경우,119) 행정처분 자체에 정해져 있는 효력기
간이 경과하여 행정처분의 효력이 상실된 경우,120) 행정처분 후의 사정변경으로
권익침해가 해소된 경우121) 등에는 그 처분이 외형상 잔존함으로 인하여 어떠
한 법률상 이익이 침해되었다고 볼만한 다른 사정이 한 그 처분의 취소 또는
무효의 확인을 구할 법률상 이익이 없다고 하여 소의 이익을 부정하고 있다.

중앙노동위원회의 재심판정에 대하여 행정소송을 제기한 경우에도 원고(근
로자나 노동조합, 또는 사용자)에게는 일반의 취소소송(행정소송)과 마찬가지로 소
의 이익, 즉 '재심판정의 취소를 구할 법률상 이익'122)이 있어야 한다.

나. 구제이익과 소의 이익의 관계

(1) 견해의 대립

구제이익과 소의 이익의 실질적 내용은 같고, 다만 문제되는 시기가 구제절
차이면 구제이익의 문제로 다루어지고 소송단계이면 소의 이익의 문제로 다루
어진다는 견해(실질적 동일설)와 앞서 본 바와 같이 구제이익을 처분발령을 위한
본안요건(구제명령을 발하기 위한 요건)으로 보아 소의 이익과는 본질적으로 구분
되어야 하는 개념이라고 보는 견해(구별설)123)가 있다. 특히 구별설을 취하는 견
해에서는 구제이익의 존부를 판단하는 기준시점을 재심판정 이후 재판 시까지
확장할 수 없다는 점을 강조하고 있다.124)

구제이익의 소멸사유가 발생한 시점(재심판정 이전인지 이후인지) 및 이에 대
한 재심판정의 판단(구제이익의 소멸을 이유로 삼았는지 아니면 간과하였는지)을 사
안별로 범주를 나눠 이에 대하여 실제 법원이 재심판정의 취소를 구하는 행정
소송 단계에서 어떠한 결론에 이르렀는지(소 각하 판결을 하였는지 아니면 기각 판
결을 하였는지) 그리고 법원의 결론을 어떻게 평가하고 있는지를 살펴보면, 위 두
견해의 차이를 좀 더 명확히 파악할 수 있다. 다만, 사용자는 부당노동행위 금

---

118) 대법원 1988. 3. 8. 선고 87누133 판결, 대법원 1993. 6. 8. 선고 93누6164 판결 등.
119) 대법원 1997. 9. 26. 선고 99두7111 판결 등.
120) 대법원 1992. 7. 10. 선고 92누3625 판결 등.
121) 대법원 1993. 11. 9. 선고 93누6867 판결 등.
122) 대법원 1993. 4. 27. 선고 92누13196 판결.
123) 이병희, 432~433면; 곽상호, 46~47면. 사법적 구제절차의 소의 이익보다 행정구제절차의 구
     제이익을 더 넓게 인정해야 한다는 전제에서 다른 민사절차에 의해 궁극적 구제의 길이 열
     려 있더라도 행정구제절차를 이용할 구제이익을 부정해서는 안 된다고 보는 견해(이승재, 37
     면)도 구제이익과 소의 이익을 구별하고 있다고 볼 수 있다.
124) 곽상호, 47면.

지의무자이자 구제명령의 이행의무자일 뿐 노동위원회에 구제명령을 신청하는
경우가 있을 수 없으므로 사용자 고유의 구제이익은 당초부터 존재하지 않고,
재심판정의 취소를 구하는 행정소송 단계에서 비로소 사용자의 소의 이익 유무
가 문제됨에 유의할 필요가 있다.

(2) 사안별 판례

⑺ 재심판정 이전에 구제이익이 소멸하였고 이를 이유로 재심판정이 적법
   하게 이루어진 경우(사안1)[125]

구제신청 이후 구제이익이 소멸하였고 이에 관하여 초심판정에서 구제이익
이 없다는 이유로 신청을 각하하였으며, 재심판정에서는 초심판정이 정당하다는
이유로 근로자의 재심신청을 기각한 사례에서, 이에 대한 행정소송 1심인 서울
행법 2000. 2. 15. 선고 99구24092 판결은 근로자로서는 재심신청을 기각한 중
앙노동위원회의 재심판정을 다툴 소의 이익이 없다는 이유로 소 각하 판결을
하였고, 항소심인 서울고법 2020. 7. 12. 선고 2000누3469 판결은 근로자의 항소
를 기각하였으며, 상고심인 대법원 2000. 7. 12. 선고 2000두7186 판결은 '사용
자가 해고처분을 취소하고 근로자를 복직시킴으로써 이미 구제신청의 목적을
달성하였으므로, 근로자로서는 더 이상 구제절차를 유지할 이익이 없게 되어 구
제이익은 소멸되었다. 따라서 같은 취지의 원심판결은 정당하다.'라는 이유로
근로자의 상고를 기각하였다. 위 대법원 판결은 구제이익과 소의 이익이 동일하
다고 명시적으로 밝히지는 않았으나, 위와 같이 구제이익이 소멸한 경우 소의
이익이 없다는 이유로 소 각하 판결을 한 원심이 정당하다는 취지의 판시를 하
였고, 이는 실질적 동일설의 입장에 서 있는 것으로 평가된다.[126]

그러나 동일한 구조의 사안에서 근로자의 구제이익이 없는 것으로 판단한
재심판정이 적법하다는 이유로 근로자의 청구를 기각한 하급심판결이 다수 존
재하고, 그중에는 대법원에서 심리불속행 기각으로 확정된 사례도 있다.[127] 결

---

125) 초심판정에서 구제이익이 없다는 이유로 구제신청을 각하하고 재심판정에서 초심판정이
     정당하다는 이유로 근로자의 재심신청을 기각한 경우, 초심판정에서 구제이익의 소멸을 간과
     하였으나 재심판정에서 이를 바로잡아 구제신청을 각하(내지 기각)한 경우, 초심판정 이후
     재심판정 이전에 구제이익이 소멸하였음을 이유로 재심판정에서 구제신청을 각하(내지 기각)
     한 경우 등이다.
126) 강지성, 14면.
127) 대전지법 2015. 2. 12. 선고 2014구합2852 판결(항소심인 대전고법 2015. 9. 10. 선고 2015
     누10962 판결로 근로자의 항소가 기각되었고, 상고심인 대법원 2015. 11. 27.자 2015두52715

국 사안1에서 소 각하 판결을 할 것인지 아니면 청구 기각 판결을 할 것인지에 대하여는 하급심 판례가 엇갈리고 있고, 대법원도 명시적이고 일관되게 구제이익은 소의 이익의 문제라는 입장을 취하고 있다고는 단정하기 어렵다.128)

(나) 재심판정 이전에 구제이익이 소멸하였음에도 재심판정에서 이를 간과한 경우(사안2)

구제신청 이후 구제이익이 소멸하였으나 노동위원회에서 이를 간과하고 구제신청을 인용한 사안에서 대법원 1997. 7. 8. 선고 96누5087 판결은 "해고의 효력을 다투어 지방노동위원회로부터 구제명령을 받은 근로자가 복직 후 중앙노동위원회의 재심판정이 있기 전에 자의로 사직원을 제출하여 근로자와 사용자 사이의 근로계약관계가 종료되었다면 근로자로서는 비록 이미 지급받은 해고기간 중의 임금을 부당이득으로 반환하여야 하는 의무를 면하기 위한 필요가 있거나 퇴직금 산정시 재직기간에 해고기간을 합산할 실익이 있다고 하여도, 그러한 이익은 민사소송절차를 통하여 해결될 수 있는 것이므로, 중앙노동위원회의 재심판정을 다툴 소의 이익이 없다."라고 판단하면서 원심판결을 파기자판하고 소 각하 판결을 하였다.129) 위 대법원 96누5087 판결은 구제이익이 존재하지 않는 이상 재심판정을 다툴 소의 이익이 없으므로 재심판정 취소소송을 각하해야 한다는 입장을 파기자판의 형식을 통하여 더욱 명백히 한 것으로 이해된다.

(다) 재심판정 이후 비로소 구제이익 소멸사유가 발생한 경우(사안3)

재심판정 이후에 비로소 구제이익 소멸사유가 발생한 경우, 대법원은 1995. 12. 5. 선고 95누12347 판결에서 '(부당해고구제) 재심판정 취소소송 중 근로자가 임용권자의 임기 만료에 따라 당연퇴직하게 된 것이고, 한편 임원, 대의원 등으로 선출되는 데 아무런 장애가 없다면, 그 근로자로서는 재심판정이 취소되어 구제명령을 얻는다고 하더라도 근무하던 협회의 사무총장으로서 복귀하거나 사

심리불속행 기각 판결로 확정되었다), 서울행법 2018. 11. 1. 선고 2018구합3929 판결(확정), 서울행법 2018. 12. 14. 선고 2018구합3509 판결(항소심인 서울고법 2019. 6. 21. 선고 2019누31145 판결로 근로자의 항소가 기각되었고, 상고심인 대법원 2019. 10. 17.자 2019두45456 심리불속행 기각 판결로 확정되었다) 등.

128) 강지성, 13면.
129) 다만, 위 판시 내용 중 해고기간 중 임금에 관한 부분은, 임금상당액 지급명령의 독자적 구제이익을 인정한 위 대법원 2019두52386 전원합의체 판결의 취지에 비추어 더 이상 유지되기 어려울 것이다. 한편, 이병희, 434~435면은 위 대법원 96누5087 판결에 대하여 근로자가 사직의 효력을 다투며 취소소송을 제기한 것임에도 소송요건과 본안을 혼동하였다고 비판한다.

무총장의 직무를 수행할 지위를 회복하는 것이 불가능하게 되었다고 할 것이므로, 재심판정의 취소를 구하는 소는 소의 이익이 없다'고 판시한 이래 일관하여 근로자는 재심판정 취소소송을 제기할 소의 이익이 없다고 판단하고 있다.130)

(3) 사안별 판례에 대한 평가 및 검토

(가) 사안1의 경우

재심판정 이전에 구제이익이 소멸하였고 이를 이유로 재심판정이 적법하게 이루어진 경우, 실질적 동일설은 재심판정 취소소송의 소의 이익도 없으므로 소 각하 판결을 해야 한다는 결론에 이르게 된다.131) 반면, 구별설은 구제이익은 구제명령 발령요건의 문제일 뿐이므로 소 각하 판결을 하지 아니하고 본안판단(구제신청을 기각한 재심판정의 적법성 판단)을 해야 한다는 입장이고, 구제이익의 부존재가 처분사유가 된 경우 이는 본안의 문제가 되는 것이므로 행정소송 단계에서 법원은 구제이익의 존부를 판단하여 본안판결(재심판정의 적법성 여부)을 하면 되는 것이지 다시 소의 이익의 문제로 돌아갈 실익이 없다고 한다.132)

(나) 사안2, 3의 경우

실질적 동일설에 의하면, 사안2, 3에 대한 위 대법원 판결의 결론을 긍정할 것이다. 그런데 구별설은 중앙노동위원회가 구제이익의 존부 외의 다른 처분사유로 근로자의 구제신청을 배척하였다면, 행정소송에서 당초의 처분사유와 기본적 사실관계의 동일성이 없는 한 구제이익의 부존재를 새로운 처분사유로 추가 또는 변경할 수 없는 점, 재심판정에 대한 취소판결이 확정되면 중앙노동위원회는 취소판결의 기속력에 의하여 재처분을 하게 되는데, 이때 중앙노동위원회가 새로운 처분사유인 구제이익의 부존재를 처분사유로 삼아 근로자의 구제신청을 각하할 것인지 아닌지는 알 수 없는 미래의 일이고, 중앙노동위원회는 법원의

130) 대법원 1998. 2. 27. 선고 97누18202 판결 또한 '근로자가 제기한 (부당해고구제) 재심판정 취소소송 도중 근로자가 당해 해고에 대하여 동의 또는 승인한 경우에는 재심판정의 취소를 구할 소의 이익은 없게 된다'라고 하여 소를 각하해야 한다는 입장을 명시적으로 밝히고 있다.
131) 김민기a, 564~565면에서는 구제이익이 없으면 소의 이익도 없고, 따라서 구제이익이 없다는 이유로 구제신청을 각하한 데 대하여 근로자측이 취소소송을 제기한 경우 변론종결 당시 구제이익이 없음이 인정되면 재심판정이 적법하다는 이유로 근로자측의 청구를 기각할 것이 아니라 소의 이익이 없음을 이유로 재심판정의 적법성 여부에 관하여 판단할 필요 없이 소를 각하하여야 한다고 한다.
132) 곽상호, 61면에서는 구제이익의 부존재가 처분사유가 된 경우 이는 본안의 문제가 되는 것이므로 행정소송 단계에서 법원은 구제이익의 존부를 판단하여 본안판결(재심판정의 적법성 여부)을 하면 되는 것이지 다시 소의 이익의 문제로 돌아갈 실익이 없다고 한다.

하급심이 아닌 행정청으로 얼마든지 법원과 다른 판단을 할 수 있는 점 등을 근거로, 법원이 구제이익의 문제를 그대로 소의 이익 문제로 보아 소를 각하할 것이 아니라 재심판정이라는 행정처분의 처분사유로 취급하되, 구제이익의 소멸사유가 소의 이익 또한 공통적으로 소멸시키는 경우에는 판결이유에서 구제이익을 언급할 필요 없이 소의 이익 부존재를 이유로 소를 각하하는 것이 타당하다고 한다.133)

(다) 검   토

기본적으로는 실질적 동일설이 타당하다고 본다. 위에서 본 각 사안별 대법원 판결의 결론이 크게 부당하다고 보이지 않고, 실질적 동일설이 판례의 결론을 설명하는 데 더 부합한다. 구별설은, 임금상당액 지급명령의 구제이익을 인정한 위 대법원 2019두52386 전원합의체 판결이 선고되기 전, 당시 가급적 구제이익의 문제를 본안판단의 영역에서 취급하여 구제이익이 인정되는 범위를 확대하려는 방향성을 가지고 있었던 견해로 여겨진다.134) 그런데 구별설은 구제이익의 개념을 명확히 하지 않고, 다만, 그 법적 성격을 처분발령요건으로 보는 것으로 문제를 해결하고 있는데, 구제이익의 개념에 관한 학계 및 판례의 일반적 이해나 노위규칙 60조 1항 6호의 규정 내용 등에 비추어 보면 구제이익이 본안요건 중의 하나인 처분발령요건이라는 설명은 선뜻 받아들이기 어렵다. 이점이 구별설의 결정적 한계라 생각한다. 또한, 위 대법원 2019두52386 전원합의체 판결에 따라 임금상당액 지급명령의 독자성을 인정하게 된 이상 구제이익이 소멸되는 경우가 거의 없게 되고, 앞서 본 사안 중 다소 일관되지 않은 것으로 보였던 판례들의 문제도 상당 정도 해결될 수 있으므로, 현재의 판례법리 하에

---

133) 곽상호, 61~62면; 이병희, 447~449면에서도 재심판정 후 구제이익이 소멸된 경우 소의 이익이 없음을 이유로 각하 판결을 하게 되면, '구제 가능성의 부존재'가 '새로운 구제 거부사유의 존재'와 동일시되고, 그 결과 처분사유 추가·변경의 제한이 무의미해지며, 재심판정 후 발생한 사유를 판단의 기초로 삼음으로써 처분의 위법성은 처분 시를 기준으로 판단해야 한다는 법리에서 일탈하게 된다고 한다. 나아가 각하 판결을 하게 되면 다시 중노위 판정절차(재처분)를 개시하지 않아도 되어 소송경제 실현에는 부합하나, 전문성 있는 행정기관인 노동위원회의 선행판단을 배제하고 곧바로 법원이 판단하는 결과가 되는 점은 여전히 문제라고 한다.

134) 곽상호, 62면에서는 사안2, 3의 경우 중앙노동위원회가 구제명령의 재처분을 하면 구제명령 중 적어도 해고 다음 날부터 구제이익의 소멸사유가 발생한 시점까지의 임금상당액 지급명령은 그 효력이 있다고 한다. 이병희, 451면에서도 재처분절차에서 구제이익 소멸일까지의 기간에 대한 임금상당액 지급명령을 받을 수 있으므로 법원은 본안판단을 해야지 소의 이익을 부정해서는 안 된다고 한다.

서 굳이 구별설을 유지할 필요가 있는지도 의문이다.135)

　　다만, 실질적 동일설 또한 막연히 구제이익과 소의 이익의 실질적 내용이 같다고 하여 이를 정치하게 구별하고 있지 않은 점, 문제되는 시기가 구제절차이면 구제이익의 문제로, 소송단계이면 소의 이익의 문제로 다루어야 한다고 설명하는 부분 또한 그 문제되는 시기가 무엇인지, 구제이익의 소멸사유가 발생한 시점을 의미하는 것인지 아니면 구제이익의 존부가 비로소 다투어지는 시기를 의미하는 것인지 명확히 하고 있지 않다는 점에서 개념상의 혼란을 초래한 측면이 있고, 이러한 부분을 지적한 구별설의 문제 제기는 타당하다.

　　이와 관련한 최근의 논의 중 구제이익은 '노동위원회에 구제신청을 하여 구제명령을 받을 이익'이고, 소의 이익은 '법원에 재심판정 취소소송을 제기하여 노동위원회의 구제명령 기각(각하)결정을 취소하는 판결을 받고, 그 취소판결의 취지에 따라 구제명령을 받을 이익'으로 개념상 구별될 수 있으며, 따라서 구제이익이 '원처분'을 구할 이익이라면, 소의 이익은 '재처분의 간접적인 권원이 되는 판결'을 구할 이익, 더 궁극적으로는 '재처분'을 구할 이익이라고 설명하고 있는 견해가 있는바,136) 이 견해가 구제이익과 소의 이익의 개념을 상당히 잘 설명하고 있다고 생각한다. 향후 대법원 판례를 통해 구제이익과 소의 이익의 각 개념 및 그 관계가 좀 더 명확히 정립되기를 기대한다.

4. 관련 사례 분석

가. 판단 기준

　　부당노동행위 구제절차에서 구제이익의 존부를 판단함에 있어서는 부당노동행위 구제절차의 특수성을 적극적으로 고려하여야 한다. 부당노동행위 구제제도와 부당해고 등 구제제도는 그 목적과 요건, 구제명령의 내용 및 효력 등에 있어서 서로 다른 별개의 제도라는 점에 비추어 볼 때 부당해고 구제절차의 구제이익 내지 소의 이익 법리가 부당노동행위 구제절차에도 그대로 적용된다고 볼 수 없다.137) 부당노동행위에 대한 구제제도는 개별적 근로계약관계의 침해상태를 시정하는데 그치지 않고 이를 통하여 집단적 노사관계 질서를 파괴하는 사용자의 행위를 예방·제거함으로써 근로자의 단결권·단체교섭권 및 단체행

---

135) 강지성, 34면.
136) 정우철, 1~2면.
137) 대법원 1998. 5. 8. 선고 97누7448 판결.

동권을 확보하여 노사관계의 질서를 신속하게 정상화하고자 하는 데 그 목적이
있다.138) 따라서 부당노동행위에 대한 구제는 근로자 및 노동조합이 조합활동상
의 이익을 회복할 수 있도록 하는 '기반조성적'인 것이 되어야 하며, 사용자에
의한 침해를 예방하고 집단적 노사관계 질서를 신속히 정상화시키는 '미래지향
적'인 것이 되어야 하고, 이것이 진정한 의미에서의 '원상회복'이라 할 것이
다.139) 따라서 부당노동행위 구제절차에서 구제이익의 존부를 검토함에 있어서
는 부당노동행위로 인하여 근로자나 노동조합이 받은 불이익의 시정은 물론, 향
후 동종·유사한 부당노동행위의 재발 가능성과 이를 방지할 필요성 등을 주요
한 판단 기준으로 삼아야 할 것이다. 즉, 부당노동행위의 효과가 소멸한 경우라
하더라도 재발방지의 필요성이 인정되는 경우에는 구제이익을 긍정하여야 할
것이다.140) 이와 같이 보게 되면 부당노동행위 구제절차에서 구제이익이 부정되
는 경우는 극히 제한적이라 할 수 있다.

나. 관련 사례
(1) 구제의 목적이 달성된 경우
　사용자의 조치로 부당노동행위로 인한 침해상태가 회복된 경우에는 원칙적
으로 구제이익이나 소의 이익이 부정된다.
　근로자 개인에 대한 불이익취급 사건에서 사용자가 스스로 당해 불이익취
급을 철회하고 원직복직 및 해고기간 중의 임금지급 등 완전한 원상회복조치를
한 경우에는 구제신청의 목적을 달성된 것이므로 구제이익이 없다. 다만, 불이
익취급은 근로자 개인의 고용관계상 이익을 침해함과 동시에 노동조합의 활동
을 침해하는 성격을 지니고 있으므로 사용자가 불이익취급을 시정한 경우라 하
더라도 그로 말미암아 노동조합이 받은 불이익은 제거되지 않는다. 따라서 노동
조합이 신청인으로 된 경우에는 사용자의 시정조치가 취하여졌다 하더라도 조
합에 대한 단결권 침해사실이 남아있는 한 부작위명령, 공고문 게시명령 등을
구할 구제이익은 여전히 존속한다고 보아야 한다.141)
　또한, 사용자로부터 해고된 근로자가 동시에 부당노동행위 구제신청과 부

---

138) 대법원 2018. 12. 27. 선고 2017두37031 판결.
139) 김홍영a, 130~131면.
140) 판례도 부당노동행위(지배·개입)의 재발 가능성과 이를 방지할 필요성을 들어 구제이익을
　　긍정한다(대법원 2003. 8. 22. 선고 2001두5767 판결).
141) 김민기a, 566면.

당해고 구제신청을 하여 부당해고 구제절차에서 부당해고에 해당함을 이유로
구제명령이 발하여진 경우, 그 구제명령은 근로자에 대한 해고처분이 부당노동
행위에 해당함을 전제로 이루어진 것이라고 할 수 없으므로 그와 같은 부당해
고에 대한 구제명령이 있었다는 사정만으로 부당노동행위 구제신청에 대한 구
제이익 또는 그 구제신청을 받아들이지 않은 중앙노동위원회의 재심판정에 대
한 취소소송에서 소의 이익이 없게 되는 것은 아니다.142)

　　노동조합의 조직·운영에 대한 지배·개입이 이루어진 경우라 하더라도 사
용자가 그 후 시정조치를 하여 그 결과나 효과가 제거되었다고 인정할 수 있는
경우에는 그에 관한 구제이익이 소멸되었다 할 것이다.143)

(2) 불이익취급에 대한 동의 또는 승인

　　근로자가 불이익취급을 받아들이기로 한 경우에는 그것이 진의에 기초한
것이고 어떠한 유보를 붙이지 아니한 이상 근로자 개인이 신청한 사건의 구제
이익은 소멸한다.144) 노동조합이 사용자와 화해협정 등을 체결하여 조합원에 대
한 불이익취급에 동의하거나 이를 문제 삼지 않겠다는 의사를 표명한 경우 노
동조합은 그 구제이익을 포기한 것이므로 노동조합이 신청한 부분에 관한 구제
이익은 소멸한다.145)

　　그러나 근로자와 노동조합이 아울러 구제신청을 한 경우에 부당노동행위로
일방이 받은 불이익에 대하여는 그 동의로 다른 일방의 불이익이 당연히 제거
되는 것이 아니고 일방이 다른 일방의 불이익에 관한 처분권을 갖는 것도 아니
므로 일방이 동의하였다 하여 다른 일방의 구제이익이 소멸되지 않는다.146)

(3) 사업체의 소멸

　　대법원은 "회사가 실질적으로 폐업하여(위장폐업이 아닌) 법인격까지 소멸함
으로써 근로자가 복귀할 사업체의 실체가 없어졌다면 기업의 존재를 전제로 하

---

142) 대법원 1998. 5. 8. 선고 97누7448 판결.
143) 日本 最高裁判所 1983. 12. 20. 선고 제3소법정 판결(사용자가 그 허가를 받지 아니한 조합
　　게시물을 철거하였다가 그 후 조합게시물에 관하여 허가가 필요하지 않다고 하였고, 조합도
　　이를 받아들인 사안이다), 이에 반하여 日本 東京高等裁判所 1977. 12. 20. 선고 판결은 잔업
　　차별의 반복 가능성이 있는 것을 이유로 사용자가 현재로서는 차별을 해소했다 하여도 구제
　　이익은 상실되지 않는다고 보았다. 행정재판실무편람 1권, 305면에서 재인용.
144) 김민기a, 567면.
145) 京都地労委 1950. 8. 2.자 命令(飯野産業舞鶴製作所 사건). 행정재판실무편람 1권, 300~301면
　　에서 재인용.
146) 群馬地労委 1971. 11. 29. 命令(平和タクシ― 事件). 행정재판실무편람 1권, 300면에서 재인용.

여 기업에 있어서의 노사의 대립관계를 유지하는 것을 목적으로 하는 부당노동
행위 구제신청의 이익도 없다고 본다."라고 판시하여 사업체의 소멸을 구제이익
의 소멸로 보았다.[147]

　　그런데 근로자를 징계해고한 회사가 해산등기 이후 청산절차가 종결되어
청산절차 종결등기를 마친 사안에서, "근로자는 부당해고 구제신청에 따른 구제
명령을 얻는다고 하더라도 위 회사와의 근로관계 회복이 객관적으로 불가능하
게 되었고, 그 외 법령 등에서 재취업의 기회를 제한하는 규정을 두고 있는 등
의 특별한 사정이 없고 위 회사에 분배되지 아니한 잔여재산이 남아 있지 않다
면 해고 이후 복직이 가능하였던 기간 중의 임금 상당액도 변제받을 수 없게
되었다고 할 것이므로 부당해고구제재심판정의 취소를 구할 소의 이익이 없다."
고 판시하여[148] 예외적인 경우 구제이익이 인정될 수 있다는 여운을 남겨두었
다.[149]

　　그러나 사용자의 폐업이 위장폐업이거나[150] 근로자가 위장폐업임을 주장하
며 다툰 경우[151]에는 구제이익이 긍정된다. 그리고 사용자가 사업 일부만을 폐
업한 경우,[152] 사업체는 존속하는 상태에서 근로자가 복직할 직제만 폐지된 경

147) 대법원 1990. 2. 27. 선고 89누6051 판결, 대법원 1991. 12. 24. 선고 91누2762 판결.
148) 대법원 2000. 8. 22. 선고 99두6910 판결.
149) 일본 노동위원회는 이와 유사한 사안에서 소급임금 지급명령, 사업재개 시 우선고용 명령,
　　공고문게시 명령을 발하는 등으로 적극적 구제를 도모하고 있는 사례가 적지 않다[神奈川地
　　勞委 1979. 12. 25. 命令(日立工營 事件); 長野地勞委 1975. 5. 29. 命令(三營工業 事件); 大阪地
　　勞委 1981. 4. 24. 命令(古川工業 事件) 등].
150) 서울고법 2007. 11. 27. 선고 2007누6009 판결(심리불속행 상고 기각으로 확정됨). 사업체
　　가 폐업되었다고 하더라도 그 폐업이 위장폐업으로서 해고의 유효성을 다투며 회사로 복귀
　　하고자 하는 근로자들의 해고무효 주장을 봉쇄하기 위한 성격의 것이라면, 중앙노동위원회에
　　대하여 해고의 유효성을 다투는 근로자로서는 원래 사업체가 폐업되었다 하더라도 여전히
　　소로써 부당해고 구제신청을 기각한 중앙노동위원회의 재심판정의 취소를 구할 이익이 있다.
151) 서울행법 2006. 4. 18. 선고 2005구합34015 판결(항소 기각 및 심리불속행 상고 기각으로
　　확정됨). 구제신청 사건의 쟁점은 회사가 위장폐업을 하였는지 여부를 심리하는데 있고, 만일
　　위장폐업이라고 인정될 경우에는 존속하고 있는 기업의 실체에 대하여 구제명령을 발할 수
　　있는 것이므로, 회사가 현재 청산 중이라는 이유만으로 위장폐업인지 아닌지 여부에 관하여
　　심리하여 보지도 아니한 채 곧바로 구제이익이 없다고 단정할 수 없다.
152) 서울행법 2006. 5. 19. 선고 2005구합30181 판결(항소 및 상고 기각으로 확정). 사용자가
　　사업 일부인 식물원을 양도하고 이와 관련한 사업 부분을 폐지하여 식물원과 관련된 근로자
　　에 대한 사용자의 지위를 상실하였다는 이유로 식물원에서 근무하다 해고된 근로자들은 원
　　직 복직을 구할 소의 이익이 없다고 주장한 사안으로서, 사용자가 모든 사업을 그만두고 폐
　　업한 것이 아니라 그 일부인 식물원과 관련한 사업만을 폐업한 것이어서 나머지 사업이 남
　　아 있고, 이와 같은 사업 양도에서 근로자에게는 그 근로관계가 양수인에게 이전됨에 대한
　　거부권을 갖고 있는데 근로자들이 원래 사용자에 복직되기를 원하고 있으므로, 사용자가 사

우153)에도 구제이익이 인정된다.

(4) 근로관계의 종료

앞서 본 바와 같이 대법원 2020. 2. 20. 선고 2019두52386 전원합의체 판결은 "근로자가 부당해고 구제신청을 하여 해고의 효력을 다투던 중 정년에 이르거나 근로계약기간이 만료하는 등의 사유로 원직에 복직하는 것이 불가능하게 된 경우에도 해고기간 중의 임금 상당액을 지급받을 필요가 있다면 임금 상당액 지급의 구제명령을 받을 이익이 유지되므로 구제신청을 기각한 중앙노동위원회의 재심판정을 다툴 소의 이익이 있다고 보아야 한다."라고 판시하였다. 불이익취급의 부당노동행위 구제신청 사건에서도 위 법리가 적용되어야 할 것이다. 한편, 위 대법원 2019두52386 전원합의체 판결 선고 이후 구제신청 당시 이미 정년이 도과하는 등의 사유가 있어도 임금상당액 지급명령 등의 구제이익을 인정할 수 있는지 여부에 관하여 해석상 논란이 있었으나,154) 대법원 2022. 7. 14. 선고 2020두54852 판결은 '근로자가 부당해고 구제신청을 할 당시 이미 정년에 이르거나 근로계약기간 만료, 폐업 등의 사유로 근로계약관계가 종료하여 근로자의 지위에서 벗어난 경우에는 노동위원회의 구제명령을 받을 이익이 소멸하였다고 보는 것이 타당하다'라고 하여 이를 부정하였다. 이러한 판례의 태도는 불이익취급의 부당노동행위 구제신청 사건에도 동일하게 적용될 수 있으므로, 부당노동행위 구제신청 당시 이미 근로계약관계가 종료하여 근로자의 지위를 벗어난 경우에는 구제이익을 부정하여야 한다.

(5) 민사절차 등에서 패소판결이 확정된 경우

근로자가 자신에 대한 해고 등의 불이익처분이 부당노동행위에 해당한다고 주장하며 구제신청을 하여 그 구제절차가 진행하는 중에 그가 별도로 제기한 해고 등 무효확인을 구하는 민사소송에서 청구기각판결이 선고되어 확정된 경우에 구제이익 나아가 소의 이익이 소멸한다고 보아야 할 것인가에 관하여는 견해가 나뉜다.

업 부분의 폐지를 들어 그에 종사하던 근로자 가운데 근로관계의 승계를 거부하는 자들을 경영상 이유로 해고할 수 있음은 별론으로 하고, 사업 부분을 폐지하였다는 이유만으로 원상회복의 가능성이 없어 근로자들의 구제이익이 소멸하였다고 할 수 없다.

153) 서울행법 2007. 4. 26. 선고 2006구합26158 판결(항소 부제기로 확정됨).

154) 이를 긍정하는 견해로는 장영석, 135~136면; 이윤정, 141면. 이를 부정하는 견해로는 박은정·권오성, 375면.

판례는 이를 긍정한다. 판례에 의하면, 근로자가 별도로 제기한 해고 등 무효확인청구의 소에서 청구기각의 판결이 선고되어 확정된 경우에는 사용자의 근로자에 대한 해고 등의 불이익처분이 정당한 것으로 인정되었다 할 것이어서 노동위원회로서는 그 불이익처분이 부당노동행위에 해당한다고 하여 구제명령을 발할 수 없게 되었으므로 구제이익은 소멸한다.[155]

(6) 다른 구제신청에 대한 청구기각의 재심판정이 확정된 경우

하나의 사유에 대하여 수 개의 불이익처분이 이어진 경우 불이익처분 가운데 어느 하나에 대한 구제신청이 기각되어 확정되었다 하더라도 다른 불이익처분에 대한 구제신청의 이익이 소멸하는 것은 아니다.

근로자가 승진 및 배치전환 이후 해고되자 지방노동위원회에 부당해고 구제신청을 하였으나 신청기간 도과를 이유로 각하되었고 이에 중앙노동위원회에 재심신청을 하였으나 기각되어 위 각하 결정이 확정되었다고 하더라도 이로써 그 해고가 정당한지가 아직 확정되지는 아니하였다고 할 것이고(사법적으로), 위 해고가 승진 및 배치전환에 따른 무단결근 등을 그 해고사유로 삼고 있어서 승진 및 배치전환의 부당노동행위 해당 여부가 위 해고의 사유와도 직접 관련이 있다면, 승진 및 배치전환에 대한 구제의 이익이 있다.[156]

(7) 구제신청의 포기

근로자와 노동조합은 구제신청을 포기할 수 있다. 근로자가 불이익취급의 결과에 동의하고 구제신청을 유지할 의사를 포기한 경우에는 구제이익이 없다.

이와 관련하여 노위규칙 60조 1항 7호에서는 신청인이 2회 이상 출석통지를 받고도 이에 응하지 아니하거나 출석통지서가 주소불명 또는 소재불명으로 2회 이상 반송되거나 기타 사유로 신청의 의사를 명백히 포기한 것으로 인정된 경우는 신청을 각하하도록 규정하고 있으며, 노동위원회는 이에 따라 구제신청을 각하하고 있다.[157]

---

155) 대법원 1996. 4. 23. 선고 95누6151 판결, 대법원 2002. 12. 6. 선고 2001두4825 판결, 대법원 2012. 5. 24. 선고 2010두15964 판결. 이러한 판례의 입장에 대한 비판적 견해로는 정인섭, 15면 이하 참조. 박은정a, 322면에서도 부당해고와 불이익취급의 부당노동행위인 해고는 결과적 측면에서 유사성이 있기는 하지만 그 결과를 초래한 원인에는 차이가 있으므로 해고의 유효성이 확인되었다고 하여 부당노동행위성까지 부인된다고 볼 수 없음을 지적한다.

156) 대법원 1998. 12. 23. 선고 97누18035 판결.

157) 대법원 1990. 2. 27. 선고 89누7337 판결은, 노위규칙이 노위법의 위임규정에 근거하여 그 범위 내에서 제정된 것이고, 구제신청을 한 신청인이 그의 책임 없는 사유로 심문기일에 출

(8) 단체교섭의 실시·타결

판례는 단체교섭의 거부를 이유로 한 부당노동행위 구제신청에서 그 후 단체교섭이 타결된 경우에는 그 구제신청은 이미 목적을 달성한 것이므로 그 재심판정의 취소를 구하는 소송은 소의 이익이 없어 부적법하다고 본다.158)

다만, 단체교섭이 실현되어도 조합의 교섭력이 회복되지 않거나 조합활동의 위축이 계속되는 등의 사정이 인정되는 경우에는 구제이익이 여전히 존속한다고 해석하여야 하고, 그 구제방법으로는 부작위명령이나 공고문 게시명령이 적당할 것이다.159)

[민 중 기 · 김 민 기]

석하지 못한 경우가 아닌 한, 노동위원회는 위 신청을 각하할 수 있다고 판시하여 이를 정당한 각하사유로 인정하였다.
158) 대법원 1995. 4. 7. 선고 94누3209 판결.
159) 김민기a, 572면.

제85조(구제명령의 확정)

① 지방노동위원회 또는 특별노동위원회의 구제명령 또는 기각결정에 불복이 있는 관계 당사자는 그 명령서 또는 결정서의 송달을 받은 날부터 10일 이내에 중앙노동위원회에 그 재심을 신청할 수 있다.

② 제1항의 규정에 의한 중앙노동위원회의 재심판정에 대하여 관계 당사자는 그 재심판정서의 송달을 받은 날부터 15일 이내에 행정소송법이 정하는 바에 의하여 소를 제기할 수 있다.

③ 제1항 및 제2항에 규정된 기간내에 재심을 신청하지 아니하거나 행정소송을 제기하지 아니한 때에는 그 구제명령·기각결정 또는 재심판정은 확정된다.

④ 제3항의 규정에 의하여 기각결정 또는 재심판정이 확정된 때에는 관계 당사자는 이에 따라야 한다.

⑤ 사용자가 제2항의 규정에 의하여 행정소송을 제기한 경우에 관할법원은 중앙노동위원회의 신청에 의하여 결정으로써, 판결이 확정될 때까지 중앙노동위원회의 구제명령의 전부 또는 일부를 이행하도록 명할 수 있으며, 당사자의 신청에 의하여 또는 직권으로 그 결정을 취소할 수 있다.

〈세 목 차〉

※ 이 조에 관한 각주의 참고문헌은 '부당노동행위의 행정적 구제 전론(前論)' 해설의 참고문헌을 가리킨다.

Ⅰ. 재　심(再審)

1. 개　　설

가. 제도적 취지

　재심은 부당노동행위에 대한 행정구제의 공정·타당성을 보장함과 아울러 구제제도 운용에서 전국적 통일성을 확보할 목적으로 마련된 제도이다. 다만, 구제절차의 반복에 따른 절차의 지연으로 행정적 구제절차를 통하여 신속한 권리구제를 도모하려는 부당노동행위 구제제도 본래의 목적이 몰각될 우려가 있으므로 제도 운용에서 이를 염두에 둘 필요가 있다.[1]

---

1) 그 해결책으로 중앙노동위원회의 재심사 절차에 직권주의를 강화하여야 한다는 견해로부터, 재심신청을 임의적인 것으로 하여 초심명령에 대하여 바로 행정소송을 제기할 수 있도록 관련 법률을 개정하여야 한다는 등의 다양한 견해가 제시되고 있다.

나. 중앙노동위원회의 전반적 재심사권

지방노동위원회의 구제명령 또는 기각결정에 대하여 불복하는 당사자는 중앙노동위원회에 재심을 신청할 수 있다(본조 1항). 중앙노동위원회는 당사자의 재심신청이 있는 경우 지방노동위원회 또는 특별노동위원회의 처분을 재심사하여 이를 인정·취소 또는 변경할 수 있으므로(노위법 26조 1항), 부당노동행위 구제신청에 대한 지방노동위원회의 구제명령·기각결정뿐만 아니라 각하결정에 대하여도 재심사할 수 있는 권한을 가진다.

지방노동위원회의 초심판정에 대한 불복은 중앙노동위원회에 대한 재심신청을 통하여 이루어져야 하고 행심법에 의한 불복신청은 허용되지 않으며, 초심판정에 대하여 바로 행정소송을 제기할 수는 없고 재심을 거친 다음 재심판정에 대하여 행정소송을 제기하여야 한다(裁決主義, 본조 2항).

다. 재심의 특성과 적용규정

재심절차는 행정쟁송 절차의 일종이고 지방노동위원회의 처분(초심판정)을 대상으로 하여 그 취소·변경을 한다는 점에서 항고쟁송의 성격을 지니고 있지만, 그 상대방을 지방노동위원회로 하지 않고 관계 당사자의 다른 일방으로 한다는 점에서는 당사자쟁송의 성격도 아울러 갖고 있다.

이러한 재심절차의 특성, 그리고 부당노동행위 구제신청은 행정처분인 노동위원회의 구제명령을 구하는 행위로서, 행정청의 위법 또는 부당한 처분 등으로 침해된 국민의 권리 또는 이익을 구제하는 일반 행정심판절차와는 그 법률적 성격이 상이한 점[2] 등에 비추어, 재심절차에 대하여는 본조와 노위규칙, 노위법의 관련 규정이 적용되고, 행심법은 본조와 노위규칙이 정하지 아니한 사항에 대하여 성질에 반하지 않는 범위 내에서 이를 준용하거나 그 법리를 원용할 수 있을 뿐이다.[3]

중앙노동위원회의 심사절차에 관하여도 지방노동위원회의 심사에 관한 규정이 그대로 적용된다(법 84조).[4] 노위규칙도 초심절차에 관한 규정을 그 취지에

---

2) 대법원 1997. 2. 14. 선고 96누5926 판결.
3) 중노위 심판매뉴얼, 332면. 일본 노조법은 노동위원회가 한 처분 등에 대하여는 행정절차법 2장, 3장의 적용을 배제하는 한편(27조의25), 행정불복심사법에 의한 불복을 신청할 수 없도록 규정하고 있다(27조의26).
4) 노조법 84조는 구제절차에서 심사의 주체를 노동위원회라고 규정하여 초심과 재심을 구분하지 않고 있다.

어긋나지 않는 범위 내에서 재심절차에 적용하도록 규정하고 있다(33조). 심사절
차 자체는 초심과 재심이 크게 다르지 않다.

2. 재심신청

가. 신청권자

(1) 초심 사건의 당사자

초심판정에 대하여 불복하는 당사자는 재심을 신청할 수 있다(법 85조 1항).
따라서 초심판정의 내용이 구제명령인 경우에는 사용자가, 기각이나 각하의 결
정인 경우에는 근로자 또는 노동조합이 재심을 신청할 수 있다.

(2) 승 계 인

초심판정 이후에 당사자의 사망이나 해산에 의한 법인격의 소멸, 사업양도,
합병이나 조직변경 등의 경우에는, 초심절차에서 당사자 지위의 승계와 마찬가
지로 그 지위를 승계한 자가 재심을 신청할 수 있다.[5]

이 경우 당사자의 지위를 승계한 자는 중앙노동위원회에 재심신청서를 제
출함과 아울러 서면으로 그 사실을 통지하여야 할 것이다(노위규칙 33조, 34조 3항).

(3) 이해관계인

초심 사건의 당사자는 아니었지만 당해 사건에서 당사자적격이 있는 이해
관계인이 보충적으로 재심을 신청할 수 있는지에 관하여 견해가 나뉜다.

일본의 중앙노동위원회는 부당해고 구제신청사건의 기각명령에 대하여 초
심 신청인인 노동조합이 재심신청을 하지 않자 해고된 근로자가 재심을 신청한
사안에서 그 재심신청을 적법한 것으로 받아들였고,[6] 다수 학설도 당사자의 추
가가 허용됨을 근거로 이를 지지한다.[7]

일본에서는 당사자 추가제도(일본 노위규칙 32조의2)가 허용됨을 근거로 하여
초심 당사자가 아닌 당사자적격자의 보충적 재심신청을 긍정하나, 당사자 추가
를 인정하지 않는 우리 법제 하에서 그러한 이해관계인의 재심신청을 인정할 가
능성이 거의 없고, 재심 신청기간이 단기(10일)이므로 이를 인정할 실익도 크지
않다.

---

5) 注釋(下), 1028면; 日本 審査手續, 271면.
6) 日本 中労委 1951. 1. 23. 昭26年 不再 48号 決定(一畑電鐵 事件). 注釋(下) 1028면에서 재인용.
7) 注釋(下), 1028면.

나. 신청기간

재심의 신청은 초심의 명령서 또는 결정서가 송달된 날부터 10일 이내에 하여야 한다(본조 1항). 재심의 신청기간은 불변기간이고(노위법 26조 3항), 신청기간 도과 후의 재심신청은 부적법하므로 각하된다(노위규칙 60조 1항 1호).

재심신청이 지방노동위원회에 접수된 경우에는 당해 접수일을 중앙노동위원회에 재심을 신청한 날로 본다(노위규칙 90조 2항).

재심신청인이 책임질 수 없는 사유로 재심 신청기간을 준수하지 못하였다는 등 그 기간을 해태함에 정당한 사유가 있다고 인정되는 경우에는 그 사유가 소멸한 날부터 나머지 신청기간 이내에 재심을 신청할 수 있다고 보아야 할 것이다(행심법 27조[8]) 2항의 준용).[9]

다. 재심신청의 범위

재심신청은 초심에서 신청한 범위를 넘어서는 아니 되며, 중앙노동위원회의 재심 심리와 판정은 당사자의 재심신청한 불복의 범위 안에서 하여야 한다(노위규칙 89조).

여기서 '초심에서 신청한 범위'라 함은 초심 신청취지(근로자나 노동조합이 구제받고자 하는 사항, 노위규칙 39조 3호)를 말한다.[10]

따라서 초심에서 신청하지도 아니한 구제명령이 내려지지 않았음을 이유로 하는 재심신청은 허용될 수 없다.[11] 이에 대하여 '초심에서 신청한 범위'를 '초

---

8) 행심법 27조(심판청구의 기간) ① 행정심판은 처분이 있음을 알게 된 날부터 90일 이내에 청구하여야 한다. ② 청구인이 천재지변, 전쟁, 사변, 그 밖의 불가항력으로 인하여 1항에서 정한 기간에 심판청구를 할 수 없었을 때에는 그 사유가 소멸한 날부터 14일 이내에 행정심판을 청구할 수 있다. 다만, 국외에서 행정심판을 청구하는 경우에는 그 기간을 30일로 한다. ③ 행정심판은 처분이 있었던 날부터 180일이 지나면 청구하지 못한다. 다만, 정당한 사유가 있는 경우에는 그러하지 아니하다.

9) 대법원 1997. 2. 14. 선고 96누5926판결은 구 행심법(2010. 1. 25. 법률 9968호로 전부개정되기 전의 것) 18조 3항(행심법 27조 3항과 같다) 단서 규정에 따라 부당해고 구제신청 기간의 준수 여부를 판단할 수 있는지가 쟁점이 된 사안에서, '부당해고 구제신청은 단지 행정처분인 노동위원회의 구제명령을 구하는 행위에 불과하여 행정심판절차와는 그 법률적 성격이 전혀 상이하므로 행심법의 위 규정을 유추 적용할 수 없다'고 판시한 것이어서, 이와 달리 행정처분에 해당하는 노동위원회의 구제명령이나 기각결정에 대한 재심 신청기간의 준수 여부를 판단함에 있어서는 행심법 27조 2항이 준용될 수 있다고 보아야 한다. 참고로 일본 노조법 27조의15 1항은 "천재 기타 이 기간 내에 재심사의 신청을 할 수 없었던 데에 부득이한 이유가 있는 때에는 그 이유가 없어진 날 다음날부터 기산하여 1주일 이내"에 재심사 신청을 할 수 있다고 규정하고 있다.

10) 중노위 심판매뉴얼, 331면.

심에서 신청한 구제 내용의 범위'가 아니라 '초심에서 신청한 구체적 사실의 범위'를 의미하는 것으로 보는 견해12)가 있다. 이 견해에 의하면, 초심에서 주장한 사실의 범위 내에서는 노조법 81조 1항 각호의 적용을 달리하거나 구제조치를 추가·변경하여 재심을 신청할 수 있다.13)

구제의 내용에 관하여는 노동위원회의 광범위한 재량이 인정되고, 따라서 당사자가 신청한 구제의 내용은 노동위원회의 재량의 범위를 정하는 의미를 갖는데 그치고, 구제신청서에는 부당노동행위를 구성하는 구체적 사실에 대하여 어떠한 구제를 구하는가를 짐작할 수 있는 정도로 기재하면 충분하다. 따라서 구제신청의 취지를 변론주의(처분권주의)가 엄격히 지배하는 민사소송의 청구취지와 같이 엄격하게 볼 것은 아니므로 초심에서 신청한 범위를 벗어나는지는 부당노동행위를 구성하는 구체적 사실로서 주장하였는지 여부에 따라 판단하여야 한다.14)

초심의 구제신청서에 구제의 내용이 구체적으로 특정되어 있지 않다고 하더라도 해당 법규에 정하여진 부당노동행위 또는 정당한 이유가 없는 해고·휴직·정직·전직·감봉 기타 징벌 등을 구성하는 구체적인 사실을 주장하고 있다면 그에 대한 구제도 신청하고 있는 것으로 보아야 한다.15)

재심신청은 초심의 처분에 대하여 불복하는 때에 하는 것이고 초심신청의 인용 여부는 초심판정의 주문을 기준으로 판단하여야 하므로 불복의 대상은 주문에 한정된다. 그러므로 초심판정의 주문에는 불복하지 않고, 이유에 대하여만 불복하는 재심신청은 허용되지 아니한다.16) 다만, 지방노동위원회가 신청한 구제의 내용 가운데 일부만 받아들이면서도 주문에 나머지 구제신청을 기각한다는 취지를 기재하지 않고 이유에서만 주문에서 인용한 구제명령만으로 충분하

---

11) 日本 中勞委 1969. 8. 6. 昭43年 不再 22号 東京印書館 事件(노동조합이 파업기간 중의 임금지급을 명하여야 한다는 이유로 재심을 신청한 사안에서 그러한 내용이 초심신청에서 청구하는 구제의 내용에 포함되지 아니하였다는 이유로 재심신청을 기각함), 注釋(下), 1030면에서 재인용. 일본 중앙노동위원회는 이러한 사안에서 대부분 각하가 아니라 기각의 주문을 낸다고 한다.

12) 김유성, 382면; 김형배, 1176면.

13) 김유성, 383면.

14) 대법원 1999. 5. 11. 선고 98두9233 판결; 日本 審査手續, 281면.

15) 대법원 1999. 5. 11. 선고 98두9233 판결; 日本 中勞委 1970. 7. 1. 金剛製作所 事件. 日本 審査手續, 283면에서 재인용.

16) 일본의 통설이다. 이에 대하여 부당노동행위 구제명령에서 이유가 중요한 의미를 지니는 경우가 있으므로 통설에는 문제가 있다는 견해가 있다. 注釋(下), 1030면.

다는 취지로 판단한 경우에 신청인이 이러한 초심판정에 대하여 재심신청을 할
수 있는지가 문제될 수 있다. 재심제도가 지방노동위원회의 구제에 관한 재량권
행사의 타당성 심사도 포함되어 있으므로 그러한 경우에도 실질적으로는 주문
에 대한 불복으로 보아 재심신청을 허용하여야 할 것이다.[17]

라. 재심신청의 방식

(1) 서면주의

재심의 신청은 일정한 서식의 재심신청서를 중앙노동위원회에 제출하는 방
식으로 이루어져야 한다(노위규칙 90조 1항). 구술 신청은 인정되지 않고 있다.

다만, 중앙노동위원회의 인터넷 홈페이지에서 재심신청을 하는 경우 서면
에 의한 신청으로 보아 처리한다.[18]

(2) 재심신청서

재심신청서에는 재심 당사자의 표시(성명·명칭·사업체명, 주소·소재지), 초
심 사건의 표시, 초심 판정서 수령일, 재심신청의 취지, 재심신청의 이유(초심판
정의 부당성)를 기재하여야 한다(노위규칙 90조 1항, 별지 31호, 31호의4, 31호의5 서식).

먼저, 재심신청의 취지는 초심판정의 주문에 대하여 재심판정으로서 그 취
소·변경을 구하는 내용을 간단·명료하게 기재하여야 한다. 초심판정의 주문이
구제신청을 기각하거나 각하한 경우에 초심 신청인(근로자 또는 노동조합)은 초심
판정의 취소와 구제신청의 인용을 구하는 취지를 기재한다. 이와 반대로 초심판
정의 주문이 구제신청을 인용한 경우에는 초심 피신청인(사용자)이 초심판정의
취소와 구제신청의 기각을 구하는 취지를 재심신청의 취지로 기재한다.

그리고 재심신청의 이유는 초심판정의 사실인정과 판단이 잘못되었다고 주
장하는 부분을 지적하고 그 근거(이유)를 명확하게 하는 것이다. 이유는 구체적
으로 적시하여야 하고, 적어도 상대방이 답변할 수 있는 정도의 기재가 요구된
다. 단순히 '초심판정에 전부 불복하므로 재심을 신청한다' 또는 '자세한 내용은
후에 서면으로 밝히겠다'라고 적는 것은 적법한 이유의 기재라고 할 수 없다.[19]
재심은 초심판정의 위법을 이유로 하는 경우뿐만 아니라 적법한 구제명령이라

---

17) 日本 審査手續, 283~284면.
18) 중노위 심판매뉴얼, 331면.
19) 이러한 재심신청서가 접수된 경우, 중앙노동위원회는 노위규칙 41조에 따라 보정을 요구할
   수 있고, 보정요구를 2회 이상 하였음에도 보정을 하지 아니한 경우 심판위원회는 재심신청
   을 각하한다(노위규칙 60조 1항 2호).

도 그 내용이 부당하다는 것을 이유로 하여 제기할 수 있으므로 초심판정의 위법 사유뿐만 아니라 타당성이 없다는 이유도 적시할 수 있음은 물론이다.

마. 신청취지의 변경

근로자나 노동조합은 재심신청 후 누락된 신청취지를 추가하고자 하거나 징계처분 변경 등으로 신청취지를 변경하고자 하는 경우에는 새로운 구제신청을 하는 대신 노동위원회의 승인을 얻어 신청취지를 추가·변경할 수 있다(노위규칙 33조, 42조 1항). 노동위원회는 이를 승인한 때에는 지체 없이 그 사실을 상대방에게 서면으로 통지하여야 한다(노위규칙 42조 2항).

바. 재심신청의 취하

재심신청인은 재심판정서가 도달되기 전까지 서면으로 재심신청의 전부나 일부를 취하할 수 있다(노위규칙 75조 1항). 재심신청 취하의 절차·효과 등에 관하여는 초심의 구제신청 취하에 관한 규정이 준용된다(노위규칙 33조).

취하의 원인으로는 신청인이 재심신청을 포기하는 경우와 당사자 사이의 화해가 성립하는 경우로 대별할 수 있고, 실무상 후자가 대부분을 차지한다.[20] 그런데 초심 구제명령은 재심 또는 행정소송에 의하여 취소·변경되지 않는 한 그대로 존속하므로, 후자와 같이 재심절차에서 당사자 사이에 화해가 성립하여 재심신청을 취하한 경우에도 초심 구제명령이 확정·존속하게 되어 형식적으로 그 불이행에 따른 제재가 문제될 여지가 있지만, 당사자 쌍방이 합의로 초심 구제명령의 기초가 변경된 것이므로 그 불이행에 정당한 사유가 있다고 보아야 하고, 따라서 그 불이행에 따른 제재를 가할 수 없다.[21]

재심신청을 취하한 후에 다시 재심신청을 할 수 있는지에 관하여 의문이 있을 수 있지만 이를 금지하는 규정이 없으므로 이를 허용하여야 할 것이다. 다만, 이는 새로운 신청이므로 신청기간을 준수하여야 하고, 재심판정이 있은 후(재심판정서가 도달되기 전까지) 재심신청을 취하하였다가 다시 제기한 경우는 각하사유에 해당한다(노위규칙 60조 1항 5호).

사. 재심신청의 각하

재심신청의 각하사유에도 초심 구제신청에 관한 규정이 그대로 준용된다(노

---

20) 김홍영b, 121면; 박수근b, 18면.
21) 日本 審査手續, 284면. 이러한 경우 일본 지방노동위원회는 초심명령 불이행에 따른 조치를 하지 않고 있다.

위규칙 33조, 60조 1항).

아. 사건기록의 송부와 관리

지방노동위원회가 재심신청서를 받은 때에는 지체 없이 초심관계기록을 첨부하여 중앙노동위원회에 송부하여야 한다(노위규칙 92조 1항). 중앙노동위원회가 재심신청서를 직접 접수한 때에는 그 사실을 지체 없이 초심 지방노동위원회에 통지하여야 하고, 이 경우 당해 지방노동위원회는 당해 사건의 초심관계기록 일체를 지체 없이 중앙노동위원회에 제출하여야 한다(노위규칙 92조 2항).

중앙노동위원회는 재심신청서가 접수되면 사건번호를 부여하게 되고,[22] 재심신청 사건의 관련 기록을 관리하여야 한다(노위규칙 92조 3항).[23]

3. 재심의 범위

가. 재심절차의 법적 성격

재심은 초심에서 이루어진 심사의 결과(증거자료 등)를 토대로 하여 초심판정의 적법성과 타당성을 재검토하는 절차라는 점에서 사후심적(事後審的)인 성격을 가짐과 동시에, 당사자의 새로운 증거제출을 허용할 뿐만 아니라 독자적인 조사와 심문을 하여[24] 재심의 종결 시까지 수집된 모든 자료에 기초하여 판단하는 점에서 속심적(續審的) 성격도 아울러 지니고 있다.

초심판정 이후에 새로이 발생한 사실이 있는 경우 이를 재심에서 판단의 직접적인 근거로 삼을 수 있는지가 문제될 수 있는데, 부당노동행위의 성립 여부는 기본적으로 그 행위 당시에 발생한 사실에 기초하여 판단하여야 하는 점에 비추어 볼 때, 이러한 사실은 초심판정의 사실인정 당부를 간접적으로 판단하는 자료에 그친다.[25]

재심은 속심의 성격을 지니므로 초심절차에서 당사자에 대한 심문절차를

---

22) 예) 중앙2022부해123 · 부노12 (주)○○ 부당정직 및 부당노동행위구제 재심신청.
23) 중앙노동위원회는 재심신청 사건의 관련 기록을 초심기록과 합체하여 초심기록에 이어서 내림차순으로 관리하고, 쪽 번호 및 증명자료의 번호도 초심기록에 연속하여 부여한다. 중노위 심판매뉴얼, 336면.
24) 재심의 심리는 초심명령 당부 그 자체만을 대상으로 하는 것이 아니라 부당노동행위의 성부 및 초심의 재량이 적정한지 여부까지 판단하여 초심명령이 그 결과로서 지지되거나 취소되는 것이므로(초심절차의 치유적 기능), 재심 종결 시까지 제출된 모든 증거가 판단의 자료가 된다. 日本 審査手續, 324면.
25) 注釋(下), 1032면.

거치지 않는 등의 하자가 있는 경우라도 재심절차에서 그 심문절차가 이루어지면 그 하자는 치유되고, 그러한 하자를 초심판정의 취소사유로 삼을 필요는 없다.26)

나. 재심의 범위

재심의 심리와 판정은 당사자가 재심신청한 불복의 범위 안에서 하여야 한다(노위규칙 89조 후문). 따라서 초심신청 당시 구제받고자 하는 내용에 포함되었다 하더라도 재심신청에서 불복의 대상으로 삼지 않으면 재심에서 구제를 받을 수 없다.27)

또한, 재심신청은 초심에서 신청한 범위를 넘어설 수 없으므로(노위규칙 89조 전문) 재심절차에서 초심에서 신청하지 아니한 구제의 가능성 여부나 초심에서 주장하지 아니한 새로운 부당노동행위의 성부에 관하여 심사할 수 없다. 그러나 초심판정 가운데 부당노동행위 성립을 인정한 부분은 다투지 않고 구제의 내용만을 불복의 대상으로 삼은 경우에는 구제의 내용이 적정한지를 판단하려면 부당노동행위의 성부, 이로 인한 법익 침해의 정도 등을 심사할 필요가 있을 수 있다.28)

다만, 중앙노동위원회 역시 구제에 관하여 광범위한 재량권이 있고, 초심판정에 대하여 이를 취소·변경하거나 승인하는 완전한 권한을 가지는 점 등을 고려할 때, 재심절차에서 심사할 수 있는 불복의 범위를 엄격하게 제한하여 해석할 것은 아니다.29)

다. 재심의 한계(불이익변경 금지원칙의 적용 여부)

"재심판정은 당사자가 재심신청한 불복의 범위 안에서 하여야 한다."라는 노위규칙 89조 후문의 해석과 관련하여 재심에도 불이익변경 금지원칙이 적용되는지가 문제된다.

이에 관하여 ① 재심절차의 사후심적 성격을 강조하여 초심판정의 내용을 재심신청인에게 불이익하게 변경할 수 없다는 원칙(불이익변경 금지)이 타당하다는 견해, ② 재심의 독자성이나 중앙노동위원회의 전반적인 재심사권 등에 비추

---

26) 注釋(下), 1032면.
27) 日本 中労委 1957. 12. 25. 昭31年 不再 17·18号(尼崎製鋼所 事件). 日本労働省 注釋, 834면에서 재인용.
28) 注釋(下), 1032면.
29) 注釋(下), 1032면.

어 구제명령의 불이익변경도 허용되어야 한다는 견해, ③ 부당노동행위의 성립과 구제명령을 구분하여 재심신청인이 초심 구제명령의 내용에 한하여 불복한 경우에는 불복의 대상으로 삼지 않은 부당노동행위 인정 부분을 취소할 수는 없지만, 초심판정과 다른 내용의 구제명령을 인정하면서 초심 구제명령을 취소할 수 있다는 견해로 나뉜다.[30]

부당노동행위에 대한 구제는 부당노동행위의 태양, 정도 등에 상응하여 이루어지는 것이고, 그에 적절한 구제조치의 선택에 노동위원회의 광범위한 재량권이 인정되는 점을 고려할 때, 초심에서 명한 구제조치만이 아니라 여기에서 제외되었지만 가능하였던 구제조치도 포함한 구제의 정도(내용) 전체가 재심의 대상으로 된다고 보아야 할 것이다.[31]

이러한 문제는 수 개의 부당노동행위 가운데 일부만이 인정되고 기각된 부분에 대하여만 재심신청이 이루어져 심사한 결과, 기각된 부분의 부당노동행위가 인정된 경우에도 제기될 수 있다.

4. 재심절차

가. 개 요

재심절차는 초심절차에 준하여 진행된다(노위규칙 33조). 따라서 재심도 초심과 마찬가지로 조사와 심문을 한 다음, 이에 터 잡아 사실인정을 하고 법령을 적용하여 재심판정을 하는 순서로 진행된다.

나. 조 사

(1) 신청요건의 검토

조사관은 재심사건의 사실조사에 앞서 재심 신청기간의 준수 등 재심신청 자체의 요건 등이 구비되어 있는지를 검토하여야 한다(노위규칙 60조, 94조 1항). 또한, 초심 구제신청 자체의 신청요건 등에 관하여도 이를 갖추었는지 병행하여 검토하여야 한다.[32]

그 결과 재심 신청요건을 갖추지 못한 것이 명백한 경우 조사관은 초심절차와 마찬가지로 조사를 중단하고 그러한 내용을 심판위원회에 보고하여야 한

---

30) 注釋(下), 1033면.
31) 注釋(下), 1033면.
32) 중노위 심판매뉴얼, 338면.

다(노위규칙 45조 3항).

(2) 조사의 시행

당사자가 불복한 범위 내에서 재심사가 이루어지므로 재심사건의 조사는 초심판정에 대한 불복 사항이 무엇인지를 명확히 하고(쟁점정리), 증거를 수집·정리하는 등의 방법으로 이루어진다.

재심절차는 사후심적 성격을 가지므로 재심사건의 조사는 초심사건의 조사 결과를 토대로 초심판정에서 증명이 부족한 사항 또는 재심에서 당사자 주장이 변경되거나 추가된 부분을 중심으로 당사자에게 진술서 또는 관련 자료의 제출을 요구하는 등의 간접적인 방법으로 이루어진다. 직접조사가 필요한 경우에는 당사자를 출석시켜 조사하거나 사업장에 출장하여 조사할 수도 있다.[33]

그 이외에도 초심판정 이후에 변경된 노사의 사정, 관련 사건의 진행상황, 화해의 의사와 가능성 타진 등 재심사건의 시의적절한 해결에 도움이 되는 사항도 포함하여 조사되어야 한다.

(3) 재심조사보고서

조사관은 재심사건의 조사가 완료되면 재심조사보고서를 작성하여야 함은 초심절차와 같다(노위규칙 49조). 재심조사보고서는 원칙적으로 초심조사보고서를 토대로 작성되고, 초심조사보고서의 미진한 사항 또는 오류가 보완·수정되어야 한다.[34]

당사자 주장이 초심에서 한 주장과 다른 부분이 있는 경우, 조사관은 이를 추가하여 재심조사보고서를 작성하여야 한다(노위규칙 93조).

다. 심   문

재심절차에서 심문은 재심신청인이 불복하는 사항(쟁점)에 관하여 주장·증명하고, 이에 대하여 재심피신청인이 반박하고 반증을 제시하는 절차이다.

이미 초심에서 부당노동행위를 구성하는 구체적 사실의 존부에 관하여 주장·증명이 이루어졌으므로 재심절차의 심문기일에서는 초심에서 한 주장과 증명은 이를 원용하는 방식으로 간략히 진행하고, 재심에서 제기된 쟁점에 관하여 심문(당사자의 주장과 증명)이 집중되어야 한다.

---

33) 중노위 심판매뉴얼, 338면.
34) 중노위 심판매뉴얼, 339면.

재심절차에서 심문회의를 생략하고 판정회의를 개최할 수 있는 경우는 초
심절차의 경우와 같다(노위규칙 57조 1항).

5. 재심판정

가. 판정회의

재심판정이 이루어지기까지의 절차는 초심판정의 과정과 같다. 심판위원회
의 판정회의는 위원장이 소집하고, 공익위원 전원의 참석으로 개의하며, 공익위
원 3인의 과반수 찬성으로 의결한다(노위법 16조, 17조 2항).

판정회의에서 합의(의결)가 이루어지면, 그에 따른 회의록 등이 작성되고(노
위규칙 61조), 의결 결과는 지체 없이 당사자에게 서면으로 송달하여야 하나, 당사
자의 편의를 위하여 의결일 다음날(다음날이 휴무일인 경우 의결일 다음 첫 번째 근
무일)까지 전화, 모사전송, 전자우편 등 당사자가 알 수 있는 방법으로 알려주어
야 하며(노위규칙 28조), 재심판정서가 작성된다(노위규칙 95조).

나. 재심판정의 종류와 내용

심판위원회는 재심사의 결과, 재심의 신청요건을 충족하지 못한 경우에는
재심신청을 각하하고, 재심신청이 이유 없다고 인정하는 때에는 이를 기각하며,
재심신청이 이유 있다고 판단하는 경우에는 초심판정을 취소하고 부당노동행위
를 인정하고 구제명령을 발하거나 구제신청을 각하 또는 기각하는 결정을 하게
된다(노위규칙 94조 1항).

그리고 심판위원회는 근로관계의 소멸이나 사업장 폐쇄 등으로 초심의 구
제명령 내용을 그대로 유지하는 것이 적합하지 않다고 판단하는 경우에는 그
내용을 변경할 수 있다(노위규칙 94조 2항).

(1) 재심신청의 각하와 기각

심판위원회는 재심신청의 요건이 구비되지 않은 경우에는 재심신청을 각하
하고, 재심신청이 이유 없다고 판단하는 때에는 이를 기각하게 된다(노위규칙 94조
1항).[35]

이로써 초심판정은 유지되고, 초심판정의 주문과 같은 내용으로 중앙노동

---

35) 실무상 "이 사건 근로자(또는 이 사건 노동조합 또는 이 사건 근로자 및 노동조합 또는
    이 사건 사용자)의 재심신청을 기각(또는 각하)한다."라는 내용의 주문을 낸다.

위원회의 결정이나 구제명령이 내려진 것과 같은 결과가 된다.36)

초심에서 기각해야 할 사건을 각하하였거나 각하하여야 할 사건을 기각한 경우, 이러한 초심판정은 구제신청을 배척하였다는 점에서 결론을 같이하고 구제명령이 발령된 것도 아니어서 그에 따른 공법상 의무가 발생할 여지가 없으므로 초심판정을 취소할 필요 없이 재심신청을 기각하면 된다.37)

(2) 재심신청의 인용

재심신청이 이유 있다고 인정할 경우, 중앙노동위원회는 초심판정을 취소하고 이를 대신하는 처분을 하게 된다. 근로자 측의 재심신청을 인용하는 때에는 초심판정을 취소한 다음, 부당노동행위를 인정하고 구제명령을 발한다.38) 사용자의 재심신청을 인용할 경우에는 초심판정을 취소하고, 구제신청을 기각 또는 각하한다.39)

재심신청으로 사건 자체가 중앙노동위원회에 확정적으로 이관되므로 중앙노동위원회는 초심판정을 취소하고 사건을 초심 지방노동위원회에 환송할 수는 없다. 초심의 각하결정을 취소하는 경우에도 중앙노동위원회는 스스로 부당노동행위 성부를 판단하고 그에 따라 구제명령을 발하거나 구제신청을 기각하여야 한다. 초심판정에 관할위반의 위법이 있는 경우라도 마찬가지이다.

그리고 중앙노동위원회는 초심판정을 취소하고 이를 대신할 처분을 하는 것이므로 적정하다고 판단하는 구제명령으로 그 내용을 변경할 수 있다. 따라서 일부 구제를 전부 구제로, 그 반대로 전부 구제를 일부 구제로 변경하는 것이 가능하다.40)

(3) 초심판정 후에 발생한 사실과 구제명령의 변경

재심절차에서 초심판정 이후에 새로이 발생한 사실에 기초하여 부당노동행

---

36) 注釋(下), 1033면.
37) 대법원 1993. 7. 13. 선고 92다48857 판결.
38) 실무상 다음과 같은 내용의 주문을 낸다. ① ○○지방노동위원회가 2022. 6. 1. 이 사건 근로자와 사용자 사이의 2022부노○○ 부당노동행위구제신청 사건에 관하여 한 초심판정을 취소한다. ② 이 사건 사용자가 2020. 11. 25. 이 사건 근로자에 대하여 한 해고는 부당노동행위임을 인정한다. ③ 이 사건 사용자는 이 사건 근로자를 즉시 원직에 복직시키고, 해고기간 동안 근로하였다면 받을 수 있었던 임금상당액을 지급하라.
39) 실무상 주문은 다음과 같다. ① ○○지방노동위원회가 2022. 6. 1. 이 사건 근로자와 사용자 사이의 2022부노○○ 부당노동행위구제신청 사건에 관하여 한 초심판정을 취소한다. ② 이 사건 근로자의 초심 구제신청을 기각(또는 각하)한다.
40) 注釋(下), 1034면.

위를 주장하거나 신청할 수 없음은 당연하고,[41] 이를 재심에서 다투는 부당노동
행위의 성부에 관한 직접증거로 삼을 수 없음은 재심의 심사범위에서 본 바와
같다.

　그러나 이러한 사실을 재심에서 구제명령을 발령할 때 사실관계 또는 노동
관계의 사정변경으로 고려할 수 있음은 중앙노동위원회의 독자적이고 전반적인
재심사권에 비추어 당연하다. 따라서 초심 구제명령 이후에 근로자의 정년 도
달, 기업의 재건, 새로운 회사의 설립, 구제명령의 일부 이행, 화해 등의 사실이
발생한 경우에는 그에 상응하는 내용으로 구제명령이 변경되어야 한다.

　초심 구제명령 이후 당사자 사이에 화해가 성립되었지만, 구제신청이 취하
되지 아니한 경우에는 구제의 기초(구제이익)가 소멸된 것으로 보아 초심 구제명
령을 취소하여야 한다.[42] 이와 반대로 초심에서 기각된 부분에 관하여 당사자
사이에 화해가 성립된 경우라도 초심 기각결정을 취소하고 화해 내용에 따른
재심판정(구제명령)을 할 수는 없다.[43]

　사용자의 신청에 의한 재심절차의 진행 중 근로자 측으로부터 구제신청 취
하서가 제출된 경우 초심판정 이후에는 구제신청을 취하할 수 없으므로 구제이
익의 소멸 여부를 심리·판단하여 그 소멸이 인정되는 경우는 초심판정을 취소
하고 구제신청을 각하하여야 한다.

　노위규칙도 중앙노동위원회가 구제명령을 내용으로 하는 초심판정 이후 근
로관계의 소멸이나 사업장 폐쇄 등으로 초심의 구제명령 내용을 그대로 유지하
는 것이 적합하지 않다고 판단하는 경우에는 그 내용을 변경할 수 있다고 규정
하고 있다(94조 2항). 초심 구제명령은 발령 이후에 위와 같은 사정의 변경이 있
더라도 발령 당시에는 구제이익이 있었으므로 위법하다고 할 수는 없지만,[44] 구
제명령의 내용은 사정변경을 참작하여 수정할 필요가 있을 수 있다.[45]

―――――――――――――

41) 이 경우에는 새로이 구제신청을 하여야 한다.
42) 注釋(下), 1035면.
43) 注釋(下), 1032면.
44) 대법원 2004. 1. 15. 선고 2003두11247 판결.
45) 실무상 다음과 같은 주문을 낸다. ① 이 사건 재심신청을 기각한다. ② 이 사건 사용자(재
　　심신청인)가 이 사건 근로자(재심피신청인)에 대하여 한 2020. 8. 2.자 해고는 부당하나, 이
　　사건 근로자의 근로계약기간 만료일이 2021. 3. 30.이므로, 이 사건 사용자는 이 사건 근로자
　　에게 이 사건 해고일로부터 2021. 3. 30.까지의 임금상당액을 지급하라.

다. 재심판정서의 작성과 교부

재심판정서는 합의 결과를 반영하여 서식에 따라 초심판정서와 같은 방식으로 작성된다(노위규칙 95조 1항). 재심판정이 초심판정과 결론을 같이하고 초심판정의 인정사실, 당사자 주장, 판단 내용 등이 재심판정과 대체로 같은 경우에는 초심판정서를 인용할 수 있다(같은 조 2항).

중앙노동위원회는 판정일부터 30일 이내에 재심판정서 정본을 당사자에게 교부하여야 한다(노위규칙 74조 2항). 이때에는 당사자가 재심판정 결과에 불복하면 행정소송을 제기할 수 있다는 내용도 함께 알려주어야 한다(노위규칙 74조 3항).

라. 재심사건의 종결과 처리결과 통보

중앙노동위원회는 재심판정을 하면 심판사건을 종결하고(노위규칙 74조 1항), 그 사실을 초심 지방노동위원회(특별노동위원회)에 통지하여야 하며, 그 통지서에는 재심판정서 사본이 첨부되어야 한다(노위규칙 98조).

II. 행정소송

1. 절차의 개요

중앙노동위원회의 재심판정에 대하여 관계 당사자는 재심판정서의 송달을 받은 날부터 15일 이내에 행소법이 정하는 바에 의하여 중앙노동위원회 위원장을 피고로 하여, 피고 소재지를 관할하는 대전지방법원이나 대법원 소재지를 관할하는 서울행정법원에 재심판정의 취소를 구하는 소를 제기할 수 있다(법 85조 2항; 노위법 27조 1항; 행소법 9조).

부당노동행위 구제절차에서 노동위원회가 발한 처분을 다투는 사법심사는 중앙노동위원회 위원장을 피고로 하여 그 재심판정의 취소를 구하는 형태이고, 이는 행소법상 항고소송의 하나인 취소소송에 해당한다.[46]

지방노동위원회의 초심판정(원처분)은 취소소송의 대상이 아니고,[47] 그에 대한 재결에 해당하는 중앙노동위원회의 재심판정만이 취소소송의 대상이 된다(재

---

46) 행소법 2조 1항은 행정청이 행하는 구체적 사실에 관한 법집행으로서의 공권력의 행사 또는 그 거부와 그 밖에 이에 준하는 행정작용 및 행정심판에 대한 재결을 취소소송의 대상이 되는 '처분 등'이라 정의하고 있다.
47) 일본의 경우 당사자는 지방노동위원회 결정에 대하여 중앙노동위원회에 대한 재심 청구 또는 행정소송을 선택하여 제기할 수 있다(일본 노조법 27조의19).

결주의 채택).48)

2. 소의 제기

가. 당 사 자

(1) 원고적격

㈎ 재심사건의 당사자

재심판정에 대하여 행정소송을 제기할 수 있는 자는 관계 당사자이다(본조 2
항). 재심판정은 원칙적으로 재심사건의 당사자에게 그 법률적 효과가 미치므
로49) 그 당사자가 재심판정의 취소를 구할 '법률상 이익이 있는 자'로서 원고적
격을 갖는다(행소법 12조).

그러한 법률상 이익의 유무는 재심판정의 주문에서 불이익한 처분을 받았
는지를 기준으로 판단하여야 한다. 주문은 자기가 구하는 바대로 되었지만, 이
유에 관하여 불복함에 불과한 자는 재심판정을 취소할 법률상 이익이 있는 자
라고 할 수 없다.

이러한 기준에 따라 원고적격을 나누어 보면 다음과 같다. 재심신청을 기각
하거나 각하한 재심판정에 대하여는 재심신청인이 소를 제기할 수 있다. 이와
반대로 재심신청을 인용한 재심판정에 대하여는 재심피신청인에게 원고적격이
있다. 그 인용의 내용이 초심의 구제명령을 취소하는 것이라면 근로자 또는 노
동조합이, 초심의 기각 내지 각하 결정을 취소하는 것이라면 사용자가 각기 원
고적격자이다. 재심신청을 일부 인용하고 나머지를 기각한 재심판정에 대하여
는, 인용 부분에 대하여는 재심피신청인에게, 기각 부분에 대하여는 재심신청인
에게 각기 원고적격이 있다.50)

㈏ 재심사건의 당사자가 아닌 근로자 또는 노동조합

당해 사건에서 구제신청의 신청인적격이 있으나 구제신청이나 재심신청을
하지 아니한51) 근로자나 노동조합이 이해관계인으로서 재심판정을 다툴 원고적

---

48) 대법원 1993. 11. 9. 선고 93누1671 판결, 대법원 1995. 6. 30. 선고 94누9955 판결, 대법원
 1995. 9. 15. 선고 95누6724 판결; 김치중, 531면 이하; 조한중, 327면.
49) 재결주의를 취하고 있는 분야에서 취소소송은 재결청을 상대로 재결처분의 취소를 구하는
 형식으로 하여야 하므로 재결절차를 거치지 않으면 취소를 구할 대상이 존재하지 않는 결과
 가 된다.
50) 이러한 경우에는 2건의 행정소송이 병존하게 되고, 모순·저촉되는 판단을 피하기 위하여
 이를 병합하거나 병행하여 심리할 필요가 있다.

격을 갖는지에 관하여 견해가 나뉜다.

① 긍 정 설[52]

부당노동행위로 권리를 침해당한 근로자와 노동조합은 불리한 내용의 재심 판정을 취소할 법률상 이익이 있는 자로서 원고적격이 인정된다는 견해이고, 그 논거는 다음과 같다.[53]

행소법 12조에서 원고적격을 갖는 자를 행정처분의 상대방으로 한정하지 않고, 행정처분의 직접 상대방이 아닌 제3자라 하더라도 당해 행정처분으로 인 하여 법률상 보호되는 이익을 침해당한 경우에는 그 처분의 취소를 구하는 행 정소송을 제기하여 그 당부의 판단을 받을 자격이 있다.[54] 그런데 불이익취급의 부당노동행위에서 근로자 또는 노동조합의 어느 하나만이 구제신청이나 재심신 청을 한 사건에서 신청인에게 불리한 내용의 재심판정이 이루어진 경우에 그러 한 신청을 하지 아니한 근로자나 노동조합도 그 재심판정의 취소를 구하는 행 정소송을 제기할 법률상 이익이 있으므로 원고적격을 가진다.[55] 부당노동행위 로 인하여 권리를 침해받은 자는 근로자와 당해 노동조합이라 할 것이므로, 법 82조 1항이 부당노동행위에 대한 구제명령 신청권자를 근로자와 노동조합으로 규정하고 있을 뿐만 아니라 본조 1항, 2항도 재심을 신청할 수 있는 자와 행정 소송을 제기할 수 있는 자를 관계 당사자라고만 규정하고 있는 것은 이와 같은 특별한 이유에 연유하는 것이고, 중앙노동위원회의 재심이 전심절차의 성격을 갖지만, 사용자의 부당노동행위로 인하여 권리를 침해당한 자는 비록 직접 구제 신청 또는 재심을 신청하지 않았다 할지라도 다른 관계 당사자가 그러한 절차 를 거쳤다면 바로 행정소송을 제기할 수 있으므로(행소법 18조 3항 1호) 재심의 전 심절차로서 성격을 갖는 현행법 체계와 어긋난다고 할 수 없다.[56]

---

51) 예를 들면 불이익취급이 있었을 때 근로자와 노동조합 중 어느 하나만이 구제신청을 한 경 우이다.

52) 신인령, 108면 이하; 注釋(下), 1055면.

53) 注釋(下), 1028면. 일본의 대다수 학설이 당사자 추가제도(일본 노위규칙 32조의2)가 허용 됨을 근거로 이와 대비하여 초심 당사자 아닌 당사자적격자의 보충적 재심신청을 긍정하나, 당사자 추가를 인정하지 않는 우리 법제 하에서 그러한 재심신청을 인정할 수 있을지는 의 문이다.

54) 대법원 2008. 4. 10. 선고 2008두402 판결 등.

55) 注釋(下), 1055면.

56) 대법원 1984. 3. 13. 선고 83누487 판결.

② 부 정 설[57]

재결주의를 취하는 현행법 체계를 중시하여 재심사건의 당사자만이 원고적
격을 갖는다는 견해로서 다음과 같은 논거가 제시된다.

중앙노동위원회의 재심절차가 지방노동위원회의 처분에 대한 취소소송에서
전심절차의 성격을 갖기 때문에 재심판정에 대하여 별도의 전심절차를 거치지
않고 행정소송을 제기할 수 있게 한 것이다. 그러므로 재심절차의 당사자가 아
니었던 자는 그 재심판정에 대하여 취소소송을 제기할 수 없다고 보아야 한
다.[58] 부당노동행위 구제신청권자를 '근로자 또는 노동조합'이라고 규정한 것은
양자에게 독립한 신청권이 있음을 표시한 것이지 구제신청을 하지 아니한 자가
자신이 관여하지 않은 초심판정에 대하여 재심을 신청하거나 자신이 관여하지
않은 재심판정에 대하여 항고소송을 제기할 수 있다는 취지까지 포함한 것으로
보기는 어렵다. 그리고 구제신청기간이 부당노동행위가 있은 날부터 3개월로서
비교적 길어 긍정설과 같은 해석을 하지 않더라도 근로자의 보호에 문제가 없다.

③ 판   례

판례는 구제신청 또는 재심을 신청하지 않은 관계 당사자라 할지라도 다른
관계 당사자가 그와 같은 절차를 이행한 바가 있다면 각각 재심을 신청하거나
행정소송을 제기할 수 있다고 판시하여 긍정설을 취한다.[59]

⑴ 사업의 경영담당자 등

앞서 본 바와 같이 대법원 2022. 5. 12. 선고 2017두54005 판결은 부당노동
행위 구제신청과 구제명령의 상대방인 사용자에는 노조법 2조 2호에서 정한 사
업주, 사업의 경영담당자 또는 그 사업의 근로자에 관한 사항에 대하여 사업주
를 위하여 행동하는 사람이 모두 포함되는 것으로 보고 있으므로, 구제명령이
사업주인 사용자 외에 사업의 경영담당자 또는 그 사업의 근로자에 관한 사항
에 대하여 사업주를 위하여 행동하는 사람에 대하여 내려진 경우에는 이들도
구제명령을 유지하거나 발령한 재심판정에 대하여 취소소송을 제기할 수 있다.

---

57) 김치중, 543면 이하.
58) 대법원 1993. 11. 9. 선고 93누1671 판결, 대법원 1997. 6. 27. 선고 97누1273 판결.
59) 대법원 1984. 3. 13. 선고 83누487 판결. 대법원 1995. 6. 30. 선고 94누9955 판결은 지방노
    동위원회의 휴업지불예외 승인처분의 상대방(신청인)은 사용자뿐이므로 사용자에게만 그 처
    분의 통지를 하면 효력이 발생하지만, 그 처분은 근로자들의 수당지급 채권의 발생 여부에
    직접 영향을 미치므로 근로자들은 그 처분에 대하여 이해관계를 갖는 자로서 중앙노동위원
    회에 재심을 신청할 수 있는 법률상 이익이 있는 자라고 보았다.

(2) 피고적격

재심판정의 취소소송에서 피고는 중앙노동위원회 위원장이 된다(노위법 27조 1항). 일반적으로 취소소송에서 피고는 그 처분 등을 행한 행정청이 되지만(행소법 13조 1항), 중앙노동위원회의 처분에 대한 소는 중앙노동위원회 위원장을 피고로 삼도록 하고 있다.

(3) 당사자 경정 또는 표시정정

사용자인 법인 그 자체가 아닌 법인의 대표자 등이 소를 제기한 경우에는 사용자인 법인이 제기한 것으로 보아 원고 표시정정을 허용하여야 할 것이다.[60]

실무상 근로자나 노동조합이 제소를 할 때 피고를 중앙노동위원회 위원장이 아닌 중앙노동위원회 또는 사용자로 하는 경우가 적지 않은데, 이러한 경우에는 원고에게 피고 표시정정이나 경정의 신청을 권유하여 피고를 바로잡을 필요가 있다(행소법 14조 1항).

(4) 참 가 인

구제신청과 재심신청 사건에서 당사자는 노사 쌍방이고, 재심판정의 취소소송에서 피고는 중앙노동위원회 위원장이지만 그 소송 결과의 실질적 이해당사자는 재심사건의 당사자일 수밖에 없다.[61] 따라서 행정소송에서 당사자는 아니지만, 재심사건의 당사자였던 노사의 일방이 피고와 이해관계를 같이하는 자로서 재심판정의 유지를 위하여 참가할 필요가 있고, 구제신청 또는 재심신청을 하지 아니한 근로자 또는 노동조합도 그와 이해관계를 같이 하는 당사자[62]를 위하여 소송참가를 할 필요가 있다.[63]

---

60) 당사자는 소장에 기재된 표시 및 청구의 내용과 원인사실 등 소장의 전취지를 합리적으로 해석하여 확정하여야 하며(대법원 1996. 12. 20. 선고 95다26773 판결 참조), 소장에 표시된 원고에게 당사자능력이 인정되지 않는 경우에는 소장의 전취지를 합리적으로 해석한 결과 인정되는 올바른 당사자능력자로 그 표시를 정정하는 것은 허용된다(대법원 1996. 10. 11. 선고 96다3852 판결, 대법원 1997. 6. 27. 선고 97누5725 판결 등 참조).

61) 이러한 실질 및 구제절차가 준사법적 쟁송절차인 점을 고려하여 구제절차의 상대방이 노동위원회를 대신하여 피고가 되는 형식적 당사자소송으로 관련법을 개정하여야 한다는 입법론이 제기된다. 이러한 입법이 이루어지면, 취소소송에서 문제로 되는 소송상 화해, 판단의 기준 시 등의 불합리한 점이 해결될 수 있다고 본다. 注釋(下), 1058면.

62) 유니언 숍 협정에 의한 해고가 부당노동행위에 해당한다는 구제명령에 대하여 사용자가 행정소송을 제기하고, 그 협정의 당사자인 노동조합이 행소법상 소송참가를 신청한 사안에서 그 해고가 부당노동행위인지 여부는 그 협정의 유효성 등과는 별개의 문제라는 이유로 노동조합이 그 소송결과에 따라 권리를 침해받을 제3자에 해당하지 않는다고 본 일본의 하급심 판결[東京地裁 1971. 2. 6. 判決(名鐵運輸 事件)]이 있다. 注釋(下), 1058면에서 재인용.

부당노동행위와 관련된 노사 쌍방은 그 재심판정에 대한 취소소송의 당사
자가 아니라도 그 소송 결과에 따라 권리 또는 이익을 침해받을 제3자이므로,
행소법 16조에 따라 그 소송에 참가하여 변론하고 자료를 제출할 수 있다.[64]

그리고 행정소송에서도 민소법이 정한 각종 참가에 관한 규정이 배제되지
아니하므로 민소법이 정한 보조참가 등도 여전히 가능하다는 견해가 다수설이
고, 판례[65]와 실무도 같은 입장이다.[66]

실무상 행소법 16조에 의한 참가는 거의 없고, 대부분 피고 보조참가의 형
태로 관여하고 있으며, 증거방법의 제출과 변론도 원고와 피고 보조참가인(노사
쌍방)이 주도하고 있다.[67]

나. 관　　할

재심판정에 대한 행정소송은 통상의 취소소송과 마찬가지로 피고 중앙노동
위원회 위원장의 소재지(세종특별자치시)를 관할하는 행정법원인 대전지방법원(행
소법 9조 1항), 또는 대법원 소재지(서울특별시)를 관할하는 행정법원인 서울행정법
원에 제기하여야 한다(행소법 9조 2항 1호). 그에 따라 항소심은 대전고등법원과 서
울고등법원이 관할하고, 상고심은 대법원에 속한다.

이러한 관할권의 제한으로 인하여 지방 사업장에서 발생한 부당노동행위의
재심판정 취소소송에서 노사 당사자가 소를 제기하고 진행하는데 경제적 부담

---

63) 행정소송에서는 그 소송의 대상인 처분 등이 다수인의 권익에 관계되는 것이 많을 뿐만
　　아니라 복효적 행정행위의 경우처럼 처분의 상대방 이외의 제3자의 권익에 영향을 미치는
　　경우가 적지 아니하므로 소송참가의 필요성은 민사소송의 경우보다 더욱 크다고 할 수 있다.
　　특히 항고소송의 원고 승소판결은 대세적 효력이 있으므로(행소법 29조 1항) 제3자의 권익보
　　호를 위하여 소송참가가 넓게 보장되어야 한다.
64) 이러한 소송참가에는 민소법 67조(필수적 공동소송에 대한 특별규정)가 준용되고(행소법
　　16조 4항), 그 참가인은 공동소송적 보조참가인과 유사한 지위에 선 것으로 이해되고, 피참
　　가인과 다른 주장을 할 수 있는 등의 보조참가인에 비하여 상당히 독립적인 지위가 인정된다.
65) 대법원 2002. 9. 24. 선고 99두1519 판결 참조.
66) 행소법 16조의 '소송의 결과에 따라 권리 이익의 침해를 받을 제3자'나 민소법 71조의 '소
　　송의 결과에 이해관계 있는 제3자'는 동일 내지 대동소이하다고 보아야 하고, 항고소송의 인
　　용판결은 대세적 효력을 갖는다(행소법 29조, 38조 2항). 이와 같이 판결의 효력을 받는 제3
　　자는 민사소송에 의한 보조참가인이라 하더라도 이른바 공동소송적 보조참가로서 민소법 76
　　조가 아닌 67조가 적용되는 것이므로 항고소송에서는 참가할 수 있는 자의 범위 및 효과가
　　행소법 16조의 참가와 민소법의 보조참가 사이에 차이가 없어, 적어도 항고소송에서는 행소
　　법 16조에 의한 참가 외에 별도로 민소법에 의한 보조참가를 허용함에 의문을 제기하는 견
　　해가 있다. 행정소송의 이론과 실무, 123면.
67) 민중기, 350면. 서울행정법원에서는 피고와 이해관계를 같이 하는 구제신청 사건의 당사자
　　가 조기에 보조참가하는 것이 적정하고도 신속한 심리에 필수적이라는 판단하에 소장 부본
　　의 송달에 즈음하여 이해당사자에게 보조참가 안내서(권고)를 송달하고 있다.

이 가중되고, 소송 및 증거 자료를 수집하고 이를 제출하는 데에도 제약이 따르
는 측면이 있다.

다. 제소기간

재심판정의 취소를 구하는 행정소송은 재심판정서 송달일부터 15일 이내에
제기하여야 한다(법 85조 2항; 노위법 27조 1항).68) 이 기간은 불변기간이다(노위법 27조
3항).

판례에 의하면 부당노동행위 구제절차에서 재심판정의 당사자가 아니었던
자가 행정소송을 제기할 수 있는데, 이 경우 제소기간이 문제 된다. 이에 관하
여 ① 노조법 85조 2항과 노위법 27조 1항은 재심판정서 정본을 송달받은 자를
기준으로 한 것이므로 재심사건의 당사자가 아니어서 그 정본을 송달받을 여지
가 없는 자는 그 적용을 받지 않고 취소소송 일반과 마찬가지로 행소법 20조에
따라 재심판정이 있음을 안 날부터 90일 이내, 또는 재심판정이 있은 날부터 1
년 이내에 제기하면 된다고 하는 견해, ② 재심 사건의 당사자가 아니었던 자가
재심판정에 대한 취소소송에서 원고적격을 가질 수 있는 것은 노조법 85조 2항
의 특별규정에 근거하여 당사자의 지위가 의제되는 것이므로 재심절차 당사자
였던 자의 경우와 마찬가지로 15일의 제소기간이 적용되어야 한다는 견해로 나
뉜다.69) 노동위원회 구제절차에 적극적으로 참여하였던 자에 비하여 관여한 바
없는 자에게 더 길게 제소의 기회를 부여할 이유가 없고, 노사관계의 신속한 확
정과 안정이 필요하다는 점을 고려하면, 후자의 견해가 타당하다.

라. 소의 이익

재심판정의 취소소송도 일반 취소소송과 마찬가지로 소의 이익, 즉 재심판
정의 취소를 구할 구체적 이익이 있어야 한다.70)

실무상 소의 이익 유무가 문제되는 경우는 대부분 재심판정 이후에 구제명
령의 이행 내지는 집행이 불가능하게 되거나 불필요하게 된 사정이 발생하여
재심판정의 위법 여부를 다툴 실익이 존재하지 않게 된 경우이다.

소의 이익은 사실심 변론종결 시까지 갖추어야 하는 소송요건이므로 사실

---

68) 일본의 경우, 사용자의 제소기간은 구제명령의 신속한 확정을 도모하려는 취지에서 구제명
    령의 교부일부터 30일 이내로 하고, 노동조합과 근로자는 행소법(6개월)에 따르도록 하고 있
    다(일본 노조법 27조의19).
69) 김치중, 555면.
70) 이에 관한 자세한 내용은 법 84조 해설 'V. 구제이익' 부분 참조.

심 변론종결 시를 기준으로 그 유무를 판단하여야 한다.

마. 소 제기의 방식

재심판정의 취소소송은 민사소송과 같이 관할법원인 대전지방법원 또는 서울행정법원에 소장을 제출함으로써 제기하고, 그 소장에는 당사자, 법정대리인, 청구의 취지와 원인을 적어야 하며(행소법 8조 2항; 민소법 248조, 249조), 소정의 인지를 첨부하여야 한다(민사소송 등 인지법 1조).

(1) 소장의 기재사항

취소소송의 대상은 재심판정이므로 소장의 청구취지에 재심판정의 취소를 구한다는 내용[71]을 기재하면 된다.[72]

그리고 취소를 구하는 재심판정을 특정하기 위하여 재심판정이 이루어진 날(판정일)을 처분일로서 기재하여야 한다. 그런데 실무상 재심판정 정본 작성일 또는 그 송달일을 처분일로 잘못 기재하는 사례가 적지 않다.[73]

재심판정에 대한 제소기간이 15일에 불과하여 청구원인의 기재를 생략하거나 형식적으로 기재한 사례가 적지 않다. 재심판정에 대한 행정소송도 취소소송이므로 적어도 재심판정의 취소사유로서 위법한 점을 구체적으로 적시할 필요가 있다.

(2) 인   지

재심판정 취소소송은 항고소송으로서 비재산권상의 소이고 그 소송목적의 값은 5천만 원이다(민사소송등인지규칙 17조 4호, 18조의2 본문). 구제신청의 주관적 병합 사건(여러 근로자의 구제신청에 대한 하나의 재심판정)에서 취소를 구하는 재심판정은 실질적으로 수 개이므로 각 청구의 소송목적의 값을 합산하여야 한다. 다만, 근로자와 노동조합이 동일한 부당노동행위의 구제신청을 하여 하나의 재심판정이 이루어진 경우에는 취소를 구하는 재심판정(청구의 목적)이 1개의 법률관계에 해당하므로 1개의 소로 보아 소송목적의 값을 계산한다(위 인지규칙 22조

---

71) 실무상 작성 사례: 중앙노동위원회가 2022. 6. 1. 원고와 피고보조참가인들 사이의 2022부해123·부노45(병합) 부당해고구제 및 부당노동행위 재심신청 사건에 관하여 한 재심판정을 취소한다.

72) 실무상 재심판정의 취소 이외에 구제신청취지(부당해고 인정과 구제명령)를 부가하는 사례가 종종 있다.

73) 이러한 경우 법원은 원고에게 그 보정을 명하거나 준비절차 기일에 석명권을 행사하여 처분일을 정정하는 것으로 조서를 정리하고 있다.

단서).

객관적 병합(전보명령과 이어진 해고처분에 대하여 또는 수 개의 부당노동행위에 대하여 하나의 재심판정이 이루어진 경우)에서는 실질적으로 수 개의 재심판정이므로 각 청구의 소송목적의 값을 합산한다(위 인지규칙 22조 본문).

바. 소송구조

실무상 근로자인 원고가 소송구조를 신청하는 사례 및 인용비율이 점차 증가하고 있다. 그 까닭은 해고된 근로자가 소를 제기한 사안에서는 임금 상당의 수입을 상실한 점 등을 고려하여 소송요건의 흠결 등 패소가 확실한 경우가 아니면 그 신청을 인용할 필요가 있고, 실질적 구술변론에 소송대리인이 필요하다고 판단될 경우에는 변호사 비용에 대하여도 소송구조를 인정할 것이 요청되기 때문이다.[74]

사. 소의 취하

재심판정의 취소소송도 일반 취소소송과 같이 소의 취하가 인정된다(행소법 8조 2항; 민소법 266조). 피고가 본안에 관하여 준비서면을 제출하거나 변론준비기일에서 진술하거나 변론을 한 뒤에는 피고의 동의를 받아야 하고, 행소법 16조에 의한 참가인이 있는 경우에도 그러하다(민소법 266조 2항; 행소법 16조 4항).

3. 심　리

가. 개　요

(1) 심리의 대상과 범위

지방노동위원회의 초심판정은 취소소송의 대상이 아니고, 그에 대한 행정심판의 재결에 해당하는 중앙노동위원회의 재심판정만이 취소소송의 대상이다.

취소소송의 소송물은 재심판정 자체이므로, 법원은 재심판정의 위법 여부를 심리·판단한다.[75] 현행 법령에서 법원이 재심판정의 위법성에 관하여 심사할 수 있는 범위를 제한하는 규정은 없다.

따라서 취소소송의 심리대상은 중앙노동위원회의 사실인정이 타당한지, 인정된 사실에 기초하여 부당노동행위의 성부를 판단한 것이 적법한지, 구제명령

---

74) 민중기, 350면.
75) 일반 행정처분의 취소소송과 같이 불복사유는 재심판정의 위법에 국한되고 재심판정의 부당함을 이유로 한 불복은 허용되지 않는다.

이 내려진 경우에 구제조치 내용이 적법한지, 심사와 판정의 절차가 적법한지 등이다.[76]

행정소송에서도 소의 제기와 종료, 심판의 대상이 당사자에 의하여 결정되는 처분권주의와 변론주의가 원칙적으로 적용되므로(행소법 8조 2항) 법원은 원고가 청구하는 범위를 넘어서 심리하거나 재판할 수 없다.[77]

(2) 주장할 수 있는 위법 사유

일반적인 행정심판 재결의 취소소송에서는 재결에 고유한 위법만을 주장할 수 있고 원처분의 위법을 주장할 수 없지만(原處分主義, 행소법 19조), 재심판정의 취소소송은 재결주의(裁決主義)를 채택하고 있어 그러한 제한이 없으므로 초심판정의 위법성도 아울러 주장할 수 있다. 다만, 재심절차에서 중앙노동위원회는 초심판정을 취소·승인 및 변경할 수 있는 전반적인 재심사권을 갖고 있으므로 재판판정의 취소소송에서 초심판정의 위법이 그 취소사유로 될 가능성은 크지 않다.[78]

(3) 구제명령의 수와 판단

부당노동행위라고 주장된 구체적 사실이 하나인 이상, 그에 대하여 노동위원회가 발한 구제방법이 여럿이고 또 각 구제방법이 독립하여 이행될 수 있는 것이라고 하더라도 행정처분으로서 구제명령은 하나이다.

그러나 부당노동행위라고 주장된 구체적 사실이 복수인 경우에 그에 대한 행정처분으로서 노동위원회의 구제명령이나 기각결정은 복수라고 보아야 할 것이다.[79] 따라서 후자의 경우에는 각 부당노동행위별로 재심판정의 위법 여부를 판단하여야 한다.

나. 위법 사유

(1) 각하사유의 존부

재심신청을 각하하거나 구제신청을 각하한 초심판정을 유지하여 재심신청을 기각한 재심판정의 취소소송에서 심리·판단할 사항은 각하사유의 존부이다. 원고는 그 취소의 이유로서 각하사유의 기초가 되는 사실의 인정과 법리의

---

76) 김민기b, 460면.
77) 대법원 1995. 4. 28. 선고 95누627 판결, 대법원 2000. 3. 23. 선고 98두2768 판결.
78) 注釋(下), 1065면.
79) 대법원 1995. 4. 7. 선고 94누1579 판결.

적용이 잘못되었다는 주장을 하고, 그 주장이 인정되면 재심판정은 취소된다.

(2) 심사와 판정 절차의 위법

재심판정에 이르기까지 절차의 위법도 취소사유로 삼을 수 있다.

노조법 82조에 의하면 노동위원회는 심사절차에서 관계 당사자의 심문을 하여야 하고(1항), 그 심문을 함에 있어서는 관계 당사자에게 증거의 제출과 증인에 대하여 반대심문을 할 수 있는 충분한 기회를 주어야 하는데(3항), 이에 위반하여 심문절차를 생략하거나80) 당사자에게 증거제출과 반대심문의 기회를 부여하지 않았다면 취소사유가 된다.

그리고 심판위원회의 구성81)과 소집에 관한 규정을 위반한 경우에도 그 하자가 중대하다면 취소사유가 될 수 있다.82)

이러한 절차적 위법(하자 있는 행정처분)의 치유나 전환은 비록 당사자가 그 하자를 알고 있었다고 하더라도83) 원칙적으로 허용될 수 없다.84)

---

80) 岐阜地裁 1950. 7. 11. 判決(揖斐川電氣工業 事件). 注釋(下), 1066면에서 재인용.
81) 대법원 2005. 5. 12. 선고 2005도890 판결. 서울고법 2007. 11. 1. 선고 2007누13571 판결(심리불속행 기각으로 확정)은 중앙노동위원회 위원장이 노동조합이 배제한 공익위원을 포함하여 특별조정위원을 임명하였고, 이렇게 구성된 특별조정위원회의 중재회부 권고결정에 따라 중앙노동위원회 위원장이 중재회부결정을 한 사안에서, 특별조정위원회의 구성 및 중재회부 권고결정이 관련 법령의 규정을 위반한 위법한 것이고, 이러한 하자 있는 절차에 기초한 중재회부결정 역시 위법하다고 판단하였다.
  그런데 대법원 2007. 12. 13. 선고 2005도7517 판결(위 대법원 판결에 의하여 파기환송되었다가 다시 상고한 사건)은 "특별조정위원회를 구성함에 있어서 당사자가 배제한 공익위원을 지명한 하자가 있다고 하더라도 그 당사자가 특별조정위원회의 조정절차에 참여하면서 권고결정이 이루어지기 전까지 이의를 제기하지 않았다면, 직권 중재회부의 결정과정 상의 하자가 그 절차의 공정성이 현저히 침해되었다고 볼 정도에 이르렀다고 평가할 수는 없을 것이다."라고 하여 그 중재회부결정이 유효하다고 판단하였다.
82) 일본의 경우, 심판위원회의 소집절차상 하자가 있지만, 과반수의 공익위원이 이의 없이 출석하고, 결석한 공익위원도 회의개최에 이의를 제기하지 않았다는 이유로 그 하자가 회의의 의사(議事)까지 위법하게 할 정도는 아니라고 보았고[福島地裁 1955. 11. 11. 判決(日通會津若松支店 事件)], 심사에 관여하였지만, 합의 전에 퇴임한 공익위원이 합의를 위한 회의에 불참한 사안에서 합의를 위한 심판위원회가 적법하게 구성된 이상 어떠한 위법도 없다고 판단하였다[東京高裁 1950. 6. 29. 判決(朝日新聞 事件)]. 注釋(下), 1066면에서 재인용.
83) 대법원 1985. 2. 26. 선고 83누629 판결, 대법원 2002. 11. 13. 선고 2001두1543 판결.
84) 대법원 1983. 7. 26. 선고 82누420 판결, 대법원 1998. 10. 27. 선고 98두4535 판결, 대법원 2001. 6. 26. 선고 99두11592 판결, 대법원 2002. 7. 9. 선고 2001두10684 판결(행정행위의 무용한 반복을 피하고 당사자의 법적 안정성을 보호하기 위하여 국민의 권익을 침해하지 아니하는 범위 내에서 예외적으로 하자의 치유나 전환을 인정한다).

(3) 사실오인

㈎ 일 반 론

사실오인이라 함은 부당노동행위의 성부에 관한 사실인정이 잘못되었음을 말한다. 노동위원회가 부당노동행위의 구성요건에 해당하는 사실이 존재함에도 이를 존재하지 아니한다고 판단하거나 이와 반대로 판단하는 경우가 이에 해당한다. 이러한 판단의 잘못은 취소사유가 된다.

㈏ 사법심사의 제한 가능성

사실인정에 대한 사법심사와 관련하여 이른바 실질적 증거법칙[85] 내지 새로운 증거제출의 제한이 해석론으로서 인정될 수 있는지가 문제된다.

이를 긍정하는 견해[86]에 의하면, 법원은 노동위원회에 제출된 증거만을 자료로 하여 사후적으로 사실인정의 합리성과 타당성을 판단하여야 한다.[87]

이에 반하여 부정설은 그러한 제한을 인정하지 않는다. 그 결과 법원은 노동위원회의 심사와 무관하게 사실관계를 전면적으로 새로이 심리할 수 있고, 따

---

85) 실질적 증거법칙(substantial evidence rule)이란 미국 판례상 증거법이론의 하나로서 형성되고 뒤이어 입법화된 증거법칙 즉, 법원은 행정위원회의 인정 사실에 대해 합리적 증거의 존부만을 심사하고 스스로 새로운(de novo) 사실인정은 회피해야 한다는 원칙을 뜻한다. 노동사건 분야에서 실질적 증거법칙은 1935년의 전국노동관계법(the National Labor Relations Act, 와그너법, 이하 NLRA라 한다)과 1938년의 공정근로기준법(the Fair Labor Standard Act)에서 채택되었다. NLRA 10조(e)의 현행 규정은 와그너법을 대체·수정한 태프트-하틀리법(1947 Taft-Hartley Act/Labor Management Relations Act)에 따른 결과이다. NLRA 10조(e) 및 전국노동관계위원회(National Labor Relations Board, 이하 NLRB라 한다)의 명령에 대해 취소소송을 제기하는 경우에 해당하는 NLRA 10조(f)는 사법심사의 심리에서 일정한 제한을 규정하고 있다. 즉, ① 관계당사자가 NLRB의 심사 절차에서 주장하지 않았던 반대 주장은, 특별한 사정이 없는 한, 법원의 심리에서 고려되지 않고, ② 사실관계에 관한 NLRB의 인정은 전체적으로 고려하여 실질적 증거에 의하여 뒷받침되는 한 법원은 이에 따르며, ③ 관계 당사자가 NLRB의 심사 절차에서 제시하지 않은 증거는 그 증거가 중요하고 또한 NLRB의 심사절차에 제시하지 못한 상당한 이유가 인정되어야만 법원의 심리에 새로이 추가하여 제시할 수 있을 뿐이다. 자세한 내용은 김민기b, 461면; 김홍영c, 590면 이하 참조
86) 현재 이 견해를 지지하는 일본의 학자는 많지 않고, 부정설이 주류를 이룬다. 注釋(下), 1067면.
87) 그 논거는 다음과 같다. 첫째, 노동위원회의 사실인정은 단순한 일반 행정기관의 사실인정과는 달리 전문행정기관이 준사법적 절차를 통하여 행하는 사실인정인데 이러한 사실인정이 취소소송 절차에서 별다른 가치를 부여받지 않는다는 것은 분쟁해결의 기능적 측면에서 비효율적이다. 둘째, 취소소송 단계에서 이전에 노동위원회에서 행한 것과 똑같은 절차를 진행하는 것은 신속한 구제의 면에서도 바람직하지 않다. 셋째, 당사자가 중앙노동위원회의 재심 절차까지 사실의 전부 또는 일부를 제시하지 않고 있다가 취소소송 단계에 이르러서야 처음으로 이를 주장하고 증명하여 결국 중앙노동위원회의 판정이 번복된다면 노동위원회를 통해 분쟁을 신속하게 해결하려는 구제절차의 목적에 반하는 결과에 이른다. 자세한 내용은 김유성, 379면; 김홍영c, 582면 이하 참조.

라서 당사자는 노동위원회의 심사절차에서 제출하지 않은 새로운 증거를 제출할
수 있으며, 법원도 직권으로 증거조사를 하여 새로이 증거를 수집할 수 있다.[88]

　　판례는 "부당노동행위 구제신청에 관한 중앙노동위원회의 명령 또는 결정
의 취소를 구하는 소송에 있어서 그 명령 또는 결정의 적부는 그것이 이루어진
시점을 기준으로 판단하여야 할 것이지만, 그렇다고 하여 노동위원회에서 이미
주장된 사유에 한정된다고 볼 근거는 없으므로, 중앙노동위원회의 명령 또는 결
정 후에 생긴 사유가 아닌 이상 노동위원회에서 주장하지 아니한 사유도 행정
소송에서 주장할 수 있다."라고 하여 부정설을 취하고 있다.[89] 실무상 법원은
사실인정에 대한 심리에서 실기한 공격방어방법에 해당하지 않는 한, 당사자의
새로운 주장과 증거제출을 제한하지 않고 있다.

　　중앙노동위원회의 재심판정에 대하여 일반 행정소송인 취소소송으로 심사
하는 현행 법제도하에서 명문의 규정도 없이 법원의 사실인정 권한을 제한하는
해석론을 받아들이기는 어렵다.[90] 그렇지만 노동위원회의 사실인정과 판단이
준사법적 절차에서 전문적인 지식과 경험에 기초하여 행하여지는 점을 고려할
때, 명백한 채증법칙 위반이나 이유의 불비 등의 중대한 결함이 없는 한 사법심
사에서도 그러한 사실인정을 존중하는 것이 바람직하다.[91]

　(다) 피고의 새로운 사실에 관한 주장·증명 가능성

　　새로운 증거제출의 제한과 관련하여 피고인 중앙노동위원회 위원장이 재심
판정에서 인정한 사실과 다른 사실을 주장·증명하여 재심판정을 유지하려고
하는 것이 허용될 수 있는지가 문제된다.

　　처분의 적법성이 다투어지는 항고소송에서 처분청이 처분 당시 밝혔던 처
분의 근거 및 이유와는 다른 사유를 들어 처분의 적법성을 주장하는 처분사유
의 변경이 원칙적으로 허용되지 않는다는 등의 이유를 들어 피고의 위와 같은
주장·증명이 인정될 수 없다는 견해가 있지만, 주류적인 학설은 원고에게 새로
운 사실의 주장과 증명이 인정되는 이상, 피고에게만 그것을 인정하지 않을 이

---

　88) 김유성, 379면.

　89) 대법원 1990. 8. 10. 선고 89누8217 판결.

　90) 주로 입법론으로서 실질적 증거법칙을 도입하여야 한다는 주장이 제기되고, 새로운 증거제
　　　출의 제한은 입법론으로서 타당하고 필요한지(그 전제로서 노동위원회의 전문성 제고와 심사
　　　체제 강화를 전제로 함)가 논의되고 있다. 注釋(下), 1068면 이하.

　91) 김민기b, 463면; 김홍영c, 593면.

유가 없다고 본다.92)

(4) 법리오해

재심판정에서 사실인정은 적법하게 이루어졌지만, 인정된 사실이 노조법 81조 1항 각호의 부당노동행위를 구성하는지에 관한 판단을 잘못하는 것이다. 이는 부당노동행위의 성립요건에 관한 해석의 오류(법리오해)로서 취소사유가 된다.

예를 들면, ① 노조법 81조 1항 1호와 5호에서는 근로자의 조합활동 또는 단체행동이 정당한지, ② 3호에서는 사용자가 주장하는 단체교섭 거부의 이유가 정당한 이유에 해당하는지 또는 인정된 사용자의 교섭태도가 성실교섭의무에 반하는지, ③ 4호의 경우 인정되는 사용자의 언행이 노동조합의 운영을 지배하거나 이에 개입하려는 것이었는지 등에 관한 판단이 이에 해당한다.

이러한 판단은 법원의 전권에 속하는 법령해석이라고 할 수 있지만, 그 내면에는 구제명령으로서 노사관계를 시정할 필요가 있는지 또는 그 시정조치가 적절한가라는 가치판단이 내포된 경우가 많다. 이러한 판단에 대하여도 법원이 노동위원회의 전문성을 고려하여 그 재량권을 인정하여야 하는지, 즉 앞서 본 사법심사의 제한 가능성이 제기되고 있다.93) 법원이 실무상의 고려로서 노동위원회의 전문적인 판단을 존중할 것이 요청된다.94)

(5) 구제방법의 위법성

이는 구제명령에 특유한 취소사유이다. 사실인정의 경우와 달리 부당노동행위가 성립한 경우에 어떠한 구제방법을 택할 것인지에 관하여 노동위원회에 폭넓은 재량권이 있고, 법원은 사법심사에서 그 재량권을 존중하여야 한다.

구제방법의 사법심사는 재량권이 합리적 행사의 한계를 초과하였다고 할 수 있는지, 즉 부당노동행위 금지의 입법 취지와 목적에 비추어 시인되는 범위를 초과하였는지(재량권의 일탈) 및 현저히 불합리하여 남용에 해당한다고 할 수

---

92) 注釋(下), 1069면.
93) 일본의 경우, 노동위원회의 전문성과 준사법기관으로서 가지는 성격을 고려하여 부당노동행위의 성부에 관한 노동위원회의 판단은 존중되어야 한다는 판결[東京高裁 1977. 12. 20. 判決(日産自動車 事件)]이 있고, 이에 반하여 주류적인 판례는 노동위원회의 재량권은 부당노동행위가 성립하는 경우 그 시정조치(구제명령)의 내용에 관하여만 인정되고, 부당노동행위 성부 자체에 관하여는 인정되지 않는다고 본다[最高裁 1978. 11. 24. 判決(秦建築研究所 事件)]. 자세한 내용은 注釋(下), 1070면; 日本 審査手續, 372면 참조.
94) 注釋(下), 1070면.

있는지(재량권의 남용)에 관하여 이루어진다.[95]

    그 결과 재량권의 합리적 한계를 넘어선 것으로 인정되는 구제명령은 위법한 것으로서 취소되어야 하지만, 재량권의 한계 문제는 구체적인 사안에 따라 미묘한 차이가 있을 수 있다.[96]

다. 주장·증명 책임

    재심판정에 대한 행정소송은 형식상 취소소송으로서 그 심리의 대상은 위법사유의 존부이지만, 당사자소송의 실질을 가지고 있어, 어느 당사자가 재심판정의 위법성을 주장·증명하여야 하는지가 문제된다.

    재심판정의 취소소송은 재심판정의 위법을 들어 그 취소를 구하는 것이므로 원고가 그 위법 사유를 주장할 책임을 부담한다.[97]

    민소법의 규정이 준용되는 행정소송에서 증명책임은 원칙적으로 민사소송의 일반원칙에 따라 당사자 간에 분배되지만,[98] 항고소송의 경우에는 그 특성에 따라 당해 처분의 적법을 주장하는 행정청(피고)에 그 적법사유에 대한 증명책임이 있다.[99] 따라서 재심판정의 취소소송에서도 일응 재심판정의 적법성을 중앙노동위원회 위원장(피고)이 증명하여야 한다.

---

95) 最高裁 1977. 2. 23. 判決(第二鳩タクシ-事件)에서 일본 최고재판소는 구제방법의 심사에 관하여 노동위원회의 재량권이 인정됨을 설시한 데 이어 "위와 같은 노동위원회의 재량권은 광범위한 것이지만 본래부터 무제한인 것은 아니고 부당노동행위 구제제도의 취지·목적에 유래하는 일정한 한계가 존재하기 때문에 그 구제명령은 부당노동행위에 의한 침해의 구제로서의 성질을 가져야만 하고, 이러한 점으로부터 도출되는 한계를 넘어서는 것이어서는 안된다. 그러나 법이 이와 같이 노동위원회에 광범위한 재량권을 부여한 취지에 비추어 보면, 소송에서 노동위원회 구제명령의 내용의 적법성이 다투어지는 경우 법원은 노동위원회의 재량권을 존중하여 그 행사가 위 취지·목적에 비추어 시인할 수 있는 범위를 넘어서거나 현저히 불합리하여 남용이라고 인정되지 않은 한 당해 명령을 위법하다고 하여서는 안된다."라고 판시하였다.

96) 김민기b, 464면.

97) 대법원 2001. 10. 23. 선고 99두3423 판결. 행정소송에 있어서 특단의 사정이 있는 경우를 제외하면 당해 행정처분의 적법성에 관하여는 당해 처분청이 이를 주장·증명하여야 할 것이나 행정소송에 있어서 직권주의가 가미되어 있다고 하여도 여전히 변론주의를 기본 구조로 하는 이상 행정처분의 위법을 들어 그 취소를 청구함에 있어서는 직권조사사항을 제외하고는 그 취소를 구하는 자가 위법사유에 해당하는 구체적인 사실을 먼저 주장하여야 한다.

98) 행정소송상 증명책임에 관하여도 민사소송의 경우와 마찬가지로 법률요건 분류설이 통설·판례이다. 이에 의하면 권한행사 규정의 요건사실 존재는 그 권한행사의 필요 또는 적법성을 주장하는 자가 증명책임을 부담하므로, 적극적 처분에 대하여는 그 처분을 한 처분청이, 거부처분에 대하여는 원고가 각 증명책임을 부담하고, 권한불행사 규정이나 상실규정의 요건사실 존재는 처분권한의 불행사나 상실을 주장하는 자가 증명책임을 부담하므로, 적극적 처분에 대하여는 원고가, 거부처분에 대하여는 처분청이 증명책임을 부담한다.

99) 대법원 1984. 7. 24. 선고 84누124 판결.

그러나 부당노동행위의 구성요건에 해당하는 사실에 관한 주장·증명 책임은 이를 주장하는 근로자 측에게 있으므로[100] 그 주장·증명 책임의 실질은 재심판정의 내용에 따라 달라질 수밖에 없다. 즉, 부당노동행위의 성립을 부정한 재심판정에서는 원고인 근로자 또는 노동조합이 부당노동행위의 성립(재심판정의 위법성)을 주장·증명하여야 하고, 그 반대의 경우에는 피고인 중앙노동위원회 위원장이 부당노동행위의 성립요건(재심판정의 적법성)을 주장·증명하여야 한다.[101]

실무상 재심판정에 대한 행정소송의 판결에서는 일반 취소소송과 같이 원고가 주장하는 재심판정의 위법사유를 기재한 다음, 관련 증거에 의하여 인정되는 사실에 비추어 원고 주장의 위법사유가 인정되는지 여부[102]를 판단하는 형식을 취한다.

라. 증거방법

(1) 행정심판기록 제출명령

행정소송에서 이루어지는 증거조사 절차·방법은 민사소송과 다르지 않지만, 행소법은 행정심판기록 제출명령이라는 특수한 증거방법을 두고 있다.

행정소송에서도 민소법에 따른 문서제출명령을 신청할 수도 있으나, 행정심판기록 중에서 재결청이 오로지 스스로 사용 목적을 위하여 작성·수집한 이른바 내부문서에 관하여는 제출대상으로 할 수 없는 제한(민소법 344조 3호 참조)이 따르므로, 원고 측 증거수집의 곤란과 전심 심리의 활용 등 행정소송의 특수한 요청에 따라, 법원은 당사자의 신청이 있는 때에는 행정청에 대하여 행정심판에 관한 기록의 제출을 명할 수 있도록 하였다(행소법 25조 1항, 38조 1항·2항, 44조 1항).

이에 따라 재심판정의 당사자도 중앙노동위원회에 대한 재심 사건기록의 제출신청을 통하여 이와 관련한 증거를 제출할 수 있다.

---

100) 대법원 1996. 9. 10. 선고 95누16738 판결, 대법원 2014. 2. 13. 선고 2011다78804 판결 등. 해고 등의 효력을 다투는 민사소송에서 그 정당성에 관한 주장·증명책임을 사용자가 부담하는 것(대법원 1991. 7. 12. 선고 90다9353 판결)과 다르다.

101) 실무상으로 피고 측의 주장·증명이 실질적인 이해관계를 갖는 피고 보조참가인에 의하여 이루어지므로 어느 경우에나 근로자 측이 부당노동행위의 성립요건에 관한 실질적인 주장·증명책임을 부담한다고 할 수 있다.

102) 그 내용은 실질적으로 부당노동행위가 성립하는지 여부이다.

(2) 증명의 촉구와 석명권의 행사

당사자가 구제절차에서 제출한 주요 자료가 소송에 현출되는 것이 소송의 신속과 경제에 바람직하지만, 실무상 피고 소송수행자가 이를 적시에 자발적으로 제출하는 경우가 거의 없다.[103) 원고가 소송대리인을 선임한 경우에는 증거의 제출에 별문제가 없으나 원고 본인이 소송하는 경우에 법원은 원고로 하여금 앞서 본 행정심판기록 제출명령이나 문서송부촉탁을 통하여 또는 피고 소송수행자로 하여금 그 자료를 제출하도록 촉구할 필요가 있다.

재심판정 취소소송에서 증명책임 분배를 떠나 관련 자료의 대부분을 사업주인 사용자가 보유하고 있다. 그런데 노사 쌍방의 첨예한 이해대립과 반목으로 그 주장이 상반되고 관련 자료의 제출을 꺼리는 경우가 적지 않으므로 이러한 경우 법원은 쟁점 사항에 대하여 석명권을 행사하고 그에 관한 증거자료의 제출을 요구할 필요가 있다.

마. 청구의 포기·인낙과 화해

원고는 청구를 포기할 수 있다. 실무상 청구 포기의 사례는 거의 없고, 이러한 경우는 통상 소의 취하로서 처리된다.

행정소송의 대상인 공법상의 권리관계는 당사자의 자유로운 처분의 대상이 될 수 없으므로 재심판정 취소소송에서 화해나 인낙은 허용되지 않음이 원칙이다. 다만, 실무에서는 실질적 당사자인 원고와 피고 보조참가인 사이에 이해관계를 조절하여 합의를 유도하고 이러한 합의와 원고의 소 취하를 내용으로 하는 조정권고를 통하여 사실상 화해 또는 조정과 같은 결과를 얻고 있다.

부당노동행위 구제신청 사건은 주로 노동쟁의 과정에서 제기되는 경우가 적지 않은데, 이 경우에는 노사 상호 간의 존재 인정과 존중, 화합과 상생의 필요성을 들어 노동조합 측에는 적법한 조합활동이나 쟁의행위를 선언하도록 하고, 사용자 측에는 잔존하는 부당노동행위 결과를 제거·시정하는 내용으로 조정이 가능하고 또 바람직하다.

그리고 관련 분쟁의 일괄 해결을 위하여 관련사건 처리조항(소 취하 등)을, 앞으로 있을 분쟁을 예방하기 위하여 장래 분쟁종식조항(장래 민·형사 기타 소의

---

103) 2심의 구제절차를 거치고 이 과정에 대부분 자료가 제출되므로 당사자들이 소송에서는 그 자료를 다시 제출할 필요가 없는 것으로 생각하는 경우가 많다.

부제기)을 조정조항에 담을 필요가 있다.

또한, 취소소송의 특성상 조정 내용이 이행된 후 원고의 소 취하와 이에 대한 피고의 동의를 내용으로 하는 사건 종국에 관한 조항을 삽입하여야 하고, 소송비용은 대부분 사건에서 각자 부담으로 한다.

4. 판   결

가. 판단의 기준 시

(1) 소송요건

취소소송의 일반 소송요건은 민사소송에서와 마찬가지로 변론종결 시까지 갖추면 된다. 다만, 소의 이익은 사실심 변론종결 시는 물론 상고심에서도 존속하여야 하며, 상고심 계속 중 소의 이익이 소멸하면 부적법한 소가 되어 직권으로 각하된다.[104]

따라서 재심판정 이후에 구제명령의 이행 내지는 집행이 불가능하게 되거나 불필요하게 된 사정이 발생한 경우 이러한 사유는 사실심 변론종결 시까지 갖추어야 하는 소송요건의 하나인 소의 이익에 관한 것이므로 사실심 변론종결 시를 기준으로 판단하여야 한다.[105] 이는 재심판정의 위법성 판단의 자료로 삼는 것이 아니므로 아래에서 보는 본안에 관한 판단 기준 시인 처분시설과 직접 관련한 것은 아니다.

(2) 본안사항(재심판정의 위법성)

일반 취소소송에서 처분의 위법 여부를 판단할 때 그 기준 시를 처분 시로 할 것인가 변론종결 시로 할 것인가에 관하여 견해의 대립이 있으나, 통설·판례는 처분시설을 취한다.[106]

노동위원회의 처분도 행정처분의 일종이고 일반 취소소송의 기준 시와 달리 볼 이유가 없다거나, 노동위원회의 준사법적 기능이나 재량권을 고려할 때 더욱더 처분시설이 타당하다는 등의 이유로 재심판정의 위법성 판단 기준 시에 관하여도 처분시설이 주류를 이룬다.[107]

---

104) 대법원 1995. 11. 21. 선고 94누11293 판결, 대법원 1996. 2. 23 선고 95누2685 판결.
105) 다만, 사실심 변론종결 이후에 소송요건이 흠결되거나 그 흠결이 치유된 경우 상고심에서도 이를 참작하여야 한다(대법원 2020. 1. 16. 선고 2019다247385 판결).
106) 대법원 1996. 12. 20. 선고 96누9799 판결, 대법원 2002. 10. 25. 선고 2002두4464 판결, 대법원 2005. 4. 15. 선고 2004두10883 판결 등.

재심판정에 대한 취소소송에서 처분 시라 함은 재심판정이 발하여진 때를 말한다. 따라서 행정처분인 노동위원회의 판정이 정당한지를 판단할 때에는 부당노동행위가 이루어질 당시까지의 사실만을 자료로 판단할 것이 아니라, 그 이후 재심판정 시까지 발생한 사실도 고려하여 판정의 당부를 판단하여야 한다.

여기서 처분의 위법 여부를 판단하는 기준시점이 처분 시라는 의미는 처분이 있을 때의 법령과 사실 상태를 기준으로 하여 적법 여부를 판단한다는 것이고, 처분이 있은 뒤에 생긴 법령의 개폐나 사실의 변동에 영향을 받지 않음을 뜻한다. 그러므로 처분 당시 존재하였던 사실의 증명은 사실심 변론종결 당시까지 얼마든지 할 수 있고, 법원은 처분 당시 노동위원회가 제출받은 자료뿐만 아니라 사실심 변론종결 당시까지 제출된 모든 자료를 종합하여 처분 당시 존재하였던 객관적 사실을 확정하고 그 사실에 기초하여 처분의 적법성 여부를 판단하여야 한다.108) 따라서 재심판정 이후에 생긴 사유가 아닌 이상, 재심절차에서 주장하지 않은 사유도 행정소송에서 주장할 수 있다.109)

나. 판결의 내용110)과 그 확정에 따른 효과

(1) 소 각하와 청구 기각의 판결

재심판정 취소소송에서 당사자적격, 소의 이익, 제소기간 등의 소송요건을 갖추지 못한 경우 그 소송은 부적법한 소로서 각하된다.

재심판정 전부 또는 일부에 취소이유가 없다고 인정되면, 그 부분 청구를 기각하는 판결이 선고된다.

이러한 소 각하·청구 기각의 판결이 확정되고, 아울러 제소기간이 도과하는 등으로 다시 소송이 제기될 수 없는 상태에 이르면 재심판정의 내용대로 구제명령·기각결정·각하결정이 확정된다.

---

107) 김유성, 388면; 注釋(下), 1073면.
108) 대법원 1993. 5. 27. 선고 92누19033 판결.
109) 대법원 1990. 8. 10. 선고 89누8217 판결.
110) 재심판정의 위법 여부가 소송물이므로 이에 관한 판단의 결과를 주문에 나타내면 족하고 구제신청에 대하여는 주문에 언급할 필요가 없다. 따라서 ① 소송요건을 갖추지 못한 경우에는 "이 사건 소를 각하한다.", ② 청구가 모두 이유 없는 경우에는 "원고의 청구를 기각한다.", ③ 여러 청구 가운데 일부만 이유 있는 경우에는 "중앙노동위원회가 2022. 8. 10. 원고와 피고보조참가인 사이의 2022부해100/부노121 부당해고 및 부당노동행위구제 재심신청 사건에 관하여 한 재심판정 가운데 부당해고 부분을 취소한다. 원고의 나머지 청구를 기각한다.", ④ 청구 전부가 이유 있는 경우에는 "중앙노동위원회가 2022. 8. 10. 원고와 피고보조참가인 사이의 2022부해100/부노121 부당해고 및 부당노동행위 구제 재심신청 사건에 관하여 한 재심판정을 취소한다." 등의 주문을 내게 된다.

사용자가 확정된 구제명령111)을 이행하지 않으면 형벌의 제재를 받는다(법 89조 2호).

(2) 취소판결
㈎ 취소의 범위

소송의 심리결과, 재심판정의 전부 또는 일부가 위법하다고 인정되면, 법원 은 재심판정의 위법한 부분을 취소하게 된다.

일부 취소의 판결은 청구의 주관적 병합(다수 신청인)과 객관적 병합(수 개의 부당노동행위에 대한 구제신청)의 경우에 있을 수 있다.

그리고 소급임금의 지급(back-pay)을 내용으로 하는 구제명령에서 중간수입 의 불공제가 위법한 경우에 그 부분의 취소범위가 문제 된다. 이에 관하여는 중 간수입을 공제하지 않은 구제명령 부분만을 취소하여야 한다는 견해가 있지만, 구제명령의 내용은 노동위원회의 재량적 판단에 위임되어 있어 중간수입의 공 제 여부와 그 범위도 노동위원회가 결정하여야 할 사항이고, 이러한 재량적 판 단을 법원이 대신하여 행할 수는 없으므로 법원은 노동위원회의 중간수입 불공 제가 재량권 행사의 범위를 일탈하여 위법하다고 판단할 경우에는 소급임금 지 급명령 전체를 취소하여야 한다.112)

㈏ 판결 확정의 효과

재심판정의 전부 또는 일부를 취소하는 판결이 확정되면, 취소된 재심판정 부분(구제명령 또는 기각·각하 결정)은 그 판정 시로 소급하여 효력을 잃는다. 취 소판결은 당사자가 아닌 제3자(당해 노동관계에서 원고 이외의 자)에 대하여도 효 력이 있다(행소법 29조 1항).

또한, 확정된 취소판결은 그 사건에 관하여 당사자인 행정청(중앙노동위원회) 과 그 밖의 관계행정청(지방노동위원회)을 기속한다(행소법 30조 1항). 취소판결이 노 동위원회를 어떠한 형태로 기속하는지는 재심판정의 내용 및 이를 취소한 이유 에 따라 다르고, 이를 나누어 보면 다음과 같다.

① 재심신청 각하의 재심판정이 취소된 경우

재심신청을 각하한 재심판정이 각하사유가 없다는 이유로 취소되면, 중앙

---

111) 재심판정이 구제명령을 발한 초심판정을 유지하는 것이거나 구제신청을 기각한 초심판정 을 취소하고 구제명령을 발한 경우이다.
112) 最高裁 1977. 2. 23. 判決(第二鳩タクシ-事件). 注釋(下), 1078면에서 재인용.

노동위원회는 행소법 30조 2항에 따라 재심사하여 본안에 관한 판정을 하여야
한다.

② 재심신청 기각의 재심판정이 취소된 경우

㉠ 초심 구제명령을 유지한 재심판정의 경우

부당노동행위가 성립하지 않는다는 이유로 재심판정이 취소된 경우, 중앙
노동위원회는 재심사하여 초심판정을 취소하고 구제신청을 기각하여야 한다(행
소법 30조 2항; 노위규칙 99조 1항).[113)

초심 구제명령이 재량권의 범위를 벗어났다는 이유로 이를 지지한 재심판
정이 취소된 경우, 중앙노동위원회는 재심사하여 초심판정을 취소하고 적절한
구제명령을 발하여야 한다.

㉡ 초심 기각결정을 유지한 재심판정의 경우

부당노동행위가 성립한다는 이유로 재심판정이 취소된 경우가 이에 해당하
고, 이때 중앙노동위원회는 재심사하여 초심판정을 취소하고 구제명령을 발하여
야 한다(행소법 30조 2항).

㉢ 초심 각하결정을 지지한 재심판정의 경우

각하사유가 없다는 이유로 재심판정이 취소된 경우이고, 이 경우 중앙노동
위원회는 재심사하여 초심판정을 취소하고 본안에 관한 재심판정을 하여야 한
다(행소법 30조 2항).

㉣ 심사절차의 위법을 이유로 한 경우

이 경우 중앙노동위원회는 적법한 절차로 재심사하여 재심판정을 하여야
한다(행소법 30조 2항).

③ 재심신청을 인용한 재심판정이 취소된 경우

㉠ 초심 기각결정을 취소하고 구제명령을 발한 재심판정의 경우

부당노동행위가 성립하지 않음을 이유로 재심판정이 취소된 경우, 취소판
결의 확정으로 재심판정(구제명령)이 효력을 잃고 초심의 기각결정이 확정되는
결과에 이르므로 재심절차를 재개할 필요가 없다.[114)

---

113) 이 경우 재심판정은 실질적으로 구제신청을 받아들인 처분이므로 절차의 위법을 이유로
    취소되는 경우(행소법 30조 2항, 3항)가 아니라면 재심사할 필요가 없다는 견해가 있고, 일본
    중앙노동위원회의 실무도 이 견해를 취한다. 자세한 내용은 注釋(下), 1079~1080면; 日本 審
    査手續, 378~379면 참조.

114) 注釋(下), 1080면.

취소의 이유가 절차의 위법이라면, 적법한 절차로 재심사하여 재심판정을 하여야 한다(행소법 30조 2항).

그리고 재심판정의 구제명령이 재량권의 범위를 벗어났다는 이유로 취소된 경우, 중앙노동위원회는 재심사하여 판결의 취지에 따른 적절한 구제방법을 결정하여 새로운 구제명령을 발하여야 한다(행소법 30조 1항).[115]

ⓛ 초심 구제명령을 취소한 재심판정의 경우

취소의 사유가 절차의 위법이라면, 적법한 절차로 재심사하여 재심판정을 하여야 한다(행소법 30조 2항).

취소의 사유가 부당노동행위의 성립을 이유로 한 경우에 중앙노동위원회가 심사를 재개하여야 하는지에 관하여 견해가 나뉜다. 이 경우 초심 구제명령이 부활하므로 중앙노동위원회가 심사를 재개할 필요가 없다는 견해가 있으나, 구제방법의 적절성을 재심사하여 부적절한 경우에는 이를 변경할 필요가 있고(행소법 30조 1항), 그러한 재심판정은 그 실질이 구제신청을 기각한 처분이므로 행소법 30조 2항이 적용되어야 하므로 심사가 재개되어야 할 것이다.[116]

ⓒ 초심 구제명령을 변경한 재심판정의 경우

재심판정의 취소가 부당노동행위의 불성립을 이유로 한 것이라면, 행소법 30조 3항의 반대해석상 중앙노동위원회는 심사를 재개할 필요가 없다. 그러나 취소사유가 구제방법의 위법을 이유로 한 것이라면 중앙노동위원회는 재심사하여 판결의 취지에 따라 새로운 구제명령을 발하거나 재심신청을 기각하여야 한다(행소법 30조 1항).

다. 재 처 분

(1) 재처분 절차의 개시

재처분사건은 재심판정을 취소하는 법원의 판결이 확정되면 중앙노동위원회의 직권에 의하여 절차가 개시된다(노위규칙 99조 1항). 당사자의 재처분 신청은 직권발동을 촉구하는 의미에 그친다.

(2) 재처분 절차

재처분을 하는 경우에는 심문회의를 개최하지 아니함을 원칙으로 한다. 다만, 본안에 대한 심리 또는 판단이 필요한 경우에는 심문회의를 개최할 수 있다

---

115) 最高裁 1977. 2. 23. 判決(第二鳩タクシ-事件). 注釋(下), 1079면에서 재인용.
116) 注釋(下), 1080면 이하. 일본의 다수설이다.

(노위규칙 99조 3항).

재처분의 범위는 판결로서 취소된 부분에 한정하여, 그리고 취소한 판결 이유에 따라 행하여져야 한다.

(3) 재처분 의결 및 재처분판정서의 작성

재처분은 심판위원회의 의결을 거쳐 이루어지는 것이 원칙이지만, 당사자의 신청이나 동의가 있는 경우에는 단독심판으로 할 수 있다(노위규칙 99조 4항).

심판위원회는 확정된 취소판결에 기속되므로 그 취지에 따른 재처분을 하여야 한다(행소법 30조).

심판위원회 의결에 따라 재처분 판정서(결정서)를 작성하고 이를 재심사건 당사자에게 송부한다(노위규칙 99조 2항).

III. 긴급명령과 집행정지

1. 개   요

구제명령의 효력은 재심신청이나 행정소송이 제기되어도 정지되지 아니하므로(법 86조), 구제명령이 발하여지면 사용자는 바로 구제명령을 이행할 공법상의 의무를 부담한다(법 84조 3항).[117] 그리고 사용자가 확정된 구제명령을 이행하지 않으면 형사 처벌된다(법 89조 2호).

그런데 구제명령으로 노사 간의 사법상 법률관계가 형성되거나 변경되는 것이 아니고, 사용자가 구제명령을 이행하여야 할 의무도 어디까지나 공법상 의무이지 민사상 의무가 아니므로 민사집행절차에 의하여 그 의무를 강제할 수 없다. 또한, 노조법 84조 3항에서 "관계 당사자는 제1항의 규정에 의한 명령이 있을 때에는 이에 따라야 한다."라고만 규정할 뿐이고, 사용자가 확정되지 아니한 구제명령을 이행하지 아니한 경우에 이를 강제하거나 집행할 실효성 있는 방법이 없다.[118]

다만, 사용자가 행정소송을 제기한 경우에 관할법원이 중앙노동위원회의 신청에 의하여 판결이 확정될 때까지 구제명령의 전부 또는 일부의 이행을 명

---

117) 대법원 1996. 4. 23. 선고 95다53102 판결.
118) 원직 복직 등의 시정조치는 사용자만이 행할 수 있는 비대체적 작위의무이므로 행정대집행법에 의한 행정대집행이 불가능하고, 금전급부를 내용으로 하는 구제명령에 대하여도 국세징수법이 준용되지 않아 이를 강제하거나 집행할 방법이 없다.

할 수 있고(긴급명령), 이 명령을 위반한 자에 대하여 행정질서벌로서 과태료를 부과할 수 있을 뿐이다(법 85조 5항, 95조).

이처럼 미확정의 구제명령 위반에 대하여 이를 제재하거나 그 이행을 강제할 수단이 거의 없는 현행법하에서 일반 행정처분의 취소소송과 같이 구제명령에 대한 집행정지의 필요성이 인정될 수 있는지가 문제된다.

2. 긴급명령

가. 개   요

(1) 의의와 연혁

사용자가 재심판정에 대하여 행정소송을 제기한 경우에 관할법원은 중앙노동위원회의 신청에 의하여 결정으로써, 판결이 확정될 때까지 중앙노동위원회의 구제명령의 전부 또는 일부를 이행하도록 명할 수 있는데(본조 5항), 이를 긴급명령 또는 긴급이행명령이라 한다. 긴급명령은 발령 이후에도 법원이 당사자의 신청 또는 직권으로 취소 또는 변경할 수 있다(본조 5항). 긴급명령 위반에 대하여는 과태료의 제재가 따른다(법 95조).

헌법재판소가 확정되지 아니한 구제명령을 위반한 경우에도 그 위반자를 처벌하는 구 노조법 46조 전단 부분에 대하여 헌법에 위반된다고 결정함으로써[119] 그 한도 내에서는 권리구제의 신속성을 도모할 수 없게 되었다. 이에 현행법에서는 헌법재판소의 결정취지에 따라 확정된 구제명령의 위반에 대하여만 형사 처벌하도록 규정하여 위헌성을 제거하는 한편, 사용자의 행정소송 제기로 구제명령의 확정이 지연된 경우에 법원의 결정[120]으로 구제명령의 이행을 명할 수 있도록 하는 긴급명령 제도를 도입하여 구제명령의 실효성을 확보하고자 하였다.

(2) 법적 성격

긴급명령은 행정소송의 제기 시부터 그 판결의 확정 시까지 취해지는 잠정적·일시적인 조치이다. 그런데 긴급명령의 발령에 관한 상세한 절차적 규정이 없는 관계로 그 법적 성격이 민소법, 기타 어느 소송절차법의 제도와 유사한가

---

119) 헌재 1995. 3. 23. 선고 92헌가14 결정.
120) 행정기관인 노동위원회의 명령에 대해 즉시 강제력을 부여하는 것은 적당하지 않으므로, 법원의 명령에 의해 당초의 구제명령에 강한 효력을 부여하고, 이에 위반한 경우 과태료의 제재를 가하도록 한 것이 '긴급명령제도'이다. 자세한 내용은 김홍영a, 232면 이하.

라는 논의가 있다.

그 법적 성격에 관하여 ① 가처분과 유사한 것, ② 가집행 선고와 비슷한 것, ③ 집행벌의 전제조건인 예고와 유사한 것, ④ 구제명령에 간접적인 강제력을 부여하기 위한 법원의 인가행위라는 것 등의 다양한 견해가 제시되고 있다.[121)

어느 견해를 취하느냐에 따라 심사범위, 법원이 갖는 재량의 성격 등에 차이가 있을 수 있지만, 어느 견해를 취하든 긴급명령이 잠정적 성질을 갖는다는 점에서는 일치하므로 실제 운영상 차이점이 거의 없어 논의의 실익이 크지 않다. 현재 일본의 일반적 견해는 간접적인 강제력을 부여하기 위한 법원의 인가행위로 보고, 법원도 대부분 사안에서 같은 견해를 취하고 있다.[122)

나. 긴급명령의 신청

사용자가 중앙노동위원회의 부당노동행위 재심판정에 불복하여 행정소송을 제기한 경우 중앙노동위원회는 당해 사건의 근로자나 노동조합의 요청에 의하여 구제명령의 이행명령 신청 여부를 결정하여야 한다(노위규칙 96조).

(1) 관   할

긴급명령 신청은 재심판정에 대한 취소소송(본안 소송)이 계속하는 법원이 관할한다(본조 5항). 여기서 관할법원이라 함은 최초에 행정소송이 제기된 법원(서울행정법원 또는 대전지방법원)이 아니라, 현재 행정소송이 계속 중인 법원을 말한다. 예컨대, 행정소송이 항소심에 계속 중이면 긴급명령 신청은 서울고등법원에 하여야 한다.

(2) 신 청 인

긴급명령의 신청인은 중앙노동위원회이다(본조 5항).[123) 피신청인은 행정소송을 제기한 사용자이다.

(3) 신청절차

중앙노동위원회는 직권으로 또는 구제신청을 한 근로자·노동조합의 요청[124)에 의하여 긴급명령의 신청 여부와 범위를 결정한다. 긴급명령 신청은 중

---

121) 김홍영a, 234면.
122) 김홍영a, 234면.
123) 본안 행정소송에서 중앙노동위원회 위원장이 당사자(피고)로 되는 것과 다르다.
124) 일본의 경우, 사용자의 구제명령 불이행이 근로자 측에게 회복하기 어려운 손해를 발생시

앙노동위원회 심판위원회가 관장하여 처리한다(노위규칙 16조 20호).

다. 긴급명령의 대상

본조 5항은 '중앙노동위원회의 구제명령'의 전부 또는 일부를 이행하도록 명할 수 있다고 규정하여, 긴급명령의 대상이 중앙노동위원회가 발한 구제명령에 한정되는지, 중앙노동위원회의 재심판정으로 유지된 지방노동위원회 발령의 구제명령도 포함하는지 견해가 나뉠 수 있다.

긴급명령의 제도적 취지에 비추어 지방노동위원회가 발한 구제명령을 긴급명령의 대상에서 제외할 이유가 없고, 이러한 구제명령은 재심판정으로 유지된 것으로서 구제명령의 전제가 되는 부당노동행위의 성부와 구제방법에 관한 초심과 재심의 판단이 일치한 것임에 반하여, 중앙노동위원회가 비로소 발령한 구제명령은 초심과 재심의 판단이 불일치하는 것이어서 긴급명령의 전제가 되는 구제명령 적법성의 관점에서 전자가 우월하다고 할 수도 있는 점 등을 고려하면, 지방노동위원회가 발한 구제명령도 긴급명령의 대상이 된다고 해석할 여지도 있다.

그러나 본조 5항의 문언은 긴급명령의 대상을 '중앙노동위원회의 구제명령'으로 명백히 한정하고 있는 점, 긴급명령의 위반에 대하여 과태료의 제재가 따르므로 그 근거 규정은 문언에 따라 엄격히 해석할 것이 요청되는 점 등에 비추어 볼 때, 긴급명령의 대상은 중앙노동위원회가 발한 구제명령에 한정된다고 보아야 할 것이다.[125]

라. 긴급명령 신청의 심사

긴급명령은 법원의 결정으로 이루어지므로 그 신청의 심사는 행소법에 의하여 준용되는 민소법상 결정절차로서 처리하게 된다. 따라서 그 심사의 방법과 범위 등에 관하여 법원에 폭넓은 재량이 주어진다.

킬 수 있다는 내용의 긴급명령 신청요청서를 제출하면, 노동위원회는 긴급한 필요가 없다는 등의 특별한 사정이 없다면, 긴급명령을 신청하고 있다. 注釋(下), 1039면.

125) 1996년 노동관계개혁위원회에서 노동관계법에 대한 개정논의의 하나로 구제명령의 실효성이 논의되었고, 공익대표위원들은 긴급이행명령의 도입을 합의하였는데, 그 내용은 '최소한 중앙노동위원회의 구제명령에 대해서는 법원이 긴급이행명령을 내릴 수 있게 하여 그 실효성을 확보하도록 하며, 법원의 이행명령에 따르지 않는 경우에는 불이행 기간이 길수록 증액되는 과태료 부과방식을 채택한다'라는 것이었다. 김홍영a, 228면.

(1) 심사의 방식

법원이 신청을 심사하면서 반드시 변론이나 심문을 거쳐야 하는 것은 아니고, 증명의 정도도 소명으로 충분하며, 직권으로 적절한 증거방법을 택하여 조사할 수도 있다.[126]

(2) 심사의 범위

긴급명령은 사용자에게 취소소송 계속 중 잠정적으로 구제명령을 이행하도록 하는 것이므로, 구제명령과 이에 대한 취소소송의 계속이 전제되어야 하고, 따라서 법원이 그 요건의 구비 여부를 심사하여야 함은 당연하다.

나아가 법원이 구제명령의 적법성과 긴급명령을 발할 필요성에 관하여 긴급명령의 발령요건으로서 심사하여야 하는지와 어느 정도까지 심사할 수 있는지를 둘러싸고 견해가 대립한다.[127]

법원이 긴급명령의 발령 여부를 판단할 때 노동위원회의 판단에 구속되어야 한다는 법령상의 제한이 없는 이상, 구제명령의 적법성과 긴급명령의 필요성(구제명령에 간접강제력을 부여할 필요가 있는지)을 심사할 수 있음은 당연하고,[128] 문제는 이를 어느 정도까지 심사하여야 하는가에 있다.

(가) 구제명령의 적법성에 관한 사법심사의 정도

긴급명령 신청에 대한 재판절차에서 법원은 구제명령의 적법성에 대하여 심사하고 판단할 수 있다. 그러나 구제명령의 공정력과 적법성의 심사는 본안인 취소소송 절차에서 행하여져야 하는 점에 비추어 볼 때, 그 심사의 정도는 구제명령의 주문이 관련 자료에 의하여 이유 있다고 할 정도의 소명이 있는지를 살펴보면 충분하다.[129] 구제명령에 중대하고 명백한 하자가 있다는 등의 특별한 사정이 없다면, 구제명령의 적법성에 관하여는 따로 판단할 필요가 없다.[130]

---

126) 김홍영a, 237면 이하.
127) ① 구제명령의 당부에 대하여는 법원이 심사할 수 없다는 견해, ② 노동위원회의 신청이 있는 이상, 법원은 긴급명령의 필요성을 인정하여야 하고 이를 심사할 수 없다는 견해, ③ 구제명령의 적법성과 긴급명령의 필요성을 아울러 심사할 수 있다는 견해로 대별할 수 있다. 자세한 내용은 注釋(下), 1040면 참조.
128) 일본의 통설과 판례가 취하는 견해이다. 자세한 내용은 김홍영a, 240면 이하; 注釋(下), 1040면 이하; 日本 審査手續, 389면 이하 참조.
129) 김홍영a, 243면 이하.
130) 注釋(下), 1041면; 日本 審査手續, 390면.

(나) 긴급명령의 필요성에 관한 심사

긴급명령 신청에 대한 재판에서 법원의 심사는 긴급명령을 발할 필요성·긴급성이 있는지에 집중된다.

긴급명령의 필요성 유무를 판단할 때에는 구제명령의 불이행에 따른 근로자의 경제적 곤란의 정도, 단결권 보호의 필요성, 본안소송에서 구제명령이 취소될 가능성, 긴급명령으로 사용자에게 회복하기 곤란한 손해가 발생할 가능성이 있는지 등을 종합적으로 고려하여야 한다.[131]

(다) 잠정성에 의한 제약

긴급명령은 임시의 응급조치이므로 회복 불능한 조치를 명하는 것은 필요성을 넘어서는 것으로서 허용될 수 없다.[132]

일반적으로 원직 복직과 소급임금의 지급, 부작위를 내용으로 하는 구제명령에 대한 긴급명령의 필요성을 인정하지만,[133] 단체교섭 응낙과 공고문 게시의 구제명령에 대한 긴급명령은 잠정성에 반하는지가 문제된다.

먼저, 단체교섭 응낙의 구제명령에 관하여 보면 단결권보호의 필요성과 그 시기의 중요성에 비추어 긴급명령을 발할 필요성이 크고, 반면에 사용자가 단체교섭에 응한다는 것만으로 회복하기 곤란한 손해를 초래한다고 보기 어려울 뿐만 아니라 단체교섭 응낙명령은 노사 간의 회합을 도모하려는 것이므로 오히려 긴급명령과 친하다고 할 수 있다.[134]

다음, 공고문 게시명령에 관하여 살펴보면 이를 행한 사용자에게 회복 불가능한 심리적 효과를 불러오는 조치로서 긴급명령의 잠정성에 비추어 원칙적으로 허용되지 않는다. 다만, 부당노동행위로 인한 단결권 침해의 정도가 크고 또한 긴급성이 강하게 요청되는 경우에는 예외적으로 긴급명령이 허용될 수 있다.[135]

---

131) 일본의 판례는 초기에는 주로 근로자의 경제적 곤궁이라는 관점으로부터 필요성을 판단하였고, 이후 단결권 보호의 필요성을 판단요소로 추가하거나 단결권 보호의 필요성만을 기준으로 판단한 사례가 있었지만, 현재에는 주로 근로자의 경제적 곤궁의 측면과 단결권 보호의 필요성 측면 양자를 종합하여 필요성 유무를 판단하는 것으로 실무 관행이 정착되었다고 한다. 注釋(下), 1041면; 日本 審査手續, 390면.
132) 긴급명령의 잠정성은 가처분의 그것과 성질이 다르다는 이유로 이러한 긴급명령도 가능하다는 견해도 있다. 注釋(下), 1044면.
133) 일본의 판례 등 자세한 내용은 김홍영a, 245면 이하; 日本 審査手續, 390면 이하 참조.
134) 注釋(下), 1045면. 일본의 판례도 널리 긴급명령을 인정하고 있다.
135) 注釋(下), 1045면. 일본의 판례도 같은 입장이다.

마. 긴급명령의 발령과 효력

(1) 긴급명령의 발령

법원은 신청이 이유 있으면 구제명령의 전부 또는 일부에 대한 긴급명령을 발하고, 그 신청이 이유 없으면 기각하는 결정을 한다.

긴급명령은 그 위반에 대하여 바로 과태료의 제재가 따르므로 그 내용이 이행 가능한 정도로 특정되어야 한다. 이는 구제명령의 특정과 직결되는 문제로서 소급임금의 지급을 명하는 구제명령을 할 때에는 그 금액과 지급 시기를 특정하여야 한다.[136)]

(2) 긴급명령의 효력

긴급명령은 결정문이 송달(고지)됨으로써 효력이 발생하고, 구제명령에 대한 취소소송의 계속 중 존속하며, 취소소송 판결이 확정됨에 따라 자동적으로 소멸한다(본조 5항).

제1심에서 구제명령을 취소하는 판결이 선고되어도 상소가 제기되어 확정되지 않는 동안에는 긴급명령의 효력이 존속하므로 구제명령을 취소하는 판결을 선고하는 경우에는 그와 동시에 또는 직후에 직권으로 또는 당사자의 신청에 따라 긴급명령을 취소하거나 변경할 필요가 있다.[137)]

구제명령을 취소하는 판결이 확정되면 긴급명령이 자동적으로 실효되지만, 소급하여 효력이 상실되는 것은 아니다. 다만, 근로자가 긴급명령에 따라 지급받은 임금상당액은 구제명령의 취소에도 불구하고 이를 그대로 보유할 권리는 없으므로 부당이득으로 사용자에게 반환하여야 한다. 이와 달리 긴급명령에 따라 근로자가 원직에 복직하여 근로를 제공하고 그 대가로서 지급받은 임금은 부당이득이라 할 수 없으므로 이를 반환할 의무가 없다.[138)]

바. 결정에 대한 불복

(1) 긴급명령에 대한 불복신청

일반적으로 신청을 인용하는 결정에 대하여 항고가 허용되지 않고(민소법 439조의 반대해석), 사용자의 항고를 인정하는 규정도 없으므로 긴급명령에 대한 통상의 항고는 허용되지 않는다.

136) 注釋(下), 1045~1046면.
137) 注釋(下), 1046면.
138) 김홍영a, 252면; 日本 審査手續, 402~403면.

법원은 사용자의 신청 또는 직권으로 언제든지 긴급명령을 취소하거나 변경할 수 있으므로 사용자에게 항고 등 별도의 불복방법을 인정할 필요가 없고, 가처분으로서 긴급명령의 집행정지를 구하는 것도 허용되지 않는다.139)

(2) 기각결정에 대한 불복신청

긴급명령 신청을 기각하는 결정에 대하여는 중앙노동위원회가 불복을 신청할 수 있다. 이 경우에는 신청을 인용한 긴급명령과 달리 법원이 직권으로 또는 신청에 의하여 취소·변경할 수 있다는 규정이 없고, 항고 이외에는 다른 불복방법이 없으므로 이를 인정할 필요가 있다.140)

사. 긴급명령의 취소·변경

(1) 의　　의

법원은 당사자의 신청 또는 직권으로 긴급명령을 취소하거나 그 내용을 변경할 수 있다(본조 5항). 긴급명령은 잠정적인 조치이고 계속적 법률관계를 발생시키는 것이 많으므로 긴급명령이 당초부터 위법한 경우뿐만 아니라 사정변경으로 긴급명령이 부당하거나 불필요하게 된 경우에도 이를 취소·변경할 필요가 있다.

(2) 절　　차

긴급명령의 발령과 달리 직권에 의한 취소·변경이 가능하고, 그 취소·변경의 신청은 긴급명령의 피신청인인 사용자뿐만 아니라 신청인인 중앙노동위원회도 할 수 있다.141)

이를 관할하는 법원은 본안인 취소소송이 계속 중인 법원이다. 따라서 취소소송이 이미 항소심에 계속되고 있는 때에는, 제1심 법원이 긴급명령을 내렸다 하여도, 그 취소·변경은 항소심 법원이 하여야 한다.

긴급명령 취소·변경의 결정절차는 긴급명령의 결정절차에 준하므로, 변론·심문·증거조사 등이 모두 법원의 재량에 맡겨져 있다.142)

---

139) 注釋(下), 1046면; 日本 審査手續, 405면.
140) 注釋(下), 1046면; 日本 審査手續, 405면. 일본의 판례도 같은 전제에서 항고의 적법 여부를 판단한다.
141) 注釋(下), 1047면; 日本 審査手續, 403면.
142) 注釋(下), 1047면; 日本 審査手續, 403면.

(3) 취소 · 변경의 사유

긴급명령이 당초부터 위법한 경우와 사정변경으로 긴급명령이 부당하거나 불필요하게 된 경우가 이에 해당한다.

긴급명령이 그 발령 시부터 위법한 경우는 거의 없을 것이고, 대부분의 취소 · 변경 사유는 사정변경으로 긴급명령의 전부 또는 일부를 유지할 필요성이 소멸한 경우라고 할 수 있다. 긴급명령 이후에 피신청인 회사(사용자)가 소멸하거나 구제신청을 한 근로자가 사망한 경우에는 긴급명령을 취소하여야 할 것이고, 소급임금의 지급을 명한 긴급명령에서 중간수입 공제액이 변한 경우 또는 원직 복직을 명한 긴급명령에서 근로자가 건강상 이유로 직무를 수행하기 어려운 경우에는 긴급명령을 적절히 변경할 필요가 있다.143)

(4) 취소 · 변경의 효력

긴급명령이 당초부터 위법하다는 이유로 취소된 경우에는 소급하여 효력이 있지만, 사정변경을 이유로 취소 · 변경된 경우에는 장래에 향하여만 효력이 발생한다.144)

(5) 취소 · 변경의 신청을 기각하는 결정에 대한 불복방법

이러한 기각 결정에 대한 사용자의 항고는 허용되지 않는다. 취소 · 변경의 신청에 대한 기각결정은 수소법원이 재도(再度)의 고안으로서 긴급명령을 심사하여 이를 유지하는 것인데, 그 기각결정에 대하여 항고할 수 있다고 한다면, 실질적으로 긴급명령에 대한 불복방법으로 항고를 허용하는 부당한 결과에 이르고, 법원이 직권으로 긴급명령을 취소 · 변경하는 결정에 대해 중앙노동위원회의 항고가 인정되지 않는 것과도 균형이 맞지 않는다.145)

아. 긴급명령 위반에 대한 제재

긴급명령에 위반한 자는 500만 원 이하의 금액(당해 명령이 작위를 명하는 것일 때에는 그 명령의 불이행 일수 1일에 50만 원 이하의 비율로 산정한 금액)의 과태료에 처한다(법 95조).

과태료의 제재는 행정처분(구제명령)을 이행하지 않음에 대한 행정벌의 성

---

143) 일본의 관련 사례는 注釋(下), 1047면 이하; 日本 審査手續, 403면 이하 참조.
144) 어느 경우에나 취소 · 변경의 소급효가 없다는 견해가 있다. 日本 審査手續, 403면.
145) 注釋(下), 1049~1050면; 日本 審査手續, 405~406면.

격을 지님과 동시에 구제명령 이행을 위한 간접강제의 성격도 가진다.

　　과태료의 재판은 비송사건절차법에서 정한 절차에 따라 법원이 직권으로 행한다. 사용자가 긴급명령을 따르지 않는 경우 중앙노동위원회 또는 근로자가 법원에 그 사실을 알려 과태료 재판의 직권발동을 촉구할 수 있다.

3. 집행정지

가. 적용범위

　　집행정지는 취소심판이나 취소소송이 제기된 경우에 가능하다(행심법 30조 2항, 행소법 23조 2항). 재심절차와 재심판정에 대한 행정소송도 취소심판, 취소소송에 해당하므로 지방노동위원회의 초심판정과 중앙노동위원회의 재심판정 일반에 대한 집행정지가 가능한 것처럼 보인다.

　　그러나 집행정지 제도는 소극적으로 행정처분이 없었던 것과 같은 상태를 만드는 것에 그치고, 그 이상으로 행정청에 대하여 어떠한 처분을 명하는 등 적극적인 상태를 만들어 내게 되는 경우에는 허용되지 않는다. 거부처분의 경우 그 효력을 정지하여도 신청인의 법적 지위는 거부처분이 없는 상태로 돌아가는 것에 그치므로 이에 대한 집행정지가 인정될 수 없다.[146)]

　　그런데 구제신청을 기각한 초심판정과 이에 대한 재심신청을 기각한 재심판정은 어떠한 형성적 효력도 발생하지 않고 이에 대해 집행정지가 된다 하여도 신청인의 법적 지위에 아무런 변동이 없으므로 집행정지를 구할 대상이나 이익이 없다.[147)] 구제명령을 발한 초심판정과 이에 대한 재심신청을 기각한 경우에도 행정소송을 제기한 사용자가 재심판정에 대해 집행정지 결정을 받는다 하더라도 구제신청을 받아들인 초심판정만이 있는 상태로 돌아가게 되므로 사용자는 집행정지 신청의 목적을 이룰 수 없으므로 결국 신청의 이익이 없다.[148)]

　　그리고 노동위원회의 판정(결정) 가운데 부당노동행위를 인정한 부분은 공법상 확인행위에 불과하여 그 자체로서 어떠한 형성적 효력도 갖지 아니하므로 이 부분을 집행정지의 대상으로 삼을 수 없고, 사용자에게 일정한 작위나 부작

---

146) 대법원 1992. 2. 13.자 91두47 결정, 대법원 1995. 6. 21.자 95두26 결정.
147) 거부처분에 대한 집행정지 신청이 부적법하다고 보는 것과 같다.
148) 이러한 경우에는 아래에서 보는 바와 같이 초심판정과 재심판정을 일련의 절차를 이루는 선·후의 처분으로서 밀접한 관련이 있는 것으로 보아 초심판정의 구제명령을 집행정지의 대상으로 삼아야 할 것이다.

위 의무를 명하는 구제명령 부분만이 발령 즉시 효력이 발생하는 공정력을 가
지므로 집행정지의 대상은 구제명령에 한정된다.

　　따라서 집행정지는 재심절차 단계에서는 초심의 구제명령을 대상으로 이루
어져야 하고, 행정소송에서는 초심판정을 취소한 다음에 발령한 재심판정의 구
제명령이나 구제명령을 발한 초심판정을 유지한 재심판정에서는 초심의 구제명
령을 대상으로 삼아야 한다. 구제명령을 따를 의무를 부담하는 사용자만이 그
효력을 정지시키는 집행정지를 신청할 수 있고, 근로자나 노동조합은 집행정지
를 구할 대상이 없다.

나. 구제명령의 집행정지 가능성

　　노동위원회의 구제명령은 발령 즉시 효력이 발생하는 공정력이 있지만, 일
반 행정처분이 갖는 자기집행력이 있는지가 명백하지 않다. 그러한 집행력이 없
다면 굳이 집행정지를 할 필요성이 없는 것은 아닌지가 문제된다. 이를 둘러싸
고 구제명령이 집행정지의 대상(행소법 23조; 행심법 30조)이 될 수 있는지에 관하여
견해가 나뉜다.149)

(1) 부 정 설

　　구제명령은 집행력을 갖지 않는다는 전제에서, 구제명령에 집행력이 없으
므로 그에 관한 집행정지가 있을 수 없다는 견해이다.

(2) 긍 정 설

　　구제명령은 판정서가 당사자에게 교부된 날부터 효력을 발생하고 그 즉시
사용자는 구제명령에 따라야 할 공법상 의무를 부담하며, 어떠한 형태로든 구제
명령의 집행이 가능할 수 있고, 또 일반적으로 행정처분의 상대방 보호를 목적
으로 하는 집행정지 제도를 널리 인정할 필요가 있음을 들어 그 집행정지를 허
용하여야 한다는 견해이다.

(3) 판　　례

　　구 노조법하에서 판례는 "노조법 44조 및 노위법 19조의 2의 규정150)은 노
동위원회의 구제명령이나 기각결정 또는 재심판정에 대하여 이른바 집행부정지
의 원칙을 명시한 것이고, 행소법 23조 2항의 집행정지 결정까지 불허한다는 취

---

149) 注釋(下), 1049면; 日本 審査手續, 405~406면.
150) 현행 법 84조 및 노위법 27조 2항에 해당한다.

지는 아니므로 노조법 42조의 규정에 의한 중앙노동위원회의 구제명령이나 기각결정 또는 43조의 규정에 의한 중앙노동위원회의 재심판정의 취소를 구하는 행정소송을 제기한 자는 행소법 23조 2항, 3항의 요건이 존재하는 한 위 구제명령 등의 집행정지를 구할 수 있다."고 판시하여 구제명령의 집행정지 가능성을 폭넓게 열어두었다.[151] 이는 당시 노조법에서 미확정의 구제명령을 위반한 경우에도 형사처벌의 대상이 되었으므로 그러한 불이익을 잠정적으로 제거할 필요가 있었기 때문이다.

그런데 미확정 구제명령 위반의 형사처벌 규정에 관한 위헌결정[152]에 따라 현행법은 확정된 구제명령을 위반하였을 경우에만 형벌을 과할 수 있도록 규정하고 있어 그만큼 집행정지의 필요성이 줄어들었고, 구제명령을 자발적으로 이행하지 아니한 경우에 이를 직접 강제할 수 있는 수단도 거의 없으며, 대부분의 구제명령은 긴급명령으로 간접강제가 가능할 뿐이다. 이러한 사정으로 실무에서는 중앙노동위원회의 재심판정에 관하여 집행정지를 구하는 신청은 신청의 이익이 없다는 이유로 부적법하다고 보았고,[153] 구제명령에 대하여 집행정지를 신청한 사례도 많지 않다.

이처럼 구제명령에 대한 집행정지의 필요성이 크지는 않지만, 구제명령이 발령되면 사용자는 이에 따라야 할 공법상의 의무를 부담하고, 그 내용이 대체집행에 적합한 경우에는 집행이 이루어질 수 있으며, 구제명령의 효력이 존속함을 전제로 그 이행을 명하는 긴급명령이 가능하고 그 위반에 대한 과태료의 제재가 이어질 수 있으므로 구제명령의 효력 자체를 정지할 필요가 있고, 그러한 필요가 인정되는 범위에서 구제명령도 집행정지의 대상이 될 수 있다.[154]

다. 집행정지의 요건

(1) 재심신청 또는 행정소송의 계속

행정처분의 집행정지는 민사소송의 가처분과는 달리 재심신청이나 취소소송(본안소송)[155]이 제기된 경우에 가능하다(행심법 30조 5항; 행소법 23조 2항). 따라서

---

151) 대법원 1991. 3. 27.자 90두24 결정.
152) 헌재 1995. 3. 23. 선고 92헌가14 결정.
153) 김종기, 317~324면; 민중기, 366~367면.
154) 注釋(下), 1049면. 일본의 학설은 구제명령이 집행정지의 대상이 될 수 있는지에 관하여 견해가 나뉘지만, 법원은 예외 없이 그에 대한 집행정지 신청을 수리하여 심사하고 있다.
155) 본안소송은 소송요건(원고적격, 피고적격, 제소기간 등)을 갖춘 적법한 것이어야 한다(대법원 1999. 11. 26.자 99부3 결정).

재심신청을 하지 않거나 행정소송을 제기하지 않고 한 집행정지 신청은 부적법
하므로 각하되어야 한다.

본안소송의 대상과 집행정지 신청의 대상은 원칙적으로 같아야 한다. 본안
소송의 대상이 재심판정이므로 재심판정에서 구제명령을 발한 경우에는 구제명
령에 대해 집행정지를 신청하여도 별다른 문제가 없다.

그러나 초심 구제명령을 유지한 재심판정의 취소를 구하는 본안소송에서
구제명령의 집행정지 신청이 가능한지는 검토가 필요하다. 선행처분과 후행처분
이 연속된 일련의 절차를 구성하여 일정한 법률효과의 발생을 목적으로 하는
경우와 같이 양자 사이에 밀접한 관련이 있는 때에는 후행처분의 취소소송을
본안으로 하여 선행처분의 효력, 집행 또는 절차의 속행을 정지할 수 있으므
로156) 재심판정의 취소소송 중에도 초심 구제명령에 대한 집행정지 신청이 가
능하다고 보아야 할 것이다.

본안사건의 계속은 집행정지 결정의 요건일 뿐만 아니라 그 효력 지속의
요건이기도 하므로, 구제명령의 집행정지 결정이 있었더라도 본안사건인 재심신
청이나 취소소송이 취하되면 별도의 집행정지 취소결정을 할 필요 없이 집행정
지의 결정은 당연히 실효된다.157)

(2) 회복하기 어려운 손해를 피하기 위한 긴급한 필요가 있을 것

여기서 회복하기 어려운 손해라 함은 구제명령을 이행함으로써 기업의 존
립이 위태롭게 된다든가 기업의 명예·신용이 훼손되는 등으로 사회통념상 금
전배상으로서 회복할 수 없는 손해를 말한다.158)

따라서 소급임금의 지급을 명하는 구제명령이 취소된 때에 그 반환이 곤란
하다든가159) 원직 복직으로 노무관리에 중대한 지장이 발생한다는 등의 사정만

---

156) 이 경우에는 당해 행정처분의 집행 또는 절차의 속행을 하는 행정청이 피고 행정청과 다
르므로 본안소송의 피고와 집행정지 신청 사건의 피신청인을 달리하게 된다. 南博方·高橋滋
編, 407면.

157) 대법원 1975. 11. 11. 선고 75누97 판결.

158) 대법원 2004. 5. 12.자 2003무41 결정('회복하기 어려운 손해'라 함은, 특별한 사정이 없는
한, 금전으로 보상할 수 없는 손해로서 이는 금전보상이 불능인 경우 내지는 금전보상으로는
사회관념상 행정처분을 받은 당사자가 참고 견딜 수 없거나 또는 참고 견디기가 현저히 곤
란한 경우의 유무형의 손해를 말한다. 그리고 '긴급한 필요'라 함은 회복하기 어려운 손해의
발생이 시간적으로 절박하여 손해를 회피하기 위하여 본안판결을 기다릴 여유가 없는 것을
말하고, 긴급한 필요가 있는지 여부는 처분의 성질과 태양 및 내용, 처분상대방이 입는 손해
의 성질·내용 및 정도, 원상회복·금전배상의 방법 및 난이 등은 물론 본안청구의 승소가능
성의 정도 등을 종합적으로 고려하여 구체적·개별적으로 판단하여야 한다).

으로 회복할 수 없는 손해라고 할 수 없다.160)

그리고 긴급한 필요성이라 함은 회복 곤란한 손해의 발생이 시간상 절박하여 손해를 회피하기 위하여 본안판결을 기다릴 여유가 없는 것을 말한다.161) 이러한 긴급한 필요성은 나머지 요건과 상관관계 아래에서 결정될 것으로서 개별적, 구체적으로 결정하여야 할 것이다.

여기서 구제명령이 취소될 개연성이 매우 크다는 이유로 위와 같은 긴급한 필요성을 인정할 수 있는지가 문제 된다. 일본의 판례는 이를 긍정한 사례가 있으나, 이러한 견해는 집행정지의 실체적 요건을 엄격히 해석할 필요가 있다는 점에 비추어 볼 때 타당한지 의문이다.162)

(3) 공공의 복리에 중대한 영향을 미칠 우려가 없을 것

공공의 복리에 중대한 영향을 미칠 우려가 있는 때에는 집행정지가 허용되지 아니한다(행소법 23조 3항). 부당노동행위 구제명령은 정상적인 노동관계질서의 유지와 회복이라고 하는 공익적 목적을 달성하려는 것이므로 사용자의 회복하기 어려운 손해를 피하기 위한 긴급한 필요성이라는 집행정지의 요건은 엄격히 해석할 필요가 있다.

라. 구제명령의 집행정지와 긴급명령 신청의 경합

구제명령의 집행정지 결정이 이루어진 후에 긴급명령이 신청되면 그 긴급

---

159) 서울행법 2008. 10. 8.자 2008아2323 결정("① 중앙노동위원회에서 부당해고 구제신청을 기각한 초심판정을 취소하고 구제명령을 발령한 경우 구제명령의 불이행으로 인하여 사용자가 부담하는 이행강제금 납부로 인한 손해는 재산상 손해에 해당하는 점, ② 근기법 33조 4항, 근기법 시행령 15조에서는 노동위원회의 구제명령이 취소되는 경우 이미 징수한 이행강제금의 반환을 규정하고 있는 점 등에 비추어 보면, 사용자가 행한 경영상 해고가 부당하다고 인정되어 거액의 이행강제금이 부과되었고 그로 인하여 도산의 염려가 있거나, 노동위원회가 부과한 이행강제금이 사용자의 사업규모·재정상태·경영실적 등에 비추어 현저히 과다하다고 인정되는 경우와 같은 특별한 사정이 없는 한, 구제명령의 불이행으로 인하여 사용자가 부담하는 손해는 원칙적으로 '회복하기 어려운 손해'에 해당한다고 보기 어렵다."라는 이유로 집행정지 신청을 기각하였다).
160) 注釋(下), 1052면.
161) 대법원 1994. 1. 17.자 93두79 결정.
162) 중간수입공제를 하지 아니한 소급임금의 지급을 명한 구제명령의 집행정지 신청에서 중간수입 상당액에 해당하는 구제명령 부분의 집행정지를 인용하였고[廣島高裁 1974. 1. 21. 決定(敷島タクシー 事件)], 당해 해고의 효력을 다투는 민사사건에서 해고가 적법한 것으로 확정된 경우에 그 해고에 관한 구제명령은 취소될 개연성이 지대하다는 등의 이유로 집행정지를 구할 긴박한 필요성을 인정하였다[大阪高裁 1973. 2. 26. 決定(中外日報 事件)]. 注釋(下), 1054~1055면에서 재인용.

명령 신청은 유효한 구제명령의 존재라는 전제조건을 충족하지 못하므로 각하
될 수밖에 없다.

이와 반대로 긴급명령이 발령된 후에 집행정지 신청이 접수된 경우에는 긴
급명령과 집행정지는 그 요건을 달리하므로 긴급명령에 기속되어 집행정지신청
을 각하할 것은 아니고, 집행정지의 요건을 검토하여 집행정지 여부를 결정하여
야 한다.163) 이러한 경우 집행정지가 인용될 가능성은 희박하고, 그 가능성이
인정되는 경우라면 긴급명령의 취소가 선행되었을 가능성이 크므로 실제에 있
어서 집행정지 신청의 필요성은 거의 없을 것이다.

마. 집행정지 결정과 취소의 절차

사용자는 집행정지 신청의 이유를 소명하여야 하고, 집행정지가 공공복리
에 중대한 영향을 미치거나 그 정지사유가 없어진 때에는 당사자의 신청 또는
직권에 의하여 집행정지 결정을 취소할 수 있다(행소법 23조, 24조; 행심법 30조).

IV. 구제명령의 확정

1. 의   의

구제명령의 확정이라 함은 구제신청의 관계 당사자가 더 이상 구제명령의
효력을 다툴 수 없게 된 상태에 이른 것을 말한다. 초심의 구제명령 또는 이를
유지한 재심판정은 다음의 경우에 확정된다.164)

① 사용자가 법정기간 내에 재심을 신청하지 아니하거나 행정소송을 제기
하지 아니한 때(본조 3항)

② 재심판정에 대한 행정소송에서 재심판정을 유지하는 판결(청구기각이나
소각하)이 확정된 때

③ 재심절차에서 재심신청이 취하되거나 행정소송에서 소가 취하된 때

2. 구제명령의 부분 확정

구제명령의 확정은 당해 당사자 사이에서 상대적으로 이루어진다. 여러 구

---

163) 廣島高裁 1974. 1. 21. 決定 敷島タクシー事件. 이러한 경합의 경우에 법원은 양자택일을
하여야 하고, 따라서 긴급명령이 발령된 때에는 그 부분에 해당하는 구제명령의 집행정지의
여지가 없다는 견해가 있다. 자세한 내용은 注釋(下), 1051면 참조.
164) 초심의 각하 또는 기각의 결정도 마찬가지로 확정된다.

재신청 가운데 일부에 대하여만 구제명령이 발령되거나 구제방법에 대하여만 불복이 있어 근로자 또는 노동조합만이 재심을 신청하고 사용자는 불복하지 아니하였다면, 그 구제명령은 사용자에게 유리하게 변경될 가능성이 없으므로 그 한도 내에서 확정된다.

3. 구제명령 확정의 효과

구제명령이 확정되면 사용자는 구제명령에 따라야 하고(본조 4항), 이를 위반한 사용자는 3년 이하의 징역 또는 3천만 원 이하의 벌금에 처한다(법 89조 2호).

[민 중 기 · 김 민 기]

제86조(구제명령 등의 효력)

　　노동위원회의 구제명령・기각결정 또는 재심판정은 제85조의 규정에 의한 중
앙노동위원회에의 재심신청이나 행정소송의 제기에 의하여 그 효력이 정지되지
아니한다.

　　구제명령은 판정서가 당사자에게 교부된 날부터 효력을 발생하고(公定力),
그 즉시 사용자는 구제명령(작위 내지 부작위 의무를 명하는 행정처분)에 따라야 할
공법상 의무를 부담한다(법 84조 2항, 3항).

　　사용자가 재심을 신청하거나 행정소송을 제기하여도 구제명령은 효력이 정
지되지 아니한다(執行不停止 原則). 본조는 구제명령 이외의 기각결정에 대하여도
집행부정지 원칙을 선언하고 있으나, 기각결정에는 노사 당사자의 법률관계에
영향을 주는 효력(形成的 效力)이 없으므로 별다른 의미가 없다.

　　구제명령은 중앙노동위원회가 재심판정으로 이를 취소하거나 변경한 경우
에는 즉시 그 효력을 상실하고(행심법 49조), 행정소송에서 이를 취소하는 경우에
는 그 판결이 확정된 때에 효력을 상실한다(행소법 29조, 30조).

　　그리고 구제명령은 재심절차에서 중앙노동위원회의 집행정지 결정(행심법 30
조 2항)과 행정소송에서 법원의 집행정지 결정(행소법 23조 2항)에 의하여 잠정적으
로 그 효력이 정지될 수 있다.

[민 중 기・김 민 기]

부당노동행위에 대한 사법적 구제 보론(補論)

〈세 목 차〉

[참고문헌]

강대성, 민사집행법(제4판), 삼영사(2008); **고호성**, 노동법상의 집단적 자치원리 ―협약법제와 교섭법제의 유기적 이해를 위한 시론―, 서울대학교 대학원 박사학위논문(1995); **곽윤직**, 민법총칙(신정판), 박영사(1993); **곽윤직**, 채권각론(신정판), 박영사(1995); **곽윤직**, 채권총론(신정판), 박영사(1994); **권성 외 4**, 사례해설 가처분의 연구(개정판), 박영사(2002); **권영성**, 헌법학원론(개정판), 법문사(2008); **권오상**, "부당해고에 대한 금전보상제도의 시행에 따른 실무적용", 노동법률 200호, 중앙경제(2008. 1.); **권창영a**, 단체교섭거부에 대한 사법적 구제, 서울대학교 대학원 석사학위논문(2001); **권창영b**, "단체교섭권을 피보전권리로 하는 가처분 판례의 동향(상)", 법조 564호, 법조협회(2003. 9.); **권창영c**, "단체교섭권을 피보전권리로 하는 가처분 판례의 동향(하)", 법조 565호, 법조협회(2003. 10.); **권창영d**, "단체교섭의무이행의 소", 저스티스 80호(2004. 8.); **권창영e**, "민사보전상의 간접강제제도", 사법논집 50집, 법원도서관(2010); **권창영f**, "개정된 부당해고구제제도가 임금지급·근로자지위보전 가처분에 미치는 영향", 재판자료 117집 민사집행법 실무연구 Ⅱ, 법원도서관(2009); **권창영g**, "노동가처분에 관한 최근 동향", 노동법학 51호, 한국노동법학회(2014. 9.); **권창영h**, 민사보전법(제2판), 도서출판 유로(2012); **김광년**, "해고무효를 전제로 한 지위보전가처분과 임금지불가처분", 인권과 정의 102호, 대한변호사협회(1984. 11·12.); **김상원·정지형**, 가압류·가처분(신판), 한국사법행정학회(1999); **김상호**, "프랑스의 노동법전 개혁에 관한 비교법적 고찰", 강원법학 52권, 강원대학교 비교법학연구소(2017); **김선택**, "사법적 권리구제의 헌법적 보장", 법실천의 제문제 ―동천 김인섭 변호사 화갑기념논문집, 박영사(1996); **김소영**, "근로자의 취업청구권 ―비교법적 고찰을 중심으로―", 한국노동연구 5집, 한국노동연구원(1994); **김승표**, "가처분에 있어서의 보전의 필요성과 간접강제", 대법원판례해설 47호, 법원도서관(2004); **김유성·이흥재**, 노동법 Ⅱ, 한국방송통신대학교출판부(1995); **김종훈**, 단체교섭권 ―청구권적 구성을 위하여―, 서울대학교 대학원 석사학위논문(1990); **김철수**, 헌법학개론(제19전정신판), 박영사(2007); **김치선a**, "단체교섭거부", 법정 25권 4호, 법정사(1970. 4.); **김홍영**, 부당노동행위구제의 실효성 확보, 서울대학교 대학원 박사학위논문(1999); **문무기**, "부당해고의 구제와 취로청구권", 노동법연구 5호, 서울대학교 노동법연구회(1996. 6.); **민법주해 [Ⅸ]** 채권(2), 박영사(1997); **박제성**, "사회적 대화에 관한 2004년 5월 4일 법과 프랑스 단체교섭제의 변화", 국제노동브리프 Vol. 3. No. 2., 한국노동연구원(2005. 2.); **박제성 외 3명**, "프랑스 노동법 개정 과정에 대한 분석과 시사점", 한국노동연구원(2016); **박종희a**, "협약자치의 견지에서 본 단체교섭응낙가처분결정인용에 관한 비판적 고찰”, 안암법학 31호, 안암법학회(2010); **박종희b**, “교섭대표 노조의 법적 지위와 공정대표의무의 내용 및 위반의 효과”, 노동법률 310호, 중앙경제(2017); **박해식**, “행정소송법상의 간접강제결정에 기한 배상금의 성질”, 행정판례연구 9집, 한국행정판례연구회(2004. 6.); **배인연**, “우리나라 집단노동법의 형성과정과 외국법의 영향”, 노동법포럼 16호, 노동법이론실무학회(2015. 11); **법원실무제요 민사집행 [Ⅳ]**―동산, 채권 등 집행―, 사법연수원(2020); **법원실무제요 민사집행 [Ⅴ]**―보전처분―, 사법연수원(2020); **사법연수원c**, 노동조합 및 노동관계조정법, 사법연수원(2000); **손창희**, “단체교섭, 교섭권과 협약체결권한에 관한 고찰”, 노동관계법연구(경총신서 48), 한국경영자총협회(1997); **안철상**, “행정소송과 민사소송의 관계”, 법조 57권 1호, 법조협회(2008. 1.); **오윤식**, “노동조합의 사용자에 대한 비재산적 손해배상청구권”, 사법 27호, 사법발전재단(2014. 3.); **유성재**, “취업청구권에 관한 입법론적 고찰―독일의 학설 및 판례와의 비교를 중심으로―”, 계약과 책임: 하경효 교수 정년기념논문집, 박영사(2017); **유원석**, “노동사건에 있어서의 근로자 측 가처분”, 재판자료 40집 근로관계소송상의 제문제(하), 법원행정처(1987); **이달휴**, “단체교섭 거부와 불법행위 책임”, 노동판례백선(초판), 한국노동법학회(2015); **이봉민**, “임시의 지위를 정하기 위한 가처분의 구체적 방법 및 주문에 관한 고찰 ―법원의 재량과 한계를 중심으로―”, 민사집행법연구: 한국민사집행법학회지 10권, 한국사법행정학회(2014); **이상윤d**, “근로3권과 부당노동행위 ―부당노동행위구제제도의 헌법상 지위―”, 노동법학 7호, 한국노동법학회(1997); **이시윤**, 신민사집행법(제8판), 박영사(2020); **이영준**, 민법총칙(전정판), 박영사(1996); **이용우**, “노동조합 설립무효의 확인 또는 노동조합으로서 법적 지위가 부존재한다는 확인을 구하는 민사상 소가 허용되는지 여부”, 사법 57호, 사법발전재단(2021); **이철수**, “단체교섭 거부와 불법행위책임”, 노동법률 188호, 중앙경제(2007. 1.); **이흥재**, “부당해고 구제수단에 있어서의 몇 가지 문제”, 노동법연구 2권 1호, 서울대학교 노동법연구회(1992. 6.); **이희성**, “독일법에 있어서 근로자를 취업시킬 사용자의 의무”, 비교사법 6권 1호(통권 10호), 한국비교사법학회(1999); **임상민**, “공정대표의무의 의의와 내용”, 대법원판례해설 117호, 법원도서관(2019); **정진경**, “복직거부와 위자료 ―취업청구권의 인정여부를 중심으로―”, 노동법연구 6호, 서울대학교 노동법연구회(1997); **조병구**, “간접강제배상금의 법적 성질과 실무상 제 문제”, 민사집행법 실무연구(Ⅳ), 법원도서관(2015); **조영선**, “단체교섭 거부의 정당성 및 불법행위 성립 요건”, 2006 노동판례비평, 민주사회를 위한 변호사모임(2007); **조용만a**, “복수노조하의 단체교섭”, 노동법연구 8호, 서울대학교 노동법연구회(1999); **조용만b**, “프랑스의 산업별 단체교섭 제도에 관한 고찰”, 일감법학 7권, 건국대학교 법학연구소(2002); **조용만c**, “프랑스의 노동개혁과 노동법 주요 내용과 평가를 중심으로”, 노동법연구 42호, 서울대학교 노동법연구회(2017); **조임영**, “프랑스 마크롱(Macron) 정권과 단체교섭 및 단체협약법제의 변화”, 동아법학 통권 82호, 동아대학교 법학연구소(2019); **조해현**, “정정보도 강제이행수단으로서의 간접강제”, 언론중재 15

권 4호, 언론중재위원회(1995. 12.); **조휴옥**, 쟁의행위에 대한 가처분의 연구, 서울대학교 대학원 석사학위논문(1990); **주석 민사집행법 [Ⅶ]**(제4판), 한국사법행정학회(2018); **주석 민법 채권총칙(1)**(제3판), 한국사법행정학회(2000); **하갑래c**, 노동법(제4판), 중앙경제 (2021); **하경효**, "근로자의 취업청구권", 법실천의 제문제 —동천 김인섭 변호사 화갑기념 논문집, 박영사(1996); **하태헌**, "보전처분 집행에서 나타나는 실무상 쟁점에 관한 고찰— 미등기부동산의 보전처분, 간접강제, 점유이전금지가처분을 중심으로—", 민사집행법연구 5권, 한국사법행정학회(2009. 2.); **菅野和夫**, "團體交涉拒否および支配介入と司法救濟", 新實務民事訴訟法講座 11 —勞働訴訟—, 日本評論社(1982); **光岡正博**, 團體交涉權の硏究, 法律文化社(1982); **菊井維大　村松俊夫　西山俊彦**, 假差押 假處分(二訂版), 靑林書院新社 (1977); **菊池勇夫**, 社會法の基本問題, 有斐閣(1968); **宮島尙史**, "團體交涉拒否禁止の假處 分判例について", 判例評論 98호; **宮里邦雄**, "労働法実務解説12不當労働行爲と救濟", 旬 報社(2016); **藤田廣美**, 民事執行・保全, 羽島書店(2010); **飯島健太郎**, "賃金假拂假處分の 必要性", 新・裁判實務大系16 労働關係訴訟法[Ⅰ], 靑林書院(2001); **保原喜志夫**, "フラン ス法における不當労働行爲", 團結權侵害とその救濟, 外尾建一 編, 有斐閣(1985); **富越和 厚**, "作爲又は不作爲の强制執行", 註釋 民事執行法 7, 金融財政事情研究會(1989); **山口俊 夫**, "不當労働行爲の成立と私法上の問題", 現代講座 7, 日本労働法學會(1982); **山口浩一 郎**, 労働組合法(제2판), 有斐閣(1996); **山川隆一**, "不當労働行爲と不法行爲", 日本労働協會 雜誌 341호, 日本労働協會(1987); **山下滿**, "團交應諾義務", 裁判實務大系 5 —労働訴訟法 —, 渡邊昭・小野寺規夫 編, 靑林書院(1985); **三枝信義**, "團體交涉拒否及び支配介入に關 する救濟", 實務 民事訴訟法講座 9, 日本評論社(1978); **三宅正男**, "不當労働行爲と不法行 爲責任", 現代講座 7, 日本労働法學會(1982); **三浦惠司**, "團交應諾假處分命令", ジュリス ト 別冊 39호 (續)判例展望—判例の理論 再檢討, 有斐閣(1973); **西山俊彦**, 保全處分槪論, 一粒社(1973); **石田省三郎**, "團交應諾の假處分", 現代講座 14, 日本労働法學會(1985); **小 林克已**, "保全抗告", 註釋 民事保全法(上), 瀨木比呂志 編集代表, 民事法情報センター (1999); **沼田稻次郎**, "團結する權利の基礎", 團結活　の法理 (野村平爾教授還曆記念論文 集), 日本評論社(1962); **松本光一郎**, "緊急命令(6) —假處分—", 裁判實務大系 5 —労働訴 訟法—, 靑林書院(1985); **手塚和彰**, "労働組合法7條の私法上の效力について", 判例時報 984호; **新堂幸司**, "假處分", 經營法學全集 (19) —經營訴訟—, タイヤモンド社(1969); **岸井 貞男**, 團結活動と不當労働行爲, 總合労働研究所(1978); **野村平爾**, "團交拒否", 労働法大系 2, 有斐閣(1963); **奧山明良**, "1. 倂存組合の一方に對する團交拒否が不當労働行爲に該當し, かつ, 不法行爲を構成するとされた事例, 2. 右の團交申入れた使用者が誠實に應じてい れば他組合員と同様に受け得たであろう一時金相當額を損害賠償として,その支拂いを命じた 事例", 判例時報 1300호; **外尾建一**, "團體交涉應諾義務", 季刊 労働法 74호(1969년 겨울); **蓼沼謙一**, "團交拒否", 新労働法講座 3, 有斐閣(1966); **園部秀信**, "團體交涉不當拒否と假 處分", 假處分の研究(下)(村松俊夫裁判官還曆論文集), 日本評論社(1966); **柳川眞佐夫**, 保全

訴訟(補訂版), 判例タイムズ社(1976); **有泉亨a**, "團體交渉權という權利", 労働法の諸問題 (石井照久先生追悼論集), 勁草書房(1974); **有泉亨b**, "團體交渉拒否紛爭の解決手續", 労働法 の解釋理論(有泉亨先生古稀記念), 有斐閣(1976); **注釋民事執行法(7)**, 金融財政事情研究 (1989); **秋田成就**, "團體交渉權の權利の性格について", 不當労働行爲の法理, 外尾建一 編, 有斐閣(1985); **萩澤淸彦**, "労働爭訟の労働法理論", ジュリスト 441호; **片岡昇**, 労働法, 宋 剛直 譯, 삼지원(1995).

I. 의   의

1. 부당노동행위의 사법상 효력

부당노동행위금지에 위반하는 행위가 이루어진 경우, 피해자인 근로자・노 동조합은 법원에 직접 소를 제기하여 위반된 행위의 무효확인, 손해배상, 작 위・부작위명령 등을 청구할 수 있는지 여부가 문제된다. 이는 부당노동행위금 지규정의 사법(私法)상 효력에 의존하는 문제인데, 이에 관하여는 노조법 81조의 규정을 헌법 33조의 노동3권 보장을 구체화한 규정으로 해석한 후, 위 규정에 위반되는 행위에 대해서는 사법(司法)상 구제를 행위의 양상에 따라 요구할 수 있다고 보는 견해가 유력하다.[1] 또한 부당노동행위금지규정은 독특한 행정구제 의 평가기준임과 동시에 사법구제의 평가기준(재판규범)이 된다. 판례도 부당노 동행위금지규정은 헌법이 규정하는 노동3권을 구체적으로 확보하기 위한 것으 로 이는 효력규정인 강행법규라고 풀이되므로 위 규정에 위반된 법률행위는 사 법상으로도 그 효력이 없다[2]고 판시하고 있다.

2. 사법적 구제수단의 기능

가. 부당노동행위구제제도의 한계

노동위원회의 사용자에 대한 구제명령은 사용자에게 이에 복종하여야 할 공법상의 의무를 부담시킬 뿐, 직접 노사 간의 사법상의 법률관계를 발생 또는

---

[1] 김유성, 391면. 이와 달리 불이익취급금지규정과 반조합계약에 관한 규정은 행정구제의 근 거규정인 동시에 강행규정으로서 복합적 성질을 가진 것으로 보는 견해로는 김형배, 1551면; 임종률, 331면.

[2] 대법원 1993. 12. 21. 선고 93다11463 판결, 대법원 1995. 2. 3. 선고 94다17758 판결, 대법 원 2016. 1. 28. 선고 2013다72046 판결, 대법원 2016. 1. 28. 선고 2014다78362 판결, 最高裁 1968. 4. 9. 判決(民集 22권 4호 845면); 김유성, 390~391면; 이상윤d, 97면.

변경시키는 것은 아니다.3) 따라서 근로자는 위 권리구제절차와는 별도로 민사
소송으로 해고 등 불이익처분이 부당노동행위에 해당함을 이유로 그 사법상 효
력을 다툼으로써 권리구제를 구할 수 있다.4) 또한 노동조합을 탄압하기 위한
지배·개입행위에 의하여 손해를 입은 경우 불법행위가 성립할 수 있다.5)

나. 사법적 구제수단의 장점

사법적 구제수단은 부당노동행위구제제도에 비하여 아래와 같이 여러 가지
장점이 있다.

첫째, 부당노동행위제도를 이용할 수 있는 신청인적격은 노조법상의 노동
조합과 근로자에 한정되므로, 헌법상의 단결체와 같이 부당노동행위제도를 이용
할 수 없는 단체는 사법적 구제수단에 의하여 노동3권을 보장받아야 한다.

둘째, 부당노동행위에 관한 구제명령은 사용자에게 공법상의 의무를 부담
시킬 뿐, 직접 노사 간의 사법상의 법률관계를 발생 또는 변경시키는 것은 아니
므로,6) 사법상 효력을 지니고 강제집행이 가능한 집행권원을 얻기 위해서는 사
법적 구제수단이 필요하다.7)

셋째, 부당노동행위구제의 신청기간은 3개월로 제한되어 있어서 신청기간
을 도과한 경우에는 부당노동행위제도를 이용할 수 없으나, 사법적 구제수단은
비교적 시효기간이 길고 무효확인의 소는 제소기간에 제한이 없으므로 당사자
에게 유리하다.

---

3) 대법원 1976. 2. 11.자 75마496 결정, 대법원 1996. 4. 23. 선고 95다53102 판결, 대법원
   2006. 11. 23. 선고 2006다49901 판결, 대법원 2011. 3. 24. 선고 2010다21962 판결, 대법원
   2011. 10. 13. 선고 2009다86246 판결, 대법원 2014. 5. 16. 선고 2011다98006 판결.
4) 대법원 1988. 12. 13. 선고 86다204, 86다카1035 판결.
5) 김형배, 1552면.
6) 대법원 1976. 2. 11.자 75마496 결정, 대법원 1996. 4. 23. 선고 95다53102 판결, 대법원
   2006. 11. 23. 선고 2006다49901 판결, 대법원 2011. 3. 24. 선고 2010다21962 판결, 대법원
   2011. 10. 13. 선고 2009다86246 판결, 대법원 2014. 5. 16. 선고 2011다98006 판결.
7) 구 노조법 42조 소정의 노동위원회의 사용자에 대한 구제명령은 사용자의 근로자에 대한
   동법 39조 각 호의 해고 차별 대우 기타 불이익처분 등 부당노동행위를 시정하고 근로자를
   원직 또는 원직 상당직에의 복귀를 명하거나 그 불이익취급을 해제할 것을 내용으로 하는
   것으로서 사용자에 대하여는 이에 복종해야 할 공법상의 의무를 부담시킬 뿐 직접 근로자와
   사용자 간의 사법상 법률관계를 발생 또는 변경시키는 것은 아니고, 이러한 사법상의 법률관
   계에 관한 한 노동위원회의 권한 밖의 사항이며 근로자가 종국적으로 사용자의 해고 등 부
   당노동행위에 대하여 사법상의 지위의 확보·권리의 구제를 받기 위하여는 사용자를 상대로
   해고무효 또는 종업원인 지위의 확인을 구하는 등의 민사소송을 별도로 법원에 청구할 수밖
   에 없다(대법원 1976. 2. 11.자 75마496 결정).

넷째, 사용자 이외의 제3자(병존조합, 노동조합원 명단을 공개한 국회의원,[8] 언론기관 등)가 근로자나 노동조합의 노동3권을 침해하는 경우 현행 부당노동행위 제도에 의한 구제는 불가능하므로, 노동조합은 사법적 구제수단에 의존할 수밖에 없다.

다섯째, 노동위원회는 근로자·노동조합에 대하여 위자료 등 손해배상을 명할 수 없으나, 법원에 의한 사법적 구제수단에는 이와 같은 제한이 없다.

3. 사법적 구제수단의 종류

사법적 구제수단에는 민사본안소송, 임시의 지위를 정하는 가처분(노동가처분), 행정소송 등이 있다. 불이익취급과 지배·개입의 부당노동행위에 대한 사법적 구제수단의 허용성에 관하여는 의문의 여지가 없으나, 단체교섭 거부에 대한 사법적 구제의 허용성에 관하여는 논란이 있으므로 이에 관하여는 별도의 항목에서 검토한다.

II. 민사본안소송

1. 이행의 소

근로자, 조합임원에 대한 해고가 불이익취급의 부당노동행위로서 무효라면 근로자는 해고가 무효임을 전제로 임금 상당액의 지급을 구하는 소를 제기할 수 있다. 사용자가 노동조합의 사무실을 부당하게 점유하였고 위와 같은 행위가 지배·개입의 부당노동행위에 해당하는 경우에는 노동조합은 조합 사무실의 인도를 구하는 소를 제기할 수 있다.

2. 확인의 소

근로자, 조합임원에 대한 해고가 불이익취급의 부당노동행위로서 무효라면 근로자는 해고무효확인의 소를 제기할 수 있다.[9] 사용자가 조합원의 출입을 방해하는 경우에도 조합원은 사업장에 출입할 수 있는 법적 지위의 확인을 구하는 소를 제기할 수 있다.

---

8) 서울남부지법 2010. 4. 15.자 2010카합211 결정.
9) 이 경우 근기법 23조 소정의 정당한 이유가 있는지 여부는 판단할 필요가 없다(대법원 1993. 12. 21. 선고 93다11463 판결).

3. 손해배상청구의 소

노동조합이 사용자에 대하여 단체협약위반을 이유로 손해배상을 청구하는
경우에는 채무불이행에 기한 손해배상청구의 형태가 된다.[10] 실무상으로는 노
동조합이나 조합원이 사용자의 부당노동행위가 불법행위라고 주장하면서 손해
배상을 구하는 경우가 대다수이므로 이에 대해 살핀다.

가. 부당노동행위와 불법행위

(1) 문제의 제기

부당노동행위가 성립하면 불법행위의 성립은 추정되는가, 부당노동행위의
사가 불법행위의 요건사실인 고의·과실과 동일한 것인가, 부당노동행위가 성립
하면 위법성은 인정되는가 등 부당노동행위와 불법행위의 관계가 문제된다.

(2) 일본의 논의

(가) 학설의 개요

부당노동행위와 불법행위의 관계에 대한 일본의 다수설은 부당노동행위와
불법행위가 보호하는 권리·법익의 범위가 반드시 일치하지는 아니하므로 부당
노동행위의 성립과 불법행위의 성립은 명확하게 구별되고, 부당노동행위를 구성
하는 사용자의 행위가 불법행위의 성립요건인 고의·과실, 권리 또는 법률상 이
익의 침해,[11] 위법성, 손해의 발생, 인과관계의 각 요건을 모두 충족하는 경우에
한하여 불법행위에 해당한다는 입장을 취하고 있다.[12]

(나) 일본 판례

판례는 기본적으로 학설과 같은 입장을 취하고 있으나 다수의 판례는 부당
노동행위에 해당하면 즉시 또는 원칙적으로 '권리' 또는 '법률상 보호되는 이익'
의 침해를 인정하는 등[13] 부당노동행위를 구성하는 사용자의 행위에 관하여 불

---

10) 다만 단체협약을 이행하지 아니한다고 하여 그 자체만으로 부당노동행위가 성립한다고 보
    기는 어려울 것이다. 임종률, 300면.
11) 일본민법 709조는 "고의 또는 과실로 인하여 타인의 권리 또는 법률상 보호되는 이익을
    침해한 자는 그것으로 인하여 생긴 손해를 배상할 책임이 있다"라고 규정하여 우리 민법
    과는 달리 권리 또는 법률상 보호되는 이익의 침해를 불법행위의 성립요건으로 규정하고
    있다.
12) 山川隆一, 28면; 野川, 1000면; 奧山明良, 211면; 荒木, 667~668면.
13) 判例労働法4, 130면.

법행위의 각 성립요건에 해당하는지 여부를 엄밀하게 검토하지는 않는다.[14]

　　예를 들면, 일본 하급심 중에는 ① 관광버스회사에서 병존조합의 일방조합원에 대한 배차차별 등이 문제가 된 사건에서, 차별적 취급이 장기간에 걸쳐 계속되었고, 노사 간의 교섭 및 노동위원회의 알선 결과, 피고(회사)와 원고 노동조합 사이에 개선을 위한 합의가 성립하였음에도 불구하고 피고가 실질적으로는 이를 무시한 사정 등을 고려하면, 피고는 원고들이 원고 노동조합에 소속한 것과 원고 노동조합의 조직확대를 혐오하여 고의로 위 차별적 취급을 한 것으로 인정되므로, 이는 일면 노동조합법 7조 1호 및 3호에 해당하는 부당노동행위가 되는 것은 물론 민법 709조의 불법행위가 된다고 판시한 사안,[15] ② 병존조합의 일방조합에 대한 시간외·휴일근로의 할당거부의 당부가 쟁점이 된 사건에서, 피고(회사)가 분회조합원에 대하여 시간외 근로 및 휴일근로를 거부한 행위는 분회조합원으로 있는 것을 혐오하여 차별적으로 불이익한 취급을 함과 동시에 위 조합원을 경제적으로 압박하여 분회내부의 동요와 조합원의 탈퇴 등에 의하여 조직의 약체화를 의도함으로써 그 소속조합에 대한 지배개입을 구성하므로, 피고의 위 행위는 노동조합법 7조 1호 및 3호의 부당노동행위에 해당하고, 불법으로 원고들의 초과근로에 따른 수당을 받을 수 있는 권리 내지 이익을 침해하는 불법행위에 해당한다고 판시한 사안이 있다.[16]

　　이러한 주류적 판례와는 달리 부당노동행위가 성립하면 불법행위의 성립이 추인되고, 노동조합이 아닌 조합원들이 손해의 주체가 된다는 취지의 판례가 있고,[17] 부당노동행위가 즉시 불법행위를 구성하는 것은 아니지만 그 양태가 악질적이고 노동조합에 미친 영향이 큰 경우 등 공서에 반하는 것으로 인정되면 불법행위를 구성한다고 한 판례도 있다.[18]

---

14) 奧山明良, 211면. 일본의 경우 부당노동행위의 성립이 인정되는 이상 고의, 과실이 부정되는 경우는 적지만(判例勞働法4, 140면), 구 공공기업체등노동관계법(1965년 법률 68호로 개정되기 전의 것) 4조 3항이 위헌, 무효임을 몰랐다는 것에 과실이 없다는 등의 이유로 단체교섭 거부행위로 인한 불법행위의 성립을 부정한 사례가 있다. 東京地裁 1966. 9. 10. 判決(勞民集 17권 5호 1042면).

15) 山口地裁 1977. 1. 31. 判決(判例時報 847호 95면).

16) 熊本地裁 1986. 8. 21. 判決(勞働判例 484호 112면).

17) 廣島地裁 1988. 3. 2. 判決(勞働經濟判例速報 1339호 3면).

18) 名古屋地裁 1994. 2. 25. 判決(勞働判例 659호 68면). 西谷敏b, 652면은 위 판례에 대해 그와 같이 요건을 한정할 근거는 없다고 한다.

(3) 우리나라의 판례

대법원은 근기법위반의 부당해고로 인정되는 경우에는 불법행위의 성립요건인 고의·과실을 별도로 판단하여야 한다는 입장을 취하고 있는데,[19] 불이익취급(부당해고)의 부당노동행위가 문제가 된 사안에서 대법원은 부당노동행위의 사가 인정되는 부당노동행위가 성립하면 불법행위의 귀책사유는 사실상 추정된다고 판시한 바 있다.[20]

다만, 이하 살펴보듯 불이익취급, 단체교섭 거부, 노동조합 지배·개입의 부당노동행위 사안에서 공통적으로 부당노동행위가 인정된다고 하여 바로 불법행위가 성립하는 것은 아니고 부당노동행위가 건전한 사회통념이나 사회상규상 용인될 수 없는 정도에 이르는 경우에 위법성이 인정되어 불법행위가 성립한다고 한다.

즉, 일반적으로 사용자의 근로자에 대한 해고 등의 불이익처분이 무효로 판단되는 경우에 그러한 사유에 의하여 곧바로 그 해고 등 불이익처분이 불법행위를 구성하게 된다고 할 수는 없으나, 사용자가 강행규정인 노조법 81조 소정의 불이익취급금지규정을 위반하여 근로자를 부당하게 해고하거나 불이익처분을 함으로써 당해 해고 등이 무효인 경우 사용자가 그러한 불이익처분을 하면서 내세우는 사유가 표면상의 사유에 불과하고 실질적으로는 근로자가 정당한 노동조합 활동을 한 것을 이유로 근로자를 사업장에서 배제하려는 의도하에 일부러 어떤 표면상의 해고사유 등을 내세워 징계라는 수단을 동원하여 해고 등의 불이익처분이 이루어진 경우처럼 그러한 징계권의 남용이 우리의 건전한 사회통념이나 사회상규상 도저히 용인될 수 없음이 분명한 경우에는 그 해고 등 불이익처분의 효력이 부정되는 데 그치는 것이 아니라 위법하게 상대방에게 정신적 고통을 가하는 것이 되어 근로자에 대한 관계에서 불법행위를 구성할 수 있다. 이와 같은 경우 이는 단순히 임금지급채무를 이행하지 아니한 것에 불과

---

19) 대법원 1996. 2. 27. 선고 95다11696 판결. 이 사건에서 대법원은 사용자에게 부당해고 등에 대한 고의·과실이 인정되는 경우에는 불법행위가 성립되어 그에 따라 입게 된 근로자의 정신적 고통에 대하여도 이를 배상할 의무가 있으나, 사용자가 근로자에 대하여 해고 등의 불이익처분을 하면서 기울여야 할 주의의무를 다한 것으로 인정되는 경우에는 비록 당해 해고 등의 불이익처분이 사후에 법원에 의하여 무효라고 판단되었다 하더라도 거기에 불법행위책임을 물을 만한 고의·과실은 없다고 판단하였다.

20) 대법원 1993. 12. 21. 선고 93다11463 판결. 해고와 임금, 425면 역시 부당노동행위가 불법행위에 해당되는 경우 사용자의 귀책사유가 사실상 추정된다고 한다.

하다고 할 수 없어 근로자가 임금채무나 그에 대한 지연손해금을 지급받게 된다고 하여 이로써 사용자의 이러한 부당한 해고행위 등으로 말미암아 근로자가 입게 된 정신적 고통의 손해가 완전히 치유된다고는 할 수 없는 것이고, 사용자의 귀책사유는 부당노동행위로 인정되는 이상 사실상 추정된다고 한다.[21]

　　또한 사용자의 단체교섭 거부행위가 원인과 목적, 과정과 행위태양, 그로 인한 결과 등에 비추어 건전한 사회통념이나 사회상규상 용인될 수 없다고 인정되는 경우에는 부당노동행위로서 단체교섭권을 침해하는 위법한 행위로 평가되어 불법행위의 요건을 충족하는바, 사용자가 노동조합과의 단체교섭을 정당한 이유 없이 거부하다가 법원으로부터 노동조합과의 단체교섭을 거부하여서는 아니 된다는 취지의 집행력 있는 판결이나 가처분결정을 받고도 이를 위반하여 노동조합과의 단체교섭을 거부하였다면, 그 단체교섭 거부행위는 건전한 사회통념이나 사회상규상 용인할 수 없는 행위로서 헌법이 보장하고 있는 노동조합의 단체교섭권을 침해하는 위법한 행위이므로 노동조합에 대하여 불법행위가 된다고 한다(다만, 해당 사안에서 대법원은 원심이 판시하고 있는 사정에 비추어 보면 가처분결정 이전의 단체교섭 거부에 대해 정당한 이유가 있는 행위로 볼 수는 없지만, 건전한 사회통념이나 사회상규상 용인될 수 없는 정도에 이른 위법한 행위로서 원고에 대하여 불법행위를 구성한다고 볼 수는 없다고 판시하였다).[22]

　　나아가 사용자가 노동조합의 조직 또는 운영에 지배·개입하는 행위에 대해서도 건전한 사회통념이나 사회상규상 용인될 수 없는 정도에 이른 부당노동행위로 인정되는 경우 그 지배·개입행위는 헌법이 보장하고 있는 노동조합의 단결권을 침해하는 위법한 행위로 평가되어 노동조합에 대한 불법행위가 되고, 사용자는 이로 인한 노동조합의 비재산적 손해에 대하여 위자료 배상책임을 부담한다고 하였다.[23]

　　한편 교섭대표노조가 아닌 노조 소속 조합원 1,107명이 사용자를 상대로

---

21) 대법원 1993. 12. 21. 선고 93다11463 판결.

22) 대법원 2006. 10. 26. 선고 2004다11070 판결. 이철수 외 4명, 378면은 위 판결에 의하면 노조법 위반의 부당노동행위인 정당한 이유 없는 단체교섭 거부행위 일체가 불법행위에 해당하는 것은 아니고 일정한 경우에만 사용자에 대해 불법행위책임을 물을 수 있다고 한다. 조용만·김홍영, 579면은 위 판결에 대해, 정당한 이유가 없는 교섭거부행위가 곧바로 민법상의 불법행위를 구성하는 것은 아니고, 불법행위의 요건(위법성, 책임성 등)이 충족되어야 함을 분명히 하고 있으며, 교섭거부행위가 부당노동행위로서 단체교섭권을 침해하는 위법한 행위로 평가되어야 불법행위를 구성한다고 한다.

23) 대법원 2020. 12. 24. 선고 2017다51603 판결, 대법원 2020. 12. 24. 선고 2017다52118 판결.

통상임금 청구의 소를 제기한 상태에서 사용자가 교섭대표노조와 '통상임금 부
제소와 소 취하' 등을 조건으로 통상임금 부제소 격려금(300만 원)과 무쟁의 장
려금(기본금 기준 100%)을 지급하기로 하는 단체협약을 체결한 사안에서, 하급심
은 제반 사정에 비추어 무쟁의 장려금의 지급을 통상임금 부제소 격려금 지급
조건과 결부시킨 것은 불이익취급 또는 지배·개입의 부당노동행위에 해당하고
소수노조 조합원들인 원고들에 대한 관계에서 건전한 사회통념이나 사회상규상
용인될 수 없는 불법행위를 구성한다고 하면서 원고들이 지급받지 못한 무쟁의
장려금(원고들 각 기본급의 100%)이 인과관계가 인정되는 손해라고 보아 사용자
의 손해배상책임을 인정하였다.[24]

(4) 검   토

부당노동행위 제도와 불법행위 제도는 그 목적과 효력이 서로 다른 점, 부
당노동행위의사가 인정되지 않는 경우에도 사용자의 고의·과실이 인정되면 불
법행위가 성립할 수 있고, 반대로 객관적으로 단체교섭을 거부할 정당한 이유가
없지만 사용자가 단체교섭을 거부할 만한 충분한 이유가 있다고 오신하여 이를
거부한 경우와 같이 부당노동행위는 성립할 수 있으나 불법행위는 성립하지 않
을 수도 있어 두 제도의 성립요건이 다른 점 등에 비추어 보면, 부당노동행위가
성립한다 하여 곧바로 민법상의 불법행위가 성립하는 것은 아니므로 부당노동
행위를 구성하는 사용자의 행위가 불법행위의 성립요건인 고의·과실, 손해발
생, 인과관계 등의 각 요건을 갖추고 있는지를 구체적으로 살펴보아야 한다.[25]

다만, 위법성 요건의 경우 부당노동행위가 건전한 사회통념이나 사회상규
상 용인될 수 없는 정도에 이르는 경우에만 위법성이 인정된다는 대법원의 견
해와 달리, 부당노동행위는 강행법규 위반일 뿐만 아니라 형사처벌의 대상이라
는 점에서(노조법 90조) 그 자체로 피해자의 입장에서 건전한 사회통념이나 사회
상규상 용인될 수 없는 행위에 해당하여 위법성이 인정되어야 할 것이다.[26]

24) 부산고법(창원) 2018. 12. 13. 선고 2018나11667 판결. 대법원은 자유심증주의의 한계를 벗
어나거나 부당노동행위의 판단기준과 손해액 산정 등에 관한 법리를 오해한 잘못이 없다고
간단히 설시하여 사용자의 상고를 기각하였다(대법원 2021. 8. 19. 선고 2019다200386 판결).
25) 이철수, 106면; 奧山明良, 210~213면.
26) 이철수, 107면은 위법성 요건과 관련하여 부당노동행위 제도의 본질을 어떻게 이해하든 부
당노동행위는 강행법규 위반으로 그 자체로 위법성이 인정된다고 하면서, 대법원 2006. 10.
26. 선고 2004다11070 판결에 관하여 가처분결정 이전의 단체교섭 거부의 경우 위법성은 인
정되나 고의·과실을 충족하기 힘들다고 판단하는 것이 타당하다고 하여 위 판결에 대해 비

사용자의 부당노동행위가 노동조합을 혐오하거나 단결력의 약체화를 의도하는 것과 같이 적극적인 반조합적 의도에 기인한 경우 이는 고의·과실을 초과하는 주관적 구성요건이므로[27] 사용자의 고의·과실 등 귀책사유는 당연히 인정되는 것으로 볼 수 있어 부당노동행위가 성립할 때 반조합적 의사 등이 인정되면 귀책사유는 사실상 추정된다는 판례[28]의 견해는 타당하다. 지배·개입의 부당노동행위의 성립을 위해 반드시 근로자의 단결권의 침해라는 결과의 발생까지 요하는 것은 아니지만,[29] 위와 같은 부당노동행위가 불법행위를 구성하기 위해서는 근로자 또는 노동조합의 단결권, 단체교섭권 또는 단체행동권 침해 등의 손해 발생이 필요하다.

나. 손해배상의 범위

불법행위로 인한 손해로는 사용자의 행위와 상당인과관계 있는 노동조합과 근로자[30]의 적극적·소극적 손해와 위자료가 있는바,[31] 부당노동행위로 인한

판한다. 이달휴, 384면 역시 일반적으로 부당노동행위가 성립하면 사용자의 위법행위가 있다고 하여야 한다고 한다.

27) 사용자가 조합을 혐오하거나 단결력의 약체화를 의도하는 경우 혐오의사나 의도가 고의에 해당한다는 견해로는 注釋(上), 333면.

28) 대법원 1993. 12. 21. 선고 93다11463 판결. 앞서 보았듯 불이익취급(부당해고) 사안에 관한 판례이다.

29) 대법원 1997. 5. 7. 선고 96누2057 판결, 대법원 2006. 9. 8. 선고 2006도388 판결, 대법원 2013. 1. 10. 선고 2011도15497 판결, 대법원 2019. 4. 25. 선고 2017두33510 판결.

30) 사용자가 근기법상 근로자는 아닌 노조법상 근로자를 상대로 부당노동행위로서 계약해지 등을 하였는데 근로자가 계약해지 등이 없었더라면 얻었을 이익 상당액을 손해배상금으로 지급을 구하는 경우에 재산상 손해액 인정범위가 문제될 수 있다.

① 서울고법 2014. 9. 24. 선고 2013나20917 판결(미상고 확정)은 골프장 운영업체가 일부 캐디들에게 출장유보처분 등을 한 사안에서, 캐디들은 근기법상 근로자는 아니지만 노조법상 근로자에는 해당하고 출장유보처분은 부당노동행위에 해당하는바 위 처분이 없었더라면 향유하거나 취득할 수 있었던 캐디피 상당액이 재산상 손해라고 하면서도 원고들이 제공하는 용역의 대체가능성·난이도, 처분 경위, 원고들의 재취업 유무 및 가능성, 재취업까지의 기간 등을 고려하여 피고가 배상하여야 하는 일실수입을 원고들의 6개월 정도의 평균임금액(출장유보처분일로부터 소급하여 1년을 기준으로 월 평균소득을 계산함)으로 제한하였다.

② 대구고법 2015. 5. 21. 선고 2009나564 판결(심리불속행기각 확정)은 노조에 가입된 캐디에 대하여 골프장 출입을 제한하는 처분을 한 사안에서 위 서울고법 판결과 마찬가지로 원고들이 입은 재산상 손해는 출입제한처분이 없었더라면 취득할 수 있었던 캐디피 상당액이라 하면서도 6개월 정도의 평균임금액으로 손해배상액수를 제한하였다.

③ 한편 서울중앙지법 2020. 10. 16. 선고 2019가합518907 판결은 현대자동차의 대리점 소속 카마스터들에 대하여 노조법상 근로자성을 인정하고, 판매용역계약 해지를 부당노동행위로 보아 계약해지가 없었다면 향유하거나 취득할 수 있었던 수입 상당액(계약해지일로부터 소급하여 1년을 기준으로 자동차 판매수당 및 인센티브 등을 바탕으로 월 평균소득을 계산함)을 원고들의 재산상 손해로 인정하고, 일실수입 산정기간은 계약해지일부터 원고들이 이 사건 대리점에 각 복직하는 날까지로 보는 것이 타당하다고 하면서, 일실수입 범위가 원고들

노동조합 내 결속력의 저하, 노동조합에 대한 대외적·대내적 평가의 저하와 같
이 수량적으로 산정할 수 없으나 사회통념상 금전평가가 가능한 무형의 비재산
적 손해에 대한 위자료 액수는 사실심법원이 여러 사정을 참작하여 그 직권에
속하는 재량에 의하여 이를 확정할 수 있다.[32]

Ⅲ. 노동가처분

1. 의   의

본안소송의 경우 집행권원을 얻기까지 장시간이 소요되므로, 신속한 권리
구제수단인 노동가처분이 자주 사용되고 있다. 사법상의 권리를 침해받을 염려
가 있는 경우에 이를 예방하고 그 침해를 제거하여 권리의 보전을 꾀하는 소송
법적 방법의 하나가 가처분제도이다. 가처분에는 다툼의 대상에 관한 가처분(민
집법 300조 1항)과 임시의 지위를 정하기 위한 가처분(민집법 300조 2항)이 있는데, 노
동가처분에서는 주로 임시의 지위를 정하기 위한 가처분이 문제된다.

2. 노동가처분의 성질

(1) 노동가처분은 대개 임시의 지위를 정하는 가처분으로서 만족적 가처분
이므로 가처분결과가 당사자에게 주는 영향이 크다(전신적 소송). 나중에 가처분
이 변경되더라도 채무자가 받은 손해를 배상받는 것이 곤란하다(임금지급가처분
등). 또 법원의 판단이 단순히 사건의 승패를 떠나서 전체 노사관계나 사회에
미치는 영향도 크므로 신중히 심리할 것이 요구된다. 따라서 변론을 열거나 심

이 이 사건 대리점을 대체할 다른 대리점과 계약하기에 충분하다고 보이는 기간(최대 6개월)
으로 제한된다는 피고의 주장을 배척하였다. 그에 따라 대리점에 복직한 원고들의 경우 그
기간까지의 일실수입을 손해로 인정하였고, 복직하지 아니한 원고들의 경우 피고에게 원고들
이 대리점에 복직하는 날까지 매월 일정금액을 지급할 것을 명하였다. 그러나 항소심인 서울
고법 2022. 2. 16. 선고 2020나2038707 판결은 일실수입 산정기간의 종기에 관하여, 계약문언
등을 고려하여 '판매용역계약 만료일' 또는 '계약해지일로부터 6개월이 되는 날'(기존 계약만
료일을 불과 18일 앞두고 갑자기 계약해지를 통보받은 원고의 경우)을 그 종기로 판단하였다
(심리불속행기각 확정. 대법원 2022. 6. 16.자 2022다225804 판결).

31) 사법연수원a, 180면; 니시타니 사토시, 246면. 부산고법(창원) 2018. 12. 13. 선고 2018나
11667 판결은 불이익취급 또는 지배·개입의 부당노동행위가 소수노조 조합원들인 원고들에
대한 불법행위가 성립한다고 하면서 사용자에게 원고들이 지급받지 못한 무쟁의 장려금(원고
들의 각 기본급의 100%)의 배상을 명하였다[상고기각(대법원 2021. 8. 19. 선고 2019다
200386 판결)으로 확정. 해당 사안에서 원고들은 위자료의 지급을 구하지는 아니하였다].

32) 대법원 2020. 12. 24. 선고 2017다51603 판결, 대법원 2020. 12. 24. 선고 2017다52118 판결.

문기일을 열어 당사자에게 피보전권리와 보전의 필요성에 관하여 충분한 주장과 소명의 기회를 주어야 하고, 특히 보전의 필요성에 관하여는 다른 가처분과는 달리 일반적으로 고도의 필요성이 소명되어야 한다. 그러나 노동가처분의 이용은 본안소송 전에 본안소송과 같은 만족을 신속하게 얻기 위한 것으로, 가처분신청 이후 상당한 기간이 경과된 경우에는 가처분 발령이 무의미하게 되는 경우도 있으므로 적정성보다는 신속성이 우선한다. 따라서 가처분의 본안화는 약식소송의 일종인 가처분소송의 본질에 반하므로 결코 바람직하지 않다.33) 가처분이 본안화한다고 하더라도 여전히 그 절차는 보전처분절차의 성격을 잃지 않는다.34)

(2) 노동가처분은 채무자의 임의의 이행이 기대되는 가처분이 허용되는 것을 특색으로 한다. 강제집행에 의한 실현보다 채무자의 자각에 의거한 임의의 이행을 기대하여 추상적이고 기본적인 법률상 지위의 형성에 그치는 가처분명령에 재판의 묘미가 있다. 노동관계의 자주성, 유동성, 자주적 해결의 촉진, 포괄적 지위의 회복 필요 등에서 그러한 가처분이 필요하다. 임의의 이행을 기대하는 가처분은 노동가처분의 기능을 강화하고, 가처분명령 발령 후 노사 간의 자주적 해결을 촉진시킨다. 가처분명령의 파급효로서 그 가처분에 의하여 일단 공권적 판단이 이루어지므로 잠정적 규범이 확립된다. 임의의 이행을 기대하는 가처분에 의하여 법원이 법률상 쟁점에 관하여 사법적 판단을 함으로써 법률상 쟁송에 관한 포괄적 해결이 가능하게 된다. 이러한 가처분은 대립하는 사회적 가치의 어느 쪽에 권위를 부여하는 기능을 한다.

3. 임금지급가처분

가. 피보전권리

사용자가 근로자를 해고하였으나 그 해고가 부당노동행위에 해당하여 무효인 경우 또는 사용자가 쟁의대항수단으로 직장폐쇄를 하였으나 그 폐쇄가 위법부당한 경우, 근로자는 사용자의 해고 후 또는 직장폐쇄 후 근로를 제공하지 아니하였다고 하더라도 임금청구권을 가진다. 즉, 해고가 무효인 경우에는 근로자는 종래와 같이 근로자의 지위를 가지고 있고, 부당해고의 경우에는 사용자의

---

33) 일본에서는 가처분의 본안화를 본안과 가처분의 역할분담을 제대로 이해하지 못한 데서 유래한 병리(病理)로 파악하고 이를 해소하기 위하여 노력하였다. 藤田廣美, 233면.
34) 대법원 1992. 6. 26.자 92마401 결정, 대법원 1999. 12. 21. 선고 99다137 판결.

귀책사유로 인하여 근로자가 근로를 제공하지 못한 것이므로 해고기간 동안에
근로자가 근로를 제공하지 않았다고 하더라도 민법 538조 1항의 규정에 의하여
근로자는 임금청구권을 가진다.35) 임금청구권을 가진 근로자는 본안소송을 제
기하여 임금을 청구할 수 있으나 본안판결을 받을 때까지 상당한 시일이 소요
되므로, 오직 임금만을 생계수단으로 하는 근로자는 당장의 생계곤란을 피하기
위하여 임금청구권을 피보전권리로 하여 사용자에 대하여 본안판결확정 전에
임금 상당액의 지급을 명하는 가처분을 신청할 수 있다.36)

    임금지급가처분은 피보전권리인 임금청구권이 실현되는 것과 동일 또는 유
사한 법률상태의 형성을 목적으로 하는 가처분으로 채권자에게 피보전권리가
본안소송에서 실현되는 것과 동일한 정도의 만족을 주는 만족적 가처분이다.

나. 보전의 필요성

    보전의 필요성 유무는 법원이 심리를 통하여 판단할 것이나 임금지급중단
으로 인하여 근로자가 생활유지에 곤란을 겪는 곤궁한 상황에 처하게 될 것임
은 경험칙상 추정된다고 봄이 타당하므로, 근로자는 사용자가 반증을 제출한 경
우에 한하여 필요성을 소명하면 되고, 가처분명령을 하면서 필요성에 대하여는
특별히 설시하지 않고 있다.37) 부모 또는 배우자 등 가족구성원에게 수입이 있
거나 자산이 있을 때 등 임금이 유일한 생계 수단이 아닌 경우에는 가족의 구
성, 동거 여부, 가족 전체의 수입에서 그 근로자의 수입이 차지하는 비중 등을
살펴 필요성 유무를 구체적·실질적으로 판단하여야 한다. 해고된 후 다른 곳에
서 수입이 생긴 경우에도 그 금액 규모와 수입의 안정성을 살펴 필요성 유무를
판단하여야 하고, 고보법상의 실업급여를 받고 있는 경우에도 필요성 판단에 신
중하여야 한다.

    임금지급가처분은 현존하는 위험을 피하기 위한 것이기에 가처분 당시 이
미 경과하여 버린 과거기간 동안의 생활의 곤궁 상태는 이미 해소된 것이고, 따
라서 과거분의 임금지급청구는 그 필요성이 없다는 견해와,38) 임금지급이 중단

---

35) 유원석, 617면.
36) 해고조치가 일응 부당노동행위에 해당하여 무효라고 보여지는 이상 가처분으로서 본안판
    결 확정시까지 잠정적으로 임금에 해당하는 금원지급을 명하는 것은 피보전권리의 범위를
    초과하지 아니한다(대법원 1978. 2. 14. 선고 77다1648 판결).
37) 김광년, 90면.
38) 과거분의 임금에 관하여는 원칙적으로 가지급의 필요성이 없고, 특별한 사정이 소명된 경
    우에 한하여 필요성이 긍정된다는 견해로는 飯島健太郞, 252~253면.

된 근로자가 가처분을 받을 때까지 생활의 곤궁을 겪으면서 그 곤궁을 극복한 이익을 사용자에게 귀속시키는 것은 부당하므로 특별한 사정이 없는 한 임금지급중단 후부터 가처분 발령 시까지의 과거분의 임금에 대하여도 필요성을 사실상 추정하여야 한다는 견해가 있다.[39] 실무상 해고 후 가처분발령 전까지의 임금청구권에 대하여도 보전의 필요성을 인정하고 있는데,[40] 다만 해고 후 상당한 기간이 경과한 때에 가처분신청을 한 경우에는 특별한 사정이 없는 한 신청 전까지의 기간에 대한 임금에 관한 보전의 필요성은 없다고 보아 장래에 대해서만 지급을 명하고 있다.[41]

다. 가처분의 내용과 집행

보전의 필요성 판단과 연계하여 인간다운 생활을 유지하는 데 필요한 금액의 지급을 명한다.[42] 종전에는 기존에 받아온 평균임금 상당액을 지급하도록 하는 경우가 많았으나, 최근에는 평균임금 상당액을 상한으로 하여 기준 중위소득, 채권자와 그 가족의 재산 상황 및 경제적 상황, 채권자가 근무하지 못한 기간 등 제반사정을 종합적으로 고려하여 지급을 명하는 금액을 결정하는 경우가 많다.

지급을 명하는 종기와 관련하여, 본안판결 선고시나 확정시까지로 정하는 경우가 많으나, 지위보전가처분을 제기하지 않고 임금지급가처분만을 신청한 경우에는 채권자 복직시 또는 채권자가 필요한 노력을 하면 생계자금을 얻을 수 있는 시기(통상 1년)를 추가하여 먼저 도래하는 날까지로 제한하기도 한다.

보전처분을 하는 경우에 통상 손해담보로서 담보제공을 명하지만 임금지급가처분에서는 실무상 무담보로 하거나 지급보증보험증권을 제출하는 방식으로 담보제공을 명하는 경우가 많다.

가처분에 대한 재판의 집행은 채권자에게 재판을 고지한 날부터 2주를 넘긴 때에는 하지 못한다(민집법 292조 2항, 301조). 임금지급가처분의 집행기간의 기산일은 가처분의 고지일이 아니고 매월의 지급일로 보아야 한다.[43] 왜냐하면 만

---

39) 유원석, 620면.
40) 사법연수원b, 101면.
41) 법원실무제요 민사집행 [Ⅴ], 525면.
42) 월급여에 해당하는 돈에서 세금해당액수를 공제한 돈의 지급을 명한 원심결정을 수긍한 사례로는 대법원 1978. 2. 14. 선고 77다1648 판결.
43) 법원실무제요 민사집행 [Ⅴ], 525~526면.

제6장 부당노동행위

일 가처분의 고지일을 기산일로 한다면 가처분이 발령된 다음 달 이후의 장래
의 지급분에 대하여 집행불능이 되어 버려 불합리하기 때문이다.

라. 이행강제금 제도와 보전의 필요성

노동위원회는 구제명령을 받은 후 이행기한까지 구제명령을 이행하지 아니
한 사용자에게 3천만 원 이하의 이행강제금을 부과할 수 있다(근기법 33조). 이와
같은 근기법상 이행강제금 제도는 임금지급가처분·근로자지위보전가처분의 심
리와 재판에 영향을 줄 수 있다.44)

(1) 사용자가 임금 상당액 지급을 명한 구제명령을 이행하고 있는 경우

임시의 지위를 정하는 가처분의 내용 중 임금지급가처분과 임금 상당액의
지급을 명하는 부당해고구제명령의 내용은 원칙적으로 동일하다. 따라서 사용자
가 부당해고에 관한 노동위원회의 판정을 수용하여 근로자에게 확정적으로 임
금 상당액을 지급하고 있다면, 임금지급가처분의 필요성은 일응 부정된다. 또한
사용자가 임금지급가처분명령을 성실하게 이행하고 있다면, 임금 상당액 지급을
명하는 구제명령의 불이행에 대한 이행강제금 부과의 필요성은 일응 부정된다.45)

한편, 사용자가 공법상의 효력을 가지는 구제명령을 잠정적으로 이행하고
있다면, 임금지급가처분의 필요성은 일응 부정된다. 그러나 이행강제금 부과의
전제가 되는 구제명령의 효력은 '해고 다음 날부터 이행기한(구제명령 송달 다음
날부터 30일 이내로서 노동위원회가 정하는 날)까지'의 임금 상당액 지급의무일 뿐
이고, 구제명령 이행기한 다음 날부터 원직복직 시까지의 임금 상당액 미지급에
대하여는 이행강제금을 부과할 수는 없으므로, 구제명령 이행기한 다음 날부터
임금지급가처분의 필요성을 긍정하여야 할 것이다. 따라서 위와 같이 구제명령
에 대하여 이행강제금제도가 도입된 이상, 임금지급가처분은 구제명령 이행기한
다음 날부터 본안판결 선고시까지 기간을 정하여 발령하는 것이 바람직하다.

(2) 사용자가 구제명령을 이행하지 않고 있는 경우

노동위원회의 구제명령은 공법상의 효력에 불과할 뿐 사법상 효력은 인정
되지 않고, 이행강제금 부과의 필요성과 임금지급가처분의 필요성은 서로 다르
기 때문에, 사용자가 구제명령을 이행하지 않고 있는 경우에는 임금지급가처분

---

44) 자세한 논의는 권창영f, 1016~1019면 참조.
45) 이와 달리 사용자가 근로자를 원직에 복직시키지 아니한 경우에는 원직복직명령부분에 대
    한 이행강제금 부과의 필요성은 일응 인정된다.

의 필요성은 일응 긍정된다. 사용자가 잠정적으로 원직복직을 명하였으나 근로자가 구제명령의 확정 전에는 잠정적으로 원직에 복직할 수 없다고 거부하는 경우, 구제명령 발령 후 이행강제금 부과 전에 근로관계의 당연종료사유(정년의 도래 등)가 발생한 경우 등에는 원직복직명령의 불이행에 대한 이행강제금 부과의 필요성이 부정되지만, 임금 상당액 지급가처분의 필요성이 소멸되는 것은 아니다.

(3) 이행강제금부과처분이 있는 경우

사용자가 이행기한까지 구제명령을 이행하지 아니하였다는 이유로 노동위원회가 이행강제금부과처분을 한 경우에는, 사용자가 임의로 임금 상당액을 지급할 가능성이 없으므로, 임금지급가처분의 보전의 필요성이 일응 추정된다.

(4) 근로자가 금전보상을 신청한 경우

근로자는 부당해고 구제신청 사건에서 원직복직을 원하지 아니하는 경우에 금전보상명령을 신청할 수 있으며,[46] 금전보상명령을 신청하고자 하는 근로자는 심문회의 개최일을 통보받기 전까지 금전보상명령신청서를 제출하여야 한다.[47] 금전보상명령신청서에는 임금 상당액과 그 산출근거, 기타 보상금액과 그 산출근거 등 신청인이 구하는 보상금 요구금액을 기재하도록 되어 있다.[48] 근로자가 금전보상을 신청한다는 의사를 심판절차의 진행 중에 철회할 수 있는지에 관하여는 노위규칙상 명문의 규정은 없으나 판정 시까지는 신청의사를 철회할 수 있다고 해석함이 무방하다는 견해가 있다.[49]

위와 같이 근로자가 원직복직을 원하지 아니하고 금전보상을 신청한 경우에는, 근로제공을 전제로 한 임금 상당액의 지급문제는 발생할 여지가 없다. 위와 같은 근로자의 의사표시(그 법적 성질은 근로관계의 해지를 가져오는 형성권의 행

---

46) 대법원 2020. 2. 20. 선고 2019두52386 전원합의체 판결 이후 판결 취지를 수용하여 신설된 근기법 30조 4항은 "노동위원회는 근로계약기간의 만료, 정년의 도래 등으로 근로자가 원직복직(해고 이외의 경우는 원상회복을 말한다)이 불가능한 경우에도 1항에 따른 구제명령이나 기각결정을 하여야 한다. 이 경우 노동위원회는 부당해고등이 성립한다고 판정하면 근로자가 해고기간 동안 근로를 제공하였더라면 받을 수 있었던 임금 상당액에 해당하는 금품(해고 이외의 경우에는 원상회복에 준하는 금품을 말한다)을 사업주가 근로자에게 지급하도록 명할 수 있다."라고 정하여 원직복직이 불가능해진 경우에도 구제이익을 인정하여 금전보상명령을 할 수 있도록 하였다.
47) 노위규칙 64조.
48) 노위규칙 별지 17호 서식 참조.
49) 권오상, 81~82면.

사라고 보아야 할 것이다)가 사용자에게 도달한 경우에는 근로관계는 종료되고 오로지 금전보상의 문제만 남게 될 뿐이므로, 이미 발생한 임금청구권을 피보전권리로 하는 단행가처분의 인용 여부만 문제가 된다. 따라서 법원은 임금지급가처분 사건의 변론·심문기일에 근로자에게 노동위원회에 부당해고 구제신청을 제기하였는지 여부, 금전보상을 신청하였는지 여부, 구제명령이 발령되었는지 여부 등을 심리하고, 사용자에게 금전보상신청서를 수령하였는지 여부, 임금 상당액을 지급하고 있는지 여부 등을 심리하여야 한다.

4. 근로자(종업원)지위보전가처분

가. 의　의

근로자가 해고된 경우 해고가 무효임을 이유로 근로관계존재확인소송의 본안판결 확정시까지 임시로 사용자와 근로자 사이에 해고 전과 같은 내용의 근로계약관계를 설정하는 가처분이다. 이 가처분은 사용자와 근로자 사이에 해고 전과 같은 내용의 포괄적인 법률상의 지위 또는 권리관계를 잠정적으로 형성하는 효력을 갖는 만족적 가처분이다. 이와 같은 형성의 효과는 가처분결정의 고지에 의하여 직접 발생하므로 이 가처분에 기한 강제집행은 생각할 여지가 없다. 이 가처분이 발령되면 사용자는 근로자를 가처분에 의하여 형성된 법률상 지위에 있는 것으로 대우할 것이 요청되나 사용자가 이와 같은 대우를 하지 않아도 위와 같은 대우를 강제할 방법은 없다.50) 이 가처분에 의하여 형성된 지위로부터 파생된 임금청구권 등과 같은 개별적 권리에 대하여도 가처분이 집행권원이 될 수 있는 것도 아니므로, 이런 의미에서 이 가처분은 임의의 이행을 구하는 가처분에 해당한다.

나. 피보전권리

피보전권리는 해고 등 근로관계의 종료원인이 부당노동행위에 해당하여 무효이므로 근로관계가 그대로 존속하고 있다는 것이다.

다. 보전의 필요성

종업원으로 취급되지 아니함으로 인하여 현저한 손해가 발생하거나 발생할

---

50) 다만 사용자가 임의이행을 계속해서 거부하는 경우 근로자가 임금지급가처분, 근로제공방해금지가처분 등을 별도로 제기할 수는 있다.

위험이 급박하여 이를 피할 필요성이 있는 경우 보전의 필요성이 긍정된다. 임금지급가처분신청과 병행된 지위보전가처분신청이 있는 경우에 임금지급가처분신청을 인용하면서 동시에 지위보전가처분의 필요성이 있는지에 관하여 부정적인 견해는, 근로자의 근로계약상 권리 중 주된 것은 임금채권이고 해고된 근로자가 지위보전가처분을 받을 필요라고 하는 것도 임금지급중단으로 인한 생활상의 곤궁을 피할 필요이므로 임금지급가처분으로 인하여 임금채권의 만족을 받고 생활의 곤란을 피하게 된 이상 임의의 이행을 구할 뿐인 지위보전가처분을 중복적으로 구할 필요가 없다고 한다. 그러나 근로자는 근로계약상 임금채권 외에 복리후생시설이용권, 취업규칙이나 단체협약에 정한 여러 가지 권리뿐만 아니라 근로자로서 취업하고 있음으로 인한 그 밖의 이익도 향유한다. 따라서 임금지급가처분에 의하여 임시로 정한 일정 금액의 지급을 받는 것만으로 지위보전의 필요성이 부정되지는 않는다.

지위보전가처분명령이 발령된 후에도 채무자인 사용자가 임의로 임금을 지급하지 아니하여 채권자인 근로자가 다시 임금지급가처분을 신청하는 경우, 선행하는 지위보전가처분이 이 가처분에 의하여 형성되는 포괄적인 권리관계의 개별적 내용을 이루는 임금채권을 피보전권리로 하여 신청된 후행의 임금지급가처분사건에서 법원을 구속하는 효력을 갖는지에 대하여는 견해의 대립이 있으나, 사실상 법원이 선행가처분의 취지를 존중하는 것은 별론으로 하고 피보전권리와 보전의 필요성을 소명에 의하여 인정하는 가처분의 현실에 비추어 구속력을 인정하는 것은 어렵다.[51]

라. 이행강제금제도와 보전의 필요성[52]

(1) 사용자가 구제명령을 이행하고 있는 경우

사용자가 원직복직 및 임금 상당액 지급을 명하는 구제명령을 이행하고 있다면, 원칙적으로 지위보전가처분의 필요성은 일응 부정된다고 보아야 할 것이다. 다만, 영업양도가 이루어질 가능성이 있고 이로 인하여 해고된 근로자에 대한 근로관계의 승계가 부정될 가능성이 있는 경우에는 예외적으로 사법상의 효력이 있는 가처분을 발령할 필요성이 있다고 보아야 할 것이다.

사용자가 구제명령의 내용을 잠정적으로 이행하였다가 이를 취소하였다면,

---

51) 사법연수원b, 104면.
52) 자세한 논의는 권창영f, 1021~1023면 참조.

그 취소로 인한 불이익취급에 대하여 근로자가 부당해고구제신청을 할 수 있는
지 문제된다. 하급심 판례 중에는 사용자가 구제명령에 따라 구제명령 이행기한
까지 근로자를 잠정적으로 복직시킨 다음 이행기한이 지난 다음 원직복직을 취
소한 경우에는 근로자는 원직복직취소에 대하여 불복할 수 없다고 본 사례가
있다.[53] 또한 사용자가 이행기한까지 원직복직 및 임금 상당액의 지급을 완료하
여 이행명령을 이행한 후, 위와 같이 이행기한이 지난 다음 원직복직을 철회한
경우에는 노동위원회는 이행강제금을 부과할 수 없다. 따라서 사용자가 구제명
령을 이행하고 있다는 이유로 지위보전가처분의 필요성을 부정하여 가처분신청
을 기각하였으나, 사용자가 이행기한이 지난 다음 구제명령을 더 이상 이행하지
아니한 경우에는 특별한 사정이 없는 한 새로운 보전의 필요성이 인정되므로
지위보전의 가처분을 발령하여야 할 것이다.

(2) 사용자가 구제명령을 이행하지 않는 경우

사용자가 구제명령을 이행하지 않고 있는 경우에는 원칙적으로 지위보전가
처분의 필요성은 일응 긍정된다.[54]

(3) 이행강제금부과처분이 있는 경우

사용자가 이행기한까지 구제명령을 이행하지 아니하였다는 이유로 노동위
원회가 이행강제금부과처분을 한 경우에는, 사용자가 임의로 원직복직 및 임금
상당액을 지급할 가능성이 없으므로, 지위보전가처분의 보전의 필요성이 일응
추정된다.

(4) 근로자가 금전보상을 신청한 경우

근로자가 원직복직을 원하지 아니하고 금전보상을 신청한 경우에는, 근로
관계존속을 전제로 한 근로자지위보전의 문제는 발생할 여지가 없다. 위와 같은
근로자의 의사표시가 사용자에게 도달한 경우에는 근로관계는 종료되고 오로지
금전보상의 문제만 남게 될 뿐이므로, 근로자지위보전가처분의 피보전권리는 더
이상 존재하지 않게 된다.

---

53) 서울행법 2008. 5. 15. 선고 2007구합38998 판결.
54) 같은 취지의 하급심 결정으로, 의정부지법 2010. 6. 24.자 2010카합188 결정, 대전지법
     2020. 6. 4.자 2020카합50174 결정이 있다.

5. 근로방해금지가처분

가. 견해의 대립

사용자가 근로수령을 거부하는 경우에 실체법상의 권리로서 사용자에 대하여 근로수령을 청구할 수 있는가? 이는 종래부터 취업청구권(취로청구권)이 인정되는지 여부에 관한 논쟁과 관련이 있다.

학설은 부정설[55]도 있으나 다수는 긍정설[56]의 입장을 취하고 있는데, 그 근거에 대해서는 다양한 견해가 제시되고 있다.[57]

대법원은, "사용자는 특별한 사정이 없는 한 근로자와 사이에 근로계약의 체결을 통하여 자신의 업무지휘권·업무명령권의 행사와 조화를 이루는 범위 내에서 근로자가 근로제공을 통하여 참다운 인격의 발전을 도모함으로써 자신의 인격을 실현시킬 수 있도록 배려하여야 할 신의칙상의 의무를 부담한다. 따라서 사용자가 근로자의 의사에 반하여 정당한 이유 없이 근로자의 근로제공을 계속적으로 거부하는 것은 이와 같은 근로자의 인격적 법익을 침해하는 것이 되어 사용자는 이로 인하여 근로자가 입게 되는 정신적 고통에 대하여 배상할 의무가 있다"[58]고 판시하여 해고가 무효로 확인되었음에도 불구하고 임금은 지급하면서 근로수령을 거부하는 경우에 인격권 침해를 이유로 정신적 고통에 대한 손해배상책임을 긍정하였다.[59] 이러한 판례의 태도에 대하여 취업청구권을

---

55) 이희성, 538면; 예외적 긍정설로는 임종률, 367~368면; 하경효, 428~430면. 해석론으로는 취업청구권을 인정하기는 어렵지만 취업청구권을 인정할 필요성은 크기 때문에 입법론적으로 해결하는 것이 바람직하다는 견해로는 유성재 527~530면.

56) 김소영, 142~143면; 김형배, 390~392면; 문무기, 342~343면; 이상윤a, 190면; 이흥재, 59~63면; 정진경, 529~533면.

57) 독일연방노동법원은 1955. 11. 10. 선고한 판결에서, 인격법적 공동체관계(personen-rechtliches Gemeinschaftsverhältnis)인 근로관계의 법적 성질에 기초한 사용자의 의무, 독일 기본법상 보호되고 있는 인격권, 근로자의 인간으로서 존엄성 존중 및 그 실현으로서 직업상 활동보장 등을 근거로 취업청구권을 일반적으로 인정하고, 다만 근로자의 취로에 의한 이익과 그에 반대되는 사용자의 이익을 비교형량하여 일정한 제한을 가할 수 있는 것으로 하였다(BAG v. 10. 11. 1955; BAG AP Nr. 2 zu §611 BGB Beschäftigungspflicht). 독일연방노동법원 대합의부(der Große BAG‑Senat)의 1985. 2. 27. 판결은 독일민법 242조의 신의칙을 근거로 한 사용자의 근로계약상의 배려의무에서 취업청구권의 인정근거를 찾고 있다[BAG (GS) 27. 2. 1985 E 48, 122 = AP BGB § 611 Beschäftigungspflicht Nr. 14 = AuR 1986, 326 (Anm. Ramm) = ZIP 1985, 1214, 1361 (Schwerdtner) = BB 1986, 795 (Berkowsky)]. Reichold, *Münchener Handbuch zum Arbeitsrecht*, 3. Auflage(2009), § 84 Beschäftigungsanspruch des Arbeitnehmers Ⅱ Rn. 6.

58) 대법원 1996. 4. 23. 선고 95다6823 판결.

59) 대법원 1980. 1. 15. 선고 79다1883 판결, 대법원 1994. 2. 8. 선고 92다893 판결, 대법원

긍정한 것으로 보는 견해와 인격권 보호의 법리를 천명한 것이라고 보는 견해가 대립하고 있다.

나. 실무의 태도

하급심 실무는 종래 부정설의 입장이 다수였으나,[60] 2010년 이후로는 긍정설의 입장을 취하고 있는데,[61] 실무상 근로방해금지가처분을 인용하는 경우 '인격적 법익의 침해 중지를 구할 권리'를 피보전권리로 보고 있다. 근로방해금지가처분은 만족적 가처분에 해당한다.[62]

6. 전직명령효력정지가처분

가. 피보전권리

여기서 말하는 전직명령은 전보와 전근을 포함하는 배치전환(기업 내 전직) 및 전출과 전적(기업 간 전직)을 모두 포함하는 개념이다. 전직명령의 효력의 정지를 구하는 가처분은 전직명령이 무효인 경우에 허용된다. 전직명령의 효력을 다투는 가처분은 지위보전가처분의 성질을 갖는다.

근무장소는 변경되지 않으면서 직무의 종류와 내용이 바뀌는 전보와 근무장소가 바뀌는 전근은 인사권자인 사용자의 권한에 속하므로 업무상 필요한 범위 내에서는 사용자에게 상당한 재량이 인정된다.[63] 그 인사명령이 취업규칙이나 단체협약 등의 규정이나 노동관행 등 실태에 비추어 볼 때 근로계약상 근로자가 제공하여야 할 근로의 종류나 내용 또는 장소에 관한 약정의 범위 내에서 사용자의 업무상 필요에 따라 이루어진 것이고 전직에 따른 근로자의 생활상

1996. 4. 23. 선고 95다6823 판결, 대법원 2008. 6. 26. 선고 2006다30730 판결, 대법원 2012. 5. 9. 선고 2010다88880 판결.

60) 수원지법 1999. 5. 20.자 98카합40 결정, 광주지법 2014. 5. 14.자 2014카합169 결정, 광주지법 2015. 2. 3.자 2015카합50007 결정. 피보전권리에 관하여 판단하지 않고 보전의 필요성이 없다는 이유로 신청을 기각한 사례로는 서울중앙지법 2009. 8. 4.자 2009카합2260 결정.

61) 서울중앙지법 2010. 8. 17.자 2010카합2335 결정, 서울중앙지법 2013. 7. 8.자 2013카합1320 결정, 부산고법 2014. 7. 10.자 2013라299 결정, 서울북부지법 2014. 8. 13.자 2014카합571 결정, 수원지법 안양지원 2016. 2. 29.자 2016카합10005 결정, 서울동부지법 2016. 7. 19.자 2016카합10181 결정, 서울고법 2016. 8. 9.자 2016라20384 결정, 서울북부지법 2021. 3. 30.자 2021카합20042 결정 등.

62) LAG Hamm NZA-RR 2001, 654; LAG Hamm NZA-RR 1998, 422; LAG Chemnitz NZA-RR 1997, 4; LAG Hamm NZA-RR 1996, 145; LAG München NZA 1994, 997; LAG Baden-Württemberg NZA 1995, 683; dazu auch Schrader BB 2012, 445ff.

63) 대법원 1989. 2. 28. 선고 86다카2567 판결, 대법원 1997. 12. 12. 선고 97다36316 판결.

불이익과 교량하여 합리성이 있으며 근로자와 협의 등 신의칙상 요구되는 절차
를 거쳤다면 그 인사명령은 유효하다.64) 업무상 필요도 없고 근로자에게 통상
예측할 수 없는 중대한 불이익을 주는 배치전환은 무효이다.65) 형식적으로는 업
무상의 필요를 내세우지만 실질적으로는 노동조합 가입이나 활동에 대한 봉쇄
나 보복조치로 한 것이라면 부당노동행위로서 무효이다.66)

　　근로자가 여전히 원래 고용된 기업에 소속되어 있으면서 휴직, 장기출장,
파견, 사외근무 등의 처분에 따라 근로제공의무를 면하고 다른 기업으로 옮겨
그 지휘감독을 받으면서 업무에 종사케 하는 전출과 원래 고용된 기업으로부터
다른 기업으로 적을 옮겨 그 소속이 완전히 달라지는 전적은 해당 근로자의 명
시적·묵시적 동의 또는 포괄적 사전동의가 있거나,67) 기업그룹 내에서 계열기
업간의 전적의 관행이 있고 그 관행이 기업 내에서 근로관계를 규율하는 규범
적 사실로 명확하게 승인되었거나 기업의 구성원이 아무 이의 없이 받아들여
사실상의 제도로 확립되어 있는 경우에는 유효하고 그렇지 않은 경우에는 무효
이다.68)

나. 보전의 필요성

보전의 필요성은 전직명령에 따르지 않을 경우 해고될 염려가 있는 경우나
종전 직장에서 취업을 거부당하거나 임금지급을 중단당할 염려가 있는 경우에
인정된다. 또 전직명령에 따름으로써 현저한 경제적·정신적 손해가 발생하거나
조합활동에 현저한 불이익을 가져오는 경우 일단 신임지로 부임한 후에도 가처
분의 필요성이 인정된다.69) 전직명령에 따르지 않는다는 이유로 이미 해고된 경
우에는 해고무효를 이유로 한 지위보전가처분·임금지급가처분과 함께 전직명
령의 효력을 부인하는 가처분을 동시에 신청할 수 있다.70)

---

64) 대법원 1991. 7. 12. 선고 90다9353 판결, 대법원 1998. 12. 22. 선고 97누5435 판결.
65) 대법원 2000. 4. 11. 선고 99두2963 판결.
66) 대법원 1992. 11. 13. 선고 92누9425 판결, 대법원 1998. 12. 23. 선고 97누18035 판결.
67) 대법원 1993. 1. 26. 선고 92다11695 판결.
68) 대법원 1996. 5. 10. 선고 95다42270 판결.
69) 사법연수원b, 106면.
70) 전직명령에 관하여 구제명령을 받았다고 하더라도 사용자가 이를 이행하지 아니하고 있다
　　면 가처분의 보전의 필요성은 인정되어야 할 것인바(같은 취지의 하급심 결정으로 울산지법
　　2015. 7. 21.자 2015카합263 결정), 구제명령이 있다는 이유만으로 전직명령효력정지가처분의
　　보전의 필요성을 부정한 하급심 실무례(전주지법 2016. 1. 5.자 2015카합1000048 결정, 전주
　　지법 2016. 11. 25.자 2016카합1056 결정, 수원지법 안양지원 2021. 2. 16.자 2021카합10012
　　결정)는 타당하지 않다.

7. 단결권침해에 대한 방해배제가처분

사용자가 근로자나 노동조합의 단결권을 침해하는 형태는 다음과 같다.

첫째, 노동조합이 활동을 위하여 기업의 시설을 이용하는 데 사용자가 시설 관리권에 기하여 조합활동을 방해하거나,[71] 둘째, 근로자가 조합에 가입하거나 조합활동을 하는 데 불이익취급을 하고,[72] 셋째, 노동조합의 운영에 대하여 지배·개입하는 형태로 이루어진다. 이 경우 근로자나 노동조합은 단결권에 기한 방해배제청구권을 피보전권리로 하여 방해배제가처분을 할 수 있다.

8. 간접강제

가. 의　　의

단체교섭응낙가처분과 같은 부대체적 작위를 명하는 가처분이나 노동조합원 정보공개금지가처분과 같이 부작위를 명하는 가처분에서는 사용자가 가처분 명령을 위반하는 경우에 간접강제를 명할 수 있다.[73]

나. 법적 성질

(1) 손해전보설

간접강제에서 명하는 배상금의 법적 성질은 채무자의 채무불이행에 의하여 생긴 채권자의 손해의 전보를 위한 것이라는 견해이다.[74] 간접강제결정에 의하여 일단 채무자로부터 추심한 돈은 채무자의 채무불이행으로 인한 손해배상청구권에 충당될 성질의 것이고,[75] 추심한 돈으로 충당하더라도 손해가 완전히 전보되지 못할 때에는 채권자가 채무자를 상대로 별도로 손해배상을 청구할 수 있다. 이 견해에 의하더라도 채무자로부터 추심한 배상금이 채권자의 실손해액

---

71) 해고된 근로자들의 출입을 방해하는 사용자에 대하여 출입(노동조합 활동)방해배제가처분을 인용한 사례로는 대법원 1999. 5. 17.자 97마1965 결정.
72) 채무자(사용자)가 종전에 채무자 소속 운전기사들이 1일 12시간씩 하루 2교대 방식으로 근무하던 관행을 변경하여 승무시간을 단축하게 된 실질적인 이유가 노동조합이 채무자에게 순응하도록 하고, 순응하지 않는 조합간부 및 조합원들을 회사에서 배제시키는 데에 있었던 것으로 볼 여지가 많으므로, 채무자는 이 사건 승무시간제한조치를 통하여 채권자(근로자)의 노동조합 활동을 방해하거나 방해할 우려가 있다고 인정한 사례로는 대법원 2002. 8. 14.자 2000마3318 결정.
73) 이에 관한 자세한 논의는 권창영e 참조.
74) 名古屋高裁 1960. 4. 27. 決定(下民集 22권 4호 940면).
75) 대법원 2014. 7. 24. 선고 2012다49933 판결.

을 초과하는 경우 추심금의 실체법적 성격은 금액의 결정을 집행법원에 위임한 법정위약금이므로 간접강제제도의 제도적 취지에 비추어 반환할 필요가 없다고 한다.76)

(2) 제재금설

간접강제는 채무불이행에 대한 제재를 고지하여 본래 채무자에 대한 심리적 압박에 의한 채무이행의 강제수단이고, 간접강제에 의한 금전이 채권자에게 귀속하는 실체법상의 원인은 채무자의 채무불이행을 원인으로 하는 제재금(법정위약금)이라고 해석한다.77) 판례는 간접강제란 채무불이행에 대한 제재를 고지함으로써 그 제재를 면하기 위하여 채무를 이행하도록 동기를 부여하는 것을 목적으로 하는 집행방법이고,78) 간접강제결정에 기한 배상금은 채무자에게 이행기간 이내에 이행을 하도록 하는 심리적 강제수단이라는 성격뿐만 아니라 채무자의 채무불이행에 대한 법정 제재금이라는 성격도 가지므로 채무자가 간접강제결정에서 명한 이행기간이 지난 후에 채무를 이행하였다면, 채권자는 특별한 사정이 없는 한 채무의 이행이 지연된 기간에 상응하는 배상금의 추심을 위한 강제집행을 할 수 있다고 판시하여79) 제재금설의 입장을 취하고 있다.

(3) 검　　토

민집법 261조 1항에서 '배상', '손해배상'이라는 용어를 사용하는 점, 추심금이 국고에 귀속되는 독일과는 달리 채권자에게 귀속하는 점은 손해전보설의 근거로 볼 여지도 있다.

그러나 ① 간접강제란 채무불이행에 대한 제재를 고지함으로써 그 제재를 면하기 위하여 채무를 이행하도록 동기를 부여하는 것을 목적으로 하는 집행방법인 점,80) ② 간접강제결정에 의하여 채권자가 금전채권을 추심한 경우 위 금

---

76) 강대성, 540면; 법원실무제요 민사집행[Ⅳ], 779면; 이시윤, 520면.
77) 권성 외 4, 587면; 권창영e, 19~20면; 박해식, 289면; 조병구, 351~356면; 조해현, 37면; 주석 민사집행법 [Ⅶ], 759면; 하태헌, 302면; 注釈 民事執行法 (7), 280~281면.
78) 대법원 2003. 10. 24. 선고 2003다36331 판결.
79) 대법원 2012. 4. 13. 선고 2011다92916 판결, 대법원 2013. 2. 14. 선고 2012다26398 판결. 이와 달리 행소법 34조 소정의 간접강제결정에 기한 배상금은 거부처분취소판결이 확정된 경우 그 처분을 행한 행정청으로 하여금 확정판결의 취지에 따른 재처분의무의 이행을 확실히 담보하기 위한 것으로서, 특별한 사정이 없는 한 간접강제결정에서 정한 의무이행기한이 경과한 후에라도 확정판결의 취지에 따른 재처분의 이행이 있으면 배상금을 추심함으로써 심리적 강제를 꾀할 목적이 상실되어 처분상대방이 더 이상 배상금을 추심하는 것은 허용되지 않는다고 한다(대법원 2004. 1. 15. 선고 2002두2444 판결).

원은 실제 손해액과 무관하게 채권자에게 귀속하도록 하는 것이 간접강제결정의 본래 취지에 부합하는 점, ③ 간접강제결정에서 정한 기간이 경과된 후 채무자가 채무를 이행하더라도 이미 발생한 강제금의 지급을 면할 수 없다[81])고 보는 것이 간접강제결정의 실효성을 확보할 수 있는 점,[82]) ④ 민법 389조 4항은 직접강제나 대체집행의 경우 손해배상의 청구에 영향을 미치지 아니한다고 규정하고 있는데 이러한 취지는 간접강제의 경우에도 적용된다고 보는 것이 전체적인 강제집행제도의 정합성에 비추어 합리적인 점 등을 종합하면, 기본적으로는 제재금설이 타당하다고 본다.

독일, 프랑스, 일본과 같이 명문으로 강제금과 손해배상채권을 분리한 규정이 없는 우리나라의 법제하에서는 채무불이행에 대한 제재를 고지함으로써 그 제재를 면하기 위하여 채무를 이행하도록 동기를 부여하는 간접강제의 성질상 채무자의 채무불이행이라는 요건사실에 의하여 추심금이 채권자에게 귀속하므로, 위 추심금이 '채무자의 채무불이행'이라는 동일한 사회적 사실로 인하여 채권자에게 발생한 손해의 배상과 전혀 무관하다고 보기는 어렵다. 따라서 간접강제의 성질을 "제재의 고지에 의한 채무이행의 동기부여"라고 파악하더라도, 추심한 돈은 손해배상에 우선 충당된다[83])고 보는 것이 현행법상 불가피하다. 한편 추심한 돈으로 충당하더라도 손해가 완전히 전보되지 못할 때에는 채권자가 채무자를 상대로 별도로 손해배상을 청구할 수 있으며, 채무자로부터 추심한 금원이 채권자의 손해액을 초과하는 경우에도 채무자에게 반환할 필요가 없다. 다만, 손해전보설도 간접강제결정에 의하여 채권자가 추심한 돈의 법적 성질이 법정위약금이라는 점을 근거로 위와 같은 결론에 도달하고 있으므로, 그 결론에서는 커다란 차이는 없다.

Ⅳ. 행정소송

1. 공법상 당사자소송

개별적 근로관계에서 판례상 인정되는 공법상 당사자소송은 국가·지방자

---

80) 대법원 2003. 10. 24. 선고 2003다36331 판결.
81) 대법원 2012. 4. 13. 선고 2011다92916 판결.
82) 김승표, 370면.
83) 대법원 2014. 7. 24. 선고 2012다49933 판결.

치단체와 맺은 채용계약으로 일정기간 특정 업무에 종사하는 공무원이 행정청의 일방적인 채용계약해지의 의사표시(해지통고)를 다투는 소송이다.[84] 공무원노동조합과 국가·지방자치단체 사이의 법률관계는 공법상 대등한 당사자 사이의 법률관계이므로 노동3권의 침해에 대하여 단체교섭의무이행청구와 같이 그 구제를 구하는 소는 공법상 당사자소송에 의하지만,[85] 손해배상이나 부당이득반환청구의 소는 민사소송에 의한다.[86]

2. 항고소송

고용노동부장관의 노동조합설립신고서반려처분, 행정청이 노동조합 활동을 이유로 공무원에 대한 해고·휴직·정직 등의 불이익처분을 한 경우와 같이 노동3권과 관련된 불이익처분은 실질적인 공권력행사로서 행정처분이므로 이에 대한 불복은 행소법상의 항고소송에 의한다.

3. 집행정지와 행정가처분

행정청이 공무원에 대한 해고, 휴직, 정직 등의 불이익처분을 한 경우에 그 불이익 처분은 실질적인 공권력행사로서 행정처분이므로, 그 처분의 집행정지는 행소법상의 집행정지제도(23조, 24조)에 의하여야 하고 민집법상의 가처분방법은 배제된다.[87] 이와 달리 공법상 당사자소송의 경우에는 행소법상의 집행정지제도는 준용되지 않으므로 민집법상 가처분이 허용된다.[88] 공무원으로 구성된 노동조합이 사용자인 국가 또는 지방자치단체를 상대로 노동3권의 침해에 대하여 그 구제를 구하는 소송은 공법상 당사자소송에 해당하므로, 공무원노동조합에게도 단결권·단체교섭권·단체행동권 등을 피보전권리로 하는 민집법상 가처분이 허용된다.[89]

84) 대법원 1993. 9. 14. 선고 92누4611 판결(지방전문직공무원), 대법원 1995. 12. 22. 선고 95누4636 판결(서울특별시립무용단원), 대법원 1996. 5. 31. 선고 95누10617 판결(공중보건의), 대법원 2001. 12. 11. 선고 2001두7794 판결(광주광역시립합창단원).
85) 사법연수원b, 87면.
86) 당사자소송과 민사소송은 실체법적 접근에 의하면 당해 소송물이 공법상의 법률관계에 속하는 것인지, 사법상의 법률관계에 속하는 것인지에 의하여 구별된다고 하는 것이 전통적인 견해이다. 안철상, 336면.
87) 대법원 1992. 7. 6.자 92마54 결정.
88) 대법원 2015. 8. 21.자 2015무26 결정, 대법원 2019. 9. 9. 선고 2016다262550 판결, 법원실무제요 민사집행 [Ⅴ], 523면; 사법연수원b, 87면.
89) 실무상 단체교섭응낙가처분은 행정재판이 아닌 민사재판으로 보고 있다. 대한민국을 채무

V. 단체교섭 거부에 대한 사법적 구제

1. 단체교섭권의 청구권성

가. 문제의 소재

노조법이 단체교섭 거부를 부당노동행위의 하나로 규정하고 있으므로 사용자의 단체교섭 거부에 대하여 행정적 구제가 허용되고, 사용자는 노동조합의 단체교섭권 행사를 방해하여서는 안 되며, 노동조합의 단체교섭권 행사로 인하여 발생한 손해를 수인하여야 하는 부작위의무를 부담한다는 점에 대하여는 다툼이 없다. 그러나 단체교섭권이 사용자에 대하여 일정한 협동행위를 요구하고 실현할 수 있는 적극적인 권리인가, 즉 사용자에게 위와 같은 소극적인 의무에 더하여 노동조합의 단체교섭청구에 응할 사법상의 의무가 존재하여 그 이행을 재판상 청구할 수 있는가라는 문제는 헌법상의 단체교섭권의 법적 성격을 어떻게 파악하느냐와 밀접한 관련이 있고,[90] 단체교섭권의 법적 성격에 관하여는 견해의 대립이 있는바, 이는 크게 3가지 측면에서 문제된다.

① 단체교섭권에 사법적 청구권성이 인정되는가, ② 이를 긍정할 경우 사용자가 부담하는 채무(단체교섭 의무)의 내용은 무엇인가, ③ 사용자가 부담하는 채무의 이행을 어떻게 강제할 것인가라는 문제이다. 다만 단체교섭권의 청구권성을 부인하는 견해가 사법적 구제를 부인하는 것은 아니며, 단지 청구권성을 인정하는 견해와 사법적 구제의 허용범위에서 차이가 난다. 또한 사용자가 부담하는 단체교섭 의무의 내용과 단체교섭 의무의 강제집행 문제는 단체교섭권의 청구권성이라는 문제와 밀접한 관련이 있다.

나. 외국의 논의

(1) 서　언

단체교섭제도에 대한 각국의 입법은 매우 다양한데, 단체교섭 거부에 대한 사법적 구제는 논리필연적으로 단체교섭권의 존재를 전제로 하므로, 단체교섭을 사실행위가 아닌 권리로 인정하는, 단체교섭에 관한 '조성형 입법례'에서만 논

자로 하여 단체교섭응낙가처분명령을 발령한 사례로는 서울중앙지법 2010. 6. 4.자 2010카합 182 결정, 서울중앙지법 2013. 2. 21.자 2012카합2277 결정. 제주특별자치도를 채무자로 하여 단체교섭응낙가처분명령을 발령한 사례로는 제주지법 2010. 2. 17.자 2009카합478 결정.

90) 石田省三郎, 338면.

의가 가능하다.91) 이에 비하여 협약중심법제를 채택하여 단체교섭에 관한 '방임형 입법례'에 해당하는 독일의 경우 집단적 노사자치에 대한 국가적 관여는 단체협약의 법적 효력의 인정에 그쳐 단체교섭의 권리의무화 등은 채택하고 있지 않고,92) 협약자유(Tariffreiheit)의 내용을 규정한 독일기본법 9조 3항이나 다른 헌법 규정 또는 어떠한 법률의 규정도 노동조합에게 단체교섭청구권(Verhandlung-sanspruch)을 인정하고 있지 아니하므로,93) 사용자가 단체교섭에 응하지 아니하는 경우 근로자단결체는 단체교섭청구권의 행사가 아닌 단체행동(Arbeitskampf)에 의하여 이를 극복하여야 한다.94)

　　이하에서는 단체교섭권을 최초로 실정법상의 권리로 구성한 미국, 과거에는 단체교섭을 자유의 영역으로 방임하였다가 1982년부터 단체교섭개시의무를 실정법상 의무로 규정한 프랑스, 단체교섭권을 헌법상의 기본권으로 규정하고 노동조합법에서 단체교섭 거부를 부당노동행위로 규정하여 우리나라와 유사한 입법태도를 취하고 있는 일본 등 3개국의 단체교섭 거부에 대한 사법적 구제에 관한 논의를 간략하게 살펴보기로 한다.

　　(2) 미　　　국95)

　　단체교섭을 법적인 권리의무관계로 구성한 최초의 입법례는 1935년에 제정되어 일반적으로 와그너법(Wagner Act)이라 불리우는 전국노동관계법(National Labor Relations Act. 이하 NLRA라 한다)이며, 이후 태프트-하틀리법(Taft-Hartley Act)에 의하여 NLRA를 일부 수정하고 NLRA를 통합한 1947년 노사관계법(Labor Management Relations Act. 이하 LMRA라 한다)으로 개정되었다.96)

　　NLRA 7조97)는 단체교섭권을 근로자의 권리로 규정하고 있다. 8조98) a항은 사용자의 부당노동행위를, 8조 b항은 노동조합의 부당노동행위를 규정하고 있

----

91) 고호성, 109면.
92) 고호성, 51면.
93) BAG 2. 8. 1963 AP Nr. 5 zu Art. 9 GG; BAG 14. 2. 1989 AP Nr. 52 zu Art. 9 GG.
94) BAG 21. 3. 1978 AP Nr. 62 zu Art. 9 GG Arbeitskampf; BAG 3. 4. 1990 AP Nr. 56 zu Art. 9 GG; Manfred Löwisch, Münchener Handbuch Arbeitsrecht Band 3, Kollektives Arbeitsrecht I(1993), S. 119; Otto Rudolf Kissel, Erfurter Kommentar zum Arbeitsrecht(1998), 117면.
95) Bruce Feldacker, Labor Guide To Labor Law, 3rd Edition, Englewood Cliffs(1990), 409~421면.
96) 현행 미국 연방노동법전(Title 29 of the United States Code) 기준으로 chapter 7(29 U.S.C §141~§200) 부분이 LMRA이고, 그중 subchapter 2(29 U.S.C §151~§169) 부분이 NLRA이다.
97) 29 U.S.C §157.
98) 29 U.S.C §158.

는바, 8조 a항 5호 및 8조 b항 3호는 사용자와 노동조합 양 당사자에 대하여 성
실교섭의무를 부과하고 있다. 10조[99] a항에 의해 8조에 규정된 부당노동행위규
정의 집행기관으로 전국노동관계위원회(National Labor Relations Board)가 설치되
었다. 10조 b항에 의해 부당노동행위구제 신청은 부당노동행위가 발생한 날부
터 6개월 이내에 제기하여야 한다. 10조 b, c, d항은 부당노동행위사건의 심리절
차를 규정하고 있다. 10조 e, f항은 위원회가 그 결정을 집행하거나 당사자가 위
원회의 결정에 대하여 법원에 불복할 수 있는 절차를 규정하고 있다.[100]

　　미국법상 사용자의 단체교섭 의무는 배타적 교섭대표제도와 부당노동행위
제도에서 유래하는 것으로, 교섭당사자가 교섭을 개시하는 것뿐만 아니라 교섭
과정에서 교섭당사자가 성실하게 교섭할 것까지 법적으로 요구되고 그 범위에
서 국가의 개입이 허용되는 적극적인 성격을 가진다.[101] 연방대법원은 San
Diego Building Trades Council v. Garmon 사건[102]에서 NLRA 7조(근로자의 단결
권, 단체교섭권 등)와 8조(부당노동행위)에 의해 규제되는 행위는 연방법률에 의하
여 배타적으로 규율되며, 전국노동관계위원회(NLRB)의 전속적 관할권에 속하기
때문에 주정부, 주법원과 연방법원의 관할권은 배제된다고 판시하였다. 다만, 사
유재산권을 침해하는 피케팅에 대한 금지명령의 발령,[103] 개인이나 재산권을 침
해하는 행위의 규제나 최저근로기준의 설정,[104] 노동조합의 내부문제,[105]
LMRA 301조[106]에 의한 단체협약의 집행,[107] LMRA 303조[108]에 의한 제2차 보
이콧에 기인한 민사상 손해배상청구[109] 등에 관하여는 연방법원이나 주정부의
관할권이 인정된다. 그러므로 미국에서 법원은 직접 단체교섭권의 이행을 구하

---

99) 29 U.S.C §160.
100) National Labor Relations Board, "Rules and Regulations－Part 102", 10~35면.
101) 고호성, 108면.
102) San Diego Building Trades Council v. Garmon, 359 U.S. 236 (1959).
103) Sears, Roebuck & Co. v. Carpenters, 436 U.S. 180 (1978).
104) UAW v. Russell, 356 U.S. 634 (1958); San Diego Building Trades Council v. Garmon, 359
　　U.S. 236 (1959); Metropolitan Life Ins. Co. v. Massachusetts, 471 U.S. 724 (1985); Ford
　　Halifax Packing Co. v. Coyne, 482 U.S. 1 (1987).
105) Int'l Asso. of Machinists v. Gonzales, 356 U.S. 617 (1958); Motor Coach Employees v.
　　Lockridge, 403 U.S. 274 (1971).
106) 현 29 U.S.C §185.
107) Textile Workers Union v. Lincoln Mills, 353 U.S. 448 (1957); Vaca v. Sipes, 386 U.S. 171
　　(1967).
108) 현 29 U.S.C §187.
109) Teamsters Local 20 v. Morton, 377 U.S. 252 (1964).

는 소를 수리할 수 없다.110)

(3) 프 랑 스

㈎ 연 혁

프랑스의 경우 원래 법에 의해 교섭의무가 부과되고 있는 일정한 경우를 제외하면 노사는 원칙적으로 교섭의무를 부담하지 않으므로, 교섭의 개시 여부는 노사의 자치영역에 속하게 된다.111)

그러나 전통적으로 노동조합 운동의 정치적 성향과 그에 따른 사용자의 반발 등에 따른 단체교섭의 발전과 정착의 지체, 교섭에 앞서 파업이 먼저 이루어졌던 프랑스의 전통적 관행 등을 시정하고자, 1980년대 사회당 정부는 기업차원에서 임금, 근로시간에 대해서는 기업별 연차교섭의무를 부과하는 법률(단체교섭 및 집단적 노동분쟁의 처리에 관한 1982. 11. 13.의 법률)112)을 제정하였다.113)

㈏ 법률의 규정

프랑스에서 단체협약은 복수로, 중층적으로 체결될 수 있는데, 산업간 협약(accords interprofessionnels)은 국가나 지역 전체에(L.2232-1), 산업별 협약(accords professionnels)은 국가, 지역 또는 직업에(L.2232-5), 기업별 협약(accords d'entreprise ou d'établissement)은 기업이나 기업 내 특정 직종에(L2232-11) 적용되며,114) 그룹협약(accords de groupe)은 그 그룹을 구성하는 기업들에 적용된다(L2232-30).

프랑스 노동법전은 교섭 레벨에 따라 교섭당사자들이 정기적으로 교섭해야 하는 사항과 그 기간을 정하고 있다.115) 산업별 협약에 관하여, 원칙적으로 임금, 남녀직업평등, 근로조건 등에 대해서는 4년에 1회 이상, 직무체계(classifications) 등에 대해서는 5년에 1회 이상 협상하도록 하면서(L2241-1조), 협상의 주기를 위 한도 내에서 협약으로 정할 수 있도록 하였다(L2241-4조, 5조), 다만 협상의 주기를 협약으로 정하지 아니한 경우, 그 협약을 준수하지 아니한 경우

110) 秋田成就, 234면.
111) 조용만a, 133~134면; 조용만b, 235면.
112) 구 노동법전(Code du travail) L.132-27조. 프랑스에서 제정 또는 개정되는 노동관계 법률 및 시행령은 노동법전(Code du travail)으로 편입되는데, 조문 번호 앞에 표시된 'L'은 법률(Loi)을 뜻한다(조용만b, 226면).
113) 조용만a, 133~134면; 조용만b, 224~225면; 배인연, 255면; 保原喜志夫, 486~490면. 이후 2004년, 2008년, 2016년, 2018년에 단체교섭법제 등에 관하여 변화가 있었다. 개정에 관한 구체적인 내용은 김상호, 25~29면; 박제성, 28~34면; 조임영, 337~359면.
114) 배인연, 206면.
115) 조용만c, 53면.

등에는 임금은 1년, 남녀직업평등, 근로조건, 장애인고용, 교육훈련 등은 3년, 직무체계(classifications), 급여저축(épargne salariale)은 5년 단위로 교섭하도록 하였다(L2241-7~18). 기업별 협약의 경우, 원칙적으로 임금, 남녀직업평등 등에 대해서는 4년에 1회 이상 협상하도록 하면서(L2242-1), 일정규모 이상의 기업의 경우 고용·경력 관리에 대해서도 마찬가지로 4년에 1회 이상 협상하도록 하였다(L2242-2). 산업별 협약과 마찬가지로 협상의 주기를 위 한도 내에서 협약으로 정할 수 있도록 하였는데(L2242-10~12), 협상의 주기를 협약으로 정하지 아니한 경우, 그 협약을 준수하지 아니한 경우 등에는 임금, 근로시간, 남녀직업평등 등은 1년마다, 고용·경력 관리(일정규모 이상의 기업의 경우)는 3년마다 협상을 하도록 하였다(L2242-13).

한편, 2016년 개정된 노동법전(노동과 사회적 대화의 현대화 및 직업적 경로의 보장에 관한 2016. 8. 8.자 법률)은 단체협약에 단체교섭이 당사자들 사이에 신의성실하게 이루어질 수 있도록 하는 교섭방법에 관한 내용이 포함될 수 있도록 하였고(L.2222-3-1조), 교섭방법에 관한 기업별 협약이 체결되지 않은 경우에는 그에 관해 규정한 산업별 협약이 기업에 적용되는 것으로 하였는데(L.2222-3-2조), 이와 같은 교섭방법을 위반하여 단체협약이 체결되더라도 노사 간 성실교섭원칙(principe de loyauté)을 준수하였다면 단체협약이 무효가 되지 않는다고 규정하였다(L.2222-3-1조 3항, L.2222-3-2조 2항).[116)]

㈜ 단체교섭개시의무

이처럼 기본적으로 교섭자유의 원칙을 바탕으로 하면서도 미국식 제도의 접합을 시도한 것이 프랑스의 교섭의무제도인바, 이는 사용자로 하여금 복수로 존재하는 여러 노동조합의 대표들을 일정한 일시에 한자리로 불러 모아 앞으로 행할 교섭 장소, 교섭 일정, 교섭 사항 등을 정하도록 하는 것이고 이러한 자리에서 본격적이고 구체적인 교섭이 이루어지는 것은 아니며, 여기까지가 법이 사용자에게 부과하는 의무이므로 사용자의 교섭 의무라고 하기 보다는 교섭개시의무라고 하는 것이 타당하다.

그 밖의 사항들, 예컨대 사전에 정해진 교섭일정을 사용자가 준수하지 않고 정해진 교섭장소에 나타나지 않는 경우, 사전에 정해지지 않은 일시와 장소에서

---

116) 박제성 외 3명, 72~73면.

다른 노조를 배제한 채 특정의 노조와만 교섭을 하는 경우, 정해진 교섭사항에
대한 교섭의사가 전혀 없는 경우 등 이른바 성실교섭의무위반의 문제는 사용자
의 교섭개시의무에 들어가지 않고[117] 기본적으로 노사 간의 자유교섭의 영역,
노사간의 신뢰관계의 영역 또는 힘의 영역에 해당한다(파업은 공공부문을 제외하
면 노동조합과는 무관한 근로자의 개별적 권리이며 파업의 최후수단성도 인정되지 않기
때문에 교섭 이전이라도 파업이 가능하다)는 인식이 그 저변에 깔려 있기 때문에
법이 정한 형사처벌의 대상도 되지 않는다고 보는 것이 판례의 태도이다.[118]

㈃ 사법적 구제의 허용성 및 평가

　　사용자가 위와 같은 교섭개시의무를 이행하지 않는 경우에 한하여 가처분
이 허용된다. 사용자의 성실교섭의무위반에 대한 가처분의 허용성과 관련하여,
프랑스에서 가처분(référé)은 '명백히 불법적인 침해'가 있거나 '긴박한 손해를
예방'하기 위한 경우에 허용되는데, 사용자의 의무로 인정되지 않는 사항에 대
하여 '명백히 불법적인 침해'를 인정하거나 '긴박한 손해의 예방'을 인정할 수
있는 경우가 극히 드물기 때문에 가처분이 현실적 실효성을 갖기 어렵다.[119] 또
한 사용자의 단체교섭 거부에 대하여 노동조합은 손해배상을 청구할 수 있으나
그 증명의 곤란성 등으로 인해 현실적 실효성이 없게 된다.

(4) 일　　본
㈎ 연　　혁

　　일본은 헌법 28조에서 단체교섭권을 헌법상의 기본권으로 규정하고 있으
며, 노동조합법 7조 2호는 단체교섭 거부를 부당노동행위로 규정하여 우리나라
와 유사한 입법례를 취하고 있다. 일본의 학설과 판례는 단체교섭응낙가처분을
중심으로 사법적 구제의 허용성 및 그 범위에 관하여 논의가 진행되었고, 논쟁
의 핵심은 단체교섭권의 사법적 청구권성을 인정할 수 있느냐에 있다.

　　일본에서는 단체교섭권의 청구권성에 관하여 단체교섭응낙가처분의 허용성

---

117) 이에 대한 판례로 Cass. soc., 1 juin 1994 (SA Hôtels Concorde), Droit social, N°7-8(1994),
　　715~716면은 사용자의 교섭개시의무가 준수된 이상 교섭과정에서 특정 노조를 배제하고 다
　　른 노조들과 협약을 체결한 경우에도 단체협약의 유효성을 인정하였다(조용만a, 147면에서
　　재인용).
118) Cass. crim., 4 octobre 1989 (Asperti c./ Boursin François), Droit social, N°2(1990), 213~214
　　면(조용만a, 147면에서 재인용).
119) Yves Chalaron, "La conduite de la négociation", Droit social, N°7-8(1990), 594면(조용만a,
　　147면에서 재인용).

을 중심으로 논의가 진행되었는데, 일본의 하급심 판례120)는 초기에는 단체교섭
청구권을 부정하는 입장을 취하였으나,121) 1949년부터 단체교섭청구권을 긍정
하는 판례가 다수 등장하였다가,122) 1975년 東京高裁의 新聞之新聞社團交應諾
事件 決定123) 이후에는 실무에서 부정설이 우세한 상황이 되어 현재에 이르고
있다.124) 그러나 1980년대 후반에는 단체교섭청구권의 존부에 관한 판단을 회피
하면서 '단체교섭을 구할 수 있는 지위'의 확인을 구하는 본안소송에서 소의 이
익을 인정하여 노동조합의 청구를 인용한 판례,125) 단체교섭의 구체적 전개에
대응하여 추상적인 단체교섭청구권과 구체적인 단체교섭청구권으로 나누어 구
체적인 단체교섭청구권에 기초한 '단체교섭을 구할 수 있는 지위에 있음'을 임
시로 정하는 한도에서 단체교섭응낙가처분신청을 인용한 판례126)가 등장하였고,

---

120) 일본 구 민사소송법(1989. 12. 22. 제정되어 1991. 1. 1. 시행된 민사보전법이 시행되기 전
    의 것) 393조 3항(1954년 법률 127호로 추가된 것)은 가압류·가처분에 관한 판결에 대하여
    는 상고를 할 수 없도록 규정하고 있었고, 민사보전법 41조 3항은 보전항고에 관한 재판에
    대하여는 다시 항고할 수 없도록 규정하고 있으며, 고등재판소의 보전항고결정에 대하여는
    재판소법 7조 2호의 제약에 의하여 최고재판소에 항고를 할 수 없으므로(다만, 구 민사소송
    법 409조의2 2항에 의한 특별상고의 길은 열려 있었고, 민사소송법 336조에 의한 특별항고와
    337조에 의한 허가항고를 신청할 수 있는 여지는 있다), 단체교섭응낙가처분에 관한 최고재
    판소의 판례는 존재하지 아니한다. 小林克己, 590면; 柳川眞佐夫, 339면.
121) 名古屋地裁 1948. 12. 8. 判決(勞働關係民事行政裁判資料 3호 181면). 이후에도 부정설을 취
    하는 판례가 다수 등장하였다. 東京地裁 1957. 11. 2. 判決(勞民集 8권 6호 872면); 東京地裁
    1960. 11. 21. 決定(勞民集 11권 6호 1341면); 名古屋地裁 1968. 7. 2. 決定(勞民集 19권 4호
    811면); 京都地裁 1971. 4. 1. 決定(勞民集 22권 6호 981면); 東京地裁 1974. 12. 9. 決定(勞民
    集 25권 6호 582면); 名古屋地裁 1974. 12. 27. 決定(勞民集 25권 6호 623면); 東京高裁 1975.
    9. 25. 決定(勞民集 26권 5호 723면); 大阪地裁 1995. 5. 26. 決定(勞働判例 678호 35면).
122) 岐阜地裁 大垣支部 1949. 5. 23. 決定(勞働關係民事行政裁判資料 6호 226면); 岡山地裁 1950.
    5. 26. 決定(勞民集 1권 3호 488면); 大阪地裁 1955. 4. 21. 決定(勞民集 6권 3호 318면); 福井
    地裁 1959. 3. 16. 決定(勞民集 10권 2호 139면); 福井地裁 1965. 6. 26. 決定(勞民集 16권 3호
    555면); 東京地裁 1965. 7. 9. 決定(勞民集 16권 4호 566면); 札幌地裁 室蘭支部 1965. 12. 9.
    決定(勞民集 16권 6호 1102면); 鳥取地裁 米子支部 1966. 5. 19. 判決(勞民集 17권 3호 646면);
    東京地裁 1966. 9. 17. 決定(勞民集 17권 5호 1093면); 東京地裁 1967. 12. 12. 決定(勞働經濟判
    例速報 644호 6면); 東京地裁 1968. 7. 8. 決定(判例時報 528호 83면); 東京地裁 1968. 8. 29.
    決定(勞民集 19권 4호 1082면); 長野地裁 諏訪支部 1970. 2. 12. 決定(判例時報 589호 77면);
    東京地裁 1972. 5. 9. 決定(判例時報 667호 14면); 神戸地裁 1972. 11. 14. 決定(判例時報 696호
    237면); 千葉地裁 松戸支部 1974. 7. 4. 決定(判例時報 747호 115면); 大阪地裁 1974. 11. 14.
    決定(勞民集 25권 6호 515면); 大阪高裁 1977. 1. 28. 判決(勞働法律旬報 923호 65면).
123) 東京高裁 1975. 9. 25. 決定(勞民集 26권 5호 723면).
124) 山下滿, 459면.
125) 國鐵團交拒否事件, 東京地裁 1986. 2. 27. 判決[勞民集 37권 1호 123면(제1심)]; 東京高裁
    1987. 1. 27. 判決[勞民集 38권 1호 1면(제2심)]; 最高裁 1991. 4. 23. 判決[最高裁判所民事裁判
    集 162호 547면(제3심)].
126) 德島地裁 1987. 7. 14. 決定, 勞働判例 502호 41면.

오늘날에는 단체교섭을 구할 수 있는 지위의 확인을 구하는 형태로 가처분을 신청하는 것이 일반적이다.[127]

　　일본의 학설은 단체교섭응낙가처분에 관한 판례에 대한 평석을 중심으로 전개되었고 그 내용도 판례의 논지와 큰 차이가 없어 학설에 대하여 별도로 논의할 실익이 없으므로 이하에서는 판례를 중심으로 단체교섭청구권에 관한 논의를 진행하기로 한다.[128]

(나) 긍 정 설

　　단체교섭청구권을 긍정하는 판례는 그 이론구성에 관하여 크게 3가지로 나눌 수 있다.

　　1) 첫째는 "노동자의 단결할 권리 및 단체교섭 기타 단체행동을 할 권리는 이를 보장한다"라고 규정하고 있는 일본 헌법 28조와 사용자가 고용한 근로자의 대표자와 단체교섭을 하는 것을 정당한 이유 없이 거부하는 행위를 부당노동행위로 규정하고 있는 일본노동조합법 7조 2호에 기초하는 것인데,[129] 판례 중에는 사용자는 단체교섭 거부에 정당한 이유가 없는 한 노동조합의 단체교섭 요구에 응할 의무가 있으므로 단적으로 단체교섭청구권을 긍정하는 것,[130] "점

---

127) 水町, 360~361면. 判例勞働法 4, 139면은 최고재판소를 포함하여 단체교섭을 구할 수 있는 지위의 확인을 구하는 소송(가처분의 경우 그러한 지위를 임시로 정하는 가처분)을 긍정하는 판결이 많아지고 있다고 하고, 荒木, 667면은 판례가 단체교섭을 요구할 수 있는 법적 지위의 확인을 인정하는 입장이라고 한다.

128) 단체교섭청구권을 긍정하는 견해로는 光岡正博, 114면; 菊池勇夫, 168면; 宮島尚史, 89면; 宮里邦雄, 156면; 三浦惠司, 281면; 西谷 敏a, 381면; 西谷 敏b, 688면; 西山俊彦·林屋札二, 476~477면; 沼田稻次郎, 3면; 岸井貞男, 244면; 野村平爾, 56면; 外尾建一, 163면; 園部秀信, 282면; 有泉亨, 15면; 秋田成就, 266면; 片岡昇, 181면 등이 있고, 부정하는 견해로는 菅野和夫, 97~103면; 菊井維大·村松俊夫·西山俊彦, 372면; 山口浩一郎, 150~152면; 蓼沼謙一, 224면; 三枝信義, 317면 등이 있다. 菅野和夫는 사용자에 대하여 성실교섭이라는 구체적인 행위를 청구할 수 있는 청구권(단체교섭청구권)이 사법(私法)상 인정되는가라는 문제와 사용자에 대하여 단체교섭을 청구할 수 있는 기초적 지위가 사법상 인정되는가라는 문제를 구별할 필요가 있다는 전제 아래, 단체교섭에 관한 분쟁의 형태를 ① 단체교섭 그 자체의 거부(조합부인), ② 단체교섭의 주체(당사자와 담당자)의 적격성에 관한 분쟁, ③ 단체교섭대상사항인지 여부에 관한 분쟁, ④ 단체교섭의 절차·조건에 관한 분쟁, ⑤ 단체교섭의 성실성에 관한 분쟁으로 분류한 후, ②, ③의 분쟁의 경우 단체교섭을 구할 수 있는 지위에 기하여 그 지위의 확인을 구하는 보전을 구할 수 있으나, ①, ④, ⑤의 분쟁의 경우에는 노동위원회와 법원의 기능분담, 분쟁의 상대성 및 유동성 등에 비추어 보면 단체교섭응낙가처분이 허용되지 아니한다는 입장을 취하고 있다. 일본학설의 동향에 대하여는 手塚和彰, 19면; 注釋(上), 432면 참조.

129) 大阪地裁 1955. 4. 21. 決定(勞民集 6권 3호 318면); 福井地裁 1965. 6. 26. 決定(勞民集 16권 3호 555면); 鳥取地裁 米子支部 1966. 5. 19. 判決(勞民集 17권 3호 646면); 東京地裁 1966. 9. 17. 決定(勞民集 17권 5호 1093면); 東京地裁 1968. 8. 29. 決定(勞民集 19권 4호 1082면); 長野地裁 諏訪支部 1970. 2. 12. 決定(判例時報 589호 77면).

유자가 그 점유를 방해받은 때에는 점유유지의 소에 의하여 그 방해의 제거 및
손해의 배상을 청구할 수 있다"라고 규정하고 있는 일본 민법 198조를 유추 적
용하는 것도 있다.131)

　　위 견해에 따르면 단체교섭청구권의 요건사실은 노동조합이 특정사항에 관
하여 사용자에게 단체교섭을 청구하였다는 것으로 족하고, 사용자의 단체교섭
거부에 정당한 이유가 있다는 것은 항변사유가 된다.132)

　　2) 둘째는 헌법 28조, 노동조합법 7조 2호에 기한 단체교섭청구권만으로는
아직 보호대상이 되지 아니하고, 노동조합이 특정사항에 관하여 단체교섭을 청
구하였으나 사용자가 정당한 이유 없이 거부하게 되면 노동조합은 위 사항에
관한 구체적인 단체교섭청구권을 취득하게 되고 이것이 민사소송에 의하여 보
호를 받을 수 있는 권리성을 가진다는 견해(이를 구체적 단체교섭청구권설이라 한
다)이다.133) 이에 관한 대표적인 판례134)는 "노동조합법 7조 2호에 의한 사용자
의 의무는 노동위원회가 실시한 행정절차에 조응하는 공법상의 의무이고, 노동
자는 그 대표자에 의하여 구체적인 사항에 관한 단체협약을 체결할 목적으로
사용자의 교섭거부에 정당한 이유가 있다고 인정되지 않는 경우에 한하여 교섭
에 성의를 가지고 응하라는 취지의 작위를 구할 수 있는 사법상의 채권, 즉 구
체적 단체교섭청구권을 가지므로 이것이 가처분명령의 피보전권리가 되며, 단체
교섭권은 공법뿐만 아니라 사법에도 걸친 것으로 구체적 단체교섭청구권의 한
도에서 법원에 의하여 보호되는 것이 상당하다"라는 점을 논거로 들고 있다. 위

---

130) 鳥取地裁 米子支部 1966. 5. 19. 判決(勞民集 17권 3호 646면).
131) 大阪地裁 1976. 3. 24. 判決(勞働判例 249호 59면). 위 판결은 "단체교섭권은 점유권과 같은
　　말하자면 假의 권리 정도에 그치지 않고 소유권에 필적하는 권리인바, 단체교섭권의 침해는
　　헌법이 인정하지 않고 노동조합법이 금지하고 있으며, 단체교섭권의 침해를 금지하더라도 사
　　용자는 적은 손해도 입지 아니하는 반면, 침해를 방치하게 되면 근로자는 상당한 희생을 입
　　게 되는 점을 고려하면, 단체교섭권의 침해에 대하여도 민법 198조를 유추 적용하여 침해의
　　배제를 청구(침해예방에 대하여는 민법 199조의 유추적용)할 수 있다고 해석하는 것이 상당
　　하다. 그렇다면 근로자는 어떠한 침해가 이루어지고 있다는 것을 명확히 특정하여 그 침해의
　　배제를 구하는 본안의 소를 제기할 수 있게 된다. 그 결과 근로자는 위와 관련된 임시의 지
　　위를 정하는 가처분을 구할 수 있고, 법원은 침해배제신청의 목적을 달성하는데 필요한 처분
　　을 정하여 가처분명령을 발할 수 있다"라고 판시하였다.
132) 長野地裁 諏訪支部 1970. 2. 12. 決定(判例時報 589호 77면).
133) 학설 중에서 구체적 단체교섭청구권설을 취하는 입장으로는 園部秀信, 302면; 西谷 敏a,
　　382면. 西谷 敏b, 688면은 헌법 28조, 노동조합법 7조 2호로부터 추상적인 단체교섭청구권이
　　생기고 기존의 경과나 예비절충에 의하여 단체교섭응낙의무의 내용이 특정되는 경우에는 구
　　체적인 청구권도 발생한다고 한다.
134) 東京地裁 1968. 8. 29. 決定(勞民集 19권 4호 1082면).

견해에 따르면 단체교섭청구권의 요건사실은 (i) 노동조합이 특정사항에 관하여 단체교섭을 청구한 사실, (ii) 사용자가 단체교섭을 거부한 사실, (iii) 단체교섭 거부에 정당한 이유가 존재하지 아니한다는 사실이고, 사용자가 단체교섭 거부에 정당한 이유가 있다고 주장하는 것은 적극부인에 지나지 않는다.[135]

3) 셋째는 화해나 단체협약과 같은 당사자의 합의에 의하여 단체교섭청구권의 존재를 긍정하는 견해이다.[136]

먼저 전자에 관한 판례[137]는 항소인(회사)과 피항소인(노동조합) 사이에 1973. 12. 3. "피항소인이 금후 의제를 특정하여 사전에 단체교섭을 신청하는 경우에는, 항소인은 단체교섭에 성실하게 응할 것을 확인한다"라는 재판상 화해가 성립하였는데 위 화해조항은 피항소인이 교섭사항을 특정하여 사전에 단체교섭을 신청하는 경우에는 항소인은 이에 응할 것을 약정한 것으로 해석함이 상당한 점, 위와 같은 합의는 공서에 반하지 않으며 그 합의의 효력을 부정할 성문법상 근거를 찾기 어려운 점, '성실하게 단체교섭에 응하라는 채무'가 급부로서 완전히 명확성·특정성을 흠결하였다고 단정할 수 없으므로 당사자 간의 적법한 합의에 대하여 그 내용에 맞는 법률상의 효과를 부여함이 상당한 점 등을 근거로 재판상 화해조항에 기하여 단체교섭청구권을 긍정하였다.

후자에 관한 판례[138]는 헌법 및 노동조합법의 규정은 사용자에게 노동자 및 노동조합에 대하여 단체교섭에 응낙할 사법상의 의무를 부과하는 것은 아니나 사용자가 단체협약 등에서 구체적인 단체교섭사항에 관하여 노동조합 등과 단체교섭 등에 응할 것을 합의한 경우에는 사용자가 단체교섭권(헌법, 노동조합법

---

135) 園部秀信, 282면.
136) 재판상 화해 조항에 기하여 단체교섭청구권의 존재를 인정한 사례로는 大阪高裁 1977. 1. 28. 判決(勞働法律旬報 923호 65면)이 있고, 단체협약에 인사에 관한 사전협의 조항이 존재하는 경우 희망퇴직에 관한 단체교섭청구권이 발생하는 것을 인정한 사례로는 神戸地裁 1986. 12. 5. 判決(勞働判例 487호 36면)이 있다.
137) 大阪高裁 1977. 1. 28. 判決(勞働法律旬報 923호 65면).
138) 神戸地裁 1986. 12. 5. 判決(勞働判例 487호 36면). 사실관계는 1981. 4. 1. 원고(노동조합), 피고(회사) 사이에 체결된 단체협약에는 '종업원의 채용, 해고, 승진, 이동 기타 인사의 실시에 관하여 단체교섭 또는 노사협의회에서 사전협의를 한다'는 취지의 규정이 존재함에도 피고가 원고와 단체교섭이나 사전협의 없이 희망퇴직의 모집을 실시한 것인데, 위 판결은 "증거에 의하면 위 단체협약은 1985. 4. 30.에 실효되었음을 인정할 수 있으므로, 적어도 현시점에서는 위 단체협약에 의한 단체교섭청구권은 인정되지 아니하고, 따라서 이에 기한 본건 금지청구권을 긍정할 수는 없다"라고 판시하여, 결과적으로 "피고는 원고와 사전에 충분히 협의하지 않고서 원고 조합원에 대한 희망퇴직모집절차를 실시하여서는 아니 된다"라는 취지의 금지청구를 기각하였다.

에 의한 권리)과는 별도로 단체교섭응낙의무를 사법상 승낙한 것이므로, 이에 의하여 노동조합 등은 구체적인 교섭사항에 관한 단체교섭청구권을 취득하였다고 해석함이 상당하다는 이유로 단체협약의 인사협의조항에 기하여 단체교섭청구권을 긍정하였다.

㈐ 부 정 설

이에 대하여 단체교섭청구권을 부정하는 판례의 요지는 크게 4가지로 요약할 수 있다.[139]

첫째, 헌법 28조에 규정된 단체교섭권의 효력은 국가와 노동자의 관계에서 국가가 이러한 권리를 부당하게 침해하여서는 안 된다는 의미로서 노동자의 자유권을 보장할 뿐만 아니라 사용자에 대한 관계에서도 존중되어야 하는 노사 간의 공적 질서로서 이를 보장하는 것으로 해석되나, 이는 노동자의 단체교섭권을 부당하게 침해하는 행위는 그 자체로서 위법하고, 손해배상책임이 발생하며, 법률행위에서는 그 효력을 부인하는 데 그칠 뿐이지, 헌법 28조의 규정이 직접 노사 간의 단체교섭에 관한 구체적인 권리의무를 설정한다고 해석할 수는 없다.

둘째, 노동조합법 7조 2호의 규정은 국가가 사용자에 대하여 노동위원회의 구제명령에 따르라는 공법상의 의무를 부과하는 것에 지나지 않아 노동조합에게 사용자에 대하여 성실교섭이라는 구체적 행위를 청구하는 사법상의 단체교섭청구권을 인정하는 것은 아니다.

셋째, 단체교섭은 노동자 측의 태도나 구체적인 상황에 따라 좌우되는 상대적·유동적인 성격을 가지고 있고, 사용자의 성실성과 같은 불명확한 주관적 요소와 관련되기 때문에 단체교섭청구권에 대응하는 사용자의 채무의 급부내용을 특정할 수 없다.

넷째, 단체교섭의 이행을 재판상 강제하여 그 실효성을 확보하는 데 문제가 있다.

다. 견해의 대립

단체교섭 거부에 대한 사법적 구제에 관하여 우리나라에서는 활발한 논의가 이루어지지 않고 있고, 그 내용도 일본의 논의와 큰 차이는 없으나 학설은 크게 단체교섭청구권을 부정하되 지위를 인정하는 견해와 긍정하는 견해로 나누어진다.

---

139) 東京高裁 1975. 9. 25. 決定(勞民集 26권 5호 723면)에서 부정설의 논거를 망라적으로 설시하고 있다.

(1) 지 위 설

사법상의 단체교섭청구권을 인정할 수는 없지만, 노동조합은 '사용자에 대하여 단체교섭을 구할 수 있는 기초적 지위'를 가지기 때문에 그 지위의 확인청구 또는 그것을 피보전권리로 하는 단체교섭응낙가처분을 신청할 수 있다는 견해가 있다. 이는 당사자적격을 가지는 노동조합이 교섭의 상대방 당사자로서 적격성을 가지는 사용자 또는 사용자단체에 의하여 단체교섭을 구할 수 있는 지위 그 자체를 부정당하고 있는 경우에는 그 지위의 확인청구 또는 그 지위를 임시로 정하는 가처분신청을 할 수 있고, 특정의 교섭사항에 대하여 위와 같은 지위를 부정당한 노동조합은 그 사항에 관한 그러한 지위의 확인 내지 보전을 청구할 수 있지만, 단체교섭에 관한 기타의 구체적·유동적 분쟁은 단체교섭의 기초적 권리의무관계의 범위 안에서 생기는 상대적·유동적 분쟁이므로 전문적인 절차인 조정절차나 부당노동행위 구제절차에 맡겨져야 하고 민사구제의 대상이 되지는 아니 한다고 주장한다.140)

(2) 긍 정 설

헌법상의 단체교섭권은 객관적 가치질서의 의미만을 가지는 것은 아니며 사인관계에 대해서도 직접 적용되는 권리141)이기 때문에, 헌법 33조 1항에 의하여 단체교섭권의 청구권성을 인정하여야 한다. 즉, 헌법은 단체교섭권의 존중이라는 공법상의 의무뿐만 아니라 노동조합의 단체교섭요구에 성실하게 임할 사법상의 의무도 사용자에게 부과하고 있는 것이다.142)

단체교섭권은 근로자의 노동3권 중에서 중심이 되는 권리이므로 그 중요성에 비추어 보면 단체교섭권을 사법절차에 의하여 실현가능한 사법상의 권리로 인정하여야 하고, 부당노동행위인 단체교섭 거부에 대하여 행정절차로서 구제명

---

140) 임종률, 333~334면. 박종희 교수는 단체교섭응낙가처분을 발령하는 것이 협약자치의 원칙, 국가중립의무에 반한다고 주장한다(박종희a, 142~150면). 그러나 노동현장에서 사용자의 단체교섭 거부로 인하여 협약을 체결할 수 없는 상황에서 노동조합의 단체교섭권을 보장하기 위하여 법원이 가처분을 발령하는 것이 대부분인데 가처분으로 인하여 실질적인 협약자치를 달성할 수 있는 점, 법원은 권리구제기관이므로 노동조합의 단체교섭권이 침해되고 있는 상태에서는 가처분을 발령하는 것이 그 본래의 기능에 부합하는 점, 법원의 재판기능을 국가의 중립의무위반이라고 비판하는 것은 법치주의를 부정하는 것인 점 등에 비추어 보면, 위와 같은 견해는 타당하다고 보기 어렵다.

141) 권영성, 329면; 김철수, 411면.

142) 김유성, 151면; 이병태, 87면; 손창희, 131~132면.

령절차가 반드시 간이·신속하게 진행되지는 아니하므로 행정구제제도와는 별
도로 간이·신속한 가처분을 이용할 현실적인 요청이 있으며, 사용자가 당해 노
동조합을 합법적인 노동조합으로 인정할 수 없다는 이유로 또는 다른 노동조합
과 유일교섭단체협약을 체결하였다는 이유로 단체교섭을 거부하는 경우와 같이
그 거부하는 이유의 정당성에 대하여 행정적 판단보다는 오히려 사법적 판단이
적합한 경우가 많다.[143]

　　노조법 29조, 30조, 81조 1항 3호의 규정에 따라 사용자가 정당한 이유 없
이 단체교섭을 거부하면 노동조합의 대표자 또는 위임을 받은 자는 사용자에
대하여 단체교섭을 청구할 수 있는 구체적인 법적 지위를 취득하는 것으로 보
아야 하며, 헌법 27조가 국민의 재판청구권을 보장하고 있는 이상 노동위원회에
의한 행정적 구제제도가 마련되어 있는 것을 이유로 사법적 구제를 배제할 수
없는 것이다.[144]

　　단체교섭권은 헌법상 기본권으로서 근로자의 국가에 대한 공권으로서 보장
될 뿐만 아니라, 노조법 29조, 30조 등에서 노동조합이 사용자 또는 사용자단체
에 대하여 단체교섭을 할 수 있는 권리를 명문으로 규정하고 있는 이상, 단체교
섭권은 이러한 법률의 규정에 의하여 발생하는 청구권의 일종으로 볼 수 있으
므로, 단체교섭권은 노동조합 등 근로자단체가 사용자 또는 사용자단체에 대하
여 성실하게 단체교섭에 임하도록 하는 작위의 급부행위를 요구할 수 있는 사
법상의 청구권이라는 법적 성질을 가진다.[145]

(3) 이 원 설

　　우선, 노동조합과 사용자 사이에서 사전적 예비협의를 통하여 구체적 교섭
사항 등이 명확하게 정해져 있다면 노동조합이 구체적 교섭청구권을 가진다고
볼 수 있지만, 사전협의나 예비 절충을 통하여 교섭사항 등이 아직 명확하게 결
정되지 못하였다면 구체적 교섭청구권이 발생하지 않는다고 한다. 다만, 후자의
경우에도 노동조합은 사용자가 노동조합의 단체교섭을 요구할 수 있는 지위를
부정한다면 사용자와의 관계에서 단체교섭을 구할 수 있는 법적 지위에 있음을
확인하는 청구를, 사용자가 특정 교섭사항에 관하여 노동조합의 교섭할 지위를

---

143) 유원석, 632면.
144) 김상원·정지형, 675~676면.
145) 사법연수원a, 178면.

부인하는 경우에는 그 교섭사항에 관한 교섭지위의 확인 내지 가처분 청구를
할 수 있다고 한다.146)

라. 판　례

단체교섭응낙가처분에 관한 최초의 판결례인 마산지법 충무지원 1992. 4.
23. 선고 92카684 판결은 단체교섭청구권을 부정하였으나, 단체교섭청구권을 긍
정한 부산지법 2000. 2. 11.자 2000카합53 결정 이후로는 명시적으로 단체교섭
청구권을 부정하는 판례는 더 이상 보이지 않고, 대법원147)도 단체교섭청구권을
명시적으로 인정하여 재판실무에서는 긍정설이 통설이라고 평가할 수 있다.148)
그런데 각 판례의 판시내용은 연혁적으로 보면 조금씩 차이를 보이고 있기 때
문에 이하에서는 이에 관하여 간략하게 살펴보기로 한다.

(1) 공 서 설

마산지법 충무지원 1992. 4. 23. 선고 92카684 판결은 "헌법 33조 1항은 국
가와 근로자의 관계에서 국가가 위 권리를 부당하게 침해해서는 안 된다는 의미
일 뿐 아니라 사용자에 대한 관계에서도 위 권리가 공공질서로서 존중되어야 한
다는 의미에 그치는 것이지 위 헌법규정에서 바로 근로자의 사용자에 대한 단체
교섭청구권이 발생한다고 할 수 없는 점, 구 노동조합법의 부당노동행위에 관한
규정도 사용자가 단체교섭을 부당하게 거부하여서는 아니 된다는 공법상 의무를
부담하게 할지언정 근로자의 사용자에 대한 사법상의 단체교섭청구권을 직접 규
정하고 있다고 볼 수 없는 점, 위 헌법 및 노동조합법 규정에 의하여 근로자에게
사법상의 단체교섭청구권이 인정된다고 할 경우 그 권리에 대응하는 사용자의
단체교섭응낙의무의 내용을 특정할 수 없으며 또 어느 정도 성실한 자세로 교섭

---

146) 김형배, 1231~1232면.
147) 대법원 2012. 8. 17. 선고 2010다52010 판결.
148) 단체교섭응낙가처분을 인용한 결정으로는 부산지법 2000. 2. 11.자 2000카합53 결정, 수원
　　지법 성남지원 2001. 6. 5.자 2001카합201 결정, 서울지법 의정부지원 2002. 5. 17.자 2002카
　　합240 결정, 대구지법 2005. 3. 31.자 2004카합910 결정, 대구지법 2005. 9. 9.자 2005카합727
　　결정, 춘천지법 2007. 8. 31.자 2007카합155 결정, 제주지법 2008. 2. 4.자 2007카합479 결정,
　　인천지법 부천지원 2008. 9. 5.자 2008카합840 결정, 춘천지법 원주지원 2009. 9. 10.자 2009
　　카합126 결정, 울산지법 2009. 12. 4.자 2009카합899 결정, 제주지법 2010. 2. 17.자 2009카합
　　478 결정, 서울남부지법 2010. 3. 10.자 2010카합48 결정, 서울중앙지법 2010. 6. 4.자 2010카
　　합182 결정, 서울중앙지법 2011. 8. 3.자 2011카합1584 결정, 인천지법 2011. 9. 27.자 2011카
　　합1252 결정, 대전지법 2011. 10. 6.자 2011카합782 결정, 수원지법 2011. 10. 14.자 2011카합
　　325 결정, 대구지법 경주지원 2011. 10. 27.자 2011카합158 결정, 전주지법 군산지원 2011.
　　11. 3.자 2011카합196 결정 등이 있다.

에 응하여야 그 의무를 다한 것으로 볼 것이냐를 판단할 수가 없는 등 해결할
수 없는 많은 법해석상의 문제가 발생하는 점"149) 등을 근거로 근로자에게 사용
자에 대한 사법상의 단체교섭권의 청구권이 있다고 할 수 없다고 판시하였다.

(2) 구체적 단체교섭청구권설

부산지법 2000. 2. 11.자 2000카합53 결정은 "단체교섭권은 근로자의 근로3
권 중에서 중심이 되는 권리이므로 그 중요성에 비추어 보면 단체교섭권을 사
법절차에 의하여 실현가능한 사법상의 권리로 인정하여야 하는 점, 부당노동행
위인 단체교섭 거부에 대하여 행정절차로서의 구제명령절차가 있다 하여도 행
정구제제도와는 별도로 간이·신속한 가처분을 이용할 현실적인 필요성이 있는
점, 사용자가 당해 노동조합을 합법적인 노동조합으로 인정할 수 없다는 등의
이유로 단체교섭을 거부하는 경우와 같이 그 거부하는 이유의 정당성에 대하여
행정적 판단보다는 오히려 사법적 판단이 적합한 경우가 많은 점" 등을 근거로,
"노동조합이 사용자에 대하여 구체적인 사항에 관하여 단체교섭을 요구함에도
사용자가 정당한 이유 없이 교섭을 거부할 때에는 노동조합은 사용자에 대하여
그 사항에 관하여 교섭장소에 나와 성실하게 교섭을 진행할 것을 요구할 수 있
는 구체적인 권리를 가지게 된다"라고 판시하였다.

(3) 추상적 단체교섭청구권설

대법원 2012. 8. 17. 선고 2010다52010 판결은 "노조법 29조 1항, 30조에
의하면, (중략) 노동조합의 대표자는 사용자 또는 사용자단체에 대하여 단체교섭
에 응할 것을 요구할 권리가 있고, 사용자 또는 사용자단체가 그 요구를 거부하
는 경우에는 소로써 그 이행을 청구할 수 있다"라고 판시하여 단체교섭청구권
을 긍정하였고, 대법원 2007. 7. 26. 선고 2005다67698 판결150)은 단체교섭당사
자 지위부존재 확인사건에서 "피고 조합은 원고를 상대로 단체교섭을 할 수 있
는 권한이 있다"라고 판시하였고, 대법원 2007. 12. 13. 선고 2006다34268 판
결151)은 단체교섭응낙가처분 사건에서 "원심이 채권자 지회는 채무자에 대하여

---

149) 위 판결은 구 노동조합법 33조 5항이 일본 노동조합법과는 달리 사용자의 단체교섭 의무
    를 명문으로 규정하고 있었음에도, 일본 판례[특히 東京高裁 1975. 9. 25. 決定(新聞之新聞社
    團交應諾事件, 勞民集 26권 5호 723면)의 이유 참조]의 법리를 무비판적으로 수용하였다는 점
    에서 부당하다.
150) 서울고법 2005. 9. 30. 선고 2005나28312 판결(원심), 서울남부지법 2005. 2. 4. 선고 2004
    가합14124 판결(제1심).

단체교섭을 요구할 권리가 있다고 판단한 것은 옳다"라고 판시하여 단체교섭권
의 청구권성을 긍정하였다. 대법원 2020. 9. 3. 선고 2016두32992 전원합의체 판
결은 "노동3권은 법률의 제정이라는 국가의 개입을 통하여 비로소 실현될 수
있는 권리가 아니라, 법률이 없더라도 헌법의 규정만으로 직접 법규범으로서 효
력을 발휘할 수 있는 구체적 권리라고 보아야 한다."라고 판시하여, 헌법 33조
만으로도 단체교섭청구권이 성립할 수 있음을 긍정하였다.

(4) 특 약 설

사용자와 노동조합 사이에 특약이 있어야만 단체교섭청구권이 발생한다는
견해로, 명시적으로 특약설의 입장을 취하는 판례는 보이지 아니하나, 단체협약
상의 협의권에 기초한 이사회결의효력정지가처분 사건에서 피보전권리를 긍정
한 결정례[152]가 있는데, 이는 최소한 특약설의 입장을 취하는 것으로 해석할 여
지가 있다.

(5) 논의의 정리

이상의 논의를 표로 정리하면 다음과 같다.[153]

구제수단 \ 학 설	청구권설	지위설 분쟁의 종류	지위설	공서설
가 처 분	○	주체·대상	△	×
가 처 분	○	절차·태양	×	×
확 인 의 소	○	주체·대상	○	×
확 인 의 소	○	절차·태양	×	×
이 행 의 소	○	×		×
손해배상 채무불이행	○	×		×
손해배상 불법행위	○	○		○

△: 단체교섭을 구할 수 있는 법적 지위에 있음을 임시로 정하는 가처분만 가능

---

151) 창원지법 2005. 2. 7.자 2004카합497 결정(단체교섭응낙가처분 인용), 창원지법 2005. 8. 12.
   선고 2005카합136 판결(가처분인가 판결), 부산고법 2006. 5. 12. 선고 2005나14809 판결(채
   무자 항소 기각).
152) 수원지법 성남지원 2001. 6. 5.자 2001카합201 결정.
153) 권창영b, 265면.

마. 검   토

(1) 헌법 33조

기본권 보장에 관한 헌법규정은 국가권력에 대한 개인의 권리로서 기본권을 보장한다는 의미와 더불어, 기본권의 행사 실현에 의하여 형성되어야 할 공동체 전체질서의 기본내용을 확정함으로써 개인을 공동체에 편입하는 객관적 질서의 요소로서 공동체의 법질서의 기초를 형성하는 성격을 겸유하고 있는 것으로 해석되므로, 이와 같은 기본권보장의 양면적·이중적 성격에 따라 기본권 보장에 관한 헌법규정은 사법상의 법률관계에 대하여도 효력을 미친다.154) 따라서 단체교섭권을 보장하고 있는 헌법규정 역시 국가의 객관적 질서로서 노사 간의 집단적 노동관계에 효력이 미치게 되는바, 헌법 33조는 그 자체가 노사 간의 집단적 노동관계에 직접적인 효력이 미치는 규정이다.155)

다음으로 헌법 33조 1항이 규정하고 있는 단체교섭권 자체가 특정한 상대방으로서 사용자를 예정하고 있으므로156) 헌법이 근로자에 대하여 일방적 권리인 단체교섭권을 보장한 효과로 편무적 의무자인 사용자는 단체교섭 의무를 진다.157)

노동조합의 단체교섭청구에 대하여 사용자가 부담하는 단체교섭 의무는 공법과 사법의 구별에 관한 어떠한 견해158)에 의하더라도 사법상의 법률관계인 집단적 노동관계에서 인정된 의무이므로 사법상의 의무에 해당한다.159)

---

154) 사법연수원b, 112면.

155) 대법원 2020. 9. 3. 선고 2016두32992 전원합의체 판결은 "노동3권은 법률의 제정이라는 국가의 개입을 통하여 비로소 실현될 수 있는 권리가 아니라, 법률이 없더라도 헌법의 규정만으로 직접 법규범으로서 효력을 발휘할 수 있는 구체적 권리라고 보아야 한다."라고 판시하여 이와 같은 입장을 취하고 있다. 이에 대하여 헌법 33조는 집단적 노동관계에 직접적 효력을 미치는 규정은 아니라는 견해가 있으나, 위의 견해도 위 헌법조항이 사법상 일반조항이나 집단적 노동관계를 규율하는 법률조항을 해석할 때 노동3권을 보장하는 취지를 충분히 반영함으로써 간접적으로 적용된다고 보아, 실제로는 별 차이가 없다.

156) 野村平爾, 56면.

157) 사용자의 단체교섭 의무는 소극적 의무인 일방적 결정금지의무·개별교섭금지의무와 적극적 의무인 단체교섭응낙의무·성실교섭의무로 나누어지며(김유성, 126면), 사용자에게 단체교섭 의무를 부과하기 위한 논리필연적인 전제로서 노동조합승인의무가 인정된다[서울고법 1997. 4. 25. 선고 96구31842 판결(노위집 32호 권1, 88면), 外尾建一, 269~271면].

158) 공법과 사법의 구별에 관하여는 이익설, 성질설, 주체설, 생활관계설, 절충설, 사적 자치설의 견해대립이 있다. 이영준, 2~5면.

159) 다만, 공무원으로 구성된 노동조합의 단체교섭권에 대응하는 국가, 지방자치단체 등의 단체교섭 의무는 공법상의 의무이다.

(2) 부당노동행위규정

사용자가 정당한 이유 없이 단체교섭을 거부하는 경우 노동조합은 노동위원회에 부당노동행위구제를 신청할 수 있는바, 단체교섭 거부에 대한 구제권한은 노동위원회의 전속적 권한인가, 즉 행정적 구제수단이 존재하므로 사법적 구제수단은 배제되는지 문제된다.

헌법 27조는 법관에 의하여 재판을 받을 권리를 국민의 기본권으로 규정하고 있고,[160] 101조는 사법권이 법관으로 구성된 법원에 속한다고 규정하고 있으며, 법원조직법 2조 1항은 "법원은 헌법에 특별한 규정이 있는 경우를 제외한 모든 법률상의 쟁송을 심판하고, 이 법과 다른 법률에 따라 법원에 속하는 권한을 가진다"라고 규정하고 있고, 2항은 "제1항은 행정기관에 의한 전심으로서의 심판을 금하지 아니한다"라고 규정하고 있다. 단체교섭 거부에 관한 분쟁은 법률의 해석문제이므로 법률상 쟁송에 해당하고, 헌법과 법률에 특별한 규정이 없는 이상 행정적 구제수단의 존재만으로 국민의 기본권인 민사재판에 의한 사법적 구제를 받을 권리를 배제할 수 없다.[161]

노조법 82조 이하의 구제절차에 따른 구제명령은 사용자에 대하여 명령에 따라야 할 공법상의 의무를 부담시킬 뿐 직접 노동조합과 사용자 간의 사법상의 법률관계를 발생 또는 변경시키는 것은 아니다.[162]

부당노동행위구제제도는 집단적 노동관계질서를 파괴하는 사용자의 행위를 예방·제거함으로써 근로자의 단결권·단체교섭권 및 단체행동권을 확보하여 노동관계의 질서를 신속하게 정상화하고자 함에 그 목적이 있음에 비하여 사법적 구제제도는 집단적 노동관계에서 노동조합에 대한 권리침해를 구제하기 위함에 그 목적이 있는 것으로 그 목적과 요건면에서 뿐만 아니라 그 구제명령의 내용 및 효력 등에서도 서로 다른 별개의 제도이다.[163]

노조법상의 행정적 구제를 신청할 수 있는 자는 노조법상의 노조에 한정되므로 헌법상의 근로자단결체에 대하여는 사법적 구제수단을 인정할 필요가 있

---

160) 김선택, 27~55면.
161) 김유성·이흥재, 122면; 김치선, 391면; 대법원 1991. 7. 12. 선고 90다9353 판결, 대법원 1995. 4. 7. 선고 94누3209 판결, 대법원 1996. 4. 23. 선고 95다53102 판결, 대법원 1997. 6. 27. 선고 95누17380 판결.
162) 대법원 1992. 5. 22. 선고 91다22100 판결.
163) 대법원 1998. 5. 8. 선고 97누7448 판결.

다.164)

그렇다면 노동조합은 사용자의 단체교섭 거부에 대하여 사법상 지위의 확
보 및 권리구제를 받기 위하여 행정적 구제절차와는 별도로 법원에 민사재판에
의한 권리구제를 청구할 수 있다고 해석하는 것이 타당하다.165)

(3) 노조법 29조의2 2항, 노조법 30조

사용자의 단체교섭 거부를 부당노동행위로 규정할 뿐 사용자의 단체교섭
의무를 명문으로 규정하고 있는 조항이 존재하지 아니한 일본 노동조합법과는
달리 노조법 30조는 사용자의 단체교섭 의무를 단체교섭응낙의무166)와 성실교
섭의무167)로 구체화하여 명문으로 규정하고 있으며,168) 2021. 1. 15.자로 개정된
노조법 29조의2 2항은 사용자가 교섭창구 단일화를 거치지 아니하기로 동의한
경우에도 교섭을 요구한 모든 노동조합과 성실히 교섭하여야 함을 규정하고 있
다. 위 규정은 헌법상의 단체교섭권을 보장하기 위하여 헌법의 해석상 인정되는
사용자의 단체교섭 의무를 주의적으로 확인하는 규정일 뿐, 사용자의 단체교섭
의무를 창설하는 규정169)은 아니다.

다만, 노조법 30조는 노동조합의 성실교섭의무를 인정하는 문언을 두고 있
으나,170) 미국과는 달리 노동조합 측의 부당노동행위를 인정하고 있지 않은 우
리나라에서는 위 조항은 노동조합의 불성실교섭 또는 단체교섭권행사가 권리남

---

164) 김종훈, 102~103면.
165) 대법원 1988. 12. 13. 선고 86다204, 86다카1035 판결, 대법원 1991. 7. 12. 선고 90다9353
    판결, 대법원 1996. 4. 23. 선고 95다53102 판결.
166) 노조법 30조 2항 중 "사용자 또는 사용자단체는 정당한 이유 없이 교섭을 거부하여서는
    아니 된다"라는 부분은 단체교섭응낙의무를 규정한 것이다.
167) 노조법 30조 1항 중 "사용자 또는 사용자단체는 신의에 따라 성실히 교섭하고 단체협약을
    체결하여야 하며 그 권한을 남용하여서는 아니 된다"는 부분과, 2항 중 '사용자 또는 사용자
    단체는 정당한 이유 없이 교섭을 해태하거나 단체협약의 체결을 거부 또는 해태하여서는 아
    니 된다'는 부분은 성실교섭의무를 규정한 것이다.
168) 일본의 학설과 판례는 사용자의 성실교섭의무를 인정하고 있는데, 성실교섭의무의 근거에
    관하여 민법상의 신의성실의 원칙에서 찾고 있다. 注釋(上), 412면; 靑森地裁 1989. 12. 19. 判
    決[勞働判例大系 12권, 勞働旬報社(1992), 270면].
169) 위의 규정을 창설적 규정으로 파악하는 견해에 따르면, 노조법 30조에 규정된 사용자의 단
    체교섭 의무가 공법상의 의무인지, 아니면 사법상의 의무인지를 별도로 검토하여야 한다. 그
    러나 노조법의 법적 성격은 공법과 사법이 혼합된 사회법으로 보아야 하므로, 노동조합과 국
    가 간의 관계가 아닌 노사 간의 사법관계에 적용되는 노조법 30조에 의하여 사용자에게 부
    과된 단체교섭 의무는 사법상 의무로 파악하여야 할 것이다. 이영준, 5면 참조.
170) 개정된 29조의2 2항은 사용자의 성실교섭의무와 차별금지의무만을 규정할 뿐 노동조합의
    의무를 정하지는 아니하였다.

용으로 인정되는 경우에는 단지 사용자의 단체교섭 거부의 정당이유로만 될 뿐이며,[171] 이러한 법적 효과는 단체교섭 거부의 정당한 이유와 관련하여 해석론상 인정되는 것을 다만 확인하는 것에 불과한 것이어서, 법적 의미를 가지는 것은 아니다.[172]

(4) 단체교섭 의무의 내용

단체교섭청구권이 인정된다고 할 경우 그 권리에 대응하는 사용자의 단체교섭 의무의 내용을 명확하게 특정할 수 없다는 주장[173]에 대하여 본다.

위 주장에 대하여는 "분쟁의 종류에 따라서는 급부내용이 명확하게 특정되는 경우도 있고(예를 들면 유일교섭단체조항의 존재나 교섭담당자의 권한에 관한 다툼과 같이 단체교섭의 주체를 이유로 하여 단체교섭을 거부하는 경우나 특정교섭사항이 단체교섭의 대상사항이 되지 않는다는 이유로 단체교섭을 거부하는 경우에는 단체교섭 거부의 정당이유의 존부에 관하여 법원의 판단이 이루어지면 분쟁의 해결이 가능하다), 성실교섭의무 위반이나 단체교섭의 절차를 둘러싼 다툼의 경우에는 주문에서 '성실하게 단체교섭에 응하라'는 이상의 구체적 표현은 어려우나 이 정도만으로도 상당한 효력이 있고 상황에 따라서는 구체적이고 확정적인 내용이 될 수 있다"[174]는 비판이 가능하다.[175] 또한 위 주장은 법원의 절차적 곤란을 이유로 실체법상의 권리를 부정하는 것으로 본말이 전도된 논리이다.[176]

다음으로 구체적 사건에서 사법적 구제는 단체교섭의 응낙부터 단체협약의 체결에 이르기까지 사용자가 부담하는 일체의 의무를 포괄적으로 규율하려는 것이 아니며, 사용자가 부담하는 단체교섭 의무는 '노동조합 승인의무, 개별교

---

171) 서울고법 1997. 4. 25. 선고 96구31842 판결(노위집 32호 권1, 88면)은 사용자가 정상적인 교섭을 기대할 수 없다든가 교섭을 강제하는 것이 현저히 부당한 경우에는 단체교섭 거부에 정당한 이유가 있으며, 구체적으로는 권한없는 자의 교섭요구, 교섭사항이 아닌 사항에 대하여 교섭을 요구하는 경우, 교섭요구의 시기와 장소·방법이 현저히 비합리적인 경우에는 이에 응할 의무가 없다고 판시하였다.

172) 김유성, 146면.

173) 마산지법 충무지원 1992. 4. 23. 선고 92카684 판결.

174) 김유성, 151~152면.

175) 사법연수원a, 178~179면 역시 단체교섭의무위반 여부가 문제되는 분쟁의 유형 중 단체교섭의 주체나 대상과 관련이 있는 경우에는 단체교섭 거부에 정당한 이유가 있는지 여부에 관한 법원의 판단에 따라 단체교섭응낙의무의 내용이 확정되어 그에 의한 분쟁의 해결이 가능하고, 성실교섭의무 위반 여부가 문제되는 경우 그 급부의 내용을 구체적으로 특정할 수는 없으나 그 해태에 정당한 이유가 있는지 여부에 관하여 법원의 판단을 받아 지연 중인 단체교섭을 촉진하는 효과를 거둘 수 있는 측면이 있다고 한다.

176) 光岡正博, 177면.

섭 금지의무, 근로조건의 일방적 결정 금지의무, 단체교섭응낙의무, 성실교섭의무' 등을 의미하고,[177] 성실교섭의무의 내용[178]은 '사용자가 합의달성을 위하여 진지하게 노력하여야 할 의무, 교섭사항과 관련하여 노조 측에 필요한 설명을 하거나 관련자료를 제공할 의무(설명의무와 정보제공의무), 교섭의 결과 합의가 성립되면 이를 단체협약으로 체결하여야 할 의무' 등을 의미[179]하며, 본안소송이나 가처분에서도 처분권주의가 적용되므로 계속적·유동적인 단체교섭과정에서 노동조합이 구제를 구하는 사용자의 단체교섭의무위반행위를 구체적으로 적시하여 시정을 명함으로써 그 내용을 특정할 수 있다.

(5) 단체교섭 의무의 강제집행

단체교섭 의무는 강제집행이 곤란하다는 이유로 단체교섭청구권을 부정하거나 사법적 구제를 부인하는 견해[180]는, 사법적 구제에서 그 청구권은 반드시 집행에 적합하지 아니한 것이라도 상관없는 점,[181] 강제집행에 의하여 실효성을 확보할 수 있는지 여부(사법적 구제의 실효성)와 단체교섭권의 청구권성을 인정하여 사법적 구제를 허용할 수 있는지 여부(사법적 구제의 허용성)는 차원이 서로 다른 문제인 점[182], 집행이 불가능한 채무라도 손해배상의 방법을 통하여 청구권의 실현을 강제할 수도 있는 점 등에 비추어 보면 부당하다.[183]

또한 단체교섭 의무는 사용자 본인이 그 책임 아래 이행하여야 할 것이 법률상 요구되는 부대체적 작위의무로, 창의적인 작위의무에 관한 것이라고 할 수 없고 사용자의 인격존중에 반하는 것도 아니며 사용자라면 누구에게도 기대할 수 있는 성질의 작위이므로, 민집법 261조에 규정된 간접강제에 의하여 강제집

---

177) 外尾建一, 268~282면.

178) '근로자단체의 일정한 제안에 대하여 찬성·반대를 하거나 대안을 제시하고 이유를 설명하며 제안을 수락하는 등 협약체결에 이르기까지 성실하게 근로자대표와 교섭하는 것'을 급부의 내용으로 파악하는 견해가 있다. 新堂幸司, 167면. 光岡正博은 단체교섭청구권의 내용을 단체교섭의 구체적 단계에 따라 타결요구(단체협약체결청구권)와 대안요구(단체교섭계속청구권)로 나누어 설명한다. 光岡正博, 146~153면.

179) 김유성, 146~148면.

180) 東京高裁 1975. 9. 25. 決定(勞民集 26권 5호 723면).

181) 법원실무제요 민사집행 [Ⅴ], 58면.

182) 水町, 103면 역시 취업청구권에 관한 설명이지만 강제집행이 곤란하다고 하여 채무의 성립 자체가 부정되는 것은 아니라고 한다.

183) 가처분의 경우 집행을 요하지 않는 가처분도 있고, 임시의 지위를 정하기 위한 가처분에서는 피보전권리가 집행할 수 없는 권리나 법률관계일 수 있으므로, 집행방법이 없다는 이유로 가처분이 허용되지 않는 것은 아니다(이봉민, 544~545면). 특히 노동가처분의 경우 채무자의 임의이행을 기대하는 가처분이 적지 않게 활용되는 특색도 있다.

행이 가능하다.[184)

　단체교섭 의무는 강제집행이 불가능하다는 견해에 의하더라도, 단체교섭
거부에 관한 분쟁의 쟁점은 대부분이 사용자가 주장하는 이유가 단체교섭 거부
의 정당이유에 해당하는지 여부인데, 이에 대하여 법원이 정당이유의 존부에 관
한 법적 판단을 하게 되면 일반적으로 분쟁은 종결되므로[185) 사법적 구제는 실
질적으로 단체교섭 거부의 정당한 이유의 존부에 관한 판단기능을 수행하게 되
는바,[186) 단체교섭 의무의 강제집행이 불가능하다는 점은 사법적 구제를 부인하
는 근거가 될 수 없다.

(6) 청구권의 본질과 단체교섭권

　권리를 효력을 기준으로 분류하면 지배권, 청구권, 형성권, 항변권으로 나
눌 수 있고, 그중 청구권(Anspruch)은 특정인이 다른 사람에 대하여 일정한 작위
또는 부작위를 요구할 수 있는 권리인바,[187) 단체교섭권은 노동조합이 사용자에

---

184) 수원지법 평택지원은 2006. 5. 23.자 2006카합29 결정에서 사용자가 단체교섭을 이행하지
　　않을 경우 1일에 30만 원의 비율에 의한 돈을 지급하라고 결정하였고, 서울중앙지법 2011. 8.
　　3.자 2011카합1584 결정, 수원지법 2011. 10. 14.자 2011카합325 결정, 부산고법 2015. 9. 21.
　　자 2014라139 결정, 대전지법 천안지원 2015. 12. 29.자 2015카합10175 결정은 모두 사용자가
　　성실교섭의무를 이행하지 않을 경우 1일에 100만 원의 비율에 의한 돈을 지급하라고 결정하
　　였다. 긍정설로는 사법연수원a, 178면; 사법연수원b, 113면; 권창영e, 25면; 김유성, 152면; 富
　　越和厚, 284면; 園部秀信, 304면. 반대설로는 김치선, 396면; 有泉亨b, 15면; 萩澤淸彦, 188면.
　　판결절차에서 간접강제를 명할 수 있는지 여부가 쟁점이 된 대법원 2021. 7. 22. 선고 2020
　　다248124 전원합의체 판결에서 다수의견에 대한 보충의견은 판결절차에서 간접강제를 명하
　　는 것이 신속한 분쟁해결에 유효적절한 수단이 될 수 있는 영역이 다수 있다고 하면서 일례
　　로 단체협약의 이행이나 단체교섭의 응낙을 명하면서 그 불이행에 대해 간접강제를 명할 수
　　있다고 하였다.
185) 노동조합이 사용자를 상대로 단체교섭응낙가처분 및 간접강제를 신청하여, '사용자는 2010
　　년도 임금 및 단체협약 체결에 관한 노동조합의 단체교섭 청구에 성실하게 응하여야 하고,
　　사용자가 위 의무를 이행하지 아니하는 경우 노동조합에 위반행위 1회당 100만 원의 비율로
　　계산한 돈을 지급하라'는 가처분을 받고(전주지법 2010. 12. 8.자 2010카합558 결정) 이후 간
　　접강제금에 대한 집행문을 받았는데, 사용자가 단체교섭에 성실하게 응하였다고 주장하면서
　　청구이의의 소를 제기하였다가 항소심에서 집행문부여에 대한 이의의 소로 변경한 사안에서,
　　항소심(전주지법 2016. 2. 3. 선고 2014나10383 판결)은 사용자가 적법한 단체교섭 청구에 성
　　실하게 응하지 않았다고 판단하여 사용자의 청구를 기각하였으나, 대법원은 사용자가 단체교
　　섭 청구에 성실하게 응하여야 할 의무를 이행하지 않은 것으로 쉽사리 단정할 수 없다는 이
　　유로 간접강제결정의 집행을 위한 집행문 부여 조건이 성취되었다고 볼 수 없다고 보아 원
　　심판결을 파기하였다(대법원 2017. 3. 30 선고 2016다14966 판결). 이처럼 단체교섭응낙가처
　　분 및 간접강제결정 이후 집행문부여에 관한 분쟁을 통해서도 법원은 단체교섭 거부의 정당
　　한 이유 존부, 성실교섭의무 이행 여부 등에 관하여 판단할 수 있다.
186) 萩澤淸彦, 432면.
187) 곽윤직, 민법총칙, 103면.

대하여 성실하게 단체교섭에 임하도록 하는 작위의 급부행위를 요구하는 채권
의 일종으로 청구권에 해당한다.[188]

(7) 지위설에 대한 비판

지위설은 노동조합은 사용자에 대하여 '단체교섭을 구할 수 있는 법적 지
위'를 가질 뿐 단체교섭청구권을 가지는 것은 아니라고 주장하나, 권리는 일정
한 이익을 향수하기 위하여 법이 인정한 힘을 의미하는바,[189] '단체교섭을 구할
수 있는 지위'가 법에 의하여 인정된다면 이는 권리를 의미하므로, 지위와 권리
를 구별하는 것은 무의미하게 된다.

다음으로 지위설은 단체교섭의 주체·대상에 관한 분쟁은 사법적 구제의
대상이 되나 단체교섭의 절차·태양에 관한 분쟁은 상대적·유동적 분쟁이므로
이에 관한 구제는 노동위원회의 기능에 해당할 뿐 사법적 구제의 대상은 되지
않는다고 주장한다. 즉, 지위설은 '노동조합은 사용자에 대하여 특정 교섭사항
에 대하여 단체교섭을 구할 수 있는 지위'만이 인정될 뿐이라고 주장하나, 노조
법 30조가 성실교섭의무를 명문으로 규정하고 있는 이상 노동조합은 사용자에
대하여 '성실하게 단체교섭을 할 것을 구할 수 있는 지위'도 보유한다고 보아야
할 것이고, 위에서 본 바와 같이 성실교섭의무 이행 여부에 관한 분쟁은 법률상
쟁송에 해당하며, 법원은 변론종결시까지 현출된 소송자료를 기초로 사용자의
성실교섭의무 이행 여부를 판단할 수 있으므로, 단체교섭의 절차·태양에 관한
분쟁도 사법적 구제대상이 된다.

또한 단체교섭의 절차·태양에 관한 분쟁은 상대적·유동적 분쟁이므로 사
법적 구제는 실효적인 구제수단이 될 수 없다는 주장은 차원이 다른 사법적 구
제의 허용성과 사법적 구제의 실효성을 혼동한 것으로서 부당하고, 후술하는 바
와 같이 절차·태양에 관한 분쟁에서도 유효·적절한 구제명령이 가능하므로
지위설은 부당하다.

---

188) 손창희 교수는 노동3권을 W. N. Hohfeld의 권리분석론[Fundamental Legal Conceptions, W.
W. Cook ed., Yale Univ. Press(1964), 60면]에 따라 고찰하면서, 단결권은 어떤 행위를 할 수
있는 법적 자유를 의미하는 privilege, 단체교섭권은 어떤 행위를 하도록 타인에게 청구하는
권리인 right, 단체행동권은 책임으로부터 면책을 의미하는 immunity로 볼 수 있으며, 단체교
섭권은 노동조합이 사용자에 대하여 단체교섭을 행하도록 '청구하는' ―응하지 않으면 법적
장치를 통해서 응하도록 강제할 수 있는― 권리이며 그에 대하여 사용자는 일종의 하는 채무
를 부담하는 관계라는 입장을 취하고 있다. 손창희, 127~128면.
189) 곽윤직, 민법총칙, 96면.

(8) 구체적 단체교섭청구권설에 대한 비판

추상적 단체교섭청구권과 구체적 단체교섭청구권을 구분하여 구체적 단체교섭청구권만을 피보전권리로 인정하는 견해는 '노동조합이 사용자에 대하여 구체적인 사항에 관하여 단체교섭을 청구함'에도 '사용자가 정당한 이유 없이 교섭을 거부'할 때 노동조합은 '구체적인 권리'를 가진다고 주장한다.

그러나 위 견해는, ① 노동조합이 단체교섭을 청구하는 행위를 사실행위로 파악하여 노동조합이 사용자에게 단체교섭을 청구할 수 있는 법적 근거를 설명하지 못하는 점, ② 사용자의 단체교섭 거부는 소송법상의 문제로서 권리구제의 필요성을 이유 있게 하기 위한 구체적 사실을 의미하는 것임에도 실체법상 권리인 단체교섭권의 성립요건으로 파악한 점,[190] ③ 사용자의 정당한 이유 없는 단체교섭 거부는 노조법 81조 1항 3호 소정의 부당노동행위의 성립요건일 뿐 이를 유추하여 사용자의 부당한 단체교섭 거부를 단체교섭응낙가처분의 피보전권리의 성립요건으로 구성하는 것은 법률해석의 한 방법인 유추적용의 한계를 벗어난 것인 점[191] 등에 비추어 보면, 타당하다고 할 수 없다.

그러므로 노동조합이 성립하면 노동조합은 단체교섭권을 원시취득하게 되고, 노동조합이 특정 교섭사항에 관하여 사용자에게 단체교섭을 청구하는 것[192]은 위 권리를 행사하는 것이며, 사용자가 이에 응하지 아니하면 권리침해상태가 발생하여 구제의 필요성이 인정된다고 보는 것이 타당하다.

바. 결   론

그렇다면 헌법 33조 1항, 노조법 30조에 의하여 단체교섭권의 사법상 청구권성 및 이에 대응하는 사용자의 단체교섭 의무를 인정할 수 있으므로 사용자의 단체교섭 거부에 대한 사법적 구제는 허용된다. 이에 대한 비판으로 노동관계에 법원의 부당한 개입을 초래한다는 점, 합리적인 노동관계의 건전한 발전을 저해한다는 점, 노동위원회에 의한 구제제도를 무력화한다는 점 등이 제기될 수 있으나, 이러한 점들이 단체교섭 거부에 대한 사법적 구제 자체를 부인하는 이유는 될 수 없으며, 위의 각 문제점들은 노동관계를 규율하는 노동법 질서에 대

---

190) 三枝信義, 311면.
191) 菅野和夫, 100~101면; 三枝信義, 311~312면.
192) 후술하는 바와 같이 단체교섭 의무는 기한 없는 채무이므로 노동조합이 단체교섭을 청구한 경우에 이행기가 도래한다고 보아야 할 것이다.

한 법관의 충분한 이해, 노동조합과 사용자의 자각, 노동위원회의 역할강화 등
으로 해결되어야 한다.[193] 그러므로 노동조합은 단체교섭 거부에 대하여 단체행
동, 행정적 구제와는 별도로 사법적 구제, 즉 민사본안소송 또는 가처분에 의한
구제를 청구할 수 있다.

2. 단체교섭의무이행소송

가. 의   의

사용자의 단체교섭 거부는 채무불이행에 해당하므로 노동조합은 채권인 단
체교섭권의 효력으로서 단체교섭 의무의 이행청구, 단체교섭 의무의 강제집행,
단체교섭 거부로 인한 손해배상청구를 할 수 있다. 단체교섭 거부가 불법행위에
해당하는 경우에도 손해배상을 청구할 수 있다. 단체교섭의무이행소송(또는 단체
교섭청구소송)은 단체교섭청구권자인 노동조합이 의무자인 사용자에 대하여 단체
교섭 의무의 이행을 청구하는 소송이다. 이러한 유형의 소송이 허용되는지에 관
하여 전술한 바와 같이 단체교섭권의 청구권성을 부정하는 공서설과 지위설은
이를 부정하나, 단체교섭권의 청구권성을 인정하는 청구권설은 이를 긍정한다.[194]

나. 요건사실 및 증명책임

사용자의 단체교섭 거부(협의)는 채무불이행의 유형 중 이행지체에, 단체교
섭해태는 불완전이행에 해당하므로, 단체교섭 거부의 요건사실은 노동조합이 단
체교섭을 청구하였을 것, 이행이 늦은 데 대하여 사용자에게 귀책사유가 있을
것(이행보조자인 교섭담당자 등의 고의·과실을 포함한다) 등이고,[195] 단체교섭해태
의 요건사실은 사용자가 단체교섭에 응하였을 것, 사용자가 성실교섭의무를 위
반하였을 것,[196] 사용자에게 귀책사유가 있을 것 등이다.

단체교섭 의무의 이행기에 관하여 살펴보면, 단체협약에 의하여 단체교섭
일시가 특정되어 있더라도 노동조합이 구체적인 교섭사항에 관하여 사용자에게

---

193) 조휴옥, 15면 참조. 이는 쟁의행위금지가처분에 대한 논의이나, 단체교섭 거부에 대한 논의
   에서도 여전히 유효하다.
194) 대법원 2012. 8. 17. 선고 2010다52010 판결; 이병태, 87면.
195) 민법주해 [IX], 70면. 이에 대하여 이행이 가능할 것, 이행하지 아니한 것이 위법할 것 등
   2가지 요건이 더 필요하다는 견해도 존재한다. 곽윤직, 채권총론, 135~149면.
196) 수원지법 평택지원 2008. 9. 5. 선고 2008가합1028 판결은 "이 사건의 쟁점은 사용자인 피
   고가 성실교섭의무를 위반하였는지의 여부이고, 그에 관한 증명책임은 원고(전국금속노조)에
   게 있다"라고 판시하였다.

단체교섭을 청구하여야만 사용자가 이에 응할 의무가 인정되므로 그 특정기일
이 단체교섭 의무의 이행기(확정기한 있는 채무)가 되는 것은 아니며, 노동조합이
특정일시를 지정하여 단체교섭을 청구하는 경우에 그 일시가 단체교섭 의무의
이행기가 되므로, 단체교섭 의무는 원칙적으로 기한 없는 채무가 되고 따라서
사용자는 노동조합으로부터 이행청구를 받은 때부터 지체책임이 있다(민법 387조
1항). 그러나 노동조합이 지정한 교섭일시가 단체교섭 청구일부터 극히 단기간이
어서 사용자가 단체교섭 의무를 이행할 가능성이 없다고 인정되는 경우에는 사
용자는 단체교섭일시의 변경을 요구할 수 있고(신의칙에 기한 이행기 유예의 항변),
노동조합이 이에 응하지 아니하여 사용자가 단체교섭을 거부한 경우에는 그 거
부에 정당한 이유가 있다고 인정될 수 있을 것이나, 그로부터 상당한 기간이 경
과한 다음에는 사용자는 단체교섭에 응하여야 한다.

　　단체교섭 거부의 경우, 노동조합은 사용자에 대하여 단체교섭 의무이행을
청구한 사실에 대하여 증명책임을 부담하고,[197] 이행지체의 귀책사유에 관한 증
명책임은 채무자에게 있으므로 사용자는 이행을 지체한 이상 그 이행지체가 자
기에게 귀책할 수 없는 사유로 말미암은 것임을 증명할 책임이 있으며,[198] 사용
자는 항변사유인 성실하게 단체교섭에 응하였다는 사실(권리소멸사유),[199] 단체교
섭 거부에 정당한 사유가 있다는 사실[200](권리장애사유 또는 권리저지사유) 등에
대하여 증명책임을 부담한다.

　　단체교섭해태의 경우, 노동조합은 사용자의 단체교섭 의무이행이 성실교섭
의무에 위반한 사실에 관하여 증명책임을 부담한다.[201]

다. 재　판

　　청구권성을 긍정하는 이상 주문은 피고에게 의무의 이행을 명하는 형태(피

---

197) 다수설은 채무자는 이행이 가능한 상태에 있기 때문에 채권자가 이러한 요건을 주장할 필
　　요가 없으므로 채무자가 이행이 불가능할 것을 증명하여야 하고, 위법성의 요건은 위법성조
　　각사유를 검토하는 소극적인 것이므로 채무자가 위법성조각사유에 대한 증명책임을 부담한
　　다는 입장을 취하고 있다.
198) 대법원 1984. 11. 27. 선고 80다177 판결.
199) 민법주해 [Ⅸ], 126면.
200) 구체적 단체교섭청구권설에 의하면, 노동조합이 사용자의 단체교섭 거부에 정당한 이유가
　　없다는 사실을 주장·증명하여야 한다.
201) 수원지법 평택지원 2008. 9. 5. 선고 2008가합1028 판결. 위 판결은 "단체교섭을 시작한 후
　　6개월 이상 경과하였음에도 기초교섭요구안에 관하여 합의가 되었을 뿐 본교섭이 시작되지
　　않고 있다는 사정만으로는 피고(사용자)가 단체교섭에 성실하게 응하지 않았다고 단정할 수
　　없다"라는 이유로 원고(노동조합)의 청구를 기각하였다.

고는 원고와 별지 목록 기재 교섭사항에 관하여 단체교섭을 이행하라202))가 되어야 한
다. 이와 달리 피고에게 부작위를 명하는 형태의 주문(피고는 별지 목록 기재 교섭
사항에 관하여 원고와 단체교섭을 거부하거나 해태하여서는 아니 된다203))은 적절하지
않다.

3. 단체교섭의무존재확인소송

가. 의   의

청구권설에 의하면, 단체교섭의무이행의 소가 가능함에도 그 이행청구권에
관하여 확인을 구하는 것이 확인의 소의 보충성과 관련하여 허용되는지 문제가
될 수 있으나, 지위설에 의하면 단체교섭의 주체·대상에 관한 분쟁에 한하여
지위확인의 소만이 허용된다.

국철노동조합과 국철동력차노동조합(원고들)이 국철(피고)에게 표창장의 기
준에 관하여 단체교섭을 청구하였으나 피고가 이를 거부하자 원고들이 피고에
게 단체교섭에 응할 의무가 있음의 확인을 구한 사건에서 동경지방재판소는 표
창장의 기준에 관한 사항은 원고들과 피고 사이에 단체교섭의 대상이 되고, 피
고가 원고들이 행한 별지 목록 기재의 각 사항에 관한 단체교섭신청을 거부하
여 응하지 아니한 것에 정당한 이유가 없으므로, 원고들은 피고에 대하여 위 사
항에 관하여 단체교섭을 할 권리를 가지고 있고 피고는 이에 응할 의무가 있는
것과 동시에 원고들은 피고에게 위 의무가 있다는 것의 확인을 구할 이익을 가
지고 있다고 보아 원고들의 청구를 인용하였다.204)

다음으로 승차증 교부문제205)에 관하여 국철노동조합(원고)이 국철(피고,

---

202) 서울중앙지법 2007. 5. 10. 선고 2005가합86595 판결(항소심 서울고법 2008. 1. 18. 선고
    2007나49443 판결, 상고취하로 확정), 서울남부지법 2008. 6. 27. 선고 2007가합20670 판결,
    대전지법 2008. 9. 10. 선고 2008가합430 판결, 서울동부지법 2008. 10. 22. 선고 2008가합
    6401 판결, 의정부지법 2009. 10. 28 선고 2008가합5629 판결, 서울고법 2010. 6. 11 선고
    2009나108414 판결, 전주지법 2012. 12. 12. 선고 2011가합3441 판결, 대전지법 2013. 2. 1 선
    고 2012가합1881 판결, 서울고법 2013. 10. 11. 선고 2013나15267, 2013나15274 판결(상고기
    각으로 확정).
203) 인천지법 2003. 8. 28. 선고 2002가합9543 판결.
204) 東京地裁 1970. 3. 16. 判決(勞民集 21권 2호 319면).
205) 국철에는 종전부터 직원 등에 대하여 무료로 승차하는 것을 인정하는 철도승차증제도가
    존재하였고, 직원모집요령 등에서도 직원의 대우의 일환으로 그 취지를 명시하고 있었다.
    1982. 7.의 제2차 임시행정조사회의 답신에서 위 승차증제도를 시정하라는 취지의 제언이 있
    게 되자, 국철은 이에 응하여 위 제도의 재검토에 들어 갈 움직임을 보였다. 이에 대하여 국
    철노동조합은 승차증제도는 직원으로서는 근로조건의 일부가 되는 것이므로 그 존속을 구하

1987. 4. 1. 이후에는 국철청산사업단)을 상대로 단체교섭을 구할 지위의 확인을 구한 사건에서 동경지방재판소는 단체교섭의무확인청구의 적법성에 관한 본안 전 판단에서 헌법 28조에 의한 단체교섭권보장의 취지와 단체교섭의 성질 등을 전제로 노동조합법 7조의 규정은 노동조합과 사용자 사이에서도 사법상 효력을 가지는 것으로 이해할 수 있다고 판시한 후, 원고와 피고 사이에 승차증 교부에 관한 사항이 단체교섭의 대상사항이 되는가라는 것이 유일한 쟁점이고, 이것은 공공기업체등노동관계법 8조의 법률해석문제이므로 법률상 쟁송이 되는 것은 의문의 여지가 없고, 동시에 이런 점에 관하여 원고와 피고 쌍방의 견해가 대립하여 분쟁이 된 만큼, 이 점이 확인된다면 분쟁을 해결할 수 있는 것이 명백하므로 확인의 이익도 인정된다고 보아 원고의 청구를 긍정하였다.[206)]

　　위 판결에 대하여 단체교섭을 구하는 지위의 확인은 단체교섭응낙의무확인과 다른 것이 아니며 그 의무내용이 불명확·불특정하고, 게다가 그와 같은 확인은 어떠한 구체적 분쟁의 해결에 도움이 되지 아니하므로 확인의 이익이 없다는 항소인(국철, 피고)의 주장에 대하여 항소심 판결은 노동조합법 1조 1항 등에 의하여 나타난 단체교섭의 성질, 위 법 7조의 규정에 위반한 법률행위의 효력, 위 법 6조 및 27조 등의 관련규정 및 노위규칙 35조 및 40조의 규정에 의한 심문절차의 당사자주의적 구조, 노동조합법과 헌법 28조의 밀접한 관계를 종합적으로 고려하면, 노동조합법 7조의 규정은 단순히 노동위원회에 대한 관계에서 부당노동행위구제명령을 발하기 위한 요건을 정한 것에 있지 않고, 노동조합과 사용자 사이에서도 사법상의 효력을 가지는 것, 즉 노동조합은 사용자에 대하여 단체교섭을 구할 수 있는 법률상의 지위를 가지고 사용자는 이에 응할 법률상의 지위에 있는 것을 의미하는 것으로 이해할 수 있고, 단체교섭을 둘러싼 노동조합과 사용자 사이의 관계는 위와 같은 한도에서 일종의 사법상 법률관계에 있다고 전제한 후, 이 사건에서 다투어지고 있는 것은 승차증교부에 관한 사항

여 서면 및 구두로 여러 번 단체교섭을 신청하였다. 그러나 국철은 승차증제도의 개폐는 관리운영사항으로 공공기업체등노동관계법(현 국영기업노동관계법) 8조에 정해진 단체교섭사항은 아니라면서 이에 응하지 아니하였고, 1982. 11. 13. 위 제도의 개폐조치를 하였다. 이에 국철노동조합은 국철이 승차증 문제에 관하여 노동조합과 단체교섭을 행할 의무가 있다는 것의 확인과 단체교섭 거부를 이유로 500만 엔의 손해배상을 구하는 소를 제기하였다.

206) 東京地裁 1986. 2. 27. 判決(勞民集 37권 1호 123면). 위 판결은 위 사건의 청구취지와 판결 주문과의 관계에 관하여 "원고의 청구는 위 사항에 관한 단체교섭 의무의 확인에 있더라도, 이러한 청구는 원고가 위 사항에 관하여 피고에 단체교섭을 구할 수 있는 지위에 있다는 것의 확인청구와 같은 취지라고 인정된다"라고 판시하고 있다.

이 당사자 사이에 단체교섭의 대상이 되는지 여부, 즉 피항소인이 항소인에 대하여 위 사항에 관하여 단체교섭을 구할 지위를 가지고 있는가 아닌가에 있으므로 이에 관하여 판결에 의해 판단을 내려 이에 따라 확정된 항소인의 지위의 내용이 불명확·불특정하다고 할 수 없고, 피항소인과 항소인 사이에서 위 사항이 단체교섭의 대상사항이 되는가라는 것이 다투어질 때 이 점이 판결로써 확정되면 그 한도에서 당사자 사이의 분쟁이 해결되므로 확인의 이익이 인정된다고 판단하여 제1심 판결을 유지하였다.207)

나. 소의 이익

확인의 소에서 청구적격(확인의 대상)은 현재의 구체적인 권리의무 또는 법률관계에 한정된다. 권리보호의 필요(즉시확정의 이익)에 관하여 확인의 소는 권리 또는 법률상의 지위에 현존하는 불안·위험이 있고, 확인판결을 받는 것이 분쟁을 근본적으로 해결하는 가장 유효·적절한 수단일 때에 허용된다.

노동조합은 근로자의 단결에 의하여 사용자와 실질적으로 평등한 지위에 서서 근로조건을 결정하고 근로자의 지위를 향상시키려는 목적에서 조직된 것으로 단체교섭은 노동조합의 핵심적 기능인바, 사용자가 정당한 이유 없이 단체교섭을 거부하는 것은 노동조합의 존재를 부인하는 것과 같아서 노동조합의 실질적 존재 의의를 해하는 것이 되고 나아가서는 단결권의 침해가 되므로208) 노동조합과 사용자 사이에 단체교섭의 주체·대상·절차·태양에 관하여 다툼이 있는 경우 권리 또는 법률상의 지위에 현존하는 불안·위험이 있다고 보아야 한다.

다만, 이행청구권에 기한 이행의 소가 가능함에도 불구하고 그 청구권에 관하여 확인을 구하는 것은 원칙적으로 허용되지 아니하나(이행판결에 대한 확인판결의 보충성),209) 청구권설에 의하더라도 예외적으로 확인판결만 있어도 피고가 이행할 것을 기대할 수 있는 경우(피고가 국가 또는 공공단체인 경우)에는 확인의 소가 허용될 여지도 있다(지위설에 따를 경우 확인의 소의 보충성 문제는 발생하지 않는다).210)

---

207) 東京高裁 1987. 1. 27. 判決(勞民集 38권 1호 1면). 위 판결은 상고심에서도 유지되었다. 最高裁 1991. 4. 23. 判決(民集 162호 547면).

208) 김치선a, 46면.

209) 대법원 1995. 12. 22. 선고 95다5622 판결, 대법원 2001. 12. 24. 선고 2001다30469 판결, 대법원 2005. 7. 14. 선고 2004다36215 판결 등.

210) 단체교섭의무존재확인소송은 아니지만, 지방노동청장과 근로계약을 체결하여 노동부 고용안정센터에서 근무하는 직업상담원으로 구성된 노동부직업상담원 노동조합이 대한민국을 상

다. 단체교섭당사자 지위부존재 확인소송

(1) 사용자는 노동조합의 단체교섭청구에 대하여 정당한 이유가 있으면 단체교섭을 거부할 수 있다. 이 경우 사용자는 노동조합을 피고로 하여 단체교섭의무부존재확인의 소를 제기하여 법적 지위의 위험·불안을 제거할 수 있다.211) 단체교섭의무부존재확인의 대상으로는 단체교섭의 주체·대상·절차·태양 등이 있을 수 있는데, 확인의 대상이 당사자지위부존재인 경우에는 단체교섭당사자 지위부존재 확인의 소를 제기할 수 있다.

(2) 실무상으로는 사용자가 "원고(사용자)가 영위하는 사업은 금속산업과는 무관하므로, 원고 소속 근로자들이 피고 조합에 조합원으로 가입하였다 하더라

대로, 대한민국이 단체교섭 상대방의 지위에 있다는 것에 대한 확인을 구한 사안에서, 대한민국의 사용자성이 부정되어 1심(서울중앙지법 2005. 7. 28. 선고 2004가합56795 판결)과 원심(서울고법 2006. 6. 2. 선고 2005나80266 판결)에서 노동조합의 청구 및 항소가 기각되었으나, 대법원은 국가의 행정관청이 사법상 근로계약을 체결한 경우 그 근로계약관계의 권리·의무는 행정주체인 국가에 귀속되므로, 국가는 그러한 근로계약관계에 있어서 노조법 2조 2호에 정한 사업주로서 단체교섭의 당사자의 지위에 있는 사용자에 해당한다고 판시하여 원심판결을 파기환송하였고(대법원 2008. 9. 11. 선고 2006다40935 판결), 파기환송심(서울고법 2009. 4. 3. 선고 2008나86845 판결)은 노동조합의 청구를 인용하여 "피고는 원고의 단체교섭 상대방의 지위에 있음을 확인한다"라는 주문을 선고하였다. 해당 사안에서 대한민국은 노조법에 다른 신속하고 효율적인 구제방안이 있음에도 원고가 성실한 단체교섭을 요구하지 아니한 채 소를 제기하였고 원고가 승소하더라도 노동부장관이 단체교섭석상에 상대로 나서야 한다는 점까지 확인되는 것은 아니므로 확인의 이익이 없다고 본안전항변을 하였다. 그러나 1심, 원심, 파기환송심 모두 대한민국이 단체교섭 상대방의 지위에 있음을 부인하고, 노동조합의 임금교섭 요구에 대해 아무런 응답을 하지 아니하고 있는 이상, 노동조합으로서는 그 지위에 대한 확인을 구하고 그 결과에 따라 대한민국과 실제로 단체교섭에 나아갈 수 있다는 이유로 확인의 이익이 있다고 판단하였는데, 대법원은 원심을 파기하면서도 직권조사사항인 확인의 이익에 대해 별다른 언급을 하지 아니하였다.

211) 서울중앙지법 2016. 6. 16. 선고 2015가합17963 판결(1심), 서울고법 2016. 11. 23. 선고 2016나2043238 판결(2심), 대법원 2019. 7. 25. 선고 2016다274607 판결(3심)[주식회사 한국전자홀딩스(원고)가 복수노조 중 하나의 노조와 2011년 단체협약을 체결하였고 그 협약이 동종 근로자에게 적용되며 그로부터 수년이 경과하여 2010년, 2011년의 사항에 관하여 단체교섭을 요구하는 것은 신의칙에 반한다는 등의 이유로 병존조합인 전국금속노동조합(피고)을 상대로 피고의 2010년 및 2011년 임금 및 단체협약 개정을 위한 단체교섭 요구에 따른 원고의 단체교섭의무가 존재하지 아니함의 확인을 구한 사안에서, 교섭대표노동조합 등 교섭창구 단일화 관련 규정의 시행일인 2011. 7. 1. 이전에 단체교섭 중인 노동조합은 교섭창구 단일화 절차를 거치지 않고 단체교섭을 계속할 수 있다(대법원 2012. 11. 12.자 2012마858 결정 등 참조)는 등의 이유로 피고는 원고에게 독립하여 2010년, 2011년 임금 및 단체협약 체결을 위한 단체교섭을 요구할 수 있고, 원고는 그 요구에 응하여야 할 의무가 있다고 판단하여 원고의 청구를 기각한 사례], 서울중앙지법 2018. 6. 14. 선고 2017가합532541 판결(사용자가 노동조합을 상대로 설립이 무효라거나 복수노조가 병존함에도 교섭창구 단일화 절차를 거치지 아니하였다고 주장하면서 단체교섭응낙의무의 부존재 확인을 구한 사안으로 청구기각 판결이 미항소로 확정되었다).

도 피고 조합규약에 따른다면 원고 소속 근로자들은 피고 조합의 조합원이 될
수 없다. 따라서 피고는 원고를 상대로 단체교섭을 할 수 있는 권한이 없다"라
고 주장하면서 주식회사 수성이 전국금속노동조합을 상대로 단체교섭당사자 지
위부존재 확인의 소를 제기한 사례,212) 사회복지법인 성람재단이 전국금속노동
조합을 상대로 단체교섭당사자 지위부존재 확인의 소를 제기한 사례213)가 있다.

    위 두 사례에서 법원은 "산업별 노동조합은 같은 종류의 산업에 종사하는
근로자에 의하여 직종과 기업을 초월하여 조직된 노동조합인데, 산업화의 진전
에 따라 업종이 다양화되고 복합화되는 현상은 불가피하고 그에 따라 각 산업
별 노동조합 사이에서도 그 조직대상이 중첩되는 현상은 피할 수 없는바, 그러
한 경우 규약을 해석하여 조합원으로 가입을 허용할지 여부에 관하여 각 산업
별 노동조합은 합리적인 범위 내에서 자율적으로 결정할 수 있는 권한이 있다"
라고 판단하여, 피고의 단체교섭당사자 적격을 인정하고, 원고들의 청구를 각
기각하였다.214)

    (3) 또한 노동조합 내부 간의 단체교섭권한 쟁의에도 위와 같은 유형의 소
송이 허용된다. 실무상으로는 동일한 사용자에 대한 단체교섭권한이 피고가 아
닌 원고에게 있음을 확인하는 소가 제기된 사례가 있다.215)

4. 손해배상청구소송

가. 의   의

    사용자가 정당한 이유 없이 단체교섭을 거부한 경우에 노동조합은 채무불
이행에 기한 손해배상(민법 390조, 393조) 또는 불법행위에 기한 손해배상(민법 750

---

212) 서울남부지법 2005. 2. 4. 선고 2004가합14124 판결(1심), 서울고법 2005. 9. 30 선고 2005
   나28312 판결(2심), 대법원 2007. 7. 26. 선고 2005다67698 판결(3심).
213) 서울남부지법 2005. 8. 18. 선고 2004가합19037 판결(1심), 서울고법 2006. 4. 13. 선고 2005
   나79389 판결(2심), 대법원 2008. 9. 11. 선고 2006다25547 판결(3심).
214) 그 외 주식회사 한진교통(원고)이 전국택시산업노동조합(피고)을 상대로, 기업별 단위노동
   조합인 '㈜한진교통 노동조합'이 전국 규모 산업별 노동조합인 피고의 분회로 조직형태를 변
   경한 결의는 무효라고 주장하면서, 피고는 원고에 대하여 단체교섭 및 단체협약 당사자 지위
   에 있지 아니함의 확인을 구한 사례가 있다[수원지법 안산지원 2021. 7. 8 선고 2021가합
   6485 판결(1심, 청구기각), 수원고법 2022. 4. 14. 선고 2021나20145 판결(2심, 항소기각), 미
   상고 확정]
215) 서울남부지법 2007. 4. 6. 선고 2006가합13651 판결의 청구취지는 "피고는 주식회사 중앙
   고속에 대한 단체교섭 및 단체협약을 체결할 권한을 가지지 아니함을 확인한다. 주식회사 중
   앙고속에 대한 단체교섭 및 단체협약을 체결할 권한은 원고가 가지고 있음을 확인한다"라는
   것이었다.

조216))을 청구할 수 있다.217) 그러나 지위설, 공서설에 의하면 채무불이행에 기한 손해배상청구는 불가능하고 불법행위에 기한 손해배상청구만이 가능하다. 채무불이행에 기한 손해배상청구와 불법행위에 기한 손해배상의 청구는 소멸시효, 증명책임, 연대책임(민법 760조 참조), 상계의 제한(민법 496조 참조) 등에서 차이가 있다.

나. 당 사 자

채무불이행에 기한 손해배상의 청구권자는 채권자인 노동조합, 상대방은 채무자인 사용자이나, 불법행위에 기한 손해배상의 경우에는 교섭담당자나 조합원도 손해배상의 청구권자가 될 수 있고,218) 사용자의 교섭담당자도 상대방이 될 수 있다.219) 이에 관하여 비재산상의 손해에 대한 배상, 즉 위자료를 청구할

---

216) 사법연수원a, 179면. 일본의 판례도 불법행위에 기한 손해배상의 법적 근거를 민법 709조에서 찾고 있다. 廣島地裁 1988. 3. 2. 判決(勞働經濟判例速報 1339호 3면).

217) 다만, 손해배상청구는 과거의 손해의 전보를 원칙으로 하는 점, 장래의 원활한 단체교섭의 진행을 위한 직접적인 구제조치라고는 할 수 없는 점 등에 비추어 보면 단체교섭 거부에 대한 정형적인 구제조치라고 하기는 어렵다. 김유성, 153면.

218) 사법연수원c, 194면. 단체교섭 거부 또는 해태가 조합원에 대한 불법행위에 해당하여 사용자의 조합원에 대한 위자료 배상책임을 인정한 사례로, 전주지법 2013. 7. 30. 선고 2010가단18456(항소기각 확정), 서울중앙지법 2016. 2. 23. 선고 2015가단5195823(항소심에서 화해권고결정으로 확정), 광주고법(전주) 2016. 6. 16. 선고 2015나102267 판결(미상고 확정), 서울중앙지법 2017. 6. 21. 선고 2016가단5233951 판결(항소심인 서울중앙지법 2018. 1. 19. 선고 2017나45324 판결은 추후 단체협약이 체결되었으므로 원고들의 손해가 모두 회복되었다는 피고의 주장에 대해 사후적으로 단체협약이 체결되었다는 사정만으로 단체교섭 거부로 노동조합 및 조합원들이 입은 비재산적 또는 정신적 손해가 회복된다고 보기 어렵다고 보아 위 주장을 배척하였다. 항소기각 확정), 서울중앙지법 2020. 1. 17. 선고 2019가합525387 판결(항소심인 서울고법 2022. 2. 16. 선고 2020나2008713 판결도 위자료 부분에 관하여 1심과 동일한 판단을 하였다. 대법원 2022. 6. 16.자 2022다226043 심리불속행기각 확정), 서울중앙지법 2020. 10. 16. 선고 2019가합518907 판결(항소심인 서울고법 2022. 2. 16. 선고 2020나2038707 판결도 위자료 부분에 관하여 1심과 동일한 판단을 하였다. 대법원 2022. 6. 16.자 2022다225804 심리불속행기각 확정)등이 있다. 이와 달리 조합원의 청구를 배척한 판결로는, 수원지법 평택지원 2008. 10. 16. 선고 2008가합933 판결(미항소 확정)이 있는데, 위 판결은 "피고의 단체교섭 거부행위가 건전한 사회통념이나 사회상규상 용인될 수 없는 행위로서 헌법이 보장하고 있는 노동조합의 단체교섭권을 침해하는 위법한 행위에 해당하는 경우, 그로 인하여 단체교섭권의 주체인 원고 조합에 대하여 불법행위가 성립함은 별론으로 하고, 원고 조합에 소속된 분회원들에 불과한 위 원고들에 대하여 별도로 불법행위가 성립한다고 볼 수는 없다"라고 판시하였고, 서울중앙지법 2011. 10. 21. 선고 2010가단174581 판결(항소심에서 조정에 갈음하는 결정으로 확정)은 사용자나 사용자단체와 교섭하고 단체협약을 체결할 권한을 가지는 노동조합의 대표자에게까지 단체교섭권자로서의 지위를 인정하기 어렵다는 이유로 노동조합 대표자의 손해배상청구를 기각하였다.

219) 지배·개입형태의 부당노동행위에 관한 사안이나 대법원 2020. 12. 24. 선고 2017다51603 판결, 대법원 2020. 12. 24. 선고 2017다52118 판결은 사용자 회사 및 그 대표이사, 지배·개입의 부당노동행위에 자문과 조력을 한 노무법인 및 그 대표사원의 공동불법행위책임을 인정한 원심의 판단을 수긍하였다. 이용우, 715면은 위 판결을 기초로 하여 가령 복수노조 중

경우 법인 또는 법인 아닌 노동조합이 주체가 될 수 있는지 문제될 수 있으나,
법인 또는 비법인사단에 대하여도 비재산적 손해에 대한 배상은 인정된다.220)

다. 요건사실·증명책임

(1) 채무불이행에 기한 손해배상

사용자의 단체교섭 거부(이행지체)로 인한 손해배상청구권의 요건사실은 노
동조합이 단체교섭 의무의 이행을 청구하였을 것, 사용자가 이에 응하지 아니하
였을 것, 사용자의 단체교섭 거부로 인하여 노동조합에게 손해가 발생하였을
것, 사용자의 이행지체와 노동조합의 손해사이에 인과관계가 있을 것 등이다.
한편 단체교섭 거부에 관한 귀책사유가 없다는 점의 증명책임은 사용자에게 있
다.221) 단체교섭해태(불완전이행)로 인한 손해배상청구권의 요건사실은 사용자의
단체교섭 의무이행이 성실교섭의무에 위반한 것일 것, 귀책사유, 손해, 인과관계
등이다.

단체교섭 거부로 인한 손해배상의 경우 노동조합은 구체적인 교섭사항에
관하여 단체교섭을 청구한 사실, 사용자가 이에 응하지 아니한 사실,222) 손해의
발생, 인과관계를 증명하면 족하고, 사용자는 단체교섭 의무의 이행이 불가능한
사실, 위법성조각사유의 존재, 사용자에게 귀책사유가 없을 것 등을 증명하여야
한다. 그러나 사용자의 책임능력은 일반적으로 문제가 되지 아니한다.

하나인 A노동조합이 사용자와 공모하여 B노동조합을 겨냥한 부당노동행위에 관여한 경우,
피해를 입은 B노동조합은 사용자뿐만 아니라 부당노동행위에 가담한 A노동조합 측을 상대로
도 불법행위책임을 물을 수 있다는 결론을 도출해 낼 수 있다고 한다.
　한편, 위 판결 중 대법원 2020. 12. 24. 선고 2017다52118 판결은 노동조합뿐만 아니라 집
행부 등으로 활동하였던 조합원들이 입은 정신적 고통에 대하여 사용자 등의 위자료 배상책
임을 인정한 원심의 판단에 대해 위자료 청구권자에 관한 법리를 오해하지 아니하였다고 보
아 이를 수긍하였다.
220) 대법원 1996. 4. 12. 선고 93다40614, 40621 판결. 지배·개입형태의 부당노동행위에 관한
사안으로 대법원 2020. 12. 24. 선고 2017다51603 판결, 대법원 2020. 12. 24. 선고 2017다
52118 판결은 사용자가 노동조합의 조직 또는 운영에 지배·개입하는 행위가 건전한 사회통
념이나 사회상규상 용인될 수 없는 정도에 이른 부당노동행위로 인정되는 경우 노동조합에
대한 불법행위가 되고, 사용자는 이로 인한 노동조합의 비재산적 손해에 대하여 위자료 배상
책임을 부담한다고 판시하였다.
221) 대법원 2010. 8. 19. 선고 2010다26745 판결 참조.
222) 본래의 채무의 이행을 청구하는 경우, 채무자는 권리소멸사유로서 '채무의 내용에 좇은 이
행을 하였음'을 증명하여야 하나, 채무불이행으로 인한 손해배상의 청구에서는 '이행기에 이
행이 이루어지지 아니하였다는 사실'에 관하여 채권자가 이를 증명하여야 할 것이다. 민법주
해 [IX], 126~127면; 주석민법 채권총칙(1), 494면. 그러나 일본의 판례는 작위채무의 경우 채
무자가 채무의 내용에 좇은 이행을 하였음을 증명하여야 한다는 태도를 취하고 있다. 最高裁
1966. 12. 15. 判決(民集 20권 2089면).

(2) 불법행위에 기한 손해배상

(가) 요건사실

사용자[223]의 단체교섭 거부가 불법행위를 구성하기 위한 요건사실은 노동조합의 단체교섭청구에 사용자가 응하지 아니한 사실(단체교섭해태의 경우에는 사용자가 성실교섭의무를 위반한 사실[224]), 사용자의 고의·과실, 사용자의 책임능력, 단체교섭 거부의 위법성, 사용자의 단체교섭 거부로 인하여 노동조합에게 손해가 발생하였을 것, 단체교섭 거부와 손해 사이에 인과관계가 있을 것 등이다.

먼저 불법행위의 성립요건으로서 고의는 노동조합의 단체교섭청구에 대하여 이를 거부하는 것이 노동조합의 단체교섭권을 침해한다는 것을 알면서 이를 행하는 심리상태를 의미하고, 과실은 이러한 것을 알고 있어야 함에도 불구하고 주의를 게을리 하였기 때문에 그것을 알지 못하고 위와 같은 행위를 하는 심리상태를 의미한다.[225] 그러나 고의의 구성요건으로서 위법성의 인식은 필요하지 않다.[226]

사용자의 책임능력은 일반적으로 문제가 되지 아니하고, 위법성은 일반적으로 '법률상 보호가치 있는 이익의 침해, 법규위반, 선량한 풍속 기타 사회질서의 위반'[227]을 의미하는데, 사용자의 단체교섭 거부에 정당한 사유가 인정되지 않는 한 위 행위는 권리침해로서 위법성이 인정된다고 볼 수 있다. 다만 앞서 보았듯 대법원은 단체교섭 거부가 건전한 사회통념이나 사회상규상 용인될 수 없는 정도에 이르는 경우에만 위법성이 인정된다고 한다. 위법성의 피침해이익은 노동조합의 단체교섭권이다.[228]

---

223) 단체교섭 의무를 부담하는 사용자가 아닌 경우에는 노동조합의 단체교섭권 침해를 전제로 한 불법행위는 성립할 여지가 없다. 大阪地裁 1989. 10. 5. 判決(勞働判例 548호 6면).

224) 宮里邦雄, 156면은 단체교섭 거부는 헌법 28조가 보장하는 단체교섭권의 침해로 불법행위를 구성하여 손해배상청구를 할 수 있다고 하면서, 불성실한 교섭의 경우 '단체교섭을 요구할 수 있는 지위'를 임시로 정하는 가처분은 불가능하지만, 불법행위를 이유로 한 손해배상청구는 가능하다고 한다.

225) 권창영a, 75면; 오윤식, 208면; 이철수, 107면.

226) 곽윤직, 채권각론, 685~686면.

227) 곽윤직, 채권총론, 121면.

228) 대법원 2006. 10. 26. 선고 2004다11070 판결. 일본판례는 피침해이익의 내용으로 '단체교섭권'[東京地裁 1966. 9. 10. 判決(勞民集 17권 5호 1042면)], '노동조건에 관하여 협의할 수 있는 법률상이익'[神戸地裁 1986. 9. 12. 判決(判例時報 1222호 139면)] 등을 들고 있다.

(나) 증명책임

불법행위에 기한 손해배상의 경우에는 채무불이행과는 달리 노동조합이 사용자에게 고의·과실이 있다는 사실을 증명하여야 한다. 불법행위의 성립요건 중 사용자의 고의·과실에 관하여 일본의 판례는, "사용자가 단체교섭을 거부한 것에 정당한 이유가 있다고 믿을 만한 특별한 사정이 있는 경우에는 고의·과실이 없다"라고 판시한 사례229)가 있는바, 위와 같은 특별한 사정에 대한 증명책임은 피고인 사용자에게 있다.

(다) 판   례

단체교섭을 요구하는 노동조합이 복수노조설립이 금지되는 노동조합에 해당한다는 이유로 사용자가 단체교섭을 거부한 사안에서 대법원은 "사용자가 노동조합과의 단체교섭을 정당한 이유 없이 거부하였다고 하여 그 단체교섭 거부행위가 바로 위법한 행위로 평가되어 불법행위의 요건을 충족하게 되는 것은 아니지만, 그 단체교섭 거부행위가 그 원인과 목적, 그 과정과 행위태양, 그로 인한 결과 등에 비추어 건전한 사회통념이나 사회상규상 용인될 수 없는 정도에 이른 것으로 인정되는 경우에는 그 단체교섭 거부행위는 부당노동행위로서 단체교섭권을 침해하는 위법한 행위로 평가되어 불법행위의 요건을 충족하게 되는바, 사용자가 노동조합과의 단체교섭을 정당한 이유 없이 거부하다가 법원으로부터 노동조합과의 단체교섭을 거부하여서는 아니 된다는 취지의 집행력 있는 판결이나 가처분결정을 받고서도 이를 위반하여 노동조합과의 단체교섭을 거부하였다면, 그 단체교섭 거부행위는 건전한 사회통념이나 사회상규상 용인될 수 없는 정도에 이른 행위로서 헌법이 보장하고 있는 노동조합의 단체교섭권을 침해하는 위법한 행위라고 할 것이므로, 그 단체교섭 거부행위는 노동조합에 대하여 불법행위를 구성한다"라고 판시하여, 원심 판결을 파기환송하였다.230)

라. 손해배상의 범위

(1) 노동조합의 손해

노동조합이 채무불이행으로 인하여 입은 손해의 범위는 불법행위로 인하여 입은 손해의 범위와 일치한다. 손해는 사용자의 단체교섭 거부·해태와 상당인

---

229) 東京地裁 1966. 9. 10. 判決(労民集 17권 5호 1042면).
230) 대법원 2006. 10. 26. 선고 2004다11070 판결. 이에 대한 평석은 이달휴, 384~385면; 이철수, 103~107면; 조영선, 123~139면.

과관계 있는 모든 손해로서 노동조합이 단체교섭의 준비를 위하여 지출한 비용
(예를 들면 교섭위원들이 지출한 여비[231])과 같은 재산상의 손해, 노동조합의 사회
적 평가의 훼손과 같은 대외적인 비재산상 손해 또는 조합원에 대한 조합의 영
향력 내지 권위의 하락, 조합활동의 위축, 조합원수의 감소 등과 같은 대내적인
비재산상 손해 모두를 포함한다.[232]

　　사용자의 단체교섭 거부에 대하여 부당노동행위구제신청을 하는 데 지출한
비용 등은 사용자의 채무불이행이나 불법행위와 상당인과관계 있는 손해라고
볼 수 없으나, 이러한 비용 등은 손해액을 산정하는 데 당연히 고려하여야 한다
는 견해도 있다.[233]

　　사용자가 단체교섭과정에서 노동조합과 합의에 이르고도 단체협약을 체결
하지 아니한 경우에는 단체협약의 효력이 발생하지 아니하므로 단체협약을 체
결하였더라면 있었을 상태와 단체협약이 체결되지 아니한 상태의 차이(차액설,
예를 들면, 노동조합에게 조합 사무실을 무상으로 대여하기로 약정하고서도 단체협약을
체결하지 아니하여 노동조합이 외부에서 유상으로 조합 사무실을 임차한 경우 그 차임
상당)를 재산상 손해로 보아 이의 배상을 청구할 수 있다.

　　그러나 사용자에게는 단체교섭이 타결된 경우를 제외하고는 단체협약체결
의무가 인정되는 것은 아니므로,[234] 단체교섭이 타결되지 아니한 경우에는 단체
협약이 체결되었더라면 있었을 상태와 단체협약이 체결되지 아니한 상태의 차
이로 인한 재산상 손해는 상정하기 어렵다.

　　손해배상의 범위를 산정하기 위해서는 사용자의 단체교섭 거부의 위법성의
정도, 단체교섭 거부에 의하여 노동조합이 입었다고 주장하는 손해의 종류ㆍ내
용, 손해의 회복가능성, 단체교섭의 태양, 조합원의 수, 단체교섭 대상사항의 중
요성, 평소 사용자와 노동조합 사이의 관계, 사업장의 규모나 사용자의 재정상
태 등 여러 사정을 참작하여야 할 것이다.[235]

---

231) 注釋(上), 335면.
232) 山川隆一, 30면; 7,000,000원 및 이에 대한 지연손해금의 지급을 명한 판결로는 수원지법
　　평택지원 2008. 10. 16. 선고 2008가합933 판결(확정).
233) 大阪地裁 1998. 3. 9. 判決(労働判例 742호 86면).
234) 손창희, 128~129면; 임종률, 150면.
235) 단체교섭 거부행위가 불법행위에 해당하기 위한 요건을 설시한 대법원 2006. 10. 26. 선고
　　2004다11070 판결의 파기환송심에서 부산고법 2007. 2. 8. 선고 2006나19443 판결은 원고의
　　청구를 일부 인용하여 피고에게 5,000,000원 및 이에 대한 지연손해금의 지급을 명하였고, 위
　　판결은 2007. 3. 10. 확정되었다. 金澤地裁는 日野車體工業事件(1976. 10. 18. 判決, 労働判例

이에 관하여, 노동조합이 승차증 제도개선에 관하여 사용자가 이를 거부하
자 손해배상을 청구한 국철단체교섭 거부 사건에서, 제1심 법원은 사용자가 승
차증제도의 개선이 단체교섭사항이 될 수 없다는 이유로 단체교섭을 거부한 것
은 부당하지만 사용자가 노동조합과 수차례에 걸쳐 단체교섭과 다른 화합을 행
하고 노동조합의 요청을 일부 받아들여 개정안을 작성하였다고 인정한 후, 화합
이 행하여진 사실을 고려하여 보면 피고의 단체교섭 거부의 위법성의 정도가
그리 강한 것이 아니고, 원고가 단체교섭 거부에 의하여 받았다고 주장하는 손
해는 조합원의 신뢰상실 및 원고의 사회적 평가의 손실이라는 무형의 것이며,
본건 소송에서 승차증제도의 개폐문제가 단체교섭의 대상사항이 된다는 것이
확인됨에 따라 원고가 주장하는 손해도 상당 정도 회복되었으므로, 단체교섭 거
부의 위법성의 정도, 단체교섭 거부에 의하여 원고가 주장하는 손해의 종류·내
용, 손해의 회복가능성 등 여러 사정을 참작하여 보면, 원고에게는 판결에 의하
여 피고에게 손해배상을 명하지 않으면 안 될 정도의 손해가 존재하지 않는다
고 판시하여 손해배상청구를 기각하였다.236)

(2) 조합원의 손해

조합원이 입은 손해는 불법행위의 경우에만 인정되는바, 그 손해배상은 통
상 사용자의 위법한 단체교섭 거부로 조합원들이 입은 정신적 고통에 대한 위
자료가 된다.237)

한편 병존조합의 경우 단체교섭 자체의 차별이나 단체교섭을 매개로 한 차
별(전제조건에 관한 차별, 체결일실시조항에 관한 차별), 근로조건 기타 근로자대우에

272호 44면)에서 단체교섭 거부로 인한 노동조합의 사회적 평가가 위법하게 훼손된 것을 인
정하여 10만 엔의 한도에서 손해배상청구를 인용하였고, 神戸地裁는 エス·ジー·エス事件
(1986. 12. 5. 判決, 労働判例 487호 36면)에서 원고가 그 사회적 평가를 현저하게 훼손된 것
에 대한 손해배상으로 60만 엔의 지급을 명하였으며, 仙台高裁는 淸和電器産業事件(1990. 10.
22. 判決, 労民集 41권 5호 877면)에서 사회적 평가훼손으로 인한 무형의 손해에 대하여 120
만 엔의 손해배상을 명하였고, 大阪地裁는 佐川急便(全日本港灣労組など)事件(1998. 3. 9. 判
決, 労働判例 742호 86면)에서 상급단체인 關西地本에 대하여는 30만 엔, 산하단체인 建設支
部에 대하여는 50만 엔의 지급을 명하였다.
236) 東京地裁 1986. 2. 27. 判決(労民集 37권 1호 123면).
237) 사법연수원c, 194면. 한편 判例労働法4, 141면은 단체교섭 거부로 인하여 조합원들에게 임
금인상 등이 실시되지 않은 사안에서 조합원들이 임금인상분에 대한 손해배상을 청구하는
사례가 있는데, 그러한 청구를 인용한 판례[広島地裁 1981. 3. 2. 判決(判例時報 1280호 153
면), 大阪地裁 2006. 10. 6. 判決(労働判例 933호 42면), 東京高裁 2012. 3. 14. 判決(労働判例
1057호 114면)]가 보인다고 한다.

관한 차별에서 개별조합원들이 차별이 없었더라면 지급받을 수 있었던 임금과 차별로 인하여 현실적으로 수령한 임금의 차액을 재산상 손해액으로 하여 그 배상을 구하는 경우238)와 같이 조합차별이 문제가 되는 경우에는 단체교섭 거부로 인한 손해가 아니라 지배·개입에 대한 사법적 구제의 일종으로 보아야 할 것이다.239)

5. 단체교섭응낙가처분

단체교섭 거부에 대한 사법적 구제수단 중 신속한 심리절차를 거쳐 사용자에게 직접 단체교섭 의무를 명하는 가처분에 의한 구제가 가장 실효성있는 구제수단이므로, 노동조합으로서는 가처분결정을 얻는 것이 가장 중요하다. 단체교섭응낙가처분240)은 노동쟁송의 일종으로서 단체교섭 거부에 관한 사법적 구제수단 중 가장 신속한 구제수단이다.

가. 피보전권리

임시의 지위를 정하기 위한 가처분의 경우 다툼 있는 권리관계를 피보전권리라 하며, 위에서 살펴본 바와 같이 단체교섭권은 가처분의 피보전권리가 된다. 그러나 지위설의 입장에 의하면 단체교섭을 구할 수 있는 법적 지위가 피보

---

238) 임금차별의 부당노동행위의 성립을 인정한 경우에는 그 구제수단으로서 재산정을 명하거나 차별받지 않은 노조의 평균 고과율에 상응하도록 편차율을 수정한 후 그 차액을 지불할 것을 명하여야 하는바, 이러한 입장은 일본의 판례도 채택하고 있는데, 최고재판소는 最高裁 1986. 1. 24. 判決(紅屋商事事件, 判例時報 1213호 136면)에서 노동위원회가 구제조치로서 사용자에 대하여 개개의 조합원에 관한 부당노동행위가 없었더라면 얻을 수 있었을 인사고과율에 상응하는 수치를 산정하고, 그 수치에 따라 재계산한 상여금과 이미 지급하였던 금액과의 차액의 지급을 명한 것은 노동위원회에 위임된 재량권의 행사로서 허용되는 범위 내의 것으로 보고 있다.

239) 菅野和夫, 106면. 앞서 본 바와 같이 교섭대표노조가 '통상임금 부제소와 소 취하' 등을 조건으로 통상임금 부제소 격려금과 무쟁의 장려금을 지급하기로 하는 단체협약을 체결한 사안에서 부산고법(창원) 2018. 12. 13. 선고 2018나11667 판결은 제반 사정에 비추어 무쟁의 장려금의 지급을 통상임금 부제소 격려금 지급 조건과 결부시킨 것은 통상임금 소송을 제기한 조합원들이 소속된 소수노조에 대한 불이익취급 또는 지배·개입의 부당노동행위에 해당한다고 판단하였고, 대법원은 사용자의 상고를 기각하였다(대법원 2021. 8. 19. 선고 2019다200386 판결). 이와는 달리 廣島地裁 1988. 3. 2. 判決(東洋シート事件, 労働経済判例速報 1339호 3면)에서는 병존조합과의 차별로 인하여 일방조합원들이 받을 수 있었던 일시금 등이 사용자의 단체교섭 거부의 불법행위와 상당인과관계 있는 손해라고 인정하였다.

240) 사용자가 부담하는 단체교섭 의무 중 적극적 의무인 단체교섭응낙의무와 성실교섭의무가 가처분에서 문제되므로, '단체교섭의무이행가처분'이라는 용어가 보다 정확한 용어라 할 것이나, 실무 및 학계에서 '단체교섭응낙가처분'이라는 용어가 정착되었으므로, 이 책에서도 동일한 용어를 사용한다.

전권리가 된다.

나. 보전의 필요성

(1) 의   의

현저한 손해를 피하거나 급박한 위험을 막기 위할 필요가 있을 때 보전의
필요성이 인정된다(민집법 300조 2항). '현저한 손해'는 본안판결 확정시까지 기다
리게 하는 것이 가혹하다고 생각되는 정도의 불이익 또는 고통을 말하고 재
산상 손해뿐 아니라 정신적 손해와 공익적 손해를 포함하며,241) '급박한 위
험'은 현재의 권리관계를 곤란하게 하거나 무익화할 정도의 강박·폭행을 말
하며 이는 현저한 손해와 병렬적 개념이 아니라 현저한 손해를 생기게 하는
전형적인 예라 할 수 있는데,242) 단체교섭응낙가처분의 경우에는 주로 현저한
손해 중 사회적 평가의 훼손이나 조합원들의 신뢰상실 등 비재산상 손해가 문제
된다.243)

(2) 판단기준

임시의 지위를 정하는 가처분을 필요로 하는지 여부는 당해 가처분신청의
인용 여부에 따른 당사자 쌍방의 이해득실관계, 본안소송의 장래의 승패의 예
상, 기타의 여러 사정을 고려하여 법원의 재량에 따라 합목적적으로 결정하여
야 할 것이다.244) 보전의 필요성에 관하여는 단행가처분의 성질상 엄격하게 해
석하여야 한다는 견해가 있으나,245) 단체교섭응낙가처분의 경우에는 단체교섭
이 이루어지는 시간의 경과에 따라 조합원이 유형·무형의 손해를 받거나246)
사용자의 단체교섭 거부·해태는 노동조합으로 하여금 교섭기회를 상실하게
하거나 적절한 교섭시기를 확보하지 못하게 함으로써 교섭력을 저하시키고 조
합의 단결력을 약화시킬 뿐만 아니라 교섭단체로서 노동조합의 존재의의를 상

---

241) 대법원 1967. 7. 4.자 67마424 결정.
242) 법원실무제요 민사집행 [V], 71면.
243) 일본의 경우 단체교섭의 거부 또는 지연으로 인한 비재산상 손해로부터 보호필요성에서
    가처분을 긍정하는 경우가 많다. 西山俊彦·林屋札二, 477면.
244) 대법원 1997. 10. 14.자 97마1473 결정.
245) 園部秀信, 304면.
246) 福井地裁는 福井放送團交拒否事件(1965. 6. 26. 決定, 勞民集 16권 3호 555면)에서 단체교섭
    의 기회 없이 기일이 도과되면 노동조합 및 조합원 등에게 유형·무형의 심한 손실을 입힐
    것이 충분히 예측되고, 이와 같은 사태를 빨리 해결하기 위해서는 무엇보다도 먼저 회사와
    노동조합이 교섭할 기회를 가져 쌍방이 성의를 가지고 대화를 하는 것이 선결이므로 당사자
    사이에 假의 법률관계를 정할 필요가 있다고 판시하였다.

실하게 한다247)는 실태를 직시하여 필요성의 요건을 유연하게 해석하여야 할
것이다.248)

(3) 복수노동조합이 병존하는 경우

㈎ 사용자가 교섭창구 단일화를 요구할 수 있는 항변권을 포기한 경우에는
복수노조는 모두 사용자에 대하여 단체교섭을 요구할 수 있다. 사용자는 노조병
존시 중립유지의무를 부담하므로,249) 각 노조와 각각 단체교섭이 타결되어 단체
협약의 체결시기가 서로 다른 경우가 많은데 이 경우 단체협약체결일부터 협약
의 효력이 발생하여 병존조합 간에 차별이 생기는 것은 필연적이고 그 결과 임
금인상분의 지급시기에 차이가 생기는 것은 피할 수 없다.250) 병존조합 중 일방
조합이 단체교섭을 요구였으나 사용자가 이를 인정하지 않고 그에 대해서만 단
체교섭을 계속 거부하는 것은 일방조합의 조합원들을 장기간 경제적 불이익을
수반하는 상태에 놓이게 함에 따라 일방조합 조직의 동요와 약체화를 생기게
하는 것으로 결국 일방조합의 존재의의를 상실하게 하는 결과를 초래한다.251)

이와 달리 '현재 채무자 회사 소속 근로자로서 채권자 노동조합에 가입되
어 있는 사람은 3명뿐이고, 채무자가 다른 노동조합 A와 체결한 단체협약을 위
3명을 포함한 채무자 소속 근로자 모두에게 적용하고 있는 상황에서 위 노동조
합 A 외에 조합원이 3인에 불과한 채권자에 대하여 단체교섭권자의 지위를 부
여하게 되는 경우, 복수노조의 허용에 따라 야기될 수 있는 단체교섭 상의 혼란

---

247) 김유성, 343면.
248) 東京地裁는 住友海上火災團交拒否事件(1968. 8. 29. 決定, 勞民集 19권 4호 1082면)에서 노
　　동조합이 구체적 단체교섭청구권이 침해된 상태로 방치될 때에는 그 청구권의 실현을 기대
　　할 수 없고, 노동조합의 기본적인 사명인 사용자와 단체교섭을 행할 수 없으면 노동조합으로
　　서 중요한 기능을 잃는 것으로 추인되기 때문에 즉시 위 청구권실현의 필요성이 있다고 판
　　시하였다.
249) 개정된 노조법 29조의2 2항은 명문으로 개별교섭 시 사용자의 성실교섭의무 및 차별금지
　　의무를 규정하였다.
250) 권창영a, 684~688면.
251) 기존노조(조합원 약 300명)가 상부단체탈퇴를 결의한 것에 반대하여 잔류파(당시 11명)는
　　새로이 노조를 결성하였으나 회사가 이를 인정하지 않고 단체교섭을 계속 거부하자, 잔류파
　　조합원은 회사에 대하여 불법행위를 이유로 회사가 탈퇴파 조합원에 대하여 지급하였던 것
　　과 동일 계산식에 따른 임금인상 상당액 등의 지급을 구한 東洋シート事件에서 廣島地裁
　　1988. 3. 2. 判決(勞働經濟判例速報 1339호 3면)은 피고(회사)는 탈퇴결의부터 피고 내에 기존
　　노조가 존재하는 것 및 그에 가입하고 있는 원고들을 혐오하여 원고들을 장기간 경제적 불
　　이익을 수반하는 상태에 놓이게 함에 따라 조직의 동요와 약체화를 생기게 할 의도에 기하
　　여 차별적 취급을 하였던 것이라고 추인할 만하고, 위와 같은 피고의 행위는 부당노동행위
　　및 불법행위에 해당한다고 보아 원고들의 청구를 인용하였다.

등을 예상하여 교섭창구의 단일화를 위한 적절한 조치가 강구될 때까지 이를
잠정적으로 제한하려는 구 노조법(1997. 3. 13. 공포 법률 제5310호) 부칙 5조[252]의
취지에 반하여 오히려 교섭창구의 이원화로 인한 복잡한 실무적 문제 이외에도
교섭력의 차이에 따른 근로자간 근로조건의 차별화 내지 이질화 및 내부적 갈
등의 증폭 등의 혼란이 발생할 가능성이 크다는 점을 고려할 때, 계속되는 권리
관계에 끼칠 현저한 손해를 피하거나 급박한 위험을 막기 위하여 시급히 채무
자에게 단체교섭 응낙의무를 지울 보전의 필요성을 인정하기 어렵다'고 판시한
재판례가 있으나,[253] 단결권보장의 헌법상 의의, 노동조합의 존립의의, 단체교섭
권의 중요성, 집단적 자치원칙에서 차지하는 단체협약의 비중 등을 간과한 것이
어서 찬성하기 어렵다.

  ㈔ 사용자가 교섭창구 단일화를 요구한 경우에는, 단체교섭당사자인 각 노
동조합이 사용자에 대하여 교섭담당자인 교섭대표노조, 교섭대표단 등과 성실하
게 단체교섭을 하라는 취지의 가처분을 신청할 수 있다.[254] 이를 비롯하여 실무
상 교섭창구 단일화 관련하여 ① 사용자가 교섭요구 사실을 공고하지 않는 등
노조법이 정한 교섭창구 단일화 절차를 이행하지 아니하는 경우 노동조합이 사
용자를 상대로 신청하는 교섭창구 단일화 절차 이행가처분,[255] ② 채권자가 적

---

252) 구 노조법 부칙 5조는 "하나의 사업 또는 사업장에 노동조합이 조직되어 있는 경우에는 5
    조의 규정에도 불구하고 2009. 12. 31.까지는 그 노동조합과 조직대상을 같이하는 새로운 노
    동조합을 설립할 수 없다."라고 정하고 있다.
253) 광주지법 순천지원 2008. 8. 11.자 2008카합247 결정(같은 취지로는 수원지법 여주지원
    2009. 9. 27.자 2009카합165 결정), 광주고법 2009. 7. 17.자 2008라115 결정(항고기각), 대법
    원 2009. 12. 14.자 2009마1354 결정(재항고기각). 다만, 대법원은 재항고를 기각하면서 원심
    이 노조법 부칙 5조의 입법취지를 보전의 필요성을 부정하는 근거로 든 것은 적절하지 않다
    고 지적하였다.
254) 복수노조하에서 더 이상 단체교섭응낙가처분이 인정될 여지가 없다는 비판(박종희a, 153~
    155면)은, 실무상 노동조합이 대한민국(채무자)에 대하여 단일화 절차의 이행을 구할 피보전
    권리를 가지고 있음을 전제로 채무자에게 교섭창구 단일화 절차의 이행을 명한 단체교섭응
    낙가처분이 발령되고 있는 점(서울중앙지법 2013. 2. 21.자 2012카합2277 결정), A 노조(채권
    자)의 사용자(채무자)에 대한 단체교섭응낙가처분소송에서 B 노동조합(독립당사자참가인)이
    교섭대표노동조합이라고 주장하면서 사해방지를 목적으로 독립당사자참가를 신청하였고 법
    원이 참가인의 신청을 인용한 사례가 있는 점(서울중앙지법 2012. 8. 3.자 2012카합1291,
    1518 결정) 등을 비롯하여 실무상 교섭대표노조뿐만 아니라 소수노조가 사용자에 대한 단체
    교섭응낙가처분과 교섭담당자에 대하여 공정대표의무위반 등을 이유로 한 직무집행정지가처
    분을 적극적으로 활용하고 있다는 점에서, 단체교섭을 둘러싼 법적 분쟁의 본질을 간과한 것
    이어서 부당하다. 권창영g, 67~68면.
255) 서울중앙지법 2013. 2. 21.자 2012카합2277 결정, 창원지법 2017. 1. 11.자 2016카합10286
    결정.

법한 교섭대표노동조합임을 전제로 임시로 교섭대표노동조합 지위에 있음을 정하는 가처분,256) ③ 교섭창구 단일화 절차에 하자가 있음을 이유로 하는 교섭창구 단일화 절차중지 가처분 또는 교섭대표노동조합과 사용자 사이의 단체교섭 중지가처분,257) ④ 병존조합을 상대로 교섭대표노동조합인 채권자와 사용자의 단체교섭 방해금지를 명하는 가처분,258) ⑤ 공정대표의무 위반을 이유로 한 단체교섭중지 가처분 또는 단체협약효력정지 가처분259) 등이 제기되고 있다. 여기서 ①, ②는 단체교섭응낙가처분 유형에 해당한다고 볼 수 있고, ③~⑤는 후술하는 단체교섭권에 기한 방해배제청구 사안에 해당한다.

　　다만, 단체교섭당사자와 담당자가 누구인지에 대해서는 견해의 대립이 있는바, 교섭창구 단일화를 거쳤다고 하여 소수노조의 헌법상 기본권 주체성이 상실되는 것은 타당하지 않다는 전제하에서 각 노동조합이 교섭당사자의 지위를 상실하지 않는다는 견해가 있다. 즉, 단체교섭의 주체는 여전히 노동조합이고, 창구를 단일화하여 교섭을 담당하는 노조·교섭단 등은 교섭담당자의 지위에 불과하다는 것이다.260) 위 견해에 따르면 아래와 같이 정리할 수 있다.261)

256) 인용되지는 아니하였으나 교섭대표노동조합으로서의 지위에 있음을 임시로 정하는 가처분을 신청한 사례로 청주지법 2012. 7. 30.자 2012카합226 결정, 서울중앙지법 2013. 2. 6.자 2012카합1612 결정, 수원지법 성남지원 2019. 4. 26.자 2019카합50047 결정. 해당 사안들에서 확인의 소의 보충성은 특별히 문제되지 아니하였다.

257) 대전지법 2013. 6. 11.자 2013카합169 결정, 서울남부지법 2014. 3. 27.자 2014카합20034 결정, 인천지법 2014. 9. 16.자 2014카합1053 결정, 인천지법 2020. 8. 31.자 2020카합10279 결정, 서울중앙지법 2021. 9. 3.자 2021카합21213 결정(교섭대표노동조합으로 결정된 조합의 설립 자체를 무효로 판단한 사안이다).

258) 서울중앙지법 2012. 8. 3.자 2012카합1291, 1518 결정. 위 사안은 A 노조(채권자)가 사용자(채무자)에 대하여 단체교섭응낙가처분 신청을 제기한 상태에서 B 노동조합(독립당사자참가인)이 교섭대표노동조합이라고 주장하면서 사해방지를 목적으로 독립당사자참가를 신청한 사안으로, 법원은 채무자의 개별교섭 통지는 무효이고, B 노동조합이 교섭대표노동조합이라고 보아 A 노조의 신청은 기각하고, B 노조의 신청은 인용하여, '채무자는 A 노조의 단체교섭 요구에 응하여서는 아니 된다'는 결정을 하였다(다만 항고심 서울고법 2013. 10. 18.자 2012라1284 결정에서 채무자의 개별교섭 통지를 유효로 보아 A 노조의 신청을 인용하고, B 노조의 신청을 기각하는 것으로 제1심 결정을 변경하였다. 미재항고 확정).

259) 인용되는 사례는 찾기 힘들다. 기각된 사례로 서울남부지법 2013. 4. 2.자 선고 2013카합71 결정(항고 후 신청취하), 서울중앙지법 2019. 5. 3.자 2019카합20232 결정(미항고 확정).

260) 권창영g, 47면

261) 법원실무제요 민사집행 [Ⅴ], 521면.

교섭창구 단일화 및 사용자	교섭당사자 (단체협약의 당사자)	교섭담당자	
		교섭대표자	교섭위원
교섭대표노동조합 (29조의2 3항)	각 노동조합	교섭대표노동조합	노조위원장 등
과반수노동조합 (29조의2 4항 본문)	각 노동조합	과반수노동조합	노조위원장 등
위임·연합에 의한 과반수노동조합 (29조의2 4항 괄호)	각 노동조합	위임·연합에 의한 과반수노동조합	노조위원장 등
공동교섭대표단 (29조의2 5항)	각 노동조합	공동교섭대표단	대표단 구성원
사용자(국가)	대한민국	정부교섭대표 (행정자치부장관, 법원행정처장 등) ※ 소송에서 법률상 대표자는 법무부장관임	교섭위원
사용자(법인)	법인	대표이사, 대표사원 등	교섭위원

이와 달리 교섭대표노동조합은 교섭창구 단일화 절차에 참여한 복수의 노동조합에 대하여 '배타적 교섭당사자'의 지위를 갖게 되고,[262] 그 사이에 법정 위임관계에 있다고 볼 수는 없는 점,[263] 노조법 29조의5, 30조, 81조 1항 3호 문언에 비추어 교섭당사자는 교섭대표노동조합이고, 단체교섭의 담당자는 사실행위로서 단체교섭을 직접 담당하는 자로 교섭 및 협상을 하고 단체협약을 작성하여 이에 서명을 하는 자를 말하므로 '자연인'으로 한정되고,[264] 교섭창구 단일화 절차에 따라 결정된 교섭대표노동조합의 대표자가 단체교섭담당자가 되는 것이지,[265] 교섭대표노동조합 자체가 단체교섭담당자는 아니라는 견해도 있다. 위 견해에 따르면 아래와 같이 정리할 수 있다(사용자 부분은 견해가 다르지 않다).

---

262) 임종률, 130면. 김형배, 1082면은 교섭대표노동조합에게만 단체교섭권이 부여되고 있다는 취지로 서술하고, 김형배, 1205면은 교섭대표노동조합은 해당 사업 또는 사업장에서 배타적 교섭력을 가진다고 한다. 하갑래c, 563면 역시 교섭대표노조는 당사자의 지위를 가지고 단체교섭을 하여 단체협약을 체결한다고 한다.

263) 대법원 2020. 10. 29. 선고 2017다263192 판결 참조(원심: 서울고법 2017. 8. 18. 선고 2016나2057671 판결). 해당 판결에 찬성하는 견해로 임상민, 598~599면; 박종희b, 134면.

264) 김형배, 1214면; 임종률, 134면.

265) 김형배, 1215면; 임종률, 134면.

교섭창구 단일화 및 사용자	교섭당사자 (단체협약의 당사자)	교섭담당자	
		교섭대표자	교섭위원
교섭대표노동조합 (29조의2 3항)	교섭대표노동조합	위 조합의 대표자	노조위원장 등
과반수노동조합 (29조의2 4항 본문)	과반수노동조합	위 조합의 대표자	노조위원장 등
위임·연합에 의한 과반수노동조합 (29조의2 4항 괄호)	위임·연합에 의한 과반수노동조합	위 조합의 대표자	노조위원장 등
공동교섭대표단 (29조의2 5항)	공동교섭대표단	위 대표단의 대표자	대표단 구성원

(4) 소　결

그렇다면 단체교섭응낙가처분의 경우에는 필요성의 요건을 특별히 엄격하게 해석할 필요는 없고, 사용자가 단체교섭을 거부하면 특별한 사정이 없는 한 노동조합 또는 그 조합원의 현저한 손해의 발생 등이 추인되어 보전의 필요성이 추정된다고 보아야 할 것이다.266)

(5) 보전의 필요성이 부정되는 경우

단체교섭응낙가처분절차가 진행되는 도중에 그에 관한 단체교섭이 타결된 경우에는 그 신청은 이미 목적을 달성한 경우로서 보전의 필요성이 부정되며,267) 단체교섭이 이미 이루어지거나, 단체교섭 거부사실이 인정되지 아니하는 경우에도 보전의 필요성이 부정된다.268)

다. 단체교섭응낙가처분과 긴급명령

(1) 단체교섭응낙가처분과 긴급명령제도의 관계

노조법은 사용자가 중앙노동위원회의 재심판정에 대하여 행정소송을 제기

---

266) 서울지법 의정부지원 2002. 5. 17.자 2002카합240 결정, 서울행법 2008. 4. 24. 선고 2007구합45958 판결, 수원지법 안산지원 2010. 2. 17.자 2009카합256 결정.
267) 대법원 1995. 4. 7. 선고 94누3209 판결 참조.
268) 보전의 필요성이 부정된 사례로는 단체교섭이 실시된 경우[神戸地裁 尼崎支部 1953. 4. 16. 判決(労民集 4권 3호)], 단체교섭 거부의 사실이 인정되지 아니한 경우[서울중앙지법 2010. 6. 30.자 2010카합1390 결정(항고기각 확정); 東京地裁 1968. 12. 26. 決定(労民集 19권 6호); 岡山地裁 1978. 5. 19. 決定(労働判例カード 304호)] 등이 있다.

한 경우에 관할법원은 중앙노동위원회의 신청에 의하여 결정으로써, 판결이 확
정될 때까지 중앙노동위원회의 구제명령의 전부 또는 일부를 이행하도록 명할
수 있으며(85조 5항), 법원의 긴급명령에 위반한 자를 500만 원 이하의 금액(당해
명령이 작위를 명하는 것일 때에는 그 명령의 불이행 일수 1일에 50만 원 이하의 비율로
산정한 금액)의 과태료에 처할 수 있도록 규정하고 있다(95조). 긴급명령의 요건으
로 긴급명령의 필요성과 구제명령의 적법성이 요구된다.[269]

    단체교섭응낙가처분은 본안판결 확정 전에 단체교섭청구권이 만족된 결과
와 동일하거나 유사한 사실상 또는 법률상 상태를 임시로 실현·형성하는 것을
목적으로 하는 것이고(사법상 의무이행의 확보), 부당노동행위구제명령제도는 근
로자의 노동3권 보호를 목적으로 하여 위와 같은 권리를 침해하는 사용자의 일
정행위를 부당노동행위로서 금지한 노조법 81조의 규정의 실효성을 담보하기
위하여 설정된 것이어서, 사용자의 부당노동행위에 의해 발생한 상태를 노동관
계에 관하여 전문적 지식·경험이 있는 노동위원회가 개별사안에 대응한 명령
에 의하여 직접 시정하여 그에 의해 정상적인 집단적 노동관계질서를 신속하게
회복·확보하고자 하는 것이며,[270] 긴급명령제도는 위와 같은 구제명령취소의
소가 제기된 경우 위 취소소송의 판결이 확정될 때까지 잠정적으로 과태료에
의한 제재에 기초하여 법원의 결정으로 구제명령의 이행을 사용자에게 강제하
여 사용자의 부당노동행위에 의해 생긴 상태를 신속히 제거·시정하여 정상적
인 집단적 노동관계질서를 회복시켜 구제명령제도의 실효성을 담보하고자 하는
것이므로(공법상 의무이행의 확보),[271] 양자는 차원이 다른 별개의 구제제도로서
상호배타적인 것은 아니어서 어느 한 구제수단의 발령이 다른 구제수단의 필요
성을 당연히 조각하는 것은 아니다.[272] 그러므로 긴급명령이 발령되었더라도 법
원은 이와 별도로 단체교섭응낙가처분을 발할 수 있다.

(2) 가처분의 필요성과 긴급명령의 필요성과의 관계

    단체교섭응낙가처분의 필요성과 긴급명령의 필요성이 동일한 것인지 문제
된다. 단체교섭응낙가처분의 필요성은 사용자가 단체교섭에 응할 의무가 있다는

---

269) 김유성, 386면. 다만, 김홍영a, 268~269면은 구제명령의 적법성을 별도의 요건으로 보지 않
    고 소극적 판단기준으로 보아 필요성 요건의 내용으로 축소해석하는 입장을 취하고 있다.
270) 대법원 1998. 5. 8. 선고 97누7448 판결.
271) 最高裁 1977. 2. 23. 判決(民集 31권 1호 93면).
272) 松本光一郞, 521면.

점이 소명되고 있음에도 불구하고 사용자가 단체교섭을 거부하고 있기 때문에 노동조합이 노동관계질서 형성적 기능을 수행할 수 없어 본안의 판결까지 기다리게 하는 것은 현저히 회복곤란한 손해가 발생하는 긴급한 사태이거나 또는 그러한 사태에 직면하는 현재의 위험이 있는 경우, 노동조합에 대하여 위 손해를 피하기 위하여 필요한지 여부의 관점에서 판단하여야 하는 반면, 일반적으로 긴급명령의 필요성[273]은 당해 긴급명령을 발하는 것이 정상적인 집단적 노동관계질서의 회복·확보에 기여하는 것인지 여부를 고려하여 판단하여야 한다고 설명되고 있는 점에 비추어 보면, 양자는 서로 다른 것으로 보아야 할 것이다.

라. 소명책임

노동조합은 피보전권리의 존재를 소명하기 위하여 특정 교섭사항에 관하여 단체교섭을 청구한 사실만 주장·소명하면 족하고,[274] 사용자가 성실하게 단체교섭에 응하였다는 사실[275] 또는 단체교섭 거부에 정당한 이유가 있다는 사실[276]은 항변사유이므로 사용자가 소명책임을 부담한다. 실무상 단행가처분의 경우에는 증명에 가까운 고도의 소명을 요구한다.[277]

단체교섭권의 침해는 사용자가 아무런 이유 없이 단체교섭을 거부 또는 해태하는 경우는 물론이고, 사용자가 단체교섭을 거부할 정당한 이유가 있다거나 단체교섭에 성실히 응하였다고 믿었더라도 객관적으로 정당한 이유가 없고 불성실한 단체교섭으로 판정되는 경우에도 성립하고, 한편 정당한 이유인지의 여부는 노동조합 측의 교섭권자, 노동조합 측이 요구하는 교섭시간, 교섭장소, 교섭사항 및 그의 교섭태도 등을 종합하여 사회통념상 사용자에게 단체교섭 의무의 이행을 기대하는 것이 어렵다고 인정되는지 여부에 따라 판단한다.[278]

사용자가 단체교섭에 응하지 아니한 사실은 단체교섭권의 요건사실이 아니므로 노동조합에게 주장·소명책임은 없으나, 이는 보전의 필요성을 이유 있게

---

273) 긴급이행명령의 필요성의 유무는 일반적으로 노동3권 보호의 필요성과 근로자의 경제적 곤궁의 측면 양자를 종합하여 판단하여야 한다고 한다. 注釋(下), 1043~1044면; 札幌地裁 1966. 12. 23. 決定(勞民集 17권 6호 1471면).
274) 부산지법 2000. 2. 11.자 2000카합53 결정.
275) 이는 채무의 내용에 좇은 이행을 하였다는 권리소멸사유에 해당하므로 채무자인 사용자가 증명책임을 부담한다. 민법주해 [IX], 126면.
276) 이는 권리장애사유 또는 권리저지사유에 해당한다.
277) 대법원 2007. 6. 4.자 2006마907 결정; 권창영h, 359면.
278) 대법원 1998. 5. 22. 선고 97누8076 판결.

하기 위한 구체적 사실이므로 노동조합이 보전의 필요성을 소명하는 범위 내에
서 사용자의 단체교섭 거부사실을 주장하는 것은 허용된다.279)

　　그러나 구체적 단체교섭청구권설에 의하면, 노동조합은 피보전권리의 존재
를 소명하기 위하여 (i) 특정사항에 관하여 단체교섭을 청구한 사실, (ii) 사용자
가 단체교섭을 거부한 사실, (iii) 단체교섭 거부에 정당한 이유가 존재하지 아니
한다는 사실을 주장・소명하여야 하고, 사용자가 단체교섭 거부에 정당한 이유
가 있다고 주장하는 것은 적극부인에 지나지 않는다.280)

마. 주   문

　　단체교섭응낙가처분의 주문유형으로는 크게 "채무자는 채권자와 별지 목록
기재 교섭사항에 관한 채권자의 단체교섭 청구에 대하여 성실하게(또는 성의를
가지고, 신의에 따라 성실하게) 단체교섭을 하라"와 같은 단체교섭응낙형과 "채무
자는 별지 목록 기재 교섭 사항에 관하여 채권자와 단체교섭을 거부하여서는
아니 된다"281)와 같은 단체교섭 거부금지형이 있다.282) 실무상 단체교섭응낙형
이 주를 이루고 단체교섭 거부금지형은 찾기가 어려운데, 단체교섭응낙형에서
단체교섭의 절차 및 조건 등에 관하여 구체적 내용을 부가하고 간접강제를 명
하는 사례도 있다.283)

---

279) 보전의 필요성에 관하여 채권자가 주장하는 구체적 사실은 보전의 필요성을 인정하기 위
　　한 간접사실에 불과하다는 견해도 있으나(西山俊彦, 79면), 보전의 필요성을 이유 있게 하는
　　사실도 자백의 대상이 되는 점에 비추어 보면, 보전의 필요성은 추상적・법적 평가이지만,
　　이에 관하여 채권자가 주장하는 구체적 사실은 보전의 필요성을 이유 있게 하기 위한 사실
　　이어서 단순한 간접사실이 아니므로 채권자가 주장하지 아니하는 다른 구체적 사실을 법원
　　이 인정할 수는 없다. 법원실무제요 민사집행 [V], 64면.

280) 園部秀信, 282면.

281) 부산지법 2000. 2. 11.자 2000카합53 결정 등.

282) 유원석, 633면; 사법연수원b, 116면.

283) 법원실무제요 민사집행 [V], 533면. 주문례로 '피신청인은 신청인으로부터 단체교섭요청을
　　받은 날로부터 7일 이내에 서울 강남구 삼성동 167 한국전력공사 별관 3층에 있는 대회의실
　　에서 피신청인 소속 기획관리본부장, 인력자원팀장, 노무복지담당자를 포함한 교섭위원 5명
　　이상을 단체교섭에 참여하게 하여 별지 목록 기재 교섭사항에 관한 신청인과의 단체교섭에
　　응하여야 한다'(서울중앙지법 2011. 5. 17.자 선고 2011카합116 결정), '채무자들은 별지 목록
　　기재 교섭사항에 관한 채권자의 단체교섭 청구에 대하여 이 결정 송달일로부터 30일 이내에
　　채권자에게 구체적인 답변(근거자료가 첨부되어야 한다)을 제시하는 등 성실하게 단체교섭에
　　응하여야 한다'(인천지법 2015. 4. 2.자 2014카합1176 결정), '채무자는 이 결정을 고지받은
　　날로부터 10일 이내에 2015년도 임금협약에 관한 채권자의 단체교섭 요구에 대하여 성실하
　　게 응하여야 한다'(대전지법 천안지원 2015. 12. 29.자 2015카합10175 결정) 등이 있다.

바. 단체교섭권에 기한 방해배제청구

(1) 문제의 제기

단체교섭권은 노사관계 당사자인 사용자로부터 침해될 수도 있으나, 그 이외에도 국가·병존조합 또는 제3자, 연합단체 등 상부조직, 지부 등 하부조직, 노동조합 내부의 조합원 등에 의하여도 침해될 수 있다.[284] 앞서 보았듯 병존조합이 신청하는 교섭창구 단일화 절차중지 가처분 또는 교섭대표노동조합과 사용자 사이의 단체교섭중지 가처분, 공정대표의무 위반을 근거로 한 단체교섭중지 가처분 또는 단체협약효력정지 가처분, 교섭대표노동조합이 신청하는 것으로는 병존조합을 상대로 하여 교섭대표노동조합인 채권자와 사용자의 단체교섭 방해금지를 명하는 가처분 또는 병존조합과 사용자 사이의 단체교섭중지 가처분 등은 단체교섭권에 기한 방해배제청구권에 기초한 것으로 볼 수 있다.

사용자가 단체교섭권을 침해하는 형태는 ① 물리적인 실력을 행사하여 단체교섭권의 행사를 방해하는 등 사실행위에 의한 침해, ② 단체교섭 진행 도중에 노동조합의 대표자나 교섭위원을 해고하는 등 불이익취급에 의한 침해, ③ 단체협약에 "종업원의 채용·해고·승진·이동 기타 인사의 실시에 관하여 단체교섭 또는 노사협의회에서 사전협의를 한다"라는 취지의 규정이 존재함에도 사용자가 일방적으로 희망퇴직을 실시하는 등 단체교섭권 행사 기회의 박탈에 의한 침해,[285] ④ 노동조합의 단체교섭청구에 대하여 사용자가 단체교섭을 거부하거나 해태하는 등 단체교섭 의무 위반에 의한 침해 등으로 나누어 볼 수 있는데, 위 ①, ②, ③과 같은 유형의 침해에 대하여 노동조합이 그 구제를 구하는 것은 단체교섭권에 기한 방해배제청구권의 행사에 해당한다.

---

284) 단체교섭권은 헌법상의 기본권이므로 제3자가 이를 침해하는 것은 민법상의 불법행위에 해당하고, 형사상 강요죄(형법 324조), 업무방해죄(형법 314조) 등에 해당하나, 이와 별도로 병존조합이나 제3자에 의하여 단체교섭권의 행사가 방해되는 경우에는 이의 배제를 구할 수 있는 효력을 가진 권리로 보아야 할 것이다. 大阪地裁 1976. 3. 24. 判決(労働判例 249호 59면)은 단체교섭권이 물권적 효력을 갖는 권리라고 판시하였으나, 단체교섭청구권을 채권으로 파악하더라도 채권의 불가침성에 기하여 제3자의 채권침해의 경우에 방해배제청구권이 인정된다. 대법원도 "채권도 법률이 보호하는 권리인 이상 일반인은 이를 존중하여야 하며 정당한 이유 없이는 이를 침해치 못할 법률상 의무가 있다 할 것이며 만일 정당한 이유 없이 이를 침해한 때에는 채권자에 대한 불법행위가 성립되어 채권자는 그 제3자에 대하여 이로 인한 손해의 배상을 청구할 수 있고 또 정당한 이유 없는 제3자의 행위로 인하여 채무의 이행이 방해될 우려가 있을 때에는 그 제3자에 대하여 방해행위의 배제를 청구할 수 있다"라고 판시한 바 있다(대법원 1953. 2. 21. 선고 52다129 판결).

285) 神戸地裁 1986. 12. 5. 判決(労働判例 487호 36면).

노동조합과 사용자 사이에 회사업무의 분할 및 분사화를 할 경우 사전에
충분히 협의하기로 약정하거나,[286] 종업원의 채용, 해고, 승진, 이동 기타 인사
의 실시에 관하여 단체교섭 또는 노사협의회에서 사전협의하기로 약정하였음에
도, 사용자가 노동조합과 단체교섭이나 사전협의 없이 분사화나 희망퇴직을 실
시하는 경우에, 노동조합은 단체교섭권이나 사전협의권이 침해됨을 이유로 회사
의 분사화나 희망퇴직의 효력을 정지시키는 가처분을 청구할 수 있는지 문제된
다.[287]

(2) 인용된 사례

㉮ 한국전기통신공사 이사회결의효력정지가처분 사건(수원지법 성남지원
   2001. 6. 5.자 2001카합201 결정)

이러한 유형의 사건 중 우리나라에서 인용결정이 나간 것은 한국전기통신
공사 이사회결의효력정지가처분 사건이 최초인데, 법원은 노동조합이 청구한 분
사화를 내용으로 하는 이사회결의효력정지가처분 신청을 인용하여 단체협약상
사전협의권에 기한 방해배제청구로서 가처분이 허용된다는 입장을 취하였다. 사
실관계는 다음과 같다.

① X(한국전기통신공사 노동조합)와 Y(한국전기통신공사)는 2000. 12. 22. 회사
업무의 분할 및 분사화(114 안내, 선로유지보수 등)를 할 경우 사전에 구조조정특
별위원회(이하 '특위'라고 한다)에서 충분히 협의하기로 합의하였다(이하 '이 사건
노사합의'라고 한다).

② X와 Y는 2000. 4. 1. 특위 1차 본회의를 개최한 것을 시작으로, 2001. 4.
23. 특위 2차 본회의, 2001. 4. 24.부터 다음날까지 특위 3차 본회의, 2001. 4.
26. 특위 1차 소위원회(이하 '소위'라고 한다), 2001. 5. 2. 특위 2차 소위 및 특위
4차 본회의를 각 개최하여, 그동안 Y는 구조조정 및 분사화의 필요성을 주장하

---

286) 수원지법 성남지원 2001. 6. 5.자 2001카합201 결정.

287) 일본의 사례를 살펴보면, 神戸地裁 1973. 11. 17. 決定(労働法律旬報 852호 67면)에서는 "단
    체교섭을 명하고, 교섭 중에 과(課) 등의 폐지를 수반하는 조직변경의 실시를 금지한다"와 같
    은 주문을 발하였고, 단체교섭 도중에 퇴직권고, 해고통지, 배치전환을 금지한 사례로는 神戸
    地裁 明石支部 1975. 4. 2. 判決(判例時報 780호 109면)이 있으며, "채무자는 채권자소속 조합
    원의 제조5과 배치전환(製造5課 配轉)에 관하여, 채권자에 대하여 사전에 통지하고, 채권자와
    합의에 도달하도록 성의를 가지고 협의하고, 또한 위 조합원의 의사를 존중하지 아니한 채
    채권자조합원의 제조5과 배치전환(製造5課 配轉)을 일방적으로 강행하여서는 아니 된다"라는
    결정으로는 神戸地裁 明石支部 1975. 5. 21. 決定(労働法律旬報 893호 82면) 등이 있다.

였고, X는 분사화에 반대하면서 대안을 제시하였으나, 분사화 자체에 대하여는 충분한 협의가 이루어지지 아니하였다.

③ Y는 2001. 5. 3. 사내방송을 통하여 114 안내 및 체납관리분야를 분사화한다는 내용을 전격적으로 발표하였고, 2001. 5. 7. 22차 이사회를 개최하여 가칭 'KIS Ⅰ', 'KIS Ⅱ' 분사법인설립계획안(의안 제34호) 및 요금체납관리 업무개선안(의안 제35호)을 의결하였다(이하 '이 사건 이사회결의'라고 한다).

④ X는 2001. 5. 10. 이 사건 이사회결의가 이 사건 노사합의에 위반된 것이어서 무효라고 주장하면서, 이 사건 이사회결의의 무효를 원인으로 하는 그 결의집행정지 청구권을 피보전권리로 하여 Y의 이 사건 이사회결의의 효력 정지 및 Y 사장에 대한 위 결의의 집행정지를 구하는 가처분을 신청하였다.

수원지법 성남지원은 2001. 6. 5. X의 신청을 인용하여 "X가 이 결정을 고지받은 날 이후 Y와의 구조조정특별위원회에서의 충분한 협의에 응하는 것을 조건으로 하여, 1. Y의 이 사건 이사회결의의 효력을 정지한다. 2. Y의 사장은 위 결의를 집행하여서는 아니 된다"라는 내용의 결정을 발하였다.[288] 그 후 X, Y 사이에 충분한 협의가 이루어진 결과, X는 2001. 6. 9. 피보전권리의 소멸을 이유로 가처분집행해제를 신청하였다.

(나) 한국외환은행과 하나은행 합병진행중지가처분 사건(서울중앙지법 2015. 2. 4.자 2015카합80051 결정)

하나금융지주가 한국외환은행의 주식을 인수한 직후에 하나금융지주, 한국외환은행 및 한국외환은행의 노동조합과 사이에서 한국외환은행이 하나금융지주의 자회사로 편입된 이후에도 최소 5년간 독립법인으로 존속하고 그 독립적인 경영을 보장하며 그 기간 동안 한국외환은행의 임직원과 하나은행 임직원과의 교차발령은 내지 않는다는 내용의 합의서가 작성되었다. 그런데 5년이 지나지 아니한 시점에 한국외환은행과 하나금융지주가 한국외환은행과 하나은행의 합병을 추진하자, 노동조합이 합병절차의 진행을 금지하는 가처분을 신청한 사안이다.

법원은 하나금융지주와 한국외환은행은 합의서에 따라 합병을 하지 아니할 의무가 있고 노동조합은 그 부작위의무의 이행을 구할 피보전권리가 있다고 보아 합의서의 채권적 효력에 기초하여 그 신청을 일부 인용하여, '2015. 6. 30.까

---

288) 위 결정은 피보전권리를 표시하지도 않았고, 담보제공을 명하지도 않았으며, 해방금액도 기재하지 않았다.

지, 채무자 한국외환은행은 금융위원회에 하나은행과의 합병을 위한 인가를 신
청하거나 하나은행과의 합병을 승인받기 위한 주주총회를 개최하여서는 아니
되고, 채무자 하나금융지주는 채무자 한국외환은행이 하나은행과의 합병을 승인
받기 위하여 개최한 주주총회에서 합병승인에 찬성하는 내용의 의결권을 행사
하여서는 아니 된다'는 가처분결정을 하였다. 한편 법원은 해당 사건에서 합의
서가 5년간 합병하지 아니할 것을 확정적으로 정하고 있으므로 노동조합의 합
의권 또는 협의권 문제는 발생하지 아니한다고 판단하였다.

　　다만 가처분이의 사건에서 법원은 이의 사건 결정일 기준으로 합의일부터
3년 4개월 이상 경과하였고 합병 자체가 실질적으로 완성되는 시점은 5년이 모
두 지난 후가 될 가능성이 있는 점, 합의서의 구속력을 제한할 사정변경이 있다
고 볼 여지가 있는 점 등을 이유로 보전의 필요성이 없다고 보아 원 가처분결
정을 취소하고 가처분신청을 기각하였다(서울중앙지법 2015. 6. 26.자 2015카합80225
결정). 이에 채권자가 항고하였으나 이후 신청취하로 사건이 종결되었다.

　　㈐ 이래오토 사업 부분 분할절차진행중지가처분 사건(대구지법 서부지원
　　　2017. 4. 12.자 2017카합5024)

　　자동차부품 전문회사인 채무자 이래오토가 회사를 분할·합병하거나 사업
부를 타인에게 양도하고자 할 때 사전에 조합에 통보하여 조합과 합의한다는
내용의 단체협약을 위반하고 사전협의 없이 전장 및 샤시사업 부분의 매각을
진행한 사안이다.

　　법원은 단체협약의 명문 규정을 근로자에게 불리하게 해석하여서는 아니
된다고 하면서 위 '합의'의 의미를 '협의'로 볼 수 없다고 보아 신청을 인용하여
채무자 이래오토를 상대로 분할등기 등 전장 및 샤시 사업 부분에 관한 분할절
차의 진행금지를 명하였다. 피보전권리에 관하여는 위와 같은 단체협약에 기초
하여 회사분할절차의 정지를 구할 피보전권리가 있다고 하였다.

　　(3) 각하 또는 기각된 사례

　　㈎ 서울지법 1998. 12. 10.자 98카합3873 결정(1심), 서울고법 1999. 1. 14.자
　　　98라369 결정(2심)

　　단체협약에 회사를 분할, 합병하거나 사업의 전부 또는 일부를 타인에게 양
도하는 경우 노조(채권자)에게 통보하여야 하며, 그로 인하여 발생되는 근로자의

대우, 신분변동 등을 포함한 근로조건에 관하여 노조(채권자)와 합의하여야 하고, 근속연수, 단체협약 및 노동조합의 승계에 대하여 노조(채권자)와 사전에 협의하여야 한다고 정하고 있는데, 노조(채권자)가 회사가 단체협약상 절차를 거치지 아니하고 제3자에게 사업 전체를 양도한다고 주장하면서, 위 협약 내용의 이행 및 사업양도와 관련된 인수자의 사업장 내 출입금지 등을 가처분으로 구하였으나 신청이 기각되었다. 항고심은 기록으로 인정할 수 있는 사실만으로는 사업의 전부 또는 일부를 타인에게 양도하는 경우에 해당한다고 볼 수 없고, 구체적인 합병 등의 행위가 임박하고 있다는 점에 대한 소명이 없다고 보아 피보전권리 및 보전의 필요성에 대한 소명이 부족하다고 하여 항고를 기각하였다.

(나) 서울중앙지법 2010. 6. 30.자 2010카합1390 결정(항고기각 확정)

정부출연연구기관인 채무자가 부설기관인 연구소를 민간에 매각하려고 하자 노조는 단체협약에 따라 노조와 조합원들의 고용안정성 등에 대해 협의를 하고, 협의 중인 민간매각절차를 중지할 것을 구하였다. 법원은 협의를 구하는 부분에 대해서는 채무자가 단체교섭을 할 의사가 있음을 밝히고 있음을 이유로 보전의 필요성이 없다고 보았고, 민간매각절차 중지신청에 대해서는 조합원들의 고용안정성이 아닌 민간매각 자체를 협의할 의무는 없고 이는 경영주체의 고도의 경영상 결단에 속하는 사안으로 피보전권리가 없다고 보았다.

(다) 서울중앙지법 2013. 7. 11.자 2013카합1500 결정(미항고 확정)

덤프트럭, 트랙터 판매권 양도 관련하여 체결된 계약의 효력 정지 및 추가 계약의 체결금지를 구한 사안으로, 법원은 기록상 노동조합과 계약에 대해 협의한 사실이 소명되고, 단체협약상 합의가 요구되는 것은 계약 자체가 아니라 계약에 수반되는 근로조건의 변경이나 고용 관련 문제에 관한 것으로 해석된다는 이유로 신청을 기각하였다.

(라) 서울중앙지법 2014. 5. 2.자 2014카합589, 623 결정

은행지점폐쇄금지가처분 사건으로 단체협약 해석상 채무자는 은행지점 폐쇄 자체에 대해 합의할 의무는 없고, 기록상 이에 대해 협의절차를 이행하였다고 볼 여지가 있다는 이유로 신청을 기각하였다. 항고심은 1심 결정 이후 은행지점 폐쇄가 완료되어 신청의 이익이 없다고 보아 1심 결정을 취소하고 신청을 각하하였다(서울고법 2014. 12. 24.자 2014라608 결정, 미재항고 확정).

㈑ 서울중앙지법 2014. 6. 12.자 2014카합80428 결정(미항고 확정)

희망퇴직 실시금지 가처분 신청사건으로, 채권자가 희망퇴직 시행에 관한 합의권을 남용하였다는 등의 이유로 신청을 기각하였다.

㈒ 서울중앙지법 2018. 5. 29.자 2018카합20430 결정(미항고 확정)

병원매각 등에 대해 반드시 조합과 합의하여 시행한다고 단체협약을 체결하였는데, 채무자 의료재단이 그 소유 부동산을 제3자에게 매각하려고 하자 노조가 매매계약이 무효라 주장하면서 그 효력정지를 구한 사안에서, 법원은 해당 매매계약이 합의의 대상이라고 하더라도 합의의무 불이행을 이유로 매매계약을 무효로 볼 수 없다고 판단하여 확인의 이익이 없다고 보아 신청을 각하하였다.

㈓ 기   타

인천지법 2018. 5. 28.자 2018카합10116 결정(항만 크레인 매각절차의 중지 등을 구한 사안으로 보전의 필요성을 부정하였다. 미항고 확정), 인천지법 2020. 9. 1.자 2020카합10317 결정(회사 물류최적화센터 부지를 매매한 사안에서 협의 절차 없이 위 센터에서 근무하는 근로자들에 대한 고용관계, 근무장소 및 업무내용의 변경금지를 구한 사안, 미항고 확정), 수원지법 2021. 11. 19.자 2021카합10403 결정(식음료 부분을 외주화하는 행위의 금지를 구한 사안으로 해당 외주화가 단체협약상 합의대상인 회사의 양도 또는 매각으로 볼 수 없다는 등의 이유로 신청을 기각하였다. 미항고 확정).

(4) 검   토

한국전기통신공사 이사회결의효력정지가처분 사건에서 X는 '이 사건 결의의 무효를 원인으로 하는 그 결의집행정지 청구권'을 피보전권리로 주장하였으나, 그 내용을 살펴보면 X의 사전협의권이 침해되었으므로 이를 보전하기 위하여 이 사건 결의의 효력의 정지를 구하는 것이므로, 그 피보전권리는 '사전협의권에 기한 방해배제청구권'이 된다. 전자에 의하면 이사회결의효력정지가처분만이 가능하지만, 후자에 의하면 사전협의권을 침해하는 일체의 행위에 대하여 구제가 가능하므로, 이사회결의 이전에도 "1. Y는 X와 회사의 분사화에 관하여 특위에서 충분히 협의하라. 2. Y에게 교섭 중에 분사화를 수반하는 조직변경의 실시를 금지한다"289)와 같은 내용의 가처분도 허용된다.

---

289) 神戸地裁 1973. 11. 17. 決定(労働法律旬報 852호 67면).

한국외환은행과 하나은행 합병진행중지가처분 사건, 이래오토 사업 부분 분할절차 진행중지가처분 사건의 경우 피보전권리를 단체협약에 기한 부작위의무 이행청구권으로 파악하였는데, 금지를 명하는 행위태양으로 보았을 때 피보전권리를 단체협약이행청구권 또는 단체협약상 인정되는 합의권에 기한 방해배제청구권으로 구성할 수도 있을 것이다.

한편 위 두 사건의 경우 대법원 2014. 3. 27. 선고 2011두20406 판결[290]의 법리에 기초하여 '사용자의 경영권에 속하는 사항이라도 노사는 임의로 단체교섭을 진행하여 단체협약을 체결할 수 있고, 그 내용이 강행법규나 사회질서에 위배되지 않는 이상 단체협약으로서의 효력이 인정되는데, 단체협약을 체결할 당시의 사정이 현저하게 변경되어 사용자에게 그 단체협약의 이행을 강요한다면 객관적으로 명백하게 부당한 결과에 이르는 경우에는 사용자는 그 단체협약에 의한 제한에서 벗어나 경영권을 행사할 수 있다고 할 것이다'는 법리를 제시하고, 신청의 이유 여부를 판단하였다. 이를 비롯하여 기각된 사례에서 금지를 구하는 행위가 단체협약상 합의 또는 협의가 필요한 사항에 포함되지 않는다고 본 경우가 많다는 점에서, 실무상 이런 유형의 가처분에서 주요 쟁점은 ① 단체협약의 해석상 노동조합과의 합의를 요하는 것인지 아니면 협의만을 거치면 되는지,[291] ② 문제 되는 사업 부분 양도, 영업시설 매각, 주식매각 등의 사항이

---

290) 해당 판결의 요지는 다음과 같다. "정리해고나 사업조직의 통폐합 등 기업의 구조조정의 실시 여부는 경영주체에 의한 고도의 경영상 결단에 속하는 사항으로서 원칙적으로 단체교섭의 대상이 될 수 없으나, 사용자의 경영권에 속하는 사항이라 하더라도 노사는 임의로 단체교섭을 진행하여 단체협약을 체결할 수 있고, 그 내용이 강행법규나 사회질서에 위배되지 않는 이상 단체협약으로서의 효력이 인정된다. 따라서 사용자가 노동조합과의 협상에 따라 정리해고를 제한하기로 하는 내용의 단체협약을 체결하였다면 특별한 사정이 없는 한 단체협약이 강행법규나 사회질서에 위배된다고 볼 수 없고, 나아가 이는 근로조건 기타 근로자에 대한 대우에 관하여 정한 것으로서 그에 반하여 이루어지는 정리해고는 원칙적으로 정당한 해고라고 볼 수 없다. 다만 정리해고의 실시를 제한하는 단체협약을 두고 있더라도, 단체협약을 체결할 당시의 사정이 현저하게 변경되어 사용자에게 단체협약의 이행을 강요한다면 객관적으로 명백하게 부당한 결과에 이르는 경우에는 사용자가 단체협약에 의한 제한에서 벗어나 정리해고를 할 수 있다."

291) 대법원 2002. 2. 26. 선고 99도5380 판결, 대법원 2010. 11. 11. 선고 2009도4558 판결, 대법원 2011. 1. 27. 선고 2010도11030 판결은 사용자가 경영권의 본질에 속하여 단체교섭의 대상이 될 수 없는 사항에 관하여 노동조합과 '합의'하여 결정 혹은 시행하기로 하는 단체협약의 일부 조항이 있는 경우, 그 조항 하나만을 주목하여 쉽게 사용자의 경영권의 일부 포기나 중대한 제한을 인정하여서는 아니되고, 그와 같은 단체협약을 체결하게 된 경위와 당시의 상황, 단체협약의 다른 조항과의 관계, 권한에는 책임이 따른다는 원칙에 입각하여 노동조합이 경영에 대한 책임까지도 분담하고 있는지 여부 등을 종합적으로 검토하여 그 조항에 기재된 '합의'의 의미를 해석하여야 할 것이라고 판시하고 있다.

단체협약상 합의 또는 협의를 요하는 사항에 포함되는지, ③ 사용자가 합의 또
는 협의 절차를 거쳤는지, ④ 합의를 요하는 것이라고 하더라도 그 내용이 강행
법규나 사회질서에 위배되는 것은 아닌지, 나아가 사정변경에 따라 합의의 효력
이 상실되는 것은 아닌지, ⑤ 노동조합의 합의권 남용은 없는지 등이 될 것이다.

[권 창 영·강 동 훈]

제 7 장

보   칙

제7장 보 칙

제87조(권한의 위임)
    이 법에 의한 고용노동부장관의 권한은 대통령령이 정하는 바에 따라 그 일부
    를 지방고용노동관서의 장에게 위임할 수 있다.

<세 목 차>

Ⅰ. 의   의

　　행정기관의 장은 그가 직접 시행하여야 할 사무를 제외하고는 그 권한의
일부를 그 보조기관이나 하급행정기관의 장, 다른 행정기관의 장, 지방자치단체
의 장 또는 공공단체나 사인에게 위임 또는 위탁하는 경우가 있다.[1] 노조법 87
조는 고용노동부장관의 권한은 대통령령이 정하는 바에 따라 그 일부를 지방고
용노동관서의 장에게 위임할 수 있다고 규정하고 있다.

　　위임이란 법률에 규정된 행정기관의 장의 권한 중 일부를 그 보조기관 또
는 하급행정기관의 장이나 지방자치단체의 장에게 맡겨 그의 권한과 책임 아래
행사하도록 하는 것을 말한다(행정권한의 위임 및 위탁에 관한 규정 2조 1호). 위임을 받
은 지방고용노동관서의 장은 수임 사무를 처리할 때 법령을 준수하고, 수임 및
수탁사무를 성실히 수행하여야 한다(위 규정 5조). 고용노동부장관은 위임을 받은
기관의 수임 사무 처리에 대하여 지휘·감독하고, 그 처리가 위법하거나 부당하
다고 인정될 때에는 이를 취소하거나 정지시킬 수 있다(위 규정 6조). 위임을 받은
사무의 처리에 관하여 고용노동부장관은 위임을 받은 지방고용노동관서의 장에

---

　　1) 김계홍, "행정권한이 위임·위탁된 경우의 재결청 결정에 관한 고찰", 행정심판연구논문집
　　Ⅰ, 법제처(2003), 867면.

대하여 사전 승인을 받거나 협의를 할 것을 요구할 수 없다(위 규정 7조). 위임을
받은 사무 처리에 관한 책임은 위임을 받은 지방고용노동관서의 장에 있으며,
고용노동부장관은 그에 대한 감독책임을 진다. 위임을 받은 사무에 관한 권한을
행사할 때에는 위임을 받은 지방고용노동관서의 장 명의로 시행하여야 한다(위
규정 8조). 고용노동부장관은 위임한 사무 처리의 적정성을 확보하기 위하여 필요
한 경우에는 위임을 받은 지방고용노동관서의 장의 수임 사무 처리 상황을 수
시로 감사(監査)할 수 있다(위 규정 9조).

　　법률에서 위임받은 사항을 전혀 규정하지 않고 재위임하는 것은 이위임금
지(履委任禁止)의 법리에 반할 뿐 아니라 수권법의 내용변경을 초래하는 것이 되
므로 허용되지 않지만, 위임받은 사항에 관하여 대강을 정하고 그중의 특정사항
을 범위를 정하여 하위법령에 다시 위임하는 경우에는 재위임이 허용된다.2)

Ⅱ. 노조법 시행령 33조

1. 위임사항

　　고용노동부장관은 노조법 10조 1항에 따른 노동조합 설립신고서의 수리(1
호), 노조법 12조에 따른 신고증의 교부·보완요구 및 반려(2호), 노조법 13조 1
항에 따른 변경신고의 수리(3호), 노조법 13조 2항 본문에 따른 통보의 접수(4호),
노조법 18조 3항 및 4항에 따른 노동위원회의 의결요청 및 임시총회 등의 소집
권자 지명(5호), 노조법 21조에 따른 규약 또는 결의·처분의 시정명령(6호), 노조
법 27조에 따른 자료제출 요구(7호), 노조법 28조 1항 4호에 따른 노동위원회의
의결요청 및 같은 조 2항에 따른 해산신고의 수리(8호), 노조법 31조 2항에 따른
단체협약신고의 수리 및 같은 조 3항에 따른 단체협약의 시정명령(9호), 노조법
36조에 따른 노동위원회의 의결요청 및 단체협약의 지역적 확장적용 결정 및
공고(10호), 노조법 42조 3항 및 4항에 따른 노동위원회의 의결요청 및 쟁의행위
의 중지통보(12호), 노조법 46조 2항에 따른 직장폐쇄 신고의 수리(13호), 노조법
96조에 따른 과태료의 부과(14호), 노조법 시행령 9조 2항 및 3항에 따른 시정
요구 및 통보(15호), 노조법 시행령 10조 2항 및 3항에 따른 변경신고서의 수리
및 변경신고증의 교부(10조 2항의 경우에는 노동조합의 주된 사무소 신소재지를 관할하는 지

---

2) 헌재 1996. 2. 29. 선고 94헌마213 결정.

방고용노동관서의 장)(16호), 노조법 시행령 17조에 따른 쟁의행위 신고의 수리(17호), 노조법 시행령 18조에 따른 폭력행위 등 신고의 수리(18호)의 사항에 관한 권한을 노동조합의 주된 사무소의 소재지를 관할하는 지방고용노동관서의 장에게 위임한다. 다만, 연합단체인 노동조합과 전국규모의 산업별 단위노동조합에 대한 권한은 이를 제외한다(영 33조 1항).

2. 지방고용노동관서의 지정

고용노동부장관은 1항에도 불구하고 노동조합의 주된 사무소의 소재지를 관할하는 지방고용노동관서에서 처리하기 곤란하거나 업무의 효율적인 운영을 위하여 필요하다고 인정하는 경우에는 지방고용노동관서를 지정하여 해당 사건을 처리하게 할 수 있다(영 33조 2항).

[권 창 영]

공무원의 노동조합 설립 및 운영 등에 관한 법률

공무원의 노동조합 설립 및 운영 등에 관한 법률

[참고문헌]

강성태, "합병 무효와 기존 공무원노동조합의 법적 지위", 노동법학 61호, 한국노동법학회(2017. 3.); **강현주**, "미국 공공부문 근로자의 근로삼권 보장 법리와 대안적 분쟁해결(ADR) 절차", 노동정책연구 11권 4호, 한국노동연구원(2011); **고용노동부a**, 공무원노조법령 주요내용 및 쟁점 해설, 고용노동부(2006); **고용노동부b**, 2020년판 고용노동백서, 고용노동부(2020. 10.); **고용노동부c**, 2019 전국노동조합 조직현황, 고용노동부(2020. 12.); **고용노동부d**, 개정 공무원·교원노조법령 설명자료, 고용노동부(2021. 7.); **고용노동부e**, 국제기구의 공공부문 노사관계 제소 및 정부 대응에 대한 해외사례 분석, 고용노동부(2021. 9.); **김대욱·조원혁**, "소방공무원 직장협의회의 활성화 및 노동조합과의 관계설정에 대한 시론적 논의", 사회과학연구 32권 1호, 충남대학교 사회과학연구소(2021. 1.); **김미영**, "미국 연방정부 공무원의 노동기본권 보장과 구성", 노동법학 62호, 한국노동법학회(2017. 6.); **김상겸·최경애**, "공무원노동조합에 관한 비교법적 연구", 법학논총 32권 2호, 국민대학교 법학연구소(2019. 10.); **김상호**, "프랑스의 공무원 참가제도에 관한 연구", 법학연구 21권 3호, 경상대학교 법학연구소(2013. 7.); **김선수**, "교원의 노동기본권", 노동법연구 1권 1호, 서울대학교 노동법연구회(1991); **김선욱**, "공무원의 집단행위금지의 범위", 행정판례백선, 박영사(2011); **김인재a**, "정부의 공무원노조법(안)에 대한 검토", 노동법학 19호, 한국노동법학회(2004); **김인재b**, "공무원노조의 조직형태와 단체교섭의 설계방안", 노동법연구 16호, 서울대학교 노동법연구회(2004); **김인재c**, "공무원 노사관계 발전방안 소고 ―2006~2007년 공무원 단체교섭을 중심으로―", 노동법연구 25호, 서울대학교 노동법연구회(2008); **김인재d**, "공무원노동조합에 대한 근로시간면제제도 적용의 법적 검토", 서울법학 27권 4호, 서울시립대학교 법학연구소(2020. 2.); 김정한·박태주·김현준·김재훈(**김정한 외 3명**), 공무원 노사관계, 한국노동연구원(2006); **김재기**, "공무원직장협의회의 발전과제", 노동법연구 12호, 서울대학교 노동법연구회(2002); **김진**, "공기업 등에서의 노사관계에 관한 몇 가지 문제", 노동법연구 12호, 서울대학교 노동법연구회(2002); **김홍영**, "공무원 노동관계에서 노동쟁의에 대한 조정", 노동법학 26호, 한국노동법학회(2008. 6.); 김홍영·이승길·이상희·김태정·임종률(**김홍영 외 4명**), 공무원노조와 공무원직장협의회의 보완적 운영, 고용노동부(2010. 11.); 남경래·남상태·우창수·이주형(**남경래 외 3명**), 공무원·교원노동조합운영실무, 중앙경제(2006); **노광표·홍주환**, 공무원노동조합 조직연구, 한국노동연구원(2008); **노호창**, "공무원노조 설립신고 반려처분 사건", 노동판례리뷰 2013, 한국노동연구원(2014. 6.); **박선영**, "한국 경찰협의회와 미국 경찰노조에 관한 비교, 한국경찰연구 17권 1호, 한국경찰연구학회(2018); **박종희**, "노동조합 합병의 법리와 합병의 효력발생 요건", 노동법포럼 23호, 노동법이론실무학회(2018. 2.); **서광석·안종태**, "공무원 노동조합의 발전과 노사관계의 성격변화", 경영사학 32집 4호, 한국경영사학회(2017. 12.); **오세웅**, "공무원 단체협약 시정명령", 노동판례리뷰 2016, 한국노동연구원(2017. 3.); **유각근**, "공무원노조법의 주요쟁점에 관한 검토", 노동법학 26호, 한국노동법학회(2008. 6.); **이상윤d**, "공무원노조 입법화에 대한 소고", 노동
법학 19호, 한국노동법학회(2004); **이승욱**, "공무원단체교섭제도의 문제점과 개선방향",
노동법연구 25호, 서울대학교 노동법연구회(2008); **이재용**, "정부공동교섭과 행정부교섭
의 효율적 추진 방안", 법학논고 69집, 경북대학교 법학연구원(2020. 4.); **이화진**, "공무원
단체교섭의 특징과 쟁점", 노동법연구 25호, 서울대학교 노동법연구회(2008); **정영훈**, "공
무원인 근로자를 조직하는 노동조합의 선출직 임원 등의 전보인사를 할 때 노동조합과
사전 협의하도록 하는 것이 단체교섭의 대상이 될 수 있는지 여부", 노동판례리뷰 2016,
한국노동연구원(2017. 3.); **정풍용**, "헌법상 단결권과 공무원노조의 법외노조 활동에 관한
고찰", 동아법학 86호, 동아대학교 법학연구소(2020. 2.); **조성일**, "공무원직장협의회 제도
의 발전 방안에 대한 모색", 비교법연구 19권 3호, 동국대학교 비교법문화연구소(2019.
12.); **조성혜**, "공무원의 노동기본권에 관한 비교법적 고찰", 공법학연구 19권 4호, 한국
비교공법학회(2018. 11.); 조용만·문무기·이승욱·김홍영(**조용만 외 3명**), 국제노동기준
과 한국의 노사관계, 한국노동연구원(2002); **최은배**, "공무원 노동조합의 단체교섭 대상
사항", 2017 노동판례비평, 민주사회를 위한 변호사모임(2018); **최학종·박근석**, 공무
원·교원·일반노조법 비교실무해설, 도서출판 서락(2010); **山川隆二**, "일본에서의 공무
원의 노동기본권 문제", 노동법학 36호, 한국노동법학회(2010. 12.).

I. 서   론

법[1] 제1조(목적)
　　이 법은 「대한민국헌법」 제33조 제2항에 따른 공무원의 노동기본권을 보장하
기 위하여 「노동조합 및 노동관계조정법」 제5조 제1항 단서에 따라 공무원의
노동조합 설립 및 운영 등에 관한 사항을 정함을 목적으로 한다.

1. 서   설

　　헌법 33조 2항은 "공무원인 근로자는 법률이 정하는 자에 한하여 단결권·
단체교섭권 및 단체행동권을 가진다."라고 규정하고 있다.[2] 공무원이 수행하는

---

1) 이하에서 법이라 함은 공무원노조법을 일컫는다.
2) 공무원 역시 노조법상 근로자 개념인 '임금·급료 기타 이에 준하는 수입에 의하여 생활하
　 는 자'에 해당하므로 헌법 및 노조법상의 근로자성이 인정된다(김재기, 339면). 판례 또한
　 '공무원은 인사와 복무, 보수 등에서 국공법 및 공무원보수규정 등 관련 법령의 적용을 받
　 는 하나 기본적으로 임금을 목적으로 근로를 제공하는 근기법상 근로자에 해당하므로 국공
　 법 등에 특별한 규정이 없는 경우에는 국가공무원에 대하여도 그 성질에 반하지 아니하는
　 한 근기법이 적용될 수 있다'고 판시하였다(대법원 2002. 11. 8. 선고 2001두3051 판결, 대법

업무의 성질상 노동3권을 가지는 공무원의 범위는 법률로써 별도로 정한다는 취지의 규정이다.[3] 대법원은 헌법 33조 2항의 법률유보의 취지에 관하여 "노동 3권이 보장되는 공무원의 범위를 법률에 의하여 정하도록 유보한 것은 공무원의 국민 전체에 대한 봉사자로서의 지위 및 직무상의 공정성 등의 성질을 고려한 합리적인 공무원제도를 보장하고, 공무원제도와 관련한 주권자 등 이해관계인의 권익을 공공복리의 목적 아래 통합 조정하기 위한 것"이라고 한다.[4]

헌법 33조 2항에 따라 공무원의 집단적 노동관계를 규율하기 위하여 제정된 '공무원의 노동조합 설립 및 운영 등에 관한 법률'(2005. 1. 27. 법률 제7380호로 공포되고, 2006. 1. 27. 시행되었다, 이하 '공무원노조법' 또는 '법'이라 한다)은 공무원의 단체행동권을 인정하지 않고, 단결권과 단체교섭권을 가질 수 있는 공무원의 범위를 정하고 있다.[5]

공무원의 근무관계는 사법상의 근로계약 관계가 아니라 공법상의 관계이다.[6] 공무원은 직업공무원제도를 보장하고 있는 헌법 7조[7]에 의하여 특별한 신분상의 권리를 가지며, 국민 전체의 봉사자로서 공공의 이익을 위하여 근무하는 특수한 신분과 지위에 따르는 의무를 갖는다. 즉, 공무원은 국민으로서 기본권 주체이지만 동시에 공무 담당자이므로 공무관계의 특수성에 의하여 기본권 행사에서 일반국민과는 다른 범위와 정도의 제한을 받게 된다. 이러한 공무원의 기본권 제한은 헌법에 의하거나 헌법에 근거하여야 하고, 공무원법 관계의 목적 달성을 위하여 필요한 경우에 한하여 최소한의 범위 내에서 제한되어야 하며, 이 경우에도 인간의 존엄과 가치 그리고 자유와 권리의 본질적 내용은 침해할 수 없다.

공무원의 노동3권을 제한하는 근거로는, 공무원의 임용행위가 공법상 계약

원 2019. 10. 31. 선고 2013두20011 판결 등).

3) 김형배. 1557면.

4) 대법원 2006. 2. 10. 선고 2005도3490 판결, 대법원 2006. 7. 28. 선고 2004도6168 판결.

5) 이 점에서 공무원노조법은 엄격하게 말하면 헌법 33조 2항에 따라 노동3권이 주어지는 공무원인 근로자의 범위를 정한 법률은 아니며, 노동3권 중 단결권과 단체교섭권만을 가질 수 있는 공무원의 범위를 정하고 있다(김형배, 1557면).

6) 대법원 2013. 3. 28. 선고 2012다102629 판결(서울특별시 소속 소방공무원들이 초과근무수당의 지급을 구한 사안에서 민사소송절차에 의하여 심리·판단한 1심 판결을 취소하고 행정소송 관할법원인 서울행정법원에 이송한 원심의 조치를 정당하다고 보았다).

7) 헌법 제7조

　① 공무원은 국민전체에 대한 봉사자이며, 국민에 대하여 책임을 진다.

　② 공무원의 신분과 정치적 중립성은 법률이 정하는 바에 의하여 보장된다.

의 성질을 갖는다는 점, 공무원은 국민 전체에 대한 봉사자라는 점, 공무원의 업무는 공공성을 갖는 점, 근로조건의 결정이 법률이나 예산에 의존한다는 점, 공무원의 보수는 근로의 대가이기도 하나 직무의 효율적 수행을 확보한다는 의미도 가지고 있는 점, 공무원에게는 민간 부문 근로자에게 인정되지 않는 권리와 의무가 인정된다는 점 등이 거론된다.[8]

공무원노조법 1조에서는 "공무원의 노동기본권을 보장하기 위하여 노조법 5조 1항 단서에 따라 공무원의 노동조합 설립 및 운영 등에 관한 사항을 정함을 목적으로 한다."라고 규정하고 있다. 따라서 공무원노조법은 노조법에 대한 관계에서 특별법적 지위에 있고, 공무원노조법에서 정하지 않은 사항에 대하여는 일반법 관계에 있는 노조법이 적용된다. 공무원노조법 17조 2항에서는 이 점을 분명히 하여 "공무원에 적용할 노동조합 및 노동관계 조정에 관하여 이 법에서 정하지 아니한 사항에 대하여는 3항에서 정하는 경우를 제외하고는 노조법이 정하는 바에 따른다."라고 규정하고 있다.

2. 공무원 노동기본권 보장의 입법연혁

가. 제헌헌법

1948. 4. 17. 제정된 제헌헌법 18조는 "근로자의 단결·단체교섭과 단체행동의 자유는 법률의 범위 내에서 인정된다."라고 규정함으로써 근로자의 노동3권에 대하여 헌법적 차원에서 직접적인 제한을 두지 않는 대신 입법으로 그 내용을 형성하도록 하였다. 이에 따라 1953. 3. 8. 제정된 '노동조합법' 6조에 근로자의 단결권을 인정하면서 예외적으로 현역군인, 군속, 경찰관리, 형무관리, 소방관리에 대하여 단결권을 허용하지 않는 규정을 둠으로써 일반적인 공무원에 대하여 단결권을 허용하였고, 같은 날 제정된 '노동쟁의조정법' 5조에서는 쟁의행위에 관하여 '단순한 노무에 종사하는 이외의 공무원'의 쟁의행위를 제한하는 내용의 단서 규정을 두어 일반적인 공무원에게 단체행동권을 허용하지 않았다.

이와 같이 노동관계법령에서는 일반적인 공무원에게 단결권과 단체교섭권을 원칙적으로 허용하는 태도를 취하였으나, 1949. 8. 12. 제정된 국공법 37조에서 "공무원은 정치운동에 참여하지 못하며, 공무 이외의 일을 위한 집단적 행위

---

8) 하갑래b, 739면; 헌재 1992. 4. 28. 선고 90헌바27 등 결정(국민전체에 대한 봉사자, 직무의 공공성, 법률상·예산상의 제한 등을 근거로 국공법 66조 1항의 합헌성을 인정하였다).

를 하여서는 아니 된다."라고 규정하고 있었던 관계로, 공무원이 근로조건의 향
상을 위해 노동조합을 조직하고 그 활동하는 것은 금지되는 집단행위로 보았다.

이러한 '원칙 인정, 예외 금지'의 입법적 태도는 당시 우리의 현실과는 다
소 이질적인 측면이 있지만, 국제적인 노동기준에 가급적 부합하게 하려는 노동
관계법제 입안자의 의지가 반영되었다고도 볼 수 있다.9)

나. 제3공화국 헌법

이러한 초기 법제의 기본 틀은 경제개발을 국정의 최우선 과제로 삼기 시
작하면서 근본적으로 변화하였다. 1962. 12. 26. 제3공화국 하에 전면 개정된 헌
법은 "공무원인 근로자는 법률로 인정된 경우를 제외하고는 단결권·단체교섭
권 및 단체행동권을 가질 수 없다."(헌법 29조)라고 규정함으로써 이전 헌법의 태
도를 변경하여 원칙적으로 공무원에 대하여는 노동3권을 인정하지 않았다. 이에
따라 1963. 4. 17. 개정된 '노동조합법'에서는 근로자의 단결권을 원칙적으로 인
정하면서도 공무원에 대하여는 따로 법률로 정하기로 하는 유보조항을 두었고(8
조), 같은 날 개정된 국공법에서는 사실상의 노무에 종사하는 공무원 외에는 공
무원에 대하여 '노동운동 기타 공무 이외의 일을 위한 집단적 행위'를 금지하였
다(66조). 이와 같은 태도는 수차례의 헌법 개정에도 불구하고 유지되었다.10)

다. 현행 헌법

공무원의 노동기본권과 관련하여 이를 엄격히 제한하는 태도를 견지하던
종래의 법제는 1987년 이른바 민주화의 흐름 속에서 커다란 변화를 맞이하게
되었다. 즉, 1987. 10. 29. 개정된 현행 헌법 33조 2항에서는 "공무원인 근로자
는 법률이 정하는 자에 한하여 단결권·단체교섭권·단체행동권을 가진다."라고
규정하여 공무원의 노동3권에 관한 기존의 부정문 형식을 탈피해 긍정문 형식
으로 변경하고, 노동3권이 인정되는 공무원의 범위를 법률에 유보하였다. 이러
한 헌법상 규정의 변화에도 불구하고 국공법에서는 여전히 사실상 노무종사자

---

9) 조용만 외 3명, 197~198면.
10) 유신헌법의 노동3권 규정은 종래 헌법상 권리로서 보장되었던 일반근로자의 노동3권을 '법
    률이 정하는 범위 안에서'의 권리로 후퇴시켰고, 공무원과 국영기업체, 공익사업체 또는 국민
    경제에 중대한 영향을 미치는 사업체에 종사하는 근로자의 단체행동권에 대하여는 법률이
    정하는 바에 의하여 이를 제한하거나 인정하지 아니할 수 있다는 특별제한 규정을 두었다.
    제5공화국 헌법의 노동3권 조항은 노동3권을 자주적 권리로서 보장함을 선언하는 한편,
    단체행동권의 행사에 관하여는 개별적인 법률유보 규정을 두었다.

외에는 공무원의 노동운동 등 집단행동을 금지하고 있었다.

1989년에는 여소야대로 구성된 국회에서 현역군인, 경찰공무원, 교정공무원, 소방공무원을 제외한 6급 이하 공무원에 대하여 단결권·단체교섭권을 인정하는 내용의 노동법 개정안이 의결되었으나, 대통령이 거부권을 행사함으로써 결국 개정안이 폐기되고 말았다.

이 시기에는 이른바 민주화의 흐름 속에서, 종전 개발경제시대에 노동기본권을 지나치게 제한해 온 것을 수정·탈피하는 차원에서, 공무원에 대해서도 최소한의 노동기본권을 허용하여야 한다는 각계의 의견이 제시되었다. 또한, ILO, OECD 등 국제노동단체와 국제사회, 국내외 노동단체 및 노동법학계에서는 공무원들의 노동기본권을 부당하게 제한하고 있다는 취지의 비판이 있었다.11)

1996. 12. 31. '노동조합법'을 폐지하고 제정된 노조법에서는 "근로자는 자유로이 노동조합을 조직하거나 이에 가입할 수 있다. 다만, 공무원과 교원에 대하여는 따로 법률로 정한다"라고 규정하여,12) 공무원의 노동관계에 관하여 별도의 입법이 필요한 상황이었다.

라. 공무원노조법의 입법경위와 현황

1997년 말 시작된 IMF 외환위기 속에 출범한 김대중 정부는 1998. 1. 15. 사회·경제분야의 각종 현안을 논의하기 위해 노사정위원회를 발족하였고, 노사정위원회는 1998. 2. 6. '경제위기 극복을 위한 사회협약'(이하 '1998년 노사정합의'라 한다)을 도출하였는데, 합의 내용 중에는 단계적으로 공무원의 노동기본권을 허용하기로 하는 내용이 포함되어 있었다(자세한 내용은 '공무원직협법' 부분 참조).

1998년 노사정합의의 후속조치로서 먼저 공무원직장협의회 제도를 도입하고, 그 뒤 국민 여론 등을 고려하여 공무원의 노동조합 결성권을 보장하는 방안을 추진하기로 하였다.13) 그 결과 '공무원직장협의회 설립·운영에 관한 법률'(이하 '공무원직협법'이라 한다)이 1998. 2. 24. 제정되어 1999. 1. 1.부터 시행되었다. 이 법에 의해 기관 단위로 직장협의회의 설립이 가능해졌고, 2000년 이후에

---

11) 조용만 외 3명, 200면.
12) 위 법률은 입법절차상의 문제로 1997. 3. 13. 폐지되었다가 같은 날 법률 5310호로 다시 제정되었다.
13) 당시 논의된 보장방안은 국가공무원은 전국 단위, 지방공무원은 광역시·도 단위로 노동조합을 허용하고, 보수 기타 근무조건에 관한 단체교섭은 허용하되, 단체협약 체결권과 단체행동권은 인정하지 않는다는 내용이었다.

는 전국공무원직장협의회발전연구회(전공연), 전국공무원직장협의회총연합회(전공련) 등 전국 단위의 연합체가 결성되어, 이들을 중심으로 공무원 노동조합 허용을 요구하였다.

　　2001년경에는 노사정위원회에 공무원 노동기본권의 논의를 위한 분과위원회가 설치되었다. 정부는 2002. 2. 27. 노사정위원회에 '연내 입법화하되 시행은 3년 정도 유예하고, 명칭은 공무원 조합·단체로 하며, 단결권 및 단체교섭 협의권만 허용하는 내용'의 입법안을 제출하였고, 전국 6개 지역을 대상으로 정부안에 관한 순회 공청회를 진행하려 하였다. 그러나 정부안에 대한 노동계의 반응은 상당히 부정적이었고, 전공련 소속 공무원의 저지로 2차 공청회부터는 무산되었다. 정부 또한 공무원들의 집단행위에 강경하게 대응하여, 2002년 3월경 대한민국공무원노동조합총연맹(대공련), 전국공무원노동조합(전공노) 등 전국 단위 공무원노조가 출범하는 과정에서 창립대회를 불허하고, 전공노 지도부를 고소, 고발하여 형사처벌로 이어지기도 하였다.14)

　　정부는 공무원 단체들로부터 명칭, 허용시기, 노동권 인정범위, 노조 전임자, 분쟁조정기구 등의 쟁점에 관한 의견을 청취하고 그 차이를 조율하였는데, 명칭에 관하여는 정부 측이 '노동조합' 명칭을 거부함에 따라 합의가 이루어지지 않았다. 2002. 10. 18. 정부는 2006년 시행을 예정하는 '공무원조합의 설립 및 운영 등에 관한 법률' 제정안을 국회에 제출하였으나, 공무원 단체의 반발로 지연되다가 결국 국회 임기 만료로 폐기되었다.15)

　　2003년 2월 공무원의 노동조합 결성권과 단체교섭권을 조기에 허용하는 것을 선거공약으로 내걸었던 노무현 정부가 출범함에 따라, 2003년 4월부터 연내

---

14) 2022년 개정 전까지 공무원직협법은 기관 단위의 협의회 설립만 허용하고 연합체의 설립을 금지하고 있어서, 전국 규모의 공무원 단체를 결성하는 행위는 공무원직협법에 위배되었고, 나아가 공무원법상 노동운동 및 집단행위 금지 규정에도 위배되어 형사 처벌대상이 되었다. 처벌례로서 대법원 2005. 4. 15. 선고 2003도2960 판결은 직장협의회 회장인 피고인이 전공련에 가입하여 활동하면서 전공련 수석부위원장의 신분으로 다수의 가입자들과 함께 공대위(공직사회개혁과 공무원 노동기본권쟁취를 위한 공동대책위원회)가 주최한 2001. 6. 9. 창원 용지공원의 노동기본권쟁취 결의대회, 2001. 7. 28. 부산역광장의 전공련탄압 규탄대회, 2001. 11. 4 보라매공원의 전국공무원가족한마당에 각 참석한 행위는 국공법 66조에서 금지하는 '노동운동'에 해당한다고 하였다(이에 대한 평석으로는 김선욱, 1051~1059면 참조).

15) 이와는 별개로, 이부영, 신계륜 의원은 2002. 10. 24. 공무원의 노동3권 보장, 공포일부터 시행 등을 주요내용으로 하는 노조법 개정안을, 이호웅 의원은 2002. 12. 4. 공무원의 단결권·단체교섭권을 인정하되, 법령과 예산에 관련된 단체협약의 효력을 제한하고, 2003. 7. 시행을 주요 내용으로 하는 공무원노조법 제정안을 각 국회에 제출하였으나, 이 역시 국회의 임기만료로 폐기되었다.

입법이 추진되었다. 2003년 5월 노동부는 교원노조 수준의 노동기본권을 보장하는 입법방침을 발표하였으나, 정부 내에서도 이견이 해소되지 않고, 전공노가 정부안에 계속 반대의 입장을 표명하자 정부는 논의를 중단하고 차기 17대 국회가 개원되면 법안을 제출하기로 하였다. 2004년 다시 정부 부처 간 논의가 재개되어 그해 8월 정부안이 확정되어 입법예고 되었는데, 전공노는 특별법 방식에 의한 입법을 반대하고,[16] 공노총[17]은 조속한 입법을 촉구하는 등 공무원 단체끼리도 상반된 반응을 보였다. 그럼에도 정부안은 2004. 10. 28. 국회에 제출되어 2004. 12. 24. 공무원의 정치적 중립성을 보다 명확히 하고 노동조합에 가입할 수 없는 공무원의 범위를 특정하는 등 내용을 일부 수정하는 외에는 대부분 원안대로 의결되었다. 이에 따라 정부는 2005. 1. 27. 법률 제7380호로 공포 후 1년 뒤를 시행일로 하는 공무원노조법을 공포하였고, 2006. 1. 27. 시행에 즈음하여 동법 시행령, 시행규칙을 공포하였다.

공무원노조법은 제정 이래 2008. 2. 29. 정부조직법 개정에 따른 타법개정, 2010. 3. 17. 우리말 어법에 맞고 국민이 이해하기 쉽게 하기 위한 일부개정, 2010. 6. 4. 정부조직법 개정에 따른 타법개정을 하였고, 2011. 5. 23.과 2012. 12. 11.에는 국공법 개정에 따른 타법개정, 2013. 3. 23.에는 정부조직법 개정에 따른 타법개정, 2014. 5. 20.에는 지방자치단체와 지방자치단체의 장의 범위에 특별자치시와 특별자치시장을 추가하는 내용의 일부개정을 하였다. 2014. 11. 19.에는 정부조직법 개정에 따른 타법개정, 2020. 5. 26.에는 우리말 어법에 맞고 국민이 이해하기 쉽게 하기 위한 일부개정이 이루어졌다.

그 후 최근에는 실질적인 내용 변화가 있는 개정이 이루어졌는데, 2021. 1. 5.에는 법률 제17860호로 공무원노조 가입 범위를 확대하는 내용의 일부개정이 이루어져 2021. 7. 6.부터 시행되었고(이하 '2021년 개정'이라 한다, 바로 아래 마.항 참조), 2022. 6. 10.에는 법률 제18922호로 공무원노조에 대해서도 근무시간 면제자 제도를 도입하는 내용의 일부개정이 이루어져 2023. 12. 11.부터 시행될 예정이다(이하 '2022년 개정'이라 한다, 후술하는 '5. 나. 근무시간 면제' 부분 참조).

---

16) 전공노는 정부안이 국회에 제출되자 2004. 11. 15. 총파업을 하였고, 정부는 이에 맞서 전공노 지도부 및 조합원에 대하여 형사 처벌 및 징계를 하기도 하였다.

17) 전공연이 모태가 되어 출범한 대한민국공무원노동조합총연맹과 전국목민노동조합총연맹준비위원회(전목련)이 2004. 7. 23. 통합하여 공무원노동조합총연맹(공노총)이 발족되었다 (http://www.gnch.or.kr).

공무원노조법은 이상 총 11회의 개정을 거쳐 현재에 이르고 있다.

법 시행 이전부터 법외노조로 활동하던 공무원노조들은 공무원노조법이 시행되자 설립신고를 통한 법내노조화 여부를 놓고 진통을 겪었는데, '공무원노동조합총연맹'(공노총)은 2006년 9월경 설립신고를 마쳐 법내노조가 되었고, '전국공무원노동조합'(전공노)은 내부적으로 분열하여 법내파가 빠져나와 2007년 '전국민주공무원노동조합'(민공노)을 설립하여 법내노조가 되었으며, 그 뒤 전공노도 2007년 10월 마침내 법내노조가 되었다.

한편, 전공노, 민공노, 법원공무원노동조합은 2009년 9월 3개 노조를 통합하는 결의를 하였는데, 그 결과 노조 가입이 가능한 전체 공무원 약 23만 명 대비 약 11만 명 규모의 대규모 노조가 탄생하였다.[18] 그러나 통합 후 전공노에 대해 고용노동부는 해직자, 업무총괄자 등의 조합원 자격을 문제삼으며 2009. 12. 24. 그 설립신고를 반려하였고,[19][20] 전공노는 2018년 3월 조합 규약을 개정한 후에야 설립신고증을 교부받을 수 있었다.

전공노가 설립신고증을 교부받기까지 장기간 법외노조로 활동하는 과정에서 해직되거나 징계처분을 받은 공무원이 다수 있었고, 노동계는 이들의 복직을 지속적으로 요구하여 왔다. 이에 대하여 최근 입법이 이루어져, 법외노조 활동으로 인해 해직되거나 징계처분을 받은 공무원들의 복직 등을 위한 절차를 규정한 '공무원 노동조합 관련 해직공무원등의 복직 등에 관한 특별법'이 2021. 1. 12. 법률 제17889호로 제정되어 2021. 4. 13.부터 시행되고 있다.[21]

공무원노조는 2020년 말 기준 총 142개 노조에 317,694명의 공무원이 가입

---

18) 서광석·안종태, 169면.

19) 대법원은 통합 후 전공노에 대한 설립신고 반려처분 취소소송에서 위 반려처분이 정당하다고 판단하였다(대법원 2014. 4. 10. 선고 2011두6998 판결).

20) 고용노동부는 통합 결의 전 법내노조인 전공노에 대해서도 해직자의 조합원 자격 인정을 문제삼아 2009. 10. 20. 법외노조 통보를 하였다. 한편, 고용노동부는 2013. 10. 24. 해직교원의 조합원 자격 인정을 이유로 전국교직원노동조합(전교조)에 대해서도 법외노조 통보를 하였는데, 이에 대하여 최근 대법원은 위 법외노조 통보는 노조법 시행령 9조 2항에 근거한 것인데, 이는 법률의 구체적이고 명시적인 위임도 없이 노조법 시행령 9조 2항에서 헌법이 보장하는 노동3권에 대한 본질적인 제한을 규정한 것으로서 법률유보원칙에 위반하여 무효이고, 전교조에 대한 법외노조 통보 또한 법적근거를 상실하여 무효라고 판단한바 있다(대법원 2020. 9. 3. 선고 2016두32992 전원합의체 판결).

21) 이 법 시행으로 비로소 공무원의 노동3권 확보를 위한 노력과정 중에 국공법 및 지공법의 집단행위 금지 위반 등 사유로 징계 또는 해직된 공무원과 법외노조였던 전공노 활동을 이유로 불이익한 처분을 받았던 사람을 복직시키고, 징계 관련 인사기록을 말소하며, 해직기간을 경력에 반영하는 등 해당 공무원의 명예를 회복할 수 있는 길이 열리게 되었다.

하여 활동하고 있고 조직률은 87.8%이다.[22] 같은 시기 민간노조 10.1%, 교원노조 3.1%, 공공기관노조 70.5%로, 공무원노조와 공공기관노조의 조직률이 상당히 높은 편이다.[23] 공무원노조나 공공기관노조는 교섭 상대방이 정부나 공공기관으로, 교섭 및 임금 결정에 있어 정부의 직·간접적인 영향을 받고 있고, 또한 그 조직 내의 근로조건이 서로 유기적으로 연결되어 있는 등 조직 내의 공통의 이해관계가 존재하여 노조 활동이 활발하게 이루어질 유인이 크다.[24]

공무원노조는 2006년 1월 설립이 허용된 이래 조합원 규모와 조직률이 대체로 증가하는 추세를 보이고 있다.[25] 2009년에는 전공노가 법외노조로서 통계에서 제외되어 노조 가입자 수 규모가 대폭 감소된 것이고, 2018년에는 전공노가 다시 법내노조로 되면서 노조 조직률이 81.6%에 이르렀고, 이후에도 지속적

---

22) e-나라지표(http://www.index.go.kr) "공무원 노동조합 조직현황 시계열조회". 이는 사실상 노무에 종사하는 공무원의 노조(전국우정노조)를 제외한 통계이다.
23) 고용노동부c, 13면.
24) 고용노동부b, 227면.
25) 공무원직협법 시행 후 공무원직장협의회의 가입자 수와 공무원노조법 시행 후 공무원노조 가입자 수의 변동 추이는 아래 표1 기재와 같다[e-나라지표(http://www.index.go.kr) "공무원직장협의회 및 가입자 시계열조회", "공무원 노동조합 조직현황 시계열조회"]. 이에 의하면 직장협의회 조직률은 감소하는 반면 공무원노조는 공무원노조법 시행 후에 대체로 증가해왔음을 알 수 있다(두 단체의 관계에 관한 자세한 설명은 '공무원직협법' 부분 참조).

[표 1] 공무원노조 및 공무원직장협의회의 가입 규모 변화 추이

구분	2000년	2001년	2002년	2004년	2005년	2006년	2007년	2008년	2010년
직협수	-	-	419	-		-		227	141
직협 가입자수 (조직률)	20,904 (7.3%)	39,528 (13.8%)	106,261 (17%)	160,000 (56.8%)	172,190 (65.1%)	-	-	32,035	28,584
노동조합수						78	98	95	96
노조 가입자수 (조직률)						63,275 (21.8%)	173,125 (59.7%)	215,537 (72.1%)	164,147 (55.6%)
구분	2013년	2014년	2015년	2016년	2017년	2018년	2019년	2020년	2021년
직협수	130	147	148	153	161	160	151	136	636
직협 가입자수 (조직률)	24,654 (8.4%)	28,098	25,319	28,715	34,604	34,754	30,334	23,949	97,640
노동조합수	122	125	144	150	155	147	142	142	-
노조 가입자수 (조직률)	179,615 (60.9%)	184,260 (61.6%)	192,831	198,505	203,558	261,997 (81.6%)	297,221 (85.2%)	317,694 (87.8%)	-

으로 증가 추세를 보이고 있다. 공무원노조법은 시행 직후 단체행동권 보장, 노조 가입 범위 확대 요구 등 공무원의 노동기본권 보장범위를 둘러싸고 진통을 겪기도 했으나, 짧은 역사에도 불구하고 다수의 공무원노조가 설립되고 노조 가입 공무원 수도 증가하는 등 양적으로 크게 성장하였다고 할 수 있다.[26]

마. 2021년 개정 공무원노조법

정부는 2021. 4. 20. ILO의 8개 기본협약 중 29호 협약(강제노동 금지에 관한 협약), 87호 협약(결사의 자유 및 단결권 보호에 관한 협약), 98호 협약(단결권과 단체교섭권에 관한 협약)을 추가로 비준하였는데[27] 위 협약 비준을 준비하면서 노조법, 공무원노조법, 교원노조법 등 국내법을 정비하였다.

특히 87호 협약은 결사의 자유에 관한 기본협약으로, 공무원을 포함한 모든 근로자에게 단결권을 보장하고 있고, 다만 군대 및 경찰에 대해서만 단결권 보장의 범위에 관하여 국내법령에 따르도록 하고 있다. 그 취지에 따라 공무원노조법은 공무원노조의 가입 범위를 확대하는 방향으로 개정이 이루어졌다. 즉, 기존에 직급을 기준으로 6급 이하의 공무원만 가입을 허용하고 있었으나 직급에 따른 가입 제한을 폐지하였고(공무원노조법 6조 1항), 퇴직공무원의 노조 가입을 허용하였으며(같은 법 6조 1항 4호),[28] 특정직공무원 중 소방공무원 및 교육공무원(교원은 제외)의 노조 가입을 허용하였다(같은 법 6조 1항 2호). 2021년 개정 공무원노조법은 2021. 1. 5. 공포되어 2021. 7. 6.부터 시행되었다.

한편 위 기본협약 외에도 ILO 151호 협약(공공부문의 단결권 보호 및 노동조건의 결정에 관한 협약)에서는 공공부문 근로자가 노조활동으로 인해 고용상 차별을 당하지 않도록 적절한 보호(adequate protection against acts of anti-union discrimination in respect of their employment)를 받고, 공공부문 노조가 공공기관으로부터 완전한 독립(complete independence from public authorities)을 향유할 권리가 있음을 선언하는 한편, 정책 결정이나 관리직에 종사하는 상급 근로자, 고도로 기밀적인 성격의 직무에 종사하는 근로자, 군인 및 경찰의 경우에는 이들의 노동기본권을 국내법령에 별도로 규정할 수 있다고 규정하고 있다. 즉, 151호 협약은

---

26) 고용노동부b, 228면.
27) 위 협약들은 1년 뒤인 2022. 4. 20. 발효되었다.
28) 해직 전 조합원 자격이 있었던 사람으로서 노동조합 규약으로 정하는 사람에게 공무원노조 가입 자격을 부여함으로써 해직자의 조합원 자격 불인정으로 인한 노정 간의 오랜 갈등이 종식되었다.

고위직 공무원, 기밀업무 담당 공무원, 군인, 경찰을 제외한 나머지 공무원 등 공공부문 근로자에 대해 노조의 독립과 노조활동으로 인한 차별 금지를 보장하고 있는 것이다. 이에 따라 여러 국가에서 특별입법 또는 특별공무규정을 제정하여 공무원에 대하여 사적 고용인과 같이 노동조합에 관한 권리를 인정하고 있다.29)

3. 주요 국가별 공무원의 노동3권30)

가. 미   국31)

미국은 연방헌법에 노동3권에 관한 명문의 규정은 없지만 수정헌법 1조에 결사의 자유가 규정되어 있고, 1935년 제정된 전국노동관계법(National Labor Relations Act, NLRA) 7조에 단결권, 단체교섭권 및 단체행동권이 규정되어 있다. 그러나 미국의 공무원은 일반근로자에 비하여 상대적으로 노동기본권이 제한된다. 공무원 노사관계에 관하여는 연방공무원법, 주공무원법, 그 밖에 하위 자치단체는 조례 등을 통해 규정하고 있는데, 연방공무원법이 단결권과 단체교섭권 등 노동기본권을 최초로 규정한 것은 1978년 개정된 연방공무원법에서부터이다.

연방정부 및 대부분의 주정부 공무원은 단결권과 단체교섭권이 노동기본권으로 보장되는 반면에 단체교섭의 목적으로 단체행동에 참여할 권리는 보장되지 않는다. 따라서 단체교섭이 결렬되더라도 노사 당사자는 파업 또는 직장폐쇄로 대응할 수 없고, 이익분쟁이라도 구속력 있는 중재 또는 조정절차가 의무적으로 강제된다. 파업은 노동기본권으로서 보호받지 못하기 때문에 그에 참여한 공무원은 징계 및 해고의 대상이 될 수 있다. 주정부의 경우 노동조합과 단체교섭의 주체가 되는 공무원의 범위는 주법률에 따라 약간씩 다르지만 대부분의 주정부는 전체적으로 유사한 기준을 적용하고 있고, 그 주체가 되는 공무원의 범위에는 경찰, 소방관, 교사뿐만 아니라 주립대학교의 교수까지 포함된다.

한편 10여개의 주에서는 단체행동권(파업권)을 허용되고 있으며, 하와이(Hawaii) 주와 오하이오(Ohio) 주에서는 소방관과 경찰에 대해서도 파업권을 허용

---

29) 김선수, 289면.
30) 우리나라에 비해 상대적으로 긴 역사를 가지고 있는 국가는 대표적으로 미국, 영국, 독일, 프랑스, 일본 등이다. 이들 국가의 공무원의 노동3권과 관련된 상황을 간략하게 검토하였다.
31) 강현주, 109~123면; 김미영, 1~13면; 김상겸 · 최경애, 252~254면; 박선영, 133~134면; 서광석 · 안종태, 157~158면을 참고하였다.

하고 있다.

공무원들의 노조가입의 근거 법률은 NLRA이다. 연방 및 주정부 공무원의 노조 조직률은 상대적으로 높은 수준이고, 사용자인 정부기관과 노동조합 사이 단체교섭 관계의 성립과 유지, 단체협약 체결과 적용 수준도 민간부문 고용관계에 비하여 높다. 2017년 1월 연방노동통계국의 발표에 따르면, 2016년 미국공공부문의 노조 조직률은 34.4%로, 6.4%에 그친 민간부문보다 5배 높았다. 미국 공무원노조의 대표적인 예로, AFSCME(The American Federation of State, County and Municipal Employees)는 46개 주에서 3,400여개의 지부를 설립하고 있고, 경찰, 교정공무원, 간호사 등을 포함하여 1,600,000명의 조합원이 가입되어 있다.

나. 영   국[32]

영국은 불문법주의를 택하고 있기 때문에 노동기본권에 관한 성문 헌법이 존재하지 않는다. 다만 1998년 제정된 인권법(Human Rights Act)에서 유럽인권협약을 국내법에 적용한다는 규정을 두고 있으므로, 모든 사람이 자유로운 단결권을 향유한다고 규정한 유럽인권협약에 따라 노동기본권은 보장되고 있다.

또한 영국은 공공부문과 민간부문을 구분하는 법률이 없고 공무원에 관하여도 일반 규정을 적용하면 된다(그러나 현실에서 영국 공무원은 민간부문 근로자에 비해 신분이 안정적이고, 일정한 요건을 갖추면 승급이 되며, 특별한 경우를 제외하고는 쉽게 해임되지 않는다). 1992년 제정된 '노동조합 및 노사관계법(Trade Union and Labour Relations Act)'은 노동조합(Trade Union)에 관한 기본적 내용과 적법한 쟁의 행위 요건 등에 관하여 규정하고 있다.

단체교섭권에 관해서는 명확한 법적 근거는 없으나 오랫동안 관행으로 인정되면서 권리화 되었다. 단체교섭(collective bargaining)은 노사관계의 중심에 있다고 할 수 있으며 교섭당사자들은 자율적으로 단체교섭을 한다. 공공부문의 단체협약도 민간부문처럼 임금, 근로시간 등 근로조건을 내용으로 한다. 영국은 전통적으로 정부의 '모범 사용자(good employer or model employer)'로서의 역할을 강조하여 공공부문에서 노조의 활동을 장려하였다. 또한 공공부문 단체교섭에서 형평성의 원칙, 즉 비슷한 업무에 종사하는 외부 특히 민간부문 노동자들의 임금과의 공정한 비교를 공무원 임금 결정에서 중요한 잣대로 삼아야 한다는 원

---

32) 김상겸·최경애, 255~257면; 김정한 외 3명, 108~109면; 서광석·안종태 158~159면; 조성혜, 155~163면을 참고하였다.

칙을 적용한다.

　1992년에는 '중앙공무원법(Civil Service Act of 1992)'의 개정을 통해 전체 중앙공무원에게 적용되던 기존의 임금교섭은 각 부처와 집행부서의 별도의 '위임교섭(delegated bargaining)'으로 대체되어 단체교섭이 분권화되었다. 이러한 경향은 1997년 블레어 정권 이후로도 계속적으로 분권화된 또는 유연한 임금구조를 강조하며 유지되고 있다. 더군다나 민영화가 진행되면서 단체협약도 지속적으로 분화되어가는 추세이다. 일부 공공부문에서는 단체협약이 기관 단위로 체결되기도 한다.

　영국의 단체협약은 유럽 다른 나라들과는 달리 비노조원에게까지 확대 적용되지 않고 협약 당사자인 노조원들에게만 적용된다. 특별히 단체협약에 노사가 법적 구속력을 부여한다는 점을 구체적으로 명시하지 않는 한, 단체협약 자체는 법적인 구속력이 없으며, 신사협정의 성격을 가진다.

　한편, 고위직 공무원, 교원, 군인, 판사, 국가의료서비스 종사자, 교도관 등은 자유로운 단체교섭보다는 임금검토기구(Pay Review Bodies, PRBs)에 의한 임금교섭을 선호한다. 임금검토기구는 비정부적 공공기구로서 해당 중앙정부에 의해 지원을 받는다. 임금검토기구는 노조, 사용자, 경제학자를 포함하여 이해관계 당사자의 입증자료를 검토하는 독립적 전문가로 구성되어, 임금 조정을 해당 장관에게 권고하는데, 최종적인 결정권은 장관에게 있다. 장관은 전통적으로 임금검토기구의 의견을 받아들이지만, 경제 불황기에는 임금검토기구의 의견을 받아들이지 않거나 부분적으로만 반영하기도 한다.

　1984년의 노동조합법(Trade Union Act)은 파업의 적법 요건을 규정하고 있는데,[33] 2016년 개정(2017. 3. 1. 시행)으로 파업요건이 강화되었다. 즉, 개정법에 의하면 소방, 보건, 운송 등 중요 공공부문에서 적법한 파업이 되려면 조합원 과

---

33) 영국 노동조합법은 적법한 파업요건으로 조합원의 투표를 규정하고 있으며 투표결과에 대한 요건은 없지만, 최소한 과반수의 조합원이 파업투표에 참여해야 한다고 규정하고 있다. 한편, 노동조합 및 노사관계법도 제22조에서 투표절차를 밟지 않은 파업은 불법이라 규정하고 있다. 동법 제226a조는 사용자에게 파업투표 7일 전에 통지하고, 투표 3일전에는 투표용지의 사본을 교부하도록 규정하고 있다. 또한 적법한 파업으로 인정받으려면 사업장에서 발생하는 근로조건 분쟁이어야 하고, 파업이 정치적 성격이어서는 안 된다. 그리고 노조는 파업 참여자 명단과 파업 투표의 결과를 사업자에게 통보해야 한다. 특히 노조는 사용자에게 파업 개시 14일 전까지 파업에 관한 구체적 내용을 통보해야 한다. 나아가 노조는 노동분쟁과 투표결과를 포함하여 계획된 파업 등을 명시해야 한다. 노조가 의무를 불이행할 경우, 법원은 이에 대하여 일시적으로 파업 중지 명령을 내릴 수 있다.

반수의 투표가 필요하다. 교통, 소방 및 안보 등 필수업무의 경우에는 추가로 투표권자의 50% 이상이 투표에 참가하고, 파업찬성률은 전체 조합원의 40% 이상이 되어야 한다. 공공부문 노조 중 최대 규모인 UNISON[34]은 이 규정이 지나치게 엄격하다며 강하게 비판하였다. 영국에서 군인 또는 경찰 등의 필수업무공무원은 파업이 금지된다. 1996년의 경찰법(Police Act)에 의하면 경찰의 파업은 금지되며, 2008년의 형사사법과 이민법(Criminal Justice and Immigration Act)에도 교정공무원의 파업을 금지하는 규정이 있다.

　　다. 독　　일[35]

　　독일의 공공부문(der öffentliche Dienst) 종사자는 크게 공무원(Beamte)과 공무직 근로자(Arbeitnehmer des öffentlichen Dienstes)로 구분되는데, 전자는 일반 노동법이 아닌 공무원법의 적용을 받으며 신분이 보장되는 공무원을 말하고, 후자는 공무원법이 아닌 노동법이 적용되는 근로자를 말한다.

　　독일 기본법(Grundgesetz: GG) 9조 3항 본문은 "근로조건과 경제조건을 유지 및 개선하기 위해 단결체를 결성할 권리는 모든 사람과 모든 직업에 보장된다." 라고 규정하고 있다. 일반적으로 기본법 9조 3항은 단결권뿐 아니라 단체교섭권 및 단체행동권도 함께 보장하는 것이라고 해석한다. 이 조항에 의하면 단결권은 직업의 종류를 불문하고 모든 사람에게 부여된 권리이므로, 공무원(Beamte) 및 공공부문의 모든 근로자(Arbeitnehmer des öffentlichen Dienstes)에게도 제한 없이 보장된다.

　　한편, 독일은 직업공무원제도(Berufsbeamtentum)[36]의 원칙에 기반을 두고 있다. 단결권과 동일한 지위의 규정으로서 기본법 33조[37]는 공무원이 국가의 특별

---

34) 영국의 공무원노조는 일부(고위공무원노동조합이나 교도관노동조합)를 제외하고는 조직 대상을 전체 노동자로 하는 일반노조의 형태를 띤다. UNISON은 지방정부 공무원 조합원이 가장 많이 가입되어 있는 공공부문 중심의 노동조합이다.

35) 김홍영 외 4명, 129~136면; 서광석·안종태, 159~160면; 조성혜, 147~151면을 참고하였다.

36) 평생고용, 충분보장, 충성복무, 정치적 중립을 특징으로 한다. 천직공무원제도라고 번역하기도 한다.

37) 독일 기본법 33조 ① 모든 독일인은 모든 지역에서 동일한 국민으로서의 권리와 의무를 갖는다. ② 모든 독일인은 자신의 적성, 역량 및 전문능력에 따라 차별 없이 모든 공직에 입직할 권리가 있다. ③ 공직에의 허가 및 공무에서 취득한 권리를 향유할 시민과 국민으로서의 권리는 종교적 신념과 무관하게 부여된다. 어느 누구도 특정 신념 또는 가치관으로 인하여 차별받지 않는다. ④ 주권의 행사는 공무원의 상시 업무로서 통상적으로 공법적 복무관계와 신의관계에 있는 공무원에게 위임된다. ⑤ 공무직 종사자의 권리에 대하여는 전승된 직업공무원제도의 원칙을 고려하여 규정하고 이를 지속적으로 발전시켜야 한다.

한 과제를 수행해야 함을 규정하고 있고, 실제로 공무원에 대한 고용, 임금, 승진, 근무조건 등 대부분의 사항은 법령에 의해 정해진다. 따라서 독일은 공무원의 신분 등에 대해 고도의 법제성을 보유하고 있다고 평가된다.[38] 특히 기본법 33조 5항은 직업공무원제도(Berufsbeamtentum)의 핵심 규정으로서, "공무직 종사자의 권리에 대하여는 전승된 직업공무원제도의 원칙을 고려하여 규정하고 이를 지속적으로 발전시켜야 한다."라고 규정하고 있는데, 여기서 말하는 전승된 원칙이란, 최소한 바이마르 공화국 이후부터 장기적으로 전승되었기에 전통이라고 할 만큼 구속력이 있다고 간주되는 원칙을 말한다.

　직업공무원제도의 원칙에 기반을 둔 기본법 33조 5항은 국가의 안녕과 질서를 위해 필요한 한도 내에서 9조 3항에서 보장하고 있는 단결권을 제한한다. 그러므로 공무원은 노조를 조직할 수 있고 노조에 가입할 수는 있지만, 그들의 근무조건은 입법자에 의해 법률로 규정되므로, 단체교섭을 할 수 없고 단체행동권도 보장되지 않는다. 반면, 비공무원인 사무직 근로자와 생산노동자의 근로조건과 임금은 단체교섭을 통하여 결정된다.

　그 대신에 공무원에게는 특별히 법적으로 보장된 참여권(연방공무원법 118조)이 있어서 공무원 관련 법령을 준비하는 절차에 참여할 권리가 있다. 통상 공무원 급여 인상절차는 공공부문의 다른 근로자의 단체협약이 체결된 후에 착수하고, 국가는 공무원의 근무조건과 관련된 규범을 입법할 경우 연방공무원법에 의해 사전에 공무원단체의 의견을 청취할 의무가 있으므로, 연방정부는 내무부장관이 공무원과 협의하는 과정을 경유하여 의회에 법안을 제출한다. 이때 협의과정에서 제안된 공무원의 입장은 의회 제출 법안에 첨부되어 의견이 제시된다. 이러한 과정을 경유한 공무원의 급여 인상 법안은 통상 공공부문 근로자의 단체협약에서 정한 인상률과 거의 동일하다고 한다.

　이상과 같이 독일 공무원 노사관계는 제도적으로 노동3권을 제한하고 있지만, 공무원직장평의회라는 또 하나의 공식적 기구를 통해 참여할 권리가 보장되고 있어서 이원적 구조를 형성하고 있는 것이 특색이다.[39]

---

38) 김홍영 외 4명, 129면.
39) 이와 같은 제도의 운용에도 불구하고 현재 독일 공무원 노사관계는 영미식 행정개혁 모델인 신공공관리에 기초를 둔 정부의 행정현대화 추진으로 공무원성(Beamtentum)의 해체를 둘러싼 노사 간 갈등이 확대되면서 전통적인 독일 공무원 노사관계의 급격한 변화를 초래하고 있다고 한다(서광석·안종태, 159~160면).

라. 프 랑 스40)

프랑스는 공무원들이 행정기관으로부터 임용을 받고, 근무조건이 노사 간 교섭이 아닌 행정기관에 의해 일방적으로 결정되며, 정부가 승진이나 기타 공무원의 이해관계에 영향을 미치는 법령을 공공의 필요성에 따라 변경할 수 있다는 점에서 근로계약 관계가 아니라 법정관계로 이해된다.

프랑스는 특정직공무원, 군인 및 도지사, 부지사와 경찰, 법관 등 모든 공무원에게 노동3권을 보장하고 있다. 프랑스는 '공무원의 권리·의무에 관한 1983년 7월 13일 제83-634호 법률'(이하 '1983년 7월 13일 법률'이라 한다) 8조41)에서 명시적으로 공무원의 단결권과 단체교섭권을 보장하였고, 2010년 개정되면서 근로와 원격근로의 조건, 진급과 승진, 직업교육과 재교육, 복지제도, 안전과 건강, 장애인의 고용, 남녀평등 등으로 단체교섭의 범위와 대상이 확대되었다. 다만, 교섭으로부터 도출되는 단체협약은 도의적 차원의 약속(engagements moraux) 내지 정치적 약속에 불과하여 법적 구속력은 없다. 그러나 합의 내용을 반영하여 근무조건에 관한 법 규정을 개정하기 때문에 단체협약은 사실상 준수되고 있다고 볼 수 있다.

한편 프랑스는 공무원최고회의, 행정노사위원회(공무원인사관리위원회), 공무원전문위원회 등 다양한 공무원 협의기구가 공무원법상 제도화 되어 있는데, 이러한 협의제도는 노동조합의 단체교섭과 함께 이원적 체계를 이루면서 노사 공동의 참여를 바탕으로 한 안정적인 공무원 노사관계에 기여하고 있다.

프랑스 공무원노조는 파업권이 인정된다. 과거 1946년 이전까지는 파업이 '계속적 공무집행의 원칙(principe de la continuité)'에 반한다는 이유로 금지되었지만, 1946년 헌법 전문에 "파업권은 법률에서 정한 한도에서 행사된다."라는 규정이 포함되었고, 그 파업권은 민간부문뿐만 아니라 공공부문에도 인정되어야 한다고 해석하면서, 공무원들도 실정법이 정한 한도 내에서는 파업권을 갖는다

---

40) 김상호, 30~31면; 서광석·안종태, 160면; 조성일, 296~298면을 참고하였다.

41) 1983년 7월 13일 법률 8조 공무원에게는 노동조합의 권리가 보장된다. 이해관계인은 노조 조직을 자유롭게 설립할 수 있고, 노조에 가입할 수 있으며 그 임무를 행사할 수 있다. 노조 조직은 법정에 출석할 수 있다. 노조 조직은 직원의 지위에 관한 법적 처분들 및 공무원의 집단적 이익을 제약하는 개별적 결정들에 대해 법원에서 이의를 제기할 수 있다. 공무원의 노조 조직은 전국적 수준에서 정부와 함께 보수의 개선에 앞서 교섭을 진행할 수 있는 자격을 가지며 다양한 수준에서 운영권을 지닌 자들과 근로의 조건과 조직에 관한 문제에 대해 논쟁할 자격을 가진다.

고 인식되기에 이르렀다. 다만, 파업권으로 인하여 국가 기능이 마비되는 것을 방지하거나 불필요한 파업권의 남용을 방지하기 위해서 법률로 그 행사를 제한할 수 있다. 이러한 배경에서 1983년 7월 13일 법률 10조에서는 "공무원은 법률에서 정한 범위에서 파업권을 행사한다."라고 규정하여 명시적으로 공무원의 파업권을 보장하고 있으며, 동시에 공무원에게는 국민의 건강과 재산의 안전을 보장하는, 최소한의 공공서비스는 제공해야 할 의무(obligation de service minimum)도 있음을 밝히고 있다.

마. 일   본[42]

일본 공무원 조직에 인정되는 '직원단체'는 국가공무원법 108조의2 1항과 지방공무원법 52조 1항에 따라 직원이 근무조건의 유지·개선 도모를 목적으로 하는 단체 또는 그 연합단체이다. 직원단체는 헌법상 단결권에 근거하여 설립된 단체이지만, 법적으로 민간부문의 노동조합과는 차이가 있다.

일반직공무원의 근무조건 결정 방식은 노사 간의 단체교섭이 아니라 근무조건 법정주의를 취하고 있기 때문에, 직원단체는 비현업 일반직공무원만 가입할 수 있는 단체이다. 국가공무원법에 의하면 경찰직원, 해상보안청직원 및 교도소직원은 직원단체의 결성이 금지되어 있고, 자위대원도 자위대법에 따라 직원단체의 결성이 금지되어 있다. 또한 특별직공무원에 해당하는 판사, 방위청직원 등은 직원단체를 결성할 수 없다. 그 외에도 일반직 지방공무원 중에서 경찰직원, 소방직원은 법에서 직원단체 결성을 금지하고 있다.

근무조건 법정주의는 근무조건이 법률이나 조례에 따라 결정된다는 것을 의미한다. 따라서 공무원에게 단결권과 단체교섭권은 인정되지만 단체협약 체결권은 인정되지 않는다. 국가공무원법 108조의5 1항과 지방공무원법 55조 1항에 의하면, 등록된 직원단체가 적법한 교섭사항을 가지고 교섭을 신청할 경우, 정부기관은 교섭을 해야 할 의무가 있다. 여기서 정부기관은 교섭사항을 적법하게 관리하고 결정할 수 있는 기관을 말한다. 제도적으로 단체협약 체결권을 인정하지 않고 있으나, 인사원의 급여권고제도를 통하여 노동조합으로부터 희망사항과 의견을 지속적으로 청취하여 그 내용을 결정하고 있고, 일부 지방자치단체에서는 지방자치단체와 노조 사이에 교섭협의기구를 설치하여 그 기구를 통한 협의

---

42) 김상겸·최경애, 264~265면; 서광석·안종태, 160면; 조성일, 293~294면; 山川隆一, 36면 이하를 참고하였다.

과정을 거침으로써 협력적인 노사관계를 구축하였다. 다만 일본도 1980년대 신자유주의에 기반을 둔 행정개혁의 영향으로 일본 직원단체의 기반이 근본적으로 약화되면서 공무원 노사관계 갈등의 원인이 되고 있다.

일본의 공무원은 파업권이 인정되지 않는다. 즉, 비현업 일반직 국가공무원과 지방공무원은 국민이나 주민에 대하여 동맹파업, 태업 기타 쟁의행위를 하거나 정상적인 정부활동을 못 하게 하는 태업적 행위를 할 수 없다. 국가공무원법 98조 2항과 지방공무원법 37조 1항은 이와 같은 위법한 행위를 기도하거나 또는 그 수행을 공모·교사·선동하는 것을 금지하고 있어 공무원의 쟁의행위를 금지하고 있다.

바. 검   토

이상 주요 국가의 노사관계를 노동3권을 중심으로 살펴보면 미국 연방정부와 대부분의 주정부는 공무원의 단결권과 단체교섭권을 인정하고 있고, 특히 10여개 주에서는 쟁의행위도 허용하고 있다. 영국은 공무원의 단결권, 단체교섭권, 파업권을 인정하고 있으나, 단체협약의 법적 구속력이 인정되지 않고 파업권에 대해서도 절차를 제한하거나 행정관청이 파업중지 명령을 할 수 있는 등 제약을 두고 있다. 독일은 단체교섭권, 파업권을 인정하지 않지만 공무원직장평의회를 통해 공무원의 근무조건을 규율하는 법령 등의 입안과정에 참여하여 의견이 반영되도록 하고 있다. 프랑스는 공무원의 단결권, 단체교섭권뿐만 아니라 파업권도 인정하고 파업권에 대해서도 영국만큼 엄격한 제한을 하고 있지는 않아서 노동3권 보장의 범위가 다른 나라에 비해 넓은 반면 영국과 마찬가지로 단체협약의 법적 구속력이 없으며, 다양한 협의기구를 통해 노사 간 의견 조율이 이루어지고 있다. 일본은 공무원법에서 공무원의 직원단체 결성을 허용하고 있으나 직원단체는 당국과 교섭할 권한만 인정될 뿐 단체협약 체결권과 쟁의행위가 인정되지 않고, 급여권고제도와 교섭협의기구를 통해 이를 보완하고 있다.

요컨대, 국가별로 공무원의 범위나 신분 보장 등 관련 제도에 차이가 있어서 일률적으로 비교하기는 어렵지만, 공무원의 단체협약 체결권을 인정하지 않는 독일과 일본의 경우에도 공무원 노사관계에서 공무원직장평의회나 교섭협의기구 등을 통해 공무원의 의견이 반영되도록 함으로써 노조를 통한 교섭의 한계를 보완하고 있는 것은 우리나라 공무원 노사관계에 있어서 특히 시사하는 바가 크다.

II. 공무원노조법의 구체적 내용

1. 법의 적용대상

법 제2조(정의)

이 법에서 "공무원"이란 「국가공무원법」 제2조 및 「지방공무원법」 제2조에서 규정하고 있는 공무원을 말한다. 다만, 「국가공무원법」 제66조 제1항 단서 및 「지방공무원법」 제58조 제1항 단서에 따른 사실상 노무에 종사하는 공무원과 「교원의 노동조합 설립 및 운영 등에 관한 법률」의 적용을 받는 교원인 공무원은 제외한다.

가. 공무원의 의의

여기서 말하는 공무원이란 국공법 2조 및 지공법 2조에서 규정하고 있는 공무원으로서 국공법 66조 1항 단서 및 지공법 58조 1항 단서의 규정에 의한 '사실상 노무에 종사하는 공무원'과 교원노조법의 적용을 받는 교원인 공무원은 제외된다.

국공법 및 지공법에서는 공무원을 경력직공무원과 특수경력직공무원으로 구분하고 있다. 경력직공무원은 실적과 자격에 따라 임용되고 그 신분이 보장되며 정년까지 공무원으로 근무할 것이 예정되는 공무원을 말하고, 특수경력직공무원은 경력직공무원 외의 공무원을 말한다. 구 국공법 2조 및 구 지공법 2조에서는 경력직공무원은 일반직공무원,[43] 특정직공무원,[44] 기능직공무원[45]으로, 특수경력직공무원은 정무직공무원,[46] 별정직공무원,[47] 계약직공무원[48]으로 다시

---

43) 기술·연구 또는 행정 일반에 대한 업무를 담당하며, 직군·직렬별로 분류되는 공무원(2항 1호).

44) 법관, 검사, 외무공무원, 경찰공무원, 소방공무원, 교육공무원, 군인, 군무원, 헌법재판소 헌법연구관, 국가정보원의 직원과 특수 분야의 업무를 담당하는 공무원으로서 다른 법률에서 특정직공무원으로 지정하는 공무원(2항 2호).

45) 기능적인 업무를 담당하며 그 기능별로 분류되는 공무원(2항 3호).

46) 가. 선거로 취임하거나 임명할 때 국회의 동의가 필요한 공무원.
　　나. 고도의 정책결정 업무를 담당하거나 이러한 업무를 보조하는 공무원으로서 법률이나 대통령령(대통령실의 조직에 관한 대통령령만 해당한다)에서 정무직으로 지정하는 공무원(3항 1호).

47) 특정한 업무를 담당하기 위하여 별도의 자격 기준에 따라 임용되는 공무원으로서 법령에

구분하고 있었으나⁴⁹⁾ 2012. 12. 11. 개정된 국공법 및 지공법에서는 기능직공무원과 계약직공무원 제도를 폐지하고 기능직공무원은 일반직공무원으로, 계약직공무원은 일반직 또는 별정직공무원으로 통합하였다.⁵⁰⁾

[표 2] 공무원 분류표

구분		세부 종류
경력직 공무원 (국공법 2조 2항)	일반직 공무원	기술·연구 또는 행정일반에 대한 업무를 담당하는 공무원 ① 행정·기술직 ② 우정직 ③ 연구·지도직
		일반직공무원 중 특수업무 분야에 종사하는 공무원 ① 전문경력관
	특정직 공무원	담당업무가 특수하여 자격·신분보장·복무 등에서 특별법이 우선 적용되는 공무원 ① 법관·검사 ② 외무공무원 ③ 경찰공무원 ④ 소방공무원 ⑤ 교육공무원 ⑥ 군인·군무원 ⑦ 헌법재판소 헌법연구관 ⑧ 국가정보원의 직원·경호공무원 등 특수분야의 업무를 담당하는 공무원으로서 다른 법률이 특정직 공무원으로 지정하는 공무원
특수경력직 공무원 (국공법 2조 3항)	정무직 공무원	선거, 국회동의에 의하여 임용되는 공무원, 고도의 정책결정업무를 담당하거나 이를 보조하는 공무원으로서 법령에서 정무직으로 지정하는 공무원 ① 감사원장·감사위원 및 사무총장 ② 국회사무총장·차장·도서관장·예산정책 처장·입법조사처장 ③ 헌법재판소 재판관·사무처장 및 사무차장 ④ 중앙선거관리위원회 상임위원·사무총장

서 별정직으로 지정하는 공무원(3항 2호).

48) 국가와의 채용 계약에 따라 전문지식·기술이 요구되거나 임용에 신축성 등이 요구되는 업무에 일정 기간 종사하는 공무원(3항 3호).

49) 구 지공법 2조에서도 같은 방식으로 구분하면서 다만, 지방자치단체의 특수성을 감안하여 특정직공무원에 대하여는 공립의 대학 및 전문대학에 근무하는 교육공무원, 자치경찰공무원 및 지방소방공무원과 기타 특수분야의 업무를 담당하는 공무원으로서 다른 법률이 특정직공무원으로 지정하는 공무원으로(지공법 2항 2호), 정무직공무원에 대하여는 선거로 취임하거나 임명할 때 지방의회의 동의가 필요한 공무원(3항 1호 가목) 또는 고도의 정책결정업무를 담당하거나 이러한 업무를 보조하는 공무원으로서 법령 또는 조례에서 정무직으로 지정하는 공무원(3항 1호 나목)으로, 별정직공무원은 특정한 업무를 담당하기 위하여 별도의 자격기준에 따라 임용되는 공무원으로서 법령 또는 조례에서 별정직으로 지정하는 공무원(3항 2호), 계약직공무원은 지방자치단체와의 채용계약에 따라 전문지식·기술이 요구되거나 임용에 신축성 등이 요구되는 업무에 일정 기간 종사하는 공무원(3항 3호)으로 각 정의하고 있었다.

50) 이에 따라 일반직공무원은 기술·연구 또는 행정 일반에 대한 업무를 담당하는 공무원으로, 별정직공무원은 비서관·비서 등 보좌업무 등을 수행하거나 특정한 업무 수행을 위하여 법령에서 별정직으로 지정하는 공무원으로 규정내용이 변경되었다(국공법 2조 2항 1호, 3항 2호, 지공법 2조 2항 1호, 3항 2호).

| | | 및 차장 ⑤ 국무총리 ⑥ 국무위원 ⑦ 대통령비서실장 ⑧ 국가안보실장 ⑨ 대통령경호실장 ⑩ 국무조정실장 ⑪ 처의 처장 ⑫ 각 부의 차관, 청장(경찰청장은 특정직) ⑬ 차관급상당 이상의 보수를 받는 비서관(대통령비서실 수석비서관, 국무총리비서실장, 대법원장비서실장, 국회의장비서실장) ⑭ 국가정보원장 및 차장 ⑮ 방송통신위원회 위원장 ⑯ 국가인권위원회 위원장 |
| | 별정직 공무원 | 비서관·비서 등 보좌업무 등을 수행하거나 특정한 업무 수행을 위하여 법령에서 별정직으로 지정하는 공무원 ① 비서관·비서 ② 장관정책보좌관 ③ 국회 수석전문위원 ④ 국가정보원 기획조정실장 ⑤ 기타 법령에서 별정직으로 지정하는 공무원 |

예산에 의하여 고용되어 실제 공무를 수행하는 자라 하더라도 국공법 2조 및 지공법 2조에 의한 공무원이 아닌 자는 공무원노조법의 적용대상이 될 수 없다. 지방자치단체의 시립합창단원, 상근인력관리규정에 의하여 채용된 상용직 근로자 등은 조례나 훈령 등에 의하여 고용된 자로서 공무원노조를 조직할 수 없다.[51]

집행관사무소 소속 사무원은 대법원규칙인 집행관규칙에서 사무원의 복무에 관한 사항은 법원공무원에 준하도록 한다고 규정하고 있을 뿐 공무원 신분이 있는 자는 아니므로 공무원노조법의 적용대상이 될 수 없고,[52] 청원경찰도 공무원노조법의 적용대상이 아니다.[53]

---

51) 남경래 외 3명, 68면.

52) 대법원 2011. 2. 24.자 2008마1753 결정(집행관사무소 소속 사무원의 경우 대법원규칙인 집행관규칙이 사무원의 복무에 관한 사항은 법원공무원에 준하도록 한다고 규정하고 있어 국공법 66조 1항의 적용 내지 준용 여부가 문제되었는데, 집행관법 및 그 밖의 다른 법률에서 사무원에 대하여 공무원의 복무에 관한 규정을 준용한다거나 노동3권을 제한한다는 취지의 규정을 찾아볼 수 없고, 집행관법 8조가 사무원의 수, 자격기준, 수행업무 등에 관한 사항을 대법원규칙에 위임하고 있으나, 이는 사무원의 채용과 관련된 실무적인 사항을 위임한 것에 불과하고 사무원의 기본권 제한에 대한 사항까지 위임한 것으로 볼 것은 아니므로 이들 사무원에 대하여 국공법 66조 1항이 적용 내지 준용되어 노동3권이 제한된다고 할 수 없다고 판시하였다).

53) 청원경찰은 사용자인 청원주와의 고용계약에 의한 근로자임에도 불구하고 청원경찰법 5조 4항이 국공법 66조 1항의 집단행위 금지 규정을 준용하고 있어 위헌 여부가 문제되었는데, 헌재 2008. 7. 31. 선고 2004헌바9 결정에서 위 조항에 대해 합헌결정을 내린 바 있었다. 그러나 이후 헌재 2017. 9. 28. 선고 2015헌마653 결정에서 위 조항은 모든 청원경찰의 근로3권을 전면적으로 제한하는 것으로서 과잉금지원칙에 위반하여 근로3권을 침해한다고 판단하였다. 다만, 단순위헌결정이 아니라 헌법불합치결정을 하여 청원경찰의 구체적 직무 내용, 근무상의 성격, 근로조건이나 신분보장 등 여러 조건들을 고려하여 개선입법을 할 때까지 잠정 적용 하도록 하였다. 이후 2018. 9. 18. 청원경찰법이 개정되어 5조 4항에서 준용하는 국공법

민간부문 노동조합의 경우 일시적으로 실업상태에 있는 자나 구직 중인 자도 노조에 가입할 수 있으나,[54] 단지 공무원 시험을 준비 중인 자는 공무원노조에 가입할 수 없다. 한편, 2021년 개정으로 공무원으로 퇴직한 자는 공무원노조에 가입할 수 있게 되었다.

공무원노조법상 공무원에는 사실상 노무에 종사하는 공무원과 교원인 공무원은 제외된다(공무원노조법 2조 단서). 교원인 공무원은 교원노조법의 적용을 받게 되므로 공무원노조법이 적용되지 않는다. 교육기관에 근무하더라도 교원이 아닌 공무원의 경우, 예컨대 국공립대학의 행정담당 공무원은 공무원노조법에 따라 공무원노조를 설립할 수 있다.

나. 적용제외 — 사실상 노무에 종사하는 공무원

사실상 노무에 종사하는 공무원은 공무원노조법이 아니라 노조법의 적용을 받는다(국공법 66조 1항 단서 및 지공법 58조 1항 단서). 국공법은 사실상 노무에 종사하는 국가공무원의 범위에 관하여 대통령령 등으로 정하도록 하고 있다(국공법 66조 2항). 과거에는 철도청, 전매청, 전화국 등이 국가의 현업기관에 해당하였으므로 현업종사자의 범위가 비교적 넓었으나, 철도청, 전매청이 특수법인으로 바뀜에 따라 현업공무원의 범위가 대폭 축소되었다. 현재 국가공무원 복무규정 28조는, 과학기술정보통신부 소속 현업기관의 작업현장에서 노무에 종사하는 우정직공무원(우정직공무원의 정원을 대체하여 임용된 일반임기제 공무원 및 시간선택제 일반임기제 공무원을 포함한다)으로서 ① 서무·인사 및 기밀업무에 종사하는 자, ② 경리 및 물품출납사무에 종사하는 자, ③ 노무자의 감독사무에 종사하는 자, ④ 보안업무규정에 의한 보안 목표시설의 경비업무에 종사하는 자, ⑤ 승용자동차 및 구급차의 운전에 종사하는 자에 해당하지 아니한 자를 사실상 노무에 종사하는 공무원으로 규정하고 있다.[55]

지방공무원의 경우 지공법은 이를 조례로 정하도록 하고 있는데(지공법 58조 2항), 지방자치단체에서 기능직공무원에 관한 조례를 제정하지 아니한 것이 위헌

조항 중 66조 1항을 제외하는 한편, 9조의4에서 쟁의행위 금지 규정을 신설하여, 청원경찰에 대하여 단체행동권을 제외한 단결권과 단체교섭권을 허용하는 것으로 관련 규정을 정비하였다.

54) 대법원 2004. 2. 27. 선고 2001두8568 판결.

55) 결국 행정부에서 사실상 노무에 종사하는 공무원은 우편집중국 및 우체국에서 우편물분류, 집배업무를 담당하는 공무원이 여기에 해당한다. 이들은 전국우정노동조합(구 체신노조)에 가입하고 있다.

이라는 주장의 헌법소원 사건에서, 헌법재판소는 위헌을 선언한 바 있다.[56]

사실상 노무에 종사하는 공무원은 노동3권을 가지므로 노동조합을 결성하고 이에 가입할 수 있으며, 노동조합은 단체교섭권과 단체행동권을 행사할 수 있다. 그러나 공무원의 보수와 그 밖의 근로조건(수당, 근무시간 기타 복무에 관한 사항 등)은 국회의 의결을 거쳐 법령으로 정하여지므로, 실질적으로 교섭의 대상과 협약의 체결범위는 한정되어 있다. 근무하는 기관의 업무의 성질이 공익사업 또는 필수공익사업에 해당하는 경우에는 노조법상 공익사업 등의 조정에 관한 특칙이 적용된다.[57]

국가나 지방자치단체는 사실상 노무에 종사하는 공무원이나 그 노동조합에 대해서 부당노동행위를 하여서는 안 되고, 원칙적으로 노조법이 직접 적용되므로, 국가 또는 지방자치단체가 부당노동행위를 한 경우에는 해당 공무원 또는 노동조합은 노동위원회에 구제신청을 할 수 있다고 보아야 한다.[58] 그러나 유니언 숍 조항이나 기타 단결강제 조항은 공무원의 신분보장에 저촉되므로(국공법 68조 이하), 노조법 81조 1항 2호 단서 규정에도 불구하고 사실상 노무에 종사하는 공무원에게는 적용할 수 없다.

사실상 노무에 종사하는 공무원이 노동조합 전임자가 되기 위해서는 소속 장관 또는 지방자치단체장의 허가를 받아야 하며, 그 허가에는 필요한 조건을 붙일 수 있다(국공법 66조 3항, 같은 조 4항, 지공법 58조 3항, 같은 조 4항).

다. 적용제외 ─ 교원인 공무원

공무원의 신분을 가지는 국·공립 유치원, 초·중등·고등학교, 대학의 교원에게는 교원노조법이 적용된다. 공무원노조법 2조는 교원노조법의 적용을 받는 교원인 공무원을 적용대상에서 제외함으로써 교원인 공무원에 대하여는 교원노조법이 적용됨을 명백히 하였다. 따라서 교원노조법이 정하고 있지 아니한

---

56) 헌재 2009. 7. 30. 선고 2006헌마358 결정(지방자치단체는 소속 공무원 중에서 지공법 58조 1항의 '사실상 노무에 종사하는 공무원'에 해당하는 지방공무원이 단결권·단체교섭권 및 단체행동권을 원만하게 행사할 수 있도록 보장하기 위하여 그 구체적인 범위를 조례로 제정할 헌법상 의무를 부담하며, 지공법 58조가 '사실상 노무에 종사하는 공무원'에 대하여 단체행동권을 포함한 노동3권을 인정하더라도 업무 수행에 큰 지장이 없고 국민에 대한 영향이 크지 아니하다는 입법자의 판단에 기초하여 제정된 이상, 해당 조례의 제정을 미루어야 할 정당한 사유가 존재한다고 볼 수도 없다는 이유로 위헌을 선언하였다).

57) 김형배, 1560면.

58) 김형배, 1560면.

588   공무원의 노동조합 설립 및 운영 등에 관한 법률

사항에 대하여는 노조법이 일반법으로서 적용될 뿐이고 공무원노조법이 적용될
여지는 없다.

2. 국공법·지공법과의 관계

법 제3조(노동조합 활동의 보장 및 한계)
　① 이 법에 따른 공무원의 노동조합59)(이하 "노동조합"이라 한다)의 조직, 가입
및 노동조합과 관련된 정당한 활동에 대하여는 「국가공무원법」 제66조 제1항
본문 및 「지방공무원법」 제58조 제1항 본문을 적용하지 아니한다.
　② 공무원은 노동조합 활동을 할 때 다른 법령에서 규정하는 공무원의 의무에
반하는 행위를 하여서는 아니 된다.

　　공무원노조법 3조 1항은 이 법에 의한 공무원노조의 조직, 가입 및 공무원
노조와 관련된 정당한 활동에 대하여는 국공법 66조 1항 본문 및 지공법 58조
1항 본문(노동운동 및 집단행위 금지 규정)의 적용을 배제하고 있고, 2항에서는 다
른 법령상의 공무원의 의무에 반하는 행위를 해서는 안 된다고 규정하고 있다.
　　공무원노조법은 공무원의 노동3권에 관하여는 국공법 및 지공법에 대해 특
별법의 지위에 있으므로 공무원노조법의 규정이 우선 적용되는데, 법 3조 1항은
이 점을 분명히 하였다. 따라서 공무원노조법에 따른 정당한 노조 활동은 노동
운동 및 집단행위 금지 규정 위반행위가 아니며 처벌대상이 되지 않는다.60) 만
일 정당한 노조 활동을 이유로 불이익을 입게 된다면 해당 공무원 및 노동조합
은 노동위원회에 부당노동행위 구제신청을 할 수 있다.
　　국공법 66조 1항 및 지공법 58조 1항은 "공무원은 노동운동이나 그 밖에
공무 외의 일을 위한 집단행위를 하여서는 아니 된다. 다만, 사실상 노무에 종

---

59) 공무원 노동조합은 공무원이 주체가 된 노동조합을 말한다. 정부의 최초 입법안에서는 공
　　무원은 일반근로자와 달리 국민에 대한 봉사자·공익실현 주체이고, 근무조건은 법령과 예산
　　에 의하여 보장되는 등 공무원의 특수성과 단결체의 일반성을 고려하여 그 명칭을 '공무원조
　　합'이라고 하였다가 그럴 경우 노조법에 의한 부당노동행위구제신청이나 노동쟁의조정신청
　　등을 이용할 수 있는 자격이 부여되는 노동조합이 아니라고 주장할 수 있는 근거를 만듦으
　　로써 결국 공무원 조합을 노동조합이 아닌 헌법상의 노동3권에 기초하지 않은 별개의 조합
　　으로 해석할 수 있는 소지가 있다는 비판이 있었고, 공무원단체들로부터도 격렬한 반대에 직
　　면하여 '공무원 노동조합'으로 그 명칭을 변경하였다.
60) 다만 판례는 설립신고를 마치지 않은 공무원노조의 경우 노동기본권 향유주체로 인정하지
　　않으므로, 이 경우 설립미신고 노조의 활동은 그 자체로 공무원법의 집단행위 금지 규정에
　　위반될 소지가 있다.

사하는 공무원은 예외로 한다."라고 규정하고 있고, 국공법 84조의2 및 지공법 83조에서는 "위 규정을 위반한 자는 1년 이하의 징역 또는 1,000만 원 이하의 벌금에 처한다"라는 형사 처벌규정을 두고 있다.

국공법 66조 1항 및 지공법 58조 1항의 '노동운동'의 의미는 매우 애매하고 포괄적이어서 그 한계가 불분명하나, 헌법과 국공법과의 관계 및 우리 헌법이 노동3권을 집회, 결사의 자유와 구분하여 보장하면서도 노동3권에 한하여 공무원에 대한 헌법적 제한규정을 두고 있는 점에 비추어, 국공법상의 '노동운동'은 헌법 및 노동법적 개념으로서의 노동3권, 즉 단결권, 단체교섭권, 단체행동권을 의미한다고 해석하여야 하고, 제한되는 단결권은 종속근로자들이 사용자에 대하여 근로조건의 유지, 개선 등을 목적으로 조직한 경제적 결사인 노동조합을 결성하고 그에 가입, 활동하는 권리를 말한다.61)

또한 '공무 이외의 일을 위한 집단행위'라 함은 공무에 속하지 아니하는 어떤 일을 위하여 공무원들이 하는 모든 집단적 행위를 의미하는 것이 아니라 언론·출판·집회·결사의 자유를 보장하고 있는 헌법 21조 1항과 지공법의 입법취지, 지공법상의 성실의무와 직무전념의무 등을 종합적으로 고려하여 '공익에 반하는 목적을 위하여 직무전념의무를 해태하는 등의 영향을 가져오는 집단적 행위'를 말한다.62) 공무원의 집단적인 정치적 표현행위도 금지되는 집단행위에 해당할 수 있다.63)

---

61) 대법원 1992. 2. 14. 선고 90도2310 판결(교사협의회가 전교조 설립의 필요성을 교사들에게 홍보하는 등의 활동을 한 것이 국공법 66조 1항에 위반되는지 여부가 쟁점이었는데, 위 판결은 그러한 활동만으로 그 표현행위 자체가 노동조합의 설립행위 내지 노동조합의 통상활동이라고 볼 수 없으므로 국공법 66조 1항에서 공무원에게 금지한 '노동운동'에 해당한다고 볼 수 없고, 피고인이 행한 교사협의회 대의원대회 및 상임위원회 개최, 강연회에서의 연설, 교사협의회 소식지의 작성, 배포는 모두 휴일이나 근무시간 이외에 이루어졌고 달리 공익에 반하는 목적을 위하여 직무전념의무를 해태하였다고 볼 자료가 없으므로 '공무 이외의 일을 위한 집단적 행위'를 하였다고 볼 수도 없다고 하였다). 대법원이 노동운동의 개념에 관하여 최초로 판시한 판결이다.

62) 대법원 2004. 10. 15. 선고 2004도5035 판결(동해시 직장협의회 소속 공무원들이 2002. 4. 27. 원주에서 개최된 '공무원노조설립의 합법적 보장을 촉구하기 위한 집회'에 참석하려 하였으나 동해경찰서 경찰관들이 방해하였다는 이유로 이를 항의하기 위하여 ○○노총 강원지역 본부장이 개최한 '인권탄압 동해경찰서 규탄대회'에 참석하여 불법집회와 시위의 방법으로 집단행동을 한 사안이다. 대법원은 위와 같은 활동이 노동조합의 설립행위 내지 노동조합의 통상 활동이라고 볼 수는 없으므로 지공법 58조 1항에서 금지하고 있는 '노동운동'에 해당한다고 볼 수 없고, 공익에 반하는 목적을 위하여 직무전념의무를 해태하는 등의 영향을 가져오는 집단행위로서 '공무 이외의 일을 위한 집단행위'에 해당한다고 하였다). 대법원이 '공무 이외의 일을 위한 집단행위'의 개념에 관하여 최초로 판시한 판결이다.

63) 교원에 관한 대법원 2012. 4. 19. 선고 2010도6388 전원합의체 판결(공무원인 교원이 집단적으로 행한 의사표현행위가 국공법이나 공직선거법 등 개별 법률에서 금지하는 특정의 정

이상의 '노동운동'이나 '공무 이외의 일을 위한 집단행위'의 개념에 관한 법리는 공무원노조법 시행 전후를 불문하고 다수의 판결에서 유지되고 있다.64)

치적 활동에 해당하는 경우나, 특정 정당이나 정치세력에 대한 지지 또는 반대의사를 직접적으로 표현하는 등 정치적 편향성 또는 당파성을 명백히 드러내는 행위 등과 같이, 공무원인 교원의 정치적 중립성을 침해할 만한 직접적인 위험을 초래할 정도에 이르렀다고 볼 수 있는 경우에는 국공법 66조 1항의 '공무 외의 일을 위한 집단행위'에 해당된다고 하였다). 다만 "'공익에 반하는 목적'의 존재는, 당해 집단행위가 국민 전체와 공무원 집단 사이에 서로 이익이 충돌하는 경우 공무원 집단의 이익을 대변함으로써 국민 전체의 이익추구에 장애를 초래하는 등 공무수행에 대한 국민의 신뢰를 현저히 훼손하거나 민주적·직업적 공무원제도의 본질을 침해하는 경우에 한정하여 인정하여야 한다"는 대법관 5인의 반대의견이 있었다.

헌재 2020. 4. 23. 선고 2018헌마550 결정에서도 국공법 66조 1항의 집단행위에는 정치적 표현행위가 포함되며 공무원이 집단적으로 정치적 의사표현을 하는 경우 정치적 중립성을 훼손시켜 공무의 공정성과 객관성에 대한 신뢰를 저하시킬 수 있으므로 이를 제한하는 것이 표현의 자유에 대한 과도한 제한이라 볼 수 없다고 하였다.

64) ① 대법원 2005. 4. 15. 선고 2003도2960 판결[이 판결은 2001. 6. 9. 창원 용지공원의 노동기본권쟁취 결의대회, 2001. 7. 28. 부산역광장의 전공련탄압 규탄대회, 2001. 11. 4. 보라매공원의 전국공무원가족한마당 등 위 각 집회는 전공련 가입자들의 결속을 다지고 노동조합 준비과정을 홍보하는 등 공무원 노동조합 결성을 위한 준비행위로서의 성격을 가지고 있는 집회이고, 피고인이 이에 참석한 것은 전공련의 이러한 노동조합 결성 준비행위에 동참한 것이므로, 피고인의 위 각 집회 참석은 국공법 66조에 의하여 금지된 '노동운동'에 해당하고, 위 각 집회의 주최자가 공대위(공직사회개혁과 공무원 노동기본권쟁취를 위한 공동대책위원회)이고 집회가 근무시간 이외에 이루어졌다고 하여 달리 볼 것이 아니라고 판시하였다],
② 대법원 2006. 5. 12. 선고 2005도4513 판결(전국교직원노동조합이 총선을 앞두고 기획·시행한 시국선언이 비록 특정 정당을 직접 지칭하지는 않았다고 하더라도, 그 기획 및 추진, 목적과 경위, 구체적 표현 내용 등에 비추어 시국선언문의 배부 및 게시와 관련한 일련의 행위들이 공익에 반하는 목적을 위하여 직무전념의무를 해태하는 등의 영향을 가져오는 집단적 행위로서 국공법에서 금지하고 있는 '집단행위'에 해당한다고 판시하였다),
③ 대법원 2007. 4. 13. 선고 2006두16991 판결(전공노의 총파업 결의에 따른 전공노 소속 공무원들의 무단결근 행위는 지공법 58조 1항에 의하여 금지되는 '공무 이외의 일을 위한 집단행위'에 해당한다),
④ 대법원 2008. 2. 14. 선고 2007도11045 판결 및 대법원 2008. 3. 14. 선고 2007도11044 판결(피고인이 각 전국공무원노동조합의 전남지역본부의 본부장, 같은 본부 ○○지부 지부장으로서 전공노 전남지역본부 소속 공무원 60여 명과 공모하여 민주노총 등 사회단체와 연대하여 전공노를 사수하고 순천시의 행정대집행 등을 규탄하기 위한 목적으로 개최된 '공무원노조 사수 총력결의대회'라는 집회 현장에서 집회참가자들과 함께 '공무원노조 사수' 등의 구호를 외치면서 집회에 참가한 행위는 지공법 58조 1항에 의하여 금지되는 '노동운동 기타 공무 이외의 일을 위한 집단행위'에 해당한다고 판시하였다),
⑤ 대법원 2009. 6. 23. 선고 2006두16786 판결(피고인이 지방공무원 복무조례개정안에 대한 의견을 표명하기 위하여 전국공무원노동조합 간부 10여 명과 함께 시장의 사택을 방문한 행위는 복무에 관하여 지휘감독권을 행사하는 상급자에게 직접 영향력을 행사하려는 의도로 행해진 행위로서 지공법 58조 1항에 의하여 금지되는 '공익에 반하는 목적을 위하여 직무전념의무를 해태하는 등의 영향을 가져오는 집단적 행위'에 해당한다고 판시하였다),
⑥ 대법원 2012. 4. 19. 선고 2010도6388 전원합의체 판결(일명 전교조 시국선언 사건, 공무원인 교원이 집단적으로 행한 의사표현행위가 국공법이나 공직선거법 등 개별 법률에서 공무원에 대하여 금지하는 특정의 정치적 활동에 해당하는 경우나, 특정 정당이나 정치세력에 대한 지지 또는 반대의사를 직접적으로 표현하는 등 정치적 편향성 또는 당파성을 명백

한편, ILO의 8개 기본협약 중 하나인 강제노동철폐에 관한 105호 협약[65]은 1조에서 (a) 정치적 강제나 교육 수단으로 또는 정치적 견해 또는 기존 정치·사회·경제제도에 사상적으로 반대되는 견해를 가지고 있거나 표현한 것에 대한 처벌로서, (b) 경제발전 목적의 노동력 동원 및 이용 수단으로서, (c) 노동규율 수단으로서, (d) 파업참가에 대한 제재로서, (e) 인종, 사회, 민족 또는 종교에 기한 차별의 수단으로서, 행해지는 강제노동을 금지하고 있다.[66] 105호 협약에는 적용 범위를 제한하는 조항이 없으므로 공무원에게도 전면적으로 적용되는 것으로 해석되는데, 우리나라는 공무원법에서 공무원의 집단행위를 금지하고 이를 위반할 경우 징역형의 처벌 규정을 두고 있다는 점에서 ILO 105호 협약 1조 (c) 규정과 상충할 가능성이 있다.

헌법재판소는 노동운동 및 집단행위 금지 규정의 위헌 여부에 관하여 합헌이라고 판단하였고,[67] 대법원도 당사자의 위헌 주장에 관하여 동일한 취지로 판시하였다.[68]

공무원노조법에 따른 정당한 노조 활동에 대하여 노동운동 및 집단행위 금

히 드러내는 행위 등과 같이 공무원인 교원의 정치적 중립성을 침해할 만한 직접적인 위험을 초래할 정도에 이르렀다고 볼 수 있는 경우에, 그 행위는 공무원인 교원의 본분을 벗어나 공익에 반하는 행위로서 공무원의 직무에 관한 기강을 저해하거나 공무의 본질을 해치는 것이어서 직무전념의무를 해태한 것이라 할 것이므로, 국공법 66조 1항에서 금지하는 '공무 외의 일을 위한 집단행위'에 해당한다고 판시하였다),

　⑦ 대법원 2017. 4. 13. 선고 2014두8469 판결(인권위 1인 시위 징계사건, 점심시간을 이용하여 1인 시위를 하였고, 언론기고가 일과시간 중에 행하여졌다고 볼 뚜렷한 증거도 없으며, 그 밖에 기록상 이 사건 행위로 인해 원고들이 자신의 직무를 게을리 하는 등 직무전념의무를 해태하였다고 볼 자료가 부족하다는 이유로 국공법 66조 1항의 '공무 외의 일을 위한 집단행위'에 해당하지 않는다고 판시하였다) 등.

65) 우리나라는 아직 비준하지 않았다.

66) 즉, 105호 협약은 그것에 의해 실체적인 내용, 즉 특정한 상황이나 내용 그 자체를 금지하는 것이 아니라 그 위반에 대한 제재가 강제노동을 수반하는 처벌로 이어지는 것을 금지하는 것이다.

67) 헌재 1992. 4. 28. 선고 90헌바27 등 결정(국공법 66조 1항의 노동운동의 개념에 관하여 '그 근거가 되는 헌법 33조 2항의 취지에 비추어 근로자의 근로조건의 향상을 위한 단결권·단체교섭권·단체행동권 등 이른바 노동3권을 기초로 하여 이에 직접 관련된 행위를 의미하는 것으로 좁게 해석하는 것이 상당하고, 위 법률조항이 그 제정 이래 오랫동안 집행되어 오면서 법원도 위 법률조항을 해석·적용함에 있어서 위와 동일한 뜻으로 명백히 한정해석하고 있으므로, 법률에 대한 일반적인 명확성의 원칙은 물론 적법절차나 죄형법정주의의 원칙에서 요구되는 보다 엄격한 의미의 명확성의 원칙에 의한 판단기준에도 위배되지 않고, 헌법 33조 2항이 입법권자에게 부여하고 있는 재량권의 범위를 벗어난 것이라고 볼 수 없으며, 공무원의 노동3권을 본질적으로 침해하였다고도 볼 수 없다'고 판단하였다), 헌재 2005. 10. 27. 선고 2003헌바50 등 결정(지공법 58조 1항에 관하여 위 결정과 동일하게 판단).

68) 대법원 2006. 2. 10. 선고 2005도3490 판결.

지 규정의 적용이 배제되더라도, 공무원은 여전히 성실의무, 복종의무,[69] 직장
이탈 금지의무, 친절의무 등 국공법 및 지공법 등에서 규정하는 각종 의무를 부
담하므로, 공무원이 노동조합의 활동을 할 때에는 다른 법령이 규정하는 공무원
의 의무에 반하는 행위를 해서는 안 된다(공무원노조법 3조 2항). 이 규정은 확인적
규정으로 해석된다.

3. 정치활동의 금지

제4조(정치활동의 금지)
   노동조합과 그 조합원은 정치활동을 하여서는 아니 된다.

공무원노조법은 노동조합과 조합원 양자 모두에 대해 정치활동을 전면 금
지하고 있다(공무원노조법 4조).[70]

민간부문 노동조합의 경우 "주로 정치운동을 목적으로 하는 경우"만이 금
지되고(노조법 2조 4호 마목), 개별 조합원이 정치운동을 하는 것은 허용되는 반면,
공무원노조의 경우 "주로 정치운동을 목적으로 하는 경우"뿐만 아니라 일체의
모든 정치활동이 일률적으로 금지되며, 개별 조합원의 정치활동도 전면 금지된
다는 점에서 차이가 있다.

국공법 65조[71] 및 지공법 57조는 공무원의 정치 운동 등 정치적 행위를 금

---

69) 다만 노조 전임자의 복종의무 관련해서는 후술하는 '5. 가. 노조 전임자' 부분 참조.
70) 전공노는 공노총과 달리 적극적으로 정치활동을 수행하였는데, 특히 2004년 총선에 적극
   개입하여 민주노동당의 지지를 선언한 바 있다. 이에 정부는 전공노 지도부에 대하여 긴급체
   포를 지시하고, 소속 단체장에게 파면 등의 중징계를 요청하는 등 강력히 대응하였다(노광
   표·홍주환, 101면 이하).
71) 국공법 65조(정치 운동의 금지)
   ① 공무원은 정당이나 그 밖의 정치단체의 결성에 관여하거나 이에 가입할 수 없다.
   ② 공무원은 선거에서 특정 정당 또는 특정인을 지지 또는 반대하기 위한 다음의 행위를
   하여서는 아니 된다.
   1. 투표를 하거나 하지 아니하도록 권유 운동을 하는 것
   2. 서명 운동을 기도(企圖)·주재(主宰)하거나 권유하는 것
   3. 문서나 도서를 공공시설 등에 게시하거나 게시하게 하는 것
   4. 기부금을 모집 또는 모집하게 하거나, 공공자금을 이용 또는 이용하게 하는 것
   5. 타인에게 정당이나 그 밖의 정치단체에 가입하게 하거나 가입하지 아니하도록 권유 운
   동을 하는 것
   ③ 공무원은 다른 공무원에게 제1항과 제2항에 위배되는 행위를 하도록 요구하거나, 정치
   적 행위에 대한 보상 또는 보복으로서 이익 또는 불이익을 약속하여서는 아니 된다.
   ④ 제3항 외에 정치적 행위의 금지에 관한 한계는 대통령령등으로 정한다.

지하고 있고, 이를 위반할 경우 국공법 84조 1항 및 지공법 82조 1항의 '정치운동죄'에 해당하여 3년 이하의 징역과 3년 이하의 자격정지에 처할 수 있다.

　이와 같이 공무원의 정치운동을 엄격하게 금지하고 위반 시 징역형으로 처벌하는 것은, 위 2.항에서 살핀 ILO 강제노동철폐에 관한 105호 협약 1조 (a)에서 금지하는 "정치적 강제나 교육 수단으로 또는 정치적 견해 또는 기존 정치·사회·경제제도에 사상적으로 반대되는 견해를 가지고 있거나 표현한 것에 대한 처벌"에 해당할 수 있어서 국제기준과는 상충하는 면이 있다.72)

4. 공무원노조의 설립73)

가. 설립 단위

법 제5조(노동조합의 설립)

　① 공무원이 노동조합을 설립하려는 경우에는 국회·법원·헌법재판소·선거관리위원회·행정부·특별시·광역시·특별자치시·도·특별자치도·시·군·구(자치구를 말한다) 및 특별시·광역시·특별자치시·도·특별자치도의 교육청을 최소 단위로 한다.

　공무원노조는 ① 헌법기관인 국회·법원·헌법재판소·선거관리위원회·행정부, ② 지방자치단체인 특별시·광역시·특별자치시74)·도·특별자치도·시·군·구(자치구를 말한다), ③ 특별시·광역시·특별자치시·도·특별자치도의 교육청을 최소 설립 단위로 한다(5조 1항).

　따라서 그 미만의 단위, 예컨대 국회도서관, 각급 법원, 지방선거관리위원

---

72) 최근 일본은 '강제노동폐지에 관한 협약(제105호)의 비준을 위한 관계법률의 정비에 관한 법률'을 제정하여 이 문제에 대처하고 있는 것이 주목된다. 일본은 우리나라와 마찬가지로 여러 가지 징역형으로 인하여 ILO 105호 협약을 비준하지 않고 있었으나, 2021. 6. 16. 공포된 위 법률에 의하여 국가공무원법상 정치활동 금지에 대한 처벌조항을 금고형으로 변경하였다.

73) 공무원노조법은 설립 단위, 가입 범위 등에 관하여 특별히 규정하고 있다. 그 밖에 공무원노조법 17조에서 적용을 배제하는 조항을 제외하고는 노조법 규정도 적용되므로 공무원노조 설립의 경우에도 노조법상 설립에 관한 규정이 적용된다. 즉, 공무원노조는 공무원이 주체가 되어 자주적으로 단결하여 근로조건의 유지·개선 기타 근로자의 경제적·사회적 지위 향상을 도모함을 목적으로 하는 단체여야 하고(노조법 2조 4호 본문), 노조법 2조 4호 단서 가목(사용자 또는 항상 사용자 이익을 대표하여 행동하는 자), 나목(경비의 주된 부분을 사용자로부터 원조받는 경우), 다목(공제·수양 기타 복리사업만을 목적으로 하는 경우), 마목(주로 정치활동을 목적으로 하는 경우)에 해당하지 않아야 한다.

74) 세종특별자치시를 말한다.

회, 행정부 내의 각 부·처, 읍·면·동의 단위에서는 노동조합을 설립할 수 없
다.[75] 또한 최소 단위가 이와 같이 구분되는 이상 행정부의 국가공무원을 조직
대상으로 하는 공무원노조에는 지방공무원이나 법원공무원이 가입할 수 없고,
서울특별시 공무원을 가입대상으로 하는 노동조합에 인천광역시 공무원이 가입
할 수 없다. 지방자치단체에서 근무하고 있는 국가공무원은 근로조건 결정권한
이 국가에 있고 임명권자가 각부 장관인 이상 행정부를 조직대상으로 하는 노
동조합의 가입대상이 된다.[76]

    설립 단위의 제한은 근무조건을 결정할 수 있는 법적인 권한을 가진 자를
노사관계의 상대방으로 삼음으로써, 불필요하고 무용한 교섭을 방지하고 공무의
안정적 운영을 확보하며 공무원 노사관계의 안정을 도모하기 위한 것이다.[77]

    헌법재판소는 노동조합 설립의 최소 단위를 규정한 공무원노조법 5조 1항
중 '행정부' 부분의 위헌 여부에 관하여, 조합 활동 및 단체교섭체계의 효율화
를 위하여 근무조건이 결정되는 단위별로 공무원 노동조합을 결성하도록 노동
조합 설립의 최소 단위를 규정한 것으로서 입법목적에 합리성이 인정되고, 공무
원 노동조합의 형태로서 최소 단위만을 제한할 뿐이어서, 각 부·처 단위의 공
무원들은 행정부 공무원 노동조합 또는 전국단위 공무원 노동조합에 가입할 수
있을 뿐만 아니라, 행정부·처별로 설치된 노동조합 지부 등은 각 부·처 장관
이 관리하거나 결정할 권한을 가진 사항에 대하여 해당 장관과의 교섭이 가능
하여 그 제한의 정도가 과하다고 보기 어려워 입법형성권의 한계를 넘어 단결
권을 제한한다고 보기 어렵다고 하였고, 동일한 기준을 적용하여 주요 근로조건
이 동일한 집단별로 노동조합 설립을 허용함으로써 행정부 내 각 부·처 단위
의 노동조합 설립을 허용하지 않는 결과가 발생하였다고 하더라도, 그것이 행정
부 소속 공무원을 국회·법원 등 다른 헌법기관 소속 공무원과 합리적 이유 없
이 차별하였다고 볼 수 없다고 하였다.[78]

---

75) 같은 이유에서 독자적인 노조설립의 가능 여부에 대하여 논란이 되어 왔던 국가인권위원
    회 또는 의문사진상조사위원회를 독립적인 조직단위로 하는 노동조합의 설립은 불가능하다
    (김인재b, 91면).
76) 남경래 외 3명, 88면.
77) 노조법상 노조의 경우 설립 단위를 자유롭게 정할 수 있으며, 교원노조의 경우에는 유아교
    육법과 초·중등교육법에 따른 교원은 특별시·광역시·특별자치시·도·특별자치도 단위 또
    는 전국 단위로만 노조를 설립할 수 있고, 고등교육법에 따른 교원은 개별 학교 단위로도 설
    립이 가능하다.
78) 헌재 2008. 12. 26. 선고 2006헌마518 결정.

최소 단위로만 설립할 것을 강제하는 것이 아니므로, 최소 단위를 포괄하는 노동조합 또는 연합단체의 설립은 가능하다.[79] 행정부의 공무원과 법원의 공무원을 모두 조직대상으로 하는 단위 노동조합, 모든 국가공무원을 조직대상으로 하는 국가공무원 단위 노동조합, 지방자치단체의 모든 지방공무원을 조직대상으로 하는 지방공무원 단위 노동조합을 설립할 수 있으며, 국가공무원과 지방공무원 전체를 조직대상으로 하는 공무원 단위 노동조합도 설립할 수 있다.[80] 나아가 최소 단위가 수평적으로 결합한 형태, 예컨대 경인지역 공무원 노동조합에 서울특별시, 인천광역시, 경기도 소속 공무원이 개별적으로 가입하는 경우는 물론, 최소 단위가 수평수직적으로 결합한 형태, 예컨대 서울특별시공무원노동조합에 서울특별시청과 각 구청 공무원, 서울특별시교육청 공무원이 개별적으로 가입하는 경우도 가능하다.[81]

행정부 각 부·처별로 별도의 노동조합을 설립할 수는 없으나 해당 부·처의 공무원들로 구성된 지부·분회 등 공무원노조 산하조직은 규약에 따라 얼마든지 조직할 수 있다. 즉, 지부·분회의 설치는 노조 설립 최소 단위 이하에서도 가능하다. 정부교섭대표는 공무원노조법 8조 4항에 따라 필요한 경우 다른 기관의 장이 관리하거나 결정할 권한을 가진 사항에 대하여 당해 기관의 장에게 교섭하고 단체협약을 체결하게 할 수 있는데, 이러한 경우 행정부·처 별로 설치된 노동조합 지부 등은 각 부·처 장관이 관리하거나 결정할 권한을 가진 사항에 대하여는 정부교섭대표로부터 위임받은 해당 장관과 실질적으로 교섭할 수도 있다.[82] 그렇다고 하여 최소 단위 이하에 설립된 지부 또는 분회에게 독자적인 교섭능력이 있는 것은 아니므로,[83] 단체교섭은 어디까지나 소속된 단위 노동조합의 이름으로 이루어져야 한다.

나. 설립신고

법 제5조(노동조합의 설립)

② 노동조합을 설립하려는 사람은 고용노동부장관에게 설립신고서를 제출하여야 한다.

---

79) 이는 기관 단위의 공무원직장협의회 또는 국가기관·지방자치단체 단위의 연합협의회의 설립만을 허용하는 공무원직장협의회와 다른 점이다(공무원직협법 2조 2항, 2조의2 1항 참조).
80) 남경래 외 3명, 89면.
81) 김인재b, 93면.
82) 헌재 2008. 12. 26. 선고 2006헌마518 결정.
83) 최학종·박근석, 58면.

공무원노조가 공무원노조법상 노동조합으로 인정받기 위해서는 고용노동부장관에게 설립신고서(규약 첨부)를 제출하여야 한다(공무원노조법 5조 2항). 노동조합이 신고증을 교부받은 경우에는 설립신고서가 접수된 때에 설립된 것으로 간주된다(노조법 12조 4항).

만일 설립신고를 한 공무원노조가 노조법 2조 4호 각목 중, 사용자 또는 항상 그의 이익을 대표하여 행동하는 자의 참가를 허용하는 경우(가목), 경비의 주된 부분을 사용자로부터 원조받는 경우(나목), 공제·수양 기타 복리사업만을 목적으로 하는 경우(다목), 주로 정치활동을 목적으로 하는 경우(마목)에 해당되면 그 설립신고가 반려된다(노조법 12조 3항).[84]

이와 관련하여 노조 설립의 소극적 요건인 노조법 2조 4호 각목의 요건 충족 여부에 관한 고용노동부의 심사 범위가 문제되는데, 대법원은 통합된 전공노가 설립신고를 반려한 고용노동부장관을 상대로 제기한 그 반려처분 취소 소송에서(퇴직공무원의 조합원 자격을 인정하지 않았던 구법이 적용되는 사안이다), '행정관청은 일단 제출된 설립신고서와 규약의 내용을 기준으로 노조법 2조 4호 각목의 해당 여부를 심사하되, 설립신고서를 접수할 당시 그 해당 여부가 문제된다고 볼 만한 객관적인 사정이 있는 경우에 한하여 설립신고서와 규약 내용 외의 사항에 대하여 실질적인 심사를 거쳐 반려 여부를 결정할 수 있다'고 전제한 뒤, '고용노동부장관이 구 전공노에 대하여 해직공무원의 가입을 이유로 공무원노조법상 노동조합으로 보지 아니한다는 통보를 한 상황에서 구 전공노를 합병한 통합된 전공노로부터 설립신고서를 제출받게 되었으므로 설립신고 당시 이미 파악하고 있던 해직공무원에 관한 정보를 기초로 해직공무원의 가입 여부를 실질적으로 심사한 것은 조합원 전부를 대상으로 광범위하고 전면적인 심사를 한 것과는 달리 평가하여야 하므로 적법하다'고 판시한바 있다.[85][86]

---

84) 노조법 2조 4호 라목은 2021년 개정 공무원노조법 17조 3항에서 적용이 배제되었다. 한편 마목과 관련하여 일반 노동조합에 대해서는 '주로' 정치활동을 목적으로 하지 않고 '부수적으로' 정치활동을 하는 것은 허용될 뿐만 아니라 선거운동도 자유로이 할 수 있는 반면(공직선거법 87조), 공무원노조에 대해서는 공무원노조법 4조에서 정치활동을 명시적으로 금지하고 있으므로 부수적으로라도 정치활동이 허용되지 않는다.

85) 대법원 2014. 4. 10. 선고 2011두6998 판결. 이에 대한 평석으로 노호창, 83~86면 참조(노동조합에 대하여 자유설립주의를 취하면서도 결격요건을 심사할 수 있는 설립신고제를 동시에 두고 실질적인 심사까지 허용하는 것은 단결권의 본질적인 성격인 자유권적 성격에 반한다고 한다).

86) 한편 통합된 전공노는 설립신고의 반려를 규정하고 있는 노조법 12조 3항의 위헌성을 다투는 헌법소원도 제기하였으나 헌법재판소는 합헌결정을 하였다(헌재 2012. 3. 29. 선고 2011

　위와 같이 소극적 요건에 대한 실질적인 심사가 이루어지는 것은 예외적인 경우이기는 하지만, 대법원은 설립신고를 마치지 못한 노조의 법적 지위와 관련하여, 민간부문 노동조합에 대해서는 설립신고 여부와 상관없이 노조법 2조 4호에서 정한 요건을 갖춘 때 노동기본권의 향유 주체가 된다는 입장인 반면, 공무원노조에 대해서는 설립신고를 마친 경우에 한하여 노동기본권의 향유 주체가 된다는 입장(설립신고를 마치지 못한 공무원단체에 대해 비노조설의 입장)인 점을 감안하면,87)88) 소극적 요건에 대한 실질적 심사는 사실상 설립허가제로 기능하지 않도록 주의할 필요가 있다.

　2021년 개정법이 퇴직공무원의 노조 가입을 허용함에 따라, 퇴직(해직)공무원과 관련한 설립신고 반려의 문제는 해결되었지만, 그 밖의 소극적 요건 관련한 심사 범위는 여전히 문제될 가능성이 있으므로 위 논의는 여전히 유효하다.

헌바53 결정).

87) ① 대법원 2016. 12. 27. 선고 2011두921 판결(통합전 전공노가 원고가 되어 노동부장관을 상대로 통합전 전공노에 대한 법외노조 통보의 효력을 통합 결의가 있은 뒤의 시점에서 다툰 사건이다. 통합전 전공노의 원고적격 내지 소의 이익 존부가 쟁점이 되었는데, 통합 노조가 조직을 갖추었더라도 설립신고가 수리되지 않은 이상 합병의 효력이 발생하지 않고, 통합전 전공노의 해산신고는 보고적인 것에 불과하여 실제로 합병의 효력이 발생하지 않은 이상 해산의 효력이 발생한다고 할 수 없다고 보아 통합전 전공노가 기존 법률관계를 정리·청산하기 위하여 과거 법외노조 통보의 효력을 다툴 수 있다고 판시하였다). 이에 대한 평석으로 ㉮ 강성태, 207~214면(법외노조의 노동기본권 향유성 즉 주체성은 노조법이나 공무원노조법 규정이 아니라 결사의 자유와 노동3권의 보장이라는 헌법의 규정과 해석으로부터 직접 도출되는 것이라는 이유로 명문의 규정 없이 해석으로 공무원으로 구성된 법외노조를 민간 노동조합과 달리 취급하여 법외노조의 자격을 부인하고 있다고 비판한다); ㉯ 박종희, 217~247면(공무원 노동조합도 민간 노동조합과 마찬가지로 새로운 노동조합이 실질적으로 설립된 때를 기준으로 합병의 효과가 발생하는 것으로 보아야 하고, 다만 대상 사안의 경우 해직된 공무원 외에 노동조합에 가입할 수 없는 업무총괄자의 지위에 있는 자가 신 전공노의 핵심 간부의 역할을 담당하고 있는 것은 6조 2항 1호를 위반한 것으로 노동조합으로서의 자주성을 결여케 하는 사유에 해당하므로 노조로서의 실질적 요건을 갖추지 못하였다는 점에서 합병의 효과를 부정할 수 있다고 한다). ② 대법원 2017. 8. 18. 선고 2012두10017 판결(통합 결의 후 기존 법원공무원노동조합이 단체협약시정명령취소를 구한 사안에서 소의 적법 여부가 문제되었는데, 위 판결과 동일한 취지로 법원공무원노동조합의 소제기가 적법하다고 판단하였다).

88) 과거 법외노조였던 전공노는 사실상 불법단체로 취급되었다. 공무원의 경우 국공법·지공법상 노동운동 및 집단행위 금지 조항이 적용되므로 법외노조 활동을 하게 되면 위 조항이 적용될 소지가 있다. 이에 대하여 정풍용, 302면에서는 '공무 이외의 일을 위한 집단행위'는 '공익에 반하는 목적을 위하여 직무전념의무를 해태하는 등의 영향을 가져오는 집단행위'로 좁게 해석해야 한다고 하면서 공무원노조 활동은 헌법 33조 2항, 노조법 및 공무원노조법에 따른 것이므로 공익에 반한 집단행위에 해당한다고 볼 수 없다고 한다.

다. 가입 범위

법 제6조(가입 범위)

① 노동조합에 가입할 수 있는 사람의 범위는 다음 각 호와 같다.

1. 일반직공무원
2. 특정직공무원 중 외무영사직렬·외교정보기술직렬 외무공무원, 소방공무원 및 교육공무원(다만, 교원은 제외한다)
3. 별정직공무원
4. 제1호부터 제3호까지의 어느 하나에 해당하는 공무원이었던 사람으로서 노동조합 규약으로 정하는 사람
5. 삭제

② 제1항에도 불구하고 다음 각 호의 어느 하나에 해당하는 공무원은 노동조합에 가입할 수 없다.

1. 업무의 주된 내용이 다른 공무원에 대하여 지휘·감독권을 행사하거나 다른 공무원의 업무를 총괄하는 업무에 종사하는 공무원
2. 업무의 주된 내용이 인사·보수 또는 노동관계의 조정·감독 등 노동조합의 조합원 지위를 가지고 수행하기에 적절하지 아니한 업무에 종사하는 공무원
3. 교정·수사 등 공공의 안녕과 국가안전보장에 관한 업무에 종사하는 공무원
4. 삭제

③ 삭제

④ 제2항에 따른 공무원의 범위는 대통령령으로 정한다.

1) 가입 범위의 확대

가) 직급 제한의 폐지

헌법 33조 2항의 위임에 따라 공무원노조법 6조 1항에서는 단결권을 가지는 공무원의 구체적인 범위를 규정하고 있다. 2021년 개정 전에는 가입 범위를 '6급 이하의 일반직공무원 및 이에 상당하는 일반직공무원(1호), 특정직공무원 중 6급 이하의 일반직공무원에 상당하는 외무행정·외교정보관리직 공무원(2호), 6급 이하의 일반직공무원에 상당하는 별정직 공무원(4호)'[89]이라고 규정하여 5급 이상 공무원의 노조 가입을 불허하고 있었다.

---

89) 위 조항 3호에서 기능직 공무원을 규정하고 있었으나 2011년 개정 국공법에서는 기능직 공무원 제도를 폐지하고 일반직공무원으로 통합함에 따라 이를 삭제하였다.

이는 계급제 성격이 강한 우리나라 공무원제도의 특성상 5급 이상의 공무원은 통상 관리자적 지위에 있으며, 주요 정책결정에 직접 참여한다는 점을 감안하였기 때문으로 보인다.[90] 그러나 이에 대하여 5급 이상의 공무원도 업무관계에서 중간관리자에 해당하고 하급공무원에 대한 실질적인 관리책임을 지는 지위에 있지 않은 경우가 많으므로, 직급에 따라 획일적으로 가입 범위에서 제외시키는 것은 현실성이 부족하다는 비판이 있었다.[91]

이에 2021년 개정법에서는 6조 1항의 '6급 이하' 문구를 삭제하여 직급 제한을 폐지하여 5급 이상 공무원도 노조 가입이 가능하게 되었다. 다만 아래 3)항에서 후술하듯이 '업무의 주된 내용이 지휘·감독 또는 다른 공무원의 업무를 총괄하는 자'는 노조 가입이 금지되므로 이에 의한 제한을 받는다.

나) 소방공무원의 가입 허용

2021년 개정 전 공무원노조법은 대부분의 특정직공무원의 가입을 불허하고, 외무영사직렬·외교정보기술직렬 외무공무원에게만 노조 가입을 허용하고 있었다. 특정직공무원의 업무는 특수 분야의 업무로서 사법질서, 국가기밀, 국민의 생명 및 안전과 직결되는 특성을 가지므로 이를 고려한 것이다. 특히, 소방공무원의 업무는 국민의 생명, 신체, 재산을 보호하는 것으로 공무원노조법 제정 시부터 노조 가입을 제한해 왔다.[92] 그러나 소방업무의 특성상 소방공무원의 보건과 안전에 위협이 되는 요소가 다른 직군에 비해 많으며, 긴급출동과 교대근무 등으로 인한 불규칙한 생활과 업무의 비일상성으로 인하여 신체적·정신

---

90) 유각근, 111면.

91) 김인재a, 86면. 그러나 헌법재판소는 헌법 33조 2항에 따라 공무원인 근로자에게 단결권·단체교섭권·단체행동권을 인정할 것인가의 여부, 어떤 형태의 행위를 어느 범위에서 인정할 것인가 등에 대하여 국회가 광범위한 입법형성권을 가진다면서, 5급 이상의 공무원이 여러 주요정책을 결정하고 그 소속 하위직급자들을 지휘·명령하여 분장사무를 처리하는 역할을 하는 공무원의 업무수행 현실에 비추어 5급 이상의 공무원의 노동조합 가입을 금지한 공무원노조법 6조 1항 등이 입법자에게 부여하고 있는 형성적 재량권의 범위를 일탈하지 아니하였다고 판단하였다(헌재 2008. 12. 26. 선고 2005헌마971 등 결정).

92) 헌재 2008. 12. 26. 선고 2006헌마462 결정에서는 "소방공무원이 그 업무의 성격상 사회공공의 안녕과 질서유지에 미치는 영향력이 크고, 그 책임 및 직무의 중요성, 신분 및 근로조건의 특수성이 인정되므로, 노동조합원으로서의 지위를 가지고 업무를 수행하는 것이 적절하지 아니하다고 보아 노동조합 가입대상에서 제외한 것"이라 하며 그 입법취지를 밝히고 그 합헌성을 선언하고 있다. 위 결정에서는 소방공무원의 경우 화재진압·재난구조 등과 같이 생명·신체에 대한 위험을 무릅써야 하는 직무를 담당하고, 근무시간이 많고 비상근무가 잦으며, 6급 이하의 직급이 대부분이라서 근로 3권을 인정할 필요성이 크다는 등의 입장에서 재판관 2인의 위헌의견이 있었다.

적 긴장도가 높다는 점에서 근무조건 개선의 필요성이 꾸준히 제기되었다.93) 이
에 2021년 개정법에서는 소방공무원의 노조 가입을 허용하였다(공무원노조법 6조 1
항 2호).

종래 소방공무원 조직은 국가직과 지방직으로 이원화되어 있었는데94)
2020. 4. 1.부터 국가직으로 일원화되었다. 한편 2019. 12. 10.에는 공무원직협법
이 개정되어(2020. 6. 11. 시행) 소방공무원도 직장협의회를 구성할 수 있게 되었
다. 따라서 직장협의회를 통해 기관장과 근무환경 개선, 고충처리 등을 협의할
수 있게 되었고, 나아가 공무원노조를 통해 단체교섭도 가능하게 되었다.

다) 교육공무원의 가입 허용

교육공무원법 2조 1항은 '교육기관에 근무하는 교원 및 조교'(1호), '교육행
정기관에 근무하는 장학관 및 장학사'(2호), '교육기관·교육행정기관 또는 교육
연구기관에 근무하는 교육연구관 및 교육연구사'(3호)를 교육공무원으로 규정하
고 있다. 교육공무원 중에서 교원은 교원노조법에 의해 노조 가입이 허용되었
고, 나머지 교육공무원에 대해서는 노조 가입이 금지되어 있었다.95) 그런데
2021년 공무원노조법 개정으로 교원을 제외한 나머지 교육공무원, 즉 조교와 장
학관, 장학사, 교육연구관, 교육연구사의 노조 가입을 허용하였다. 장학관, 장학
사, 교육연구관, 교육연구사를 '교육전문직원'이라 한다(교육공무원법 2조 2항).

교육공무원인 조교는 국공립대 소속 공무원인 조교를 의미한다. 통상 학장,
교수 등의 지휘·감독 아래 1년 단위로 임용되어, 고등교육법 15조 4항에 따라
교육, 연구 및 학사에 관한 사무를 보조하는 업무를 수행하는데, 이와 같은 근
무조건과 수행업무 등을 고려하면 특정직공무원이라 하더라도 단결권 제한의
필요성을 인정하기는 어렵다. 대학 내 다른 구성원과 비교하더라도 교수(교원노
조법 적용), 강사(노조법 적용), 사립대 조교(노조법 적용), 일반직공무원(공무원노조
법 적용)은 단결권이 보장되면서, 공무원인 조교만 노동조합 가입이 제한되어 있
었기 때문에 형평성 측면에서도 단결권 제한의 합리적인 이유를 찾기 어렵다.96)

---

93) 김대욱·조원혁, 239면.
94) 국가직과 지방직으로 이원화되어 임용되었는데, 인력 구성에 있어서 대부분은 지방직이었다.
95) 교육기관 등에 근무하는 공무원이라도 교육공무원(교육공무원법 2조 1항 각호)에 해당하지
    않는 공무원은 공무원노조법에 따라 공무원노조에 가입할 수 있다.
96) 고용노동부d, 4면.

[표 3] 조교에 대한 법적용 현황[97]

구 분	신 분	단결권 보장 여부		
		노조법	공무원노조법	교원노조법
국·공립 대학	교육공무원 (특정직)	미적용	적 용 (2021년 개정법)	미적용 (조교는 교원이 아님)
사립대학	공무원 아님	적 용 (근로자성 인정시) 노동3권 보장	미적용	

※ 공무원이 아니거나 근로자성이 인정되지 않는 연구·학생 조교 등은 표에서 제외

　　교육전문직원은 교육부 및 각급 교육청, 교육지원청, 그 외의 교육부 및 교육청 산하기관에 근무하며 교육행정업무 및 교육정책 계획, 수립, 조정 및 민원업무 처리를 총괄 또는 주관한다. 즉, 교육행정, 정책수립, 조정, 연구 등의 업무를 담당하므로 특정직공무원에 대한 단결권 제한 취지를 적용하기 어렵다. 같은 특정직 교육공무원이면서 노동기본권을 보장받는 교원과의 형평성 측면에서도 그러하다.

라) 한정적 열거규정

　　위 6조 1항 각호의 규정은 공무원노조에 가입할 수 있는 범위를 한정하여 구체적으로 열거한 것이므로 위 규정에 명시되지 아니한 정무직공무원은 가입 대상이 될 수 없다.[98] 특정직공무원 중 2호에 열거되지 않은 공무원, 예컨대 법관, 검사, 외무공무원 중 외교통상직렬, 경찰공무원, 군인, 군무원, 헌법재판소 연구관, 국가정보원의 직원 등(국공법 2조 2항 2호)도 공무원노조에 가입할 수 없다.

2) 퇴직공무원의 가입 허용

　　2021년 개정 전 해직공무원의 조합원 자격과 관련하여, 노조법 2조 4호 라 목의 '근로자가 아닌 자'는 공무원노조의 경우에도 적용되어 '공무원이 아닌 자' 는 조합원 자격이 없는 것으로 해석되었고,[99] 구 공무원노조법 6조 3항은 "공무

---

97) 고용노동부d, 4면.
98) 최학종·박근석, 59면.
99) 대법원 2014. 4. 10. 선고 2011두6998 판결(노조법 2조 4호 라목 본문은 근로자가 아닌 자 의 가입을 허용하는 경우에는 노동조합으로 보지 아니한다고 규정하고 있는바, 위 조항은 공 무원노조법 17조 2항에 의하여 공무원의 노동조합에 적용되고 이 경우 '근로자'는 '공무원'

원이 면직·파면 또는 해임되어 노조법 82조 1항에 따라 노동위원회에 부당노동행위의 구제신청을 한 경우에는 노동위원회법 2조에 따른 중앙노동위원회의 재심판정이 있을 때까지는 노동조합원의 지위를 상실하는 것으로 보아서는 아니 된다.”라고 규정하고 있었기 때문에, 면직·파면 또는 해임된 공무원은 부당노동행위 구제신청을 한 경우에만 중앙노동위원회의 재심판정이 있을 때까지 조합원의 지위가 인정될 수 있었다. 즉, 공무원노조의 위원장이 파면된 경우 부당노동행위 구제신청을 한 경우에만 노동조합의 대표자의 지위 내지 단체교섭에 있어서 교섭대표위원의 자격이 인정되고,[100] 면직 등의 배제 징계가 부당하다고 주장하며 소청을 제기한 경우에는 조합원 자격이 유지되지 않았다.[101]

　　이에 대하여 해고자의 노동조합 가입을 제한하는 것은 근로자 스스로 선택한 단체에 가입할 수 있는 권리를 박탈하므로 ILO 87호 협약의 결사의 자유 원칙에 반한다는 비판이 국내외에서 지속적으로 제기되었다.[102]

　　이에 2021년 개정법은 6조 3항을 삭제하는 한편, 6조 1항 4호에서 “1호부터 3호까지의 어느 하나에 해당하는 공무원이었던 사람으로서 노동조합 규약으로 정하는 사람”에게 공무원노조 가입자격을 부여하였다. 퇴직한 모든 공무원에게 조합원 자격이 인정되는 것은 아니고, 재직 중 1호 내지 3호에 해당하고 또 규약에 정함에 있어야 한다. 퇴직 시점에 대하여 개정법은 별도의 규정을 두고 있지 않으므로 법 개정 이후의 퇴직자만 노조 가입이 가능한 것으로 볼 것은 아니고 공무원노조 규약이 정한 바에 의한다.[103] 유지되는 것은 어디까지나 조합원 자격이고, 공무원의 신분이 회복되는 것이 아니므로, 공무원의 지위의 경우 부당노동행위에 대한 구제명령이 확정되고 복직명령이 있어야 비로소 회복된다. 2021년 개정으로 인하여 해직자의 조합원 자격과 관련한 노조의 적법성

으로 보며, 공무원노조법 6조 3항은 공무원이 면직·파면 또는 해임되어 노동위원회에 부당노동행위의 구제신청을 한 때에는 중앙노동위원회의 재심판정이 있을 때까지는 노동조합원의 지위를 상실하지 않는다고 규정하고 있다. 이상의 규정들을 종합하면, 공무원 노동조합과 관련하여 노조법 2조 4호 라목에 규정된 ‘근로자’는 원칙적으로 ‘공무원 자격을 유지하고 있는 자’로 한정되고, 면직·파면 또는 해임된 공무원은 노동위원회에 부당노동행위 구제신청을 한 경우를 제외하고는 ‘근로자가 아닌 자’에 해당하는 것으로 보아야 한다).

100) 남경래 외 3명, 77면.
101) 김헌수a, 926면.
102) ILO 결사의 자유위원회는 해직공무원 및 교원의 조합원 자격 허용을 지속적으로 권고하였고(2012년 3월, 2014년 3월, 2017년 6월 등), 국가인권위원회도 해직공무원 교원의 조합원 자격 인정 필요성을 여러 차례 정부에 권고하였다(고용노동부d, 18면).
103) 고용노동부d, 20면.

논란은 종결되었다고 볼 수 있다.

3) 직무의 특성상 가입이 금지되는 공무원

위 6조 1항에 해당하는 공무원이라 하더라도 그가 종사 또는 수행하는 직무의 특성을 고려하여 공무원노조법 6조 2항에서는 아래와 같은 공무원의 노조 가입을 금지하고 있다.

① 업무의 주된 내용이[104] 다른 공무원에 대하여 지휘・감독권을 행사하거나 다른 공무원의 업무를 총괄하는 업무에 종사하는 공무원(1호)

1호의 공무원은 담당 직무의 성격상 소속기관의 이익을 위하여 활동하여야 하는 자이기 때문이다. 이에 관하여는 공무원노조법 시행령 3조 1호에서 그 범위를 명확히 하고 있다. 즉, 지휘・감독 공무원에 관하여는 법령・조례 또는 규칙에 따라 다른 공무원을 지휘・감독하며 그 복무를 관리할 권한과 책임을 부여받은 공무원 또는 그 직무대리자(가목), 업무총괄 공무원에 관하여는 훈령 또는 사무분장 등에 따라 부서장을 보조하여 부서 내 다른 공무원의 업무수행을 지휘・감독하거나 총괄하는 업무에 주로 종사하는 공무원(나목)이라고 규정하고 있다.

이에 따라 통상 각 기관의 과장 이상 부서장, 업무총괄자 등은 노조에 가입할 수 없다고 해석된다. 5급 이상 공무원이더라도 중앙부처 및 시・도에서 실무를 담당하고 있다면 노조 가입이 가능하지만, 시・군・구 등에서 과장 이상의 직책에 있다면 노조 가입이 금지된다.

② 업무의 주된 내용이 인사・보수 또는 노동관계의 조정・감독 등 노동조합의 조합원 지위를 가지고 수행하기에 적절하지 아니한 업무에 종사하는 공무원(2호)[105]

2호의 공무원은 업무의 성격상 노사 간의 이해관계에 영향을 미치고 중립성과 공정성이 특히 요구되므로 조합원 지위를 가지고 수행하기에 적절하지 않기 때문이다. ㉠ 먼저 업무의 주된 내용이 인사・보수에 관한 업무에 종사하는 공무원에 관하여는 시행령 3조 2호에서 '공무원의 임용・복무・징계・소청심

---

104) 2021년 개정법에서 '업무의 주된 내용이'를 추가하였다. 2호도 마찬가지이다.

105) 구 공무원노조법에서는 2호에서 '인사・보수에 관한 업무를 수행하는 공무원 등 노동조합과의 관계에서 행정기관의 입장에서 업무를 수행하는 공무원', 4호에서 '업무의 주된 내용이 노동관계의 조정・감독 등 노동보합의 조합원 지위를 가지고 수행하기에 적절하지 아니하다고 인정되는 업무에 종사하는 공무원'으로 따로 규정하고 있었으나, 2021년 개정법에서 이들을 조합원의 지위에서 업무를 수행하기에 적절하지 않은 업무로 보아 2호에서 함께 규정하였다.

사·보수·연금 그 밖의 후생복지에 관한 업무'(가목), '노동조합 및 공무원직협법에 따른 직장협의회에 관한 업무'(나목), '예산·기금의 편성 및 집행(단순집행을 제외한다)에 관한 업무'(다목), '행정기관의 조직과 정원의 관리에 관한 업무'(라목), '감사에 관한 업무'(마목), '보안업무, 질서유지업무, 청사시설의 관리 및 방호에 관한 업무, 비서·운전업무'(바목)에 주로 종사하는 공무원으로서 자료정리 등 단순히 업무를 보조하는 자는 제외된다고 규정하고 있다. ⓒ 다음으로 업무의 주된 내용이 노동관계의 조정·감독 등에 관한 업무에 종사하는 공무원에 관하여는 공무원노조법 시행령 3조 3호에서 '노위법에 따른 노동위원회의 사무국에서 조정사건이나 심판사건의 업무를 담당하는 공무원'(가목), '근기법에 따라 고용노동부 및 그 소속기관에서 근기법, 산안법 그 밖의 노동관계 법령 위반의 죄에 관하여 사법경찰관의 직무를 수행하는 근로감독관'(나목), '선원법에 따라 선원법 및 근기법 그 밖의 선원근로관계 법령 위반의 죄에 관하여 사법경찰관의 직무를 행하는 선원근로감독관'(다목), '지방자치단체에서 노조법에 따른 노동조합 설립신고, 단체협약 및 쟁의행위 등에 관한 업무에 주로 종사하는 공무원'(라목)을 규정하고 있다.

이에 대해 시행령 3조 3호의 공무원의 업무내용이 노동조합 조합원 지위와 양립할 수 없는 것인지는 검토를 요하며, 직접적으로 공무원 노사관계 업무를 담당하지 않은 이상 가입대상에서 제외할 필요가 없다는 비판이 있다.106)

헌법재판소는 노동부 소속 근로감독관 및 조사관의 공무원노조 가입을 금지한 시행령 규정에 대한 위헌심사에서 '근기법이나 그 밖의 노동관계법령 위반의 죄에 관하여 사법경찰관의 직무를 수행하는 근로감독관과, 노동위원회 소관 사무 수행에 필요한 조사업무와 부분별 위원회에 출석하여 의견을 진술하는 업무를 수행하는 노동위원회 조사관의 업무의 성격에 비추어 볼 때, 근로감독관이나 조사관이 공무원 노동조합의 구성원이 되는 것은 적절하지 않다고 보아 위 조항이 입법자의 재량권을 현저히 일탈한 것이라고는 볼 수 없다'고 하였고, '그 업무의 공정성, 공익성, 중립성을 고려하면 일반근로자나 다른 일반직공무원과 다르게 취급하여도 그것이 청구인들의 평등권을 침해하는 것으로 볼 수 없다'고 하면서 합헌결정을 하였다.107)

---

106) 김인재b, 103면.
107) 헌재 2008. 12. 26. 선고 2006헌마518 결정.

③ 교정·수사 등 공공의 안녕과 국가안전 보장에 관한 업무에 종사하는 공무원(3호)[108]

3호의 공무원은 사법질서 유지, 국가기밀, 국민의 생명·안전에 직결되는 직무를 담당하거나 엄격한 지휘체계를 요하는 기관에 근무하고 있기 때문이다.[109] 이에 관하여 시행령 3조 4호는 '공무원 임용령 별표 1의 공무원 중 교정·보호·검찰사무·마약수사·출입국관리 및 철도공안 직렬의 공무원'(가목), '조세범처벌절차 법령에 따라 검찰총장 또는 검사장의 지명을 받아 조세범칙사건의 조사를 전담하는 공무원'(나목), '수사업무에 주로 종사하는 공무원'(다목), '국가정보원에 근무하는 공무원'(라목)이라고 규정하고 있다.

공무원노조법 6조 2항 1 내지 3호 공무원의 구체적인 범위에 관하여는 노사 간에 다툼이 있을 수 있다.[110] 구체적으로 어떤 공무원이 가입금지 대상에 해당하는지 여부는, 개별 공무원의 구체적인 업무의 내용과 비중에 따라 정해지는 것으로서 각 행정기관 또는 지방자치단체에서 정한 직급 또는 권한배분의 실태 등 객관적 기준에 따라야 할 것이다. 단순히 직명에 의해서만 정할 수는 없으며, 동일한 직명이라고 하더라도 행정기관이나 지방자치단체에 따라 가입의 허용 여부가 달라질 수 있다. 이에 관한 행정해석 또한 그 업무와 관련된 법령·규정, 사무분장 및 실제업무의 내용, 각 업무에 대한 비중과 업무량, 다른 공무원 업무에 관여 정도, 직무상 의무와 책임이 조합원으로서의 성의와 책임에 직접적으로 저촉되는지 여부 등 사실관계를 종합적으로 고려하여 판단한다고 하고 있다.[111]

---

108) 2021년 개정 전에는 '교정·수사 또는 그 밖에 이와 유사한 업무'라고 규정하고 있었으나 이를 개정하여 '교정·수사 등 공공의 안녕, 국가안전 보장에 관한 업무'라고 규정함으로써 노조 가입이 제한되는 공무원의 범위를 명확하게 하였다.

109) 민변노동법Ⅱ, 406면.

110) 한편, 고용노동부장관이 공무원노조법 시행에 즈음하여 국가인권위원회에 시행령(안)에 대한 의견을 요청하자, 국가인권위원회는 공무원노조법 6조 2항 1호가 가입금지 공무원의 구체적인 범위를 대통령령에 위임하고 있음에도 시행령(안)이 법률의 내용을 다시 한 번 반복하여 기술하는 정도에 그치고 있고, 가입 제한의 실제 적용대상으로 다시 조례·규칙·훈령 등에서 규정하는 내용을 적용하도록 하고 있는 것은 헌법상 포괄위임금지와 복위임금지원칙에 반하여 공무원인 근로자의 노동기본권을 침해하는 것이라는 의견을 표명한바 있다(국가인권위원회 2005. 11. 28. '공무원의노동조합설립및운영등에관한법률시행령(안) 개선 의견표명' 결정).

111) 고용노동부 질의회신 공공노사관계팀-2205, 2007. 11. 6.

라. 복수노조 설립의 허용

공무원노조법은 복수노조의 설립을 제한하고 있지 않으므로 교섭단위 내에 여러 노조를 설립하는 것도 가능하다. 민간부문 노동조합의 경우 2011. 6. 30.까지 복수노조의 설립이 금지되었고 2011. 7. 1. 비로소 복수노조 설립이 허용되었으나(노조법 부칙 7조 1항), 공무원노조법은 2006년 제정법에서부터 이에 관한 제한규정을 두지 않음으로써 복수노조의 설립을 허용하는 입장을 취하였다. 다만 단체교섭 참여 노동조합이 2 이상인 경우 정부교섭대표가 해당 노동조합에 대하여 교섭창구를 단일화하도록 요청할 수 있다(공무원노조법 9조 4항).

마. 지부, 분회의 설립

이미 설립된 단위노조가 지부, 분회를 설립하는 경우에는 관련 행정청에 그 설치사실을 통보하면 된다. 전국 단위의 노동조합, 연합단체인 노동조합, 헌법기관의 노동조합은 고용노동부장관에게, 그 외 노동조합은 주된 사무소 소재지를 관할하는 지방고용노동관서의 장에게 통보하여야 한다(공무원노조법 시행령 2조). 공무원노조의 산하조직이 별도로 노동조합 설립신고를 할 수 있는지 문제되는데, 공무원노조법 시행령 14조 2항에서는 노조법 시행령 7조(근로조건의 결정권이 있는 독립된 사업 또는 사업장에 조직된 노동단체는 지부, 분회 등 명칭 여하에 불구하고 노동조합 설립신고를 할 수 있도록 한 규정)의 적용을 배제하고 있으므로, 공무원노조 최소 설립 단위에 설치된 지부, 분회 등은 그 독립성이 인정되는 경우라도 법령에 별도의 근거규정 없이 설립신고를 할 수는 없다고 한 행정해석이 있다.[112]

5. 노조 전임자와 근무시간 면제[113]

가. 노조 전임자

법 제7조(노동조합 전임자의 지위)[114]

① 공무원은 임용권자의 동의를 받아 노동조합으로부터 급여를 지급받으면서

---

112) 고용노동부 질의회신 공공노사관계팀-925, 2007. 4. 30.

113) 공무원노조법에서는 '공무원노조의 관리·운영'에 관하여, 노조 전임자 등에 관한 7조, 근무시간 면제에 관한 7조의2, 7조의3 규정을 두고 있는 외에 다른 규정은 두지 않고 있으므로, 노동조합 규약, 노동조합의 기관, 재정, 조합원과의 관계, 비치서류와 운영상황의 공개 등 그 밖의 공무원노조의 관리·운영에 관하여는 노조법 해당부분의 설명에 따른다(공무원노조법 17조 2항).

114) 2022. 6. 10. 개정 공포되어 2023. 12. 11.부터 시행되는 법 규정을 기재하였다.

노동조합의 업무에만 종사할 수 있다.

② 제1항에 따른 동의를 받아 노동조합의 업무에만 종사하는 사람[이하 "전임자"(專任者)라 한다]에 대하여는 그 기간 중 국가공무원법 제71조 또는 지방공무원법 제63조에 따라 휴직명령을 하여야 한다.

③ 삭제

④ 국가와 지방자치단체는 공무원이 전임자임을 이유로 승급이나 그 밖에 신분과 관련하여 불리한 처우를 하여서는 아니 된다.

공무원노조법 7조는 임용권자의 동의를 받아 노동조합으로부터 급여를 지급받으면서 노동조합의 업무에만 종사하는 무급 전임자에 대해 규정하고 있다(공무원노조법 7조 1항). 공무원이 노동조합 업무 전임자로 종사하기 위해서는 임용권자의 동의를 얻어야만 하고, 이 경우 임용권자는 해당 공무원에 대하여 휴직명령을 하여야 한다(공무원노조법 7조 2항). 임용권자의 휴직명령은 임의적이 아니고 강제적이다(국공법 71조 1항 6호 및 지공법 63조 1항 4호).

민간부문에서 단체협약으로 노조 전임자를 두는 경우 단체협약에 전임자의 수만 규정하는 것이 일반적이며, 이 경우 구체적으로 누구를 전임자로 인정할 것인지는 노조가 자율적으로 결정하여 사용자에게 요청하고 사용자는 단체협약에서 인정한 범위 내에서 노조 전임자 발령을 하는 것이 일반적이다. 그러나 공무원노조의 경우 단체협약의 사용자 측 체결권자와 노조 전임자의 임용권자가 다를 수 있기 때문에 단체협약에 의하여 전임자에 관한 규정을 둔다고 하더라도 별도로 임용권자의 동의를 받지 않으면 전임자로 인정될 수 없다.

공무원노조 전임자는 임용권자의 휴직명령에 따라 근무의무에서 해방되어 있으므로 복무와 관련한 출근의무는 적용되지 않는 것으로 해석된다.[115] 공무원연금법을 적용할 때에는 휴직 중인 자와 동일하게 취급된다.[116] 연가일수의 산정에서도 전임기간은 재직기간에 포함되지 않는다(공무원복무규정 15조 2항). 다만,

---

115) 남경래 외 3명, 121면. 다만 민간 노동조합의 노조 전임자에 관한 대법원 1995. 4. 11. 94다58087 판결 등은 특별한 규정을 두거나 특별한 관행이 존재하지 아니하는 한 출퇴근에 대한 사규의 적용을 받으므로, 근로계약 소정의 본래 업무를 면하고 노동조합의 업무를 전임하는 노조 전임자의 경우에 있어서 출근은 통상적인 조합업무가 수행되는 노조사무실에서 조합업무에 착수할 수 있는 상태에 임하는 것이라고 한다.

116) 노조 전임자는 전임기간 동안 보수를 지급받지 아니하므로 기여금을 납부하지 않으며, 기여금징수의무자는 전임기간이 끝나 보수가 지급되는 날부터 당해 월분의 기여금과 같은 금액의 기여금을 따로 징수하여야 한다(공무원연금법 시행령 65조).

퇴직수당 지급에 관한 재직기간을 계산할 때에는 노조 전임자로 근무하였던 기간은 휴직기간으로 계산되지 않는다(공무원연금법 25조 5항 4호).

노조 전임자는 공무원으로서의 신분상 지위는 그대로 유지하므로 국공법 및 지공법상 신분상 의무인 품위유지의무(국공법 63조, 지공법 55조), 영리업무 및 겸직 금지(국공법 64조, 지공법 56조), 정치운동 금지(국공법 65조, 지공법 57조), 집단행위 금지(국공법 66조, 지공법 58조) 등은 준수하여야 한다.

다만, 복종의무(국공법 57조, 지공법 49조)에 대해서 대법원은 '공무원노조법에 의해 공무원노조의 정당한 활동은 보장되므로, 상관의 노조 전임자에 대한 직무상 명령이 노동조합의 정당한 활동 범위 내에 속하는 사항을 대상으로 하는 경우에는, 그 소속 기관의 원활한 공무 수행이나 근무기강의 확립, 직무집행의 공정성 또는 정치적 중립성 확보 등을 위하여 그 직무상 명령을 발령할 필요가 있다는 등의 특별한 사정이 있을 때에 한하여 복종의무를 발생시키는 유효한 직무상 명령에 해당한다'고 판시하였다.[117]

전임기간에 관하여 따로 법에서 정한 바는 없으나, 국공법 및 지공법상 휴직기간이 최대 3년인 관계로 최장 휴직기간을 고려하여 전임기간을 정하고 있는 것이 현실이다.[118]

국가 및 지방자치단체는 전임자임을 이유로 승급 그 밖의 신분에 관한 불이익한 처우를 해서는 안 되고(공무원노조법 7조 4항), 만일 불이익 처분을 한 경우에는 노조법 81조 1항 1호의 부당노동행위에 해당함을 이유로 구제신청을 할 수 있다. 그러나 전임자에 대한 불이익처분이 이유 여하를 불문하고 불가능한 것은 아니고, 개인적인 비리, 정당하지 않은 조합 활동 등을 이유로 징계처분을

---

117) 대법원 2013. 9. 12. 선고 2011두20079 판결(이 사건에서 대법원은 공무원 노동조합 전임자 갑이 노동조합 관련 행사에서 민중의례 실시를 주도하여 공무원의 복종의무와 품위유지의무를 위반하였다는 이유로 소속 기관의 장이 갑을 정직처분한 사안에서, 민중의례 실시 자체가 정당한 노동조합 활동의 범위를 벗어난 것이라고 할 수 없다는 등의 이유로, 공무원에 대하여 민중의례 실시를 금지한 명령이 갑의 노동조합 활동에 관한 한 복종의무를 발생시키는 유효한 직무상 명령으로 볼 수 없어, 갑이 민중의례를 주도한 행위를 복종의무 위반이라는 징계사유로 삼을 수 없다고 판시하였다).
　복종의무 위반을 인정할 사례로는 대법원 2008. 10. 9. 선고 2006두13626 판결(노동조합의 전임자로서 파업을 주동하고, 위 파업에 스스로 참가하였으며 다른 조합원의 파업 참가를 선동한 행위는 정당한 노동조합의 활동을 벗어난 것이어서 국공법 56조의 성실의무, 58조 1항의 직장이탈 금지의무에 위반되고, 위 원고들이 철도청장이 내린 직장 복귀명령에도 불구하고 복귀시한까지 노조사무실 등 지정된 장소에 복귀하지 아니한 것은 국공법 57조에 정한 복종의무를 위반한 것이라고 하였다).
118) 유각근, 128면.

하는 것은 가능하다. 다만, 전임자는 전임기간 동안에 급여를 받지 아니하므로 전임자가 복직하기 전에는 감급처분을 할 실익이 없다. 또한 전임자는 전임기간 동안에는 직무에 종사하지 않기 때문에 복직시킨 후가 아니면 정직처분도 할 수 없다.[119]

나. 근무시간 면제

법 제7조의2(근무시간 면제자 등)[120]

① 공무원은 단체협약으로 정하거나 제8조제1항의 정부교섭대표(이하 이 조 및 제7조의3에서 "정부교섭대표"라 한다)가 동의하는 경우 제2항 및 제3항에 따라 결정된 근무시간 면제 한도를 초과하지 아니하는 범위에서 보수의 손실 없이 정부교섭대표와의 협의·교섭, 고충처리, 안전·보건활동 등 이 법 또는 다른 법률에서 정하는 업무와 건전한 노사관계 발전을 위한 노동조합의 유지·관리 업무를 할 수 있다.

② 근무시간 면제 시간 및 사용인원의 한도(이하 "근무시간 면제 한도"라 한다)를 정하기 위하여 공무원근무시간면제심의위원회(이하 이 조에서 "심의위원회"라 한다)를 「경제사회노동위원회법」에 따른 경제사회노동위원회에 둔다.

③ 심의위원회는 제5조 제1항에 따른 노동조합 설립 최소 단위를 기준으로 조합원(제6조제1항제1호부터 제3호까지의 규정에 해당하는 조합원을 말한다)의 수를 고려하되 노동조합의 조직형태, 교섭구조·범위 등 공무원 노사관계의 특성을 반영하여 근무시간 면제 한도를 심의·의결하고, 3년마다 그 적정성 여부를 재심의하여 의결할 수 있다.

④ 제1항을 위반하여 근무시간 면제 한도를 초과하는 내용을 정한 단체협약 또는 정부교섭대표의 동의는 그 부분에 한정하여 무효로 한다.

법 제7조의3(근무시간 면제 사용의 정보 공개)

정부교섭대표는 국민이 알 수 있도록 전년도에 노동조합별로 근무시간을 면제받은 시간 및 사용인원, 지급된 보수 등에 관한 정보를 대통령령으로 정하는 바에 따라 공개하여야 한다. 이 경우 정부교섭대표가 아닌 임용권자는 정부교섭대표에게 해당 기관의 근무시간 면제 관련 자료를 제출하여야 한다.

종래 공무원노조법 7조 3항은 "국가와 지방자치단체는 전임자에게 그 전임

---

119) 유각근, 129면.
120) 7조의2, 7조의3은 2022. 6. 10. 개정 공포되어 2023. 12. 11.부터 시행되는 법에서 신설된 규정이다.

기간 중 보수를 지급하여서는 아니 된다."라고 규정하여 공무원노조 전임자에 대해 전임기간 중 보수지급을 금지하고, 민간부문과 달리 노동조합 업무에 대한 근무시간 면제 제도를 적용하고 있지 않았다. 이에 대해 형평성의 측면에서 공무원노조의 경우에도 근무시간 면제제도를 도입하는 것이 타당하다는 지적이 있어 왔다.[121] 이를 반영하여 2022. 6. 10. 개정법(2023. 12. 11. 시행)은 공무원의 정당한 노조활동을 보장하기 위하여 위 공무원노조법 7조 3항을 삭제하는 한편, 7조의2, 7조의3 규정을 신설하여 근무시간 면제 제도를 도입하였다.

　　이로써 무급 전임자를 두는 것과 별개로, 휴직명령을 받지 않고도 근무시간 면제 제도에 의하여 근무시간 면제 한도 내에서 보수를 지급받는 근무시간 면제자를 둘 수 있는 길이 열렸다.

　　단체협약으로 정하거나 정부교섭대표가 동의하는 경우 근무시간 면제 시간 및 사용인원의 한도를 초과하지 아니하는 범위에서 보수의 손실 없이 정부교섭대표와의 협의·교섭, 고충처리, 안전·보건활동 및 노조의 유지·관리업무 등을 할 수 있다(공무원노조법 7조의2 1항).

　　근무시간 면제 시간 및 사용인원의 한도를 정하기 위하여 공무원근무시간면제심의위원회를 경제사회노동위원회에 두고, 공무원근무시간면제심의위원회는 노동조합 설립 최소 단위를 기준으로 조합원의 수를 고려하되 공무원 노사관계의 특성을 반영하여 근무시간 등의 면제 한도를 심의·의결한다(공무원노조법 7조의2 2항·3항). '근무시간 면제 한도를 초과하여 보수를 지급하는 행위'는 노조법 81조 1항 4호의 부당노동행위에 해당한다.

　　정부교섭대표는 전년도에 노동조합별로 근무시간을 면제받은 시간 및 사용인원, 지급된 보수 등에 관한 정보를 공개하여야 한다(공무원노조법 7조의3).

6. 단체교섭의 대상

법 제8조(교섭 및 체결 권한 등)

　　① 노동조합의 대표자는 그 노동조합에 관한 사항 또는 조합원의 보수·복지,

---

121) 김인재d, 130면 이하(공무원노조 전임자에 대하여 급여지급을 전면 금지하고 민간 노동조합에 적용되는 근로시간면제제도를 배제한 것은 공무원의 헌법상 노동3권 침해와 평등원칙 위반 가능성이 있다고 한다). 외국의 경우 공무원노조 전임자 또는 대표들의 유급 조합활동을 완전히 금지하는 경우는 없고, 법령에 유급 노조 전임자 또는 대표의 지위를 인정하고 있거나 유급 노조활동 시간의 업무 내용과 인원수 또는 시간을 규정하고 있더라도, 이에 관한 노사 간의 협상을 허용하고 있다(김인재d, 546~551면).

그 밖의 근무조건에 관하여 국회사무총장·법원행정처장·헌법재판소사무처
장·중앙선거관리위원회사무총장·인사혁신처장(행정부를 대표한다)·특별시장·
광역시장·특별자치시장·도지사·특별자치도지사·시장·군수·구청장(자치구
의 구청장을 말한다) 또는 특별시·광역시·특별자치시·도·특별자치도의 교
육감 중 어느 하나에 해당하는 사람(이하 "정부교섭대표"라 한다)과 각각 교섭
하고 단체협약을 체결할 권한을 가진다. 다만, 법령 등에 따라 국가나 지방자치
단체가 그 권한으로 행하는 정책결정에 관한 사항, 임용권의 행사 등 그 기관
의 관리·운영에 관한 사항으로서 근무조건과 직접 관련되지 아니하는 사항은
교섭의 대상이 될 수 없다.

가. 교섭사항

노동조합은 노동조합에 관한 사항 또는 조합원의 보수·복지 그 밖의 근무
조건에 관하여 단체교섭을 하고 단체협약을 체결할 수 있다(공무원노조법 8조 1항
본문).

'노동조합에 관한 사항'에는 전임자에 관한 사항, 단체교섭의 절차에 관한
사항, 고충처리에 관한 사항, 그 외 조합 게시판의 사용, 조합 사무실의 이용 등
조합 활동에 관한 사항이 해당한다. 판례에 의하면 단체교섭 사항 중 조합 활동
보장, 조합 전임자의 처우, 시설편의 제공, 자료열람 및 정보제공 협조, 노사협의
회 구성 등의 요구는 노동조합에 관한 사항으로서 교섭대상에 해당한다고 한다.[122]

'조합원의 보수·복지 그 밖의 근무조건에 관한 사항'에는 보수 기타 급여,
근무시간, 휴게, 휴일 및 휴가에 관한 사항, 징계처분·직권면직·휴직·직위해
제·승진·전직·전입·퇴직 등 임용 및 징계의 기준에 관한 사항, 산업안전보
건 및 재해보상에 관한 사항, 근무환경에 관한 사항 등이 해당한다.[123]

이들 사항은 이른바 '의무적 교섭사항'으로서 이에 관한 단체교섭을 요구받
은 해당 공공기관의 정부교섭대표는 단체교섭에 응할 의무를 부담한다.

나. 비교섭사항

공무원노조법 8조 1항 단서는 "다만, 법령 등에 따라 국가나 지방자치단체
가 그 권한으로 행하는 정책결정에 관한 사항, 임용권의 행사 등 그 기관의 관

---

122) 대법원 2014. 12. 11. 선고 2010두5097 판결.
123) 남경래 외 3명, 147면.

리·운영에 관한 사항으로서 근무조건과 직접 관련되지 아니하는 사항은 교섭의 대상이 될 수 없다."라고 규정하고 있다.

시행령 4조에서는 이러한 비교섭사항을 더 세분하여 '정책의 기획 또는 계획의 입안 등 정책결정에 관한 사항(1호)', '공무원의 채용·승진 및 전보 등 임용권의 행사에 관한 사항(2호)', '기관의 조직 및 정원에 관한 사항(3호)', '예산·기금의 편성 및 집행에 관한 사항(4호)', '행정기관이 당사자인 쟁송(불복신청을 포함한다)에 관한 사항(5호)', '기관의 관리·운영에 관한 그 밖의 사항(6호)'으로 규정하고 있다.

'정책결정에 관한 사항'은 일정한 목적 실현을 위해 국가 또는 지방자치단체가 법령 등에 근거하여 자신의 권한과 책임으로 행하여야 할 사항이기 때문에 정부교섭대표가 공무원노조와 단체교섭을 통해 그러한 정책을 결정하게 되면 행정책임원칙이나 법치행정원칙에 반하는 결과를 초래할 수 있는 사항이고, '기관의 관리·운영에 관한 사항'은 법령 등에 근거하여 설치·조직된 기관이 그 목적달성을 위하여 해당기관의 판단과 책임에 따라 업무를 처리하도록 정해져 있는 사항으로서, 공무원의 채용·승진 및 전보 등 임용권의 행사에 관한 사항이나 기관의 조직 및 정원에 관한 사항 등이 대표적인 예라 할 수 있다.124)

판례는 공무원노조법 8조 1항 단서에 관하여 '국가나 지방자치단체가 그 권한으로 행하는 정책결정에 관한 사항, 임용권의 행사 등 그 기관의 관리·운영에 관한 사항이 단체교섭의 대상이 되려면 그 자체가 공무원이 공무를 제공하는 조건이 될 정도로 근무조건과 직접 관련된 것'이어야 하고,125) '이러한 경우에도 기관의 본질적·근본적 권한을 침해하거나 제한하는 내용은 허용되지 않는다'고 하였다.126)

124) 헌재 2013. 6. 27. 선고 2012헌바169 결정.
125) 대법원 2014. 12. 11. 선고 2010두5097 판결, 대법원 2017. 1. 12. 선고 2011두13392 판결, 대법원 2017. 8. 18. 선고 2012두10017 판결.
126) ① 대법원 2017. 1. 12. 선고 2011두13392 판결(이른바 단체협약시정명령사건)에서는 단체협약 중 인사조치에 관한 노동조합과의 사전협의를 정한 조항, 순환전보에 관한 사전협의·사전합의 등을 정한 조항, 조례 및 규칙의 제정에 관한 절차에의 참관 및 사전협의 등을 정한 조항, 인원 동원 등에 대한 사전협의 조항, 기능직 공무원의 직급 상향 및 일반직 전환 등에 관한 조항, 인사위원회 위원 위촉에 관한 조항, 다면평가 및 이에 의한 승진임용 등과 직무성과제에 관한 조항, 직위공모제 등에 관한 협의 조항, 정원 조정에 관한 노동조합의 합의 및 요구 등에 관한 조항, 감사의 방침 등에 관한 조항에 대해서 정책결정 또는 기관의 관리·운영에 관한 사항으로서 공무원의 근무조건과 직접 관련된 것이 아니거나, 부산광역시 영도구청장의 권한을 근거 없이 제한하거나 본질적으로 침해하는 것이라는 이유로 시정명령

헌법재판소는 공무원노조법 8조 1항 단서 '직접'의 의미에 대해서, '중간에 제3자나 매개물이 없이 바로 연결되는 관계' 또는 '중간에 아무것도 개재시키지 않은 바로 그 자체'를 의미하고, '근무조건과 직접 관련되어 교섭대상이 되는 사항'은 공무원이 공무를 제공하는 조건이 되는 사항 그 자체, 즉 전형적으로 어떤 근무조건의 변화를 내포하고 있어 근무조건에 영향을 주지 아니할 여지가 거의 없는 사항을 의미한다고 하였다.127)

근무조건과 직접 관계가 없는 정책결정사항 등은 정부기관이 법령에서 정

이 적법하다고 판단하였고(원심 판단 동일), 노동조합의 선출직 임원과 사무국장의 전보인사를 할 때 노동조합과 사전에 협의하도록 정한 조항에 대해서도 조합원의 근무조건과 직접 관련이 있다고 보기 어렵고 사전협의라는 필수적 절차에 의하여 기관의 인사권 행사가 본질적으로 제한될 가능성이 있다는 이유로 단체교섭의 대상이 될 수 없어 위 조항에 대한 시정명령은 적법하다고 판단하였다[1심 법원은 노동조합의 선출직 임원과 사무국장의 전보인사 시 사전에 협의하도록 정한 조항에 관하여 '지방자치단체장의 인사권을 근거 없이 제한할 뿐 아니라 구체적인 임용권의 행사에 관한 것으로서 공무원의 근무조건과 직접 관련된 것이라 볼 수도 없다'고 하여 시정명령 대상이 된다고 판단하였는데(서울행법 2010. 4. 16. 선고 2009구합42069 판결), 이와 달리 2심 법원은 '해당 조항은 교섭사항이 되는 노동조합에 관한 사항이고, 사전협의는 노동조합 간부에 대한 사용자의 자의적인 인사권이나 징계권의 행사로 노동조합의 정상적인 활동이 저해되는 것을 방지하려는 취지이며, 사전협의를 거치지 않은 채 행하여졌다고 하여 반드시 효력이 없는 것이라고 할 수는 없으므로 인사권의 본질적 권한을 침해한다고 볼 수 없다'고 판단하여 시정명령이 위법하다고 보았다(서울고법 2011. 5. 19. 선고 2010누14192 판결)]. 이에 대한 평석으로 ㉠ 정영훈, 164~168면, ㉡ 오세웅, 169~173면 참조.

② 대법원 2017. 8. 18. 선고 2012두10017 판결은 법원공무원노동조합과 법원행정처장 사이에 체결된 단체협약 중 법원의 업무절차와 승진제도의 개선, 사법서비스제도 개선, 승진적체 해소 등을 내용으로 하는 단체협약 조항들에 대한 고용노동부장관의 시정명령이 모두 적법하다고 판단한 1심과 2심의 결론을 유지하였다(특히 이 사건의 1심 법원은 공무원의 근무조건을 '근무시간, 휴일, 휴가, 교대근무, 보수, 교육시설, 휴직, 안전, 재해 부조, 표창, 제재, 퇴직에 관한 사항'으로 한정한 다음, 예산 편성, 행정청사 이전, 기관 정원 배치, 조직개편, 사업계획, 근무평정, 인사이동, 구체적 징계명령 등은 근무조건과 직접 관련이 없어 단체교섭 대상이 될 수 없다고 하였다).

위 ① ② 두 판결에 대한 평석으로 최은배, 183~204면 참조(공무원의 근무조건을 '복리, 후생, 보수, 근무 시간, 재해 보상' 수준으로 지나치게 협소하게 본 점, 공무원노조법 시행령 4조는 공무원노조법에서 하위 법령에 '교섭의 대상이 될 수 없는 사항'의 구체적 내용을 위임한 바가 없음에도 공무원노조법 시행령 4조를 인용하며 비교섭사항의 해석기준으로 삼은 점, 궁극적으로 근무조건과 아주 직접적이지 않는 한 공공기관이 기관의 권한으로 정하는 사항은 전혀 노동조합이 관여할 수 없다는 점을 비판한다).

127) 헌재 2013. 6. 27. 선고 2012헌바169 결정('직접' 부분은 단서 규정의 비교섭대상을 '정책 결정에 관한 사항과 관리운영에 관한 사항 중 그 자체가 공무를 제공하는 조건이 되는 사항을 제외한 사항'으로 해석하기에 충분하므로 명확성의 원칙에 반하지 않고, 위 규정들이 비교섭사항에 대한 해당 행정기관의 책임행정을 달성하고 교섭사항을 둘러싼 혼란 방지를 위한 것이므로 그 입법목적과 수단이 적절하므로 과잉금지원칙에도 위배되지 않는다고 하면서 합헌 결정을 하였다).

한 권한 범위 내에서 자신의 정책판단에 따라 결정할 사항이지 노사 교섭으로
결정할 사항은 아니다. 정책결정 사항은 국가 또는 지방자치단체가 국민 또는
주민의 위임을 받아 결정하고 그 결과를 책임을 지게 되는 것인데, 만일 교섭에
의하여 결정하게 되면 법령상의 책임을 사실상 양자가 분담하는 결과를 초래하
게 되고 결국 법치주의의 원칙에 위배되어 공무원노조가 행정권에 부당하게 개
입하는 결과가 발생할 수 있다.128)

    그러나 실제 단체교섭에서는 공무원노조가 정책결정 사항과 관리운영 사항
을 교섭사항으로 삼을 것을 요구하는 사례가 적지 않다. 예를 들어, 2006년 정
부단체교섭의 경우 '정부교섭 단체협약서'와 '정부교섭 추인사항'을 보면, 공무
원제도의 개선, 민원업무 제도개선, 감사활동 참여 등 정책결정 및 관리운영 사
항이 교섭요구서에 포함되어 있었다. 이들 안건은 단체교섭 결과에서는 '정책건
의'의 형태로 문서화되었다.129)

    실제 교섭대상으로 인정할 것인지 여부는 근무조건의 직접 관련성 여부를
개별적·구체적으로 판단하여 결정하여야 한다.130)

    한편, 판례는 공무원노조의 선출직 임원과 사무국장의 전보인사를 할 때 공
무원노조와 사전에 협의하도록 정한 단체협약 조항에 대해 근무조건과의 직접
관련성을 부정하였고,131) 법원의 업무와 승진제도의 개선 등을 내용으로 하는
단체협약 조항에 대하여도 정책결정 내지 기관의 관리·운영에 관한 사항으로
서 법원공무원 근무조건과의 직접 관련성을 부정한 바 있다.132) 반면, 단체교섭
사항 중 전라남도 소속 도, 시·군간 지방공무원 인사교류에 관한 사항은 인사
교류의 일반적인 기준이나 절차를 정하는 것으로 단위노동조합 소속 공무원들
의 근무조건과 직접 관련성을 긍정하였다.133)134)

---

128) 유각근, 115면.
129) 김인재c, 14면
130) 이상윤d, 138면.
131) 각주 126) ① 판결 참조.
132) 각주 126) ② 판결 참조.
133) 대법원 2014. 12. 11. 선고 2010두5097 판결[시군구 소속 공무원과 광역자치단체 소속 공
    무원 간의 인사교류 등에 관한 사항은 시군구 소속 공무원들의 근무조건에 해당하여 교섭대
    상이 되며, 이에 대한 관리·결정권한은 광역자치단체장에게 있으므로 시군구공무원노동조합
    등은 광역자치단체장을 상대로 교섭을 요구할 수 있다고 한다(이른바 전남연맹 판결)].
134) 한편 하급심 판결 중에는 예산편성, 청사이전, 근무체제변경(다만 근무체제변경에 따른 근
    무시간표의 작성은 근로조건과 관련성 인정), 기관정원배치, 조직개편, 사업계획, 근무평정기
    준, 직원개인인사이동(다만 인사이동에 따른 직원주택이나 통근버스제공은 근로조건과 관련

교섭사항에 해당하여 단체협약이 체결되더라도 법령·조례 또는 예산 등에 의하여 규정되는 내용은 단체협약으로서 효력이 발생하지 않는데 이에 관하여는 후술한다.

다. 외국의 태도

미국의 경우 기관의 예산, 조직 및 인사권한 등 사용자의 경영권한(manage-ment right) 사항은 원칙적으로 교섭대상에서 제외하고 있는데, 특히 임금의 결정은 노조가 단체교섭이 아닌 전국임금정책위원회, 연방봉급위원회의 위원으로 참석하여 의사를 반영하고 있다. 특정 사항이 교섭사항에 해당하는지에 관한 분쟁은 전국노동관계위원회에서 처리하고 있다.

독일의 경우 공무원관계 전반에 대하여 단체교섭의 방식이 아니라 입법과정에 공무원노조가 참여할 수 있도록 하는 방식을 채택하고 있으므로, 연방정부는 노조와 비공식적인 토론을 진행한 다음 확정된 초안을 노조에 제시하여 회람시키는 방식으로 진행한다. DBB(Deutsche Beamtenbund, 독일공무원연맹), DGB (Deutsche Gewerkshaftsbund, 독일노동조합총연맹) 등의 단체에서도 정부 측에 제안을 할 수 있다.

영국, 프랑스, 일본의 경우 보수 기타 근로조건에 관하여 단체교섭을 허용하고 있는데, 영국의 경우 공무원 중에서도 교원, 의사, 군인, 판사 등의 임금은 임금검토기구나 지수연계제도 등 별도의 제도에 의하여 단체교섭 없이 결정되고 있고, 프랑스의 경우 노동조합이 보수 결정 이전에 전국적 단위에서 정부와 사전교섭을 할 수 있다는 특징이 있다.[135]

7. 단체교섭의 당사자 및 담당자[136]

법 제8조(교섭 및 체결 권한 등)

① 노동조합의 대표자는 그 노동조합에 관한 사항 또는 조합원의 보수·복지, 그 밖의 근무조건에 관하여 국회사무총장·법원행정처장·헌법재판소사무처

성 인정), 구체적 징계명령 등에 대해 근무조건과 직접 관련이 없다고 판단하여 단체교섭 대상에서 제외한 사례가 있다(서울행법 2010. 4. 16. 선고 2009구합42069 판결).

135) 이상 외국례에 관하여는 고용노동부a, 113면 이하 참조.

136) 단체교섭의 당사자란 단체교섭을 자기의 이름으로 수행하고 그 결과로서 협약의 당사자가 되는 자를 말한다. 이에 비하여 단체교섭의 담당자라 함은 단체교섭을 현실적으로 담당하는 자를 일컫는 것으로서 교섭권한만을 가지는 경우, 타결권한까지 가지는 경우, 나아가 협약체결권한을 가지는 경우가 있다(김수복, 891면).

장·중앙선거관리위원회사무총장·인사혁신처장(행정부를 대표한다)·특별시장·
광역시장·특별자치시장·도지사·특별자치도지사·시장·군수·구청장(자치구
의 구청장을 말한다) 또는 특별시·광역시·특별자치시·도·특별자치도의 교
육감 중 어느 하나에 해당하는 사람(이하 "정부교섭대표"라 한다)과 각각 교섭
하고 단체협약을 체결할 권한을 가진다. 다만, 법령 등에 따라 국가나 지방자치
단체가 그 권한으로 행하는 정책결정에 관한 사항, 임용권의 행사 등 그 기관
의 관리·운영에 관한 사항으로서 근무조건과 직접 관련되지 아니하는 사항은
교섭의 대상이 될 수 없다.

② 정부교섭대표는 법령 등에 따라 스스로 관리하거나 결정할 수 있는 권한을
가진 사항에 대하여 노동조합이 교섭을 요구할 때에는 정당한 사유가 없으면
그 요구에 따라야 한다.

③ 정부교섭대표는 효율적인 교섭을 위하여 필요한 경우 다른 정부교섭대표와
공동으로 교섭하거나, 다른 정부교섭대표에게 교섭 및 단체협약 체결 권한을
위임할 수 있다.

④ 정부교섭대표는 효율적인 교섭을 위하여 필요한 경우 정부교섭대표가 아닌
관계 기관의 장으로 하여금 교섭에 참여하게 할 수 있고, 다른 기관의 장이 관
리하거나 결정할 권한을 가진 사항에 대하여는 해당 기관의 장에게 교섭 및 단
체협약 체결 권한을 위임할 수 있다.

⑤ 제2항부터 제4항까지의 규정에 따라 정부교섭대표 또는 다른 기관의 장이
단체교섭을 하는 경우 소속 공무원으로 하여금 교섭 및 단체협약 체결을 하게
할 수 있다.

가. 노동조합 측 당사자 및 담당자

공무원노조법상 노동조합이면 그 조직형태나 가입 조합원 수에 관계없이
단체교섭의 당사자가 될 수 있다.

한편 민간부분 노동조합 관련하여, 설립신고를 마치지 못한 근로자단체가
단체교섭권을 향유하는지 여부에 관하여 법외노조설[137]과 비노조설[138]이 대립
하고 있는데, 다수설인 법외노조설에 의하면, 이러한 단체도 노동조합의 실질적
요건을 구비하고 있다면 헌법 33조 1항의 노동조합으로서 헌법상의 보호 내지

---

137) 헌법상단체설이라고도 한다. 김유성, 노동법Ⅱ; 59면; 임종률, 67~68면; 하갑래b, 106~107
　　면; 김형배, 1084면.
138) 이상윤a, 599면. 행정해석은 이 입장을 취하고 있다.

이익을 누릴 수 있으므로 단체교섭권, 단체협약 체결권 및 민·형사 면책권이 인정된다. 다만, 노조법은 신고증을 교부받지 않은 단결체에 대해 노동위원회의 노동쟁의의 조정 및 부당노동행위의 구제를 신청할 수 없도록 규정하고 있으므로(노조법 7조 1항), 법외노조는 정부 측이 정당한 이유 없이 교섭에 응하지 않을 경우 부당노동행위 구제신청은 할 수 없다. 판례는 민간부문 노조에 관하여는 법외노조설과 동일한 입장을 취하고 있는 반면, 공무원노조에 대해서는 비노조설의 입장을 취하고 있다(앞의 Ⅱ. 4. 나. '설립신고' 부분 참조).[139)]

노동조합의 대표자와 노동조합으로부터 위임을 받은 자는 단체교섭의 담당자에 해당한다. 해당 노조의 명칭에 '연합', '연맹' 등의 표시가 포함되어 있다 하더라도 그 실질이 단위노조인 경우에는 독자적으로 단체교섭의 당사자가 될 수 있고, 해당 노조의 명칭에 '연합', '연맹' 등의 표시가 없더라도 그 실질이 단위노조의 연합체에 불과한 경우에는 단위노조의 위임 없이는 단체교섭을 요구할 수 없으며, 위임이 있더라도 위임을 한 단위노조 명의로 단체협약을 체결하여야 하는 단체교섭의 담당자에 불과하다.

공무원노조의 경우 단체교섭을 제3자에게 위임할 수 있는가에 관하여 견해가 대립한다. 공무원노조법 17조 3항은 단체교섭 및 단체협약 체결의 위임에 관한 노조법 29조의 적용을 배제하고 있다는 이유로 개별 공무원노조가 상급단체나 다른 공무원노조에 교섭권한을 위임할 수 없다고 해석하는 견해[140)]가 있는가 하면, 극소수 조합원으로 구성된 개별노조가 단체교섭권의 보장만을 주장하며 교섭참여를 고집할 때 교섭에 차질을 초래하고 그 피해는 전체 공무원에게 돌아가기 때문에 공무원노조의 경우에도 교섭권한의 위임이 가능하다고 보는 견해[141)]가 있다. 이와 같은 견해의 대립에도 불구하고 현실에서는 단체교섭의 위임이 빈번하게 이루어지고 있다. 2006년도 정부교섭에서 29개 노조가 공무원

---

139) 대법원 2014. 4. 10. 선고 2011두6998판결, 대법원 2016. 12. 27. 선고 2011두921 판결, 대법원 2017. 8. 18. 선고 2012두10017 판결.

140) 남경래 외 3명, 159면. 다만, 위 견해에서도 전국공무원단위노조가 특정 행정기관의 지부에 대하여 당해 지부의 조합원으로 하여금 교섭당사자로 하는 것은 무방하며, 당해 지부의 교섭에 대해 단위노조의 본부 임원이 교섭당사자로 나서는 것도 가능하다고 한다.

141) 김인재c, 23면. 고용노동부에서 배포한 공무원노조법 설명자료에서도 교섭권 위임이 가능하다고 설명하고 있다. 공무원노조법에서 노동조합 측 교섭위원단의 구성단위를 "당해 노동조합"이라 하지 않고 "노동조합"이라고 표현하고 있는 점에 비추어 공무원노조도 다른 공무원노조의 대표자 또는 조합원에게 교섭권을 위임하는 것이 가능하다고 해석하기도 한다(민변 노동법Ⅱ, 409면).

노조 연합단체 또는 총연합단체에 교섭권을 위임하였는데, 이에 대하여 당시 정부 측은 문제를 제기하지 않았고, 심지어 2006년도 정부교섭 단체협약서에는 "조합은 연맹 또는 단위조합에게 교섭권한을 위임할 수 있다."라는 규정을 두기도 하였다.

나. 정부 측 당사자 및 담당자

국가공무원이 조직한 노조인 경우에는 국가, 지방공무원이 조직한 노조인 경우에는 이에 대응하는 지방자치단체가 단체교섭의 당사자가 된다.[142] 국회, 법원, 헌법재판소, 선거관리위원회, 행정부 등의 헌법기관은 노동조합 조직단위에 해당하나 그 자체는 권리의무의 주체가 될 수 있는 권리능력을 가지고 있지 않으므로 국가가 사용자 측 당사자가 된다.

정부교섭대표는 단체교섭의 사용자 측 당사자가 아니라 사용자 측 당사자를 대표하여 단체교섭을 수행하는 담당자에 해당한다.[143] 국회, 법원, 헌법재판소, 중앙선거관리위원회, 행정부에 근무하는 공무원이 조직한 노조에 대응하는 사용자 측 정부교섭대표는 국회 사무총장, 법원행정처장, 헌법재판소 사무처장, 중앙선거관리위원회 사무총장, 행정부의 경우 인사혁신처장이다. 지방자치단체는 광역지방자치단체인 특별시·광역시·특별자치시·도·특별자치도의 경우 특별시장·광역시장·특별자치시장·도지사·특별자치도지사가, 기초지방자치단체인 시·군·구의 경우 시장·군수·구청장이, 각 교육청의 경우 특별시·광역시·특별자치시·도·특별자치도의 교육감이 정부교섭대표이다(공무원노조법 8조 1항).

각각의 정부교섭대표는 해당 기관에 설립된 공무원노조에 대해서만 교섭의무를 부담하고, 다른 기관에 조직된 공무원노조에 대해서는 원칙적으로 교섭의

---

142) 공무원에 관한 판례는 아니나 각 지방고용노동청장이 사법상의 근로계약을 체결한 직업상담원에 대응하는 단체교섭의 상대방 당사자와 관련하여 대법원은 지방고용노동청장은 행정주체인 국가 산하의 행정관청으로서 근로계약체결사무를 처리한 것에 지나지 아니하므로 사법상의 근로계약 관계의 권리·의무는 행정주체인 국가에 귀속되고, 이에 따라 국가가 노조법 2조 2호 소정의 사업주인 사용자로서 노동조합에 대응하는 단체교섭의 상대방 당사자 지위에 있다고 판시하였다(대법원 2008. 9. 11. 선고 2006다40935 판결).

143) 전국교직원노동조합이 국가와 교육과학기술부장관을 상대로 단체교섭응낙가처분을 신청한 사건에서 법원은 교육과학기술부장관은 교원의 노동조합과 교원의 사용자인 국가 사이에 단체교섭을 실시하고 단체협약을 체결함에 있어서 교원의 노동조합 대표자에 상응하여 사용자인 국가를 대표하는 기관을 의미하는 것일 뿐, 교육과학기술부장관 스스로가 단체교섭 및 단체협약의 당사자가 된다고 볼 수 없다고 판단하여 교육과학기술부장관에 대한 신청을 각하하였다(서울중앙지법 2010. 6. 4.자 2010카합182 결정).

무를 부담하지 않는다.144) 이는 공무원의 임용·복무관계 및 예산운용에서 각 헌법기관,145) 자치단체 또는 교육자치단체의 장이 각각 사용자와 같은 결정권한을 가지고 있기 때문이다. 이와 같이 최소 설립 단위 기관의 정부교섭대표와 공무원노조 사이에서 벌어지는 단체교섭을 이른바 '기관별 교섭'이라 한다.146) 기관별 교섭사항의 예로는 노조 활동의 보장, 휴직 및 병가 시 대체인력 지원, 직무연수 및 체육활동의 확대, 조합간부의 불이익 금지, 근무조건 및 사무실 환경 개선 등을 들 수 있다.

　　그런데 사실상 중앙정부 차원에서 법령과 예산편성을 통해 보수 등 국가·지방공무원의 주요 근무조건을 관장하고 있으므로, 기관별 교섭으로 보수·인사제도 등 주요 근무조건을 결정하는 데에는 한계가 있다. 따라서 행정부 공무원이든 다른 헌법기관, 지방자치단체 또는 교육자치단체의 공무원이든 보수·인사제도 등 주요 근무조건에 대해서는 해당 기관장보다는 중앙정부를 상대로 하는 이른바 '중앙정부교섭'이 필요하게 된다.147) 이를 위한 제도적 장치로서 공무원노조법 8조 2항은 법령 등에 따라 스스로 관리하거나 결정할 수 있는 권한을 가진 사항에 대하여는 그 권한을 가진 정부교섭대표가 교섭의무를 부담하도록 규정하고 있다. 예컨대, 보수 등 중앙정부에서 관리·결정할 권한을 가진 사항에 대하여 공무원노조의 교섭요구가 있을 경우, 인사혁신처장이 정부교섭대표로 교섭에 응하여야 할 의무를 부담한다.148) 즉, 공무원노조법 8조 1항은 최소 설립 단위의 교섭을 기본적으로 보장하고 있고, 그와 별도로 8조 2항은 법령 등으로 관리·결정할 수 있는 사항에 대해서는 그 권한을 가진 정부교섭대표가 교섭요구에 응하도록 규정하고 있다.149)

---

144) 최학종·박근석, 133면. 다만, 해당 기관의 공무원이 조합원으로 된 전국 단위의 공무원노조가 교섭을 요구하는 경우 또는 해당 기관에 조직된 공무원노조로부터 위임을 받은 공무원노조 연합체가 교섭을 요구하는 경우에는 다른 기관에 조직된 공무원노조와 교섭문제로 파악할 것은 아니다.
145) 다만, 행정부의 경우에는 각 중앙행정부처가 그와 같은 권한을 가지고 있다.
146) 김인재c, 10면.
147) 김인재c, 11면.
148) 동일한 취지로 대법원 2014. 12. 11. 선고 2010두5097 판결(공무원노조법 8조 1항에 정부교섭대표로 열거된 자는 교섭을 요구하는 노동조합이 해당기관에 소속된 공무원으로 구성되는 노동조합이 아니라 하더라도, 법령 등에 따라 스스로 관리하거나 결정할 수 있는 권한을 가진 사항에 대하여 교섭의무를 부담한다).
149) 이와 달리 공무원노조법 8조 1항은 5조에서 최소 설립 단위를 규정한 데에 따른 추가적·선언적 규정에 불과하고, 정부교섭대표는 8조 2항에 따라 법령 등에 의하여 스스로 관리·결정할 수 있는 사항이라면 기관 단위, 전국 단위를 막론하고 교섭요구에 응하여야 하고, 이에

한편 정부교섭대표는 효율적인 교섭을 위하여 필요한 경우 다른 정부교섭
대표와 공동으로 교섭하거나 다른 정부교섭대표에게 그 권한을 위임할 수 있다
(공무원노조법 8조 3항).150) 예컨대 서울특별시장은 산하 구청장들과 함께 서울지역
공무원노조에 대해 공동으로 교섭단을 구성할 수 있고, 다른 헌법기관의 장이나
지방자치단체장이 국가공무원 또는 지방공무원의 근무조건에 관하여 행정안전
부장관에게 교섭을 위임할 수 있다.

그런데 거꾸로 공무원노조가 기관별 교섭에서 당해 기관의 정부교섭대표가
관리·결정할 수 없는 사항에 대하여 교섭요구를 하면서 당해 사항을 소관하는
다른 정부교섭대표에게 교섭권한을 위임할 것을 요구할 수 있는가 하는, 이른바
'상신교섭(上申交涉)'의 문제가 실무적으로 제기되고 있다. 예컨대 지방자치단체
의 교섭대표에게 행정부의 관리·결정사항이라 할 수 있는 연금, 직급·직제 개
편 등을 교섭사항으로 제시하였다가 해당 교섭대표가 교섭불가 입장을 밝힘에
따라 공무원노조가 행정부 교섭대표에게 교섭권을 위임할 것을 요구하는 경우
이다. 실제로 공무원노조는 중앙정부 소관사항에 대하여 교섭권한을 위임할 것
을 강력히 요구하고 있고, 전국단위 노조의 표준협약(안) 역시 이를 염두에 두고
작성되어 전국 각 지부의 교섭에 활용되고 있다.151) 그러나 노동조합의 상신교
섭 요구에 대하여 해당 기관의 정부교섭대표에게 상신의무는 없다고 보는 것이
법의 취지나 문구에 부합하는 해석이다.152) 같은 맥락에서 공무원노조가 복수의
정부교섭대표에게 공동교섭을 요구할 경우 당해 정부교섭대표로서는 자신과 관
련되는 사항에 관하여 공동교섭에 임의로 응할 수는 있으나 공동교섭에 응하여
야 할 의무는 없다.153)

한편 정부교섭대표는 효율적인 교섭을 위하여 필요할 경우에는 정부교섭대
표가 아닌 관계기관의 장으로 하여금 교섭에 참여하게 할 수도 있고, 다른 기관
의 장이 관리하거나 결정할 권한을 가진 사항에 대하여는 당해 기관의 장에게

응한 이상 교섭기간 중 또는 단체협약 체결 이후 별도의 교섭에 응할 의무가 없다는 입장이
있다(자세한 것은 이화진, 51면).

150) 교원노조법에서는 이와 달리 공동교섭제도를 두고 있지 않다.

151) 이화진, 55면.

152) 교섭사항이 다른 정부교섭대표 소관사항과 혼재되어 있는 경우라면, 위 법령의 규정에 부
합하도록 당해 정부교섭대표 소관사항에 한하여 교섭개시 예정일을 다시 지정, 교섭을 요구
하는 것이 타당하다는 고용노동부의 행정해석(고용노동부 질의회신 공공노사관계팀-1563,
2006. 8. 7.)도 이와 같은 전제에 있는 것으로 이해된다.

153) 최학종·박근석, 134면.

그 권한을 위임할 수도 있다(공무원노조법 8조 4항). 여기서 '다른 기관'이라 함은
해당 정부교섭대표가 대표하는 범위 내의 기관으로서 교섭사항 중 그 기관의
장이 관리하거나 결정할 권한을 가진 사항이 있는 기관을 의미한다.154) 실제로
행정부장관은 2007년도 교섭에서 단위노조가 산하 각 지부의 고유사항에 대한
교섭권한을 각급 중앙행정기관장에게 위임하여 줄 것을 요구하자 이를 수용하
여 국정홍보처 등 단위노조의 지부가 설치되어 있는 17개 중앙행정기관의 장에
게 단위노조로부터 교섭권한을 위임받은 노조 지부와 당해 기관장이 관리·결
정할 수 있는 근무조건에 관하여 해당 노조 지부와 교섭하고 단체협약을 체결
할 권한을 위임한 적이 있다.155)

8. 단체교섭의 절차

법 제9조(교섭의 절차)

① 노동조합은 제8조에 따른 단체교섭을 위하여 노동조합의 대표자와 조합원으
로 교섭위원을 구성하여야 한다.

② 노동조합의 대표자는 제8조에 따라 정부교섭대표와 교섭하려는 경우에는 교
섭하려는 사항에 대하여 권한을 가진 정부교섭대표에게 서면으로 교섭을 요구
하여야 한다.

③ 정부교섭대표는 제2항에 따라 노동조합으로부터 교섭을 요구받았을 때에는
교섭을 요구받은 사실을 공고하여 관련된 노동조합이 교섭에 참여할 수 있도록
하여야 한다.

④ 정부교섭대표는 제2항과 제3항에 따라 교섭을 요구하는 노동조합이 둘 이상
인 경우에는 해당 노동조합에 교섭창구를 단일화하도록 요청할 수 있다. 이 경
우 교섭창구가 단일화된 때에는 교섭에 응하여야 한다.

⑤ 정부교섭대표는 제1항부터 제4항까지의 규정에 따라 관련된 노동조합과 단
체협약을 체결한 경우 그 유효기간 중에는 그 단체협약의 체결에 참여하지 아
니한 노동조합이 교섭을 요구하더라도 이를 거부할 수 있다.

⑥ 제1항부터 제5항까지의 규정에 따른 단체교섭의 절차 등에 관하여 필요한
사항은 대통령령으로 정한다.

---

154) 고용노동부 질의회신 공공노사관계팀-283, 2008. 2. 11.

155) 이화진, 56면.

가. 단체교섭의 요구

노동조합의 대표자는 교섭하고자 하는 사항에 대하여 권한을 가진 정부교섭대표에게 서면으로 교섭을 요구하여야 한다(공무원노조법 9조 1항). 이러한 교섭요구는 단체협약의 유효기간 만료일 3월 전부터 교섭개시 예정일 30일 전까지 하여야 한다(공무원노조법 시행령 6조). 위 기간 내에 교섭요구를 하지 아니한 노동조합의 교섭요구에 대하여는 이를 거부할 수 있다(공무원노조법 시행령 7조 4항).

교섭요구서에 첨부된 교섭요구사항이 표제와 제호 정도로만 구성되어 있어 당해 정부교섭대표가 관리·결정할 수 있는 사항인지, 적법한 교섭사항인지 여부를 판단할 수 없는 경우가 있다. 이러한 경우 정부교섭대표는 수정·보완조치를 요구할 수 있고, 만일 해당 노동조합이 적절한 조치를 취하지 아니하여 도저히 그 의미와 내용을 파악할 수 없다면 교섭요구사실 공고와 교섭참여노동조합 공고에서 제외시킬 수 있다.[156]

나. 정부교섭대표의 공고 및 다른 노동조합의 참여

정부교섭대표는 교섭의 요구를 받은 때에는 관련된 노동조합이 교섭에 참여할 수 있도록 지체 없이 자신의 인터넷 홈페이지 또는 게시판에 교섭요구사실을 공고하여야 하고(공무원노조법 9조 2항, 3항, 공무원노조법 시행령 7조 1항),[157] 교섭에 참여하고자 하는 노동조합은 위 공고일로부터 7일 이내에 노동조합 설립신고증 사본 및 교섭요구사항 등을 첨부하여 정부교섭대표에게 단체교섭요구서를 제출하여야 한다(공무원노조법 시행령 7조 2항, 공무원노조법 시행규칙 3조). 교섭참여기간이 만료된 이후에는 교섭을 요구하지 아니한 노동조합이나 신설되는 노동조합은 교섭에 참여할 수 없다.[158] 또한 정부교섭대표는 위 교섭요구기간 내에 교섭요구를 하지 아니한 노동조합의 교섭요구에 대하여는 이를 거부할 수 있다(공무원노조법 시행령 7조 4항).

교섭요구기간이 만료된 후 정부교섭대표는 교섭요구를 한 노동조합, 즉 교섭노동조합을 자신의 인터넷 홈페이지 또는 게시판에 공고하고 교섭노동조합에게 통보하여야 한다(공무원노조법 시행령 7조 3항). 교섭노동조합과 단체협약을 체결

---

156) 이화진, 62면.
157) 구 시행령은 공고 방법이 규정되어 있지 않았으나, 2021년 시행령 개정으로 '인터넷 홈페이지 또는 게시판'으로 공고방법을 명시하였다.
158) 고용노동부 질의회신 공공노사관계팀-1563, 2006. 8. 7.

한 경우 그 단체협약의 유효기간 중에는 그 체결에 참여하지 아니한 노동조합이 교섭을 요구하더라도 정부교섭대표는 이를 거부할 수 있다(공무원노조법 9조 5항).

다. 교섭위원의 구성

노동조합은 노동조합의 대표자와 조합원으로 교섭위원을 구성하여야 한다(공무원노조법 9조 1항). 소속 상급단체 노조원이라 하더라도 공무원노조의 조합원 자격이 없는 자는 교섭위원이 될 수 없다. 실무상으로는 전국 단위 노조가 특정 기관의 교섭에 다른 기관 소속 조합원을 교섭위원으로 선임하고 있는 경우가 있다. 이에 대하여 고용노동부는 당해 특정기관 소속 조합원으로 교섭위원을 구성하는 것이 타당하고, 만일 교섭위원 선임이 신의성실의 원칙에 반하거나 권리 남용에 해당되어 사회통념상 정상적인 교섭이 어렵다고 판단되는 정당한 사유가 있는 경우에는 당해 교섭위원의 교체를 요구할 수 있다는 입장이다.159)

교섭노동조합은 정부교섭대표가 교섭요구를 한 노동조합에 관하여 공고한 날부터 20일 이내에 교섭위원을 선임하여 교섭노동조합의 대표자가 각각 서명 또는 날인한 서면으로 정부교섭대표에게 통보하여야 한다. 이 경우 교섭위원의 수는 조직의 규모 등을 고려하여 정하되, 10인을 초과할 수 없다(공무원노조법 시행령 8조 1항).

라. 교섭창구의 단일화 및 교섭위원 비례 선임

교섭을 요구하는 노동조합이 2 이상인 경우 정부교섭대표는 해당 노동조합에 대하여 교섭창구를 단일화하도록 요청할 수 있고, 교섭창구가 단일화된 때에는 교섭에 응하여야 한다(공무원노조법 9조 4항).160) 공무원노조법 9조 4항의 문언만 보면, 민간부문 노조와 달리161) 교섭창구 단일화를 의무로 명시한다거나 사용자

---

159) 고용노동부 질의회신 공공노사관계팀-1955, 2007. 9. 27. 이와 같은 태도는 다른 기관 소속 조합원에게 위임하는 것 자체만으로는 위법하지 않으나 적절치 못하고, 일정한 경우에는 교섭위원의 교체를 요구할 수 있다는 입장으로 이해된다.

160) 헌재 2008. 12. 26. 선고 2005헌마971 등 결정에서는 공무원노조법 9조 4항은 복수노조 허용에 따라 예상되는 단체교섭의 혼란 및 단체협약 적용상의 어려움, 과다한 교섭비용을 줄이기 위하여, 단체교섭에 관련된 노동조합에게 원칙적으로 단체교섭권의 행사를 보장하면서 노동조합 간의 자율적인 교섭창구 단일화를 규정한 것이라고 한다.

161) 노조법 29조의2(교섭창구 단일화 절차) ① 하나의 사업 또는 사업장에서 조직형태에 관계없이 근로자가 설립하거나 가입한 노동조합이 2개 이상인 경우 노동조합은 교섭대표노동조합(2개 이상의 노동조합 조합원을 구성원으로 하는 교섭대표기구를 포함한다. 이하 같다)을 정하여 교섭을 요구하여야 한다. 다만, 제3항에 따라 교섭대표노동조합을 자율적으로 결정하는 기한 내에 사용자가 이 조에서 정하는 교섭창구 단일화 절차를 거치지 아니하기로 동의한 경우에는 그러하지 아니하다.

가 동의한 경우 개별교섭이 가능하다는 등의 규정은 없으므로, 사용자(국가, 지자체)의 동의가 없더라도 복수노조 중 일부 노조와 개별교섭이 가능한지 문제될 수 있다. 그러나, 현실에서 사용자는 거의 예외 없이 교섭창구 단일화를 요청하고 있으므로 실제로 개별교섭이 문제될 가능성은 매우 희박하고, 나아가 공무원노조법 시행령 8조 2항은 "교섭노동조합이 둘 이상인 경우에는 교섭노동조합 사이의 합의에 따라 교섭위원을 선임하여 교섭창구를 단일화해야 한다."라고 규정하여 교섭창구 단일화를 의무로 규정하고 있기 때문에(이에 대한 예외 규정을 두고 있지도 않다) 사용자의 동의에 의한 일부 노조와의 개별교섭이 허용된다고 해석하기는 어려울 것으로 보인다.162)

단일화를 요청받은 노동조합은 교섭위원에 관한 합의를 하여야 하는데, 합의에 이르지 못한 때에는 교섭노동조합의 조합원 수에 비례하여 교섭위원을 선임하여야 한다(공무원노조법 시행령 8조 1항·2항).163) 즉, 공무원노조법상 교섭창구 단일화 절차는 교섭노동조합 사이의 자율적 합의(1단계), 미합의의 경우 조합원 수에 비례한 교섭위원 선임(2단계)의 두 단계로 요약된다.

공무원노조법은 비례적 교섭대표제를 채택하고 있는데, 이는 노조법에서 과반수 노조가 없는 경우에 한하여 교섭요구 노동조합의 공동교섭단을 구성하도록 규정하고 있는 것과 대조된다(노조법 29조의2 4항). 공무원노조법상 교섭창구 단일화는 과반수 또는 다수 노동조합에 우선권을 부여하기보다 조합원 수에 비례한 공동교섭대표단을 구성하도록 함으로써 소수 노동조합도 가급적 폭넓게 교섭에 참여할 수 있다는 장점이 있다.164)

교섭노동조합 사이에 공무원노조법 시행령 8조 1항 전단에 따른 기간(교섭요구를 한 노동조합에 관해 공고한 날부터 20일) 내에 교섭위원 선임에 관한 합의에 이르지 못했을 때에는 교섭노동조합의 조합원 수(공무원노조법 6조 1항 1호부터 3

---

162) 다만, 시행령보다는 법률 차원에서 교섭창구 단일화 의무 규정을 두는 것이 바람직할 것으로 보인다.
163) 조합원 수에 비례하여 교섭위원을 배분토록 한 위 규정으로 인하여 공무원노조 사이에 실제 조합원 수를 둘러싸고 갈등이 발생하고, 이러한 갈등이 노정 간의 갈등으로 비화되기도 하였다. 단적인 예로 2006년도 정부공동교섭 때에는 총 교섭기간 459일(2006. 9. 11.~2007. 12. 14.) 중 297일이 이러한 창구단일화에 소진되었다. 이러한 문제점을 해소하기 위한 방책으로 행정자치부가 조합비 일괄공제 결과 등을 토대로 실제 조합원 수를 정기적으로 확인·공표하면, 부분적이나마 교섭창구단일화를 둘러싼 갈등을 줄일 수 있다는 견해가 제기되기도 하였다(김인재c, 22면).
164) 이재용, 271면.

호까지의 규정에 해당하는 조합원의 수를 말한다[165])에 비례하여 위 기간이 끝난 날부터 20일 이내에 교섭위원을 선임해야 한다(시행령 8조 2항 단서).[166]

2021년 개정 시행령에서는 교섭노동조합은 시행령 8조 2항에 따라 교섭위원을 선임하는 때에는 해당 교섭노동조합의 조합원 수를 확인하는 데 필요한 기준과 방법 등에 대해 성실히 협의하고, 그에 필요한 자료를 제공하는 등 적극 협조해야 한다는 규정을 신설하였다(시행령 8조 3항).

조합원 수 산정에 관하여 교섭노동조합 사이에 이견이 있는 경우, 시행령 7조 3항의 교섭노동조합 공고일 이전 1개월 동안 전자금융거래법 2조 11호에 따른 전자지급수단의 방법으로 조합비를 납부한 조합원을 기준으로 산정한다(시행령 8조 4항 본문). 다만, 둘 이상의 노동조합에 가입하여 조합비를 납부한 조합원의 경우 숫자 1을 조합비를 납부한 노동조합의 수로 나눈 후에 그 산출된 숫자를 조합비를 납부한 노동조합의 조합원 수에 각각 더한다(시행령 8조 4항 단서). 시행령 8조 4항은 2021년 개정 시행령에 신설된 조항으로 비례에 의한 교섭위원 선임을 위한 조합원 수의 의미를 명확히 함으로써 교섭창구 단일화 관련 분쟁을 예방하고자 하였다.

한편, 공무원노조법 시행령 8조 1항에서 교섭위원의 수를 원칙적으로 10인 이내로 한정하고 있기 때문에 10개 이상의 노동조합이 병존하는 경우에는 조합원 수에 비례하여 교섭위원을 선정하더라도 교섭위원을 배분받지 못하는 노동조합이 발생할 수 있다는 지적이 있다.[167]

2018년 행정부교섭에서 사실상 처음으로 조합원 수에 비례한 교섭위원 선임이 이루어진 바 있다. 당시 국가공무원노동조합, 전국공무원노동조합, 통합공무원노동조합이 교섭노조로서 2018년 10월부터 2019년 1월까지 교섭위원 선임 등을 위한 협의를 진행하였는데, 국가공무원노동조합이 2018. 11. 5. 국가공무원노동조합 7명, 전국공무원노동조합 3명으로 하는 교섭위원 명단을 통보한 것에

---

165) 따라서 공무원노조법 6조 1항 4호의 퇴직공무원은 비례에 의한 교섭위원 선임시 조합원 수에서 제외된다.

166) 2021년 시행령 개정으로 조합원 수는 재직 공무원 수를 기준으로 하고, 비례 교섭위원 선임기간을 20일로 하는 내용이 신설되었다.

167) 교섭위원을 결정하는 제도를 둔 국가에서는 대부분 일정한 비율 이상을 조직한 노동조합에 대해서만 교섭위원 선정절차에 참가할 수 있도록 하고 있다. 미국은 30%, 영국은 10%, 이탈리아는 5%의 하한비율을 두고 있다(이승욱, 104면). 이승욱 교수는 전체 조합원 중 10% 이상의 조합원을 조직하고 있는 노동조합에 한하여 비례적으로 교섭위원을 배당하도록 하는 방안이 현실적이라고 한다.

대하여, 통합공무원노동조합이 소수노조에 대한 배려를 주장하며 교섭위원 1명의 배정을 요구하면서 논의는 표류하였다.[168] 결국 조합원 수에 비례한 교섭위원을 선임해야 했는데 조합원 수 비례 선임의 기준이나 참조할만한 선례가 없는 상황에서 결국 고용노동부가 제시한 기준에 의해 교섭위원 수를 배정하였다.[169] 결과적으로 통합공무원노동조합은 교섭위원을 한명도 배정받지 못하였는데, 이에 대하여 공무원노조법이 소수노조의 참여를 전제로 교섭노동조합들로 하여금 공동교섭기구를 구성하도록 하고 있고, 행정부교섭이나 정부공동교섭의 경우 교섭내용이 전체 공무원 조직을 대변하는 내용이라는 점에서 특정 노조가 교섭위원 배분을 독점해야 할 필요성이 크지 않으므로, 비례선임의 기본 취지에 어긋나지 않는 범위에서 소수노조를 보다 적극적으로 배려하는 노력이 필요하다는 지적이 있다.[170]

　　이와 같은 절차를 거쳐 선임된 교섭위원은 협의를 통해 교섭요구 단일안을 마련하여 예비교섭 전까지 정부교섭대표에게 제시하는 것이 바람직하다.[171]

　　한편, 교섭창구 단일화를 위한 교섭단위에 관하여, 당해 단체교섭에서 교섭하고자 하는 사항을 중심으로 이와 관련되는 조합원의 범위에 국한하여 그 수를 기준으로 비례적으로 교섭대표를 선임하여야 하는지, 아니면 전체 조합원 수

---

168) 이재용, 275면.

169) 제시된 기준은 '1단계에서 교섭노조별로 조합원 수 비율에 따른 '비례산출인원'을 구하고, 2단계에서 비례인원 값 중 '정수'에 해당하는 인원을 배정한 뒤, 3단계에서 정수 배정 후 남은 소수점 자리에 해당되는 인원을 배정하되 정수가 없는 노조들의 소수점 이하 산출인원 합과 정수가 있는 노조들의 각 소수점 이하를 비교하여 큰 순으로 추가 배정한다(10명까지). 4단계에서는 소수 노조들에 배정된 인원은 소수 노조 사이의 합의에 의해 선임하고 합의가 이루어지지 않은 경우에는 비례산출인원이 큰 소수 노조에 배정한다. 소수 노조가 둘 이상인 경우에 해당되며, 소수 노조가 하나 뿐인 경우에는 제3단계에서 종료된다'는 것이었다(고용노동부 질의회신 공공노사관계과-1759, 2019. 5. 24.). 다만, 제시된 기준이 법규범적 효력이 있다고 볼 수는 없다.

[표 4] 2018년 행정부교섭에서 교섭위원의 배정

교섭참여노조	조합원	비율(%)	제1단계 비례산출인원	제2단계 정수	제3단계 소수점	배정
국가공무원노동조합	25,300	80.9	8.093②	8	0	8
전국공무원노동조합	5,550	17.8	1.775①	1	1	2
통합공무원노동조합	410	1.3	0.131③	0	0	0
합계	31,260	100				10

170) 이재용, 276면.

171) 고용노동부 질의회신 공공노사관계팀-880, 2007. 4. 24.

를 기준으로 비례적 교섭대표를 선임하여야 하는지 문제될 수 있다. 예컨대, 행정부 전체 공무원에게 공통적인 사항에 대해 교섭을 하는 경우, 전체 행정부를 기준으로 조합원 수를 산정하는 것은 당연하나, 특정한 부처에 특유한 사항에 대해 교섭하려고 하는 경우에도 전체 행정부의 조합원 수를 산정하여야 하는지 아니면 그 특정 부처에 소속된 조합원 수를 산정하여야 하는지 문제가 되는 것이다.

  이에 대하여는 명문의 규정이 없는 이상 '교섭하고자 하는 사항'을 중심으로 그 사항과 관련되는 조합원 수에 따라 교섭위원의 수를 배분할 수밖에 없다는 견해가 있으나, 이에 대해서는 개개의 교섭사항마다 교섭위원의 구성이 달라질 수 있어서 그 절차나 교섭태양이 지나치게 복잡해지고 혼란이 발생할 수 있으며, 각 노동조합은 자신에게 유리한 범위로 교섭요구사항의 범위를 의도적으로 좁힐 경우, 교섭단위가 지나치게 파편화되고 대표성이 왜곡되는 등 부작용이 발생할 수 있다는 반론이 있다. 이러한 반론에서는 '교섭하고자 하는 사항'의 내용과 성질을 살펴 '교섭하고자 하는 사항'이 행정부, 법원, 국회, 지방자치단체 등 각 부문에 공통적인 사항인 경우에는 그 부문 전체를 대상으로 교섭창구를 단일화하여야 하고, 특정한 하부기관의 장이 독자적인 관리결정권한을 가지는 사항이라면, 그 기관에 속해 있는 조합원 수를 기준으로 교섭위원을 배분하여야 한다고 주장한다.[172] 교섭단위를 의도적으로 넓히거나 좁히는 것을 방지할 수 있다는 측면에서 후자의 견해가 더 타당해 보이지만, 구체적인 입법이 필요해 보인다.

마. 예비교섭의 전치

  교섭노동조합의 교섭위원 선임통보가 있으면 정부교섭대표는 지체 없이 정부 측 교섭위원을 선임하여 교섭내용·교섭일시·교섭장소 그 밖의 교섭에 필요한 사항을 협의하고 교섭을 개시하여야 한다(공무원노조법 시행령 9조). 이 같은 예비교섭을 정하고 있는 취지는 교섭창구 단일화 직후 즉각적으로 교섭을 개시할 경우 교섭 당사자 간에 절차와 방법 등 교섭의 형식과 관련하여 생길 수 있는 분쟁을 미연에 방지하고자 하는 데에 있다. 협의의 대상인 교섭내용은 정부교섭대표가 법령으로 관리·결정할 수 있는 사항인지, 비교섭사항을 포함하고

---

172) 이상의 논의에 관하여는 이승욱, 100면 이하 참조.

있는지 여부를 사전에 판단하는 것이라고 이해한다면, 본격적인 교섭이 개시되기도 전에 갈등을 빚을 우려가 있기 때문에, 여기서의 교섭내용이란 교섭요구서가 법령기준에 부합하는지 여부를 가리는 정도로 이해하는 것이 타당하다.[173]

9. 단체협약의 체결과 그 효력

법 제10조(단체협약의 효력)

① 제9조에 따라 체결된 단체협약의 내용 중 법령·조례 또는 예산에 의하여 규정되는 내용과 법령 또는 조례에 의하여 위임을 받아 규정되는 내용은 단체협약으로서의 효력을 가지지 아니한다.

② 정부교섭대표는 제1항에 따라 단체협약으로서의 효력을 가지지 아니하는 내용에 대하여는 그 내용이 이행될 수 있도록 성실하게 노력하여야 한다.

가. 단체협약의 체결

단체협약은 공무원노조와 국가 또는 지방자치단체와 사이에 체결된다. 협약 체결권자인 노조 조합장과 해당 정부교섭대표가 단체협약에 서명 또는 날인함으로써 단체협약은 효력을 발생한다. 교섭에 참여한 노동조합이 복수인 경우 단체협약을 체결하는 방식과 관련하여 2가지의 방법을 생각할 수 있다. 즉, ① 협약 체결 여부를 각 노동조합의 대표자에게 일임하도록 하는 방법과 ② 교섭위원 과반수의 결정에 따른 협약안을 관련된 노동조합 대표자 모두가 연명으로 서명하도록 하는 방법이 있을 수 있다.[174]

먼저 ②의 방법은 소수 노조에 대해 자신의 의사와 무관하게 협약 체결을 강제함으로써 소수 노조의 협약 체결권을 부당하게 제한한다는 점에서 문제가 있다. ①의 방법은 노동조합 대표자의 협약 체결권한을 온전히 보장하는 것이라는 점에서 ②의 방법에 비하여 우월한 면이 있다. ①의 방법에 의할 경우 소수 노조의 대표자가 협약 체결을 거부하는 경우 문제가 될 수 있겠으나, 당해 노동조합이 자신의 판단에 따라 단체협약 체결을 스스로 거부하고 무협약상태가 되는 것이기 때문에 정부교섭대표가 그 노동조합에 대하여 단체교섭을 거부하더라도 정당한 이유가 있는 단체교섭거부가 될 것이다. 현실적인 관점에서도 소수 노조가 협약 체결을 거부하는 것은 사실상 어려울 것이다. 따라서 ①의 방

---

173) 이화진, 68면.
174) 이에 관하여는 이승욱, 105면 이하 참조.

법에 의하더라도 교섭창구 단일화의 목적과 취지가 훼손되지는 않을 것으로 보인다.

나. 단체협약 효력의 제한(비효력사항)

공무원노조법은 공무원노조에 대하여 근무조건 등에 대한 단체교섭을 할 권리와 함께 그 합의사항을 단체협약으로 체결할 수 있는 권리를 보장하고 있다.175) 앞서 교섭사항에서 살핀 바와 같이 보수·복지 등의 근무조건은 법령·예산과 관련되는 경우에도 근무조건에 직접적으로 관련되는 사항일 경우 단체교섭의 대상이 되고(공무원노조법 8조 1항), 이 경우 정부교섭대표는 단체교섭에 응할 의무가 있다. 다만, 이에 관하여 단체교섭의 결과 단체협약이 체결될 경우 그 내용이 국회의 권한에 속하는 법령, 조례 또는 예산의 내용과 상이한 경우가 발생할 수 있다. 이에 공무원노조법 10조 1항에서는 단체협약의 내용 중 법령·조례 또는 예산에 의하여 규정되는 내용과 법령 또는 조례에 의한 위임을 받아 규정되는 내용은 단체협약으로서 효력을 가지지 않는다고 규정하였다.176)177)

공무원의 경우 민간부문과 달리 근무조건의 대부분은 헌법상 국민 전체의 의사를 대표하는 국회에서 법률·예산의 형태로 결정되는 것으로서, 그 범위 내에 속하는 한 정부와 공무원노조 간의 자유로운 단체교섭에 의하여 결정될 사항이 아니므로, 노사 간 합의로 체결된 단체협약이라 하더라도 법률·예산 및 그의 위임에 따르거나 그 집행을 위한 명령·규칙에 규정되는 내용보다 우선하는 효력을 인정할 수는 없다. 조례 또한 지방의회가 제정하는 것으로 해당 지방자치단체와 그 공무원을 기속하므로, 단체협약에 대하여 조례에 우선하는 효력

---

175) 일본의 공무원 직원단체와 독일의 공무원 노동조합의 경우 단체협약 체결권이 인정되지 않는다.

176) 여기서의 법령은 법률, 시행령, 시행규칙을 포함하며, 조례는 지방자치단체의 지방의회가 법령의 범위 안에서 그 사무에 관하여 의결한 것을 의미한다. 지방자치단체의 장이 법령 또는 조례가 위임한 범위 안에서 그 권한에 속하는 사무에 관하여 제정한 규칙은 법령·조례 그 자체에는 해당하지 않지만, '조례에 의한 위임을 받아 규정하는 내용'에 해당한다.

177) 1995년 전공노는 ILO 결사의 자유 위원회에 제소한 Case No. 1865 사건에서 공무원노조법상 교섭대상 규정인 8조 1항과 단체협약의 효력에 관한 10조에 대해 이의를 제기하였는데, 결사의 자유 위원회는 2007년 Report No.346에서 국가행정의 대리인 자격으로 행동하지 않는 공공근로자 및 공무원은 그들의 사용자들과 자유롭고 자발적인 교섭을 할 수 있어야 하고, 이 경우 양 당사자의 교섭 자치는 법, 조례 또는 예산 조항에 달려있지 않아야 함을 강조하였다. 또한 가장 중요하게는 입법 당국에 대한 예산권의 유보가 입법 당국에 의하여 체결되거나 입법 당국을 위하여 체결된 단체협약의 이행을 저지하는 효과를 가져와서는 안 되고, 정부가 이미 체결한 단체협약의 이행을 방해하거나 제한하는 방식으로 재정적 권한을 행사하는 것은 자유로운 단체교섭 원칙과 일치하지 않는다고 하였다(고용노동부e, 337면).

을 부여할 수 없다.178) 공무원노조법 제정 이전에도 예산 증액과 관련된 보수인 상약정의 효력에 관하여, 대법원은 그 효력을 부인한 바 있다.179) 단체교섭을 인정하면서도 단체협약 체결권은 부인하는 일부 국가들과는 달리 단체협약 체결권을 인정하는 우리나라 법제 하에서 교섭과 입법의 영역을 구분하기 위한 불가피한 규정이라고 평가되기도 한다.180)

일각에서는 단체협약의 내용이 법령·조례 및 예산에 의해 규정되는 내용이라고 하더라도 단체협약의 효력을 일률적으로 부인하는 것은 타당하지 않다고 비판한다. 이 견해에 의하면, 법령·조례 및 예산에 의해 규정되는 내용이 단체협약으로 체결된 경우에는 국회나 지방의회의 의결을 얻어야 그 효력이 발생하는 것(정지조건)으로 처리하되, 최소한 보수 등 직접적인 근무조건에 관한 사항은 정부나 지방자치단체의 장이 단체협약 체결 후 예를 들어 30일 이내에 국회나 지방의회에 부의하여 그 승인을 구하도록 하고, 명령·조례·예산에 의해 규정되는 내용은 정부나 지방자치단체의 장이 결정할 수 있는 권한의 범위 내에 있는 경우에 한하여 단체협약 내용이 효력을 갖도록 법을 개정하는 것이 바람직하다고 한다.181)

단체협약 중 비효력사항은 노조법 33조182)의 규범적 효력을 가지지 않고, 그 이행을 소구(訴求)할 수도 없다. 다만, 정부교섭대표는 단체협약으로서의 효력을 가지지 않는 내용에 대해 그 내용이 이행될 수 있도록 성실히 노력하여야

---

178) 헌재 2008. 12. 26. 선고 2005헌마971 등 결정.

179) 농지개량조합의 임직원의 보수는 농림부장관이 정하는 기준에 따라 조합장이 정하고, 농지개량조합은 회계연도마다 사업계획과 수지예산을 작성하여 총회의 의결을 거쳐 농림부장관의 승인을 얻어야 하며 그 수지예산을 변경하고자 할 때에도 같은 절차를 거쳐야 하므로, 농지개량조합이 농림부장관의 승인 없이 노동조합과 사이에 임직원의 보수를 종전보다 인상하기로 하는 내용의 단체협약을 체결한 경우 그 보수 인상 약정은 효력이 없다(대법원 2002. 11. 13. 선고 2002다24935 판결).
　　이에 대하여는 노사가 공동결정의 원칙에 따라 체결한 단체협약의 효력을 주무장관이 임의적으로 조정할 수 있는 권한을 부여하는 결과를 가져오게 되는 것으로서 헌법에 위배된다는 비판이 있었다(김진, 319면).

180) 이화진, 47면.

181) 김인재c, 29면. 김인재 교수는 공무원 단체교섭의 경우 근무조건과 직접 관련이 없는 정책결정이나 관리운영사항은 비교섭사항이 되고, 보수 등 근무조건은 대부분 법령과 예산에 의해 규정되기 때문에 공무원 단체교섭에서 근로조건 유지·개선을 위하여 구속력 있는 협약을 체결할 것이 거의 없게 된다고 비판한다.

182) 노조법 33조(기준의 효력) ① 단체협약에 정한 근로조건 기타 근로자의 대우에 관한 기준에 위반하는 취업규칙 또는 근로계약의 부분은 무효로 한다. ② 근로계약에 규정되지 아니한 사항 또는 제1항의 규정에 의하여 무효로 된 부분은 단체협약에 정한 기준에 의한다.

한다(공무원노조법 10조 2항). 정부교섭대표의 노력의무는 법률상의 채무로 보기는 어렵다. 비효력사항에 대한 성실이행의무의 내용으로는 관련된 사항이 최대한 예산·법령·조례에 반영될 수 있도록 예산 및 입법안을 관계기관과 사전협의를 거쳐 입법권자에게 제출하고 반영될 수 있는 모든 노력을 다하는 것이라 볼 수 있다. 공무원노조법 시행령 10조에서는 단체협약 유효기간 만료일 3월 전까지 즉, 단체협약 갱신을 위한 교섭개시 시점에, 비효력사항에 대한 이행노력 결과를 서면으로 통보하도록 규정하고 있다.

　　실제로 정부교섭대표는 체결된 단체협약을 비효력사항이라는 이유로 이행하지 않을 경우 노사관계의 경색과 그로 인한 내부성원의 신뢰 저하, 소속 공무원에 대한 지휘·감독권의 훼손 등을 우려하여 단체협약의 이행에 최대한의 노력을 기울이는 경향을 보이고 있다.[183]

　　한편 노조법 92조에서는 단체협약 중 특정 내용을 불이행한 경우 벌금에 처한다는 벌칙 규정을 두고 있으나, 공무원노조법은 위 규정의 적용을 배제하고 있어서(공무원노조법 17조 3항) 공무원노조에 대해서는 단체협약의 효력사항을 위반하더라도 벌칙이 적용되지는 않는다.

다. 단체협약의 일반적 효력

　　노조법상 단체협약의 효력에 관한 일반 규정은 공무원노조가 체결한 단체협약에도 대체로 적용된다. 즉, 하나의 기관단위 내지 교섭단위 내 상시 근무하는 공무원 반수 이상이 하나의 단체협약의 적용을 받게 될 경우에는 그 단위 내 다른 공무원에게도 단체협약의 효력이 확장되며(일반적 구속력, 노조법 35조), 단체협약의 유효기간은 3년을 초과할 수 없고 3년 이상의 기간을 정한 때에는 3년이 유효기간이 되며(노조법 32조 1항·2항), 유효기간을 전후하여 단체교섭을 계속하였으나 새로운 단체협약이 체결되지 않을 때에는 직전 단체협약의 효력이 3월간 유지된다(여후효, 노조법 32조 3항). 다만, 하나의 지역에서 종업하는 동종의 근로자 3분의 2 이상이 하나의 단체협약의 적용을 받게 된 때에 발생하는 지역적 구속력에 관한 규정은 그 적용이 배제된다(공무원노조법 17조 3항; 노조법 36조).

---

183) 이화진, 66면.

10. 쟁의행위의 금지

법 제11조(쟁의행위의 금지)

　노동조합과 그 조합원은 파업, 태업 또는 그 밖에 업무의 정상적인 운영을 방
해하는 어떠한 행위도 하여서는 아니 된다.

법 제18조(벌칙)

　제11조를 위반하여 파업, 태업 또는 그 밖에 업무의 정상적인 운영을 방해하는
행위를 한 자는 5년 이하의 징역 또는 5천만원 이하의 벌금에 처한다.

　공무원노조법 11조에서는 노동조합과 그 조합원에 대하여 파업·태업 그
밖에 업무의 정상적인 운영을 방해하는 행위를 금지하고 있다. 공무원이 쟁의행
위를 통하여 공무원 집단의 이익을 대변하는 것은, 국민 전체에 대한 봉사자로
서 가지는 공무원의 지위와 특성에 반하고, 국민 전체의 이익 추구에 장애가 되
며, 공무원의 보수 등 근무조건은 국회에서 결정되고 그 비용은 최종적으로 국
민이 부담하는데 공무원의 파업으로 행정서비스가 중단되면 국가기능이 마비될
우려가 크고 그 손해는 고스란히 국민이 부담하게 되며, 공공업무의 속성상 공
무원의 파업에 대한 정부의 대응수단을 찾기 어려워 노사 간 힘의 균형을 확보
하기 어려운 점 등을 근거로 하고 있다.[184] 법 11조를 위반하여 공무원이 쟁의
행위를 하면 5년 이하의 징역, 5,000만 원 이하의 벌금에 처하게 된다(공무원노조
법 18조). 이는 공무원노조법상 유일한 벌칙 규정이다.[185]

　금지의 대상은 어디까지나 쟁의행위이므로 쟁의행위가 아닌 노동운동은 허
용된다. 따라서 공무원노조가 쟁의행위의 전단계인 쟁의행위 찬반투표까지 실시
할 가능성은 열려 있다.[186] 한편, 공무원의 쟁의행위가 아닌 노동운동이 정당성
을 가지지 못할 경우, 예컨대 단체교섭대상이 될 수 없는 사항에 대하여 단체교
섭을 요구하면서 집단행동을 할 경우에는 국공법 및 지공법상 노동운동 및 집
단행위 금지 규정에 위반될 수 있을 것이다.

　미국의 경우 10여 개주를 제외하고는 공무원에게 단체행동권은 보장되지

---

184) 헌재 2008. 12. 26. 선고 2005헌마971 등 결정.

185) 이에 대해서는 ILO의 강제노동철폐에 관한 105호 협약 1조 (d) '파업참가에 대한 제재로서
　　강제노동'에 해당할 수 있어서 국제기준과 상충되는 측면이 있다.

186) 김인재c, 27면.

않고 있으며,187) 일본, 독일의 경우에도 마찬가지이다. 하지만 영국, 프랑스의 경우에는 원칙적으로 공무원의 단체행동권이 보장되고 있고, 특별법에 의하여 가스, 수도, 전기공급 및 우편사업 등 필수공익사업에 종사하는 공무원(영국), 공화국 보안대, 경찰관, 교도관, 재판관, 항공관제관, 내무부 통신부서 직원, 군인 등(프랑스)에 대하여는 파업을 제한하고 있을 뿐이다. 공공부분에 대하여 단체행동권의 보장을 규정하고 있는 ILO 협약은 아직 없고, ILO 결사의 자유 위원회 (Committee on Freedom of Association)는 '공공당국의 대리인인 공무원(civil servants acting in their capacity as agent of the public authorities)'에 대하여는 파업권의 금지 및 제한이 허용될 수 있다는 입장이다.

11. 단체교섭 결렬시의 절차

가. 조정절차

법 제12조(조정신청 등)

① 제8조에 따른 단체교섭이 결렬(決裂)된 경우에는 당사자 어느 한쪽 또는 양쪽은 노동위원회법 제2조에 따른 중앙노동위원회(이하 "중앙노동위원회"라 한다)에 조정(調停)을 신청할 수 있다.

② 중앙노동위원회는 제1항에 따라 당사자 어느 한쪽 또는 양쪽이 조정을 신청하면 지체 없이 조정을 시작하여야 한다. 이 경우 당사자 양쪽은 조정에 성실하게 임하여야 한다.

③ 중앙노동위원회는 조정안을 작성하여 관계 당사자에게 제시하고 수락을 권고하는 동시에 그 조정안에 이유를 붙여 공표할 수 있다. 이 경우 필요하면 신문 또는 방송에 보도 등 협조를 요청할 수 있다.

④ 조정은 제1항에 따른 조정신청을 받은 날부터 30일 이내에 마쳐야 한다. 다만, 당사자들이 합의한 경우에는 30일 이내의 범위에서 조정기간을 연장할 수 있다.

단체교섭이 결렬될 경우 당사자의 일방 또는 쌍방은 중앙노동위원회에 조정을 신청할 수 있다(공무원노조법 12조 1항). 단체교섭이 결렬될 경우를 조정의 요건으로 한다는 점에서 노조법이 노동위원회가 노동쟁의의 조정신청을 받아 조

---

187) 단체행동권이 보장되는 주는 하와이, 알래스카, 일리노이, 미네소타, 오하이오, 오리건 등이다(고용노동부a, 106면).

정을 개시하도록 하고 있는 것과는 표현방식에서 차이가 있으나, 노조법상 노동
쟁의의 정의가 "당사자 간에 합의를 위한 노력을 계속하여도 더 이상 자주적
교섭에 의한 합의의 여지가 없는 경우"이므로(노조법 2조 5호), 실질적인 차이는
없다고 볼 수 있다.

    공무원노조와 조합원은 쟁의행위가 금지되므로, 쟁의행위를 개시하기 이전
에 노동위원회의 조정 또는 중재절차를 거치도록 하는 조정전치제도에 관한 노
조법 45조의 규정은 그 적용이 배제된다(공무원노조법 17조 3항).

    중앙노동위원회는 조정신청에 따라 조정을 하게 되었으면 지체 없이 관계
당사자에게 그 사실을 서면으로 통보하여야 하고, 만일 조정의 대상이 아니라고
인정할 경우에는 신청인에게 그 사유와 다른 해결방법을 알려줄 의무가 있다(공
무원노조법 시행령 11조 2항). 이에 대하여는 특정 사항이 교섭사항인지 아닌지에 관
하여 노사 간에 다툼이 있어 교섭이 결렬되는 경우, 또는 비교섭사항에 해당하
더라도 노동조합이 합리적인 교섭을 위해 반드시 전제가 되어야 한다고 주장함
으로써 교섭이 결렬되는 경우 등 교섭사항 자체를 둘러싼 분쟁이 발생할 수 있
는데, 노동위원회가 교섭사항인지 여부만을 기준으로 조정대상 여부를 판단한다
면 노사 간에 적절한 조정이 진행되지 않을 우려가 크다는 비판이 있다.188)

    공무원의 노사분쟁의 조정은 중앙노동위원회 산하 '공무원 노동관계 조정
위원회'에서 담당한다. 조정기간은 노조법에서 일반사업 10일, 공익사업 15일로
정하고 있는 것(노조법 54조 1항)과 달리 공무원 노사분쟁의 경우 심도 있는 조정
이 이루어질 수 있도록 30일로 정하고 있고, 당사자의 합의로 30일 더 연장할
수 있도록 하였다(공무원노조법 12조 4항). 교원노조법에는 조정기간 연장에 관한 규
정을 두지 않고 있는데, 이는 공무원의 경우 교원에 비하여 국가 경제에 미치는
영향이 직접적이고 막대하기 때문에 당사자 간의 의견을 최대한 자율적으로 조
율하도록 하기 위해서이다.189)

    중앙노동위원회는 조정안을 작성하여 관계당사자에게 제시하고 그 수락을
권고하는 동시에 그 조정안에 이유를 붙여 공표할 수도 있으며, 필요한 때에는
신문, 방송에 보도 등 협조를 요청할 수도 있다(공무원노조법 12조 3항). 양 당사자
가 조정안을 수락하면 그 조정안은 단체협약과 동일한 효력을 갖는다(노조법 61조

---

188) 김홍영, 75면.
189) 남경래 외 3명, 199면.

2항).

　　이와 같은 분쟁 조정제도는 공무원의 경우 단순히 분쟁을 조정하는 역할에 그치는 것이 아니라 분쟁 조정절차를 통해 제한된 노동기본권을 회복하는 과정이라는 의미도 있다.[190] 노동위원회의 공공부문 조정기능을 강화하기 위하여 공공부문의 노사관계 특성에 맞춘 조정기법의 개발, 업무처리 매뉴얼의 구축, 위원 및 심사관의 전문성 제고를 위한 지속적인 교육, 노동위원회의 독립성의 확보, 사전적·예방적 조정의 도입이 필요하다.[191]

　　나. 중재절차

법 제13조(중재의 개시 등)

　　중앙노동위원회는 다음 각 호의 어느 하나에 해당하는 경우에는 지체 없이 중재(仲裁)를 한다.

　　1. 제8조에 따른 단체교섭이 결렬되어 관계 당사자 양쪽이 함께 중재를 신청한 경우

　　2. 제12조에 따른 조정이 이루어지지 아니하여 제14조에 따른 공무원 노동관계 조정위원회 전원회의에서 중재 회부를 결정한 경우

　　중재절차는 단체교섭이 결렬되어 당사자 쌍방이 중재신청을 하거나 조정 불성립으로 공무원 노동관계 조정위원회 전원회의에서 중재회부 결정을 한 경우에 개시되고, 위 전원회의에서 중재재정을 담당하게 된다(공무원노조법 13조).

　　다. 공무원 노동관계 조정위원회

　　1) 공무원 노동관계 조정위원회의 구성

법 제14조(공무원 노동관계 조정위원회의 구성)

　　① 제8조에 따른 단체교섭이 결렬된 경우 이를 조정·중재하기 위하여 중앙노동위원회에 공무원 노동관계 조정위원회(이하 "위원회"라 한다)를 둔다.

　　② 위원회는 공무원 노동관계의 조정·중재를 전담하는 7명 이내의 공익위원으로 구성한다.

　　③ 제2항에 따른 공익위원은 노동위원회법 제6조 및 같은 법 제8조에도 불구하고 공무원 문제 또는 노동 문제에 관한 지식과 경험을 갖춘 사람 또는 사회적 덕망이 있는 사람 중에서 중앙노동위원회 위원장의 추천과 고용노동부장관

---

190) 김정한 외 3명, 170면.
191) 유각근, 122면.

의 제청으로 대통령이 위촉한다.

④ 제3항에 따라 공익위원을 위촉하는 경우에는 노동위원회법 제6조 제2항에
도 불구하고 그 공익위원에 해당하는 정원이 따로 있는 것으로 본다.

공무원노조법은 공무원의 쟁의행위를 금지하는 대신 중앙노동위원회에 별
도의 공무원 노동관계 조정위원회를 설치하여 그 분쟁을 전담케 하고 있다. 위
원회는 공무원노동관계의 조정·중재를 전담하는 7인 이내의 공익위원으로 구
성되고(공무원노조법 14조 2항), 그 중 1인은 상근위원(공무원노조법 시행령 12조 1항)으로
임명된다. 공무원 노동관계 조정위원회의 공익위원은 공무원 문제 또는 노동 문
제에 관한 지식과 경험을 갖춘 자 또는 사회적 덕망이 있는 자 중에서 중앙노
동위원회 위원장의 추천과 고용노동부장관의 제청으로 대통령이 위촉한다(공무원
노조법 14조 3항).

교원 노동관계의 조정은 중앙노동위원회의 교원 노동관계 조정위원회에 맡
기고 있지만, 위 위원회는 기존의 중앙노동위원회 조정담당 공익위원 중에서 3
인의 공익위원으로 구성된다는 점에서 공무원 노동관계 조정위원회에 보다 전
문성이 부여되어 있다고 평가할 수 있다.192)

공익위원의 추천 권한은 중앙노동위원회 위원장만이 가지고(공무원노조법 14조
3항), 중앙노동위원회 위원장은 공익위원 추천에 관하여 관련 기관 또는 단체의
의견을 들을 수 있지만(공무원노조법 시행령 12조 2항), 의견청취가 의무화되어 있지
도 않으며, 또 그 의견에 구속되는 것도 아니다.193)

2) 공무원 노동관계 조정위원회의 운영

법 제15조(회의의 운영)

① 위원회에는 전원회의와 소위원회를 둔다.

② 전원회의는 제14조 제2항에 따른 공익위원 전원으로 구성하며, 다음 각 호
의 사항을 담당한다.

1. 전국에 걸친 노동쟁의의 조정사건

2. 중재 회부의 결정

---

192) 김홍영, 65면.
193) 김홍영, 66면. 김홍영 교수는 공무원 노동관계 조정위원회 공익위원의 위촉절차에는 일반
　　공익위원의 위촉에서 볼 수 있는 노사단체의 추천권, 추천자에 대한 노사단체의 순차적 배제
　　권한 등의 절차가 결여되어 있어 노동조합으로부터 중립성에 관한 불신을 받을 수 있는 구
　　조라고 평가한다.

3. 중재재정(仲裁裁定)
③ 소위원회는 위원회의 위원장이 중앙노동위원회 위원장과 협의하여 지명하는 3명으로 구성하며, 전원회의에서 담당하지 아니하는 조정사건을 담당한다.

　　공무원 노동관계 조정위원회는 전원회의와 소위원회를 두는데, 전원회의는 ① 전국에 걸친 노동쟁의의 조정사건, ② 중재회부의 결정, ③ 중재재정(仲裁裁定)을 담당하고, 소위원회는 전원회의에서 담당하지 아니하는 조정사건을 담당한다(공무원노조법 14조, 15조). 공무원 노동관계 조정위원회 위원장은 위원 중에서 호선하고 전원회의 의장이 된다(노위법 16조 1항). 소위원회는 공무원 노동관계 조정위원회 위원장이 중앙노동위원회 위원장과 협의하여 3인의 위원을 지명하여 구성한다(공무원노조법 15조).

　라. 중재재정의 효력
법 제16조(중재재정의 확정 등)
　　① 관계 당사자는 중앙노동위원회의 중재재정이 위법하거나 월권(越權)에 의한 것이라고 인정하는 경우에는 행정소송법 제20조에도 불구하고 중재재정서를 송달받은 날부터 15일 이내에 중앙노동위원회 위원장을 피고로 하여 행정소송을 제기할 수 있다.
　　② 제1항의 기간 이내에 행정소송을 제기하지 아니하면 그 중재재정은 확정된다.
　　③ 제2항에 따라 중재재정이 확정되면 관계 당사자는 이에 따라야 한다.
　　④ 중앙노동위원회의 중재재정은 제1항에 따른 행정소송의 제기에 의하여 그 효력이 정지되지 아니한다.
　　⑤ 제2항에 따라 확정된 중재재정의 내용은 제10조에 따른 단체협약과 같은 효력을 가진다.
　　⑥ 중앙노동위원회는 필요한 경우 확정된 중재재정의 내용을 국회, 지방의회, 지방자치단체의 장 등에게 통보할 수 있다.

　　공무원 노동관계 조정위원회가 한 중재재정은 관계당사자에게 구속력이 있으며, 그 중재재정이 위법하거나 월권에 의한 것인 경우에 한하여 이에 대한 행정소송을 제기할 수 있다(공무원노조법 16조 1항). 15일 이내 행정소송을 제기하지 않아 중재재정이 확정된 경우 중재재정의 내용은 단체협약과 동일한 효력을 가진다(공무원노조법 16조 5항).

　　문제는 중재재정을 내리는 중앙노동위원회가 법령·조례 또는 예산에 의하여 규정되는 내용과 법령 또는 조례에 의한 위임을 받아 규정되는 내용(비효력사항)에 관하여 중재재정을 할 수 있는지 여부이다. 즉, 노사 당사자도 아니고 국회의 입법기관도 아닌 중앙노동위원회가 법령 소관사항에 대해 정부의 노력의무를 부과하는 재정을 할 권한이 있는가 하는 문제이다. 만약 이러한 권한이 없다면 이러한 중재재정은 월권에 의한 것으로서 행정소송에 의한 취소대상이 된다. 그러나 쟁의행위 금지의 대상(代償)조치로서 중재제도가 설계되었던 만큼 중재를 할 수 있는 사항인지에 관하여는 넓게 인정하는 것이 바람직하다. 노사 간에 분쟁이 존재하는 사항을 중재 대상에서 제외한다면 결국은 노사 간의 대립과 힘의 행사로 이어질 가능성이 크고, 분쟁이 존재하는 이상 어떤 방식으로든 문제의 해결을 도모할 수 있는 제도적 장치가 없다면 불필요한 혼란이 초래될 것이기 때문이다. 따라서 비효력사항에 관하여 중재재정을 하더라도 그 자체로써 위법하거나 월권에 의한 것이라고는 단정할 수 없다.194)

12. 공무원직협법과의 관계

법 제17조(다른 법률과의 관계)
　① 이 법의 규정은 공무원이 공무원직장협의회의 설립·운영에 관한 법률에 따라 직장협의회를 설립·운영하는 것을 방해하지 아니한다.

　　공무원노조법 17조 1항은 "이 법의 규정은 공무원이 공무원직장협의회의 설립·운영에 관한 법률에 따라 직장협의회를 설립·운영하는 것을 방해하지 아니 한다"고 규정하고 있다.
　　공무원직협법이 규율하고 있는 공무원직장협의회 제도는 공무원의 근무환경 개선, 업무능률 향상 및 고충처리 등을 위하여 기관별 협의회 혹은 국가기관이나 지방자치단체의 연합협의회 형태로 조직되어 기관장과 협의하는 기구로서, 근무조건의 유지·개선 및 근로자의 경제적, 사회적 지위의 향상 등을 위하여 활동하는 공무원노조와 그 목적이 중복될 수 있다. 실제로 공무원직장협의회의

---

194) 이승욱, 108면. 김홍영 교수는 공무원 노동관계에서는 직권중재가 인정되는 이상 중재대상을 모든 분쟁대상으로 확대하기는 곤란하고, 단체교섭의 대상사항 또는 단체협약의 효력이 인정되는 사항에 국한하는 것을 원칙으로 하되 노사 당사자가 합의한 사항을 추가할 수 있도록 하는 것이 적절한 규율방식이라는 입장을 취하고 있다(김홍영, 79면).

역할은 단지 법에 규정된 영역에 국한하지 아니하고, 이른바 인사권이라고 불리는 승진임용 기준의 조정, 다면평가제의 적용, 승진 예정자의 사전 공개 등으로 확대되었고, 특히 공무원들의 집단적 목소리를 대표하는 창구로서 제도 개선과 공무원 조직의 민주화를 선도하여 왔다.[195]

　　그러나 공무원직장협의회는 단체교섭 및 단체협약 체결권과 같은 노동3권을 전제로 하는 제도가 아니므로 공무원노조와는 역할과 기능에서 구분되고, 공무원의 노동3권과 관련된 분쟁에는 공무원직협법이 적용될 여지가 없다(자세한 내용은 '공무원직협법' 부분 참조).

13. 노조법과의 관계

법 제17조(다른 법률과의 관계)
　　② 공무원(제6조 제1항 제4호에 해당하는 사람을 포함한다)에게 적용할 노동조합 및 노동관계 조정에 관하여 이 법에서 정하지 아니한 사항에 대해서는 제3항에서 정하는 경우를 제외하고는 노동조합 및 노동관계조정법에서 정하는 바에 따른다. 이 경우 「노동조합 및 노동관계조정법」 제3조 중 "단체교섭 또는 쟁의행위"는 "단체교섭"으로, 제4조 본문 중 "단체교섭·쟁의행위"는 "단체교섭"으로, 제10조 제1항 각 호 외의 부분 중 "연합단체인 노동조합과 2 이상의 특별시·광역시·특별자치시·도·특별자치도에 걸치는 단위노동조합은 고용노동부장관에게, 2 이상의 시·군·구(자치구를 말한다)에 걸치는 단위노동조합은 특별시장·광역시장·도지사에게, 그 외의 노동조합은 특별자치시장·특별자치도지사·시장·군수·구청장(자치구의 구청장을 말한다. 이하 제12조 제1항에서 같다)에게"는 "고용노동부장관에게"로, 제12조 제1항 중 "고용노동부장관, 특별시장·광역시장·특별자치시장·도지사·특별자치도지사 또는 시장·군수·구청장(이하 "행정관청"이라 한다)"은 "고용노동부장관"으로, 제24조의2 제3항부터 제8항까지 중 "위원회"는 "심의위원회"로, "근로자"는 "공무원"으로, "노동단체"는 "노동단체 또는 공무원 노동단체"로, "사용자", "전국적 규모의 경영자단체" 및 "경영자단체"는 각각 "정부교섭대표"로, 제30조 제1항 및 제2항 중 "사용자"는 "정부교섭대표"로, 제58조, 제60조 제2항부터 제4항까지 및 제61조 제3항 중 "조정위원회 또는 단독조정인"은 "공무원 노동관계 조정위원회"로, 제59조 중 "조정위원회의 위원장 또는 단독조정인"은 "공무원 노동관계 조정위원회

---

195) 노광표·홍주환, 9면.

위원장"으로, 제60조 제3항 중 "제1항의 규정에 의한 조정안"은 "조정안"으로, 제61조제1항 중 "조정위원 전원 또는 단독조정인"은 "공무원 노동관계 조정위 원회 위원 전원"으로, 제66조 제1항, 제67조 및 제68조 제2항 중 "중재위원회" 는 "공무원 노동관계 조정위원회"로, 제94조 중 "제88조 내지 제93조"는 "제93 조"로 보고, 같은 법 중 "근로자"는 "공무원(제6조 제1항 제4호에 해당하는 사 람을 포함한다)"으로, "사용자"(같은 법 제30조의 "사용자"는 제외한다)는 "기관 의 장, 공무원에 관한 사항에 대하여 기관의 장을 위하여 행동하는 사람"으로, "행정관청"은 "고용노동부장관"으로 본다.
③ 노동조합 및 노동관계조정법 제2조 제4호 라목, 제24조, 제24조의2 제1항·
제2항, 제29조, 제29조의2부터 제29조의5까지, 제36조부터 제39조까지, 제41조,
제42조, 제42조의2부터 제42조의6까지, 제43조부터 제46조까지, 제51조부터 제
57조까지, 제60조 제1항·제5항, 제62조부터 제65조까지, 제66조 제2항, 제69조
부터 제73조까지, 제76조부터 제80조까지, 제81조 제1항 제2호 단서, 제88조부
터 제92조까지 및 제96조 제1항 제3호는 이 법에 따른 노동조합에 대해서는
적용하지 아니한다.

공무원노조법에서 정하지 않은 사항에 대해서는 노조법이 정한 바에 따르 고, 예외적으로 공무원노조법 17조 3항에서 적용을 제외한 노조법 조항은 공무 원노조에 적용되지 않는다(공무원노조법 2항·3항). 17조 3항에 열거된 적용제외 노 조법 조항은, 노조 설립에 있어서 소극적 요건 중 근로자 아닌 자의 조합원 자 격에 관한 조항(노조법 2조 4호 라목), 근로시간 면제제도 관련 조항 중 일부 조항 (노조법 24조, 24조의2 1항·2항), 교섭 및 체결권한 조항(노조법 29조), 교섭창구 단일화 관련 조항(노조법 29조의2 내지 29조의5), 지역적 구속력 조항(노조법 36조), 쟁의행위 관련 조항(노조법 37조 내지 46조), 노동쟁의 관련 조정·중재 등 조항(노조법 51조 내 지 57조, 60조 1항·5항, 62조 내지 65조, 66조 2항, 69조 내지 73조, 76조 내지 80조), 부당노동 행위 관련 유니언숍조항(노조법 81조 1항 2호 단서), 벌칙 규정(노조법 88조 내지 92조, 96 조 1항 3호) 등이다.

14. 부당노동행위

가. 일 반 론

공무원의 집단적 노동관계에 있어 단체교섭 거부 또는 해태, 지배·개입

및 경비원조, 불이익취급, 불공정 고용계약 등 부당노동행위는 원칙적으로 노조법의 법리를 따른다.

　노동위원회는 노조법에 따라 공무원 또는 공무원노조로부터 부당노동행위의 구제신청을 받은 때에는 심판을 하기 전에 지체 없이 그 사실을 상대방인 행정관청과 소관 소청심사위원회에 통보하여야 한다(공무원노조법 시행령 13조). 부당노동행위 구제신청의 상대방은 정부 측 교섭 담당자인 정부교섭대표를 의미하므로, 행정안전부장관과 공무원노조 사이의 교섭에 관한 부당노동행위 구제신청 사건의 경우 고용노동부장관은 당사자적격이 인정되지 않는다.196)

　공무원노조에 대한 부당노동행위 관련하여, 판례는 행정안전부가 지방자치단체의 복무규정 위반사례를 점검한 행위는 공무원노조 통합 등에 관한 투표 당시에 행해져도 부당노동행위에 해당하지 않는다고 보았다.197) 하급심 판례로는, 행정부장관이 공무원노조 조합원 총투표와 관련하여 복무관리지침 및 보도자료를 배포한 행위는 지배·개입의 부당노동행위에 해당하지 않는다고 본 판결,198) 행정청이 공무원노조 후원회비의 원천공제를 금지한 행위는 지배·개입의 부당노동행위에 해당하지 않는다고 본 판결199) 등이 있다.

　한편 노동위원회의 업무 분장과 관련하여, 공무원노조법에서는 조정 및 중재 사건에 관하여만 중앙노동위원회 내 공무원 노동관계 조정위원회에서 담당하는 것으로 규정하고 있으므로(공무원노조법 14조), 공무원노조와 관련한 부당노동

196) 서울행법 2010. 9. 10. 선고 2009구합52059 판결(항소기각 확정). 고용노동부와 행정안전부 사이에 공무원노조에 대처하기 위한 협력을 위한 협약을 체결하거나 고용노동부의 소관업무에 공무원노조에 관한 업무가 포함되어 있어도 이는 고용노동부의 업무일 뿐이므로 다른 기관의 교섭과 관련한 부당노동행위 구제신청의 당사자적격을 인정할 수는 없다.
197) 대법원 2013. 2. 15. 선고 2010도11281 판결.
198) 서울행법 2010. 11. 26. 선고 2010구합19195 판결(행정안전부장관이 2009. 9. 10. 각급 중앙행정기관 및 지방자치단체에게 통보한 '3개 공무원노조 조합원 총투표 관련 공무원복무관리지침'은 투표와 관련하여 예상되는 복무규정 위반행위 유형을 적시하고 각 유형에 대한 복무지침을 시달하면서 이에 관한 지도·감독의 강화 및 위법한 노동조합 활동에 대한 엄중조치를 취할 것을 주된 내용으로 하고 있는데, 이는 행정안전부가 공무원의 복무에 관한 사무를 관장하는 기관으로서 위법한 투표 관련 활동으로 발생할 수 있는 복무위반 사태를 미연에 방지하고자 하는 목적으로 보이고, 지침의 통보 및 민주노총 가입에 대한 우려를 표명한 보도자료의 배포는 각급 중앙행정기관 및 지방자치단체와의 상호협력의 차원에서 조언·권고한 것에 불과하다고 하였다).
199) 서울행법 2009. 9. 3. 선고 2009구합5985 판결(형식적으로는 조합원이 아닌 후원회원의 외형을 취하였다고 하더라도 후원금 납부와 의결권 행사를 통하여 실질적으로 조합원과 별반 다르지 않을 정도의 활동을 하는 탈법행위를 금지하는 것은 가입 범위를 제한하고 있는 공무원노조법의 취지에 따른 것이므로 후원회비 원천공제 금지행위는 노조의 조직 또는 운영에 지배하거나 개입할 의사에 기한 것이라고 보기 어렵다고 하였다).

행위의 경우 노동위원회법의 일반 규정에 따라 중앙노동위원회 또는 지방노동
위원회가 관장하게 된다. 즉, 노동위원회법 3조 2항은 "지방노동위원회는 해당
관할구역에서 발생하는 사건을 관장하되, 둘 이상의 관할구역에 걸친 사건 중
노동쟁의 조정 사건을 제외한 사건은 주된 사업장의 소재지를 관할하는 지방노
동위원회에서 관장한다."라고 규정하고 있으므로, 공무원노조의 부당노동행위
구제신청 사건은 위 규정에 따라 2 이상의 지방노동위원회 관할구역에 걸친 사
건의 경우 지방노동위원회에서 관장하게 될 것이다. 그러나 공무원 관련 부당노
동행위 사안은 단체교섭 거부와 같이 전국적 규모의 집단적 성격을 띨 가능성
이 크고, 공무원 노동조합의 상대방인 정부교섭대표자가 국회사무총장, 법원행
정처장, 중앙선거관리위원장, 인사혁신처장 등임을 고려하면 지방노동위원회가
관장하는 것이 적절한지에 대해서는 검토를 요한다.200)

나. 처벌주의 적용의 배제

노동위원회의 부당노동행위 구제는 부당노동행위로 인해 침해된 상태를 제
거하고 원상회복하는 데 실익이 있기 때문에 원상회복주의를 채택하고 있으며,
아울러 노조법에서는 이러한 노동위원회의 구제명령의 실효성을 높이기 위하여
사용자가 확정된 구제명령을 이행하지 않는 경우에 처벌할 수 있는 벌칙 규정
을 두고 있다(노조법 89조 2호). 그러나 공무원노조법 17조 3항에서는 위 벌칙 규
정의 적용을 제외하고 있으므로, 부당노동행위 구제신청의 피신청인이 노동위원
회의 구제명령을 이행하지 않더라도 처벌로 이어지지는 않는다.

또한, 노조법에서는 노동위원회의 구제명령과는 별도로 부당노동행위를 사
전에 예방·억제하기 위해 부당노동행위를 한 자를 처벌하는 처벌주의를 병용
하고 있다(노조법 90조). 그러나 공무원노조법 17조 3항에서는 고소·고발 남용으
로 인사권 행사를 부당하게 제약할 우려가 있다는 점 등을 이유로 노조법 90조
의 적용을 제외하고 있으므로, 부당노동행위를 한 정부교섭대표 등에 대해 부당
노동행위에 따른 처벌은 이루어지지 않는다.

다. 구제수단의 차이

민간부문에서 사용자의 부당노동행위로 그 권리를 침해당한 근로자 또는
노동조합은 원상회복을 위한 구제방법으로서 노동위원회에 구제신청을 하는 외

---

200) 김형배, 1566면.

에, 이와 별개로 사법상의 지위의 확보 및 권리구제를 위하여 별도로 민사소송을 제기할 수 있다. 공무원 또는 공무원노조도 정부 측의 부당노동행위로 그 권리를 침해당한 때에는 노동위원회에 부당노동행위 구제신청을 하는 외에, 이와 별개로 그 지위의 확보 및 권리구제를 위해 정부 측 해당 기관장을 상대로 행정소송이나 국가배상소송을 제기할 수 있다.

한편, 민간부문 근로자는 부당노동행위로서 부당해고가 있을 경우 노동위원회에 부당해고와 부당노동행위 구제신청을 동시에 할 수 있지만, 공무원은 노동위원회에는 부당노동행위 구제신청만 할 수 있으며, 해임 등에 대해서는 국공법에 따라 소청심사를 거쳐 행정소송을 제기해야 한다는 차이가 있다.

[김 흥 준·이 효 은]

공무원직장협의회의 설립·운영에 관한 법률

공무원직장협의회의 설립·운영에 관한 법률

〈세 목 차〉

[참고문헌]

김대욱·조원혁, "소방공무원 직장협의회의 활성화 및 노동조합과의 관계설정에 대한 시론적 논의", 사회과학연구 32권 1호, 충남대학교 사회과학연구소(2021. 1.); **김상호**, "공무원노조의 노동3권 보장에 관한 고찰", 노동법학 12호, 한국노동법학회(2001. 6.); **김재기**, "공무원직장협의회의 발전과제", 노동법연구 12호, 서울대학교 노동법연구회(2002); 김정한·문무기·이승협·채준호(**김정한 외 3명**), 공무원노조 시대의 공무원직장협의회 활성화방안 연구, 한국노동연구원(2010. 6.); **김형배a**, 노동법, 박영사(1999); 김홍영·이승길·이상희·김태정·임종률(**김홍영 외 4명**), 공무원노조와 공무원직장협의회의 보완적 운영, 고용노동부(2010. 11.); **문무기**, "공무원 직장협의회제도의 문제점과 개선방안", 한양법학 21권 1집, 한양법학회(2010. 2.); **서광석·안종태**, "공무원 노동조합의 발전과 노사관계의 성격변화", 경영사학 32집 4호, 한국경영사학회(2017. 12.); **윤영삼·신갑성**, "공무원직장협의회제도의 운영실태와 개선방안", 산업연구관계 11권 1호, 한국고용노사관계학회(2001. 6.); **이승협·유각근**, "직장협의회법을 활용한 소방공무원의 노동기본권 보장", 법학논고 53권, 경북대학교 법학연구원(2016. 2.); 이철수·강성태·김홍영·조용만(**이철수 외 3명**), 공무원 노사관계의 합리적 운영을 위한 제도개선방안, 한국노동연구원(2008. 12.); **이병태a**, 최신 노동법, 현암사(1999); **임종률a**, 노동법, 박영사(1999); 정원석·권혁태·이충희·김수정(**정원석 외 3명**), 공무원직장협의회 제도운영 활성화 방안, 행정안전부(2020. 11.); 정재명·김동원·김영우·정창화(**정재명 외 3명**), "공무원 노사협의제도의 국가 간 비교연구", 지방정부연구 13권 1호, 한국지방정부학회(2009. 5.); **조성일**, "공무원직장협의회 제도의 발전 방안에 대한 모색", 비교법연구 19권 3호, 동국대학교 비교법문화연구소(2019. 12.); **조성혜a**, "공무원 직장협의회제도의 존재 의의와 개선과제", 노동법논총 33집, 한국비교노동법학회(2015. 4.); **조성혜b**, "공무원노조 출범 후 공무원직장협의회제도의 위상과 개선방안", 노동법논총 37집, 한국비교노동법학회(2016. 8.); **조성혜c**, "공무원의 노동기본권에 관한 비교법적 고찰", 공법학연구 19권 4호, 한국비교공법학회(2018. 11.); **행정안전부**, 2020 공무원직장협의회 길라잡이(2020. 6.); **홍효준**, "공무원직장협의회제도에 관한 연구", 노동연구 31집, 고려대학교 노동문제연구소(2015. 10.); **황정순·김상겸**, "공무원직장협의회 활성화를 위한 헌법적 연구", 비교법연구 21권 1호, 동국대학교 비교법문화연구소(2021. 4.).

I. 서 론

1. 공무원직장협의회의 의의

'공무원직장협의회의 설립·운영에 관한 법률'(이하 '법' 또는 '공무원직협법'이라 한다)은 공무원직장협의회(이하 '협의회' 내지 '직장협의회'라 한다[1]) 제도를 규율 대상으로 하여 1998. 2. 24. 제정되어 1999. 1. 1.부터 시행된 법률이다. 이

---

1) 공무원직협법에서는 공무원직장협의회를 '직장협의회' 내지 '협의회'로 약칭하고 있으므로, 이 글에서도 이에 따른다. 한편, 근로자참여 및 협력증진에 관한 법률에 의한 '노사협의회'는 약칭하지 않고 '노사협의회'로 기재하기로 한다.

법에 의하여 공무원직장협의회 제도가 도입되어 공무원은 일정한 국가기관, 지방자치단체 및 그 하부기관에서 기관 단위로 직장협의회를 설립하여 기관장과 협의할 수 있게 되었다.

공무원도 일반적으로 근로자성이 인정된다.[2] 다만, 공무원의 복무는 사법상의 근로계약 관계가 아니라 공법상의 관계이고, 헌법 7조[3]에 의하여 직업공무원 제도 하에 공무원은 특별한 신분상의 권리를 가지며, 국민 전체의 봉사자로서 공공의 이익을 위하여 근무하는 등, 특수한 신분과 지위가 인정된다. 그러므로 공무원에게는 노조법의 적용을 받는 민간부문 근로자와는 구별되는 규율의 필요하게 되고 헌법상 기본권인 노동3권에서도 더 제한을 받는다.[4]

특히 국공법 66조[5] 및 지공법 58조는 사실상 노무에 종사하는 극히 일부분의 공무원을 제외한 일반 공무원에 대하여 집단행위를 금지하고 있는데, 이 규정을 이유로 일반 공무원의 단결권이 전면 부인되어 오다가, 1999년 직장협의회 제도 도입을 통해 공무원 조직에 최초로 단체 결성이 허용되었다. 한편 공무원노조는 이보다 늦은 2006년 공무원노조법이 시행되면서 비로소 허용되었다. 즉, 공무원직협법은 공무원노조법의 시행 전부터 제정·시행되어 온 법률이다.

현재 공무원의 집단적인 이익 대변 메커니즘(mechanism)은 '공무원 노동조합'과 '직장협의회'로 대분되는데[6], 공무원노조는 헌법 33조 2항의 노동3권에

---

2) 공무원 역시 노조법상 근로자 개념인 '임금·급료 기타 이에 준하는 수입에 의하여 생활하는 자'에 해당하므로 헌법 및 노조법상의 근로자성이 인정된다(김재기, 339면). 판례 또한 '공무원은 인사와 복무, 보수 등에서 국공법 및 공무원보수규정 등 관련 법령의 적용을 받기는 하나 기본적으로 임금을 목적으로 근로를 제공하는 근기법상 근로자에 해당하므로 국공법 등에 특별한 규정이 없는 경우에는 국가공무원에 대하여도 그 성질에 반하지 아니하는 한 근기법이 적용될 수 있다'고 판시하였다(대법원 2002. 11. 8. 선고 2001두3051 판결, 대법원 2019. 10. 31. 선고 2013두20011 판결 등).

3) 헌법 제7조
  ① 공무원은 국민전체에 대한 봉사자이며, 국민에 대하여 책임을 진다.
  ② 공무원의 신분과 정치적 중립성은 법률이 정하는 바에 의하여 보장된다.

4) 헌법 33조 2항은 "공무원인 근로자는 법률이 정하는 자에 한하여 단결권·단체교섭권 및 단체행동권을 가진다"고 규정하고 있다. 대법원은 헌법 33조 2항의 법률유보의 취지에 관하여 "노동3권이 보장되는 공무원의 범위를 법률에 의하여 정하도록 유보한 것은 공무원의 국민 전체에 대한 봉사자로서의 지위 및 직무상의 공정성 등의 성질을 고려한 합리적인 공무원제도를 보장하고, 공무원제도와 관련한 주권자 등 이해관계인의 권익을 공공복리의 목적 아래 통합 조정하기 위한 것"이라 한다(대법원 2006. 2. 10. 선고 2005도3490 판결, 대법원 2006. 7. 28. 선고 2004도6168 판결).

5) 국공법 66조(집단행위의 금지) ① 공무원은 노동운동이나 그 밖에 공무 외의 일을 위한 집단행위를 하여서는 아니 된다. 다만, 사실상 노무에 종사하는 공무원은 예외로 한다.
  지공법 58조 1항도 이와 동일하게 규정하고 있다.

기초한 단체로(공무원노조법 1조), 공무원을 가입대상으로 하는 노동조합에 해당하
므로 '공무원이 주체가 되어 자주적으로 단결하여 근로조건의 유지 · 개선 기타
공무원 근로자의 경제적 · 사회적 지위의 향상을 도모함을 목적으로 조직하는
단체 또는 그 연합단체'라고 정의할 수 있다(노조법 2조 4호 참조). 노동조합과 사용
자는 일반적으로 대립 관계로 이해되고 있으므로 공무원노조는 명칭과 개념에
서부터 협의기구인 공무원직장협의회와 구별된다.

　　반면, 직장협의회는 명칭에서도 알 수 있는 바와 같이 '협의기구'로서 그
기능이 협의 권한에 한정되므로, 단체교섭권, 단체협약 체결권이 인정되는 공무
원노조와는 근본적인 차이가 있고, 공무원직협법 1조는 제도의 목적을 '공무원
의 근무환경 개선, 업무능률 향상 및 고충처리 등'이라고 규정하고 있으므로 목
적상으로 노동3권의 보장과 직접적인 관련이 있다고 보기 어렵다. 현행 법 규정
상 직장협의회는 '공무원이 업무와 관련한 근무환경 개선, 업무능률 향상, 고충
처리 등에 관한 사항을 기관장 등과 협의하기 위해 기관 단위 협의회 혹은 연
합협의회로 구성하는 자발적인 협의기구'라고 정의할 수 있다.

　　한편, 민간부문에는 노동조합 외에도 일종의 협의제도로서 '근로자참여 및
협력증진에 관한 법률'(이하 '근로자참여법'이라 한다)에 의한 노사협의회 제도를
두고 있다. 직장 내 협의제도라는 점에서 직장협의회와 성질이 유사하지만, 노
사협의회는 근로자와 사용자 쌍방이 참여와 협력을 통하여 노사 공동의 이익을
증진하는 것을 목적으로 하고(근로자참여법 1조), 노사 동수로 구성되며(동법 6조 1
항), 협의 권한 외에 의결 권한도 부여되어(동법 21조) 있는 등 목적 및 운영의 면
에서 차이가 있다. 특히 노사협의회는 노동조합이 정착된 후 노사 간의 대립구
도를 완화하기 위해 도입 내지 이용된 측면이 있어서 공무원 조직에 허용된 최
초의 공무원단체인 직장협의회와는 출발점 자체가 다르다고 할 수 있다.

2. 공무원직협법의 입법 배경

　　직장협의회 제도의 도입은 당시 공무원의 노동기본권 보장이라는 시대적
요구에 의한 것이었다. 1987년 6 · 29 선언 이후 우리 사회의 전반적인 민주화
추세와 더불어 민간부문에서 노동조합 활동이 활발하게 전개되었고, 나아가 우

---

6) 공무원노조법 17조 1항은 '이 법의 규정은 공무원이 공무원직협법에 따라 직장협의회를
　설립 · 운영하는 것을 방해하지 아니 한다'고 규정하여 두 조직이 병존적 존재임을 분명히 하
　고 있다.

리나라가 1991년 ILO(국제노동기구), 1996년 OECD(경제협력개발기구)에 차례로 가입한 것 등을 계기로 공무원을 포함한 국민의 의식 수준이 향상되었고, 우리나라에 대한 국제사회의 관심도 증가하였다. 이에 따라 자연스럽게 국내 제도에 대한 재고찰이 이루어지면서 공무원의 노동기본권 보장 논의가 일기 시작하였다.[7]

　이러한 상황 속에서 1997년 찾아온 외환 위기로 인하여 사회, 경제의 각종 현안을 논의하기 위해 1998. 1. 15. 노사정위원회가 출범하였는데, 그 안건 중에는 공무원의 노동기본권 보장과 관련된 것도 포함되어 있었다. 노사정위원회는 1998. 2. 6. '경제위기극복을 위한 사회협약'(이하 '1998년 노사정합의'라 한다)을 도출하였고, 여기에는 공무원에 관한 내용으로서, 교원에게 노동조합 결성권이 보장되도록 교원노조법 개정을 추진한다는 것 외에 일반 공무원의 단결권 보장'에 관하여 아래와 같이 정하고 있다.

[표 1] 1998년 노사정합의 중 공무원의 노동기본권 관련 부분

경제위기극복을 위한 사회협약 제70조(1998. 2. 6.)
정부는 1999년 1월부터 공무원의 직장협의회 설치를 위한 관련 법안을 1998년 2월 임시국회에 제출하고, 공무원의 노동조합 결성권 보장방안은 국민적 여론 수렴과 관련법규의 정비 등을 고려하여 추진한다. - 제1단계: 직장협의회 허용 　• 구성: 각 부처, 광역시·도, 시·군·구 단위로 설치 　• 기능: 고충사항 등을 처리 　• 시기: 1999년부터 시행 - 제2단계: 노동조합 허용 　• 구성: 국가공무원은 전국단위, 지방공무원은 광역시·도 단위로 설립 　• 기능: 보수 기타 근무조건에 관한 단체교섭 허용, 단체협약체결권 및 단체행동

---

7) ILO 87호 협약(결사의 자유와 단결권의 보호에 관한 협약, 1948년)은 공무원을 포함한 모든 노동자의 결사의 자유를 보장하고 있고, 군인 및 경찰의 단결권에 대하여 국내법에 위임하고 있을 뿐 그 밖의 공무원을 민간 근로자와 달리 취급하지 않고 있다. ILO 98호 협약(단결권과 단체교섭권에 관한 협약, 1949년)은 부당노동행위의 금지 및 자율적 단체교섭의 촉진을 규정하면서 이 협약이 공무원에 대해 적용되지는 않지만 공무원에 대해 불리하게 해석되어서는 안 된다고 규정하고 있다. ILO 151호 협약(공공부문의 노사관계에 관한 협약, 1978년)은 공무원 및 공공부문의 노동자의 단결권 보장을 규정하면서 군인과 경찰 외에도 고위직 공무원과 기밀업무 종사자에 대해서는 국내법에 위임하고 있다.

권은 불인정
- 시기: 국민적 여론수렴 및 관련법규의 정비 등을 고려하여 시행

즉, 공무원의 노동조합 결성권을 보장하기 위한 방안으로, 먼저 1999년부터 고충사항 등을 처리하는 직장협의회의 설립을 허용하고(1단계), 다음 단계로서 근무조건에 관한 단체교섭권이 인정되는 공무원노조를 허용하는(2단계) 내용의 합의가 이루어진 것이다. 이 합의문에 따르면 직장협의회 제도는 공무원에게 노동조합을 허용하기 전 단계로서, 그 기능 또한 '고충사항 등의 처리'에 불과하게 설계되어 있다.

노사정합의 이후 정부는 1998년 2월 임시국회에 직장협의회 설치를 위한 법안을 제출하였고 1998. 2. 24. 법률 제5516호로 공무원직협법이 제정되어 1999. 1. 1.부터 시행되었다. 그 뒤 공무원노조를 허용하기 위한 입법 준비도 진행되었으나 정부와 기존 공무원단체 사이에 견해 차이를 좁히지 못하여 노정 간에 갈등을 겪다가 2005. 1. 27. 마침내 '공무원의 노동조합 설립 및 운영에 관한 법률'(이상 및 이하 '공무원노조법'이라 한다)이 제정(2006. 1. 28.부터 시행)되었다.8) 제정 공무원직협법은 설립 단위를 기관 단위로 한정하고, 하나의 기관에 하나의 협의회만 설립할 수 있도록 하였으며, 가입 범위를 6급 이하로 한정하고 외무공무원을 제외한 특정직공무원의 가입을 허용하지 않는 등 설립과 가입에 제한이 많았다.

그럼에도 불구하고 공무원직협법이 시행되자 가장 먼저 1999. 1. 12. 중앙행정부인 산업자원부와 1999. 1. 20. 농림부에 직장협의회가 설립된 것을 시작으로 점차 설립이 활발해졌다. 직장협의회는 단체교섭권이 인정되지 않는 등 기능이 제한적이었지만 공무원들의 집단적 의사를 합법적으로 표출하는 창구로서 역할을 하였다. 나아가 설립 단위 제한에도 불구하고 공무원들은 지속적으로 전국적인 차원의 직장협의회를 조직하려는 노력을 하여 2002년 2월에는 '공무원

---

8) 2002년 10월 행정자치부 주관으로 '공무원조합의 설립 및 운영 등에 관한 법률안'을 마련하여 국회에 제출하였으나, 상당수 공무원단체가 단체행동권을 포함한 완전한 노동3권 보장 및 조기 시행을 주장하며 정부 입법안에 반대하여 입법에 이르지 못하였다. 교원노조 수준의 공무원 노동기본권 보장을 대선 공약으로 내걸었던 참여정부는 2003년 4월 노동부 주관으로 '공무원의 노동조합 설립 및 운영 등에 관한 법률(안)'을 재추진하여 2005. 1. 27. 마침내 법률이 공포되기에 이른다.

직장협의회 발전연구회'의 형식으로 전국 단위의 협의회가 결성되었고, 이를 계기로 2002년 3월에는 대한민국공무원노동조합총연맹, 전국공무원노동조합 등 전국 규모의 노동조합이 결성되었다.9)10)

이상의 공무원직협법 및 공무원노조법 제정 과정과 직장협의회 및 공무원노조의 설립 전개과정을 볼 때 직장협의회 제도는 그 출발점이 공무원노조의 전단계로 도입되었고, 도입 초기 그 활동 또한 전국 규모의 공무원노조 결성으로 이어지는 등, 직장협의회는 도입 초기 그 명칭이나 설계된 기능과 달리 사실상 공무원노조와 유사하게 운영되었음을 알 수 있다.

3. 공무원직협법의 개정 연혁

가. 2019년 이전의 개정

공무원직협법은 제정 후 2000. 12. 29. 외무공무원의 계급·승진제도 폐지에 따라 법 3조 1항 2호 '특정직공무원 중 6급 이하의 외무공무원'을 '특정직공무원 중 외무행정직·외교정보관리직공무원'으로 개정하는 타법개정을 하였고, 2005. 11. 8. 외무공무원법 직렬 개편에 따라 위 3조 1항 2호를 다시 '특정직공무원 중 재직 경력 10년 미만의 외무영사직렬·외교정보기술직렬 외무공무원'으로 개정하는 타법개정을 하였으며, 2010. 3. 12. 법률의 한글화를 위한 일부개정을 거쳤고, 2011. 5. 23. 및 2012. 12. 11.에는 각 국공법 개정으로 공무원 직종 개편을 반영하기 위한 타법개정을 거쳤다.

이러한 타법 개정 등으로 인한 개정 외에 가입범위 확대, 직장협의회간 연합회 설립 허용 등 실질적인 내용 개정을 위한 법안이 여러 차례 발의된 바 있으나 통과되지 못하였다.11)

---

9) 서광석·안종태, 162면.

10) 2000년에 실시된 직장협의회 운영 실태에 관한 조사결과에 의하면, 많은 직장협의회가 공무원직협법을 위반하고 있으며, 주로 위반하고 있는 것은 근무시간 중 운영, 운영 장소의 확보, 연합 활동의 수행 등이었다. 이것은 주로 직장협의회 측의 법의식이 문제가 있다기보다는 법이 현실적으로 무리하게 규정하고 있는 점에 기인한다(윤영삼·신갑성, 135면).

11) 2001. 1. 30. 김락기 의원 대표발의로 연합협의회 허용, 예산·경리·물품출납 업무종사자의 가입 허용 등 개정법안이 발의되었으나 임기 만료로 폐기되었다. 2004. 9. 14.에는 이영순 의원 대표발의로 공무원노조가 허용되었음을 이유로 공무원직협법 폐지 개정법안이 발의되었으나 임기 만료로 폐기되었다. 이후 2007. 9. 19. 정청래 의원 대표발의로 소방공무원의 가입 허용 개정법안이 발의되었으나 임기 만료로 폐기되었으며, 2007. 11. 5. 배일도 의원 대표발의로 노조 가입 공무원의 직장협의회 가입 제한 개정법안이 발의되었으나 임기 만료로 폐기되었다. 2011. 1. 5. ~ 2011. 6. 2. 정부입법으로 '직장협의회 연합회 설립 허용', '연합회에

나. 2019년 개정

2019년에 이르러 비로소 가입 범위가 확대되는 등 실질적인 개정이 이루어졌다. 즉, 2019. 12. 10. 소방·경찰·운전업무 종사 공무원의 가입을 허용하고, 가입 금지 직책 또는 업무를 협의회와 기관장이 협의하여 지정·공고하는 내용을 추가하는 일부개정이 이루어진 것이다.[12][13] 2019. 12. 10. 법률 제16762호로 개정된 공무원직협법은 2020. 6. 11.부터 시행되었다(이하 '2019년 개정'이라 한다). 2019년 개정으로 직장협의회 가입 범위에 ① '경감 이하의 경찰공무원',[14][15] ② '소방경 이하의 소방공무원',[16] ③ '자동차운전 업무에 종사하는 공무원'이 포함되어 직장협의회 참여 가능인원이 크게 증가하였고,[17] 직장협의회 운영 면에서 '가입 금지 업무 사전협의제'의 도입은 협의회 내의 민주성과 자주성 확대에 기여할 것으로 기대된다.

한편, 공무원노조법의 경우 2021년 개정으로 가입 범위에서 직급 제한이 폐지되고 소방공무원, 교육공무원(교원 제외), 퇴직공무원의 가입이 허용된 바 있다(2021. 1. 5. 공포, 2021. 7. 6. 시행). 소방공무원의 경우 최근까지도 집단적 의사를 표출할 수 있는 소통 창구가 전무(全無)하다가 두 법률의 개정으로 두 제도 모두를 이용할 수 있게 되었다는 점에서 큰 변화가 있었다.

대한 협의권 인정' 내용의 개정안 추진 중 철회되었고, 2012. 11. 7. 한정애 의원 대표발의로 '소방공무원과 경찰공무원'의 가입 허용 개정법안이 발의되었으나 임기 만료로 폐기되었으며, 2012. 11. 9. 이상민 의원 대표발의로 '소방공무원 및 소방운전 공무원'의 가입 허용 개정법안이 발의되었으나 임기 만료로 폐기되었다. 2013. 3. 25. 진선미 의원 대표발의로 '소방·경찰 공무원 및 운전업무 종사 공무원'의 가입 허용 개정법안이 발의되었으나 임기 만료로 폐기되었다(행정안전부, 12~13면).

12) 행정안전부, 5면.

13) 국회에서 2016. 7. 26. 및 17. 3. 15. '소방·경찰 공무원 및 운전업무 종사 공무원의 가입 허용' 개정안이 각 발의되었고, 이어서 2018. 11. 21. '소방·경찰 공무원의 가입 허용' 및 '가입 금지 직책 또는 업무를 직장협의회와 기관장이 협의하여 지정·공고'하는 개정안이 발의되었는데, 위 3개 법률안을 통합하여 마침내 개정이 이루어졌다.

14) 경찰공무원의 계급은 총 11계급으로 '치안총감(경찰청장)-치안정감-치안감-경무관-총경-경정-경감-경위-경사-경장-순경'으로 구분한다(경찰공무원법 3조). 경찰서장은 총경 또는 경정으로 보한다.

15) 경찰공무원은 공무원노조 설립이 금지되므로 직장협의회 가입이 허용된 의미가 크다.

16) 소방공무원의 계급은 총 11계급으로 '소방총감-소방정감-소방감-소방준감-소방정-소방령-소방경-소방위-소방장-소방교-소방사'로 구분한다(소방공무원법 3조). 소방령은 경찰공무원의 경정에 대응되며 5급 상당 공무원이다.

17) 행정안전부는 2019년 개정으로 새롭게 직장협의회 가입대상이 되는 공무원 규모를 경찰 약 10만 명, 해양경찰 5,076명, 소방 51,312명, 운전직 약 1만 명 합계 총 17만 명 이상으로 추정하고 있다(행정안전부, 6면).

다. 2022년 개정

공무원직협법은 최근 직장협의회의 활동을 보다 확대하는 방향으로 또 한 번의 일부개정이 이루어졌다. 이번 개정 논의는 국회에서 2021. 2. 25. 이형석 의원, 이은주 의원이 각 대표발의하고, 2021. 5. 20. 오영훈 의원, 2021. 11. 29. 서범수 의원의 추가로 대표발의하여 심사가 이루어져 최종 개정안이 마련되었고 2022. 4. 5. 국회 본회의를 통과하였다. 개정법은 2022. 4. 26. 법률 제18844호로 공포되었고, 공포일로부터 6개월이 경과한 2022. 10. 27. 시행되었다.

개정 내용은, 제한적이기는 하지만 연합협의회의 설립을 허용하고, 가입 범위에서 직급 제한을 폐지하며, 사실상 노무에 종사하는 공무원의 협의회 가입을 허용하고, 협의 사항으로 '소속 공무원의 모성보호 및 일과 가정생활의 양립을 지원하기 위한 사항', '기관 내 성희롱, 괴롭힘 예방 등에 관한 사항'을 추가하며, 기관장 등의 합의사항 이행현황 공개의무를 신설하고, 예외적으로 허용되는 근무시간 내의 활동을 대통령령에 위임한 것 등이다. 다만 가입 금지 업무에는 총괄업무 담당자를 추가하였는데 이는 직급 제한을 폐지하면서 다만 총괄업무 담당자는 가입을 제한하고자 가입 금지 업무로 추가하게 된 것으로 보인다.

공무원노조법이 이보다 앞서 2021년 개정으로 직급 제한을 폐지한 것과 비교하면 공무원노조보다 권한이 약한 직장협의회 가입의 직급 제한 폐지는 다소 늦은 감이 있지만, 이로써 직장협의회의 가입 범위와 협의 사항 등이 확대되었으므로 직장협의회의 활동이 보다 활성화될 것으로 기대된다.

II. 공무원직장협의회의 현황과 제도 개선의 필요성

1. 직장협의회의 현황

가. 설립 현황

1999년 직장협의회 제도가 도입된 이래 가입자 수는 2000년 20,904명(가입률 7.3%)에서 2002년 106,261명(가입률 17%)으로 급격히 증가하였고, 2005년에는 무려 172,190명(가입률 65.1%)에 이르는 등 가입이 활발하였다. 그러나 2006년 공무원노조법이 시행되자 많은 수의 직장협의회가 공무원노조로 전환하여 그 가입자 수는 2008년 227개소 32,035명, 2013년 130개소 24,654명으로 감소하였

다.[18]

한편 2013년부터는 완만한 상승세를 보였는데, 이는 당시 법외노조였던 전국공무원노동조합(이하 '전공노'라 한다)의 지부들이 활동상의 제약을 피하기 위해 직장협의회 조직형태를 활용했기 때문이었다. 2018년에는 전공노가 법내노조로 전환되면서 공무원노조 가입자 수가 대폭 증가한 반면, 그에 비해 직장협의회의 가입자 수는 상대적으로 소폭 감소하였는데, 이는 전공노가 법내노조로 전환된 후에도 그 지부가 직장협의회 조직형태를 유지했기 때문이다.[19] 그러나 그 뒤로도 공무원노조는 증가세를 보이는 반면 직장협의회의 가입자 수는 지속적인 감소세를 보여 2020년에는 136개소 23,949명까지 감소하였다.[20]

---

18) 공무원노조와 직장협의회는 가입 범위가 거의 동일하여 공무원들은 양 단체 중 하나를 선택하였는데, 실제로는 개별 공무원들이 택일하여 가입하기보다는 직장협의회를 공무원노조로 전환하는 방식으로 체제를 변경하는 경우가 많았다. 일각에서는 공무원직장협의회와 공무원노조의 가입자수가 서로 제로섬(zero sum)관계라는 추측을 하기도 한다(조성혜b, 266면).

19) 조성일, 261면.

20) 행정안전부에서 조사한 2020년 2분기 기준 직장협의회 가입현황에 따르면, 헌법기관 1개소 63명, 중앙행정기관 105개소 6,400명, 지방자치단체 28개소 17,240명, 교육청 2개소 246명으로 전국적으로 총 136개 기관에 직장협의회가 운영 중이며 가입자 수는 총 23,949명이다[e-나라 지표(http://www.index.go.kr) "공무원직장협의회 및 가입자 시계열조회"]. 지방자치단체 중에서는 서울, 대구, 경북의 일부 기초자치단체 등에 설치되어 있고, 교육청 중에는 경기도교육청 등에 설치되어 있다. 2010년과 비교해 보면, 직장협의회 수는 전체적으로 다소 줄어들었지만, 기관별로 보면 여성가족부, 산업통상자원부, 기상청과 같이 신규 설립된 기관도 있고, 고용노동부와 같이 직장협의회 수가 늘어난 곳도 있다(정원석 외 3명, 4~5면; 행정안전부, 107면).

[표 2] 2020년 2분기 기준 직장협의회 가입 현황

구분		직장협의회 설립 수 및 가입 인원
총계		136개 / 23,949명
헌법기관 [1개/63명]		헌법재판소
중앙행정기관 [105개/6,400명]		교육부(34개), 보건복지부(2개), 고용노동부(53개), 기상청(14개), 산업통상자원부, 여성가족부
자치단체 [28개/ 17,240명]	서울	성동구, 동대문구, 강북구, 성북구, 서대문구, 강서구, 동작구, 금천구, 관악구, 강남구, 송파구 [11개]
	대구	상수도사업본부, 동구, 서구, 북구, 수성구, 달성군 [7개]
	인천	강화 [1개]
	대전	의회사무처 [1개]
	강원	홍천군 [1개]
	경북	청송군, 영양군, 청도군, 고령군, 성주군, 칠곡군 [6개]
	경남	경남도의회사무처 [1개]
교육청[2개/246명]		울산광역시 강남지원청, 경기도교육청 [2개]

이렇듯 감소세를 보이던 직장협의회가 2021년 2분기에는 636개소 97,640명으로 대폭 증가한 점은 주목할 만하다.[21] 2021년 말에는 소폭 감소하기는 했으나, 전년도 대비 2021년 협의회 가입자 수의 대폭 증가 현상은 2019년 개정법이 2020. 6. 11.부터 시행되면서 경찰공무원, 소방공무원, 운전직공무원이 그 무렵부터 협의회 설립 준비과정을 거쳐서 신규로 직장협의회를 설립하거나 가입했기 때문으로 보인다.[22] 따라서 이 통계만 가지고는 기존의 직장협의회 활동이 이전보다 활성되었다고 평가하기는 어려울 것이다. 최근의 직장협의회 설립 현황은 아래 [표 3]과 같다.

[표 3] 2021년 12월 기준 직장협의회 설립 현황

구분	설립기관(개)	가입자 수(명)	직장협의회만 운영하는 기관	
총 계	614	95,855	349개 / 59,244명	
헌법기관	1	51	1개 / 51명	74개 / 5,905명
중앙행정기관	104	6,409	68개 / 3,450명	
지방자치단체	33	20,876	5개 / 2,404명	
교육청	2	178		
경 찰	275	53,339	275개 / 53,339명	
소 방	199	15,002		

반면, 공무원노조의 규모 및 조직률은 2006년 1월 공무원노조가 허용된 이래 대체로 꾸준히 증가하여 왔다. 2009년 공무원노조 가입자 수는 158,910명으로, 전년도인 2008년 215,537명 대비 대폭 감소된 것으로 집계되었으나, 이는 2009년 통계에서 법외노조인 전공노가 제외되었기 때문이다. 이후에도 가입자 수는 점진적으로 증가해오다가 2018년 전공노가 법내노조로 전환되어 다시 통계에 포함되면서 2018년 공무원노조 가입자 수는 261,997명, 조직률은 81.6%에 이르렀다. 이후에도 최근까지 계속 증가세를 보이고 있다.

연도별 직장협의회 및 공무원노조 가입자 수 변화 추이는 아래 [표 4]와 같다.[23]

---

21) e-나라지표(http://www.index.go.kr) "공무원직장협의회 및 가입자 시계열조회".

22) 개정 당시 행정안전부는 새롭게 직장협의회 가입대상이 되는 공무원 규모를 17만 명이상으로 추정하였고, 직장협의회 규모는 2020년 5월 기준, 136개 기관 약 2만 4천 명에서 700여 개 기관 약 17만 명으로 크게 증가할 것으로 전망하였다(행정안전부, 6면).

23) e-나라지표(http://www.index.go.kr) "공무원직장협의회 및 가입자 시계열조회", "공무원 노동조합 조직현황 시계열조회"; 조성일, 261면; 조성혜b, 266면. 공무원노조 통계는 조사시점 (2022년 9월)에 2020년 말 통계까지 존재하였다.

[표 4] 직장협의회 및 공무원노조의 가입 규모 변화 추이

구분	2000년	2001년	2002년	2004년	2005년	2006년	2007년	2008년	2010년
직장협의회 수	-	-	419	-		-		227	141
직장협의회 가입자 수 (조직률)	20,904 (7.3%)	39,528 (13.8%)	106,261 (17%)	160,000 (56.8%)	172,190 (65.1%)	-	-	32,035	28,584
노동조합 수						78	98	95	96
노조 가입자 수 (조직률)						63,275 (21.8%)	173,125 (59.7%)	215,537 (72.1%)	164,147 (55.6%)

구분	2013년	2014년	2015년	2016년	2017년	2018년	2019년	2020년	2021년
직장협의회 수	130	147	148	153	161	160	151	136	636
직장협의회 가입자 수 (조직률)	24,654 (8.4%)	28,098	25,319	28,715	34,604	34,754	30,334	23,949	97,640
노동조합 수	122	125	144	150	155	147	142	142	-
노조 가입자 수 (조직률)	179,615 (60.9%)	184,260 (61.6%)	192,831	198,505	203,558	261,997 (81.6%)	297,221 (85.2%)	317,694 (87.8%)	-

나. 직장협의회가 발달한 기관[24]

기관별 직장협의회 설립 현황(각주 20번의 [표 2]를 참조)을 살펴보면 중앙행정기관 중 교육부 기관과 고용노동부 기관에 집중하여 설립되어 있음을 알 수 있다.

먼저 교육부의 경우, 국사편찬위원회와 교육부장관 관할 하에 있는 대학, 교육대학, 전문대학, 특수학교, 한국교원대학교 등[25]에 직장협의회가 설립되어 있는데, 여기에 근무하는 일반직공무원들은 직장협의회뿐만 아니라 공무원노조의 가입이 가능하지만, 공무원노조법상 최소 설립 단위의 제한으로 인해 학교 단위 또는 행정부 내의 부처 단위의 노조 설립이 제한되어 결국 행정부 또는 전국 단위 공무원노조의 지부, 분회 등의 형태로만 존속할 수 있다. 또한 단체교섭을 할 경우에도 교섭 상대방인 정부교섭대표가 원칙적으로 행정안전부 인

---

24) 조성일, 262~263면.
25) 강릉원주대, 강원대(삼척캠퍼스, 춘천캠퍼스), 경남과기대, 경북대, 경상대, 공주대, 군산대, 금오공대, 목포대, 목포해양대, 부경대, 부산대, 서울과기대, 전남대, 제주대, 창원대, 충남대, 충북대, 한경대, 한국교통대, 한국방송통신대, 한국해양대, 한밭대, 경인교대, 공주교대, 광주교대, 대구교대, 부산교대, 전주교대, 진주교대, 청주교대, 춘천교대, 한국복지대, 한국교원대.

사혁신처장이 된다. 물론 인사혁신처장이 교육부장관에게 교섭권한을 위임하고, 교육부장관이 학교의 총장이나 학장에게 교섭권한을 재위임하여 교섭을 진행할 수 있지만, 공무원노조가 교섭권 위임을 강제할 수는 없으므로 현실적으로 한계가 있다. 따라서 교육부 소속 공무원들에게 직장협의회는 기관장과 협의할 수 있는 중요한 소통 창구가 되고 있는 것으로 보인다.

다음으로 고용노동부의 경우, 고용노동부 본부와 소속 기관인 지방고용노동청 및 지청, 중앙노동위원회 및 지방노동위원회, 고용노동부 고객상담센터 등에 직장협의회가 설립되어 있는데, 여기에서 노동위원회법상 '조사관', 근기법 및 산안법상 '근로감독관' 등이 다수 포함되어 있다. 이들은 공무원노조법상 '업무의 주된 내용이 노동관계의 조정·감독 등 노동조합의 조합원 지위를 가지고 수행하기에 적절하지 아니한 업무에 종사하는 공무원'에 해당하여(공무원노조법 6조 2항 2호 후단) 공무원노조에의 가입이 금지된다. 따라서 이들 공무원에게 직장협의회는 집단적 이익을 대변하는 중요한 역할을 할 수 있다.[26]

다. 공무원노조와 직장협의회가 중복되는 기관[27]

전국적으로 38개 기관에 공무원노조와 직장협의회가 중복하여 존재하거나 사실상 동일 조직으로 파악된다(2019년 기준). 즉, 교육부의 14개 국립대학, 보건복지부 국립나주병원, 서울시 11개 자치구, 대구시 상수도본부 및 6개 자치구, 경상북도 안동시, 울산강남지원청 등의 직장협의회는 전공노의 지부임과 동시에 직장협의회 지위도 가지고 있고, 동대문구노동조합은 단위 노조 및 직장협의회를 겸하고 있음을 표방하고 있으며, 경남도청공무원노동조합에 가입되어 있는 경상남도 의회사무처와 보건환경연구원의 직원들은 별도의 직장협의회를 설립하고 있는 상황이다.

이와 같이 공무원노조와 직장협의회가 중복하여 존재하거나 사실상 동일 조직으로 운영되는 이유는 공무원노조만을 표방하는 것보다 직장협의회를 겸할 경우 기관장과의 대화가 편리하다는 점, 복수노조 제도 하에서 조직의 경쟁력을 확보할 수 있다는 점, 정부의 공무원 노사관계 관련한 정책 변화에 대비하여 예비적으로 대응력을 확보하기 위한 점 등 다양할 수 있다.

---

26) 한편, 고용노동부에는 행정부 단위의 노동조합인 국가공무원노동조합의 지부가 설치되어 있는데, 여기에는 공무원노조에 가입할 수 있는 공무원들이 가입되어 있다.

27) 조성일, 264면.

라. 구체적인 운영 현황[28]

공무원직협법 시행령 8조는 협의회등과 기관장등은 매년 2회 정기적으로 협의하도록 규정하고 있다. 2020년 2월 말 기준(이하 같다) 직장협의회 136개소 중 109개소는 기관장과의 협의 실적이 있었고, 그 중 연 2회 이상 협의를 진행한 곳은 57개소였다.

또한 직장협의회와 기관장이 합의한 사항 523건을 협의 사항에 따라 분류해보면, '근무환경 개선' 230건(43.9%), '업무능률 향상' 107건(20.4%), '고충처리' 70건(13.4%), '기타 기관발전 등' 116건(22.2%)으로 나타났다. 즉, 직장협의회 가입자의 가장 큰 관심사는 '근무환경 개선에 관한 사항'이라 할 수 있다.

합의에 이른 주요 사례는 1) '근무환경 개선' 및 '고충처리'와 관련하여 '치유(힐링) 프로그램 운영', '당직실 근무환경 개선', '직원 전용(남, 여) 휴게실 설치', '직원 건강검진비 증액', '휴양시설 변경 및 구입확대', '장기재직휴가 기간 확대', '장기 교육생 선발 방법 개선', '동아리 활동 활성화 지원', '체력단련실 장비 및 기구 다양화', '초과근무자를 위한 냉·난방시설 개선', '장애인 직원 맞춤형복지비 추가 지급', '갑질문화 해소를 위한 인식개선교육 및 주기적 모니터링 실시' 등이고, 2) '업무능률 향상' 및 '기관발전'과 관련하여 '조직문화 개선을 위한 주기적 설문조사 실시', '행정종합배상공제 가입', '참 리더(베스트 간부) 공무원 선정 설문조사 실시', '투명하고 공정한 전·출입 세부기준 마련', '국내연수 내실화 및 국외연수 기회 확대', '직원역량강화 및 소양함양을 위한 도서관 운영', '성과평가 및 성과급 지급방안 개선' 등이다.

회원을 대상으로 교육을 실시한 기관은 136개 기관 중 59개(43.4%)로, 헌법기관(0%)과 중앙부처(37.1%)의 교육 실적에 비해 자치단체(64.3%)와 교육청(100%)은 교육 운영이 활발한 것으로 나타났다.

2. 직장협의회의 법적 성격과 제도 개선에 관한 논의

가. 직장협의회의 위상 약화

직장협의회는 2000년대 초반에 대거 출범하여 활동하다가 공무원노조 설립이 허용되자 그 상당수가 공무원노조로 전환하였고(이 경우 명칭만 공무원노조로 변경하였을 뿐 회원과 회비를 그대로 승계하고, 구성원도 동일하게 유지되는 경우가 대

---

28) 정원석 외 3명, 5~6면; 행정안전부, 108~112면.

부분이었다[29])), 공무원노조로 전환하지 않는 경우에는 공무원노조와 합병되든가, 휴지기를 거쳐 독자적으로 부활하는 등 다양한 모습을 보였다. 역할에 있어서도 직장협의회 본연의 기능을 담당하는 곳도 있지만 공무원노조의 역할을 담당하거나 공무원노조와 직장협의회가 혼합된 역할을 하는 곳도 존재하였다.[30]

그러나 두 제도는 법상 목적과 기능이 엄연히 구별되기 때문에 직장협의회가 공무원노조로, 또는 공무원노조가 직장협의회로, 그 형태를 변경하는 것은 바람직한 현상이라고 할 수 없다. 이러한 상황이 초래된 것은, 공무원들이 여전히 직장협의회를 공무원노조의 준비기구로 인식하고 있거나, 법상 구별됨에도 불구하고 현실에서는 양자의 기능을 구분하는 것이 사실상 어렵다거나, 공무원노조가 직장협의회보다 일견 그 권한이 강해 보이는 등의 이유 때문인 듯하다.[31]

공무원직협법은 그 시행 전부터 공무원노조법의 제정이 예정되어 있었던 데다가, 법 규정이 추상적이고 불완전하여 제정 무렵부터 제도의 법적 성격이나 미비점 등이 논란이 되어 왔고, 특히 2006년 공무원노조법이 시행된 뒤부터는 직장협의회 제도의 개선에 관한 논의가 지속적으로 제기되었다. 직장협의회의 법적 성격을 어떻게 보느냐에 따라 제도 개선에 관한 견해도 달라지는 경향이 있으므로 법적 성격에 관하여 먼저 살핀다.

나. 직장협의회의 법적 성격

직장협의회의 법적 성격은 공무원노조법이 제정되기 이전에 큰 논란이 되었다.[32] 당시 학자들의 견해는 '노동조합의 초기 단계로 보는 견해'와 '노사협의회의 일종으로 보는 견해' 그리고 '혼합적 제도로 보는 견해' 등 세 가지가 대립하였다.

먼저, 노동조합의 초기 단계로 보는 견해는 직장협의회 제도의 근거를 헌법 33조 1항에서 찾고, 단결권과 단체교섭권 보장의 기초 단계에 해당한다고 파악

---

29) 조성혜b, 295면. 일부 직장협의회는 그 규정을 통해 "공무원노조 지부 설립 시 조합원으로 자동 승계되며, 회장은 지부장을, 임원 및 간부는 지부 임원 및 간부를 겸직하며 지부의 모든 규정 사항은 규정이 별도 개정될 때까지 승계한다."고 규정하고 있다고 한다.
30) 조성혜b, 283면. 앞서 Ⅱ. 1. 다.에서 살핀 바와 같이 두 단체를 모두 표방하고 있는 노조 지부가 최근까지도 상당수 존재한다.
31) 조성혜b, 304면.
32) 이철수 외 3명, 73면. 공무원노조법 제정 후에는 직장협의회의 법적 성격보다는 제도 개선에 관한 논의가 주를 이루었다.

하며, 민간부문의 노사협의회와는 법적 성격을 달리한다고 본다.[33] 공무원의 단결권을 인정하기 위한 초보적·과도기적 제도라고 표현하기도 한다.[34] 이들 견해는 1998년 노사정합의는 공무원의 노동기본권 보장을 위한 논의의 결과물이었고 그 후속 조치로 공무원직협법이 제정된 점, 최근의 개정이 이루어지기 전까지 공무원노조에 가입할 수 없는 자는 직장협의회 가입도 금지되어 있었던 점, 직장협의회 또한 공무원노조와 마찬가지로 가입 및 탈퇴의 자유를 인정하고 있는 점, 직장협의회의 협의 사항 중 '당해 기관 고유의 근무환경 개선'에 근로조건에 관한 사항이 포함된다고 해석할 수 있는 점 등을 근거로 한다.

다음으로, 노사협의회의 일종으로 보는 견해는 직장협의회는 노동조합과는 성격이 다르고, 공무원직협법의 실질적인 내용을 고려할 때 헌법 33조 1항에 근거한 법률이라고 할 수 없으며, 노사협의회의 일종으로 보는 것이 타당하다고 한다.[35] 공무원직협법의 목적은 '공무원의 근무환경 개선, 업무능률 향상 및 고충처리 등'으로 헌법 33조 노동기본권에 관한 직접적인 언급이 없는 점, 협의 사항 규정에서 단체교섭과 같은 노동조합의 활동을 도출하기 어려운 점, 기관장의 협의 거부, 합의사항 불이행 등에 대해 구제책이 마련되어 있지 않은 점, 헌법 33조가 보장하는 집단적 단결권의 행사 주체는 노동조합인 점 등을 근거로 한다.[36]

마지막으로, 혼합적 제도로 보는 견해는, 공무원의 단결권·단체교섭권 보장의 사전적·초보적 단계로서 불완전한 의미의 공무원 단결체적 성격과 협의 기구로서 노사협의회의 성격이 혼재되어 있다고 본다.[37] 직장협의회에는 단체교섭권, 단체협약 체결권이 부여되어 있지 않기 때문에 헌법·노조법상 노동조

---

33) 이병태a, 83~84면(최신판인 이병태, 36면에서도 동일한 취지로 설시하고 있다).
34) 임종률a, 278면. 그 밖에 김재기, 345면; 홍효준, 101~102면에서도 직장협의회의 법적 성격을 공무원의 단결권, 단체교섭권 보장을 위한 공무원 단결체로 파악하고 있다.
35) 김형배a, 173~174면. 그 밖에 김상호, 26~27면; 조성혜a, 374~378면(다만, 조성혜b, 276~277면에서는 직장협의회의 양면적 특성을 고려할 때 공무원직장협의회를 확실히 어느 한 쪽 성격만으로 규정짓기는 어렵다고 하고 있다).
36) 조성혜a, 376면. 헌법 33조는 '근로자는 근로조건의 향상을 위하여 자주적인 단결권·단체교섭권 및 단체행동권을 가진다'(1항), '공무원인 근로자는 법률이 정하는 자에 한하여 단결권·단체교섭권 및 단체행동권을 가진다'(2항)라고 규정하여 노동기본권의 주체를 노동조합으로 한정하고 있지 않지만, 노조법은 단체교섭권과 단체협약체결권을 노동조합에 한정하여 부여하고 있고(노조법 30조 1항), 쟁의행위 또한 노동조합에 의해 주도되어야 하므로(노조법 37조 2항), 국내 실정법상 헌법 33조의 노동3권 행사 주체인 단체는 노동조합이라고 해석된다.
37) 김정한 외 3명, 69~70면; 문무기, 177면; 이승협·유각근, 200면.

합이라고 보기에는 본질적인 한계가 있고, 노사협의회에 비해 협의 사항의 범위나 합의된 사항의 이행력 확보 등에서 매우 느슨한 규율 태도를 취하고 있기 때문에 확실하게 노사협의기구를 상정하고 있다고 보기도 어렵다는 점을 근거로 한다.38)

다. 제도 개선에 관한 논의

공무원노조법이 제정된 후에는 직장협의회 제도의 개선에 관한 논의가 주를 이루었다.

그 중론은 직장협의회의 역할을 제고하고 이를 활성화하자는 것이다. 이 입장은 다시 ⅰ) 공무원노조는 공무원의 근무조건과 관련한 일반적인 사항을 담당하여 노동기본권 보장의 정신을 살리고, 직장협의회는 노사협의회와 유사하게 공무원의 참여와 협력을 바탕으로 한 제도로 재구성하자고 하거나,39) ⅱ) 공무원 노사관계에서 공무원노조와 직장협의회 양자를 '공무원 대표 조직'의 두 모델로 설정하여 별개의 위상을 정립하고, 공무원노조가 제 기능을 발휘하지 못할 경우(예를 들어 기관에 노조가 조직되어 있지 않거나 노조 활동이 미약한 경우, 복수노조가 난립한 경우 등)에 직장협의회가 공무원 대표 조직으로 기능하게 하자고 하는 등 다양한 활성화 방안이 제시되고 있다. 특히 후자의 견해는 직장협의회가 소속 공무원 전체의 대표성을 가지도록 하고 단체교섭에서 다루기 어려운 다양한 쟁점 현안을 직장협의회를 통해 예방·해결·최소화하도록 기능을 재설정하자고 한다.40)

일각에서는 공무원노조의 허용으로 직장협의회의 역할이 퇴색되었으므로, 공무원노조로의 전환을 원칙으로 하고 단계적으로 직장협의회 제도를 폐지하자는 주장이 제기된다.41) 이 견해는 공무원노조와 유사한 직장협의회 제도로 인해 공무원노조의 역할과 운영에 혼란을 가져오고 있으므로, 긍정적인 공무원 노사관계의 발전을 위해서는 직장협의회 제도를 폐지하고, 대안으로 공무원의 고충처리를 공무원노조의 교섭사항에 포함시키는 등 공무원노조의 역할을 더 강화해야 한다고 주장한다.42)

---

38) 문무기, 177면.
39) 김정한 외 3명, 197면.
40) 김홍영 외 4명, 184~185면.
41) 홍효준, 109면.
42) 홍효준, 103~107면.

또 다른 일각에서는 직장협의회를 공무원노조 가입이 제한되는 공무원들의 단결권 및 단체교섭권을 최소한의 수준에서 부여하는 제도로만 활용하자는 주장도 제기된다.[43] 이 견해는 직장협의회를 노사협의회와 같은 노사협력기구로 설정하는 것에 반대하면서, 직장협의회의 법적 성격을 단결권을 보장하는 '유사 공무원 대표단체'로 명확히 하고, 공무원직협법을 공무원노조 가입 범위에서 배제된 직군의 공무원에게만 적용되는 특별법의 형태로 만들자고 한다.[44]

위와 같은 제도 개선을 둘러싼 견해의 차이에도 불구하고 이들의 공통점은 현행 제도가 어떤 방식으로든 변화가 필요하다는 인식에서 출발한다는 것이다. 즉, 직장협의회 제도는 공무원노조 허용 전 일부 공무원에게 단결의 기회를 제공하기 위해 설계되었는데, 공무원노조법이 시행되어 확고히 자리를 잡은 현 상황에서는 직장협의회가 공무원노조에 대한 과도기적 기능을 담당할 유인이 더 이상 존재하지 않으므로 제도의 변화가 불가피하다는 점에서는 견해가 일치하고 있다.

라. 검　토

행정안전부가 2020년 실시한 직장협의회에 관한 공무원의 인식조사 결과에 의하면, 직장협의회가 공무원의 근무환경 개선 등을 위해 필요하다는 의견이 93.9%로 압도적이고, 공무원노조의 허용으로 노조설립이 가능함에도 불구하고 직장협의회 제도를 계속 운영할 필요가 있다는 의견이 전체의 69.7%를 차지하는 것으로 나타났다.[45] 당사자인 공무원들 대다수가 직장협의회제도의 필요성을 긍정하고 있는 이상 이를 폐지하거나 방치하기보다는 최대한 이를 활용할 수 있도록 방향을 설정하는 것이 타당하다.

직장협의회 제도의 법적 성격이 불분명해진 원인은 연혁적으로 공무원의 단결권 보장을 위해 제정된 법이, 그 목적이나 기능 측면에서는 노사협의회와 유사한 내용을 담고 있다는 데에 있다.[46] 따라서 어느 측면을 강조하느냐에 따라서 법적 성격을 달리 볼 수 있으므로, 이상의 세 견해 모두 설득력이 있다고 할 수 있다. 다만, 현재 공무원노조가 확고히 자리를 잡고 있으므로 현 시점에

---

43) 이승협·유각근, 189면.
44) 이승협·유각근, 202면. 다만 이 견해는 소방공무원, 경찰공무원에 대해 공무원노조와 직장협의회 가입이 모두 제한되던 구법 하에서 소방공무원의 노동기본권 보장을 중심으로 주장된 견해이다.
45) 행정안전부, 127~128면.
46) 조성혜b, 276면.

서는 1998년 노사정합의의 취지를 크게 고려할 필요는 없어 보인다. 따라서 우선은 현행 공무원직협법의 규정에 부합하도록 직장협의회를 협의기구로 운영하는 것이 바람직하고,47) 나아가 직장협의회가 장차 공무원을 대표하는 협의기구로 자리 잡기 위해서는, 직장협의회의 가입 범위를 더 다양한 직군(가능하다면 모든 직군)으로 확대하고, 임의 설립이 아닌 필수 설치로 전환하며, 협의 사항을 더욱 다양하게 하는 방안 등을 고려하는 것이 필요하다고 생각한다.

다만 공무원의 경우 민간부문 근로자와 비교할 때, 공무원노조의 역할이 민간부문 노조의 역할에 비해 제한적인 점(공무원노조의 경우 가입 범위의 제한, 최소 설립 단위의 제한, 단체교섭의 범위 제한, 단체협약의 효력 제한 등 여러 제한이 있다), 민간부문 노조와 달리 공무원노조는 설립 단위가 광역화되어 있어서 직장협의회를 통한 기관별 협의가 독자적인 의미를 가질 수 있는 점, 노사협의회가 노사 간의 대립적 구도를 완화하기 위해 협력적 구도로 설계된 측면이 있는 반면, 직장협의회는 공무원의 노동기본권 보장을 위한 전단계로 도입된 점 등 노사협의회와는 구별되는 여러 특징을 가지고 있다. 따라서 직장협의회 제도의 개선하기 위해 근로자참여법의 규정을 참고하더라도, 위와 같은 차이를 충분히 고려하여 직장협의회 제도가 공무원노조의 기능을 보완하는 역할을 할 수 있도록, 적절히 취사선택을 하여야 할 것이다.

III. 공무원직협법의 구체적 내용

1. 목   적

법48) 제1조(목적)

이 법은 공무원의 근무환경 개선, 업무능률 향상 및 고충처리 등을 위한 직장협의회의 설립과 운영에 관한 기본적인 사항을 규정함을 목적으로 한다.

시행령 제1조(목적)

이 영은 공무원직장협의회의 설립·운영에 관한 법률에서 위임된 사항과 그 시행에 관하여 필요한 사항을 규정함을 목적으로 한다.

---

47) 직장협의회가 협의기구로서의 역할에 집중한다면 직장협의회의 존재가 공무원노조의 역할을 위축시킬 수 있다는 우려를 없앨 수 있을 것이고, 공무원 사회에서의 협의의 활성화는 오히려 공무원노조의 단체교섭에도 긍정적인 영향을 줄 수 있을 것이다.
48) 이하에서 '법'은 공무원직협법을, '시행령'은 공무원직협법 시행령을 일컫는다.

　　공무원직협법은 공무원의 근무환경 개선, 업무능률 향상 및 고충처리 등을 위한 직장협의회의 설립과 운영에 관한 기본적인 사항을 규정함을 목적으로 한다(법 1조). 여기서 '근무환경 개선'은 그 개념이 모호하고 포괄적이지만 일응 공무원의 업무수행과 관련된 제반 환경개선을 뜻하는 것으로, 주로 공무원의 업무수행을 위한 시설(업무 공간, 차량, 컴퓨터 등)의 개선, 편의의 제공(예를 들어 에어컨 설치, 휴게실 설치 등), 기관 단위 협의회의 경우 기관의 내부 운영과 관련된 공무원의 임용, 전보, 승진, 징계, 해직 등 인사사항의 개선, 연합협의회의 경우 해당 기관들을 포괄하는 임용, 전보, 승진, 징계, 해직 등 인사사항의 개선 등을 일컫는 것으로 해석된다. '업무능률 향상'은 민간부문에서의 생산성 향상과 유사한 의미로 보는 것이 일반적이고, '고충처리'는 소속공무원의 업무와 관련된 보편적이고 일반적인 고충에 관한 이의제기와 구제를 의미하므로, 순전히 개인적인 고충은 국공법 76조의2에 따라 기관장 등에게 의견을 제출하여 고충심사위원회의 심사를 거쳐 해결하여야 할 것이다.49)

　　공무원직협법은 법에서 위임한 사항과 그 시행에 필요한 사항을 규정하기 위하여 시행령을 두고 있다(시행령 1조).

2. 직장협의회의 설립

가. 설립 단위

법 제2조(설립)

　　① 국가기관, 지방자치단체 및 그 하부기관에 근무하는 공무원은 직장협의회(이하 "협의회"라 한다)를 설립할 수 있다.

　　② 협의회는 기관 단위로 설립하되, 하나의 기관에는 하나의 협의회만을 설립할 수 있다.

법 제2조의2(연합협의회)

　　① 협의회는 다음 각 호의 국가기관 또는 지방자치단체 내에 설립된 협의회를 대표하는 하나의 연합협의회를 설립할 수 있다.

　　1. 국회 · 법원 · 헌법재판소 · 선거관리위원회

　　2. 「정부조직법」 제2조에 따른 중앙행정기관과 감사원 및 그 밖에 대통령령으로 정하는 기관

　　3. 특별시 · 광역시 · 특별자치시 · 도 · 특별자치도 및 특별시 · 광역시 · 특별자치

---

49) 행정안전부, 48면.

시·도·특별자치도의 교육청

시행령 제2조(설립기관의 범위)

① 공무원직장협의회의 설립·운영에 관한 법률(이하 "법"이라 한다) 제2조 제2항의 규정에 의하여 직장협의회를 설립할 수 있는 기관단위는 기관장이 4급 이상 공무원(고위공무원단에 속하는 일반직공무원을 포함한다) 또는 이에 상당하는 공무원인 기관이 된다. 다만, 기관장이 5급 이하 공무원 또는 이에 상당하는 공무원인 기관의 경우에는 소속공무원의 수, 지리적 특성 등을 고려하여 중앙행정기관의 장이 정하는 바에 따라 기관장이 5급 이상 공무원(고위공무원단에 속하는 일반직공무원을 포함한다) 또는 이에 상당하는 공무원인 상급기관에 통합하여 설립한다.

② 삭제

③ 연합협의회는 제1항에 의하여 설립된 기관단위 협의회로 구성한다.

1) 기관 단위 협의회

직장협의회는 국가기관, 지방자치단체 및 그 하부기관에 기관 단위로 설립할 수 있고(법 2조 1항 전단, 2조 1항 전단), 직장협의회를 설립할 수 있는 기관 단위는 기관장이 '4급 이상 공무원 또는 이에 상당하는 공무원'인 기관이다(시행령 2조 1항 전문).

국가기관은 국회, 사법부, 헌법재판소, 선거관리위원회, 행정부 등을 의미하고, 지방자치단체는 지방자치법에 의한 특별시, 광역시, 특별자치시, 도, 특별자치도 및 시, 군, 자치구를 의미한다. 지방자치단체의 교육 업무를 담당하는 교육청, 지자체의 하부기관인 상수도사업본부, 의회사무처 등도 직장협의회의 설립이 가능한 기관이다. 행정부의 경우 부·처별 기관 단위로 설립하여야 하고, 본부 내의 실, 국, 과, 담당관 등 보좌·보조기관 단위로는 설립할 수 없다. 하나의 기관에는 하나의 직장협의회만 설립할 수 있도록 하여(법 2조 2항 후단) 직장협의회의 복수 설립을 금지하고 있다.

기관장이 5급 이하 공무원 및 이에 상당하는 공무원인 기관의 경우에는 해당 기관에 직장협의회를 설립할 수 없고, 소속 공무원의 수, 지리적 특성 등을 고려하여 중앙행정기관의 장이 정하는 바에 따라 기관장이 5급 이상 공무원 또는 이에 상당하는 공무원인 상급기관에 통합하여 설립할 수 있다(시행령 2조 1항 후문). 행정안전부는 지리적으로 분리되어 위치하고 있고 책임자가 4급 이상 공무원인 경우로서 예산을 별도로 운영하고 있더라도 실질적으로 예산 사용 시 모기관의 승인을 얻어야 하거나 사후적으로 통보해야 한다면, 하나의 기관에 소속된 부서로 보는 것이 타당하다는 이유로 각각의 직장협의회를 설립할 수 없다는 입장이다.50) 따라서 결국 직장협의회를 설립할 수 있는 기관은 '인사와 예산 등의 독립성이 부여되어 있는 기관'을 의미한다고 할 수 있다.

예를 들어, 지방자치단체의 소방본부51)는 지자체에 소속된 국가공무원52) 조직으로서 인사 · 예산의 독립성을 가지고 있으므로 직장협의회 설립이 가능하다.53) 경찰서, 소방서 등 일선 서 소속 공무원의 경우 해당 기관 서장이 4급 이상 공무원이라면54) 해당 서에 직장협의회를 설립할 수 있으므로, 경찰청, 소방청 또는 지방경찰청, 소방본부에 직장협의회가 설립되어 있더라도, 서 소속 공무원은 상급 기관의 직장협의회에는 가입할 수 없다.

한편, 근로자참여법상 노사협의회의 경우 근로조건에 대한 결정권이 있는 사업이나 사업장 단위로 그 설치 의무가 부과되고(근로자참여법 4조 1항), 하나의 사업에 지역을 달리하는 사업장이 있을 경우에는 그 사업장에도 설치할 수 있도록 하고 있다(같은 조 2항)는 점에서 직장협의회와 차이가 있다.

2) 연합협의회

2022년 개정법은 연합협의회의 설립을 허용하였다. 즉, 법 2조의2 1항에서는 '국회 · 법원 · 헌법재판소 · 선거관리위원회'(1호), '「정부조직법」 2조에 따른 중앙행정기관과 감사원 및 그 밖에 대통령령으로 정하는 기관'(2호), '특별시 · 광역시 · 특별자치시 · 도 · 특별자치도 및 특별시 · 광역시 · 특별자치시 · 도 · 특별자치도의 교육청'(3호)의 각 국가기관이나 지자체에, 설립된 협의회를 대표하는 하나의 연합협의회를 설립할 수 있도록 하였다(법 2조의2 1항). 즉, 중앙행정기관별 하나의 연합협의회만 설립이 가능하다. 연합협의회는 기관 단위 협의회로 구성

---

50) 행정안전부, 24면.
51) 소방기관은 소방청과 그 소속기관, 서울종합방재센터 및 119특수구조단(서울), 소방본부, 소방서, 소방학교 등으로 구성되어 있는데, 소방본부의 경우 시 · 도 등 광역자치단체에 시 · 도지사 직속으로 설치되고(소방기본법 3조 4항), 소방본부장은 그 소재지를 관할하는 시 · 도지사의 지휘와 감독을 받는다(같은 조 2항).
52) 종래 소방공무원 체계는 국가직과 지방직으로 이원화되어 있었는데, 소방공무원법이 개정되어 2020. 4. 1.부터 국가직으로 일원화하였다.
53) 행정안전부, 24면.
54) 경찰 · 해경의 경우 총경 이상, 소방의 경우 소방정 이상이 여기에 해당한다. 경찰, 소방의 계급에 관하여는 각주 14) 및 16) 참조.

되므로(시행령 2조 3항), 연합협의회 가입의 주체는 기관 단위 협의회이고, 공무원 개인이 가입하는 것은 허용되지 않는다.

경찰청을 예로 들면, 경찰청은 산하에 광역청을 두고 있고, 광역청 산하에 일선 서를 두고 있다. 경찰청 산하에 하나의 연합협의회만 둘 수 있으므로 광역청 단위의 연합협의회 설립은 불가능하고, 일선 서의 경우 광역청 연합협의회가 아닌 경찰청 연합협의회로 가입하여야 한다.

2022년 개정 전까지 '2 이상의 기관 단위에 걸쳐 하나의 협의회를 설립하거나 협의회간 연합협의회를 설립할 수 없다'고 규정하여(구 시행령 2조 2항), 직장협의회간 연대·연합 및 상급 단체의 설립을 금지하고 있었다.[55] 이에 대해서는 공무원은 인사 상 전보가 잦으므로 소속 기관이 자주 변경될 수밖에 없고, 직장협의회의 협의 사항 중에는 상급 기관에 속하는 전체 공무원에게 공통적으로 적용될 수 있는 사항도 있을 수 있으므로 상급 단체 또는 연합협의회 설립을 금지한 것은 비효율적이고 지나친 제약이라는 비판이 있었다.[56] 2022년 개정법은 이러한 비판을 일부 받아들여 시행령 2조 2항을 삭제하고 법 2조의2를 신설하여 연합협의회의 설립을 허용하였지만, 살핀 바와 같이 국가기관, 지자체 등 최상급 연합협의회를 설립하는 것만 허용되고, 여러 층위에서 다양한 범위의 연합협의회를 설립하거나 협의회 간에 연대하는 것은 여전히 허용되지 않는다는 점에서 그 허용 범위가 넓다고 볼 수는 없다. 2022년 개정법의 시행 경과를 바탕으로 추후 연합협의회의 허용 범위 확대를 논의할 필요가 있어 보인다.

나. 설립절차

법 제2조(설립)

③ 협의회를 설립한 경우 그 대표자는 소속 기관의 장(이하 "기관장"이라 한다)에게 설립 사실을 통보하여야 한다.

법 제2조의2(연합협의회)

---

55) 이와 관련하여 대법원 2005. 4. 15. 선고 2003도2960 판결은 전공련(전국공무원직장협의회총연합)에 대해 공무원직협법 시행령 2조 2항을 위반하여 설립된 단체로서 산하에 노조추진 기획단을 두고 있고 공무원으로 구성된 단일한 전국조직의 구축과 공무원노조로의 조직전환을 목적으로 하는 등 노동조합의 결성을 위한 조직이라고 사실인정을 하고, 공정거래위원회 직장협의회 회장으로서 전공련 가입자로서 '공직사회개혁과 공무원 노동기본권쟁취를 위한 공동대책위원회'가 주최한 집회 등에 참석한 것은 노동조합 결성 준비행위에 동참한 것으로 국공법 66조에서 금지하는 노동운동에 해당한다고 판시하였다.

56) 정원석 외 3명, 66~67면.

② 연합협의회를 설립한 경우 그 대표자는 제1항 각 호의 기관의 장(국회사무
총장·법원행정처장·헌법재판소사무처장·중앙선거관리위원회사무총장, 중앙
행정기관의 장, 특별시장·광역시장·특별자치시장·도지사·특별자치도지사·
교육감 등을 말한다. 이하 같다)에게 설립 사실을 통보하여야 한다.

시행령 제4조(협의회등의 설립)

① 협의회 및 연합협의회(이하 "협의회등"이라 한다)를 설립하고자 하는 공무원
은 설립취지, 설립총회의 개최일시·장소, 설립준비대표자 등이 기재된 안내문
을 소속공무원들이 볼 수 있는 장소에 7일 이상 게시하여야 한다.

② 기관장 또는 법 제2조의2 제1항 각 호의 기관장(이하 "기관장등"이라 한다)
은 당해 기관에 2 이상의 설립총회가 준비되고 있는 경우에는 설립준비대표자
를 통하여 하나의 설립총회를 개최하도록 조정할 수 있다.

③ 법 제2조 제3항 또는 제2조의2 제2항의 규정에 의한 협의회의 설립사실의
통보는 별지 제1호 서식에 의한다.

④ 기관장등은 제3항의 규정에 의한 설립사실통보서를 접수한 때에는 3일 이내
에 별지 제2호 서식의 공무원직장협의회 설립증을 교부하여야 한다. 다만, 설립
사실통보서의 기재사항의 누락 또는 첨부서류의 미비 등으로 보완이 필요한 경
우에는 20일 이내의 기간을 정하여 별지 제3호 서식에 의하여 그 보완을 요구
하여야 하며 설립준비대표자가 이를 보완한 후에 공무원직장협의회설립증을 교
부하여야 한다.

⑤ 협의회등은 공무원직장협의회설립증을 교부받은 날에 설립된 것으로 본다.

　　직장협의회 및 연합협의회(이하 '협의회등'이라 한다)의 설립절차는 '설립총회
개최 → 설립사실 통보 → 설립증 교부'의 순서로 진행된다. 설립준비 대표자 즉,
협의회등을 설립하고자 하는 공무원은 설립취지, 설립총회의 개최일시와 장소,
설립준비 대표자 등이 기재된 안내문을 소속공무원들이 볼 수 있는 장소에 7일
이상 게시하여야 한다(시행령 4조 1항). 직장협의회의 기관장 또는 연합협의회의
기관장(이하 '기관장등'이라 한다)은 2 이상의 설립총회가 준비되고 있는 경우 설
립준비 대표자를 통하여 하나의 설립총회를 개최하도록 조정할 수 있다(시행령 4
조 2항). 설립총회를 개최하여 직장협의회 설립이 결정되었다면, 설립준비 대표자
는 직장협의회의 경우 기관장에게, 연합협의회의 경우 법 2조의2 1항 각 호의
기관의 장(국회사무총장·법원행정처장·헌법재판소사무처장·중앙선거관리위원회사무
총장, 중앙행정기관의 장, 특별시장·광역시장·특별자치시장·도지사·특별자치도지사·

교육감 등)에게 시행령 별지 1호 서식의 설립사실통보서로서 설립 사실을 통보
하여야 한다(법 2조 3항, 2조의2 1항, 시행령 4조 3항). 별지 1호 설립사실통보서에는 직
장협의회규정 1부, 협의위원명부 · 회원명부(소속 및 근무부서, 직급, 성별, 성명, 전
화번호 기재) 1부를 첨부하도록 하고 있다.

기관장등은 설립사실통보서를 접수한 때에는 3일 이내에 시행령 별지 2호
서식의 설립증을 교부하여야 하고(시행령 4조 4항 전문), 설립증을 교부받은 날에
직장협의회가 설립된 것으로 본다(시행령 4조 5항). 다만, 설립사실통보서의 기재사
항 누락 또는 첨부서류의 미비 등으로 보완이 필요한 경우에는 20일 이내의 기
간을 정하여 시행령 별지 3호 서식으로 보완을 요구하여야 한다(시행령 4조 4항 후문).

다만, 보완을 요구한 기간 내에 보완을 이행하지 않는 경우에 대해 별다른
규정이 없어 그 법적 상태가 문제될 수 있다. 즉, 설립사실통보서 보완 불이행
시 법적 상태를 설립사실통보를 취하한 것으로 볼 것인지, 아니면 보완상태가
계속되고 있는 것으로 볼 것인지가 불명확하다. 이는 기관 내 복수의 집단이 각
자 직장협의회 설립을 하고자 할 경우 특히 문제될 수 있다. 설립사실 통보를
취하한 것으로 보게 되면, 보완상태의 법적 관계가 간명해지고 보완 불이행의
법적 책임의 소재가 명확하다는 장점이 있으나, 보완 불이행 시 취하 간주는 법
률에 명문화할 것이 요구된다는 비판이 가능하다. 반면, 보완 불이행 시 계속
보완상태로 본다면, 보완기간이 경과하여도 보완상태가 장기화될 가능성이 있고
그에 따라 새로운 직장협의회 설립이 제한되는 상황이 발생할 수 있다. 또한 설
립통보서를 제출한 측이 보완을 미루면서 보완 요구의 부당함을 주장하는 경우,
보완 요구권의 권한 남용 관련한 법적 분쟁이 발생할 수도 있다. 분쟁과 혼란을
방지하기 위해서는 입법을 통한 해결이 필요해 보인다.

근로자참여법상 노사협의회는 상시 30명 이상의 근로자를 사용하는 사업장
에 의무적으로 이를 설치하여야 하고, 설치 자체로 법적인 존재가 인정되므로
소관 행정부처에 통보하는 등의 제도를 두지 않고 있다. 다만 노사협의회는 협
의회규정을 제정하고 협의회를 설치한 날부터 15일 이내에 고용노동부장관에게
협의회 규정을 제출하여야 하는데(근로자참여법 18조 1항),[57] 이를 통해 고용노동부
에서 노사협의회 설치 사실을 알 수 있다.[58]

_____

57) 이를 위반한 경우 사용자에게 과태료가 부과된다(근로자참여법 33조 1항).
58) 고용노동부장관이 협의회규정 제출에 대해 보완을 요구하는 제도는 없다. 다만 사용자가
   근로자위원의 선출에 개입하거나 방해하는 경우 고용노동부장관은 그 시정을 명할 수 있고

한편, 노동조합은 공무원노조와 민간부문 노조를 불문하고 설립신고 후 설립신고증을 교부받은 경우에만 법내노조로 인정된다.[59] 주무부처인 고용노동부는 설립신고에 대해 설립요건 구비 여부를 심사한 후 보완 요구를 할 수 있고 보완 불이행 시 설립신고 반려처분을 할 수 있도록 하여 설립단계에서 일정한 통제를 하고 있다.

3. 회원 가입 및 탈퇴

가. 가입 범위

법 제3조(가입 범위)

① 협의회에 가입할 수 있는 공무원의 범위는 다음 각 호와 같다.

1. 일반직공무원
2. 특정직공무원 중 다음 각 목의 어느 하나에 해당하는 공무원
　　가. 외무영사직렬 · 외교정보기술직렬 외무공무원
　　나. 경찰공무원
　　다. 소방공무원
3. 삭제
4. 삭제
5. 별정직공무원

2022년 개정 전의 구법 3조 1항은 직장협의회에 가입할 수 있는 공무원을 6급 이하의 일반직공무원 및 이에 준하는 공무원(1호),[60] 특정직공무원 중 재직경력 10년 미만의 외무영사직렬 · 외교정보기술직렬 외무공무원(2호 가목), 경감 이하의 경찰공무원(해양경찰 포함)(2호 나목),[61] 소방경 이하의 소방공무원(2호 다목),[62] 1호의 일반직공무원에 상당하는 별정직공무원(5호)으로 규정하여 직급 및 재직기간에 따라 협의회 가입을 제한하고 있었다.

시정명령을 이행하지 않는 경우 벌금에 처함으로써 그 이행을 담보하고 있다(근로자참여법 11조, 31조).

59) 다만 설립신고증을 교부받지 못한 법외노조의 법적 지위에 대하여 판례는 노조법상 노조의 경우 헌법상 단결체로서 인정하는 반면 공무원노조에 대하여는 이를 부정한다(자세한 내용은 공무원노조법 해설 참조).

60) 6급 이하 일반직공무원에 준하는 공무원은 연구 · 특수기술직렬의 일반직 공무원을 의미한다.

61) '경감-경위-경사-경장-순경'이 여기에 해당된다.

62) '소방경-소방위-소방장-소방교-소방사'가 여기에 해당된다.

가입 범위를 6급 이하, 10년 미만, 경감 이하, 소방경 이하 등으로 제한한 이유는 5급 이상 공무원은 지휘·감독의 직책에 보임되어 있거나 지방자치단체에서 기관장 또는 부서장(과장 등)인 경우가 많기 때문이다. 그러나 5급 이상이더라도 지휘·감독의 직책에 있지 않거나 단순 중간관리자에 해당하는 경우도 적지 않으므로 획일적으로 5급 이상의 직장협의회 가입을 제한하는 것은 지나친 제약이라는 비판이 있었다.63) 직장협의회는 협의기구에 불과하므로 과장 이상의 직책에 있더라도 근무환경 개선, 업무능률 향상, 고충처리 등 직장협의회의 협의 사항에 무관심하거나 이해관계가 없다고 할 수 없을 것이다. 2022년 개정법은 가입 범위에서 직급 제한과 재직기간 제한을 폐지하였다(법 3조 1항 1호·2호·5호).

한편, 여기서 공무원이란, 국공법 2조 및 지공법 2조에서 규정하고 있는 공무원을 말하고, 견습기간에 있는 자64)는 공무원의 신분이 아니므로 제외된다.

[표 5] 공무원 분류표

구분		세부 종류
경력직 공무원 (국공법 2조 2항)	일반직 공무원	기술·연구 또는 행정일반에 대한 업무를 담당하는 공무원 ① 행정·기술직 ② 우정직 ③ 연구·지도직
		일반직공무원 중 특수업무 분야에 종사하는 공무원 ① 전문경력관
	특정직 공무원	담당업무가 특수하여 자격·신분보장·복무 등에서 특별법이 우선 적용되는 공무원 ① 법관·검사 ② 외무공무원 ③ 경찰공무원 ④ 소방공무원 ⑤ 교육공무원 ⑥ 군인·군무원 ⑦ 헌법재판소 헌법연구관 ⑧ 국가정보원의 직원·경호공무원 등 특수분야의 업무를 담당하는 공무원으로서 다른 법률이 특정직 공무원으로 지정하는 공무원
특수경력직 공무원 (국공법 2조 3항)	정무직 공무원	선거, 국회동의에 의하여 임용되는 공무원, 고도의 정책결정업무를 담당하거나 이를 보조하는 공무원으로서 법령에서 정무직으로 지정하는 공무원 ① 감사원장·감사위원 및 사무총장 ② 국회사무총장·차장·도서관장·예산정책 처장·입법조사처장 ③ 헌법재판소 재판관·사

---

63) 정원석 외 3명, 70면; 홍효준, 89면.
64) "견습"이라 함은 국공법 26조의4, 임용령 22조의3의 규정에 의하여 선발되고 공무원의 신분이 아닌 상태로 3년의 범위 내에서 국가기관 등에서 공무원의 직무를 수행하는 것을 말하며, "견습직원"이라 함은 견습을 행하는 자를 말한다(지역인재추천채용제 운영규정 2조 2호).

	무처장 및 사무차장 ④ 중앙선거관리위원회 상임위원·사무총장 및 차장 ⑤ 국무총리 ⑥ 국무위원 ⑦ 대통령비서실장 ⑧ 국가안보실장 ⑨ 대통령경호실장 ⑩ 국무조정실장 ⑪ 처의 처장 ⑫ 각 부의 차관, 청장(경찰청장은 특정직) ⑬ 차관급상당 이상의 보수를 받는 비서관(대통령비서실 수석비서관, 국무총리비서실장, 대법원장비서실장, 국회의장비서실장) ⑭ 국가정보원장 및 차장 ⑮ 방송통신위원회 위원장 ⑯ 국가인권위원회 위원장
별정직 공무원	비서관·비서 등 보좌업무 등을 수행하거나 특정한 업무 수행을 위하여 법령에서 별정직으로 지정하는 공무원 ① 비서관·비서 ② 장관정책보좌관 ③ 국회 수석전문위원 ④ 국가정보원 기획조정실장 ⑤ 기타 법령에서 별정직으로 지정하는 공무원

특정직공무원에 관하여는 종래 경찰공무원과 소방공무원에 대하여 공무원노조뿐만 아니라 기능이 약한 직장협의회의 가입마저 불허하는 것은 지나친 제약이라는 비판이 많았다. 특히 소방공무원의 경우 화재나 사고와 같은 재난으로부터 국민의 생명, 신체, 재산을 보호해야 하는 업무의 특성상, 보건과 안전에 위협이 되는 요소가 다른 직군에 비해 많으며, 긴급출동과 교대근무 등으로 인한 불규칙한 생활과 업무의 비일상성으로 인하여 신체적·정신적 긴장도가 높다는 점에서 직장 내 협의기구의 필요성이 제기되어 왔다.65) 이에 2019년 개정으로 경감 이하의 경찰공무원, 소방경 이하의 소방공무원의 직장협의회 가입이 허용되었고, 나아가 2022년 개정으로 직급에 따른 제한 없이 경찰공무원, 소방공무원의 가입이 허용되었다(법 3조 1항 2호).

제정 공무원직협법이 가입 범위를 제한했던 이유는 연혁적으로 직장협의회 제도가 공무원노조가 허용되지 않는 상황에서 우선적으로 일부 공무원에게 단결의 기회를 제공하기 위해서였고, 그런 필요성이 사라진지 오래된 상황에서 늦은 감은 있지만 직급 제한, 재직기간 제한을 폐지한 것은 바람직하다. 다만, 외무공무원 중 외무영사직렬·외교정보기술직렬, 소방공무원, 경찰공무원을 제외한 다수의 특정직공무원은 여전히 직장협의회 가입이 제한되고 있는데, 이들에 대해서는 업무상 고충 내지 현안을 논의할 수 있는 최소한의 협의제도가 부재한 상황이다. 공공의 안전과 직결된 업무로서 단결권 제한의 최전방에 있다고 평가되는 소방 및 경찰공무원에 대해서 직장협의회 설립을 허용한 이상 다른

65) 김대욱·조원혁, 253면 이하.

특정직공무원에 대해서도 긍정적인 방향으로 검토할 필요가 있어 보인다.[66]

나. 직책 또는 업무에 따른 가입 금지

법 제3조(가입 범위)

② 제1항에도 불구하고 다음 각 호의 어느 하나에 해당하는 공무원은 협의회에 가입할 수 없다.

1. 삭제

2. 업무의 주된 내용이 지휘·감독권을 행사하거나 다른 공무원의 업무를 총괄하는 업무에 종사하는 공무원

3. 업무의 주된 내용이 인사, 예산, 경리, 물품출납, 비서, 기밀, 보안, 경비 및 그 밖에 이와 유사한 업무에 종사하는 공무원

시행령 제3조(협의회에 가입이 금지되는 공무원)

① 법 제3조 제2항의 규정에 의하여 협의회에의 가입이 금지되는 공무원의 범위는 다음 각호와 같다.

1. 삭제

2. 지휘·감독의 직책에 종사하는 공무원: 법령·훈령 또는 사무분장에 의하여 다른 공무원에 대하여 지휘·감독권을 행사하는 모든 직책에 종사하는 공무원(직무대리자를 포함한다)

3. 인사업무에 종사하는 공무원: 공무원임용령 제2조 제1호의 임용업무를 주된 업무로 수행하는 공무원(자료정리·타자 등 단순업무를 보조하는 자를 제외한다)

4. 예산·경리·물품출납업무에 종사하는 공무원: 국가재정법 및 물품관리법에 규정된 업무를 주된 업무로 수행하는 공무원(자료정리·타자 등 단순업무를 보조하는 자를 제외한다)

5. 비서업무에 종사하는 공무원: 비서 업무를 실제 수행하는 공무원

6. 기밀업무에 종사하는 공무원: 외교·군사·감사·조사·수사·검찰사무·출입국관리·유선교환업무 등 기밀업무를 수행하는 공무원

7. 보안·경비업무에 종사하는 공무원: 청사관리기관 또는 부서, 교정시설, 보호시설 등에서 공공안전의 목적상 특정인 또는 특정시설에 대한 보안·경비업무를 수행하는 공무원

8. 삭제

9. 기타 이와 유사한 업무에 종사하는 공무원:협의회에 관한 업무를 수행하는 공무원

---

66) 정원석 외 3명, 72면.

　　법 3조 1항의 가입 범위에 해당되는 공무원이더라도 3조 2항에서 정한 공무원에 해당되는 경우에는 직장협의회 가입이 금지된다. 종래 법 3조 2항 1호는 '국공법 66조 1항 단서 및 지공법 58조 1항 단서에 따라 노동운동이 허용되는 사실상 노무에 종사하는 공무원'의 가입을 금지하고 있었으나, 2022년 개정으로 삭제되어 사실상 노무에 종사하는 공무원도 직장협의회 가입이 가능해졌다. 사실상 노무에 종사하는 공무원은 공무원노조법의 적용대상이 아니고,[67] 노조법에 의한 노동조합 설립이 가능한 공무원인데(국공법 66조 1항 단서 및 지공법 58조 1항 단서 참조), 노조 설립을 허용하면서 그보다 기능이 약한 직장협의회 가입을 금지해야할 특별한 이유는 없으므로 바람직한 개정이라 할 수 있다.

　　종래 법 3조 2항 2호는 '지휘·감독의 직책에 있는 공무원'의 가입을 금지하고 있었으나, 2022년 '업무의 주된 내용이 지휘·감독권을 행사하거나 다른 공무원의 업무를 총괄하는 업무에 종사하는 공무원'으로 개정되었는데, 이는 공무원노조 가입 금지에 관한 공무원노조법 6조 2항 1호와 동일한 규정이다. 개정법에서 업무총괄자를 추가한 것은, 가입 범위에서 직급 제한을 폐지하면서 공무원노조법과의 균형상 총괄업무 담당자의 가입을 제한하고자 한 것으로 보인다. 하지만 특히 6급 이하 업무총괄자의 경우 지방자치단체 행정기관 내에서 계장, 담당, 팀장 등으로 불리며 직장협의회에서 관리자와 직원들을 연결하는 중간 역할을 할 수 있으므로[68] 업무총괄자의 가입을 금지하는 데에는 신중을 기할 필요가 있어 보인다. 나머지 법 3조 2항 3호는 '업무의 주된 내용이 인사, 예산, 경리, 물품출납, 비서, 기밀, 보안, 경비 및 그 밖에 이와 유사한 업무에 종사하는 공무원'을 직장협의회 가입 금지 공무원으로 규정하고 있다.[69]

　　개별 사안에서 가입 금지 공무원에 해당하는지 여부를 판단함에 있어서는 직장협의회가 기관 단위로 소속 공무원의 근무환경 개선, 업무능률 향상 및 고충처리 등을 기관장과 자율적으로 협의하기 위해 설립·운영되는 점을 고려하여 다수의 공무원이 직장협의회에 가입할 수 있도록 규정을 해석할 필요가 있다.[70]

---

67) 공무원노조법 제2조(정의) 이 법에서 "공무원"이란 「국가공무원법」 제2조 및 「지방공무원법」 제2조에서 규정하고 있는 공무원을 말한다. 다만, 「국가공무원법」 제66조 제1항 단서 및 「지방공무원법」 제58조 제1항 단서에 따른 사실상 노무에 종사하는 공무원과 「교원의 노동조합 설립 및 운영 등에 관한 법률」의 적용을 받는 교원인 공무원은 제외한다.

68) 조성일, 289~290면.

69) 2022년 개정으로 '업무의 주된 내용이' 부분이 추가되었다.

70) 행정안전부, 30면.

시행령 3조 1항 각호에서는 가입 금지 공무원을 구체화하고 있다.

① 먼저 '지휘·감독의 직책에 종사하는 공무원'이란, 법령·훈령 또는 사무분장에 의하여 다른 공무원에 대하여 지휘·감독권을 행사하는 직책에 종사하는 공무원(직무대리자 포함)을 의미한다(2호). 여기서 지휘·감독권은 외부에 표시되는 형식적인 직책에 의할 것이 아니라 실질적으로 행사되는 지휘·감독권의 내용 및 성질에 따라 판단하여야 할 것이다. 직무대리자는 명확한 요건을 갖춘 법정대리와 직무대리명령서에 의한 경우만 해당한다고 본다. 대법원은 '지휘·감독의 직책에 있는 공무원은 그 직책상의 요구와 협의회 활동상 필요한 사항이 서로 충돌되는 경우가 생길 수 있을 뿐만 아니라 그 지휘·감독 하에 있는 공무원과도 협의회 활동이나 업무에 대한 입장이 언제나 동일하다고 할 수 없으므로 그 지휘·감독 하에 있는 공무원의 협의회 활동을 보다 보장하려는 취지에서 협의회 가입을 금지시키고 있다'고 한다.[71]

② '인사업무에 종사하는 공무원'이란, 공무원임용령 2조 1호의 임용업무를 주된 업무로 수행하는 공무원으로, 자료정리·타자 등 단순업무를 보조하는 자는 제외한다(3호). 공무원임용령 2조 1호는 임용이란 '신규채용, 승진임용, 전직, 전보, 겸임, 파견, 강임, 휴직, 직위해제, 정직, 강등, 복직, 면직, 해임 및 파면'이라고 정의하고 있다. 반면, 인사정책수립, 고시, 교육훈련, 복무, 복지, 급여업무는 여기에 해당하지 않으므로 해당 업무 종사 공무원은 직장협의회 가입이 가능하다.

③ '예산·경리·물품출납업무에 종사하는 공무원'이란, 국가재정법 및 물품관리법에 규정된 업무를 주된 업무로 수행하는 공무원으로, 자료정리·타자 등 단순업무를 보조하는 자는 제외한다(4호).

④ '비서업무에 종사하는 공무원'이란, 비서업무를 실제 수행하는 공무원으로(5호), 기관장, 부기관장 등의 비서 외에도 사실상 비서업무에 종사하는 공무원이라면 가입이 금지된다.

⑤ '기밀업무에 종사하는 공무원'이란, 외교·군사·감사·조사·수사·검

---

71) 대법원 2000. 12. 12. 선고 99추61 판결(인천광역시 동구의회가 1999. 7. 24.에 재의결한 직장협의회설립·운영에 관한 조례안에서 지휘·감독의 근거로서 법과 영에서 규정하고 있는 사무분장을 삭제함으로써 사무분장에 기하여 지휘·감독의 직책에 있게 된 공무원에 대하여는 협의회 가입이 허용된다고 해석할 여지를 남기고 있는 것은 결국 법과 영의 규정의 취지에 반하여 무효라고 보았다).

찰사무·출입국관리·유선교환업무 등 기밀업무를 수행하는 공무원이다(6호). 기밀업무란 내·외부에 공개될 경우 기관운영 및 국가기능, 국가 안보에 저해를 초래할 위험이 큰 업무를 말하고, 기밀업무의 구체적인 범위는 각 기관에서 판단할 필요가 있다.

⑥ '보안·경비업무에 종사하는 공무원'이란, 청사관리기관 또는 부서, 교정시설, 보호시설 등에서 공공안전의 목적상 특정인 또는 특정시설에 대한 보안·경비업무를 수행하는 공무원을 의미한다(7호).

⑦ '기타 유사한 업무에 종사하는 공무원'으로는 '직장협의회에 관한 업무를 수행하는 공무원'이 규정되어 있다(9호).

구 시행령 3조 1항 8호는 '자동차운전업무에 종사하는 공무원'[72]의 가입을 금지하고 있었는데, 2019년 개정에서 이를 삭제하여 기관장 승용차 및 구급차 등 자동차 운전업무에 종사하는 공무원의 직장협의회 가입을 허용하였다. 따라서 기관의 직제 상 운전원에 임용되어 자동차 운전업무에 종사하는 공무원이나 사실상 관용차 등 기관운영에 필수적인 업무용 차량을 운전하는 공무원[73] 등의 직장협의회 가입이 가능하게 되었다.

다. 사전협의에 의한 지정·공고

법 제3조(가입 범위)

③ 기관장은 해당 기관의 직책 또는 업무 중 제2항 제2호 및 제3호에 따라 협의회에의 가입이 금지되는 직책 또는 업무를 협의회와 협의하여 지정하고 이를 공고하여야 한다.

시행령 제3조(협의회에 가입이 금지되는 공무원)

② 기관장(제2조 제1항의 규정에 의하여 협의회가 설립되는 기관의 장을 말한다. 이하 같다)은 해당 기관(제2조 제1항 단서의 경우에는 그 소속기관을 포함한다. 이하 같다)의 직책 또는 업무 중 협의회에의 가입이 금지되는 직책 또는 업무를 협의회와 협의하여 지정하고 이를 공고하여야 한다. 이 경우 지정 및 공고의 방법은 기관장이 정한다.

---

72) 구체적으로는 '공용차량 관리 규정 4조 1항에 따른 전용승용차량(지방자치단체 및 그 하부기관의 경우에는 이에 준하는 전용차량을 말한다)의 운전을 주된 업무로 수행하는 공무원'이라고 규정하고 있었다.

73) 구 시행령에 따르면 기능직 기계직렬로 재직 중이어도 업무 분장이 운전업무인 공무원은 직장협의회에 가입할 수 없었다.

기관장은 해당 기관의 직책 또는 업무 중 법 2항 2호 및 3호에 따라 협의회에의 가입이 금지되는 직책 또는 업무를 직장협의회와 협의하여 지정하고 공고하여야 한다(법 3조 3항, 시행령 3조 2항). 구법에서는 직장협의회 가입이 금지되는 직책 또는 업무를 기관장이 공고하도록 하였으나, 가입 범위에 대한 분쟁을 방지하기 위하여 2019년 개정법에 '사전협의제'를 도입하였다. 구체적인 지정 및 공고 방법은 기관장이 정한다(시행령 3조 2항 후문). 홈페이지 게시, 각과에 공문서 시달 등의 방법을 이용할 수 있을 것이다.

본 규정에서 기관장과 협의회 간 협의의 대상은 공무원직협법 3조 2항 2호 및 3호, 시행령 3조 1항 각호에 규정되어 있는 직책과 업무 자체가 아니라, 규정된 업무에 해당되는 기관 내 업무의 범위이다. 기관장은 행정안전부가 제시하는 가입 금지 업무의 의미를 참고하여 해당 기관의 특성을 고려해서 협의회와 협의를 통해 가입 금지 업무의 범위를 지정하고 이를 공고하는 절차를 진행하면 된다.

예를 들어, 전산직 공무원으로서 기관 내 전산시스템과 네트워크를 관리하고 있는 자는 법 3조 2항 3호의 '보안 또는 기밀업무 종사 공무원'에 해당할 가능성이 있지만 일률적으로 여기에 해당한다고 보아서는 안 되고, 법 3조 3항에 의해 소속기관장이 직장협의회와 협의하여 구체적인 가입 금지 직책 또는 업무를 결정한다.[74]

기관장이 공고한 가입 금지 공무원에 해당되는 경우 후원회원 등의 자격으로 가입하는 것이 가능한지 문제되나, 행정안전부는 가입 금지 공무원이 후원회원으로 가입하여 정기적으로 후원회비를 납부하고 직장협의회의 운영 등에 참여하는 것은 금지의 취지에 어긋나므로 불가하고, 다만 직장협의회 가입 금지 공무원이 비정기적·일회적으로 후원금을 내는 것은 가능하다고 한다.[75]

라. 가입 및 탈퇴의 자유

법 제4조(가입 및 탈퇴의 자유)

공무원은 자유로이 협의회에 가입하거나 협의회를 탈퇴할 수 있다.

시행령 제6조(협의회의 가입 및 탈퇴)

① 협의회에 가입하거나 협의회를 탈퇴하고자 하는 공무원은 별지 제4호 서식

---

74) 행정안전부, 33면.
75) 행정안전부, 33면.

의 가입(탈퇴)원서를 협의회의 대표자에게 제출하여야 한다.

② 협의회에 가입한 공무원이 승진·전보·사무분장의 변경 등으로 협의회에 가입이 금지되는 공무원이 된 때에는 당해 인사명령일 또는 사무분장의 변경일에 협의회에서 탈퇴한 것으로 본다.

③ 제2항의 규정에 의한 인사명령의 발령부서 또는 사무분장의 변경부서는 그 변동사실을 협의회에 통보하여야 한다.

　　가입 범위 내의 공무원으로서 가입 금지 공무원에 해당하지 않는 공무원은 자유로이 직장협의회에 가입할 수 있다(법 3조, 4조). 직장협의회에 가입하고자 하는 공무원은 가입원서를 직장협의회의 대표자에게 제출하여야 한다(시행령 6조 1항).

　　탈퇴 또한 자유로이 할 수 있고(법 4조), 탈퇴하고자 하는 공무원은 탈퇴원서를 직장협의회의 대표자에게 제출하여야 한다(시행령 6조 1항).

　　연합협의회에 가입하거나 탈퇴하고자 하는 기관 단위 협의회는 협의회 자체 규정에 따른 절차를 통해 가입(탈퇴)신청서를 연합협의회의 대표자에게 제출하여야 한다.

　　직장협의회에 가입한 공무원이 승진·전보·사무분장의 변경 등으로 직장협의회에 가입이 금지되는 공무원이 된 때에는 당해 인사명령일 또는 사무분장의 변경일에 직장협의회에서 탈퇴한 것으로 본다(시행령 6조 2항). 이 경우 인사명령의 발령부서 또는 사무분장의 변경부서는 그 변동 사실을 협의회에 통보하여야 한다(시행령 6조 3항).

　　예를 들어, 인사발령에 따라 6급인 직장협의회 회장이 동사무소 동장으로 직위 승진을 한 경우, 동장은 법 3조 2항 2호, 시행령 3조 1항 2호에서 지휘·감독의 직책에 해당하므로 직장협의회 회원 자격을 유지하기 어렵다.

　　직장협의회 대표자에 대해 기관의 전보인사기준에 의한 전보가 가능한지 문제되나, 위 시행령 6조 2항과 시행령 7조 4항(가입자격의 상실 등으로 인하여 협의회의 대표자 또는 협의위원이 교체된 경우에 후임자의 임기는 전임자의 잔여임기로 한다. 다만, 잔여임기가 3월 이내인 경우에는 그러하지 아니한다)의 해석상 직장협의회 대표자의 임기가 반드시 보장되어야 한다고 볼 수는 없으므로, 직장협의회 대표자에 대한 승진, 전보 등에 있어서 인사권에 제한이 있다고 보기는 어렵다. 그러나 기관장은 법 6조 3항에 따라 직장협의회의 조직 및 운영에서 소속 공무원에게 불리한 조치를 하여서는 안 된다는 제한을 받는다.

4. 직장협의회와 기관장의 협의 사항

법 제5조(협의회등의 기능)

① 협의회 및 연합협의회(이하 "협의회등"이라 한다)는 소속 기관장 또는 제2조의2 제1항 각 호의 기관의 장과 다음 각 호의 사항을 협의한다.

1. 해당 기관 고유의 근무환경 개선에 관한 사항

2. 업무능률 향상에 관한 사항

3. 소속 공무원의 공무와 관련된 일반적 고충에 관한 사항

4. 소속 공무원의 모성보호 및 일과 가정생활의 양립을 지원하기 위한 사항

5. 기관 내 성희롱, 괴롭힘 예방 등에 관한 사항

6. 그 밖에 기관의 발전에 관한 사항

2022년 개정 전까지는 협의 사항으로 ① 당해 기관 고유의 근무환경 개선에 관한 사항(1호), ② 업무능률 향상에 관한 사항(2호), ③ 소속 공무원의 공무와 관련된 일반적 고충에 관한 사항(3호), ④ 기타 기관의 발전에 관한 사항(4호)을 규정하고 있었고(구법 5조 1항), 2022년 개정으로 위 협의 사항에 '모성보호 및 일·가정생활 양립을 지원하기 위한 사항'(4호), '기관 내 성희롱, 괴롭힘 예방 등에 관한 사항'(5호)이 추가되었다(법 5조 1항, 기존 4호는 6호로 됨).

협의 사항을 위와 같이 추상적으로 규정하고 있고 시행령에도 구체적인 규정이 없다. 행정안전부는 ① 근무환경 개선에 관한 사항으로는 '소통과 참여를 통한 청사 환경 구축', '휴게실 및 흡연실 설치', '냉난방 기구 및 공기청정기 비치', '통근버스 운영' 등을, ② 업무능률 향상에 관한 사항으로는 '행정종합배상공제 가입', '업무와 관련된 전문교육훈련 실시', '국외연수 기회 부여', '전·출입 세부기준 마련' 등을, ③ 소속 공무원의 고충에 관한 사항으로는 '치유 프로그램 운영', '당직근무제도 개선', '대기성 근무 지양', '경조비용의 합리화' 등을, 육아기 공무원 지원제도 마련, 양육친화적 근무환경 조성 등을, ④ 모성보호 및 일과 가정생활 양립 지원 사항으로는 '육아기 공무원 지원제도 마련', '양육친화적 근무환경 조성' 등을, ⑤ 성희롱, 괴롭힘 예방에 관한 사항으로는 '갑질 예방 교육 실시', '상호 존중의 직장문화 조성을 위한 캠페인' 등을, ⑥ 기타 기

관의 발전에 관한 사항으로는 '인사심의회 등 의사결정기구 참여', '참 리더(베스트 간부) 공무원 선정', '조직문화 개선을 위한 주기적 설문조사 실시', '제안제도의 활성화', '직원간담회 수시 개최', '동호인회 활성화' 등을 제시하고 있다.[76)]

　　행정안전부는 기관장의 고유권한에 속하는 인사에 관한 사항, 법령의 개정을 수반하는 사항, 기관장의 직무 범위를 벗어난 사항, 사회상규에 어긋나는 사항, 명백한 상황 변동이 없는 한 동일한 사안에 대하여 이미 합의한 사항 등은 협의의 대상으로 보지 않는다.[77)] 조직 및 직제에 관련된 사항을 협의의 대상으로 삼을지 문제되나, 행정안전부는 공무원노조에 관하여도 '기관의 조직 및 정원에 관한 사항'(공무원노조법 시행령 4조 3호), '기관의 관리 · 운영에 관한 그 밖의 사항'(같은 조 6호)을 비교섭사항으로 규정하고 있는 점, 기구 통 · 폐합에 따른 조직변경 및 업무분장 등의 결정권은 사용자의 재량적 판단이 존중되어야 하는 영역인 점 등을 이유로 협의의 대상이 아니라는 입장이다.[78)] 그러나 단체교섭권 및 단체협약 체결권이 부여된 공무원노조와 달리 직장협의회는 그 역할이 협의 권한에 한정되어 있고, 협의가 기관장의 재량적 결정권을 제한한다고 단정하기도 어려우므로, 행정안전부의 입장이 타당한지 의문이다.

　　직장협의회와 기관장 간에 협의 사항이 아닌 것에 대해 협의하고 합의에 이르렀더라도, 그에 대해 법령에 근거한 효력을 인정하기 어려우므로 합의된 사항에 대해 법 6조 2항의 성실이행 의무가 부과된다고 보기는 어려울 것이다.

5. 협의위원의 선임

법 제5조(협의회의 기능)

　　② 협의회등은 제1항에 따른 협의를 할 때 협의회 구성원의 직급 등을 고려하여 협의회등 구성원의 의사를 고루 대변할 수 있는 협의위원을 선임(選任)하여야 한다.

시행령 제7조(협의회등의 대표자와 협의위원)

　　① 협의회등의 대표자와 협의위원은 당해 기관의 협의회등에 가입한 공무원 중에서 선임하되, 협의위원은 9인 이내로 한다. 다만, 법 제2조의2에 따른 연합협

---

76) 행정안전부, 48면.
77) 행정안전부, 49면.
78) 행정안전부, 49면.

의회의 경우에는 20명 이내로 협의위원을 선임할 수 있다.

② 협의회등은 협의회 구성원의 직종별·직급별·성별 비율 등을 고려하여 협의위원을 선임하여야 한다.

③ 협의회등의 대표자와 협의위원의 임기는 협의회등의 규정으로 정하되, 2년을 초과할 수 없으며 연임할 수 있다.

④ 가입자격의 상실 등으로 인하여 협의회등의 대표자 또는 협의위원이 교체된 경우에 후임자의 임기는 전임자의 잔여임기로 한다. 다만, 잔여임기가 3월 이내인 경우에는 그러하지 아니하다.

협의회등은 기관장등과의 협의를 할 때 협의회 구성원의 직급 등을 고려하여 협의회 구성원의 의사를 고루 대변할 수 있는 협의위원을 선임하여야 한다 (법 5조 1항). 시행령에서는 협의회 구성원의 직종별·직급별·성별 비율 등을 고려하여 협의위원을 선임하도록 하고 있다(시행령 7조 2항). 대표자와 협의위원은 협의회에 가입한 공무원 중에서 선임하되 기관 단위 협의회의 협의위원은 9인 이내로 한다(시행령 7조 1항). 연합협의회의 경우 전국단위 의견 수렴 및 연합단체의 운영 등을 위해 20명 이내의 협의위원을 선임할 수 있도록 하였다(시행령 7조 1항 단서). 연합협의회의 대표자와 협의위원은 연합협의회에 가입된 기관 단위 협의회에 가입한 공무원 중에서 선임하여야 한다.

대표자와 협의위원의 임기는 협의회등의 규정으로 정하되, 2년을 초과할 수 없으나 연임할 수 있다(시행령 7조 3항). 가입자격의 상실 등으로 인하여 대표자 또는 협의위원이 교체된 경우 후임자의 임기는 전임자의 잔여임기로 하되, 잔여임기가 3월 이내인 경우에는 그러하지 아니하다(시행령 7조 4항).

6. 근무시간 중 협의회 활동의 제한

법 제5조의2(협의회등의 활동)

협의회등의 활동은 근무시간 외에 수행하여야 한다. 다만, 다음 각 호의 사항은 근무시간 중에 수행할 수 있다.

1. 협의회등과 기관장 또는 제2조의2 제1항 각 호의 기관의 장과의 협의

2. 그 밖에 대통령령으로 정하는 사항

시행령 제11조(근무시간 중 협의회등 활동의 보장)

협의회의 운영에 필요한 업무는 근무시간 외에 수행함을 원칙으로 한다. 다만,

협의회등은 법 제5조의2 규정에 의하여 다음 각 호의 경우에는 근무시간 중에 이를 할 수 있다.

1. 협의회등의 대표자와 협의위원간 회의(분기별 1회)
2. 연합협의회 대표자와 기관단위 협의회 대표자간 회의(연 2회)

공무원직협법은 제정 시부터 2022년 개정 이전까지 근무시간 중 협의회 활동에 관하여 법률에 별다른 규정을 두지 않은 채 시행령에서 '협의회 운영에 필요한 업무는 근무시간 외에 수행함을 원칙으로 하되(구 시행령 11조 본문), 다만 협의회와 기관장 간의 협의에 한하여 쌍방 합의 하에 근무시간 중에 할 수 있다'는 취지의 규정을 두고 있었다(구 시행령 11조).79) 이는 법률의 위임 없이 시행령에서 협의회의 활동을 제한하는 규정을 둔 것일 뿐만 아니라, 예외적으로 허용되는 업무를 '협의회와 기관장 간의 협의'에 한정하고 있어서, 직장협의회의 활동 보장이라는 제도의 취지를 제대로 구현하지 못하고 있다는 비판이 있었다.80)

2022년 개정 법률은 5조의2(협의회등의 활동)를 신설하여 협의회 운영에 필요한 업무에 대하여 '근무시간 외 수행 원칙'과 '예외 허용'의 입장을 법률 차원에서 규정하였고, 예외적으로 허용되는 업무는 '협의회등과 기관장등 간의 협의', '대통령령으로 정하는 사항'이라고 규정하였다. 위 위임에 따라 개정 시행령 11조에서는 '협의회등의 대표자와 협의위원 간의 회의(분기별 1회)', '연합협의회 대표자와 기관 단위 협의회 대표자 간의 회의(연 2회)'를 근무시간 중에 할 수 있는 업무로 규정하였다. 또한 개정 전 시행령 11조의 조문 제목은 '근무시간 중 협의회 활동의 제한'이었으나 '근무시간 중 협의회등 활동의 보장'이라고 개정한 것도 주목할 만하다. 요컨대, 2022년 개정으로 인하여 협의회등과 기관장등 간의 협의뿐만 아니라 일부 협의회 자체 회의의 경우에도 근무시간 중 가능하게 되었다.81)

---

79) 이와 관련하여 대법원 2000. 12. 12. 선고 99추 61 판결에서는 인천광역시 동구의회가 1999. 7. 24.에 재의결한 직장협의회 설립·운영에 관한 조례안에 대해 '영 11조와 12조가 근무시간 중의 협의회 활동을 제한하고 협의회에 전임공무원을 두는 것을 금지하고 있는 것은 근무시간 외의 수시 활동의 범위 내에서 협의회 활동을 보장하려는 것이라 해석됨에도 불구하고 이 사건 조례안 15조에서 영 13조가 규정하고 있지 아니한 협의회에 대한 사무실 제공을 규정하고 있는 것은 결과적으로 법과 영에서 예정하고 있지 아니한 상시활동에 필요한 물적 설비의 제공을 규정하고 있는 것이어서 그 위임 범위를 벗어난 규정이다'라고 판시하였다.

80) 김정한 외 3명, 103면; 조성혜b, 301면.

81) 공무원노조의 경우 교섭위원이 교섭 및 협약 체결 참석, 대의원이 대의원회에 참석할 경우(연 1회) 공가처리 하고 있다(국가공무원복무규정 제19조제11호).

법 5조의2에서 원칙적으로 근무시간 중 협의회 활동을 제한하고 있는 것은
성실의무, 복종의무 등의 기본 의무를 엄격히 준수해야 하는 공무원의 지위 내
지 업무상의 특수성을 반영한 것으로 국민 전체에 대한 봉사자로서의 역할에
충실을 기할 필요성 등을 고려한 것으로 이해된다. 그러나 직장협의회의 운영이
적극적으로 이루어질 경우 갈등의 소지가 있다.82) 즉, 법 문언은 협의나 회의를
근무시간 중에 가능한 업무로 규정하고 있는데, 이 외에도 이와 관련된 시간
즉, 협의회 출석에 소요되는 시간, 협의회 준비·검토에 소요되는 시간 등을 근
무시간 중 가능하도록 허용하는 것이 타당해 보인다. 다만, 근무시간 중에 허용
되는 구체적인 활동 내용에 대해서는 각 기관의 현황을 고려하여 협의회와 기
관장의 합의로 정하도록 하는 것이 구체적 타당성과 유연한 제도 운용의 측면
에서 바람직하다.83)

민간부문 노사협의회는 근로자위원의 노사협의회 출석 시간과 이와 직접적
으로 관련된 시간에 대해서는 노사협의회 규정에 따라 근로한 것으로 보고 있
고(근로자참여법 9조 3항). 위원의 직무 수행과 관련하여 불이익을 줄 수 없다는 취
지의 규정을 두고 있다(같은 조 2항). 통상적으로 기업은 노사협의회 규정에 위원
의 노사협의회 출석 자체에 소요되는 시간뿐만 아니라 그 출석을 위한 이동에
소요되는 시간, 관련 자료 검토에 소요되는 시간 등 노사협의회 출석과 직접적
으로 관련된 시간 등에 대해 근로시간으로 보는 조항을 두는 등 일정 활동에
대해서는 근무시간 중 활동을 보장하고 있다.84)

7. 협의절차 및 기관장의 의무

법 제6조(기관장의 의무)

① 기관장 또는 제2조의2 제1항 각 호의 기관의 장은 협의회등이 문서로 명시

---

82) 문무기, 182면. 이와 관련하여 대법원 2000. 5. 12. 선고 99추78 판결(인천광역시공무원직장
협의회 사건)은, 인천광역시의회가 1999. 6. 1. 제71회 임시회 제2차 본회의에서 전문 16개조
의 인천광역시공무원직장협의회의 설립·운영에 관한 조례안을 의결하면서 "직장협의회 위원
의 경우 협의회 운영에 필요한 업무는 근무시간 중에 할 수 있다"고 규정한 13조에 대하여,
'위 조항은 협의회의 결정 또는 자신의 판단에 따라 근무시간 중 협의회의 운영에 필요한 업
무를 할 수 있다는 취지로 해석되는데, 공무원의 직무전념의무는 법률 또는 조례가 특별히
정하는 경우에 일정한 절차에 따라 기관장의 승인 등의 절차를 거쳐 감면될 수 있을 뿐 공
무원 자신이 임의로 결정할 수 없는 것이므로 지공법 48조, 56조 1항에 위반되고, 공무원직
협법의 규정 취지에도 반한다'고 판시하였다.
83) 정원석 외 3명, 115면.
84) 정원석 외 3명, 88면.

하여 협의를 요구하면 성실히 협의하여야 한다.

③ 기관장 또는 제2조의2 제1항 각 호의 기관의 장은 협의회등의 조직 및 운영과 관련하여 소속 공무원에게 불리한 조치를 하여서는 아니 된다.

시행령 제8조(협의회등과 기관장등의 협의)

① 협의회등과 기관장등은 상호 신의를 바탕으로 성실하게 협의에 임하여야 한다.

② 협의회등과 기관장등은 매년 2회 정기적으로 협의하여야 한다. 다만, 필요한 경우에는 수시로 협의할 수 있다.

③ 협의회등의 대표자는 기관장등과 협의하고자 하는 경우에는 협의일 7일전까지 협의하고자 하는 사항을 기재한 문서로 기관장등에게 요구하여야 한다.

④ 기관장등은 협의회등과 직접 협의하여야 한다. 다만, 공무수행상 부득이한 경우에는 대리자를 지정하여 협의할 수 있는 권한을 위임할 수 있다.

⑤ 협의회등과 기관장등의 협의는 원칙적으로 공개한다. 다만, 협의회등과 기관장등의 합의에 의하여 이를 공개하지 아니할 수 있다.

⑥ 협의회등과 기관장등은 사무기록 등의 업무를 담당하도록 하기 위하여 각각 1명씩의 간사를 둘 수 있다.

⑦ 협의회등과 기관장등은 협의한 때에는 각각 다음 각호의 사항을 기록한 회의록을 작성하여 이를 3년간 보존하여야 한다.

1. 개최일시 및 장소
2. 출석한 기관장(직무대리자를 포함한다), 대표자 및 협의위원
3. 협의내용 및 합의사항
4. 기타 토의사항

기관장은 협의회가 문서로 명시하여 협의를 요구하면 성실히 협의하여야 하고(법 6조 1항), 협의회와 기관장은 상호 신의를 바탕으로 성실하게 협의에 임하여야 한다(시행령 8조 1항).

협의요구권자인 직장협의회 대표자는 협의일 7일 전까지 협의하고자 하는 사항을 기재한 문서로 기관장에게 요구하여야 한다(시행령 8조 3항). 협의는 매년 2회 정기적으로 개최해야 하고 필요한 경우에 수시로 협의할 수 있다(시행령 8조 2항). 기관장이 직장협의회와 직접 협의함을 원칙으로 하고(시행령 8조 4항 본문), 다만 공무수행 상 부득이한 경우에는 대리자를 지정하여 협의권한을 위임할 수

있다(시행령 8조 4항 단서). 협의는 공개가 원칙이지만 직장협의회와 기관장의 합의
에 의하여 공개하지 않을 수 있다(시행령 8조 5항). 직장협의회와 기관장은 회무기
록 등의 업무를 담당하게 하기 위하여 각각 1명의 간사를 둘 수 있다(시행령 8조
6항). 협의회와 기관장은 협의 시 각각 개회일시 및 장소, 출석한 기관장, 대표자
및 협의위원, 협의내용 및 합의사항, 기타 토의사항 등을 기록한 회의록을 작성
하여 3년간 보존하여야 한다(시행령 8조 7항).

8. 합의의 효력 및 이행 노력 의무

법 제6조(기관장의 의무)

　② 기관장 또는 제2조의2 제1항 각 호의 기관의 장은 협의회등과 문서로 합의
　한 사항에 대하여는 최대한 이를 이행하도록 노력하여야 한다.
　④ 기관장 또는 제2조의2 제1항 각 호의 기관의 장은 협의회등과의 합의사항
　이 있는 경우 그 이행현황을 공개하여야 하고, 구체적인 방법은 대통령령으로
　정한다.

시행령 제9조(합의사항의 공고 및 이행)

　① 협의회등과 기관장등의 합의는 문서에 의해야 하며 합의한 사항은 소속공무
　원에게 알려야 한다.
　② 협의회등과 기관장등은 합의한 사항에 대하여는 최대한 이의 이행에 노력하
　여야 하고, 기관장등은 합의한 사항의 이행현황을 반기별로 소속 공무원들이
　볼 수 있는 장소에 7일 이상 게시하여야 한다.

　법은 기관장등에게 협의회등과 문서로 합의한 사항을 최대한 이행하도록
노력할 의무를 부과하고 있고(법 6조 2항), 시행령은 협의회등과 기관장등 쌍방에
게 합의한 사항의 이행에 최대한 노력할 의무를 부여하고 있다(시행령 9조 2항).[85]
나아가 2022년 개정으로 법 6조 4항은 기관장등에게 합의사항 이행현황 공개의
무를 부과하고 합의사항 이행현황 공개방법을 대통령령에 위임함에 따라, 시행

---

[85] 이와 관련하여 대법원 2000. 12. 12. 선고 99추61 판결에서는 인천광역시 동구의회가 1999.
　7. 24. 재의결한 직장협의회설립·운영에 관한 조례안에 대하여 '협의회와 소속 기관장 사이
　의 합의 사항에 관하여 법과 영에서는 그 이행을 위하여 최대한 노력하여야 한다는 취지로
　규정하고 있음에도 불구하고 이 사건 조례안 11조에서 그 이행의무를 규정하고 있는 것은
　법과 영에서 규정하고 있는 범위를 넘어 기관장과 협의회 사이의 합의에 대하여 단체협약과
　같은 구속력을 인정하려는 것에 다름 아니어서 법과 영의 규정에 부합하는 것이라 할 수 없
　다'고 판시하였다.

령 9조 2항은 기관장등으로 하여금 합의사항의 이행현황을 반기별로 소속 공무원들이 볼 수 있는 장소에 7일 이상 게시하도록 하고 있다.

협의회등와 기관장등의 합의는 문서화하고 합의한 사항은 소속공무원에게 알려야 한다(시행령 9조 1항). 합의문은 유효기간을 명시한 경우는 그에 따르되, 달리 정하지 않은 경우에는 별도의 유효기간 없이 기관장의 성실한 이행을 촉구할 수 있을 것이다.

공무원직협법은 기관장등에게 성실한 협의 의무(법 6조 1항), 서면합의 이행을 노력할 의무(법 6조 2항), 합의사항 이행현황 공개의무(법 6조 4항) 등을 부과하고 있을 뿐 의무 위반에 대한 제재수단을 규정하고 있지 않다. 따라서 기관장등이 협의를 거부하거나 합의된 사항을 이행하지 않는 경우에 명확한 구제책이 없는 상황이다. 협의에서 도출되는 합의서는 규범적 효력이 인정되는 단체협약과는 성격을 달리하고 노조법의 단체협약 유효기간 규정이 적용되지 않는다.

9. 직장협의회 규정

시행령 제5조(협의회등규정)

협의회등은 자주적이고 민주적인 협의회의 운영을 위하여 다음 각호의 사항을 기재한 협의회 규정을 제정하여야 한다.

1. 명칭
2. 목적 및 사업
3. 협의위원의 수에 관한 사항
4. 대표자와 협의위원의 선임방법·임기·후임자의 선임시기 등에 관한 사항
5. 회원에 관한 사항(연합협의회는 소속 협의회에 관한 사항)
6. 회의에 관한 사항
7. 협의회규정의 변경에 관한 사항
8. 규율에 관한 사항
9. 회계에 관한 사항
10. 해산에 관한 사항
11. 연합협의회 가입과 탈퇴에 관한 사항

직장협의회는 자주적이고 민주적인 협의회 운영을 위하여 직장협의회 규정을 제정하여야 한다. 규정사항은 1. 명칭, 2. 목적 및 사업, 3. 협의위원의 수에

관한 사항, 4. 대표자와 협의위원의 선임방법·임기·후임자의 선임시기 등에 관한 사항, 5. 회원에 관한 사항(연합협의회는 소속 협의회에 관한 사항), 6. 회의에 관한 사항, 7. 협의회규정의 변경에 관한 사항, 8. 규율에 관한 사항, 9. 회계에 관한 사항, 10. 해산에 관한 사항, 11. 연합협의회 가입과 탈퇴에 관한 사항 등이다.

직장협의회 규정은 공무원직협법 및 동 시행령에 위배되어서는 안 된다. 협의회 설립사실을 기관장에게 통보할 때 협의회 규정을 통보서에 첨부하도록 하고 있다(시행령 4조 3항 별지1호 서식).

10. 협의회의 그 밖의 의무

시행령 제10조(협의회등의 의무)
　① 협의회등은 협의회규정, 협의위원명부, 회원명부 및 회의록을 관리하여야 한다.
　② 협의회등은 대표자·협의위원 또는 협의회 규정의 변경이 있는 경우에 지체 없이 이를 기관장등에게 통보하여야 하고, 회원의 변경이 있는 경우에는 반기별로 이를 기관장등에게 통보하여야 한다.
　③ 협의회등이 해산한 때에는 그 대표자는 해산한 날부터 15일 이내에 기관장등에게 통보하여야 한다.

협의회등은 협의회 규정, 협의위원명부, 회원명부, 회의록을 관리하여야 한다(시행령 10조 1항). 연합협의회의 경우 회원은 협의회를 의미한다.

협의회등은 대표자·협의위원 및 협의회 규정의 변경이 있는 경우에 지체 없이 이를 기관장에게 통보하여야 한다(시행령 10조 2항). 기관장은 통보된 내용에 대해 요건 심사를 하고, 위법 여부 등을 검토할 수 있으며, 그 결과에 따라 시정을 요청할 수 있다. 다만, 대표자 선거과정 등 직장협의회 내부문제에 대해서는 협의회 규정 등에 의해 자체적으로 해결함이 타당하다.86)

기관장의 의무와 마찬가지로, 협의회는 신의를 바탕으로 성실하게 협의에 임하여야 하고, 기관장과 협의한 때에는 개최일시 및 장소, 출석한 기관장·대표자·협의위원, 협의내용 및 합의사항, 기타 토의사항을 기록한 회의록을 작성하여 이를 3년간 보존하여야 하며, 기관장과 합의한 사항에 대하여는 최대한 이의 이행에 노력하여야 한다(시행령 8조 1항, 7항, 법 6조 2항, 시행령 9조 2항).

---

86) 행정안전부, 44면.

협의회 규정에는 '해산에 관한 사항'이 포함되어야 하고(법 5조 10호), 협의회가 해산한 때에는 그 대표자는 해산한 날부터 15일 이내에 기관장에게 통보하여야 한다(시행령 10조 3항). 따라서 직장협의회를 해산하고자 할 경우 해산 절차와 관련된 사항은 자체 규정에서 정하는 바를 살펴야 한다.

그런데 협의회 규정에서 해산에 관하여 추상적으로 정하고 있을 뿐 해산 요건에 관하여 구체적으로 정하고 있지 않은 경우가 있을 수 있다. 이에 관하여 행정안전부는 해산은 통상 특별결의를 요하는 사항으로 직장협의회 내 최고 의결기구인 총회(규정의 정함에 따라 대의원회 등이 될 수도 있음)에서 재적회원 과반수 참석, 참석자 2/3 이상 찬성에 의한 결의를 요구하고 있다.[87] 이에 따라 직장협의회 내 최고 의결기구의 특별결의 요건을 결여한 채, 당해 행정기관의 담당자에게 문서 등을 통해 해산 통보만을 한 경우 해산의 효력을 인정할 수 없다고 한다. 총회 등 최고 의결기구를 통하여 해산을 결의하였다면, 별도의 행정서식은 필요 없고, 의결 경위 및 내용을 증빙할 수 있는 서면(회의록 등)과 직장협의회 설립증을 당해 행정기관의 담당자에게 15일 이내에 제출하면 적법한 절차를 마친 것으로 볼 수 있다.

해산결의에 따른 효과는 당해 기관에 직장협의회가 설립되지 않은 원래의 상태로의 회귀라 할 수 있다. 적법한 절차를 거쳐 해산결의가 이루어졌다면 회비 원천공제의무는 소멸한다. 통상 회비 원천공제는 소속기관 내 공무원단체에 대한 기관의 편의제공으로서 양측 간 합의에 의해 시행되는데, 적법한 절차를 거쳐 해산결의를 하였다면, 기존 합의사항은 효력을 상실하므로 당해 기관에는 더 이상 기존 합의사항에 대한 성실의무가 부과되지 않기 때문이다.

11. 전임자 금지

시행령 제12조(협의회등 전임공무원의 금지)
협의회등에는 협의회의 업무를 전담하는 공무원을 둘 수 없다.

협의회등에는 그 업무를 전담하는 공무원을 둘 수 없다(시행령 12조). 이는 공무원은 국민 전체의 봉사자로서 맡은 직무에 전념해야 할 의무가 있다는 점을 고려한 규정이다.

---

87) 행정안전부, 43면.

근무시간 중 직장협의회 활동을 제한하면서 전담 공무원도 둘 수 없도록 한 것은 지나친 제약이라는 비판이 있을 수 있으나, 현행법상 직장협의회의 권한이 직접적인 근무조건에는 해당하지 않는 사항들에 대한 협의에 그치고 있는 점을 고려하면 전담 공무원을 둘 필요성을 도출하기는 쉽지 않을 것이다.[88]

한편, 공무원노조의 경우 노조 전임자를 둘 수는 있으나(공무원노조법 7조 1항) 국공법 또는 지공법에 따라 휴직 처리된다(같은 조 2항). 한편, 2022년 개정으로 공무원노조법에 근무시간 면제 제도가 도입되었다(자세한 내용은 공무원노조법 부분 참조).[89]

12. 협의회에 대한 지원

시행령 제13조(협의회에 대한 지원)
　기관장등은 협의회등이 요구하는 경우에 협의회등의 활동을 위하여 당해 기관의 회의장소·사무장비 등을 사용하게 할 수 있다.

기관장등은 협의회가 요구하는 경우 협의회 활동을 위하여 기관의 회의장소, 사무장비 등을 사용토록 편의를 제공할 수 있다(시행령 13조). 기관은 공무원직장협의회에 대하여 별도 예산 수립을 통한 지원은 불가능하나, 기관장 판단 하에 협의회 활동에 도움을 주는 회의장소·사무장비·사무용품(예: 프린터 출력, 용지 사용) 제공은 가능하다. 직장협의회 체육대회 등 특별한 행사에 사회상규상 허용되는 수준의 기관장 업무추진비 지출(찬조금 지원 등) 역시 허용된다.[90]

그 밖에 앞서 본 바와 같이, 기관장등은 직장협의회가 문서로 명시하여 협의를 요구하면 성실히 협의하여야 하고(법 6조 1항), 직장협의회의 조직 및 운영과 관련하여 소속공무원에게 불리한 조치를 하여서는 아니 되며(법 6조 3항), 협의에 있어서는 신의를 바탕으로 성실하게 임하여야 한다(시행령 8조 1항). 직장협의회와 협의한 때에는 개최일시 및 장소, 출석한 기관장·대표자·협의위원, 협의내용 및 합의사항, 기타 토의사항을 기록한 회의록을 작성하여 이를 3년간 보존하여야 하며(시행령 8조 7항), 기관장은 직장협의회와 문서로 합의한 사항에 대하여는

---

88) 노사협의회의 경우 근로자참여법에서 근무시간 중 활동은 보장하고 있지만(9조 3항), 전임자에 관한 규정은 없다.
89) 노조법상 노동조합의 경우 노사자치에 의해 노조 전임자를 둘 수 있고, 근로시간 면제 제도에 따라 근로시간 면제 한도의 범위 내에서 유급이 인정된다(노조법 24조).
90) 행정안전부, 38~39면.

최대한 이의 이행에 노력하여야 한다(법 6조 2항, 시행령 9조 2항).

13. 위임규정

법 제7조(협의회등의 구성 및 운영 등에 관한 세부사항)
　　협의회등의 설립 단위, 가입 범위, 그 밖에 협의회등의 구성에 관한 사항과 협
　　의위원의 선임, 협의회등의 협의절차·시기·방법, 그 밖에 협의회등의 운영에
　　필요한 사항은 국회규칙, 대법원규칙, 헌법재판소규칙, 중앙선거관리위원회규칙,
　　대통령령 또는 조례로 정한다.

　　법 7조는 협의회의 설립 단위, 가입 범위, 그 밖에 협의회의 구성에 관한
사항과 협의위원의 선임, 협의회의 협의절차·시기·방법, 그 밖에 협의회의 운
영에 필요한 사항에 관하여 대통령령 등에 위임하고 있다. 이에 따라 공무원직
협법 시행령이 제정되어 있고,[91] 그 밖에 선거관리위원회 공무원직장협의회의
설립·운영에 관한 규칙, 법원공무원 직장협의회 규칙, 국회공무원 직장협의회
의 설립·운영에 관한 규칙, 헌법재판소 공무원 직장협의회 설립·운영에 관한
규칙이 제정되어 있으며, 전국적으로 252개의 관련 조례가 제정되어 있다.[92]

Ⅳ. 외국의 공무원 노사협의제도[93]

1. 근로자로 구성되는 협의기구

가. 독일의 공무원직장평의회[94]

　　독일의 공무원(Beamte)[95]은 직업공무원제도(Berufsbeamtentum)에 기반을 두고

---

　91) 공무원직협법은 단순하게 규정하고 있는 반면, 그 시행령은 그 대부분이 주로 직장협의회
　　　의 활동에 규제를 가하는 내용을 담고 있어서 상·하위 법령간의 일관성 결여된 점이 문제
　　　점으로 지적되기도 한다(김재기, 350면; 문무기, 177~178면).
　92) 인터넷 법제처 국가법령정보센터 2021. 4. 28. 기준.
　93) 우리나라 공무원의 집단적 노동관계의 역사는 1999년 공무원직협법 시행, 2006년 공무원
　　　노조법 시행으로 역사가 짧고 직장협의회제도는 여전히 정체성의 위기를 겪고 있으므로, 상
　　　대적으로 긴 역사를 가진 독일의 공무원직장평의회, 영국의 경찰연합, 일본의 소방직원위원
　　　회, 미국의 노사협의제, 프랑스의 각종 위원회제도를 근로자로 구성된 유형과 노사 동수로
　　　구성된 유형으로 구분하여 검토하였다.
　94) 김정한 외 3명, 163~177면; 조성혜c, 147~151면; 행정안전부, 206~212면을 참고하였다.
　95) 독일의 공공부문(der öffentliche Dienst)은 크게 공무원(Beamte)과 공무직 근로자(Arbeit-
　　　nehmer des öffentlichen Dienstes)로 구분되는데, 전자는 일반 노동법이 아닌 공무원법의 적용
　　　을 받는 신분이 보장되는 공무원을 말하고, 후자는 역으로 공무원법이 아닌 노동법이 적용되

있고, 고용, 임금, 승진, 근로조건 등 대부분의 사항이 법령에 의해 정해진다. 기본법 33조[96])에서는 국가의 특별한 과제를 수행해야 할 공무원관계를 규정하고 있고, 특히 직업공무원제도를 규정한 33조 5항은 국가의 안녕과 질서를 위해 필요한 한도 내에서 공무원의 단결권을 제한하는 근거가 된다. 독일의 공무원은 노조를 조직할 수 있고 가입할 수 있지만 근무조건이 입법자에 의해 법률로 규정되므로 단체협약 체결을 위한 단체교섭을 할 수 없고, 단체행동권도 보장되지 않는다.

독일은 집단적 노사관계에 있어서 산업별·지역별 노조와 사업장별 사업장평의회라는 이원적인 구조를 취하고 있는데, 공무원의 경우에도 전국적·지역적 차원에서 설치되는 공무원 또는 공공부문 노조와 근무기관 차원에서 설치되는 공무원직장평의회가 있다. 특히 공무원은 단체교섭권이 인정되지 않으므로 공무원직장평의회는 공무원노조에 대한 보완 역할을 해주고 있다. 연방공법인이나 법원 등에는 연방직장평의회법(Bundespersonalvertretungsgesetz : BPersVG)에 따라, 각 주에는 주직장평의회법(Personalvertretungsgesetz der Länder : LPVG)에 따라 고유의 공무원직장평의회가 설립되어 있다. 공무원직장평의회는 민간부문의 사업장평의회 제도에 상응하는 형태와 시스템을 취하고 있다.

공무원직장평의회는 각 기관 단위로 직원이 5명 이상이면 당연히 설치되고[97]) 기관 내 종사자라면 공무원인지 여부를 불문하고 모두에게 적용되므로 평의회 위원은 공무원, 사무직원, 생산직원 세 신분으로 나누어 4년마다 전국 동시에 선거를 실시하여 선출한다.

공무원직장평의회는 공무원노조의 역할을 침범하지 않으면서 기관 내부 문제에 대해 기관장과 협의 내지 합의를 통해 기관 종사자들의 이해관계를 반영한다. 기관 종사자들의 법적 근로기준, 직장협정의 준수 여부 감시, 기관 종사자

는 근로자를 말한다.

96) 독일 기본법 33조 ① 모든 독일인은 모든 지역에서 동일한 국민으로서의 권리와 의무를 갖는다. ② 모든 독일인은 자신의 적성, 역량 및 전문능력에 따라 차별 없이 모든 공직에 입직할 권리가 있다. ③ 공직에의 허가 및 공무에서 취득한 권리를 향유할 시민과 국민으로서의 권리는 종교적 신념과 무관하게 부여된다. 어느 누구도 특정 신념 또는 가치관으로 인하여 차별받지 않는다. ④ 주권의 행사는 공무원의 상시 업무로서 통상적으로 공법적 복무관계와 신의관계에 있는 공무원에게 위임된다. ⑤ 공무직 종사자의 권리에 대하여는 전승된 직업공무원제도의 원칙을 고려하여 규정하고 이를 지속적으로 발전시켜야 한다.

97) 여기서의 기관은 관청으로서 행정사무소뿐만 아니라 법원도 해당된다. 다만 판사(Richter)들은 연방공무원직장평의회법이나 주공무원직장평의회법에 의하지 않고 별도의 법률에 의해 판사직장평의회(Richterrat)를 설치하도록 되어 있다.

들의 고충처리 및 상담, 기관 내 소수집단(여성, 장애인, 외국인, 청소년 및 견습생) 보호, 공무원직장평의회 총회(관련 노조 간부 참여 가능)의 주재(主宰), 고용 및 선발 과정에 기관 종사자 대표로 참여(참여 및 자문권), 기관 내부 감사에 참관인 파견, 산업안전보건을 위한 조치협의, 분기별 또는 매월 기관장과 정기협의 등이 주된 역할이다. 또한 사안에 따라 청문권(Anhörungsrecht), 공동협의권(Mitwirkung), 공동결정권(Mitbestimmung)을 행사할 수 있는데 이를 통해 기관의 의사결정 과정에 공식적으로 참여할 수 있다.[98]

연방직장평의회법 47조에서는 평의회 위원의 즉시해지, 배치전환, 전출 시 직장평의회의 동의를 요건으로 하고 있다. 동의를 받지 아니한 기관장의 인사 조치는 무효이고, 기관장은 이를 반드시 관철시켜야 할 경우 동의에 갈음하는 행정법원의 결정을 얻도록 하고 있다.

같은 법 73조는 기관장과 직장평의회가 협의를 통해 합의한 사항에 대해서 체결하는 직장협정(Dienstvereinbarung)에 대하여 법적 구속력을 인정하고 있다.

요컨대, 독일의 공무원직장평의회는 독일 공무원들의 노동3권에 대한 제한에 대한 대안적 제도로서 역할을 하고 있다.

나. 영국의 경찰연합[99]

영국은 공무원 노사관계를 규율하는 법률이 따로 존재하지 않고 공무원도 일반 근로자처럼 노동3권이 모두 인정되는 것이 원칙이다. 다만, 경찰과 교도관 등 일부 공무원은 예외인데, 영국의 경찰과 교도관은 1919년 전까지는 노동조합이 허용되었으나, 정부는 이들의 파업을 경험한 이후 노조 가입을 금지하였다. 특히 경찰에 대해서는 노조 가입 금지에 대한 대안으로서 협의회 형태의 경찰연합의 설립을 허용함으로써 단결권과 협의 기능을 보장하였다. 즉, 영국 경찰은 단체협약을 전제로 한 단체교섭 및 단체행동권은 허용되지 않고, 경찰연합을

---

98) [표 6] 독일 공무원직장평의회의 권한

	청문권	공동협의권	공동결정권
참여의 강도	낮음	중간	높음
효력의 범위	직무 관련 사항 (직무수행 과정, 직무내용, 직무능력, 평가참여, 특별해고)	해고 및 인사 관련 사항 (기관통합, 조기퇴직, 해고)	복지 관련 사항 (고용, 전보, 승진, 정년 후 계속고용, 복지시설의 설치 및 폐지, 평가기준, 산업보건 보호조치, 근무환경 개선)

99) 김정한 외 3명, 116, 125~147면을 참고하였다.

통한 협의가 가능하다.

　　영국 경찰은 자치경찰제를 기반으로 하여 국가경찰이 존재하지 않지만 임금과 근로조건은 전국적인 협의에 의하여 결정된다. 계급에 따라 하위계급의 '경찰연합(Police Federation)', 중간계급의 '경찰관리자연합(Police Superintendents' Association)', 상위계급의 '고위경찰근로자연합(Chief Police Officers' Staff Association)'이 각 별도의 단체를 조직하고 있고, 지역별로 잉글랜드·웨일즈, 북아일랜드, 스코틀랜드에서 각 지방경찰청별로 경찰연합이 조직되어 계급별 경찰연합의 지부협의회의 형태를 띠고 있다. 경찰연합은 계급 전체에 영향을 미치는 의제에 대해서는 통일된 목소리를 내기도 하나 세부 활동은 계급 중심적이다.

　　한편, 영국 경찰의 경우 노사협의체라 할 수 있는 '경찰처우협상위원회(Police Negotiating Board, PNB)'와 '경찰자문위원회(Police Advisory Board, PAB)'가 존재하는데, 경찰연합은 협의단을 구성하여 위 각 위원회 내에서 정부 측과 협의를 진행한다. 경찰처우협상위원회의 안건은 근로시간, 연가, 임금 및 수당, 연금, 경찰복·개인장비의 사용 등이고(경찰법 61조 1항), 전체 영국 경찰에게 적용되는 합의안[100]을 도출한다. 경찰자문위원회는 경찰처우협상위원회의 안건 외의 사항으로서 경찰공무원에게 영향을 미치는 다양한 안건에 대해 협의할 수 있는데, 지역별로 별도의 기구를 설립하고 경찰계급, 채용 및 승진, 수습기간, 명예퇴직, 개인정보 관리, 성과관리, 업무지침, 징계절차 등에 대해 협의를 진행한 후 내무부장관에게 자문한다. 경찰연합은 이들 위원회를 통해 광범위한 안건에 대한 실질적인 협의를 할 수 있다.

다. 일본의 소방직원위원회[101]

　　일본의 공무원은 '직원단체'를 결성할 수 있는데, 경찰직원, 교도소직원, 자위대원 등은 직원단체 결성권이 인정되지 않는다. 일본에서도 공무원의 고용이나 임금 등 근로조건의 상당 부분이 법령으로 정해진다. 일본의 직원단체는 당국과 근무조건 등에 관하여 교섭은 할 수 있으나 단체협약을 체결할 권리는 없다.

　　일본은 1965년 ILO 87호 협약을 비준하였으나, 소방공무원은 동 협약의 예외인 경찰공무원에 포함된다는 이유로 소방공무원에 대해 직원단체 결성을 허

---

100) 합의안 자체가 강제력을 가지고 있는 것은 아니지만 합의안에 대해 내무부장관이 관련 정책을 결정할 때 반드시 참고하도록 법으로 강제하고 있다.

101) 김홍영 외 4명, 173~175면을 참고하였다.

용하지 않고 있었다. 이에 대해 ILO 산하 전문가위원회는 1973년 일본 소방공무원의 직무를 군대 및 경찰과 같은 수준으로 볼 수 없다고 하면서 87호 협약의 적용대상에 해당한다고 권고하였고, 결국 일본은 소방조직법을 개정하여 소방직원위원회제도를 도입하였다.

소방직원위원회제도의 취지는 소방직원간의 의사소통을 도모함과 아울러 ① 급여, 근무시간 기타 근무조건 및 후생복지에 관한 사항, ② 소방직원의 직무수행에 필요한 피복 및 장비품에 관한 사항, ③ 소방에 사용되는 설비, 기계기구 기타 시설에 관한 사항 등 소방직원의 의견을 소방사무소에 반영하도록 함으로써 소방직원의 사기를 높이고 소방의 원활한 운영에 이바지하려는 것이다.

소방직원위원회제도는 기존의 공무원 직원단체 제도와는 차이가 많다. 즉, 소방직원위원회는 임의단체이고 단체교섭을 할 수 없고, 제도적 근거가 빈약하여 소방공무원의 고충처리제도에 불과하다는 평가를 받고 있다. 일부에서는 우리나라의 직장협의회제도 수준이라고 비교하기도 한다. ILO는 소방직원위원회제도 도입 이후에도 일본 정부에 대해 소방공무원의 단결권 보장조치를 희망한다는 보고서를 채택하였다.

2. 노사 동수로 구성되는 협의기구

가. 미국의 노사협의제도[102]

미국은 연방헌법에 노동3권에 관한 명문의 규정은 없지만 수정헌법 1조에 결사의 자유가 규정되어 있고, 1935년 제정된 전국노동관계법(National Labor Relations Act, NLRA) 7조에 단결권, 단체교섭권 및 단체행동권을 규정되어 있다. 공무원은 일반 근로자에 비하여 상대적으로 노동기본권이 제한된다. 연방정부와 40여개 주정부에서 법률에 의해 공무원의 단결권과 단체교섭권을 인정하고 있고, 쟁의행위는 그 중 10여개 주에서만 허용하고 있다.

미국의 공무원 노사관계는 1970년대 말까지 공무원노조가 양적으로는 팽창하였지만 노사 간 협의나 우호적 관계는 형성되지 않았는데, 1980년대 초반에 연방항공관제사노조가 파업하여 파업가담자 11,400명이 해고되는 상황이 벌어지는 등 노사가 단체교섭과 공식적 분쟁해결 절차만으로 노사문제를 풀어나가는 데 한계에 부딪혔다.

---

102) 서광석 · 안종태, 157~158면; 정재명 외 3명, 96~97면을 참고하였다.

이에 노사협의(consultative)시스템이 대안으로 등장하였고, 미국 공공부문 협의제도는 노사문제를 협력적으로 이끌어 나가는 데 주요한 역할을 하였다. 대표적인 것은 1970년대부터 활성화되었던 소극적 노사협력의 단계인 노사협의위원회(Labor-Management Committees)와 1990년대에 주로 활용되었던 적극적 노사협력 단계인 노사파트너십위원회(National Partnership Council)를 들 수 있다.

노사협의위원회는 주, 지역정부들뿐만 아니라 교육, 의료서비스 분야 등 공공부문에서 광범위하게 시행되었고 그 설치·운영은 노사협약과 각 지방정부, 공공기관의 자율재량에 맡겨져 있었음에도 1970년대 초반 연방정부기관의 44%가 노사협의위원회를 설치·운영하였다. 노사협의위원회의 유형이 주와 지역정부 및 기타 공공부문에 따라서 다양하기 때문에 그 권한도 단순히 정보를 교환하는 권한을 가진 위원회에서부터 실질적 의사결정권까지 행사하는 위원회까지 다양하였다. 의제와 목표는 주로 정책, 인사, 근무여건, 고충처리에 관한 문제를 협의하는데, 단순히 협소하고 지엽적인 문제의 해결에서부터 노사관계의 근본적인 개선까지 포함하는 일반적이며 광범위한 문제도 다루었고, 위원회의 단위도 직장 수준에서부터 산업별 위원회에 이르기까지 다양하였다.

노사파트너십위원회는 1993년 클린턴 대통령의 행정명령 12871호에 의해 연방정부기관들에서 의무적으로 설치했다는 점에서 보다 강력한 제도로 볼 수 있다. 위원회는 연방정부의 노사관계에 대해 대통령에게 자문을 하며, 각 부처 노사파트너십의 형성 및 운영을 지원하고 그 효과에 관한 정보를 수집하고 지침을 제공하는 역할을 하였으며, 성과평가를 포함한 광범위한 문제에 대해 거의 교섭 수준의 회의를 개최하였다. 2000년 부시 대통령이 발한 행정명령 13203호에 의해 위 행정명령 12871호는 철회되어 노사파트너십위원회는 폐지되었다.

요컨대, 미국은 7·80년대에 노사협의위원회를 통해 공무원 노사관계의 신뢰 회복과 협력의 초석을 다지고 90년대에 노사파트너십위원회를 통해 동반자 관계를 확보하는 등 보다 적극적인 노사협력 단계로 나아갔다는 점이 특징이다.

나. 영국의 휘틀리위원회[103]

영국의 노사협의제도는 전통적으로 휘틀리위원회(Whitley Council)를 일컫는다. 휘틀리위원회는 1차 세계대전 중이던 1916년 하원의장 휘틀리를 위원장으

---

103) 김정한 외 3명, 107면; 정재명 외 3명, 98~99면을 참고하였다.

로 하는 '노사관계에 관한 부흥위원회'의 보고서에 의거하여 발족하였다. 당시 영국 정부는 1차 세계대전 이전의 불안정한 노사 갈등 국면으로의 회귀를 방지하기 위해 자유방임의 전통에서 벗어나 노사관계에 직접 개입하면서 전국적인 수준의 노사협의기구의 구성을 지속적으로 시도하였다.

휘틀리위원회는 각 산업별로 조직되는 국가노사공동위원회(National Joint Industrial Council, NJIC)와 그 산하에 지역별로 조직되는 지역노사공동위원회(District Joint Industrial Council, DJIC)로 구성되었다. 국가노사공동위원회는 산업별 단체교섭 창구의 역할을 하였고, 지역노사공동위원회는 소속된 산업의 분할된 지역을 중심으로 고충처리 및 인사상의 문제 등 중요 사안들에 대해 노사가 협의하고 결정하는 역할을 하였다. 사업장 단위에서는 사업장 내 조합원들에 의해 선출되어 지역노사공동위원회의 승인을 받은 직장위원(Shop steward)이 사업장 내의 고충처리, 사업장의 의무이행을 촉구하고 조합원들의 임금인상률을 결정함에 있어서 영향력을 행사하였다. 휘틀리위원회에 의한 노사협의제는 단체교섭의 한 형태를 이루었고, 휘틀리위원회의 권고는 영국의 공공부문 노사관계의 골격을 이루는 데 중요한 역할을 하였다.

국가노사공동위원회는 노사 갈등이 발생했을 때 중재기구의 역할도 하였다. 처음에는 노사 상호간의 협의를 목적으로 구성되어 중재적 기능은 없었으나, 점차 정부의 반대를 무릅쓰고 공무원·중소기업 등 미조직 노동자의 임금·노동조건 개선을 위한 중재를 맡아 성공을 거두었다.

그러나 보수당 정부에 의해 휘틀리위원회는 1980년대 이후 유명무실화 되었고, 보수당 정부는 단체교섭을 부처, 지방정부 단위로 이관하여 분권화시키는 등 노조의 영향력을 약화시켰다. 이후 1997년 노동당 정부가 집권하였으나 공공부문에서 노사협의제도는 회복되지 못하고 있다.

다. 프랑스의 공무최고협의회 등[104]

프랑스는 공무원들이 행정기관으로부터 임용을 받고, 근무조건이 노사 간 교섭이 아닌 행정기관에 의해 일방적으로 결정되고 정부가 공공의 필요성에 따라 승진이나 기타 공무원의 이해관계에 영향을 미치는 법령을 변경할 수 있다는 점에서 근로계약관계가 아니라 법정관계로 이해된다.

---

104) 김상호, 31~39면; 정재명 외 3명, 99~101면; 행정안전부, 206~212면을 참고하였다.

프랑스 공무원은 단결권, 단체교섭권, 파업권이 모두 인정된다.[105] 나아가 프랑스는 민간부문뿐만 아니라 공무원 노사관계에서도 노사 공동의 참여를 바탕으로 하는 협의기구가 잘 발달해 있는데, 노사협의제도는 노조의 단체교섭제도와 함께 이원적 노사관계를 이루며 노사관계에 크게 기여하고 있다.[106]

공무원 노사협의제도는 중앙 차원에서 국가공무원, 지방공무원 및 의료공무원에 대해 운영되는 '공무최고협의회'(les Conseil superieur de la fonction publique)가 있고, 지방분권화 차원에서 운영되는 '행정노사위원회'(les commissions adminstratives paritaires)와 '기술위원회'(les comites techniques paritaires) 및 '위생 및 안전위원회'(les comites d'hygiene et de securite) 등이 있다.

공무최고협의회는 전국 단위로 국가공무원, 지방공무원, 의료공무원별로 설치되어 공무원에 대한 법령안, 직군 조정계획 및 승진계획, 연례보고서에 대하여 협의한다. 국가공무원 공무최고협의회의 경우 정부 측 대표위원 20명, 노동조합에 의해 선임된 공무원 대표위원 20명[107]으로 구성되고,[108] 국가공무원의 징계, 승진, 해임에 대한 이의신청을 심사한다.

행정노사위원회는 개별 공무원의 신분 변화를 가져오는 인사에 관한 의사결정을 사전에 심의하는 권한이 있어서 기관장은 파견, 휴직, 근무평정, 승진, 전보이동, 징계, 면직 등에 관하여 행정노사위원회와 의무적으로 협의하여야 한다.[109] 행정노사위원회는 행정기관에서 임명된 대표위원과 노동조합의 추천을 받아 공무원들에 의해 선출된 공무원 대표위원이 동수로 구성된다. 행정노사위원회의 위원들은 그 수행에 필요한 편의를 충분히 제공받고 부재의 허락이 주

---

105) 다만, 공무원 노사관계에서 단체교섭으로 인한 합의는 도의적 차원의 약속 내지 정치적 약속에 불과하여 법적 구속력이 없다.

106) 프랑스는 1946년 헌법 전문 8항에서 '모든 근로자는 자신의 대표를 통하여 근로조건의 집단적 결정과 기업의 경영에 참가한다'라고 규정하여 헌법적 차원에서 경영참가의 원칙을 규정하였고, 이는 민간분야뿐만 아니라 공무원을 포함한 공공분야에도에도 적용된다. 이에 따라 1946년 제정된 국가공무원법, 1983년 제정된 공무원에 관한 일반법 등에서 공무원의 참여를 실현하기 위한 제도를 마련했다.

107) 공무원대표는 각 대표 노동조합의 대표성에 따라 의석이 배분된다.

108) 지방공무원 공무최고협의회도 지방자치단체 측 대표와 노동조합 측 대표 각각 20명으로 구성되며, 의료공무원 공무최고협의회는 정부 측 대표와 노동조합 측 대표 각각 18명 내지 19명으로 구성된다.

109) 공무원 대표위원에 대한 신분보장 조항은 별도로 없으나, 프랑스의 모든 공무원에게는 임용, 승진, 파견, 대기발령, 전보, 해임, 해고 시 행정노사위원회와의 사전협의가 의무화되어 있고, 징계 시에는 모든 징계서류에 대한 정보권과 방어를 위한 조력권이 보장되어 있는 등 강한 보호절차가 마련되어 있다.

어지는 등 회의 참석 및 준비를 위한 배려가 보장되고 있다.

기술위원회는 각 부처에서 기관별로 노사 동수로 설치되어 집단적인 사항을 협의한다. 협의 대상은 행정기관 등의 조직·기능, 정원·고용 등의 관리, 공무원지위에 관한 규칙, 기술의 개발, 행정기관 등에서의 근로방식, 보상정책에서의 기본방향, 직업적 연수 및 직능개발, 직업적 편입, 업무에서의 성 평등, 보건 및 안전 등이다. 공무원의 개별적 인사사항은 다루지 않는다. 행정노사위원회, 기술위원회는 참여 위원 과반수에 의해 결정을 내리지만 결정이 기관장을 직접 구속하지 않고 기관장에게 위원회의 의견으로 제시된다.

위생 및 안전위원회는 직원들의 건강증진, 안전사고 예방이 주된 기능이다. 이를 위해 위생과 안전에 관련된 법규를 심의하고, 직원들의 건강에 영향을 미칠 수 있는 업무방식의 변화와 시설개선 계획에 대한 협의를 실시한다.

3. 검   토

공무원 노사협의제도는 주요 국가에서 공무원노조의 한계를 보완하거나 상생적 노사관계를 위한 제도로서 활용도가 높다. 그 형태는 각국의 공무원 노사관계의 문화에 따라 다양하게 전개되고 있음을 알 수 있다. 그 중에서도 독일과 프랑스는 공무원의 근무조건 법정주의를 기반으로 하여 지속적인 공무원 협의제도를 구축해나가고 있는데, 특히 독일의 공무원직장평의회는 단체교섭과 단체행동권에서 제한을 받는 공무원노조에 대한 보완적 기능을 하고 있고, 청문권, 공동협의권, 공동결정권 등 권한도 다양하다. 영국의 경찰연합과 일본의 소방직원위원회는 단결권이 제한되는 일부 특정직공무원에 대한 대안적 조치에 해당하는데, 특히 영국의 경찰연합은 체계적으로 조직되어 활발하게 운영되고 있어 눈길을 끈다.

노사협의제도의 정착과 발전을 위해서는 정부의 역할 또한 매우 중요하다고 할 수 있다.[110] 영국은 과거 공공부문에서 휘틀리위원회가 활성화되어 공공부문 노사관계의 개선에 큰 역할을 하였으나 정부의 정책 변경으로 쇠퇴하였고, 미국 또한 노사협의제도가 노사관계에 긍정적인 역할을 하다가 정부의 태도 변화로 제도가 철회되었다.

외국의 사례에서도 알 수 있듯이 공무원 노사관계에는 노조에 의한 단체교

---

110) 정재명 외 3명, 110면.

섭의 방식 이외에도 의견 청취, 협의, 참여 등 다양한 의사소통 방식이 모색될 수 있다. 우리나라 공무원은 공무원노조 가입 범위에 포함되더라도 공무원노조의 비교섭사항의 범위가 넓은 편이고, 단체협약의 효력도 제한적이어서 단체교섭 외에 협의제도의 필요성이 크다고 할 수 있다. 공무원노조 가입 범위에 포함되지 않는 공무원의 경우, 대안적·보상적 조치로서 협의제도의 필요성은 더욱 크다. 공무원 노사협의제도가 각국에서 상황과 여건에 따라 독자적으로 제도화되어 온 것을 참고하여, 우리나라도 공무원 협의제도의 발전 필요성을 인식하고 우리에게 적합한 제도와 관행을 만들어 나가야 할 것이다.

[이　효　은]

교원의 노동조합 설립 및
운영 등에 관한 법률

교원의 노동조합 설립 및 운영 등에 관한 법률

[참고문헌]

고용노동부a, 공무원·교원노동조합 질의회시집(2007. 12.); **고용노동부b**, 개정 공무원·교원노조법 설명자료(2021. 1. 5.); **고전**, "교수노동조합 법제화의 쟁점과 과제", 교육행정학연구 38(4), 한국교육행정학회(2020. 10); **국회환경노동위원회**, 교원의 노동조합 설립 및 운영 등에 관한 법률안 심사보고서(1998); **김광옥**, 교원노조법강의, 한국실무노동법연구회(2009); **김선수a**, "교원의 기본권", 노동법연구 1호, 서울대학교 노동법연구회(1991); **김선수b**, "노동조합 설립신고와 관련한 행정관청의 권한 및 그 한계", 결사의자유 관련 ILO 핵심협약 비준방안 토론회 자료집(2015. 9. 30.); **김헌수**, 복수 노동조합과 노동조합 전임자, 법원사(2011); **김희성**, "전교조에 대한 법외노조통보처분의 타당성 여부", 법학연구 57(4), (2016. 11); **남경래·남상태·우창수·이주형(남경래 외 3)**, 공무원·교원노동조합운영실무, 중앙경제(2006); **박대권·김용·최상훈(박대권 외 2)**, "헌법 31조 4항 '교육의 정치적 중립성'의 헌법 편입 과정", 교육정치학연구 27집 4호(2020. 12); **박순영**, "복수의 교원 노조 사이에 교섭권한 위임 등에 관한 교섭창구 단일화의 가능성", 대법원 판례해설 83호, 법원도서관(2010); **박재윤 외 15**, 교원노조법 해설, 한국문화사(2004); **박**

종희, "교원노사관계에 있어서의 교섭당사자, 교섭단위 및 교섭창구 단일화", 노동연구 23호, 고려대학교 노동문제연구소(2012. 4); 손향미, "교원노조간 단체교섭 위임을 이유로 단체교섭을 거부한 사용자의 행위가 부당노동행위가 성립하는지 여부", 노동법연구 14호, 서울대학교 노동법연구회(2003. 6); 유각근, "교원노조법의 주요쟁점에 대한 검토", 한양법학 21권, 한양법학회(2010. 2); 이상윤d, "교원노조의 노동법 및 교육법상의 법적 지위", 한국교육법연구 8집 1호, 한국교육법학회(2005. 2); 이상윤e, "교원노조의 단체교섭권", 노동법의 쟁점과 과제(김유성 교수 화갑 기념), 법문사(2000); 이준호, "교원노조법의 입법체계 분석", 법정논총 35권(통권 49집), 중앙대학교 법과대학(1999); 이철수a, "교원의 단결권", 노동법학 8호, 한국노동법학회(1998); 이철수b, "교원노동조합의 단체교섭 구도", 노동법학 10호, 한국노동법학회(2000); 정남철, "전교조 법외노조통보처분 취소소송의 법적 쟁점과 문제점", 행정판례연구 25(2), 한국행정판례연구회(2020); 하갑래c, 노동법, 중앙경제(2021); 황석근, "학교현장에서의 교원노조운동의 실상과 문제점", 사학 104호, 대한사립중고등학교장회(2003. 여름); 최학종・박근석, 공무원・교원・일반노조법 비교실무해설, 도서출판 서락(2010); 허종렬, "교원노조법 더 보완해야", 국회보 387호, 국회사무처(1999).

Ⅰ. 서　　론

1. 입법 과정

가. 현행 헌법 이전

1948. 7. 17. 공포된 제헌헌법은 근로자의 노동3권과 이익균점권을 보장하면서 공무원의 노동3권에 대하여는 특별한 제한규정을 두지 아니하였다. 1953. 3. 8. 제정된 '노동조합법' 6조에서도 "근로자는 자유로 노동조합을 조직하거나 이에 가입할 수 있다. 단 현역 군인, 군속, 경찰관리, 형무관리, 소방관리는 예외로 한다"고 규정하여 위 예외적 공무원을 제외한 나머지 일반 공무원의 단결권을 인정하였다.

그런데 1949. 8. 12. 공포된 국공법은 현업공무원을 제외한 일반 공무원에 대하여 '공무 이외의 일을 위한 집단적 행위'를 이미 금지하고 있었고(37조), 이 규정은 교공법과 사립학교법에 의하여 교육공무원과 사립학교 교원에게도 준용되고 있었다. 또한 '노동조합법'과 함께 공포된 '노동쟁의조정법'에서도 현업공무원 외의 공무원에 대하여는 쟁의행의를 금지하고 있었다(5조 1항). 이에 따라 공무원 중 현역군인, 군속, 경찰관리, 형무관리, 소방관리는 노동3권이 모두 인정되지 아니하고, 단순한 노무에 종사하는 현업공무원은 노동3권이 모두 인정된다는 점에 대하여는 다툼이 없었으나, 나머지 일반 공무원과 교육공무원의 노동3권 인정 여부에 관하여는 헌법과 관계에서 해석상 다툼이 있었다. 이에 대해 법무부는 일반 공무원과 교육공무원에 대하여 노동3권이 모두 인정된다고 유권해석하였다가, 단결권만 인정될 뿐 단체교섭권과 단체행동권은 부정된다고 견해를 바꾸었고, 1959년에 이르러서는 노동3권 모두 인정되지 않는다고 견해를 뒤집었다.[1]

　　교육공무원은 정부의 부정적 유권해석과 법운영으로 말미암아 조직을 결성하지 못하다가 4. 19 혁명 이후 1960. 5.부터 교원노조를 결성하기 시작하여 1960. 7. 17. 전국조직인 '전국교원노동조합총연합회'를 결성하였다. 그런데 5. 16 군사쿠데타 직후 1961. 9. 18. 정부의 주도로 국공법을 개정하면서 '노동운동 기타 공무 이외의 일을 위한 집단적 행동'을 금지함으로써 공무원 전체의 노동기본권을 부정하였다가 1962. 2. 23. 현업공무원의 노동기본권만을 예외적으로 허용하는 개정을 하였다.

　　이와 같이 노동운동이 억압된 시대상황하에서 1962. 12. 26. 개정된 헌법 29조에서는 "공무원인 근로자는 법률로 인정된 자를 제외하고는 단결권, 단체교섭권 및 단체행동권을 가질 수 없다"고 규정하여 공무원의 노동3권 제한을 헌법에 명문화하였다. 그 후 1963. 4. 17. 정부의 주도로 '노동조합법'을 개정하면서 군인, 경찰 등에 대한 노동조합 가입·결성의 제한규정을 철폐하는 대신 공무원의 단결권에 관하여는 다른 법률로 정하기로 하였고(8조), 같은 날 '노동쟁의조정법'을 개정하면서 일반 공무원에 대한 쟁의행위의 금지규정을 삭제함으로써 공무원의 쟁의행위 또한 공무원 관련 법률에 의하여 규율되도록 하였다.

　　교육공무원을 비롯한 공무원의 노동기본권을 불허하는 입장은 제4공화국 및 제5공화국 헌법 아래에서도 그대로 유지되다가 1987. 10. 29. 전문 개정된 현행헌법에 이르러 "공무원인 근로자는 법률이 정하는 바에 의하여 단결권, 단체교섭권 및 단체행동권을 가진다(33조 2항)"고 규정하여 공무원의 노동3권을 원칙적으로 긍정하기에 이르렀다.

---

[1] 김선수a, 284면. 이하 입법과정은 다른 인용이 없는 한 위 논문을 주로 참조하였다.

나. 현행 헌법에서의 입법 과정

교육공무원의 최초 전국적 노동조직인 '전국교원노동조합총연합회'는 1961
년 군사정부에 의해 해체되었고, 이후 1947년 교원단체로 설립된 한국교원단체
총연합회(이하 '한국교총'이라 한다)만이 남게 되었다. 1987. 9. 17.에 이르러 전국
교사협의회가 결성되었고, 이것이 모태가 되어 1989. 5. 28. 전국교직원노동조합
(이하 '전교조'라 한다)이 발족하였다. 당시 국공법이 적용되는 국립학교·공립학
교 교원은 물론이고, 위 법이 준용되던 사립학교 교원까지도 단결권이 유보되어
있었기 때문에 전교조는 합법성을 인정받을 수 없었고, 가입한 교사들은 대량
해직당하는 사태가 벌어졌다.2)

1989년 사립학교 교원의 복무에 관하여 국립학교·공립학교의 교원에 관한
규정을 준용하는 사립학교법 55조와 노동운동의 금지를 규정하고 있는 국공법
66조 1항에 대하여 위헌성을 다투는 위헌법률심판제청과 헌법소원이 제기되었
으나, 헌법재판소는 이러한 입법내용이 공무원의 국민 전체에 대한 봉사자로서
가지는 지위 및 그 직무상의 공공성 등의 성질을 고려한 합리적인 공무원제도
의 보장, 공무원제도와 관련한 주권자 등 이해관계인의 권익을 공공복리의 목적
아래 통합 조정하려는 헌법 33조 2항의 의도와 어긋나지 않는다는 이유로 합헌
결정을 선고하였다.3)

노동3권의 주체로 인정받지 못하였음에도 불구하고 전교조는 국제적인 여
론에 호소하며 법개정을 촉구하여 왔고, 그 결과 ILO는 1993년부터 1997년 사
이에 여섯 차례의 권고를 통해 교사의 자유로운 단결권의 행사, 전교조 교사의
복직조치 및 합법성 인정을 요구하였다. 또한 UN 경제사회이사회 산하 경제·
사회·문화적 권리위원회는 1995. 5. 우리나라에게 '경제·사회·문화적 권리에
관한 국제규약'에 따라 교원의 단결권이 보장되도록 관련법령을 개정하라는 취
지의 권고를 결의하였다.

이러한 대내외적인 요청에 따라 1996년 발족한 노사관계개혁위원회에서 이
문제를 심도 있게 검토하였으나 입법으로 성사시키지 못하다가 1998년 김대중
정부가 들어오면서 설치된 노사정위원회는 1998. 2. 6. 노사정 대타협의 일환으
로 교원의 노동조합결성권을 보장하되 1998년 정기국회에서 관련법을 개정하고

---

2) 당시 파면, 해임, 면직 등으로 해직된 교원 수가 1,511명에 이르렀다.
3) 헌재 1991. 7. 22. 선고 89헌가106 결정, 헌재 1992. 4. 28. 선고 90헌바27 결정.

1999년 7월부터 적용하는 것으로 합의하였다. 노사정위원회에서는 그 입법방식으로 교육관련법 개정, 노동관련법 개정, 교원노조 관련 특별법 제정 등 3가지 방법을 논의하였는데, 교원의 특수한 지위 및 입법기술상의 문제 등을 감안하여 특별법 제정의 방식으로 입법하기로 합의하였다.4) 이에 따라 1999. 1. 29. 교원노조법이 1999. 7. 1.을 시행일로 하여 공포되었다. 이로써 1989년 결성된 이래 10년간 불법단체로 낙인찍혔던 전교조가 합법화되었다. 다만 2013년에 정부가 전교조 규약에 있던 해고된 조합원에 대한 조합원자격 유지 조항을 문제 삼아 전교조에 대해 '법상 노조아님' 통보를 하자 이를 둘러싼 법적 분쟁이 대법원 판결이 나올 때까지 장기간 지속되었다.5)

　　한동안은 공무원노조법 제정 외에 교원노조법과 관련해서는 별다른 개정은 없었다. 그러다가 2010년대 후반에 정부가 ILO 강제근로금지에 관한 29호 협약과 함께 결사의 자유에 관한 협약인 핵심협약 87호와 98호의 비준을 추진하면서 협약에 부합하는 내용 반영 등을 위한 법 개정이 추진되었다. 이를 위해 사회적 대화로서 경제사회노동위원회(이하 '경사노위'라 한다)에서 「노사관계 제도·관행 개선위원회」를 구성(2018. 7. 20.)하여 논의하였고 그 결과 교원노조법과 공무원노조법에 관한 공익위원안이 2회에 걸쳐 발표되었다. 정부는 최종 공익위원안을 토대로 공무원·교원노조법 개정안을 국회에 제출(2019. 10. 4.)하였는데 공무원노조법 개정안과 비준안은 20대 국회 임기만료로 폐기(2020. 5. 29.)되었지만 국회는 노동조합을 설립할 수 있는 교원의 범위에 공무원인 대학교원과 공무원이 아닌 대학교원 모두를 포함시키는 교원노조법 개정안을 2020. 5. 20.에 의결하였다(시행일 2020. 6. 9.).6) 교원노조법만이 개정된 것은 이미 헌법재판소의 헌법불합치결정이 있었던 영향이 크다. 즉, 경사노위 논의 초기인 2018. 8. 30. 헌법재판소7)는 구 교원노조법 2조 본문이 교원의 범위에서 대학교원을 제외하고 있는 것에 대해 헌법불합치결정을 내리면서 2020년 3월 31일을 시한으로 관련

---

4) 당시 노동계와 노사정위원회의 공익위원, 교육부는 노동관계법 체계안에서 규정할 것을 주장한 반면, 교육계의 학자 및 헌법학자, 일부 노동법 학자는 노동에 관한 사항과 교원의 특수성을 동시에 고려할 때 교원관련 특별법 제정을 주장하였다. 결국, 교원노조 관련법안은 교육관련법에 의한 근무조건의 규율을 전제로 제한적인 노동기본권을 보장하는 내용이므로 노동관계법 체계에서 법제화하되, 특별법의 형식으로 제정된 것이라 할 수 있다(이준호, 103면).
5) 최종적으로 대법원 2020. 9. 3. 선고 2016두32992 전원합의체 판결에서 법외노조통보가 위법하다는 취지의 판결이 나오면서 전교조는 합법적인 노조로서의 지위를 회복하였다.
6) 같은 해 8. 11.에 교원노조법 시행령도 개정되어 시행되었다.
7) 헌재 2018. 8. 30. 선고 2015헌가38 결정.

법률조항을 개정하도록 하는 결정을 내린 것이다. 이에 따라 비록 헌법불합치결정이 제시한 개정시한을 넘기긴 했지만 20대 국회폐원 직전인 2020. 5. 20.에 교원노조법을 개정한 것이다. 한편 정부는 21대 국회에 정부안으로 ILO 핵심협약인 87호 및 98호 협약과 강제근로금지협약의 비준 및 그 취지에 부합시키고자 마련된 공무원노조법과 교원노조법 개정안을 다시 제출(2020. 6. 30. 국회제출)하였고 2021. 1. 5. 퇴직 여부를 불문하고 조합규약에 따라 조합원자격을 부여할 수 있도록 하는 내용을 담은 교원노조법(법률 제17861호)과 공무원노조법 개정안(법률 제17860호)이 통과되었다(시행일 2021. 7. 6.). 이로써 국내외적 관심사항으로서 개선을 지속적으로 요구받았던8) 전교조의 법외노조통보의 문제는 대법원 전원합의체 판결에 이어 입법적으로 해결되었다.

　　마지막 개정으로서는 2022. 6. 10. 노조전임자에 대한 봉급금지 규정을 삭제하고 근무시간면제를 허용하는 것을 주된 내용으로 한 교원노조법(법률 제18924호) 개정이 있었는데 그 시행일은 1년 6개월이 경과한 날인 2023. 12. 11.부터로 정하였다. 다만 그 시행을 준비하는 차원에서 교원의 근무시간 면제 시간 및 사용인원의 한도를 정하기 위해 경사노위에 설치하는 교원근무시간면제심의위원회의 구성과 활동에 관해서는 개정법 시행일 전에도 진행할 수 있도록 하였다(개정법 부칙 제2조). 그 밖에 부당노동행위로 인해 해고나 그 밖의 불이익을 받은 경우에는 부당노동행위 구제신청 뿐만 아니라 교원소청심사도 청구할 수 있도록 허용하였다.

2. 관련법률과의 관계

가. 노조법과의 관계

　　헌법 33조 2항에 따라 노조법 5조에서는 근로자의 자주적인 노동조합 결성권을 선언하면서, 그 단서에서 "다만, 공무원과 교원에 대하여는 따로 법률로 정한다."라고 규정하고 있고, 교원노조법 1조에서는 "「노동조합 및 노동관계조정법」 제5조 제1항 단서에 따라 교원의 노동조합 및 설립에 관한 사항을 정하고, 교원에 적용할 「노동조합 및 노동관계조정법」에 대한 특례를 규정함을 목적으로 한다"고 규정하고 있다. 즉, 교원노조법은 노조법에 대한 관계에서 특별법

---

8) ILO(2014년과 2017년) 및 국가인권위원회(2013년과 2018년)는 퇴직교원의 노조가입 허용을 정부에 지속적으로 권고해 왔다.

의 지위에 있다. 교원노조법에서 규정하고 있는 교원노조의 설립, 단체교섭, 노동쟁의에 관한 사항 등의 특례 외의 사항에 대하여는 일반법인 노조법이 적용된다(교원노조법 14조 1항).

나. 국공법 및 사립학교법과의 관계

국립학교·공립학교 교원은 국공법 2조 2항 2호에 따라 경력직 공무원 중 특정직 공무원의 하나로 분류되는 교육공무원에 해당하므로, 국공법의 적용대상이 된다. 사립학교 교원 또한 사립학교법 55조에서 사립학교의 교원의 복무에 관하여는 국립학교·공립학교의 교원에 관한 규정을 준용한다고 규정함으로써 복무와 관련하여서는 국공법이 준용된다. 특히 국공법 66조에서 "공무원은 노동운동이나 그 밖에 공무 외의 일을 위한 집단 행위를 하여서는 아니 된다"고 규정하고 있어 위 규정의 적용 여부가 교원의 노동기본권과 관련하여 문제가 된다. 이에 관하여는 교원노조법 1조에서 "국가공무원법 제66조 1항 및 사립학교법 제55조의 규정에 불구하고" 교원에 적용할 노조법에 대한 특례를 규정함을 목적으로 한다고 선언하고 있어 교원노조법이 적용되는 사안, 즉 교원노조의 정당한 활동에 대하여는 국가공무원법이 적용되거나 준용될 여지는 없다. 그러나 이에 해당하지 아니하는 "노동운동이나 그 밖에 공무 외의 일을 위한 집단행위"를 한 경우에는 국공법 66조 1항이 적용 또는 준용된다.

다. 공무원노조법과의 관계

국립학교·공립학교의 교원은 공무원인 동시에 교원이므로 교원노조법 외에 공무원노조법의 적용대상인지가 문제될 수 있다. 이 점에 관하여 공무원노조법 2조에서 교원인 공무원을 적용대상에서 제외함으로써 교원인 공무원에 대하여는 교원노조법이 적용됨을 명백히 하였다. 특정직 공무원으로서 교육공무원 중에서 교원이 아닌 공무원, 예컨대 국립대학·공립대학의 조교9)와 교육기관, 교육행정기관 또는 교육연구기관에 근무하는 교육전문직원10)과 같은 교육공무원은 공무원노조법의 적용대상이 될 수 있음에도 불구하고 최근까지 노조 설립

---

9)「교육공무원법」2조 1항 1호에 따른 교육공무원인 국립대학·공립대학 조교가 이에 해당한다. 이들은 고등교육법 15조 4항에 따라 교육·연구·학사 관련 사무보조에 종사하는 사람들이다. 다만 교육공무원이 아닌 대학회계직원인 조교는 여기에 포함되지 않으며 노조법의 적용을 받는다.

10)「교육공무원법」2조에 따라 교육행정기관에 근무하는 장학관 및 장학사와 교육기관, 교육행정기관 또는 교육연구기관에 근무하는 교육연구관 및 교육연구사가 이에 해당한다.

이나 가입에 제한을 받았는데, 2021. 1. 5. 공무원노조법의 개정으로 현재는 공무원노조의 가입범위에 포함되었다.

라. 교원지위법과의 관계

교원노조의 합법화를 위한 논의 당시 교원단체의 설립과 활동에 관해 규율하고 있는 교육기본법과 교원지위 향상을 위한 특별법(이하 '교원지위법'이라 한다)을 개정하는 방식으로 입법화하자는 방안이 고려된 적이 있었다. 교육과 교직의 여러 특성과 헌법적 요청을 훼손하지 않고 교원의 근로관계를 개선시킬 수 있으며, 교원노조와 교원단체를 하나의 법률로 통일적으로 규율할 수 있다는 장점이 근거로 제시되었으나, 교원단체의 설립, 조직대상·범위, 교섭과 분쟁해결 절차와 방법 등이 대부분 시행령에 의해 규정됨으로써 법적 안정성과 체계성을 크게 저해할 우려가 있고 단순히 교원단체의 복수화에 그칠 가능성이 크다는 점에서 채택되지 아니하였다.[11]

교원지위법은 교원에 대한 예우와 처우를 개선하고 신분보장을 강화함으로써 교원의 지위를 향상시키고 교육 발전을 도모하는 것을 목적으로 제정된 법률로서(1조), 교육기본법에 의한 교원단체로 하여금 교원의 전문성 신장과 지위 향상을 위하여 교육감이나 교육부장관과 교섭·협의할 수 있게 하고, 이 경우 교육감 등에게 성실히 교섭·협의에 응하고 합의된 사항을 시행하기 위한 노력의무를 부과하고 있는데(11조), 교원의 처우 개선, 근무조건 및 복지후생과 전문성 신장에 관한 사항을 교섭·협의사항으로 정하고 있다(12조). 따라서 교원노조에 의한 단체교섭사항이 교원단체에 의한 교섭·협의사항과 중복될 여지가 많아 양자 간의 관계가 문제될 수 있다.[12]

---

11) 이준호, 103면.
12) 교원지위법 12조(교섭·협의 사항)는 교섭·협의 사항으로서 교원의 처우 개선, 근무조건 및 복지후생과 전문성 신장에 관한 사항을 그 대상으로 한다고 하면서도, 교육과정과 교육기관 및 교육행정기관의 관리·운영에 관한 사항은 교섭·협의의 대상이 될 수 없다고 하고 있다. 교섭을 하고 있는 교원단체는 현재 한국교원단체총연합회와 그 산하 시·도교원단체총연합회가 유일하다. 실상 한국교원단체총연합회는 그 전신이 대한교육연합회로 있다가 1989년 5월에 전국교직원노동조합이 법외노조로 출범할 때에 그 명칭을 변경하여 현재에 이르는 사정이 있다. 이 즈음 1991. 5. 31. 제정된 교원지위법이 11조 내지 13조를 통해 교원단체와의 정부 및 시·도 교육감과의 교섭·협의장치를 마련한 것은 실상 당시 전교조의 합법화 요구를 거부하는 차원에서 대안으로 추진된 측면이 있음을 부인하기 어렵다. 교원단체와의 교섭사항에는 전형적인 단체교섭 사항이 주된 내용으로 열거되어 있지만 교섭결과 합의된 사항에 대해 단체협약으로서의 효력을 부여하지 않는 것은 당시 입법자의 의사에 비추어 보면 당연한 결과라고 평가할 수 있다.

　　교원노조법이 제정된 이상 교원지위법상 교섭·협의 관련규정은 존립이유를 상실한다는 견해가 있으나,[13] 한국교총이 현재에도 교원지위법에 의한 교섭을 계속하고 있고 다만 그러한 교섭·협의는 노동법상 의미의 교섭으로 볼 수는 없으므로 현재 상황에서 양법의 관계는 병렬적으로 존재하는 것으로 파악하는 것이 옳고, 다만 양법의 통합을 위한 방안을 모색해야 한다.[14]

　　한편 구 교원노조법 13조는 교원이 부당노동행위 구제신청을 한 경우에는 소청심사를 청구할 수 없도록 규정하고 있었으나 교원의 권리구제 강화를 위해 2022. 6. 10. 개정을 통해 이 조항을 삭제하였다. 따라서 교원노조의 조합원이 조합활동을 이유로 해고 등 불이익처분을 받은 경우에는 노조법 81조에 따라 노동위원회에 부당노동행위 구제신청을 할 수도 있고 교원지위법 9조에 의한 교원소청심사위원회에도 소청심사를 청구할 수 있다. 다만 그 시행은 1년 6개월이 경과한 날인 2023. 12. 11.부터이다.

II. 교원노조법의 주요 내용

1. 교원노조의 설립과 운영

가. 교원노조의 의의와 특수성

　　노조법 2조 4호에서는 노동조합을 정의하면서 "근로자가 주체가 되어 자주적으로 단결하여 근로조건의 유지·개선 기타 근로자의 경제적·사회적 지위의 향상을 도모함을 목적으로 조직하는 단체 또는 그 연합단체"라고 규정하고 있다. 교원노조는 근로자 중에서 교원이 주체가 된 노동조합을 말한다.

　　교원노조는 일반 노동조합에 비하여 다음과 같은 특수성을 갖는다. 먼저, 공공부문의 노동조합이라는 점이다. 국립학교·공립학교 교원은 교육공무원의 신분을 보유하고 있고, 복무 및 근로조건이 관련 법령 및 예산에 의하여 결정된다. 사립학교 교원의 경우에도 사립학교법 55조에 의하여 국립학교·공립학교 교원의 복무 및 근로조건이 동일하게 적용되고, 정부가 예산에 의하여 사립학교 재정의 상당부분을 지원하고 있으며, 사립학교의 감독권한을 교육부 또는 교육청이 보유하고 있다.

---

13) 허종렬, 73면.
14) 이준호, 113면.

교원노조는 공공부문의 노동관계로 구분되는 특성상 단체교섭권이 일부 제한될 수 있는데, 그 이유는 교원노조에게 전면적으로 단체교섭권, 특히 단체협약체결권을 인정하는 것은 법령에 따라 정부에게 주어진 고유한 입법·예산 및 정책결정기능을 노사 당사자가 결정하게 됨으로써 사실상 교원노조가 행정권에 부당하게 개입하는 결과가 발생될 수 있기 때문이다. 또한 단체행동권의 경우 교원노조가 파업을 하게 되면 교육의 중단 등 공공기능의 마비를 초래할 수 있기 때문에 제한·금지될 여지가 그만큼 더 많다.15)

다음으로, 교원노조는 교육부문의 노동조합이라는 특수성을 갖는다. 조합구성원인 교원은 사용종속관계하에서 교육서비스를 제공하는 근로자라는 지위와 학교에서 학생을 지도·교육하는 스승이라는 지위를 동시에 보유하고 있다. 교원은 민간기업의 근로자와 달리 오로지 개인의 사익을 추구하기보다는 공익의 존중과 품위의 유지가 요구된다. 이러한 이유에서 교원노조법은 단체교섭을 체결하는 경우에 국민 및 학부모의 여론을 수렴할 것을 요구하고 있다(6조 4항). 그러나 학생이나 학부모의 알권리를 내세워 특정 교원노조에 가입한 교원들의 명단이 포함된 정보를 일반인에게 폭넓게 공개하는 것은 그로 인하여 발생하는 개인정보자기결정권 및 단결권에 대한 침해를 정당화할 정도로 반드시 필요하거나 허용되어야 하는 행위가 아니라는 것이 판례의 입장이다.16)

나아가 교원은 교육 전문가이다. 교원은 교육의 내용·방법 및 교육정책 등에 대하여 폭넓고 깊은 지식과 경험을 가지고 있어 교과서의 내용 및 학급정원의 결정 등 교육정책에 관하여도 합리적이고 타당한 결정을 내릴 수 있는 위치에 있다. 이러한 점은 교원의 단체교섭대상에 근로조건뿐만 아니라 교육정책도 포함시킬 수 있는 가능성을 시사하고 있다.17)

끝으로 교원노조 중에서도 대학교원 노조는 초·중등 이하 교원노조와 구별되는 또 다른 특수성을 가진다는 점에 유의할 필요가 있다. 대학교원의 고용관계는 수직적 관료체제와 다르고, 대학교원 상호간의 관계도 수평적, 유동적

---

15) 이상윤d, 177면.
16) 대법원 2011. 5. 24.자 2011마319 결정. 위 결정에서 대법원은 "교육관련기관의 정보공개에 관한 특례법과 그 시행령에 따라 공시되고 있는 범위를 넘어서 아무런 제한 없이 학생이나 학부모의 알권리에 기초하여 교원 개개인의 노동조합 가입 여부나 특정 노동조합에 관한 정보에 대한 접근·수집·공개가 허용된다고 단정할 수는 없다"는 원심의 판단을 그대로 수긍하였다.
17) 이상윤d, 179면.

관계라는 점을 고려해야 한다. 수평적 관계란 대학교원 상호간 그리고 교원과 직원 사이에서도 대학교원의 권한이 법적으로 대등하다는 것이며, 유동적인 관계란 교원의 기본 의무인 교육과 연구 외에 대학본부의 보직이나 위원회 등 대학행정에 참가하는 것은 일정한 기간을 전제로 한 것으로서 재임 당시에만 그에 해당하는 권한이 별도로 부여될 뿐, 그 임기가 끝나면 평교원의 지위로 돌아온다는 것이다. 이러한 점은 가령 교장·교감이라는 직위가 일반적으로 관리직 승진의 결과로 볼 수 있는 초·중등학교 교원과도 다른 특성이다. 이 문제가 가진 의의는 대학교원 노조의 조합원 가입대상에서 근로자에 관한 사항에 관하여 사용자를 위하여 행동하는 자 혹은 항상 사용자의 이익을 대표하는 자(이하 사용자이익대표자)의 가입이나 자격유지가 허용될 수 있느냐 하는 문제와 맞물려 논쟁이 될 수 있다. 한편 대학교원 노조는 대학교원이 헌법 22조 1항에서 규정하는 학문의 자유에 대한 직접적인 기본권 주체성을 가진다는 점도 고려해야 한다. 초·중등교육은, 모든 국민은 능력에 따라 균등하게 교육을 받을 권리를 가진다는 헌법 31조 1항의 취지에 따라 도출되는 교육대상자의 학습권을 최우선시할 수밖에 없겠지만(특히 31조 6항 전단), 대학은 그에 못지않은 중요한 헌법적 가치, 즉 학문의 자유(헌법 22조 1항)의 다른 표현으로 받아들여지는 대학의 자율성 내지 대학자치(헌법 31조 4항)를 향유하는 주체이고, 그런 점에서 대학교육은 공교육과 의무교육의 직접적 담당자로서의 의무를 1차적으로 부여받고 있는 초·중등교육(유아교육 포함)과는 성격을 달리한다는 것을 이해할 필요가 있다. 따라서 교원의 복무자세와 공교육에의 헌신 및 책임정도나 교수의 자유의 향유정도, 그리고 교육대상자의 자율적인 교육 선택권의 존중 정도에서 초·중등 교원과 대학교원 사이에는 일정한 차이가 있다는 점을 고려할 필요가 있다.18) 이러한 특성은 대학교원 노조의 정당한 조합활동의 범위와 한계 판단에 있어서 함께 고려될 필요가 있다.

---

18) 헌법재판소는 교원노조법에 대한 헌법불합치결정에서 "초·중등교원의 경우 근로조건이 거의 법정되어 있어 안정적으로 근무할 수 있음에 반해, 교수 계약임용제 도입과 대학 구조조정 및 기업의 대학 진출 등 사회의 변화로 교육공무원인 대학 교원의 신분 및 임금 등 근로조건이 초·중등교원에 비하여 법적으로 강하게 보장되고 있다고 보기 어렵다"고 밝히고 있다. 헌재 2018. 8. 30. 2015헌가38 결정.

나. 설립의 단위

(1) 유아 · 초 · 중등 교원

유아교육법에 따른 교원과 초 · 중등교육법에 따른 교원의 교원노조는 특별시 · 광역시 · 도 · 특별자치도 단위 또는 전국 단위에 한하여 설립할 수 있다(교원노조법 4조 1항). 공무원노조가 기초지방자치단체까지 설립이 허용되는 것과는 달리 교원은 광역지방자치단체 미만의 단위로는 노동조합을 설립할 수 없다. 교원의 임금 · 근무조건 등이 법령 · 예산 등으로 법정화되어 있어 전국적으로 통일적인 기준이 적용되고, 임용권은 시 · 도교육감이 갖고 있는 등 일반 공무원과는 다른 특수성이 있기 때문이다.[19] 또한 학교 단위에서 노동조합을 허용하면 노조활동으로 학생들에게 비교육적인 영향이나 학습권의 훼손이 직접적으로 파급될 수 있고, 초 · 중등교육법에 의하여 설치된 학교운영위원회 기능과의 갈등관계를 형성할 소지가 있다는 점을 근거로 들기도 한다.[20] 헌법재판소는 이러한 이유에서 학교단위별 교원노조의 설립을 금지한 것이 위헌이라고 할 수는 없다고 판시하였다.[21]

국립학교 · 공립학교이든 사립학교이든 구별 없이 광역시 · 도 단위가 최소단위이므로, 사립학교의 경우에도 개별학교 단위의 노동조합은 설립될 수 없다.[22]

한편 복수노조의 설립을 제한하고 있지 아니하므로, 교섭단위 내에 여러 개의 노조를 설립하는 것은 가능하다. 일반적인 노동조합의 경우 2011. 6. 30.까지 복수노조의 설립이 금지되었으나(법 부칙 7조 1항), 교원노조법에서는 이에 관한 아무런 제한규정이 없고, 다만 단체교섭시에 교섭창구를 단일화하여야 할 뿐이다(교원노조법 6조 6항).[23]

---

19) 국회환경노동위원회, 4면.

20) 박재윤 외 15, 38면.

21) 헌재 2006. 12. 28. 선고 2004헌바67 결정. 이와 같은 입법태도는 노조자유설립주의 원칙에 위배되는 것으로 앞으로 개정되어야 할 부분이라는 의견으로는 민변노동법Ⅱ, 377면.

22) 대법원 2006. 5. 26. 선고 2004다62597 판결. 대법원은 나아가 "이러한 측면에서 개별 사업장 별로 노동조합을 구성하여 그 사업장에 소속된 근로자들만의 근로조건의 향상 등을 목적으로 하여 근로3권을 행사할 수 있는 일반노동조합에 적용되는 법리와 교원노조에 적용되는 법리는 본질적으로 차이가 있다"고 판시하면서 학교시설물의 범위를 한정하여 전교조 조합원인 개별학교의 교원이 학교장의 승인 없이 전교조 활동을 위한 장소로 사용하는 행위를 금지한 원심의 판단을 수긍하였다. 다만, 위 판결은 방론이긴 하나 학교장이 정당한 사유 없이 시설사용 승인을 하지 않으면 권리남용으로 평가할 수 있다는 점을 밝히고 있어 교원노조가 학교시설물을 조합활동 과정에서 사용할 수 있는 길이 봉쇄되어 있는 것은 아니다.

23) 공무원노조법에서는 정부가 교섭창구의 단일화를 요구하고, 단일화될 때까지 교섭을 거부

(2) 대학교원

대학교원의 경우에는 국립학교·공립학교이든 사립학교이든 구별 없이 전국 단위 또는 시·도 단위 외에도 개별학교 단위까지 노동조합을 설립할 수 있다(교원노조법 4조 2항).

전국이나 시·도 단위의 대학교원 노조가 결성된다고 할 때에는 각 지역이나 대학에는 지부나 지회, 분회가 설치될 것이고 이때의 지부나 분회가 별도의 노동조합 설립신고를 할 수도 있다. 이와 관련하여 구 교원노조법 시행령 2조는 오로지 둘 이상의 시·도에 걸치는 단위노동조합의 시·도 단위의 지부·분회 등에 한정하여 노동조합의 설립신고를 할 수 있도록 제한하고 있었지만 현재는 하나의 시·도 단위로 설립된 대학교원 노조의 경우에도 개별학교 단위로 설립신고가 가능하다(영 2조 2호 및 3호).

다. 설립신고

대학교원이든 초·중등학교 이하 교원이든 교원노동조합의 설립신고는 고용노동부장관에게 하여야 하는데(교원노조법 4조 3항), 교육부장관이 아닌 고용노동부장관으로 하고 있는 것은 교원노조에 대한 행정의 전문성과 일관성 확보를 위하여 교원노조업무를 고용노동부장관으로 일원화하기 위해서이다.[24] 다만 노동조합 산하조직의 설립신고는 대학교원 노조와 초·중등학교 이하 교원노조가 조금 다르다. 이를 나누어 살펴보면 이하와 같다.

(1) 유아·초·중등 교원

교원노조법 시행령에 따르면 초·중등학교 이하 교원의 단위노동조합이 2 이상의 특별시·광역시·도·특별자치도에 걸치는 경우에는 그 지부·분회 등 산하조직은 시·도 단위로 설립신고를 할 수 있다(영 2조 1호). 이처럼 최소단위의 지부·분회는 설립신고를 하여 단위노동조합과 같은 활동을 할 수 있고, 부당노동행위 구제신청을 할 수 있다. 설립신고를 한 지부 등이 독자적인 단체교섭권을 가지는가에 관하여는 이를 긍정하는 입장[25]과 부정하는 입장[26]이 대립하고 있는데, 설립신고를 한 이상 지부 또한 독자적인 단체로서 성립한 것이므로 긍

할 수 있도록 규정하고 있다(9조 4항).
24) 국회환경노동위원회, 4면.
25) 민변노동법Ⅱ, 378면.
26) 남경래 외 3, 250면.

정설이 타당하다.[27)

    교원노조법 시행령 2조 1호의 반대해석상 최소단위 이하인 시·군·구 또
는 학교 단위의 지부·분회에 대한 설립신고는 허용되지 아니한다. 설립신고를
할 수 없다고 해서 시·군·구 또는 학교 단위의 분회·지회를 구성하는 것 자
체가 금지되는 것은 아니다.[28) 최소단위 미만의 분회·지회라도 교원노조의 내
부조직으로 조직할 수 있으며, 일반적인 조합활동도 가능하다.[29) 다만, 개별학
교를 상대로 한 단체교섭과 같은 활동은 할 수 없다고 해석된다.[30) 공무원노조
법에서는 공무원노조가 최소단위 이하의 지부·지회를 설치한 경우 고용노동부
장관 등에게 통보를 하도록 규정하고 있으나 교원노조법에는 이러한 규정을 두
고 있지 않으므로, 최소단위 미만의 지부·분회를 설립하더라도 관계관청에 통
보하여야 할 의무는 없다.

    (2) 대학교원

    교원노조법 시행령에 따르면 대학교원의 단위노동조합이 2 이상의 특별
시·광역시·도·특별자치도에 걸치는 경우에는 그 지부·분회 등 산하조직은
개별학교 단위 또는 시·도 단위로 고용노동부장관에게 설립신고를 할 수 있고
(2조 2호), 하나의 시·도 단위로 설립된 노동조합의 경우에는 산하조직은 개별학
교 단위로 고용노동부장관에게 설립신고를 할 수 있다(2조 3호).

    라. 가입 범위

    (1) 교   원

    ⑺ 유아·초·중등 교원노조

    교원노조에 가입할 수 있는 교원은 유아교육법 20조 1항에 따른 교원과
초·중등교육법 19조 1항에서 규정하고 있는 교원이다(교원노조법 2조). 따라서 유
치원, 초등학교, 중학교, 고등학교, 공민학교,[31) 고등공민학교,[32) 고등기술학

---

27) 전교조는 시·도 단위로 지부를, 구·시·군 단위로 지회를, 학교 단위로 분회를 두고 있
    으나, 산업별 단일노조의 원칙을 추구하는 관계로 지부에 대한 설립신고를 하지 아니하고 있
    다(김광욱, 347면).
28) 고용노동부 질의회신 공공노사관계팀-2184, 2007. 11. 1.
29) 이상윤d, 179면. 정부의 지침은 개별학교 단위의 지부·지회 노조활동을 허용하지 않고 있
    지만, 실제로는 지회활동 등에 대한 지원 등이 다양한 형태로 이루어지고 있다(황석근, 41면).
30) 고용노동부 질의회신 노조 68107-837, 2001. 7. 25.
31) 초등교육을 받지 못하고 취학연령을 초과한 자에 대하여 국민생활에 필요한 교육을 하는
    것을 목적으로 설립된 학교이다(초·중등교육법 40조).
32) 중학교 과정의 교육을 받지 못하고 취학연령을 초과한 자 또는 일반 성인에게 국민생활에

교,33) 특수학교,34) 각종학교35)의 교원이 그 조직대상이 된다. 이들 교육기관에 소속된 교원이 교원노조의 조직대상인 만큼 여기에 근무하더라도 교원 아닌 직원은 공무원인 경우에는 공무원노조법, 공무원이 아닌 경우에는 노조법에 의한 조직대상이다.36) 유치원의 교원은 교원노조법 제정 당시에는 조직대상이었으나 2004. 1. 29. 초·중등교육법이 개정되면서 동법상 교원의 범위에서 제외됨에 따라 구 교원노조법상의 조직대상이 아니게 되는 상황이 발생했기에 2020. 6. 9. 개정(법률 제17430호)으로 다시 조직대상에 포함시켰다.

한편, 교육부장관, 시·도교육감, 사립학교를 설립·경영하는 자 또는 교원에 관한 사항에 대하여 이들을 위하여 행동하는 자는 노조법상의 사용자에 해당하므로(교원노조법 14조 1항), 사용자의 지위에 해당하는 교장 또는 원장, 교감 또는 원감은 교원노조법 2조 교원의 정의에도 불구하고 노조가입이 허용되는 교원의 범위에 포함되지 아니한다.37)

(나) 대학교원 노조

대학교원은 고등교육법 14조 2항 및 4항에 따라 학교에 두는 교원을 말한다. 고등교육법 2조는 고등교육을 실시하는 학교의 종류로 대학, 산업대학, 교육대학, 전문대학, 원격대학(방송대학·통신대학·방송통신대학 및 사이버대학), 기술대학, 각종학교를 열거하고 있다. 고등교육법 14조 2항은 학교에 두는 교원은 "총장이나 학장 외에 교수·부교수·조교수 및 강사로 구분한다"고 명시하고 있지만 교원노조법 2조 3호는 단서를 통해 강사를 교원에서 제외하고 있으므로 강

필요한 중등교육 및 직업교육을 하는 것을 목적으로 설립된 학교이다(초·중등교육법 44조).

33) 국민생활에 직접 필요한 직업기술교육을 하는 것을 목적으로 설립된 학교이다(초·중등교육법 54조).

34) 신체적·정신적·지적 장애등으로 인하여 특수교육을 필요로 하는 자에게 초등학교·중학교 또는 고등학교에 준하는 교육과 실생활에 필요한 지식·기능 및 사회적응 교육을 하는 것을 목적으로 설립된 학교이다(초·중등교육법 55조).

35) 초등학교, 공민학교, 중학교, 고등공민학교, 고등학교, 고등기술학교, 특수학교와 유사한 교육기관을 말한다(초·중등교육법 60조). 예컨대, 예원학교, 서울국악예술학교, 대안학교 등이 여기에 해당한다.

36) 기간제 교사, 영양사 및 양호교사 등이 교원에 해당되지 아니한다 하더라도 직무의 성격상 국민의 학습권을 보장하는 학교근무자인 점, 일본 등에서 국립학교·공립학교의 경우 직원을 포함하여 이러한 신분을 가진 교사에게도 모두 교원노조의 가입을 허용하고 있는 점을 고려하여 우리나라에서처럼 학교 구성원이 신분에 따라 교원노조, 공무원노조, 일반노조 등으로 각각 분리되어 있는 것을 하나의 「교·직원노조」로 통합할 필요가 있다는 비판이 있다(유각근, 467면).

37) 박재윤 외 15, 27면; 노조-3474, 2004. 12. 16.

사는 대학교원 노조의 조합원이 될 수 없다. 강사는 노조법이 적용되어 단체행
동권이 보장되는 일반 노동조합을 따로 결성할 수 있다.[38] 한편 고등교육법 14
조 2항의 문언상 표현 탓에("총장이나 학장 외에")[39] 학교의 장을 뜻하는 총장이
나 학장이 고등교육법상 교원에 포함되는가 하는 의문이 제기될 수 있지만 교
육부의 입장과 같이 총장과 학장도 교원에 포함된다고 보는 것이 타당할 것이
다. 그럼에도 불구하고 교원노조법 14조 1항에 따라 적용되는 노조법 2조 4호
가목에 의하면 사용자 또는 항상 그의 이익을 대표하여 행동하는 자의 참가를
허용하는 경우에는 노동조합으로 보지 않는다고 명시하고 있기 때문에 학교의
장으로서 학장이나 총장은 대학교원 노조의 조합원이 될 수 없다는 것은 큰 이
론이 없을 것이다.

　　문제는 대학본부의 보직교원이 교원노조에 가입할 수 있는지 여부이다.
초 · 중등학교에서 교장 외에 교감도 관리직으로 승진된 자로서 평교사와는 애초
구분되기 때문에 사용자이익대표자라고 보더라도 문제가 없다. 그렇지만 대학교
원의 보직은 그것이 유동적 지위에 불과하므로 이들을 언제나 사용자이익대표자
로 보아서 만약 조합원자격을 허용하면 그 노동조합의 자주성을 침해할 우려가
큰 자들인가에 대해서는 이견이 있을 수 있다. 그만큼 대학교원 노조는 일반
초 · 중등 교원의 노조와는 구별되는 특성이 있는 것이 사실이다.[40] 대학본부의
처장급 보직교원 등은 그 재임기간 중 당연히 노동조합 조합원 자격을 상실하는
가 아니면 그 기간 동안 조합원 자격을 유지할 수 있는가가 문제될 수 있다. 이
문제가 현실적인 분쟁으로 비화될 개연성이 있는 것은 부총장 또는 부학장, 기타
보직교원이 된 조합원에 대하여 조합원 신분은 유지시키되, 그 보직기간 동안 조
합원으로서의 권리의무를 정지시키는(이러한 규약 내용은 해당 교원의 보직기간이 끝
난 다음에는 별도의 조치가 없더라도 조합원 신분을 자동으로 회복하도록 하는 데에 의미
가 있을 것이다) 대학교원 노조의 규약이 허용될 수 있느냐[41]로 귀결될 것이다.[42]

---

38) 김장식, "강사의 근로3권 보장", 노동법률 307호, 중앙경제(2016. 12.), 112면.
39) 초 · 중등교육법 19조(교직원의 구분) 1항은 "학교에는 다음 각 호의 교원을 둔다"고 하면
　　서 수석교사 및 교사와 함께 교장 · 교감을 명시하고 있다.
40) 따라서 개별대학단위의 대학교원 노조에서 그 조합원인 교원 중에서 총장이 배출될 가능
　　성이 없다고 할 수 없다.
41) 이것이 허용될 수 있다고 보는 견해로는 김인재, "공무원노조와 교수노조의 결성과 합법화
　　방향", 노동법연구 11호, 서울대학교 노동법연구회(2001), 322면.
42) 노조법 21조(규약 및 결의처분의 시정) ① 행정관청은 노동조합의 규약이 노동관계법령에
　　위반한 경우에는 노동위원회의 의결을 얻어 그 시정을 명할 수 있다.

즉 행정관청이 이러한 내용을 담고 있는 규약(혹은 결의처분)에 대하여 노조법 21조에 따라 시정명령을 내릴 수 있느냐 하는 것이다. 사용자이익대표자에 해당하는지 여부는 그가 수행하는 직무상 책임과 의무를 중심으로 판단해야 한다는 점과 대학본부의 주요보직자들은 법인이사회의 내부위임에 따라 총장 혹은 학장과 함께 단체교섭위원으로 참석할 수도 있다는 점에서 본다면 사용자 측 단체교섭위원이 되거나 이를 지원해야 하는 보직교원은 조합원자격을 유지할 수는 없을 것으로 판단된다. 반면에 사용자 측 교섭위원에 포함되지 않는 보직교원의 경우에는 그 보직기간에 조합원신분을 박탈하지 않고 조합원으로서의 권리의무만을 정지시킨다면 이를 당연히 법령위반으로서 시정명령의 대상이 된다고 보기는 어렵다. 조합원의 자격은 조합이 자주적으로 결정하는 것이 원칙이고 대학교원의 고용관계가 수평적·유동적 관계라는 특성이 있기 때문이다.43)

(2) 교원으로 임용되어 근무하였던 사람

　　구 교원노조법에서는 면직·파면 또는 해임 등으로 근로관계가 종료된 교원이 그 불이익처분이 부당노동행위임을 이유로 노동위원회에 구제신청을 한 경우에는 중앙노동위원회의 재심판정이 있을 때까지 교원으로 보았다(구 교원노조법 2조 단서). 그러나 애초 부당노동행위구제신청을 하지 않았거나, 해임의 정당성을 다투더라도 일단 재심판정이 내려진 이후의 단계에서는 해직교원은 조합원자격이 없다고 볼 수밖에 없는 취약점 때문에 2021. 1. 5. 개정된 교원노조법(법률 제17861호)은 구 교원노조법 2조 단서를 삭제하고 4조의2를 신설하여 교원으로 임용되어 근무하였던 사람으로서 노동조합 규약으로 정하는 사람(4조의2 2호)은 노동조합에 가입할 수 있도록 변경하였다. 한편 전교조에 대한 노조아님통보(법외노조통보) 사건44)에서 최종적으로 대법원 전원합의체는, 법외노조통보에 관한 시행령 조항(9조 2항)이 법률의 위임 없이 법률이 정하지 아니한 법외노조 통보에 관하여 규정함으로써 헌법상 노동3권을 본질적으로 제한하고 있으므로 그

---

43) 마찬가지로 학교의 장인 총장이 따로 있는 대학에서 단과대학의 교원을 대표하는 학장이라는 신분은 그가 교섭위원으로 활동하는 것이 아니라면 당연히 사용자 내지 사용자이익대표자에 해당한다고 보기는 어렵다.

44) 이 사건은 부당해고된 조합원이 노동위원회에 부당노동행위 구제신청을 하지 않은 경우에도 조합원 자격이 유지된다는 취지의 부칙규정을 규약으로 가지고 있던 전교조가 여러 차례의 시정명령에 불응하자 고용노동부장관이 2013. 10. 24. 전교조에게 법외노조임을 통보하였고 전교조가 그 취소를 구하는 행정소송을 제기한 사건이다. 구체적인 사실관계에 대해서는 김희성, 315~316면 부분 참고.

자체로 무효라고 하여 법률유보원칙에 위배된 시행령에 기초한 법외노조 통보는 법적 근거를 상실하여 위법하다고 보았다.[45] 그러나 이 전원합의체 판결의 다수의견과는 달리 해당 시행령이 법률유보원칙에 위배되는 것이 아니라 법률조항 자체가 문제라는 별개의견과 학계의 비판의견이 없지 않았다는 점에서 개정된 현행 교원노조법 4조의2는, 해직자의 조합원 가입자격 문제를 입법적으로 해결했다는 데에 의의가 있다.

한편 이와 관련한 ILO의 입장을 보면 ILO는 1948년 결사의 자유에 관한 기본협약으로 87호 협약(결사의 자유 및 단결권 보호에 관한 협약)[46]을 채택하고, 군대와 경찰을 제외한 모든 근로자에게 단결권을 보장하였는데, 1949년에는 98호 협약(단결권 및 단체교섭권에 대한 원칙의 적용에 관한 협약)을 채택하여 87호 협약이 보장한 기본권 중 노동기본권을 좀 더 확실하게 보장하였다. 실제로 ILO 결사의 자유 위원회는 우리나라가 해고(실직) 근로자의 조합원 자격을 부인하고 조합임원 자격을 조합원으로 제한하고 있는 것과 관련하여 조합원 또는 조합임원의 자격요건은 노동조합이 그 재량에 따라 규약으로 정할 문제이고, 행정당국은 노동조합의 이러한 권리를 침해할 수 있는 어떠한 개입도 하여서는 아니 된다고 보고 해당 법규정을 폐지하도록 권고한 바 있다.[47] 특히 퇴직교원과 관련해서 ILO는 2014년과 2017년에 퇴직교원의 노조가입 허용을 우리 정부에 지속적으로 권고하였다.[48]

나아가 ILO와 UNESCO는 1966. 10. 5. 파리에서 개최된 '교원의 지위에 관한 정부 간 특별회의'에서 세계 각국의 교원의 대헌장이라 일컬어지고 있는 '교원의 지위에 관한 권고(Recommendation concerning the Status of Teachers)'를 채택하였다. 위 권고 9조에서는 "교원조직은 교육의 발전에 크게 이바지하는 하나의 세력으로 인정되어야 하며, 따라서 교원조직은 정책결정에 관여하여야 한다"고

---

45) 대법원 2020. 9. 3. 선고 2016두32992 전원합의체 판결. 그러나 해당 판결에서 관련 시행령의 내용이 법률유보원칙에 위배된다는 다수의견의 입장에 동의하지 않는 대법관 의견이 있다(법외노조통보가 위법하지 않다는 대법관 이기택과 대법관 이동원의 반대의견은 물론 위법하다는 의견 중 대법관 김재형과 대법관 안철상의 별개의견도 이에 해당된다). 同旨: 정남철, 95~96면; 김희성, 329면 등.

46) 제87호 협약 2조는 "근로자 및 사용자는 어떠한 차별도 없이 사전 인가를 받지 않고 스스로 선택하여 단체를 설립할 수 있어야 한다"고 규정하고 있다.

47) 결사의 자유위원회, 제306차 보고서(1997), para. 333; 제307차 보고서(1997), para. 224, 333; 제327차 보고서(2002), para. 490; 제353차 보고서(2009), para.749(c)(v)(김선수b, 25면에서 재인용).

48) 고용노동부b, 8면.

규정하여 교원의 단결권 보장을 통해서 교육의 발전이 이루어질 수 있음을 선
언하고 있다. 또 위 권고 80조에서는 "교원은 시민이 일반적으로 가지는 공민으
로서 가지는 모든 권리를 자유롭게 행사할 수 있어야 (한다)"고 규정하여 국가
가 교원으로부터 일반 근로자로서 가지는 권리를 박탈하거나 제한할 수 없도록
하였고, 82조와 83조에서는 공립 또는 사립을 불문하고 교원이 그들의 노조를
통하여 사용자와 교섭할 수 있는 법적 또는 자발적 장치가 설치되어야 하고, 교
원의 봉급과 근무조건은 교원조직 및 교원들이 사용자와 교섭절차를 거쳐 결정
되도록 규정함으로써 국가를 포함한 사용자가 일방적으로 교원의 봉급과 근무
조건을 정할 수 없고, 단체교섭을 통하여 이를 정할 상대방으로서 교원조직을
확립시킬 의무를 부과하였다. 나아가 위 권고 84조는 "만일 쌍방 간의 교섭이
이루어지지 않을 경우 교원조직은 다른 조직이 그 정당한 이익을 보호하기 위
하여 통상 가지고 있는 것과 같은 방안을 강구할 권리를 가져야 한다"고 규정
하고 있는데, 이에 관하여 ILO-UNESCO 합동위원회는 위 조항이 교원조직이
파업권을 가져야 한다는 취지라고 해석하였다.[49]

이러한 국내외적 요청에 부응하여 정부는 29호 협약(강제근로금지협약)과 함
께 87호 협약과 98호 협약의 비준을 추진하여 2021. 2. 26.에 21대 국회에서 비
준받았으며, 이 즈음인 2021. 1. 5.에 교원노조법 4조의2가 신설됨으로써 해직교
원의 조합원 자격문제가 입법적으로 해결되었다.

마. 노조 전임자

교원노조법 5조에 따르면 교원이 노동조합의 전임자로 종사하기 위해서는
임용권자의 허가나 동의[50]를 얻어야 한다. 공무원노조의 경우 임용권자가 전임
자에 대하여 휴직명령을 하도록 규정하고 있음에 비하여 교원노조의 경우에는
임용권자의 허가나 동의가 있는 경우 그 기간동안 휴직명령을 받은 것으로 간
주되므로(교원노조법 5조 2항), 임용권자의 별도의 휴직명령 조치가 필요 없다.[51]

---

49) 김선수a, 290면.
50) 공무원노조법에서는 임용권자의 동의를 얻도록 요구하고 있으나, 임용권자의 허가이든 동
   의이든 간에 실질상의 차이는 없는 것으로 보인다. 임용권자의 허가는 교원으로 하여금 본래
   의 직무를 이탈하여 조합활동에 종사할 수 있도록 그 자유를 회복하여 주는 행정행위의 성
   격을 갖는 것으로 이해된다. 2022. 6. 10. 개정된 교원노조법 제5조는 임용권자의 동의를 받
   도록 하고 있다(시행일 2022. 12. 11.).
51) 김헌수, 199면. 다만 교육공무원법 44조 1항은 교원노동조합 전임자로 종사하게 된 경우에
   는 임용권자로 하여금 본인의사와 관계없이 휴직을 명하도록 명시하고 있다.

국립학교·공립학교의 경우는 교육부장관이나 시·도교육감 또는 시·도지사, 사립학교는 재단 등 임용권자의 허가를 받아야 한다. 이때 국·공립 초·중등 이하 학교의 교장·교감·원감·수석교사 및 교사의 경우와 국립대 조교수의 경우에는 교육부장관이 임용권자이고 국립대 교수·부교수의 경우는 대통령이 임용권자이며(교육공무원법 25조), 공립대학의 경우에는 교수·부교수·조교수 모두 지방자치단체의 장이 임용권자이다(교육공무원법 55조). 그러나 대통령과 교육부장관의 임용권은 다시 교육공무원법 33조 및 교육공무원임용령 3조 및 3조의2에 따라 최종적으로 시·도교육감, 대학의 장과 해당 초·중등학교의 장에게 각각 위임되어 있다. 이를 반영하여 종래 교육부의 「교원노조 전임자 허가지침」[52])도, 노조전임자 허가기관은 (초·중등학교 이하의) 국립학교 교원으로서 부속학교의 교원인 경우에는 대학총장이나 전문대학장이, 부속학교를 제외한 국립학교의 경우에는 해당 학교장이, 공립학교 교원의 경우에는 시·도 교육감이, 사립학교 교원의 경우에는 학교법인 및 사립학교경영자가 된다고 명시하고 있다.[53]) 동 허가지침에 의하며 전임기간은 재직기간 중 통산 6년 이내에서만 허가하고 있다.

교원노조법 제5조는 단체협약과의 관계에서도 준수되어야 하므로 단체협약에서 전임자에 관한 규정을 두었다 하더라도 별도로 임용권자의 허가나 동의를 받는 절차를 거쳐야 하는 것으로 해석된다. 다만 임용권자가 단체협약을 통해 전임자에 대한 구체적 합의를 했음에도 불구하고 정당한 이유 없이 허가나 동의를 하지 않는 행위는 단체협약 위반에 해당하는 것은 물론 경우에 따라서는 부당노동행위가 될 수 있다.

일반 노조의 경우에는 노조전임자도 원칙적으로 출퇴근에 관한 취업규칙의 적용을 받아 출근의무가 인정되는데,[54]) 교원노조의 경우에는 교원들에게 출근

---

52) 2021년 교원노조 전임자 허가지침.

53) 교원노조 전임자 허가지침은 애초 초·중등 교원노조를 대상으로 하여 작성된 것으로서(교육부 복지담당관실-405, 2004.2.18.) 그 후 수차례 변경되었는데 2014년 개정을 포함하여 초기에는 허가조건에 여러 가지 제약을 붙이고 허가취소사유를 명시하는 등 노사자치주의에 어긋나는 내용이 많았다. 특히 전교조 법외노조통보가 있고 난 뒤에는 교육부는 임용권자인 시·도교육감에 대한 전임자 허가 취소 또는 연장불가와 복직명령을 종용하여 법적 분쟁을 초래하였는데 동 허가지침이 일정한 기준이 된 바가 있다(예컨대 교육부장관의 요청에 따라 전교조 전임자에게 복직하라는 교육감의 인사명령을 따르지 않은 전교조 전임자를 직권면직 처분한 것이 정당하다고 판결한 울산지법 2017.11.23., 선고 2016구합6546:항소). 법외노조통보가 위법하다는 대법원 전원합의체 판결이 나온 이후 2021년 교원노조 전임자 허가지침은 이를 반영한 듯 전임자 자격 및 허가조건을 종전에 비해 간략한 내용만 담고 있다.

54) 대법원 1995. 4. 11. 선고 94다58087 판결에 의하면 노조전임자의 출근의무는 통상적인 조

의무를 부과하는 취업규칙이 존재하지 아니하고, 법적으로 휴직상태에 있을 뿐 아니라[55] 특히 초·중등 교원을 대상으로 전국·시·도 단위로 조직되는 교원노조에 있어서는 대개의 경우 조합 사무실이 사업장에 해당하는 개별 학교 외부에 존재하므로, 노조전임자에게 엄격한 의미의 출근의무는 없다고 해석된다.[56] 다만, 대법원은 산별 노동조합의 전임자가 노동조합 활동과 무관한 해외유학을 4년간 다녀온 사안에서 회사의 인사규정, 위탁교육훈련규정 등의 절차를 전혀 거치지 아니하고 임의로 출국한 것은 무단결근 및 직장이탈에 해당한다고 보아 해고의 정당성을 인정한 적이 있는데,[57] 위 판례가 시사하는 바와 같이 교원노조 전임자에게도 전임제도 취지로부터 현저히 벗어나는 행동을 하지 아니할 신의칙상의 의무는 존재하는 것으로 봄이 상당하다.

한편 교원노조 전임자는 휴직명령을 받은 것으로 보긴 하지만 교원의 지위는 그대로 유지하므로, 형의 선고·징계처분 등의 사유에 의하지 아니하고는 그 의사에 반하여 강임 또는 면직을 당하지 아니한다(교공법 43조). 나아가 전임자가 되면 그 전임기간 중 봉급을 받지 못하는 것이 원칙이나,[58] 전임자임을 이유로 승급 그 밖의 신분상의 불이익은 받지 아니한다(교원노조법 5조 3항, 4항). 예컨대 교육공무원인 교원에게도 적용되는 공무원연금법 제28조 제4호에 따른 퇴직수당을 산정하기 위한 재직기간을 계산할 때 휴직기간은, 해당 기간의 2분의 1을 빼는 것이 원칙이나, 노조 전임으로 인하여 휴직할 경우에는 이 원칙이 적용되지 아니한다(공무원연금법 25조 5항). 승진을 위한 경력평정의 평정기간 중에 휴직기간이 있는 때에는 그 기간을 평정에서 제외하는 것이 원칙이나, 노조 전임으로 인한 휴직기간은 재직기간으로 보아 평정한다(교육공무원 승진규정 11조).

그러나 연가일수 산정을 위한 재직기간 산정에서 휴직기간은 제외되는데 이때 노조 전임으로 인한 휴직기간도 제외된다. 이는 연가의 성격이 실제 근무에 대한 보상으로서 주어지는 휴가라는 특성이 있기 때문이다.[59] 같은 맥락에서

합업무가 수행되는 노조 사무실에서 조합업무에 착수할 수 있는 상태에 임하는 것이라고 한다.
55) 민간기업 노조 전임자의 지위에 관하여 휴직상태에 있는 근로자와 유사하다고 판시한 판례 (대법원 1998. 4. 24. 선고 97다54727 판결)이 있으나 위 판결에서는 노조 전임자에게 지급된 돈을 임금으로 볼 수 있는지가 문제된 사안으로 노조 전임자의 출근의무와는 무관한 사건이었다.
56) 박재윤 외 15, 51면.
57) 대법원 2005. 6. 23. 선고 2003두12790 판결 참조.
58) 교원노조는 자신의 재정으로 전임자의 생계를 책임져야 하는 상황인데 실제로 전교조는 조합 재정의 33%를 전임자 급여에 사용하고 있다고 한다(박재윤 외 15, 52면).
59) 김광웅, 357면.

중등학교 교원이 전임자로 근무하다가 2001. 1. 1.자로 복직한 후 2001년 1월분 급여에서 정근수당을 지급받지 못하자 그 지급을 구하는 사건에서 대법원은 노조전임자는 '전년도 12. 1. 이전부터 봉급이 계속 지급되는 공무원일 것'이라는 정근수당 지급요건을 충족하지 못하여 정근수당을 받을 수 없다고 하면서, 이러한 결론이 전임자임을 이유로 불이익을 받지 아니한다는 교원노조법 5조 4항에 위배되지 아니한다고 판시하였다.[60] 또한 교육위원 선거에서 요구하는 '교육경력 10년 이상'에서 말하는 교육경력이란 교원으로서 그 직무에 실제 종사한 기간을 의미하므로 노조전임기간은 교육경력에 포함되지 아니한다는 것이 대법원의 입장이다.[61]

　　한편 2022. 6. 10. 개정된 교원노조법 5조는, 노조전임자는 노동조합으로부터 급여를 지급받는다고 명시하는 대신에 봉급을 받지 못한다는 3항을 삭제하였다(시행일 2023. 12. 11.). 국립학교·공립학교 교원으로서 휴직명령을 받은 것으로 보는 노조전임자는 처음부터 휴직기간 봉급의 감액지급 대상이 되지 못하므로(공무원보수규정 28조 4항), 3항이 삭제되었다고 해서 봉급이나 수당과 관련하여 급여상 대우에서 실제로 크게 달라질 것은 없다.[62] 반면에 공무원보수규정이나 공무원수당 등에 관한 규정의 적용을 받지 않는, 사립학교, 특히 사립대학 교원인 전임자의 경우에는 조금 달리 볼 수도 있다. 즉, 종전 3항의 입법취지가 전임자에 대한 일체의 급여지급을 금지하는 것으로 엄격하게 해석했던 입장에서는 3항 봉급 금지의 삭제는 전임자 금품지급에서 다소간 유연한 해석을 가능하게 한다는 것이다. 예컨대 봉급을 구성하는 항목과 유사한 특정수당(연구비나 연구장려금)을 전임자에게 지급하도록 단체협약에서 정했더라도 그 자체만으로 법률위반이 되지는 않을 뿐더러 그 금액이 크지 않은 이상 경비원조의 부당노동행위라고 보기도 어려울 것이다.

　바. 근무시간 면제

　　2022. 6. 10. 개정 교원노조법의 주된 내용 중 하나는, 5조의2 신설을 통해 단체협약으로 정하거나 임용권자가 동의하는 경우에는 근무시간 면제 한도를 초과하지 아니하는 범위에서 보수의 손실 없이 교섭상대방과의 협의·교섭, 고

---

60) 대법원 2004. 6. 11. 선고 2004두3182 판결.
61) 대법원 2009. 2. 26. 선고 2008우26 판결.
62) 다만 전년도 업무실적의 평가 결과를 반영하여 지급되는 급여의 연간 금액인 성과연봉은 당해 년도에 휴직자인 노조전임자에게도 지급될 수는 있다(공무원보수규정 47조 4항).

충처리, 안전·보건활동 등 교원노조법 또는 다른 법률에서 정하는 업무와 건전한 노사관계 발전을 위한 노동조합의 유지·관리업무를 할 수 있도록 한 것이다(5조의2 1항). 근무시간 면제 한도, 즉 근무시간의 면제 시간 및 사용인원의 한도는 경제사회노동위원회에 두는 교원근무시간면제심의위원회가 이를 심의·의결한다(5조의2 2항). 이때 근무시간 면제 단위는 노동조합 설립의 최소단위를 기준으로 정하는데, 초·중등 교원은 시·도를 단위로, 대학 교원은 개별학교를 단위로 한다(5조의2 3항). 임용권자는 국민이 알 수 있도록[63] 전년도에 노동조합별로 근무시간을 면제받은 시간, 사용 인원 및 지급된 보수 등에 관한 정보(근무시간 면제 사용의 정보)를 대통령령으로 정하는 바에 따라 공개하도록 하고 있다(5조의3).

　　근무시간 면제제도를 적극적으로 활용해서 근무시간 중 상당부분을 면제받을 수 있다면 노동조합의 업무에만 종사할 수 있는 5조의 노조전임자의 신분과 크게 다를 바 없으면서도 보수는 지급받을 수 있는 장점이 있다. 따라서 대학교원은 물론, 휴직상태가 상대적으로 불리한 측면이 없지 않은 초·중등교원의 경우에도 다른 조건이 동일하다면 노조전임자 보다는 근무시간면제를 선호할 수밖에 없다. 이런 장점이 있기 때문에 개별 학교 단위에서 설립된 대학교원 노조와 초·중등 교원노조의 지회장 등 집행부나 조합원은 근무시간 면제방식을 적극적으로 활용하게 될 것이다.

　　그러나 전국적 혹은 적어도 시·도 단위 광역차원에서 활동해야 하는, —출근의무나 복무상 별도의 보고의무를 피하고 싶은— 전국단위 또는 시·도 단위의 초·중등학교 교원노조의 임원에게는 휴직으로 취급되는 노동조합 전임 방식도 여전히 의미가 있다.[64] 여기에서 5조의 실익을 찾을 수 있다. 이처럼 근무시간면제나 노조전임 중에서 무엇을 선택하고 적극적으로 활용할 것인지는 교원노조의 조직형태, 교섭구조·범위 등 구체적 사정에 따라 달라질 것이다. 나

---

63) 국민의 세금이 그 교원 인건비로는 지원되지 않는 사립대학 교원노조에 대해서까지 근무시간 면제 사용의 정보를 공무원노조와 마찬가지로 국민들이 알 수 있도록 공개하도록 한 것이 과연 노사자치주의나 노조법상 근무시간 면제제도와의 평등권 차원에서 정당한 것인지는 의문이 없지 않다. 사립대학 교원의 임용권자는 학교법인의 이사장일 뿐, 교육부장관이나 지자체의 장도 아니기 때문이다.

64) 노조법과 달리 교원노조법은 노조전임자(5조)와 근무시간면제자(5조의2)를 법조문상 구분하고 있는데 구별의 실익을 찾는다면 이처럼 전국 또는 시·도 단위 노동조합의 전임활동에서 찾을 수 있다.

아가 대학교원과 초·중등 교원의 근무형태가 다른 탓에 노조전임이 아닌 근무시간 면제의 구체적인 유형과 양상은 양자 사이에서 달리 나타난다. 즉, 대학교원의 근무시간 면제는 대체로 책임시수의 전부 또는 일부 감면 형태로 나타나고, 시업 및 종업시각의 통제를 받는 초·중등 교원의 경우에는 근무시간 자체의 면제로 나타날 수밖에 없다.

사. 대학강의 책임시수 감면과 부당노동행위 문제

교원노조법 14조는 부당노동행위에 관한 노조법 81조의 규정 중 81조 1항 2호 단서(유니온 숍 인정)만 제외한 채 나머지 부분은 그대로 적용된다. 따라서 노조전임자가 아닌 대학교원 노조의 임원 등 집행부[65]에 대한 강의책임시수 면제가 지배개입행위의 일환인 부당한 경비원조로서 노조법이 금지하는 부당노동행위(81조 1항 4호)에 해당하는가가 문제될 수 있다. 이 문제는 두 가지 경우, 즉, 근무시간 면제에 관한 조항이 시행되는 2023. 12. 11. 이후와 그 이전으로 나누어 살펴볼 수 있다. 먼저 2023. 12. 11. 개정법의 시행 이후에는 책임시수 감면이 근무시간 면제한도를 초과하지 않는 한 부당노동행위가 되지 않는다는 것은 명백하다.

문제는 2023. 12. 11. 이전의 책임시수 감면이 부당한 경비원조로 볼 수 있는가 하는 것이다. 생각건대 교원노조법이 노조전임자 및 근로시간면제에 관한 노조법 24조와 24조의2를 적용제외하고 있기 때문에(14조 2항) 적어도 개정법 시행일인 2023. 12. 11. 이전까지는 노조법 81조 1항 4호 중에서 일부규정, 즉 근로시간 면제한도를 초과하여 급여를 지급하는 행위를 부당노동행위로 본다거나, 반대로 근로자가 근로시간 중에 24조 2항에 따른 활동을 하는 것을 사용자가 허용하는 것은 부당노동행위로 보지 않는다는 부분의 규정은 대학교원 노조에 대해 실제적인 의미를 가질 여지가 없다. 그렇다면 현행 교원노조법이 노조법 24조를 적용제외하고 있다고 하더라도 이것이 대학교원 노조 조합원에 대한 여하한 근로시간 면제도 금지하는 것이라고 해석할 수 없다는 점[66]과 노조전임자

---

65) 대학교원은 강의시간의 구속을 받을 뿐 일반적인 시업시각과 종업시각의 통제를 받지 않기 때문에 대학교원 노조의 집행부, 특히 개별 학교 단위의 대학교원 노조 집행부가 전임자로서 노동조합의 업무에만 종사할 실익은 그다지 크지 않다. 따라서 이들 집행부에 대한 근로시간 면제란 일반 보직교원과 같이 강의책임시수의 일부감축으로 나타날 수 있다.

66) 고용노동부는 대학교원 조합원의 책임시수 감면이 부당노동행위에도 해당할 수 있다는 입장인 듯하다(고용노동부, 2021. 2. 4. 「민원(1AA-2101-0497862) 처리결과 안내」 참고). 그러나 이는 수긍하기 어렵다. 이러한 고용노동부 판단의 근거를 추정해 보자면 책임시수 감면은 오

가 아닌 대학교원 노조 임원에 대한 단체협약을 통한 책임시수 감면은 대체로 전부가 아닌 일부 시수감면에 그쳐 감면 정도가 과도하지 않다는 점을 고려하면 강의책임시수 일부감축 합의는 현행 교원노조법 5조 3항 위반도 아니며 노조법 81조상의 경비원조에도 해당되지 않는 것으로 판단된다.67)

2. 단체교섭

가. 단체교섭의 대상

교원노조법 6조에서는 단체교섭의 대상으로 '노동조합68) 또는 조합원의 임금·근무조건·후생복지 등 경제적·사회적 지위향상에 관한 사항'이라고 규정하고 있다. 노동조합에 관한 사항으로는 노조 전임자,69) 조합비 일괄징수, 노조 사무실 제공, 근로시간 중의 노조활동 등이 대표적인 예이다. 교원이 어느 특정 교원노조에 조합원이 될 것을 임용조건으로 하는 단체협약, 즉 유니언 숍 조항은 교원노조법 14조 2항에서 이를 허용하는 노조법 규정인 81조 1항 2호 단서의 적용을 배제하고 있기 때문에 교섭대상이 되지 아니한다. 조합원에 관한 사항으로는 봉급·수당, 근로시간·휴게·휴일·휴가, 산업안전보건, 재해보상, 여비, 사무환경 등이 대표적인 예이다. 구속자 석방, 임원 퇴진 등은 조합원의 경제

로지 근로시간 면제제도의 하나일 수밖에 없다는 인식과 교원노조법이 근로시간면제에 관한 노조법 24조 적용을 배제한 것(14조 2항)은 근로시간의 면제를 배제한 것으로 보아야 한다는 인식, 그리고 고등교육법 시행령에서 교원의 교수시간(책임시수)를 정하고 있다는 판단에 기반한 것으로 보인다. 그러나 그렇게 확대해석할 근거는 없다. 특히 고등교육법 시행령 6조 1항은 교원의 교수시간은 매주 9시간을 '원칙'으로 한다고 규정하고 있지만 곧바로 같은 항 단서를 통해 학교의 장이 필요하다고 인정하는 경우에는 학칙으로 다르게 정할 수 있다고 규정하고 있기 때문에 그 규정이 판단의 근거가 될 수는 없다. 시행령 6조 1항은 임의규정일 뿐이며 근무조건을 정한 학칙의 부분은 그 성질을 취업규칙으로 보아야 하기 때문이다.

67) 이러한 해석은 초·중등학교 이하의 교원노조의 집행부에게도 원칙적으로 적용될 수 있다. 다만 초·중등학교의 경우에는 대학과 달리 주당 표준수업시수가 법제화 혹은 규정화되어 있지 않고 초·중등 교원노조는 개별학교단위로는 설립되지 않기에 그러한 운용이 현실적으로 용이하지 않을 뿐이다. 초·중등 교원은 기본적으로 일반사업장의 근로자와 유사하게 시업시각과 종업시각의 통제를 받기 때문이다.

68) 노조법 2조 5호에서는 근로자의 근로조건만이 노동쟁의의 대상, 즉 단체교섭대상으로 명시하고 있을 뿐이며 노동조합의 조직 및 활동에 관하여는 해석에 의하여 단체교섭대상으로 인정하여 왔으나, 교원노조법은 양자 모두를 명문으로 규정하고 있다. 이런 태도는 공무원노조법 8조도 마찬가지이다.

69) 일반 노조의 경우 노조 전임은 노동조합에 대한 편의제공의 한 형태로서 사용자가 단체협약 등을 통하여 승인하는 경우에 인정되는 것일 뿐, 사용자와 근로자 사이의 근로계약관계에 있어서 근로자의 대우에 관하여 정한 근로조건이라고 할 수 없으므로, 임의적 교섭사항에 불과하다는 것이 대법원의 입장이다(대법원 1996. 2. 23. 선고 94누9177 판결).

적·사회적 지위 향상과 직접적 관련이 없어 단체교섭의 대상이 되지 아니한다.

　　경제적·사회적 지위 향상에 관한 사항이라도 그것이 법령·조례 및 예산에 의하여 규정되는 내용 또는 법령·조례에 의한 위임을 받아 규정되는 내용인 경우에는 효력이 발생하지 아니하므로(교원노조법 7조 2항) 이 경우에도 단체교섭의 대상이 되는지에 관하여는 논란이 있으나, 노사 간의 합의 자체가 무효가 되는 것이 아니라 단체협약으로서 효력이 없을 뿐이고, 사용자 또한 교원노조법 7조 2항에 따라 그 이행을 위하여 성실히 노력하여야 할 의무가 있는 점에 비추어 의무적 교섭사항에 해당한다.70)

　　교육정책, 교육과정, 교육기관 및 교육행정기관의 관리·운영에 관한 사항은 관련법령에 의하여 행정기관이 권한과 책임을 가지고 집행되는 사항으로서 국민의 학습권과 직접 관련 있는 사항이므로 단체교섭 금지조항이라는 견해71)가 있는 반면, 교원은 교육정책에 관한 전문가집단으로서 교육정책의 결정에 가장 합리적이고 공정한 견해를 제시할 수 있으므로 의무적 교섭대상에 해당한다는 견해72)가 있다. 그 절충적 견해로서 교원이 교육정책에 관한 전문가에 속하나 역시 근로자의 지위에 있으므로 교육정책은 사용자의 결정권한에 속하는 것으로서 일반노조의 경영권의 경우와 마찬가지로 임의적 교섭사항이라는 견해가 있다.73)

　　생각건대, 교원노조법에서 단체교섭사항으로 규정하고 있는 사항이 아니라 하더라도 노사 양측이 임의적으로 교섭하는 것까지 금지할 필요는 없다고 본다.74) 나아가 이러한 사항이 사용자 측에 성실교섭의무가 있는 사항인가에 관하여는 논란의 여지가 있다. 실제로 교원노조가 교원의 경제적·사회적 지위 향상에 관한 사항이라고 주장하는 교섭사항이 대부분 국민의 교육을 받을 권리와 연계된 것이거나 교육정책에 관한 것과 연관되어 있기 때문에 교섭사항의 범위

---

70) 이상윤e, 429면.
71) 최학종·박근석, 174면. 고용노동부 질의회신 노조 01254-186, 2003. 3. 3. 위 행정해석에서도 교육정책에 관한 사항 중 근로자의 임금·근무조건·후생복지 등과 직접적으로 관련되는 사항은 단체교섭의 대상이 될 수 있다는 입장을 취하고 있다.
72) 전교조의 입장이 여기에 해당한다.
73) 이상윤e, 429면.
74) 특히 교원지위법 12조에서 교육과정과 교육기관 및 교육행정기관의 관리·운영에 관한 사항은 교원단체와 시·도 교육감 또는 교육부장관 사이의 교섭·협의의 대상이 될 수 없다고 명시한 것을 들어 단체교섭사항이 아니라는 주장은 수긍하기 어렵다. 교원지위법 제11조 1항에 따른 교섭·협의는 교원노조법상 단체교섭이 아니기 때문이다.

를 두고 단체교섭이 표류하는 경우가 적지 않았다.[75] 교육정책에 관한 사항 중 임금·근무조건·후생복지 등과 직접적으로 관련되는 사항은 그 범위 내에서 단체교섭사항이 될 수 있으나, 헌법 등 관련법령에 의거하여 행정기관이 법률적인 권한과 책임을 가지고 집행하는 교육정책·교육과정에 관한 사항, 국가 및 지방자치단체의 고유한 경영권에 관한 교육기관과 교육행정기관의 관리·운영에 관한 사항 등을 교섭사항으로 하는 단체교섭요구에 대하여는 사용자가 이를 거부하더라도 부당노동행위에 해당하지 않는다고 해석된다.[76]

나. 단체교섭의 당사자 및 담당자

(1) 단체교섭의 당사자

단체교섭의 노동조합 측 당사자는 개별학교 단위로 조직되어 있는 경우(대학교원 노조의 경우)에는 개별학교 단위 노조가, 시·도 단위로 조직되어 있는 경우에는 시·도별 단위노조가, 전국단위로 조직되어 있는 경우에는 전국단위 노조가 된다. 전국단위 노조라도 최소단위 이상으로 조직된 지부는 설립신고를 함으로써 독자적인 단체교섭권을 향유하므로 단체교섭의 당사자가 될 수 있다.

사용자 측 당사자는 국립학교의 경우에는 그 교원노조가 전국 단위로 설립되었든 시·도 단위로 설립되었든 국가가, 시·도 단위의 공립학교의 경우에는 해당 지방자치단체가 되며, 개별학교 단위로 설립할 수 있는 국립·공립대학의 교원노조의 경우에도 국립 또는 공립대학 여부에 따라 국가 또는 지방자치단체가 사용자 측 단체교섭 당사자가 된다.[77] 개별학교단위로 설립된 사립대학교원 노조가 있는 경우를 포함하여 사립학교의 경우에는 이를 설립·경영하는 학교법인을 포함한 개개의 사립학교 설립·경영자가 사용자 측 당사자가 된다.[78] 이와 관련하여 교원노조법은 초·중등 이하 교원노조에서 사립학교의 경우 사립학교를 설립·경영하는 자가 전국 또는 시·도 단위로 연합하여 교섭에 응하도

---

75) 이준호, 110면.
76) 고용노동부 질의회신 노조 01254-186, 2000. 3. 3.
77) 구 교원노조법 아래에서 나온 헌재 2006. 12. 28. 선고 2004헌바67 결정에서는 사용자 측 교섭당사자로는 '교육인적자원부장관, 시·도 교육감, 사립학교를 설립·경영하는 자가 이에 해당'한다고 설시하고 있으나(이상윤e, 425면, 손향미 269면 및 박순영, 746면도 이와 같다), 이는 단체교섭의 결과가 귀속되는 교섭당사자와 단체교섭을 실제 행하는 교섭담당자를 혼동한 것으로 보인다. 다만 6조 1항 2호를 새로 신설한 교원노조법은 구법에서 엄격하게 해석하였던 수평교섭의 원칙을 일부 완화시킨 것으로 볼 수 있다. 이에 대해서는 이하의 다의 '(1) 단체교섭의 요구'의 설명을 참고.
78) 남경래 외 3, 305면.

록 규정하고 있어(교원노조법 6조 1항 1호 후문), 사립학교 연합체가 단체교섭의 사용
자 측 당사자라는 입장이 있을 수 있다. 그러나 교원노조법 6조 1항 1호 후문은
교원의 근로조건이 통일적으로 유지될 필요가 있는 점 등 교원노조의 특성을
감안하여 단위학교 차원에서 교섭을 금하고, 연합하여 교섭에 임하도록 한 것으
로서 단체교섭의 당사자에 관하여서가 아니라 하나의 교섭방법을 규정하고 있
는 것이라고 보아야 할 것이다.79) 요컨대 교원노조법 6조 1항이 노동조합의 교
섭상대방으로서 언급하고 있는 자들에는, 교섭당사자만이 아니라 경우에 따라서
교섭담당자도 포함된 것으로 복합적으로 이해해야 한다.80)

(2) 단체교섭의 담당자

㈎ 노동조합 측 교섭담당자

단체교섭을 수행하는 노동조합 측 담당자는 당해 노동조합의 대표자와 그
조합원이다(교원노조법 6조 2항). 단체교섭의 담당자의 지위를 조합원이 아닌 제3자
에게 위임할 수 있는지의 여부와 관련하여, 교원노조법 6조 2항은 단체교섭의
담당자를 '당해 노조대표자와 그 조합원'만으로 규정하고 있을 뿐, 노조법 29조
3항과 달리 단체교섭 권한의 위임에 관한 사항을 규정하고 있지 아니하며, 교원
노조법 14조 2항은 노조법 29조 3항에 규정된 단체교섭 권한의 위임의 적용을
배제하고 있으므로, 단체교섭 권한의 위임은 허용되지 아니한다.81) 즉, 교원노
조의 경우 교원지위의 특수성과 교원직무의 전문성·공공성 등을 고려하여 노
조법의 적용대상인 일반조합과는 달리 단체교섭 및 단체협약 체결에서 교섭당
사자가 아닌 제3자의 관여를 배제하고 있다.82)

외부위임이 아닌 교원노조 내부에서 단체교섭 권한의 위임이 가능한지에
관하여는 긍정설과 부정설이 대립하고 있다. 긍정설은 교원노조법 6조 2항과 14
조 2항은 단체교섭권의 외부적 권한 위임만을 적용대상으로 하고 내부적 권한
위임은 그 범주에 포함되지 아니한다는 입장83)인 반면, 부정설은 교원노조법 6

---

79) 서울행법 2004. 7. 27. 선고 2004구합4833 판결. 이후 위 사건은 상고심(대법원 2007두
    11542)에서 파기환송되어 결국 소 각하로 확정되었으나, 위 1심 법원에서 판단하였던 사립학
    교 연합체가 당사자인지 여부는 위 사건의 항소심 이후 쟁점이 되지 아니하였다.
80) 박종희, 9면 이하 및 29면 참고.
81) 박순영, 744면.
82) 대법원 2010. 4. 29. 선고 2007두11542 판결.
83) 내부위임이 허용된다는 입장으로서는 박종희("교원노사관계에 있어서의 교섭당사자, 교섭
    단위 및 교섭창구 단일화", 32면 이하)와 이상윤("교원노조의 단체교섭권", 426면)이 있다. 다

조 2항은 교섭위원에 반드시 노동조합의 대표자를 포함하도록 한정하고 있고, 교원노조의 특수성과 복수노조의 설립 허용, 교섭단위의 단일화 요건 등 교원노조의 차별성 때문에 제3자뿐만 아니라 내부위임까지도 포함하여 노조법 29조 3항의 적용이 배제되는 것이며, 전국단위 노조의 내부조직인 시·도 단위의 지부·분회도 설립신고만으로 단위노조의 지위를 획득하게 할 수 있게 한 교원노조법 시행령 2조의 입법취지와 내부위임이 가능할 경우 실질적으로 시·군·구 단위 또는 학교 단위의 노조활동을 가능케 하여 교원노조법 질서를 근본적으로 교란시키게 되는 정책적 고려에 비추어도 내부위임은 가능하지 않다는 입장이다.[84] 대법원은 복수의 노조가 단체교섭을 요구할 경우 교섭요구의 단계에서부터 자율적인 교섭창구단일화를 하도록 규정하고 있던 구 교원노조법 시행 당시 "교섭창구단일화 방식에는 아무런 제한이 없으므로, 복수의 교원노조가 단체교섭 이전에 단일한 교섭주체를 구성하기 위하여 위임 등의 형식으로 교섭창구를 단일화하는 것도 가능하다"고 판시한 적이 있으나,[85] 이는 대법원이 긍정설의 입장을 명시적으로 표명한 것이라기보다는 교섭창구단일화라는 실질에 비추어 위임의 방식도 허용된다는 정도로만 이해하여야 할 것이다.

생각건대, 전국 단위의 교원노조가 그 소속 지부·지회에 단체교섭의 권한을 위임하더라도 그 교원노조의 대표자가 교섭위원에서 배제되는 것이 아니라 지부·지회 소속 교섭위원과 병렬적으로 교섭위원의 지위가 유지되는 경우라면 교원노조법 6조 2항 위반의 문제는 발생하지 않는 것이고, 노동조합 내부의 단

만 이상윤 교수는 시·도 단위의 지부·지회가 시·도 단위의 사항에 관하여 단체교섭을 하면서 전국 단위의 교원노조로부터 위임을 받아 전국 단위 노조의 명의로 하는 것은 허용되지 아니한다고 해석한다. 이렇게 되면 시·도 단위의 지부·지회가 단체교섭권한을 행사하고 있다고 하나 전국 단위 노조의 명의로 단체교섭이 수행하는 것이 되어 상부단체가 하부단체의 단체교섭에 직접 개입하는 결과가 되기 때문이라고 한다.

84) 이철수 교수 또한 합헌성 여부는 별론으로 하더라도 입법취지에 비추어 지부, 분회 등의 하부조직에 대한 권한 위임이 가능하지 않고, 다만 독자적인 활동을 수행할 만한 집행조직을 가지고 있는지의 여부 등 객관적 실태를 종합적으로 고려하여 조직적 실태를 갖추었으면 지부, 분회는 내부 위임 여부와 관계없이 자신의 이름으로 단체교섭을 요구할 수 있다는 해석을 하고 있다(이철수b, 94면). 교육부도 초기에는 이와 같이 교원노조법이 노동조합의 교섭위원에 노동조합의 대표자를 반드시 포함하도록 한정하고 있는 한편(6조 2항), 교섭·체결권의 위임조문의 적용을 배제하고 있다는 점(14조 2항)을 주요 이유로 해서 적어도 노동조합 측의 단체교섭권은 노조 밖으로의 제3자 위임은 물론 지부·분회로의 내부위임도 허용되지 않는다고 보았다. 그러나 최근의 교육부 입장은 노조대표자의 명시적인 위임장 제출을 조건으로 내부위임이 가능하다는 입장이다.

85) 대법원 2010. 4. 29. 선고 2007두11542 판결.

체교섭 권한 위임이 노조법 29조 3항에 의하여 창설적으로 부여된 권능이라기보다는 노동조합의 당연한 자율적 권능이라는 점을 고려한다면 교원노조법 14조 2항에 의하여 노조법 29조 3항의 적용이 배제된다고 하더라도 그로 인하여 노동조합 내부에서의 위임이 어떤 경우에도 금지되는 것으로 해석하는 것은 노동조합 자치의 원칙에 위배되는 해석이 아닐까 한다. 특히 대학교원 노조의 경우에는 학교법인과 그 이사회가 직접 교섭에 나서기보다는 대학경영담당자인 총장에게 교섭권을 내부위임하는 것이 일반적인 모습이라는 점과 균형을 맞추기 위해서라도 노조대표자가 협약체결권을 포기하지 않는 것이라면 내부위임으로서 그 교섭권을 지부나 분회장에게 위임할 수 있다고 볼 것이다.[86]

(나) 유아·초·중등학교의 사용자 측 교섭담당자

단체교섭을 수행하는 사용자 측 담당자는 국립학교·공립학교의 경우 전국단위에서는 교육부장관이, 시·도 단위에서는 시·도 교육감이, 사립학교의 경우에는 전국 또는 시·도 단위로 구성하는 연합체의 대표자가 된다(교원노조법 6조 1항).[87] 헌법재판소는 사립학교의 설립·경영자들로 하여금 반드시 연합하여 단체교섭에 응하도록 한 구 교원노조법 6조 1항 후문의 위헌성을 다투는 사건에서 "개별 학교법인에게 단체교섭의 상대방이 될 수 있도록 한다면 전국 단위 또는 시·도 단위 교원노조가 모든 개별 학교법인과 단체교섭을 해야 하므로 이는 불필요한 인적·물적 낭비요인이 될 뿐만 아니라, 단체교섭의 결과인 단체협약의 내용이 개별 학교마다 다르다면 각 학교 사이에서 적지 않은 혼란이 야기될 수도 있다"는 이유에서 합헌이라고 결정하였다.[88]

교육부장관, 시·도 교육감, 학교법인 연합체의 대표자만이 담당자가 될 수 있는 것은 아니고, 소속 공무원이나 직원 등 구성원이 위임을 받아 담당자가 될 수 있음은 물론이다. 그런데 교원노조법은 앞에서 보았듯이 교원노조의 제3자에 대한 교섭위임 제한과는 달리 사용자 측이 제3자를 단체교섭 담당자로 위임할 수 있는지에 관하여는 아무런 규정을 두고 있지 않다. 그럼에도 불구하고 교원

---

86) 고용노동부 질의회시 행정지원팀-171, 2021.3.16. "노동조합의 대표자가 단체협약을 체결할 권한을 가지므로 원칙적으로 노동조합 설립신고증이 교부된 한국사립대학교수노동조합의 위원장이 노동조합의 대표자로서 단체협약 체결권을 가지나, 한국사립대학교수노동조합위원장이 ㅇㅇㅇㅇ대학교 지회장에게 단체협약 체결권을 위임한 경우에는 ㅇㅇㅇㅇ대학교 지회장이 단체협약을 체결할 수 있다."

87) 이상윤e, 425면.

88) 헌재 2006. 12. 28. 선고 2004헌바67 결정.

노조법 6조 2항의 입법취지가 교원 노동관계의 특수성을 감안할 때 단체교섭을 담당하는 노사의 교섭위원은 교원 노동관계의 당사자와 그 소속원으로 한다는 것이므로(직접교섭의 원칙), 사용자의 경우에도 그 소속원 중에서 교섭위원을 선정하는 것이 바람직하다.[89]

(다) 개별 사립대학의 사용자 측 교섭담당자

현행 교원노조법이, 교섭권의 위임을 인정하는 노조법의 29조 3항 및 4항의 적용을 배제하면서도 ―국공립대학의 경우에는 국·공립학교의 장이 사용자 측 교섭상대방이 될 수 있도록 명시하고 있는 것과 달리― 사립대학의 사용자 측 교섭상대방으로서는 사립학교 설립·경영자란 용어를 사용하고 있다. 따라서 사용자 측 교섭당사자가 학교법인인 경우에 법인 이사장 내지 이사가 교섭의 담당자로서 교섭위원으로 참가해야 하는지는 논쟁의 소지가 있다. 이처럼 대학교원 노조의 경우 사용자 측 교섭담당자가 문제되는 것은 특히 사립대학 교섭에서 단체교섭의 담당자 내지 교섭위원의 구성 문제이다.

교원노조법상 사립학교 설립·경영자의 정의는 별도로 없다. 다만 사립학교법 2조의 정의에 따르면 사립학교경영자란 "유아교육법, 초·중등교육법, 고등교육법 및 이 법에 따라 사립학교를 설치·경영하는 공공단체 외의 법인(학교법인은 제외한다) 또는 사인을 말한다"고 하고(사립학교법 2조 3호), 학교법인에 대해서는 "사립학교만을 설치·경영할 목적으로 이 법에 따라 설립되는 법인"이라고 정의하고 있다(사립학교법 2조 2호). 따라서 교원노조법에서 말하는 사립학교 설립·경영자 중 사립학교 설립자란 사립학교를 설치·경영하는 학교법인을 지칭하는 것이고 사립학교경영자란 사립학교를 설치·경영하는 (학교법인이 아닌) 공공단체 외의 법인과 사인을 말한다고 볼 수 있다. 교원노조법상 사립학교 설립·경영자란 사립학교 설립자와 사립학교경영자를 아우르는 용어로 사용된 것이므로 학교법인을 포함하여 법인의 형식을 취하는 경우에는 그 법인이 사립학교 설립·경영자가 되는 것이고, 유치원과 각종학교, 공민학교, 고등공민학교, 고등기술학교처럼 학교법인이 아닌 사인이 학교를 설립한 경우에는 그 사인이 바로 사립학교 설립·경영자가 된다. 결국 교원노조법상 대학교원 노조의 교섭당사자로서 교섭상대방은 사립학교 설립자로서 학교법인 자체이다. 한편 사립학

---

89) 고용노동부 질의회신 노조-2578, 2004. 9. 6.

교법은 법인 이사장의 직무에 관한 규정인 19조 1항에서 "이사장은 학교법인을 대표하고 이 법과 정관에 규정된 직무를 행하며, 기타 학교법인 내부의 사무를 통할한다"고 규정하고 있으므로[90] 교섭상대방이자 교섭당사자로서의 학교법인을 대표하는 교섭담당자는 법인 이사장이다. 이때 학교법인의 대표인 이사장은 학교의 장에게 교섭권한을 내부위임할 수 있다고 보아야 할 것이므로[91] 총장이나 학장 등 학교의 장이 법인으로부터 위임을 받아 대학 측 교섭위원으로 나서는 것에 법적 제약은 없다.[92] 나아가 학교법인 설립ㆍ경영자가 대학교 총장에게 교섭권한을 위임한 경우에 총장이 그 교섭권한을 다시 보직교원ㆍ직원에게 위임할 것을 허용할지는 학교법인 설립ㆍ경영자가 자신의 권한 내에서 자율적으로 정할 수 있다.[93] 따라서 총장의 복위임도 가능하다고 본다.

다. 단체교섭의 절차

(1) 단체교섭의 요구

교원노조의 대표자는 그 노동조합 또는 조합원의 임금, 근무 조건, 후생복지 등 경제적ㆍ사회적 지위 향상에 관하여 교섭하고자 하는 때에는 교섭상대방인 교육부장관, 시ㆍ도지사, 시ㆍ도교육감, 국ㆍ공립학교의 장 또는 사립학교 설립ㆍ경영자에게 서면[94]으로 교섭을 요구해야 한다(교원노조법 6조 4항). 교원노조가 유아ㆍ초ㆍ중등 교원노조이냐 대학교원 노조이냐에 따라 구체적인 교섭상대방

---

90) 사립학교법은 학교법인이 설치한 사립학교의 경영에 관한 중요사항, 학교법인이 설치한 사립학교의 장 및 교원의 임용에 관한 사항, 학교법인의 예산.결산.차입금 및 재산의 취득.처분과 관리에 관한 사항 등등은 이사회의 권한에 속하는 것으로 규정하고 있다(사립학교법 16조 1항).

91) 전주지법 2020. 9. 25.자 2020카합1080 결정. 채권자인 대학교원 노조가, 학교법인 이사장이 대학총장에게 단체협약 및 체결권한을 위임한 것은 교원노조법 14조 2항에 반하여 위법하다고 주장하면서 채무자인 재단이사장이 단체교섭에 직접 참여할 것을 요구한 단체교섭응낙가처분 신청에 대하여 법원은 이를 받아들이지 않고 기각하였다.

92) 고용노동부도 교섭권한을 위임받은 학교장 또는 행정실장이 본 교섭위원으로 나갈 수 있는지를 묻는 질의에 대한 회시에서 사립학교 교원의 경우 교원노동조합의 교섭요구에 응하여 단체협약을 체결하여야 할 사용자 측 당사자는 학교 설립ㆍ경영자라고 하면서도 "학교 설립ㆍ경영자가 교원노조법 6조 1항 및 시행령 3조에 따라 교섭단을 구성하고 교섭위원을 선정함에 있어서 그 소속원 중에서 교섭위원을 선정할 수 있다 할 것인 바, 학교의 장 등을 교섭위원으로 선정할 수도 있다"고 한 바 있다. 이는 사립학교의 법인 이사장이 당연히 본인 대신에 학교의 장 등에게 단체교섭권을 위임하여 교섭을 할 수 있다는 입장으로 보인다. 고용노동부a, 162면 이하 참고.

93) 고용노동부 질의회시 행정지원팀-617, 2021.4.15.

94) 이때의 서면에는 노동조합의 명칭, 대표자의 성명, 주된 사무소의 소재지, 교섭 요구 사항 및 조합원 수(단체교섭을 요구하는 날을 기준으로 한다) 등이 포함되어야 한다(영 3조 1항).

에 차이가 있다. 즉, 유아·초·중등 교원노조의 대표자는 교육부장관, 시·도교육감, 전국 또는 시·도 단위로 연합한 사립학교 설립·경영자의 연합체를 상대방으로 하여 교섭을 요구할 수 있고, 대학교원 노조의 대표자는 교육부장관, 시·도지사, 국·공립학교의 장 또는 사립학교 설립·경영자를 상대방으로 하여 교섭을 요구할 수 있다(교원노조법 6조 1항).

　　교원노조법이 단체교섭 방식이자 구조로서 수평교섭을 원칙으로 삼고 있는지 문제된다. 수평교섭이란 전국단위로 설립된 교원노조는 교육부장관 혹은 전국단위의 사립학교 설립·경영자 연합체(가령 사단법인 한국사학법인연합회)와, 시·도 단위 교원노조는 시·도교육감 혹은 시·도 단위의 사립학교 설립·경영자 연합체와 교섭하는 것을 전형적인 교섭형태로 보는 것이다.[95] 이 문제는 사용자 측이 수평교섭원칙에 위배된다는 것을 내세워 교섭을 거부할 수 있는지와 관련되기 때문에 중요하다. 생각건대 현행 교원노조법은 노동조합의 대표자가 교육부장관, 시·도지사, 시·도 교육감, 국·공립학교의 장 또는 사립학교 설립·경영자와 단체교섭을 하려는 경우에는 "교섭하려는 사항에 대하여 권한을 가진 자에게" 서면으로 교섭을 요구하도록 명시하고 있다(교원노조법 6조 4항). 이에 비추어 보면 현행 교원노조법 6조는 수평교섭만을 허용하는 것이 아니므로[96] 교섭구조와 방식은 수평교섭이든 대각선교섭이든 문제될 것이 없다. 따라서 전국단위 교원노조가 교섭을 요구한 사항에 대하여 권한을 가지고 있다면 시·도지사, 시·도교육감 내지 시·도 단위 사립학교 설립·경영자 연합체와 곧바로 대각선교섭을 요구할 수도 있고 그 반대로 시·도 단위 교원노조가 교육부장관과 대각선교섭을 요구할 수도 있다고 볼 것이다. 요컨대 교육부장관이나 시·도지사, 시·도 교육감 등 교섭상대방이 과연 교섭에 응할지 여부는 수평교섭 여부가 아니라 노동조합의 요구사항이 교섭사항이 되는지와 교섭사항이 그 권한 범위에 속하는 것인지 여부에 달려 있다.

---

95) 구 교원노조법 시행령 2조는 전국단위 혹은 적어도 2개 이상의 시·도에 걸치는 단위노동조합은 시·도 단위의 지부·분회 등에 한정하여 노동조합 설립신고를 할 수 있었는데, 이 경우에도 시·도단위 지부는 시·도교육감이나 시·도 단위의 사립학교 설립·경영자 연합체와 교섭하는 것을 예정하고 있었다. 따라서 이 또한 수평교섭방식이라고 할 수 있다.

96) 同旨 : 임종률, 339면. 초·중등 교원노조만 설립이 허용되었던 구법 하에서 검토한 과거 논문이긴 하지만 이철수 교수도 이를 긍정한다. 이철수b, 104면

(2) 교섭노동조합의 확정과 예비교섭[97]

사용자 측 교섭상대방이 특정 노동조합으로부터 단체교섭을 요구받은 때에는 지체없이 자신의 인터넷 홈페이지 또는 게시판에 교섭을 요구받은 사실을 관련된 노동조합이 알 수 있도록 공고해야 하고(교원노조법 6조 5항, 영 3조 3항), 이 공고를 접한 관련된 노동조합이 단체교섭에 참여하려면 위 공고일(최초교섭요구사실 공고일)부터 7일 이내에 서면으로 사용자 측 교섭상대방에게 교섭을 요구해야 한다(영 3조 4항). 사용자 측 교섭상대방은 교섭 요구 기한(최초교섭요구사실 공고일부터 7일 이내)이 지나면 지체 없이 교섭을 요구한 노동조합("교섭노동조합"이라 한다)을 자신의 인터넷 홈페이지 또는 게시판에 공고하고, 교섭노동조합에 그 공고한 사항을 알려야 한다(영 3조 5항). 교섭상대방은 교섭 요구 기간에 교섭 요구를 하지 않은 노동조합의 교섭 요구를 거부할 수 있으며 단체협약이 체결된 경우 그 유효기간 중에는 그 단체협약의 체결에 참여하지 아니한 노동조합이 교섭을 요구하여도 이를 거부할 수 있다(교원노조법 6조 7항, 영 3조 7항). 반대로 교섭상대방인 사용자 측이 교섭공고를 게을리하여 공고를 지연하거나 법령상 기한을 지키지 않은 결과로 법령상 교섭요구기한이 지나 교섭을 요구한 노동조합을 교섭요구 노동조합에 포함시켜 교섭노동조합으로 공고하더라도 다른 노동조합이 이를 다투기가 쉽지 않다.[98] 왜냐하면 교원노조법이 노조법상 노동위원회에의 시정요청을 포함한 교섭창구 단일화절차 관련규정의 적용을 전부 제외하고 있기 때문이다(교원노조법 14조 2항). 이 경우에는 사용자 측에 이의제기를 하고, 그럼에도 불구하고 사용자가 거부한다면 노동위원회에 부당노동행위구제신청을 제기하거나 법원에 가처분을 포함하여 공고의 무효확인을 위한 소송을 제기할 수 있을 것이다.

한편 교섭노동조합의 확정공고(교섭참여요구사실 공고)가 있는 경우는 교섭노동조합과 상대방인 노동관계 당사자는 그 소속원 중에서 지명한 사람에게 교섭내용, 교섭일시·장소, 그 밖에 교섭에 필요한 사항에 관하여 협의하도록 하고, 교섭을 시작하도록 하고 있다(교원노조법 영 3조 6항). 공무원노조법에서는 교섭위원으로 하여금 교섭의 준비, 즉 예비교섭을 하도록 하는 것과는 달리(공무원노조법

---

97) 실무적으로는 교섭관련협의 또는 교섭사전협의라고도 한다(최학종·박근석, 152면).
98) 유사한 이유로 부당노동행위구제신청이 있었던 사례로서 중노위 2021.11.25. 중앙2021부노 212. 다만 부당노동행위 쟁점은 제척기간 도과로 초심부터 각하결정을 받았다.

영 9조) 교원노조법에서는 그 소속원 중에서 지명한 자가 교섭준비를 하도록 한 것이다. 교원노조법에서는 교섭위원의 숫자를 10명 이내로 하되, 교섭노동조합의 조직 규모 등을 고려하여 정하도록 하고 있으므로(영 3조의2 2항) 교섭위원의 수도 예비교섭의 협의 대상이 된다. 시행령 규정상의 '교섭내용'이 구체적으로 무엇을 의미하는가에 관하여는 요구안건을 언제 제시하고, 어떻게 다룰 것인가 하는 정도의 의미라는 교원노조 측의 입장과 요구안건 중 교섭의제를 선정하는 것까지 의미하는 것이라는 사용자 측의 입장이 대립하고 있다. 교원노조법에서 정한 단체교섭의 대상, 즉 교원의 근로조건과 관계가 있는지 여부를 예비교섭에서 정하는 것이 단체교섭의 효율적 진행을 위해 보다 바람직할 것이나,99) 요구안건의 근로조건 관련성에 대한 쌍방의 의견이 팽팽히 대립되어 있는 경우가 적지 않고, 임의적 교섭사항에 속하는 사항을 의제로 삼을지 여부 자체가 교섭의 대상이 되기도 하는 점에 비추어 보면 대표권이 없는 예비교섭 담당자 사이에서 의제선정에 관한 합의가 이루어지지 않았다고 해서 사용자가 합의가 이루어질 때까지 일체의 교섭을 거부하는 것은 부당하다.100) 구 교원노조법 시행령은 노동조합의 대표자가 단체교섭을 하려는 경우에는 교섭 시작 예정일 30일 전까지 상대방에게 서면으로 통보하도록 하고 있었기 때문에(3조 1항) 교섭요구일부터 30일이 경과하면 예비교섭을 종료하고 본교섭을 진행하여야 하는가에 관하여 논란이 있었는데, 본교섭이 시작되어야 한다는 교원노조의 입장과 예비교섭의 합의가 있어야 본교섭이 가능하다는 사용자 측의 입장이 대립되어 있었다. 그러나 현행 교원노조법 시행령에서는 교섭 시작 예정일 30일이라는 기준 자체가 사라졌기 때문에 논란은 의미가 없어졌다. 예비교섭에서 더 이상 협의하여도 교섭일정 등에 관한 합의를 이루는 것이 어렵다면 교섭위원이 선임된 이상 본교섭으로 이행되어야 할 것이다.

---

99) 최학종·박근석, 154면.
100) 전교조가 교육부장관에게 단체교섭 실시를 위한 예비교섭을 요청한 이래 수개월이 경과하였음에도 수차례의 사전협의만이 실시되었을 뿐 단체협약 내용에 관한 실질적인 교섭은 개시조차 되지 않은 사안에서, 법원은 "원활한 단체교섭 실시를 위해서는 교섭개시 예정일 전까지 단체교섭을 실시하기 위하여 필요한 제반 사항에 관하여 상호간의 의사합치를 통해 미리 합의를 해 두는 것이 필요할 것이지만, 관련 법령의 내용에 비추어 볼 때 단지 위와 같은 사항에 관하여 완전한 합의가 이루어지지 않았다는 사정만으로는 단체협약 내용을 대상으로 하는 교섭개시 자체를 거부할 수 있는 정당한 사유가 될 수 없으므로, 국가에게 전국교직원노동조합의 단체교섭 요구에 따라 단체교섭에 필요한 사항에 관한 협의절차에서 더 나아가 단체협약 내용을 대상으로 하는 단체교섭을 개시할 의무가 있다"고 판시하였다(서울중앙지법 2010. 6. 4.자 2010카합182 결정).

한편 사립학교 설립·경영자가 초·중등 이하 교원노조의 대표자로부터 단체교섭을 요구받은 때에는 전국 또는 시·도 단위로 연합하여 교섭단을 구성해야 하는데(영 3조 2항), 교섭단을 정당한 이유 없이 구성하지 아니하거나 사립학교가 연합하여 교섭에 응할 준비가 되지 않았다는 이유로 교섭을 거부한다면 이는 노조법 81조 1항 3호의 부당노동행위에 해당된다.[101]

(3) 교섭창구단일화 절차와 교섭위원 선임

종전에는 교섭위원의 선임은 교섭예정일까지 이루어져야 한다고 규정했었지만(구 영 3조 4항), 현행 시행령에서는 교섭노동조합을 확정공고한 날(교섭참여요구사실 공고일)부터 20일 이내에 노동조합의 교섭위원을 선임하여 상대방에게 교섭노동조합의 대표자가 서명 또는 날인한 서면으로 그 사실을 알리도록 하는 것으로 바뀌었다(영 3조의2 1항).[102] 교섭위원수는 교섭노동조합의 조직 규모 등을 고려하여 정하되, 10명 이내로 한다(영 3조의2 2항). 만약 교섭을 요구하는 노동조합이 둘 이상인 경우에는 사용자 측 교섭상대방은 해당 노동조합에 교섭창구를 단일화하도록 요청할 수 있다(교원노조법 6조 6항). 그런데 교원노조법은 교섭창구단일화와 관련하여 교섭대표노동조합 제도가 아니라 공동교섭제도를 원칙으로 하고 있다. 따라서 조직대상을 같이 하는 둘 이상의 노동조합이 설립되어 있는 경우에는 교섭노동조합 확정공고일(교섭참여요구사실 공고일)부터 20일 이내(교섭위원 1차 선임기간)에 교섭노동조합 사이의 합의에 따라 교섭위원을 선임하여 교섭창구를 단일화하도록 하고, 그 기간에 자율적으로 합의하지 못했을 때에는 그로부터 다시 20일 이내(교섭위원 2차 선임기간)에 교섭노동조합의 조합원 수에 비례하여 교섭위원을 선임한다(영 3조의2 3항 및 4항).[103]

교섭노동조합이 조합원 수의 산정과 관련하여 노동조합 간에 이견이 있는 경우 그 조합원의 수는 교섭참여요구사실 공고일 이전 1개월 동안 「전자금융거래법」 제2조 11호에 따른 전자지급수단의 방법으로 조합비를 납부한 조합원의 수로 하되, 둘 이상의 노동조합에 가입한 조합원과 관련한 계산방식으로서는 조합비를 납부하는 노동조합이 1개이면 조합비를 납부하는 노동조합의 조합원 수에만 숫자 1을 더하고 조합비를 납부하는 노동조합도 둘 이상이면 숫자 1을 조

101) 同旨 : 임종률, 339면.
102) 만약 교섭노동조합이 둘 이상인 경우에는 서명 또는 날인은 교섭노동조합의 대표자가 연명으로 해야 한다(영 3조의2 1항).
103) 이때 산출된 교섭위원 수의 소수점 이하의 수는 0으로 본다고 규정하고 있다.

합비를 납부하는 노동조합의 수로 나눈 후에 그 산출된 숫자를 조합비를 납부하는 노동조합의 조합원 수에 각각 더하여 해당 조합원 1명에 대한 조합원 수를 산정한다(영 3조의2 5항). 이 경우 교섭노동조합은 임금에서 조합비를 공제한 명단을 상대방에게 요청할 수 있고, 상대방은 지체 없이 해당 교섭노동조합에 이를 제공하도록 하고 있다(영 3조의2 5항 후문).[104]

그럼에도 불구하고 교섭노동조합 사이에 조합원 수에 대하여 이견이 계속되거나 '교섭위원 2차 선임기간'[105]에 교섭위원을 선임하지 못한 경우 교섭노동조합은 고용노동부장관 또는 노동조합의 주된 사무소의 소재지를 관할하는 지방고용노동관서의 장에게 조합원 수의 확인을 신청할 수 있다. 이 경우 고용노동부장관 또는 해당 지방고용노동관서의 장은 조합원 수의 확인을 위한 자료가 불충분하여 그 확인이 어려운 경우 등 특별한 사정이 없으면 신청일부터 10일 이내에 조합원 수를 확인하여 교섭노동조합에 알리도록 하고 있다(영 3조의2 6항). 이러한 과정을 거쳐 최종적으로 교섭위원이 선임되어 교섭창구가 단일화되면 교섭상대방인 사용자 측은 교섭에 응하여야 한다(교원노조법 6조 6항 후문).

그런데 교섭창구단일화 절차와 관련한 자세한 규정에도 불구하고 실무에서는 경쟁관계에 놓인 복수 노동조합 사이에서 교섭위원 선임이 합의되지 못함으로써 교섭이 장기간 지연될 가능성이 있다.[106] 교섭위원 선임의 장기지연과 그에 따른 교섭지연 가능성의 원인은 크게 두 가지이다. 첫째는 현행 시행령이 교섭위원의 수를 10명 이내로만 정할 뿐 구체적인 전체 교섭위원의 수를 정해두지 않았고 조합원의 수에 비례하여 산출된 교섭위원 수의 소수점 이하의 수는 0으로 본다고 정하고 있는 탓에 교섭위원의 총수를 애초 몇 명 기준으로 삼느

---

104) 시행령 32조의2 3항 후문은 이러한 조합비 공제 확인단계에 앞서 이미 교섭노동조합의 조합원 수에 비례하여 교섭위원을 선임할 때 교섭노동조합은 조합원 수를 확인하는데 필요한 기준과 방법 등에 대하여 성실히 협의하고 필요한 자료를 제공하는 등 교섭위원의 선임을 위하여 적극 협조해야 한다고 규정하고 있다. 그렇다면 이때 필요한 자료에는 협의결과에 따라서는 조합원명단이나 더 나아가서는 조합비를 납부한 조합원명단 및 그 납부사실을 증빙할 수 있는 자료가 포함될 수도 있다. 그러나 어느 확인단계이든 노동조합은 조합원명단을 스스로 공개하는 데에는 소극적인 태도를 보이는 것이 현실이고 더구나 교섭노동조합들은 경쟁관계일 수밖에 없다는 점을 고려하면 교섭노동조합간 자료제공 협조가 현실적으로 원활하게 이루어질 수 있을지는 의문이다.
105) 이는 시행령 3조의2 4항에 따른 기간으로서 교섭노동조합 확정공고일(교섭참여요구사실 공고일)로부터 20일이 끝난 날부터 다시 20일 이내의 기간을 말한다.
106) 2020.5. 교원노조법 개정 직후에 교섭상대방인 사용자 측이 교섭창구단일화를 요구할 수 있도록 한 탓에 교섭불능이나 교섭지연이 지속될 수 있다는 우려가 이미 제기된 바 있다. 고전, 41면.

냐에 따라 각 노동조합이 차지할 수 있는 조합출신 교섭위원의 수가 서로 다를
수 있다.107) 그 결과 각 교섭노동조합은 10명 이내라는 교섭위원의 총수 중에서
자기 조합 출신 교섭위원의 비율이 가장 높게 나오는 유리한 교섭위원 총수를
고집하기 쉽다. 이런 경우에는 복수의 교섭노동조합의 각 조합원수가 이의 없이
확인이 된다고 하더라도, 즉 고용노동부장관 또는 지방고용노동관서의 장에 의
해 조합원수가 각각 확인되었다고 해서 교섭위원 선임도 당연히 완료된다는 보
장이 없다. 둘째는 이렇듯 교섭위원 선임을 둘러싸고 분쟁이 장기화되더라도 이
에 대비하여 교섭위원의 수를 결정할 수 있는 기관과 절차가 없다. 공동교섭제
도를 채택한 현행 교원노조법 시행령이 노동위원회 결정으로 공동교섭대표단에
참여하는 인원수를 결정하도록 한 노조법 시행령 규정(14조의9)의 적용을 배제하
면서도108) 이를 보완할 아무런 규정을 마련하지 않은 것은 입법적 흠결이라고
할 수밖에 없다. 이렇게 교섭위원 선임이 계속 지연된다면 교섭이 교섭참여요구
사실 공고일 이후 1년 이상 이루어지지 않더라도 그 원인은 교섭노동조합 간의
내부적인 사정에 기인한 것이므로 다른 특별한 사정이 없는 한 창구단일화를
요청한 사용자에게 교섭거부나 해태의 책임을 물을 수도 없다.109)

(4) 국민여론 및 학부모의 의견 수렴

교원노조 및 사용자가 단체교섭을 수행하거나 단체협약을 체결하는 경우에
는 국민여론 및 학부모의 의견을 수렴하여야 한다(교원노조법 6조 8항). 단체교섭의
대상이 국가의 법령·예산 및 정책결정에 관한 사항인 경우 국민의 의사가 반
영되어야 할 것이고, 학부모는 단체교섭결과에 영향을 받는 교육의 수요자로서
그 의견을 반영할 필요가 있다. 수렴 방법으로는 여론조사, 공청회 등을 들 수
있는데, 노동관계 당사자는 이를 각각 수행하거나 공동으로 수행할 수도 있다.

이와 같은 국민여론 및 학부모의 의견 수렴절차를 거치지 않은 채 단체협
약이 체결된 경우 그 효력이 문제될 수 있으나, 비록 이를 거치지 아니하였다

---

107) 가령 A노조와 B노조의 조합원수의 비율이 61%:39%라고 할 때 전체 교섭위원 기준을 10
　　 명으로 잡을 때에는 각 교섭위원은 6명:3명이고 전체 교섭위원 기준을 9명으로 잡을 때에는
　　 각 교섭위원은 5명:3명이며, 전체 교섭위원 기준을 8명으로 잡을 때에는 각 교섭위원은 4명:3
　　 명이 된다. 따라서 A노조에게 가장 유리한 기준은 전체 교섭위원 수가 10명일 때(교섭위원
　　 격차가 3명)이지만, B노조에게 가장 유리한 기준은 전체 교섭위원 수가 8명일 때(교섭위원
　　 격차가 1명)이다.
108) 교원노조법 시행령 9조 2항.
109) 이에 해당하는 사례로서 중노위 2021.11.25. 중앙2021부노212 결정.

하더라도 단체협약이 당연무효로 되는 것은 아니다.[110] 또한 교원노조와 사용자는 성실히 교섭하고 단체협약을 체결해야 하며, 그 권한을 남용하여서는 아니된다(교원노조법 6조 8항).

라. 단체협약의 체결과 그 효력

(1) 단체협약의 체결

교원노조는 근무조건 등에 관하여 단체교섭으로 합의한 사항을 단체협약으로 체결할 권한을 갖는다. 일본의 경우 국립학교·공립학교 교원은 일반 공무원과 마찬가지로 단체교섭권은 인정되나 단체협약체결권은 인정되지 아니한다.[111]

체결된 단체협약의 형식 및 절차에 관하여는 노조법의 규정이 적용된다. 즉, 단체협약은 서면으로 작성하여 당사자 쌍방이 서명 또는 날인하여야 하고, 단체협약의 당사자는 단체협약의 체결일로부터 15일 이내에 이를 고용노동부장관에게 신고하여야 한다.

(2) 효력의 제한

단체협약의 내용 중 법령·조례·예산에 의하여 규정되는 내용과 법령·조례에 의한 위임을 받아 규정되는 내용(이하 비효력사항이라 한다)은 단체협약의 효력이 인정되지 아니한다(교원노조법 7조 1항). 이는 교원의 임금 및 대부분 근로조건이 법정화되거나 예산에 의해 결정되고 있어, 이 경우에 단체협약의 효력을 인정하게 되면 국회의 입법권과 예산권을 침해할 우려가 있기 때문이다.[112] 공무원노조법에서도 같은 효력제한 규정을 두고 있는데, 이에 대하여는 헌법재판소가 합헌성을 인정하고 있다.[113]

교원노사관계에서 문제될 수 있는 법령으로는 국공법, 교육기본법, 초·중등교육법, 사립학교법, 교공법, 유아교육법, 지방교육자치에 관한 법률, 학교급식법, 학교보건법 및 이에 대한 각 시행령 및 시행규칙을 들 수 있다. 시·도지사 또는 교육감이 제정하여 시행하는 조례와 자치법규인 교육규칙도 여기에 해당한다.

비효력사항이라고 하여 단체협약 체결의 법률적 효과가 전혀 없는 것은 아

---

110) 이상윤d, 190면.
111) 이철수a, 556면.
112) 국회환경노동위원회, 8면.
113) 헌재 2008. 12. 26. 선고 2005헌마971 등 결정.

니다. 사용자 측은 이러한 비효력사항이 이행될 수 있도록 성실히 노력하여야 하고(교원노조법 7조 2항), 그 이행결과를 다음 교섭시까지 상대방에게 서면으로 통보하여야 한다(교원노조법 영 5조).

비효력사항에 대한 성실이행의무의 내용으로는 관련된 사항이 최대한 예산·법령·조례에 반영될 수 있도록 예산 및 입법안을 관계기관과 사전협의를 거쳐 입법권자에게 제출하고 반영될 수 있는 모든 노력을 다하는 것이라 하겠다. 비록 단체협약의 결과와 저촉되는 법령·조례 및 예산의 강제적 개폐의무를 부과하는 것은 아니지만, 이는 단순히 추상적·도덕적 의무만을 규정하고 있는 것은 아니며, 사용자가 그 결과 여하를 불문하고 성실히 노력할 법적 의무를 부담하는 것이다.114) 교원지위법의 위임에 따라 대통령령으로 제정된 '교원지위 향상을 위한 교섭·협의에 관한 규정' 6조에서는 한국교총과 같은 교육회와 교육부장관 등과 사이에 합의된 사항에 관하여 성실이행의무를 규정하면서 법령의 제정·개정 또는 폐지, 예산의 편성·집행 등에 의하여 이행될 수 있는 사항에 관하여는 쌍방이 적법한 절차와 방법에 의하여 그 이행을 위한 노력을 하도록 하고 있다.

한편 비록 법령·조례·예산에 관한 사항일지라도 단체협약으로서 그 효력이 전면 부인되어서는 아니 되며, 많지는 않더라도 법령·조례에서 사용자에게 단체교섭대상이 된 사항에 관한 재량적 결정권을 부여하고 있거나, 예산에 관하여 재량적 처분권이 인정되는 경우에는 그 효력을 인정하는 것이 타당하다.115) 예컨대 고등교육법 시행령 6조가 대학의 교원의 교수시간은 매주 9시간을 원칙으로 한다면서도 학교의 장이 학칙으로 다르게 정할 수 있도록 하고 있으므로 단체협약에서 교원의 교수시간을 달리 정할 수 있을 것이다. 나아가 전국단위 국공립학교 교원노조의 경우에는 교육부장관과의 교섭을 통해서 교원의 근무조건을 정한 시행령이나 시행규칙 차원의 조항을 직접 변경하는 것도 가능할 것이다.

(3) 그 외 사항에 관한 법리

단체협약 중 비효력사항 외의 사항에 대하여는 일반적인 단체협약의 효력에 관한 법리가 적용된다. 즉, 단체협약의 유효기간은 3년을 초과할 수 없으며,

---

114) 이상윤e, 432면.
115) 이상윤e, 431면.

3년 이상의 기간을 정한 때에는 3년이 유효기간이 되고(노조법 32조 1항, 2항), 유효기간을 전후하여 단체교섭을 계속하였으나 새로운 단체협약이 체결되지 않을 때에는 직전 단체협약의 효력이 3월간 유지된다(노조법 32조 3항).[116]

다만, 교원노조법에는 최소 설립단위, 교섭 및 체결권한 등 일반 노조의 경우와 다른 규정이 있으므로, 일반적인 단체협약의 법리에 일정한 수정 내지 보완이 필요하다.

하나의 사업 내지 사업장 내 상시 근무하는 교원 반수 이상이 하나의 단체협약의 적용을 받게 될 경우에는 그 단위 내 다른 교원에게도 단체협약의 효력이 확장된다(일반적 구속력, 노조법 35조). 여기서 '하나의 사업 또는 사업장'의 범위를 어떻게 볼 것인가에 관하여 한때 개개 학교단위를 기준으로 하여야 한다는 행정해석이 있었으나[117] 최소 설립단위인 시·도 단위를 기준으로 하여야 한다는 견해[118]로 행정해석을 변경하였다. 즉, 일반적 구속력에 의한 효력확장대상은 해당 단체협약의 적용을 받는 '반수 이상 근로자'를 산출하는 단위에 속하는 근로자이므로 시·도 단위의 사업장 단위로 교원 과반수가 하나의 단체협약의 적용을 받으면 그 단체협약은 효력이 확장된다.[119] 반대로 개별학교 단위로 설립이 가능한 대학교원 노조의 경우에는 해당 학교단위가 최소 설립단위이므로 일반적 구속력도 당연히 해당 학교 단위의 비조합원 교원에게 미친다고 보아야 한다.

하나의 지역에서 종업하는 동종의 근로자 3분의 2 이상이 하나의 단체협약의 적용을 받게 된 때에 일정한 절차를 거쳐 당해 지역의 다른 근로자와 사용자에게 그 효력이 확장되는 이른바 지역적 구속력의 규정(노조법 36조)은 그 적용

116) 교원의 경우 근로조건 등이 법령이나 예산에 의하여 결정되므로 이 경우는 단체협약의 효력이 없고, 그 내용에 대한 법령이 바뀔 경우에는 단체협약의 효력이 지속되는 것으로 외견상 보일 뿐, 단체협약의 효력이 지속되는 것도 아니며, 주된 근무조건인 교원의 임금, 근무조건 등이 단체협약의 기간만료로 실효되는 이상 그 외 내용 또한 함께 효력을 상실하는 것이 타당하다고 주장하면서 단체협약의 여후효는 교원의 경우 적용되지 않는다는 견해가 있다(최학종·박근석, 215면). 그러나 일률적으로 단체협약의 전체에 대하여 여후효가 인정되지 않는다고 보는 것은 타당하지 아니하다. 법령 등의 개폐로 인하여 근로조건이 변경되는 것은 여후효의 문제라기보다는 법령의 효력 우위에서 비롯되는 것이고, 비효력사항이라도 이행을 위한 성실노력의무가 유지될 필요가 있으며, 일체의 효력을 부인하게 되면 노사관계의 안정을 해칠 우려가 크기 때문이다.
117) 고용노동부 질의회신 노조 68107-600, 2002. 7. 13.
118) 고용노동부 질의회신 공공노사관계팀-854, 2007. 4. 19.
119) 하갑래c, 742면.

이 배제된다(교원노조법 14조 2항). 동일지역의 교원이라고 하더라도 개별교원이 근무하는 학교의 설립형태가 국·공·사립으로 구분되어 있기 때문이다.120)

교원노조와 교육부장관 또는 시·도 교육감과 사이에 체결된 단체협약이 사립학교에도 적용되는지에 관하여는 비록 교원노조가 공립·사립으로 구분하지 않고 설립되었다 하더라도 교원노조법 6조에서 '사립학교 설립·경영자'에게 독자적인 단체협약 체결권한이 있음을 명기하고 있는 이상 교육부장관 또는 시·도 교육감 등이 사립학교 설립·경영자의 의사와는 무관하게 사립학교에 적용될 단체협약을 체결할 수는 없다고 판단된다.121) 비록 사립학교법 55조에서 사립학교 교원의 복무에 관하여는 국립학교·공립학교의 교원에 관한 규정을 준용한다고 규정하고 있다고 하더라도 마찬가지이다. 무엇보다 국립·공립학교 노조가 체결한 단체협약은 법령으로 볼 수 없기 때문에 그 단체협약은 사립학교법 55조에 따라 준용할 수 있는 교원에 관한 규정에는 해당되지 아니한다.122)이다.

한편 단체협약의 당사자가 아닌 단위학교의 학교장에게도 단체협약의 효력이 미치는가에 관하여는 시·도 교육감이 단체협약을 이행하기 위하여 행정지도 등 필요한 조치를 성실히 수행하였음에도 불구하고 학교장이 이를 거부하거나 수용하지 않을 경우에는 관련 교육감은 구체적인 사실관계에 따라 그 지도·감독 권한 범위 내에서 직무상 명령복종의무 위반 등의 책임을 물을 수는 있으나, 단체협약 위반에 대한 책임, 예컨대 노조법 92조 위반의 형사책임을 직접 물을 수는 없다는 것이 고용노동부의 입장이다.123) 그러나 학교장은 사업주를 위하여 행동하는 자에 해당하므로124) 사안에 따라 노조법 92조 위반의 책임을 물을 소지가 있다고 봄이 상당하다. 단체협약의 이행을 위해서는 교육부장관 또는 시·도 교육감이 단위학교의 학교장에 대한 지도감독권의 적절한 행사가 요청된다.

---

120) 박재윤 외 15, 139면.
121) 노조 68107-42, 2001. 1. 10.; 노조 68107-609, 2000. 5. 28.; 하갑래c, 742면.
122) 최학종·박근석, 208면.
123) 고용노동부 질의회신 공공노사관계팀-1505, 2007. 7. 13.
124) 전주지법 2008. 9. 25. 선고 2007노1163 판결은 학교장이 학교법인의 대표자를 위하여 행동하는 자임을 전제로 노조법 90조 위반의 형사책임을 묻고 있는데, 위 판결은 대법원에서 그대로 확정되었다(대법원 2008. 11. 27. 선고 2008도9059 판결).

3. 단체교섭 결렬시의 절차

노동조합과 사용자 간의 단체교섭이 결렬된 경우 노동조합 측의 가장 강력한 수단은 쟁의행위이나, 교원노조는 어떠한 쟁의행위도 금지되므로, 단체교섭이 결렬되는 경우에도 자신의 주장을 관철할 수 있는 수단을 갖고 있지 못하다. 교원노조법은 쟁의행위의 대상적 수단으로서 조정 및 중재절차를 규정하고 있다.

가. 조정절차

단체교섭이 결렬될 경우 당사자의 일방 또는 쌍방은 중앙노동위원회에 조정을 신청할 수 있다(교원노조법 9조 1항). 중앙노동위원회는 조정신청에 따라 조정을 하게 되었으면 지체 없이 관계당사자에게 그 사실을 서면으로 통보하고, 이를 다루기 위한 교원 노동관계 조정위원회를 구성하여야 한다. 공무원의 경우에는 공무원 노동관계 조정위원회를 설치하고 이를 담당하는 위원을 별도로 두도록 하는 특별규정이 공무원노조법에 있으나 교원노조법에는 이러한 규정이 없으므로 중앙노동위원회 위원장이 지망하는 조정담당 공익위원 3인으로 교원 노동관계 조정위원회를 구성한다.125) 다만, 관계당사자의 합의로 중앙노동위원회의 조정담당 공익위원이 아닌 자를 추천하는 경우에는 그 추천된 자를 지명하여야 한다(교원노조법 11조 1항).

만일 조정의 대상이 아니라고 인정할 경우에는 신청인에게 그 사유와 다른 해결방법을 알려줄 의무가 있다(교원노조법 영 6조). 노조법상 조정기간은 민간부문에서 10일(일반사업), 15일(공익사업)으로 하고 있는 것과 달리 교원노조법의 조정기간은 30일로 하고 있다(교원노조법 9조 3항). 이와 달리 공무원노조법에서는 당사자들이 합의한 경우에는 30일 이내의 범위에서 조정기간을 연장할 수 있다(공무원노조법 12조 3항).

교원 노동관계 조정위원회에서는 관계 당사자를 출석시켜 주장의 요점을 확인하고, 필요시 현지조사를 병행하여 조정안을 작성하고 이를 의결한다. 위원장은 조정안을 관계당사자에게 제시하고 그 수락을 권고하는 동시에, 그 조정안에 이유를 붙여 공표할 수도 있으며, 교원 노동관계 조정위원회는 필요한 때에는

---

125) 이러한 이유에서 교원 노동관계 조정위원회는 중앙노동위원회 산하 부문별 위원회의 성격을 갖는다. 공무원 노동관계 조정위원회는 별도로 위촉되는 공익위원 7인으로 구성되므로, 특별위원회의 성격을 갖는다.

신문 · 방송에 보도 등 협조를 요청할 수도 있다(교원노조법 14조 1항; 노조법 60조).126)

　　양 당사자가 조정안을 수락하면 그 조정안은 단체협약과 동일한 효력을 갖
는다. 따라서 학교법인이 교원노조의 단체교섭 요구에 응하지 아니한 것이 부당
노동행위에 해당한다는 취지의 중앙노동위원회 재심판정에 대하여 행정소송을
제기하고 있던 중에 노사 쌍방이 중앙노동위원회의 단체협약 조정안을 받아들
인 경우 그 행정소송은 이미 단체협약이 타결된 이상 재심판정 취소를 구할 법
률상 이익이 없어 부적법하게 된다.127)

　　교원노조의 조정에 대하여는 교원 노동관계 조정위원회에 의한 조정만이
가능하고, 당사자 쌍방의 합의 또는 단체협약에 의한 사적인 조정 · 중재는 허용
되지 아니한다(교원노조법 14조 2항; 노조법 52조). 이는 교육사업의 공익성 등의 특수
성을 고려하였기 때문이다.128)

나. 중재절차

　　중재절차는 단체교섭이 결렬되어 당사자 쌍방이 중재신청을 한 경우(임의중
재), 중앙노동위원회가 제시한 조정안을 당사자 일방 또는 쌍방이 거부한 경우,
중앙노동위원회 위원장이 직권 또는 고용노동부장관의 요청에 의하여 중재회부
결정을 한 경우(이상 강제중재) 중재절차가 개시된다(교원노조법 10조). 당사자 쌍방
의 신청 또는 공무원 노동관계 조정위원회의 중재회부 결정에 의하여 중재절차
가 개시되는 공무원노조법과는 달리 조정안을 거부한 경우에도 중재절차가 개
시된다. 교원노조의 경우 원천적으로 쟁의행위가 금지되어 있어 교원노조법에서
별도로 중재기간에 관한 규정을 두고 있지는 아니하나, 중재기간이 과도하게 길
어질 경우 노사관계의 불안정을 초래하므로 중재기간을 정하는 입법적 보완이
필요하다.129)

　　교원 노동관계에서 발생한 노동쟁의의 조정 · 중재는 전국 단위, 시 · 도 단
위 여하를 불문하고 모두 중앙노동위원회 산하 교원 노동관계 조정위원회에서
담당하게 된다. 위원회는 기일을 정하여 관계 당사자 쌍방 또는 일방을 출석하
게 하여 주장의 요점을 확인하고 중재재정을 하게 된다. 위원회가 한 중재재정

---

126) 공무원노조법도 같은 제도를 두고 있으나, 그 주체가 중앙노동위원회로 규정되어 있다(공
　　무원노조법 12조 3항).
127) 서울고법 2011. 1. 12. 선고 2010누13588 판결(확정).
128) 박재윤 외 15, 140면.
129) 남경래 외 3, 335면.

은 관계당사자에게 구속력이 있으며, 그 중재재정이 위법하거나 월권에 의한 것인 경우에 한하여 이에 대한 행정소송을 제기할 수 있다(교원노조법 12조). 15일 이내 행정소송을 제기하지 아니하여 중재재정이 확정된 경우에는 단체협약과 동일한 효력을 가진다. 행정소송을 할 경우에는 중앙노동위원회 위원장을 피고로 하여야 하며, 행정소송의 제기가 있더라도 중재재정의 효력이 정지되지 아니한다(교원노조법 12조).

중재재정의 해석 또는 그 이행방법에 관하여 관계 당사자 간에 의견의 불일치가 있을 때에는 교원 노동관계 조정위원회의 해석을 따르며, 그 해석은 중재재정과 동일한 효력을 가진다.

4. 쟁의행위의 금지

교원노조와 그 조합원에 대하여는 공무원의 경우와 마찬가지로 파업·태업 그 밖에 업무의 정상적인 운영을 저해하는 어떠한 쟁의행위도 하지 못하도록 하고 있다(교원노조법 8조). 이는 교원들이 집단적으로 수업을 거부하거나 파업을 하는 경우 학생들의 학습권이 침해될 우려가 있기 때문이다. 이에 위반하여 교원이 쟁의행위를 하면 5년 이하의 징역, 5,000만 원 이하의 벌금에 처하게 된다(교원노조법 15조 1항).

'쟁의행위'라 함은 파업·태업·직장폐쇄 기타 노동관계 당사자가 그 주장을 관철할 목적으로 행하는 행위로서 여기에서 그 주장이라 함은 노조법 2조 5호에 규정된 임금·근로시간·복지·해고 기타 대우 등 근로조건의 결정에 관한 노동관계 당사자 간의 주장을 의미하므로,[130] 이러한 근로조건의 유지 또는 향상을 주된 목적으로 하지 않는 쟁의행위는 노조법의 규제대상인 쟁의행위에 해당하지 않는다.[131] 따라서 전교조 조합원들이 다수 조합원들과 함께 집단 연가서를 제출한 후 수업을 하지 않고 무단 결근 내지 무단 조퇴를 한 채 정부가 추진하고 있는 교육행정정보시스템(NEIS) 반대집회에 참석하는 등의 집단행위는 NEIS의 시행을 저지하기 위한 목적으로 이루어진 것으로서 직접적으로는 물론 간접적으로도 근로조건의 결정에 관한 주장을 관철할 목적으로 한 쟁의행위라

---

130) 교원노조법에서는 '쟁의행위'에 대하여 따로 정하지 않고 있으나 교원노조법 14조 1항에서 "이 법에 정하지 않는 사항에 대하여는 노조법이 정하는 바에 따른다"고 규정하고 있으므로, 교원노조법 8조의 '쟁의행위'개념은 노조법 규정에 따라 정의된다.

131) 대법원 2008. 3. 14. 선고 2006도6049 판결.

고 볼 수 없어 교원노조법 8조를 적용하여 처벌할 수 없다.132) 마찬가지로 학교
운영의 공공성·투명성을 보장할 것을 요구하여 학교가 합리적이고 정상적으로
운영되게 할 목적으로 이루어진 집단행위 또한 쟁의행위로 볼 수 없다.133)

즉, 노조법상의 쟁의행위는 교원노조법 8조에 의하여 금지되나, 그 외의 노
동조합 및 조합원의 행위에 대하여는 공무원에 대하여 일반적으로 '노동운동 기
타 공무 이외의 일을 위한 집단적 행위'를 금지하는 국공법 66조 1항의 적용이
문제된다. 교원노조의 정당한 운영 및 활동은 교원노조법 1조에 따라 국공법 66
조 1항이 적용되지 아니하므로, 결국 교원노조의 정당한 활동의 범위를 어디까
지로 설정하느냐에 따라 국공법 66조 1항의 위반 여부가 결정된다. 이에 대하여
교원노조는 노동조합이라는 성격과 전문가단체라는 두 가지 성격을 동시에 보
유하고 있으므로 명백히 파업이나 정치적 활동에 해당되지 아니하는 한 다양한
형태의 단체활동을 할 수 있다는 입장134)이 있으나, 판례는 국공법 66조 1항의
일반적 해석기준에 따를 뿐이고 교원노조에 대하여 특별한 적용기준을 가지고
있지 않은 것으로 보인다.

대법원은 국공법 66조 1항에서 금지하는 '공무 이외의 일을 위한 집단적
행위'가 공무가 아닌 어떤 일을 위하여 공무원들이 하는 모든 집단적 행위를 의
미하는 것은 아니므로 위 법규를 헌법합치적으로 제한 해석하기 위하여는 집
회·결사의 자유를 포함한 표현의 자유에 관한 헌법규정, 기본권 제한의 헌법상
원리, 국공법의 취지, 국공법상의 성실의무 및 직무전념의무 등을 종합적으로
고려하여 '공익에 반하는 목적을 위하여 직무전념의무를 해태하는 등의 영향을
가져오는 집단적 행위'라고 축소해석하여야 한다고 하면서, 강원교사협의회 내
지 그 산하인 동해교사협의회는 보충수업 확대 실시 반대, 스승의 날 문제, 교
사들의 대한교련 탈퇴촉구 등 교육 내부의 문제와 모순점들을 지적하거나 그
개선을 주장하기 위한 교사들의 임의단체로서 대의원대회 및 상임위원회 개최,
강연회 연설, 소식지의 작성·배포가 모두 휴일이나 근무시간 이외에 이루어진
이상 '공무 이외의 일을 위한 집단적 행위'를 하였다고 볼 수 없다고 하였다.135)

노동조합의 활동은 업무의 정상적인 운영을 저해하지 않는 근무시간 외에

---

132) 헌재 2004. 7. 15. 선고 2003헌마878 결정 참조.
133) 대법원 2008. 3. 14. 선고 2006도6049 판결.
134) 이상윤d, 193면.
135) 대법원 1992. 2. 14. 선고 90도2310 판결.

실시함이 원칙이므로 근무시간 중에 노조관련 모임이나 활동을 하는 경우에는 사전에 학교 측의 승인이 있어야 하고, 연가·외출·조퇴를 신청하는 것은 가능하나 교원이 학교 측의 승인 없이 임의로 근무시간 중에 외부집회 등에 참가하는 경우에는 그 책임을 물을 수 있다.[136] 학교 단위의 지부·지회는 교원노조의 내부조직으로서 조합규약에 따른 활동을 할 수 있으나, 학교장의 업무수행권 및 시설관리권 등과 저촉되지 않는 범위 내에서 가능하다.[137] 대법원은 전교조 소속 조합원들이 소속학교의 경계선 내에서 학교법인이 학사 운영과 관련하여 비리를 저지르고 있다고 주장하면서 학교장의 승인 없이 천막을 설치하여 농성 또는 시위를 하고, 리본·배지·조끼를 패용·착용하거나, 각종 시위용 물품을 반입·보관하자 그 금지를 구하는 신청사건에서, 학교장이 시설관리권 등에 근거하여 면학분위기를 해치는 위법행위에 대한 방해예방청구 등 부작위청구권을 행사할 수 있다고 판시하였다.[138]

한편 대학교원 노조의 경우에는 쟁의행위 금지와 관련한 특수문제로서 대학교원 노조가 준법투쟁의 일환으로 벌이는 집단휴강방식의 정당성을 따로 검토할 필요가 있다. 대학수업방식과 초·중등 수업방식은 서로 구별되는 특성이 있으므로 실제 업무의 정상적 운영의 저해 여부에 대한 판단이 다를 수 있기 때문이다. 가령 개별 대학 단위 또는 전국 단위 내지 시·도 지역 단위의 대학교원 노조가 단체교섭상 유리한 환경을 조성하거나 그 주장을 관철하기 위해서 혹은 교육정책 등에 대한 의사를 표현하는 방식의 일환으로서 특정일에 휴강을 하되, 교원 개인별로 보강일정과 계획을 함께 제시한다면 이러한 휴강을 업무의 정상적 운영을 저해하는 행위로서 쟁의행위라고 할 수 있는지 문제될 수 있다. 이 점은 일반적으로 사후적인 추완급부 가능성을 인정하기 어려운 일반 사업장의 근로자들에 의한 작업거부(연장근로 거부나 집단적인 연가투쟁)나 심지어 초·중등 교원에 의한 수업거부와도 큰 차이점을 보이는 것이다.[139] 대부분의 대학에서는 보강이 이루어지는 한 특별히 휴강을 제한하지 않는 것이 강의관행이며 휴강을 금지하는 학칙도 없는 실정이다.[140]

---

136) 고용노동부 질의회신 노조 01254-188, 2000. 3. 3.
137) 고용노동부 질의회신 노조 68107-837, 2001. 7. 25.
138) 대법원 2006. 5. 26. 선고 2004다62597 판결.
139) 초·중등교육법은 고등교육법과 달리 학점당 시간을 정하는 방식이 아니라 매년 수업일수를 정하고 있다. 초·중등교육법상 일반학교의 경우에는 매년 170일 이상을 기준으로 한다.
140) 가령 3학점짜리 강의과목을 3시간 연속강의 과목으로 개설한 경우에 해당 학점을 부여하

생각건대 교원노조법 8조 및 노조법 2조 6호가 말하는 쟁의행위의 본질은 업무의 정상적인 운영을 저해하는 행위이다. 따라서 학점당 이수시간을 정한 고등교육법 시행령 14조가 대학가에서 지속적으로 시행된 결과 강의관행으로 정착된 "보강을 예정한 휴강허용"에 비추어 보면 대학교원의 강의에 대해 제도적으로 추완급부를 허용하고 있는 것이라고 볼 수 있다.141) 따라서 사후보강을 통해 수강생의 학점부여에도 아무런 지장을 주지 않는 휴강은, '업무의 정상적인 운영을 저해하는 행위'가 아니기 때문에 그것이 가진 현실적인 의미나 의도에도 불구하고 법적으로는 이를 쟁의행위로 평가할 수는 없다고 생각한다. 따라서 적어도 현행 교원노조법 8조(쟁의행위의 금지)의 규정만으로는 —기타 교육관련법령이나 대학내 학칙 위반 가능성을 논외로 한다면— 대학교원 노조가 주도하는 보강을 예정한 휴강을 제재하기는 어렵고 동법 15조 벌칙(5년 이하의 징역 또는 5천만 원 이하의 벌금)의 대상도 되지 않는다고 생각한다. 이 점에서 판례가 집단적인 연차휴가 실시를 쟁의행위로 보는 일반 사업장의 노무제공 특성과 대학의 노무제공 특성은 구별된다고 본다.

'보강이 예정된 집단적 휴강'을 쟁의행위로 보기는 어렵다고 해도 이를 제재하는 것이 불가능한 것은 아니다. 법률상으로는 여전히 국가공무원법 66조와 지방공무원법 58조가 집단행위를 금지하고 있고, 이는 국립·공립대학 교원뿐만 아니라 사립학교법 55조를 통해 사립대학 교원에게도 적용될 여지는 있기 때문이다. 그러나 교원노조법 1조가 국가공무원법 66조 1항 및 사립학교법 55조의 적용을 이미 일정부분 배제됨을 명시하고 있다는 점, 나아가 사립대학교의 교원에 대해서도 초·중등 교원과 마찬가지로 국가공무원법이나 지방공무원법상의 집단행위를 금지한다는 것은 그 침해의 최소성이나 과잉침해금지라는 측면에서 위헌의 가능성이 높다는 점에서 집단행위의 금지 문제도 신중하게 판단해야 한다. 더구나 대학교원 노조에게 적용되는 노조법 4조 형사면책 조항은 쟁

기 위해서는 해당 교원은 그 과목에 대하여 한 학기 15회의 강의를 진행해야 한다. 중간에 교원의 사정으로 휴강해야 하는 경우에는 반드시 이를 만회하는 보강을 하도록 하고 있다. 이는 교육부 감사의 대상이 되므로 일선 대학에서는 실제 감독과 확인 가능성 여부와 무관하게 휴강한 교원들에게 필수적으로 그 보강을 요구하고 있다.

141) 고등교육법 21조(교육과정의 운영) 2항은 "교과의 이수는 평점과 학점제에 의하되, 학점당 필요한 이수시간 등은 대통령령으로 정하"도록 규정하고 그 시행령 14조(학점당 이수시간)에서 "…교과의 이수에 있어 학점당 이수시간은 매학기 15시간 이상으로 한다"고 명시하고 있다. 이에 따라 각 대학은 그 학칙 등에 이를 직접 반영하거나 하는 방법으로 학점부여 및 인정의 조건으로서 학점당 이수시간을 동법 시행령의 취지대로 운영하고 있다.

의행위가 아닌 기타의 행위에도 적용되기 때문에 휴강의 목적이 근로조건의 유지·개선과 경제적·사회적 지위향상과 관련이 있는 이상 국가공무원법 66조 위반 등에 따른 형사벌칙(제84조의2)은 부과될 수 없다고 보아야 할 것이다.

5. 정치활동의 금지

교원노조법 3조[142)]는 노동조합의 어떠한 정치활동도 금지하고 있다. 나아가 초·중등 이하 국공립 및 사립학교 교원은 정치운동금지에 관한 국가공무원법 65조나 지방공무원법 57조의 적용을 받는다.

교원의 정치적 표현행위가 문제되었던 이른바 전교조 시국선언사건에서 대법원은 "공무원인 교원이 집단적으로 행한 의사표현행위가 국공법이나 공직선거법 등 개별 법률에서 공무원에 대하여 금지하는 특정의 정치적 활동에 해당하는 경우나, 특정 정당이나 정치세력에 대한 지지 또는 반대의사를 직접적으로 표현하는 등 정치적 편향성 또는 당파성을 명백히 드러내는 행위 등과 같이 공무원인 교원의 정치적 중립성을 침해할 만한 직접적인 위험을 초래할 정도에 이르렀다고 볼 수 있는 경우에, 그 행위는 공무원인 교원의 본분을 벗어나 공익에 반하는 행위로서 공무원의 직무에 관한 기강을 저해하거나 공무의 본질을 해치는 것이어서 직무전념의무를 해태한 것이라 할 것이므로, 국공법 66조 1항에서 금지하는 공무 외의 일을 위한 집단행위에 해당한다"고 하면서 "어떠한 행위가 정치적 중립성을 침해할 만한 직접적인 위험을 초래할 정도에 이르렀다고 볼 것인지는 일률적으로 정할 수 없고, 헌법에 의하여 정치적 중립성이 요구되는 공무원 및 교원 지위의 특수성과 아울러, 구체적인 사안에서 당해 행위의 동기 또는 목적, 시기와 경위, 당시의 정치적·사회적 배경, 행위 내용과 방식, 특정 정치세력과의 연계 여부 등 당해 행위와 관련된 여러 사정을 종합적으로 고려하여 판단하여야 한다"고 선언하였다.[143)]

---

142) 교원노조법 제3조(정치활동의 금지) 교원의 노동조합(이하 "노동조합"이라 한다)은 어떠한 정치활동을 하여서는 아니 된다.

143) 대법원 2012. 4. 19. 선고 2010도6388 전원합의체 판결. 이에 대하여는 다음과 같은 대법관 5인의 반대의견이 있었다. "국공법 66조 1항에 위반되는 행위가 되려면 우선 그것이 '공익에 반하는 목적을 위한 행위'여야 한다. 여기서 '공익에 반한다'는 것은, 그 의미가 포괄적·추상적·상대적이어서 법 집행기관의 통상적 해석을 통하여 그 내용을 객관적으로 확정하기가 어려우므로, 그러한 측면에서 죄형법정주의의 명확성 원칙에 어긋나지 않고 헌법상 보장된 표현의 자유와 조화를 이루기 위해서는 제한적으로 해석하여야 하고, 이때 국공법 66조 1항을 둔 취지도 이러한 제한해석의 기준이 될 수 있다. 결국 '공익에 반하는 목적'의 존재는,

문제는 초·중등 교원노조만을 상정하여 적용되던 교원노조법 3조가, 대학 교원 노조까지 규율대상이 확대되면서 심대한 변화가 발생했음에도 불구하고 그대로 유지된 것은 고등교육법상 교원은 초·중등 교원과는 달리 정치활동이 일반적으로 허용되고 있다는 점에서[144] 해석상 혼란이 불가피하다. 무엇보다 조 합원인 대학교원의 정치적 활동은 허용하면서 그 대학교원이 조직한 단결체는 일체의 정치적 활동이 금지된다는 것은 논리적으로도 납득하기 어렵기 때문이 다.[145] 당장 대학교원 노조의 정치적 활동금지 요청은 구 교원노조법 3조를 포 함한 헌법소원에서 대학교원에 대해서는 정당가입을 포함하여 정치적 활동을 허용한 것이 평등권 침해가 아니라는 헌법재판소의 입장[146]과도 조화되기 어렵

당해 집단행위가 국민 전체와 공무원 집단 사이에 서로 이익이 충돌하는 경우 공무원 집단 의 이익을 대변함으로써 국민 전체의 이익추구에 장애를 초래하는 등 공무수행에 대한 국민 의 신뢰를 현저히 훼손하거나 민주적·직업적 공무원제도의 본질을 침해하는 경우에 한정하 여 인정하여야 한다. 그리고 '공익에 반하는 목적을 위한 행위'라는 개념에는 국공법 66조 1 항을 둔 취지에 따른 내재적 제한이 있을 뿐만 아니라, 그러한 행위가 '직무전념의무를 해태 하는 등의 영향을 가져오는 집단적 행위'라는 또 다른 요건을 갖추지 않은 경우에는 국공법 66조 1항이 금지하는 행위라 할 수 없다."

144) 현행 정당법과 공직선거법은 이를 명시하고 있다. 차례로 살펴보면 다음과 같다.
　　정당법 제22조(발기인 및 당원의 자격) ①국회의원 선거권이 있는 자는 공무원 그 밖에 그 신분을 이유로 정당가입이나 정치활동을 금지하는 다른 법령의 규정에 불구하고 누구든지 정당의 발기인 및 당원이 될 수 있다. 다만, 다음 각 호의 어느 하나에 해당하는 자는 그러 하지 아니하다.
　　1. 「국가공무원법」 제2조(공무원의 구분) 또는 「지방공무원법」 제2조(공무원의 구분)에 규정 된 공무원. 다만, 대통령, 국무총리, 국무위원, 국회의원, 지방의회의원, 선거에 의하여 취 임하는 지방자치단체의 장, 국회 부의장의 수석비서관·비서관·비서·행정보조요원, 국회 상임위원회·예산결산특별위원회·윤리특별위원회 위원장의 행정보조요원, 국회의원의 보 좌관·비서관·비서, 국회 교섭단체대표의원의 행정비서관, 국회 교섭단체의 정책연구위 원·행정보조요원과 「고등교육법」 제14조(교직원의 구분) 제1항·제2항에 따른 교원은 제 외한다.
　　2. 「고등교육법」 제14조제1항·제2항에 따른 교원을 제외한 사립학교의 교원
　　공직선거법 제53조(공무원 등의 입후보) ① 다음 각 호의 어느 하나에 해당하는 사람으로 서 후보자가 되려는 사람은 선거일 전 90일까지 그 직을 그만두어야 한다. 다만, 대통령선거 와 국회의원선거에 있어서 국회의원이 그 직을 가지고 입후보하는 경우와 지방의회의원선거 와 지방자치단체의 장의 선거에 있어서 당해 지방자치단체의 의회의원이나 장이 그 직을 가 지고 입후보하는 경우에는 그러하지 아니하다.
　　1. 「국가공무원법」 제2조(公務員의 구분)에 규정된 국가공무원과 「지방공무원법」 제2조(公務 員의 區分)에 규정된 지방공무원. 다만, 「정당법」 제22조(발기인 및 당원의 자격)제1항제1 호 단서의 규정에 의하여 정당의 당원이 될 수 있는 공무원(政務職公務員을 제외한다)은 그러하지 아니하다.
145) 고전, 41면.
146) 2009년 시국선언에 참여하였다는 이유로 징계처분을 받은 국립·공립 초·중·고등학교에 재직하고 있는 교사들(당시 전교조 간부)이 구 국가공무원법 66조 1항 중 '집단행위' 부분과 구 교원노조법 3조 중 '일체의 정치활동' 부분에 대하여 헌법소원심판을 청구한 사건에서 대

다. 나아가 초·중등 교원의 정치활동과 관련해서도 현직 교사 9명이 청구한 헌법소원심판에서 국가공무원법 65조 1항[147]) 중 교사가 '그 밖의 정치단체 결성에 관여하거나 이에 가입할 수 없다'고 규정한 부분이 명확성 원칙에 위배된다는 취지로 위헌 결정을 내린 바도 있다.[148])

　따라서 현행 교원노조법 3조에 대해서는 헌법합치적으로 제한해석이 이루어져야 한다. 우선 교원노조법 3조는 공무원노조법과는 달리 조합원인 교원의 개별적인 정치활동(교원노조 집행부에 의해 주도·지도되지 않은 정치활동)에 대해서는 규제할 수 있는 규정이 아니라[149]) 오로지 교원노조의 명의로 정치활동이 이루어지는 경우만을 규제하는 규정으로 제한적으로 이해해야 할 것이다.[150]) 따라서 동조는 노동조합의 정치활동에 관해 직접 의사결정을 한 조합집행부에 대한 징계근거가 될 수는 있을지언정 일반 조합원에 대해서는 징계근거가 될 수 없다. 다음으로 교원노조의 명의로 정치활동이 이루어지는 경우에도 이것이 무조건 금지된다고 볼 수는 없다. 무엇보다 대학교원 노조의 정치활동, 즉 정치적 의사표현(성명서, 시국선언, 교육정책 등 특정사안에 대한 지지 또는 반대선언 등)이나 특정정당이 아닌 기타 정치단체에의 가입 활동을 금지할 수는 없기 때문이다.

　학교원단체와의 평등원칙위반 여부와 관련한 설시에서 헌법재판소는 "초·중등학교의 교육은 일반적으로 승인된 기초적인 지식의 전달에 중점이 있는 데 비하여, 대학 교육은 학문의 연구·활동과 교수기능을 유기적으로 결합하여 학문의 발전과 피교육자인 대학생들에 대한 교육의 질을 높이는 데 중점이 있고(헌재 2004. 3. 25. 2001헌마710; 헌재 2014. 3. 27. 2011헌바42 참조), 초·중등교육의 경우에는 교원의 영향력이 절대적인 성장과정의 초·중·고등학생이 그 교육대상인 반면, 대학교육의 대상은 어느 정도 판단능력을 갖추고 자신의 행동에 대해 스스로 책임질 수 있는 대학생이라는 점에서 양자 사이에는 차이가 있다. 이와 같은 교육의 내용과 대상의 상이성에 연유하여 교원의 정치적 경향성에 별다른 영향을 받지 아니하는 이들을 교육하는 대학교원단체에게는 정치활동을 제한하지 않고, 교원의 정치적 경향성에 민감하게 영향을 받는 이들을 교육하는 초·중등학교 교원노조에 대해서만 정치활동을 금지하는 것은 불합리한 차별이라고 볼 수 없다."고 한 바 있다.

147) 국가공무원 제65조(정치 운동의 금지) ① 공무원은 정당이나 그 밖의 정치단체의 결성에 관여하거나 이에 가입할 수 없다.

148) 헌재 2020. 4. 23. 선고 2018헌마551 결정.

149) 공무원노조법 4조(정치활동의 금지)는 "노동조합과 그 조합원은 정치활동을 하여서는 아니 된다"고 하여 조합원에 대해서도 정치활동을 금지하는 태도를 취하고 있는 반면에 '어떠한'이라는 표현은 사용하지 않는 점이 교원노조법 3조와의 차이점이다.

150) 조합원 교원의 개별적인 정치활동에 대해서는 교원노조법 3조가 아니라 —정치적 기본권을 둘러싼 위헌논란을 별론으로 한다면— 국가공무원법이나 지방공무원법, 사립학교법 그리고 정당법이나 공직선거법 등의 관련 규정이 적용될 문제로 보아야 할 것이다. 예컨대 사립학교법 58조(면직의 사유)는 사립학교 교원이 정치운동을 하거나 집단적으로 수업을 거부하거나 어느 정당을 지지 또는 반대하기 위하여 학생을 지도·선동하였을 때(4호)를 면직사유로 정하고 있다.

따라서 교원노조는 특정정당에의 가입·활동이나 특정정당에의 정치자금 제공과 같이 당파적 활동을 할 수 없다는 것에 그친다고 제한해석하는 것이 헌법에 합치된다고 이해된다.[151] 나아가 우리나라가 2021년 2월에 비준한 ILO 87호 협약 3조는 1항에서 근로자단체 및 사용자단체는 규약과 규칙을 작성하고 자유로이 대표자를 선출하며 관리 및 활동에 대해서 결정하고 그 계획을 수립할 권리를 가진다고 하면서 공공기관은 이 권리를 제한하거나 이 권리의 합법적인 행사를 방해하고자 하는 어떠한 간섭도 중지하여야 한다고 정하고 있다.[152] 요컨대 위반에 대한 벌칙도 없는 교원노조의 정치활동 금지 규정은 노조법 제2조 4호 마목과 유사한 수준으로 "교원의 노동조합은 주로 정치운동을 목적으로 활동하여서는 아니 된다"는 취지로 이해하는 것이 타당할 것이다.

[김 홍 준·전 윤 구]

---

151) 물론 교원노조법 3조에 대한 합헌결정(헌재 2014. 8. 28. 2011헌바32·2011헌가18·2012헌바185(병합) 결정)에서 헌법재판소는 "교육의 정치적 중립성은 교육이 국가권력이나 정치적 세력으로부터 부당한 간섭을 받지 아니할 뿐만 아니라(정치의 교육적 중립), 교육이 그 본연의 기능을 벗어나 정치영역에 개입하지 않아야 한다는 것(교육의 정치적 중립)을 의미한다. 교육은 국가 백년대계의 기초인 만큼 국가의 안정적인 성장·발전을 위해 교육방법이나 교육내용이 당파적 편향성에 의하여 부당하게 침해 또는 간섭당하지 않아야 한다."고 한 바 있다. 그러나 헌법 31조 4항 "교육의 자주성·전문성·정치적 중립성 및 대학의 자율성은 법률이 정하는 바에 의하여 보장된다"에서 말하는 교육의 정치적 중립성은 교원노조법 3조와는 원칙적으로 무관하다고 보아야 한다. 이 조문이 1962년 헌법개정시 헌법에 편입된 과정과 이유를 심도 있게 분석한 연구에 의하면 정작 그것이 문제가 된 것이 아니라 그 연혁상 정부 수립 이후부터 지속되어 온 선거개입 등 정치의 교육에의 간섭·개입에 대한 반성으로서 이를 저지하고자 한 것이라고 본다. 따라서 교육의 정치적 중립성은 교원의 정치적 중립성을 완전히 배제한다고 보기는 어려울지 몰라도 적어도 그 본류는 교육의 자주성의 다른 표현이라는 분석이 더 설득력이 있다. 박대권 외 2, 343~370면. 특히 해당 5차 헌법개정 과정에 참여했던 헌법학자 한태연과 문홍주의 헌법교과서의 관련 설명을 소개한 367면 참고. 예컨대 헌법학자 문홍주는 한국헌법(1965년 5개정판)에서 "(제27조 제4항은) 행정부의 자의로부터 교육을 보장하고자 하는 것이다"라고 적고 있다. 따라서 위 헌법재판소 결정도 이러한 범위에서 이해할 필요가 있다.

152) 교원노조법 개정을 위한 이재정의원 대표발의안(2017. 8. 2. 발의. 의안번호8345)은 공무원의 집단행위 금지규정을 삭제하는 「국가공무원법 일부개정법률안」에 맞추어 관련 조항을 정비하는 일환으로 교원노조가 여타 노동조합과 달리 정치활동을 원천적으로 할 수 없도록 하는 3조 조항을 삭제하도록 하고 있다.

근로자참여 및 협력증진에 관한 법률

근로자참여 및 협력증진에 관한 법률

[참고문헌]

강성태a, "유럽연합의 경영참가법령", 법학논총 22집 2호, 한양대학교 출판부(2005); **강성태b**, "영국에서 근로자의 경영참가제도", 법학논총 23집 3호(하), 한양대학교 법학연구소(2006); **구건서**, "근로자참여 및 협력증진에 관한 법률의 이해", 노동법률 73호, 중앙경제(1997. 6.); **김규태**, "노사협의회 운영실태 비교연구", 대한경영학회지 24호, 대한경영학회(2000); **김기선**, "노사협의회 근로자위원 선출을 위한 선거구 획정과 선거무효", 노동리뷰 162호, 한국노동연구원(2018. 9.); **김대환**, "한국에서 노동자의 경영참가 방안에 관한 일 연구", 경상논집 12집 1호, 인하대학교 산업경제연구소(1998); **김병대**, "노사협의제에 관한 연구", 저스티스 18권, 한국법학원(1985); **김수복**, 노사협의회 운영과 법률실무(전면개정증보7판), 중앙경제(2009); **김주**, "중국의 새로운 기업형태에 대한 고찰", 동북아법제연구보고서, 2006; **김치선**, "한국노사협의체제의 특성", 법학 25권 2호, 서울대학교 법학연구소(1984); **박명서**, "독일공동결정제도", 상사법학 1호, 상사법연구회(1994); **박수근**, "파견근로자의 사용사업주에 대한 집단적 노동관계: 독일의 사업장위원회에서 지위와 활동을 중심으로", 법학논총 20집 1호, 한양대학교 법학연구소(2003); **박제성a**, "기업집단과 노동법: 노사협의와 단체교섭", 노동법연구 21호, 서울대학교 노동법연구회(2006); **박제성b**, 무노조 사업장에서의 집단적 근로조건 결정법리(정책연구), 한국노동연구원(2008); **박제성c**, 근로자대표제도의 재구성을 위한 법이론적 검토, 한국노동연구원(2013); **박종희**, 현행노동관계법상 '근로자대표'의 중첩성과 이에 대한 기능조정을 위한 방안, 한국노동연구원(1998); **박지순**, "노사협의회의 근로자위원 선출방법에 관한 연구 —서울고등법원 2019. 1. 5. 선고 2018나2029106 판결에 대한 평석—", 안암법학 58호, 안암법학회(2019); **방준식**, "독일 경영조직법상 경영협의회의 기능과 역할", 기업법연구 21권 1호, 한국기업법학회(2007); **신권철**, "노사협의회의 법적 지위와 역할", 노동법연구 35호, 서울대학교 노동법연구회(2013); **심재진**, "영국 경영 정보제공과 협의에 관한 법률의 입법동향", 국제노동브리프 2권 6호, 한국노동연구원(2004); **안택식**, "공동결정제도에 관한 연구", 재산

법연구 10권, 법문사(1993); **양성필**, "공정대표의무제도의 해석상 쟁점 및 입법적 개선방
안 ― 대법원 2019. 10. 31. 선고 2017두37772 판결 등 판례분석을 중심으로", 법학논총
44권 1호, 단국대학교 법학연구소(2020); **오학수**, "일본 노사협의회의 새로운 전개방향
모색", 국제노동브리프 4권 9호, 한국노동연구원(2006); **유성재**, "최근 독일의 노사관계법
개정 내용과 시사점: 종업원평의회법(BetrVG) 개정 법률을 중심으로", 법제 527호, 법제
처(2001); **윤성천**, "근로자의 경영참가문제와 우리나라의 노사협의제", 논문집 7호, 광운
공과대학(1978); **이광택**, "종업원 경영참여제도의 도입과 과제", 기업법연구 13호, 한국기
업법학회(2003); **이승욱a**, "독일에 있어서 경영상 해고와 관련된 법적 문제에 대한 집단
법적 해결", 판례실무연구 Ⅵ, 비교법실무연구회(2003); **이승욱b**, "노사협의회 의결사항의
효력", 노동법학 9호, 한국노동법학회(1999); **이영복**, "노사협의회", 재판자료 40집 근로
관계소송상의 제문제(하), 법원행정처(1987); **이주희·이승엽**, 경영참여의 실태와 과제(연
구보고서), 한국노동연구원(2005); **이흥재**, "이익균점권의 보장과 우촌 전진한의 사상 및
역할", 법학 46권 1호, 서울대학교 법학연구소(2005); **정웅기**, "독일의 사업장 차원에서의
공동결정제도와 시사점", 법과기업연구 10권 3호, 서강대학교 법학연구소(2020); **차동욱**,
"일본의 노사위원회 제도에 관한 일고찰 ― 근로자대표제도 개선에 관한 노사정 합의문
발표를 계기로", 고려법학 101호, 고려대학교 법학연구원(2021); **하경효**, "새로운 근로감
시기술의 도입에 따른 법적 문제", 노동법학 18호, 한국노동법학회(2004); **황승흠**, "제헌
헌법상의 근로자의 이익균점권의 헌법화과정에 관한 연구", 공법연구 31집 2호, 한국공
법학회(2002); **고용노동부a**, 노사협의회 운영메뉴얼(2007); **고용노동부b**, 근로자참여 및
협력증진에 관한 법률 질의회시집(2005); **고용노동부c**, 근로자참여 및 협력증진에 관한
법률 질의회시집(2001); **고용노동부d**, 노사협의회 운영매뉴얼 및 질의회시 100문100답
(2009); **고용노동부e**, ILO 주요협약, 국제기구담당관실(2012); **김기선 외 3 편역**, 독일 노
동법전, 한국노동연구원(2013); **오윤식**, 독일경영참가법전, 피엔씨미디어(2019); **전형배**,
영국노동법, 오래(2017); **조우현**, 노사관계 개혁론, 창작과비평사(1992); **Manfred Weiss
und Marlene Schmidt(배인연 역)**, 독일 노동법과 노사관계, 중앙경제(2016); **贾俊玲**, 劳动
法学, 北京大學出版社(2003); **王全兴**, 劳动法, 第二版, 法律出版社(2004); **关怀主编**, 劳动
法, 第叁版, 中国人民大学出版社(2008).

Ⅰ. 개　　설

제1조(목적)

　　이 법은 근로자와 사용자 쌍방이 참여와 협력을 통하여 노사 공동의 이익을 증
　　진함으로써 산업 평화를 도모하고 국민경제 발전에 이바지함을 목적으로 한다.

1. 협력적 노사관계와 경영참가

가. 근로자참여법의 입법목적

근로자참여 및 협력증진에 관한 법률(이하 '근참법'이라 한다)은 근로자와 사용자 쌍방의 참여와 협력을 통한 방식으로 1차적으로는 노사 공동의 이익을 증진시키고, 더 나아가 산업 평화와 국민경제 발전을 도모할 것을 입법목적으로 하고 있다. '근참법'은 1980년 제정된 '노사협의회법'을 1997년 현재의 명칭으로 변경한 것으로 근로자 경영참가의 한 형식으로 인정되는 노사협의회 제도를 그 규율대상으로 하고 있다.

나. 근로자참가의 유형

기업과의 관계에서 근로자참가의 유형은 ① 기업이윤이나 성과에 참가하는 분배참가, ② 주식보유 등을 통한 기업 소유에 참가하는 자본참가, ③ 기업 의사결정과정에 참가하는 경영참가 등으로 구분된다.[1) 기업 의사결정과정에 참가하는 근로자 경영참가는 근로자 이익의 보호와 증진, 노동자의 소외극복, 기업의 효율증대, 산업민주주의 실현에 기여[2)할 수 있다고 인식되어 세계 각국에서 다양한 방식으로 이를 도입하고 있는데, 경영참가의 틀과 내용은 나라에 따라 다양하다.

경영참가를 대체적으로 구분해 보면, ① 그 참가정도에 따라 정보참가, 협의참가, 결정참가로 나눌 수 있고,[3)[4) ② 그 참가방식에 따라 기업 내 이사회나

---

1) 근로자참가제도에 관해 그 유형을 크게 이윤참가(또는 성과참가), 자본참가, 경영상 의사결정에 참여하는 협의의 경영참가로 구분하는 견해(김형배, 1579면), 광의의 경영참가 안에 의사결정참가(협의의 경영참가), 자본참가(재산참가), 분배참가(이익참가 또는 성과참가)를 포함시키고, 협의의 경영참가는 의사결정참가라고 하는 견해(이광택, 12면)가 있다. 후자의 견해에 의하면, 자본참가와 분배참가는 결과참가 또는 소유참가로서 근로자의 물질적(재산적) 소외를 극복하기 위한 것이고, 의사결정참가는 과정참가로서 근로자의 정신적 소외를 극복하기 위한 것이라 설명한다. 이하 본 논문에서 경영참가라 함은 협의의 경영참가를 일컫는 의사결정참가를 말한다.
2) 김대환, 4~5면.
3) 강성태a, 167면.
4) 김대환 교수는 기업 내 의사결정이 이루어지는 방식을 ① 하달 방식(사용자가 사전 정보제공 없이 노동자에 대해 일방적 결정), ② 통지설명 방식(사전에 알려주되 사용자가 일방적 결정), ③ 자문 방식(노동자 의견 청취 후 사용자가 결정), ④ 공동협의 방식(노사 간 협의는 하되, 사용자가 결정), ⑤ 공동결정 방식(교섭에 의해 결정), ⑥ 자주관리 방식(노동자가 일방적으로 결정)으로 나눈 후, 노동자의 경영참가 중 ④ 공동협의 방식을 대표하는 것이 노사협의제도이며, ⑤ 교섭에 의한 공동결정 방식을 대표하는 것이 단체교섭제도라 하고 있다(김대

감사회 등 기업의 의사결정기관 내에 근로자대표를 관여시키는 방법, 사업장에 별도의 노사 간 협의체를 두는 방법이 있다. 또한 노사 간 협의체를 두는 방식은 ① 법률의 강제에 의한 경우(독일, 프랑스, 한국), ② 전국적 차원에서 사용자조직과 근로자조직 간의 합의에 의해 도입하는 경우(덴마크, 스웨덴), ③ 기업이나 산업 수준에서 노사 간 단체협약을 통해 도입하는 경우(미국) 등으로 나눌 수 있다.[5] 근로자 경영참가제도는 각국이 가지고 있는 노사관계 시스템을 개선하기 위해 도입한 제도들이어서 각 시기별로, 각 국가별로 그 내용이 다양하고, 법리상의 고민에 앞서 먼저 제도화되는 경향이 있다.[6]

다. 근로자 경영참가의 헌법상 근거

근로자 경영참가의 헌법상 근거를 어디에서 찾을 수 있는가? 일찍이 1948년에 제정된 우리 제헌헌법은 근로자의 사기업에 대한 이익균점권을 헌법상 권리로서 규정하였고,[7] 제헌헌법 제정과정에서 비록 채택되지는 않았지만 본회의 심의과정에서는 전진한 제헌의회 의원이 제출한 노농8개 조항에 포함된 근로자 경영참가를 근로자 이익균점권과 함께 헌법상 명문으로 인정할지 여부에 대한 논쟁이 있었다.[8]

1962년 제3공화국 헌법은 근로자의 이익균점권 조항을 삭제하였고, 1963년 노동조합법(이하 다.항에서 '노조법'이라 한다)이 전문개정되면서 노조법 내에 노사협의회 제도가 신설되었다.[9] 1980년에는 노조법 내에 규정되어 있던 노사협의회 제도 관련규정을 삭제하고, 독립된 법률로 '노사협의회법'을 제정하였다. 이후 1997년 법명의 변경이 있었으나, 대체로 1980년 제정된 법률에 의해 설계된 '노사협의제도'의 기본 틀이 근로자참여를 강화하는 방향으로 수정을 거치면서 현재까지 이어져오고 있다. 또한 1987년 개헌논의 과정에서 야당이었던 통일민

환, 6면).

5) 김유성, 432~433면.

6) 국가, 산업(지역), 기업 단위의 근로자대표론을 시도한 최근의 글로는 박제성c, 15~84면.

7) 대한민국헌법(1948. 7. 17. 제정된 것) 18조
　　근로자의 단결, 단체교섭과 단체행동의 자유는 법률의 범위 내에서 보장된다. 영리를 목적으로 하는 사기업에 있어서는 근로자는 법률의 정하는 바에 의하여 이익의 분배에 균점할 권리가 있다.

8) 제헌헌법 제정 당시 근로자의 경영참가와 이익균점권에 관한 구체적 논의는 황승흠, 299면 이하와 이흥재, 264면 이하를 참조할 것.

9) 구 노조법(1963. 4. 17. 법률 1329호로 전문개정된 것) 6조
　　사용자와 노동조합은 노사협조를 기하고 산업평화를 유지하기 위하여 노사협의회를 설치하여야 한다.

주당은 개헌시안에서 근로자 경영참가권과 이익균점권을 국민의 기본권 조항으로 채택하기도 하였다.[10]

근로자 경영참가의 우리 헌법상 근거규정에 관해 학자들 간에는 인간의 존엄과 가치를 보장한 헌법 10조[11] 또는 노사협의회법의 목적규정과 관련이 있는 경제민주화 및 경제질서에 관한 헌법 119조 1항, 2항[12]을 들고 있다.[13] 근로자 경영참가를 규정하는 법률의 재산권 침해 등 위헌 여부와 관련해서는 일찍이 독일연방헌법재판소가 1979년 주주 측과 근로자 측이 같은 수로 감사회를 구성하도록 하는 1976년의 공동결정법(Mitbestimmungsgesetz)에 대해 소유권보장 및 경제활동의 자유 등과 관련된 기본법 조항의 위반이 아니라고 판단한 사례가 있다.[14]

'근참법'이 대한민국의 협력적 노사관계에서 근로자 참여의 기본틀로 '노사협의제도'를 설계해 놓고 있고, 학계 일부에서도 '노사협의제도'를 대립적 노사관계의 단체협약제도와 구분되는 근로자 경영참가의 한 방식으로 접근하고 있는바, 이하에서는 각국의 근로자경영참가제도와 우리 노사협의회 제도의 연혁을 살펴보고, 이를 통해 노사협의회 제도가 갖는 특성을 이해하도록 한다.

2. 각국의 근로자 경영참가제도[15]

가. 국제노동기구(ILO)의 노사협의 관련 협약과 권고

국제노동기구(ILO)는 ① 1952년 기업(undertaking)[16] 단위의 사용자와 근로자 간 협의와 협조에 관한 권고(94호), ② 1960년 산업 또는 전국 단위의 정부당국,

---

10) 민주당 개헌시안의 내용을 보면, 국민의 기본권 조항에서 "근로자는 …법률이 정하는 바에 의하여 기업의 경영에 참여할 권리를 가진다."(개헌시안 33조), "근로자는 …법률이 정하는 바에 의하여 이익의 배분에 균점할 권리를 가진다."(개헌시안 34조)라고 하며, 한국노총은 근로자의 경영참가권과 이익균점권을 바탕으로 하위법에 노사협의를 통해 이를 실현하고자 하였다(동아일보 1987. 7. 16.자 2면, 「근로자경영참여 공방가열」).
11) 박명서, 173면.
12) 박원석, "노사협의제의 노동법적 의의", 중원연구논문집 1집, 건국대학교, 1982, 24~25면(김형배, 1583면 재인용).
13) 김형배 교수는 근로자의 경영참가에 대한 헌법상 근거를 찾는다면 인간의 존엄과 가치를 보장한 10조와 보조적으로 경제질서를 정한 119조에서 구해야 한다고 한다(김형배, 1583면).
14) 독일연방헌법재판소의 1979. 3. 1. 판결(BverfGE 50, 290)(안택식, 93~94면에서 재인용).
15) 이하의 내용 중 일부는 신권철, 272면 이하를 참조하였다.
16) 'undertaking'은 기업 또는 사업으로 번역되고 있는데, 이하에서는 기업 단위, 산업 단위, 국가 단위와 같이 일정한 수준이나 범위를 나타낼 때는 '기업'으로 표현하기로 하고, 경제적 활동을 수행하는 일정한 구성체를 의미할 때는 '사업'으로 표현하기로 한다.

사용자단체와 근로자단체 간 협의와 협조에 관한 권고(113호), ③ 1967년 기업 경영자와 근로자 간 커뮤니케이션에 관한 권고(129호), ④ 1971년 기업 내 근로자대표에게 제공되는 보호와 편의에 관한 협약(135호) 및 권고(143호)를 통해 기업 단위에서부터 산업 단위, 국가 단위까지 광범위한 근로자 또는 근로자집단의 참여를 제안하고 있고, 그 참여의 전제로 기업 측의 정보제공과 근로자대표의 보호를 규정하고 있다. 이하에서는 위 각 협약·권고의 내용[17]을 간단하게 살펴보도록 한다.

(1) 1952년 기업 단위의 사용자와 근로자 간 협의와 협조에 관한 권고(94호)[18]

국제노동기구의 1952년 94호 권고는 두 개의 조문으로 되어 있는데, 1조는 노사협의의 대상에 관한 것이고, 2조는 노사협의기구의 설치방식에 관한 것이다. 노사협의 대상에 관한 1조는 "기업 내 사용자와 근로자 사이에 단체교섭제도의 범위 내에 포함되지 않거나 근로조건의 결정과 관련하여 다른 제도에 의해 일반적으로 다루어지지 않는 상호 관심사에 관하여 협의와 협력을 증진시킬 수 있는 조치를 취하여야 한다."라고 하여 노사협의의 범위를 단체교섭 또는 근로조건의 결정과 관련된 사항 이외의 것으로 설정하고 있다.

노사협의기구의 설치방식에 관한 2조는 "국내의 관습 및 관행에 따라, 이러한 협의와 협력은 ① 당사자 간의 자발적 합의의 권장을 통해 장려하거나, ② 협의협력기구를 설치하고, 다양한 기업의 사정에 적합한 운영범위, 기능, 구조, 방법을 정하는 법령에 의해 촉진하거나, ③ 위 두 가지 방법을 결합하여 장려 또는 촉진하는 방식"을 제시하고 있다. 다시 말하면, 노사협의체의 설치는 법령에 의한 것, 사용자와 근로자 간 합의에 의한 것, 또는 양자의 결합에 의한 것 모두 가능한 방법으로 제시하고 있다.

(2) 1960년 산업 단위 또는 전국 단위의 정부당국, 사용자단체, 근로자단체 간 협의와 협조에 관한 권고(113호)[19]

국제노동기구의 1960년 113호 권고는 총 5개의 조문으로 되어 있는데, 그

---

17) 이하의 협약과 권고는 ILO 홈페이지의 원문을 주로 참조하여 번역하였고, 고용노동부가 2012년 발간한 'ILO 주요협약'(고용노동부e)의 번역 내용과 대조하였다.

18) 영문명칭: Recommendation concerning Consultation and Co-operation between Employers and Workers at the Level of the Undertaking.

19) 영문명칭: Recommendation concerning Consultation and Co-operation between Public Authorities and Employers' and Workers' Organisations at the Industrial and National Levels.

구체적 내용은 다음과 같다. 1조는 산업 단위 또는 국가 단위의 정부당국, 사용자단체 및 근로자단체 간 협의협력을 위한 조치와 이러한 조치를 할 때 그 구성원의 인종, 성, 종교, 정치적 의견, 또는 출신에 근거한 차별의 금지를, 2조는 협의협력조치가 단체교섭권을 포함한 사용자와 근로자의 권리 및 단결권을 훼손하지 않을 것을, 3조는 협의협력조치는 ① 사용자단체 및 근로자단체의 자발적 조치, ② 정부당국의 장려, ③ 법령에 의하거나 또는 ④ 위 3가지 방식의 혼합에 의할 수 있음을 규정하고 있다.

또한 위와 같은 산업 단위 또는 국가 단위 노사협의체의 설립목적은 국가경제와 개별경제를 발전시켜 근로조건을 향상시키고, 생활수준을 향상시키기 위한 것으로 정부당국, 사용자단체 및 근로자단체의 상호이해와 우호관계를 증진시키는 일반적 목적을 가질 것(4조)을 제안하고 있으며, 그 구체적 대상은 최대한 서로 동의하는 해결책에 도달하기 위해 상호 관심사항에 관해 사용자단체 및 근로자단체의 공동협의를 대상으로 해야 하고, 1) 노사관계 당사자의 이해에 영향을 미치는 법령의 입안과 집행, 2) 고용, 직업훈련, 재교육, 노동보호, 산업안전보건, 생산성, 사회보장과 복리를 책임지는 조직과 같은 국가기관의 설립과 운영, 3) 경제사회발전계획의 작성과 이행 등과 같은 문제에서 적정한 방법으로 정부당국이 사용자단체 및 노동자단체의 의견과 조언, 원조를 구하는 것을 그 대상으로 삼고 있다(5조).

(3) 1967년 기업 내 경영자와 근로자 간 커뮤니케이션에 관한 권고(129호)[20]

1967년의 129호 권고는 근로자 경영참가의 초보적 단계라 할 수 있는 사용자의 근로자에 대한 정보제공의 내용 및 방식을 규율하는 정보참가에 관해 규정하고 있다. 총 2장 15조로 된 권고는 1장에서 일반적 고려사항을, 2장에서 기업 내 커뮤니케이션 정책의 요소를 규정하고 있다. 구체적으로 근로자에 대한 정보제공과 관련된 주요내용을 보면 다음과 같다.

먼저, 1장의 일반적 고려사항에 관하여 보면, 사용자는 근로자대표와 협의 후 근로자 및 그 대표와 효과적으로 소통하기 위한 적정한 조치를 취하여야 하고(2조 3항), 정보의 노출이 각 당사자에게 피해를 끼치지 않는 한, 경영 측이 주요한 이해관계가 있는 문제를 결정하기 전에 관련 당사자 사이에 정보를 제공

---

20) 영문명칭: Recommendation concerning Communications between Management and Workers within the Undertaking.

받고 협의할 수 있는 효율적인 커뮤니케이션 정책을 마련해야 한다(3조). 커뮤니케이션 방식은 단결의 자유를 저하시키거나, 국가법률 및 관행에 따르는 노동자대표체의 기능을 박탈하거나, 자유로이 선출된 근로자대표 및 그 단체에 피해를 주어서는 안 된다(4조)고 규정하고 있다.

　다음으로, 2장의 커뮤니케이션 정책의 주요한 요소들을 보면, 커뮤니케이션 정책은 그 사업장 내의 구성과 이해관계, 규모를 고려해 해당 기업의 현실에 맞게 채택되어야 하고(8조), 기업 내 커뮤니케이션 시스템은 두 개의 소통방식, 즉 하나는 부문책임자 또는 공장장 등의 경영대표자와 근로자들 사이, 다른 하나는 인사책임자 등 최고경영대표자와 노동조합 대표자(또는 국가법률이나 관행, 단체협약에 의해 기업 수준에서 근로자의 이해를 대변하는 임무를 가진 자) 사이에 각기 다른 두 개의 일상적인 소통방식을 두어야 한다(9조).

　끝으로, 경영 측에 의해 제공되는 정보는 기업 상황을 고려하여 근로자대표 또는 근로자에게 제공되어야 하는데, 정보의 노출이 당사자들에게 피해를 일으키지 않는 범위 내에서, 가능한 한 기업의 운영과 미래전망, 근로자의 현재와 미래의 상황과 관련된 근로자에 이해관계가 있는 모든 문제를 포함하여야 하고, 특히 다음과 관련된 사항은 경영 측이 정보를 제공하여야 한다(15조).

　① 채용, 이직 및 고용종료를 포함한 고용의 일반상황
　② 직무 종류 및 기업구조 내에서 특정 직무의 위치
　③ 기업 내에서 훈련과 승진의 가능성
　④ 일반적인 근로조건
　⑤ 산업안전과 보건 규칙 및 사고와 직업병 예방을 위한 지침
　⑥ 고충처리절차 및 그 운영과 상황에 관한 규율과 관례
　⑦ 근로자 복지 서비스(의료보호, 헬스, 복지매점, 주거, 휴양, 저축 및 금융기관 등)
　⑧ 기업 내 사회보장 또는 사회부조제도
　⑨ 기업 내 고용으로 인해 근로자가 처해지는 국가 사회보장계획의 규정
　⑩ 기업의 일반상황 및 기업의 미래발전 전망 또는 계획
　⑪ 기업 내 근로자 상황에 직・간접적 영향을 줄 수 있는 결정의 설명
　⑫ 경영 측(및 그 대표)과 근로자들(및 그 대표) 사이의 협의・토론・협력의 방법

(4) 1971년 기업 내 근로자대표에게 제공되는 보호와 편의에 관한 협약(135호) 및 권고(143호)[21]

1971년 제정된 같은 제목의 위 협약과 권고는 모두 근로자대표에 대한 보호와 편의를 제공하는 규정을 두고 있다. 위 협약과 권고는 대체로 단체교섭절차에서 불이익을 당할 수 있는 근로자대표를 보호하고, 기타 편의를 제공하기 위한 것이기는 하나, 근로자 경영참가의 한 수단인 노사협의회 또한 근로자대표가 참여하고 있기 때문에 이에 대한 보호와 편의 또한 근로자 경영참가의 한 내용을 구성할 수 있어 아래에서는 간단하게 위 협약 및 권고의 규정을 살펴보도록 한다.

먼저, 위 협약은 '근로자대표'가 법률, 단체협약 또는 다른 공동협정에 따르는 한 근로자대표 또는 조합원 지위에서 한 활동, 노동조합의 활동에 참가하였음을 이유로 한 해고를 포함한 불이익한 조치에 대해 효과적인 보호를 향유하고(1조), 근로자대표가 그 임무를 신속하고 효율적으로 수행할 수 있도록, 국가의 노사관계 시스템 특성 및 해당 기업의 필요, 규모와 능력을 고려한 기업 내 편의를 제공받지만, 해당 기업의 효율적 운영에 해를 끼쳐서는 안 되도록 하고 있다(2조).

다음으로, 협약은 '근로자대표'의 개념에 대해서는 국가의 법률이나 관행 아래 1) 노동조합의 대표(trade union representatives), 즉 노동조합 또는 조합원에 의해 지명되거나 선출된 대표, 2) 선출된 대표(elected representatives), 즉 법령이나 단체협약 조항에 따라 기업 내 근로자들에 의해 자유롭게 선출된 대표로서 그 역할에 해당국가 노동조합의 배타적 특권으로 인식되는 활동을 포함하지 않는 자를 말한다(3조)고 규정하고 있다. 국가의 법령, 단체협약, 중재재결, 법원결정은 이 협약이 제공하는 보호와 편의를 제공받을 근로자대표의 유형을 결정할 수 있다(4조). 한 기업 내에 노동조합의 대표와 선출된 대표가 함께 있는 경우, 선출된 대표의 존재가 해당 노동조합의 지위를 위협하는 데 이용되는 것을 막고, 선출된 대표와 해당 노동조합 및 노동조합의 대표 사이에 관련문제들에 관

---

21) 협약의 영문 명칭: Convention concerning Protection and Facilities to be Afforded to Workers' Representatives in the Undertaking.
　　권고의 영문 명칭: Recommendation concerning Protection and Facilities to be Afforded to Workers' Representatives in the Undertaking
　　(위 협약과 권고의 내용은 아래 각 홈페이지를 참조) (2022. 9. 23. 최종방문)
　　https://www.ilo.org/dyn/normlex/en/f?p=1000:12100:::NO:12100:P12100_INSTRUMENT_ID:312280
　　https://www.ilo.org/dyn/normlex/en/f?p=NORMLEXPUB:12100:0::NO::P12100_ILO_CODE:R143

한 협력을 증진하기 위해 필요한 경우 적절한 조치가 취해질 수 있다(5조). 이행의 방법과 관련하여는, 국가법령, 단체협약 또는 국가의 관행에 부합하는 방법을 통해 본 협약을 실시할 수 있도록 하고 있다(6조).

위 협약과 함께 제정된 1971년의 권고는 협약의 내용과 동일한 규정을 일부 포함하고 있으나, 위 협약에 더하여 추가적으로 ① 보호의 주체를 근로자대표 외에 대표에 출마하는 선거후보자나 지명후보자 등에게도 확장(7조), ② 해고절차 등에서 근로자대표의 효과적 보호를 보장할 만한 구체적 조치들의 내용을 규정(6조), ③ 근로자대표에 대한 편의제공으로서 기업 내 근로자대표 기능의 수행을 위해 근로에서 벗어난 시간에 대해 임금 또는 사회적, 부가적 급부의 손실 방지(10조 1항), ④ 근로자대표가 그 기능을 효과적으로 수행하도록 하기 위해 노동조합 회의, 교육과정, 세미나와 토론회 등에 참석하기 위해 필요한 시간에 대해 임금이나 사회적, 부가적 급부의 손실 없는 제공(11조 1항, 2항)을 규정하고 있다. 그 외에 사업장 접근(12조), 경영진과의 소통(13조), 근로자대표의 조합비 수령(14조) 등도 규정하고 있다.

(5) 국제노동기구(ILO)의 협약 및 권고에 대한 평가

국제노동기구의 위 4건의 권고와 1건의 협약을 정리하여 평가하면 다음과 같다.

① 먼저, 노사협의체 또는 노사정협의체의 구성을 기업 단위, 산업 단위, 국가 단위별로 설치할 수 있도록 하고, 그 설치방법도 국가의 법령, 정부의 장려, 노사 간 단체협약 등의 방식으로도 가능하게 하고 있어 각 국가가 노사협의체를 다양한 형태로 설계가 가능하도록 폭넓은 방법을 제공하고 있다.

② 다음으로, 노사협의체의 구성과 노사협의체의 협의대상이 노동조합 및 단체교섭을 제약하거나 침해하지 않을 것을 강조하고 있다. 이는 국제노동기구가 근로자의 보호와 근로조건 개선을 위해서는 노동조합에 의한 단체교섭이 노사협의체에 의한 협의보다 기능적, 실제적으로 우위를 점해야 하며, 노사협의체나 이에 의한 협의과정이 기존의 노동조합조직이나 단체교섭시스템을 침해하거나 위협하는 제도로서 이용되어서는 안 된다는 원칙을 제시하는 것이기도 하다.

③ 끝으로, 사용자의 근로자대표에 대한 정보제공 및 편의제공을 두고 있는데, 이는 노사협의체의 기능을 물적인 면과 인적인 면에서 보장하려는 것으

로, 노사협의체에서 경영참가의 전제가 되는 정보를 근로자 측이 제공받고, 의사결정에 참여하는 활동을 하는 근로자대표에 대한 신분보장을 통해 노사협의체를 사용자에 종속되지 않는 대등한 기구로 자리매김 시키고자 하는 의사를 읽을 수 있다.

나. 유럽평의회의 유럽사회헌장과 유럽연합의 근로자정보협의 일반체계 지침

　　1949년 설립된 유럽평의회(Council of Europe)는 유럽연합(EU)과는 구분되는 47개의 회원국을 가진 유럽국가 간 정부기구로 인권, 다원적 민주주의, 법치주의 보호를 그 목적으로 하고 있는데, 1950년 유럽인권협약(European Convention of Human Rights)을, 1965년 유럽사회헌장(European Social Charter)을 각 채택하였다. 1996년 유럽평의회는 유럽사회헌장을 개정하였는데, 개정된 내용 중 일부 규정은 근로자의 경영참가권을 보장하고 있다. 유럽연합도 2002년 유럽연합 내의 기업 또는 사업장 단위에서 정보와 협의(Information and Consultation)에 관한 최저기준을 설정하는 '근로자 협의 및 정보제공을 위한 일반체계에 관한 지침(directive)'[22]을 제정하였다. 이하에서는 유럽평의회의 유럽사회헌장 중 근로자 경영참가 관련규정과 유럽연합의 위 지침에 관해 살펴본다.

(1) 유럽사회헌장 중 근로자의 경영참가권 관련규정[23]

　　1961년 제정된 유럽사회헌장은 1950년 채택된 유럽인권협약이 다루지 못한 사회적 권리에 관한 보장을 그 주요내용으로 담고 있는데, 파트 1(PART Ⅰ)에서 노동자, 장애인, 아동, 여성, 이주노동자 등 다양한 권리주체와 19항목으로 나누어진 다양한 내용의 권리[24]를 열거하고, 파트 2(PART Ⅱ)에서 19개의 권리항목에 대해 그 내용을 상세히 규정하고 있다. 최초 유럽사회헌장은 위 19개의 권리항목에 근로자 경영참가에 관한 내용을 포함하고 있지 않았다. 이후 1996년 개정된 유럽사회헌장은 그 권리항목을 12개 더 추가하면서 근로자 경영참가 관련

---

22) 유럽연합의 입법행위 중 지침(directive)은 회원국에 구속력 있는 법적 행위이지만, 달성될 결과에 관해서만 구속력이 있고, 형식과 방법의 선택은 회원국 정부에 맡겨져 있다(강성태a, 168면).

23) 이하 1961년 최초 유럽사회헌장의 내용 및 1996년 개정된 유럽사회헌장의 내용은 유럽평의회 홈페이지 https://www.coe.int/en/web/conventions/full-list2?module=treaty-detail&treatynum=035 과 https://www.coe.int/en/web/conventions/full-list?module=treaty-detail&treatynum=163을 참조함 (최종방문 2022. 9. 20).

24) right to work, right to just conditions of work, right to safe and healthy working conditions, right to a fair remuneration, right to organise 등 총 19개의 권리를 나열하고 있다.

권리를 포함해 과거보다 현대화된 노동권 항목을 포함시키고 있다.25) 특히 기업 내 근로자 경영참가와 관련해서는 정보협의권(21조), 근로조건 및 근로환경 결정 및 개선에 대한 참가권(22조), 근로자대표의 보호 및 편의제공을 받을 권리(28조), 경영상 해고 시 근로자 정보협의권(29조) 등이 규정되었다. 그 구체적인 내용은 개정된 유럽사회헌장 파트 2(PART Ⅱ)에서 다시 상세히 설명하고 있다.

유럽사회헌장에 따르면, 근로자 또는 근로자대표의 위 각 조항(21조, 22조, 28조, 29조)상의 권리를 효과적으로 보장하기 위해 당사국은 국내법령과 관행에 맞게 아래의 행위나 권리를 보장할 수 있도록 조치를 취하거나 장려해야 한다.

① 21조의 정보협의: 정기적으로 또는 적정한 때에 해당 기업의 경제적, 재정적 상황에 관해 정보를 제공받는 행위(단, 기업에 해가 될 수 있는 특정 정보의 노출은 거절되거나 비밀 유지하에 제공되는 것을 조건으로 함)

② 21조의 일반협의: 근로자의 이해에 실질적인 영향을 줄 수도 있는 결정안, 특히 기업의 고용상황에 중대한 영향을 미칠 수 있는 결정에 대해 적시에 협의하는 행위

---

25) 최초 유럽사회헌장 파트 1의 19항 이후 추가된 20항부터 31항까지의 개정된 유럽사회헌장의 권리항목을 열거하면 다음과 같다(아래 권리항목은 개정된 파트 2의 20조부터 31조까지 각 조문 제목임).

20. 성차별 없이 고용과 직업에 있어 동등한 기회와 처우를 받을 권리(Article 20 — The right to equal opportunities and equal treatment in matters of employment and occupation without discrimination on the grounds of sex)
21. 정보와 협의에 대한 권리(Article 21 — The right to information and consultation)
22. 근로조건 및 근로환경의 결정 및 개선에 참여할 권리(Article 22 — The right to take part in the determination and improvement of the working conditions and working environment)
23. 연장자의 사회적 보호에 대한 권리(Article 23 — The right of elderly persons to social protection)
24. 근로관계 종료 시 보호에 대한 권리(Article 24 — The right to protection in cases of termination of employment)
25. 사용자 파산 시 근로자 청구의 보호에 대한 권리(Article 25 — The right of workers to the protection of their claims in the event of the insolvency of their employer)
26. 노동과정에서의 존엄에 대한 권리(Article 26 — The right to dignity at work)
27. 가족부양책임 있는 근로자의 동등한 기회와 처우에 대한 권리(Article 27 — The right of workers with family responsibilities to equal opportunities and equal treatment)
28. 근로자대표의 기업 내 보호 및 편의제공에 대한 권리(Article 28 — The right of workers' representatives to protection in the undertaking and facilities to be accorded to them)
29. 경영상 해고절차에서 정보 및 협의에 대한 권리(Article 29 — The right to information and consultation in collective redundancy procedures)
30. 빈곤과 사회적 배제로부터 보호받을 권리(Article 30 — The right to protection against poverty and social exclusion)
31. 주거에 대한 권리(Article 31 — The right to housing)

③ 22조의 근로조건 및 근로환경 결정참가: a) 근로조건, 작업조직, 근로환경의 결정과 개선, b) 기업 내 건강과 안전 확보, c) 기업 내 사회적, 사회문화적 서비스와 시설의 조직, d) 이상의 문제와 관련된 규정위반 여부에 대한 감독과 관련된 각 사항에 대해 조언, 참여하는 행위

④ 28조의 근로자대표 보호: 해고를 포함하여 근로자대표의 기업 내에서의 지위나 활동을 이유로 한 불이익조치로부터 효과적인 보호를 누릴 수 있도록 보장

⑤ 28조의 근로자대표에 대한 편의제공: 적시에 효율적으로 근로자대표가 임무를 수행할 수 있도록 적절한 편의가 제공되어야 함과 동시에, 국가의 노사관계 시스템, 해당 기업의 필요, 규모, 능력을 고려해야 함

⑥ 29조의 경영상 해고 시 정보협의권: 사용자가 경영상 해고에 앞서 적당한 시점에 해고를 회피하거나 그 발생을 억제하고, 결과를 완화하는 수단과 방법(특히 해당 근로자들의 재배치 또는 재훈련의 원조)에 대해 정보를 제공하고 협의하도록 보장

위의 유럽사회헌장은 국제노동기구의 권고와 유사하게 각 회원국에게 근로자 경영참가에 관한 구체적 내용보다는 기본적 원칙만을 제시하고 있어 경영참가의 구체적 방법이나 수준은 높지 않으나, 국가가 입법설계를 할 때 고려해야 할 사항, 즉 근로자 경영참가에 따른 경영사항의 비밀유지, 근로자대표의 보호와 편의제공, 경영상 해고 시 사전 정보제공 및 협의를 제시하고 있다.

(2) 유럽연합(EU)의 근로자 협의 및 정보제공을 위한 일반제도 확립을 위한 지침(2002년)[26]

(가) 지침의 목적과 기본 원칙

유럽연합의 위 2002년 지침(directive)은 유럽공동체(European Community)의 기업들 내에서 근로자 협의 및 정보제공제도를 개선하기 위한 최소한의 조건을 규정하는 것이다. 위 지침은 전문에서 그 목적을 유럽공동체에 적용할 수 있는

---

26) Directive 2002/14/EC of the European Parliament and of the Council of 11 March 2002 establishing a general framework for informing and consulting employees in the European Community. https://eur-lex.europa.eu/legal-content/EN/ALL/?uri=CELEX%3A32002L0014에서 위 지침의 원문을 참조함(최종방문 2022. 1. 30.),

https://eur-lex.europa.eu/legal-content/EN/TXT/?uri=LEGISSUM:c10817에서 나온 위 지침의 소개내용을 참조함(최종방문 2022. 1. 30.).

최소 조건을 확립하는 것이지 회원국이 근로자에게 더 유리한 조항들을 규정하는 것을 막는 것은 아니라 하고 있다(1조 1항 및 전문 18호 규정). 또한 지침은 중소기업의 창업과 발전에 장애가 될 수도 있는 행정적, 재정적, 법률적 규제를 피할 목적으로 회원국의 선택에 따라 일정 규모 이상의 사업에만 적용된다(전문 19호). 다음으로 지침은 두 가지 기본 원칙을 바탕으로 하고 있는데, 그 하나는 정보협의를 위한 실제 제도는 개별 회원국의 법과 노사관계에 부합하게 규정·시행되어야 하는 것이고, 다른 하나는 사용자와 근로자대표는 협력정신과 서로의 권리의무를 고려하는 것이 필요하다는 것이다(1조 3항).

(나) **적용 대상기업**(3조 1항)

지침의 적용대상은 회원국의 근로자 50인 이상을 가진 사업(undertaking) 또는 회원국의 근로자 20인 이상을 가진 사업장(establishment)[27]인데, 위 두 개의 기준 중 선택은 회원국에 맡겨져 있고, 근로자 수의 산정방법 또한 회원국에 맡겨져 있다.

(다) **정보협의의 내용과 절차**(4조 2항 내지 4항)

지침의 근로자정보협의의 대상은 세 가지 부분을 포함하는데, ① 사업 또는 사업장의 활동 및 경제적 상황에 대한 최근의 예상되는 발전에 대한 정보제공, ② 사업 또는 사업장 내 고용상황, 구조, 예상되는 발전, 특히 고용위협이 있는 경우 예상되는 선행조치에 대한 정보제공과 협의, ③ 인력조직(work organization) 또는 계약관계에서 중대한 변화를 일으킬 수 있는 결정에 관해 정보제공과 협의가 필요하다(4조 2항). 정보제공은 특히 근로자대표가 충분히 연구하고, 필요한 경우에는 협의를 준비할 수 있도록 적당한 시간과 방식, 내용으로 제공

---

27) (a) 사업(undertaking)은 위 지침의 정의규정에 따르면, 영리목적 여부를 불문하고, 회원국 지역 내에 위치한 경제적 활동을 수행하는 공적, 사적 사업을 의미한다.
   (b) 사업장(establishment)은 인적, 물적 자원을 바탕으로 회원국 지역 내에서 경제적 활동을 수행하는 국가법률이나 관행에 따라 정의된 영업단위를 의미한다.
   (c) 사용자(employer)는 국가법률이나 관행에 따라 근로자와 고용계약이나 고용관계를 가지는 자연인 또는 법인 당사자를 의미한다.
   (d) 근로자(employee)는 국가의 노동법 아래 그리고 국가의 관행에 따라 해당 회원국 내에서 근로자로서 보호되는 자를 의미한다.
   (e) 근로자대표(employees' representatives)는 국가의 법률 및(또는) 관행에 의해 규정된 근로자대표를 의미한다.
   (f) 정보(information)란 사용자가 근로자대표에게 일정 내용에 대해 정보를 얻게 하거나 조사할 수 있게 하기 위한 자료의 전달을 의미한다.
   (g) 협의(consultation)란 근로자대표와 사용자 사이의 의견의 교환과 의논체제를 의미한다.

되어야 한다(4조 3항). 협의는 ① 시기, 방식, 내용이 적절히 보장되는 가운데, ② 경영진 및 대표자의 수준에서, 진행 중인 안건에 대해, ③ 근로자대표가 부여받은 권한에 따라 공식적인 요구를 하여 사용자가 제공한 정보에 근거하여, ④ 근로자대표가 사용자를 만나서 근로자대표의 공식적인 요청에 대해 응답과 그 이유를 얻을 수 있게 하는 방식으로, ⑤ 사용자의 권한 범위 내의 결정(인력조직 또는 계약관계에서 중대한 변화를 일으킬 수 있는 결정)에 대해 합의(agreement)에 도달할 것을 목적으로 한다.

㈃ 비밀정보(6조)

사업 또는 사업장의 합법적 이익의 범위 안에 있는, 명시적으로 사용자가 비밀로서 제공한 정보에 대해서는 국가 법령이 규정하는 조건과 범위 내에서 근로자대표나 그를 지원하는 전문가는 근로자나 제3자에게 이를 누설하는 것이 금지된다고 회원국은 규정하여야 한다. 이 의무는 근로자대표나 전문가의 임기가 만료된 후에도 적용되어야 한다. 한편, 회원국은 근로자대표 및 그를 지원하는 자가 비밀유지의무가 있는 근로자 및 제3자에게 비밀정보를 전하는 것을 허용할 수 있다(6조 1항). 회원국은 국가법령에 의해 규정된 조건과 제한 범위 내에서 그 정보의 속성상 특정한 경우에 객관적 기준에 의하면 사업 또는 사업장의 기능에 심각한 피해를 주거나 해가 될 수 있는 정보제공 또는 협의의 경우에는 정보제공이나 협의를 부담할 의무가 없다고 규정하여야 한다(6조 2항). 사용자가 1항과 2항에 따라 비밀을 요구하거나 정보를 제공하지 않는 경우 행정적 또는 사법적 심사절차(review procedures)를 규정하여야 한다. 회원국은 또한 당해 정보의 비밀을 보장할 수 있는 절차를 규정하여야 한다(6조 3항).

㈄ 근로자대표의 보호(7조)

회원국은 근로자대표가 그 임무를 수행하는 데 그들에게 부여된 의무를 정당하게 이행할 수 있도록 충분한 보호(protection)와 보장(guarantee)을 누릴 수 있도록 담보하여야 한다(7조). 회원국은 근로자대표의 임무 수행을 위해 필요한 보호조치가 국가적인 차원에서 충분한 행정적, 사법적 절차를 통해 준수될 수 있도록 보장하여야 하고, 어떤 결정의 시행이나 공표 이전에 전체적으로(total) 정보를 제공하지 않고(않거나) 근로자대표와 협의하지 않는 것, 중요한 정보의 미제공이나 정보협의권의 행사를 무용하게 만드는 부정확한 정보의 제공 등은 지침이 규정한 의무의 심각한 위반으로 간주된다.

다. 영　국

영국은 국가가 근로자대표 기능을 규제하는 데 거의 관여하지 않아 최근까지 다른 유럽국가와 달리 경영참가와 관련된 법령이 제정되지 않았고, 사업장에서는 근로자를 대표하는 노동조합과의 단체협약 체결이라는 단일채널 모델이 제도화되어 있었다.28) 과거 1916년 휘틀리(Whitley) 하원의장을 위원장으로 한 휘틀리 위원회가 산업관계 전반에 대한 보고서를 작성하였고, 위 보고서의 권고에 따라 정부의 주도로 생산성 향상을 목적으로 복리후생, 고충처리 등을 협의하는 공장위원회(joint industrial council)가 소규모 사업장을 위주로 하여 일부 설치되었으나, 위 공장위원회는 근로자의 반발로 노동조합의 단체교섭기능에 흡수되었다.29) 영국은 법령에 의하여 정해진 노사협의회는 없었지만 미국이나 일본과 같이 다수의 사업장에 단체협약이나 임의적 관행에 따라 노사협의회(joint consultive committees)가 설치되었다.30)

영국은 과거 미국, 일본 등과 같이 법이 정한 노사협의회(경영참가제도)가 없는 나라로 분류되었지만,31) 앞서 본 2002년의 유럽연합(EU)의 근로자 협의 및 정보제공을 위한 일반제도 확립을 위한 지침에 근거하여 영국은 근로자 협의 및 정보제공법령(The Information and Consultation of Employees Regulations 2004, No. 3426, 이하 'ICE'라 한다)을 제정하여 2005년부터 시행하고 있다. 이하에서는 위 법령의 내용을 간단하게 살펴보도록 한다.32)

(1) 적용범위와 근로자 수 계산

적용대상범위는 영국 내에서 ICE 4조의 근로자 수 계산방법에 따라 부칙 1이 규정하고 있는 표의 내용 및 순서33)에 따른 근로자 수 이상(2008. 4. 6.부터 50인 이상)을 고용하는 사업(undertakings)34)에 적용한다. 파견근로자(agency worker)에

---

28) 심재진, 22면.

29) 김치선, 42면.

30) 강성태b, 144면.

31) 김병대, 93면.

32) 이하의 영국 근로자 협의 및 정보제공법령에 대한 설명은 강성태b, 149면 이하의 내용, 전형배, 361~364면과 http://www.opsi.gov.uk/si/si2004/20043426.htm에서 법령의 원문내용을 참조함(최종방문 2022. 1. 30.).

33) 부칙 1의 표에 따르면, 150인 이상은 2005. 4. 6.부터, 100인 이상은 2007. 4. 6.부터, 50인 이상은 2008. 4. 6.부터 각 적용된다.

34) 사업(undertaking)은 이익을 위해 운영되는지 여부를 불문하고, 경제적 활동을 수행하는 공

게도 위 법령(ICE)이 적용된다(3조A).35) 근로자 수 계산은 산정의 필요가 생긴 시점에서 역산하여 이전 12개월 동안 고용된 평균 근로자 수를 확인하여 정한다(4조 1항). 법령은 그 외에 평균 근로자 수 산정방법(4조 2항), 단시간 근로자 산정방법(4조 3항),36) 12개월이 안 된 사업의 경우에 관한 계산방법(4조 4항)을 규정하고 있다. 그 밖에 근로자 수 계산을 위한 사용자에 대한 자료요구(5조)와 사용자의 불응이나 부정확한 자료 제공 시 중앙중재위원회(Central Arbitration Committee, "CAC")에 정보공개 청구(6조)를 규정하고 있다.

(2) 개시절차(trigger mechanism)

사용자는 유효한 근로자의 요구를 수령하는 즉시 교섭(negotiation)을 시작하여야 한다(7조). 여기서 말하는 교섭은 정보협의의 체계를 구성하는 협약체결을 목적으로 한 교섭을 의미한다. 즉 ICE는 노사협의제도를 법령으로 규정하고 있지만, 그 구체적인 내용은 당사자 간의 교섭에 의하도록 규정하고, 법 자체는 주로 노사협의체 구성의 원칙이나 절차를 제시하고 있다. 그런데 기존 협약(pre-existing agreement)이 있고, 근로자 40% 이하의 요청만 있는 경우에는 사용자는 교섭에 응할 필요가 없다. 사용자는 교섭요청에 대한 근로자의 승인(approval) 투표를 요청할 수 있는데, 기업 내 전체 근로자의 40% 이상 및 투표자 과반수가 찬성하지 않는 경우에는 교섭을 개시할 필요가 없다(8조).

(3) 교　섭

교섭은 교섭을 하려는 의도로 사용자가 하는 통지에 의해서도 시작될 수 있으나(11조), 사용자의 통지나 근로자의 요구 모두 일정한 제한이 있다(12조). 교섭의 시작단계에서 교섭대표의 지명이나 선출과 관련된 절차를 제정하여야 하고(14조), 대표 지명이나 선거와 관련된 분쟁은 중앙중재위원회(CAC)가 담당한다(15조). 체결된 교섭협약(negotiated agreement)은 교섭대표 일정 수 또는 근로자 일정 수의 동의 등 일정한 내용과 승인의 방법을 갖추어야 한다. 교섭대표와 사용자 간 절차 합의를 위한 6개월간의 교섭기간이 경과되면 합의하에 연장이 가능하나, 합의가 성립되지 않거나 사용자가 근로자의 적법한 요구가 있는 날부터 6

적, 사적 사업을 의미한다(위 법령 2조. "undertaking" means a public or private undertaking carrying out an economic activity, whether or not operating for gain).
35) 전형배, 361면.
36) 월 75시간 이하의 단시간 근로자에 대해서는 특정 월에 근무일이 21일 이상이고, 결근이나 연장근로가 없었다면 통상근로자의 1/2로 계산한다(4조 3항).

개월 이내에 교섭을 시작하지 않으면 표준규정이 자동 적용된다.

(4) 표준규정(the standard information and consultation provisions)

유효한 근로자의 요청이 있고, 교섭을 하였으나 협약을 체결하지 못하면, 요청이 있는 날부터 6개월 내에 자동적으로 법령상의 표준규정이 적용된다(18조). 표준규정은 ICE 대표(정보협의대표)가 표준규정 아래에서 임무를 수행할 수 있도록 사용자에게 선거를 시행하도록 규정하고 있고(19조), 표준규정 아래에서 고용에 관한 사항, 경영상 해고, 사업양도 등에 대해 근로자대표와 협의 등 사용자의 의무를 규정하고 있다(20조).

(5) 비밀유지의무

사용자에 의해 비밀로서 처리되는 정보나 자료의 비밀필요성에 대해 ICE 대표가 이의가 있는 경우, 중앙중재위원회(CAC)에 제소할 수 있다(25조).

(6) 근로자 보호

교섭이나 정보협의절차 또는 선거에 참가하는 근로자에 대한 부당해고와 불이익에 대한 보호 등을 규정하고 있다(30조 내지 33조).

(7) 영국의 특징

영국의 근로자 경영참가제의 특징은 유럽국가 중 근로자참가의 정도가 가장 낮은 정보협의에 중점을 두고 있고, 정보협의를 하는 근로자대표와 노동조합의 대표가 엄격히 분리되지 않은 채 사용자의 선택에 맡겨져 있고, 법령의 주요한 내용이 협의의 내용보다는 협의의 체제와 절차에 치중해 있으며, 관할 및 분쟁처리절차에 관한 규정이 상세하다는 것이다.[37]

라. 독   일[38]

(1) 개   설

독일의 노동자참여 제도는 20세기 초 바이마르공화국 성립 이후인 1920년 사업장평의회법(Betriebsrätegesetz)의 제정에서부터 시작되었다. 이는 당시 사민당계 노동조합에서 채택된 강령이 입법화된 것으로 사업장에서의 노동자대표와

---

37) 강성태b, 155면.
38) 이하 독일의 경영참가와 관련하여서는 박명서, 156면 이하; 방준식, 345면 이하; 안택식, 77면 이하; 유성재, 15면 이하; 이광택, 9면 이하; 이승욱a, 3면 이하; 독일 사업장조직법은 김기선 외 3 편역, 독일노동법전, 한국노동연구원(2013), 그 밖의 독일경영참가 관련 법령은 오윤식, 독일경영참가법전, 3면 이하를 참조한 것임.

노동자로 구성된 평의회 설치를 내용으로 한 것이었으나 사용자 측의 반대와 경계로 활성화되지는 않았다.[39] 패전 이후 독일은 1951년 광산·철강제조산업의 공동결정법(Montanmitbestimmungsgesetz, MontanMG, 이하 '몬탄 공동결정법'이라한다)을 시작으로 1952년 사업장조직법(Betriebverfassungsgesetz, BetrVG. 종업원평의회법),[40] 1976년 근로자 2000명 이상의 물적 회사에 적용되는 공동결정법(Mitbestimmungsgesetz, MitbestG)을 제정하여 법률에 의해 근로자 경영참가를 제도화하고 있다.[41] 독일 공동결정제도의 기본사상은 기업을 자본에서 비롯된 것으로 보는 미국식 사고와 달리 자본과 노동 공동의 것으로 보는 사고에서 비롯되며, 과거 회사법이 출자자의 이익만으로 이익을 일원화한 것에 반해 독일의 공동결정제도는 기업 이익의 다원화를 시도하여 경제민주주의 내지 산업민주주의를 통한 노동의 인간화를 실현하려는 것이다.[42]

(2) 독일의 근로자 경영참가(공동결정제도)의 특징

독일의 근로자 경영참가(공동결정제도)의 특징은 세 가지로 나누어 볼 수 있다.

① 참가의 수준 면에서 정보참가나 협의참가에서 더 나아가 법률규정에 의해 사용자와 근로자 간 공동결정이라는 높은 수준의 경영참가를 시행하고 있으며,

② 노동조합과의 관계에서는 노동조합과 사업장평의회(Betriebsrat, 경영협의회)[43]가 모두 근로자로 구성되어 근로자이익을 대표하는 점에서는 동일하지만, 노동조합은 기업 외에서 단체교섭을 통해 조합원의 이익을 대표하고, 사업장평의회는 기업 또는 사업장 내에서 공동결정 또는 사업장협정을 통해 근로자의 이익을 대표하도록 해, 노동조합과 사업장평의회의 교섭사항을 서로 구분하고 있고,[44]

---

39) 조우현, 388면.
40) 1952년 제정된 'Betriebverfassungsgesetz'은 사업장공동결정법(이광택), 경영조직법(박명서, 방준식, 안택식) 또는 종업원평의회법(유성재), 사업장조직법(이승욱), 사업조직법(오윤식) 등으로 번역되고 있는데, 이하에서는 '사업장조직법'으로 번역하여 사용하기로 한다.
41) 이 중 1952년 제정된 사업장조직법(Betriebverfassungsgesetz)은 1972년, 1988년, 2001년, 2018년에 각 개정되어 현재에 이르고 있다.
42) 박명서, 156면.
43) 'Betriebsrat'는 경영협의회(방준식, 박명서, 안택식), 근로자평의회(이학춘), 종업원평의회(이광택, 유성재), 사업장협의회(이승욱), 근로자대표위원회(김기선 외 3), 근로자평의회(오윤식) 등으로 번역되고 있는데, 위 Betriebsrat라는 조직이 사업장 근로자만으로 구성되는 점, 협의가 아닌 공동결정을 위한 것이라는 점, 종업원에 대한 법률적 개념이 불명확한 점에 비추어 이하에서는 '사업장평의회'로 번역하여 사용한다.
44) 독일은 노동조합이 대부분 산업별로 구성되어 사업장이나 기업단위에서는 사업장평의회가

③ 회사기관과의 관계에서는, 회사기관을 이루는 주주총회, 감사회 (Aufsichtsrat, supervisory board),45) 이사회(Vorstand, board of directors) 중 근로자대표 가 감사회에 참여하여 이사의 선임 및 이사회 업무집행을 감독하게 하여 회사 기관 자체에 근로자대표의 참여를 인정하고 있다. 이와 같이 독일은 각 단계별 로 경영참가의 주체와 방식이 다르다.

즉 ① 산업수준에서는 노동조합이 임금 등 근로조건에 대해 단체협약을 통해, ② 기업수준에서는 감사회의 근로자대표가 회사경영의 전략적 의사결정에, ③ 사업장수준에서는 사업장평의회가 사업장협정을 통해 업무관리적 의사결정 에 각 근로자 경영참가를 실현하고 있다. 이하에서는 2018년 개정된 내용을 포 함하여 사업장평의회의 기능과 구성을 규정하고 있는 '사업장조직법'의 내용과 근로자대표의 감사회 참가에 관한 '공동결정법'의 내용을 살펴본다.

(3) 사업장조직법(Betriebsverfassungsgesetz)46)

㈎ 사업장평의회의 구성

① 사업장평의회 설치대상: 사업장평의회는 5인 이상의 선거권을 가진 상 시 근로자가 있고, 그중 3인의 피선거권을 가진 근로자가 있는 사업장(Betrieb)에 서 선출되는데(1조 1항 1문), 2001년 개정법은 '사업장' 개념을 확대하여 서로 다 른 사용자로부터 고용되어 있다고 하더라도 기능상 서로 밀접한 관련성을 가지 고 일한다면 하나의 사업장(공동사업)으로 보아야 한다고 하고 있다(1조 1항 2문 및 1조 2항). 과거 사업장(Betrieb)은 동일 사용자에 속한 독립된 작업공간으로 이해되 어 동일 장소에서 소속이 다른 근로자들이 함께 근무하는 경우 소속에 따라 다 른 사업장평의회를 구성하여야 하였으나,47) 사업장의 개념에서 동일 사용자 요 건을 제거하는 대신 기능상 업무관련성을 요건으로 하여 사업장 내 다른 사용 자에 고용되어 있더라도 동일 사업장 내의 다른 근로자와 함께 하나의 사업장

주로 역할을 하게 되는데, 노동조합은 사용자와 이해관계가 대립되는 임금, 근로시간 등 근 로조건에 관한 사항을, 사업장평의회는 사업장이나 기업 내에서 산업별 노동조합이 다루지 않는 사항을 주로 다루며, 산업별 노동조합이 체결한 단체협약은 사업장이나 기업 내 사업장 평의회가 체결한 사업장협정보다 그 효력이나 위계질서에서 우선하므로 노동조합의 활동이 나 단체교섭권이 사업장평의회의 활동이나 사업장협정에 의해 침해되지 않도록 보호하고 있다.
45) 독일의 감사회(Aufsichtsrat, supervisory borad)는 감사위원회, 감독회, 감사역회 등으로 번역 되고 있다.
46) 이하의 사업장조직법의 내용은 방준식, 349~360면; 유성재, 16~24면; 이승욱a, 27~38면과 법령을 참조하여 정리한 것임.
47) 유성재, 16~17면.

평의회를 구성할 수 있도록 하였다.

② 사업장평의회 구성절차: 2001년 개정 전 사업장조직법은 사업장평의회 구성을 위해서는 선거인명부 작성, 선거위원의 선임, 선거공고, 후보자 추천, 후보자명단 공고 등의 절차를 모든 사업장에 요구하였으나, 2001년 개정법은 근로자 50인 미만 사업장에서는 선거위원의 선임과 후보자 추천 후 1주일 후에 실시하는 선거를 통해 사업장평의회를 구성할 수 있도록 하고, 50인 이상 100인 미만 사업장도 사용자와 선거위원의 합의를 통해 위와 같은 약식절차를 선택할 수 있도록 하고 있다.[48]

③ 사업장평의회 종류: 사업장평의회는 1) 개별 사업장에 설치되는 사업장평의회, 2) 사용자가 둘 이상의 사업장을 가지고 있는 경우 각 사업장별 사업장평의회가 파견(Entsendung)을 통해 구성하는 전체사업장평의회(Gesamtbetriebsrat)(사업장조직법 47조 이하), 3) 하나의 지배기업(herrschendes Unternehmen)의 지도하에 수개의 독립기업이 연합한 콘체른의 경우에 성립하는 콘체른사업장평의회(사업장조직법 54조 이하)가 있다.[49]

④ 사업장조직법상의 근로자: 2001년 개정 전 사업장조직법은 적용대상 근로자를 사무직 근로자(Angestellte), 생산직(육체) 근로자(Arbeiter) 및 직업교육생으로 하여 사무직 근로자와 생산직 근로자를 구분하고, 근로자들이 함께 사업장평의회를 구성하기로 합의하지 않는 한, 평의원이 2인 이상인 경우 사무직 근로자와 생산직 근로자는 각각의 집단을 대표하는 평의원을 따로 선출하도록 하였으나 2001년 개정법은 이러한 구분을 폐지해 사업장평의회의 선거절차를 용이하게 하였다.[50] 또한 2001년 개정법은 노무 제공이 사업장 내에서 이루어지는지 여부는 동법상의 근로자성을 판단하는 데 영향을 미치지 않는다고 하고, 텔레아르바이터(Telearbeiter, 재택근로자)를 동법상의 근로자로 포함시키고, 파견근로자도 사용사업주의 사업장에서 3개월 이상 근무한 경우 선거권을 취득하도록 하고 있다(7조).[51] 다만 고위직사원(leitende Angestellte)은 근로자로 보지 않고, 별도의

---

48) 유성재, 17면.
49) 유성재, 17면.
50) 생산직 근로자와 사무직 근로자의 구분은 1988년 사업장조직법 개정 시 소수인 사무직 근로자 보호를 위한 것이었지만, 이에 대해서는 학자들의 비판이 있어 왔고, 2001년 개정 시에는 이러한 구분이 사업장평의회 구성을 복잡하게 만든다는 이유로 구분을 폐지하였다(방준식, 352면).
51) 유성재, 18면.

고위직사원평의회법(Gesetz über Sprecherausschüsse der leitenden Angestellte)을 두어 규율하고 있다.52)

(나) 노동조합의 단체협약과 사업장평의회의 사업장협정의 관계

① 사업장평의회(Betriebsrat)와 노동조합의 관계: 사업장조직법은 사업장평의회와 사용자 사이에 합의에 이르지 못한 경우라도 쟁의행위는 금지하고 있다(74조 1항 및 2항 1문). 이는 대립적 노사관계의 구도인 노동조합에 의한 쟁의행위와 협력적 노사관계의 구도인 사업장평의회에 의한 공동결정을 구분하여 규율하고자 하는 의도를 엿볼 수 있다. 사업장조직법은 아울러 노동조합의 활동을 사업장평의회가 침해하지 않도록 다양한 규정을 두고 있는데, 사업장조직법에 의해 임무를 수행하는 근로자(사업장평의회 의원 등을 의미함)는 사업장 내에서 조합활동에 제약을 받지 않고(74조 3항), 사용자와 사업장평의회는 사업장에서 활동하는 근로자를 정의와 공평의 원칙에 따라 대우하고, 특히 조합활동을 이유로 한 차별을 금지하고 있다(75조 1항). 2001년 개정법은 사업장평의회 구성과 관련하여서도 노동조합의 권한을 강화하였는데, 노동조합은 기업단위의 사업장평의회 또는 사업장평의회 연합을 구성하는 것에 관하여 단체협약으로 정할 수 있고(3조 1항 1호), 단체협약으로 동일한 기업 또는 콘체른에 속한 사업장을 통합하는 부문별 사업장평의회에 관한 규정을 둘 수 있다(3조 1항 2호).53)

② 사업장협정(Betriebsvereinbarung, 경영협정): 각 사업장평의회의 종류(사업장평의회, 중앙사업장평의회, 콘체른사업장평의회)에 따라 각각 독립된 사업장협정을 체결할 수 있으며,54) 각각의 사업장협정은 해당 사업장, 해당 기업의 복수의 사업장, 콘체른기업의 복수의 사업장에 각각 적용된다. 사업장조직법 77조 1항은 "사업장평의회와 사용자 사이에 체결된 합의는 개별적인 사안에 따라 특단의 정함이 있는 경우를 제외하고 사용자에 의해 실행한다."고 규정하고 있는데, 위와 같은 사업장협정은 단체협약과 마찬가지로 직접적, 강행적으로 적용되며, 개별 근로계약을 대체하여 실행된다(77조 4항 1문). 사용자는 개별 근로자와 사업장평의회의 동의가 없는 한 사업장협정보다 불리한 내용의 합의를 할 수 없다(77조 4항 2문).

---

52) 독일 고위직사원평의회법은 오윤식, 227~257면 참조.
53) 유성재, 16면.
54) 방준식, 354면.

③ 사업장협정과 단체협약의 관계: 교섭대상의 측면에서 보면, 단체협약에
의해 규율되거나 통상적으로 규율되어지는 임금 및 기타 근로조건은 사업장협
정의 대상이 될 수 없도록 하여(77조 3항) 사업장협정 사항을 단체교섭 사항과 구
분하는 방법으로 노동조합의 단체교섭 권한을 보호하고 있다. 특히 사업장평의
회가 개별 사업장의 이익을 위해 단체협약보다 유리한 근로조건을 교섭할 수
있도록 할 경우 노동조합이 무력해질 수 있기 때문에 위 조항은 노동조합의 단
체교섭의 중요성을 반영한 것이라 하고 있다.55) 그런데 산업별 단체협약이 정한
근로시간이나 임금기준에 미치지 못하는 사업장협정이 존재하는 경우가 실제
발생한다고 한다.56)

㈐ 사업장평의회의 공동결정사항

사업장조직법은 사업장평의회에 경영참가의 권리를 부여하고 있는데, 그
대상영역에 따라 사업장평의회의 참가권을 다양한 수준으로 보호하고 있다. 먼
저, 사업장평의회의 참가권의 대상이 되는 영역은 ① 임금, 근로시간 등과 관련
된 사회적 사항(Soziale Angelegenheiten), ② 인사계획, 배치전환, 해고 등의 인사
사항(Personelle Angelegenheiten), ③ 생산, 판매, 투자계획 등 경영사항(Wirtschaft-
liche Angelegenheiten) 3개 부문이고, 사업장평의회의 참가정도에 따라 최종적 실
시 여부를 사용자에게 유보하고 있는 관여권(Mitwirkungsrecht)57)과, 합의에 의하
여 결정하여야 하는 공동결정권(Mitbestimmungsrecht)58)으로 구분된다.59)

① 사회적 사항(Sozial Angelegenheiten)60): 사회적 사항에 대해 공동결정이 효

---

55) 방준식, 355면.

56) 건설산업 사용자단체 구성원인 개별기업의 경우 69%가 단체협약기준에 미치지 못한 사업
   장협정을 체결하고 있고, 이러한 사업장협정은 임금보다는 주로 근로시간에서 단체협약기준
   에 미치지 못한 경우라 한다(방준식, 356면).

57) 관여권은 다시 ① 사용자에게 대상사항에 관한 정보를 제공할 의무, 즉 보고의무를 부담시
   키는 정보청구권(Informationsrecht), ② 사용자에 대하여 사업장평의회로부터 의견을 청취할
   의무를 부담시키는 청취권(Anhorungsrecht), ③ 사업장평의회와의 협의를 의무로 부담시키는
   협의권(Beratungsrecht), ④ 사업장평의회의 제안을 규정한 제안권(Initiativsrecht)으로 그 관여
   정도에 따라 구분될 수 있다고 한다(이승욱a, 27면).

58) 공동결정권은, ① 사업장평의회가 이의를 제기할 경우 사용자가 일방적 결정을 할 수 없는
   이의신청권(Widerspruchsrecht)과, ② 사업장평의회의 동의가 필요한 동의권(Zustimmungsrecht)
   으로 나뉘며, 후자가 가장 강력한 참가권이 된다고 한다(이승욱a, 27면).

59) 이승욱a, 27면

60) 사회적 사항의 구체적 내용은 사업장조직법 87조 1항이 아래와 같이 규정하고 있다[이광
   택, 앞의 논문, 23~24면 참조(이광택 교수는 사회적 사항(Soziale Angelegenheiten)을 위 논문
   에서 '근로조건에 관한 사항'으로 번역하고 있으나, 근로조건에 관한 사항은 원칙적으로 노

력요건인지 여부, 즉 사업장평의회의 동의 없이 사용자가 일방적으로 한 결정에
관해 판례와 통설은 무효로 보고 있다.61) 공동결정의 형식은 사업장협정
(Betriebsvereinbarung)에 의하거나 구두 방식의 규제합의(Regelungsabrede)도 가능하
다.62) 그 밖에 사업장평의회의 관여권으로 안전위생에 관한 감시 등의 정보청구
권(89조), 공장, 사무소 기타 사업장시설의 건설, 기술설비, 작업공정, 직장계획에
대하여 사업장평의회의 정보청구권 및 협의권(90조), 인간적 작업환경에 관한 과
학적 지식에 반하는 직장, 작업공정, 직장환경의 변경에 대해 그 방지, 개선 또
는 보장청구에 관한 사업장평의회의 공동결정권(91조)을 규정하고 있다.63) 임금
과 근로시간 자체를 정하는 것은 주로 산업별 단체협약이고, 임금의 지급시기나

동조합의 단체협약 대상이므로(사업장조직법 77조 3항), 이 글에서는 사회적 사항이라고 번
역하기로 한다]; 이승욱a, 28면.
　① 사업장 질서 및 사업장 내 근로자 행동에 관한 문제(예: 출입 통제, 벌금, 약식 징계,
금연 등)
　② 휴게를 포함한 일일 근로시간의 개시 및 종료, 주간 근로시간의 배분(예: 신축근로시간
의 도입 및 확장, 교대근로, 도급제 근로의 휴게, 비상근무 시 인원배치)
　③ 사업장에서 소정근로시간의 일시적 단축 또는 연장(예: 조업단축, 연장근로 및 그 시행
방법)
　④ 임금지불의 시기・장소・방법
　⑤ 연차유급휴가에 관한 일반적 원칙과 휴가계획의 설정, 사용자와 당해 근로자 사이에 합
의가 안 되는 경우 그 시기결정
　⑥ 근로자의 행동 또는 작업을 감시하기 위한 기술적 설비의 도입 및 사용
　⑦ 산업재해 및 직업병의 예방을 위한 규정 그리고 법령 혹은 재해방지규정의 범위 내에
서 보건을 위한 규정
　⑧ 사업장, 기업 또는 콘체른(기업그룹) 내의 복지시설(예: 구내식당, 운동시설, 요양소, 퇴
직자시설 포함)의 형태, 조성 및 관리
　⑨ 근로자에게 제공되는 사택의 할당, 해약 및 이용조건의 일반적 결정
　⑩ 사업장 내 임금제도의 문제, 특히 임금계산원칙의 설정・새로운 임금계산방법의 도입
및 변경
　⑪ 성과급임금・할증임금 및 이에 유사한 업적급의 결정
　⑫ 사업장 내 제안제도에 관한 원칙
　⑬ 그룹작업(Gruppenarbeit, Groupwork)의 실행원칙(2001년 개정 시 추가된 부분임)
61) 이광택, 23면; 이승욱a, 28면.
62) 규제합의(Regelungsabrede)는 공동결정사항에 대하여 사업장평의회와 사용자 간 체결되는
요식성을 결한 약정으로서, 집단적 근로조건 형성 수단의 하나인데, 요식성을 결하기 때문에
사업장협정과 같은 규범적 효력은 가지지 않아서 규제합의를 근로자에게 구속력을 가진 것
으로 하기 위해서는 규제의 내용을 지휘명령권(Weisungsrecht)의 행사, 개별적 약정, 변경해약
고지 등에 의해 개별 근로관계의 내용으로 전환할 필요가 있다고 한다(이승욱a, 28면); 방준
식, 357면은 규제합의를 사업장합의(Betriebliche Regelungsabrede)라 하며, 위 합의는 대체적
효력이 없이 사업장합의 당사자 간 권리의무만을 설정한 것으로 회사가 규범적 효력의 흠결
을 보충하기 위해 전체 근로자에게 개별계약의 변경을 통해 새로운 근로조건을 채택하도록
하고 있다고 설명하고 있다.
63) 이승욱a, 29면.

방식, 근로시간의 일시적 단축이나 연장, 사업 내 임금형성의 문제(임금원칙의 수립, 새로운 임금산정방법) 등(87조 1항)을 사업장평의회에서 다룬다. 사용자와 사업장평의회와의 공동결정에서 합의를 하지 못하는 경우 쟁의행위는 금지되며, 중재위원회(Einigungstelle)를 통해 해결한다(87조 2항).[64]

② 인사사항(personelle Angelegenheiten): 사업장평의회는 인사계획(Personalplanung)에 관하여 적정한 시기에 포괄적으로 통보받을 권리(정보청구권)가 있고 (92조), 사업장 내 결원모집에 대해서는 먼저 사업장 내부에서 모집하도록 요구할 수 있으며(93조), 인사조사표(Personalfragebogen, 인사질문서)와 근무평정원칙 (Beurteilungsgrundsatze, 일반적인 고과원칙)의 작성에 대한 동의권(94조), 신규채용, 배치전환(Versetzung), 직군변경(Umgruppierung), 임금등급(Umgruppierungen) 및 해고 선정기준(Auswahlrichtlinien)의 책정에 대한 동의권(95조 1항)을 가지고 있으며, 근로자 수가 500명 이상인 사업장에서는 사업장평의회가 선정기준에 관한 제안을 할 수 있다(95조 2항).[65]

직업교육훈련과 관련해서는 2001년 개정 전에도 1) 직업교육을 위한 시설이나 기구를 사업장에 설치할 때, 2) 직업교육제도를 도입할 때 및 3) 사업장밖의 교육시설 참여에 대해서 협의할 권한을 가지고 있었는데, 2001년 개정법은 사용자가 새로운 기계시설, 작업공정 또는 새로운 일자리를 신설하려 하고 이로 인하여 근로자들이 수행할 업무의 내용이 변경되고, 기존 근로자들이 이를 수행할 능력이 없다고 판단되어 직업교육을 도입하는 경우에 사업장평의회와 공동으로 결정하도록 하였고(97조 2항 1문), 합의에 도달하지 못한 경우에는 조정기관의 결정에 따르도록 하였다(97조 2항 2문).[66]

또한 2001년 개정 전에는 상시 20인을 초과하여 선거권이 있는 근로자를 사용하는 사업장(Betrieb)의 경우, 사용자가 모든 채용, 직군부여(Eingruppierung), 직군변경, 배치전환에 앞서 사업장평의회에 필요한 정보를 제공하고 그 동의를 얻어야 한다(99조 1항)[67]고 하였으나, 2001년 개정법은 상시 20인을 초과하여 근

---

64) 이승욱a, 28면.
65) 이승욱a, 28~29면.
66) 유성재, 21면.
67) 이승욱a, 30면(이 논문에 의하면, 사업장평의회의 동의거부사유는 법정되어 있으나, 사업장평의회가 법정사유가 있을 경우 이러한 사항에 대해 동의를 거절하여야 할 의무를 부담하지는 않고, 동의를 거절할 것인지 여부는 그 재량에 맡겨져 있다고 한다. 또한 사업장평의회의 동의는 효력요건으로서, 배치전환 및 직군변경에 대해서는 대상근로자가 개별적으로 동의를

로자를 사용하는 기업(Unternehmen)으로 변경하였다. 이는 기업 내 20인 이하의
사업장이 있는 경우에도 다른 사업장의 근로자를 포함해 전체 근로자가 20인
초과일 경우 사업장평의회가 위와 같은 결정권을 행사할 수 있도록 한 것이다.[68]

　　해고는 그 종류를 불문하고, 사업장평의회의 청취권이 인정된다. 사용자는
해고의 사유를 사업장평의회에 통지하여야 하고, 해고 자체는 공동결정사항이
아니나, 사업장평의회의 청취를 거치지 않은 해고는 무효이다(102조 1항).[69]

　　③ 경영사항(wirtschaftliche Angelegenheiten): 경영사항에 대해서는 사용자의
경영판단을 중시해 사업장평의회의 관여정도가 다른 사항에 비해 높지 않고, 결
정권이 사용자에게 유보된 관여권 위주로 구성되어 있다. 이러한 관여는 상시근
로자 100인 이상의 사업장에서 경영위원회(Wirtschaftausschuß, 경제위원회)[70]를 통
해 이루어지고 있다.

　　상시 100인 이상의 근로자를 사용하는 사업장에 설치되는 경영위원회는 경
영사항[71]에 대하여 기업주(Unternehmer)와 협의하고, 사업장평의회에 정보를 제
공한다(106조 1항). 경영위원회는 사업장평의회(전체사업장평의회가 있을 경우 전체사
업장평의회)가 선임하는 3~7명 이하의 위원으로 구성되며(그중 한 명은 사업장평의
회 의원을 반드시 포함), 매월 1회 경영위원회를 개최하고, 사용자나 그 대리인은
회의에 참석하여 보고를 하고 협의에 응해야 하며, 경영위원회는 협의내용을 사
업장평의회에 보고한다.[72]

　　하여도 사업장평의회가 동의하지 않는 한 무효이며, 사업장평의회가 동의를 거절한 경우 사
　　용자는 노동법원에 대하여 동의에 갈음하는 판결을 청구할 수 있다(법 99조 4항). 또 당해
　　조치가 긴급하게 필요한 때에는 사용자는 임시로 이를 실시할 수도 있다(법 100조 1항).
　68) 유성재, 21면.
　69) 이승욱a, 30면.
　70) 사업장조직법상의 'Wirtschaftausschuß'는 경영위원회(이광택), 경제위원회(이승욱, 박명서,
　　김기선 외 3), 기업경영위원회(오윤식) 등으로 번역되고 있다.
　71) 사업장조직법 106조 3항이 규정하고 있는 경영사항은 다음과 같다(이승욱a, 32면).
　　① 기업의 경제적·재정적 상황
　　② 생산·판매상황
　　③ 생산·투자계획
　　④ 합리화계획(Rationalisierungsvorhaben)
　　⑤ 제조방법·작업방법, 특히 새로운 작업방법의 도입
　　⑥ 사업장 전부 또는 일부의 축소 또는 폐쇄
　　⑦ 사업장 전부 또는 일부의 이전
　　⑧ 사업장의 합병
　　⑨ 사업장조직 또는 그 목적의 변경
　　⑩ 기타 근로자의 이익에 중대한 영향을 미치는 사항·계획
　72) 이광택, 24면; 이승욱a, 32면.

　사업변동(Betriebsanderung)과 관련해서는 상시 20인 초과의 선거권이 있는 근로자를 사용하는 기업[73])에서 기업주는 사업장평의회에 대하여 사업변동 및 그것이 근로자에게 미치는 영향에 대하여 정보를 제공하고 협의하여야 한다(111조). 사업장조직법에서 사업변동이란, 사업장 전체 또는 사업장의 본질적인 일부의 축소·폐쇄·이전, 다른 사업장과의 합병, 사업장조직·목적·설비의 근본적 변경, 완전히 새로운 작업방법·작업공정의 도입을 말한다(111조).[74]) 사업변동에 대하여 기업주와 사업장평의회 간에 협정이 성립한 경우 및 사업변동에 의하여 근로자에게 발생하는 경제적 불이익의 조정·완화를 목적으로 하는 합의가 성립한 경우에는 그러한 협정은 서면으로 작성하고 당사자가 서명하여야 하는데(112조 1항), 이를 사회계획(Sozialplan, 사회적 합의)[75])이라 한다. 즉 사회계획은 사업변경계획의 결과로 근로자에게 생기는 경제적 불이익의 조정(Ausgleich)·완화에 관한 사용자와 사업장평의회 간의 합의로서 사업장협정의 효력을 가진다(112조 1항). 사회계획이 성립하지 않은 경우, 당사자는 연방노동청 이사회에 조정을 신청할 수 있다(112조 2항). 당사자 간에 의견이 대립하는 때에는 중재위원회에 의견의 조정을 청구하여야 하고(112조 3항), 사회계획에 관한 합의가 성립하지 않을 때에는 중재위원회가 재정을 내려 양 당사자의 합의를 대체한다(112조 4항).

(라) 독일 사업장평의회의 제도적 특징

　독일의 사업장평의회는 사업장조직법에 의해 기업이나 사업장 내에 의무적으로 설치되는 제도이다. 노동조합과 함께 근로자의 이익을 대변하는 조직으로서 독일의 사업장평의회는 다음과 같은 특징을 가진다.[76])

　① 전체 근로자의 직접선거에 의해 선출되는 근로자들의 독립적 이해대변 조직

　② 활동영역을 기업 내로 제한하여 기업 외부에서 산업별로 조직된 산별노조 조직 및 영역상의 분쟁을 방지

　③ 노동쟁의 수단을 배제하고, 분쟁 발생 시 중재나 노동법원을 통해 해결

---

73) 2001년 법개정 시 '사업장(Betrieb)'에서 '기업(Unternehmen)'으로 변경하였다.

74) 이승욱a, 33면.

75) 정응기 교수는 사회계획(Sozialplan)을 사업변동으로 인하여 근로자가 입은 손실에 대한 보상금 지급에 관한 사항을 포함하여야 하며, 근로자는 이에 기하여 보상금의 지급을 구하는 소를 제기할 수 있음을 고려하여 '보상합의서'로 번역하고 있다(정응기, 85면).

76) 이주희·이승엽, 94~95면.

하며, 협력적 노사관계를 지향

　④ 단체교섭법이 절차적 규정에 치중한 것에 비해, 사업장평의회를 규율하는 사업장조직법은 실체적 사항을 구체적으로 규정(높은 수준의 법제화)

　⑤ 사업장평의회가 체결하는 사업장협정의 단체협약에 대한 하위성

(4) 공동결정법(기업 감사회의 참여를 통한 경영참가)(Mitbestimmungsgesetz)

　20세기 전환 무렵부터 사회 내 참여와 민주화는 독일 내에서 노동운동의 핵심단어가 되어 사업장평의회 내의 근로자대표 외에도 기업 내 감사회의 노동자참여도 20세기 전반기에 논의되었고,[77] 이는 기업 내 의사결정권한의 분배라는 의미를 가지고 있다. 패전 이후 독일은 1951년 몬탄 공동결정법, 1952년 사업장조직법(Betriebverfassungsgesetz), 1976년 근로자 2,000명 이상의 물적 회사에 적용되는 공동결정법(Mitbestimmungsgesetz)을 제정하여 기업 내 의사결정기관 참가를 통해 근로자 경영참가를 시행하고 있다.[78] 독일의 기업단위 공동결정제도는 감사회에 근로자대표가 참여하여 이사 선임 및 이사회의 업무집행을 감독하는 것을 의미한다.[79] 이러한 기업 내부의 의사결정기관인 감사회에 근로자대표가 참여하는 것은 이사회나 감사회가 주주의 이익만을 위한 기관이 아니라 근로자의 권익도 고려해야 하는 제도적 기능이 마련되는 것이라 할 수 있다.[80]

　근로자대표의 감사회 참여가 제도화된 1951년 실시된 몬탄 공동결정법은 그 적용대상을 1,000명 이상의 근로자를 고용하는 광산 및 철강산업으로 한정하고 있으며, 근로자대표의 감사회 동수참여(근로자 측 5명, 주주 측 5명, 중립 1명 총 11명)[81] 및 근로자이사(Arbeitsdirektor, labour director) 임명에 대한 동의권[82]을 통한 이사회 참여를 그 특징으로 한다.[83]

---

77) Manfred Weiss und Marlene Schmidt(배인연 역), 315면.

78) 독일 공동결정제도는 회사기관 내에서 근로자대표의 참가를 포함하고 있어, 독일 회사기관에 대한 이해가 필요한데, 독일 주식회사의 경우 회사기관은 주주총회, 감사회, 이사회로 이루어져 있고, 주주총회는 회사의 최고의사결정기관이나, 우리나라와 같이 이사를 선임할 권한은 없고, 감사회 감사선임 및 해임, 자본의 증감, 이윤분배를 결정한다. 독일의 감사회는 우리나라와 달리 이사회의 상급감독기관으로 이사를 선임하고, 이사회 업무집행을 감독하며, 주주총회를 소집한다.

79) 이광택, 25~26면.

80) Manfred Weiss und Marlene Schmidt(배인연 역), 315~317면.

81) 박명서, 161면.

82) 이사회에 노동이사 1명을 두고, 그를 임명할 때에는 근로자 감사회 다수결의 동의를 받아야 한다(몬탄공동결정법 13조)(박명서, 161~162면).

83) 이주희·이승엽, 76~77면.

광산 및 철강산업 이외의 일반 사기업에 적용되는 1952년 사업장조직법
(Betriebverfassungsgesetz)은 2,000명 이하 근로자를 사용하는 중소규모 기업에 대
한 근로자 참여(감사회 참여 및 사업장평의회)를 규정하였다. 위 사업장조직법은
몬탄 공동결정법과 달리 감사회 동수참여를 관철시키지 못하고 감사회 구성원
중 1/3만을 근로자대표로 참가시키게 되었는데, 그로 인해 몬탄 공동결정법과
달리 노조 측의 중대한 실패로 여겨졌다.[84]

그 후 1976년의 공동결정법(Mitbestimmungsgesetz)[85]은 2,000명을 초과하는
근로자를 사용하는 대부분의 물적 회사와 일부 합자회사에 적용되는 대기업 수
준에서 적용되는 공동결정법이다. 독일 공동결정법은 앞선 1952년의 사업장조
직법과 달리 노사동수로 감사회를 구성하나, 의장을 사용자 측이 맡을 수 있게
하고, 감사회 의결에서 가부동수인 경우에는 의장이 결정권(복수투표권)을 행사
하게 하고 있다(29조 2항). 아울러, 이사회에 근로자이사가 소속되도록 하였으나
몬탄 공동결정법과 달리 근로자 측이 근로자이사 임면에 거부권을 행사할 수는
없도록 하고, 관리사무직 근로자대표를 반드시 포함하도록 하였다.[86] 위 공동결
정법은 몬탄 공동결정법과 비교하여 감사회의 동수참여 원칙이 약화되고, 근로
자이사 지명에 대한 권한도 보장되지 않아 몬탄 공동결정법에 비해 제한된 형
태의 공동결정법으로 이해되고 있다.[87]

마. 일   본

(1) 일본의 근로자 경영참가제도

일본은 1945년경 좌파 노동조합이 경영장악을 목적으로 한 노동자 생산통
제운동을 전개하였으나 실패하였고, 이러한 운동은 사용자들에게 경각심을 주어
경영 주도하에 다양한 방식의 근로자 참여가 고안되었다. 이러한 경영 주도의
근로자 참여는 근로자들의 불만에 대한 절차를 제도화시킴으로써 작업장에 대

---

84) 이광택, 27면.
85) 공동결정법의 구체적인 명칭은 '근로자들의 공동결정에 관한 법률'(Gesetz über die
   Mitbestimmung der Arbeitnehmer (Mitbestimmungsgesetz - MitbestG))이며, 그 구체적 조문의
   내용은 오윤식, 439~473면 참조.
86) 이광택, 28면.
87) 위와 같은 독일 공동결정제도의 변화, 즉 참여대상의 확대와 참여권한의 축소라는 개정방
   향, 특히 감사회 구성 시 노사동수 원칙의 배제와 의장의 결정권(복수투표권), 노동이사 임명
   시 근로자대표의 거부권 삭제와 관리사무직 근로자대표의 참여는 공동결정의 의미를 퇴색시
   켰다는 비판이 있다(이주희·이승엽, 101면).

한 경영의 통제권을 확보하려는 것이었고, 일본에서 근로자 경영참여는 주로 경영 측이나 정부 측에 의한 생산성 향상기법으로 도입되었다.[88] 일본의 근로자 참여모델은 작업장 직접참여와 노사협의제도 두 축으로 이루어지는데, 이하에서는 노사협의제도에 관해서만 보기로 한다.

(2) 일본 노사협의제도의 성립과 특징

일본 노사협의제도는 독일이나 프랑스의 경우와 같이 법률에 의해 강제설치된 것이 아니라 일본 생산성본부가 고용보장 및 성과의 정당한 분배와 함께 1955년부터 추진했던 3대 생산성 원칙 캠페인의 일환으로 장려되어 1960년대 이후 확산되었다. 당시 생산성본부의 노사협의제도 관련 지침을 보면, 1) 노사협의제도와 대립적 성격을 지닌 단체교섭의 구분, 2) 노사협의제도를 개별 사업장에서 전 산업범위로 확대, 설치, 3) 노사협의제는 기업별 설치 후 산업별 노사협의제로 발전시켜 나갈 것 등의 내용을 담고 있다.[89] 일본에서는 노사가 임의로 노사협의제도의 설치와 구성방식을 정하고 있어 그 명칭이나 성격, 구성방법이 통일되어 있지 않다.

일본 경영참여 모델은 ① 작업장 수준에서는 최신 경영기법에 기초한 소집단활동을 중심으로 다양한 근로자 직접 참여가 생산성 향상 목적으로 시행되고, ② 기업 수준에서는 노사협의제를 통해 사용자와 근로자대표 간 정보와 의견을 교환해 발생가능한 갈등을 사전에 협의해 제거하며, ③ 단체교섭은 경영성과의 분배 영역에만 한정되는 형태로 정착되었는데, 일본의 근로자 경영참가 제도화의 특징은 법적 기초 없이 사용자와 근로자 간 임의적 형식으로 이루어졌다는 것이다.[90]

(3) 일본 노사협의회의 실태

일본 노사협의회의 실태에 관해 보면 다음과 같다.[91]

① 노사협의회는 기업 내에 10명 내지 20명 사이의 사용자 측과 근로자대표 측이 동수로 구성되며, 매달 한 번 개최가 일반적임

② 임의적 기구인 노사협의회는 2000년 현재 41.8%의 기업에 설치·운영되고 있으며, 노동조합이 존재하는 기업의 경우 약 85%, 노동조합이 존재하지

---

88) 이주희·이승엽, 51면.
89) 이영복, 233면.
90) 이주희·이승엽, 55면.
91) 이주희·이승엽, 62~66면의 내용을 정리한 것임.

않는 기업의 경우 약 17.1%만이 노사협의제를 운영

③ 2000년의 후생노동성 통계에 따르면, 노사협의제는 단체협약의 규정에 의한 것이 62%, 관행에 의한 것이 17%임

④ 노동조합이 있는 경우 88%의 노사협의회는 노동조합에서 근로자대표 측을 구성하고, 노동조합이 없는 경우에는 직접선거를 통해 선출하거나 사용자의 지명에 의해 근로자대표가 구성됨

⑤ 일본의 노사협의제도는 사용자 측도 근로자 측도 모두 기업의 중요 경영사항을 논의하고 결정하는 의사결정기관으로 보지는 않고 있으며, 경영과 노동 사이의 의사소통의 통로기능을 하는 것으로 보고 있음

2005년 후생노동성의 조사보고서에 따르면, 2004년 6월 기준 일본 사업(장)에서 노사협의회가 설치되어 있는 비율은 37.3%이고, 1999년 41.8%에 비하면 5년간 4.5% 감소하였고, 기업규모가 클수록 노사협의회 설치비율이 높게 나타나고 있다(예컨대 30인~49인 사업장은 10%, 5,000인 이상 사업장은 81%).[92]

(4) 일본 노사협의제도와 노동조합과의 관계

일본의 경우 노사협의제도는 법적 근거를 가진 것이 아니나, 기업별 노동조합 체제를 가진 일본에서 노사협의제도는 노동조합과 그 구성원을 같이 하고 있고, 노사협의제도의 설립 근거가 노동조합의 단체협약에 의한 경우가 다수를 이루고 있어 그 관계가 문제되는 경우가 많다. 대체로 일본의 경우 단체교섭사항이 노사협의를 통해서도 다루어지는 경우가 많은데, 노사협의와 단체교섭의 관계를 ① 분리형(서로 별도의 영역으로 구분), ② 연결형(노사협의를 단체교섭의 사전단계로 활용), ③ 혼합형(대상영역의 구분 없이 둘 중 한 기구를 통해 같이 실행)으로 구분하기도 하는데, 1986년 일본생산성본부의 조사에 따르면, 일본의 경우 위 세 가지 형태가 비슷한 정도의 분포를 보이나, 기업규모가 클수록 분리형의 비율이 높게 나타나고 있다고 한다.[93]

(5) 일본 노사위원회제도와 과반수 대표자

일본은 노동기준법을 통하여 기업 내에서 사용자에 대한 협의 파트너로서 과반수 노동조합 또는 노동자[94]의 과반수를 대표하는 자(과반수 노동조합이 없는

---

92) 오학수, 38~39면.
93) 이주희·이승엽, 65면의 내용을 정리한 것임.
94) 일본 노동기준법은 근로자가 아니라 노동자(労働者)라는 용어를 사용하고 있어 이하에서는

경우만 해당. 이하 '과반수 대표자'라 한다)가 사용자위탁 저축(18조 2항), 임금 일부 공제(24조 1항), 노동시간 중 휴게시간 부여 제외(34조 2항), 시간외 근로 등의 연장(36조 1항) 등에 있어 사용자와의 서면협정으로 특례를 인정받을 수 있도록 규정하고 있다.

　　이는 한국의 근기법에서 근로자대표(과반수 노동조합, 과반수 노동조합이 없는 경우 근로자의 과반수를 대표하는 자)가 경영상 이유에 의한 해고 협의(24조 3항), 탄력적 근로시간 연장(51조 2항 및 51조의2 2항 내지 5항), 선택적 근로시간의 연장(52조 1항 및 2항), 유급휴일의 대체(55조 2항), 보상휴가(57조), 근로시간 계산의 특례(58조 2항 및 3항) 등을 서면합의하여 특례를 인정받고 있는 것과 유사한 제도라 할 수 있다.

　　한편, 일본은 1998년 노동기준법 개정을 통하여 기획업무형 재량노동제를 도입하면서 과반수 노동조합이나 과반수 대표자가 아니라 사용자와 해당 사업장의 노동자를 대표하는 자를 구성원으로 하는 위원회가 결의하여 행정관청에 신고하는 경우에만 기획업무형 재량노동제를 시행할 수 있도록 하였다. 위와 같이 노동기준법의 특정사항을 의결하는 사업장 내 위원회(이하 '노사위원회'라 한다)를 두도록 하고, 그 위원회의 의결(5분의 4 이상의 다수에 의한 의결)로서 앞서 본 과반수 노동조합이나 과반수 대표자의 대부분의 서면협정을 대신할 수 있도록 하고 있다(38조의4 5항).[95] 위 노사위원회는 임금, 노동시간, 그 밖의 해당 사업장의 노동조건에 관한 사항을 조사·심사하고, 사업주에게 그 사항에 관하여 의견을 진술할 것을 목적으로 하는 위원회로서 다음의 요건을 갖추어야 한다(38조의4 2항 각 호).

　　① 위원의 절반은 과반수 노동조합(과반수 노동조합이 없는 경우에는 과반수 대표자)이 후생노동성령에 따라 임기를 정하여 지명할 것

　　② 위원회의 의사진행은 후생노동성령에 따라 의사록을 작성·보존하며 사업장 노동자에게 주지(周知)시킬 것

　　③ 그 밖에 후생노동성령으로 정하는 요건

　　위와 같이 노동기준법에 신설된 노사위원회는 기획업무형 재량노동제의 도입 이후에는 추가로 2018년 고도 프로페셔널 제도(연수입이 높은 고도의 전문지식

　　일본 법령 용어에 따라 노동자라 표현한다.

95) 단 사용자위탁 저축(18조), 임금 일부공제(24조)는 위원회 의결로 서면협정을 대신할 수 없다(차동욱, 174면).

을 가진 노동자에 대해 일정 요건을 충족할 경우 근로시간이나 휴게시간, 휴일, 야간의
할증임금에 대한 규제를 적용하지 않는 제도)를 도입하는 경우에도 위와 같은 방식
으로 노사위원회 의결과 신고를 요구하고 있다(41조의2).

　　위와 같은 일본 노동기준법상의 노사위원회는 기획업무형 재량노동제나 고
도 프로페셔널 제도를 도입하지 않는 사업장의 경우에는 설치가 의무화된 것은
아니며, 노사위원회가 법령에서 정한 것 외에 다른 사항들에 대해 협의나 의결
을 할 권한이 있는 것도 아니어서 현재로서 일본 노사위원회의 역할은 제한적
이라 할 수 있다.

　　또한 노사위원회의 노동자 측 위원의 선출과 관련해서는 2003년 개정 전까
지는 과반수 노동조합이나 과반수 대표자에 의해 지명된 위원에 대하여 그 사
업장 근로자들에 의한 직접신임절차를 정하고 있었으나 노사위원회 설치간소화
등을 이유로 2003년 개정을 통하여 폐지되었다.[96] 이후 2005년 노동계약법 제
정 과정에서도 기업 내 일반적 노사협의체로서 노사위원회를 둘 것이 논의되었
으나 노사 양측의 반발로 법제화되지는 못하였다.[97] 그로 인해 일본의 노사위원
회는 아직 보편적이고, 상설적인 노사협의체 기관이라기보다 사업장 내의 특정
사항에 대한 동의권(합의권)이 있는 과반수 대표자의 한계를 넘지 못하는 것으로
평가되고 있다.[98]

바. 중　　국

(1) 중국의 근로자 경영참가제도

　　중국은 1949년 모택동에 의한 신중국(중문: 中华人民共和国) 성립 이래로 사
회주의 계획경제를 표방해 오다가 1978년 등소평에 의한 개혁·개방 이후 시장
경제를 받아들이면서 1993년 헌법 개정으로 사회주의 계획경제에서 사회주의
시장경제 전환을 헌법상 명문으로 인정하였다. 중국의 이러한 경제체제의 변화
는 과거 국가가 국유기업 등을 통해 노동자의 일자리를 배정하고, 임금을 책정
하는 형태에서 탈피하여 근로자와 사용자의 자유로운 계약을 통해 노동관계를
설정하는 관계로 변모하였다.

　　이후 2018년의 헌법 개정에도 불구하고 중국헌법은 노동계급의 영도(1조),

---

96) 차동욱, 168~171면.
97) 차동욱, 177면.
98) 차동욱, 179면.

생산수단의 사회주의 공유제, 즉 전민소유제(全民所有制)와 노동군중집체소유제 (勞動群衆集体所有制, 6조)를 기초로 하고 있어 자본주의 국가의 근로자 경영참가제 도와는 다른 형태의 노동자 민주관리제도(民主管理制度)를 두고 있다. 노동자 민 주관리제도는 헌법상 명문으로 보장되어 있는데, 그 내용을 보면, "국유기업은 법률규정의 범위 내에서 자주경영권을 가진다. 국유기업은 법률규정에 따라 직 공대표대회 및 기타형식을 통하여 민주관리를 실시한다."(16조), "집체경제조직은 관련법률의 준수하에 독립하여 경제활동을 할 자주권을 가진다. 집체경제조직은 민주관리를 실시하며, 법률규정에 따라 관리인원을 선출하고 파면하며, 경영관 리의 중대문제를 결정한다."(17조)라고 하여 국유기업이나 집체기업에서 노동자 에 의한 민주관리제도를 규정하고 있다.

 아울러, 노동조합법(중문: 工会法), 노동법, 회사법에서도 노동자 경영참가와 관련된 내용을 두고 있다. 이하에서는 노동자 민주관리제도의 한 형태인 직공대 표대회제도(职工代表大会制度)와 회사법에 규정된 노동자이사 및 감사제도를 살 펴보도록 한다.

(2) 직공대표대회제도(职工代表大会制度)

㈎ 기업의 민주관리제도

 기업의 민주관리제도는 기업 내 노동자가 직접 기업사무의 관리에 참가하 는 제도이다.99) 기업의 민주관리제도 중 하나인 직공대표대회는 기업 내 기층노 동자의 선거에 의해 선출된 노동자 대표들이 전체 노동자를 대표하여 기업관리 권한을 행사하는 기구로 중국 내에서 노동자의 집단적 의사결정에 의한 기업 내 민주관리제도의 기본형식이다.100) 중국 노동법 8조도 "노동자는 법률규정에 따라 직공대회, 직공대표대회 또는 기타 형식을 통하여 민주관리에 참여하거나 노동자의 합법적 권익보호를 위해 사용자와 평등한 협상을 진행한다."라고 하여 직공대표대회 등을 노동자에 의한 민주관리제도, 즉 경영참가의 한 방식으로 인 정하고 있다.

㈏ 노동조합의 역할

 1992년 제정된 중국 노동조합법은 여러 유형의 기업 내에서 노동조합의 기 본적 역할을 규정하고 있는데, 2021년 12월 중국 노동조합법 중 노동조합의 역

---

 99) 关怀主编, 96면.
 100) 王全兴, 207면.

할 등에 대한 일부 내용이 개정되었다.

　노동조합의 역할과 관련하여 노동조합의 임무로 1) 근로자들의 합법적 권익을 보호, 2) 단체교섭(평등협상)과 단체협약(집체합동)을 통해 노동관계에 협조하고, 근로자 권익 보호, 3) 직공대표대회 또는 기타 형식을 통해 민주적 선거·협의·의사결정 및 관리·감독에 참여하여 조직화, 4) 노동자의 의견청취와 반영, 근로자의 어려움 해결과 배려, 봉사체계 구축 등을 규정하고(6조), 2021년 12월 개정을 통하여 그 밖의 추가적 임무들을 규정하고 있다. 노동조합법 35조 내지 37조는 기업의 소유제 형태(국유기업, 집체기업, 사영기업, 기업법인 등 기타 기업)101)에 따라 직공대표대회에 의한 민주관리제도의 형태나 내용을 달리 하고 있다.102)

　㈎ 직공대표대회

　중국에서 직공대표대회는 사기업을 제외한 공유제 기업(국유기업 및 집체기업)에서 노동자에 의한 민주적 관리를 실행하기 위한 법정의 필수기관으로 유지되어 왔으나, 사기업에 대해서는 아직 명문으로 위 제도를 도입하지는 않고 있다. 중국 노동부 또한 위 노동법 8조의 규정을 참조하여 직공대표대회나 직공대회는 국유기업에 적용하고, 평등협상을 통한 참여방식은 비국유기업에 적용하도록 하고 있다.103)

---

101) 중국은 그 소유형태에 따라 국유기업, 집체기업, 사영(私営)기업 등으로 나뉜다. 국유기업(전민소유제기업)은 기존의 국영기업을 대체한 용어로 국가독자(独资)기업 또는 국유지주회사를 말하며, 집체기업(集体企業)은 향촌(乡村)이나 도시(城镇)에서 농민 또는 노동자집단이 설립해 그 사업과 재산을 운용하는 기업을 말한다. 사영기업은 개인투자자에 의해 설립되어 일정한 인원 이상의 직원을 고용하는 영리기업을 말한다. 그 외에 기타기업으로 외상투자기업, 개인독자기업, 조합기업, 기업법인(회사) 등이 있다(김주, 3~6면)
102) 노동조합법(工会法) 35조: 국유기업 직공대표대회는 기업의 민주관리 실행을 위한 기본형식으로 노동자가 민주관리 권력을 행사하는 기구로서 법률 규정에 따라 그 직권을 행사한다. 국유기업의 노동조합위원회(중문: 工会委员会)는 직공대표대회의 업무기구로서 직공대표대회에 책임을 지고, 일상업무와 조사, 직공대표대회 결의의 집행을 독촉한다.
　노동조합법 36조: 집체기업의 노동조합위원회는 노동자가 민주관리와 민주감독에 참여하도록 조직하고, 이를 지지하여야 하며, 노동자가 관리직원을 선출하고 파면하며, 경영관리의 중대사항을 결정하는 권한을 유지보호하여야 한다.
　노동조합법 37조: 본법 35조, 36조 이외의 기타 기업 및 사업단위의 노동조합위원회는 법률규정에 따라 노동자를 조직하여 기업 및 사업단위와 서로 적합한 형식을 채택하여 기업 및 사업단위의 민주관리에 참여한다.
103) 劳动部, <关于<中华人民共和国劳动法>若干条文的说明>, 1994. 9. 5.; 그러나 이에 대하여 일부 학자는 사기업까지도 직공대표대회제도를 도입해야 한다는 주장을 하고 있다(王全兴, 208면).

(라) 국유기업의 직공대표대회

국유기업의 직공대표대회는 다음과 같은 권한을 가지고 있다.104)

① 기업생산경영의 중대 사항에 대한 심의 및 건의(심의건의권)

② 임금조정, 상여금분배방안, 노동보호조치, 상벌 등 노동자의 이해와 관련된 생산경영의 구체적 방안 및 취업규칙에 대한 동의(심사동의권)

③ 노동자 복리기금사용방안, 노동자 주택분배방안 등 생산경영과 관련 없이 노동자의 직접적 복리와 관련된 사항에 대한 심사 및 결정(심의결정권)

④ 기업 내 간부 및 대표자에 대한 상벌이나 임면을 건의(평의감독권)

⑤ 정부주관부문의 결정에 따라 사업장 대표를 선출하고, 정부주관부문에 보고 및 비준(사업장대표선출권)

(마) 집체기업의 직공대표대회

집체기업의 직공대표대회는 다음과 같은 권한을 가지고 있다.105)

① 집체기업장정(集体企业章程)의 제정 및 개정

② 국가규정에 따라 창장(厂长, 사장) 및 부창장(副厂长, 부사장)의 선출과 파면, 위촉과 해촉

③ 사업장 대표가 제출한 안건에 대한 심의와 기업경영관리의 중대 문제에 대한 결정

④ 기업 노동자 임금형식, 임금조정방안, 장려금 및 이익금의 분배방안, 노동자 주택분배방안 및 기타 노동자생활 및 복리와 관련된 주요사항

⑤ 기업의 노동자 상벌방법 및 기타 중요한 취업규칙의 심의·결정

⑥ 법령 및 기업장정(企业章程, 정관)이 규정한 기타 업무

(바) 평   가

위와 같이 국유기업이나 집체기업(集体企业)의 직공대표대회가 기업경영 및 인사에까지 결정권한을 보유하고 있는 것은 과거 중국이 사유제도를 부정한 사회주의 국가였다는 역사적 산물에 더하여, 국·공유제 기업에서는 기업의 이윤 추구가 그 존재 목적이 아니어서 노동조합, 기업, 노동자 사이에 이해관계의 대립이 적고, 국·공유제 기업의 노동조합 또한 친정부, 친기업의 성격을 가지고

---

104) 中华人民共和国全民所有制工业企业法 52조 1항 내지 5항.
105) 城镇集体所有制企业条例 28조.

있었다는 점에서 이해될 수 있는 부분이라 할 것이다. 다만, 그동안 중국 내에서 진행되어 온 국·공유제 기업의 민영화나 사기업의 중국 경제에서 차지하는 비중의 증대는 앞서 보여주었던 국가와 기업, 노동자 간의 관계를 변화시키고 있다.

국·공유기업과는 대조적으로 사기업(민영기업) 및 외자기업에 대해서는 직공대표대회와 같은 의사결정기구를 도입하지 않고 있다. 그 이유는 국·공유기업과 달리 사기업 및 외자기업의 경우 그 소유가 사인 또는 외국인이어서 재산권 및 그에 기반한 경영을 보호할 필요가 있어, 노동자의 직접적 의사결정에 따른 인사 및 경영참가는 배제하고 있다. 다만, 노동조합조직을 통하여 사용자와 평등하게 협상하는 것을 보장하는 방식으로 근로자 참여를 보장하고 있다. 예를 들면, 중화인민공화국 외자기업법 실시세칙(中华人民共和国外资企业法实施细则) 66조 2문은 "외자기업이 노동자의 상벌, 임금제도, 생활복리, 노동보호 및 보험과 관련된 문제의 연구, 결정 시 노동조합 대표자가 열석하여 회의할 수 있는 권한이 있다. 외자기업은 노동조합의 의견을 듣고 협조를 얻어야 한다"라고 규정하여 노동조합을 통한 협의를 인정하고 있다. '외자기업법' 외에도 '합자기업법', '합작기업법'에도 같은 취지의 규정을 두고 있다.[106)]

(3) 국유독자회사(중문: 国有独资公司, 정부투자회사) **내 노동자이사 및 감사제도**

중국 회사법(중문: 公司法)은 여러 종류의 회사에 대한 일반규정을 두면서, 국유독자회사(국가가 전부 출자하는 정부투자회사)의 경우에는 일반회사와는 다른 몇 가지 특별규정을 두고 있는데, 그중 하나가 회사기관으로 주주총회 없이 국유자산관리감독기구가 주주총회의 역할을 대신하도록 하는 것이며, 다른 하나는 이사회 및 감사회에 의무적으로 노동자대표를 참가하도록 하고 있는 것이다.

중국 회사법 68조 및 71조는 국유독자회사의 이사회나 감사회의 구성원은 국유자산관리감독기구가 임명하여 파견하나, 이사회나 감사회의 구성원 중 노동자대표는 회사의 직공대표대회에서 선출하도록 하고 있다. 노동자이사 및 감사의 선출이 기업의 직공대표대회를 통해 이루어진다는 점에서 노동자이사 및 감사제도가 직공대표대회를 통한 경영참가의 확장선상에 있다고 볼 수도 있다.

---

106) 贾俊玲, 297면.

(4) 중국 근로자 경영참가의 특성

중국의 노동자 민주관리제도는 시장경제를 운용하는 국가의 근로자 경영참가와 역사적 배경, 제도적 실태, 노동조합 및 국가와 관계에서 다른 모습을 보이고 있다. 먼저 역사적 배경으로 보면, 중국의 경우 자본주의적 소유권의 수정이나 제한으로서 근로자의 경영의사결정에 점진적 참여라는 형태가 아닌, 공산주의 혁명으로 자본주의적 소유권 자체를 배제한 상태에서 노동자의 집단적 의사결정방법으로 기업관리를 택한 것이나, 최근 사영경제의 확대와 국유기업의 민영화 등으로 위와 같은 국·공유기업에서 노동자에 의한 집단적 의사결정방법에 의한 기업관리는 사유재산권에 의해 제한받는 형태가 되고 있다. 다음으로, 제도적 실태를 보면, 노동자가 기업의 주인으로서 기업을 관리하는 민주관리제도에서 직공대표대회의 경우 사용자와 대립되는 근로자의 이해관계를 관철하려는 것이라기보다 이윤추구를 하는 사용자가 사라진 상태에서 정부, 국·공유기업, 노동조합, 근로자 사이의 이해관계를 집단적 동의의 방식으로 일치시키기 위한 제도로 사용된 것이라 보는 것이 더 실제에 부합할 것으로 보인다.

3. 우리나라 노사협의회 제도의 연혁 및 성격

우리나라 노사협의회 제도는 1963년 노조법에 의해 최초로 설치 근거를 두게 되었고, 이후 수차에 걸친 법령의 제·개정을 거쳐 현행 근참법이 노사협의제도의 기본 틀을 규정하고 있다. 현행 우리나라 노사협의제도에 대해서는 다수의 학자가 낮은 수준의 근로자 경영참가의 한 형태로 인식하고 있으나, 경영의사결정에 참여하는 것도 경영의사를 결정하는 것도 아닌 이상 경영참가의 일종으로 보는 것에 부정적인 견해[107]도 있다.

우리나라 노사협의제도가 1963년부터 60년 동안 운영되어 오면서 법에 의해 그 성격이 규정되는 부분도 일부 있었으나, 각 사업장의 운영실태에 따라 노사협의회가 사용자와 의사소통기구로서 노동조합을 대신하거나 보충하는 역할을 해 왔다. 이러한 운영실태에 따라, 법원의 판례나 노동조합 등 노동관계당사자도 노사협의회를 단체협약 체결을 위한 보조적 수단 정도로 인식하고 있고, 우리나라 노사협의회가 그 태생에서부터 노동조합의 역할을 억제하거나 대신하

---

107) 박홍규a, 752면.

기 위한 분쟁예방기구로서의 성격을 지녀온 점 등도 우리나라 노사협의제도의
특수한 성격을 보여 주고 있다. 이와 같은 우리나라 노사협의제도가 가지고 있
는 특수한 성격을 세 단계(노동조합법 시기, 노사협의회법 시기, 근참법 시기)로 구분
하여 살펴본다.

가. 노동조합법에 의한 설치시기(1963년부터 1980년까지)

우리나라의 노사협의제도는 1963년 전문개정된 구 노조법(1963. 4. 17. 법률
1329호) 6조에 의해 그 설치 근거가 최초로 마련되었고,[108] 그 시행령에서 노사
협의회는 노사동수로 구성하도록 규정하였다.[109] 그 후 1973년에는 노사협의사
항을 단체협약 및 취업규칙의 범위 내로 제한하게 되었고,[110] 1974년에는 협의
사항 중 노사분규의 예방을 추가하고, 대통령령으로 그 운영 사항을 규정하는
내용이 신설되었다.[111]

먼저, 위 법에 따른 운영 실태를 보면, 노조법상 노사협의회를 설치해야 하
는 주체는 사용자와 노동조합이므로 해석상 노동조합이 없는 사업장은 노사협
의회를 설치할 수 없다고 해야 하나,[112] 1976년 노동청의 '노사협의회 운영지
침'은 노동조합이 없는 사업장에도 노사협의회를 설치하도록 하여 그 무렵 대부
분의 대기업 및 중소기업에는 노사협의회가 노동조합과 별도로 또는 노동조합
없이 설치되었다.[113]

---

108) 구 노조법(1963. 4. 17. 법률 1329호로 전문개정된 것) 6조(노사협의회): 사용자와 노동조합
　　은 노사협조를 기하고 산업평화를 유지하기 위하여 노사협의회를 설치하여야 한다.
109) 구 노조법 시행령(1963. 8. 26. 보건사회부령 1423호로 전문개정된 것) 1조(노사협의회):
　　① 노동조합법(이하 "법"이라 한다) 6조의 규정에 의한 노사협의회는 근로자 및 사용자를
　　대표하는 동수의 인원으로 구성하여야 한다.
　　② 사용자 및 노동조합은 노사협의회를 설치한 때에는 그 조직·협의할 사항 및 운영에
　　관한 사항을 그 설치한 날로부터 15일 이내에 공동명의로 당해 사업장의 소재지를 관할하는
　　서울특별시장·부산시장 또는 도지사에게 신고하여야 한다.
110) 구 노조법(1973. 3. 13. 법률 2610호로 일부개정된 것) 6조(노사협의회):
　　① 사용자와 노동조합은 상호 협조로서 생산성의 향상을 도모하기 위하여 노사협의회를
　　설치하여야 한다.
　　② 노사협의회는 단체협약 또는 취업규칙의 범위 안에서 생산·교육·훈련·작업환경·불
　　만처리·협의회의 운영 등에 관하여 필요한 사항을 협의한다.
111) 구 노조법(1974. 12. 24. 법률 2706호로 일부개정된 것) 6조(노사협의회):
　　① 사용자와 노동조합은 상호 협조로서 생산성의 향상을 도모하기 위하여 노사협의회를
　　설치하여야 한다.
　　② 노사협의회는 단체협약 또는 취업규칙의 범위 안에서 생산·교육·훈련·작업환경·불
　　만처리·노사분규의 예방 등을 협의한다. <개정 1974. 12. 24>
　　③ 노사협의회의 운영에 관하여 필요한 사항은 대통령령으로 정한다. <신설 1974. 12. 24>
112) 윤성천, 127면.

다음으로, 운영 목적을 보면, 1971년 국가비상사태의 선포 이후 시행된 국가보위에관한 특별조치법 9조 1항에 의해 근로자의 단체교섭권 및 단체행동권이 제한되면서 노사협의회가 단체교섭사항의 갱신이나 교섭을 하는 기구로 노동조합을 대신하는 역할을 하게 되었다.114) 더 나아가, 1976년 노동청이 각 사업장에 시달한 '노사협의회 운영기본방침'은 ① 노사분규의 사전예방과 생산적 노사협조 체제의 토착화, ② 사업장 새마을운동 추진의 모체화, ③ 안보의식의 확립과 노사일체감의 고양 등을 제시하고 있다.115)

끝으로, 노동조합 및 단체협약과의 관계를 보면, 구 노조법이 노사협의사항을 단체협약 및 취업규칙 내로 제한하고 있어 경영참가적 내용을 가진 사항을 협의하기 어렵고, 특히 사용자가 일방적으로 정하는 취업규칙의 범위 내로 협의가 제한되며, 협의를 거쳐 합의된 사항에 대해서도 법적인 실효성을 확보할 수 있는 규정을 두지 않고 있어 노동조합법 시기의 노사협의제도는 근로자 경영참가적 성격을 가진다고 보기는 어렵다.

나. 노사협의회법에 의한 운영시기(1981년부터 1996년까지)

5공화국 정부 수립 이후인 1980. 12. 31. 위 노조법 6조의 노사협의회 관련 규정을 폐지하고, 같은 날 독립된 법률로 '노사협의회법'이 제정되었다. 1980년 제정된 '노사협의회법'은 노동조합의 단체교섭과 분리원칙(5조), 쌍방 동수 구성, 협의사항과 보고사항의 구분 등 현행 '근참법'의 모태가 되는 법이었다. 그러나 노동청장(현 고용노동부장관)의 노사협의회 해산 및 개선명령(19조)이 가능하고, 관계공무원의 협의회 회의 의견진술권(18조)이 보장되며, 협의회 운영과 관련된 제3자 개입금지 조항(27조) 및 여러 형태의 근로자위원 결격사유(9조)가 규정되어 행정청에 의한 개입이 강화된 측면이 있었다. 이에 1987년 민주항쟁 후 1987. 11. 28. 개정법은 ① 노사협의회 위원의 결격사유, 관계공무원의 협의회 회의 의견진술권, 노동부장관의 노사협의회 해산 및 개선명령권을 삭제하고, ② 사용자에게 근로자위원의 선출방해금지 및 근로자위원의 업무를 위한 편의제공 등 일

---

113) 한국생산성본부, "우리나라의 노사협의제의 현황과 운영실태", 「생산성연구」 166집, 1976, 19면(윤성천, 127면에서 재인용).

114) 한국노총의 1977년 단체협약 분석에 따르면, 노사협의회에서 합의된 사항이 단체협약과 동일한 효력을 갖도록 규정한 것이 66.5%, 상호준수하도록 규정한 것이 6.5%, 노사협의회 규정에 의한다는 것이 6.5%, 합의사항에 대한 처리조항이 전혀 없는 것도 21.8%나 된다고 한다(윤성천, 132면).

115) 윤성천, 130면.

정한 의무를 부과하고, 그 의무이행을 촉구하기 위한 시정명령제도 및 위반 시의 벌칙규정을 신설하였으며, ③ 사용자가 노사협의회의 정기회의에서 보고 · 설명하는 사항에 새로이 "기업의 경제적 · 재정적 상황" 등을 추가하였다.

노사협의회법 시기의 노사협의제도의 특징은 ① 법령에 의한 사업 또는 사업장 단위 노사협의회 설치 강제, ② 노동조합의 단체교섭과 노사협의의 분리, ③ 노사협의회 근로자위원 구성 시 노동조합의 관여, ④ 경영참가적 성격을 가지는 협의사항과 보고사항의 규정 및 확대, ⑤ 노사협의제도 운영에 대한 행정기관의 관여 등을 들 수 있다. 이러한 특징은 ⑤항을 제외하고는 근참법 시기의 노사협의제도에도 계속 유지되고 있다. 노사협의회법 시기 이후 노사협의제도는 전반적으로 경영참가적 성격을 강화하고, 근로자위원에 대한 보호를 확대하는 경향을 보이고 있다.

이 시기 노사협의회 운영실태는 노동조합의 단체교섭사항과 노사협의사항의 관계에 따라 ① 분리형(노사협의회에서 단체교섭사항을 다루지 않음), ② 연결형(단체교섭사항에 대하여 협의회에서도 교섭함), ③ 협의회 대체형(협의회가 단체교섭사항까지 모두 처리함), ④ 단체교섭 대체형(단체교섭에서 협의회 사항까지 모두 처리함)으로 나누어 볼 수 있는데, 1996년의 조사에 따르면, 46.1%가 연결형에 해당하며, 노사협의회 안건에서 가장 많은 비중을 차지하는 것은 임금, 근로자 복지, 수당 및 퇴직금, 안전 · 보건, 근로시간 및 휴식시간 관련 안건 순으로 근로조건에 관한 사항이 주로 노사협의사항이 되고 있으며, 노사협의회를 통한 근로자의 기업운영참여는 별로 효과를 보지 못하고 있다.116)

다. 근참법에 의한 참여 시기(1997년에서 현재까지)

(1) 제정 및 개정과정

(가) 근참법의 제정

노사협의회법은 1996. 12. 31. '근로자참여및협력증진에관한법률'로 명칭을 변경하고, 그 내용을 일부 개정하여 국회의결을 거쳐 공포되었으나, 당시 다른 노동 입법들과 함께 국회 의결 과정상 하자로 유 · 무효 논란이 있었고, 결국 1997. 3. 13. 법률 5308호로 위 법은 폐지되고, 같은 날 법률 5312호로 같은 명칭의 법률이 새로 제정되었다. 1997년 3월 새로 제정된 '근참법'의 내용은 다음

---

116) 김규태, 451~452면.

과 같다.

　① 노사협의회의 근로자위원 위촉은 노동조합이 근로자의 과반수를 대표할 때에 한하여 근로자위원을 위촉하도록 하고 그 외의 경우에는 근로자가 직접 선출하도록 하여 근로자위원의 대표성을 확보

　② 노사협의회 협의사항으로 성과배분, 고용조정에 관한 사항, 신기계·기술의 도입 또는 작업공정의 개선 등에 관한 사항을 규정

　③ 노사협의회 의결사항으로 근로자의 교육훈련 및 능력개발 기본계획의 수립, 복지시설의 설치와 관리, 사내근로복지기금의 설치 등을 규정

　④ 사용자가 기업의 경제적·재정적 상황 등에 관하여 노사협의회에 보고 및 설명을 하지 아니하는 경우에는 근로자위원이 당해 사항에 관한 자료의 제출을 요구할 수 있도록 규정

　⑤ 노사협의회 의결사항에 관하여 노사협의회의 의결이 성립되지 아니하거나 노사협의회에서 의결된 사항의 해석·이행에 관하여 다툼이 있는 경우에는 노동위원회등의 중재를 받을 수 있도록 규정

　⑥ 중앙노사정협의회에 정부대표를 참여시킴으로써 국가의 산업·경제·사회정책과 관련된 주요 노동문제에 관한 노·사·정 협의기능을 강화

　㈏ 근참법의 개정

근참법은 2007. 1. 26. 노사관계 선진화 입법의 하나로 아래와 같이 개정되었다.

　① 노사협의회 위원에 대한 편의제공의 확대를 위해 협의회 출석 및 이와 직접 관련된 시간에 대해서는 근로한 것으로 간주

　② 근로자위원의 협의회 의제 관련 사전 자료제출요구권 규정

　③ 협의사항에 '사업장 내 감시 설비 설치' 추가

　④ 협의사항에 '노동쟁의의 예방' 삭제

　⑤ 대통령자문기구인 노사정위원회와 그 기능과 구성이 중복되는 중앙노사정협의회 관련규정 삭제

　이후 2007. 12. 27.에는 ① 노사협의회의 협의사항으로 여성근로자의 모성보호 및 일과 가정생활의 양립지원에 관한 사항을 추가하고, ② 법률문장을 모두 한글화하고, 법조문의 체계를 정비하는 내용의 전문개정을 하였다.

2016. 1. 27.에는 질서위반행위규제법 제정에 따라 근참법 33조의 과태료 규정 중 절차에 관한 일부 규정을 삭제하는 개정이 이루어졌고, 2019. 4. 16.에는 노사협의회 협의사항의 하나로 '직장 내 성희롱 및 고객 등에 의한 성희롱 예방에 관한 사항'이 추가되었다.

2022. 6. 10.에는 노사협의회 구성을 위한 근로자위원 및 사용자위원의 선출 및 위촉방식을 대통령령에서 규정하다가 상위법령인 법률에 투표의 방법과 원칙을 두는 개정이 이루어졌다. 근로자위원 선출에 관한 사항을 법률에 직접 규정하되, 근로자위원을 선출하는 경우 근로자 과반수 참여를 의무화하고, 위원을 투표할 수 있는 선거인 선출 시에도 근로자 과반수의 직접·비밀·무기명 투표 요건을 규정함으로써, 근로자위원의 대표성 및 민주적 정당성을 확보할 수 있는 근거를 마련하려는 개정이었다고 할 수 있다.

1997년 근참법 제정 이후 지난 25년간의 법개정은 기존 제도의 틀을 거의 바뀌지 않은 채 이루어졌고, 노사협의제도가 문제가 되어 소송화되어 법원의 판결을 받은 경우도 극히 드물다. 노사협의제도가 협력적 노사관계를 표방하고 있다고 하더라도 노사협의제도 자체가 대립과 갈등을 유발하지 않도록 이해관계의 충돌이 가로막힌 형식적 제도여서 별다른 개선도 이루어지지 않는 상황이라 할 수 있다.

(2) 근참법의 성격 및 특성

근참법 시기 노사협의제도가 일정한 사항에 대해 보고와 협의에서 더 나아가 의결까지 할 수 있도록 하여 근로자 경영참가의 요소를 강화하였고, 근로자위원의 권리와 보호를 명확히 하여 근로자대표의 역할을 강화한 점에서 이전의 노사협의회법 시기의 노사협의제도와 차이가 있다고 할 것이나, 실제 운영에서는 노동조합이 주체가 되어 노동조합의 단체교섭사항과 연계하여 노사협의회가 운영되고 있어 근로자 경영참가제도로서 가져야 할 역할은 여전히 미흡한 상태이다.[117)

(3) 노사협의회 운영실태

이 시기 노사협의회 제도의 운영실태를 보면, 노사협의회 설치율은 근참법

---

117) 우리나라 노사협의제도의 특징으로 ① 법적 강제, ② 경영참가적 성격의 내포, ③ 노동조합의 이원적 기능, ④ 행정지도, ⑤ 독립법에 의한 설치, ⑥ 협의기구, ⑦ 단체교섭제도와 구별 및 고충처리제도와 통합 등을 드는 견해가 있다(김수복, 67~73면).

제정 이후인 1997년 84.9%, 2000년 96.5%, 2004년 97.6%로 계속 상승하는 추세
에 있다.[118] 2001년 조사에 따르면, 노사협의회의 목적을 정보공개를 통한 이해
협력(34.3%), 근로조건 향상(15.8%), 고충처리(13.5%), 분쟁예방(11.5%), 경영참여
증대(5.7%)의 순서로 나타나 노사협의제도가 여전히 근로자 경영참가의 장으로
활성화되지는 못하는 상태이며,[119] 앞서 본 노동조합의 단체교섭과 노사협의를
연결시키는 연결형이 거의 50%에 가까워[120] 노사협의제도가 사실상 단체교섭
을 상시적으로 보완할 수 있는 교섭기능을 담당하는 것이 현재 우리의 노사협
의제도의 실정이다.

   나아가 근참법 규정에도 불구하고, 노사협의회 근로자위원을 회사가 지정
하는 경우도 적지 않은데, 이를 근참법상의 노사협의회로 볼 수 있는지에 대해
의문을 제기하는 견해도 있다.[121]

   국제노동기구나 일부 유럽 국가에서 통용되는 원칙, 예컨대 사업 내 노사협
의회 제도가 노동조합, 단체협약, 단체교섭을 침해하지 않도록 해야 한다는 원
칙을 우리 근참법이 규정하고 있는 노사협의회 제도가 이를 규범적으로 받아들
이고 있는지에 관해서는 논란이 있다. 아울러, 우리의 노사협의회 제도 운영실
태가 주로 노동조합의 단체교섭을 보충하는 형태로 운영되는 것은 노사협의제
도를 임금과 근로시간 등 근로조건에 관한 사항에만 매몰되게 하여 근참법이
법을 통하여 실제로 제공하고 있는 '사업장 내에서의 근로자의 경영참가기회'를
확보하지 못하게 되는 측면도 있음을 간과해서는 안 될 것이다.

4. 신의성실의무

제2조(신의성실의 의무)
   근로자와 사용자는 서로 신의를 바탕으로 성실하게 협의에 임하여야 한다.

가. 신의성실의무의 주체

   근참법 2조는 신의성실의무[122]의 주체를 근로자위원과 사용자위원이 아닌

---

  118) 이주희·이승엽, 124면.
  119) 이주희·이승엽, 126면.
  120) 이주희·이승엽, 128면.
  121) 신권철, 277면.
  122) 민법 2조는 사법(私法)에서의 기본원리로 신의성실 원칙을 규정하고 있는데, 판례는 "민법
      상의 신의성실의 원칙은 법률관계의 당사자는 상대방의 이익을 배려하여 형평에 어긋나거나

근로자와 사용자로 규정하고 있다. 근참법 24조의 의결사항의 이행의무 주체도 '근로자와 사용자'로서 이와 동일하다. 근로자위원과 사용자위원이 아닌 근로자와 사용자를 의무 주체로 규정한 이유는 협의회 구성이나 위원을 선출하거나 협의절차를 이행 또는 협의사항을 집행할 때에도 근로자와 사용자의 신의성실의무가 바탕이 되어야 하기 때문이다. 특히 근로자가 노사협의회 근로자위원 선출을 거부하거나, 사용자가 사용자위원 위촉을 하지 않을 경우 협의회 구성 자체가 불가능하기 때문에 근로자와 사용자 또한 의무 주체로 규정된 것이다.

나. 신의성실의무의 내용

근로자와 사용자의 신의성실의무는 노사협의회 '협의' 시에만 적용되는 것이 아니라, 노사협의회 '구성'이나 '의결', '의결사항의 이행' 시에도 적용된다. 따라서 ① 사용자위원 측의 일방적인 통보나 의견청취의 거절을 포함한 '협의'의 거부뿐만 아니라, ② 노사협의회를 구성할 때에 노동조합이 근로자위원 선출을 거부하거나 방해하는 경우, ③ 노사 일방의 출석거부로 인한 협의회 회의 개최를 불가능하게 하는 경우, ④ 의결사항 이행과정의 불성실도 신의성실의무 위반이 될 수 있다.

다. 신의성실의무 위반의 효과

근참법상 신의성실의무의 내용이 추상적이기는 하나, 개별 사안에서 이를 근거로 한 사법상 권리구제의 가능성도 있다. 예컨대 노사협의회 구성에 있어 과반수 노동조합이나 근로자 측이 근로자위원을 모두 위촉·선출하였음에도 사용자가 그에 대응한 사용자위원 위촉을 하지 않아 노사협의회가 구성되지 않는 경우 과반수 노동조합이나 근로자 측이 사용자를 상대로 노사협의회 구성을 위한 사용자의 사용자위원 위촉을 촉구하고 이에 불응하는 경우 사용자에게 그 작위를 구하는 청구도 허용될 수 있을 것이다. 거꾸로, 과반수가 안 되는 노동조합이 노사협의회가 조직 기반을 침해할 수 있다고 보아 근로자위원 선출을 방해하는 경우에도 그 방해의 제거를 구하는 청구도 허용될 수 있을 것이다. 그

신뢰를 저버리는 내용 또는 방법으로 권리를 행사하거나 의무를 이행하여서는 아니 된다는 추상적 규범을 말하는 것으로서, 신의성실의 원칙에 위배된다는 이유로 그 권리의 행사를 부정하기 위하여는 상대방에게 신의를 공여하였다거나 객관적으로 보아 상대방이 신의를 가짐이 정당한 상태에 이르러야 하고 이와 같은 상대방의 신의에 반하여 권리를 행사하는 것이 정의관념에 비추어 용인될 수 없는 상태에 이르러야 한다."라고 판시하고 있다(대법원 1997. 1. 24. 선고 95다30314 판결).

밖에 사용자위원 측이나 근로자위원 측의 회의 개최 거부, 불성실한 협의[123] 등
도 사법상 청구를 통해 해결이 가능할 수 있으며, 그 심사기준의 하나로, 근참
법이 정한 신의성실의무를 들 수 있을 것이다.

Ⅱ. 적용범위

1. 노사협의회 개념(3조)

제3조(정의)

　　이 법에서 사용하는 용어의 뜻은 다음과 같다.

　　1. "노사협의회"란 근로자와 사용자가 참여와 협력을 통하여 근로자의 복지증진
　　　과 기업의 건전한 발전을 도모하기 위하여 구성하는 협의기구를 말한다.

　　2. "근로자"란 「근로기준법」 제2조에 따른 근로자를 말한다.

　　3. "사용자"란 「근로기준법」 제2조에 따른 사용자를 말한다.

　　'노사협의회'는 근로자와 사용자로 구성된 협의기구로 그 목적을 근로자의
복지증진과 기업의 건전한 발전에 두고 있다. '노사협의회'는 회의 자체를 지칭
하는 개념으로도 사용될 수 있으나, 근참법은 근로자와 사용자로 구성된 기구를
의미하고 있으며, 회의 자체는 '정기회의'와 '임시회의'로 구분하고 있다. '노사
협의회'라는 명칭을 사용하지 않는다고 하더라도[124] 근참법이 정한 절차에 따라
구성된 노사동수의 기구[125]라면 '노사협의회'로서 실질을 가져 근참법의 적용을
받는다고 할 것이나, '노사협의회'라는 명칭을 사용한다 하더라도 근참법이 정
한 절차에 위배하여 사용자나 근로자가 임의로 조직한 기구는 근참법의 적용을
받는 '노사협의회'는 아니다. 이하에서는 노사협의회의 구성주체, 목적, 내용을
살펴본 후 공무원 직장협의회, 산안법상 산업안전보건위원회 등과 차이를 비교
한다.

---

123) 일본에서 노사협의에 응할 지위확인소송과 관련해서는 東京地方裁判所 1991. 12. 19. 判決,
　　労判 604호, 40면(이 사례는 회사가 소송 이후 노사협의를 하겠다는 태도를 표명하여 청구의
　　'확인의 이익'이 없다는 이유로 소 각하되었지만, 협의를 할 지위에 있다는 확인청구가 사용
　　자에 대해 일정한 사실상의 강제력을 가지고 있다는 점을 보여주고 있다는 점을 강조하는 견해가
　　있다)(이승욱a, 270면에서 재인용).

124) 고용노동부는 근참법상 노사협의회는 그 명칭과 관계없이 운영될 수 있다고 하고 있다(노
　　사 68187-57, 99. 2. 19.).

125) 후술하는 노사동수 원칙, 노사대표 원칙, 사업(장) 소속원칙이 구현된 기구.

가. 구성주체: 근로자와 사용자로 구성

노사협의회는 근로자와 사용자로 구성되어야 한다. 근로자만으로 구성된 노동조합과 달리 노사협의회는 사용자를 반드시 그 구성원으로 하여야 한다. 독일의 사업장 내 사업장평의회가 근로자만으로 구성되는 것과 달리 한국의 노사협의회는 노사동수의 위원으로 구성된다.

근참법은 근기법상의 근로자 및 사용자 개념을 차용하고 있다. '근참법'이 집단적 노동관계에 관한 법임에도 불구하고 개별적 근로관계에 관한 법인 근기법상의 개념을 빌려온 것에 대해서는 노사협의회가 사업(장) 내 종업원을 대상으로 한 것임을 강조한 것이기는 하나, 어느 일방이 타방과 반드시 근로계약관계가 있을 것을 요구하는지는 의문이다. 예컨대 독일의 경우 법에 의해 사업장평의회에서 파견근로자의 선거권을 인정하고,[126] 우리 산업안전보건법령[127]이 안전보건과 관련하여 일정한 도급건설공사에 대해 사용자위원과 근로자위원이 근로계약관계로 연결되지 않아도 하나의 노사협의체를 구성하도록 하는 것[128]처럼 근로계약관계의 존재와 상관없이 근로자의 사업(장) 소속 여부에 따라 판단할 여지도 있다.[129]

해고를 다투고 있는 근로자가 해고 이후 근로자위원으로 노사협의회를 구성할 수 있는가? 2021년 개정 전 노조법 2조 4호 라목 단서에 따르면 "해고된 자가 노동위원회에 부당노동행위의 구제신청을 한 경우에는 중앙노동위원회의 재심판정이 있을 때까지는 근로자가 아닌 자로 해석하여서는 아니 된다."라고 하였는데, 2021년 위 조문은 삭제되었고, 대신 노조법 5조 2항, 3항으로 사업(장) 소속의 '종사근로자인 조합원'은 해고되어도 노동위원회에 부당노동행위 구제신청을 한 경우에는 중앙노동위원회 재심판정이 있을 때까지는 종사근로자로 본다는 규정을 신설하였다.

고용노동부는 과거부터 근참법상의 근로자가 근기법상의 근로자임을 전제로 노사협의회 근로자위원은 당해 사업(장) 근로자여야 하므로 해고된 자는 근로자위원이 될 수 없다고 해석하고 있으나,[130] ① 노조법이 집단적 노동관계의

---

126) 보다 자세한 내용은 박수근, 136면 이하; 유성재, 18면 이하 참조.
127) 산안법 75조(안전 및 보건에 관한 협의체 등의 구성·운영에 관한 특례).
128) 산안법 시행령 63조 내지 65조.
129) 같은 취지의 박제성a, 183면 이하.
130) 노사 68130-339, 1995. 11. 14.(고용노동부c, 18면).

일반법으로 근참법에도 유추적용될 수 있는 점, ② 근참법이 과반수 노동조합의 대표자나 과반수 노동조합이 위촉한 자를 근로자위원으로 하고 있는 점, ③ 우리나라 노사협의회 실태가 노동조합 대표자나 간부가 근로자위원의 지위를 겸하여 단체협약의 준비나 보완을 위해 노사협의회를 활용하는 점, ④ 근로자위원이라는 지위는 사용자에 의해 부여된 것이 아니라 근로자들의 선거나 노동조합에 의해 위촉되어 그 위임한 자의 의사에 따라 위임된 업무를 이행해야 하는 점에서 적어도 해고 후 중앙노동위원회 재심판정 시까지는 근로자위원으로 그 지위를 유지하는 데에도 위와 같이 개정된 노조법 규정이 준용된다고 할 것이다.

나. 목적: 근로자의 복지증진과 기업의 건전한 발전 도모

노동조합의 목적이 근로조건의 유지·개선 및 근로자의 경제적·사회적 지위의 향상이라는 근로자 일방을 위한 것임에 반하여, 노사협의회는 근로자의 복지와 더불어 근로자가 속한 기업의 발전을 위한 것임을 명시하고 있다.

근로자의 복지증진이라는 목적 속에 근로조건의 유지·개선이라는 목적이 포함되는가? 아니면 양자는 서로 분리되어 있는가? 이 질문은 노사협의제도 내에서 근로조건을 협의하거나 결정할 수 있는지와도 연결되어 있고, 노사협의제도와 단체교섭제도를 분리하여 이해하려는 이원론과 양 제도를 통합하여 이해하는 일원론의 대립과도 연결되어 있다. 노사협의제도의 목적을 대립적 노사관계를 지양하고 협력적 노사관계를 지향하는 것으로, 노동조합의 단체교섭을 중심으로 한 집단적 노동관계 및 헌법상 노동3권과는 구분하여 설명하는 노사협의제도 및 단체교섭제도 이원론이 있기도 하나,[131] 독일 등 외국과 달리 우리 근참법에 따르면 규범적으로 근로자위원의 선출에 노동조합이 개입하고 있을 뿐만 아니라 설치단위도 근로조건에 관한 결정권이 있는 사업 또는 사업장으로 하고 있고, 실태상으로도 기업별 노조하에서 노사협의회가 노동조합의 단체교섭을 보완하는 역할을 하고 있어 여전히 노사협의회와 노동조합의 단체교섭은 실무적으로나 법리적으로 그 구분이 명확히 확립되지는 않은 상태이다.

다. 내용: 참여와 협력을 통한 협의기구의 구성

근참법은 노사협의회를 '협의기구'라고 표현하고 있으나, 법은 협의사항 외에 보고·설명사항(22조) 및 의결사항(21조)까지 규정하고 있다. 따라서 근참법이

---

131) 김형배, 87면.

정한 필요적 의결사항 및 임의적 의결사항(협의사항)에 대해서는 노사협의회가 '의결기구'로서 역할 한다.

라. 다른 기구와 비교

(1) 공무원 직장협의회

공무원 '직장협의회'는 공무원의 근무환경 개선, 업무능률 향상 및 고충처리 등을 위해 국가기관, 지방자치단체, 그 하부기관에 각 기관 단위로 설립하는 단체로 그 설치가 강제된 노사협의회와 달리 설립 여부가 임의적이다.[132] 직장협의회는 6급 이하 공무원 등으로만 구성되며 그 가입·탈퇴가 자유로운 단결체[133]임에 반해, 노사협의회는 노사동수로 구성된 협의체인 점에서도 차이가 있다.

(2) 산업안전보건위원회 및 노사협의체

산안법상 산업안전보건위원회는 산업안전·보건에 관한 중요사항을 심의 또는 의결하기 위해 노사동수로 구성되는 기구로서 사업주가 설치·운영해야 하는 의무설치기구이다. 산업안전보건위원회는 노사협의회와 그 구성방식(노사동수), 의무설치가 강제되는 점, 위원에 대한 불이익처우금지, 의결되지 않은 사항 등에 대해 중재기구에 의한 처리 등(19조)이 같으나, 설치대상이 되는 사업(장)의 범위, 근로자위원 및 사용자위원의 선출방법에서는 다소 차이가 있다.

그 밖에 산안법이 규정하고 있는 안전·보건에 관한 '노사협의체'는 일정한 유형의 도급에 의해 이루어지는 일정금액 이상의 건설공사에 임의적으로 설치되는 것인데, 위 노사협의체는 근로자위원을 구성할 때 수급인의 근로자대표와 전체 사업의 근로자대표를, 사용자위원을 구성할 때 해당 사업의 대표자와 하도급 사업의 사업주도 함께 협의체를 구성하도록 하고 있다.[134] 이는 같은 사업(장) 내 노사공동기구 설치 시에 반드시 쌍방 간 근로계약관계를 전제로 하지 않는 것도 가능함을 내포하고 있다.

2. 설치대상 사업(장)

제4조(노사협의회의 설치)

① 노사협의회(이하 "협의회"라 한다)는 근로조건에 대한 결정권이 있는 사업이

---

132) 공무원직장협의회의 설립·운영에 관한 법률 1조, 2조.
133) 공무원직장협의회의 설립·운영에 관한 법률 3조, 4조.
134) 산안법 시행령 64조 1항 각 호.

나 사업장 단위로 설치하여야 한다. 다만, 상시(常時) 30명 미만의 근로자를 사용하는 사업이나 사업장은 그러하지 아니하다.

② 하나의 사업에 지역을 달리하는 사업장이 있을 경우에는 그 사업장에도 설치할 수 있다.

가. 노사협의회 설치주체(설치의무자)

근참법은 "노사협의회는……설치하여야 한다."(4조 1항)라고 하여 설치의무를 규정하고, '협의회 설치를 정당한 사유 없이 거부하거나 방해한 자'에 대해서는 형벌을 부과하고 있다(30조 1호). 그러나 설치주체, 즉 노사협의회 설치의무 있는 자가 누구인지 법령은 아무런 규정이 없다. 구 노조법상 노사협의회 설치주체는 '사용자와 노동조합'이었으나, 노동조합이 없는 사업장에도 노동행정기관에서 기업 측에 설치를 독려하였다. 이후 노사협의회법 및 근참법상 '노사협의회'는 그 설치주체를 규정하지 않고 있어 해석상 논란의 여지가 있다.135)

노사협의회 설치(구성)의무에 대해서는 다음과 같은 점을 고려하여야 한다.

① 노사협의회 자체를 설치할 의무가 사용자에게 강제된다면, 노사 간 참여와 협력이 아닌 사용자에 의해 강제된 참여와 협력이 될 수 있다.

② 형벌규정 또한 '설치하지 아니한 자'를 처벌하는 것이 아니라 '협의회 설치를 거부·방해한 자'를 처벌하고 있어 설치의무 위반 자체를 처벌하지는 않고 있다.

③ 노사협의회 설치는 노사동수로 구성되어야 하므로 노동조합 또는 근로자들의 협조 없이는 구성될 수 없다.

④ 법이 설치의무주체를 사용자로 규정하지 않고 있고, 노사협의회가 각 사업(장)단위별로 설치할 수 있으므로 그에 걸맞은 설치의무 주체를 고려해야 한다.

위와 같은 점을 고려하여 설치의무 주체는 다음과 같이 해석되어야 한다.

① 먼저, 사용자가 노사협의회 자체를 설치하지 않았다는 것만으로 형사처벌을 받지 않는다는 점은 위 형벌규정의 내용상 명백하다.136) 다만, 과반수 노동조합의 설치요구나 일정 사업(장)단위에서 근로자의 설치요구가 있는 경우 정

---

135) 일부 견해에 의하면 노사협의회 설치의무는 사용자에게 있다고 한다(임종률, 694면).
136) 같은 취지의 이병태, 508면.

당한 사유 없이 그 요구를 거부하거나 사업(장)단위 노사협의회 설치를 방해하는 경우는 형사처벌의 대상이 된다.

② 다음으로, 근참법상으로도 사용자위원의 구성 등 사용자 측의 협조가 있어야만 노사협의회가 구성될 수 있고, 근참법 2조에 따른 신의성실의무는 협의회 운영에서뿐만 아니라 협의회 구성 자체에도 적용되어야 하므로 적어도 노동조합이나 근로자 측의 설치요구가 있을 경우 사용자는 협의회를 구성할 법적 의무가 있다.

③ 끝으로, 협의회를 구성할 의무가 있는 사용자의 범위는 근로자 측의 설치요구 단위별로 구분할 필요가 있다. 예컨대 한 기업 내 수 개의 사업장 중 특정 사업장의 근로자들만 노사협의회 구성을 요구할 경우 또는 한 사업장 내 파견(하청)근로자와 정규(원청)근로자가 함께 노사협의회 구성을 요구할 경우 그 협의회 구성에 응하여야 하는, 즉 협의회 구성을 거부할 수 없는 사용자는 누구인가라는 문제이다. 일반적으로 말한다면, 노사협의회는 사업 단위로 구성될 수 있으나, 사업장 단위로도 가능하며, 사업장 단위일 경우에는 그 사업장에서 사업주를 대표하는 자가 협의회 구성의무가 있는 자로 봄이 상당하다. 아울러 사업장 단위 외에 하나의 법인을 넘어선 기업집단까지 포괄하는 노사협의회 설치도 가능하다는 고용노동부 행정해석[137]과 일부 견해[138]에 따르면, 그 기업집단을 대표할 수 있는 자가 협의회 구성의무가 있는 자로 될 것이다.

나. 노사협의회 설치단위: 근로조건에 대한 결정권이 있는 사업(장)

노사협의회는 근로조건에 대한 결정권이 있는 사업이나 사업장 단위로 설치해야 한다(4조 1항). 먼저 근참법이 규정하는 '사업 또는 사업장'이 다른 법(근기법 및 노조법)상의 개념과 동일한지, 그리고 사업 또는 사업장을 구분하여 볼 것인지, 아니면 하나의 개념으로 볼 것인지 살펴본 후, '근로조건에 대한 결정권'이란 개념을 살펴본다.

---

137) 기업군의 계열기업(법인)이 근로조건의 결정권을 행사함에 있어 모기업의 기본방침이나 지시에 따르거나 승인을 받는 경우, 노사 간의 합의에 의해 자율적으로 그룹노사협의회를 구성할 수 있다고 보며, 또한 기업군의 기업 단위 노조대표자들이 편의상 연락협의회를 구성, 운영하는 것도 가능하다(노조 1454-4034, 1982. 2. 11.)(이병태, 508면에서 재인용).

138) 박제성a, 175면.

(1) 사업(장)[139]

노동관련법령에서 '사업 또는 사업장'이란 개념은 광범위하게 사용되고 있다. 먼저, 근기법상 근로자 개념에서 '사업이나 사업장에' 근로를 제공하는 자(근기법 2조 1항 1호) 또는 근기법 적용 범위에서 '상시 5명 이상의 근로자를 사용하는 모든 사업 또는 사업장'(근기법 11조 1항)이라는 개념이 사용되며, 퇴직급여법은 근로자를 사용하는 모든 '사업 또는 사업장'에 적용하며(퇴직급여법 3조), 단체협약의 일반적 구속력의 범위도 하나의 '사업 또는 사업장'을 적용범위로 하고 있다(노조법 35조). 또한 '사업'[140]과 '사업장'[141) 개념이 관련 노동법령에 독립적으로 따로 사용되기도 한다. 이로 인해 '사업 또는 사업장'을 각 법령마다 다르게 보아야 하는지, 그리고 '사업'과 '사업장'을 별개의 독립된 개념으로 보아야 하는지, 동일한 개념으로 보아야 하는지 논란의 여지가 있다.

먼저 대법원 판례를 보면, 근기법의 적용범위가 되는 '사업장' 개념과 관련해서 '사업'과 별도로 정의를 내리고 있다. 그 내용을 보면, "근기법은 11조에서 상시 5명 이상의 근로자를 사용하는 모든 사업 또는 사업장에 적용한다고 규정하고 있는바, 여기서 말하는 '사업장'인지 여부는 하나의 활동주체가 유기적 관련 아래 사회적 활동으로서 계속적으로 행하는 모든 작업이 이루어지는 단위 장소 또는 장소적으로 구획된 사업체의 일부분에 해당되는지에 달려있으므로, 그 사업의 종류를 한정하지 아니하고 영리사업인지 여부도 불문하며, 1회적이거나 그 사업기간이 일시적이라 하여도 근기법의 적용대상"이라 하고 있다.[142] 퇴직금 차등제도 금지의 적용단위가 되는 '하나의 사업'(퇴직급여법 4조 2항)과 관련된 과거 대법원 판례가 '사업'에 대해 내린 개념정의 내용('사업'이란 특별한 사정이 없는 한 경영상의 일체를 이루는 기업체 그 자체를 의미한다)[143]과 위 판례가 개념정의한 '사업장' 개념은 구분된다.

근참법은 노사협의회 설치단위를 '사업 또는 사업장'으로 구분하고 있으며, 하나의 사업에 지역을 달리하는 사업장이 있을 경우 그 사업장에도 설치할 수

---

139) 근기법상 '사업(장)' 개념에 대해서는 근기법주해(2판) I, 876~881면 참조.
140) 퇴직급여법은 3조에서 '사업 또는 사업장'을 하나의 개념인 '사업'으로 축약시킨 후 그 이하의 법조문에서는 '사업'이라는 개념으로 통일하여 사용하고 있다.
141) 노조법 81조 2호에서 노동조합이 당해 '사업장'에서 3분의 2 이상을 대표하는 경우 유니언 숍 규정이 가능하도록 한 규정이다.
142) 대법원 2007. 10. 26. 선고 2005도9218 판결.
143) 대법원 1997. 11. 28. 선고 97다24511 판결.

있는 등 노동조합과 달리 하나의 사업 내 수 개의 사업장에서 수 개의 노사협
의회 설치를 전제로 한 규정들을 두고 있다. 따라서 근참법에서 '사업'과 '사업
장'은 별개의 개념으로 이해되어야 하며, '사업장'의 개념은 판례와 유사하게
'사업이 이루어지는 단위 장소 또는 장소적으로 구획된 사업체의 일부분'이라는
장소적 개념과 그에 더하여 유기적 독립성을 가지고 구분되어 있는 업무를 수
행하는 역할을 가져야 하며, '사업'은 장소적 개념과 달리 동태적·기능적[144]으
로 이해하여야 하고 반드시 법인 그 자체와 일치시킬 필요는 없다.

　　노사협의회 설치대상인 사업(장)인지 여부가 고용노동부 행정해석상 판단대
상이 된 사례로는 ① 아파트관리사무소,[145] ② 비영리협회(건설기술관리법에 의한
협회) 사무처,[146] ③ 근로조건에 대한 결정권이 없는 지역공장,[147] ④ 사립대학
교,[148] ⑤ 국가행정기관 내 공무원 아닌 근로자 대상 노사협의회,[149] ⑥ 건설회
사의 각 공사현장[150] 등이 있는데, 고용노동부는 대체로 30명 이상의 상시 사용
근로자가 있는 경우라면 위의 각 경우에도 임의설치 또는 강제설치 대상 사업
(장)이라 하고 있다.

(2) 근로조건에 대한 결정권

　　노사협의회 설치단위로서 사업(장)은 근로조건에 대한 결정권이 있는 사업
(장)이어야 한다. 이는 노사협의회 강제설치의 요건이므로, 근로조건에 대한 결
정권이 없는 사업(장)이라 하더라도 노사 간 합의로 노사협의회를 임의설치할

---

144) '사업'개념의 동태적·기능적 이해에 대해서는 박제성a, 175면 이하 참조(이 논문에 따르
　　면, '사업'이란 과거에 자본의 소유자와 근로자 및 경영진을 하나의 공동체 속에 결합하는
　　일종의 '제도'(institution)로 파악되어 왔으나, 오늘날 노동법에서 '사업'은 하나의 '가능태'로
　　서의 사업개념이 필요하다고 한다. 즉, 하나의 사용자에 의하여 지휘되는 근로자집단의 법적
　　성격을 선험적으로 정의하지 않으며, 그것을 넘어 하나의 객관적 준거로서의 가치를 드러내
　　는 '사업'개념을 제시한다. 가능태로서의 사업은 사용자에 의하여 결정되는 사업의 법적 형
　　태에 구속되지 아니하고, 주어진 상황에서 법이 요구하는 바에 따라 이 가능태는 다양한 모
　　습으로 표현된다고 한다. 다시 말하면, 가능태로서의 사업은 더 이상 하나의 '정태'로 이해되
　　는 것이 아니라, 법의 요구에 따라 표현을 달리 하는 '동태'로 이해되고, 토마스 쿤의 표현을
　　빌리자면, 가능태로서의 사업 개념은 일종의 '패러다임'으로서의 사업 개념이며, 새로운 조건
　　또는 보다 엄격한 조건 아래에서 조정되고, 수정되며, 구체화된다고 한다).
145) 노사 68107-197, 1997. 7. 16.(고용노동부c, 10면).
146) 노사 68107-151, 1997. 6. 18.(고용노동부c, 11면).
147) 노사협력복지과-328, 2004. 3. 8.(고용노동부c, 12면).
148) 노사 68010-220, 2001. 6. 22.(고용노동부c, 14면).
149) 협력 68210-258, 2003. 7. 1.(고용노동부c, 20면).
150) 협력 68210-409, 2003. 11. 20.(고용노동부c, 24면).

수 있다.151) 여기서 '근로조건'이란 설치단위의 사용자 측 위원과 근로자 측 위원이 공동으로 임금, 근로시간, 휴게·휴식, 해고 등 근로조건을 결정할 수 있는 권한을 전제하는 것이 아니라 사업(장)이라는 개념이 주체화되어 그 주체화된 사업(장)에 일정한 독립적 결정권한이 있는 것을 의미한다.152)

'사업장 단위' 노사협의회의 경우 근로조건에 대한 결정권이 대부분 기업 본사 또는 사업 단위에서 결정되는 경우가 많은데, 사업장 단위 노사협의회가 구성될 수 있는 전제인 '근로조건에 대한 결정권'은 근로조건의 일부에 대한 결정권 또는 사업 단위로부터 위임되는 결정권일 경우에도 가능하다.

근참법이 '근로조건에 대한 결정권'을 노사협의회 설치단위의 요건으로 삼은 목적은 의결사항의 이행이나 근참법이 부과한 각종 의무를 부담하는 등 일정한 역할과 책임을 가진 기구로서 활동할 수 있는 능력을 갖추도록 한 것이지, 노사협의회 구성을 제약하기 위한 목적으로 정한 요건은 아니다. 또한 '근로조건에 대한 결정'은 사용자 일방에 의해서만 정해지는 것이 아니고, 근참법이 협의의 근로조건과는 다른 다양한 내용의 근로자와 관련된 사항을 보고사항, 협의사항, 의결사항 등으로 구분하여 사용자 측의 임무를 부과하고 있는 이상 '근로조건에 대한 결정권'이 있는지 여부는 다음과 같은 내용을 고려하여야 한다.

① 노동조합의 단체교섭 상대방인 사용자는 근로조건에 대한 결정권을 가진 자라야 할 것이지만 노사협의회의 경우에는 근참법이 규정한 보고사항, 의결사항, 협의사항의 일부에 대해서라도 수행할 능력이 있다면, 노사협의회를 구성할 실익이 있다.

② 근로조건의 결정은 원칙적으로 사용자와 근로자의 합의에서 도출되며, 사업(장)의 구성요소 중 하나는 근로자다. 일정한 사업장 내의 근로자집단이 자신들의 특정한 근로조건에 대해서 사용자 측과 협의하여 결정할 능력이 있다면, 이 또한 근로조건에 대한 결정권이 있다고 보아야 한다. 즉 사용자 측의 근로조건에 대한 결정권한 뿐만 아니라 특정 사업장 내의 근로자들이 집단적으로 근로조건에 대한 의사를 형성할 수 있는 사업장도 근로조건에 대한 결정권이 있다.

---

151) 고용노동부 행정해석도 같은 취지이다(노사협력복지과-328, 2004. 3. 8.)(고용노동부c, 12면).
152) 고용노동부 행정해석 또한 '근로조건에 대한 결정권'을 사용자의 권한으로 보는 것이 아니라 '당해 사업(장)의 고유한 경영조직과 방침에 의하여 관계규정 또는 제도상으로 정당하게 부여되고, 공신력을 인정할 수 있는 객관적인 권한'이라 해석하고 있다(노조 1454-4034, 1982. 2. 11.)(김형배, 1588면 재인용).

③ 사업장이 근로조건에 대한 결정권을 일부만 가지고 있거나, 위임된 권한만을 가지고 있다고 하여도 무관하다.[153) 노사협의회는 근참법이 정한 일정한 사항을 보고하거나 협의하는 것이 주 임무이며 기업단위가 아닌 개별 사업장 단위 설치가 가능하도록 법이 규정하고 있는 이상 근로조건에 대한 결정권을 모두 갖고 있는 것은 법 자체가 전제하지 않고 있기 때문이다.

연혁적으로 보면, 노사협의회는 노동조합과 구분되며, 근로조건에 대한 결정은 노동조합의 역할에 기댈 수 있다. 근참법이 노사협의회 설치단위 및 설치의무를 '근로조건에 대한 결정권'이란 불명확한 요건으로 노사협의회 설치를 제약함으로서 노사협의회와 노동조합의 역할을 혼동하게 하고, 근로조건의 결정이라는 노동조합의 역할과 임무에 기댄 노사협의회를 상정하게 하므로 입법론으로는 삭제함이 바람직하다.

근참법 4조 1항 단서조항은 상시 30명 미만의 근로자를 사용하는 사업이나 사업장은 명문으로 노사협의회 설치의무를 면제하고 있는데, 이 경우에는 '근로조건에 대한 결정권' 요건을 규정하지 않고 있어 '근로조건에 대한 결정권' 여부와 상관없이 30명 미만일 경우에는 설치의무가 면제된다고 해석된다.[154)

다. 설치의무의 면제

근참법 4조 1항 단서는 상시 30명 미만의 근로자를 사용하는 사업이나 사업장은 노사협의회 설치의무를 면제하고 있다. 따라서 위 요건에 해당하는 사업(장)의 경우에는 사용자 측이 노사협의회를 구성할 의무가 없으며, 노사협의회 설치를 거부하더라도 형사처벌을 받지 아니한다.

여기서 쟁점이 되는 것은 ① '상시 30명 미만'이라는 숫자의 계산방법과

---

153) 고용노동부도 근로조건 결정권은 포괄적인 결정권을 가지는 사업(장)뿐만 아니라 이러한 권한 중 상당부분을 위임받아 결정할 수 있는 사업(장)도 노사협의회를 설치·운영하는 것이 바람직하다고 하고 있다(고용노동부d, 9면).
154) 현행 근참법 4조 1항, 근참법 시행령 2조 및 고용노동부 행정해석에 따르면, 설치단위와 설치의무는 다음과 같이 구분될 수 있다.

유 형	30명 이상 사업	30명 이상 사업장	30명 미만 사업(장)	하나의 사업에 지역을 달리하는 사업장
근로조건에 대한 결정권이 있는 경우	사업 강제설치 (법 4조 1항)	사업장 강제설치 (법 4조 1항)	설치 면제 (법 4조 1항 단서) (임의설치 여부는 논란의 여지가 있음)	사업장 임의설치 (법 4조 2항)
근로조건에 대한 결정권이 없는 경우	사업 임의설치 (고용노동부 행정해석)	사업장 임의설치 (고용노동부 행정해석)		

'근로자'를 사용하는 사업(장)의 '근로자' 범위에 '파견근로자, 일용근로자 등이 포함되느냐?'라는 것이다. ② 다음으로, 2008. 3. 21. 신설된 근기법 11조 3항은 근기법의 적용범위가 되는 '상시 사용하는 근로자 수'의 산정방법을 대통령령에 위임하여 근기법 시행령은 2008. 6. 25. 그 산정방법을 새로이 정해 놓고 있는데,155) 위 시행령의 산정방법을 근참법에 적용가능한가가 문제된다.

(1) '상시(常時)'의 의미156)

근기법 적용범위와 관련하여 판례는 "'상시 5인 이상의 근로자를 사용하는 사업 또는 사업장'이라 함은 '상시 근무하는 근로자의 수'가 일정 수 이상이 아니라 '사용하는 근로자의 수가 상시 5인 이상인 사업 또는 사업장'을 뜻하는 것이고, 이 경우 상시라 함은 상태(常態)라고 하는 의미로서 근로자의 수가 때때로 5인 미만이 되는 경우가 있어도 사회통념에 의하여 객관적으로 판단하여 상태적으로 5인 이상이 되는 경우에는 이에 포함된다."라고 하고 있다.157)

(2) 상시 사용하는 근로자 수의 계산방법

판례는 근기법상 어느 사업이 상시 5인 미만의 근로자를 사용하는 사업에 해당하는지의 여부는 사회통념에 의하여 객관적으로 판단되어야 하는 것이지, 근로자 수가 최초로 5인 이상이 된 날부터 기산하여 30일 동안에 사용한 연인원을 30으로 나누어 산출한 1일 평균 사용 근로자 수가 5인 미만이 되는지 여부에 따라 계량적으로 결정되어야 하는 것은 아니라고 하고 있는데,158) 2008. 6. 25. 개정된 현행 근기법 시행령 7조의2는 위 판례의 태도와 반대로 계량적 방법으로 상시 사용 근로자 수를 판단하고 있다.

(3) 상시 사용하는 근로자에 포함되는 근로자의 범위159)

근기법의 적용범위와 관련하여 상시 사용하는 근로자에 포함되는 근로자의 범위를 판례, 근기법 시행령, 고용노동부 행정해석을 차례로 살펴보면 다음과

155) 근기법 시행령(2008. 6. 25. 대통령령 20873호로 개정된 것) 7조의2(상시 사용하는 근로자 수의 산정 방법).
156) 근기법상 '상시(常時) 근로자'의 의미에 관하여는 근기법주해(2판) I, 881~885면 참조.
157) 대법원 1995. 3. 14. 선고 93다42238 판결, 대법원 1997. 11. 28. 선고 97다28971 판결, 대법원 2008. 3. 27. 선고 2008도364 판결 등 참조.
158) 대법원 2000. 3. 23. 선고 99다58433 판결.
159) 근기법상 상시 사용 근로자 수 산정방법 및 제외대상 근로자에 대해서는 근기법주해(2판) I, 882~886면 참조.

같다.

① 먼저, 판례는 포함되는 근로자의 범위를 당해 사업장에 계속 근무하는 근로자뿐만 아니라 그때그때의 필요에 의하여 사용하는 일용근로자를 포함하고 있다.160)

② 다음으로, 앞서 본 현행 근기법 시행령은 파견근로자를 제외한 하나의 사업(장)에 근로하는 모든 근로자(통상근로자, 기간제근로자, 단시간근로자, 다른 근로자가 있는 경우 동거하는 친족인 근로자)를 포함시키고 있다.

③ 세 번째로, 고용노동부 행정해석은 백화점에 파견근무를 시키는 판매사원,161) 해외에 파견한 근로자162)는 상시 사용하는 근로자에 포함시키나, 고용직 대표이사,163) 국가행정기관에서 공무원이 아닌 근로자들의 노사협의회 구성시 공무원164)은 포함하지 않고 있다.

④ 끝으로, 고용노동부의 노사협의회 운영매뉴얼에 의하면, 근기법상 근로자는 모두 포함해야 하므로 사용자적 지위를 가진 근로자라 할지라도 근로자인 이상 포함해야 한다고 보고 있다.165)

(4) 근기법 시행령의 근참법 적용 여부

판례는 "구 산재법 시행령 2조 5호가 '상시 5인 미만의 근로자를 사용하는 사업'을 산재법의 적용을 받지 아니하는 사업으로 들고 있는데, 위 규정도 근기법 10조와 마찬가지로 해석하여야 한다."라고 하여 산재법의 경우에도 근기법의 적용범위 해석과 동일하게 그 적용범위를 정하도록 하고 있다.166)

근참법도 현행 근기법 시행령과 같은 기준으로 상시 사용 근로자 수를 계산하여야 하는가? 아직 이에 관한 논의는 없으나 ① 현행 노동법령들(산재법, 근참법)의 적용범위와 근기법의 적용범위가 일치하지 않아 각 법령마다 별도로 그 적용범위를 규정하고 있는 점, ② 근기법이 정한 상시 사용 근로자 수(5명 기준)와 근참법이 정한 상시 사용 근로자 수(30명 기준)가 구별되는 점, ③ 근기법이

160) 대법원 2008. 3. 27. 선고 2008도364 판결, 대법원 1995. 3. 14. 선고 93다42238 판결, 대법원 1987. 4. 14. 선고 87도153 판결.
161) 노사 01254-527, 1992. 10. 22.(고용노동부c, 21면).
162) 노사 68107-137, 1997. 6. 5.(고용노동부c, 17면).
163) 노사 68010-391, 2001. 10. 18.(고용노동부b, 13면).
164) 협력 68210-258, 2003. 7. 1.(고용노동부b, 20면).
165) 고용노동부d, 10면.
166) 대법원 1995. 3. 14. 선고 93다42238 판결.

개별적 근로관계에서 근로계약을 전제한 상시 사용 근로자 수를 산정167)하고 있으나, 근참법은 집단적 노동관계에서 노사협의회 구성을 전제한 상시 사용 근로자 수를 산정해야 하는 점, ④ 근기법 시행령의 규정이 근기법의 적용범위를 산정하기 위한 것인 반면에, 근참법은 노사협의회 설치의무 면제의 범위를 산정하기 위한 것인 점에서 양자의 상시 사용 근로자 수 계산방법은 구분되어야 할 것이다.

(5) 근참법상 상시 사용 근로자 수에 파견(하청)근로자 포함 여부

근참법의 상시 사용 근로자 수 계산방법과 관련하여서는 하나의 사업장에서 원청(정규)근로자와 함께 근무하는 파견(하청)근로자를 포함하여야 하는가라는 문제가 주요한 논점이 된다. 2008년 시행된 근기법 시행령 7조의2에 따라 파견근로자나 하청근로자는 상시 사용 근로자 수에서 제외되어야 된다는 견해가 있을 수 있다. 그러나 ① 산업안전보건법령의 경우 법이 명문으로 하청업체의 사업주와 근로자대표를 포함한 노사협의체 구성을 규정하고 있고, ② 상시 사용하는 사업(장)에서 '사용'의 개념은 사용사업주의 파견근로자 '사용'도 포함될 수 있는 개념이며, ③ 노사협의회 형태는 반드시 기업 내부의 하나의 노사협의회만을 전제하지 않고 있는 이상 사업장 내 원청업체와 하청업체가 공동으로 구성한 노사협의회, 파견사업체와 사용사업체가 공동으로 구성한 노사협의회, 기업집단으로 구성된 노사협의회 등도 상정할 수 있으므로, 하나의 사업장 내에서 근무하는 파견(하청)근로자도 함께 노사협의회를 구성하는 경우라면 하나의 사업(장) 내 상시 사용하는 근로자로 포함시킬 수 있을 것이다.

라. 임의설치

(1) 설치의무가 면제되는 사업(장)

앞서 본 바와 같이 상시 30명 미만의 근로자를 사용하는 사업(장)은 설치의무가 면제된다. 그렇다면 설치의무가 면제되는 사업(장)에 임의로 설치된 노사협의회는 어떤 법적 지위를 가지는가 문제된다. 즉 설치의무가 없는 사업(장)에 임의로 설치된 노사협의회도 근참법의 적용을 받아야 하는가? 아니면 근참법의 적용이 배제되는가의 문제이다. 근참법은 노사협의회의 구성방식(노사동수 구성,

---

167) 근기법 시행령 7조의2 4항은 파견근로자를 상시 사용 근로자 수에서 제외하고 단시간근로자, 기간제근로자는 포함하고 있는데, 이는 근로계약관계가 원칙적으로 인정되지 않는 파견근로자만 상시 사용 근로자 수에 포함하지 않은 것으로 이해된다.

노사대표 구성, 사업(장) 소속성)을 법정하고 있고, 일정한 사항에 대해서는 형사처벌까지 규정하고 있어 근참법의 적용범위를 임의설치 사업(장)까지 확대적용하여야 하는지는 논란의 여지가 있다.

노사협의회의 임의설치와 관련해 고용노동부는 행정해석으로 '근로조건 결정권이 없는 사업장'은 노사자율로 노사협의회를 설치할 수 있다고 하여 노사협의회 임의설치는 가능하다고 하고 있으며,168) 사무소 단위 노사협의회 설치도 가능하다고 하고 있어,169) 전반적으로 행정관청으로서 노사협의회 설치를 장려하는 차원에서 임의설치도 권장하고 있는 것으로 보이나, 임의설치된 노사협의회에 대해 근참법 적용 여부는 언급하지 않고 있다.

노사협의회 설치는 ① 설치의무가 강제되는지 여부에 따라 강제설치(근참법에 의해 협의회 설치의무가 강제되는) 사업(장)과 임의설치 사업(장)으로 구분되고, ② 설치되는 범위가 사업이냐 사업장이냐에 따라 사업설치 노사협의회와 사업장설치 노사협의회로 구분될 수 있다.

노사협의회 설치요건으로, 강제설치나 임의설치, 사업 설치나 사업장 설치 모두 각 설치단위를 기준으로 30인 이상의 상시 사용 근로자를 필요로 해야 한다. 그 이유는 노사협의회의 구성에 3인 이상의 근로자위원과 선거 등을 필요로 하므로 근참법이 정한 기준인 30명은 어떤 형태의 노사협의회에도 모두 적용되어야 한다고 해석된다. 따라서 30명 미만의 사업(장)은 '노사협의회'를 설치하여도 근참법의 적용은 없다고 해석된다. 다만, 근로자가 지역별로 분산되어 있더라도 하나의 사업에 종사하는 전체 근로자 수가 30명 이상이면 그 주된 사무소에 노사협의회를 설치하여야 하는데(근참법 시행령 2조), 이는 하나의 사업에 종사하는 근로자가 30명 이상이기 때문에 근참법의 적용을 받아 노사협의회 강제설치 대상 사업이 된다.

(2) 하나의 사업에 지역을 달리하는 사업장

근참법은 "하나의 사업에 지역을 달리하는 사업장이 있을 경우에는 그 사업장에도 설치할 수 있다."(4조 2항)라고 하여 노사협의회의 '사업장 임의설치'를 규정하고 있다. 또한 근참법 시행령은 "하나의 사업에 종사하는 전체 근로자 수가 30명 이상이면 해당 근로자가 지역별로 분산되어 있더라도 그 주된 사무소

---

168) 노사협력복지과-328, 2004. 3. 8.(고용노동부c, 12면).
169) 노사 68107-57, 1999. 2. 19.(고용노동부c, 23면).

에 노사협의회를 설치하여야 한다."(시행령 2조)라고 하여 노사협의회의 '사업 강제설치'를 규정하고 있어 양자의 관계가 문제되기도 한다.[170]

'하나의 사업'이 하나의 기업(개인사업자나 회사법인) 자체를 의미하는 것인지, 아니면 기업의 일부나 여러 기업을 포괄하는 기업집단도 가능할 수 있는지에 대해서는 '사업' 개념의 기능적·동태적 이해를 바탕으로 긍정하여야 할 것임을 전술하였고, '사업장' 개념에 대해서도 장소적 개념으로 이해하여야 함을 전술하였다.

---

170) 예컨대 근로자가 본사에 20명, A지역 공장에 20명, B지역 공장에 20명이 있을 경우 주된 사무소인 본사에 노사협의회를 의무적으로 설치(사업 강제설치)해야 함은 의문의 여지가 없다. 그러나 예컨대 근로자가 본사에 10명, A지역 공장에 20명, B지역 공장에 50명이 있고, 본사 및 각 공장이 근로조건 결정권이 모두 독립하여 있는 경우 다음과 같은 여러 문제가 발생한다.
　(1) 먼저, B지역 공장(사업장) 노사협의회는 어떤 지위를 갖는가? 해석 여하에 따라 B지역 공장 노사협의회는
　① B지역 공장(사업장)이 전체 근로자 수의 과반수가 되므로 근참법 시행령 2조에 따라 전체 사업의 주된 사무소로서 사업 강제설치가 될 수도 있고(이런 경우 사업 전체를 대표하는 노사협의회가 된다),
　② 근로조건의 결정권이 있는 30명 이상의 사업장으로서 근참법 4조 1항에 따라 사업장 강제설치가 될 수도 있으며(이런 경우 B지역 사업장만을 대표하는 노사협의회가 된다),
　③ 본사의 지역을 달리하는 사업장으로서 근참법 4조 2항에 따라 사업장 임의설치가 될 수도 있다(이런 경우 마찬가지로 B지역 사업장만을 대표하는 노사협의회이다).
　위와 같은 문제는 노사협의회 구성에서 근로자위원의 선거나 사용자위원의 구성을 해결하기 위한 전제, 즉 설치단위의 문제와 관련이 있다.
　(2) 다음으로, 위의 사례의 경우 A지역 공장(사업장)은 노사협의회를 설치할 수 있는가?
　① A지역 공장(사업장)은 30명 미만이기 때문에 강제(의무)설치 사업장이 아니어서 노사협의회를 설치할 의무는 없으나, 근참법 4조 2항(하나의 사업에 지역을 달리하는 사업장의 경우)에 따라 임의설치는 가능하다는 입장이 있을 수 있다.
　② 근참법 4조 2항은 30명 이상 사업(장)이라는 노사협의회 설치능력을 전제로 하고 있다고 보아야 하므로 30명 미만 사업(장)은 강제설치뿐만 아니라 임의설치도 불가능하므로 A지역 공장(사업장)은 노사협의회 설치자체가 불가능하다는 입장(김형배, 1589면)이 있다.
　③ 근참법 시행령 2조에 의하여 주된 사무소에 노사협의회를 설치하여야 하므로 A지역 공장(사업장)은 노사협의회 설치가 불가능하다는 입장이 있을 수 있다.
　위 각 입장은 A지역 공장이 30명 미만이기 때문에 사업장 강제설치 대상은 아니라고 봄에는 견해가 일치하나, '30명 이상'이라는 요건이 노사협의회 설치 자체의 요건이어서 임의설치의 경우도 '30명 이상'이라는 요건이 필요하다는 해석과 '30명 이상'은 노사협의회 의무설치의 요건일 뿐이지, 임의설치의 경우에는 위와 같은 요건이 필요하지 않다는 해석 시에 전개될 수 있는 견해이다.
　(3) 위에서 예를 든 각 사업장의 노사협의회 설립가능 여부와 그 지위와 관련해서는 현재 법령이나 판례, 학계에서 논의가 되지는 않고 있으나, 고용노동부 질의·회시 등을 통한 질문의 일부가 위와 같은 문제의식을 가지고 전개되고 있음을 지적해 두고자 한다. 예컨대 개별 사무소 단위 노사협의회 설치, 국가행정기관의 공무원 아닌 각 지역별 근로자의 노사협의회 설치, 건설회사 각 현장의 노사협의회 설치, 사업장 소재지와 근무여건이 다를 경우 노사협의회 설치 등이 질의되어 이에 대한 고용노동부의 회시가 있었다(고용노동부c, 13~24면 참조).

'지역을 달리하는 사업장'에서 '지역'은 반드시 일정한 행정구역과 일치할 필요는 없고, 사업장을 다른 사업장과 업무적으로 구획하는 데에 필요한 장소적 경계로 이해하여야 할 것이다. 지역을 달리하는 사업장이 여러 개여도 상관이 없고, 사업내용이 각 사업장별로 다른 경우에도 가능하다.

근참법 4조 2항에서 말하는 '지역을 달리하는 사업장'이 근로조건에 대한 결정권이 있거나 30명 이상의 근로자를 사용할 것을 전제로 하는지에 대해서는 해석상 논쟁의 여지가 있다. 일부 견해는 각 사업장의 경영상 독립성을 전제로 상시 30인 이상 근로자를 사용하는 사업장이어야 한다고 하나,[171] ① 근참법 4조 1항은 강제(의무)설치의 요건을, 4조 2항은 임의설치의 요건을 규정하고 있는데, 2항은 1항과 달리 근로조건에 대한 결정권을 요구하지 않는 점, ② 하나의 사업 내 지역을 달리하는 사업장의 경우에 사업 내 경영상 독립성을 요구하기는 어려운 점, ③ 근참법 4조 2항은 사업 내 노사협의회와 사업장 내 노사협의회 양자의 병존을 전제로 한 규정으로 양자는 그 역할이나 지위에서 서로 구분되는 점 등을 고려하면, 지역을 달리하는 사업장의 '경영상 독립성'이나 '근로조건에 대한 결정권한'은 전제되지 않는다고 할 것이다. 다만, 근로자위원의 선임 등 노사협의회의 적정한 구성을 위해서는 일정 수 이상의 근로자가 필요하므로 그 사업장 자체도 상시 30명 이상의 근로자를 사용하는 사업장이어야 할 것이다.

지역을 달리하는 사업장의 노사협의회 설치는 '임의설치'이며, '사업장설치'이다. 근참법은 "…있을 경우에는 그 사업장에도 설치할 수 있다."(4조 2항)라고 규정하여, 그 해석이 문제된다. ① 하나의 해석은 근참법 시행령 2조의 주된 사무소에 노사협의회가 강제설치되는 이상 임의설치 대상인 사업장은 근로조건에 대한 결정권이 있더라도 근참법 4조 1항의 강제설치 대상 사업장이 되지 않는다고 해석하는 것이다. ② 다른 해석은 근참법 4조 1항의 강제설치 대상 사업장은 사업 설치 노사협의회 존재 여부를 불문하고, 근로조건에 대한 결정권이 있는 한 근참법 시행령 2조와 상관없이 강제설치 대상 사업장이 되고, 근참법 4조 2항은 근로조건에 대한 결정권이 없는 지역을 달리하는 사업장에 적용된다고 해석하는 것이다.

①의 해석은 다음과 같은 문제가 있다. 근참법 시행령 2조의 주된 취지가 지역별로 근로자가 분산되더라도 30명 이상이면 주된 사무소에 노사협의회를

---

171) 김형배, 1589면.

의무적으로 설치해야 한다는 것이지, 주된 사무소에 노사협의회를 설치하기 때문에 각 사업장별 노사협의회 설치는 임의설치가 된다는 취지는 아니다. 또한 ①과 같은 해석은 근참법 시행령이 사업장별 강제설치를 규정한 근참법을 제한하는 결과를 초래한다. 따라서 ②와 같은 해석을 통해 근로조건에 대한 결정권이 있는 사업장은 주된 사무소(사업)의 노사협의회 설치 여부와 상관없이 강제설치를, 근로조건에 대한 결정권이 없는 사업장은 임의설치로 하는 것이 근참법 4조 1항과 2항의 문언과 제도설계에 합당한 해석이다.

마. 복수의 노사협의회와 기업변동에 따른 노사협의회

(1) 하나의 사업(장) 내 수 개의 노사협의회 문제

(개) 하나의 사업 내 수 개의 사업장 또는 수 개의 사업부문이 있는 경우

하나의 사업 내 수 개의 사업장에 노사협의회를 설치하는 경우이다. 근참법은 근로조건에 대한 결정권이 있는 30명 이상 근로자를 사용하는 사업 또는 사업장의 노사협의회 의무설치를 강제하고, 지역을 달리하는 사업장이 있을 경우 임의설치도 가능하도록 하고 있다. 또한 근참법이 사업과 사업장 개념을 구분하여 사업 내 수 개의 사업장에 설치되는 수 개의 노사협의회를 전제하고 있다. 그러나 근참법은 하나의 사업 내 복수의 노사협의회의 관계에 대해서 아무런 규정을 두지 않고 있다. 한 기업 내 노사협의회의 실태도 본사 노사협의회와 각 지역공장 노사협의회가 별도로 구성되는 경우나 한 기업 내 본사 노사협의회와 각 사업부문별 노사협의회가 별도로 구성되는 경우가 많다.172) 하나의 사업 내 수 개의 노사협의회는 기업 내 일체성이 있으므로 개별 사업장들의 노사협의회가 연합하여 연합협의회를 구성하는 것도 가능할 것이다.

(내) 하나의 사업장 내 파견(하청)이 있는 경우

파견(하청)근로와 관련해서는 하나의 사업장 내 수 개의 노사협의회가 구성되는 문제도 있다. 사업은 일반적으로 경영상 일체를 이루는 기업 그 자체라 보는 견해도 있지만, 하나의 사업장 내에 근무하는 파견(하청)근로자의 경우 그 사업장 내에서 사용(원청)사업주와 노사협의회를 구성할 수 있고, 그 사업장의 정규(원청)근로자도 사용(원청)사업주와 노사협의회를 구성할 수 있다. 한 사업장 내 위와 같은 복수의 노사협의회가 존재하는 경우 그 구성대상에 차이가 있다

---

172) 한 기업 내에 본사, 조선부문, 건설부문 노사협의회가 각각 구성된 사례로는 서울고등법원 2010. 5. 7. 선고 2008나105500 판결(상고심 대법원 2011. 6. 9. 선고 2010다50236 판결).

고 할지라도 하나의 사업장이라는 일체성이 있는 경우 공동으로 노사협의회를 개최하는 등으로 비정규직의 사업장 참여를 확대할 수 있을 것이다.[173)

㈐ 하나의 사업에 수 개의 부서별 노사협의회 설치 문제

하나의 사업(장) 내 부서별 또는 직급별(사업부문별이 아니다) 노사협의회 설치가 가능한지와 관련해서는 고용노동부 행정해석이 근로조건에 대한 결정권을 기준으로 원칙적으로 전 사업부서를 통할하는 노사협의회를 설치해야 한다는 견해를 보이고 있고,[174) 사무직 근로자를 배제하고 생산직 근로자만으로 노사협의회가 구성되는 경우[175)도 근참법에 의한 노사협의회가 아니라는 취지로 회시하고 있다. 다만, 노동조합에 의해 지명된 근로자위원이 모두 생산직 근로자위원으로만 구성되는 경우는 가능하나, 그 경우에도 전체 근로자를 대표하여야 한다고 한다.

(2) 기업변동이나 기업집단에 따른 노사협의회 문제

㈎ 기업의 분할, 합병, 영업양도가 있는 경우

기업의 분할, 합병, 영업양도가 있는 경우 노사협의회 구성은 어떻게 될 것인가? 먼저 위와 같은 기업변동이 있을 경우 사용자가 변경되므로 사용자위원의 새로운 구성이 필요할 수 있으나, 근로자 측의 변동이 없는 경우에는 근로자위원은 그대로 유지된다고 볼 수도 있다. 예를 들면, A 회사가 다른 회사에 합병되거나 영업양도를 하였지만, 양수하거나 합병한 회사 내 하나의 사업장으로 유지된다면 필요한 경우 사용자위원의 새로운 구성만으로 기존의 노사협의회를 사업장 노사협의회 형태로 존속시킬 수도 있을 것이다. 다만, 기업의 분할, 합병, 영업양도의 형태가 다양하고, 존립시켜야 할 노사협의회의 구성에도 변화가 있을 수 있기 때문에 일률적으로 기존의 노사협의회가 존속하게 된다고 단정할 수는 없다.[176)

---

173) 김형배 교수는 사내하도급 근로자는 사업소속성이 주어지지 않지만, 파견근로자의 경우 사용사업주에게 실질적인 지휘감독권한이 있으므로 노사협의제도가 근로자와 사용자의 근로계약관계를 사업소속성의 불가결한 요건으로 삼는 것이 타당한지 의문이 제기될 수 있다고 하면서 노사협의회 제도에 파견근로자의 지위를 적정하게 반영할 필요가 있다고 하고 있다(김형배, 1607면).

174) 노사 68107-3, 1998. 1. 6.(고용노동부b, 9~10면).

175) 노사 68010-221, 2001. 6.(고용노동부b, 21~22면).

176) 참고로 서울본점과 지역지점으로 구분된 A 회사법인이 분할되어 서울의 본점법인과 지역의 지점법인으로 나누어진 경우 각 분할된 법인 사업장별로 노사협의회를 운영하는 경우 이를 통합한 형태의 노사협의회를 운영할 필요는 없고, 분할되기 전 A 회사법인에는 과반수

(나) 기업집단 단위의 노사협의회 구성 여부

재벌기업과 같은 기업집단에 노사협의회를 설치할 수 있는가? '근로조건에 대한 결정권이 있는 사업'의 해석과 관련이 있는 문제이다. 실제 지배기업이나 모기업이 자기업이나 계열기업의 근로조건에 대한 결정권이 있는 경우가 많은데, '사업' 개념을 기업 자체와 분리하여 기능적·동태적으로 이해하고, 모기업이나 지배기업의 근로조건 결정 실태를 법률 적용의 계기로 포착하여 기업집단을 적용범위로 한 노사협의회 구성을 긍정하는 견해가 있다.177) 고용노동부 행정해석도 "기업군의 계열기업이 근로조건의 결정권을 행사함에 있어 모기업의 기본방침이나 지시에 따르거나 승인을 받는 경우, 노사 간 합의에 의해 자율적으로 그룹노사협의회를 구성할 수 있다."라고 하여 기업집단 노사협의회를 긍정하고 있다.178)

바. 노사협의회 설치절차

노사협의회 설치절차에 대해서는 근참법이 따로 규정하고 있지 않다. 그러나 노사협의회 설치절차에 관하여 고용노동부는 과반수 노동조합이 있는지 여부에 따라 그 절차를 구분하여 제안하고 있다. 먼저, 과반수 노동조합이 있는 경우라면 사용자와 노동조합이 협의하여 노사협의회를 설치하면 된다. 즉 각 위원의 숫자에 대한 합의, 위원의 위촉을 통한 협의회 구성, 협의회규정 초안의 마련과 승인, 관할 지방노동관서에 협의회규정 제출 등을 진행하면 된다.

다음으로, 과반수 노동조합이 없는 사업(장)에 대해서 고용노동부는 다음과 같은 노사협의회 설치절차를 제안하고 있다.179)

　　1) 노사협의회 설치관련 공고

　　2) 노사협의회 설치 준비위원회 구성(위원 수 결정)

　　3) 근로자위원 선출방법 및 절차결정

　　4) 근로자위원 입후보자 접수 및 선거실시(당선자 확정)

　　5) 노사협의회 설치(사용자위원은 따로 위촉)

노동조합이 있었으나 분할 후에는 각 분할된 법인에 과반수 노동조합이 인정되지 않는 경우라면 새롭게 근로자위원을 선출하여야 한다는 노동부 질의회시가 있다(노사협력복지과-3072, 2004. 12. 2.)(고용노동부d, 90~91면).

177) 박제성b, 182면.

178) 노조 1454-4034, 1982. 2. 11.(이병태, 508면에서 재인용).

179) 고용노동부d, 10~11면.

Ⅲ. 노동조합 및 단체협약과의 관계

제5조(노동조합과의 관계)

  노동조합의 단체교섭이나 그 밖의 모든 활동은 이 법에 의하여 영향을 받지 아니한다.

1. 노동조합과의 관계조항 입법취지와 해석

가. 입법취지

  근참법은 "노동조합의 단체교섭이나 그 밖의 모든 활동은 이 법에 의하여 영향을 받지 아니한다."(5조)라고 규정하고 있다. 이 규정은 노동조합의 단체교섭 등 활동과 근참법에 의한 노사협의가 서로 분리·독립되어 있으며, 노동조합의 단체교섭 등 활동이 근참법에 의한 노사협의에 의해 제약받거나 침해되어서는 아니됨을 확인하는 규정이다. 국제노동기구(ILO) 또한 노사협의회 및 그 협의사항이 노동조합 및 단체교섭을 제약하거나 침해하지 않을 것을 요구하고, 노동조합에 의한 단체교섭이 근로자 보호 및 근로조건 개선에 유리하다는 전제에서 단체협약의 우위를 보장하고 있다. 단체협약의 우위를 보장한 이유는 사업장 내에서 사용자의 지배가능성이 있는 노사협의체의 협의로 말미암아 초기업별(산업별) 노동조합에 의한 단체협약의 내용이나 효력이 굴절되는 것을 막으려는 데에 있다. 독일의 경우에도 단체교섭 대상사항을 사업장평의회(Bertriebsrat, 경영협의회)의 사업장협정으로 규정할 수 없도록 하고, 사업장평의회가 노동조합의 활동을 침해하지 못하도록 규정하고 있다.

나. 단체교섭제도와 노사협의제도에 대한 이원론과 일원론의 대립

  노사협의제도와 단체교섭제도의 관계에 대해 학자들마다 다양한 관점을 제시하고 있다. 양자의 관계를 ① 노사관계 이원론적 입장에서 단체교섭제도가 노사 이해대립을 노동조합의 단결과 쟁의행위를 통해 근로자들의 실질적 평등을 위해 마련한 투쟁적 노사관계인 반면, 노사협의제도 등 근로자참가제도는 협동적 노사관계로서 사용자가 경영권의 배타성을 수정하고 근로자들이 투쟁행위를 지양함으로써 이루어질 수 있는 것이라 하는 견해가 있다.[180] 이에 따르면, 노

---

180) 김형배, 1578면.

사협의와 단체교섭을 그 대상사항 등에서 엄격히 구분하게 된다. 이에 반하여 양자의 관계를 ② 헌법 33조의 노동3권은 단체교섭과 노사협의를 포함한 노사자치의 내용으로 노사협의제도를 단체교섭제도에 대한 자주적 보완절차로 이해하거나,181) 단체교섭 우위론의 입장에서 대상사항 등에서 양자의 유기적 연관을 강조하는 견해 등이 있다.182) 이에 따르면, 단체교섭제도와 노사협의제도의 연계를 긍정적으로 이해하게 된다.

2. 노사협의와 단체교섭의 관계

가. 노사협의와 단체교섭의 현실과 그 효과

근참법 5조의 취지가 노동조합 활동의 보장이라는 의미가 있다고 하더라도 우리의 기업별 노조라는 현실에서는 노사협의회에 의한 노사협의와 노동조합에 의한 단체교섭은 그 주체와 대상이 중첩된다. 즉 근참법이 기업 내 과반수 노동조합이 있을 경우 그 노동조합이 노사협의회 근로자위원을 구성하도록 하여 주체 면에서 노동조합과 사용자 사이의 단체교섭과 근로자위원과 사용자위원 사이의 노사협의가 차이가 없는 경우가 있다. 다음으로, 교섭이나 협의의 대상 면에서 단체협약이 1년이나 2년에 한 번 단체교섭을 통해 체결되므로 단체교섭 외에 사용자와 노동조합이 교섭의 준비 등을 위한 목적으로 노사협의회를 활용하거나, 단체교섭에서 체결되지 않은 사항을 노사협의를 통해 해결하려 하기도 하여 노사협의회의 협의대상이 단체교섭대상과 중첩되는 경우가 많다.

노사협의회는 단체교섭과의 관계에 따라 1) 분리형(단체교섭과 노사협의를 각각 분리해 노사협의회에서 단체교섭사항을 다루지 않는 유형), 2) 연결형(노사협의회에서 단체교섭사항에 대해서도 예비적 의견교환과 절충을 하여 유기적 관련성을 가지고서 운영되는 유형), 3) 대체형(단체교섭과 노사협의를 서로 구분하지 않고 노사협의회에서 단체교섭사항까지 처리하는 유형)으로 나누기도 한다.183)

반대로 단체교섭과 무관하게 노사협의회를 통하여 임금 등 근로조건을 합의하여 조합원 아닌 근로자 전원의 동의를 받았다고 하더라도 근참법 5조의 취지(노사협의와 단체교섭의 분리와 단체교섭의 우위)에 따르면, 조합원인 근로자의 근로조건에는 영향을 미칠 수 없는 것이 원칙이다.184) 또한, 노사협의회의 근로자

---

181) 박종희, 12~16면.
182) 김유성, 432면.
183) 고용노동부d, 6면.

위원들은 근로조건 불이익 변경에 관해 근로자를 대신해 동의할 권한도 없다.185)

나. 복수노조하의 노사협의회 제도

노조법은 2011. 7. 1.부터 사업(장) 내 복수노조를 허용하고 있어 기업별 노조에서 노사협의회의 지위와 역할은 달라질 수 있다. 과거 노동조합에 의한 단체교섭과 노사협의회에서 이루어지는 협의가 하나의 노동조합에 의한 협의와 교섭이었으므로 분쟁의 소지가 거의 없었지만, 기업별 복수노조가 허용되면서 현행 근참법하에서 노사협의회는 그 구성과 역할에서 새로운 분쟁의 소지를 내포하게 되었다.

복수노조하에서 노사협의회 구성이나 운영의 문제점은 다음과 같다.

① 먼저, 과반수 노동조합의 경우에는 현행 근참법이 노사협의회 구성을 과반수 노조의 대표와 노조가 위촉하는 자만으로 근로자위원을 구성하므로 교섭창구 단일화의 어려움이 있는 단체교섭과 달리 과반수 노조는 기업 내 소수 노조를 배제하고서 사용자와 단독으로 노사협의를 할 수 있는 권한을 부여받게 된다. 이 경우 노사협의회에서 소수 노조는 과반수 노조의 배려 없이는 참여할 권한조차 배제된다.186)

② 다음으로, 과반수 노동조합이 없는 경우라면 근로자의 선거로 근로자위원을 구성하는데, 구성된 근로자위원들이 소속된 노동조합이 다를 경우 사용자위원과 동수로 구성된 근로자위원들의 일치된 의견을 얻는 것이 어렵게 되어 의결이나 협의 때 불리한 위치에 처하게 될 가능성이 있고, 근로자위원의 구성에서조차 배제된 소수 노조 측에서는 노사협의회 자체와 대립하는 입장을 취하게 될 여지도 있다.

③ 끝으로, 위와 같은 문제에 더하여 노사협의회는 사업 내 사업장별로 복

---

184) 같은 취지의 고용노동부 질의회시로 협력 68210-224, 2003. 5. 26.(고용노동부d, 187면).
185) 서울행법 2002. 12. 13. 선고 2002구합12519 판결(노사협의회는 근로자와 사용자 쌍방이 이해와 협조를 통하여 노사공동의 이익을 증진함으로써 산업평화를 도모할 것을 목적으로 하는 제도로서 노동조합과 그 제도의 취지가 다르므로 비록 회사가 근로조건에 관한 사항을 그 협의사항으로 규정하고 있다 하더라도 근로자들이 노사협의회를 구성하는 근로자위원들을 선출함에 있어 그들에게 근로조건을 불이익하게 변경함에 있어서 근로자들을 대신하여 동의를 할 권한까지 포괄적으로 위임한 것으로 볼 수 없다).
186) 실제 유사한 사례로 150여 명의 사무직 근로자를 제외한 240여 명의 생산직 근로자로만 구성된 과반수 노동조합이 사업 내 근로자위원 위촉 시 사무직 근로자를 배제하고, 전원 생산직 근로자만을 위촉한 사례가 있다(노사 68010-221, 2001. 6. 23.)(고용노동부c, 14~15면).

수로 설치가 가능하므로, 기업별 노조의 조직단위와 구분되면서 발생하는 문제가 있다. 예컨대 기업 전체의 과반수 노조는 A노조이나, 지역 공장(사업장) 내 과반수 노조는 B노조이고, 기업 본사의 과반수 노조는 C노조인 경우 기업 노사협의회와 지역 공장 노사협의회의 근로자위원 구성은 어느 노조에게 맡겨야 하는지 등에서 해석상 논란의 여지가 있다.

현행 근참법은 과반수 노조가 있는지 여부에 따라 근로자위원 구성방법을 달리하고 있다. 개정 노조법의 복수노조의 허용을 계기로, ① 위와 같은 방식이 앞서 본 바와 같이 소수 노조의 노사협의회 참여를 제도적으로 배제하게 할 가능성이 있고, ② 노사협의회 구성 때 노조 간 대립을 격화시켜 결국 노사동수로 구성된 노사협의회상 의결이나 협의에서 불리한 위치에 처해질 수 있다.

실제 이러한 문제점이 현실화되기도 한다. 전자부품 제조업체인 甲회사에 A 노동조합과 B 노동조합이 있고, 둘 모두 과반수 노동조합이 되지 않아 A 노동조합이 교섭대표 노동조합이 되어 단체협약을 체결하였는데, A 노동조합 조합원에 대해서는 특별격려금 등을 지급하도록 하고, 교섭대표 노동조합인 A가 단체협약 체결 이후에도 회사와의 협의 등에 있어 배타적인 권한을 가지게 하는 내용을 포함하고 있어 노동위원회가 공정대표의무 위반을 이유로 甲 회사와 A 노동조합에 재교섭을 하라는 시정명령을 내렸고, 甲 회사는 이에 불복하여 재심과 행정소송을 제기하였으나 A 노동조합의 공정대표의무 위반을 인정하여 甲 회사의 청구를 기각하였다. 그 소송과정에서 1심은 과반수가 아닌 교섭대표 노동조합 A의 권한을 단체협약을 통해 단체협약 이후까지 포괄적으로 확대하는 것은 허용되지 않고, 과반수 노조가 없을 경우 근참법상 근로자위원을 선출하여 노사협의회를 구성해야 하는데, 과반수 노조도 아닌 A가 교섭대표 노동조합의 지위에서 노사협의회를 제쳐두고 노사협의회에서 논의할 사항을 독점하게 만드는 단체협약 조항은 근로자를 대표하는 위원들이 선출될 기회를 봉쇄하거나 선출된 근로자위원의 권한을 침해하는 결과가 된다고 보았다.[187] 생각건대, 복수노조가 제도적으로 가능한 상황에서는 과반수 노동조합 존재 여부를 불문하고, 근로자위원이나 사용자위원으로 위촉되거나 선출된 사람은 노사협의 절차에서 근참법 2조에 따른 신의성실의무에 따라 협의에 임하여야 하나 노조법에서와

---

187) 서울행법 2016. 6. 9. 선고 2015구합77745 판결(항소심은 서울고법 2017. 1. 18. 선고 2016누52882 판결, 상고심은 대법원 2019. 10. 31. 선고 2017두37772 판결); 이 판결에 대한 평석으로는 양성필, 453면 이하를 참조할 것.

같은 공정대표의무와는 다른 것이라 할 것이다. 다만 그 협의 내용이 사업(장) 소속 근로자에게 차별적, 배타적 조치를 취하는 경우라면 민법 103조 위반 또는 근참법 2조에 따라 그 법적 효과를 부여하지 않을 수 있을 것이다.

3. 노사협의회의 지위와 역할

앞서 본 바와 같이 기업별 노동조합 아래에서 노사협의제도의 현실을 고려하여 판례도 노동조합이 노사협의회를 통하여 단체교섭사항을 협의하거나, 경영해고와 관련된 사항을 협의하는 것에 대해 긍정하고 있다. 즉 우리 판례는 노동조합이 노사협의의 장을 통한 근로조건 협의나 단체협약 체결을 부인하지 않고 있다. 그러나 그 내용을 살펴보면, 노사협의회 제도와 노동조합을 통한 단체교섭제도의 혼동, 즉 노동조합이 노사협의의 장을 통하여 하는 행위나 단체교섭의 장을 통하여 하는 행위를 큰 차이 없이 이해하고 있는 듯하다. 이는 과반수 노동조합이 노사협의회 근로자위원 구성에 참여하는 근참법의 조직구성방식에 따라 노사협의의 장과 단체교섭의 장이 사실상 일치하게 되어 발생한 문제이다. 이하에서는 노사협의회가 노동조합의 단체교섭사항이 되는 근로조건을 협의하는 것이 가능한지에 대하여 판례의 태도를 살펴본다.

가. 경영해고(정리해고)

판례는 노사협의회 제도의 목적이나 노사협의회의 협의사항에 관한 구 노사협의회법 20조의 규정에 비추어 볼 때, 경영해고에 관한 사항이 노사협의회의 협의사항이 될 수 없다고 할 수도 없다고 하여 경영해고의 정당성을 긍정하면서 경영해고도 노사협의회 협의사항이 될 수 있는 것처럼 판단하고 있다.[188] 그러나 위 판례에 의해 노사협의회가 근로조건 일반에 대한 협의가 가능할 수 있는지에 대해서는 문제가 제기될 수 있다. 그 이유는 위 판례가 근기법에 경영상 해고 규정이 신설되기 전의 경영상 해고에 대한 판례로서 판례에 의해 형성된 경영상 해고 시 해고회피노력의 일환으로 노사협의회를 통해 6회에 걸친 협의 끝에 경영해고 대상자를 선정한 것이 정당하다는 취지일 뿐이기 때문이다. 그리고 현행 근기법 24조 3항은 과반수 노동조합 또는 근로자대표와의 협의절차를 규율하고 있기 때문에 노사협의회를 위 근로자대표로 보아 경영상 해고에 대한

---

188) 대법원 1997. 9. 5. 선고 96누8031 판결.

830 근로자참여 및 협력증진에 관한 법률

협의주체로 해석하면 모르지만, 현행법상 노사협의회가 경영해고를 협의사항으로 삼을 수 있을지는 여전히 의문이 남는다.[189)]

나. 퇴직금 관련 취업규칙의 불이익 변경

판례는 노사협의회 제도가 노동조합과는 그 제도의 취지가 다르므로 회사가 근로조건에 관한 사항을 그 노사협의회 협의사항으로 규정하고 있다 하더라도 근로자들이 노사협의회를 구성하는 근로자위원들을 선출할 때 그들에게 근로조건을 불이익하게 변경하는 것에 관하여 근로자들을 대신하여 동의할 권한까지 포괄적으로 위임한 것이라고 볼 수 없어 근로자위원들의 동의를 얻은 것을 근로자들 과반수의 동의를 얻은 것과 동일시할 수 없다고 하여[190)] 노사협의회 근로자위원의 동의를 근기법상 취업규칙의 불이익 변경절차인 근로자 과반수 동의를 얻은 것으로 간주하지 않고 있다. 그러나 위 판례 또한 근로자 과반수(또는 과반수 노동조합)의 동의가 필요한 취업규칙의 불이익 변경에 근로자위원의 동의만으로는 허용될 수 없다는 취지여서 노사협의회가 근로조건과 관련된 협의를 할 수 있는가에 대해서는 여전히 대답하지 않고 있는 것으로 보인다.

다. 명예퇴직금 관련 노사협의문서

대법원은 과반수 노동조합이 노사협의회 운영규정 및 기존의 관행에 따라 단체협약에 관한 사항을 노사협의회를 통해 논의해 온 사건에서 노사협의회를 거쳐 만든 노동조합과 회사 사이의 명예퇴직에 관한 부속합의서는 단체협약으로서 효력이 있다고 하였다.[191)] 반면에 위 사건의 원심은 부속합의서가 노사협의회의 논의 결과 합의된 사항을 적은 노사합의서의 일종에 불과하여 단체교섭 결과 체결된 단체협약서라 볼 수 없다고 판단하였다.[192)]

위와 같이 대법원과 원심 사이에 결론이 다른 이유는 노사협의회와 단체교

---

189) 일부 대법원 판례는 경영해고 관련 형사사건에서 '이미 임명되어 있던 근로자위원들의 임기가 남아 있었다 하더라도 축협노조의 구성원이 전체 근로자의 과반수에 미달하여 노조에서 선임된 근로자위원들이 전체 근로자를 대표할 수 없게 되었으므로, 근로자들의 자발적인 참여를 통해 선출된 새로운 근로자위원들로 노사협의회를 구성한 후 이들과의 협의를 거쳐 근로자들을 해고한 이상 해고회피노력을 다하였다는 취지'의 원심판단을 긍정한 사례가 있으나, 이 대법원 판결이 노사협의회 내 근로자위원들을 근로자대표로 간주한 것인지 여부는 불분명하다(대법원 2005. 6. 9. 선고 2004도7218 판결).
190) 대법원 1994. 6. 24. 선고 92다28556 판결.
191) 대법원 2005. 3. 11. 선고 2003다27429 판결.
192) 부산고법 2003. 4. 16. 선고 2002나4900 판결.

섭, 단체협약에 관한 시각의 차이에서 비롯된 것이다. 이는 1) 노사협의회를 실체적인 별도의 협의기관으로 볼 것인지, 아니면 형식적인 노사 간 회의유형의 하나로 볼 것인지의 문제, 2) 노사협의회에서 노동조합이 독점권을 가지고 있는 단체교섭과 단체협약에 관한 사항을 논의하여 유효하게 결정할 수 있다고 볼 것인지의 문제, 3) 한국의 노사협의 실태상 과반수 노동조합이 노사협의회를 단체교섭의 보충적 역할로 활용하는 현실의 문제를 어떻게 다룰 것인지에 관한 시각 차이에서 비롯된 결과이기도 하다.

대법원은 이후에도 위 판결의 판시를 원용하면서 "노동조합과 사용자 사이에 근로조건 기타 노사관계에 관한 합의가 노사협의회의 협의를 거쳐서 성립되었더라도, 당사자 쌍방이 이를 단체협약으로 할 의사로 문서로 작성하여 당사자 쌍방의 대표자가 각 노동조합과 사용자를 대표하여 서명날인하는 등으로 단체협약의 실질적·형식적 요건을 갖추었다면 이는 단체협약이라고 보아야 한다."[193] 라고 하면서 노사협의회를 통한 단체협약의 체결과 그 효력을 인정하고 있다.

Ⅳ. 노사협의회의 구성과 운영

1. 협의회의 구성(6조)

제6조(협의회의 구성)

① 협의회는 근로자와 사용자를 대표하는 같은 수의 위원으로 구성하되, 각 3명 이상 10명 이하로 한다.

② 근로자를 대표하는 위원(이하 "근로자위원"이라 한다)은 근로자 과반수가 참여하여 직접·비밀·무기명 투표로 선출한다. 다만, 사업 또는 사업장의 특수성으로 인하여 부득이한 경우에는 부서별로 근로자 수에 비례하여 근로자위원을 선출할 근로자(이하 이 조에서 "위원선거인"이라 한다)를 근로자 과반수가 참여한 직접·비밀·무기명 투표로 선출하고 위원선거인 과반수가 참여한 직접·비밀·무기명 투표로 근로자위원을 선출할 수 있다.

③ 제2항에도 불구하고 사업 또는 사업장에 근로자의 과반수로 조직된 노동조합이 있는 경우에는 근로자위원은 노동조합의 대표자와 그 노동조합이 위촉하는 자로 한다.

④ 사용자를 대표하는 위원(이하 "사용자위원"이라 한다)은 해당 사업이나 사업

---

193) 대법원 2018. 7. 26. 선고 2016다205908 판결.

장의 대표자와 그 대표자가 위촉하는 자로 한다.

⑤ 근로자위원이나 사용자위원의 선출과 위촉에 필요한 사항은 대통령령으로
정한다.

가. 노사협의회 구성원칙

노사협의회 구성원칙은 근참법이 정한 취지에 따라 '노사협의회' 구성의 기
본원칙을 제시하는 것으로 근참법이 정한 효력을 부여할 수 있는 적법한 노사
협의기구로서 최소한 갖추어야 할 기준이라는 의미와, 직장 내 설치된 다양한
노사협조기구와 구분이 되는 기준이라는 의미를 가지고 있다. 근참법은 노사협
의회 구성에 관하여 '노사동수 구성원칙'(6조 1항), '노사대표 구성원칙'(6조 2항 내
지 4항), '사업(장) 소속원칙'(시행령 3조)의 규정을 두고 있다.194) 이하에서 차례로
살펴본다.

(1) '노사동수' 구성원칙

노사협의회는 근로자와 사용자를 대표하는 같은 수의 위원으로 구성해야
한다(근참법 6조 1항). 노사협의회의 노사동수 구성은 근참법이 정한 협의사항 및
의결사항에 대해 대등한 결정을 하기 위한 전제조건이란 점에서 강행규정이라
할 것이다. 노사협의회 위원 구성에서 노사동수뿐만 아니라 근참법 7조 1항 및
3항은 노사협의회에 공동의장을 둘 경우 노사 각 1인씩, 협의회 간사 또한 노사
각 1인씩 두도록 하고 있다.

'노사동수 구성원칙'은 노사협의회 구성의 기본원칙이므로 이에 위배되는
협의회 구성의 경우 명칭이 노사협의회라 하더라도 근참법의 적용을 받는 노사
협의회라 볼 수 없다. 또한 협의회규정에 노사동수 구성원칙에 반하는 규정을
둔 경우에는 무효라 볼 것이다.

노사동수 구성은 근로자위원의 해고·사직 등 근로관계 종료로 인해 일시
적으로 노사동수의 요건을 결할 수 있지만, 근참법 시행령 4조에 의해 보궐위원
을 30일 이내에 과반수 노동조합이 위촉하거나, 설치단위별로 새로 선출하여야
한다. 다만, 선출 투표의 번거로움을 피하기 위해 이전의 근로자위원 선출 투표

---

194) 위 3가지 구성원칙은 필자가 구성해 본 것인데, 김형배 교수의 경우 '사업 소속성'을 근로
계약관계를 전제로 한 개념으로 보고 있으나, 필자는 '사업(장) 소속성'에 반드시 쌍방 간의
근로계약관계를 전제로 하는 것은 아니라는 관점으로 바라보고 있다.

에서 선출되지 못한 사람 중 득표순에 따른 차점자를 근로자 위원으로 할 수 있다(근참법 시행령 4조).

(2) '노사대표' 구성원칙

㈎ 노사대표 구성원칙의 내용

근참법은 근로자위원은 과반수 노동조합이 있는 경우에는 노동조합의 대표자를, 사용자위원은 사업(장)의 대표자를 노사협의회 위원으로 반드시 포함시키고 있다. 또한 과반수 노동조합이 없는 경우에는 근로자의 자유로운 선거에 의한 근로자위원 선출을 규정하고 있다. 따라서 사업(장)의 대표자나 과반수 노동조합 대표자를 위원구성에서 배제하는 경우, 과반수 노동조합이 없는 사업(장)에서 근로자에 의해 선출된 근로자위원이 없는 경우에는 근참법이 정한 노사협의회라 볼 수 없거나 근참법의 노사협의회 구성원칙에 위배된 노사협의회이다.

㈏ 근로자위원이 되는 과반수 노동조합의 대표자

근참법은 과반수 노동조합의 대표자를 노사협의회의 근로자를 대표하는 당연 구성위원으로 하고 있다. 그러나 노동조합의 조직범위와 노사협의회의 설치범위가 일치하지 않기 때문에 실무적으로, 그리고 법의 해석상 문제가 발생한다. 예컨대 A기업이 B지역 본사, C지역 사업장, D지역 사업장이 있고, A기업 내 노동조합은 전체 및 C지역 사업장에서는 과반수 노조지만, D지역 사업장에서는 과반수에 미치지 못하는 경우를 보자. A기업 전체를 아우르는 노사협의회가 설치되는 경우 노동조합 대표자가 A기업 노사협의회 근로자위원이 되는 것은 당연하지만, C사업장 및 D사업장의 경우에는 논란의 여지가 있다.

① C사업장의 경우 과반수 노조가 있는 경우지만, A기업 노조의 지부·분회가 설치되어 있다면 A기업 노조 C사업장의 지부장이 노동조합의 대표자로서 노사협의회 위원을 당연구성하는지, 아니면 A기업 노조의 대표자가 C사업장 노사협의회 근로자위원을 당연구성하는지 의문이 있다.

② D사업장의 경우는 사업장 내에는 과반수 노조가 없는 경우지만, 전체 기업으로 보면, 과반수 노조가 있어 A기업 노조 대표자 또는 A기업 내 C지부 노조 대표자가 노사협의회 근로자위원을 당연구성하는지, 아니면 과반수 노조가 없다고 해석하여 기업의 노조 대표자나 노조 지부·분회장은 노사협의회 근로자위원을 근참법에 따라 당연히 구성하는 것은 아니라고 해야 할지 다툼의 여

지가 있다.

생각건대 ①의 경우에는 근참법이 노사협의회의 파트너로 사업의 대표자뿐
만 아니라 사업장의 대표자를 포함하고 있으므로, 노사협의회 설치단위 사업장
에 노동조합 지부·분회장이 있다면, 그를 우선적으로 근로자위원으로 당연구성
해야 한다고 해석함이 타당하다. ②의 경우에는 노사협의회 설치단위별로 과반
수 노조를 판단하여야 하므로195) 과반수 노조가 없는 경우로 보아 근로자위원
을 선출해야 할 것이다.

㈐ 사용자위원이 되는 사업(장) 대표자

사용자위원은 해당 '사업이나 사업장의 대표자'와 그 대표자가 위촉하는 자
로 한다(근참법 6조 4항). '사업(장)의 대표자'는 노사협의회 설치단위 내에서 사용
자를 대표하는 자를 의미하므로, 사업설치 노사협의회의 경우 그 기업을 경영하
는 개인(개인기업의 경우) 또는 법인의 대표(법인기업의 경우)를 말한다. 사업장설
치 노사협의회의 경우에는 그 사업장의 공장장, 지배인, 지점장 등이 사업장의
대표자가 될 수 있다. 근기법상 근로자 개념에 포섭될 수 있는 자, 예컨대 사업
장 내 공장장 등도 노사협의회와 관계에서는 사업장의 대표자가 될 수 있다. 사
업(장) 내 대표자가 복수일 경우, 예컨대 공동대표이사가 있는 경우 등에는 사업
(장) 대표자의 권한을 함께 가지게 되어 사용자위원의 위촉도 함께 행사할 수
있다고 할 것이다.

(3) '사업(장) 소속' 원칙

근참법상 노사협의회는 사업(장) 단위로 설치가 강제되어 있다. 임의설치
사업장의 경우라도 사업(장)별 설치라는 설치단위는 준수되어야 한다. 노사협의
회 설치단위가 사업(장)이므로 사업(장)에 소속된 근로자나 사용자만이 노사협의
회를 구성할 수 있다. 따라서 노사협의회를 구성하는 위원은 근로자 측 위원인
지, 사용자 측 위원인지 여부를 불문하고 '사업(장) 소속'이어야 한다. 보다 구체
적으로 말한다면, 노사협의회가 설치되는 설치 단위에 소속되어야 한다.196) 예

---

195) 같은 취지에서 고용노동부 행정해석은 "과반수 노조 여부는 당해 사업 또는 사업장 단위
로 판단되어야 한다."고 회시한 사례가 있다(노사협력과-102, 2004. 2. 6.)(고용노동부c, 45면).
196) 고용노동부 행정해석 또한 노사협의회 설치단위(사업 또는 사업장)에 소속 여부를 노사협
의회 위원의 자격요건으로 삼고 있다. 그 예를 들면 다음과 같다.
① 사업장에 고용된 산업보건의는 노사협의회위원이 될 수 있지만, 외부의사를 산업보건의
로 위촉된 경우는 노사협의회위원으로 위촉될 수 없다(노사 68130-439, 1993. 12. 13.).

컨대 A기업에 B사업장과 C사업장이 있는데, B사업장에 노사협의회를 설치할
경우, B사업장 소속 근로자와 사용자만이 노사협의회 구성위원이 될 수 있고, C
사업장 소속 근로자나 사용자는 B사업장 노사협의회 구성위원이 될 수 없다.
과반수 노동조합이 근로자위원을 위촉할 경우 근로자위원은 설치단위 내의 근
로자이어야 하고, 사업(장)의 대표자가 사용자위원을 위촉할 경우에도 설치단위
내의 자, 즉 설치대상이 된 사업(장) 소속자여야 한다. 다만, 여기서 말하는 '사
업(장) 소속'은 근로계약관계의 존부와 다르게 판단될 수 있다. 그 이유는 다음
과 같다.

① 근참법은 '사업(장)'을 설치단위의 기본개념으로 하고 있는데, 앞서 본
바와 같이 '사업(장)'은 장소적 또는 기능적·동태적으로 이해될 수밖에 없고,
사업(장) 개념은 근기법상의 사용자 개념과 같을 것을 전제하지도 않고 있으며,
실제에서도 다르다.

② 근참법이 정한 협의사항, 보고사항, 의결사항 등은 반드시 근로계약관계
가 연계되어 근로조건을 변경하는 것도 아니어서 쌍방 간의 근로계약관계를 전
제할 필요가 적다.

③ '사업(장) 소속'이라는 개념은 사업(장) 편입을 전제로 하는데, 사업(장)
편입은 근로계약이라는 형식을 통해서 뿐만 아니라, 규율화된 노동이라는 사실
자체에 의해서도 편입이 가능하고, 사용자위원들 또한 사업장 소속을 전제한다.

위와 같은 점에 비추어 볼 때 파견근로자, 사내하청근로자 등은 사용(원청)
사업주와 근로계약 자체는 체결하지 않은 근로자이지만 파견계약 또는 도급계
약에 의해 사업(장)에 편입되어 노동에 종사하므로 사업(장) 소속성이 인정될 수
있다. 따라서 파견근로자 등을 대표하는 근로자위원을 포함해 노사협의회를 구
성한 경우 그 자체를 위법하다고 보기는 어렵다.[197]

다만 노사협의회 위원은 사업(장) 소속 근로자 또는 사용자여야 하므로 외

② 사업장별로 설치된 노사협의회의 근로자위원은 그 사업장 소속 근로자들로만 구성되어
야 하므로(사업장 내 근로자가 아닌: 괄호 필자 삽입) 노동조합의 간부는 근로자위원이 될
수 없다(노사 68107-277, 1997. 10. 22.).
197) 독일 사업장조직법 및 근로자파견법이, "파견근로자는 사용사업주의 사업장평의회 선거에
서 피선거권을 갖지 못하지만, 3월 이상 계속해서 사용사업에 투입된 경우에는 선거권을 갖
는다."라고 하여, 일정한 요건 하에서 노사협의회 근로자위원 선출에 참여할 권한이 부여되
고 있음을 예로 들며, 노사협의회에 파견근로자의 지위를 적정하게 반영할 필요성이 있다는
견해도 있다(김형배, 1608면).

부의 제3자, 예컨대 외부의 산업보건의[198]나 노동조합에서 채용한 직원[199] 등은 위원으로 위촉하거나 근로자위원으로 선출할 수는 없다.

나. 노사협의회 근로자위원 구성방식

근참법은 노사협의회의 근로자위원 구성방식을 과반수 노동조합이 있는 경우와 없는 경우로 구분하여 과반수 노동조합이 있는 경우에는 위촉방식을, 과반수 노동조합이 없는 경우에는 근로자에 의한 선출방식을 채택하고 있다. 입법론으로 근로자위원의 구성방식을 위촉방식이 아닌 선출방식으로 통일하자는 의견도 있으나, 과반수 노동조합의 근로자대표성, 단체협약과 노사협의의 연계실태, 선출방식에 의할 경우 선출된 근로자위원과 과반수 노동조합과의 충돌문제 등을 고려해 신중하게 접근해야 할 것이다. 이하에서는 위촉방식과 선출방식의 구분기준이 되는 '근로자의 과반수로 된 노동조합'의 개념을 먼저 살펴보고서, 위촉방식과 선출방식을 차례로 본다.

(1) 근로자의 과반수로 된 노동조합 유무 판단

근로자의 과반수로 된 노동조합 판단기준과 관련해서는 근참법상 다음과 같은 것이 해석상 문제될 수 있다.[200]

① 먼저, 근로자의 범위를 노사협의회 설치단위별로 볼 것인가? 아니면 사업 전체로 볼 것인가?

② 다음으로, 포함되는 근로자를 조합규약 등에서 정한 조합원 범위 내로 한정할 것인가? 아니면, 설치단위 내에 있는 모든 근로자로 볼 것인가?

③ 끝으로, 노동조합의 지부·분회 또한 근참법이 정한 '노동조합'에 해당되는가? 등이다. 과반수 노동조합으로 인정될 경우 근로자위원 위촉권을 행사할 수 있어 사실상 노사협의회를 조합활동의 장으로 끌어들일 수 있고, 단체협약의 준비나 보완을 위해서도 이용할 수 있어 과반수 노동조합의 해석에 대해 실무

---

198) 산업보건의의 위원 위촉 불가에 대한 고용노동부 질의회시 참조(노사 68130-439, 1993. 12. 13.)(고용노동부d, 107면).

199) 노조에서 자체 채용하여 회사와 직접적인 근로관계가 형성되어 있지 않는 근로자는 노사협의회 위원이 될 수 없다는 고용노동부 질의회시 참조(노사 68120-306, 2000. 5. 20.)(고용노동부d, 110면).

200) 근로자의 과반수로 된 노동조합은 대체로 근로자대표로서 취업규칙 작성변경 시 의견청취 및 취업규칙 불이익 변경시 동의(근기법 94조 1항), 경영해고의 협의상대방(근기법 24조 3항), 근로복지기본법상 사내근로복지기금협의회 구성(근로복지기본법 55조) 등 각종 법령에서 동의나 협의, 의견청취, 근로자위원의 지명 등에서 그 주체로 규정되어 있다.

적으로도 그 중요성이 적지 않다.

　먼저, 과반수에 포함시켜야 하는 근로자가 노사협의회 설치대상이 되는 사업(장)별로 제한되는가? 아니면, 설치단위와 상관없이 노동조합의 조직대상이 되는 전체 사업(장)을 기준으로 하는가? 예컨대 A기업의 근로자 수는 전체 1,000명, 그중 조합원 수는 700명이고, A기업 내 B사업장 근로자 수는 200명, 그중 조합원 수는 50명일 경우, B사업장 노사협의회 설치 시에 A기업 노동조합이나 B사업장 내 노조지부는 과반수 노동조합에 해당하는가 하는 문제이다. 생각건대, 전체 근로자의 과반수라 하더라도 노사협의회 설치단위 사업장에서 과반수에 이르지 못한 노동조합은 그 사업장 내에서 근로자를 대표한다고 보기 어렵고, 다수의 비조합원인 근로자의 이익을 반영하기도 어렵다.[201] 따라서 과반수에 포함되는 근로자는 노사협의회 설치단위가 되는 사업(장)으로 제한되어야 한다.[202]

　다음으로, 근로자 여부와 관련된 문제이다. 앞서의 과반수에 포함되는 근로자 개념이 횡적으로 근로자 범위를 구획하는 것이라 한다면, 횡적으로 잘려진 근로자 범위 내에서 종적으로 근로자 범위를 제한하는 것이 근로자 여부와 관련된 문제이다. 과반수 근로자로 된 노동조합에서 분모가 되는 근로자 수를 산정하는 기준으로 ① 근기법상의 근로자 개념을 그대로 따오는 방법, ② 조합규약 등에 의해 조합원이 되는 근로자 범위로 한정하는 방법,[203] ③ 근기법상 사용자 개념에 포섭되는 자를 제외한 나머지 근로자만을 대상으로 하는 방법 등이 고려될 수 있다. 생각건대, ②의 범위로 한정할 경우 조합원이 될 수 없는 범위의 근로자들의 이해관계를 반영하기 어렵고, ①의 범위로 할 경우에는 근로자와의 관계에서 사업주를 위해 행위하는 근로자도 포함되는 문제가 있다. 따라서 근참법의 과반수 근로자로 된 노동조합에서 '근로자'는 노사협의회 설치대상이 된 사업(장) 내에서 근기법상 사용자 개념에 포섭되는 자를 제외한 근로자[204]를 분모로 하고, 조합원을 분자로 하여 1/2을 넘는 경우로 해야 할 것이다.

---

201) 예컨대 사업장 내 극소수 조합원만 있는 경우에도 사업장 노사협의회 근로자위원 전부를 노동조합에서 구성할 수 있도록 할 경우, 비조합원인 사업장 내 다수 근로자의 이해관계가 반영되지 않을 수 있다.
202) 고용노동부도 행정해석을 통해 노조의 근로자 과반수 조직 여부는 노사협의회 설치단위인 각 사업 또는 사업장별로 판단되어야 한다고 하고 있다(노사 68107-76, 1998. 3. 31.)(고용노동부c, 48면).
203) 구건서, 32면.

끝으로, 근로자 과반수로 된 노동조합에 노동조합의 지부·분회가 포함되는지 여부를 본다. 노사협의회 설치대상 사업(장), 즉 설치단위 내에 노동조합 지부·분회가 있다면 그것이 기업별 노조의 지부·분회인지, 지역별·산업별 노조의 지부·분회인지 불문하고 설치단위 내 근로자의 과반수가 조합원이라면 근참법 6조 2항의 노동조합에 해당된다고 해석할 것이다. 이는 사업(장) 단위 설치를 강제하는 근참법이 노동조합 설립형태의 자유를 제한하지 않게 하고, 노사협의회 구성에서 설치단위 바깥의 노동조합보다 설치단위 내의 노동조합을 우선시키는 것이 합리적이기 때문이다.

(2) 위촉방식(과반수 노동조합이 있는 경우)

근로자 과반수로 된 노동조합이 있는 경우 노동조합의 대표자와 노동조합이 위촉하는 자가 근로자위원이 된다(근참법 6조 3항). 여기서 '노동조합의 대표자'는 앞서 본 바와 같이 노사협의회 설치단위별로 사업(장)의 노동조합 대표자가 되거나 노동조합 지부·분회장이 될 것이다.

위촉은 노동조합이 하는 것인가? 아니면 노동조합의 대표자가 하는 것인가? 위촉권자와 관련해 고용노동부 행정해석은 노동조합의 대표자가 아닌 노동조합 자체가 위촉해야 하는 것으로 해석하고 있다.[205] 생각건대, 사용자위원의 경우 근참법 6조 3항은 '해당 사업(장) 대표자와 그 대표자가 위촉하는 자'로 규정하고 있으나, 근참법 6조 3항은 '근로자위원은 노동조합의 대표자와 그 노동조합이 위촉하는 자'라 하여 명문으로 노동조합이 근로자위원 위촉권자임을 규정하고 있다. 따라서 노동조합의 내부의사결정 방식에 따라 근로자위원이 위촉되어야 하고, 조합 대표자의 독자적 권한으로 근로자위원을 위촉할 수 있는 것은 아니다. 다만, 노동조합의 의사결정에 따라 조합 대표자가 위촉된 근로자위원에게 위촉장 등을 수여하는 등 위촉절차를 이행하는 것은 무관하다.

근로자위원의 위촉은 조합원으로 한정하는 규정은 없으므로 그 위촉대상자는 조합원 여부를 불문하며, 성별·부서·직무 등을 안배하여 위촉하는 것이 사

---

204) 고용노동부 행정해석 또한 근참법 6조 2항의 근로자 과반수로 조직된 노동조합에서 근로자의 범위는 '근기법상 근로자로서 같은 법에 의한 사용자에 해당하지 아니한 자'라 하고 있다(노사 68107-264, 1997. 10. 6.)(고용노동부c, 41~42면).

205) 노사 68070-24, 1993. 1. 28.(고용노동부c, 25~26면): 이 회시에 따르면, 근로자위원 선출에 대한 노동조합규약의 내용이나 근로자위원 선출을 위한 실질적인 내부의사결정 과정이 노동조합 전체의 의사를 반영하고 있는지 여부에 따라 판단하여야 할 것이라 하고 있다.

업(장) 근로자들을 대표하는 데 적합할 것이다.

(3) 선출방식(과반수 노동조합이 없는 경우)

㈎ 직접·비밀·무기명 투표의 원칙

근로자 과반수로 구성된 노동조합이 없는 사업(장)의 근로자위원은 근로자의 직접·비밀·무기명투표로 선출한다(근참법 6조 2항 본문). '직접'은 대리인에 의한 투표를 허용하지 않음을, '비밀'은 투표내용이 다른 사람에게 알려지지 않음을, '무기명'은 투표자의 이름을 기입하지 않음을 의미한다.206) 따라서 거수에 의한 경우, 근로자 개인에게 아이디와 비밀번호를 부여하여 전자투표를 하는 경우207)는 비밀투표나 무기명투표의 원칙에 반하여 허용되지 않는다.208) 2000년대 초반까지 위와 같은 형태의 전자투표는 무기명 비밀투표의 요건을 갖추지 못한 형태로 행해져 왔으나, 최근에는 무기명 비밀투표의 요건(투표 여부 및 투표자와 투표대상자를 알 수 없도록 하는 것)을 충족하는 익명화된 전자투표가 다양하게 활용되고 있어 그러한 요건을 충족한 경우라면 허용할 필요가 있다고 할 것이다. 다만 전자투표 방식에 대해 노사협의회 규정이나 의결로 사전에 채택하여야 할 것이다.

㈏ 근로자의 선거권

근로자위원을 선출하는 근로자, 즉 선거권이 부여되는 근로자는 누구인가?

---

206) 노사 68107-335, 1998. 11. 12.(고용노동부c, 56~57면).
207) 협력 68210-294, 2003. 7. 23.(고용노동부b, 59면).
208) 근로자위원 선거절차는 법령에 따로 규정한 것이 없는데, 고용노동부의 노사협의회 운영매뉴얼(고용노동부a, 21~23면)에 따르면, 선거절차 등은 다음과 같다.
　① 사용자는 노사협의회 설치사유가 발생하면 노사협의회 설치 관련 공고를 하여 근로자들로부터 '노사협의회 설치 준비위원회(가칭)' 준비위원을 위촉받아 근로자 준비위원과 동수의 사용자 준비위원을 두어 준비위원회를 구성한다.
　② 준비위원회가 구성되면, 노사협의회 위원수에 대해 협의를 통해 결정한다.
　③ 근로자위원의 선거방식 및 선거관리까지 모두 근로자 측 준비위원이 결정하여야 하나, 선거활동, 시설이용, 투개표시간 등은 사용자와 협의가 필요하다.
　④ 근로자 준비위원은 선거 일시, 장소, 방법을 충분한 시간을 두고 근로자들에게 공고하고서, 근로자 준비위원이 선거관리위원의 역할까지 하여 입후보자 접수, 투표인 명부 작성을 한다.
　⑤ 선거관리위원이 개표시간 및 절차에 맞추어 개표하고, 다수 득표자 순으로 근로자위원 당선자를 확정하고, 보궐위원이 될 수 있는 차점자 명부도 다수득표자 순으로 확정해 놓는다.
　⑥ 근로자위원이 선출되고, 사용자위원이 위촉되면 노사협의회 설치가 완료되나, 협의회규정 제정을 위한 노사협의회 의결이 필요하다.

이는 근로자 과반수로 구성된 노동조합에서 본 근로자 범위와 일치한다고 볼 것이다. 즉 '노사협의회 설치대상 사업(장) 내 근로자로서 근기법상 사용자 범위에 포함되지 않는 자'에게 선거권이 있다.209)

근참법(법 6조 2항 본문)은 근로자 과반수가 참여하여 직접·비밀·무기명 투표로 선출하도록 요구하고 있는데 여기서 근로자 '과반수'의 '참여'는 어떻게 해석할지 문제된다. 먼저, 근로자 과반수는 선거구라 할 수 있는 노사협의회 설치대상이 되는 사업(장) 전체 근로자의 과반수로 해석하여야 할 것이고, 참여란 투표권이 부여된 근로자의 과반수가 참여하는 것을 의미한다고 할 것이다. 따라서 과반수가 참여하지 않은 경우 그 선거 자체는 유효하지 않게 된다. 이유는 위 조항의 입법취지가 소수의 근로자만 참여하는 투표를 통해 근로자들의 대표가 되는 것을 막기 위해 법률에 명시적으로 과반수 참여라는 법률상 요건을 둔 것이기 때문이다.

㈐ 선거권의 제한

근로자의 선거권과 관련하여 1) 먼저, 근로자위원 선거권을 갖는 근로자의 범위를 일정한 범위로 제한(예컨대 일정한 직종이나 직급의 근로자에게 선거권을 부여하지 않거나, 1년 이상의 근무기간을 선거권 행사 요건으로 한 경우)하는 것은 가능한가? 생각건대, 근로자 중 사용자의 범위에 속하거나 사용자를 위하여 행위하는 자를 제외하기 위한 것이라면 긍정할 수 있으나, 위와 같이 직급이나 기간으로 선거권을 갖지 못하게 하는 것은 노사협의회 근로자위원 선출제도의 목적과 기능을 제도적으로 제한할 수 있어 부정해야 할 것이다. 2) 다음으로, 사용자 측에 의해 지명된 근로자위원에 대해서 그 신임 여부만을 투표하게 하는 경우도, 사용자는 근로자위원의 선거개입금지의무가 있어 허용되지 아니하고, 위와 같이 선출된 근로자위원은 근로자대표의 성격을 구비하지 못하여 근참법의 적용을 받는 노사협의회 근로자위원이라 볼 수 없을 것이다. 3) 끝으로, 사용자의 선거개입은 없었지만 근로자위원으로 입후보한 근로자의 숫자가 선출될 근로자위원의 숫자보다 적거나 같을 경우210) 무투표 당선이 가능한가? 부정해야 할 것이다. 고용노동부의 노사협의회 운영매뉴얼 또한 찬반투표 및 미달된 인원에 대한

---

209) 같은 취지의 노사 68107-264, 1997. 10. 6.(고용노동부c, 49면).

210) 예컨대 노사협의회 설치단위에서 5명의 근로자위원을 선출할 예정이나, 5명 이하의 근로자만이 근로자위원 후보로 입후보한 경우를 말한다.

선출절차를 권고하고 있고,[211] 법률에 직접·비밀·무기명 투표를 실시하도록 요구하고 있는 이상 각 위원들에 대한 투표 자체는 찬반투표라도 실시해야 할 것이다.

㈔ 근로자위원의 피선거권

근로자위원으로 입후보하는 자, 즉 피선거권과 관련해서는 명문으로 근참법이 그 시행령에 규정을 두고 있다. 즉 1) 해당 사업(장)의 근로자여야 하고, 2) 해당 사업(장) 근로자 10명 이상의 추천을 받아야 한다(근참법 시행령 3조 2항). 여기서 '사업(장) 근로자'라는 개념은 앞서 본 '사업(장) 소속'원칙을 의미하므로, 반드시 근로계약관계의 존재를 요구하지 않고 사업(장)에 편입된 근로자도 '사업(장) 소속' 근로자로서 피선거권을 보장해야 할 것이다.

사업(장) 소속 근로자가 아닌 경우(예컨대 사용자 개념에 포섭되는 자, 다른 사업장의 근로자, 해고가 확정된 근로자)에는 근로자위원으로 선출되어도 그 선출은 무효로 보아야 할 것이다.

다음으로, '근로자 10명 이상의 추천' 없이 근로자위원에 입후보하여 선출되는 경우 그 선출은 무효로 보아야 할 것인가?[212] 근로자 10명 이상의 추천이라는 근로자위원 입후보 자격요건과 '사업(장) 소속'이어야 한다는 근로자위원 자격요건은 구분되고, 근로자들의 직접·비밀·무기명 투표에 의해 선출된 근로자위원이라면 10명 이상의 추천이 없었다는 하자는 치유되었다고 보는 견해도 있을 수 있으나, 근로자위원 입후보의 난립을 막고, 사용자 측의 암묵적 관여에 의한 입후보의 위험을 막기 위해서도 근참법 시행령이 정한 10명 이상의 근로자 추천은 입후보 자격요건으로 이 요건을 충족하지 못한 근로자는 근로자위원 후보로서 선거에 참여할 수 없다고 볼 것이다.[213] 또한, 10명 이상의 근로자 추천 없이 근로자위원에 선출되었다고 하더라도 근참법이 정한 입후보자격을 갖추지 못한 후보가 선출된 것이어서 근로자위원 선출도 무효라 할 것이다.[214]

끝으로, 한 명의 근로자가 복수의 근로자위원 입후보자를 추천하는 것은 허

---

211) 고용노동부d, 27면.
212) 일부 지방고용노동관서에서 10명 이상 근로자의 추천이 없었다는 이유로 근로자위원의 재선출을 지시한 사례가 있으나, 고용노동부 행정해석에서는 이에 대해 유·무효를 명시적으로 언급하지는 않고 있다(노사협력복지과-1925, 2004. 8. 13.)(고용노동부b, 62면).
213) 고용노동부의 운영매뉴얼도 같은 취지이다(고용노동부d, 27면).
214) 노사협력복지과-1949, 2004. 8. 17.(고용노동부d, 139면).

용된다고 볼 것이다.215)

㈐ 근로자위원 선거의 특례(위원선거인 선출)

사업(장)의 특수성으로 인해 부득이한 경우에는 부서별로 근로자 수에 비례하여 근로자위원을 선출할 근로자(위원선거인)를 선출하고, 위원선거인 과반수의 직접·비밀·무기명 투표로 근로자위원을 선출할 수 있는 특례를 근참법 6조2항 단서가 규정하고 있다. 위 특례는 근로자에 의해 직접 근로자위원을 선출하는 것이 아닌 위원선거인이라는 선거인단에 의해 근로자위원을 선출하는 간접선거를 허용하는 규정이다. 다만, 위원선거인에 의한 간접선거에서도 근로자 수에 비례한 위원선거인 선출 원칙 및 위원선거인 과반수의 참여를 통한 직접·비밀·무기명 투표 원칙에 따를 것을 규정하고 있다.

위와 같은 위원선거인에 의한 간접선출은 사업(장) 내 부서나 직무의 성격이 현저히 다른 경우(예컨대 사무직·기술직·기능직 등의 사업장 분리, 작업부서별 분리 등)를 고려하여 각 단위별로 위원선거인을 따로 선출할 수 있게 한 것이다.216)

㈑ 근로자위원 선거에서 평등선거의 원칙

2022년 개정된 근참법에 따르면 근로자 과반수의 참여로 '직접·비밀·무기명' 투표로 선출한다고 하여 '평등선거'의 원칙을 규정하지 않고 있다(법 6조 2항 단서). 평등선거의 원칙은 보통선거(일정 연령 이상의 모든 시민에게 선거권을 부여하는 것)에서 더 나아가 1인 1표로 된 투표가치 또한 동등할 것을 요구하는 원칙이다.

근참법령이 직접선거 외에 특례를 두어 간접선거가 가능하도록 하고, 또 간접선거에서 작업 부서별로 근로자 수에 비례하여 근로자위원을 선출할 근로자(위원선거인)를 선출하도록 한 것은 간접선거의 투표가치를 동등하게 하기 위한 조치라 할 수 있다.

하급심 판결은 2022년 개정 전이나 지금이나 근참법에 평등선거의 원칙이 규정되어 있지 않음에도 불구하고, 근참법과 그 시행령의 해석, 노사관계법과

---

215) 같은 취지의 고용노동부d, 27면; 이에 반대하는 견해로는 구건서, 33~34면. 그러나 이 견해에 따르면, 30명인 사업(장)의 노사협의회 설치 시 근참법이 정한 최소한의 숫자인 3명의 근로자위원 이상으로는 구성할 수 없게 되는 문제점이 있다(즉 3명의 근로자위원이 추천될 경우 그에 대해 각 근로자 9명씩밖에 추천을 받지 못하게 된다).

216) 고용노동부d, 28면.

노사협의회 제도의 헌법적 의미를 고려해 1) 근로자위원이 근로자 대표의 지위를 가지고 있고, 2) 그러한 대표로서의 정당성을 부여하기 위해서는 근로자위원 선출의 평등선거 원칙에 따른 선거구 획정에서 근로자 수 비례의 원칙(투표가치 평등의 원칙)을 준수할 것을 요구하고 있다.[217] 위와 같은 법리에 따라 약 3,500여 명의 근로자가 있는 기업에서 근로자위원을 선출하는 선거구를 10개의 사업부분 단위로 나누어 10개의 선거구를 두고서 각 선거구마다 1명씩 근로자위원을 선출하도록 하였는데, 특정 선거구(대외협력부문)에서는 42명이 1명의 위원을, 또 다른 선거구(통신사업부분)에서는 989명이 1명의 위원을 선출하는 선거구 획정이 이루어진 사안에서 각 근로자의 투표가치가 최대 23배나 차이가 발생하고, 이러한 투표가치의 격차는 설령 각 사업부분이 독립적 이해관계가 있다고 하더라도 선거구 획정 자체가 무효이고, 그에 따른 투표결과에 따라 선출된 근로자위원들에 대한 선출행위 전체가 모두 무효로 된다고 보고 있다.[218] 생각건대, 2022년 개정된 근참법이 위원선거인에 대해서도 근로자 수에 비례하여 위원을 선출하도록 규정하고 있고, 사업 내 부문별로 1명씩 근로자위원을 선출하기로 합의하였더라도 그러한 근로자위원 선출단위별 선거구 획정이 선거권을 가진 근로자의 수에 비례하지 않는다면 위법한 근로자위원 선출로서 무효로 볼 것이다.

(사) 근로자위원 선거무효 확인 소송

앞서 본 판결에서는 소송법적으로도 몇 가지 쟁점에 대한 결론이 도출되었다. 즉 근로자위원 선거무효 확인소송에서 누가 원·피고 당사자가 될 수 있으며, 선거가 무효가 되기 위해서는 어떤 요건이 필요로 하고, 그 무효의 효력이 전체 선거구에 영향을 미치는지 여부 등의 쟁점이 검토되었다.

위 하급심 판결에 따르면 근로자위원 선거무효확인소송에서는 1) 원고 당사자로서 투표권이 있는 근로자는 당사자적격이 있지만, 2) 회사 내의 노동조합은 특별한 사정이 없는 한 선거에 관여할 권한이나 이익이 인정되지 않아 확인의 이익이 없어 그 청구가 부적법하다고 보았으며, 3) 예비적 피고로 된 노사협

---

217) 서울중앙지법 2018. 5. 10. 선고 2017가합537232 판결 및 그 2심인 서울고법 2019. 1. 15. 선고 2018나2029106 판결.

218) 위 법원의 판결에 대해서는 근로자위원 선거에서 투표가치의 평등 원칙을 직접 적용해 무효로 할 수는 없다는 견해(박지순, 45면 이하)와 헌법이 정한 민주적 선거원칙은 사업장에서도 투영되어야 할 기본원칙이고, 근로자위원의 민주적 대표성을 확보하기 위해서도 필요하다며 판결의 취지에 찬성한다는 견해(김기선, 94면 이하)가 대립한다.

의회(사건에서는 경영협의회) 자체는 회사 내 내부기구에 불구하여 당사자능력이 없다고 보았다. 그러나 4) 회사는 그 선거결과에 따라 노사협의회 구성이라는 법적인 효과의 귀속주체가 되므로 당사자적격이 인정된다고 보았다.

한편, 회사는 근참법상 근로자위원은 10명 이하로 제한되어 있어 투표가치의 평등을 구현하기 어렵고, 사업부문별 대표의 선출 필요성을 강조하였으나, 이러한 주장은 받아들여지지 않았고, 법원은 확정된 선거구에 따라 투표하는 경우 투표가치의 차이가 최대 23배나 발생하여 위와 같은 투표가치의 차이를 정당화할만한 다른 사유가 없어 그 선거 자체는 근참법에 반하여 무효이고, 각 선거구가 서로 유기적으로 연결되어 있어 한 부분에서의 변동은 다른 부분에도 연쇄적으로 투표 결과에 영향을 미칠 수밖에 없어 후보자들의 당락에 영향을 미칠 수 있는 사정에 해당하여 선거 전체를 무효로 판단하였다. 이러한 판결의 이유나 결과에 비추어 보면 사업장 내 근로자대표가 될 수 있는 근로자위원 선출의 중요성을 고려해 볼 때 기존 노사협의회의 합의로 만들어진 선거구라 할지라도 각 근로자위원이 과소대표 또는 과대대표되지 않는 일정한 한도 내에서만 선거절차와 그 결과가 유효해진다고 보아야 할 것이다.

다. 노사협의회 사용자위원 구성방식

노사협의회 사용자위원은 위촉방식으로 통일되어 있다. 사업(장)의 대표자는 당연직으로 사용자위원을 구성하며, 동시에 사용자위원을 위촉할 권한도 가지고 있다. 노동조합의 대표자가 당연직 근로자위원이지만, 근로자위원 위촉권한이 노동조합 자체에 맡겨진 것과 구분된다. 사업(장)의 대표자는 앞서 본 바와 같이 사업 단위 노사협의회의 경우 사업경영자인 개인이나 법인(사업부문)의 대표자이고, 사업장 단위 노사협의회의 경우 공장장, 지배인, 지점장 등도 해당 사업장의 대표자로 볼 수 있다.

노사협의회 사용자위원에게도 '사업(장) 소속'이라는 요건이 필요한가? 긍정해야 할 것이다. 노사협의회가 근본적으로 '사업(장) 단위'의 문제 해결을 위해 마련된 제도이므로 '사업(장) 소속'이 아닌 사용자위원이 협의나 의결에 참여하는 것은 허용되지 않는다. 따라서 사업(장) 소속이 아닌 제3자를 사용자위원으로 위촉하는 것은 허용되지 않고, 그 위촉행위 자체도 무효라 볼 것이다.

사업(장)의 대표자가 위촉하는 사용자위원은 근기법상 사용자 개념에 해당

하는 자여야 하는가? 부정해야 할 것이다. 근기법상 사용자 및 근로자 개념은
상대적이어서 회사와 사이의 관계에서는 근로자이나, 근로자와 사이의 관계에서
는 사용자인 자도 있으므로 사업(장) 내 소속된 근로자라면 사용자위원으로 위
촉되어도 무방하다.

사업(장) 대표자의 일방적인 사용자위원 위촉에 대해 위촉된 자가 이를 거
부할 수 있는지 생각해 볼 여지가 있다. 예컨대 노동조합이 위촉하는 근로자위
원의 경우 근로자가 위촉을 원하지 않는다면 이를 거부할 수 있을 것인데, 노무
지휘권과 인사권이 있는 사용자가 위촉하는 경우는 이와 다르게 보아야 하는
것인지의 문제이다. 생각건대, 근참법상 사용자위원이 부담해야 하는 별도의 의
무와 벌칙이 있는 점을 고려해 볼 때, 사용자위원으로 위촉이 예정된 자도 그
위촉을 거부할 수 있고, 이로 인해 불이익한 처분도 받지 않는다고 할 것이다.

사용자위원의 위촉 또한 노사 간 협의를 담당하여야 할 사람이므로 근로자
들과의 관계, 현재 맡고 있는 직무와 직급 등을 고려하여 위촉하는 것이 필요하
다.219)

라. 근로자위원 및 사용자위원의 자격요건

앞서 본 바와 같이 근로자위원이든 사용자위원이든 모두 '사업(장) 소속'이
어야 한다.220) 이는 과반수 노동조합의 대표자나 사업(장)의 대표자 모두에게도
적용되는 원칙으로 보아야 할 것이다. '사업(장) 소속'이라는 개념은 근로관계의
존부와는 다른 차원의 문제로 사업(장)에 대한 편입이라는 관점으로 그 개념 범
위를 확정지어야 한다. 사업(장)의 대표자도 이사회나 주주총회의 의결, 기업의
위임을 통해 사업(장)에 편입되며, 과반수 노동조합의 대표자도 기본적으로는 근
로계약 등을 통해 사업(장)에 편입되고, 근로자들에 의해 선출되어 사업(장) 내에
서 근로자를 대표한다.

---

219) 참고로 고용노동부의 운영매뉴얼은 간부급 직원으로 근로자들과 친분과 신망이 있거나 노
무·인사·조직·관리 등에 경륜 등이 많은 사람을 위촉할 것을 추천하고 있다(고용노동부d,
29면).
220) 구 노사협의회법 9조(1980. 12. 31. 법률 3348호로 제정된 것)는 근로자위원의 결격사유로
1. 당해 사업(장)의 근로자가 아닌 자, 2. 선출일 기준으로 만 20세에 달하지 아니한 자, 3.
금고 이상의 형을 받고 그 집행이 종료되거나 집행을 받지 아니하기로 확정된 후 2년이 경
과되지 아니한 자, 4. 당해 사업(장)에서 1년 이상 종사하지 아니한 근로자(단 1년 미만 사업
장의 경우는 예외), 5. 노동조합의 임원으로서 행정관청의 해산명령 또는 임원개선명령을 받
은 후 3년이 경과되지 아니한 자를 규정하였다.

마. 노사협의회 구성위원 수

노사협의회는 근로자와 사용자를 대표하는 같은 수의 위원으로 구성하되, 각 3명 이상 10명 이하로 한다(근참법 6조 1항). 노사동수 구성 원칙을 적용해야 하므로 각 위원의 수를 근로자 측과 사용자 측이 함께 맞추어야 한다. 이 숫자를 정하는 과정에서 문제가 발생할 수 있다. 예컨대 과반수 노동조합이 10명의 위원을 요구하고, 사용자 측에서는 3명의 위원을 요구하여 협의가 되지 않는 경우 어떻게 처리해야 하는지의 문제이다. 그리고 과반수 노동조합이 없는 경우에는 선출할 근로자 위원 수를 협의할 별도의 주체조차 없다. 위와 같은 문제가 발생하므로 입법론적으로는 독일과 같이 근로자 수에 따라 위원의 수를 정하자는 의견도 있을 수 있으나, 현재로서는 해석으로 해결해야 하는 문제이다.

생각건대, 근참법 시행령 5조 1항 1호에 따르면, '협의회규정'에 협의회의 위원 수를 규정하도록 하고 있으나, 문제는 협의회규정이 협의회를 설치하고서야 제정될 수 있는 것이어서 결국 최초 협의회 설치 당시의 노사협의회 위원 수는 노사협의로 구성할 수밖에 없다. 또한 과반수 노동조합이 없는 경우에는 근로자들의 선거에 의해 근로자위원을 선출해야 하는데, 선출될 근로자위원 수를 근로자들이 미리 정해야 하는 문제도 있다. 그런데 근참법 10조 1항은 사용자에게 근로자위원의 선출에 개입하거나 방해하여서는 안 되는 의무를 부과하고 있어 사용자는 적어도 근로자위원 선출에 개입할 의도로 그 선출될 위원 수를 통제하는 것이 안 되고, 결국 근로자들의 선거에 의해 선출된 근로자위원에 맞추어 사용자위원 수를 정하여야 할 것이다.

바. 노사협의회 구성의 변동

(1) 과반수 노동조합의 성립 및 소멸에 따른 문제

3년간의 임기를 가진 근로자위원 및 사용자위원으로 구성된 노사협의회는 상설기관인데, 근로자 과반수로 구성된 노동조합이 생성되거나 소멸된 경우 노사협의회의 근로자위원의 자격은 그대로 유지되는가? 아니면 근로자 과반수로 구성된 노동조합의 생성이나 소멸에 따라 근로자위원의 자격이 상실되는가?

먼저, 과반수 노동조합이 생성되는 경우 그에 따라 그 이전에 선출방식에 의한 근로자위원의 자격이 모두 상실되어, 노동조합의 대표자 및 노동조합이 위촉한 근로자위원에 의해 노사협의회 근로자위원이 새로 구성되어야 하고, 그 반대로 과반수 노동조합이 소멸되는 경우 그에 따라 노동조합 대표자 및 노동조합에 의해 위촉된 근로자위원 모두 근로자위원 자격을 상실하고, 새로이 선출방식에 의한 근로자위원으로 노사협의회를 구성해야 한다고 보는 견해가 있을 수 있다. 이 견해는 근참법의 노사협의회 구성방식에 충실하고, 과반수 노동조합의 근로자대표성 상실 여부에 따라 노사협의회 구성도 변동되어야 한다는 입장이나, 위원의 임기를 보장한 근참법 규정에 반하고, 과반수 노동조합의 변동요소가 되는 근로자 수나 조합원 수가 자주 변동될 수 있다는 점에서 받아들이기 어렵다. 예컨대 근로자 100명, 조합원 49명이어서 선출방식으로 근로자위원을 선출해 노사협의회가 구성되었는데, 그 직후 조합원 수가 늘거나 근로자 수가 줄어 노동조합의 대표자 및 노동조합의 위촉으로 근로자위원을 새롭게 구성하였다가 곧 이어 다시 근로자 수가 늘거나, 조합원 수가 줄어 과반수가 되지 못한 경우 선출방식으로 다시 근로자위원을 구성해야 하는 난점이 있다. 즉, 상설기구인 노사협의회 자체가 불안정하게 된다.

　　다음으로, 선출방식이든 위촉방식이든 일단 노사협의회가 구성되면, 별다른 사정이 없는 한 근로자위원은 3년의 임기가 보장되고, 과반수 노동조합이 그 기간 내에 생성, 소멸하는 것은 노사협의회 구성이나 근로자위원의 자격에 아무런 영향을 주지 않는다는 견해가 있을 수 있다.[221] 즉 노사협의회를 구성할 당시에는 과반수 노동조합의 존재 여부에 따라 선출방식과 위촉방식으로 구분되나, 노사협의회 구성 이후 근로자위원의 임기 중에는 과반수 노동조합의 존재 여부는 노사협의회 구성에 영향을 미치지 못한다는 것이다. 이 견해는 노사협의회 구성의 안정성 및 계속성을 보장하고, 3년의 임기를 규정한 근참법의 규정에 충실한 해석이다. 다만, 근참법이 '과반수 노동조합이 있는 경우'에는 근로자위원을 노동조합의 대표자와 노동조합이 위촉하는 자로 한다는 규정을 두고 있는 점과 노동조합과 노사협의가 연계되는 우리의 실태상 받아들이기 어려운 점도 있다.

　　생각건대, 노사협의회 근로자위원 구성과 과반수 노동조합의 관계는 다음과 같이 해석하는 것이 합리적일 것이다.

---

221) 고용노동부 행정해석은 "협의회규정에 정한 바가 있으면 그에 따를 것이나, 정한 바가 없으면 기존위원의 임기 동안에는 본인의 의사에 반하여 노조가 해촉하고, 새 위원을 위촉할 수 없다."라고 하고 있다(노사 68107-76, 1998. 3. 31.)(고용노동부c, 48면). 그러나 근참법이 과반수 노동조합이 있는 경우 노동조합 대표자를 당연직 근로자위원으로 하고 있는 점, 위촉 권한은 해촉권한을 포함하고 있는 점을 고려해 볼 때 타당하지 않다.

① 먼저, 과반수 노동조합의 대표자 및 노동조합의 위촉에 의해 노사협의회 근로자위원이 구성된 이후 과반수 노동조합의 지위를 상실한다고 하더라도 근로자위원 지위는 상실하지 않는다고 할 것이다.[222] 이유는 노사협의회 구성자체가 이미 적법하였고, 상설기관인 노사협의회 구성 이후 수시로 변동되는 조합원 수나 근로자 수에 따라 노사협의회를 해체하거나 새로 구성하는 것은 노사협의회의 계속성이나 안정성을 침해할 여지가 있기 때문이다.

② 다음으로, 노사협의회 구성 이후 과반수 노동조합이 생성된 경우에는 앞서의 노사협의회를 구성하는 근로자위원을 해촉할 권한을 위 노동조합이 보유한다고 해석하여야 할 것이다. 이는, 근참법 6조 3항에서 과반수 노동조합이 근로자위원을 위촉할 권한을 가진 이상, 해촉할 권한도 함께 가지고 있다고 봄이 타당하기 때문이다. 이렇게 해석한다면, 과반수 노동조합의 근로자위원 위촉권한 보장과 노사협의회 구성의 안정성 및 계속성도 함께 유지될 수 있다.

③ 한편, 노동조합의 대표자만 변경된 경우라면 근참법이 당연직 근로자위원으로 노동조합 대표자를 노사협의회에 참여시키고 있는 이상, 이전의 노동조합 대표자가 가지고 있던 근로자위원 지위는 후임자에게 별다른 위촉절차 없이 승계된다고 볼 것이다.

(2) 사용자 변경에 따른 문제

사용자의 변경은 두 가지로 나누어 볼 수 있는데, 하나는 기업의 합병, 분할, 영업양도 등에 따른 노사협의회 사용자위원 구성의 문제이고, 다른 하나는 사업(장) 내 대표자의 변경에 따른 노사협의회 사용자위원 구성의 문제이다.

먼저, 기업의 합병, 분할, 영업양도 등이 사업(장)에 설치된 노사협의회에 영향을 주지 않는 경우도 상정할 수 있다. 예컨대 A기업이 B기업에 합병되었으나, A기업이 B기업의 한 사업장으로 되어 기존의 A기업 내 노사협의회 구성에는 변동이 없는 경우라든가, A기업 내에 있던 B사업장이 독립하여 법인을 설립해 분할되어 나오는 경우 B사업장 내 노사협의회 구성에 변동이 없는 경우가 있을 수 있다. 이러한 경우에는 노사협의회 설치단위가 사업에서 사업장으로(합

---

222) 고용노동부 행정해석도 "노사협의회 구성 당시 과반수 노동조합이 존재하여 근참법 규정에 의해 당해 노동조합에서 근로자위원을 위촉, 노사협의회를 구성·운영해 오던 중 조합원 감소로 과반수 미달 노조가 된 경우 노사협의회규정에서 이와 관련한 별도의 규정을 두고 있지 않는 한 임기 중 본인의 의사에 반하여 해촉하고 새 위원을 선출할 수 없다."고 보고 있다(노사협력과-178, 2004. 1. 16.)(고용노동부b, 77~78면).

병의 경우), 사업장에서 사업으로(분할의 경우) 변경되는 것일 뿐 그 노사협의회 구성에는 차이가 없을 수도 있다.

다음으로, 사업(장) 내 대표자의 변경이 있을 경우 노사협의회 사용자위원 구성은 어떻게 변동되어야 하는가? 근참법 6조 3항은 사업(장) 대표자는 당연직 사용자위원을 구성하고, 사용자위원을 위촉할 권한을 가지므로, 변경된 사업(장) 대표자가 앞서 당연직 사용자위원을 구성했던 이전의 사업(장) 대표자를 대신하게 되고, 변경된 사업(장) 대표자가 기존의 사용자위원을 해촉하고, 다른 사용자위원을 위촉할 권한을 가진다고 해석해야 할 것이다. 물론, 사용자위원은 그러한 해촉권한을 행사하지 않고, 기존의 사용자위원들(이전 사업(장) 대표자는 제외)을 유지하는 것도 가능하다.

(3) 위원의 신분변동에 따른 문제

먼저, 노사협의회를 구성하는 사용자위원이나 근로자위원이 '사업(장) 소속성'을 상실한 경우에는 위원의 지위도 함께 상실한다. 예컨대 근로관계가 종료되는 해고, 사직, 정년, 근로계약기간 만료 등의 경우에는 '사업(장) 소속성'도 상실하므로 위촉권자에 의한 다른 위원의 위촉 또는 근로자위원의 선거 등이 필요하다. 노사협의회 위원이 임기 중에 사용자의 해고로 인해 사업(장) 소속성을 상실하였으나, 그 해고를 다투는 경우에 위원(근로자위원 또는 사용자위원을 불문한다)직을 유지하는지 문제된다. 1) 부당해고인 경우 근로자는 노동위원회 구제신청이나 법원의 해고무효확인의 소를 통하여 여전히 근로자 지위가 유지되고 있음을 판단받을 수 있는 점, 2) 근로자위원에 대한 불이익처분이 금지되는 점, 3) 집단적 노동관계의 일반법인 노조법이 해고의 효력을 다투는 자에 대해서는 일정 시점까지 근로자로 보고 있는 점(노조법 5조 2항 및 3항)을 고려해 볼 때 노사협의회 위원이 해고를 당해 그 해고의 효력을 다투는 경우에는 적어도 그 임기만료일까지는 위원의 지위를 부인할 수 없도록 하여야 할 것이다.[223] 4) 근로자위원은 사용자가 아닌 근로자의 선거 또는 노동조합에 의해 선임되는 점, 5) '사업(장) 소속' 여부는 근로계약의 존부만으로 결정되지 않는 점 등을 고려해 집단적 노동관계의 일반법이라 볼 수 있는 노조법 5조 3항을 유추적용해 소

---

223) 이와 관련된 사안에서 고용노동부 질의회시는 해고되면 그 소 제기 여부를 불문하고 노사협의회 근로자위원이 될 수 없다고 보고 있다(노사 68120-144, 1995. 5. 13., 노사 68107-5, 1998. 1. 6.)(고용노동부d, 104~105면 및 158면).

송이나 노동위원회 구제신청(부당해고 또는 부당노동행위 구제신청)이 있는 경우에는 근로자위원의 신분이 상실되지 않는다고 볼 것이다.

다음으로, 근로자의 인사이동 등으로 근로자 지위에서 사용자 지위로 변동되거나 사업(장)을 이동하는 경우에도 해당 사업(장) 내 근로자위원의 지위를 자동으로 상실한다. 다만, 근로자의 사업장 변경이나 인사이동이 사용자의 부당노동행위로서 무효라면 근로자위원의 지위도 그대로 유지된다고 할 것이다. 근로자의 사업장 변경이나 인사이동이 있을 경우 과반수 노동조합은 새로운 근로자위원을 위촉하여야 한다. 사업(장) 대표자도 사용자위원의 사업장 변경 등으로 노사협의회 설치대상인 해당 '사업(장) 소속'이 아니게 된 경우 새로운 사용자위원을 위촉하여야 한다.

근로자위원의 결원이 생기면 30일 이내에 보궐위원을 위촉하거나 선출하되, 과반수 노동조합이 없는 사업(장)에서는 과거 근로자위원 선출 투표에서 선출되지 못한 사람 중 득표 순에 따른 차점자를 근로자위원으로 할 수 있다(근참법 시행령 4조). 근로자위원의 결원이란 앞서 본 바와 같이 해고, 인사이동, 사업장 변경 등으로 근로자지위나 '사업(장) 소속성'을 상실한 경우이다.

노사협의회 구성 당시에는 과반수 노동조합이 없어 선출방식으로 근로자위원을 선출하였다고 하더라도 결원 당시 과반수 노동조합이 있다면, 보궐위원을 과반수 노동조합이 위촉할 수 있다. 보궐위원에 대한 선거는 과반수 노동조합이 없을 경우 직접·비밀·무기명 투표의 원칙에 따라 과반수가 참여하는 근로자의 선거에 의하여야 할 것이나, '협의회규정' 등에 과거 근로자위원 선출 시 차점자를 근로자위원으로 할 수도 있는데, 이는 임의규정이다.

2. 의장과 간사(7조)

제7조(의장과 간사)

① 협의회에 의장을 두며, 의장은 위원 중에서 호선(互選)한다. 이 경우 근로자위원과 사용자위원 중 각 1명을 공동의장으로 할 수 있다.

② 의장은 협의회를 대표하며 회의 업무를 총괄한다.

③ 노사 쌍방은 회의 결과의 기록 등 사무를 담당하는 간사 1명을 각각 둔다.

가. 의장의 선출

협의회 의장은 근로자위원이나 사용자위원 중에서 호선한다. '호선(互選)'이란 조직의 구성원들이 서로 투표하여 그 조직 구성원 가운데에서 일정한 임무를 맡을 자를 선출하는 것인데, 각 근로자위원 및 사용자위원은 의장으로 선출될 수 있는 피선거권과 선거권이 있다. 따라서 과반수 노동조합의 대표자 또는 사업(장)의 대표자가 반드시 의장이 되어야 하는 것은 아니다.

협의회 의장을 관행적으로 과반수 노동조합 대표자나 사업(장) 대표자가 해온 경우 근참법이 정한 선출절차를 거치지 아니하였다 하여 그 지위를 무효라볼 것인가? 생각건대, 근참법은 호선이라는 선출방식의 대강만을 정하고 있어사후적으로 협의회를 통해 추인도 가능하다고 볼 것이고, 의장 선출절차와 관련해서는 직접·비밀·무기명 투표 등의 원칙도 적용되지 않으므로 협의회를 통해 위원들의 내부적으로 합의된 선출절차와 방법에 의한 것이라면 적법한 의장선출방식으로 허용된다고 할 것이다.224)

공동의장을 둘 경우에는 근로자위원 1명과 사용자위원 1명으로 구성해야한다. 공동의장을 사용자위원만으로 또는 근로자위원만으로 구성되는 것은 허용되지 않는다. 공동의장은 근참법의 법문상 각 1명을 초과하여 둘 수 없다. 공동의장을 두는 방식은 '협의회규정'이나 '협의회의결'을 통하여 가능하고, 그 폐지또한 같은 방식으로 해야 할 것이다. 공동의장은 다른 일방의 공동의장에게 자신의 권한을 포괄적으로 위임하거나 대리하게 할 수 없으나, 공동의장들 사이에역할분담은 가능하다.225)

나. 의장의 임무 등

의장은 협의회를 대표하며, 회의 업무를 총괄한다(근참법 7조 2항). 의장은 협의회의 회의를 소집하며 그 의장이 되고(근참법 13조 1항), 노사 일방의 대표자가회의 목적을 문서로 밝혀 회의 소집을 요구하면 그 요구에 따르고, 회의 개최 7

---

224) 고용노동부 행정해석도 같은 취지로 "회사의 노사협의회규정에 의장 선출절차 및 방법에 관한 사항이 정해져 있을 경우 그에 따르되, 정함이 없을 경우에는 노사 간 자율적으로 절차 및 방법(예컨대 다득표 순 등)을 정하여 의장을 선출하여도 무방하다."고 보고 있다(노사 68107-180, 1998. 6. 23.)(고용노동부c, 68면).
225) 예컨대 노사협의회 회의를 번갈아가며 주재하거나, 회의 개최 사실에 대한 통보를 근로자위원 의장은 근로자위원에게, 사용자위원 의장은 사용자위원에게 나누어 통보하는 것은 가능하다.

일 전에 회의 일시, 장소, 의제 등을 각 위원에게 통보하여야 한다(근참법 13조 2항 및 3항).

의장의 임기는 위원의 임기와 별도로 정할 수 있으나, 별도로 정한 바가 없다면 위원의 임기와 동일하게 보아야 할 것이다.226) 다만, 노사협의회 의장이라는 지위는 노사협의회 위원이라는 지위를 전제해야 하므로 위원직을 상실한 경우에는 의장직도 당연히 상실하는 것으로 볼 것이다. 그러나 의장직을 사퇴하는 등으로 의장직만을 상실한 경우라면 위원직은 그대로 유지될 수 있다.

다. 간사의 선출과 임무

협의회 간사는 노사협의회 위원들이 근로자위원과 사용자위원 중에서 각각 1명씩 선출한다(근참법 시행규칙 2조). 선출방식은 근로자위원들은 근로자위원 중에서 1명의 간사를, 사용자위원들은 사용자위원 중에서 1명의 간사를 각각 따로 선출하여야 한다. '선출'이라는 표현을 쓰고 있기 때문에 특정인에 의한 지명은 안 되지만 위원 중 1명을 추천하여 박수나 거수로 선출하는 것은 무방하다.

간사는 회의결과의 기록 등 사무를 담당한다. 협의회는 근참법 19조에 따라 노사협의회 회의록을 작성하여 갖추어 두어야 하는데(근참법 시행규칙 4조), 간사는 협의회 회의 내용(일시, 장소, 보고·협의·의결사항 및 이행관련상황 등)을 기재하고, 참석위원들로부터 서명을 받아 회의록을 작성하여야 한다. 간사는 그 밖에 사전 회의 안건 조율, 회의 결과 공지, 연락 등과 같은 부수업무를 담당하기도 한다.

3. 위원의 임기와 신분보장(8조, 9조)

제8조(위원의 임기)
① 위원의 임기는 3년으로 하되, 연임할 수 있다.
② 보궐위원의 임기는 전임자 임기의 남은 기간으로 한다.
③ 위원은 임기가 끝난 경우라도 후임자가 선출될 때까지 계속 그 직무를 담당한다.

제9조(위원의 신분)
① 위원은 비상임·무보수로 한다.
② 사용자는 협의회 위원으로서의 직무 수행과 관련하여 근로자위원에게 불이

---

226) 고용노동부 행정해석도 의장의 임기를 위원의 임기와 동일하게 하는 것을 긍정하고 있다(노사 68107-208, 1998. 7. 20.)(고용노동부c, 69면).

익을 주는 처분을 하여서는 아니 된다.

③ 위원의 협의회 출석 시간과 이와 직접 관련된 시간으로서 제18조에 따른 협의회규정으로 정한 시간은 근로한 시간으로 본다.

가. 위원의 임기

위원의 임기는 3년으로 하되, 연임할 수 있고, 보궐위원의 임기는 전임자 임기의 남은 기간으로 한다(근참법 8조 1항 및 2항). 근로자위원의 결원이 있을 경우에는 30일 이내에 보궐위원을 위촉하거나 선출하여야 한다(근참법 시행령 4조). 사용자위원의 결원에 대해서는 별다른 규정이 없으나 근로자위원의 결원시와 동일하게 사업(장) 대표자가 30일 이내에 보궐위원을 위촉하여야 할 것이다.

임기가 보장된 협의회 위원을 임기만료 전에 과반수 노동조합이나 사업(장)의 대표자가 해촉하는 것이 가능한가? 앞서 본 바와 같이 긍정할 것이다. 근참법이 과반수 노동조합과 사업(장)의 대표자에게 위촉권한을 부여하고 있으므로 해촉권한 또한 노동조합이나 사업(장)의 대표자에게 부여되어 있다고 볼 것이고, 근참법이 노동조합의 대표자나 사업(장)의 대표자를 당연직 노사협의회 구성위원으로 규정하고 있는 이상 당연직 노사협의회 구성위원은 임기 만료 이전에도 위원 지위의 승계가 허용되어야 하기 때문이다.[227]

그 밖에 근로자위원이나 사용자위원이 '사업(장) 소속성'을 상실한 경우에는 임기만료 이전이라도 협의회 위원 자격을 상실한다고 볼 것이다. 따라서 퇴직, 해고뿐만 아니라 노사협의회 설치단위 사업(장)에서 다른 사업(장)으로 이동하는 것 또한 협의회 위원 자격을 상실하게 된다. 협의회 위원이 자신의 의지에 따라 임기만료 전 위원직을 사퇴하는 것도 허용된다. 또한 위원자격의 상실이나 사퇴를 이유로 한 해촉은 가능하다고 볼 것이다.

나. 위원의 신분

위원은 비상임·무보수로 한다(근참법 9조 1항). 이와 관련하여 협의회규정이나 노사협의회 의결을 통해 위원을 상임으로 하거나 보수를 지급하는 것은 허

---

227) 이에 반하여 고용노동부 행정해석은 위원의 임기보장을 중시하여 근로자위원의 의사에 반한 과반수 노동조합의 해촉권을 인정하지 않고 있고(노사협력과-178, 2004. 1. 16.)(고용노동부b, 77~78면), 과반수 노동조합 대표자는 당연직 근로자위원으로 노사협의회 위원이 되어 교체가 불가피하지만 노사협의회의 안정적 운영과 전문성 제고를 위해 다른 근로자위원의 임기는 보장되는 것이 원칙이라는 견해를 취하고 있다(고용노동부d, 31면).

용되는가? 이를 허용할 경우 사용자의 보수지급으로 인해 근로자위원이 매수될 위험도 있어 근로자위원을 상임으로 하거나 근로자위원에게 보수를 지급하는 것은 허용되지 않는다고 할 것이다.[228]

그러나 노사협의회의 운영이나 활동에 따라서는 실비변상을 해야 할 사정도 발생할 수 있으므로 위원회 의결이나 협의회규정으로 일부 위원의 특별한 활동에 대해 실비변상을 하는 것은 허용되어야 할 것이다.

협의회 위원은 협의회 출석시간과 이와 직접 관련된 시간으로서 18조에 따른 협의회규정으로 정한 시간은 근로한 시간으로 본다(근참법 9조 3항). 따라서 휴일이나 야간에 협의회 회의에 참석한 경우 각각 야근수당과 휴일근로수당을 지급하여야 한다.[229] 협의회 출석과 직접 관련된 시간(협의회 출석을 위한 이동시간와 자료검토시간 등)에 대해서는 서로 다툼의 소지가 발생할 수 있어 사전에 노사협의회 규정에 명문으로 그 내용을 명시하여 근로시간으로 간주하여 처리할 필요가 있다.[230]

협의회 위원으로서의 직무 수행과 관련하여 근로자위원은 불이익한 처분을 받지 아니한다(근참법 9조 2항). 이는 협의회 위원의 활동을 재정적·신분적으로 보장하기 위한 것으로 앞서 본 국제노동기구(ILO)의 근로자대표 보호를 명문화한 것이라 볼 것이다.

협의회 출석 시간 등의 근로시간 간주와 관련하여 문제가 되는 것은 노조전임자인 노동조합 대표자(또는 근로자위원)의 협의회 출석 시간 등도 근로한 시간으로 볼 수 있는지 여부이다. 생각건대, 노조전임자의 경우 사용자에 대한 근로제공의무 자체가 면제되어 있고, 이에 따라 사용자로부터 급여 또한 지급받지 않는 점에 비추어 볼 때, 노조전임자의 경우에는 위 근참법 9조 3항이 적용된다고 보기는 어렵다.[231]

협의회 위원으로서의 직무 수행과 관련한 불이익처분금지는 사용자의 근로

---

228) 과거 고용노동부 질의회시도 노동조합이 없는 사업장에서 노사 간의 특약이나 노사협의회 규정에 의하더라도 노조법상 전임자 지위를 부여할 수는 없다고 보고 있다(노사협력복지팀-2302, 2007. 7. 10.)(고용노동부d, 101면).
229) 고용노동부d, 32면.
230) 고용노동부d, 32면.
231) 고용노동부 행정해석도 노동조합의 대표자에게 노사협의회 업무를 전담케 한다는 명분으로 새로이 유급전임을 인정하는 것은 허용되지 않는다고 한다(노조 01254-575, 1997. 6. 25.)(이병태, 511면에서 재인용).

자위원에 대한 불이익처분만 해당된다. 근참법이 명문으로 근로자위원에 대한 불이익처분만 사용자에게 금지하고 있는 이상, 사용자가 사용자위원에게 불이익처분을 하는 것은 위 법의 금지대상이 아니다. 사용자가 근로자위원에게 위원으로서의 직무 수행과 관련하여 불이익처분을 하는 경우 고용노동부장관이 시정명령을 할 수 있고(근참법 11조),[232] 사용자가 고용노동부장관의 시정명령을 이행하지 않은 경우에는 500만 원 이하의 벌금에 처해진다(근참법 31조). 고용노동부장관의 시정명령과 별도로 사용자의 해고, 전직 등 불이익처분에 대해서는 노동위원회에 부당해고구제명령신청이나 법원에 제소하는 것도 가능하다.

다. 위원의 신분보장(사용자의 불이익처분 금지의무)

사용자는 협의회 위원으로서의 직무 수행과 관련하여 근로자위원에게 불이익을 주는 처분을 하여서는 아니 된다(근참법 9조 2항). 사용자는 고충처리위원의 직무 수행과 관련하여도 고충처리위원에게 불리한 처분을 하여서는 아니 된다(근참법 시행령 8조 2항). '불이익을 주는 처분'과 '불리한 처분'[233]은 모두 근로자위원이나 고충처리위원의 직위에 기하여 한 행위와 인과관계 있는 처분이어야 한다. 따라서 근로자위원의 의결, 사용자에 대한 설명요구나 자료제출요구, 고충처리위원의 고충청취 및 통지, 협의회에 고충사항 회부 등으로 인해 사용자로부터 불이익한 처분을 당하지 아니한다.

고충처리위원은 사용자 측에서 위촉한 위원일 수도 있으므로, '불리한 처분' 중의 하나로 고충처리위원인 사용자위원을 사용자 측에서 해촉하는 것도 포함된다. 그 밖에 근로자위원이나 고충처리위원으로서 더 이상 활동을 하지 못하게 할 방편으로 다른 설치단위의 사업장으로 인사이동시키는 것도 불리한 처분에 해당될 수 있다.

4. 사용자의 의무와 시정명령(10조, 11조)

제10조(사용자의 의무)

① 사용자는 근로자위원의 선출에 개입하거나 방해하여서는 아니 된다.

② 사용자는 근로자위원의 업무를 위하여 장소의 사용 등 기본적인 편의를 제

---

232) 보다 자세한 내용은 후술하는 '4. 사용자의 의무와 시정명령' 부분 참조.
233) 노조법 81조(부당노동행위) 각 호는 사용자의 근로자에 대한 '불이익을 주는 행위' 또는 '불이익한 행위'라고 표현하고 있는데, 위의 '불이익을 주는 처분'과 '불리한 처분'을 다른 개념으로 볼 것은 아니다.

공하여야 한다.

제11조(시정명령)

　고용노동부장관은 사용자가 제9조 제2항을 위반하여 근로자위원에게 불이익을 주는 처분을 하거나 제10조 제1항을 위반하여 근로자위원의 선출에 개입하거나 방해하는 경우에는 그 시정(是正)을 명할 수 있다.

가. 사용자의 선거개입 및 선거방해금지의무

　사용자는 근로자위원의 선출에 개입하거나 방해하여서는 아니 된다(근참법 10조 1항). 근로자위원은 선출방식(과반수 노동조합이 없는 경우)과 위촉방식(과반수 노동조합이 있는 경우)으로 선임되는데, 사용자가 근로자위원 선출에 관여할 경우 노사협의회 자체가 사용자의 지배를 받게 될 위험이 있어 이를 방지하기 위하여 둔 규정이다.

　사용자는 근로자위원의 상대방이 될 사용자위원을 위촉할 권한을 가지고 있고, 노사협의회를 운영할 책무 또한 부담하고 있다.[234] 따라서 과반수 노동조합이 있는 경우라면 노동조합과 협의하여 노사협의회를 구성하면 되므로 문제가 없다. 과반수 노동조합이 없는 경우 근로자위원 선거와 관련하여 사용자의 선거개입의 한계가 문제된다. 먼저, 사용자가 근로자위원 선거의 장소적·시간적 편의를 제공하는 것은 사용자가 부담하는 편의제공의무의 범위에 포함된다. 사용자가 일부 근로자위원 입후보자를 추천하거나 직접 지명하는 경우, 사용자 측의 권유를 받은 근로자위원 입후보자들이 출마하는 경우, 그 밖에 입후보 방해나 제한 등 특정 근로자의 당선 내지 낙선을 목적으로 하는 행위뿐만 아니라 선거관리위원회의 구성·활동 등 근로자위원 선출절차의 의사결정에 영향을 미치는 행위는 선거개입 또는 선거방해에 해당할 수 있다.[235] 예컨대 1) 선거관리위원회에 회사 임원이 참여하여 선거기준을 정하고, 선거결과를 임의대로 정하는 경우,[236] 2) 사용자가 특정후보를 지정하거나 특정인의 입후보를 방해하는 경우, 3) 근로자위원 선출방식을 직선이나 간선으로 지정하는 경우, 4) 근로자위원 선출 선거관리위원이 되는 경우는 모두 선거개입에 해당될 수 있다.[237] 또한

---

　234) 근참법은 노사협의회 정기회의 미개최 시 사용자를 처벌하는 규정을 두고 있다(근참법 32조).
　235) 노사협력과-239, 2004. 1. 30.(고용노동부b, 83~85면).
　236) 노사 68120-556, 2000. 9. 19.(고용노동부c, 22~23면).
　237) 고용노동부d, 33면.

사용자가 근로자위원 선거와 관련하여 정당한 이유 없이 근로자들에게 장소적·시간적 편의를 제공하지 않을 경우에는 선거방해에 해당될 수도 있다.

나. 사용자의 편의제공의무

사용자는 근로자위원의 업무를 위하여 장소의 사용 등 기본적인 편의를 제공하여야 한다(근참법 10조 2항). 여기서 장소의 사용은 정기회의나 임시회의 개최 장소의 제공이나 노사협의회 회의실 마련 등을 의미한다. 사용자가 제공해야 하는 기본적인 편의의 범위 안에는 장소 외에도 회사 시설이나 설비의 이용, 근로자위원에 대한 회의 참석의 허용, 근로자위원 업무나 회의를 위한 평상업무의 대체와 임금의 보전 등도 포함된다. 노사협의회 의결이나 협의회규정으로 근참법이 정한 것 외에 사용자가 제공해야 하는 편의의 내용을 추가하여 규정하는 것도 가능하다.

다. 사용자의 의무위반의 효과

고용노동부장관은 사용자가 근로자위원에게 불이익처분을 하거나, 근로자위원의 선출에 개입하거나 방해하는 경우 그 시정을 명할 수 있다(근참법 11조). 고용노동부장관의 시정명령은 사용자의 근로자위원에 대한 불이익처분 금지의무와 선거개입 및 방해금지의무를 위반하였을 경우에만 허용된다. 불이익처분이나 선거개입 및 방해는 노사협의회 구성 및 운영을 사용자가 지배할 위험이 있어 단순한 처벌규정만으로 이를 제지하기 곤란하여 행정기관을 통한 시정조치가 필요하다고 본 것이다.

고용노동부장관의 시정명령238)이 노동위원회의 사용자의 부당노동행위에 대한 구제명령과 같은 효력을 갖는지는 의문이 있으나, 행정기관이 사용자에게 공법상 의무를 부과한다는 점에서는 동일할 것이다. 따라서 사용자의 근로자위원에 대한 해고, 다른 사업장으로 인사이동 등에 대해 근로자가 다른 구제수단을 이용하지 않고서 고용노동부장관에게 근참법 11조의 시정명령을 촉구하여 고용노동부장관(실제는 그 권한을 위임받은 지방고용노동관서의 장. 이하 같다)이 사용자에게 원직복직을 명하는 것도 허용되고, 고용노동부장관이 사용자가 근로자위원 선거에 개입하였다는 이유로 선거를 다시 실시하도록 명할 수도 있다.

---

238) 근참법 11조가 규정하고 있는 고용노동부장관의 시정명령권한은 대통령령이 정하는 바에 따라 지방고용노동관서의 장에게 위임할 수 있고(근참법 29조), 이에 따라 고용노동부장관은 위 시정명령권한을 지방고용노동관서의 장에게 위임하고 있다(근참법 시행령 10조 1호).

사용자가 정당한 사유 없이 시정명령을 이행하지 아니하면 500만 원 이하의 벌금에 처한다(근참법 31조). 고용노동부장관의 시정명령은 행정처분으로서 행정소송의 대상이 된다.[239] 따라서 사용자는 고용노동부장관의 시정명령취소를 구할 수 있다.

5. 회의의 개최 및 소집(12조, 13조)

제12조(회의)
　① 협의회는 3개월마다 정기적으로 회의를 개최하여야 한다.[240]
　② 협의회는 필요에 따라 임시회의를 개최할 수 있다.
제13조(회의 소집)
　① 의장은 협의회의 회의를 소집하며 그 의장이 된다.
　② 의장은 노사 일방의 대표자가 회의의 목적을 문서로 밝혀 회의의 소집을 요구하면 그 요구에 따라야 한다.
　③ 의장은 회의 개최 7일 전에 회의 일시, 장소, 의제 등을 각 위원에게 통보하여야 한다.

가. 회의의 개최

(1) 정기회의(근참법 12조 1항)

협의회는 3개월마다 정기적으로 회의를 개최하여야 한다(근참법 12조 1항). '3개월마다'의 의미는 각 분기별 개최를 요구하는 것이 아니라,[241] 협의회규정이나 회의를 통해 3개월마다 매월 일정한 날을 정하여 회의를 개최할 수 있다는

---

239) 노동조합규약 변경보완과 관련된 구청장의 시정명령에 대해서는 "노동조합규약의 변경보완시정명령은 조합규약의 내용이 노조법에 위반된다고 보아 구체적 사실에 관한 법집행으로서 같은 법 16조 소정의 명령권을 발동하여 조합규약의 해당 조항을 지적된 법률조항에 위반되지 않도록 적절히 변경보완할 것을 명하는 노동행정에 관한 행정관청의 의사를 조합에게 직접 표시한 것이므로 행정소송법 2조 1항에서 규정하고 있는 행정처분에 해당된다."라고 대법원은 판시하고 있다(대법원 1993. 5. 11. 선고 91누10787 판결).

240) 2008년 11월 정부(고용노동부)의 근참법 개정안(2012년 국회 임기만료로 폐기)에 따르면, 노사협의회 정기회의가 근참법에 의해 일률적으로 3개월마다 개최되도록 하여 회의운영이 형식적으로 이루어지고 있어 노사협의회 운영의 최소 주기를 6개월의 범위 내에서 자율적으로 정할 수 있도록 개정할 것을 제안하고 있다. 개정안에 따르면, 근참법 12조 1항의 '3개월마다'를 '6개월에 1회 이상'으로 변경하고 있다.

241) 고용노동부 행정해석도 "근참법이 분기별 개최를 요구하고 있는 것은 아니므로 구체적인 정기회 개최시기 등은 노사협의회규정을 통해 정하면 된다."라고 하고 있다(노사 68140-133, 1994. 4. 21.)(고용노동부b, 86면).

의미이다. '정기적으로'의 의미는 정기회의를 의미하므로 근참법 12조 2항의 임시회의는 위 근참법 12조 1항의 회의에 포함되지 않는다. 따라서 임시회의를 개최하였다고 하여 정기회의 개최의무가 면제되지 않는다. 또한 협의회규정이나 의결을 통해 정기회의를 3개월이 아닌 6개월마다 또는 4개월 후에 개최하는 것도 허용되지 않는다. 그러나 협의회규정이나 의결을 통해 정기회의를 매월 또는 2개월마다 개최하는 것은 무방하다.

(2) 임시회의(근참법 12조 2항)

노사협의회는 법이 정한 정기회의 외에 필요에 따라 임시회의도 개최할 수 있다. 정기회의와 임시회의를 어떻게 구분할 수 있는가? 뒤에서 보겠지만 정기회의를 개최하지 않을 경우 사용자가 벌칙을 적용받지만, 임시회의에 대해서는 그러한 벌칙규정이 없어 정기회의와 임시회의의 구분은 의미가 있다. 협의회규정 등을 통해 정기회의의 일시 등을 정한 경우(예컨대 3, 6, 9, 12월 마지막 주 월요일)에는 문제가 없으나, 위와 같은 규정이 없는 경우 임시회의와 정기회의의 구분은 1) 그 개최일시 등이 이전 정기회의에서 정해진 것인지 여부, 2) 소집요구권자의 서면요청에 의해 소집되었는지 여부, 3) 이전 정기회의와 사이의 시간적 간격 등을 고려해 그 회의가 임시회의인지 정기회의인지 여부를 구분하여야 할 것이다. 임시회의를 개최한 것으로는 정기회의를 대체할 수는 없다.

나. 회의의 소집
(1) 회의 소집권자 및 소집요구권자
㈎ 임시회의 소집요구권자

정기회의 및 임시회의 '소집권자'는 협의회 의장이다. 임시회의는 노사 일방의 대표자가 문서로서 회의 소집을 요구할 수 있다. 여기서 '임시회의 소집요구권자'인 '노사 일방의 대표자'를 누구로 해석할지 문제된다. '대표자'라는 개념에 충실하게 사용자위원 중 당연직 위원인 사업(장)의 대표자를, 근로자위원 중 당연직 위원인 과반수 노동조합의 대표자로 해석할 여지가 있으나, 사업(장)의 대표자나 과반수 노동조합의 대표자는 협의회 의장이나 공동의장을 담당할 경우가 많고, 선출방식의 근로자위원으로 구성된 경우 노동조합의 대표자가 근로자위원에 포함되지 않을 수도 있으므로 위와 같은 해석을 허용하기 어렵다. 따라서 근참법이 근로자위원을 근로자를 대표하는 위원, 사용자위원을 사용자를 대표하는 위원으로 표현하고 있으므로(근참법 6조 2항), '노사 일방의 대표자'는 협의회규정에 달리 정하지 않은 이상 근로자위원 또는 사용자위원으로 해석하여야 할 것이고, 회의 소집요구권자의 숫자에는 특별한 제한이 없다고 할 것이다.

(나) 위원 아닌 자의 소집요구권 허용 여부

노사협의회 위원이 아닌 자가 임시회의나 정기회의 소집을 요구할 수 있는가? 근참법이 규정하고 있는 '노사 일방의 대표자'에 협의회 위원이 아닌 자를 포함할지 여부와 관련된 문제이다. 협의회 위원이 아닌 자는 협의회의 회의나 의결에 참여할 권리 자체가 없으므로 협의회규정 등을 통해 별도의 소집요구권자를 정하는 것은 별론으로 하고 협의회 위원 아닌 자에게는 법률에 의해 부여되는 회의소집요구권을 인정할 수 없다.

(2) 정기회의 개최의무

협의회를 정기적으로 개최하지 아니하는 경우에는 벌칙이 적용되는데(근참법 32조), 근참법은 그 처벌의 대상을 사용자로 한정하고 있다. 즉 사용자가 근참법 12조 1항의 정기회의를 정기적으로 개최하지 아니한 경우를 처벌하고 있다. 그런데 근참법 12조 1항은 협의회 자체에 개최의무를 부과하고 있다. 이로 인해 협의회의 회의 개최의무와 사용자의 형사책임의 관계가 문제된다. 특히 회의 소집권자인 협의회 의장과 사용자가 일치하지 않을 수 있기 때문에 문제가 발생한다. 예컨대 근참법 32조와 12조 1항을 곧이곧대로 해석할 경우 과반수 노동조합의 대표자가 협의회 의장인데, 의장이 회의를 소집하지 않아도 처벌받는 것은 사용자가 되는 것이다.

대법원은 위와 같은 문제점을 고려해 "노사협의회 개최를 위한 회의의 소집절차를 통한 노사협의회 개최의 주체는 노사협의회의 대표이자 위 회의 소집의 주체인 의장이며, 근참법 32조, 12조 1항이 노사협의회의 정기적 개최의무 위반에 따른 처벌대상으로 사용자를 규정한 것은 특별한 사정이 없는 한 원칙적으로 노사협의회의 대표이자 회의 소집의 주체인 의장이 회의를 개최하지 아니한 경우로서 그 의장이 법 6조에서 정한 사용자를 대표하는 사용자위원인 경우를 의미한다."고 한정해석하고 있다.242)

위 벌칙의 취지는 사용자가 협의회의 운영에 실질적인 책임을 부담하는 것

---

242) 대법원 2008. 12. 24. 선고 2008도8280 판결.

이 일반적이고, 협의회 구성 및 정기적인 운영을 사용자에게 강제하려는 것이나
앞서 본 바와 같이 사용자 단독으로 협의회를 구성하거나 운영할 수 없고,[243)
회의소집권자에게도 실제 영향력을 행사하지 못하는 경우도 있어 단순히 정기
적으로 협의회가 개최되지 않았다는 것만으로 사용자가 처벌대상이 되는 것은
아니다.[244) 따라서 협의회가 개최되지 못한 사유(예컨대 협의회 자체가 구성되지
않은 경우, 협의회는 구성되었으나 근로자 측의 거부나 반대로 정기회의가 개최되지 않
은 경우, 협의회 회의를 소집하였으나 의사정족수에 미치지 못해 회의를 개최하지 못한
경우 등)에 대한 검토 후 처벌 여부를 결정해야 한다.

(3) 회의 일시 및 장소와 의제

의장은 회의 개최 7일 전 회의 일시, 장소, 의제 등을 각 위원에게 통보하
여야 한다(근참법 13조 3항). 회의 일시는 근무시간 여부를 불문한다. 근참법은 협
의회 출석 시간 등을 근무시간으로 간주하고 있는데, 이는 근무시간 중 회의를
전제한 것이기 때문이다. 회의 장소 또한 사업(장) 내외를 불문한다고 할 것이
나, 위원들이 동시에 참여하는 것이 가능한 일시, 장소여야 한다. 사용자는 근로
자위원의 업무를 위하여 장소의 사용 등 기본적인 편의를 제공하여야 하므로(근
참법 10조 2항) 회의 비용 등을 근로자위원이 부담하지는 않는다.

회의 의제(안건)는 근참법이 정한 협의사항, 보고사항, 의결사항 외에도 협
의회 운영 및 구성에 관한 안건 등도 포함된다. 앞서 본 바와 같이 근로자의 근
로조건과 관련된 사항도 협의회 의제(안건)로 허용될 수 있을 것이다. 안건은 협
의회규정 등에 특별한 규정이 없는 이상 각 위원이 개인별로 제안하는 것을 허
용해야 한다.[245)

---

243) 고용노동부 행정해석도 노사협의회를 개최하려 해도 근로자들이 근로자위원을 선출하지
    못하는 등 사용자의 책임으로 볼 수 없는 사유로 회의를 개최하지 못하는 경우라면 사용자
    가 노사협의회 개최의무를 이행하지 아니한 것으로 보기는 어렵다고 한다(노사 68107-193,
    2000. 3. 31.)(고용노동부c, 90면).
244) 위 대법원 판결의 하급심도 노사협의회 의장을 근로자 측에서 맡고 있고, 피고인이 노사협
    의회 소집권자가 아니어서 국책연구원의 대표자에 대해서 근참법상 노사협의회 회의 불개최
    의 책임을 물을 수 없다며 무죄를 선고하였다(서울동부지법 2008. 2. 15. 선고 2007고정2569
    판결). 이 판결에 대해서 검사가 항소하였으나, 항소심에서도 같은 취지로 검사의 항소를 기
    각하였다(서울동부지법 2008. 8. 21. 선고 2008노290 판결).
245) 고용노동부의 노사협의회 운영매뉴얼에 따르면, 회의안건 상정과 관련하여 단계적으로 사
    용자 측 간사와 근로자 측 간사가 회의 전에 따로 간사회의를 하여 노사협의회 안건 상정
    여부를 확정지을 것을 권고하고 있다(고용노동부a, 62면).

6. 자료의 사전 제공(14조)

제14조(자료의 사전 제공)

근로자위원은 제13조 제3항에 따라 통보된 의제 중 제20조 제1항의 협의 사항 및 제21조의 의결 사항과 관련된 자료를 협의회 회의 개최 전에 사용자에게 요구할 수 있으며 사용자는 이에 성실히 따라야 한다. 다만, 그 요구 자료가 기업의 경영 · 영업상의 비밀이나 개인정보에 해당하는 경우에는 그러하지 아니하다.

가. 근로자위원의 자료제출요구권

협의회 의장은 회의 개최 7일 전에 각 위원에게 의제 등을 통보해야 하는데, 근로자위원은 통보된 의제 중 근참법이 정한 협의사항과 의결사항에 관련된 자료를 회의 개최 전에 사용자에게 요구할 수 있다(근참법 14조). 이와 별도로 근참법이 정한 보고사항에 대해 사용자가 보고 · 설명을 하지 아니하는 경우에도 보고 사항에 관한 자료를 제출하도록 요구할 수 있다(근참법 22조 3항). 이를 '자료제출요구권'이라 한다. 전자의 자료제출요구권이 협의사항 및 의결사항에 대한 '사전 자료제출요구권'인데 반하여, 후자의 자료제출요구권은 보고사항 미이행에 대한 '사후 자료제출요구권'이다. 양자 모두 근로자위원에게만 보장되어 있으며, 협의회 의장이 근로자위원인 경우에도 근로자위원으로서 가지는 자료제출요구권은 보장된다.

나. 사용자의 자료제출의무

(1) 자료제출의무가 있는 사용자

자료제출 요구의 상대방이 되는 자는 사용자위원이나 협의회 의장이 아닌 '사용자'이다. 여기서 '사용자'는 누구로 볼 것인가? 예컨대 A 지역공장 노사협의회 근로자위원이 자료제출을 요구하는 경우 자료제출의무를 부담하는 자는 A 지역공장의 공장장인가? 아니면 본사의 대표이사인가? 노사협의회가 사업 외에 사업장단위에도 설치될 수 있고, 노사협의회는 설치단위를 기준으로 운용되어야 하므로 자료제출의무를 부담하는 자는 설치단위의 사업(장) 대표자여야 할 것이다.

(2) 제출의무가 있는 자료

제출의무가 있는 자료는 통보된 의제 중 20조 1항의 협의사항 및 21조의 의결사항과 관련된 자료이다. 위와 같은 자료라 하더라도 경영·영업상 비밀과 개인정보가 담긴 자료는 제출할 의무가 없다. 다만, 근참법이 협의사항으로 규정하고 있는 근로자의 고충처리와 같이 개별 근로자의 개인 신상과 관련된 내용이 협의사항에 포함될 수 있고, 위원들이 협의회 회의를 통해 경영·영업상의 비밀을 지득하게 될 수 있음을 전제로 비밀유지의무를 부담하고 있는 이상, 사용자가 협의회에 경영·영업상 비밀이나 개인정보가 담긴 자료를 제공하는 것은 허용되며, 이러한 정보나 자료에 대해서는 위원들이 비밀유지의무를 부담하게 된다.

설치단위의 노사협의회와 관련된 본사, 자회사, 모회사, 지주회사의 자료에 대해서도 사용자에게 제출의무가 있는가? 예컨대 A지역 공장 노사협의회에서 본사와 관련된 자료를 요구하거나, 자회사 노사협의회에서 모회사와 관련된 자료를 요구하는 경우에 문제가 된다. 일단, 앞서 본 바와 같이 설치단위를 기준으로 자료제출의무자가 정해지는 이상 그 밖의 사용자가 자료제출의무를 부담하지는 않는다. 다만, 설치단위 사업(장)의 사용자는 설치단위와 관련된 본사나 모회사 차원의 자료를 획득가능한 범위 내에서 제공하는 것은 무방하고, 고용노동부도 이를 권유하고 있다.[246)]

근참법이 정한 협의사항 및 의결사항과 관련된 자료 외에 보고·설명사항과 관련된 자료를 사전에 요구할 수 있는가? 근참법은 협의사항 및 의결사항과 관련된 자료는 근로자위원의 사전 자료제출요구권을 보장하고 있으나, 보고·설명사항과 관련된 자료는 사용자가 보고·설명의무를 이행하지 않는 경우에만 자료제출요구권을 보장하고 있다. 따라서 사용자는 보고·설명사항에 대해서는 근로자위원에게 보고·설명 이전에 자료를 제출할 의무는 없다고 해석된다. 다만, 사용자의 보고·설명 시에는 관련 자료를 제공할 필요가 있고, 협의회규정 등을 통해 사용자의 보고·설명사항에 대한 사전 자료제출의무를 규정하는 것

---

246) 고용노동부 행정해석도 금융지주회사법에 따라 자회사 주식 100%를 보유하고 있는 금융지주회사가 자회사의 노사협의회에 보고의무를 부담하지는 않으나, 지주회사의 경영전략, 재무전략, 인력정책 등이 자회사의 경영전반에 영향을 미치는 경우라면 자회사 노사협의회에서 근로자와 정보를 공유하는 것을 권유하고 있다(노사 68010-183, 2001. 5. 30.)(고용노동부c, 122면).

은 허용된다.

(3) 자료제출의무의 시기

근로자위원은 근참법에 따라 회의 개최 7일 전에 의제 등을 통보받고, 통보받은 의제에 대해서만 자료제출을 요구할 수 있으므로 결국 자료제출을 요구할 수 있는 시기는 회의 개최 전 7일간만 가능하게 된다. 그러나 자료 사전제출 요구를 활성화하고, 협의사항이나 의결사항에 대한 노사 간 대화를 깊이 있게 하기 위해서는 근로자위원의 자료제출요구권의 시기를 제한할 이유는 없으므로 근로자위원이 노사협의회 의제(안건)를 제안하면서 동시에 그에 필요한 자료를 사용자에게 요구하는 것도 허용된다. 다만, 위와 같이 근로자위원의 자료제출요구권의 행사시기를 제한하지 않는 것으로 해석하더라도 사용자 측에서 근로자위원에게 자료제출의무를 이행해야 하는 종기는 근로자위원이 회의개최 전 자료를 숙지할 수 있는 시간을 확보할 수 있는 시점까지로만 한다면 사용자에게 추가적인 부담은 없을 것이다.

(4) 사용자의 자료제출의무 위반에 따른 조치

㈎ 형사처벌의 문제

사용자는 근참법 14조에 따라 근로자위원의 협의사항 및 의결사항과 관련된 자료제출요구에 성실히 따라야 할 의무가 있다. 그러나 사용자가 위 의무를 위반하는 경우 별도의 벌칙은 규정하지 않고 있다. 이에 반하여 사용자의 보고·설명의무 미이행에 따른 근로자위원의 자료제출요구에 따르지 않을 경우에는 벌칙의 적용이 있다(근참법 31조). 근참법이 협의사항 및 의결사항에 대한 자료제출의무 위반에 대해서는 벌칙을 규정하지 않고, 보고·설명의무 미이행에 따른 자료제출의무 위반에 대해서는 벌칙을 규정한 이유가 무엇인가? 생각건대, 협의사항 및 의결사항과 관련해서는 기업의 경영·영업상 비밀 등에 대해서는 자료제출의무를 면제하는 등으로 그 범위와 관련해 근로자와 사용자 간 분쟁의 소지가 있는 점을 감안하여 처벌하지 않고, 사용자가 보고·설명의무가 있는 사항에 대해 이를 이행하지 않아 근로자가 자료제출을 요구한 것인데, 이마저 사용자가 이행하지 않는 경우에는 사용자의 행위를 제재할 필요성이 있어 이에 대해서는 형벌을 규정한 것으로 이해하여야 할 것이다.

(나) 사법상 구제

근참법은 근로자위원의 자료제출요구권과 사용자의 자료제출의무를 규정하고 있으므로 근참법 14조를 근거로 하여 사법상 구제도 가능할 것이다. 예컨대 근로자위원이 가처분신청의 채권자가 되어 14조의 자료제출요구권을 피보전권리로 하여 그 침해를 이유로 노사협의회 정기회의 이전까지 일정한 자료를 근로자위원에게 제출하라는 가처분신청도 가능하다고 할 것이다. 사용자는 근로자위원이 요구하는 자료가 앞서 본 바와 같이 통보된 의제와 무관하다거나, 노사협의회 설치단위 사업(장)의 범위를 넘는다거나, 경영·영업상 비밀 또는 개인정보에 해당됨을 이유로 자료제출거부사유를 항변할 수 있다.

7. 의사정족수 및 의결정족수(15조)

제15조(정족수)

회의는 근로자위원과 사용자위원 각 과반수의 출석으로 개최하고 출석위원 3분의 2 이상의 찬성으로 의결한다.

가. 의사정족수

정족수(定足數)라 함은 여러 사람으로 구성된 회의체에서 회의를 진행하거나 의사를 결정하는데 필요한 참석자의 수를 말한다. 의사정족수는 회의를 개최하고 심의하는데 필요한 정족수이고, 의결정족수는 참석자들이 의사결정을 하는데 필요한 정족수이다.

노사협의회 회의는 근로자위원의 과반수와 사용자위원의 과반수 출석으로 개최한다(의사정족수). 이러한 의사정족수는 협의회 회의가 사용자 측이나 근로자 측 어느 일방에 의해 지배되는 것을 막기 위한 제도적 장치이다.247) 따라서 협의회규정 등을 통해 이와 다른 의사정족수를 규정하는 것도 허용되지 않는다고 할 것이다. 근참법이 정한 의사정족수는 협의회 회의 개최 및 진행의 노사 간 대등성을 보장하기 위한 것이지만, 근로자 간 대립 시 회의 자체를 개최하지 못할 위험도 있다. 예컨대 전체 20명으로 구성된 노사협의회 내에서 10명의 근로자위원 사이에 서로 대립이 있어 5명이 노사협의회 참석을 거부하는 경우 노

---

247) 김형배, 1593면 주 1); 이병태, 513면.

사협의회는 개최 자체가 불가능하게 된다.

나. 의결정족수

근참법은 노사협의회 회의 의결정족수도 회사 기관이나 일반 단체의 의결정족수와 달리 출석위원 3분의 2 이상이라는 가중된 의결정족수를 규정하고 있다. 이 또한 노사협의회가 어느 일방에 의해 지배되는 것을 막기 위한 제도적 장치이므로 협의회규정을 통해 위 의결정족수를 감경하는 것은 허용되지 않는다. 의결정족수를 가중(예컨대 노사 간 만장일치나 5분의 4 등으로)하는 것도 의결 자체를 불가능하게 만들 수도 있어 이 또한 허용되지 않는다고 할 것이다.

8. 회의의 공개(16조)

제16조(회의의 공개)
    협의회의 회의는 공개한다. 다만, 협의회의 의결로 공개하지 아니할 수 있다.

협의회 회의는 공개한다. 노사협의회 설치단위 사업(장) 소속 근로자들은 회의를 참관하거나 방청하는 것이 허용되고, 비치된 회의록을 열람하는 것이 허용된다. 그 밖에 사업(장) 소속이 아닌 제3자에게도 이를 허용하여야 하는가? 예컨대 A지역 공장 노사협의회에 본사(또는 상급단체) 노조간부나 본사(또는 모회사) 임직원 등의 참관이나 회의록 열람을 허용하여야 하는가? 회의 공개의 원칙을 명문으로 규정하고 있는 이상 이를 부정할 근거가 없어 허용하여야 할 것이고, 외부의 제3자에게 회의나 회의록이 공개되기를 원하지 않는다면 노사협의회 의결이나 협의회규정으로 비공개로 정해야 할 것이다.

9. 협의회 위원의 비밀유지의무(17조)

제17조(비밀 유지)
    협의회의 위원은 협의회에서 알게 된 비밀을 누설하여서는 아니 된다.

가. 비밀유지의무의 의의

노사협의회는 근로자 경영참가의 전제로서 사용자의 경영사항에 대한 보고·설명 및 근로자위원의 자료제출요구권을 보장하고 있다. 동시에, 노사협의회는 그 기구 자체나 또는 회의를 통해 사용자의 경영사항에 대한 비밀이나 근로자 개인의 사적인 고충까지도 알 수 있게 되므로 이에 대한 비밀유지도 보장되어야 협의회 내 정보 공개와 개별 근로자의 고충처리가 활성화될 수 있다.

이에 따라, 근참법은 협의회 위원에게 협의회에서 알게 된 비밀을 유지할 의무를 부과하고 있는데, 이는 협의회가 경영상 비밀이나 개인의 신상과 관련된 고충까지 처리할 수 있음을 전제로 한 것이다. 따라서 사용자는 경영상의 비밀이나 개인의 신상과 관련된 고충이라 하더라도 협의회에 자료제출이나 보고·설명을 할 수 있다.

나. 비밀유지의무의 주체와 대상

비밀유지의무의 주체는 협의회 위원이다. 고충처리위원의 경우에는 명문으로 규정이 없으나, 근로자들의 고충청취를 통해 알게 된 비밀을 유지할 필요가 있으므로 입법론으로는 고충처리위원에게도 고충처리절차를 통해 알게 된 비밀에 대해 누설을 하지 못하는 내용의 비밀유지의무를 부과해야 할 것이다. 협의회 위원의 자격을 상실한 이후에도 일정한 사항이 비밀로서 그 성격이 계속 유지되는 한 비밀유지의무를 부담한다고 할 것이다.

비밀유지의무의 대상은 협의회에서 알게 된 비밀이다. 회의 공개의 원칙(근참법 16조) 및 의결사항의 공지(근참법 23조)에 비추어 공개된 회의에서 한 발언이나 의결된 사항은 비밀유지의무의 대상이 되지 않을 것이다. '협의회'에서 알게 된 것이어야 하므로 다른 경로를 통해 이미 알고 있는 비밀은 포함되지 않는다. 예컨대 사업(장) 대표자인 사용자위원이 이미 스스로 알고 있는 경영상 비밀사항을 협의회에서 다시 알게 되었다고 하더라도 이는 협의회에서 알게 된 비밀이 아니므로 근참법상 비밀유지의무의 대상이 되는 비밀은 아니다.

비밀의 범위를 구체적으로 확정짓기는 어려우나, 사용자가 제공한 자료나 보고·설명에 대한 보안조치(회의 비공개 요구, 자료 열람 후 회수 또는 폐기요구, 외부 누설 금지 요구 등)의 정도, 자료나 보고·설명 내용의 구체성, 누설로 인한 기업의 손해 가능성 등이 고려될 수 있을 것이다.

다. 비밀유지의무 위반의 효과

비밀유지의무 위반의 효과에 대해서는 근참법이 아무런 규정도 두지 않고 있다. 협의회 위원에게 비밀유지의무 위반에 대해 벌칙까지 부담시키는 것이 과

도하다는 정책적 고려248)에서 비밀유지의무 위반의 효과는 해석에 맡겨 두고
있는 듯하다. 일반적으로 근로관계에서 일정한 근로자는 신의칙상의 부수의무로
비밀유지의무를 부담하고는 있으나, 근참법상 비밀유지의무는 이와 다른 근참법
이 규정한 의무로서 그 목적은 노사협의제도의 보장에 있다. 따라서 근로자의
근로관계에서 부수의무로서 비밀유지의무와 사용자까지도 포함하고 있는 협의
회 위원의 근참법이 정한 의무로서 비밀유지의무는 그 의무의 범위나 효과가
구분되어야 할 것이다.

근로자위원이 협의회에서 알게 된 비밀을 누설하였을 경우라도 그것이 경
쟁회사에 자사의 영업비밀을 누설하는 것과 같이 근로관계상의 신뢰를 저버리
는 것이 아니라 사업장 근로자들에게 기업 측의 향후 계획을 알리는 것과 같이
노사협의회 운영을 저해하는 정도의 것이라면 사용자의 근로자위원에 대한 불
이익처분 금지의무를 고려해 근로자위원에 대한 해고와 같은 불이익처분은 신
중하게 판단되어야 할 것이다.

10. 협의회규정(18조)

제18조(협의회규정)

① 협의회는 그 조직과 운영에 관한 규정(이하 "협의회규정"이라 한다)을 제정
하고 협의회를 설치한 날부터 15일 이내에 고용노동부장관에게 제출하여야 한
다.249) 이를 변경한 경우에도 또한 같다.
② 협의회규정의 규정 사항과 그 제정·변경 절차 등에 관하여 필요한 사항은
대통령령으로 정한다.

가. 협의회규정의 제정 및 변경

'협의회규정'은 노사협의회 조직과 운영에 관한 규정으로 협의회 의결을 거
쳐 제정한다. 협의회는 설치된 날부터 15일 이내에 고용노동부장관250)에게 협의

---

248) 노사관계 법·제도 선진화 방안(2003. 8.)에서는 협의회 위원의 비밀유지의무 위반에 대한
    처벌규정을 신설하는 방안을 제시하였으나, 근참법 개정과정에서 채택되지는 않았다[노사관
    계제도 선진화연구위원회, 노사관계 법·제도 선진화방안(2003. 8.), 45~50면].
249) 2008. 10월 입법예고된 고용노동부의 근참법 개정안에 따르면, 노사협의회 규정을 제정·
    변경할 때마다 고용노동부장관에게 제출하도록 하는 것은 과도한 행정규제이며, 협의회규정
    을 근로자들이 쉽게 열람할 수 있도록 협의회에 갖추어 둠으로써 근로자들의 자발적 참여를
    제고할 수 있을 것이라 하며, 근참법 18조 1항을 "협의회는 그 조직과 운영에 관한 규정(이
    하 "협의회규정"이라 한다)을 제정하여 갖추어 두어야 한다."로 변경할 것을 제안하고 있다.

회규정을 제출하여야 하므로 협의회 설치 시 협의회규정을 제정하여야 한다. 제정된 협의회규정을 변경할 때에도 협의회 의결을 거치고, 변경된 협의회규정을 제출하여야 한다. 협의회 회의 없이 위원들이 각자 서면으로 의결하여 협의회규정을 제정·변경하는 것도 허용할 수 있는가? 생각건대, 회의 개최 없는 서면의결은 근참법이 정한 회의개최요건이 되는 가중된 의사정족수를 침해할 여지가 있으므로 서면의결은 허용되지 않는다. 다만 비대면 화상회의를 통한 의결은 허용된다고 볼 것이다. 참고로 고용노동부의 운영매뉴얼은 회의를 통한 토의와 의결절차를 절쳐 위원들이 노사협의회규정 시안에 서명까지 할 것을 권고하고 있다.251)

노사협의회 운영 규정과 관련하여 회사 사규상 모든 규정을 제정 또는 개정할 때 이사회 의결을 거치도록 하고 있는 경우 노사협의회 운영 규정도 이사회 의결을 거쳐야 하는가? 이와 관련하여 1) 노사협의회는 회사 내 조직으로 볼 수도 있으나 임의적 회사 내 기관이 아니라 근참법에 의해 설치가 의무화된 노사 간 협의체이고, 2) 회사와는 독립된 별도의 기관으로서 이사회 의결을 받지 못하더라도 협의회규정을 제출하지 않을 경우 과태료 처분을 받아야 하는 점, 3) 노사협의회는 그 내부적 의결을 통하여 유효한 법적 효과를 발생시킬 수 있고, 별도로 회사의 승인을 받아야 하는 하위기관이 아닌 점 등을 고려해 볼 때, 이사회 의결을 거치지 않더라도 노사협의회 운영 규정의 효력에는 아무런 영향을 미치지 않는다고 볼 것이다.252)

나. 협의회규정의 내용

협의회규정은 ① 협의회의 위원의 수, ② 근로자위원의 선출절차와 후보등록에 관한 사항, ③ 사용자위원의 자격에 관한 사항, ④ 근참법 9조 3항에 따라 협의회 위원이 근로한 것으로 보는 시간에 관한 사항, ⑤ 협의회의 회의 소집, 회기, 그 밖의 협의회의 운영에 관한 사항, ⑥ 근참법 25조에 따른 임의중재의 방법·절차 등에 관한 사항, ⑦ 고충처리위원의 수 및 고충처리에 관한 사항을

---

250) 근참법 18조는 '고용노동부장관'에게 제출하도록 되어 있으나, 근참법 29조의 권한위임 규정 및 근참법 시행령 10조 2호, 근참법 시행규칙 3조에 따라 제정되거나 변경된 협의회규정을 관할 지방고용노동관서의 장에게 제출하도록 되어 있다.

251) 고용노동부d, 15면.

252) 고용노동부의 질의회시도 같은 취지이다(노사협력복지과-1972, 2004. 8. 20.)(고용노동부d, 93~94면).

포함해야 한다(근참법 시행령 5조 1항).

　　위 각 사항 중 일부 내용이 협의회규정에 담겨지지 않을 경우 협의회규정 전체가 무효라 볼 것은 아니다. 관할 지방고용노동관서의 장은 협의회규정 내용이 관계법령에 위반한다고 인정되는 경우에는 문서로써 협의회에 협의회규정의 변경이나 보완을 요청해야 한다(근참법 시행규칙 3조). 위 관할 지방고용노동관서의 장의 변경·보완요청은 법령의 위임에 따른 것이 아니고, 벌칙 규정도 없어 일종의 행정지도라 볼 것이고, 협의회규정의 효력 자체에는 아무런 영향을 미치지 않는다.

　　다. 협의회규정의 효력

　　협의회규정은 그 내용에 따라 ① 근참법과 달리 정한 사항, ② 근참법에 없는 사항 두 가지로 구분하여 살펴볼 필요가 있다. ①의 사항은 근참법 규정에 위배되는지 여부를 판단하게 되나, ②의 사항은 협의회규정이 정할 수 있는 범위 내인지 여부를 판단하게 된다.

　　(1) 근참법과 달리 정한 협의회규정의 효력

　　협의회규정이 근참법과 다른 내용을 정하고 있는 경우 그 효력을 부정할지 문제된다. 먼저, 근참법 시행령상 협의회규정에 반드시 포함되어야 하는 사항이 근참법이 정한 것과 다른 경우에 문제된다. 예컨대 아래의 규정들은 근참법과 달리 정한 규정이어서 문제가 될 수 있다.

　　① 협의회 위원의 수를 근참법이 정한 것보다 많게 정하거나 노사동수로 구성하지 않는 규정

　　② 사용자에 의한 근로자위원 지명이나 과반수가 안 되는 노동조합에 의한 근로자위원 위촉과 같이 근로자위원 선출 절차를 근참법과 다르게 정한 규정

　　③ 근참법상 당연직 사용자위원인 사업(장) 대표자를 제외하고 사용자위원을 구성하는 규정

　　④ 근로자위원 중 노조전임자인 노동조합 대표자에게만 협의회 활동을 위해 계속 근로한 것으로 간주하는 규정

　　⑤ 협의회 회의 소집을 제한하거나, 정기회의를 근참법이 정한 3개월이 아닌 6개월마다 개최하는 규정

　　⑥ 근참법이 정한 임의중재가 아닌 강제중재를 정하는 규정

⑦ 근참법이 정한 고충처리위원의 수를 초과하는 규정

　생각건대, 근참법이 노사협의회 구성이나 운영에서 대강의 틀만을 정하고 있고, 나머지는 노사 간 협의를 통해 구체적인 내용을 형성하도록 하고 있는 점에서 근참법의 각 내용이 모두 강행규정에 해당하는 것은 아니다. 따라서 각 사안별로 협의회규정의 내용과 근참법의 취지에 따라 그 유·무효를 판단해야 할 것이다. 그 기준은, ① 앞서 본 노사협의회 구성원칙[노사동수 구성원칙, 노사대표 구성원칙, 사업(장) 소속원칙]에 위배되는지 여부, ② 근로자위원 구성방식(선출방식 및 위촉방식)과 같은 강행규정 위배 여부, ③ 협의회 위원에게 보장된 근참법상의 권리를 제약하는지 여부 등에 따라 협의회규정 내용의 유·무효를 판단해야 할 것이다.

(2) 근참법에 정함이 없는 사항에 대한 협의회규정의 효력

(가) 협의회규정의 한계(효력범위)

　근참법 시행령에 규정된 협의회규정에 필요적으로 포함되어야 하는 일곱 개의 사항 외에 추가로 협의회규정에 의해 협의회 조직과 운영을 위한 규정을 둘 수 있다는 점에는 의문의 여지가 없다. 그렇다면 노사협의회는 협의회규정을 통해서라면 노사관계의 모든 것을 협의하고 의결할 수 있는가? 예컨대 근참법이 정한 사항(협의사항, 의결사항, 보고·설명사항) 외에 추가적인 사항을 협의회규정으로 노사협의회의 협의나 의결, 보고의 대상으로 삼을 수 있는지 문제된다. 이 문제는 협의회규정이 정할 수 있는 노사관계의 범위와도 관련되어 있다. 이는 두 가지 관점에서 그 범위가 제약될 수 있다. 하나는 사용자의 경영권에 의한 제약이고, 다른 하나는 노동조합의 단결권 및 단체교섭권에 의한 제약이다.

(나) 사용자의 경영권 보호측면

　사용자의 경영권 보호측면에서 우리나라의 노사협의회가 사실상 노동조합의 지배하에 있으므로 노사협의회에서 근참법이 정한 사항 외에 사용자의 경영권과 관련된 사항을 추가로 협의·의결하고 보고를 강제하도록 규정하는 것은 사실상 노동조합에 의한 경영권 침해로 해석되므로 제한되어야 한다는 견해도 있을 수 있으나, 노사협의는 제도적으로, 그리고 규범적으로 노동조합의 단체교섭과 구분되고, 근참법은 최소한의 근로자 경영참가 틀만을 마련해 놓고, 노사 간 협의에 의한 추가적인 경영참가의 내용을 형성하는 것을 막지 않고 있는 점에 비추어 볼 때 협의회규정에 근참법이 정한 협의사항 등 외에 다른 사항의 협의나 의결에 관한 사항을 두는 것도 허용된다고 볼 것이다. 고용노동부 행정해석도 같은 취지이다.253)

㈐ 노동조합의 단결권 및 단체교섭권 보호측면

노동조합의 단결권 및 단체교섭권 보호 측면254)에서 협의회규정은 어떤 한계를 지니는가? 예컨대 과반수에 미달되는 노동조합이 근로조건에 대한 단체교섭을 요구하는데, 협의회규정에서 노사협의회에 근로조건과 관련된 협의나 의결권한까지 부여한 경우 위 협의회규정이 노동조합의 단체교섭권을 침해하는 것이 아닌지 문제된다. 이와 관련해 우리 근참법이 "노동조합의 단체교섭이나 그 밖의 모든 활동은 이 법에 의하여 영향을 받지 아니한다."라고 규정하고 있는데 (근참법 5조), 이는 노동조합의 단체교섭과 노사협의의 제도적 분리를 의미하는 것에서 더 나아가 노동조합의 단체교섭 우위를 의미하는 것이기도 하다. 따라서 협의회규정이 노동조합의 단체교섭 등 활동을 침해하거나 제약할 경우에는 무효로 해석될 수밖에 없다.

11. 회의록 비치(19조)

제19조(회의록 비치)
① 협의회는 다음 각 호의 사항을 기록한 회의록을 작성하여 갖추어 두어야 한다.
1. 개최 일시 및 장소
2. 출석 위원
3. 협의 내용 및 의결된 사항
4. 그 밖의 토의사항
② 제1항에 따른 회의록은 작성한 날부터 3년간 보존하여야 한다.

회의록은 매 회의 때마다 작성되어야 한다. 회의록 작성주체는 노사협의회

---

253) 고용노동부 행정해석도 근참법상의 협의는 노사협의에 의해 근참법 20조에 적시된 협의사항 이외의 것에 대해서도 이루어질 수 있다고 하고 있다(협력 68210-303, 2003. 8. 2.)(고용노동부b, 103면).

254) 현행 근참법이 과반수 노동조합이 있는 경우에는 과반수 노동조합에 노사협의회 근로자위원 구성권한을 부여해 과반수 노동조합과 노사협의회 근로자위원의 이해가 일치하나, 과반수 노동조합이 없는 경우에는 노사협의회가 노동조합과 대립하거나, 노동조합의 단체교섭을 제약할 가능성도 있어 문제가 된다. 특히 복수노조 하에서는 노사협의회 근로자위원 간 이해관계가 일치되지 않을 수도 있다.

간사인데, 근참법은 간사를 근로자위원 중에서 1명, 사용자위원 중에서 1명 각 각 선출하도록 하고 있어(근참법 7조 3항) 실제 작성주체는 노사협의회 간사 중 1 명이 될 수도 있다. 회의록은 출석위원 전원이 서명하거나 날인하여야 하며(근참법 시행령 6조), 작성한 날부터 3년간 보존하여야 한다(근참법 19조 2항).

V. 노사협의회의 임무

1. 협의사항(20조)

제20조(협의 사항)

① 협의회가 협의하여야 할 사항은 다음 각 호와 같다.

1. 생산성 향상과 성과 배분
2. 근로자의 채용·배치 및 교육훈련
3. 근로자의 고충처리
4. 안전, 보건, 그 밖의 작업환경 개선과 근로자의 건강증진
5. 인사·노무관리의 제도 개선
6. 경영상 또는 기술상의 사정으로 인한 인력의 배치전환·재훈련·해고 등 고 용조정의 일반원칙
7. 작업과 휴게 시간의 운용
8. 임금의 지불방법·체계·구조 등의 제도 개선
9. 신기계·기술의 도입 또는 작업 공정의 개선
10. 작업 수칙의 제정 또는 개정
11. 종업원지주제(從業員持株制)와 그 밖에 근로자의 재산형성에 관한 지원
12. 직무 발명 등과 관련하여 해당 근로자에 대한 보상에 관한 사항
13. 근로자의 복지증진
14. 사업장 내 근로자 감시 설비의 설치
15. 여성근로자의 모성보호 및 일과 가정생활의 양립을 지원하기 위한 사항
16. 「남녀고용평등과 일·가정 양립 지원에 관한 법률」 제2조제2호에 따른 직 장 내 성희롱 및 고객 등에 의한 성희롱 예방에 관한 사항
17. 그 밖의 노사협조에 관한 사항

② 협의회는 제1항 각 호의 사항에 대하여 제15조의 정족수에 따라 의결할 수 있다.

가. 협의사항의 범위

(1) 협의사항의 확대와 입법취지

우리 근참법은 광범위한 협의사항을 규정하고 있으며, 그간 법 개정을 통하여 협의사항을 계속 확대해 왔다. 근참법에 광범위한 협의사항이 규정된 이유 중에 하나는 우리 노사협의회가 독일의 사업장평의회와 같은 공동결정의 수준까지 심화된 의사결정기구가 아닌 협의기구라는 점에서 협의사항의 확대에 사용자 측에서도 큰 반대가 없었기 때문이기도 하다. 근참법은 노사협의회 제도를 통한 경영참가 수준을 협의에 그치도록 하고 있지만, 그 협의대상은 근로조건에서부터 인사경영권까지 포괄적으로 규정하고 있어 낮은 수준이기는 하나, 그 협의대상 범위는 광범위하고, 협의사항에 대한 의결(임의적 의결사항)도 허용하고 있다.

(2) 협의사항의 내용

협의사항은 총 17개 항목으로 되어 있는데, 그 내용이 추상적(⑬호: 근로자의 복지증진)이거나 포괄적인 것(⑰호: 그 밖의 노사협조에 관한 사항)에서부터 개별 근로자와 관련된 특정사항(③호: 근로자의 고충처리)도 포함하고 있다. 그 밖에 근로조건이나 근로환경에 관한 사항(⑦호: 작업과 휴게시간의 운용, ⑧호: 임금의 지불방법·체계·구조 등의 제도 개선, ⑩호: 작업수칙의 제정 또는 개정, ⑭호: 사업장 내 근로자 감시 설비의 설치, ⑯호 성희롱 예방) 외에도 사용자의 인사·경영권과 관련된 사항(②호: 근로자의 채용·배치 및 교육훈련, ⑤호: 인사·노무관리제도 개선, ⑥호: 경영상 또는 기술상의 사정으로 인한 인력의 배치전환·재훈련·해고 등 고용조정의 일반원칙)을 포함하고 있다.

(3) 구체적 협의사항의 범위

협의사항의 범위와 관련하여 고용노동부 행정해석은 1) 택시회사의 부가가치세 경감액 사용과 관련된 사항,[255] 2) 직장 내 동아리 구성[256]은 협의사항에 해당한다고 하나, 1) 아파트 관리소 회계주임과 같은 특정 근로자의 채용,[257] 2) 노조전임자의 수[258] 등은 협의사항에 해당하지 않는다고 하고 있다. 한편 판례는, 근참법 20조 1항 14호에서 말하는 '근로자 감시 설비'라 함은 사업장 내에

---

255) 노사협력복지과-1428, 2004. 6. 30.(고용노동부b, 99면).
256) 노사 68010-271, 2001. 8. 1.(고용노동부b, 94면).
257) 노사협력복지과-770, 2004. 4. 20.(고용노동부b, 96면).
258) 노사협력복지과-1401, 2004. 6. 29.(고용노동부b, 97~98면).

설치되어 실질적으로 근로자를 감시하는 효과를 갖는 설비를 의미하고, 설치의
주된 목적이 근로자를 감시하기 위한 것이 아니더라도 여기에 해당할 수 있으
므로, 공장 부지 내 주요시설물과 출입구에 CCTV를 설치하는 것은 협의를 거
쳐야 하는 사항으로 판단하였다.[259)]

　협의사항의 범위에는 근참법이 명문으로 근로조건과 관련된 사항을 포함하
고 있고, 사용자의 인사·경영권과 관련된 사항도 포함하고 있다. 따라서 단체
교섭의 대상사항과 달리 노사협의회의 협의사항은 근로조건에 한정된 것이 아
니며, 근로자의 복지증진 및 노사협조에 관한 사항이라는 추상적·포괄적 사항
까지 근참법이 정하고 있는 이상 노사 간 협의를 통한 의결이나 협의회규정 등
으로 노사관계에서 발생하는 다양한 사항을 협의대상에 포함시킬 수 있으며, 사
업(장)에 영향을 미치는 다른 기업(모기업, 자기업, 파견업체, 하청업체)과 관련된 것
이라도 협의대상이 될 수 있다.

나. 협의사항에 대해 노사협의회 협의나 합의 없이 시행된 경우

(1) 노사협의회 합의나 의결이 필요한지 여부

　근참법이 정한 노사협의회 협의사항을 사용자가 노사협의회 협의나 합의
없이 시행한 경우 그 효력은 어떠한가? 일단 협의사항은 노사협의회 의결이나
합의를 반드시 거쳐야 하거나, 사용자가 보고를 해야 하는 사항이 아니다. 따라
서 노사합의나 노사협의회 의결 또는 사용자의 보고·설명이 없었다는 것은 협
의사항 시행의 효력에 아무런 문제가 되지 않는다.

(2) 협의 자체가 없거나 협의를 거부한 경우

　근참법이 정한 협의사항에 대해 노사협의회 회의에서 의제(안건)로 삼지 않
고서 협의사항을 시행하거나, 협의사항을 의제(안건)로 근로자위원 측에서 제안
했음에도 사용자위원 측에서 협의사항에 대해 협의 자체를 거부하는 경우가 문
제된다. 근참법은 이에 대해 사용자의 의무나 벌칙을 따로 규정하지 않고 있다.

　생각건대, 협의회 회의의 의제로 된 협의사항은 근로자위원에게 사전자료
제출요구권이 보장되고, 근참법이 명문으로 협의회가 협의해야 할 사항으로 규
정하고 있을 뿐만 아니라, 사용자에게도 협의회 운영에 신의성실의무를 부과하
고 있는 이상 협의 자체를 하지 않거나 거부하는 것에 대해서는 사법상 권리구

---

259) 대법원 2023. 6. 29. 선고 2018도1917 판결.

제도 허용할 수 있을 것이다.

(3) 협의의 정도

협의사항은 노사협의회 회의의 협의만으로 가능하며, 합의나 의결을 전제로 하지 않는다. 그러나 어느 정도, 어느 수준의 협의여야 하는가라는 문제는 노사 간의 신의성실의무를 바탕으로 ① 쌍방의 설득과 노력의 정도, ② 자료와 설명의 충실성, ③ 협의사항에 대한 의견수렴과 의견교환의 정도 등을 고려하는 것이 필요하다. 따라서 협의회에서 일방적인 통보나 설명, 의견수렴이나 의견교환 기회의 박탈, 자료제출의 거부 등은 협의 자체를 거부하거나 협의 자체가 없는 경우와 동일시할 수 있을 것이다.

2. 의결사항(21조)

제21조(의결 사항)

사용자는 다음 각 호의 어느 하나에 해당하는 사항에 대하여는 협의회의 의결을 거쳐야 한다.

1. 근로자의 교육훈련 및 능력개발 기본계획의 수립
2. 복지시설의 설치와 관리
3. 사내근로복지기금의 설치
4. 고충처리위원회에서 의결되지 아니한 사항
5. 각종 노사공동위원회의 설치

가. 노사협의회 의결제도의 의의와 문제점

근참법은 ① 근로자의 교육훈련 및 능력개발 기본계획의 수립, ② 복지시설의 설치와 관리, ③ 사내근로복지기금의 설치와 관리, ④ 고충처리위원회에서 의결되지 아니한 사항, ⑤ 각종 노사공동위원회의 설치를 의결사항으로 두고 있다. 위 다섯 가지 사항은 근참법이 정한 필수적 의결사항이다. 그 외에 협의사항에 대해서도 의결이 가능한데, 이는 임의적 의결사항이다.

필수적 의결사항과 임의적 의결사항은 모두 의결사항의 공지(근참법 23조)와 의결사항의 이행(근참법 24조), 의결된 사항의 해석이나 이행 방법 등에 다툼이 있을 경우 임의중재(근참법 25조 1항 2호), 의결된 사항의 불이행시 처벌(근참법 30조)에서는 동일하다. 그러나 임의적 의결사항(협의사항)에 대해 의결하지 못한 경우에는 근참법이 별다른 해결책을 두지 않고 있으나, 필수적 의결사항을 협의회가 의결하지 못할 경우에는 임의중재가 가능하도록 규정하고 있다(근참법 25조 1항 1호).

노사협의회 의결제도는 사용자의 경영권이 근로자의 참여권에 의해 일정 정도 제한되도록 하는 것임에도 불구하고, 근참법이 의결사항의 이행 외에는 효력과 관련된 규정이 없이 처벌규정만을 두고 있어 의결사항이 구체적으로 어떤 효력을 가지는지는 해석론에 맡겨두고 있다. 예컨대 근참법이 정한 필수적 의결사항을 협의회의 의결 없이 사용자가 일방적으로 시행하는 경우 그 효력의 문제, 또는 임의적 의결사항이든 필수적 의결사항이든 의결된 사항이 근로조건을 규율하는 근로계약, 취업규칙·단체협약에 어떤 영향을 미치는지와 관련하여 문제가 된다.[260]

나. 필수적 의결사항에 대해 협의회 의결을 거치지 않은 경우의 효력

근참법이 정한 필수적 의결사항에 대해 협의회의 의결 없이 사용자가 일방적으로 시행할 경우 그 효력은 어떻게 되는가? 근참법은 의결된 사항의 이행의무를 규정한 다음 그 불이행을 처벌할 뿐, 의결 자체를 거치지 않는 경우에는 처벌규정이나 효력규정을 두고 있지 않다.

이러한 근참법의 태도와 입법취지를 고려해 고용노동부 행정해석[261]과 일부 견해[262]는 사용자의 필수적 의결사항에 대한 일방적 조치도 유효하다고 보고 있다. 다른 견해[263]는 근참법의 취지는 사용자 일방적으로 의사결정을 하지 말고, 근로자위원의 동의를 받도록 하는 것이므로, 필수적 의결사항에 대해 의결에 실패하고, 중재에 관한 합의도 실패한 경우 해당 사항에 관한 사용자의 원래의 구상이나 계획은 포기할 수밖에 없다고 한다.

생각건대, 필수적 의결사항에 대한 사용자의 일방적 시행을 사법상 무효라 보기는 어렵다고 하더라도 근로자 경영참가의 권한을 보장하고 있는 근참법의 입법목적이나 의결사항을 둔 취지를 훼손하는 것이어서 이에 대한 시정조치를 근참법에 의해 보장할 수 있다고 할 것이다. 따라서 사용자가 필수적 의결사항에 대해 일방적인 시행을 하기 전이라면 근로자위원 측에서 협의회 소집청구를 하여 협의회에서 필수적 의결사항을 안건으로 하여 2/3 이상 찬성으로 의결이

---

260) 노사협의회 의결사항이 근로조건에 영향을 미치는지 여부에 대해서는 이승욱a, 247면 이하, 박제성b, 12면 이하를 참조할 것.
261) 노사 68107-401, 1998. 12. 26.(고용노동부c, 94면).
262) 이승욱a, 268면.
263) 임종률, 697면.

되지 않을 경우, 근참법이 정한 임의중재를 거칠 수 있다. 그리고 사용자가 협의회 의결 없이 필수적 의결사항을 일방적으로 시행한 후라도 협의회는 회의를 소집해 사용자가 일방적으로 시행한 조치에 대해 의결을 통하여 변경이나 추인·취소를 하는 것도 가능하다.

다. 필수적 의결사항의 구체적 내용

(1) 근로자의 교육훈련 및 능력개발 기본계획의 수립(1호)

근참법은 임의적 의결사항(협의사항)으로 '근로자의 채용·배치 및 교육훈련'을 두고 있으며, '교육훈련 및 능력개발 기본계획의 수립'은 필수적 의결사항으로 두고 있다. '기본계획의 수립'이 필수적 의결사항이므로 근로자에 대해 교육훈련을 할 때마다 의결이 필요한 것은 아니다.[264] 고용노동부 행정해석에 따르면, '근로자의 교육훈련 및 능력개발 기본계획'의 범위는 사용자가 행하는 직업훈련, 교양교육, 기타 근로자의 능력개발을 위한 일체의 교육훈련으로 연간 교육훈련시간, 주요 교육훈련내용, 매년 시행되는 연수계획 등은 포함하나, 구체적인 실시계획은 제외하고 있다.[265]

(2) 복지시설의 설치와 관리(2호)

'복지시설'이라 함은 근로자복지[266]와 관련된 시설로 구내자판기, 구내식당, 기숙사, 사택, 유치원 등 보육시설을 포함한다.[267] '설치'뿐 아니라 '관리'도 포함되므로 복지시설의 운영뿐만 아니라 예컨대 구내식당 운영권의 외부업체 이전, 사택 내 유치원의 폐쇄에 관한 사항도 포함한다.[268] 복지시설의 설치와 관리를 위한 별도의 운영규정을 두거나 별도의 위원회를 두는 것도 협의회 의결 대상에 포함된다고 할 것이다.

(3) 사내근로복지기금의 설치(3호)

2010년 전부 개정된 근로복지기본법[269]은 사업 이익의 일부를 재원으로 한

---

264) 노사 68010-222, 2001. 6. 23.(고용노동부b, 89면).
265) 노사 68107-41, 1998. 2. 14.(고용노동부c, 106면).
266) 근로복지기본법 3조(근로복지정책의 기본원칙) 1항에서는 '근로복지'를 임금·근로시간 등 기본적인 근로조건을 제외한 개념으로 보고 있다.
267) 폐지된 구 사내근로복지기금법 시행규칙 6조의 2(근로자 복지시설의 범위) 1항에 따르면, '1. 근로자를 위한 기숙사, 2. 사내구판장, 3. 보육시설, 4. 근로자를 위한 휴양 콘도미니엄, 5. 근로자의 여가·체육 및 문화활동을 위한 복지회관'을 근로자 복지시설로 보고 있다.
268) 노사 68107-374, 1998. 12. 9.(고용노동부c, 93면).
269) 사내근로복지기금법은 사업주로 하여금 사업의 이익의 일부를 재원으로 사내근로복지기금

사내근로복지기금을 사업주가 설치하여 운영하도록 하고 있다. 사내근로복지기금은 재단의 성격을 지니고 있으며, 기금의 의사결정기관으로 사내근로복지기금협의회를, 집행기관으로 이사를, 감독기관으로 감사를 두고 있다. 근참법상의 노사협의회 위원이 사내근로복지기금협의회 위원이 될 수 있고(근복법 55조 4항), 근로복지기본법상 사내근로복지기금협의회의 구성방식 및 회의방식은 근참법상 노사협의회와 동일하다.270) 사내근로복지기금의 설치에 노사협의회 의결을 거치지 않았다고 하여도 기금 설치가 무효가 되는 것은 아니며, 노사협의회와 별도의 근로복지기본법상 사내근로복지기금협의회를 설치하는 것도 무방하다.

(4) 고충처리위원회에서 의결되지 아니한 사항(4호)

근참법은 후술하는 고충처리위원(회)271)가 처리하지 못한 사항을 노사협의회에서 협의사항 또는 의결사항으로 처리할 수 있도록 하고 있다. 즉 고충처리위원이 처리하기 곤란한 사항은 노사협의회의 회의에 부쳐 협의 처리할 수 있고(근참법 28조 2항), 고충처리위원(회)가 의결하지 못한 사항에 대해서는 노사협의회의 의결사항으로 두고 있다. 이는 고충처리위원(회)의 의결사항과 노사협의회 의결사항을 연결시키려는 입법태도로 이해되고, 고충처리위원(회)가 의결기구나 협의기구가 아닌 근로자 고충의 청취 및 이에 따른 조치와 통보를 하는 고충처리기구인 점에 비추어 고충처리위원이 처리하기 곤란한 사항도 고충처리위원이 개별적으로 노사협의회의 회의에 부쳐 협의 처리할 수 있다.

(5) 각종 노사공동위원회의 설치(5호)

노사협의회는 각종 노사공동위원회를 의결하여 설치할 수 있다. 다만 법에 의하여 그 설치가 강제되어 있는 경우, 예컨대 산업안전보건법령상의 산업안전보건위원회나 노사협의체, 근로복지기본법에 의한 사내근로복지기금협의회, 근참법상의 고충처리위원회 등은 노사협의회의 의결대상이 되는 노사공동위원회는 아니다. 노사공동위원회로서 징계위원회,272) 복지시설 관리위원회, 교육훈련

을 설치·운영하게 함으로써 근로자의 생활안정과 복지증진에 이바지하게 함을 목적으로 1991년 제정되었다가 2010년 근로복지기본법에 통합되며 폐지되었다.

270) 근로복지기본법 55조(복지기금협의회의 구성) 및 56조(복지기금협의회의 기능).

271) 근참법 27조(고충처리위원의 구성 및 임기) 1항은 '고충처리위원'은 '노사를 대표하는 3명 이내의 위원으로 구성하되'라고 하여 고충처리위원과 고충처리위원회를 구분하지 않고 있으나, 근참법 21조(의결사항) 4호는 '고충처리위원회'라고 하여 고충처리위원과 구분되는 별도의 위원회를 상정하고 있다. 근참법 27조 1항의 '고충처리위원'은 '고충처리위원회'로 입법에 의해 정정되는 것이 맞을 것이다. 같은 취지의 임종률, 699면 주 3) 참조.

운영위원회 등의 설치뿐만 아니라 노사협의회에서 위원회의 운영규정 등도 제정할 수 있고, 노사공동위원회의 폐지나 변경 또한 노사협의회 의결사항에 포함된다. 노사협의회 의결로 설치되는 노사공동위원회는 근참법상 협의사항 일부를 위임받아 협의할 수 있고, 의결도 할 수 있으므로 노사협의회와 같이 노사대표원칙, 노사동수 원칙, 사업(장) 소속 원칙이 구현되어야 한다.

3. 보고 · 설명사항(22조)

제22조(보고 사항 등)

① 사용자는 정기회의에 다음 각 호의 어느 하나에 해당하는 사항에 관하여 성실하게 보고하거나 설명하여야 한다.

1. 경영계획 전반 및 실적에 관한 사항
2. 분기별 생산계획과 실적에 관한 사항
3. 인력계획에 관한 사항
4. 기업의 경제적 · 재정적 상황

② 근로자위원은 근로자의 요구사항을 보고하거나 설명할 수 있다.

③ 근로자위원은 사용자가 제1항에 따른 보고와 설명을 이행하지 아니하는 경우에는 제1항 각 호에 관한 자료를 제출하도록 요구할 수 있으며 사용자는 그 요구에 성실히 따라야 한다.

가. 사용자의 보고 · 설명의무

사용자는 정기회의에서 근참법이 정한 사항에 관하여 성실하게 보고 · 설명해야 한다. 사업(장) 대표자가 당연직 사용자위원이므로 원칙적으로 보고 · 설명의무의 주체는 사업(장) 대표자여야 할 것이다. 정기회의에서만 요구되는 사용자의 보고 · 설명의무이므로 임시회의에서는 근참법이 정한 사항에 대해 사용자가 보고 · 설명할 의무가 있다고 보기 어렵다. 보고 · 설명의 상대방은 협의회 위원들이다. 회의 공개의 원칙상 사용자 보고 · 설명 시에 협의회 설치단위 내 근로

---

272) 일부 견해는 노동조합이 있을 경우에는 징계 · 해고 · 인사 등 근로조건과 관계있는 노사공동기구의 설치는 단체교섭대상 사항으로 되어야 하고, 다만 노동조합이 조직되지 않은 사업(장)에서는 근로조건과 관련된 노사공동위원회 설치도 의결할 수 있다고 해석하고 있으나(김형배, 1597면), 노동조합의 존재 여부에 따라 구분할 것은 아니고, 노사협의회가 의결하여 설치하는 징계위원회 등이 실제 노동조합의 활동을 침해하는지 여부에 따라 구분해야 할 것이다. 예컨대 기존의 노동조합 단체협약에 따른 징계위원회와 별도로, 선출된 근로자위원으로 구성된 노사협의회 의결로 징계위원회를 새로 구성하는 경우라면 허용하기 어렵다.

자들의 방청은 허용된다.

'보고와 설명'을 구분하기는 어려우나 사용자의 보고사항에 대해 근로자 위원이 질문 등을 하여 사용자가 질문 등에 대해 대답하는 것을 설명으로 보아야 할 것이다. 따라서 사용자가 보고 후 일체의 질문을 거부하거나 답변을 거부하는 것은 설명의무의 위반이 될 수 있다.

보고사항은 ① 경영계획 전반 및 실적에 관한 사항, ② 분기별 생산계획과 실적에 관한 사항, ③ 인력계획에 관한 사항, ④ 기업의 경제적·재정적 상황이다. 각 항목의 구체적 내용은 근참법 시행규칙이 규정하고 있다.273) 근참법 시행규칙은 위 법 각 호의 내용 외에도 사용자가 협의회에서 보고하도록 협의회에서 의결한 사항 및 근로자가 정당하게 보고를 요구한 사항274)도 추가하여 포함시키고 있다. 또한 근참법 시행규칙은 근로자위원이 아닌 '근로자 개인'에게도 노사협의회 정기회의에서 사용자에게 보고를 요구할 수 있도록 하고 있다.

나. 근로자위원의 보고·설명 권한

근로자위원은 근로자들의 의견을 수렴하여 근로자들을 대표해 근로자의 요구사항을 보고하거나 설명할 수 있다(근참법 22조 2항). 사용자와 달리 이는 근로자위원의 권한에 해당하며, 정기회의 외에 임시회의에서도 가능하다. 근로자위원은 위의 근로자 요구사항을 보고하거나 설명하기 위해 임시회의의 소집을 요구할 수도 있다.

다. 근로자위원의 사후 자료제출요구권 및 사용자의 자료제공의무

(1) 근로자위원의 사후 자료제출요구권

근참법 22조 3항에 의한 근로자위원의 자료제출요구권은 사용자가 근참법이 정한 보고·설명사항에 대한 보고·설명을 이행하지 않는 경우에 허용된다. 앞서 본 바와 같이 협의회 회의에서 통보된 의제 중 협의·의결사항은 근로자위원이 사용자에게 사전에 자료제출요구를 할 수 있는데 반하여, 보고·설명사항은 사용자가 보고·설명을 이행하지 않는 경우에 사후적으로 자료제출을 요구할 수 있는 권한이다. 보고·설명사항에 대한 보고·설명의무는 사실상 포괄

---

273) 근참법 시행규칙(2008. 6. 17. 고용노동부령 300호로 전부개정된 것) 5조.
274) 고용노동부 행정해석도 근로자 개인이 정당하게 보고를 요구한 경우도 사용자가 응해야 하나, 정당성 여부에 대한 판단은 노사공동 이익증진이라는 노사협의회 목적을 저해하지 않도록 노사 자율의사에 따라 구체적으로 판단해야 한다고 하고 있다(노사 68130-359, 1995. 12. 6.)(고용노동부c, 98~99면).

적이고 광범위하여 어느 경우에 보고·설명을 이행하지 않았다고 보아 근로자위원의 자료제출요구권이 발생하는지는 사례의 축적이 필요할 것이다.

(2) 사용자의 자료제공의무

보고·설명사항에 대한 보고·설명을 이행하지 않은 사용자는 근로자위원의 자료제출요구에 성실히 따라야 한다(근참법 22조 3항). 근참법 14조의 근로자위원의 협의·의결사항에 대한 사전 자료제출요구가 협의회 회의를 준비하기 위한 것이라면, 근참법 22조 3항의 사후 자료제출요구는 협의회 회의에서 미이행된 사용자의 의무를 사후적으로 보완하도록 하기 위한 것이다. 즉 회의에서 사용자가 보고·설명의무를 이행하지 않을 경우 다시 회의를 소집하는 것보다 근로자위원에게 자료제출요구권 및 사용자에게 자료제출의무를 규정해 사후적으로라도 보고·설명사항에 대한 의무를 자료제출로라도 대체하려는 것이고, 사용자가 사후 자료제출의무까지 이행하지 않는 경우에는 벌칙(근참법 31조)을 적용하고 있다.

4. 의결사항의 공지와 이행(23조 및 24조)

제23조(의결사항의 공지)

　협의회는 의결된 사항을 신속히 근로자에게 널리 알려야 한다.

제24조(의결사항의 이행)

　근로자와 사용자는 협의회에서 의결된 사항을 성실하게 이행하여야 한다.

가. 의결사항의 공지

협의회는 의결된 사항을 신속히 근로자에게 널리 알려야 한다. 의결사항을 근로자에게 공지하는 취지는 근로자가 협의회에서 의결된 사항을 성실히 이행해야 하고, 이를 위반하여 정당한 사유 없이 이행하지 않으면 형사처벌까지 강제되므로 의결된 사항의 공지는 필수적이다. 따라서 의결된 사항이 공지되지 않은 경우라면 근로자에게 이를 따라야 할 의무가 발생한다거나 벌칙의 적용대상이라 보기 어렵다. 그러나 사용자의 경우에는 사업(장) 대표자가 협의회의 당연직 위원이므로 의결된 사항을 알지 못했다는 사유로 의결된 사항의 이행의무를 거부할 수는 없다.

공지의 주체는 사용자가 아닌 '노사협의회'275)이다. 의결사항의 공지는 노

---

275) 일부 견해에 따르면, 다른 규정과의 균형 및 실효성 확보를 고려할 때에 공지의 주체를 사

사협의회의 의무이므로, 결국 노사협의회 의장이 그 명의로 이행하여야 할 것이다. '의결된 사항'이란 필수적 의결사항 외에 임의적 의결사항(협의사항)이라도 협의회에서 의결된 경우에는 포함된다. 협의회규정의 제정·변경도 의결사항이므로 그 제정·변경된 사항도 근로자에게 공지가 필요하다. '공지의 방법'은 사내방송, 사보 게재, 게시, 그 밖의 적절한 방법으로 전체 근로자에게 신속하게 알려야 한다(근참법 시행규칙 6조).

나. 의결사항의 이행

근로자와 사용자는 협의회에서 의결된 사항을 성실하게 이행하여야 한다(근참법 24조). 의결사항을 이행해야 하는 주체는 근로자위원이나 사용자위원이 아닌 근로자와 사용자이다. 협의회에서 의결된 사항을 정당한 사유 없이 이행하지 아니한 자는 1,000만 원 이하의 벌금에 처한다(근참법 30조 2호).

입법론으로 의결에 참여하지 않은 근로자가 의결된 사항을 이행하지 않았다고 벌칙을 적용할 수 있을지 의문을 제기하며, 의무의 주체를 근로자가 아닌 근로자위원으로 변경하는 것이 바람직하다는 견해가 있다.[276] 과거, 구 노사협의법에서는 의무의 주체는 근로자와 사용자로 하고서 처벌의 대상은 협의회 쌍방대표로 하여 의무위반은 근로자가 하고, 그 처벌은 근로자위원이 받는 것이 되어 비판이 있었으나,[277] 현행 근참법은 이행의무의 주체와 처벌대상자를 일치시키고 있다. 그러나 현행 근참법이 노사협의회 의결사항을 정당한 사유 없이 이행하지 않았다는 이유로 근로자에게 벌칙을 적용하는 것은 노사협의회의 대표성 문제나 불리한 의결의 구조적 가능성 등을 고려할 때 삭제하는 것이 바람직하다.

근로자의 근로조건과 관련된 노사협의회 의결이 있을 경우 근로계약, 취업규칙, 단체협약과의 관계에서 노사협의회 의결사항을 어떠한 위치에 두어야 하는지 문제된다. 의결된 사항의 이행의무와 이행의무 불이행에 따른 벌칙 적용이 있다고 하더라도 이를 사법상 의무로 강제할 수 있는지는 또 다른 문제이다. 생각건대,

① 노사협의회 의결이 취업규칙의 유리한 변경을 가져오는 것이라면 사용자가 일방적으로 변경할 수 있으므로, 그 이행의무를 수행할 수 있으나, 취업규

용자로 개정하는 것이 바람직하다고 한다(임종률, 699면 주 1).

276) 임종률, 699면.
277) 김형배, 1596면.

칙의 불이익한 변경이 되는 경우라면 노사협의회 의결로 근로자 과반수 동의를 대신할 수는 없다고 해석된다.

② 노사협의회 의결이 단체협약의 내용을 변경하는 것이라면 그 의결 자체가 단체협약으로서 형식적·실질적 요건을 갖추어 단체협약 당사자 간 쌍방 합의의 효력으로 인정되는 것이 아닌 한 단체협약 우위의 원칙상 협의회 의결 자체가 단체협약의 내용을 변경하는 것은 아니라 할 것이다.

③ 노사협의회 의결을 통해 개별 근로자의 근로계약 자체를 변경하는 효력을 부여할 수는 없으나, 의결 이후 사용자의 조치에 따른 노사관행이나 묵시적 합의를 통한 근로조건의 변경은 허용될 수도 있을 것이다.

노사협의회에서 의결한 사항을 이행하지 않게 된 경위가 그 의결사항이 단체협약이나 근로계약 등의 근로조건을 변경하는 것이어서 별도의 권리주체와 동의나 합의를 하는 것이 필요한 경우에는 그 노사협의회 의결의 효력만으로 근로자와 사용자에게 이행의무가 부과되는 것은 아니다. 예컨대 노사협의회 의결사항이 퇴직금 지급율의 유리한 변경이라면 취업규칙 제정·변경권한이 있는 사용자는 이를 근로자의 동의 없이 단독으로 시행할 수 있으므로 의결사항에 따라 이행할 의무가 있으나, 퇴직금 지급률의 불리한 변경이라면 노사협의회 의결사항이더라도 별도로 근로자 과반수의 동의를 얻어야 하므로 노사협의회 의결사항을 이행할 때 고려대상이 되어야 한다.

5. 노사협의 의결사항 분쟁에 대한 임의중재(25조)

제25조(임의 중재)

① 협의회는 다음 각 호의 어느 하나에 해당하는 경우에는 근로자위원과 사용자위원의 합의로 협의회에 중재기구(仲裁機構)를 두어 해결하거나 노동위원회나 그 밖의 제삼자에 의한 중재를 받을 수 있다.

1. 제21조에 따른 의결 사항에 관하여 협의회가 의결하지 못한 경우
2. 협의회에서 의결된 사항의 해석이나 이행 방법 등에 관하여 의견이 일치하지 아니하는 경우

② 제1항에 따른 중재 결정이 있으면 협의회의 의결을 거친 것으로 보며 근로자와 사용자는 그 결정에 따라야 한다.

가. 근참법상 임의중재제도

'중재'라 함은 당사자 간의 합의로 사법상의 분쟁을 법원의 재판에 의하지 아니하고 중재인의 판정에 의하여 해결하는 절차를 말한다.[278] '중재'는 조정과 달리 당사자의 중재안에 대한 거부 여부와 상관없이 중재기구의 판정에 따른 법률효과를 부여받는다. '임의중재'는 법에 의한 강제가 아닌 당사자의 합의를 통해 중재를 받기로 하는 것인데, 근참법은 임의중재만을 노사협의회 의결과 관련한 분쟁해결방법으로 두고 있다. 근참법이 정한 임의중재가 법원을 통한 분쟁해결을 막는 것은 아니라 할 것이나, 근참법의 입법목적이 노사 쌍방의 근로관계에서 개별적인 권리의무관계를 규율하려는 것은 아니어서 법원의 권리구제방법과는 친하지 않다는 점을 고려한 분쟁해결방법으로 보인다.

노사협의회의 의결사항이나 의결된 사항의 분쟁과 관련해 근참법은 임의중재제도를 채택하고 있으며, 중재인과 관련해서는 ① 노사협의회 내에 중재기구를 두는 방법, ② 노동위원회의 중재를 받는 방법,[279] ③ 제3자의 중재를 받는 방법을 근로자위원과 사용자위원의 합의로 선택할 수 있는데, 협의회규정을 통해서도 중재기구의 구성방법이나 중재절차를 규정할 수 있다. 노동위원회에 중재를 신청하는 방법에 대해서는 법령에 아무런 규정이 없어 노조법 관련법령[280]의 일부를 참조하면, 노사협의회 쌍방대표가 함께 중재를 신청하여야 하고, 신청 시에는 분쟁이 된 의결사항이나 의결된 사항의 내용과 분쟁의 경위를 밝혀야 할 것이다.

나. 임의중재의 요건 및 효과

임의중재의 요건은 먼저 그 분쟁이 ① 근참법이 정한 의결사항(필수적 의결사항)에 관해 협의회가 의결하지 못한 경우와 ② 의결된 사항의 해석이나 이행방법 등에 관해 의견이 일치하지 아니하는 경우로 한정된다. 따라서 협의회 운영상의 문제나 의결된 사항이 아닌 협의회 협의·보고사항과 관련된 문제 등은 임의중재의 대상에 포함되지 않는다. 다만, 노사 쌍방이 합의하에 중재로 처리하기로 한 경우라면 근참법이 정한 사항 외에도 중재가 허용될 것이다.

---

278) 중재법 3조 1호에 있는 '중재'의 개념이다.
279) 노동위원회에서는 심판담당 공익위원 3인으로 구성된 심판위원회가 담당하며, 심판위원 전원 출석 및 출석위원 과반수 찬성으로 의결한다(고용노동부a, 100면).
280) 노조법 62조 내지 70조는 중재의 개시 및 중재위원회의 구성방법 등을 규정하고 있고, 위 법 시행규칙 15조는 중재신청의 방법을 규정하고 있다.

임의중재가 가능하기 위해서는 근로자위원과 사용자위원이 합의해야 한다. 여기서 말하는 '합의'는 의결이 아니므로 근로자위원 전체와 사용자위원 전체의 집단적 합의여야 하는지 문제된다. 일부 견해는 여기서 말하는 합의는 근로자위원 과반수와 사용자의 합의라고 하고 있으나,281) 그와 같은 견해는 근참법이 명문으로 규정하고 있는 근로자위원과 사용자위원의 합의라는 문구에 위배된다. 따라서 노사협의회 내 근로자위원과 사용자위원 전체의 집단적 합의를 말하며, 근로자대표와 사용자대표의 합의만으로는 중재에 회부될 수 없고, 위원들의 협의회 회의 출석 여부도 불문한다.

근참법 25조 1항에 따른 중재결정은 협의회 의결을 거친 것으로 보며, 근로자와 사용자는 그 결정에 따라야 한다(근참법 25조 2항). 의결된 사항에 대한 근로자와 사용자의 의무불이행과 마찬가지로 중재결정을 따라야 하는 근로자와 사용자의 의무불이행에 대해서는 벌칙이 적용된다(근참법 30조 3호). 제3자에 의한 중재, 노동위원회에 의한 중재, 협의회 내 중재기구에 의한 중재 모두 그 효력에서는 차이가 없다. 중재결정이 근로조건에 영향을 미치거나 단체협약, 취업규칙, 근로계약을 변경하는 경우라면 앞서 본 의결사항에 따른 이행의무와 마찬가지의 문제가 발생한다.

VI. 고충처리

1. 의   의

근참법은 노사협의회와는 별도로 근로자들의 고충처리를 담당하는 고충처리위원제도를 강제하고 있다. 근로자들의 '고충(grievance)'이란 근로조건이나 근로환경에 대한 불만이나 애로를 의미한다. 근참법은 개별적 불만의 집단적 표출이나 조직 내 불화가 발생하기 전에 사업(장) 내에서 노사가 자율적으로 협의처리하기 위한 목적으로 고충처리위원제도를 두고 있다. 근참법이 설정하고 있는 고충처리위원제도의 특색은 ① 고충처리위원 선임의 강제, ② 외부의 제3자가 아닌 사업(장) 소속성 강제,282) ③ 노사협의회 위원 및 협의·의결사항과 연계

---

281) 임종률, 697면.
282) 일부 견해에 따르면, 고충처리위원은 사업(장) 소속이 아닌 공인된 노사관계 전문자격증을 가진 자(예: 공인노무사)를 자격요건으로 하여 근로자위원 측에서 위촉토록 하는 것이 바람직하다고 한다(이병태, 520면).

등을 들 수 있다.

2. 고충처리위원의 구성과 선임(26조, 27조)

제26조(고충처리위원)

　　모든 사업 또는 사업장에는 근로자의 고충을 청취하고 이를 처리하기 위하여 고충처리위원을 두어야 한다. 다만, 상시 30명 미만의 근로자를 사용하는 사업이나 사업장은 그러하지 아니하다.

제27조(고충처리위원의 구성 및 임기)

　　① 고충처리위원은 노사를 대표하는 3명 이내의 위원으로 구성하되, 협의회가 설치되어 있는 사업이나 사업장의 경우에는 협의회가 그 위원 중에서 선임하고, 협의회가 설치되어 있지 아니한 사업이나 사업장의 경우에는 사용자가 위촉한다.

　　② 위원의 임기에 관하여는 협의회 위원의 임기에 관한 제8조를 준용한다.

가. 고충처리위원의 설치단위

　　고충처리위원을 두어야 하는 사업(장)은 상시 30명 이상의 근로자를 사용하는 모든 사업(장)이다(근참법 26조). 노사협의회가 '근로조건에 대한 결정권'이 있는 상시 30명 이상의 근로자를 사용하는 사업(장)으로 제한됨에 반하여 고충처리위원제도는 근로조건에 대한 결정권 여부와 관계없이 설치하여야 한다.[283]

　　고충처리위원은 '사업'뿐만 아니라 '사업장'에도 설치할 수 있다. 노사협의회가 구성되어 있는 경우에는 근참법 27조 1항에 따라 노사협의회 위원이 고충처리위원이 되어야 하므로 고충처리위원을 두어야 하는 설치단위는 노사협의회가 있다면 기존의 노사협의회 설치단위와 일치시키는 것이 타당하다.

　　근참법 26조에 따른 고충처리위원을 두지 않은 경우 사용자에게는 200만원 이하의 벌금에 처해지는 벌칙이 적용된다(근참법 32조). 노사협의회가 설치되지 않은 사업(장)에서는 사용자가 고충처리위원에 대한 위촉권한을 가지므로 고충처리위원을 두지 않은 경우 사용자에게 벌칙을 적용하는 데 별 무리가 없으나, 노사협의회가 설치된 사업(장)의 경우에는 협의회가 그 위원 중에서 선임하므로

---

283) 고용노동부 행정해석도 같은 취지로 근로조건에 대한 결정권 유무와 상관없이 30인 이상의 모든 사업(장)이 고충처리위원을 두어야 한다고 하고 있다(노사 68107-92, 1999. 3. 18.)(고용노동부c, 127면).

사용자에게 형벌을 부과하기 위해서는 협의회가 고충처리위원을 선임하지 못한 사유에 대한 검토가 필요하다.

나. 고충처리위원의 선임과 구성

고충처리위원은 노사협의회가 설치되어 있는 경우에는 노사협의회가 그 위원 중에서 선임하고, 설치되지 않은 경우에는 사용자가 위촉한다(근참법 27조 1항). 노사협의회가 그 위원들 중에서 선임할 경우 그 선임의 방법에 대해서는 따로 법령에 규정하고 있지 않으나, ① 협의회 위원들의 의결의 방식, ② 근로자위원들 및 사용자위원들 간의 합의의 방식, ③ 위원들의 투표나 추천에 의한 방식도 가능할 것이다. 사용자가 위촉하는 경우 위촉절차에 별다른 제한은 없으나, 위촉되는 고충처리위원은 노사를 대표해야 한다(근참법 27조 1항).

고충처리위원은 설치단위 사업(장) 소속이라는 제한을 두어야 하는가? 고충처리의 객관성·전문성을 위해 사업(장) 외의 전문가를 위촉하는 것이 바람직하다는 견해도 있으나,[284] 현행 근참법이 노사협의회 설치단위와 고충처리위원 설치단위를 사실상 일치시키고 있는 점,[285] 사업(장) 내 고충처리는 사업(장) 내에서 자율적으로 처리하는 것이 근로자와 사용자 간 비밀의 보장이나 문제의 해결에 효율적이라는 점에 비추어 고충처리위원도 사업(장) 소속이어야 한다.

우리 근참법은 5장 고충처리의 장에서는 '고충처리위원회'를 두고 있지 않으나, ① '고충처리위원'은 노사를 대표하는 3명 이내의 위원으로 구성하고(근참법 27조 1항), ② 고충처리위원회에서 의결되지 아니한 사항은 노사협의회 의결사항으로 하고 있는 점(근참법 21조 4항)에 비추어 볼 때 근참법 27조 1항 첫 머리의 '고충처리위원'은 '고충처리위원회'로도 해석할 수 있고,[286] 고충처리위원회 내에서 의결을 하는 것도 허용된다고 할 것이다.[287]

고충처리위원은 노사를 대표하는 3명 이내의 위원으로 구성한다(근참법 26조 1항). 따라서 고충처리위원의 수는 1명 내지 3명이어야 한다. 근로자의 숫자 등

---

284) 이병태, 521면.
285) 근참법 27조 1항이 노사협의회가 설치되어 있는 경우와 그렇지 않은 경우를 구별하여 규정하고 있으나, 1997년 근참법 제정 이후 30명 이상의 모든 사업(장)에 노사협의회 설치를 강제하고 있으므로 사실상 고충처리위원 설치단위와 노사협의회 설치단위가 일치하게 되었다는 관점에서 근참법 27조 1항의 구분은 불필요하다는 견해로는 임종률, 699면.
286) 다만, 고충처리위원이 1명인 경우라면 고충처리위원회를 구성하는 것은 아니라 할 것이다.
287) 고충처리위원회의 결정을 사법심사 대상으로 본 일본의 판례로는 最高裁 1977. 12. 23. 判決(労働判例 287호)(이승욱a, 271면에서 재인용).

을 고려해 노사협의회 규정 등으로 고충처리위원을 근참법이 정한 것보다 늘리는 것은 무방할 것이다.[288] 고충처리위원을 1명만 두는 것도 근참법이 허용하고 있다고 보이나, 고충처리위원은 노사를 대표해야 하므로 1명의 고충처리위원만을 둘 경우에는 그 중립성이나 독립성을 보장받을 만한 자이어야 한다.[289]

다. 고충처리위원의 임기와 신분

고충처리위원의 임기는 노사협의회 위원의 임기에 관한 8조를 준용한다(근참법 27조 2항). 따라서 고충처리위원의 임기도 3년이며, 연임이 가능하고, 보궐위원의 경우에는 전임자 임기의 남은 기간을 임기로 하고, 후임자 선출 시까지 계속 그 직무를 담당한다.

사용자가 위촉한 고충처리위원의 경우에는 위와 같은 임기규정이 적용된다고 할 것이나, 협의회 위원 중에서 선임된 고충처리위원의 경우에는 협의회 위원의 자격 유지 여부가 고충처리위원의 자격 유지 여부에 영향을 미친다. 즉 협의회 위원 자격이 상실되는 경우에는 고충처리위원의 자격도 상실한다. 예컨대해고, 퇴직, 기간만료 등으로 인한 근로관계의 종료, 설치단위가 다른 사업장으로 이동, 승진 등으로 인한 근로자자격의 상실이 있을 경우에는 노사협의회 위원 자격이 상실되므로 고충처리위원 자격도 동시에 상실된다.

고충처리위원은 협의회 위원과 같은 신분을 보장받는다. 다만, 협의회 위원은 법에 의해 보장(근참법 18조)을 받고 있으나, 고충처리위원은 시행령(근참법 시행령 8조)에 의해 그 신분을 보장받고 있으며, 그 내용은 ① 비상임·무보수, ② 직무수행과 관련된 사용자의 불리한 처분 금지, ③ 고충처리업무에 사용한 시간의 근로시간 간주 등으로 협의회 위원의 신분 및 처우에 관한 규정과 대동소이하다.[290]

---

288) 노사협의회 규정의 필요적 기재사항으로 '고충처리위원의 수 및 고충처리에 관한 사항'을 두고 있다(근참법 시행령 5조 1항 7호).

289) 사용자가 고충처리위원을 위촉하는 경우 고충처리의 객관성과 실효성을 거두기 어려워 근로자대표의 추천이나 동의를 얻어 위촉하는 것이 바람직하다는 견해로는 이병태, 앞의 책, 521면.

290) 차이점이 있다면 법령의 문언상 협의회 위원에 대해서는 사용자가 '불이익한 처분'을 하여서는 아니되나(근참법 9조 2항), 고충처리위원에 대해서는 사용자가 '불리한 처분'을 하여서는 아니 된다(근참법 시행령 8조 2항). 그리고 협의회 위원은 '협의회 출석 시간', '이와 직접 관련된 시간으로 협의회규정으로 정한 시간'을 근로시간으로 간주하나(근참법 9조 3항), 고충처리위원은 '고충사항의 처리에 관하여 협의'하거나 '고충처리 업무에 사용한 시간'을 근로시간으로 간주한다(근참법 시행령 8조 3항).

3. 고충의 처리(28조)

제28조(고충의 처리)

① 고충처리위원은 근로자로부터 고충사항을 청취한 경우에는 10일 이내에 조치 사항과 그 밖의 처리결과를 해당 근로자에게 통보하여야 한다.

② 고충처리위원이 처리하기 곤란한 사항은 협의회의 회의에 부쳐 협의처리한다.

가. 고충의 내용

고충처리위원은 근로자로부터 고충사항을 청취한다. 여기서 근로자는 노동조합의 조합원인지 비조합원인지 여부를 불문하며,291) 고충처리위원 설치단위 내의 사업(장) 소속 근로자이면 족하다. 근로자의 고충사항은 명문으로 규정된 것이 없으나, 근로조건이나 근로환경에 대한 것으로 사용자와 사이의 기존 권리의무관계뿐만 아니라 새로운 권리의무관계를 설정하는 내용도 포함하며, 임금·근로시간 등 근로조건 외에도 인사이동과 관련된 사항, 사택이나 저리대출과 같은 근로복지와 관련된 내용도 포함된다. 근로자 개개인의 고충만이 아니라 근로자의 집단이 제기하는 고충도 포함한다.

나. 고충의 처리절차

근로자는 고충사항이 있는 경우 고충처리위원에게 구두 또는 서면으로 신고할 수 있다(근참법 시행령 7조). 고충처리위원은 고충사항의 접수 및 그 처리에 관한 대장을 작성하여 갖추어 두고 1년간 보존하여야 한다(근참법 시행령 9조). 신고를 접수한 고충처리위원은 지체 없이 처리하여야 하는데(근참법 시행령 7조), 10일 이내에 조치 사항과 그 밖의 처리결과를 해당 근로자에게 통보하여야 한다(근참법 28조 1항). 고충처리절차는 ① 근로자의 고충신고, ② 고충처리위원의 접수 및 고충청취, ③ 고충처리, ④ 근로자에게 처리결과 통보의 절차를 거친다.

고충처리위원이 처리하기 곤란한 사항은 협의회의 회의에 부쳐 협의처리한다(근참법 28조 2항). 노사협의회는 협의사항으로 '근로자의 고충처리'를 두고 있고(근참법 20조 1항 3호), 의결사항으로 '고충처리위원회에서 의결되지 아니한 사항'을 두고 있는데(근참법 21조 4호), '협의처리한다'의 의미를 두고 대립이 있다. '협의처

---

291) 고용노동부 행정해석도 조합원, 비조합원을 불문하고 있다(노사 68130-264, 1996. 8. 23.) (고용노동부c, 129면).

리한다'의 의미를 ① 먼저 협의 안건으로 상정하여 협의하되, 협의 단계에서 해결되지 않는 경우에는 의결을 거칠 사항으로 상정해 처리해야 하는 것으로 해석하는 견해가 있는 반면,[292] ② 협의회에 부의된 당해 고충사항은 의결사항이므로 반드시 협의회 의결을 거쳐 처리되어야 한다는 견해가 있다.[293]

다. 고충처리의 효과와 문제점

근참법상 고충처리제도는 고충처리위원을 두지 않는 경우에만 사용자 처벌규정을 두고 있을 뿐, 근로자의 고충사항이 고충처리절차를 거쳐 노사협의회에서 의결된 경우의 효력이라든지, 고충처리위원의 근참법상 임무위반이나 비밀유지의무에 대해서는 규정을 두고 있지 않다. 고충처리위원이 처리하기 곤란한 사항을 협의회에 회부하여 협의회가 의결하는 경우 의결의 효력이 개별 근로관계에 영향을 미칠 수 있는지에 대해서는 논란의 여지가 있다.[294]

Ⅶ. 보칙과 벌칙

1. 의   의

근참법은 근로자와 사용자 사이의 근로관계상의 권리·의무의 형성에 대해서는 침묵하고 있으나, 노사협의회 구성 및 운영에 필요한 노사 간의 의무와 그 불이행에 대한 벌칙은 다양하게 규정하고 있다. 이는, 노사협의회가 국가에 의해 강제되나 기존에 형성되어 있는 개별적 근로관계나 노동조합에 의해 주도되는 집단적 노동관계에 영향을 미치는 것을 자제하고자 함을 보여준다. 이하에서는 보칙 및 벌칙 규정을 살펴본다.

2. 보칙(권한의 위임)

제29조(권한의 위임)

이 법에 따른 고용노동부장관의 권한은 대통령령으로 정하는 바에 따라 그 일부를 지방고용노동관서의 장에게 위임할 수 있다.

---

292) 임종률, 700면.
293) 김형배, 1600면.
294) 일부 견해는 고충처리는 고충처리위원이 근로자에 대해 원만한 해결을 권고하고, 당사자가 수긍함으로써 종료하며, 고충처리위원에 의해 해결되지 않은 고충을 노사협의회에서 의결한다고 해서 해결될 수는 없으며, 고충처리는 노사협의회 의결이라는 방식에 의한 집단적 결정에 어울리지 않는다고 한다(이승욱a, 271면).

가. 고용노동부장관의 권한과 그 위임

고용노동부장관은 근참법상 시정명령의 권한, 협의회규정의 접수, 과태료의 부과징수권한을 가지고 있다. 근참법은 이를 지방고용노동관서의 장에게 일부만을 위임할 수 있도록 하고 있는데, 근참법 시행령은 고용노동부장관의 위 3가지 권한 모두를 지방고용노동관서의 장에게 위임하고 있어 근참법상 시정명령이나 협의회규정의 접수, 과태료의 부과징수는 모두 지방고용노동관서의 장에 의해 이루어지고 있고, 고용노동부장관의 근참법상 권한은 위임된 권한을 제외하고는 남아 있는 것이 없다. 근참법은 법이 정한 권한의 일부만을 지방고용노동관서의 장에게 위임하도록 하고 있으나, 위 시행령에 따르면, 근참법상 고용노동부장관의 권한은 남아 있는 것이 없게 되어 근참법 29조의 규정 취지에 반하므로 적어도 근참법상 시정명령의 권한은 고용노동부장관의 권한으로 남겨 두어야 할 것이다.

나. 지방고용노동관서의 장의 권한

지방고용노동관서의 장이란 각 지방고용노동청(지청)장을 말하며, 근참법 시행규칙은 지방고용노동관서의 장이 협의회규정 접수 시 관계법령에 협의회규정이 위반된다고 인정되는 경우 문서로써 해당 협의회에 그 변경이나 보완을 요청할 수 있도록 하고 있다(근참법 시행규칙 3조). 이는 법령의 위임 없이 시행규칙에서 임의로 규정한 것으로서 앞서 본 바와 같이 이는 일종의 행정지도로서의 효력만 갖고 있을 뿐, 협의회규정의 효력 자체에는 영향을 미치지 못한다.

3. 벌칙(30조, 31조, 32조)

제30조(벌칙)

다음 각 호의 어느 하나에 해당하는 자는 1천만 원 이하의 벌금에 처한다.

1. 제4조 제1항에 따른 협의회의 설치를 정당한 사유 없이 거부하거나 방해한 자
2. 제24조를 위반하여 협의회에서 의결된 사항을 정당한 사유 없이 이행하지 아니한 자
3. 제25조 제2항을 위반하여 중재 결정의 내용을 정당한 사유 없이 이행하지 아니한 자

제31조(벌칙)

사용자가 정당한 사유 없이 제11조에 따른 시정명령을 이행하지 아니하거나 제

22조 제3항에 따른 자료제출 의무를 이행하지 아니하면 500만 원 이하의 벌금
에 처한다.

제32조(벌칙)

　　사용자가 제12조 제1항을 위반하여 협의회를 정기적으로 개최하지 아니하거나
제26조에 따른 고충처리위원을 두지 아니한 경우에는 200만 원 이하의 벌금에
처한다.

가. 벌칙의 유형

　　근참법상 벌칙 규정은 ① 사용자와 근로자 모두 처벌의 대상인 경우(근참법
30조의 벌칙)와 사용자만 처벌의 대상인 경우(근참법 31조 및 32조의 벌칙)로 구분하거
나, ② 정당한 사유 여부를 기준으로 하여 '정당한 사유 없이'를 벌칙 규정에
요건으로 규정한 경우(근참법 30조 및 31조의 벌칙)와 그렇지 않은 경우(근참법 32조의
벌칙)로도 구분할 수 있다.

나. 근로자의 처벌

　　근참법 규정에 따르면, 근로자는 다음의 각 경우에 처벌대상이 될 수 있다.
① 협의회 설치를 정당한 사유 없이 거부하거나 방해한 경우, ② 협의회에서 의
결된 사항을 정당한 사유 없이 이행하지 아니한 경우, ③ 중재 결정의 내용을
정당한 사유 없이 이행하지 아니한 경우(근참법 30조 1호 내지 3호)다.

　　①과 관련해서는 과반수가 아닌 노동조합 조합원이 조직력의 약화를 이유
로 조직적으로 협의회 설치를 방해할 수도 있는 점에서 근로자도 처벌대상이
되는 것이 타당할 수 있으나, ②, ③과 관련해서는 협의회 의결이나 중재 결정
의 내용을 근로자와 사용자가 성실하게 이행하여야 하는데, 개별 근로자가 의결
이나 중재 결정을 위반하였다고 하여 형벌 규정까지 적용하는 것은 문제가 있
다. 즉 노사협의회의 의결은 근로자위원만이 아닌 사용자위원이 함께 하는 것이
어서 노사협의회 자체가 근로자만을 대표하는 조직이 아니고, 노사협의회 의결
로 개별 근로자의 근로조건을 변경하거나 의무를 부과하는 규범적 근거에 대해
아직 논란이 있는 이상 개별 근로자에게까지 형벌 규정을 적용하는 것은 바람
직하지 않다.295)

---

295) 폐지된 구 노사협의회법 31조는 "사용자가 정당한 이유없이 4조 1항의 규정에 의한 협의
　　회의 설치를 거부·방해하거나 협의회의 쌍방대표가 23조의 규정에 의한 협의회의 합의사항

다. 사용자의 처벌

근참법 32조의 형벌 규정에 따르면, 사용자가 3개월마다 정기적으로 노사협의회를 개최하지 않는 경우 200만 원의 이하의 벌금형으로 처벌하도록 하고 있다. 그런데 사용자가 노사협의회를 개최하는 권한이 있는 의장이 아닌 경우도 있어 노사협의회 미개최의 형사책임을 사용자에게 묻기에 적당하지 않은 상황도 발생한다.

이러한 점을 감안하여 대법원은 사용자를 '노사협의회의 정기적 개최의무 위반에 따른 처벌대상으로 규정한 것은 특별한 사정이 없는 한 원칙적으로 노사협의회의 대표이자 회의 소집의 주체인 의장이 회의를 개최하지 아니한 경우로서 그 의장이 법 제6조에서 정한 사용자를 대표하는 사용자위원인 경우를 의미한다'라고 하여296) 사용자가 노사협의회 의장인 경우로 한정해석하여 벌칙 적용 여부를 판단하고 있다. 위와 같은 판결의 취지는 노사협의회 개최권한을 가지지 않는 사용자에 대해서는 그 미개최의 형사책임을 물을 수 없다는 것이어서 법리적으로 타당한 판결이라 할 수 있다.

고용노동부 또한 질의회시를 통하여 1) 근로자위원이 선출되지 않는 등의 사유로 사용자가 노사협의회 정기회의 개최의무를 이행하지 못한 경우,297) 2) 선거운영위원회 구성 등의 하자로 인해 근로자위원 선출이 늦어진 경우298) 등은 사용자에게 위 규정에 따른 형사책임을 물을 수 없다고 보고 있다.

라. 노사협의회 의결사항의 처벌 문제

근참법 30조 2호의 형벌 규정에 따르면, 사용자와 근로자는 모두 노사협의회 의결사항을 이행하여야 하고, 이를 정당한 사유 없이 이행하지 않는 경우 1,000만 원 이하의 벌금에 처해질 수 있다.

위 조항과 관련하여 의결사항 미이행에 대한 형사처벌이 범죄구성요건의 실질적 내용을 직접 규정하지 않고서 모두 노사협의회의 의결에 위임하고 있어 죄형법정주의의 명확성에 위배되는 것이 아닌가라는 주장이 있을 수 있다.

을 정당한 사유없이 이행하지 아니한 때에는 500만 원 이하의 벌금에 처한다."라고 하여 협의회의 쌍방대표만을 그 처벌대상으로 하고 있었는데, 이에 대해서는 근로자나 사용자가 이행하지 않은 합의사항에 대해 협의회의 대표가 처벌받게 되는 불합리한 점이 지적되었다.

296) 대법원 2008. 12. 24. 선고 2008도8280 판결.
297) 노사협력복지팀-1710, 2007. 6. 1.(고용노동부d, 98면).
298) 노사협력정책과-982, 2008. 6. 5.(고용노동부d, 97면).

이와 관련하여 우리 법원은 단체협약과 달리 노사협의회 의결사항은 법령에 구체적·한정적으로 규정되어 있는 점, 노사동수가 회의체 의결방식으로 정하는 점, 노사협의회 의결사항은 구체적 의무의 실현이나 집행이 어려워 벌칙이 유일한 실효성 확보수단이 되는 점을 고려해 그 처벌의 합헌성을 긍정하고 있다.[299]

4. 과태료(33조)

제33조(과태료)
① 사용자가 제18조를 위반하여 협의회규정을 제출하지 아니한 때에는 200만원 이하의 과태료를 부과한다.
② 제1항에 따른 과태료는 대통령령[300]으로 정하는 바에 따라 고용노동부장관이 부과·징수한다.

가. 근참법상 과태료처분

'과태료'는 행정질서벌로 행정질서유지를 위한 의무의 위반이라는 객관적 사실에 대하여 과하는 제재이므로 반드시 현실적인 행위자가 아니라도 법령상 책임자로 규정된 자에게 부과되고, 위반자가 그 의무를 알지 못하는 것이 무리가 아니었다고 할 수 있어 그것을 정당시할 수 있는 사정이 있을 때 또는 그 의무의 이행을 그 당사자에게 기대하는 것이 무리라고 하는 사정이 있을 때 등 그 의무 해태를 탓할 수 없는 정당한 사유가 있는 때에는 이를 부과할 수 없다.[301] 따라서 사용자가 사업(장)에 협의회가 설치되고 난 이후라도 협의회규정 제정에 대한 위원들 간 다툼으로 의결이 성립되지 않아 협의회규정을 제출하지 못한 경우라면 과태료처분을 하는 것은 타당하지 않다.

나. 질서위반행위규제법의 적용

2007. 12. 21. 제정되어 현재 시행되고 있는 질서위반행위규제법은 질서위반행위의 성립요건과 과태료의 부과·징수 및 재판 등에 관한 일반사항을 정하

---

299) 서울중앙지법 2001. 7. 27. 선고 99고합1226 판결.
300) 2008년 11월 정부(고용노동부)의 '근참법' 개정안(2012년 국회 임기만료로 폐기)에 따르면, 새로 제정된 질서위반행위규제법이 정하는 바에 따라 과태료를 부과하도록 하고, 근참법 33조 3항 내지 5항의 과태료절차에 관한 규정을 모두 삭제하고 있다.
301) 대법원 2000. 5. 26. 선고 98두5972 판결.

고 있다. 이에 따라 2016년 근참법 33조 과태료 규정 중 이의 및 불복절차에 관한 일부 조항이 삭제되어 1항과 2항만 남게 되었다.

　　근참법 33조에 따른 과태료부과 및 징수절차는 질서위반행위규제법에 따라야 하는데, 이에 따르면 과태료부과 및 징수권한을 위임받은 지방고용노동관서의 장은 협의회규정을 제출할 의무가 있는 자302)가 협의회설치 이후 15일 이내에 협의회규정을 제출하지 않는 경우 그 의무위반을 이유로 과태료 처분이 될 것임을 미리 통지하고, 10일 이상의 기간을 정하여 그 당사자에게 의견을 제출할 기회를 주어야 한다.303) 당사자의 의견 제출 절차 이후 지방고용노동관서의 장은 ① 협의회규정 미제출의 동기·목적·방법·결과, ② 당사자의 태도와 정황, ③ 당사자의 연령·재산상태·환경, ④ 그 밖에 과태료 산정에 필요하다고 인정되는 사유304) 등을 고려해 서면으로 과태료 부과통지를 한다. 당사자가 지방고용노동관서의 장의 과태료 부과통지에 60일 이내에 이의를 제기할 경우 그 과태료 부과통지는 효력을 상실하고,305) 당사자의 주소지 관할법원에서 위 과태료 사건에 대해 재판한다.306)

[신 권 철]

---

302) 근참법은 '사용자'가 협의회규정을 제출할 의무가 있는 자로 보아 과태료를 규정하고 있는데, 여기서 사용자는 법인 등 사업주, 법인의 대표이사와 같은 사업경영담당자, 노사협의회 설치단위 사업(장)의 대표자 등도 포함할 수 있다.
303) 질서위반행위규제법 16조 1항.
304) 질서위반행위규제법 14조 각 호가 규정하는 과태료 산정 시 고려요소들이다.
305) 질서위반행위규제법 20조 1항 및 2항.
306) 과태료 재판에 대한 보다 자세한 내용은 '질서위반행위규제법'의 내용을 참조.

노동위원회법

노동위원회법

<세 목 차>

[참고문헌]

강승식, "미국에서의 독립규제위원회와 권력분립", 한양법학 13집, 한양법학회(2002. 12.); **권창영**, 근로기준법상 이행강제금제도에 관한 연구, 서울대학교 대학원 박사학위논문(2008. 8.); **김동인**, 선원법(제2판), 법률문화원(2007); **김민기**, "노동위원회의 구제명령에 대한 사법심사법리에 관한 연구", 재판자료 118집 노동법 실무연구, 법원도서관(2009); **김선수a**, "노사갈등의 현황과 쟁점", 전환기의 노사관계와 노동법, 한국노동법학회 창립 40주년 기념학회 자료집(1998. 11. 30.); **김선수b**, "노동위원회의 역할과 과제―심판기능을 중심으로", 노동법학 29호, 한국노동법학회(2009. 3.); **김선수c**, "새로운 대안으로서 노동법원에 관하여", 노동분쟁해결절차의 법적 현실과 미래 제안, (사)노동법연구소 해밀·한국노동법학회·사법정책연구원 주최 공동심포지엄 자료집(2016. 11. 18.); **김종각**, "노동위원회의 독립성 및 공정성 제고 방안", 노동리뷰 67호, 한국노동연구원(2010. 10.); **김치중**, "노동위원회의 처분에 대한 쟁송에 있어서의 소송법적 제문제 ― 구제절차를 중심으로", 특별법연구 5권, 특별소송실무연구회(1997); **김형배a**, 노동법(제26판), 박영사(2018); **김홍영a**, "노동위원회의 노동쟁의조정 대상의 확대", 노동법연구 19호, 서울대학교 노동법연구회(2005. 12.); **김홍영b**, "노동위원회의 판정에 대한 사법심사", 노동법의 쟁점과 과제―김유성 교수 화갑 기념, 법문사(2000); **김훈 외 5**, 노동위원회와 노동분쟁해결시스템 개선방안 연구, 한국노동연구원(2009); **김훈**, "노동위원회의 ADR 기능 활성화를 위한 시론", 산업관계연구 22권 1호, 한국고용노사관계학회(2012. 3.); **민중기**, "노동관계행정소송의 현황과 쟁점", 재판자료 112집, 법원도서관(2007); **박은정**, "미국·일본·한국의 노동위원회: 계보적 고찰", 노동법의 미래담론 2권, 사단법인 노동법연구소 해밀(2019); **사법연수원**, 행정구제법(2012); **손창희**, "노동위원회 명령과 사법심사의 한계", 조정과 심판 3호, 중앙노동위원회(2000. 11.); **송수희**, "미국연방조정알선청 및 조정관", 조정과 심판 20호, 중앙노동위원회(2004. 12.); **심판업무 처리요령**(2007), 중앙노동위원회; **양성필**, "노동위원회의 처분에 대한 불복과 관련한 소고", 노동법률 86호, 중앙경제(1998. 7.); **유성재**, "노동위원회 구제신청기간의 기산점", 중앙법학 12집 1호, 중앙법학회(2010. 3.); **이상희**, "우리나라 노동위원회 운영 현황과 과제―심판회의제도를 중심으로", 노동법논총 45호, 한국비교노동법학회(2019); **이종훈 외 3**, "노동쟁송절차의 개선에 관한 연구", 사법정책연구원(2019); **이철수·박은정**, "노동분쟁해결시스템의 현황과 과제", 노동법연구 18호, 서울대학교 노동법연구회(2005. 6.); **이홍재**, "노동위원회법 제정심의의 쟁점", 법학 138호, 서울대학교 법학연구소(2006. 3.); **정인섭**, "노동분쟁의 특수성과 노동법원의 전문성", 노동법연구 19호, 서울대학교 노동법연구회(2005); **정진경**, 부당해고의 구제, 서울대학교 대학원 박사학위논문(2008); **최현희**, "화해제도의 법률적 접근방법에 관한 연구", 조정과 심판 27호, 중앙노동위원회(2006. 11.); **하명호**, "국가가 사용자인 경우 노동위원회 구제절차에서 당사자 문제", 저스티스 109호, 한국법학원(2009. 2.).

I. 노동위원회제도 총설(1조)

1. 의   의

노사관계에서 발생하는 분쟁의 성격은 통상의 사법기관에서 상정하고 있는 분쟁과는 달리 유동적·계속적·집단적 성격을 가지고 있으므로 노사관계에서의 분쟁은 당사자의 의견이 충분히 반영되면서 동시에 노사관계의 특징을 충분히 고려할 수 있는 전문적인 기관에 의해 해결되는 것이 바람직하다.[1] 이러한 노동분쟁의 특수한 성격을 고려하여 노사관계 전문행정기관인 노동위원회가 설립되었고, 노동위원회는 노동관계에 관한 판정 및 조정 업무를 신속·공정하게 수행함으로써 노동관계의 안정과 발전에 이바지함을 목적으로 한다(노위법 1조). 한편 구 노위법 1조에서는 노동행정의 민주화도 그 목적의 하나로 들고 있었는데,[2] 현행법하에서도 위의 목적은 그대로 포함된다.

2. 노동위원회의 법적 성격과 특성

노동위원회는 노동관계에 관한 판정 및 조정 업무를 신속·공정하게 수행하기 위하여 설치된 독립성을 가진 합의체 행정기관의 법적 성격을 갖고 있고,[3] 일반적인 노동위원회 제도의 특성은 다음과 같다.[4]

가. 독 립 성

노동위원회는 입법부·사법부·행정부로부터 독립된 존재이면서 입법적·사법적·행정적 기능을 담당하는 독립된 행정위원회[5]의 지위를 가지며, 노사분

---

1) 김유성, 417면.
2) 구 노위법(1997. 3. 13. 법률 5307호로 폐지되기 전의 것) 1조(목적): 이 법은 노동행정의 민주화와 노사관계의 공정한 조절을 기하기 위하여 노동위원회를 설치함을 목적으로 한다.
3) 대법원 1997. 6. 27. 선고 95누17380 판결. "노동위원회는 노동관계에 있어서 판정·조정업무의 신속·공정한 수행을 위하여 설치된 독립성을 가진 합의체 행정기관이므로 같은 위원회가 행하는 절차 및 조치는 행정작용으로서의 성격을 가지므로 사법상의 절차 및 조치와는 구별된다."
4) 노동위원회의 특성으로 독립성, 3자구성원리, 준사법적 기능과 조정적 기능행사, 중앙노동위원회와 지방노동위원회의 이중구조를 드는 견해로는 김유성(420~421면), 이병태(473~476면. 단 이중구조는 특색으로 언급하지 않음), 임종률(681면)이 있고, 독립성·공정성·전문성을 드는 견해로는 이상윤a(1011~1013면)가 있다.
5) 이는 미국의 독립규제위원회(the independent regulatory commission)와 유사한 것인데, 독립규제위원회는 첫째, '행정부'에 속하면서도 일반적인 행정부 작용과는 독립되어 있고, 둘째,

규의 처리에서 외부의 간섭을 배제하고, 노사관계의 실정에 정통한 전문가의 판단에 맡겨 공정하고 합리적인 해결을 기하려는 정책적 배려의 산물이다.6)

노동위원회는 그 권한에 속하는 업무를 독립적으로 수행하고(노위법 4조 1항), 중앙노동위원회 위원장은 중앙노동위원회 및 지방노동위원회의 예산·인사·교육훈련, 그 밖의 행정사무를 총괄하며, 소속 공무원을 지휘·감독함으로써(노위법 4조 2항) 예산 및 인사상의 독립성이 있고, 독자적인 규칙제정권을 갖고 있으며(노위법 25조), 노동위원회 위원은 일정한 사유가 있는 경우를 제외하고는 임기 중 그 의사에 반하여 면직되거나 위촉이 해제되지 아니한다(노위법 13조).

한편 노위법 2조에서 중앙노동위원회와 지방노동위원회는 고용노동부장관 소속으로 두고, 특별노동위원회는 중앙행정기관의 장의 소속으로 둔다고 정의하여 노동위원회가 고용노동부장관의 산하기관인 것 같은 인상을 주나, 이는 노동위원회 운영을 행정업무적 차원에서 고용노동부장관이 관리한다는 데 지나지 않고, 노동위원회의 업무 및 기능이 고용노동부장관의 지휘·감독을 받는다는 의미는 아니다.7) 그러나 사실상 노동위원회 위원장의 인사권이 고용노동부 장관에게 있고 예산편성도 고용노동부가 함에 따라 인사와 예산이 고용노동부에 귀속되어 노동위원회가 행정부의 영향에서 자유롭지 못하다는 지적도 있다.8)

나. 3자구성제

노동위원회는 조직원리 면에서 근로자·사용자 및 공익을 대표하는 3자로 구성된다. 노사분규에서 임금이나 근로시간 등에 관한 이익분쟁은 노동3권을 보장하고 있는 근대 노사관계에서는 당사자 간 자주적 해결이 원칙이고, 자주적 해결이 어렵거나 부적절한 경우 예외적으로 제3자의 개입이 불가피하며, 이 경우 공권력의 개입을 차단하면서 분쟁 당사자가 가장 공정하다고 신뢰할 수 있는 제3의 기관이 관리하는 것이 자주적 해결에 도움이 되고, 이런 뜻에서 노위

운영방식은 1인의 책임자를 두는 독임제가 아닌 '합의제'라는 점에서 전통적인 행정부서·기관과는 구별되는 특징을 갖고 있으며, 미국에서 창설된 최초의 독립규제위원회는 1887년의 주간통상위원회(the Interstate Commerce Commission, ICC)이고, 우리의 노동위원회와 유사한 전국노동관계위원회(the National Labor Relations Board, NLRB)는 1935년에 설립되었다(강승식, 287~290면).

6) 이병태, 487면.

7) 이병태, 474면; 이상윤a, 1012면.

8) 김종각, 64면.

법에서는 노사를 대표하는 자와 공익을 대표하는 3자로 구성케 하였다.9)10)

다만, 부당해고·부당노동행위·차별시정과 같은 권리분쟁을 처리할 때에
는 준사법적 기능으로 보아 이를 심판담당 또는 차별시정담당 공익위원이 맡고,
노사를 대표하는 위원은 의견만을 제시할 수 있다(노위법 15조, 18조).

다. 행정적·준사법적 권한

노동위원회는 노사 간의 이익분쟁에 대하여 당사자의 이익을 조정하는 조
정적 권한을 가짐과 동시에 노사 간의 권리분쟁이나 행정처분에 대하여 준사법
적인 판정적 권한도 가진다. 조정적 권한은 노·사·공익을 대표하는 3자 위원
이 행사하고,11) 판정적 권한은 공익위원만이 담당한다.

라. 이중적 구조

노동위원회 운영에서는 중앙노동위원회의 지방노동위원회·특별노동위원회
에 대한 우월적 지위 및 이심제가 채택되어 있다. 중앙노동위원회는 노동위원회
규칙을 제정하고 업무처리의 기본방침에 관하여 지시하며 재심의 권한을 갖는
다. 이는 한편으로는 사건 처리에 관하여 재심을 통한 공정성·신중성을 기하기
위한 것이고, 다른 한편으로는 중앙노동위원회에 의한 효율적인 업무통합을 기
하기 위한 것이다.12)

3. 노위법 제정 및 주요 개정 연혁

우리나라는 미국 와그너(Wagner) 법을 계승한 일본의 제도를 도입하여 행정
위원회 성격을 갖는 노동위원회가 탄생하였고,13) 구체적인 입법 연혁과 주요 개
정 내역은 다음과 같다.

---

9) 이병태, 474면.
10) 3자구성의 취지와 관련하여 김형배 교수(김형배a, 1402면)는 이는 이익대표적 사고방식에
따라 구성된 것이 아니라고 설명한다. "즉, 3자구성의 조직방식 자체에 노사 내지 공익의 이
해를 반영하겠다는 사고가 내재하기는 하지만, 이것이 사적 이해관계의 주장을 직접 고려하
기 위한 것은 아니다. 노사관계의 조정 내지 판정을 담당하는 국가기관의 구성에 노사대표를
참여하게 하여 그들의 주장을 반영·조화함으로써 사건의 객관적이고 타당한 해결을 꾀하고
자 하는 것이 3자구성의 기본적인 관념이다. 따라서 노사위원들에게는 근로자 측 또는 사용
자 측의 사정 전반에 정통하여 공정한 판단을 내려 줄 것이 기대되는 것이며, 어떤 특정한
구체적인 사건에 대하여 일방적 이익을 관철하도록 하려는 것은 아니다."
11) 다만, 노조법 64조에 의하여 중재위원회는 공익위원 중에서 선출된 위원에 의하여 구성된
다. 이 경우 공익위원은 조정담당 공익위원 중에서 지명한다(노위법 15조 5항).
12) 임종률, 681면.
13) 이병태, 472면.

가. 정부수립 이전

정부수립 이전 미군정하에서는 1945. 10. 30. 미군정법령 19호(노동의 보호, 언론출판 등의 등기)가 노동분쟁을 노동조정위원회의 결정을 통해 해결하도록 하였는데,[14] 이후 1945. 12. 8. 미군정법령 34호(노동조정위원회 설립에 관한 건)에 의해 노동조정위원회가 설치되었고, 위 위원회는 그 위원회의 결정을 시행하기 위하여 영장을 발령할 권한이 있었으며, 1946. 7. 23. 미군정법령 97호(노동문제에 관한 공공정책공포 노동부설치)에 의해 노동부가 설치되어 노동쟁의조정을 위하여 노동조정위원회 및 그 위원들을 관리·감독하였다.

나. 정부수립 이후

· 1953. 3. 8. 노위법 제정(법률 281호): 사회부장관 산하에 중앙노동위원회와 지방노동위원회(노사공익위원 각 3인, 임기 1년)가 설치되었고, 특별노동위원회를 설치할 수 있게 되었다.[15]

· 1963. 4. 17. 개정(법률 1328호): 상임위원제가 신설되고 공익위원 정원이 3명에서 3~5명으로 조정되었다.

· 1963. 12. 7. 개정(법률 1482호): 관리관청이 종전의 사회부장관에서 중앙노동위원회는 노동청장으로, 지방노동위원회는 서울특별시장·부산시장·도지사로 변경되었다.

· 1973. 3. 13. 개정(법률 2609호): 노동위원회 위원의 임기가 3년이 되었다.

· 1980. 12. 31. 개정(법률 3352호): 관리관청이 노동청장으로 일원화되고 위원 정원도 30명(노·사·공익위원 각 10명)으로 증원되었다.

· 1981. 4. 8. 개정(법률 3422호): 노동부장관으로 관리관청이 변경되었다.

---

14) 제2조 노동자의 보호
　　개인 또는 개인집단이 적업(適業)을 구하고 방해 없이 근무하는 권리는 차(此)를 존중하며 보호함, 차(此) 권리를 방해하는 것은 불법이다. 조선군정청은 공장의 생산, 민중생활상 필요한 것을 선언하고 기(其) 정지(停止) 우(又)는 저감(低減)을 방지하기 위하여 노동조건에 관한 분쟁은 조선군정청이 설치한 조정위원회에서 해결함, 해(該) 위원회의 결정은 확정적 구속력을 유(有)함. 문제가 노동조정위원회에 제출되어 기(其) 결정이 있을 때까지 생산을 계속할 것(일부 표현은 현대화하여 가다듬었고, 일부 용어는 한자를 병기하였다).
15) 노위법 제정 당시의 주요 쟁점과 그 논의내용에 대하여는 이흥재, 135~151면 참조(당시 1951. 6. 8. 정부안을 기초로 한 국회 사회보건위원회의 심의를 거친 1952. 11. 4. 사회보건위원회안에 대한 최대쟁점은 노동위원회 구성의 노·사·공익위원의 구성비율과 그 선출방법이었으며, 그 외 쟁점으로는 중앙노동위원회의 재심사 개시요건 및 공익위원만의 처분회의 등이었다고 한다).

· 1989. 3. 29. 근기법 개정(법률 4099호): 부당해고 등에 대한 구제가 노동위원회 업무가 되었다(근기법 27조의3 신설).

· 1997. 3. 13. 법률 5307호로 기존의 노위법은 폐지되고, 법률 5311호로 노위법이 새로 제정되어 중앙노동위원회 위원장의 직급이 장관급으로 격상되고, 위원 정원도 증원되었으며, 공익위원도 심판담당과 조정담당으로 분리하였다.

· 1999. 4. 15. 개정(법률 5962호): 중앙노동위원회에 교원노조법에 의한 교원 노동관계 조정위원회가 설치되었고, 노사공익위원 정원을 각 7~20인에서 각 10~30인까지 증원하였다.

· 2005. 1. 27. 개정(법률 7380호): 중앙노동위원회에 공무원노조법에 의한 공무원 노동관계 조정위원회가 설치되었다.

· 2006. 12. 21. 개정(법률 8075호): 기간제법에 의한 차별시정위원회가 설치되었고, 노동위원회의 위원의 수는 근로자위원·사용자위원은 각 10인 이상 30인 이하, 공익위원은 10인 이상 50인 이하까지 확대되었다.

· 2007. 1. 26. 개정(법률 8296호): 공익위원 선정방식이 노동조합과 사용자단체가 순차적으로 배제하고 남은 자 중에서 선정하는 것으로 변경되었고, 중앙노동위원회에는 사무처를 두게 되었으며, 화해권고 등에 대한 근거가 마련되었다.

· 2007. 5. 17. 개정(법률 8474호): 판정·결정·승인·인정 또는 차별적 처우 시정 등에 관한 사건에서 사회취약계층을 위하여 공인노무사로 하여금 권리구제업무를 대리할 수 있게 되었다.

· 2014. 5. 20. 개정(법률 12629호): 노동위원회 위원 또는 직원의 비밀엄수 의무 등을 위반한 자에 대한 벌금액의 상한이 300만 원에서 1,000만 원으로 증액되었다.

· 2015. 1. 20. 개정(법률 13044호): 사회취약계층을 위하여 권리구제업무를 대리할 수 있는 자격이 공인노무사에서 변호사에게도 확대되었고, 노동위원회 판정·조정의 공정성·중립성을 강화하기 위하여 노동위원회 위원이 직무수행과 관련하여 알게 된 사항을 자기나 다른 사람의 이익을 위하여 이용하거나 다른 사람에게 제공하는 행위를 금지하는 내용을 노동위원회 위원의 행위규범으로 정하였다.

· 2016. 1. 27. 개정(법률 13904호): 노동위원회의 공정한 직무집행을 위하여 노동위원회 위원이 속한 법인·단체 또는 법률사무소가 해당 사건에 관하여 당

사자의 대리인으로서 관여하거나 관여하였던 경우도 노동위원회 위원의 제척·
회피 등의 사유로 정하였다.

    · 2021. 1. 5. 개정(법률 17863호): 산업현장 일학습병행 지원에 관한 법률(이하
'일학습병행법'이라 한다)에 따른 차별적 처우의 시정 등에 관한 업무를 노동위원
회의 소관 사무로 명시하였다.

    · 2021. 5. 18. 개정(법률 18179호): 남녀고용평등법에 따른 차별적 처우의 시
정 등에 관한 업무를 노동위원회의 소관 사무로 명시하였다.

4. 외국의 (비사법적) 노사분쟁해결제도

가. 미   국[16]

노동분쟁을 조정하거나 예방하는 업무는 연방조정알선청(Federal Mediation
and Conciliation Service, FMCS)이 주로 담당하고 있는데, 이 기구는 1947년 전국
노동관계법(National Labor Relations Act, NLRA)의 개정에 따라 설립되었다. 위 기
관은 당사자의 조정신청에 따라 이익분쟁의 조정을 행하고, 일상적인 노사관계
의 개선을 지원하는 예방적 조정업무를 수행하며, 권리분쟁에서 중재서비스도
제공하고, 그 외 다양한 ADR(Alternative Dispute Resolution)도 제공하며 노동부문
이외의 기타 분쟁해결 서비스도 제공하고 있다.[17]

한편, 1935년 창설된 전국노동관계위원회(National Labor Relations Board,
NLRB)는 부당노동행위의 판정과 배타적 교섭대표의 인증업무를 하고 있는데,
이와 같이 심판기능은 주로 전국노동관계위원회가 행하고, 조정기능은 연방조정
알선청이 주로 행사하고 있다. 그리고 고용평등위원회(Equal Employment Op-
portunity Commission, EEOC)는 1964년 민권법(Civil Rights Act of 1964)에 근거를
두고 설립되었고, 1972년 법 개정으로 차별을 시정하지 않는 사용자를 연방법원
에 기소할 수 있는 권한을 갖게 됨으로써 차별시정에 대한 실질적인 권한을 갖
게 되었다.

나. 일   본[18]

주로 해고 및 임금과 관련된 개별 노동분쟁을 해결하는 일반 법원 외의 공

---

16) 김훈 외 5, 179~190면.
17) FMCS에 대한 좀 더 자세한 내용 소개는 송수희 논문 참조.
18) 菅野(역), 830~858 · 910~926면.

적 분쟁해결절차로는 크게 후생노동성의 노동기준감독관제도와 노동위원회제도를 들 수 있고, 여기에 2001. 7. 11. 제정된 개별노동관계분쟁해결의 촉진에 관한 법률에 의하여 지방자치단체 노동국 등이 관여하는 조정형 분쟁해결시스템이 추가로 도입되었다.[19]

노동기준감독관은 감독과 단속, 행정지도 등을 통해 분쟁을 해결하고, 노동위원회는 사용자위원·노동자위원과 공익위원의 3자로 구성되어 노동조합의 자격심사, 부당노동행위의 심사와 구제, 노동쟁의의 조정을 담당하는 등 원칙적으로 집단적 노동관계에 대해서는 노동위원회가 관여하고, 개별적 근로관계에 대한 알선·조정은 각 지자체별 지방노동위원회와 지방노동국이 담당한다.

부당노동행위 사건은 최초로 각 지자체 단위의 지방노동위원회가 취급하며, 불복이 있으면 중앙노동위원회에 재심을 신청하거나 법원에 소를 제기하여 다툴 수 있다. 한편 2004년 4월 노동심판법이 제정되어 법원에서 기업과 개개 근로자 사이의 개별 노동분쟁에 대하여 재판관 1명과 노동관계 전문가 2명으로 노동심판위원회를 구성하여 3회 이내의 기일에서 조정이나 심판을 행하는 노동심판제도가 신설되었다.

다. 독   일[20]

원칙적으로 집단적 이익분쟁은 사적 조정기구를 통해 해결하고 국가의 공적 개입을 자제하고 있으며, 개별적·집단적 권리분쟁은 노동법원의 조정 및 재판을 통해 해결하고 있다.

즉, 독일은 단체협약 당사자 간의 이익분쟁에 대해서 국가의 강제적 조정 또는 중재제도를 두고 있지 않고, 단체협약 당사자가 자유의사에 의해 국가적 조정절차를 원하는 경우에만 주정부 차원에서 설치한 공적 조정 및 중재기구를 이용할 수 있으며, 이익분쟁은 대부분의 경우 사적 조정절차를 통해 해결된다.

노사 간 권리분쟁을 전담하는 노동법원은 헌법과 노동법원법에 설치 근거를 갖고 있고, 민사법원의 일종으로 일반법원과 동급이면서 독립적인 재판관할권을 갖는 지방노동법원, 주노동법원, 연방노동법원의 독립적 3심제로 구성되어 있으며, 노동법원의 각급 재판부는 직업판사와 명예판사로 구성되어 있다.

---

19) 후생노동성 지방기관인 도도부현 노동국(종합노동상담코너)에 의한 상담과 정보제공, 도도부현 노동국장에 의한 조언과 지도, 분쟁조정위원회에 의한 알선을 주된 내용으로 하고 있다.

20) 김훈 외 5, 206~216면.

라. 영 국[21]

개별적 노동분쟁과 집단적 노동분쟁의 조정, 노사관계 및 새로운 입법 관련 훈련과 자문, 각종 문의에 대한 상담을 담당하는 알선중재기구(Advisory Conciliation and Arbitration Service, ACAS), 개별 노동분쟁의 심판을 담당하는 고용심판원(Employment Tribunals, ET), 그리고 노동조합의 승인, 유럽연합의 근로자정보권과 노사협의 지침의 이행, 유럽직장평의회 지침의 이행을 감독하는 중앙중재위원회(Central Arbitration Committee, CAC)가 있다.

ACAS는 정부에서 독립된 기구로서 통상산업부장관이 임명하는 의장(1인) 외에 노사 양측을 대표하는 위원(각 4명)과 공익위원(4명, 위원장 포함) 등 총 12인의 비상임위원으로 구성되어, 부당해고, 계약위반, 각종 차별(성 · 인종 · 장애인), 최저임금제 등 개별적 노동분쟁 조정을 담당하고 있으며, ET에 접수된 모든 사건은 일단 ACAS의 조정절차를 거치고, 여기에서 조정 미성립 사건만을 ET가 처리한다.

한편, ET는 3자 합의체로서 법관 자격을 가지는 의장 1인과 법관이 아닌 노사관계 경험을 가지고 있는 2명의 위원(lay judge)으로 구성되는데, 심판대상은 개별근로자의 고용상 거의 모든 법적 권리에 관한 분쟁(부당해고, 경영해고수당, 동일임금, 성, 인종 차별법제 위반, 부당징계, 근로시간)을 포함하고, 그 외 집단적 노동관계 분쟁은 일반법원에 의하여 다루어진다. CAC는 1992년 관련법에 의해 설립된 공공독립법인인데, 주로 단체교섭을 위한 노동조합인준, 단체교섭상 정보공개결정 등의 업무를 행한다.

5. 노동위원회 업무처리 현황

가. 통 계

(1) 전체 사건 처리 내역

아래 표는 2016년부터 2020년까지 중앙노동위원회와 지방노동위원회에서 처리한 전체 사건의 처리 내역이다.[22][23]

---

21) 김훈 외 5, 190~206면.
22) 아래 표는 2020년 노동위원회 통계연보 3면의 표 "연도별 전체 사건 처리건수"를 옮긴 것이다.
23) 중앙노동위원회는 노동위원회의 업무를 그 성격에 따라 크게 ① 노동쟁의 조정사건(조정, 중재, 필수유지업무), ② 심판사건(부당해고등, 부당노동행위, 기타심판), ③ 복수노조사건, ④

(단위: 건)

구분		합계	노동쟁의 조정			심판				복수노조	차별시정
			조정	중재	필수유지	소계	부해	부노	기타심판24)		
2016년	전 체	12,619	796	9	11	11,247	9,932	1,129	186	441	115
	중노위	1,952	110	3	4	1,706	1,429	264	13	97	32
	지노위	10,667	686	6	7	9,541	8,503	865	173	344	83
2017년	전 체	12,797	839	3	11	10,995	9,783	928	284	794	155
	중노위	1,814	97	1	3	1,605	1,355	238	12	71	37
	지노위	10,983	742	2	8	9,390	8,428	690	272	723	118
2018년	전 체	14,224	1,130	10	14	12,047	10,939	859	249	701	322
	중노위	1,866	131	3	3	1,523	1,322	180	21	159	47
	지노위	12,358	999	7	11	10,524	9,617	679	228	542	275
2019년	전 체	17,281	1,244	9	31	14,653	13,119	1,129	405	1,173	171
	중노위	2,384	162	3	7	1,994	1,677	292	25	177	41
	지노위	14,897	1,082	6	24	12,659	11,442	837	380	996	130
2020년	전 체	16,914	957	9	8	15,080	13,507	1,156	417	698	162
	중노위	2,392	103	2	2	2,131	1,838	276	17	131	23
	지노위	14,522	854	7	6	12,949	11,669	880	400	567	139

(2) 조정사건의 처리 현황

2011년부터 2021년까지 지방노동위원회와 중앙노동위원회에 접수된 노동쟁의 조정사건25)의 수와 그 처리 내역은 아래 표와 같은데, 노동위원회에 접수되는 조정사건의 수는 점차 증가하는 추세에 있고, 조정성립률은 50% 내외를 유지하고 있다.26)

차별시정사건으로 분류하고 있다. 특히 부당해고등·부당노동행위·기타심판·복수노조 사건은 모두 심판위원회에서 담당하나, 중앙노동위원회는 심판위원회의 업무 중 사건의 성격에 따라 근로자 또는 노동조합과 사용자 간의 분쟁이 대상인 부당해고등·부당노동행위 사건과 비교적 비중이 낮은 기타심판 사건을 포괄하여 심판사건으로 분류하고, 노동조합 간 이견을 다루는 복수노조 사건은 심판사건과 별도로 분류하여 통계도 따로 집계하고 있다.

24) 기타심판사건은 노조법 제15조 제3항에 따라 심판위원회의 처리사항으로 규정된 사건 중에서 부당해고등·부당노동행위 사건 및 복수노조사건을 제외한 사건을 의미하며, 구체적으로는 근로계약상의 근로조건 위반으로 인한 손해배상청구 심의(근기법 19조 2항), 기준 미달의 휴업수당 지급에 대한 승인(근기법 46조 2항), 단체협약의 해석이나 이행방법에 관한 견해의 제시(노조법 34조) 등이 있다. 자세한 내용은 노위법 15조 2항에 대한 해설 Ⅲ. 2. 나. 참조.

25) 노동쟁의 조정사건만을 의미하며, 중재 및 필수유지업무 사건은 제외.

26) 중앙노동위원회 홈페이지 통계자료에서 조정사건을 매년 12월로 검색하여 재구성. http://www.nlrc.go.kr/nlrc/st/stmd_receipt.go (2022. 9. 6. 확인).

(단위: 건, %)

연도	접수 건수	처리 건수	조정성립			조정불성립			행정 지도	취하 철회	기타	진행 중	조정 성립률[27] A/(A+B)
			소계 (A)	조정안 수락	합의 취하	소계 (B)	조정안 거부	조정 중지					
2011	695	681	405	153	252	172	68	104	52	52	0	14	70.2
2012	752	741	394	179	215	243	92	151	38	66	0	11	61.9
2013	762	739	414	252	162	223	71	152	34	68	0	23	65
2014	886	864	401	169	232	327	43	284	45	91	0	22	55.1
2015	877	858	382	148	234	328	51	277	42	106	0	19	53.8
2016	822	796	410	161	249	293	32	261	14	79	0	26	58.3
2017	863	839	443	188	255	313	47	266	16	67	0	24	58.6
2018	1,160	1,130	503	209	294	524	37	487	17	86	0	30	49
2019	1,291	1,244	527	198	329	581	39	542	27	109	0	42	47.6
2020	983	957	454	170	284	397	19	378	14	92	0	26	53.3
2021	1,205	1,169	482	198	284	559	33	526	18	110	0	33	46.3

(3) 심판업무 관련

1974년부터 2006년까지의 심판사건 접수와 처리 내역은 뒤에 첨부한 [심판 업무 처리표]와 같고, 2011년부터 2021년까지 중앙노동위원회와 지방노동위원 회에 접수된 심판사건의 수와 그 처리 내역은 아래 표와 같다.[28][29]

(단위: 건)

연도	접수건수	처 리 내 역							진행
		계	전부인정	일부인정	기각	각하	취하	화해	
2011	12,681	11,418	967	149	2,601	620	3,438	3,643	1,263
2012	12,922	11,352	1,040	209	1,993	614	3,589	3,907	1,570
2013	14,323	12,769	1,095	255	1,989	757	4,396	4,277	1,554
2014	14,631	13,068	1,172	255	2,130	756	5,185	3,570	1,563
2015	14,230	12,489	1,347	233	2,005	844	4,923	3,137	1,741
2016	12,990	11,381	1,453	232	1,984	792	4,229	2,691	1,609
2017	12,706	11,094	1,245	190	1,919	756	3,916	3,068	1,608
2018	14,080	12,205	1,388	214	2,098	823	4,075	3,607	1,874
2019	16,820	14,816	1,783	175	2,770	920	5,197	3,971	2,041
2020	17,514	15,243	1,678	215	3,113	855	5,348	4,034	2,246
2021	15,839	13,960	1,723	239	3,087	746	4,509	3,656	1,885

(4) 복수노조업무 관련

2011년부터 2021년까지 중앙노동위원회와 지방노동위원회에 접수된 복수

---

27) [조정성립건수/(조정성립건수+조정불성립건수)]×100 (분모에서 행정지도, 취하철회 건수 등 은 제외).

28) 중앙노동위원회 홈페이지 통계자료에서 심판사건을 매년 12월로 검색하여 재구성. http://www.nlrc.go.kr/nlrc/st/judge_cont_list.go (2022. 9. 6. 확인).

29) 공정대표의무 위반 사건 통계가 포함되어 있다.

노조 관련 사건30)의 수와 그 처리 내역은 아래 표와 같다.31)32)

(단위: 건)

연도	접수건수	처 리 내 역							진행
		계	전부인정	일부인정	기각	각하	취하	화해	
2011	128	123	7	0	30	23	63	0	5
2012	557	547	240	19	94	39	155	0	10
2013	460	426	181	4	56	42	143	0	34
2014	386	358	117	7	79	41	114	0	27
2015	537	515	175	0	86	116	138	0	22
2016	336	307	109	0	60	20	118	0	29
2017	715	685	84	5	50	25	521	0	30
2018	572	543	257	10	78	29	169	0	29
2019	1071	1010	328	22	135	95	430	0	62
2020	551	522	187	3	123	26	183	0	28
2021	542	510	142	2	140	50	176	0	31

(5) 차별시정 업무 관련

2011년부터 2021년까지 지방노동위원회와 중앙노동위원회에 접수된 차별시정 사건의 수와 그 처리 내역은 아래 표와 같다.33)

(단위: 건)

연도	접수건수	처 리 내 역								진행
		계	전부시정	일부시정	기각	각하	조정성립	중재결정	취하	
2011	93	88	37	4	8	4	20	0	15	5
2012	101	78	3	4	13	14	17	0	27	23
2013	103	99	8	15	13	6	20	0	37	4
2014	184	161	4	2	33	10	11	0	101	23
2015	175	138	19	18	26	3	18	0	54	37
2016	137	115	8	27	17	10	12	0	41	22
2017	182	155	12	53	13	13	18	0	46	27
2018	361	321	12	22	46	12	133	0	96	39
2019	204	170	10	30	30	20	32	0	49	33
2020	220	162	8	19	29	11	60	0	35	33
2021	165	122	9	26	20	7	13	0	47	42

---

30) 교섭창구 단일화 절차 관련 결정(노조법 29조의2), 교섭단위 분리에 대한 결정(노조법 29조의3), 공정대표의무 위반 시정 신청에 대한 판정(노조법 29조의4) 등이 있다.

31) 중앙노동위원회 홈페이지 통계자료에서 복수노조사건을 매년 12월로 검색하여 재구성. http://www.nlrc.go.kr/nlrc/st/ne_cont_list_all.go (2022. 9. 6. 확인).

32) 공정대표의무 위반 사건 통계는 제외되어 있다.

33) 중앙노동위원회 홈페이지 통계자료에서 차별시정사건을 매년 12월로 검색하여 재구성. http://www.nlrc.go.kr/nlrc/st/dc_cont_list_all.go (2022. 9. 6. 확인).

(6) 노동위원회 분쟁종결률

2016년부터 2020년까지 조정사건을 제외한 노동위원회의 전체 사건 중 지방노동위원회 또는 중앙노동위원회 단계에서 종결된 사건의 수와 그 처리 내역은 아래 표와 같은데,[34][35] 노동위원회의 분쟁종결률은 매년 약 95%에 이른다.

(단위: 건, %)

연도	지노위 처리 (A)			중노위 처리 (B)			소송제기(C)	노동위 분쟁종결			분쟁종결률(D/A)
	합계	화해·취하	판정(판정수용)	합계	화해·취하	판정(판정수용)		합계(D=A-C)	초심종결(A-B)	재심종결(B-C)	
2016	9,981	6,539	3,442 (1,600)	1,842	565	1,277 (820)	457	9,524	8,139	1,385	95.4
2017	10,241	7,152	3,089 (1,372)	1,717	426	1,291 (842)	449	9,792	8,524	1,268	95.6
2018	11,359	7,657	3,702 (1,967)	1,735	439	1,296 (808)	488	10,871	9,624	1,247	95.7
2019	13,815	9,150	4,665 (2,443)	2,222	561	1,661 (1,022)	639	13,176	11,593	1,583	95.4
2020	13,668	9,131	4,537 (2,137)	2,289	537	1,752 (1,159)	593	13,075	11,379	1,696	95.7

(7) 중앙노동위원회 재심판정에 대한 행정소송 결과

2016년부터 2020년까지 중앙노동위원회의 재심판정에 불복하여 행정소송이 제기된 사건 중 소송이 종결된 사건의 수와 그 소송 결과는 아래 표와 같은데,[36] 매년 중앙노동위원회의 재심판정에 불복하여 제기된 400여 건의 행정소

---

34) 아래 표는 2020년 노동위원회 통계연보 16면의 표 "연도별 노동위원회 분쟁종결 건수"를 옮긴 것이다.
35) 아래 표에 사용된 용어의 정의는 다음과 같다.
 1. 분쟁종결률 = 노동위 분쟁종결건수/초심처리건수 = (초심처리건수 - 소송제기건수)/초심처리건수
 2. 지노위 판정수용건수는 지노위 판정사건 중 그에 불복하여 중노위 재심으로 진행된 사건을 뺀 것이며, 중노위 판정수용건수는 중노위 판정사건 중 그에 불복하여 행정소송으로 진행된 사건을 뺀 것임
 3. 사건처리건수, 소송제기건수는 심판사건(부해·부노·기타심판), 차별사건 외에 복수노조사건, 중재사건, 필수유지업무 사건 등 행정소송 대상인 사건을 모두 합한 것이며, 행정소송 대상이 아닌 조정(調停)사건은 제외하였음
 4. 초심처리건수, 재심판정건수, 소송제기건수는 해당연도의 1년간 실적치이며, 소송제기율 및 분쟁종결률은 소송제기까지 기간 소요로 인한 연도이월(전년도 말 재심판정에 대해 다음 해 초에 소 제기) 등으로 오차 있음
36) 아래 표는 2020년 노동위원회 통계연보 18면의 표 "연도별 재심유지건수"를 옮긴 것이다.

송에서 중앙노동위원회의 재심판정이 그대로 유지되는 비율은 80% 내외이다.

(단위: 건, %)

연도	소송종결건수	재심판정유지			재심판정 취소	재심유지율[37]
		소계	중노위 승소	소송 취하		
2016	387	325	241	84	62	84.0
2017	466	363	297	66	103	77.9
2018	452	391	312	79	61	86.5
2019	453	401	273	128	52	88.5
2020	384	328	255	73	56	85.4

나. 정리 및 평가

집단적 이익분쟁에서는 2003년경부터 조정성립률이 50%대에 진입한 이래 계속하여 그 이상의 조정성립률이 유지되고 있고, 이로 인하여 조정이 파업의 예방에 어느 정도 효과를 갖고 있는지를 나타내는 조정서비스유효율은 약 70% 대를 상회하고 있다.[38] 심판사건에서는 1989년 부당해고 관련 사건이 노동위원회의 관할대상으로 된 이래 현재에는 부당노동행위 사건보다 부당해고 사건이 주된 심판업무의 대상이 되었다. 한편, 1998~2003년 통계를 기준으로 볼 때 부당노동행위 사건과 관련하여 노동위원회의 심판이 당사자 간의 종국적 분쟁해결수단으로 작용하고 있으며,[39] 부당해고 사건과 관련하여서는 근로자들이 1차적으로 그 당·부당을 확인하기 위해 노동위원회를 선택한다고 볼 수 있다.[40]

다만 노동위원회의 업무가 심판기능, 특히 부당해고에 대한 구제신청 사건에 집중되는 것과 관련하여서는 비판적인 견해가 있다. 즉, 해고 기타 불이익처분의 유효·무효의 분쟁은 엄격한 의미에서 권리분쟁이고 이에 대한 해결은 원칙적으로 법원에서 재판을 통하여 행하여져야 하는 것이므로, 근기법이 해고의 구제절차를 노동위원회가 맡도록 한 것은 노동법의 제도적 기본구조를 경시한 것일 뿐만 아니라, 법원과 노동위원회의 성격을 제대로 준별하지 못한 데서 비롯한 것이며, 법률분쟁을 자칫 정책적 판단에 의하여 해결하게 할 우려를 낳

---

37) 재심유지율 = 재심판정유지 건수(승소건수 + 취하건수)/소송종결건수.

38) 이철수·박은정, 77면.

39) 이철수·박은정, 82면. 중앙노동위원회 재심판정에 대한 행정소송 제기율은 약 24%이고, 그중 소송이 수행되는 것은 약 32%이므로, 결과적으로 중앙노동위원회 재심판정 가운데 약 8.4%만이 행정소송 절차를 밟게 된다.

40) 이철수·박은정, 89면. 노동위원회의 부당해고 인정율은 약 20%, 중노위 재심판정에 대한 불복율이 약 38%, 그중 소송이 수행되는 것은 약 17.6%이고, 법원에 제기되는 해고 관련 민사소송 사건은 지노위에 제기되는 부당해고 구제신청 사건의 약 20분의 1에 불과한 점을 고려할 때 이와 같이 추측해 볼 수 있다고 한다.

는다는 것이다.41)

한편 최근에 이르러서도 노동위원회에 접수되는 사건의 수는 점차 증가하는 추세에 있고, 조정성립률, 분쟁종결률, 행정소송에서의 재심유지율 등 노동위원회의 성과를 나타내는 통계는 높은 수치를 보이고 있다.

Ⅱ. 노동위원회의 종류와 구성(2조 내지 14조의3)

1. 노동위원회의 종류와 소관 사무

노동위원회에는 중앙노동위원회, 지방노동위원회 및 특별노동위원회가 있고(노위법 2조 1항), 중앙노동위원회와 지방노동위원회는 모두 고용노동부 장관 소속으로 두며, 지방노동위원회는 서울특별시·광역시와 도에 각각 설치되며(노위법 2조 2항, 노위법 시행령 2조), 특별노동위원회는 관계 법률에서 정하는 사항을 관장하기 위하여 필요한 경우에 해당 사항을 관장하는 중앙행정기관의 장 소속으로 두고(노위법 2조 3항), 노동위원회는 그 권한에 속하는 업무를 독립적으로 수행한다(노위법 4조 1항).

노동위원회는 노조법·근기법·근로자참여법·교원노조법·공무원노조법·기간제법·파견법·일학습병행법·남녀고용평등법에 따른 판정·결정·의결·승인·인정 또는 차별적 처우 시정 등에 관한 업무, 노조법·교원노조법·공무원노조법에 따른 노동쟁의 조정·중재 또는 관계 당사자의 자주적인 노동쟁의 해결 지원에 관한 업무, 위의 업무수행과 관련된 조사·연구·교육 및 홍보 등에 관한 업무, 그 밖에 다른 법률에서 노동위원회의 소관으로 규정된 업무를 행한다(노위법 2조의2).42)

가. 중앙노동위원회

중앙노동위원회는 ⅰ) 지방노동위원회 및 특별노동위원회의 처분에 대한 재심사건, ⅱ) 둘 이상의 지방노동위원회의 관할구역에 걸친 노동쟁의의 조정사건, ⅲ) 다른 법률에서 그 권한에 속하는 것으로 규정된 사건을 관장한다(노위법 3조 1항). 다른 법률에서 그 권한에 속하는 것으로 규정된 사건은 노조법 76조 2항에서 정한 고용노동부장관의 긴급조정결정에 대한 (중앙노동위원회 위원장의)

---

41) 김형배, 870~871면.
42) 좀 더 구체적인 업무 내용은 노위법 15조와 노위규칙 16조 내지 18조 등에 정리되어 있다.

의견제시와 노조법 78조와 80조에서 정한 긴급조정 및 긴급중재의 권한이 있고, 그 밖에 지방노동위원회 또는 특별노동위원회의 사무 처리의 기본방침 및 법령 해석에 관한 지시권(노위법 24조)과 노동위원회의 운영, 그 밖에 필요한 사항에 관한 규칙제정권이 있다(노위법 25조).

이와 별개로 중앙노동위원회 위원장은 중앙노동위원회 및 지방노동위원회의 예산·인사·교육훈련, 그 밖의 행정사무를 총괄하며, 소속 공무원을 지휘·감독하고, 그 행정사무의 지휘·감독권 일부를 대통령령으로 정하는 바에 따라 지방노동위원회 위원장에게 위임할 수 있다(노위법 4조 2항, 3항).

나. 지방노동위원회

지방노동위원회는 해당 관할구역에서 발생하는 사건을 관장하되, 둘 이상의 관할구역에 걸친 사건(노동쟁의 조정사건은 제외)은 주된 사업장의 소재지를 관할하는 지방노동위원회에서 관장하고(노위법 3조 2항), 주된 사업장을 정하기 어렵거나 주된 사업장의 소재지를 관할하는 지방노동위원회에서 처리하기 곤란한 사정이 있는 경우에는 중앙노동위원회 위원장이 직권으로 또는 관계 당사자나 지방노동위원회 위원장의 신청에 따라 지방노동위원회를 지정하여 해당 사건을 처리하게 할 수 있다(노위법 3조 5항). 한편 중앙노동위원회 위원장은 효율적인 노동쟁의의 조정을 위하여 필요하다고 인정하는 경우에는 둘 이상의 지방노동위원회의 관할구역에 걸친 노동쟁의의 조정사건에 대하여도 노위법 3조 1항 2호에도 불구하고 지방노동위원회를 지정하여 해당 사건을 처리하게 할 수 있으므로 이러한 경우에는 노동쟁의의 조정을 지방노동위원회가 맡는다(노위법 3조 4항).

한편 노동위원회는 접수된 사건이 다른 노동위원회의 관할인 경우에는 지체 없이 해당 사건을 관할 노동위원회로 이송하여야 하고, 노동위원회가 노위법 23조에 따른 조사를 시작한 후 다른 노동위원회의 관할인 것으로 확인된 경우에도 해당 사건을 관할 노동위원회로 이송하여야 한다(노위법 3조의2 1항). 이 경우 이송된 사건은 처음부터 이송을 받은 노동위원회에 접수된 것으로 보고(노위법 3조의2 2항), 노동위원회는 노위법 3조의2 1항에 따라 사건을 이송한 경우에는 그 사실을 지체 없이 관계 당사자에게 통지하여야 한다(노위법 3조의2 3항).

다. 특별노동위원회

특별노동위원회는 관계 법률에서 정하는 바에 따라 그 설치목적으로 규정된 특정사항에 관한 사건을 관장한다(노위법 3조 3항).

특별노동위원회에 대해서는 노위법의 일부 규정의 적용을 배제하고, 노동위원회 위원 수를 달리 정할 수 있는 등 특별규정을 두고 있다(노위법 5조). 즉, 노동위원회의 구성에서 각 위원의 수, 위촉방법에 대한 노위법 6조 3항부터 7항까지, 위원장의 임명방식과 담당업무 등에 관한 노위법 9조 2항, 4항을 적용하지 아니하고, 위원의 수에 관한 노위법 6조 2항, 상임위원에 관한 노위법 11조의 규정에 대하여는 특별노동위원회의 설치 근거가 되는 법률에서 달리 정할 수 있다(노위법 5조).

특별노동위원회로는 선원법에 따른 선원노동위원회가 있는데, 선원의 근로관계에 대해서는 노위법 3조 3항 및 선원법 4조에 따라 해양수산부장관 소속의 선원노동위원회가 관장한다. 선원노동위원회는 주로 손해배상청구를 위한 근로조건 위반 여부 판단(선원법 28조 2항), 선원근로계약 해지나 해지의 예고에서 천재지변 그 밖의 부득이한 사유로 사업을 계속할 수 없는 경우의 판단(선원법 32조 2항, 33조 1항 1호), 정당한 사유 없는 선원근로계약 해지 및 징벌에 대한 구제신청 판단(선원법 34조 1항), 부상 또는 질병 중의 임금 지급과 관련한 승무 선원의 부상이나 질병의 고의성 판단(선원법 54조), 퇴직금제도를 갈음하는 제도 승인(선원법 55조 1항), 요양비용 지급과 관련한 선원의 부상이나 질병의 고의성 판단(선원법 94조 3항), 유족보상 지급과 관련한 선원의 사망의 고의성 판단(선원법 99조 2항), 재해보상에 관한 해양항만관청의 처분에 대한 심사 또는 중재판단(선원법 105조), 선박소유자 또는 선장의 법령 위반 사실에 대한 선원의 신고수리(선원법 129조 1항) 등의 업무를 행한다.

선원법의 적용을 받는 선원은 원칙적으로 특별노동위원회인 선원노동위원회에 부당해고 구제신청을 하여야 하고 근기법의 적용을 받는 근로자들에 대한 부당해고 구제신청 사건을 담당하는 지방노동위원회에 부당해고 구제신청을 할 수 없다. 다만, 지방노동위원회가 선원법의 적용을 받는 선원의 부당해고 구제신청을 접수한 경우에는 근기법에 따른 부당해고 구제신청의 적격이 없다는 이유로 신청을 각하할 것이 아니라 관할 선원노동위원회에 사건을 이송하여야 한다.[43]

한편 부당해고 구제신청과는 별개로 노조법상의 노동쟁의의 조정이나 부당노동행위 구제신청이 선원노동위원회의 권한사항인지가 문제되나, 특별노동위

---

43) 대법원 2012. 10. 11. 선고 2010두18215 판결.

원회는 관계 법률에서 정하는 바에 따라 그 설치목적으로 규정된 특정사항에 관한 사건을 관장하고(노위법 3조 3항), 선원법은 노조법상의 권한을 명시적으로 규정하지 않았으므로 이는 부정하여야 한다. 따라서 선원들의 노동쟁의에 대한 조정이나 노조법상의 부당노동행위 구제신청은 지방노동위원회의 권한사항이다.44)

2. 노동위원회의 구성

노동위원회는 근로자를 대표하는 근로자위원과 사용자를 대표하는 사용자위원 및 공익을 대표하는 공익위원으로 구성된다(노위법 6조 1항). 노동위원회 위원의 수는 근로자위원 및 사용자위원 각 10명 이상 50명 이하, 공익위원은 10명 이상 70명 이하의 범위에서 각 노동위원회의 업무량을 고려하여 대통령령으로 정한다.45) 이 경우 근로자위원과 사용자위원은 같은 수로 한다(노위법 6조 2항). 다만, 특별노동위원회 위원의 수와 구성 비율은 그 설치 근거가 되는 법률에서 다르게 정할 수 있다(노위법 5조 2항).

가. 노동위원회의 위원
(1) 노동위원회 위원의 위촉
㈎ 근로자위원과 사용자위원

근로자위원은 노동조합이 추천한 사람 중에서 위촉하고, 사용자위원은 사용자단체가 추천한 사람 중에서 위촉하되, 중앙노동위원회의 경우에는 고용노동부장관의 제청으로 대통령이, 지방노동위원회의 경우에는 지방노동위원회 위원장의 제청으로 중앙노동위원회 위원장이 각 위촉한다(노위법 6조 3항).46) 이 경우 노동조합과 사용자단체가 추천하는 위원의 수는 각각 위촉될 근로자위원 및 사용자위원 수의 100분의 150 이상으로 한다(노위법 시행령 4조 2항).

중앙노동위원회의 근로자위원은 총연합단체인 노동조합이 추천하고, 지방노동위원회의 근로자위원은 해당 지방노동위원회의 관할구역에 조직되어 있는 총연합단체인 노동조합의 지역대표기구가 추천한다(노위법 시행령 5조 1항). 중앙노동위원회의 사용자위원은 전국 규모의 사용자단체가 추천하고, 지방노동위원회의 사용자위원은 해당 지방노동위원회의 관할구역에 조직되어 있는 사용자단체

---

44) 김동인, 829면.
45) 노위법 시행령 3조 별표 2.
46) 2007. 1. 26. 개정으로 노동부장관의 제청과 지방노동위원회 위원장의 제청이 도입되었다.

가 추천한다(노위법 시행령 5조 2항).

(나) 공익위원

공익위원은 해당 노동위원회 위원장, 노동조합 및 사용자단체가 각각 추천한 사람 중에서 노동조합과 사용자단체가 순차적으로 배제하고 남은 사람을 위촉대상 공익위원으로 하고, 그 위촉대상 공익위원 중에서 중앙노동위원회의 경우는 고용노동부장관의 제청으로 대통령이, 지방노동위원회의 경우는 지방노동위원회 위원장의 제청으로 중앙노동위원회 위원장이 위촉한다(노위법 6조 4항). 다만, 노동조합이나 사용자단체가 공익위원을 추천하는 절차나 추천된 공익위원을 순차적으로 배제하는 절차를 거부하는 경우에는 해당 노동위원회 위원장이 위촉대상 공익위원을 선정할 수 있다(노위법 6조 5항).

2007. 1. 26. 노위법 개정으로 공익위원 위촉방식이 선출방식에서 순차적 배제방식으로 변경되었는데, 이는 지나치게 편향적인 사람이 공익위원으로 위촉되지 않도록 하려는 취지이다.[47]

(다) 특별조정위원

공익사업의 노동쟁의 조정을 위한 노동위원회의 특별조정위원회 구성원인 3인의 특별조정위원은 그 노동위원회의 공익위원 중에서 노동조합과 사용자가 순차적으로 배제하고 남은 4인 내지 6인 중에서 노동위원회 위원장이 지명한다. 다만, 관계 당사자가 합의로 당해 노동위원회의 위원이 아닌 자를 추천하는 경우에는 그 추천된 자를 지명한다(노조법 72조 3항). 판례는 특별조정위원회의 구성에서 당사자가 배제신청을 한 공익위원을 특별조정위원으로 지명하는 것은 원칙적으로 허용되지 아니하나, 그 하자에 대하여 그 당사자가 위 위원회의 조정절차에 참여하여 권고결정이 이루어지기 전까지 이의를 제기하지 않았다면, 직권중재회부의 결정과정상의 하자가 그 절차의 공정성을 현저히 침해하였다고 볼 수 없다고 하였다.[48]

---

47) 임종률, 684면.
48) 대법원 2007. 12. 13. 선고 2005도7517 판결. 구 노조법(2006. 12. 30. 법률 8158호로 개정되기 전의 것)은 필수공익사업장에 대하여 직권중재제도를 두고 있고, 노조법 63조는 노동쟁의가 중재에 회부된 때에는 그 날부터 15일간은 쟁의행위를 할 수 없다고 규정하는 한편, 노조법 91조 1호는 이에 위반한 자에 대하여 1년 이하의 징역 또는 1천만 원 이하의 벌금에 처하도록 규정하고 있는데, 이 사건은 위 조항을 위반한 피고인에 대하여 위와 같은 특별조정위원회 구성의 하자에도 불구하고 유죄로 처벌할 수 있다는 취지이다.

(라) 상임위원

노동위원회에는 상임위원을 두며, 상임위원은 해당 노동위원회의 공익위원
이 될 수 있는 자격을 갖춘 사람 중에서 중앙노동위원회 위원장의 추천과 고용
노동부장관의 제청으로 대통령이 임명한다(노위법 11조 1항). 상임위원은 해당 노
동위원회의 공익위원이 되며, 심판사건, 차별적 처우 시정사건, 조정사건을 담당
할 수 있다(노위법 11조 2항). 각 노동위원회에 두는 상임위원의 수와 직급 등은 대
통령령으로 정한다(노위법 11조 3항).49)

(2) 노동위원회 위원의 자격

국공법 33조의 규정에 해당하는 사람은 노동위원회 위원이 될 수 없다(노위
법 12조).

공익위원의 자격에 대하여는 중앙노동위원회와 지방노동위원회에 따라, 담
당분야(심판담당, 차별시정담당, 조정담당인지에 따라)에 따라 차이가 있고, 노위법 8
조에서 자세하게 규정하고 있는데, 2007. 1. 26. 노위법 개정으로 위원자격에 필
요한 경력요건이 다소 완화되었다.50) 한편, 2015. 1. 20. 노위법 개정으로 노동
위원회의 각 공익위원을 위촉할 경우 여성의 위촉이 늘어날 수 있도록 노력하
여야 한다(노위법 8조).

(3) 노동위원회 위원의 임기, 행위규범과 신분보장

노동위원회 위원의 임기는 3년으로 하되, 연임할 수 있다(노위법 7조 1항). 노
동위원회 위원이 궐위된 경우 보궐위원의 임기는 전임자 임기의 남은 기간으로
한다. 다만, 노동위원회 위원장 또는 상임위원이 궐위되어 후임자를 임명한 경
우 후임자의 임기는 새로 시작된다(노위법 7조 2항).

노동위원회 위원은 법과 양심에 따라 공정하고 성실하게 업무를 수행하여
야 하며(노위법 11조의2 1항), 중앙노동위원회는 소정의 사항을 포함하여 노동위원

---

49) 고용노동부와 그 소속기관 직제에 의하면 중앙노동위원회 상임위원과 지방노동위원회 위
   원장 또는 지방노동위원회 상임위원은 고위공무원단에 속하는 임기제공무원으로 보하고(25
   조), 고용노동부 소속기관에 두는 공무원의 총 정원은 별표 3에 따라 제한되어 있다(39조).
50) 즉, 중앙노동위원회의 심판담당 및 차별시정 공익위원의 경우, '부교수 이상 5년 이상 재
   직자'에서 '부교수 이상으로 재직한 자'로, '판사, 검사 등의 10년 이상 재직자'에서 '7년 이
   상 재직자'로, '노동관계업무에 10년 이상 종사한 자'에서 '7년 이상 종사한 자'로 바뀌고, 조
   정담당 공익위원의 경우에도 '부교수 이상으로 5년 이상 재직한 자'에서 '부교수 이상으로
   재직한 자' 등으로 바뀌었고, 지방노동위원회의 경우에도 마찬가지로 경력요건이 완화되었다.

회 위원이 준수하여야 할 행위규범을 정할 수 있고(노위법 11조의2 2항), 여기에는 ⅰ) 업무수행과 관련하여 향응·금품 등을 받는 행위의 금지에 관한 사항, ⅱ) 관계 당사자 중 어느 한쪽에 편파적이거나 사건 처리를 방해하는 등 공정성과 중립성을 훼손하는 행위의 금지·제한에 관한 사항, ⅲ) 직무수행과 관련하여 알게 된 사항을 자기나 다른 사람의 이익을 위하여 이용하거나 다른 사람에게 제공하는 행위의 금지에 관한 사항, ⅳ) 부문별 위원회의 출석 등 노동위원회 위원으로서의 성실한 업무수행에 관한 사항, ⅴ) 그 밖에 품위 유지 등을 위하여 필요한 사항이 포함되어야 한다(노위법 11조의2 3항).

노동위원회 위원은 국가공무원의 결격사유에 해당하게 되거나 행위규범을 위반하여 위원으로서 직무를 수행하기 곤란하게 되는 등 소정의 사유에 해당하는 경우를 제외하고는 그 의사에 반하여 면직되거나 위촉이 해제되지 아니한다(노위법 13조 1항).[51] 다만, 노동위원회 위원이 국공법 33조에서 정한 국가공무원의 결격사유에 해당하는 경우에 당연히 면직되거나 위촉이 해제된다(노위법 13조 2항).

나. 위 원 장

노동위원회에 위원장 1명을 둔다(노위법 9조 1항). 중앙노동위원회 위원장은 중앙노동위원회의 공익위원이 될 수 있는 자격을 갖춘 사람 중에서 고용노동부장관의 제청으로, 지방노동위원회 위원장은 해당 노동위원회의 공익위원이 될 수 있는 자격을 갖춘 사람 중에서 중앙노동위원회 위원장의 추천과 고용노동부장관의 제청으로 대통령이 각각 임명한다(노위법 9조 2항). 중앙노동위원회 위원장은 정무직(장관급)으로 하고, 해당 노동위원회의 공익위원이 되며, 심판사건, 차별적 처우 시정사건, 조정사건을 담당할 수 있다(노위법 9조 3항, 4항). 노동위원회 위원장은 해당 노동위원회를 대표하여 노동위원회의 사무를 총괄하는 한편(노위

---

51) 제13조(위원의 신분보장)
① 노동위원회 위원은 다음 각 호의 어느 하나에 해당하는 경우를 제외하고는 그 의사에 반하여 면직되거나 위촉이 해제되지 아니한다.
1. 「국가공무원법」 제33조 각 호의 어느 하나에 해당하는 경우
2. 장기간의 심신쇠약으로 직무를 수행할 수 없는 경우
3. 직무와 관련된 비위사실이 있거나 노동위원회 위원직을 유지하기에 적합하지 아니하다고 인정되는 비위사실이 있는 경우
4. 제11조의2에 따른 행위규범을 위반하여 노동위원회 위원으로서 직무를 수행하기 곤란한 경우
5. 공익위원으로 위촉된 후 제8조에 따른 공익위원의 자격기준에 미달하게 된 것으로 밝혀진 경우
② 노동위원회 위원은 제1항제1호에 해당하는 경우에 당연히 면직되거나 위촉이 해제된다.

법 10조 1항), 위원장이 부득이한 사유로 직무를 수행할 수 없을 때에는 대통령령
으로 정하는 공익위원이 그 직무를 대행한다(노위법 10조 2항).[52]

다. 사무처, 사무국, 조사관

중앙노동위원회에는 사무처를 두고, 지방노동위원회에는 사무국을 두는데
(노위법 14조 1항), 사무처와 사무국의 조직·운영 등에 필요한 사항은 대통령령으
로 정한다(노위법 14조 2항). 아울러 고용노동부장관은 노동위원회 사무처 또는 사
무국 소속 직원을 고용노동부와 노동위원회 간에 전보할 경우 중앙노동위원회
위원장의 의견을 들어야 하는데(노위법 14조 3항), 이를 통해 중앙노동위원회 위원
장의 소속 직원의 전보에 대한 의견을 존중하고, 사무처 등 소속 직원의 안정적
인 근무를 도모하고 있다.

중앙노동위원회에는 사무처장 1명을 두고, 사무처장은 중앙노동위원회 상
임위원 중 1명이 겸직하며, 사무처장은 중앙노동위원회 위원장의 명을 받아 사
무처의 사무를 처리하며 소속 직원을 지휘·감독한다(노위법 14조의2). 노동위원회
의 사무처와 사무국에 조사관을 두는데, 중앙노동위원회 위원장은 노동위원회
사무처 또는 사무국 소속 공무원 중에서 조사관을 임명하고, 조사관은 위원장,
부문별 위원회의 위원장 또는 주심위원의 지휘를 받아 노동위원회의 소관 사무
에 필요한 조사를 하고 부문별 위원회에 출석하여 의견을 진술할 수 있으며, 조
사관의 임명·자격 등에 관하여 필요한 사항은 대통령령으로 정하고 있다(노위법
14조의3, 노위법 시행령 9조의2).

라. 변호사·공인노무사의 권리구제업무 대리

노동위원회는 권리구제사건(판정·결정·승인·인정 및 차별적 처우 시정 등에
관한 사건)에서 사회취약계층을 위하여 변호사나 공인노무사로 하여금 권리구제
업무를 대리하게 할 수 있다(노위법 6조의2).[53] 이는 변호사나 공인노무사로 하여
금 사회취약계층을 위한 공익적인 활동을 하게 함으로써 사회취약계층의 사회
보장과 법률복지 증진을 기하기 위한 것이다. 다만 이는 권리구제사건에만 적용

---

52) 노위법 시행령 9조: 대행 순서는 상임위원(상임위원이 둘 이상인 경우에는 위원장이 미리
   정한 순서에 따른 상임위원), 상임위원도 부득이한 사유로 직무를 수행할 수 없을 때에는 위
   원장이 미리 정한 순서에 따른 공익위원 순이다.
53) 구 노위법(2015. 1. 20. 법률 13044호로 개정되기 전의 것)은 공인노무사의 권리구제업무
   대리만을 정하고 있었는데, 2015. 1. 20. 노위법 개정으로 변호사도 사회취약계층을 위한 권
   리구제업무를 대리할 수 있게 되었다.

되고 조정사건에는 적용되지 않는다.54) 한편 노동위원회는 변호사법 7조에 따라 등록한 변호사, 공인노무사법 5조에 따라 등록한 공인노무사 중에서 사회취약계층을 위한 권리구제업무를 대리하기에 적절한 변호사 또는 공인노무사를 권리구제업무 대리인으로 위촉하고(노위법 시행규칙 5조 1항), 판정·결정·승인·인정 또는 차별적 처우 시정 등에 관한 사건의 당사자가 월평균임금이 고용노동부장관이 고시하는 금액 미만인 경우55) 그 당사자로부터 신청을 받아 위와 같이 위촉한 변호사 또는 공인노무사 중에서 해당 사건의 권리구제업무를 대리할 권리구제업무 대리인을 선임할 수 있다(노위법 시행규칙 3조 1항, 4조).

Ⅲ. 노동위원회의 회의(15조 내지 21조)

1. 회의의 구성

가. 회의의 종류

노동위원회는 전원회의와 위원회의 권한에 속하는 업무를 부문별로 처리하기 위하여 다른 법률에 특별한 규정이 있는 경우를 제외하고는 심판위원회·차별시정위원회·조정위원회·특별조정위원회·중재위원회·교원 노동관계 조정위원회 및 공무원 노동관계 조정위원회의 부문별 위원회를 둔다(노위법 15조 1항).

나. 회의별 구성방법과 업무

(1) 전원회의

전원회의는 해당 노동위원회 소속 위원 전원으로 구성하며, ⅰ) 노동위원회의 운영 등 일반적인 사항의 결정, ⅱ) 관계 행정기관에 대한 근로조건의 개선에 관한 권고, ⅲ) 중앙노동위원회의 지시 및 규칙의 제정 등의 사항을 처리한다(노위법 15조 2항).

---

54) 공인노무사의 권리구제업무 대리제도는 2007. 5. 17. 노위법 개정으로 도입되었는데, 당초 발의된 노위법 개정법률안에서는 공인노무사로 하여금 노동위원회의 심판사건 및 조정사건에 있어서 사회취약계층의 권리구제업무를 대리할 수 있도록 하였으나, 환경노동위원회의 법안 심사과정에서 '조정사건은 권리구제 업무가 아니라 당사자의 이해관계 조정의 성격이 강하다.'는 이유로 공인노무사가 대리할 수 있는 사건을 판정·결정·의결·승인·인정 또는 차별시정 등에 관한 사건으로 한정하는 내용으로 수정되었다.

55) 권리구제업무 대리인 선임 신청을 할 수 있는 사람의 기준이 되는 월평균임금 고시(2021. 12. 31. 개정 고용노동부 고시 2021-131호)에 의하면, 권리구제업무 대리인 선임 신청을 할 수 있는 사람은 월 평균임금이 300만 원 미만인 경우에 한정된다.

(2) 부문별 위원회

심판위원회는 심판담당 공익위원 중 위원장이 지명하는 3명으로 구성하며, 노조법, 근기법, 근로자참여법, 그 밖의 법률에 따른 노동위원회의 판정·의결·승인 및 인정 등과 관련된 사항을 처리한다(노위법 15조 3항).

차별시정위원회는 차별시정담당 공익위원 중 위원장이 지명하는 3명으로 구성하며, 기간제법·파견법·일학습병행법·남녀고용평등법에 따른 차별적 처우의 시정 등과 관련된 사항을 처리한다(노위법 15조 4항).

조정위원회·특별조정위원회 및 중재위원회는 노조법에서 정하는 바에 따라 구성하며, 같은 법에 따른 조정·중재, 그 밖에 이와 관련된 사항을 각각 처리하고(노위법 15조 5항), 이 경우 공익위원은 조정담당 공익위원 중에서 지명한다. 조정위원회는 노·사 대표위원 및 공익위원의 3인으로 구성되며, 중재위원회는 공익위원만으로 구성된다(노조법 55조, 64조).

다만 심판위원회나 차별시정위원회의 경우에는 위원장 또는 상임위원의 업무가 과도하여 정상적인 업무수행이 곤란하게 되는 등 중앙노동위원회가 제정하는 규칙으로 정하는 부득이한 사유가 있는 경우 외에는 위원장 또는 상임위원 1명이 포함되도록 위원을 지명하여야 하고(노위법 15조 6항), 특정 부문별 위원회에 사건이 집중되거나 다른 분야의 전문지식이 필요하다고 인정하는 경우에는 각 위원장은 심판담당 공익위원, 차별시정담당 공익위원 또는 조정담당 공익위원을 담당 분야와 관계없이 다른 부문별 위원회의 위원으로 지명할 수 있다(노위법 15조 7항). 이는 노동위원회 내부의 인력 운용을 탄력적으로 할 수 있게 함으로써 업무의 적정처리 및 업무의 불균형을 해소하기 위하여 마련한 규정이라고 볼 수 있다.

교원 노동관계 조정위원회는 교원노조법에서 정하는 바에 따라 설치·구성하며, 중앙노동위원회 위원장이 지명하는 조정담당 공익위원 3명으로 구성하고, 교원노조법에 따른 조정·중재, 그 밖에 이와 관련된 사항을 처리한다(노위법 15조 8항, 교원노조법 11조).

공무원 노동관계 조정위원회는 공무원노조법에서 정하는 바에 따라 7명 이내의 공익위원으로 구성하며 위원 전원으로 구성되는 전원회의나 3명으로 구성된 소위원회로 나뉘고, 공무원노조법에 따른 조정·중재, 그 밖에 이와 관련된 사항을 처리한다(노위법 15조 9항, 공무원노조법 14조, 15조).

다. 단독심판제

노동위원회 위원장은 신청기간을 넘기는 등 신청 요건을 명백하게 갖추지 못한 경우나 관계 당사자 양쪽이 모두 단독심판을 신청하거나 단독심판으로 처리하는 것에 동의한 경우에는 심판담당 공익위원 또는 차별시정담당 공익위원 중 1명을 지명하여 사건을 처리하게 할 수 있다(노위법 15조의2). 신청 요건을 명백하게 갖추지 못한 경우란 신청 자체로 부적법함이 명백하게 드러난 경우로 한정되어야 하고, 결과적으로 부적법하더라도 사실조사나 법률상의 판단이 필요한 경우는 여기에 해당하지 않는다.[56]

2. 회의별 처리사항

가. 전원회의 처리사항(15조 2항)

· 노동위원회의 운영 등 일반적인 사항의 결정

· 관계 행정기관에 대한 근로조건 개선의 권고(노위법 22조 2항)·노동위원회의 사무 처리에 관한 기본방침 및 법령의 해석에 관하여 필요한 지시(중앙노동위원회의 권한, 노위법 24조)[57]

· 노동위원회의 운영, 부문별 위원회 및 조사관이 처리하는 사건의 지정방법, 그 밖에 위원회 운영에 필요한 사항에 관한 규칙 제정(중앙노동위원회의 권한, 노위법 25조)

· 위원장 또는 위원 과반수가 처리를 요구한 사항(노위규칙 13조)[58]

나. 심판위원회 처리사항(15조 3항)[59]

· 근로계약상의 근로조건 위반으로 인한 손해배상청구 심의(근기법 19조 2항)

---

56) 이에 따라 노위규칙 67조에서는 노위규칙 60조 1항의 각하사유 중 1호(신청기간 도과), 2호(보정명령 미이행), 4호(노동위원회의 구제명령 대상 아닌 경우), 5호(중복 신청), 7호(신청의사 포기)의 경우에만 단독심판이 가능하다고 규정하고 있고, 사실관계 조사 등이 필요한 노위규칙 60조 1항 3호(당사자 적격이 없는 경우), 6호(신청의 이익이 없는 경우)는 단독심판이 가능한 경우에서 제외하고 있다.

57) 다만, 중앙노동위원회가 지방노동위원회나 특별노동위원회의 구체적인 사건에 개입하여 그 해결 방침을 지시할 수는 없다(임종률, 683면).

58) 2007. 5. 29. 노위규칙 19호로 개정되기 전의 구 노위규칙 4조 1항 2호, 2항 2호에서는 위원 1/3 이상이 처리를 요구한 사항을 전원회의에서 처리하는 것으로 규정되어 있었다.

59) 노위규칙 16조.

· 부당해고 등에 대한 구제신청 판정(근기법 28조)

· 구제명령 미이행자에 대한 이행강제금 부과(근기법 33조)

· 기준 미달의 휴업수당 지급에 대한 승인(근기법 46조 2항)

· 휴업보상 및 장해보상의 예외 인정(근기법 81조)

· 고용노동부장관의 재해보상 심사·중재 결정에 대한 이의신청에 관한 심사·중재(지방노동위원회의 권한)(근기법 89조)

· 확정된 구제명령·재심판정을 이행하지 아니한 자에 대한 고발(근기법 112조)

· 노동조합의 임시총회 또는 임시대의원회 소집권자 지명 의결(지방노동위원회의 권한)(노조법 18조 3항)

· 노동조합 규약의 시정명령 의결(지방노동위원회의 권한)(노조법 21조 1항)

· 노동조합 결의·처분의 시정명령 의결(지방노동위원회의 권한)(노조법 21조 2항)

· 휴면노조의 해산 의결(지방노동위원회의 권한)(노조법 28조 1항 4호)

· 교섭창구 단일화 절차 관련 결정(노조법 29조의2)[60]

· 교섭단위 분리에 대한 결정(노조법 29조의3)

· 공정대표의무 위반 시정 신청에 대한 판정(노조법 29조의4)

· 위법한 내용이 있는 단체협약의 시정명령 의결(지방노동위원회의 권한)(노조법 31조 3항)

· 단체협약의 해석이나 이행방법에 관한 견해의 제시(노조법 34조)

· 단체협약의 지역적 구속력 결정에 대한 의결(지방노동위원회의 권한)(노조법 36조 1항)

· 안전보호시설에 대한 쟁의행위의 중지통보에 대한 사전의결 또는 사후승인(지방노동위원회의 권한)(노조법 42조)

· 부당노동행위의 판정 및 구제명령(노조법 82조 1항)

· 법원에 대한 구제명령의 이행 신청(중앙노동위원회의 권한)(노조법 85조 5항)

· 노사협의회 의결사항에 관하여 노사협의회가 의결하지 못한 경우 및 노사협의회에서 의결된 사항의 해석이나 이행 방법 등에 관하여 의견이 일치하지 아니하는 경우의 중재(근참법 24조 1항)

---

60) 구체적으로는 교섭요구 사실의 공고에 대한 시정 신청, 교섭요구 노동조합 확정공고 이의 신청 사실의 공고에 대한 시정 신청, 과반수 노동조합에 대한 이의 신청, 공동교섭대표단 구성 결정 신청, 공동교섭대표단 구성 결정에 대한 이의 신청 사건이 이에 해당한다(노위규칙 16조 12호).

다. 차별시정위원회 처리사항(15조 4항)[61]

· 기간제 · 단시간 · 파견근로자 · 학습근로자에 대한 차별적 처우의 시정, 조정 · 중재 등에 관한 사항(기간제법 9조 내지 15조, 파견법 21조, 일학습병행법 28조)

· 고용노동부장관으로부터 통보받은 기간제 · 단시간 · 파견근로자 · 학습근로자에 대한 차별적 처우의 시정, 조정 · 중재 등에 관한 사항(기간제법 15조의2, 파견법 21조의2, 일학습병행법 21조)

· 남녀고용평등법상 차별적 처우의 시정, 조정 · 중재 및 고용노동부장관으로부터 통보받은 차별적 처우의 시정, 조정 · 중재 등에 관한 사항(남녀고용평등법 26조 내지 29조의5)[62]

라. 조정위원회 처리사항(15조 5항)[63]

· 일반사업의 노동쟁의 조정과 조정안의 해석이나 이행방법에 관한 견해의 제시에 관한 사항(노조법 5장 2절)

마. 특별조정위원회 처리사항(15조 5항)[64]

· 필수유지업무의 필요 최소한의 유지 · 운영수준, 대상직무 및 필요인원 등 결정과 그 해석이나 이행방법에 대한 해석에 관한 사항(노조법 42조의4)

· 공익사업의 노동쟁의 조정과 조정안의 해석이나 이행방법에 관한 견해의 제시에 관한 사항(노조법 5장 4절)

바. 중재위원회 처리사항(15조 5항)[65]

· 노동쟁의의 중재, 중재재정의 해석이나 이행방법에 대한 해석에 관한 사항(노조법 5장 3절)

---

61) 노위규칙 17조.
62) 차별시정위원회의 처리사항을 규정한 노위규칙 17조는 이를 명시하고 있지 않으나, 2022. 5. 19. 시행된 남녀고용평등법(2021. 5. 18. 법률 18178호로 개정된 것) 28조 1항은 남녀를 이유로 차별적 처우 등을 받은 근로자가 노동위원회에 그 시정을 신청할 수 있다고 규정하였고, 29조의5 1항, 2항은 고용노동부장관은 사업주가 차별적 처우를 한 경우 그 시정을 요구할 수 있으며, 사업자가 시정요구에 따르지 아니할 경우에는 노동위원회에 이를 통보하여야 한다고 규정하고 있으므로, 남녀고용평등법상 차별적 처우에 관한 사건 역시 노동위원회의 차별시정위원회가 처리하여야 할 사항으로 봄이 타당하다.
63) 노위규칙 18조 1항.
64) 노위규칙 18조 2항.
65) 노위규칙 18조 3항.

사. 교원 노동관계 조정위원회 처리사항(15조 8항)[66]

· 교원의 노동쟁의 조정 · 중재와 조정안 · 중재안의 해석이나 이행방법에 대한 견해의 제시에 관한 사항(교원노조법 9조 내지 12조, 14조)

아. 공무원 노동관계 조정위원회 처리사항(15조 9항)[67]

· 공무원의 노동쟁의 조정 · 중재와 조정안 · 중재안의 해석이나 이행방법에 대한 해석에 관한 사항(공무원노조법 12조 내지 17조)

자. 심판위원회의 화해권고 제도(16조의3)

(1) 신설 경위와 내용

2007. 1. 26. 노위법 개정 전에는 노동위원회가 화해를 권고할 수 있는 법적인 근거가 없었고, 다만 구 노위규칙(2007. 5. 29. 노위규칙 19호로 전부 개정되기 전의 것) 28조[68]에서 이를 규정하고 있었는데, 화해의 근거와 효력을 노위규칙의 형식으로 정하고 있는 것은 다른 행정위원회 조정의 경우와 비교할 때 매우 이례적인 것이며, 헌법 37조 2항의 규정에 반하여 당사자의 재판청구권을 제한하는 것이 될 수도 있고, 적법한 위임입법이라고 볼 수 없어 위 규칙을 통해서 화해권고에 확정판결과 동일한 효력을 인정할 수 없다는 비판이 있었다.[69]

위와 같은 문제점을 개선하기 위하여 위 노위법 개정 시에 16조의3을 신설하여 노동위원회는 노조법 84조(부당노동행위 구제신청사건) 또는 근기법 30조(부당해고 판정사건)에 따른 판정 · 명령 또는 결정이 있기 전까지 당사자의 신청 또는 직권에 의하여 화해를 권고하거나 화해안을 제시할 수 있다는 내용을 추가하였고, 이에 따라 노동위원회(심판위원회)는 위 2개 유형의 심판사건 처리를 위한 조사 및 심문 과정에서 언제든지 당사자에게 화해를 권고하거나 화해안을 제시할 수 있게 되었다. 이후 2015. 1. 20. 노위법 개정 시에 노조법 29조의4에 따른 공정대표의무위반 시정신청사건도 노동위원회가 화해를 권고하거나 화해

---

66) 노위규칙 18조 4항.
67) 노위규칙 18조 5항.
68) 구 노위규칙 28조(화해).
　　① 위원회는 조사 및 심문 과정에서 언제든지 당사자에게 화해안을 제시하고 화해를 권고할 수 있다.
　　② 화해가 성립한 경우 당해 사건은 종결되며 위원회는 별지 3호 서식에 의한 화해조서를 작성하여야 한다.
　　③ 화해는 확정판정과 동일한 효력이 있다. 다만, 당사자는 화해한 후 이에 불복할 수 없다.
69) 최현희, 31~33면.

안을 제시할 수 있는 심판 사건으로 추가되었다.

　　한편 노동위원회는 화해안을 작성할 때 관계 당사자의 의견을 충분히 들어야 하고, 관계 당사자가 화해안을 수락하였을 때에는 화해조서를 작성하여야 하며, 화해조서에는 관계 당사자와 화해에 관여한 부문별 위원회의 위원 전원이 서명하거나 날인하여야 한다(노위법 16조의3 2항 내지 4항). 따라서 이러한 서명 또는 날인이 없는 화해조서는 유효하게 성립한 것으로 볼 수 없고, 화해가 성립된 후에 당사자는 이를 번복할 수 없다(노위규칙 71조 2항).

　　화해의 구체적인 절차에 대하여는 노위규칙 68조 내지 73조[70])에서 상세히 규정하고 있다.

(2) 효　　력

　　화해조서는 민소법에 따른 재판상 화해의 효력을 갖게 되어(노위법 16조의3 5항) 확정판결과 동일한 효력이 있으므로 집행권원이 될 수 있다. 따라서 화해조서에 확정판결의 당연무효사유와 같은 사유가 있는 때를 제외하고는 재심사유에 해당하는 흠이 있어 준재심절차에 의하여 취소되지 아니하는 한 그 무효를 주장할 수 없다.[71]) 한편 화해조서에 본래의 신청원인에 기재되지 아니한 법률관계가 그 대상에 포함되었더라도 이 부분에 대하여도 화해의 효력은 당사자에게 미친다.[72]) 다만, 화해신청서와 화해조서에 신청원인은 기재하지 않도록 되어 있

---

70) 노위규칙 68조(화해의 신청) 당사자는 화해를 신청하고자 할 때에는 별지 20호 서식의 화해신청서를 제출하여야 한다. 다만, 심문회의에서는 구술로 화해를 신청할 수 있다.
　　　69조(화해의 권고) 심판위원회는 사건의 조사 과정이나 심문회의 진행 중에 당사자에게 화해를 권고하거나 주선할 수 있다.
　　　70조(화해안의 작성 등) ① 심판위원회나 단독심판위원은 화해신청서와 당사자의 화해 조건 등을 충분히 검토하여 별지 21호 서식의 화해안을 작성하여야 하며, 그 취지와 내용을 당사자에게 충분히 설명하여야 한다.
　　　② 심판위원회나 단독심판위원은 필요하다고 인정되는 경우 화해회의를 별도로 개최할 수 있다.
　　　71조(화해 성립) ① 심판위원회는 당사자가 화해안을 수락하거나 화해 조건에 합의한 경우에는 별지 22호 서식의 화해조서를 작성하여야 한다.
　　　② 화해는 당사자와 화해에 관여한 심판위원이 서명이나 날인함으로써 성립되며 화해가 성립된 후 당사자는 이를 번복할 수 없다.
　　　72조(화해조서 송부) 노동위원회위원장은 화해가 성립된 날로부터 5일 이내에 화해조서 정본을 배달증명우편으로 당사자에게 송부하여야 한다.
　　　73조(화해조서 송달증명서 발급) 노동위원회위원장은 화해조서를 송달받은 당사자가 화해조서 송달증명서 발급을 신청하면 별지 23호 서식의 화해조서 송달증명서를 발급하여야 한다.
71) 대법원 1999. 10. 8. 선고 98다38760 판결.
72) 대법원 2008. 2. 1. 선고 2005다42880 판결.

어[73] 구체적으로 기판력이 발생하는 심판대상의 범위를 특정하기 어렵고 이후의 신청이나 후소 등에서 다시 그 기판력의 범위가 문제될 수 있다. 그리고 집행문 부여기관으로서는 기판력의 범위를 판단할 수 있는 다른 사정이 명확하게 드러나지 않는다면 일단은 집행이 필요한 전부에 대하여 집행문을 부여할 수밖에 없다. 한편, 화해조서가 작성되어 있더라도 화해조서에 기재된 내용이 특정되지 아니하여 강제집행을 할 수 없는 경우에는 동일한 청구를 제기할 소의 이익이 있으며,[74] 화해조서 작성 후에 금전 지급 등의 사정변경이 있는 경우에는 청구이의의 소로 그 집행을 다툴 수 있다.

3. 회의절차 및 운영

가. 회의절차

(1) 소 집

노동위원회의 회의는 위원장 또는 각 부문별 위원회의 위원장이 각각 소집하며, 위원장 또는 부문별 위원회의 위원장은 전원회의 또는 부문별 위원회를 구성하는 위원의 과반수가 회의 소집을 요구하는 경우에 이에 따라야 한다(노위법 16조 2항, 3항). 위원장은 전원회의의 의장이 되며, 부문별 위원회의 위원장은 해당 부문별 위원회의 의장이 된다. 부문별 위원회의 위원장은 다른 법률에 특별한 규정이 있는 경우(예컨대 노조법 56조, 73조[75])를 제외하고는 해당 부문별 위원회의 위원 중에서 호선한다(노위법 16조 1항).

한편, 위원장 또는 부문별 위원회 위원장은 업무수행과 관련된 조사 등 노동위원회의 원활한 운영을 위하여 필요한 경우 노동위원회가 설치된 위치 외의 장소에서 부문별 위원회를 소집하게 하거나 노위법 15조의2에 따른 단독심판을

---

73) 노위규칙 별지 서식 중 화해신청서(20호)와 화해조서(22호)에 신청원인은 기재하지 않도록 되어 있다.

74) 대법원 1995. 5. 12. 선고 94다25216 판결.

75) 노조법 56조(조정위원회의 위원장)
　① 조정위원회에 위원장을 둔다.
　② 위원장은 공익을 대표하는 조정위원이 된다. 다만, 55조 4항의 규정에 따른 조정위원회의 위원장은 조정위원 중에서 호선한다.
　노조법 73조(특별조정위원회의 위원장)
　① 특별조정위원회에 위원장을 둔다.
　② 위원장은 공익을 대표하는 노동위원회의 위원인 특별조정위원 중에서 호선하고, 당해 노동위원회의 위원이 아닌 자만으로 구성된 경우에는 그중에서 호선한다. 다만, 공익을 대표하는 위원인 특별조정위원이 1인인 경우에는 당해 위원이 위원장이 된다.

하게 할 수 있다(노위법 16조 4항).

(2) 개의·의결

노동위원회의 전원회의는 재적위원 과반수의 출석으로 개의하고, 출석위원 과반수의 찬성으로 의결하며, 부문별 위원회의 회의는 구성위원 전원의 출석으로 개의하고, 출석위원 과반수의 찬성으로 의결하고, 다만 공무원 노동관계 조정위원회의 전원회의는 재적위원 과반수의 출석으로 개의하고 출석위원 과반수의 찬성으로 의결하며, 회의에 참여한 위원은 그 의결 사항에 대하여 서명하거나 날인하여야 한다(노위법 17조).

(3) 의결 결과의 송달

의결이 이루어진 경우 노동위원회는 부문별 위원회의 의결 결과를 지체 없이 당사자에게 서면으로 송달하여야 하고(노위법 17조의2 1항), 또한 노동위원회는 처분 결과를 당사자에게 서면으로 송달하여야 하며, 처분의 효력은 판정서·명령서·결정서 또는 재심판정서를 송달받은 날부터 발생한다(노위법 17조의2 2항). 한편, 노동위원회는 서류의 송달을 받아야 할 자가 ⅰ) 주소가 분명하지 아니하거나, ⅱ) 주소가 국외에 있거나 통상적인 방법으로 확인할 수 없어 서류의 송달이 곤란하거나, ⅲ) 등기우편 등으로 송달하였으나 송달을 받아야 할 자가 없는 것으로 확인되어 반송되는 경우에는 공시송달을 할 수 있고(노위법 17조의3 1항), 이러한 공시송달은 노동위원회의 게시판이나 인터넷 홈페이지에 게시하는 방법으로 하며(노위법 17조의3 2항), 공시송달은 위와 같이 게시한 날부터 14일이 지난 때에 효력이 발생한다(노위법 17조의3 3항). 부문별 위원회의 의결 결과 및 노동위원회의 처분 결과의 송달의 방법과 절차 및 공시송달의 요건과 방법 및 절차에 필요한 사항은 대통령령으로 정한다(노위법 17조의2 3항, 17조의3 4항, 노위법 시행령 9조의3).

나. 회의의 운영

(1) 회의의 운영절차

부문별 위원회 위원장은 부문별 위원회의 원활한 운영을 위하여 필요하다고 인정하는 경우에 주심위원을 지명하여 사건의 처리를 주관하게 할 수 있다(노위법 16조의2). 그리고 노동위원회의 위원장 또는 부문별 위원회의 위원장은 소관 회의에 부쳐진 사항에 관하여 구성위원 또는 조사관으로 하여금 회의에 보고하게 할 수 있다(노위법 18조 1항). 특히 심판위원회 및 차별시정위원회는 의결하기 전에 해당 노동위원회의 근로자위원 및 사용자위원 각 1명 이상의 의견을 들어야 한다. 다만, 근로자위원 또는 사용자위원이 출석요구를 받고 정당한 이유 없이 출석하지 아니하는 경우에는 그러하지 아니하다(노위법 18조 2항). 노위법이 이해관계가 충돌하는 이러한 절차에서 양측의 의견을 들을 것을 의무화하고 있는 점을 고려할 때, 이러한 절차를 흠결한 의결에 기한 판정 등은 위법하다.

(2) 회의의 공개와 위원장의 질서유지 권한

노동위원회의 회의는 공개한다. 다만, 해당 회의에서 공개하지 아니하기로 의결하면 공개하지 아니할 수 있다(노위법 19조). 주로 사실관계의 확인이나 증거 확보와 관련하여 당사자, 관계인 및 증인 신문이 진행되거나 조사관 보고가 이루어지는 심문회의가 원칙적 공개의 대상이 될 것이고, 판정회의가 공개의 대상이 되는 것은 아니다.

노동위원회의 위원장 또는 부문별 위원회의 위원장은 소관 회의의 공정한 진행을 방해하거나 질서를 문란하게 하는 사람에 대하여 퇴장명령, 그 밖에 질서유지에 필요한 조치를 할 수 있다(노위법 20조).

(3) 위원에 대한 제척·기피

노동위원회 사건의 판정과 조정의 공정성을 높이기 위하여 2007. 1. 26. 노위법 개정 시에 노동위원회 위원에 대한 제척·기피 부분이 자세하게 규정되었다. 즉, 노동위원회의 위원은 자신과 직접적인 이해관계가 있는 사건으로서 법소정의 제척사유가 있는 경우에는 그 사건에 관한 직무집행에서 제척된다(노위법 21조 1항).[76] 위원장은 위 1항에 따른 사유가 있는 경우에 관계 당사자의 신청을

---

76) 노위법 21조(위원의 제척·기피·회피 등)
　① 위원은 다음 각 호의 어느 하나에 해당하는 경우에 해당 사건에 관한 직무집행에서 제척된다.
　1. 위원 또는 위원의 배우자이거나 배우자였던 사람이 해당 사건의 당사자가 되거나 해당 사건의 당사자와 공동권리자 또는 공동의무자의 관계에 있는 경우
　2. 위원이 해당 사건의 당사자와 친족이거나 친족이었던 경우
　3. 위원이 해당 사건에 관하여 진술이나 감정을 한 경우
　4. 위원이 당사자의 대리인으로서 업무에 관여하거나 관여하였던 경우
　4의 2. 위원이 속한 법인, 단체 또는 법률사무소가 해당 사건에 관하여 당사자의 대리인으로서 관여하거나 관여하였던 경우
　5. 위원 또는 위원이 속한 법인, 단체 또는 법률사무소가 해당 사건의 원인이 된 처분 또는 부작위에 관여한 경우

받아 또는 직권으로 제척의 결정을 하여야 한다(노위법 21조 2항). 또한 노동위원회의 위원이 해당 사건과 직접적인 이해관계가 없는 경우라 하더라도 관계 당사자는 공정한 심의·의결 또는 조정 등을 기대하기 어려운 위원이 있는 경우에 그 사유를 적어 위원장에게 기피신청을 할 수 있다(노위법 21조 3항). 위원장은 관계 당사자의 기피신청이 이유 있다고 인정되는 경우에 기피의 결정을 하여야 한다(노위법 21조 4항). 그 밖에 위원장은 사건이 접수되는 즉시 제척신청과 기피신청을 할 수 있음을 사건 당사자에게 알려야 한다(노위법 21조 5항). 위원에게 제척사유 또는 기피사유가 있는 경우에는 스스로 그 사건에 관한 직무집행에서 회피할 수 있다. 이 경우 해당 위원은 위원장에게 그 사유를 소명하여야 한다(노위법 21조 6항).

Ⅳ. 노동위원회의 권한(22조 내지 25조)

1. 서   설

노동위원회의 권한은 크게 조정적 권한과 판정적 권한으로 나눌 수 있다. 전자는 주로 조정위원회·특별조정위원회·중재위원회의 처리사항과 관련되어 있고, 후자는 주로 심판위원회와 차별시정위원회의 처리사항과 관련되어 있다.

2. 조정적 권한

노동위원회는 노동쟁의의 조정·중재·특별조정 및 긴급조정을 행할 권한이 있고(노조법 53조 이하, 62조 이하, 72조 이하 및 76조 이하 참조), 긴급조정은 중앙노동위원회만이 행할 수 있다(노조법 76조 이하 참조).

한편, 2007. 1. 26. 노위법 개정 시에 2조의2가 신설되어 노동위원회 소관 사무에 노동관계 당사자의 자주적인 노동쟁의 해결을 지원하는 업무 등이 명시되었는데(2조의2 2호·3호), 이는 노동위원회에 노동쟁의 조정신청 기간 외에서도 노동쟁의의 예방 및 사후 조정 권한을 포괄적으로 부여하여 이를 강화하려는 취지라고 볼 수 있다.

노동위원회가 조정·중재 등을 할 수 있는 심판의 대상인 노동쟁의의 개념과 그 범위에 관한 자세한 내용은 노조법 47~51조에 대한 해설 Ⅰ. 1. 다. 참조.

다만, 현행 노조법(2조 5호)은 집단적 이익분쟁만을 조정 대상으로 삼고 있는

데, 이를 단체교섭 및 쟁의행위 대상성과는 독립하여 파악하고, 조정의 공익적
서비스 측면을 고려하여 그 대상을 권리분쟁 등에도 확대하는 입법적 조치가
필요하다는 견해도 있다.[77]

3. 판정적 권한

심판위원회는 앞서 본 바와 같이 근기법과 노조법, 근로자참여법상 노동위
원회의 판정·의결·승인·인정 등을 받도록 규정된 사항을 처리하는데, 이러한
권한은 크게 의결권한과 판정권한으로 나눌 수 있다.

가. 의결권한

먼저, 의결권한은 행정관청이 행정처분을 내리기 전에 그 사전절차로서 위
원회의 의결을 먼저 거치도록 하는 절차적 권한을 말한다. 노동위원회의 의결은
내용적으로는 판정이지만 행정처분은 아니다. 따라서 이에 대하여 당사자는 행
정소송을 제기할 수 없으며, 오로지 행정처분을 내린 행정관청을 피고로 하여
행정처분에 대한 행정소송을 제기할 수 있을 뿐이다. 다만 행정관청이 노동위원
회의 의결을 거치지 아니하고 행정처분을 내리는 경우 이는 행정행위의 절차적
요건을 결여하고 있으므로 무효인 행정처분이 되는 것으로 보아야 한다. 노동위
원회가 의결한 사항에 대하여 행정관청은 노동위원회의 결정이 위법하거나 재
량권을 남용·일탈하지 아니하는 한 이에 구속되는 것이 원칙이다.[78]

따라서 앞에서 본 심판위원회 처리사항 중 노동조합의 임시총회 또는 임시
대의원회 소집권자 지명 의결(노조법 18조 3항), 노동조합 규약의 시정명령 의결(노
조법 21조 1항), 노동조합 결의·처분의 시정명령 의결(노조법 21조 2항), 휴면노조의
해산 의결(노조법 28조), 위법한 내용이 있는 단체협약의 시정명령 의결(노조법 31
조), 단체협약의 지역적 구속력 결정에 대한 의결(노조법 36조), 안전보호시설에 대
한 쟁의행위의 중지통보에 대한 사전의결 또는 사후승인(노조법 42조)과 같은 행
정관청의 요청에 따른 의결이나 그 외 관계 행정기관에 대한 근로조건의 개선
건의(노위법 22조 2항)와 같은 정책적 기능에 속하는 사항은 행정처분성이 없는 내
부적 의사결정이다.

---

  77) 김홍영a, 48~51면; 이철수·박은정, 98~99면.
  78) 이상윤a, 1019면.

나. 판정권한

노동위원회의 판정권한은 당사자의 권리 내지 이해를 직접 구속하는 효력을 발생시키는 준사법적 기능으로서 일종의 행정처분이므로 이에 대하여 불복할 경우에는 재심을 거쳐 행정소송을 제기할 수 있고, 부당노동행위에 대한 구제명령에 대하여는 노조법에 별도의 불복절차를 두고 있으며, 노동위원회의 판정권한은 그 대상이 권리분쟁에 해당하여 법원의 관할과 경합하게 된다.

따라서 위에서 본 심판위원회 처리사항 중 권리분쟁에 대하여 판정하는 기능인 부당노동행위의 판정 및 구제명령(노조법 82조 1항), 부당해고 등에 대한 구제신청 판정(근기법 28조), 근로계약상의 근로조건 위반으로 인한 손해배상청구 심의(근기법 19조), 구제명령 미이행자에 대한 이행강제금 부과(근기법 33조), 기준 미달의 휴업수당 지급에 대한 승인(근기법 46조 2항), 휴업보상 및 장해보상의 예외 인정(근기법 81조), 고용노동부장관의 재해보상 심사·중재 결정에 대한 이의신청에 관한 심사·중재(근기법 89조), 중재재정(노조법 70조)은 행정처분성이 인정된다.

판례가 명시적으로 행정처분성을 인정한 사례로는 지방노동위원회의 휴업지불 예외승인이나, 그 승인을 취소하는 중앙노동위원회의 재심판정,79) 구 노동쟁의조정법상의 지방노동위원회의 중재회부결정80) 등을 들 수 있다.

---

79) 대법원 1963. 12. 12. 선고 63다540 판결, 대법원 1968. 9. 17. 선고 68누151 판결, 대법원 1982. 12. 14. 선고 82누448 판결. "객관적으로 휴업지불예외승인의 다른 요건을 갖추었다 하더라도 노동위원회로부터 그 승인을 받지 못하면 그 수당의 지급을 면할 수 없어 노동위원회의 승인의 유무가 수당지급청구권 발생 및 그 내용에 직접적인 영향을 미치므로 지방노동위원회의 승인이나 그 승인을 취소하는 중앙노동위원회의 재심판정은 행정처분으로 보는 것이 상당하다."

80) 대법원 1995. 9. 15. 선고 95누6724 판결. "지방노동위원회가 노동쟁의에 대하여 한 중재회부결정은, 중재에 회부된 날로부터 15일간 쟁의행위를 금지시키고(노동쟁의조정법 31조), 이를 위반하여 쟁의행위를 한 자에 대한 형사처벌을 할 수 있으며(같은 법 47조), 위 금지기간 중의 쟁의행위를 부당한 쟁의행위로 보는 결과 그로 인하여 발생한 사용자의 손해에 대하여 노동조합 또는 조합원에게 배상책임을 부담시키는(같은 법 8조 참조) 등의 법률상 효과를 발생하게 하는 행정처분이라 할 것이고, 또한 위 중재회부결정이 중재재정을 위한 선행처분에 해당한다고 보더라도 중재회부결정은 위와 같은 자체의 독립한 법률효과를 가지고 있을 뿐 아니라 중재회부결정 이후 노동쟁의가 중재재정에 의하지 않고 노사간의 자율에 의하여 타결되는 경우와 같이 같은 법 38조에서 규정하고 있는 중재재정에 대한 불복방법만으로는 중재회부결정으로 인하여 노동조합이 받는 법적 불이익을 구제하기에 충분하지 못한 경우도 있으므로, 노동조합은 지방노동위원회의 중재회부결정 자체에 대하여도 불복할 수 있다."

4. 차별시정의 판정권한

노동위원회는 기간제근로자 및 단시간근로자와 파견근로자, 일학습병행법
상 학습근로자 또는 성별, 혼인, 임신, 출산 등을 이유로 차별을 받은 근로자에
대한 차별적 처우의 시정을 위한 조사와 심문 그리고 조정과 중재 또는 시정명
령을 내릴 수 있다(기간제법 9조 내지 15조; 파견법 21조, 일학습병행법 28조, 남녀고용평등법
26조 내지 29조의5). 판례는, 노동위원회 차별시정제도의 취지와 직권주의적 특성(기
간제법 10조, 노위법 23조), 비교대상성 판단의 성격 등을 고려하면, 노동위원회는 신
청인이 주장한 비교대상 근로자와 동일성이 인정되는 범위 내에서 조사, 심리를
거쳐 적합한 비교대상 근로자를 선정할 수 있다고 보고 있다.[81]

5. 노동위원회의 특별권한

가. 협조요청과 의견제시권

노동위원회는 그 사무집행을 위하여 필요하다고 인정하는 경우에 관계 행정
기관에 협조를 요청할 수 있으며, 협조를 요청받은 관계 행정기관은 특별한 사유
가 없으면 이에 따라야 한다(노위법 22조 1항). 노동위원회는 관계 행정기관으로 하
여금 근로조건의 개선에 필요한 조치를 하도록 권고할 수 있다(노위법 22조 2항).

중앙노동위원회 위원장은 긴급조정 시 고용노동부장관에 대한 의견제시권
(노조법 76조 2항)을 가진다.

나. 사실조사권 등

노동위원회에는 직권으로 사실조사나 증거조사를 할 수 있는 권한이 부여
되어 있다. 즉, 노동위원회는 소관 사무(업무수행과 관련된 조사·연구·교육 및 홍
보 등에 관한 업무)와 관련하여 사실관계를 확인하는 등 그 사무집행을 위하여
필요하다고 인정할 때에는 근로자·노동조합·사용자·사용자단체, 그 밖의 관
계인에 대하여 출석·보고·진술 또는 필요한 서류의 제출을 요구하거나 위원
장 또는 부문별 위원회의 위원장이 지명한 위원 또는 조사관으로 하여금 사업
또는 사업장의 업무상황, 서류, 그 밖의 물건을 조사하게 할 수 있다(노위법 23조
1항). 이에 따라 조사관은 사무집행에 필요한 조사를 하고 부문별 위원회에 출석
하여 의견을 진술할 수 있는데(노위법 14조의3 3항), 조사관이 작성한 조사보고서는

---

81) 대법원 2023. 11. 30. 선고 2019두53952 판결.

노동위원회의 효율적인 심문과 판정을 가능하게 하는 역할을 한다. 그리고 관계 행정기관에 대한 협조요청권(노위법 22조 1항)에 근거하여서도 증거를 확보할 수 있는데, 이와 관련하여 고용노동부장관은 노동위원회로부터 요청을 받거나 필요하다고 인정하는 경우 관계 공무원으로 하여금 노동위원회의 회의에 출석하여 의견을 진술하게 할 수 있다(노위법 시행령 10조).

　　노위법이나 그 하위 법령에는 근로자위원이나 사용자위원의 독자적인 조사권을 인정하거나 부정하는 명시적인 규정이 없어 위원장으로부터 조사권을 행사하도록 위임을 받지 아니한 근로자위원이나 사용자위원도 개별적으로 조사권을 행사할 수 있는지 문제된다. 이와 관련하여 근로자위원이나 사용자위원이 임의로 당사자 주장의 진위를 가리기 위하여 조사행위를 하는 것은 위법하나, 근로자위원이나 사용자위원이 임의로 조사행위를 하였다고 하여 해당 사건 심판위원회의 판정까지 위법해진다고 볼 수는 없고, 다만 심판절차에서 위와 같이 위법하게 조사된 결과가 심문회의 등 심판절차에서 현출되고 당사자가 이의를 제기하였음에도 심판위원회가 적법한 조사권을 행사하여 조사절차를 진행하는 등으로 진위를 확인하고 이의를 제기한 당사자에게 위법한 조사결과에 대해 탄핵할 기회를 실질적으로 보장하는 등 위법한 조사행위의 결과가 심문회의에서 현출된 절차적 하자가 해소되지 않았다면 해당 판정은 위법하다고 본 판결이 있다.[82]

---

82) 서울행법 2020. 1. 23. 선고 2018구합78053 판결(은행업을 영위하는 원고회사가 개인대출 담당자인 피고 보조참가인이 고객들에게 사기 논란이 있는 다단계 회사에 대한 투자를 권유하였다는 이유로 징계해고하였고, 피고 보조참가인의 구제신청에 대하여 서울지방노동위원회는 징계양정이 과중하다는 이유로 구제신청을 받아들였는데, 재심판정 과정에서 근로자위원이 심판위원회와는 별도로 직접 피고 보조참가인의 고객들에게 원고가 제출한 자료의 진위를 확인하였고, 재심판정의 심문회의에서 직접 조사하여 알게 된 내용을 공개하고 원고가 제출한 자료의 내용이 허위일 가능성을 제기하였으며, 이에 원고가 근로자위원의 조사 결과에 대하여 이의하였음에도, 원고의 재심신청을 기각하는 판정이 내려졌다. 법원은 조사권이 없는 근로자위원이 사실관계 등을 위법하게 조사한 뒤 그 결과를 심문회의에 현출하였고, 원고가 조사의 위법·부당을 주장하며 이의하였음에도 심판위원회가 별도로 조사권을 행사하여 그 진위 여부를 확인하거나 원고 측에 증인에 대한 심문권 행사의 기회를 제공하는 등 절차상 하자를 해소하지 않은 절차상 위법이 있다는 이유로 해당 재심판정을 취소하였다. 위 판결은 근로자위원이나 사용자위원이 당사자 주장의 진위를 가리기 위하여 임의로 조사행위를 하는 것이 위법하다고 본 근거로 노위법상 인정되는 노동위원회의 조사권이 '노동위원회'에 인정되는 권한이고, 노동위원회의 보고 또는 서류제출 요구에 응하지 아니하거나 관계 위원 또는 조사관의 조사를 거부·방해한 자 등을 처벌하는 조항(노위법 31조, 32조)에 비추어 노동위원회의 조사권을 행사할 수 있는 주체를 함부로 확장할 수 없다는 점을 들고 있다). 대법원 2023. 9. 14. 선고 2021두36851 판결은 이러한 취지의 원심 판단에 근로자위원의 권한 및 공정·중립의무의 내용, 노동위원회 심문절차에서 당사자에게 보장되는 권리의 범위 등에 관한 법리를 오해한 위법이 없다고 보았다.

한편, 근기법과 노조법은 부당해고 등 구제신청이나, 부당노동행위 구제신청을 받은 때에는 노동위원회는 지체 없이 필요한 조사를 하여야 하며 관계 당사자를 심문하여야 하고, 심문을 할 때에는 관계 당사자의 신청이나 직권으로 증인을 출석하게 하여 필요한 사항을 질문할 수 있다고 규정하여(근기법 29조; 노조법 83조) 별도로 노동위원회에 직권조사의무와 권한을 부여하고 있다.83)84)

다. 민감정보 및 고유식별정보 처리권한

개인정보 보호법에 의하면, 개인정보 처리자는 사상·신념, 노동조합·정당의 가입·탈퇴, 정치적 견해, 건강, 성생활 등에 관한 정보, 그 밖에 정보주체의 사생활을 현저히 침해할 우려가 있는 개인정보로서 대통령령으로 정하는 정보(이하 "민감정보"라 한다)를 처리하여서는 아니 되고 법령에서 민감정보의 처리를 요구하거나 허용하는 경우 등에는 예외가 인정되며(23조), 이를 위반한 경우에는 형사처벌을 받게 된다(71조).

이에 따라, 노동위원회는 노위법 3조에 따른 노동위원회의 사건 처리에 관한 사무, 노위법 6조에 따른 노동위원회 위원의 추천·제청·위촉에 관한 사무, 노위법 6조의2에 따른 변호사 또는 공인노무사의 권리구제 대리에 관한 사무, 노위법 16조의3에 따른 화해의 권고 등에 관한 사무, 노위법 21조에 따른 위원의 제척·기피 등에 관한 사무를 수행하기 위하여 불가피한 경우 개인정보 보호법 23조에 따른 건강에 관한 정보와 같은 법 시행령 18조 2호에 따른 범죄경력자료에 해당하는 정보, 같은 법 시행령 19조 1호 또는 4호85)에 따른 주민등록번호 또는 외국인등록번호가 포함된 자료를 처리할 수 있다(노위법 시행령 11조의2).

위와 같이 노동위원회가 민감정보와 고유식별정보를 처리할 수 있는 업무

---

83) 이에 대하여 근기법 13조는 "사용자 또는 근로자는 이 법의 시행에 관하여 고용노동부장관·노위법에 따른 노동위원회 또는 근로감독관의 요구가 있으면 지체 없이 필요한 사항에 대하여 보고하거나 출석하여야 한다."라고 명시함으로써 사용자 및 근로자의 보고·출석 의무를 규정하고 있다.

84) 기간제법 10조, 남녀고용평등법 27조 역시 같은 취지의 규정을 두고 있다.

85) 개인정보 보호법 시행령 19조(고유식별정보의 범위).
　　법 24조 1항 각 호 외의 부분에서 "대통령령으로 정하는 정보"란 다음 각 호의 어느 하나에 해당하는 정보를 말한다. 다만, 공공기관이 법 18조 2항 5호부터 9호까지의 규정에 따라 다음 각 호의 어느 하나에 해당하는 정보를 처리하는 경우의 해당 정보는 제외한다.
　　1. 주민등록법 7조의2 1항에 따른 주민등록번호
　　2. 여권법 7조 1항 1호에 따른 여권번호
　　3. 도로교통법 80조에 따른 운전면허의 면허번호
　　4. 출입국관리법 31조 5항에 따른 외국인등록번호

범위와 대상 정보에 제한이 있으므로 그 이외의 경우에는 위의 정보를 처리할 수 없음을 유의하여야 한다.

6. 중앙노동위원회의 권한(지시권, 규칙제정권 등)

중앙노동위원회는 둘 이상의 지방노동위원회의 관할구역에 걸친 노동쟁의의 조정사건을 담당하며(노위법 3조), 긴급조정절차에서 조정 및 중재를 담당한다(노조법 78조 내지 80조). 그 밖에도 중앙노동위원회는 지방노동위원회 또는 특별노동위원회에 대하여 노동위원회의 사무 처리에 관한 기본방침 및 법령의 해석에 관하여 필요한 지시를 할 수 있으며(노위법 24조), 각급 노동위원회의 운영에 필요한 사항에 관한 규칙을 제정할 수 있고(노위법 25조), 위원장은 필요하다고 인정할 때에는 근로자위원·사용자위원·공익위원 간사의 의견을 들어 서면결의를 할 수 있다(노위규칙 13조 3항).

위 규칙제정권의 범위와 관련하여 대법원은 신청인이 2회 이상 불출석한 경우에 그 신청을 각하할 수 있도록 규정한 노위규칙 조항은 규칙제정권의 범위 내에서 제정된 것으로 유효하다고 판시하였다.[86]

Ⅴ. 노동위원회의 초심·재심 절차와 불복절차(26조, 27조)

1. 노동위원회의 사건처리 흐름

노동위원회에 사건이 접수되면 심판위원회를 구성하고 조사관을 지정하여 조사를 개시하고, 사실조사를 행하며, 조사관의 조사보고서에 기초하여 심문회의를 개최하여 당사자와 증인을 심문하는 등의 심문을 진행한 후 판정회의를 거쳐 판정을 하게 된다. 그리고 재심절차에서도 동일한 절차로 진행된 후 이후 행정소송으로 진행된다. 이러한 심판사건 처리의 흐름은 뒤에 첨부한 [사건처리 흐름도]로 정리할 수 있다.[87]

---

86) 대법원 1990. 2. 27. 선고 89누7337 판결. "노위법 18조, 노위규칙 32조 1항 6호, 4항의 각 규정취지에 의하면 위 규칙은 위 법 18조의 위임규정에 근거하여 그 범위 내에서 제정된 것이라고 볼 수 있고, 부당노동행위 구제신청을 한 신청인이 2회 이상 출석통지를 받고도 이에 응하지 아니하는 경우에는 그의 책임없는 사유로 인하여 심문기일에 출석하지 못한 경우가 아닌 한, 노동위원회는 위 신청을 각하할 수 있고, 구제신청의 당부에 관하여 판단하여야 하는 것은 아니라고 할 것이다."
87) 심판업무 처리요령, 12면.

2. 노동위원회의 초심절차와 판정

가. 당 사 자

부당노동행위 구제신청의 경우에는 노조법상의 근로자 또는 노동조합이 신청인이 될 수 있으므로 일반 근로자는 물론 교원 또는 교원노동조합이나, 공무원 또는 공무원노동조합도 노동위원회에 부당노동행위구제신청을 할 수 있다.[88]

한편 부당해고 구제신청과 관련하여 노동위원회가 관할을 갖기 위해서는 신청인이 근기법상의 근로자여야 하는데, 다음과 같은 공무원 등도 이에 해당하는지가 문제된다.

(1) 공무원인 경우

국가공무원 또는 지방공무원도 임금을 목적으로 근로를 제공하는 근기법상의 근로자라 할 것이므로 국공법·지공법 등에 특별한 규정이 없는 경우에는 국가공무원 또는 지방공무원에 대하여도 그 성질에 반하지 아니하는 한 원칙적으로 근기법이 적용될 수 있는데,[89] 국가와 국가공무원 사이 또는 지방자치단체와 지방공무원 사이의 공법상 근무관계에 대하여 대등한 사인 간의 근로관계에서의 해고에 관한 근기법 23조, 28조를 적용하여 노동위원회에 부당해고 구제신청을 할 수 있는지가 문제된다.

판례는 별정직 국가공무원의 직권면직에 관하여 별정직공무원에 대한 임면 등의 인사와 복무 등에 관하여는 구 국공법과 그 위임에 따라 제정된 별정직공무원인사규정 및 별정직공무원에게 적용되는 개별 법령에 특별한 규정이 있고, 국가와 별정직 국가공무원 간의 공법상의 근무관계에 대하여 대등한 사인 간의 근로관계에서의 해고에 관한 근기법 30조, 31조[90]를 그대로 적용하는 것은 별정직 국가공무원의 근무관계의 성질에 반하는 것이어서 허용될 수 없다고 하였

---

88) 교원 또는 교원노동조합이 노동위원회에 불이익취급의 부당노동행위 구제신청(노조법 81조 1항 1호, 5호, 82조 1항)을 한 경우 교원소청심사위원회에 소청심사를 청구할 수 없는데(교원노조법 13조), 노동위원회가 불이익취급의 부당노동행위 구제신청서를 접수하였을 때에는 그 사실을 지체 없이 교원소청심사위원회에 알려야 하고(교원노조법 시행령 8조), 공무원 또는 공무원노동조합이 노동위원회에 부당노동행위 구제신청을 한 경우 노동위원회가 구제신청서를 접수받은 때에는 지체 없이 그 사실을 상대방인 행정관청과 소관 소청심사위원회에 알려야 한다(공무원노조법 시행령 13조).

89) 대법원 1996. 4. 23. 선고 94다446 판결, 대법원 1998. 8. 21. 선고 98두9714 판결 등 참조.

90) 현행 근기법 23조, 24조에 해당한다.

으며,91) 지방공무원에 대한 직권면직에 관하여도 마찬가지의 이유로 근기법이
적용될 수 없다고 하였다.92)

위와 같은 판례의 태도는 공무원 근로관계의 특수성이나 소청심사위원회
등의 구제제도를 둔 취지를 존중하는 것으로서 타당하며, 따라서 공무원에 대한
불이익처분에 대하여는 노동위원회에 부당해고 구제신청을 제기할 수 없다.93)
즉, 공무원에 대한 징계 기타 불이익처분에 대한 행정소송과 관련하여 각 법에
서 필요적 전치주의를 채택하고 있는 취지(국공법 16조 1항; 교공법 53조 1항; 지공법 20
조의2)를 고려할 때 국가공무원 또는 지방공무원은 노동위원회에 부당해고 구제
신청을 할 수 없다고 보는 것이 타당하다.

(2) 공법상 근로계약의 경우

판례는 광주광역시립합창단원의 해촉이 문제된 사건에서 그 단원의 지위가
지방공무원과 유사한 면이 있으나, 단원에 대하여는 지방공무원의 보수에 관한
규정을 준용하는 이외에는 지방공무원의 자격, 임용, 복무, 징계 기타 불이익처
분 등에 대한 행정심판 등의 불복절차에 관한 규정이 준용되지 아니하는 점 등
을 고려하여 단원 위촉은 행정처분이 아니고 공법상 근로계약에 해당하여 항고
소송으로 다툴 수 없다고 보았다.94) 따라서 항고소송이 아닌 공법상 당사자소송
의 대상이 되는 계약관계에 있는 사람의 경우에는 근기법상 해고제한 규정이
적용되어 노동위원회에 부당해고 구제신청을 할 수 있다.95)

---

91) 대법원 2002. 11. 8. 선고 2001두3051 판결.
92) 대법원 2005. 4. 15. 선고 2004두14915 판결.
93) 권창영, 34면.
94) 대법원 2001. 12. 11. 선고 2001두7794 판결. 같은 취지의 판례로는 대법원 1995. 12. 22.
    선고 95누4636 판결(시립무용단원), 대법원 1996. 5. 31. 선고 95누10617 판결(공중보건의사)
    등이 있다.
95) 서울행법 2007. 8. 30. 선고 2007구합290 판결(마산시립교향악단원이 마산시의 재위촉거절
    이 부당해고라고 주장한 사안에 관하여 노동위원회의 심판권한이 있음을 전제로 본안판단을
    하였고, 위 판결은 패소한 원고가 항소하지 아니하여 2007. 9. 21. 확정되었다), 서울행법
    2014. 5. 23. 선고 2013구합24334 판결(계약직 지방공무원이 지방자치단체의 계약기간 만료
    통지가 부당해고라고 주장한 사안에 관하여 노동위원회의 심판권한이 있음을 전제로 본안판
    단을 하였고, 위 판결은 대법원에서 심리불속행기각 판결로 2015. 7. 14. 확정되었다); 서울행
    법 2020. 3. 26. 선고 2018구합79889 판결(울산광역시 시립합창단 부지휘자가 재위촉거절이
    부당해고라고 주장한 사안에 관하여 노동위원회의 심판권한이 있음을 전제로 본안판단을 하
    였고, 2020. 10. 6. 항소기각 판결로 확정되었다).

(3) 사립학교 교원 등

사립학교 교원의 임면·복무·신분보장 및 징계에 관해서는 사립학교법 4장에 규정이 있으므로 그 범위 내에서 근기법의 적용이 배제되고, 노동위원회는 사립학교 교원의 부당해고 구제신청에 대하여 각하결정을 하여야 한다.96)

이와는 달리 사립학교법에 의하여 설립된 학교법인 또는 사립학교에 근무하는 사무직원의 임면·보수·복무 및 신분보장에 관하여는 사립학교법에서 학교법인의 정관으로 정하도록 하였을 뿐이고 그 내용을 규정한 바가 없으며 그 근무관계는 본질적으로 사법상의 고용계약관계이므로, 사립학교 사무직원에 대하여는 근기법상 해고제한에 관한 규정이 적용된다.97)

교원·사무직원 이외의 사립학교에 근로를 제공하는 자로서 사립학교법상의 교원 또는 사무직원에 해당하지 아니하는 자에 대하여도 근기법이 적용될 수 있다.98)

나. 국가가 사용자인 경우 노동위원회 구제절차상 지위

국가 소속 행정기관 내지 국립대학교 등에 고용되어 근무하는 공무원 아닌 근로자가 구제신청을 한 경우와 같이 국가에 대한 지방노동위원회의 구제절차에서 지방노동위원회가 국가에 대하여 구제명령을 할 수 있는지, 구제명령이 가능하다면 구제절차의 피신청인은 국가인지, 실질적 고용당사자인 행정기관인지,

---

96) 서울행법 2008. 4. 22. 선고 2007구합43198 판결(2009. 1. 15. 심리불속행기각 판결로 확정). "공립유치원의 전임강사들에 대한 임용 등의 인사와 복무 등에 관하여는 유아교육법 및 이에 근거한 운영지침 등이 우선 적용된다고 할 것이어서 이러한 참가인과 원고와의 공법상의 근무관계에 대하여는 그 성질상 대등한 사인 간의 근로관계에서의 해고에 관한 근기법 24조가 그대로 적용될 수는 없다고 할 것이다".
　　서울지노위 1999. 11. 11. 99부해779 결정에서는 "사립학교 교원의 경우 근기법 적용이 모두 배제되는 것은 아니나 사립학교법에서 교원의 근로조건에 관해 특별한 규정이 있는 한 사립학교법이 우선 적용을 받는 것이며, 사립학교교원의 임면·복무·신분보장 및 징계에 관해서는 사립학교법 4장에 이에 관한 규정이 있으므로 그 범위내에서 근기법의 적용이 배제되는 것"이라는 이유로 구 노위법 15조, 구 노위규칙 29조에 의하여 근로자의 구제신청을 각하하였다.
97) 서울행법 2007. 10. 4. 선고 2006구합37714 판결(패소한 원고가 항소하지 아니하여 2007. 10. 27. 확정되었다)과 서울행법 2007. 12. 13. 선고 2007구합29055 판결(2009. 3. 26. 심리불속행기각 판결로 확정되었다)은 사립대학교 직원에 대한 해고에 관하여 노동위원회의 심판권한이 있음을 전제로 본안판단을 하였다.
98) 대법원 2008. 3. 27. 선고 2007다87061 판결. 사립학교법인이 설치·경영하는 한국외국어대학교 산하 한국어학당의 강사들이 그들에 대한 재임용 거절이 부당해고로서 무효임을 주장하면서 그 신분확인 등을 청구한 사안에서, 위 강사들이 사립학교법상 교원 또는 사무직원이 아니라는 이유만으로 근기법상의 근로자성을 부인하는 것은 위법하다.

나아가 노동위원회의 구제명령에 대한 취소소송에서 원고는 누가 되어야 하는 지가 문제될 수 있다.

　이와 관련하여 ① 노사관계에서 사용자로서 국가의 행위는 전형적인 행정 의 사법상 보조활동이기 때문에 국가는 사인으로서 법인으로 취급되어야 하므 로 구제신청을 받은 지방노동위원회는 사인의 지위에 있는 국가에 대하여 처분 이라는 공권력을 행사할 수 있고, ② 지방노동위원회의 구제명령은 사업주인 사 용자인 국가를 명의인으로 하여야 하고,99) 설령 구제명령이 국가에 소속된 영조 물이나 행정기관 내지 행정기관의 장에 대하여 발령되었다 하더라도 국가에 대 한 구제명령으로 보아야 하고, 이를 무효라고 해석할 수 없으며, ③ 사용자에게 불리한 구제명령이 발해진 경우 그 불복절차인 구제명령 취소소송에서 국가의 구성부분에 지나지 않는 국립대학교나 소속기관은 당사자능력이 없고, 국가가 법인격 있는 권리주체로서 당사자능력이 인정될 뿐이며, 한편 국가가 국고의 지 위에 있다면 이때의 국가와 공권력의 수행자 지위를 가진 국가는 서로 다른 소 송상의 지위에서 동시에 소송에 참여할 수 있다는 독일의 연방행정법원 판례와 학설은 우리나라에서 사업주인 국가가 국가기관인 노동위원회를 상대로 행정소 송을 제기할 수 있는지의 문제에 그대로 적용될 수 있으므로 결국 국가가 당사 자가 되어야 한다는 견해가 있다.100)

　보건대, 지방자치단체는 물론이고 국가의 경우에도 사법적인 법률관계에서 그 하부기관은 아무런 권리·의무의 귀속주체가 될 수 없고, 국가만이 권리·의 무의 귀속주체가 된다고 볼 것이므로 국가가 사인의 지위에서 근로관계를 맺은 근로자와 사이에서 노동위원회 구제절차가 진행되는 경우에는 국가가 초심판정 의 피신청인은 물론 이에 대한 불복절차에서도 당사자가 된다.101)

99) 이는 대법원 2008. 9. 11. 선고 2006다40935 판결을 근거로 한 것인데, 위 판결에서 대법원 은, 각 지방노동청장이 그 이름으로 직업상담원들과 사법상 근로계약을 체결하였다고 하더라 도, 이는 각 지방노동청장이 행정주체인 국가 산하의 행정관청으로서 근로계약 체결사무를 처리한 것에 지나지 아니하므로, 사법상 근로계약관계의 권리·의무는 행정주체인 국가에 귀 속된다 할 것이고, 이에 따라 피고(국가)가 노조법 2조 2호 소정의 사업주인 사용자로서 원 고(노조)에 대응하는 단체교섭의 상대방 당사자의 지위에 있다고 보아야 할 것이라고 판시하 였다.
100) 하명호, 286~288면.
101) 한편, 심판업무 처리요령에서는 지방자치단체의 경우에는 그 공립학교, 공립학교 병설유 치원, 도립국악원, 읍사무소 등은 하부기관 또는 시설에 불과하다고 설명하고 있고, 국가도 권리의무의 귀속주체이므로 사업주에 해당하나 다른 법률에 특별한 규정이 없으면 국가를 당사자로 하는 소송에 관한 법률 2조의2에 따라 위임받은 행정기관이 구제신청의 상대방이

다. 노동위원회에 대한 구제신청기간의 기산점(노위규칙 40조 관련)

(1) 구제신청 기간

부당해고 등 구제신청은 부당해고 등이 있었던 날부터 3월 이내에 하여야
하고(근기법 28조 2항), 부당노동행위 구제신청은 부당노동행위가 있은 날(계속하는
행위는 그 종료일)부터 3월 이내에 하여야 한다고 규정하고 있는데(노조법 82조 2항),
판례는 해고 등의 불이익처분이 일정한 기간이 경과한 후에 그 효력을 발생하
는 경우에는 구제신청 기간은 그 효력발생일부터 기산하는 것으로 보아야 한다
고 판시하였다.102)

노위규칙 40조는 구제신청의 기산일에 관하여 구체적으로, "해고의 경우에
는 근기법 27조에 따라 근로자가 받은 해고통지서에 기재된 해고일. 다만, 해고
통지서에 기재된 해고일이 해고통지서를 받은 날보다 이전인 때에는 해고통지
서를 받은 날(1호), 해고 이외의 징벌은 근로자가 그 징벌에 관한 통지(구술통지를
포함한다)를 받은 날. 다만, 통지가 없었던 경우에는 징벌이 있었음을 안 날(2호),
부당노동행위가 계속되는 경우에는 그 행위가 종료된 날(3호), 징계 재심절차를
거친 경우에는 원처분일. 다만, ⅰ) 징계의 재심절차에서 원처분이 취소되고 새
로운 징계처분을 한 때, ⅱ) 징계의 재심절차에서 원처분이 변경된 때, ⅲ) 단체
협약이나 취업규칙 등에서 재심청구시 재심이 결정될 때까지 원처분의 효력이
정지되도록 규정한 경우에는 재심처분일로 한다.(4호)"라고 정하고 있다.

따라서 노동위원회는 위 기간이 경과한 후에 구제신청이 있으면 이를 각하
하여야 한다(노위규칙 60조 1호).

(2) 행정심판 규정의 유추적용 가능성

먼저, 구제신청 기간에 관하여 행정심판 관련 규정이 유추적용될 수 있는지
와 관련하여, 판례는 근로자가 지방노동위원회 직원으로부터 원처분이 아닌 회
사 내 재심결정일부터 구제신청 기간이 기산된다는 말을 믿고 원처분일부터 3
개월이 지난 재심결정 통지 수령일 후에 구제신청을 한 사건에서 "권리구제신
청기간은 제척기간이므로 그 기간이 경과하면 그로써 행정적 권리구제를 신청

라고 설명하고 있다(32면). 그러나 국가를 당사자로 하는 소송에 관한 법률 2조의2는 위 법
의 적용을 받은 행정청의 범위를 정하는 규정일 뿐이므로, 이를 근거로 국가 하부의 행정청
에 노동위원회의 구제절차에서 당사자자격을 부여한 것으로 볼 수는 없고, 국가의 경우에는
항상 국가만이 구제신청의 상대방이 된다.

102) 대법원 2002. 6. 14. 선고 2001두11076 판결.

할 권리는 소멸하고, 신청인이 책임질 수 없는 사유로 그 기간을 준수하지 못하
였다는 등 그 기간을 해태함에 정당한 사유가 있다고 하여 그 결론을 달리할
수 없고, 정당한 사유가 있는 경우에는 행심법 18조 3항103) 본문의 행정심판청
구기간이 경과하여도 행정심판청구를 제기할 수 있다는 같은 항 단서는 행정처
분에 대한 행정심판을 구하는 경우에 적용되는 규정인바, 근기법 27조의3 1항,
2항에 따른 부당해고구제신청은 행정청의 위법 또는 부당한 처분 등에 대한 행
정심판절차가 아니라 단지 행정처분인 노동위원회의 구제명령을 구하는 행위에
불과하여 행정처분 등에 대한 행정쟁송절차로서의 행정심판절차와는 그 법률적
성격이 전혀 상이하므로, 행심법의 위 규정을 부당해고구제신청의 경우에 유추
적용할 수는 없다."라고 판시하여 위 구제신청이 부적법하다고 보았다.104)

　　또한, 회사 내 재심 절차를 밟은 경우 그 구제신청의 기산점과 관련하여,
판례는 부당노동행위에 대한 행정적 구제절차에 있어서 그 심사대상은 구제신
청의 대상이 된 부당노동행위를 구성하는 구체적 사실에 한정되므로, 부당노동
행위 등에 대한 구제신청 기간은 근로자가 부당노동행위라고 주장하는 구체적
사실이 발생한 날이나 근기법 27조의3 소정의 해고 등 사용자의 불이익처분이
있은 날(다만, 계속하는 행위인 경우에는 그 종료일)부터 기산되고, 해고 등 불이익
처분에 대하여 근로자가 취업규칙 등의 규정에 따른 재심절차를 밟고 있다고
하더라도 그 결론을 달리할 수 없으며, 구제신청 기간은 이와 같이 신속·간이
한 행정적 구제절차로서의 기능을 확보하기 위한 것이므로 그 기간이 경과하면
그로써 행정적 권리구제를 신청할 권리는 소멸한다고 보아, 재심절차에 따른 결
정일 등이 아닌 원래의 처분일을 기산점으로 보았다.105)

---

103) 현행 행심법 27조 3항에 해당한다.
104) 대법원 1997. 2. 14. 선고 96누5926 판결.
105) 대법원 1996. 8. 23. 선고 95누11238 판결. 이와 동일한 취지에서 하급심은 근로자가 원징
　　계처분이 확정된 후 관련 형사사건에서 벌금을 감경받아 이를 근거로 징계처분을 감경받았
　　다가 회사내 재심에서 다시 감경의결이 취소되고, 원징계처분의 확정의결을 받자 이에 부당
　　해고 구제신청을 한 사건에서, "권리구제신청기간은 제척기간이므로 그 기간이 경과하면 그
　　로써 행정적 권리구제를 신청할 권리는 소멸하고, 신청인이 책임질 수 없는 사유로 그 기간
　　을 준수하지 못하였다는 등 그 기간을 해태함에 정당한 사유가 있다거나, 해고 등 불이익처
　　분에 대하여 근로자가 취업규칙 등의 규정에 따른 재심절차를 밟고 있다고 하더라도 그 결
　　론을 달리할 수 없다."라고 판시하여 위 구제신청을 부적법하다고 보았다(서울고법 2008. 4.
　　3. 선고 2007누18811 판결). 위 판결은 대법원의 심리불속행 상고기각 판결(대법원 2008. 6.
　　26.자 2008두6271 판결)로 확정되었다.

(3) 기산점을 달리 보는 입장에 대한 검토

위와 같이 원처분을 노동위원회 구제신청의 기산점으로 삼는 판례의 태도에 대하여 재심처분은 징계절차의 일부로 재심절차의 종료에 의하여 비로소 징계절차가 완성되고 확정되기 때문에 재심처분을 그 기산점으로 삼아야 한다는 입장을 취하고, 나아가 근기법 28조 2항의 '부당해고 등이 있었던 날부터' 부분에 대하여 목적론적·체계적 해석을 하여 '부당해고 등이 있었음을 안 날부터'로 해석해야 한다는 견해가 있다.[106]

재심과 관련해서는 재심절차의 진행과 관계없이 징계절차 자체는 이미 완료되었으므로 원처분이 기산일이라는 판례의 태도가 타당하고 위 견해를 취할 것은 아니다. 근기법 28조 2항의 해석과 관련해서는 근로자에 대한 해고는 해고 사유와 시기를 서면으로 통지하여야 효력이 있어(근기법 27조 2항) 근로자가 부당해고가 있음을 안 날이 가산일이 될 가능성이 크다 할 것이므로[107] 위 견해는 대체로 타당성이 있다. 그러나 사직서 수리, 갱신기대권이 없는 기간제 근로계약에서 기간의 만료 등과 같이 통지를 요하지 않는 경우에까지 '안 날'을 기산일로 할 수는 없으므로 이 부분과 관련해서는 위 견해를 취할 것은 아니다.

(4) 계속하는 행위의 경우의 기산점

한편, '계속하는 행위'란 일반적으로 예고 있는 해고 또는 직장폐쇄와 같이 그 행위가 완결되지 아니하고 일정 기간 계속되는 행위를 말하는데,[108] 수 개의 행위라도 각 행위 사이에 의사의 단일성, 행위의 동일성·동종성, 시간적 연속성이 인정되는 경우도 포함된다.[109] 이와 같은 계속하는 행위에 대한 구제신청의 경우에는 예고 기간의 만료일이나 그 행위의 종료일을 기산점으로 삼아야 한다.[110] 판례는 무기정직처분은 계속하는 행위로 볼 수 없다고 판시하였다.[111]

---

106) 유성재, 346~353면.
107) 그 외 서면통지가 요구되지 않는 해고의 기산일과 관련하여서는 사직서 수리의 경우에는 그 수리일, 기간제 근로계약의 경우에는 기간만료일, 착오에 의한 정년퇴직 처리의 경우에는 그 처리일이 기산일이 될 수 있다(심판업무 처리요령, 28면).
108) 김형배, 1,535면.
109) 대법원 2014. 5. 29. 선고 2011두24040 판결.
110) 이와 관련하여 일본에서는 사용자에 의한 사정(査定)을 매개로 한 승급·승격 차별과 계속되는 행위와 사이의 관계에 대하여 논의되었는바, 먼저 사정행위와 그것에 근거한 임금결정 및 매월의 임금지급은 전체적으로 한개의 계속되는 행위를 구성한다고 보아야 하며 최고재판소도 1991. 6. 4. 선고 紅屋商社사건 판결에서 이를 인정하였고, 다음으로 사용자가 차별적인 승급·승격을 반복함으로써 임금 격차가 축적되고 있었던 경우와 관련하여 판례는 없지만

반면 지속적으로 임금을 차별적으로 지급하는 것은 계속하는 행위로 볼 수 있고, 이러한 계속하는 행위에 대하여 기간을 준수한 경우 행위 종료일 3개월 이전 부분까지의 계속된 행위 전체에 대하여도 제척기간을 준수한 것이 된다.112)

라. 구제이익

노동위원회에 대한 구제절차를 진행하기 위해서는 구제에 대한 구체적인 이익을 갖고 있어야 하고(구제이익), 나아가 중앙노동위원회의 재심판정에 대한 행정소송을 제기하여 취소를 구하기 위해서는 그 취소를 구할 법률상 이익(소의 이익)이 필요하다.

위 구제이익과 소의 이익에 대한 자세한 내용은 노조법 84조에 대한 해설 V. 참조.

마. 판 정

노동위원회는 근로자나 노동조합이 구제를 신청한 범위 안에서 판정할 수 있다(노위규칙 58조). 한편 근로자 등은 구제신청 후 누락된 신청취지를 추가하고자 하거나 징계처분 변경 등으로 신청취지를 변경하고자 하는 경우에는 새로운 구제신청을 하는 대신 노동위원회의 승인을 얻어 신청취지를 추가·변경할 수 있고, 노동위원회가 이러한 승인을 한 때에는 지체 없이 그 사실을 상대방에게 서면으로 통지하여야 한다(노위규칙 42조).113) 노동위원회는 구제신청이 요건을 갖추지 못한 경우에는 이를 각하하고(노위규칙 60조 1항114)), 구제신청의 전부나 일부가

계속되는 행위로 해석하여야 한다고 하고, 승임 차별이 이루어지고 그 것이 시정되지 않는 경우에는 마찬가지로 계속되는 행위로 인정하여야 한다고 한다(니시타니 사토시, 253~254면).
111) 대법원 1993. 3. 23. 선고 92누15406 판결. 근로자인 원고가 무기정직처분이 "계속하는 행위"에 해당한다고 주장하였으나, 무기정직의 처분은 그 처분과 동시에 처분행위가 종료되는 것이지 무기정직의 기간 동안 그 처분행위가 계속하여 위 법 조항에서 말하는 "계속하는 행위"에 해당하는 것은 아니라고 판시하였다.
112) 대법원 2011. 12. 22. 선고 2010두3237 판결. 기간제 및 단시간근로자가 계속되는 차별적 처우의 종료일부터 3월 이내에 시정을 신청한 경우, 차별적 처우 전체에 대하여 기간제법 9조 1항에서 정한 제척기간을 준수한 것으로 볼 수 있다고 판시하였다.
113) 판례는, 초심판정이 어떠한 구제신청을 대상으로 한 것인지를 판단할 때 당사자가 제출한 신청서나 이유서뿐만 아니라 노위규칙 42조에 따른 신청취지 추가·변경 절차를 거쳤는지 여부를 종합적으로 고려하고 있다(대법원 2023. 10. 12. 선고 2023두38073 판결 참조).
114) 노위규칙 60조 1항이 정한 구체적인 각하사유는 다음과 같다.
  1. 관계 법령의 규정에 따른 신청기간을 지나서 신청한 경우
  2. 41조에 따른 보정요구를 2회 이상 하였음에도 보정을 하지 아니한 경우
  3. 당사자 적격이 없는 경우
  4. 구제신청의 내용이 노동위원회의 구제명령 대상이 아닌 경우

이유 있다고 인정할 때에는 구제명령을, 구제신청의 이유가 없다고 인정할 때에
는 기각결정을 하여야 한다(노위규칙 60조 2항).

구제명령은 사용자가 그 의무를 이행할 수 있도록 명확하여야 하고, 불명확
하거나 불특정되어 있으면 위법·무효라고 할 것이다. 판례는, 노동위원회가 사
용자에게 '부당한 징계 및 해고기간 동안 정상적으로 근무하였다면 받을 수 있
었던 임금상당액을 지급하라'는 구제명령을 하고 구제명령 불이행을 이유로 이
행강제금을 부과한 사안에서, 위 구제명령에서 지급의무의 대상이 되는 '임금상
당액'의 액수를 구체적으로 특정하지 않았다고 하더라도 구제명령의 이행이 불
가능할 정도로 불특정하여 위법·무효라고 할 수 없으므로 이행강제금 부과처
분이 적법하다고 판시하였다.115)

3. 중앙노동위원회의 재심절차와 판정(26조)

가. 규   정

제26조(중앙노동위원회의 재심권)

① 중앙노동위원회는 당사자의 신청이 있는 경우 지방노동위원회 또는 특별노
동위원회의 처분을 재심하여 이를 인정·취소 또는 변경할 수 있다.

② 제1항에 따른 신청은 관계 법령에 특별한 규정이 있는 경우를 제외하고는
지방노동위원회 또는 특별노동위원회가 한 처분을 송달받은 날부터 10일 이내
에 하여야 한다.

③ 제2항의 기간은 불변기간으로 한다.

나. 의의와 기능

노위법이 정하고 있는 중앙노동위원회의 재심절차는 지방노동위원회의 초
심처분을 다투는 절차로서 행심법상 '다른 법률의 특별한 규정'에 해당하는 특
수한 행정심판이라고 볼 수 있고(행심법 3조 1항), 따라서 재심절차에는 기본적으

---

5. 같은 당사자가 같은 취지의 구제 신청을 거듭하여 제기하거나 같은 당사자가 같은 취지
의 확정된 판정(노위법 16조의3에 따른 화해조서를 포함한다)이 있음에도 구제 신청을 제기
한 경우나 판정이 있은 후 신청을 취하하였다가 다시 제기한 경우

6. 신청하는 구제의 내용이 법령상이나 사실상 실현할 수 없거나 신청의 이익이 없음이 명
백한 경우

7. 신청인이 2회 이상 출석에 불응하거나 주소불명이나 소재불명으로 2회 이상 출석통지서
가 반송되거나 그 밖의 사유로 신청 의사를 포기한 것으로 인정될 경우

115) 대법원 2010. 10. 28. 선고 2010두12682 판결, 대법원 2014. 12. 11. 선고 2011두23481 판결.

로 노위법이나 노위법 시행규칙이 우선 적용되고, 행심법은 여기에서 정하지 아니하는 사항에 대하여만 보충적으로 적용된다(행심법 4조 2항).[116]

위와 같이 중앙노동위원회의 재심절차를 규정한 취지는 노사관계의 특수성·전문성 등에 비추어 중앙노동위원회로 하여금 전국적으로 일관된 기준을 가지고 지방노동위원회 처분의 적법성·적정성을 심리하여 이를 시정할 수 있는 기회를 부여함에 있다.[117]

다. 당 사 자

통상 지방노동위원회의 구제명령에 대하여는 사업주가, 기각결정에 대하여는 근로자나 노동조합이 재심신청인이 될 것이고, 이들은 구제이익을 갖고 있어야 한다.

다만, 판례는 지방노동위원회의 휴업지불 예외승인결정에 대하여는 이러한 휴업지불 예외승인처분을 함에 있어서 근로자들을 상대방으로 하지 않았거나 그들에게 송달하지 않았다고 하여 이를 당연무효로 볼 수는 없지만, 그 처분은 근로자들의 수당지급채권의 발생 여부에 직접 영향을 미치므로 근로자들은 그 처분에 대하여 이해관계를 가진 자로서 중앙노동위원회에 재심을 신청할 수 있는 법률상 이익이 있는 자라고 판시하여,[118] 지방노동위원회의 처분의 직접 상대방이 아닌 경우에도 법률상 이익이 있으면 이를 다툴 수 있도록 하였다.

또한 판례는 구제명령이 사업주인 사용자의 일부 조직에 내려진 사건에서, 지방노동위원회의 구제명령에 대한 재심신청인과 관련하여, 부당해고나 부당노동행위에 대하여 지방노동위원회 또는 특별노동위원회의 구제명령이 발하여진 경우 그 명령에 따라 이를 시정할 주체는 사업주인 사용자가 되어야 하므로 그 구제명령이 사업주인 사용자의 일부 조직이나 업무집행기관 또는 업무담당자에 대하여 행하여진 경우에는 사업주인 사용자에 대하여 행하여진 것으로 보아야 하고, 따라서 이에 대한 중앙노동위원회 재심신청이나 그 재심판정 취소소송 역시 당사자능력이 있는 당해 사업주만이 원고적격자로서 소송을 제기할 수 있다고 판시하였다.[119]

---

116) 대표적으로 집행정지에 관한 행심법 30조를 들 수 있다.
117) 권창영, 129면.
118) 대법원 1995. 6. 30. 선고 94누9955 판결.
119) 대법원 2006. 2. 24. 선고 2005두5673 판결. 원고 서울특별시립 노원시각장애인복지관(원고 복지관)은 원고 사단법인 한국시각장애인연합회(원고 법인)가 운영하는 장애인 복지시설로서,

라. 대상이 되는 처분

앞에서 본 바와 같이 지방노동위원회의 판정권한 중 의결권한 외의 판정권한에 속하는 처분은 행정처분성이 인정되어 중앙노동위원회의 재심판정 대상이 된다.

한편, 중앙노동위원회의 재심의 대상이 되는 지방노동위원회의 처분과 관련하여 대심적 구조를 취하지 않은 처분도 이에 포함되는지가 문제된다.

중앙노동위원회는 지방노동위원회의 이행강제금 부과처분에 대하여 재심이 신청된 사건에서, 중앙노동위원회의 재심은 사용자·근로자의 대심 구조하에서 이루어진 초심처분에 대한 불복절차만을 의미하고, 이행강제금 부과처분에 대한 불복절차를 중앙노동위원회의 재심절차에 의하면 불복기간이 매우 짧게 되는 점 등을 근거로 중노위의 재심대상이 아니라고 보았다.[120] 이에 대하여 노위법상 처분의 개념은 행심법 2조 1항 1호에서 규정한 처분과 동일하게 보아야 하는 점, 중앙노동위원회의 재심제도는 전국적으로 일관된 기준으로 지방노동위원회의 처분의 적법성·적정성을 심리하여 시정할 수 있는 기회를 부여하기 위한 것이지 반드시 대립구도를 전제로 한 초심과 같은 구조로 재차 심판을 진행하는 것으로 한정할 수 없는 점, 구 행심법(2010. 1. 25. 법률 9968호로 전부개정되기 전의 것) 5조 2항 3호에 따라 이행강제금 부과처분에 대한 재결청은 중앙노동위원회가 되어야 하는 점,[121] 이행강제금 부과처분에 대한 분쟁은 조기에 종결될 필요가 있어 불복기간을 단축할 필요가 있는 점 등을 근거로 중앙노동위원회에서 재심을 할 수 있다는 반대견해가 있다.[122]

원고 복지관은 원고 법인이 운영하는 사회복지시설에 불과할 뿐 원고 법인과 별도의 당사자능력을 갖는 법인격 없는 사단 또는 재단으로 볼 수 없어, 원고 복지관이 이 사건 재심판정의 취소를 구하는 부분은 당사자능력이 없는 자에 의하여 원고적격 없이 제기된 것으로서 부적법하다고 판시한 사례.

120) 중노위 2008. 3. 3.자 중앙2007강제재심1 결정.

121) 구 행심법 5조 2항 3호에서는 "그 밖에 소관 감독행정기관이 없는 행정청의 처분 또는 부작위에 대한 심판청구를 심리·재결하기 위하여 해당 행정청 소속으로 행정심판위원회를 둔다."라고 규정하고 있었고, 이때 해당 재결청이 중앙노동위원회가 될 수 있다고 볼 여지가 있었다. 그러나, 2010. 1. 25. 행심법이 전부개정되면서 6조 1항, 2항에서 감사원 등 그 밖에 지위·성격의 독립성과 특수성 등이 인정되어 대통령령으로 정하는 행정청에만 별도의 행정심판위원회가 있을 수 있고, 여기에 노동위원회는 포함되지 않고 그 밖의 행정기관에 대하여는 국민권익위원회에 두는 중앙행정심판위원회에서 심리, 재결하도록 되어 있어 구 행심법 규정을 전제로 한 논거는 이제는 타당성이 없다.

122) 권창영, 126~128면.

보건대, 노위법에서 '처분'에 대한 별도의 정의규정을 두지 않은 점, 노동위
원회와 유사한 구조를 취하고 있는 토지수용위원회의 경우에는 공익사업을 위
한 토지의 취득 및 보상에 관한 법률 83조에서 중앙토지수용위원회의 이의신청
판단 대상으로 '재결'이라는 다른 용어를 사용하고 있는 점을 고려할 때, 대심
적 구조를 취하지 않은 지방노동위원회의 이행강제금 부과처분 등에 대하여도
중앙노동위원회에서 재심을 할 수 있고, 이 경우에 재심의 피신청인은 지방노동
위원회가 된다.

다만, 이러한 이행강제금 부과처분 등에 대하여 재심으로 다툴 수 있다고
하더라도 이러한 중앙노동위원회의 재심절차가 행정소송 제기를 위한 필요적
전치절차인지는 별개의 문제이고, 현재 하급심에서는 지방노동위원회의 이행강
제금 부과처분에 대하여 직접 행정소송으로 다툰 사례만이 보일 뿐이다.123)

마. 재심신청기간

지방노동위원회의 처분에 대하여는 그 처분을 송달받은 날부터 10일 이내
에 재심신청을 하여야 하고, 이 기간은 불변기간이다. 따라서 처분의 직접 상대
방에 대하여는 이 규정이 적용되고, 이와 달리 행심법 27조 3항 단서가 적용되
어 정당한 사유를 이유로 권리구제기간이 연장될 수는 없다.124)

다만, 처분의 상대방이 아닌 제3자가 재심을 신청할 수 있는 기간에 대하여
는 아무런 규정이 없는데, 판례는 지방노동위원회의 휴업지불 예외승인처분의
직접 상대방이 아닌 다른 근로자들이 이를 다투는 재심을 신청한 사건에서, "근
로자들은 처분의 직접 당사자가 아닐 뿐 아니라 그 처분을 송달받는 것도 아니
고, 재심절차가 지방노동위원회의 처분에 대한 취소소송에 있어서의 전심절차로
서의 성격을 가지고 있다."라는 이유에서 위 처분에 대하여 이해관계를 가진 근
로자들은 노위법에서 정한 위 기간이 아닌 행심법 18조125)가 규정하는 기간 내
에 행정심판을 제기하면 족하다고 하였다.126)

---

123) 부산고법 2010. 12. 10. 선고 2009두4449 판결, 서울고법 2010. 12. 16. 선고 2009누40560
      판결 등.
124) 대법원 1997. 2. 14. 선고 96누5926 판결 참조.
125) 현행 행심법 27조에 해당한다.
126) 대법원 1995. 6. 30. 선고 94누9955 판결. 다만, 이 사건에서는 지방노동위원회의 승인처분
      후 2년이 경과하여 재심이 신청되어 이를 부적법 각하한 중앙노동위원회의 판정은 정당하다
      고 판시하였다.

바. 재심신청사유

지방노동위원회의 처분에 대한 재심신청과 관련하여 그 사유에는 아무런 제한이 없고, 다만 지방노동위원회 또는 특별노동위원회의 중재재정에 대하여는 그 중재재정이 위법이거나 월권에 의한 것이라고 인정하는 경우에만 재심을 신청할 수 있도록 하고 있다(노조법 69조).

이와 관련하여 판례는 노조법 34조 3항에 따른 단체협약의 해석 또는 이행방법에 관하여 노동위원회가 제시한 견해는 중재재정의 효력을 갖고 있으므로 이의 효력을 다투는 절차는 노조법 69조에 의하여야 하고, 따라서 위법·월권 사유가 있어야 한다고 판시하였다.127)

사. 재심신청 및 심판의 범위

당사자의 재심신청은 초심에서 신청한 범위를 넘어서는 아니 되며, 중앙노동위원회의 재심 심리와 판정은 당사자가 재심신청한 불복의 범위 안에서 하여야 한다(노위규칙 89조).

노위규칙 89조는 초심에서 구제를 구하지 않은 사실에 관하여 구제를 구할 수 없음을 정한 것이며,128) 따라서 구제를 청구한 사실의 범위를 넘지 않는 한도 내에서라면 청구한 구제의 내용을 제한하는 것은 아니고, 중앙노동위원회는 초심에서 청구한 사실의 범위 내에서는 구제의 내용을 변경·추가할 수 있으며, 초심 신청사실에 관한 것이라 하더라도 재심신청인이 재심청구를 하지 않은 것이면 초심의 결정 또는 명령의 당부는 재심의 대상이 되지 않는다.129)

한편 위의 규정이 처분의 일부를 특정하여 불복하는 경우에도 중앙노동위원회가 지방노동위원회의 처분을 변경할 때에 지정한 항목을 제외한 나머지 처

---

127) 대법원 2005. 9. 9. 선고 2003두896 판결. 노조법 34조 3항은 단체협약의 해석 또는 이행방법에 관하여 단체협약 당사자의 견해 제시의 요청에 응하여 노동위원회가 제시한 견해는 중재재정과 동일한 효력을 가진다고 정하고 있으므로, 단체협약의 해석 또는 이행방법에 관한 노동위원회의 제시 견해의 효력을 다투고자 할 때에는 노동위원회가 행한 중재재정의 효력을 다투는 절차를 정한 위 법 69조에 의하여야 할 것이고, 노동위원회가 단체협약의 의미를 오해하여 그 해석 또는 이행방법에 관하여 잘못된 견해를 제시하였다면 이는 법률행위인 단체협약의 해석에 관한 법리를 오해한 위법을 범한 것으로 위 법 69조에서 정한 불복사유인 위법 사유가 있는 경우에 해당된다.

128) 판례는, 초심의 신청범위(2020. 1. 17.자 1차 징계면직에 대한 구제신청)를 벗어나 재심절차에서 신청취지를 추가·변경하는 의사를 표시하는 것(2020. 5. 27.자 2차 징계면직에 대한 구제신청)은 노위규칙 89조에 반하여 허용되지 않는다는 취지로 판시하였다(대법원 2023. 10. 12. 선고 2023두38073 판결).

129) 김형배, 1,545면.

분도 변경할 수 없다는 취지는 아니고, 또한 재심절차가 신청에 의하여 개시되는 점에 비추어 재심에서 신청인에게 불이익하게 변경하지는 못한다고 본다.[130]

만약 재심신청이 초심에서 신청한 범위를 넘는 경우 그 부분에 대해서는 각하하여야 한다(노위규칙 60조 1항 6호).

아. 재심 판정

중앙노동위원회는 재심신청이 요건을 충족하지 못한 경우 재심신청을 각하하고, 재심신청이 이유 없다고 판단하는 경우에는 기각하며, 재심신청이 이유 있다고 판단하는 경우에는 지방노동위원회의 처분을 취소하고, 구제명령이나 각하 또는 기각결정을 하여야 한다(노위규칙 94조 1항).

한편, 중앙노동위원회는 근로관계의 소멸이나 사업장 폐쇄 등으로 초심의 구제명령 내용을 그대로 유지하는 것이 적합하지 않다고 판단하는 경우에는 그 내용을 변경할 수 있다(노위규칙 94조 2항). 따라서 초심 지방노동위원회의 구제명령 이후 근로자의 사망·정년 도달, 폐업 등으로 근로자의 구제이익이 상실되거나 구제명령을 이행할 수 없는 상황이 초래된 경우에도 사용자가 구제명령으로 인하여 부과된 공법상 의무를 면하기 위한 재심신청의 이익은 존재하고,[131] 이때 실무적으로는 초심판단이 정당한 경우에는 사용자의 재심신청은 기각하되, 그 구제명령의 내용을 변경하는 결정(예를 들면, 현장이 폐지되어 원직 복직이 불가능하면 해고일부터 위 폐지일까지 임금상당액을 지급하는 것으로 변경하는 결정)을 한다.

자. 지방노동위원회의 처분에 무효의 사유가 존재하는 경우

지방노동위원회의 처분에 당연무효사유가 존재하는 경우에는 중앙노동위원회의 재심절차를 거칠 필요 없이 바로 항고소송을 제기하여 지방노동위원회의 처분의 무효확인을 구할 수 있음은 당연하고,[132] 이때에는 재심절차에 관한 여러 제한 및 제소기간의 제한을 받지 않는다.

다만, 이와 같은 경우에 중앙노동위원회에 무효확인을 구하는 재심을 구할 수 있는지가 문제되는데, 지방노동위원회의 처분도 행정처분이고 행정처분의 불복에 대하여는 일반법인 행심법이 적용되어 무효확인이 가능하다는 입장과 노

---

130) 김치중, 556면.
131) 심판업무 처리요령, 171면.
132) 대법원 1993. 1. 19. 선고 91누8050 전원합의체 판결. 토지수용의 수용재결처분에 무효사유가 있는 경우 이의재결을 거치지 아니하고 바로 수용재결에 대하여 무효확인을 구하는 소를 제기하는 것이 가능하다고 하였다.

위법이 인용재결의 종류를 열거하고 있으며(26조 1항) 지방노동위원회와 중앙노동위원회의 구조와 관계 등에 비추어 불가능하다는 입장이 있을 수 있으나, 노동분쟁을 조기에 안정시킬 필요가 큰 점, 중앙노동위원회의 재심절차의 소송유사구조의 특성에 비추어 부정설이 유력하다.133) 실무적으로는 재심기간 내에 무효확인을 구하는 재심을 구하는 경우에는 행정처분의 무효사유와 취소사유의 상대적인 성격을 고려할 때, 지방노동위원회의 처분에 대한 취소를 구하는 것으로 선해할 수 있을 것이고, 재심기간이 도과한 경우에는 바로 행정소송을 제기하도록 권유할 수 있어서 논의의 실익은 크지 않다.

4. 중앙노동위원회 처분에 대한 소송(27조)

가. 규 정

제27조(중앙노동위원회의 처분에 대한 소송)

① 중앙노동위원회의 처분에 대한 소송은 중앙노동위원회 위원장을 피고로 하여 처분의 송달을 받은 날부터 15일 이내에 제기하여야 한다.

② 이 법에 따른 소송의 제기로 처분의 효력은 정지하지 아니한다.

③ 제1항의 기간은 불변기간으로 한다.

나. 당 사 자

(1) 원고 적격

중앙노동위원회의 재심판정의 법률적 효과가 미치는 자여야 하고, 구제신청을 하였으나 기각된 경우에는 구제명령을 신청한 자가 재심을 신청할 수 있으며, 재심에서 위 기각결정이 유지되었다면 재심신청인이, 위 기각결정이 취소되고 구제명령이 내려졌다면 구제명령의 효력이 미치는 자가 각 항고소송의 원고가 될 수 있다. 판례도 중앙노동위원회의 중재재심결정에 대하여 행정소송을 제기할 원고적격이 있는 관계 당사자는 해당 중재재심절차의 당사자로 되었던 노동조합과 사용자라고 판시하였다.134)

---

133) 김치중, 558~559면. 위 견해에 따르면, 부정설을 취하더라도 당사자가 무효확인이나 부존재확인을 구하는 재심을 청구한 경우라면 무효확인이나 부존재확인의 의미에서 취소를 구한 것으로 처리하면 되고, 지방노동위원회의 처분이 무효이거나 부존재한 경우에는 중앙노동위원회의 재심을 거치지 아니하고 곧바로 지방노동위원회 처분의 무효확인 또는 부존재확인을 구하는 소송을 법원에 제기할 수 있으므로 근로자나 노동조합의 권익보호의 측면에서도 문제될 것이 없다고 설명한다.

134) 대법원 1997. 6. 27. 선고 97누1273 판결.

따라서 재심의 당사자가 아니었던 이해관계인은 타인의 신청에 의하여 이루어진 재심판정의 취소를 구할 수 없고, 판례도 지방노동위원회의 휴업지불 예외승인결정에 대하여 근로자와 별개의 인격체인 노동조합은 재심신청인 적격이 없다고 판시하였다.135)136)

(2) 피고 적격

중앙노동위원회의 처분에 대한 소송은 중앙노동위원회 위원장을 피고로 하여 제기하도록 하고 있다(노위법 27조 1항). 통상 합의제 행정기관인 경우에는 그 합의체의 대표가 아닌 합의제 행정기관 자체가 피고가 되는 것이 원칙이나, 중앙노동위원회의 경우는 이에 대한 특별규정이 된다.137) 따라서 중앙노동위원회의 처분에 대한 항고소송에서 피고는 중앙노동위원회 위원장이 되지만, 지방노동위원회의 경우에는 특별한 규정이 없으므로 지방노동위원회가 피고가 된다.138)

그러나 중앙노동위원회를 다른 합의제 행정기관과 달리 취급할 합리적인 이유는 없고, 이후 법원판결에 따라 재심판정이 취소되는 경우에는 재처분의무를 노동위원회가 부담하는 점을 고려할 때 모두 노동위원회로 통일하는 것이 바람직하다.139)

---

135) 대법원 1993. 11. 9. 선고 93누1671 판결. 지방노동위원회의 휴업지불예외 승인결정은 당해 근로자들의 수당지급채권의 발생 여부에 직접 영향을 미치는 것으로서 위 승인결정에 대한 재심신청 당사자는 근기법상 임금청구권자인 근로자들이고 이들과 별개의 인격체인 노동조합은 위 승인결정이나 재심판정에 사실상 이해관계가 있거나, 노위법 16조 1항 소정의 관계인에 해당한다 하더라도 재심신청인 적격이 인정되지 아니하며, 비록 중앙노동위원회가 노동조합의 재심신청을 각하하지 아니하고 본안에 들어가 재심신청을 기각하였다 할지라도 노동조합에게 재심신청자격이나 재심판정취소의 소를 제기할 수 있는 원고적격이 인정되지 않는다.

136) 한편, 판례는 부당노동행위 구제신청 또는 재심을 신청하지 않은 관계 당사자라 할지라도 다른 관계 당사자가 그와 같은 절차를 거친 바가 있다면 각각 재심을 신청하거나 행정소송을 제기할 수 있다고 판시한 바 있으나(대법원 1984. 3. 13. 선고 83누487 판결), 타당한지 의문이고, 이 판례에 대하여는 재결주의원칙에 반하는 점, 노조법상 부당노동행위 구제신청에 대하여 근로자와 노동조합에게 독립한 신청권이 있음을 표시하는 것이지 자신이 관여하지 않은 초심이나 재심결정에 대하여 재심신청이나 항고소송을 제기할 수 있다는 취지는 아닌 점, 항고소송에서 승소한 경우 재심의 당사자가 누구인지 의문이 있는 점, 부당노동행위 구제신청 기간은 3개월로서 비교적 불복기간이 길어 위와 같은 해석이 필요 없다는 비판이 있다(김치중, 541~542면).

137) 공정거래위원회, 토지수용위원회, 방송통신위원회, 공직자윤리위원회, 교원소청심사위원회 등 각종 합의제 행정기관이 한 처분에 대하여는 그 합의체의 대표가 아닌 합의제 행정기관 자체가 피고가 된다. 다만, 위 중앙노동위원회의 경우와 중앙해양안전심판원의 재결에 관한 소에서 중앙해양안전심판원장이 피고가 되는 특별규정이 있다(해양사고의 조사 및 심판에 관한 법률 75조).

138) 그 예로는 이행강제금 부과처분 취소의 소가 있다.

139) 피고를 중앙노동위원회나 중앙노동위원회 위원장으로 할 것인지는 단순한 당사자 표시와

다. 행정심판의 필요적 전치주의 적용 여부

(1) 구 행소법하의 판례

구 행소법(1994. 7. 27. 법률 4770호로 개정되어 1998. 3. 1. 시행되기 이전의 것)
은 행정소송에서 필요적 전치주의를 채택하고 있었고, 당시의 판례는 중앙노동
위원회의 재심 규정의 취지와 관련하여 행정처분의 성질을 가지는 지방노동위
원회의 처분에 대하여 행정소송을 제기할 경우의 전치요건에 관한 규정이며,140)
지방노동위원회의 처분에 관하여 중앙노동위원회의 재심절차를 필수적으로 거
친 후에야 중앙노동위원회의 재심판정에 대하여 취소소송을 제기할 수 있고,141)
위 규정은 행정심판전치주의의 예외를 규정한 것이 아니라 중앙노동위원회의
재심절차가 지방노동위원회의 처분에 대한 취소소송에 있어서 전심절차로서의
성격을 가지기 때문에 재심판정에 대하여 별도의 전심절차 없이 행정소송을 제
기할 수 있다고 보았다.142)

(2) 행소법 개정과 견해의 대립

1998. 3. 1.부터 시행된 현행 행소법은 임의적 전치주의를 채택하였는데(18
조 1항 본문, 38조 2항), 행소법은 행정심판에 대한 재결을 행정처분과 함께 항고소
송의 대상으로 명시하고 있고(2조 1항 1호, 3조 1호), 원처분과 함께 재결에 대하여
도 항고소송을 제기할 수 있도록 하되, 재결에 대하여는 재결 자체에 고유한 위
법이 있음을 이유로 하는 경우에 한하도록 함으로써 원칙적으로 원처분주의를
채택하고 있다(19조 단서, 38조).

이러한 개정된 행소법 하에서 지방노동위원회의 처분에 대하여 반드시 중
앙노동위원회의 재심을 거쳐야만 행정소송을 제기할 수 있는 것인지와 관련하
여 다음과 같은 견해대립이 있다.

먼저, 노위법 26조, 27조의 해석상 원처분주의에 대한 예외로서 재결주의를
채택하고 있다고 보는 견해와,143) 중앙노동위원회의 재심절차를 임의절차로 보

이의 정정의 문제에 불과하여 실천적인 의미는 거의 없다.
140) 대법원 1982. 12. 14. 선고 82누448 판결.
141) 대법원 1993. 11. 9. 선고 93누1671 판결, 대법원 1995. 9. 15. 선고 95누6724 판결.
142) 대법원 1995. 6. 30. 선고 94누9955 판결.
143) 사법연수원, 116면; 양성필, 70~73면. 여기에서 '재결주의'란 원처분에 대하여 제소가 허용
    되지 않고 재결에 대하여만 제소를 인정하되, 재결 자체의 위법뿐만 아니라 원처분의 위법도
    주장할 수 있는 제도를 말한다.

게 되면 노동위원회제도 자체의 실효성이 크게 반감될 것이고, 또한 노동문제를 전문가들로 구성된 행정위원회를 통해 보다 유효·적절한 해결을 신속·공정하게 도모한다는 노동위원회제도의 취지에 비추어 볼 때 재심절차를 전치절차로 보아야 한다는 입장에서 필요적 재심절차설을 취하는 견해가 있다.[144] 이에 대하여 노위법에 필요적 전치주의에 대한 명시적인 규정이 없는 점, 필요적 전치주의는 재판청구권을 제한하는 것이므로 최소제한의 방향으로 해석하여야 하는 점, 지방노동위원회의 처분에 대하여 중앙노동위원회의 재심 또는 행정소송의 가능성을 열어놓은 것으로 볼 수 있는 점, 지방노동위원회 처분을 조기확정 시킬 수 있어 법적안정성이 확보되고, 행정소송을 통해 지방노동위원회 처분(원처분)의 취소를 직접 얻을 수 있어 신속한 권리구제를 받을 수 있는 점, 관할의 광역화에 따른 소송경제의 이익이 있는 점을 고려할 때 임의적 재심절차로 해석하여야 한다는 견해가 대립하고 있다.[145]

(3) 현행 행소법하의 판례

판례는 공정거래위원회의 시정명령등 효력정지사건에서, 행정심판의 재결을 거치지 아니하면 취소소송을 제기할 수 없다는 규정을 두고 있지 아니하는 한 행정심판 절차는 당연히 임의적 절차로 전환되었으므로 공정거래위원회의 처분에 대하여도 이의신청을 제기함이 없이 바로 취소소송을 제기할 수 있다고 판시하였고,[146] 또한 개발부담금 정산거부처분취소 사건에서 현행 행소법이 시

---

144) 김선수a, 57면.

145) 권창영, 142~148면.

146) 대법원 1999. 12. 20.자 99무42 결정. "행소법 18조 1항은 행정심판과 취소소송과의 관계에 관하여 규정하면서, 1994. 7. 27. 법률 4770호로 개정되기 이전에는 법령의 규정에 의하여 당해 처분에 대한 행정심판을 제기할 수 있는 경우에는 그에 대한 재결을 거치지 아니하면 취소소송을 제기할 수 없다고 규정하여 이른바 재결전치주의를 택하고 있었으나, 위 개정 후에는 그와 같은 행정심판의 제기에 관한 근거 규정이 있는 경우에도 달리 그 행정심판의 재결을 거치지 아니하면 취소소송을 제기할 수 없다는 규정을 두고 있지 아니하는 한 그러한 행정심판의 재결을 거치지 아니하고도 취소소송을 제기할 수 있는 것으로 규정함으로써 이른바 자유선택주의로 전환하였으므로, 위 개정 조항이 같은 법 부칙(1994. 7. 27.) 1조에 의하여 1998. 3. 1.자로 시행된 이후에는 법령의 규정에서 단지 행정심판의 제기에 관한 근거 규정만을 두고 있는 처분에 있어서는 위 개정 조항에 따라 그에 대한 행정심판 절차는 당연히 임의적 절차로 전환되었다. 독점규제 및 공정거래에 관한 법률은 1999. 2. 5. 법률 5813호로 개정되기 이전은 물론 그 이후에 있어서도 같은 법 53조에서 공정거래위원회의 처분에 대하여 불복이 있는 자는 그 처분의 고지 또는 통지를 받은 날부터 30일 이내에 공정거래위원회에 이의신청을 할 수 있다고 규정하고 있을 뿐, 달리 그에 대한 재결을 거치지 아니하면 취소소송을 제기할 수 없다는 규정을 두고 있지 아니하므로, 행소법 18조 1항 개정 조항이 같은 법 부칙(1994. 7. 27.) 1조에 의하여 1998. 3. 1.자로 시행된 이후에는 공정거래위원회의 처분에

행된 이후에는 원칙적으로 단지 행정심판을 제기할 수 있다는 근거 규정만이 있는 처분에 대하여는 행정심판을 제기하지 아니하고도 취소소송을 제기할 수 있다고 판시하였다.147)

하급심에서는 지방노동위원회를 상대로 지방노동위원회의 초심판정에 대한 취소소송을 제기한 경우 지방노동위원회의 처분은 행정소송의 대상이 될 수 없다거나 중앙노동위원회의 재심절차는 필요적 전치절차에 해당한다는 등의 이유를 들어 그 소를 각하한 사례가 있다.148)

(4) 검   토

보건대, 노위법 등에 지방노동위원회의 처분에 대한 재심규정을 두면서 행정심판의 재결을 거치지 아니하면 취소소송을 제기할 수 없다는 명시적인 규정을 두고 있지 않으므로 일응 임의적 전치주의로 해석할 여지가 있다.

그러나 노동위원회 사건의 대부분을 차지하는 부당해고 등의 구제신청이나 부당노동행위 구제신청과 관련하여 지방노동위원회의 결정 혹은 중앙노동위원회의 재심에 대하여 지방노동위원회의 처분서를 통지받은 날부터 10일 이내에 중앙노동위원회에 재심을 신청하지 아니하거나, 재심판정서를 송달받은 날부터 15일 이내에 행정소송을 제기하지 아니하면 지방노동위원회의 결정이나 중앙노동위원회의 재심판정 등은 확정된다고 규정하고 있는데(근기법 31조 3항; 노조법 85조 3항), 이 규정의 취지상 지방노동위원회의 결정에 대하여는 그 불복방법으로 행정소송이 아닌 중앙노동위원회 재심만을 설계한 것으로 볼 수 있는 점, 토지수용에 대한 불복에서는 수용재결과 이의재결에 대하여 별도로 행정소송의 제기가 가능함을 명시적으로 규정하고 있고 각 별도의 제소기간을 정하여 행정소송 제기기간의 도과로 재결이 확정된다고 규정하고 있음에 반해(공익사업을 위한 토지 등의 취득 및 보상에 관한 법률 85조 1항, 86조 1항), 노위법 등에서는 지방노동위원회의 결정에 대하여 행정소송이 가능하다는 별도의 규정이 없고, 재심신청기간 도과로 확정되는 것으로 규정된 점,149) 중앙노동위원회의 재심을 임의적 전치절

대하여도 이의신청을 제기함이 없이 바로 취소소송을 제기할 수 있다."
147) 대법원 2001. 4. 24. 선고 99두10834 판결.
148) 창원지법 2009. 10. 15. 선고 2009구합377 판결(패소한 원고가 항소하지 아니하여 2009. 11. 14. 확정), 창원지법 2011. 6. 16. 선고 2011구합387 판결(2012. 5. 8. 항소기각 판결로 확정), 서울행법 2021. 4. 29. 선고 2020구합87999 판결(2022. 1. 26. 항소기각 판결로 확정).
149) 참고로 앞의 대법원 1999. 12. 20.자 99무42 결정에서 문제된 독점규제 및 공정거래에 관한 법률에서는 이의제기기간의 도과로 처분이 확정된다는 별도의 규정은 없다.

차로 보는 경우 지방노동위원회의 처분에 대한 제소기간은 현행법상 재심신청
기간인 10일로 볼 수밖에 없을 것인데150) 이는 너무 단기여서 권리구제에 실효
적이지 못한 점 및 노동위원회제도를 두어온 역사와 취지 등을 함께 고려할 때
중앙노동위원회의 재심을 필요적 전치주의로 해석함이 합리적으로 보이고,151)
아니면 최소한 지방노동위원회의 처분 중에서 위와 같이 확정에 대한 명확한
규정을 둔 부당해고나 부당노동행위 구제신청 관련 결정에 대하여는 필요적 전
치주의를 취한 것으로 봄이 상당하다.152)

라. 대상적격과 처분의 수

행정소송의 대상은 행정처분성을 갖추어야 하고, 중앙노동위원회의 재심판
정은 그 자체로 행정처분성을 갖고 있으므로 취소소송의 대상으로서 대상적격
문제는 발생하지 아니한다. 다만, 본래 행정처분성이 없는 지방노동위원회의 행
위를 처분으로 잘못 판단하여 재심판정을 하고 이에 대하여 행정소송이 제기된
경우에는 법원은 소를 각하할 것이 아니고, 재심판정을 취소하여 중앙노동위원
회가 이를 각하하도록 하여야 한다.153)

한편, 판례는 부당노동행위의 구제재심판정 취소의 소에서 그 대상이 되는
노동위원회의 구제명령 또는 기각결정은 그 결정의 수가 아닌 부당노동행위라
고 주장된 구체적 사실을 기준으로 행정처분의 수가 결정된다고 판시하였다.154)

---

150) 이와 달리 행소법상의 제소기간이 별도로 적용된다고 보면 위 근기법 31조 3항이나 노조
  법 85조 3항과의 정합적이고 합리적인 해석이 어렵다. 즉, 10일의 재심신청기간이 도과하여
  원처분이 확정되었음에도 여전히 행정소송의 제기가 가능하다고 볼 수는 없다.
151) 현행법 하에서는 이와 같이 논란의 여지가 있으므로 가능하면 입법적으로 해결함이 바람
  직하다.
152) 따라서 부당해고나 부당노동행위 관련 결정 이외의 지방노동위원회의 처분인 이행강제금
  부과결정 등에 대하여는 중앙노동위원회에 대한 재심신청이나 행정소송의 제기가 모두 가능
  하다고 볼 수 있다.
153) 김치중, 531면.
154) 대법원 1995. 4. 7. 선고 94누1579 판결. 부당노동행위의 구제제도는 근로자가 부당노동행
  위라고 주장하는 구체적 사실에 대하여 그것이 부당노동행위에 해당하는지 여부를 심리하고
  그것이 부당노동행위인 경우에 적절한 구제방법을 결정·명령하는 제도이므로, 부당노동행위
  라고 주장되는 구체적 사실이 심사의 대상이 되는 것이고, 따라서 부당노동행위라고 주장된
  구체적 사실이 1개인 이상 그에 대하여 노동위원회가 발할 구제방법이 수개이고 또 각 구제
  방법이 독립하여 이행될 수 있는 것이라고 하더라도 행정처분으로서의 구제명령은 1개라고
  할 것이나, 부당노동행위라고 주장된 구체적 사실이 복수인 경우에는 그에 대한 행정처분으
  로서의 노동위원회의 구제명령 또는 기각결정은 복수라고 보는 것이 타당하다.

마. 노동위원회의 판정과 사법심사

(1) 사법심사의 범위 일반론

노동위원회의 판정에 대하여 어느 정도까지 사법심사가 허용되는지가 문제
될 수 있고, 이는 법원의 개입한계 혹은 노동위원회 재량권의 범위, 판정권한의
한계에 대한 논의로도 볼 수 있다.

노위법은 중앙노동위원회의 처분에 대한 소송을 제기할 수 있다고 규정하
고 있을 뿐(27조), 법원이 어떤 범위에서 판정에 대한 사법심사를 할 수 있는지
아무런 규정이 없고, 노조법이나 행소법에도 사법심사의 범위를 제한하는 규정
을 두고 있지 않으므로 원칙적으로 그 심사범위에 제한이 있다고 보기는 어렵
다. 판정권한의 대표 격인 부당노동행위로 예를 들면, 법원은 중앙노동위원회의
사실인정, 부당노동행위 성립에 관한 법적 판단의 적법성, 구제조치의 적법성
등을 모두 심사할 수 있다.

(2) 사실인정 부분

미국에서는 판례로 형성되다가 1946년 구 연방행정절차법(Federal Admini-
strative Procedure Act)에서 입법화된 원칙인 "법원은 행정위원회의 인정사실에 대
하여 합리적 증거의 존부만을 심사하고 스스로의 새로운 사실인정은 회피해야
한다."는 내용의 실질적 증거의 법칙(substantial evidence rule)이 인정되고 있고, 이
원칙에서 행정기관의 절차 내에서 제출되지 아니한 증거를 사법심사의 단계에
서 제출하는 것이 허락되지 아니한다는 내용이 도출되어 전국노동관계위원회
(NLRB)의 사실인정은 일정한 조건이 충족되면 법원을 구속하게 된다.155)

일본의 통설과 법원의 입장은 실질적 증거의 법칙은 명문의 규정이 없는
이상 적용되지 않는다고 한다.156)

우리 판례도 "부당노동행위구제신청에 관한 중앙노동위원회의 명령 또는
결정의 취소를 구하는 소송에 있어서 그 명령 또는 결정의 적부는 그것이 이루
어진 시점을 기준으로 판단하여야 할 것이지만 노동위원회에서 이미 주장된 사
유만에 한정된다고 볼 근거는 없으므로, 중앙노동위원회의 명령 또는 결정 후에
생긴 사유가 아닌 이상 노동위원회에서 주장하지 아니한 사유도 행정소송에서
주장할 수 있다고 보아야 할 것이다."라고 판시하여 법원은 노동위원회 심사와

155) 미국의 논의 소개는 김홍영b, 585~588면; 손창희, 5~7면 참조.
156) 김홍영b, 585면.

무관하게 사실관계를 다시 심사할 수 있음을 명확히 하였다.[157)

(3) 요건재량 인정 여부

나아가 사실인정을 바탕으로 부당노동행위가 성립하는지 여부를 판단할 때 이른바 요건재량[158)이 인정될 수 있는지가 문제되는데, 일본의 학설은 부정하는 견해가 다수이다.[159) 일본 최고재판소는 壽建築研究所事件에서 "구제신청이 있는 경우에 노동위원회는 그 재량에 의하여 사용자의 행위가 (일본)노조법 7조의 부당노동행위 금지규정에 위반하는지 여부를 판단하여 구제명령을 발할 수 있다고 해석할 수는 없고, 법원은 이에 관한 노동위원회의 판단을 심사하여 그에 잘못이 인정되는 경우에는 당해 구제명령을 취소할 수 있다."라고 판시하여, 노동위원회에 이와 같은 요건재량이 인정되지 않는다는 점을 명확히 하였다.[160)

(4) 구제방법

구제방법과 관련하여서는 노동위원회가 전문적·합목적적 판단에 따라 개개 사건에 적절한 구제조치를 고안하도록 광범위한 재량권이 인정되고 있다. 다만 이 경우에도 그 재량권이 무제한적으로 인정될 수는 없고 부당노동행위 구제제도의 본래의 취지와 목적, 행정처분의 본질, 재량권남용의 법리 등에 의하여 일정한 제약이 따른다.[161)

---

157) 대법원 1990. 8. 10. 선고 89누8217 판결.

158) 요건재량이란 행정기관이 행정법규를 적용함에 있어 인정한 사실을 법률요건에 포섭하는 데 선택·판단의 재량권이 인정된다는 의미이다.

159) 김민기, 437~438면. 그 근거로는 ① 법령의 해석, 적용은 법원의 직책에 속한다는 점, ② 국민의 권리를 침해하는 행정처분(노동위원회의 구제명령은 사용자의 권리를 침해한다는 점에서 이에 속한다)에는 자유재량을 인정할 수 없다고 하는 전통적 재량이론, ③ 법원이 부당노동행위에 관하여 독자의 관할권을 가지고 있는 현행 제도는 요건재량을 부정하는 것을 전제로 하고 있는 것이라는 점, ④ 부당노동행위의 성립 여부에 관한 판단이 특히 전문적, 기술적 판단이라고는 단정할 수 없는 점 등을 들고 있다고 한다.

160) 最高裁 1978. 11. 24. 判決. 단체교섭이 결렬된 후 조합이 교섭재개를 신청하자 사용자는 조합원에 의한 폭력행사의 우려가 있고 교섭상 양보의 여지가 없어 교섭재개가 무의미하다는 이유로 그에 응하지 않은 사안이다. 노동위원회는 장래의 교섭석상에서 폭력이 행사될 우려가 없고 교섭재개가 무의미하다고 단정할 우려가 없다고 하면서 사용자의 교섭거부에는 정당한 이유가 없다고 인정하였다. 이에 반하여 1심과 항소심은 교섭의 경위에 비추어 볼 때 사용자가 폭력행사의 위험을 느낄 만하고 교섭결렬 후 특별한 사정변경이 인정되지 않는 이상 교섭재개는 무의미하다고 하여 노동위원회의 명령을 취소하였다. 최고재판소에서 노동위원회는 교섭재개에 의미가 있는지 또는 교섭재개 후 폭력이 행사될 우려가 있는지 등은 유동적인 노사관계를 고려한 판단이 필요하기 때문에 이는 노동위원회의 재량에 맡겨진 것이라고 주장하였다(判例時報 911호, 160면. 김민기, 438면에서 재인용).

161) 김민기, 439면; 김유성, 375면; 임종률, 317면.

판례도 구제명령의 내용과 관련하여 현실적으로 발생하는 부당노동행위의 유형은 다양하고, 노사관계의 변화에 따라 그 영향도 다각적이어서 그에 대응하는 부당노동행위 구제의 방법과 내용도 유연하고 탄력적일 필요가 있으므로 노동위원회가 전문적·합목적적 판단에 따라 개개 사건에 적절한 구제조치를 할 수 있다고 판시하여 노동위원회에 상당한 재량권이 있다는 취지를 밝히고 있다.162)163)

(5) 검   토

노동위원회 판단과 법원의 사법심사와 관련하여서는 기본적으로 우리 노동위원회의 위상과 현실을 고려할 때 노동위원회의 사실조사에 관한 법원의 사법심사를 전면 배제하거나, 그 외 요건이나 구제방법 판단을 엄격하게 제한하기는 어려울 것이다. 다만, 노동위원회와 법원의 상호 이해와 신뢰를 바탕으로 기능분화적 관점에서 노동위원회의 전문적 판단을 존중하는 판례법리를 형성함으로써 점차 해결해 나감이 바람직하다는 견해가 다수이다.164)

바. 확정된 노동위원회 결정과 민사소송의 쟁송 가능성

판례는, 노동위원회의 사용자에 대한 구제명령은 사용자에게 이에 복종하여야 할 공법상의 의무를 부담시킬 뿐 직접 노사 간의 사법상의 법률관계를 발생 또는 변경시키는 것은 아니라고 할 것이므로, 노동위원회로부터 부당해고라는 구제명령이 있었고 이것이 확정되었다는 사정만으로 새로이 제기된 민사소송에서 사용자가 이를 다투는 것이 신의칙이나 금반언의 원칙에 반하여 허용될 수 없는 것이라고 하기 어렵다고 보았다.165) 또한 근로자가 부당해고 구제신청을 기각한 재심판정의 취소를 구하는 행정소송을 제기하였다가 패소판결을 선

---

162) 대법원 2010. 3. 25. 선고 2007두8881 판결. 중앙노동위원회가 사용자의 지배·개입을 부당노동행위로 인정한 후 원고 회사에 대하여 발한, "실질적인 영향력과 지배력을 행사하여 사업폐지를 유도하는 행위와 이로 인하여 노동조합의 활동을 위축시키거나 침해하는 행위를 하여서는 아니 된다."라는 구제명령이 위법하다고 볼 수 없다고 한 사례임.
163) 일본 최고재판소도 第2鳩タクシ-사건에서 "현행법이 노동위원회라는 행정기관에 의한 구제명령의 방법을 채용한 것은 사용자의 다양한 부당노동행위에 대하여 사전에 그 시정조치를 구체적으로 특정하여 놓는 것이 곤란하고 또 부적당하기 때문에 노사관계에 관하여 전문적 지식경험을 가진 노동위원회에 대하여 그 재량에 따라 개개의 사안에 대응한 적절한 시정조치를 결정하고 이를 명하는 권한을 부여하고 있는 취지에서 비롯된 것이라고 해석된다."라고 판시하여 구제방법의 심사에 관하여 노동위원회에 광범위한 재량권이 부여되어 있음을 명확히 하였다(最高裁 1977. 2. 2. 判決, 민집 31권 1호, 93면 이하).
164) 김민기, 466면; 김홍영b, 595~596면; 손창희, 28~29면.
165) 대법원 2006. 11. 23. 선고 2006다49901 판결.

고받아 그 판결이 확정되었다 하더라도, 이는 재심판정이 적법하여 사용자가 구제명령에 따른 공법상 의무를 부담하지 않는다는 점을 확정하는 것일 뿐 해고가 유효하다거나 근로자와 사용자 간의 사법상 법률관계에 변동을 가져오는 것은 아니어서, 근로자는 그와 별도로 민사소송을 제기하여 해고의 무효 확인을 구할 이익이 있다고도 판시하였다.[166]

5. 집행정지(27조)

가. 행심법·행소법상 집행정지

노위법은 중앙노동위원회의 처분에 대한 소송의 제기로 처분의 효력은 정지하지 아니한다고 규정하고 있으나(노위법 27조 2항), 이는 집행부정지 원칙을 선언한 것에 불과할 뿐 지방노동위원회 처분에 대한 재심을 신청하는 경우에는 행심법 30조 2항에 따른 집행정지나, 중앙노동위원회 재심판정에 대하여 행정소송을 제기하면서 행소법 23조 2항에 따른 집행정지까지 금지되는 것은 아니다.

대법원은 "노조법 44조 및 노위법 19조의2[167])의 규정은 노동위원회의 구제명령이나 기각결정 또는 재심판정에 대하여 이른바 집행부정지의 원칙을 명시한 것이고, 행소법 23조 2항의 집행정지 결정까지 불허한다는 취지는 아니므로 노조법 42조의 규정에 의한 중앙노동위원회의 구제명령이나 기각결정 또는 43조의 규정에 의한 중앙노동위원회의 재심판정의 취소를 구하는 행정소송을 제기한 자는 행소법 23조 2항, 3항의 요건이 존재하는 한 위 구제명령 등의 집행정지를 구할 수 있다."라고 판시하여,[168] 위 규정에도 불구하고 행소법에 의한 집행정지 결정을 금하는 것은 아니라고 보았다.

다만, 이 판결은 당시의 노조법에서 미확정의 구제명령을 위반한 경우 형사

---

166) 대법원 2011. 3. 24. 선고 2010다21962 판결.
167) 위 규정들은 지금의 노조법 86조와 노위법 27조의 내용과 동일하다.
　　구 노조법(1996. 12. 31. 법률 5244호로 폐지되기 전의 것) 44조(구제명령등의 효력)
　　노동위원회의 구제명령·기각결정 또는 재심판정은 전조의 규정에 의한 중앙노동위원회에의 재심신청이나 행정소송의 제기에 의하여 그 효력이 정지되지 아니한다.
　　구 노위법(1996. 12. 31. 법률 5246호로 개정되기 전의 것) 19조의2(중앙노동위원회의 판정에 대한 소)
　　① 중앙노동위원회의 판정에 대한 소는 중앙노동위원회위원장을 피고로 하여 판정서 정본의 송달을 받은 날로부터 15일 이내에 이를 제기하여야 한다.
　　② 이 법에 의한 소의 제기로 판정의 집행은 정하지 아니한다.
　　③ 1항의 기간은 불변기간으로 한다.
168) 대법원 1991. 3. 27.자 90두24 결정.

처벌의 대상이 되는 불이익을 제거할 필요가 있어서 집행정지의 가능성을 폭넓게 열어둔 것이었고, 이후 위 형사처벌 규정에 대한 헌법재판소의 위헌결정169)과 이에 따라 현행법은 확정된 구제명령을 위반한 경우에만 형벌을 과할 수 있도록 규정하고, 행정소송이 제기된 경우 관할법원의 결정으로써 판결이 확정될 때까지 구제명령의 전부 또는 일부를 이행하도록 명할 수 있으며(노조법 85조 5항), 이러한 이행명령을 위반한 경우에는 과태료에 처할 수 있는 점을 고려할 때(노조법 95조), 구제명령에 대한 집행정지의 필요성은 많이 줄어들었다.170)

나. 지방노동위원회의 판정에 대한 집행정지

지방노동위원회에서 구제명령을 발령한 경우에는 사용자가 초심판정을 이행하지 아니하면 이행강제금이 부과되므로 일응 집행정지의 이익을 긍정할 수 있고, 지방노동위원회에서 구제신청을 기각한 경우에는 이를 정지하여도 근로자의 지위가 신청 시의 상태로 돌아가는 것에 불과하므로 근로자에게 집행정지의 이익은 없다.

다. 중앙노동위원회의 재심판정에 대한 집행정지의 이익 유무171)

· 초심판정이 인용(구제명령)되고 재심신청이 기각된 경우에 재심판정을 정지시킨다고 해도 여전히 초심의 구제명령은 유효한 상태가 되므로 사용자에게 재심판정에 대하여 집행정지를 구할 신청의 이익은 없다.

· 초심판정이 인용(구제명령)되었으나 재심신청이 인용되어 구제명령이 취소된 경우에 근로자는 재심판정의 집행정지를 구하여 초심판정을 얻은 상태로 복귀할 신청의 이익이 있다.

· 초심에서 구제신청이 기각되었으나, 재심신청이 인용되어 구제명령이 발령된 경우에 사용자에게는 재심판정의 집행정지를 구하여 구제신청이 기각된 초심판정으로 복귀할 신청의 이익이 있다.

· 초심에서 구제신청이 기각되고, 재심신청도 기각된 경우에 재심판정을 정지시킨다고 해도 여전히 구제신청을 기각한 초심판정이 유효한 상태가 되므로 근로자에게 재심판정에 대하여 집행정지를 구할 신청의 이익은 없다.

---

169) 헌재 1995. 3. 23. 선고 92헌가14 결정.
170) 민중기, 480~481면.
171) 권창영, 159~161면.

6. 재 처 분

가. 재처분의 필요성과 절차

중앙노동위원회의 재심판정에 대한 취소소송에서 법원의 취소판결이 확정되면 노동위원회의 처분은 소급하여 효력을 상실한다. 구제명령을 내용으로 하는 판정이 취소되면 사용자에게 부과·징수한 이행강제금을 반환하기 위한 근거로서 노동위원회의 처분이 필요하며, 기각·각하처분을 내용으로 하는 판정이 취소되면 구제명령 및 이행강제금 부과를 위하여 재처분이 필요하다.

중앙노동위원회는 재심판정을 취소하는 법원의 판결이 확정된 때에는 심판위원회의 의결을 거쳐 해당 사건을 재처분하여야 하는데, 다만 법원의 확정 판결이 구제명령 등을 취소하는 내용인 경우에는 그러하지 아니하고(노위규칙 99조 1항), 1항에 따른 재처분은 당사자의 신청이나 동의가 있는 때에는 단독심판으로 할 수 있다(노위규칙 99조 4항).

나. 결정유형[172)]

· 초심 구제명령이 재심에서 유지되었다가 법원에서 취소된 경우에는 초심판정을 취소하고, 근로자의 초심 구제신청을 기각한다.

· 초심 구제명령이 재심에서 취소되었다가 법원에서 다시 취소된 경우에는 재심신청을 기각한다.

· 초심 금전보상명령이 재심에서 취소되었다가 법원에서 다시 취소된 경우에는 사용자의 재심신청을 기각하고, 부당해고임을 인정하고 금전보상 기간을 재처분일까지로 확장하여 준다.

· 초심 기각결정이 재심에서 유지되었다가 법원에서 취소된 경우에는 초심판정을 취소하고, 부당해고를 인정하며, 원직복귀와 복직일까지 임금을 지급할 것을 명한다.

· 초심 기각결정이 재심에서 취소되었다가 법원에서 다시 취소된 경우에는 근로자의 재심신청을 기각한다.

---

172) 심판업무 처리요령, 189~190면.

Ⅵ. 벌칙 및 과태료(28조 내지 33조)

1. 비밀엄수의 의무 등(28조)과 처벌조항(30조)

가. 규   정

제28조(비밀엄수 의무 등)

　① 노동위원회의 위원이나 직원 또는 그 위원이었거나 직원이었던 사람은 직무
에 관하여 알게 된 비밀을 누설하면 아니 된다.

　② 노동위원회의 사건 처리에 관여한 위원이나 직원 또는 그 위원이었거나 직
원이었던 변호사·공인노무사 등은 영리를 목적으로 그 사건에 관한 직무를 하
면 아니 된다.

제30조(벌칙)

　제28조를 위반한 사람은 1년 이하의 징역 또는 1천만원 이하의 벌금에 처한다.

나. 검   토

　노동위원회의 위원이나 직원 또는 그 위원이었거나 직원이었던 사람은 직무
에 관하여 알게 된 비밀을 누설하면 아니 되고, 이를 위반하면 노위법 30조에 따
라 처벌을 받게 된다. 형법 317조에서 정한 업무상비밀누설죄는 친고죄지만, 노
위법상 비밀누설죄는 형법 127조에서 정한 공무상비밀누설죄처럼 친고죄가 아닌
데, 이는 행정적·준사법적 권한을 행사하는 노동위원회의 위원 또는 직원으로
서 직무에 관하여 알게 된 비밀을 엄수할 고도의 주의의무가 인정되기 때문이다.

　위 규정은 노동위원회 심판사건 처리 등에 직원 또는 위원으로 관여하는
자가 변호사 등의 자격으로 영리를 목적으로 당해 사건을 수임하는 것을 금지
함으로써 위원 또는 직원이 보다 중립적이고 공정하게 사무를 처리할 수 있게
하기 위함이다.

　우선 영리 목적 사건 처리 금지의무 위반과 관련하여서는 죄형법정주의의
원칙상 영리의 목적이 있는 경우에만 처벌할 수 있다고 볼 것이므로 영리의 목
적이 없는 경우에는 이 조항에 의하여 처벌할 수 없다.

　그리고 '그 사건'의 범위가 문제될 수 있는데, 노동위원회 위원이 관여한
노동위원회 단계의 초심·재심사건이 이에 해당됨은 당연하고, 나아가 중앙노동

위원회의 재심판정에 대한 행정소송도 동일한 연장선상에 있으므로 이에 해당
된다. 그런데 근로자가 부당해고 구제신청과 별개로 해고무효확인의 민사소송을
별도로 제기한 경우나, 차별시정의 구제절차를 진행하면서 사용자를 상대로 불
법행위청구소송을 제기한 경우, 혹은 더 나아가 위와 동일한 사실관계에서 파생
된 형사사건에 관여하는 경우와 같이 '유사 혹은 관련 사건'에 관여한 경우까지
이를 처벌할 수 있는지가 문제된다.

　　보건대, 노위법 28조 2항이 '그 사건'에 한정하고 있고, 이는 문언의 가능한
의미상 노동위원회 위원이 직접 관여하고 있는 사건을 의미한다고 해석되며, 죄
형법정주의의 엄격해석의 원칙상 위 문언을 확장해석해서는 안 되므로, 비록 같
은 사실관계에서 파생되어 실질적으로 쟁점이 동일한 사건이라고 하더라도 도
의적인 차원이나 다른 법률에서 제한하는 것은 별론으로 하더라도 이러한 유형
의 '관련 사건'까지 직무수행 금지의 대상에 포함되는 것으로 보기는 어렵다.[173]

2. 벌칙 적용상 공무원 의제(29조)

가. 규　정

제29조(벌칙 적용에 있어서의 공무원 의제)
　　노동위원회의 위원 중 공무원이 아닌 위원은 형법이나 그 밖의 법률에 따른 벌
칙을 적용할 때에는 공무원으로 본다.

나. 검　토

　　형법 규정 중 주로 뇌물죄에 관한 129조 내지 132조를 적용할 때 공무원으
로 의제되어 처벌될 수 있고 그 외 처벌법규를 적용할 때에도 대체로 공무원으
로 의제할 수 있을 것이다. 그러나 특정 법률에 따라서는 반드시 위원이 공무원
으로 의제된다고 단정할 수 없고, 각 법의 입법 취지와 처벌 목적 등을 고려하
여 그 적용 여부를 판단해야 하는 경우도 있다.[174]

---

173) 참고로 법관의 제척과 관련하여, 대법원은 민소법 37조 5호의 법관이 사건에 관하여 불복
　　신청된 전심재판에 관여하였던 때라 함은 당해 사건에 관하여 하급심재판에 관여한 경우를
　　말하며 당해 사건의 사실관계와 관련이 있는 다른 형사사건에 관여한 경우는 이에 해당하지
　　아니한다고 판시하였다(대법원 1985. 5. 6.자 85두1 결정).
174) 참고로 공무원으로 의제되는 의문사진상규명위원회의 비상임위원에 대하여 집단행위금지
　　위반에 대한 국공법 84조의 벌칙조항을 적용할 수 없다고 본 판례가 있다[대법원 2006. 10.
　　26. 선고 2005도4331 판결. 국공법상 모든 공무원에 대하여 그 집단행위를 금지하는 국공법
　　66조 1항이 적용되나 그 위반행위에 대한 형사 처벌조항인 국공법 84조는 경력직공무원에

3. 보고의무 위반 등에 대한 벌칙(31조)

가. 규   정

제31조(벌칙)

제23조 제1항에 따른 노동위원회의 조사권 등과 관련하여 다음 각 호에 해당하는 자는 500만 원 이하의 벌금에 처한다.

1. 노동위원회의 보고 또는 서류제출 요구에 응하지 아니하거나 거짓으로 보고하거나 거짓의 서류를 제출한 자
2. 관계 위원 또는 조사관의 조사를 거부·방해 또는 기피한 자

나. 판   례

판례는, 회사의 총무처장인 피고인 2가 지방노동위원회에 허위 내용의 '부당해고 구제신청에 대한 답변서' 1부와 허위 내용의 '구조조정관련 노사합의서' 1부를 제출하고, 피고인 1은 허위 내용의 '보충서면에 대한 답변서' 1부를 제출한 행위에 대하여, 피고인 2가 제출한 '구조조정 관련 노사합의서'는 노위법 23조 1항이 규정하는 '서류'에 해당함이 분명하여 이에 대하여 노위법 31조를 적용한 것은 정당하다고 판단하였으나, 한편 나머지 서류들의 제출과 관련하여서는 "노위법 31조가 같은 법 23조 1항을 위반하여 허위서류를 제출한 자 등을 처벌하도록 규정하고 있는 것은 노동위원회의 조사권에 강제력을 부여하고 그 조사의 내용에 허위가 없도록 함으로써 실체적 진실에 부합하는 조사가 이루어지고 이를 통하여 노동위원회의 구제명령권이 적정하게 행사될 수 있도록 하려는 데에 그 취지가 있다고 할 것이고, 따라서 노위법 23조 1항에서 규정하고 있는 '보고' 또는 '필요한 서류의 제출'의 대상이 되는 것은 노동위원회가 객관적 사실관계의 확정을 위하여 행사하는 조사의 자료가 되는 객관적 사실에 관한 것에 한정되고, 단지 구제 신청인의 주장에 대하여 이해관계가 대립되는 반대 당사자의 지위에서 자기의 주장과 견해를 밝히는 것을 그 내용으로 하는 '답변서'는 이에 해당되지 아니한다."라고 판시하여 이를 노위법 31조로 처벌할 수 없다고 판단하였다.[175]

대하여만 적용되고 특수경력직공무원에 대하여는 적용되지 않는다. 의문사진상규명위원회의 임기 2년의 비상임위원은 의문사진상규명에 관한 특별법 38조의 의제조항에 의하여 형법 기타 법률에 의한 벌칙의 적용에 있어서 경력직공무원(실적과 자격에 의하여 임용되고 그 신분이 보장되며 평생토록 공무원으로 근무할 것이 예정되는 공무원)으로 의제된다고 보기 어렵다].

또한 피고인이 지방노동위원회에 자신에 대한 부당해고 구제신청을 하면서 자신이 위조한 서류를 제출한 행위에 대하여 판례는 "구 노위법(2007. 1. 26. 법률 8296호로 개정되기 전의 것) 31조는 '23조 1항의 규정을 위반하여 보고를 하지 아니하거나 허위의 보고를 한 자, 서류의 제출을 하지 아니하거나 허위서류를 제출한 자' 등을 처벌하도록 규정하고 있는바, 그 조항에서 말하는 '허위서류의 제출'은 구법 23조 1항에 따라 노동위원회로부터 서류의 제출을 요구받은 자가 이에 응하여 허위의 서류를 제출하는 경우만을 의미하는 것으로 해석하여야 하고, 그러한 서류제출을 요구받음이 없이 스스로 노동위원회에 제출한 서류가 허위인 모든 경우에 이를 처벌하는 취지로 해석할 수는 없다고 할 것이다."라고 판시하여 피고인의 위와 같은 행위를 처벌할 수 없다고 판단하였다.[176)]

4. 양벌 규정(32조)

가. 규　　　정

제32조(양벌규정)

법인 또는 단체의 대표자, 법인·단체 또는 개인의 대리인·사용인, 그 밖의 종업원이 그 법인·단체 또는 개인의 업무에 관하여 제31조의 위반행위를 하면 그 행위자를 벌하는 외에 그 법인·단체 또는 개인에게도 같은 조의 벌금형을 과한다. 다만, 법인·단체 또는 개인이 그 위반행위를 방지하기 위하여 해당 업무에 관하여 상당한 주의와 감독을 게을리하지 아니한 경우에는 그러하지 아니하다.

나. 검　　　토

당초 구 노위법 32조는 "법인 또는 단체의 대표자, 법인·단체 또는 개인의 대리인·사용인, 그 밖의 종업원이 그 법인·단체 또는 개인의 업무에 관하여 제31조의 위반행위를 하면 그 행위자를 벌하는 외에 그 법인·단체 또는 개인에게도 같은 조의 벌금형을 과한다."라고만 규정하고 있어 법인·단체 또는 개인이 그 종업원 등의 31조 위반행위를 방지하기 위하여 주의와 감독을 게을리하지 않은 경우에도 그 법인·단체 또는 개인을 처벌할 수 있었다. 그러나 위와 같은 형식의 양벌규정은 최근 헌법재판소의 위헌결정례에서 보듯이 법인·단체 또는 개인에게 그 종업원 등의 범죄에 대한 어떠한 잘못이 있는지를 묻지 않고

---

175) 대법원 2004. 7. 8. 선고 2003도6413 판결.
176) 대법원 2008. 4. 10. 선고 2008도553 판결.

벌금을 과하도록 하고 있어 책임주의에 반하여 헌법에 위반되는 조항일 가능성이 컸다.[177] 이에 2015. 1. 20. 노위법 개정 시에 법인·단체 또는 개인이 종업원 등의 위반행위를 방지하기 위하여 상당한 주의와 감독을 게을리하지 아니한 경우에는 양벌규정을 적용하지 않도록 개정되었다.

5. 퇴장명령 불응에 대한 과태료(33조)

가. 규 정

제33조(과태료)

① 제20조의 규정에 따른 퇴장명령에 따르지 아니한 사람에게는 100만 원 이하의 과태료를 부과한다.

② 제1항에 따른 과태료는 대통령령이 정하는 바에 따라 노동위원회가 부과·징수한다.

나. 검 토

노동위원회 위원장 또는 부문별 위원회의 위원장은 회의의 공정한 진행을 방해하는 사람 등에 대하여 퇴장명령을 할 수 있고(노위법 20조), 퇴장명령에 따르지 아니한 사람은 100만 원 이하의 과태료에 처해지는데, 대통령령에서 구체적인 부과기준을 정하고 있다(노위법 시행령 12조 별표3).

퇴장명령은 위원이 아닌 위원장이 발령한 경우에만 적법하고, 노위법 20조에 규정된 퇴장명령 외의 그 밖에 질서유지에 필요한 조치에 대하여 불응한 자에 대하여는 과태료를 부과할 수 없다.

구 노위법 32조 3항, 4항, 5항은 노동위원회의 과태료 부과처분에 대한 불복·재판 및 체납처분 등의 근거에 관하여 규정하고 있었는데, 과태료의 부과·

---

177) 대표적으로 구 도로법 86조에 대한 헌재 2009. 7. 30. 선고 2008헌가17 결정. 이 사건 법률조항은 법인이 고용한 종업원 등이 업무에 관하여 구 도로법 83조 1항 2호의 규정에 따른 위반행위를 저지른 사실이 인정되면, 법인이 그와 같은 종업원 등의 범죄에 대해 어떠한 잘못이 있는지를 전혀 묻지 않고 곧바로 그 종업원 등을 고용한 법인에게도 종업원 등에 대한 처벌조항에 규정된 벌금형을 과하도록 규정하고 있는바, 오늘날 법인의 반사회적 법익침해활동에 대하여 법인 자체에 직접적인 제재를 가할 필요성이 강하다 하더라도, 입법자가 일단 '형벌'을 선택한 이상, 형벌에 관한 헌법상 원칙, 즉 법치주의와 죄형법정주의로부터 도출되는 책임주의원칙이 준수되어야 한다. 그런데 이 사건 법률조항에 의할 경우 법인이 종업원 등의 위반행위와 관련하여 선임·감독상의 주의의무를 다하여 아무런 잘못이 없는 경우까지도 법인에게 형벌을 부과될 수밖에 없게 되어 법치국가의 원리 및 죄형법정주의로부터 도출되는 책임주의원칙에 반하므로 헌법에 위반된다.

징수 및 재판 등에 관하여는 질서위반행위규제법이 우선 적용되고(같은 법 5조), 노동위원회의 과태료 부과처분에 대하여 이의제기가 있는 경우에는 과태료 부과처분은 효력을 상실하고(같은 법 20조 2항), 법원의 과태료 부과재판이 진행되며, 이 경우 법원은 노위법 시행령 12조에 규정된 과태료의 부과기준에 구속되지 아니하는 등 노위법에 위와 같은 별도의 근거규정을 둘 필요가 없어 2015. 1. 20. 노위법 개정 시에 위 근거규정이 삭제되었다.

Ⅶ. 여론 ― 노동법원의 도입 논의와 노동위원회와의 관계

1. 노동법원 도입의 필요성

지금까지 노위법의 수차례 개정을 통해 노동위원회의 독립성·중립성·전문성이 많이 제고되었고, 현재 많은 노동분쟁이 노동위원회를 통해 해결되고 있는 것이 현실이며, 노동위원회는 노사분쟁을 해결하는 데에 큰 역할을 하고 있다.

다만, 노동위원회가 갖는 준사법적 기능과 관련하여 과연 이러한 권한의 배분이 법원의 관할과의 관계에서 적절하고 바람직한지에 대하여는 입법정책적인 측면에서 비판적 논의가 있다. 즉, 노동위원회와 같은 행정위원회가 부당해고 구제신청 사건에 대한 판정 등 본질적으로 사법작용에 속하는 권리분쟁에 대한 심판을 담당하는 것은 타당하지 않다는 것이다.[178] 노위법이 제정되었을 당시만 하더라도 노동위원회는 준사법적 심판기능을 담당하지 않았으나, 1963년 4월 정부 주도적으로 노동위원회가 부당노동행위에 대한 구제명령권을 갖게 되었고, 1989년에는 부당해고에 대한 구제명령권을 갖게 되었으며, 2007년에는 기간제·단시간 및 파견근로자에 대한 차별시정권을 갖게 되었는데, 그 과정에서 노동위원회가 왜 이러한 기능을 가져야 하는지에 대한 충분한 논의가 없었기 때문에 노동위원회가 준사법적 기능을 담당하는 것이 타당한지는 여전히 문제로 남아 있다.[179] 여기에 근로자의 불이익처분에 대한 해결절차가 노동위원회와 법원에 중복적으로 이원화되어 있고, 노동위원회의 구제명령은 실효성이 낮으며, 중앙노동위원회의 재심판정에 대하여 행정소송이 제기될 경우 실질적으로 5심의 과정을 거치게 되어 신속성이 저해되고, 노동위원회의 심문이 충실하지 못하

---

178) 정진경, 461~464면.
179) 박은정, 25면.

다는 이유 등을 들어 사법작용의 영역에 속하는 노동위원회의 심판기능을 법원으로 일원화해야 한다는 주장도 있다.[180] 이에 노동사건을 전담하는 노동법원을 도입함으로써 법원과 노동위원회로 이원화된 노동분쟁 해결절차를 일원화하여 법원이 전담하게 하자는 논의가 지속적으로 이루어지고 있다.

2. 노동법원 도입 논의의 경과

우리나라에서 노동법원 도입 문제가 처음으로 제기된 것은 1989년 한국노총이 2심까지 법관만으로 구성된 특별법원 형태의 노동법원 도입을 주장한 것이다. 그러나 민주노조 진영은 법관의 보수성으로 인하여 근로자들에게 불리한 판례가 정립될 것을 우려하여 노동사건처리절차특례법의 제정을 주장하였고, 이에 당시 노동쟁의의 조정 및 중재, 부당노동행위 구제신청 사건에 대한 심판기능을 담당했던 노동위원회가 부당해고 구제신청 사건에 대한 심판기능을 담당하는 것으로 법 개정이 이루어졌다.[181]

그러다가 2003년 이후 유럽의 참심형 노동법원 제도가 국내에 소개되면서 노동위원회와 일반법원에 의한 노동분쟁 해결절차의 2원적 구조를 해소하고 국민의 사법참여를 실현할 대책으로 노동법원 도입을 요구하는 움직임이 일어났다.[182]

그 후 대법원 산하에 설치된 사법개혁위원회는 2004년 12월 의결한 최종건의문에서 '하급심 강화'의 한 내용으로 '전문법원의 설치' 항목에 '노동분쟁 해결절차'를 포함시켜 단기과제로 중앙노동위원회 재심절차의 임의화와 노동사건 재판에서의 조정절차 활성화 방안을 제시하고, 장기적 개선방안으로 '효율적·전문적인 노동분쟁처리기구로서 전문법원 또는 전문재판부가 설치되는 것이 바람직하다.'라는 내용을 포함하였고, 사법개혁위원회 최종건의문의 입법을 추진하기 위한 후속기구로 출범한 사법제도개혁추진위원회는 2006년 11월 비직업법관이 재판부에 참여하되 평결에까지는 참여하지 않는 준참심형의 노동법원 제도를 도입하고, 노동법원의 전속관할 대상을 노동민사사건, 노동행정사건, 노동비송사건으로 하는 '노동분쟁해결제도의 개선방안에 대한 보고서'를 채택하였다.[183]

---

180) 김선수b, 13~17면.
181) 김선수c, 89면.
182) 정인섭, 15~17면.
183) 김선수c, 89~90면.

이후 제18대 국회에서는 조배숙 의원이 노동민사소송사건, 노동행정소송사건, 노동비송사건을 관할하는 1심 노동법원을 설치하여 노사대표 참심관을 재판부에 참여시켜 참심재판부를 구성하고 참심관에게 의견제시 권한을 부여하는 내용의 노동법원 도입 관련 법률안을 대표 발의하였으나, 임기 내에 의결되지 못하고 폐기되었다.184)

또한 제19대 국회에서는 최원식 의원이 1·2심의 노동법원을 설치하고, 노동위원회의 심판기능을 노동법원으로 이관하여 노동위원회는 노동쟁의 조정 및 노동조합 관련 업무를 담당하는 기구로 전문화하는 내용의 노동법원 도입 관련 법률안을 대표로 발의하였으나, 이 역시 임기 내에 의결되지 못하고 폐기되었다.185)

제20대 국회에서도 김병욱 의원이 지방노동법원을 설치하여 전속관할의 대상이 되는 노동사건의 범위를 노동민사소송사건, 노동형사소송사건, 노동행정소송사건, 노동비송사건으로 설정하고, 근로자 측 및 사용자 측 참심관이 일정한 범위의 노동사건의 심리 및 재판에 참여하는 참심재판을 실시하며, 참심관이 평의 및 평결에 참여하도록 하는 참여형 분쟁해결제도를 도입하는 내용의 노동법원 도입 관련 법률안을 대표로 발의하였으나, 임기 내에 의결되지 못하고 폐기되었다.186)

3. 노동법원 신설에 대한 찬반론187)

가. 찬 성 론

· 노동사건 중 권리분쟁사항은 본질적으로 권리관계 내지 법률관계를 다루는 것이므로 사법권의 영역에 속한다.

· 노동분쟁의 신속한 해결을 도모할 수 있다. 사회적 부담의 조기 해소와 분쟁 당사자 간 사회적 관계의 조기 안정을 기할 수 있고, 강제집행을 통하여 실효성을 확보할 수 있다.

· 행정구제절차와 민사구제절차의 일원화를 통하여 기능 중복을 해소할 수 있다.

· 노동사건 자체도 갈수록 전문화되는 경향이 있고, 사회의 발전에 맞추어

---

184) 의안번호 1808173호.
185) 의안번호 1905256호.
186) 의안번호 2006898호.
187) 김선수c, 95~97면.

노동사건 관련 법관들의 전문성도 향상되었다.

나. 반 대 론

·노동위원회와 법원으로 이원화되어 있는 노동분쟁해결제도의 경험 및 역할을 유지하여 긍정적으로 활용할 필요가 있고, 노동위원회의 개편만으로도 노동법원 설립 목적을 상당 부분 달성하는 것이 가능하다.

·별도의 법원을 설립할 정도로 노동사건의 전문성과 특수성이 존재한다고 보기 어렵다.

·노동위원회의 심판기능을 법원으로 이관하는 것은 노동위원회의 존립과 직결되어 실현 가능성이 매우 낮다.

·절차상 특례의 필요성이 있다면 소액사건심판법과 같이 특별법을 제정하는 것으로 충분하고, 별도의 조직을 창설할 필요까지는 없다.

4. 검   토

노동법원의 도입 논의는 1989년경부터 시작되어 대법원 산하의 사법개혁위원회 및 사법개혁추진위원회, 제18, 19, 20대 국회에서 각각 다루어질 정도로 오래된 동시에 현재에도 진행 중인 논의이다. 노동법원을 도입하는 것으로 결정되더라도, 노동법원과 노동위원회의 관계 설정, 재판부 구성의 형태, 직업법관·참심관·노동조사관 등 구성원의 선발문제, 관할의 범위, 절차상 특례의 도입 여부 등 새롭게 도입할 노동법원의 형태와 구성, 기능 등 추가적으로 논의되고 다루어져야 할 쟁점도 많이 있다.[188] 그럼에도 본질적으로 사법작용에 속하는 권리분쟁에 대한 심판기능은 법원이 담당하는 것이 삼권분립의 원칙에 부합하고, 노동위원회와 법원으로 이원화된 노동분쟁 해결절차를 일원화하여 사회적 부담의 경감과 분쟁의 신속한 해결을 꾀할 필요가 있다는 점을 고려하면, 종국적으로는 노동법원을 도입하는 것이 타당하다고 보인다.

다만 노동법원이 도입되더라도 노동위원회의 존재 의의가 없어지는 것은 아니다. 즉, 노동법원의 도입과는 별도로 현실적으로 존재하는 노동위원회의 문제를 개선하기 위한 연구가 많이 이루어지고 있고,[189] 노동법원이 도입되더라도

---

188) 노동법원을 도입할 경우 그 형태, 관할 등 여러 가지 쟁점에 대한 구체적인 논의에 관하여는 이종훈 외 3, 김선수c 참조.

189) 이상희, 314~315면.

노동위원회를 '조정기구화'함으로써 행정 ADR(Alternative Dispute Resolution; 대체분쟁해결)을 전담하는 기구로 개편하자는 주장도 제시되는 등190) 노동위원회의 존재 의의를 긍정하면서 노동위원회가 기존에 담당하였던 역할과 기능을 개선하고 발전시키기 위한 연구도 많이 이루어지고 있다. 따라서 행정위원회로서의 노동위원회의 역할과 기능에 중점을 두고 노동위원회 제도를 발전시켜 나간다면, 노동법원이 도입되더라도 노동위원회의 존립이 충분히 가능하다.

노동법원이 도입되기 위해서는 법조계·노동계·경영계의 의사 합치를 비롯하여 충분한 사회적 합의가 이루어져야 하고, 그 과정에서 입법과 제도를 정비하는 등 많은 노력과 시간이 필요하다. 또한 노동위원회가 1954년 공식적으로 출범한 이래 지난 60여 년간 우리나라의 노사분쟁 해결에 있어 작지 않은 역할을 수행하였다는 점 역시 충분히 긍정할 수 있다. 따라서 앞으로도 노동위원회가 노동관계에서 발생하는 분쟁을 신속·공정하게 해결하고 노동관계의 안정과 발전에 이바지할 수 있도록 노동위원회 제도의 개선과 운용, 장기적인 발전 방향, 노동법원과의 관계에 대하여 계속해서 많은 연구와 논의의 축적이 필요하다.

[이 준 상·김 근 홍]

---

190) 김훈, 136~140면.

[심판업무처리표][191]

사건별	부당노동행위								부당해고							
처리별	신청건수	처리건수						이월	신청건수	처리건수						이월
연도별	소계	전부인정	일부인정	화해	기각	각하	취하		소계	전부인정	일부인정	화해	기각	각하	취하	
1974	68	11	1		11	2	43									
1975	100	16	1		18	6	56	3								
1976	93	14			13	8	54	4								
1977	103	10	6		11	8	63	5								
1978	75	6	3		16	4	42	4								
1979	79	14	3		7	3	49	3								
1980	163	29	3		27	13	89	2								
1981	133	26			22	9	76									
1982	168	18	3	49	34	9	51	4								
1983	160	30	5	27	31	8	52	7								
1984	238	25	4	36	56	5	106	6								
1985	322	54	2	33	79	22	119	13								
1986	323	38	9	20	70	19	141	26								
1987	522	69	10	16	110	21	215	81								
1988	1,439	154	15	34	264	190	640	142								
1989	1,721	173	21	28	352	94	878	175	706	107	3	20	88	71	317	100
1990	1,160	131	18	25	341	89	484	72	1,134	189	3	18	270	54	517	83
1991	784	60	15	6	311	43	311	38	1,138	181	12	12	289	74	496	74
1992	744	70	15	10	287	53	263	46	1,395	178	8	21	347	109	628	104
1993	619	70	17	15	189	24	274	30	1,608	226	5	24	360	73	834	86
1994	548	59	3	5	189	17	231	44	1,566	238	11	21	287	86	834	89
1995	566	47	14	9	205	39	220	32	1,578	225	12	20	348	59	834	80
1996	539	45	10	6	129	36	267	46	1,632	207	6	16	243	82	958	120
1997	495	48	4	4	120	20	248	51	1,928	275	8	15	263	70	1,121	176
1998	787	66	10	13	216	25	370	87	3,670	543	15	47	556	221	1,915	373
1999	950	46	9	4	305	60	416	110	3,801	620	30	51	658	183	1,802	457
2000	1,040	77	4	4	269	38	443	205	3,918	568	9	64	643	193	1,800	64
2001	1,502	137	26	18	352	140	557	272	5,037	853	30	68	755	287	2,443	601
2002	1,355	216	15	13	443	52	433	183	4,169	781	68	84	710	206	1,871	449
2003	947	65	12	9	359	43	336	123	4,102	672	40	186	591	166	1,944	503
2004	908	62	20	17	308	27	282	192	4,816	771	37	188	682	194	2,318	626
2005	968	65	13	26	384	20	287	173	5,119	801	77	314	741	182	2,403	601
2006	1,134	49	64	24	563	49	243	142	5,002	666	144	212	860	259	2,384	477

191) 노동위원회 연보(9호), 중앙노동위원회(2007. 6.), 54면에서 전재(일부).

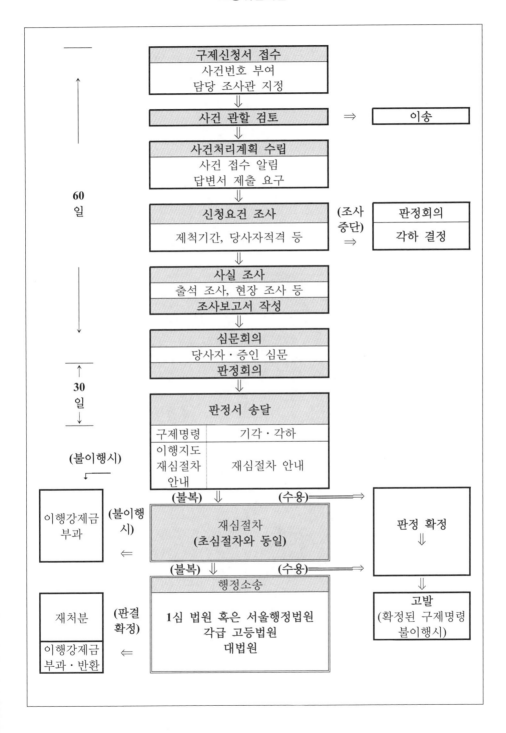

사항색인

제2판

노동조합 및 노동관계조정법 주해 Ⅲ

초판발행	2015년 4월 10일
제2판발행	2023년 2월 10일
중판발행	2024년 4월 25일

지은이	노동법실무연구회
펴낸이	안종만·안상준

편 집	이승현
기획/마케팅	조성호
표지디자인	이소연
제 작	고철민·조영환

펴낸곳   (주) **박영사**
　　　　서울특별시 금천구 가산디지털2로 53, 210호(가산동, 한라시그마밸리)
　　　　등록 1959. 3. 11. 제300-1959-1호(倫)

전 화	02)733-6771
f a x	02)736-4818
e-mail	pys@pybook.co.kr
homepage	www.pybook.co.kr
ISBN	979-11-303-4294-8 94360
	979-11-303-4291-7(세트)

정 가   59,000원